X.media.press

Joachim Böhringer: Lehre als Schriftsetzer, Studium Druck- und Medientechnik sowie Geschichte und Politik in Stuttgart und Darmstadt, anschließend Referendariat in Frankfurt/M. und Limburg/L. Danach Lehrer für Druck- und Medientechnik an der Kerschensteinerschule in Reutlingen. Fachberater für Druck- und Medientechnik am Regierungspräsidium Tübingen und Referent am Landesinstitut für Schulentwicklung Stuttgart. Mitarbeit in der Koordinierungsgruppe Druck und Medien am Ministerium für Kultus, Jugend und Sport Baden-Württemberg, Mitglied in IHK- und HWK-Prüfungsausschüssen in Reutlingen und langjährige Mitarbeit im Zentral-Fachausschuss für Druck und Medien in Kassel.

Peter Bühler: Lehre als Chemigraf, Studium der Druck- und Reproduktionstechnik an der FH für Druck, Stuttgart. Gewerbelehrerstudium für Drucktechnik und Geschichte an der TH Darmstadt. Seit 1984 Lehrer für Mediengestaltung und Medientechnik an der Johannes-Gutenberg-Schule, Stuttgart, Fachberater für Druck- und Medientechnik am Regierungspräsidium Stuttgart, Lehrbeauftragter für Fachdidaktik Medientechnik am Staatlichen Seminar für Didaktik und Lehrerbildung in Stuttgart. Mitgliedschaft u.a. in den Lehrplankommissionen Mediengestalter Digital und Print sowie Industriemeister Printmedien/Medienfachwirt Print und Digital, in IHK-Prüfungsausschüssen, der Koordinierungsgruppe Druck und Medien am Ministerium für Kultus, Jugend und Sport Baden-Württemberg sowie im Zentral-Fachausschuss für Druck und Medien.

Patrick Schlaich: Studium der Elektrotechnik an der Universität Karlsruhe; Abschluss 1992 als Diplom-Ingenieur, danach Referendariat an der Gewerblichen Schule Lahr, zweites Staatsexamen 1995. Seither Tätigkeit als Lehrer in der Aus- und Weiterbildung im Bereich Informationstechnik und Digitale Medien. Mitarbeit u.a. in den Lehrplankommissionen Mediengestalter, Technisches Gymnasium (Profil Gestaltungs- und Medientechnik) und Medienfachwirt sowie im Zentral-Fachausschuss für Druck und Medien, seit 2003 Fachberater für Medien- und Informationstechnik am Regierungspräsidium Freiburg, seit 2008 Professor am Staatlichen Seminar für Didaktik und Lehrerbildung (Berufliche Schulen) in Freiburg, Lehraufträge für Informatik und Medientechnik.

J. Böhringer · P. Bühler · P. Schlaich

Kompendium der
Medien-
gestaltung

**Produktion und Technik
für Digital- und Printmedien**

5., vollständig überarbeitete
und erweiterte Auflage

Dipl.-Wirt.-Ing.
Joachim Böhringer
Pfullingen

Dipl.-Ing.
Peter Bühler
Affalterbach

Professor
Patrick Schlaich
Kippenheim

ISSN 1439-3107
ISBN 978-3-642-20581-1   e-ISBN 978-3-642-20582-8
DOI 10.1007/978-3-642-20582-8
Springer Heidelberg Dordrecht London New York

Die Deutsche Bibliothek verzeichnet diese Publikation in der Deutschen Nationalbibliografie;
detaillierte bibliografische Daten sind im Internet über http://dnb.ddb.de abrufbar.

© Springer-Verlag Berlin Heidelberg 2011
Dieses Werk ist urheberrechtlich geschützt. Die dadurch begründeten Rechte, insbesondere
die der Übersetzung, des Nachdrucks, des Vortrags, der Entnahme von Abbildungen und Tabellen, der Funksendung, der Mikroverfilmung oder der Vervielfältigung auf anderen Wegen
und der Speicherung in Datenverarbeitungsanlagen, bleiben, auch bei nur auszugsweiser
Verwertung, vorbehalten. Eine Vervielfältigung dieses Werkes oder von Teilen dieses Werkes ist auch im Einzelfall nur in den Grenzen der gesetzlichen Bestimmungen des Urheberrechtsgesetzes der Bundesrepublik Deutschland vom 9. September 1965 in der jeweils
geltenden Fassung zulässig. Sie ist grundsätzlich vergütungspflichtig. Zuwiderhandlungen
unterliegen den Strafbestimmungen des Urheberrechtsgesetzes.
Die Wiedergabe von Gebrauchsnamen, Handelsnamen, Warenbezeichnungen usw. in diesem Werk berechtigt auch ohne besondere Kennzeichnung nicht zu der Annahme, dass solche Namen im Sinne der Warenzeichen- und Markenschutz-Gesetzgebung als frei zu betrachten wären und daher von jedermann benutzt werden dürften.

Cover design: KünkelLopka GmbH, Heidelberg

Gedruckt auf säurefreiem Papier

Springer ist ein Teil der Fachverlagsgruppe Springer Science+Business Media
(www.springer.com)

Dedikation

Hanns-Jürgen Ziegler

verstarb nach schwerer Krankheit im September 2004 in Rottweil.

Das Kompendium der Mediengestaltung wäre ohne den Enthusiasmus, die kreative Begabung und die Liebe zu seiner Berufung als Lehrer und Fachbuchautor nicht denkbar gewesen.

Die Freude an der Ausbildung junger Menschen, die sich für eine Berufsausbildung in der Medienindustrie entschieden haben, stand im Mittelpunkt seiner beruflichen Tätigkeit.

Seine Lebensfreude und der Spaß am kreativen Umgang mit modernen Medientechnologien prägte unsere über viele Jahre dauernde fachliche und freundschaftlich ausgerichtete Zusammenarbeit. Es war daher für uns nicht leicht, dieses Buch fortzuführen. Unter Wahrung unseres ursprünglich gemeinsam erarbeiteten Konzeptes, das großen Anklang gefunden hat, haben wir dieses Buch gründlich überarbeitet, inhaltlich aktualisiert und auch gestalterisch modernisiert.

Wir wissen, dass diese Überarbeitung in seinem Sinn erfolgt ist – und dass sie ihm gefallen hätte.

Joachim Böhringer
Peter Bühler
Patrick Schlaich

Vorwort zur 5. Auflage

Im vergangenen Jahr konnten wir den zehnten Geburtstag des „Kompendiums" feiern. Die im Jahr 2000 erschienene erste Auflage war einbändig und umfasste knapp 900 Seiten. Mit der nun vorliegenden 5. Auflage halten Sie ein zweibändiges Werk mit über 2.200 Seiten in der Hand. Sie erkennen daran, wie rasant das Know-how in der Medienbranche angestiegen ist.

Wegen des stark gewachsenen Umfangs haben wir bereits in der 4. Auflage eine Aufteilung der Inhalte in zwei Bände, „Konzeption und Gestaltung" (Band I) und „Produktion und Technik" (Band II), vorgenommen. Diese Zweiteilung orientiert sich an den Ausbildungs- und Studiengängen der Mediengestaltung und ist an deren Rahmenpläne, Studienordnungen und Prüfungsanforderungen angepasst. Ihre Rückmeldungen, liebe Leserinnen und Leser, bestärken uns darin, dass die Aufteilung in zwei Bände eine sinnvolle und notwendige Entscheidung war.

Die ständigen Weiterentwicklungen in der Medienbranche sind der Grund dafür, dass wir mit dieser Auflage eine umfassende Erweiterung und Überarbeitung der beiden Bände vorgenommen haben. Neu ins Kompendium aufgenommen wurden unter anderem die Themenbereiche Grafik, Animation,

Virtuelle Welten, Flash und eBook. Vor allem der zweite Band „Produktion und Technik" erforderte eine grundlegende Überarbeitung, da sich sowohl der Druckbereich als auch die Webtechnologien in den letzten Jahren weiterentwickelt haben, denken Sie an XML, Web-to-Print oder Ajax.

Das Kompendium richtet sich an alle, die in der professionellen Print- und Digitalmedienproduktion tätig sind. Es ist aber auch ein Lehr- und Arbeitsbuch für Schule und Hochschule. Zur strukturierten Erarbeitung und Prüfungsvorbereitung enthalten die beiden Bände über 1.000 Aufgaben mit ausführlichen Lösungen.

Bei einem derart umfangreichen Werk ist es unerlässlich, Hilfen zur einfachen Orientierung anzubieten: Bereits in der 4. Auflage haben wir deshalb ein Farbleitsystem für die 22 Hauptkapitel eingeführt. Farbige Querverweise an den Seitenrändern erleichtern Ihnen die Navigation zu inhaltlich verwandten Kapiteln. Mit Hilfe der neuen Lesebändchen können Sie nun auch Seiten markieren. Die Suche über das für beide Bände gemeinsame Stichwortverzeichnis wollen wir Ihnen erleichtern, indem wir nun die Hauptfundstelle eines Begriffs optisch hervorheben. Neu ist auch die Formelsammlung im zweiten Band zu

Vorwort

allen mathematischen Themen. Weitere Informationen zur Nutzung des Werkes finden Sie auf Seite VIII „Das Handling des Kompendiums".

Ein herzliches Dankeschön geht an Herrn Engesser und Frau Glaunsinger mit dem Team des Springer-Verlags für die seit mehr als zehn Jahren andauernde hervorragende Zusammenarbeit. Ein besonderer Dank gilt Frau Zimpfer für die schwierige und oft mühsame Lektoratsarbeit, die immer zu einer Verbesserung und Optimierung des Werkes beigetragen hat. Ohne die Unterstützung seitens des Verlags wäre dieses Werk nicht möglich. Letztlich danken wir unseren Frauen Christel, Sigrid und Michaela für ihre Geduld und die nicht selbstverständliche Bereitschaft, wieder zahllose Abende und Wochenenden ohne ihre Männer zu verbringen.

Wir sind uns sicher, dass uns mit der 5. Auflage eine weitere Verbesserung des Kompendiums gelungen ist. Ihnen, unseren Leserinnen und Lesern, wünschen wir ein gutes Gelingen Ihrer Ausbildung, Ihrer Weiterbildung oder Ihres Studiums der Mediengestaltung und nicht zuletzt viel Spaß bei der Lektüre dieses Werkes.

Heidelberg, im Frühjahr 2011

Joachim Böhringer
Peter Bühler
Patrick Schlaich

Das Handling des Kompendiums

Wer sucht, der findet! Leicht gesagt, doch wie finde ich die gesuchte Information in einem zweibändigen Werk mit über 2.000 Seiten?

Damit Sie sich in Ihrem Kompendium möglichst schnell zurechtfinden, stellen wir Ihnen einige Hilfen zur Verfügung:

Farbführung
Wegen des deutlich gestiegenen Umfangs haben wir das Kompendium seit der 4. Auflage in zwei Bände aufgeteilt. Dennoch handelt es sich *inhaltlich* nach wie vor um ein Werk, das in insgesamt 22 Hauptkapitel gliedert ist. Wie in der Grafik dargestellt, haben wir jedem Hauptkapitel eine eindeutige Leitfarbe zugeordnet. Die Leitfarbe finden Sie auf allen Seiten jeweils links oben bzw. rechts oben im Anschnitt. Auch bei geschlossenem Buch lässt sich hierdurch die ungefähre Position des Kapitels erkennen.

Auch bei der Einbandgestaltung wurde auf eine entsprechende Farbwahl geachtet: Der Einband von Band I, Konzeption und Gestaltung, wurde in hell- und dunkelgrün, von Band II, Produktion und Technik, in rot und orange gestaltet.

Eine zusätzliche Funktion besitzen die Farben Rot und Cyan. Erstere dient als

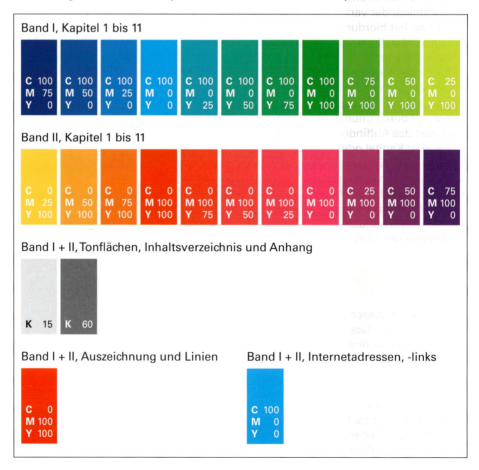

Handling

Auszeichnungsfarbe in Grafiken, letztere hebt die im Buch zahlreich vorkommenden Links auf Webseiten optisch hervor. Alle Links sind außerdem, wie bei HTML, unterstrichen.

Da sich das Internet ständig verändert, kann es möglich sein, dass der eine oder andere Link bereits beim Erscheinen des Buches nicht mehr stimmt. Geben Sie in diesem Fall die gesuchte Site als Stichwort in eine Suchmaschine ein.

Querverweise und Lesebändchen

Der große Vorteil von Webseiten besteht darin, dass sich Informationen über Links miteinander verknüpfen lassen. Der Nutzer hat hierdurch die Möglichkeit, sehr schnell von einer Textstelle zur nächsten zu gelangen.

Ein Buch bietet diese praktische Möglichkeit leider nicht. Der Nutzer gelangt zu einer anderen Textstelle immer nur durch (mühsames) Blättern. Um Ihnen das Auffinden thematisch verwandter Kapitel oder Unterkapitel dennoch zu erleichtern, finden Sie in den Marginalienspalten links oben bzw. rechts oben zahlreiche farbige Tonflächen in der entsprechenden Kapitelfarbe, die sinnverwandte Themen jeweils mit Angabe der Seitenzahl nennen:

> **Band II – Seite 203**
> 4.1 Farbsysteme

Mit Hilfe der in dieser Auflage neuen Lesebändchen lassen sich Seiten schneller (wieder-)finden.

Stichwortverzeichnis (Index)

Die gezielte Suche nach einem bestimmten Fachbegriff ermöglicht das Stichwortverzeichnis. Hierbei haben wir uns dafür entschieden, einen Gesamtindex über beide Bände zu realisieren.

Wir wollen hierdurch vermeiden, dass Sie nach einem Begriff in beiden Bänden suchen müssen. Außerdem erhalten Sie auf diese Weise einen schnellen Überblick, ob sich ein gesuchter Begriff nur in einem oder in beiden Bänden finden lässt. Vor der Seitenangabe befindet sich zu diesem Zweck entweder einer römische I oder II.

Kapitelübersicht

Wegen des großen Seitenumfangs haben wir uns gegen ein gemeinsames Inhaltsverzeichnis über beide Bände entschieden. Um Ihnen einen Überblick über die 22 Kapitel zu geben, finden Sie diese hier nochmals aufgelistet. Die Kapitel des jeweiligen Bandes finden Sie zusätzlich auf der Buchrückseite.

Band I: Konzeption und Gestaltung
1. Grundlagen der Gestaltung
2. Typografie
3. Layout und Gestaltung
4. Bild- und Filmgestaltung
5. Grafische Zeichen
6. Webdesign
7. Visuelles Marketing
8. Präsentation
9. Medienrecht
10. Medienkalkulation
11. Produktionsmanagement

Band II: Produktion und Technik
1. Medientechnik
2. Informationstechnik
3. Optik
4. Farbe
5. Digitalfotografie
6. Bild und Grafik
7. PDF
8. Database Publishing
9. Drucktechnik
10. Webtechnologien
11. Audiovisuelle Medien

Inhaltsverzeichnis

1 Medientechnik

1.1 Digitale Daten 3

1.1.1	Analoge und digitale Daten	4
1.1.1.1	Analoge Daten	4
1.1.1.2	Analog-digital-Wandlung	4
1.1.1.3	Digitale Daten	5
1.1.2	Zahlensysteme	6
1.1.2.1	Dezimalsystem	6
1.1.2.2	Binärsystem	6
1.1.2.3	Hexadezimalsystem	7
1.1.3	Alphanumerische Codes	8
1.1.3.1	ASCII	8
1.1.3.2	ISO 8859	8
1.1.3.3	Unicode	9
1.1.4	Datenformate	10
1.1.4.1	Bit und Byte	10
1.1.4.2	Vielfache von Byte	10
1.1.5	Aufgaben	13

1.2 Schrifttechnologie 15

1.2.1	Grundbegriffe	16
1.2.1.1	Bitmap-Fonts	16
1.2.1.2	Outline-Fonts	16
1.2.1.3	Hinting	17
1.2.1.4	Anti-Aliasing	17
1.2.1.5	Kerning	18
1.2.2	Fontformate	19
1.2.2.1	Type-1-Fonts	19
1.2.2.2	TrueType-Fonts	20
1.2.2.3	OpenType-Fonts	21
1.2.3	Schriftverwaltung	22
1.2.3.1	Schriftverwaltung unter Mac OS X	22
1.2.3.2	Schriftverwaltung unter Windows	24
1.2.4	Aufgaben	25

1.3 Dateiformate 27

1.3.1	Einführung	28
1.3.2	Alphabetische Übersicht	31
1.3.3	Text- und Layoutformate	32

1.3.4	Office-Formate	33
1.3.5	Bild- und Grafikformate	34
1.3.6	Web- und Multimedia-Formate	36
1.3.7	Audio- und Videoformate	38
1.3.8	Workflow-Formate	40
1.3.9	Aufgaben	41

2 Informationstechnik

2.1 Hardware 45

2.1.1	Komponenten eines Computersystems	46
2.1.1.1	Mikrocomputer	46
2.1.1.2	Peripheriegeräte	46
2.1.2	Hauptplatine (Mainboard)	48
2.1.2.1	Bussysteme	48
2.1.2.2	Schnittstellen	49
2.1.2.3	Steckplätze (Slots)	50
2.1.2.4	Chipsatz	50
2.1.3	Mikroprozessor	51
2.1.3.1	Entwicklung	51
2.1.3.2	Funktionsprinzip	52
2.1.3.3	Leistungsmerkmale	52
2.1.4	Halbleiterspeicher	55
2.1.4.1	Speicherhierarchie	55
2.1.4.2	Schreib-Lese-Speicher (RAM)	56
2.1.4.3	Nur-Lese-Speicher (ROM)	57
2.1.5	Externe Speicher	58
2.1.5.1	Speicherverfahren	58
2.1.5.2	Speicherkennwerte	60
2.1.5.3	Festplatten	61
2.1.5.4	CD (Compact Disc)	63
2.1.5.5	DVD (Digital Versatile Disc)	66
2.1.5.6	Blu-ray Disc (BD)	68
2.1.5.7	Flash-Speicher	70
2.1.6	Grafik	71
2.1.6.1	Grafikprozessor	71
2.1.6.2	Grafikspeicher	72
2.1.6.3	Schnittstellen	72
2.1.6.4	DirectX und OpenGL	72
2.1.7	Monitor	73
2.1.7.1	Thin Film Transistor (TFT)	73
2.1.7.2	Kennwerte	74
2.1.8	Drucker	76

2.1.8.1	Kennwerte	76
2.1.8.2	Tintenstrahldrucker	77
2.1.8.3	Laserdrucker	78
2.1.8.4	Nadeldrucker	79
2.1.8.5	Thermodrucker	80
2.1.9	Maus	81
2.1.10	Tastatur	82
2.1.11	Aufgaben	84

2.2 Netzwerktechnik 87

2.2.1	Grundlagen	88
2.2.1.1	Klassifikation von Netzen	88
2.2.1.2	Nutzungsmöglichkeiten	89
2.2.1.3	Vernetzungskonzepte	89
2.2.2	Netzwerktopologien	92
2.2.2.1	Bus-Topologie	92
2.2.2.2	Ring-Topologie	92
2.2.2.3	Stern-Topologie	93
2.2.2.4	Baum-Topologie	94
2.2.2.5	Physikalische und logische Topologie	95
2.2.2.6	Anwendungsbeispiele	95
2.2.3	Netzwerkverbindung	98
2.2.3.1	Twisted Pair	98
2.2.3.2	Koaxialkabel	99
2.2.3.3	Lichtwellenleiter	99
2.2.3.4	WLAN	99
2.2.3.5	Bluetooth	101
2.2.4	Ethernet	102
2.2.4.1	CSMA/CD	102
2.2.4.2	Ethernet-Standards	103
2.2.4.3	MAC-Adressierung	103
2.2.5	Referenzmodelle	105
2.2.5.1	Einführung	105
2.2.5.2	OSI-Referenzmodell	107
2.2.5.3	TCP/IP-Referenzmodell	109
2.2.6	Netzwerkkomponenten	110
2.2.6.1	Netzwerkadapter	110
2.2.6.2	Switch	111
2.2.6.3	Router	112
2.2.6.4	Gateway	113
2.2.6.5	Netzwerkkomponenten und Referenzmodelle	113
2.2.7	Netzwerkprotokolle und -dienste	115
2.2.7.1	Internet Protocol (IP)	115
2.2.7.2	Dynamic Host Configuration Protocol (DHCP)	118

2.2.7.3	Network Address Translation (NAT)	118
2.2.7.4	Proxy-Server	119
2.2.7.5	Address Resolution Protocol (ARP)	119
2.2.7.6	Transmission Control Protocol (TCP)	120
2.2.7.7	Hypertext Transfer Protocol (HTTP)	121
2.2.7.8	Protokolle im TCP/IP-Referenzmodell	122
2.2.8	Aufgaben	123

2.3 Internet 127

2.3.1	Geschichte des Internets	128
2.3.2	Internetdienste	129
2.3.3	Internetnutzung	130
2.3.4	Datenübertragung	132
2.3.4.1	Internet Protocol (IP)	132
2.3.4.2	Transmission Control Protocol (TCP)	133
2.3.4.3	Domain Name System (DNS)	133
2.3.4.4	Uniform Resource Locator (URL)	135
2.3.5	Internetzugang	136
2.3.5.1	Internet-Service-Provider	136
2.3.5.2	Schmalband-Zugang	136
2.3.5.3	Breitband-Zugang	137
2.3.6	Angriffe aus dem Internet	140
2.3.6.1	Malware	140
2.3.6.2	Gefahrenquelle E-Mail	142
2.3.6.3	Antiviren-Software	143
2.3.6.4	Personal Firewall	144
2.3.6.5	Weitere Schutzmaßnahmen	145
2.3.7	Die Zukunft des Internets	147
2.3.7.1	Triple Play	147
2.3.7.2	Mobiles Internet	147
2.3.7.3	Cloud Computing	147
2.3.7.4	Web X.0	148
2.3.8	Checkliste „Computersicherheit"	150
2.3.9	Aufgaben	151

2.4 Datenbanken 153

2.4.1	Datenbanken in der Medienbranche	154
2.4.2	Datenerfassung	155
2.4.2.1	Karteikarten	155
2.4.2.2	Formulare	155
2.4.2.3	Tabellen	156
2.4.2.4	Datenbanksoftware	156

XV

2.4.3	Datenbankentwurf	157
2.4.3.1	Grundbegriffe	157
2.4.3.2	Forderungen an den Datenbankentwurf	158
2.4.3.3	Normalisierung	159
2.4.3.4	Entity-Relationship-Modell	162
2.4.3.5	Referenzielle Integrität	165
2.4.4	SQL	166
2.4.4.1	Bedeutung von SQL	166
2.4.4.2	SQL-Befehle	167
2.4.5	Datenbankmanagement	169
2.4.5.1	ODBC	169
2.4.5.2	Datenbanksysteme (DBS)	169
2.4.6	Aufgaben	171

3 Optik

3.1 Allgemeine Optik — 177

3.1.1	Das Wesen des Lichts	178
3.1.1.1	Lichtentstehung	178
3.1.1.2	Welle-Teilchen-Dualismus	178
3.1.2	Wellenoptik	179
3.1.2.1	Wellenlänge	179
3.1.2.2	Amplitude	179
3.1.2.3	Polarisation	179
3.1.2.4	Interferenz	180
3.1.2.5	Beugung (Diffraktion)	180
3.1.3	Strahlenoptik – geometrische Optik	181
3.1.3.1	Reflexion und Remission	181
3.1.3.2	Brechung (Refraktion)	181
3.1.3.3	Totalreflexion	182
3.1.3.4	Dispersion	182
3.1.3.5	Streuung	182
3.1.4	Lichttechnik	183
3.1.4.1	Lichttechnische Grundgrößen	183
3.1.4.2	Fotometrisches Entfernungsgesetz	183
3.1.5	Lichtquellen	184
3.1.5.1	Laser	184
3.1.5.2	Entladungslampen	184
3.1.6	Densitometrie	185
3.1.6.1	Kenngrößen	185
3.1.6.2	Halbtondichtemessung	185
3.1.6.3	Durchlicht-Rasterdichtemessung	185

| 3.1.6.4 | Auflicht-Rasterdichtemessung | 186 |
| 3.1.7 | Aufgaben | 187 |

3.2 Fotografische Optik 189

3.2.1	Linsen und Objektive	190
3.2.1.1	Linsenformen	190
3.2.1.2	Linsenfehler	191
3.2.1.3	Bildkonstruktion	192
3.2.1.4	Objektive	194
3.2.1.5	Bildwinkel	195
3.2.1.6	Lichtstärke – relative Öffnung	196
3.2.1.7	Blende	196
3.2.2	Schärfentiefe	197
3.2.3	Aufgaben	199

4 Farbe

4.1 Farbsysteme 203

4.1.1	Farbensehen – Farbmetrik	205
4.1.2	Spektralfotometrische Farbmessung	206
4.1.3	Farbmischungen	207
4.1.3.1	Additive Farbmischung – physiologische Farbmischung	207
4.1.3.2	Subtraktive Farbmischung – physikalische Farbmischung	207
4.1.3.3	Autotypische Farbmischung – Farbmischung im Druck	208
4.1.4	Farbordnungssysteme	209
4.1.4.1	Einteilung	209
4.1.4.2	Sechsteiliger Farbkreis	209
4.1.4.3	RGB-System	210
4.1.4.4	CMYK-System	210
4.1.4.5	Farbauswahlsysteme – indizierte Farben	211
4.1.4.6	CIE-Normvalenzsystem	213
4.1.4.7	CIELAB-System	214
4.1.5	Emission – Remission	217
4.1.5.1	Emission	217
4.1.5.2	Remission	217
4.1.6	Weißabgleich – Graubalance	219
4.1.6.1	Weißabgleich	219
4.1.6.2	Graubalance	219
4.1.7	Metamerie	220
4.1.8	Aufgaben	221

4.2 Color Management 223

4.2.1	Wie viel CMYK ist Erdbeerrot?	224
4.2.2	Profile Connection Space – PCS	226
4.2.3	Farbprofile	227
4.2.3.1	Profilklassen	227
4.2.3.2	ICC-Profile	227
4.2.3.3	Device-Link-Profile	228
4.2.4	Eingabeprofilierung	229
4.2.4.1	Digitalkamera-Profilierung	229
4.2.4.2	Scannerprofilierung	229
4.2.4.3	Eingabe-Profilvergleich	233
4.2.5	Monitorprofilierung	234
4.2.5.1	Grundregeln der Profilierung	234
4.2.5.2	Messtechnische Profilierung	234
4.2.5.3	Visuelle Profilierung	237
4.2.5.4	Profilspeicherung und -zuweisung	243
4.2.5.5	Monitor-Profilvergleich	245
4.2.6	Ausgabeprofilierung	246
4.2.6.1	Verfahrensablauf	246
4.2.6.2	Ausgabeprofilerstellung mit Heidelberg Printopen	246
4.2.7	Standarddruckprofile (Offset)	252
4.2.8	Farbmodus – Arbeitsfarbraum	256
4.2.8.1	Farbmodus	256
4.2.8.2	Arbeitsfarbraum	256
4.2.9	Gamut-Mapping	257
4.2.9.1	PCS – Profile Connection Space	257
4.2.9.2	CMM – Color Matching Modul	257
4.2.9.3	Rendering Intent	257
4.2.9.4	Gamut-Mapping mit Device-Link-Profilen	260
4.2.10	Prozesskontrolle	263
4.2.10.1	ECI-Monitortest	263
4.2.10.2	Fogra Monitor-Testbilder	265
4.2.10.3	Softproof	266
4.2.10.4	Digitalproof	268
4.2.10.5	Ugra/Fogra-Medienkeil	269
4.2.10.6	Visuelle Testformen	270
4.2.10.7	Altona Test Suite	270
4.2.10.8	ECI/bvdm-Graubalance-Kontrolle	273
4.2.11	CM in Bridge	274
4.2.12	CM in Photoshop	275
4.2.12.1	Farbeinstellungen	275
4.2.12.2	Gammut-Mapping	277
4.2.12.3	Digital Proofen und Drucken	278
4.2.12.4	Speichern der Bilddatei	278
4.2.13	CM in Illustrator	279

4.2.14	CM in InDesign	280
4.2.15	CM in QuarkXPress	282
4.2.16	CM in Distiller und Acrobat	283
4.2.16.1	Farbeinstellungen in Distiller	283
4.2.16.2	Farbeinstellungen in Acrobat	283
4.2.17	Aufgaben	284

5 Digitalfotografie

5.1 Kameratechnik 289

5.1.1	Kameratypen	290
5.1.1.1	Kompaktkamera	290
5.1.1.2	Bridgekamera	291
5.1.1.3	Spiegelreflexkamera	291
5.1.2	Sensoren	293
5.1.2.1	Bayer-Matrix	293
5.1.2.2	Foveon X3	294
5.1.2.3	Sensortypen	294
5.1.2.4	Sensorreinigung	294
5.1.3	Kamerafunktionen	295
5.1.3.1	Bildstabilisator	295
5.1.3.2	Empfindlichkeit	295
5.1.3.3	Autofokus	295
5.1.4	Technische Daten	296
5.1.5	Speicherkarten	297
5.1.6	Aufgaben	298

5.2 Bildtechnik 301

5.2.1	Pixel	302
5.2.1.1	Pixelmaß	302
5.2.1.2	Auflösung	302
5.2.1.3	Farbmodus	303
5.2.1.4	Datentiefe, Farbtiefe	303
5.2.1.5	Pixelzahl und Dateigröße	304
5.2.2	Bildfehler	305
5.2.2.1	Rauschen	305
5.2.2.2	Blooming	305
5.2.2.3	Farbsäume	305
5.2.2.4	Moiré	305
5.2.2.5	Artefakte	306
5.2.2.6	Farbstich – fehlerhafter Weißabgleich	306

5.2.3	Bilddateiformate	307
5.2.3.1	JPEG	307
5.2.3.2	RAW	308
5.2.4	Aufgaben	309

6 Bild und Grafik

6.1 Scannen 313

6.1.1	Vorlagen	314
6.1.1.1	Vorlagenarten	314
6.1.1.2	Fachbegriffe	315
6.1.2	Scanner	316
6.1.2.1	Auflösung und Farbe	316
6.1.2.2	Flachbettscanner	317
6.1.3	Grundeinstellungen in der Scansoftware	318
6.1.4	Halbtonvorlagen scannen	319
6.1.5	Strichvorlagen scannen	322
6.1.6	Aufgaben	323

6.2 Bildbearbeitung 325

6.2.1	Das digitale Bild	326
6.2.1.1	Auflösung	326
6.2.1.2	Datentiefe, Farbtiefe	327
6.2.1.3	Farbmodus	328
6.2.1.4	Pixel und Vektor	328
6.2.1.5	Dateiformate	330
6.2.2	Bilddatenübernahme	331
6.2.3	Korrektur technischer Objektivfehler	332
6.2.3.1	Vignettierung	332
6.2.3.2	Verzeichnung	332
6.2.3.3	Farbfehler	332
6.2.4	Bildoptimierung	334
6.2.4.1	Licht und Tiefe	334
6.2.4.2	Gradation	335
6.2.4.3	Bildschärfe	338
6.2.4.4	Farbkorrektur	339
6.2.4.5	Retusche	342
6.2.4.6	Perspektive korrigieren	343
6.2.4.7	Composing	344
6.2.4.8	Bildgröße, Auflösung	345
6.2.5	Erweiterte Bildbearbeitung	346
6.2.5.1	Panoramabild	346

Inhaltsverzeichnis

6.2.5.2	HDR – High Dynamic Range	347
6.2.5.3	RAW	349
6.2.6	Aufgaben	352

6.3 Grafikerstellung 355

6.3.1	Grundlagen	356
6.3.2	Pixelgrafik	357
6.3.2.1	Pixeleigenschaften	357
6.3.2.2	Zeichnen und Malen	357
6.3.2.3	Pixelfarben	358
6.3.2.4	Dateigröße und Auflösung	358
6.3.2.5	Speichern	360
6.3.3	Vektorgrafik	361
6.3.3.1	Kurven	361
6.3.3.2	Zeichnen	361
6.3.3.3	Bildgröße und Auflösung	362
6.3.3.4	Beziehung zwischen Objekten	362
6.3.3.5	Konvertierung	363
6.3.3.6	Speichern	363
6.3.4	SVG – Scalable Vector Graphics	364
6.3.5	3D-Grafik	365
6.3.5.1	Raum	365
6.3.5.2	Punkt (Vertex)	366
6.3.5.3	Linie (Curve, Spline, Edge)…	366
6.3.5.4	Fläche (Polygon, Face)	368
6.3.5.5	Drahtgittermodell (Mesh)	368
6.3.5.6	Non-Uniform Rational B-Splines (NURBS)	369
6.3.5.7	3D-Grafik mit Polygongrundobjekten	369
6.3.5.8	Material	370
6.3.5.9	Kamera	370
6.3.5.10	Licht und Schatten	371
6.3.5.11	Transparenz und Spiegelung	373
6.3.6	Aufgaben	375

6.4 Bild- und Grafikausgabe 377

6.4.1	Bilder und Grafiken für den Druck	378
6.4.1.1	Farbseparation	378
6.4.1.2	Preflight-Check	383
6.4.1.3	Computer-to…	383
6.4.1.4	RIP – Raster Image Processor	383
6.4.1.5	Überfüllen – Trapping	384
6.4.1.6	R.O.O.M. – Rip once, output many	385

XXI

6.4.1.7	OPI – Open Prepress Interface	385
6.4.1.8	Rasterung im Druck	385
6.4.1.9	Amplitudenmodulierte Rasterung – AM	385
6.4.1.10	Frequenzmodulierte Rasterung – FM	390
6.4.1.11	Hybridrasterung – XM	392
6.4.1.12	Effektraster	392
6.4.2	Bilder für das Internet	393
6.4.2.1	Bildgröße	393
6.4.2.2	Dateiformate	393
6.4.2.3	Dateigröße	393
6.4.2.4	Bildoptionen	394
6.4.3	Bildkomprimierung	397
6.4.3.1	JPEG-Komprimierung	397
6.4.3.2	LZW-Komprimierung	399
6.4.3.3	RLE-Komprimierung	399
6.4.3.4	PNG-Komprimierung	400
6.4.4	Aufgaben	401

7 PDF

7.1 PDF-Erstellung 405

7.1.1	PDF – Portable Document Format	406
7.1.2	PostScript	407
7.1.3	Aufbau einer PDF-Datei	408
7.1.3.1	Merkmale einer PDF-Datei	408
7.1.3.2	PDF-Rahmen (-Boxen)	408
7.1.4	PDF in Distiller erstellen	409
7.1.4.1	PDF/X-3	409
7.1.4.2	PDF-Erstellung über PostScript	409
7.1.4.3	Distiller-Optionen PDF/X-3	411
7.1.5	Überwachte Ordner	415
7.1.6	PDF in InDesign erstellen	416
7.1.6.1	PDF-Vorgaben – Joboptions	416
7.1.6.2	PDF/X-3 und PDF/X-4	416
7.1.7	PDF in Photoshop erstellen	417
7.1.7.1	Bilddatei als PDF speichern	417
7.1.7.2	PDF/X-3 und PDF/X-4	417
7.1.8	PDF in Illustrator erstellen	418
7.1.8.1	Grafikdatei als PDF speichern	418
7.1.8.2	PDF/X-3 und PDF/X-4	418
7.1.9	PDF in Acrobat erstellen	419
7.1.9.1	PDF aus Quelldatei	419
7.1.9.2	PDF zusammenführen	419

Inhaltsverzeichnis

7.1.9.3	Screenshot, Scan und Website als PDF	419
7.1.9.4	Eigenschaften	420
7.1.10	PDF-Kompatibilitätsebenen	421
7.1.11	Aufgaben	422

7.2 PDF-Bearbeitung 425

7.2.1	Preflight und Parameter für den Druckprozess	426
7.2.2	Dateien aus Acrobat exportieren	430
7.2.2.1	Nach PDF/X konvertieren	430
7.2.2.2	Preflight-Voreinstellungen	431
7.2.2.3	Programm-Voreinstellungen	431
7.2.3	Seiten und Elemente bearbeiten	432
7.2.3.1	Texte bearbeiten	432
7.2.3.2	Bilder und Grafiken bearbeiten	432
7.2.3.3	Seitenfenster	433
7.2.3.4	PDF erstellen	433
7.2.3.5	Fuß- und Kopfzeile hinzufügen	433
7.2.4	Navigation in der PDF-Datei	434
7.2.5	PDF als Präsentationsmedium	435
7.2.6	Formulare	436
7.2.6.1	Formularelemente	436
7.2.6.2	Formular in Acrobat erstellen	436
7.2.6.3	Formular erstellen und Formulardaten exportieren	436
7.2.7	Sicherheit	438
7.2.7.1	Kennwortschutz	438
7.2.7.2	Zertifikatsicherheit	438
7.2.7.3	Sicherheitsrichtlinien und PDF/X	438
7.2.8	Aufgaben	439

8 Database Publishing

8.1 XML 443

8.1.1	Grundlagen	444
8.1.1.1	Überblick	444
8.1.1.2	XML-Tags	446
8.1.2	Grundstruktur einer XML-Datenbank	450
8.1.3	XML-Textimport in InDesign	454
8.1.3.1	XML-Werkzeuge	454
8.1.3.2	Anlegen einer XML-Struktur in Adobe InDesign	456
8.1.3.3	Mehrfachnutzen mit XML	459
8.1.3.4	XML-Importfunktionen	461

XXIII

8.1.4	XML-Bildexport aus InDesign	463
8.1.5	XML-Reisekatalog	466
8.1.6	Ausblick	472
8.1.7	Aufgaben	473

8.2 Web-to-Print 475

8.2.1	Begriffsklärung	476
8.2.2	Prozessablauf Web-to-Print	478
8.2.2.1	Drucksachen aus dem Netz	478
8.2.2.2	Eingabeverfahren	479
8.2.2.3	Web-to-Print-Templates	479
8.2.3	Web-to-Print aus Kundensicht	482
8.2.4	Serverlösung	484
8.2.4.1	InDesign Server	484
8.2.4.2	InDesign Server und iBrams	486
8.2.5	Aufgaben	489

8.3 Variabler Datendruck 491

8.3.1	Datentechnische Grundlagen	492
8.3.2	Variabler Datendruck in der Textverarbeitung	496
8.3.3	Variabler Datendruck mittels Layoutprogramm	500
8.3.3.1	Ausgangsdaten für den variablen Datendruck	500
8.3.3.2	Export der Daten als Text	500
8.3.3.3	Exportieren der Daten	501
8.3.3.4	Import der Datensätze	502
8.3.3.5	Vorschau der Datendateien.	504
8.3.3.6	Optionen für Inhaltsplatzierung von Bildern	504
8.3.3.7	Zusammengeführtes Dokument erstellen	504
8.3.4	Variabler Datendruck von PDF-Dokumenten	506
8.3.5	Gestaltung und Planung variabler Drucksachen	514
8.3.6	Aufgaben	517

8.4 eBook 519

8.4.1	eBook – Lesen in neuer Dimension?	520
8.4.2	ePUB	524
8.4.3	Adobe Digital Editions	526
8.4.4	Calibre	527
8.4.5	eBook, Google und eBook-Kauf	532
8.4.6	Gestaltungsgrundsätze für eBooks	535
8.4.6.1	Kauf eines eReaders	535

8.4.6.2	Grafische Aufbereitung der eBooks	535
8.4.7	eBooks – Überblick	537
8.4.8	eBook-Formate – Überblick	538
8.4.9	Aufgaben	539

9 Drucktechnik

9.1 Konventioneller Druck 543

9.1.1	Johannes Gutenberg	544
9.1.2	Grundbegriffe	546
9.1.2.1	Produktionsprozess Druck	546
9.1.2.2	Druckmaschinen	546
9.1.2.3	Druckprinzipe	547
9.1.2.4	Konventionelle Druckverfahren (IP-Verfahren)	548
9.1.2.5	Kontaktlose Druckverfahren (NIP-Verfahren)	548
9.1.3	Buchdruck	549
9.1.3.1	Buchdruckverfahren	549
9.1.3.2	Merkmale und Anwendung des Buchdrucks	549
9.1.3.3	Bedeutung der Erkennungsmerkmale	551
9.1.4	Flexodruck	552
9.1.4.1	Flexodruckverfahren	552
9.1.4.2	Druckformherstellung	554
9.1.4.3	Flexodruckmaschinen	557
9.1.4.4	Merkmale und Anwendung des Flexodrucks	560
9.1.5	Lettersetdruck	561
9.1.5.1	Lettersetdruckverfahren	561
9.1.5.2	Merkmale und Anwendung des Lettersetdrucks	561
9.1.6	Tiefdruck	562
9.1.6.1	Illustrationstiefdruck	562
9.1.6.2	Druckformherstellung	564
9.1.6.3	Merkmale und Anwendung des Illustrationstiefdrucks	568
9.1.6.4	Tampondruck	569
9.1.7	Historische Flachdruckverfahren	570
9.1.7.1	Lithografie	570
9.1.7.2	Lichtdruck	571
9.1.7.3	Blechdruck	571
9.1.8	Offsetdruck	572
9.1.8.1	Prinzip der Druckbildübertragung	572
9.1.8.2	Druckformherstellung	573
9.1.8.3	Computer-to-Belichtung	575
9.1.8.4	Offsetdruckformen	577
9.1.8.5	Lichtempfindliche Schichten	577
9.1.8.6	Druckplattensysteme	578

XXV

9.1.8.7	Trägermetall	580
9.1.8.8	Wasserlose Offsetplatten	582
9.1.8.9	Prozesskontrolle	584
9.1.8.10	Beispiele Offsetdruckplatten	585
9.1.8.11	CtP-Workflow	586
9.1.8.12	Offsetdruckmaschinen	587
9.1.8.13	pH-Wert und Offsetdruck	594
9.1.8.14	Wasserhärte und Offsetdruck	596
9.1.8.15	Einfärbeprinzip beim Offsetdruckverfahren	598
9.1.8.16	Merkmale und Anwendung des Offsetdrucks	600
9.1.9	Siebdruck	601
9.1.9.1	Geschichte des Siebdrucks	601
9.1.9.2	Siebdruckverfahren	601
9.1.9.3	Siebdruck-Druckformen	602
9.1.9.4	Druckformherstellung	605
9.1.9.5	Siebdruck-Druckprinzipe	606
9.1.9.6	Merkmale und Anwendung des Siebdrucks	608
9.1.10	Erkennungsmerkmale der Hauptdruckverfahren	609
9.1.11	Tonwertzunahme im Druck	610
9.1.11.1	Tonwertzuwachs mit Profilen anpassen	612
9.1.11.2	Korrektur Tonwertzunahme	612
9.1.11.3	ICC-Profil und Papiertyp	613
9.1.12	Kontrollmittel für den Druck	616
9.1.13	Druckmaschinenleistungen – Berechnungen	618
9.1.14	Aufgaben	620

9.2 Digitaldruck 623

9.2.1	Einführung und Überblick	624
9.2.2	Digitaldruck-Workflow	628
9.2.3	Digitaldruck-Geschäftsmodelle	632
9.2.3.1	Wide-Format-Bereich Großformatdruck	632
9.2.3.2	Dokumentenbereich (Einzelblattdrucke)	632
9.2.3.3	Endlosbereich (Endlosdrucke von der Rolle)	634
9.2.4	Aufbau einer Digitaldruckeinheit	636
9.2.5	Elektrofotografischer Druck mit Festtoner	639
9.2.6	Elektrofotografischer Druck mit Flüssigtoner	642
9.2.7	Inkjet-Verfahren	644
9.2.7.1	Continuous-Inkjet	644
9.2.7.2	Drop-on-Demand	645
9.2.7.3	Stream-Inkjet-Technologie von Kodak	647
9.2.7.4	Fotodrucker	649
9.2.7.5	Merkmale und Anwendung des Inkjet-Drucks	650
9.2.8	Thermotransferdruck	651
9.2.9	Großformatiger Digitaldruck	652

9.2.9.1	Ströer Bahnhofsstudie „Insight Station"	656
9.2.9.2	Wirksamkeit der XXL-Werbung	657
9.2.10	Out-of-Home-Medien	659
9.2.11	Datenaufbereitung für den Großformatdruck	662
9.2.12	Checklisten Datenaufbereitung Großformatdruck	664
9.2.13	Digigraphie – eine neue Kunstform	666
9.2.14	Aufgaben	668

9.3 Ausschießen — 671

9.3.1	Begriffsklärung	672
9.3.1.1	Drucktechnische Begriffe	672
9.3.1.2	Wendearten der Bogen	675
9.3.2	Ausschießregeln	676
9.3.2.1	Ausschießmuster	676
9.3.2.2	Falzmuster	678
9.3.3	Aufgaben	679

9.4 Druckveredelung — 681

9.4.1	Veredelungsverfahren	682
9.4.2	Lackieren	684
9.4.3	Prägen	692
9.4.4	Kaschieren	693
9.4.5	Exklusive Effektlackierungen	694
9.4.6	Aufgaben	695

9.5 Weiterverarbeitung — 697

9.5.1	Grundlagen	698
9.5.1.1	Weiterverarbeitung im Print-Workflow	698
9.5.1.2	Produkte	698
9.5.1.3	Bund und Außenseiten	699
9.5.2	Schneiden	700
9.5.2.1	Bahnverarbeitung	700
9.5.2.2	Schneiden von Druckbogen	700
9.5.3	Falzen	701
9.5.3.1	Falzprinzipien	701
9.5.3.2	Falzarten	702
9.5.3.3	Falzmuster und Falzfolge	702
9.5.4	Binden, Heften und Endfertigen	703
9.5.4.1	Sammelheften	703
9.5.4.2	Zusammentragen	703

9.5.4.3	Blockdrahtheftung	704
9.5.4.4	Klebebinden	704
9.5.4.5	Fadensiegeln	704
9.5.4.6	Fadenheften	705
9.5.4.7	Ableimen	705
9.5.4.8	Schneiden	705
9.5.4.9	Endfertigung	706
9.5.5	Aufgaben	707

9.6 Papier — 709

9.6.1	Papierherstellung	710
9.6.1.1	Faserrohstoffe	710
9.6.1.2	Stoffaufbereitung – Mahlung	712
9.6.1.3	Füll- und Hilfsstoffe	712
9.6.1.4	Papiermaschine	713
9.6.2	Papierveredelung und -ausrüstung	714
9.6.2.1	Streichen	714
9.6.2.2	Satinieren	714
9.6.2.3	Ausrüsten	715
9.6.3	Papiereigenschaften und -sorten	716
9.6.3.1	Stoffzusammensetzung	716
9.6.3.2	Oberfläche	716
9.6.3.3	Wasserzeichen	717
9.6.3.4	Laufrichtung	718
9.6.3.5	Flächenmasse, Dicke und Volumen	719
9.6.3.6	Papiertypen nach DIN/ISO 12647	720
9.6.3.7	Papiere für Inkjet- und Laserdruck	720
9.6.4	Papier und Klima	721
9.6.5	Papierformate	722
9.6.6	Aufgaben	723

9.7 Druckfarbe — 725

9.7.1	Aufbau und Herstellung	726
9.7.1.1	Aufbau	726
9.7.1.2	Herstellung	727
9.7.1.3	Anforderungsprofile	728
9.7.2	Druckfarbentrocknung	729
9.7.2.1	Physikalische Trocknung	729
9.7.2.2	Chemische Trocknung	729
9.7.2.3	Kombinationstrocknung	729
9.7.3	Druckfarbeneigenschaften	730
9.7.3.1	Rheologie	731

| 9.7.3.2 | Echtheiten | 731 |
| 9.7.4 | Aufgaben | 733 |

10 Webtechnologien

10.1 HTML 737

10.1.1	Grundlagen	738
10.1.1.1	Was ist HTML?	738
10.1.1.2	HTML, XHTML, HTML5	739
10.1.1.3	HTML-Editoren	740
10.1.1.4	HTML-Tutorial	741
10.1.2	Merkmale einer HTML-Datei	742
10.1.2.1	Grundgerüst	742
10.1.2.2	Zeichensatz	742
10.1.2.3	Farbangaben	743
10.1.2.4	Schriften	744
10.1.2.5	Dateinamen	745
10.1.2.6	Dateien referenzieren	746
10.1.3	Meta-Tags	747
10.1.4	Text	748
10.1.5	Bild und Grafik	749
10.1.5.1	Dateiformate	749
10.1.5.2	Einbinden in HTML-Dateien	751
10.1.6	Tabellen	752
10.1.7	Hyperlinks	753
10.1.7.1	Definition und Merkmale	753
10.1.7.2	Arten von Hyperlinks	753
10.1.8	Formulare	756
10.1.8.1	Aufgaben eines Formulars	756
10.1.8.2	Struktur eines Formulars	756
10.1.9	Frames sind out	758
10.1.10	XHTML	759
10.1.10.1	XML, DTD und XSL	759
10.1.10.2	Von HTML zu XHTML	760
10.1.11	Webbrowser	761
10.1.12	Aufgaben	762

10.2 CSS 767

10.2.1	Grundlagen	768
10.2.1.1	Was ist CSS?	768
10.2.1.2	CSS versus HTML	769

XXIX

10.2.2	Definition von CSS	770
10.2.2.1	Externe CSS-Definition	770
10.2.2.2	Zentrale CSS-Definition	771
10.2.2.3	Lokale CSS-Definition	772
10.2.3	Selektoren	773
10.2.3.1	HTML-Elemente	773
10.2.3.2	Universalselektor	773
10.2.3.3	Klassen	774
10.2.3.4	Individualformate	775
10.2.3.5	Pseudoklassen	775
10.2.3.6	Rangfolge von Selektoren	776
10.2.4	Maßeinheiten	778
10.2.5	Farbangaben	780
10.2.6	Typografische Gestaltung	781
10.2.6.1	Schrift und Schriftattribute	781
10.2.6.2	Absätze	782
10.2.6.3	Abstände und Rahmen	782
10.2.6.4	Listen	783
10.2.6.5	Tabellen	784
10.2.7	Hintergründe	785
10.2.8	Layouten	786
10.2.8.1	Blockelement <div>	786
10.2.8.2	Positionieren von Blockelementen	787
10.2.8.3	Darstellung des Inhalts im Blockelement	790
10.2.8.4	Blockelement zur Anpassung an das Browserfenster	791
10.2.8.5	Printlayouts	791
10.2.9	Anwendungsbeispiel	792
10.2.10	Aufgaben	797

10.3 Programmieren   801

10.3.1	Einführung	802
10.3.2	Variable	803
10.3.2.1	Merkmale	803
10.3.2.2	Variablennamen	803
10.3.2.3	Datentypen	804
10.3.2.4	Variablendeklaration	804
10.3.2.5	Wertzuweisung	805
10.3.2.6	Operatoren	805
10.3.3	Verzweigungen	806
10.3.3.1	If-Verzweigung	806
10.3.3.2	Switch-Verzweigung	807
10.3.4	Schleifen	808
10.3.4.1	For-Schleife	808
10.3.4.2	While-Schleife	809

10.3.4.3	Do-while-Schleife	809
10.3.5	Felder (Arrays)	810
10.3.6	Funktionen (Methoden)	811
10.3.6.1	Funktionen definieren	811
10.3.6.2	Funktionen mit Parametern	812
10.3.7	Objektorientiere Programmierung (OOP)	813
10.3.7.1	Was sind Objekte?	813
10.3.7.2	Objekte und Klassen	813
10.3.7.3	Punktnotation	814
10.3.7.4	Klassenbibliotheken	816
10.3.8	Guter Programmierstil	817
10.3.8.1	Formatierung	817
10.3.8.2	Kommentare	817
10.3.8.3	Sprechende Namen	817
10.3.9	Aufgaben	818

10.4 JavaScript und Ajax — 821

10.4.1	Einführung	822
10.4.1.1	Was ist JavaScript?	822
10.4.1.2	JavaScript: Pro und Contra	822
10.4.1.3	JavaScript einbinden	823
10.4.2	Fenster	825
10.4.2.1	Modale Fenster	825
10.4.2.2	Fenster öffnen	826
10.4.2.3	Fenster schließen	827
10.4.2.4	Fensterinhalt drucken	827
10.4.3	Formulare	828
10.4.3.1	Formularzugriff	828
10.4.3.2	Textfelder	829
10.4.3.3	Radiobuttons	829
10.4.3.4	Auswahllisten	830
10.4.3.5	Checkboxen	830
10.4.3.6	Zusammenfassung	830
10.4.4	Ajax	831
10.4.4.1	Was ist Ajax?	831
10.4.4.2	Einfache Ajax-Anwendungen	834
10.4.5	Aufgaben	837

10.5 PHP — 839

| 10.5.1 | Einführung | 840 |
| 10.5.1.1 | Statische und dynamische Webseiten | 840 |

XXXI

10.5.1.2	Webtechnologien	840
10.5.1.3	XAMPP	842
10.5.1.4	PHP einbinden	844
10.5.1.5	Textausgabe und -formatierung	844
10.5.2	Datum und Uhrzeit	845
10.5.3	Dateizugriff	846
10.5.3.1	Textdateien	846
10.5.3.2	CSV-Dateien	847
10.5.4	Formularzugriff	848
10.5.4.1	Datenübertragung	848
10.5.4.2	Datenverarbeitung	848
10.5.5	Textverarbeitung	852
10.5.5.1	Groß- und Kleinschreibung	852
10.5.5.2	Leerzeichen	853
10.5.5.3	Sonderzeichen	853
10.5.5.4	HTML-Tags	853
10.5.6	Datenbankzugriff	854
10.5.6.1	Datenbank mit phpMyAdmin erstellen	854
10.5.6.2	Datensätze auslesen	856
10.5.6.3	Datensätze filtern	858
10.5.6.4	Datensätze hinzufügen	860
10.5.6.5	Dateien uploaden	861
10.5.6.6	Datensätze löschen	864
10.5.6.7	Übersicht der SQL-Befehle	865
10.5.7	Aufgaben	866

10.6 Flash und ActionScript   869

10.6.1	Einführung	870
10.6.1.1	Was ist Flash?	870
10.6.1.1	Entwicklungsumgebung	871
10.6.2	Flash-Filme erstellen	872
10.6.2.1	Voreinstellungen	872
10.6.2.2	Grafiken	872
10.6.2.3	Text	875
10.6.2.4	Symbole, Instanzen, Bibliothek	876
10.6.2.5	Zeitleiste	879
10.6.2.6	Sound und Video importieren	881
10.6.2.7	Film veröffentlichen	883
10.6.3	Animationstechniken	885
10.6.3.1	Bild-für-Bild-Animation	885
10.6.3.2	Bewegungs-Tween	886
10.6.3.3	Form-Tween	890
10.6.3.4	Masken	890
10.6.3.5	Inverse Kinematik	891

10.6.3.6	Verschachtelte Animationen	892
10.6.4	ActionScript	894
10.6.4.1	Einführung	894
10.6.4.2	ActionScript erstellen	894
10.6.4.3	Zeitleiste steuern	896
10.6.4.4	Dynamischer Text	898
10.6.4.5	Bilder laden	900
10.6.4.6	Sound steuern	901
10.6.4.7	Animationen programmieren	904
10.6.5	Aufgaben	909

10.7 Content Management   911

10.7.1	Grundbegriffe	912
10.7.1.1	Content-Management-System	912
10.7.1.2	Database Publishing – Content-Management-System	912
10.7.1.3	Clientseitige Systeme	912
10.7.1.4	Serverseitige Systeme	913
10.7.1.5	Nutzen eines CMS	913
10.7.1.6	Prinzip eines CMS	913
10.7.1.7	Klassifizierung der CMS	914
10.7.2	Kurzes Briefing einer Beispielsite	915
10.7.2.1	Siteelemente	915
10.7.2.2	Inhalte	915
10.7.3	Anmeldung und Nutzerverwaltung	916
10.7.3.1	Anmeldung	916
10.7.3.2	Rechteabstufung	916
10.7.4	Kategorien und Beiträge	917
10.7.4.1	Kategorien	917
10.7.4.2	Beiträge	917
10.7.5	Menüs	920
10.7.5.1	Menüs erstellen	920
10.7.5.2	Menüpunkttypen	920
10.7.6	Templates	921
10.7.6.1	Templates verwalten	922
10.7.6.2	Templates modifizieren	922
10.7.7	Module, Plug-in und Erweiterungen	923
10.7.7.1	Module	923
10.7.7.2	Plug-in	924
10.7.7.3	Erweiterungen	924
10.7.8	Kontaktformular	925
10.7.9	Downloadbereich	926
10.7.10	Lokale Entwicklungsumgebungen	928
10.7.10.1	MAMP	928
10.7.10.2	XAMPP	929

10.7.10.3	HTDOCS und MYSQL	930
10.7.11	Umzug auf einen Webserver	931
10.7.11.1	CMS-Installation	931
10.7.11.2	Datenbankexport/-import	931
10.7.11.3	HTDOCS	932
10.7.11.4	configuration.php	932
10.7.12	Aufgaben	934

10.8 Online 937

10.8.1	Domain-Name	938
10.8.1.1	Struktur des Domain-Namens	938
10.8.1.2	Domain-Registrierung	939
10.8.2	Rechtliche Aspekte	940
10.8.2.1	Urheberrecht	940
10.8.2.2	Impressum	940
10.8.2.3	Haftungsausschluss	941
10.8.3	Testing	942
10.8.3.1	Browserkompatibilität	942
10.8.3.2	Validität	943
10.8.3.3	Upload	943
10.8.4	Webhosting	945
10.8.4.1	Internet Service Provider	945
10.8.4.2	Webhosting-Angebote	945
10.8.5	Suchmaschinen-Optimierung	946
10.8.6	Aufgaben	947

11 Audiovisuelle Medien

11.1 Audiotechnik 951

11.1.1	Physiologie des Hörens	952
11.1.2	Grundbegriffe	953
11.1.2.1	Ton, Tonhöhe und Tonstärke	953
11.1.2.2	Pegel	954
11.1.2.3	Ton, Klang und Geräusch	955
11.1.3	Digitale Audiotechnik	956
11.1.3.1	Analog- versus Digitaltechnik	956
11.1.3.2	Digitale Kennwerte	957
11.1.3.3	Audiodaten	958
11.1.4	Audioformate	960
11.1.4.1	Audioformate ohne Qualitätsverlust	960
11.1.4.2	Audioformate mit Qualitätsverlust	960

XXXIV

Inhaltsverzeichnis

11.1.4.3	Digital Rights Management	962
11.1.5	Audiohardware	963
11.1.5.1	Homerecording	963
11.1.5.2	Mischpult	964
11.1.5.3	Studiomikrofone	965
11.1.5.4	Audio-Interface	966
11.1.5.5	Studiomonitore	967
11.1.5.6	Surround-Sound	968
11.1.5.7	Aufbau der Hardware	969
11.1.6	Soundbearbeitung	970
11.1.6.1	Audioeditoren	970
11.1.6.2	Aufnahme	970
11.1.6.3	Mastering	971
11.1.7	MIDI	974
11.1.8	Aufgaben	975

11.2   Videotechnik   979

11.2.1	Grundlagen der Fernsehtechnik	980
11.2.1.1	Interlace-Verfahren	980
11.2.1.2	Fernsehnormen	981
11.2.1.3	Bildformate	982
11.2.1.4	Bilddarstellung	983
11.2.2	Analoge und digitale Videosignale	984
11.2.2.1	Analoge Videosignale	984
11.2.2.2	Digitalisierung	985
11.2.2.3	Color-Subsampling	985
11.2.2.4	Videodaten	986
11.2.3	Videokompression	988
11.2.3.1	Einführung	988
11.2.3.2	Video-Codecs	988
11.2.3.3	Verlustfreie oder verlustbehaftete Kompression	988
11.2.3.4	MPEG	990
11.2.3.5	H.264	991
11.2.3.6	DivX	991
11.2.4	Videoformate	992
11.2.4.1	Containerformate	992
11.2.4.2	QuickTime	992
11.2.4.3	Windows Media	992
11.2.4.4	MPEG	993
11.2.4.5	Flash-Video	993
11.2.4.6	RealMedia	994
11.2.4.7	DVD-Video (VOB)	994
11.2.5	Videohardware	995
11.2.5.1	Camcorder	995

XXXV

11.2.5.2	Beleuchtung	996
11.2.5.3	Ton	998
11.2.6	Postproduktion	999
11.2.6.1	Videoeditoren	999
11.2.6.2	Videoschnitt	999
11.2.6.3	Timecode	1001
11.2.7	AV-Streaming	1002
11.2.8	Tonsysteme	1004
11.2.8.1	Tonformate	1004
11.2.8.2	Tonstandards	1005
11.2.9	Aufgaben	1006

12 Anhang

12.1 Formelsammlung 1011

| 12.1.1 | Formeln im Band „Konzeption und Gestaltung" | 1012 |
| 12.1.2 | Formeln im Band „Produktion und Technik" | 1013 |

12.2 Lösungen 1019

12.2.1	1 Medientechnik	1020
12.2.2	2 Informationstechnik	1023
12.2.3	3 Optik	1033
12.2.4	4 Farbe	1037
12.2.5	5 Digitalfotografie	1042
12.2.6	6 Bildverarbeitung	1046
12.2.7	7 PDF	1053
12.2.8	8 Database Publishing	1057
12.2.9	9 Drucktechnik	1063
12.2.10	10 Webtechnologien	1075
12.2.11	11 Audiovisuelle Medien	1094

12.3 Links, Normen, Literatur 1101

12.3.1	Internetadressen	1102
12.3.2	DIN-/ISO-Normen	1106
12.3.2.1	Fachsprache, Terminologie, Einheiten, Korrektur	1106
12.3.2.2	Drucktechnik, Druckkontrolle, Druckverfahren, Druck-prozesse	1106
12.3.2.3	Farben, Farbbegriffe, Farbnormen, Farbprüfung, Materialien	1107

Inhaltsverzeichnis

12.3.2.4	Papiererzeugnisse, Papierformate, Vordruckgestaltung und Datenverarbeitung	1108
12.3.2.5	Dokumentenstruktur, Titelangaben, technisches Zeichnen und ISBN	1108
12.3.2.6	Qualitätsmanagement	1108
12.3.3	Literatur	1109

12.4 Stichwortverzeichnis   **1119**

XXXVII

Medientechnik

1.1 Digitale Daten

1.1.1	Analoge und digitale Daten	4
1.1.2	Zahlensysteme	6
1.1.3	Alphanumerische Codes	8
1.1.4	Datenformate	10
1.1.5	Aufgaben	13

1.1.1 Analoge und digitale Daten

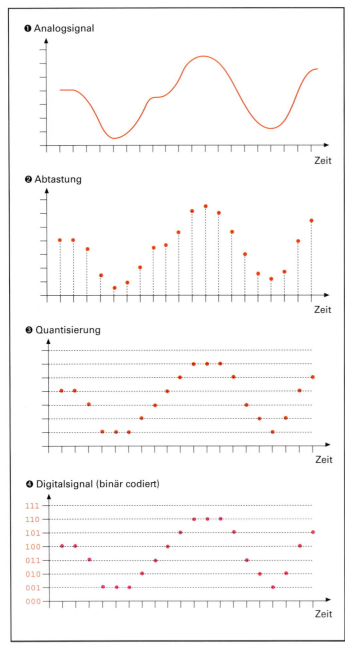

Analog-digital-Wandlung

Eine Analog-digital-Wandlung erfolgt immer in den zwei Schritten Abtastung ❷ und Quantisierung ❸.

1.1.1.1 Analoge Daten

Wir leben in einer analogen Welt: Musik, Sprache, Farben, Formen.

Zur Verarbeitung werden diese Informationen mit Hilfe von elektrischen Geräten gemessen. So wird beispielsweise bei einem Scanner eine Zeile mit lichtempfindlichen elektronischen Bauelementen über die beleuchtete Vorlage bewegt und die reflektierte Lichtmenge gemessen. Bei einem Mikrofon werden die Luftdruckschwankungen in elektrische Spannungen umgesetzt und bei einer Digitalkamera messen lichtempfindliche CCD-Elemente die einfallende Lichtmenge.

Alle Messungen ergeben kontinuierliche Signale. Dies bedeutet, dass zu jeder beliebigen Zeit ein elektrischer Messwert vorhanden ist ❶. Gemeinsames Merkmal analoger Signale ist also, dass es sich um zeitlich und elektrisch kontinuierliche Signale handelt. Computer können mit diesen Signalen nichts anfangen, da sie beliebig (unendlich) viele Informationen enthalten.

1.1.1.2 Analog-digital-Wandlung

Computer verarbeiten ausschließlich Zahlen. Daraus folgt, dass alle analogen Signale zur Verarbeitung durch einen Computer umgewandelt werden müssen. Dieser Vorgang wird als Analog-digital-Wandlung bezeichnet. Er findet stets in folgenden zwei Schritten statt:

Abtastung (Sampling)
Die Messung eines Analogsignals zu festen Zeiten wird als Abtastung bezeichnet. Hierdurch wird erreicht, dass eine unendlich große Zahl von Messwerten auf eine abzählbare, „diskrete" Anzahl reduziert wird. Bis zur nächsten

Messung wird der gemessene Wert zwischengespeichert, so dass sich die in der Abbildung ❷ dargestellte Treppenfunktion ergibt.

Der Kennwert einer Abtastung ist die Anzahl an Messwerten, die pro Sekunde gemessen werden. Physikalisch betrachtet handelt es sich um eine Frequenz (*Abtastfrequenz, Abtastrate*). Frequenzen werden in Hertz [Hz] gemessen. Eine Abtastfrequenz von 20 kHz bedeutet, dass 20.000 Messungen pro Sekunde vorgenommen werden.

Beachten Sie, dass ein Abtastsignal immer noch analog ist, da die Messwerte beliebige (kontinuierliche) Werte annehmen können.

Quantisierung

Im zweiten Schritt muss eine Reduktion der Messwerte auf eine abzählbare Anzahl erfolgen. Der lateinische Begriff „digitus" bedeutet Finger. Digital heißt also nichts anderes als mit den Fingern abzählbar. Der Vorgang der Umwandlung der analogen Messwerte in ein digitales Signal wird als *Quantisierung* bezeichnet ❸. Nach der Festlegung der digitalen Stufenzahl kann jeder Messwert der Stufe zugeordnet werden, der er am nächsten ist. Dies ist zwangsläufig mit einer geringfügigen Verfälschung des Signals verbunden. Damit sich dieser Qualitätsverlust nicht negativ auf die weitere Verarbeitung der Daten auswirkt, muss die Anzahl der Stufen ausreichend hoch gewählt werden.

Da die Anzahl an digitalen Stufen maßgeblichen Einfluss auf die Datenmenge hat, ist es sinnvoll, die Stufenanzahl als Vielfaches der Speichereinheit „Bit" anzugeben. Wie Sie im nächsten Abschnitt nachlesen können, ergeben sich aus n Bit 2^n Werte: So besitzt beispielsweise ein RGB-Bild eine

Farbtiefe von n = 24 Bit, so dass sich 2^{24} = 16,78 Millionen Werte und damit Farben ergeben. Für Sounds in CD-Qualität reichen bereits n = 16 Bit aus, das entspricht 2^{16} = 65.536 Werten.

Abschließend sei darauf hingewiesen, dass für unsere „analog" arbeitenden Gehirne eine Rückwandlung der digitalen in analoge Signale notwendig ist. Diese Digital-analog-Wandlung erfolgt durch die Ausgabegeräte Grafikkarte bzw. Monitor und Soundkarte bzw. Lautsprecher.

1.1.1.3 Digitale Daten

Nach Abschluss der Analog-Digital-Wandlung liegen alle Informationen digital, also in Form von Zahlen, vor, mit denen ein Computer allerdings noch immer nichts anfangen kann.

Der Grund hierfür ist, dass der Mikroprozessor eines Computers aus einer sehr großen Anzahl von elektronischen Schaltern (Transistoren) besteht. Diese können – wie alle Schalter – nur die beiden Zustände Ein und Aus annehmen. Um mit Hilfe von Schaltern Daten verarbeiten zu können, müssen diese auf zwei Zustände reduziert werden. Es liegt also nahe, alle Zahlen derart umzuwandeln, dass nur noch Nullen und Einsen vorhanden sind. Man spricht in diesem Fall von binären Daten. *Ein binäres Signal ist also ein digitales Signal, bei dem genau zwei Werte vorkommen: null oder eins.*

Damit ein Computer auch alphanumerische Daten, also Buchstaben und Ziffern, verarbeiten kann, müssen auch diese in binäre Ziffernfolgen umgewandelt werden – man spricht hierbei von Codierung.

Digitale Daten

Band II – Seite 313
6.1 Scannen

Band II – Seite 956
11.1.3 Digitale Audiotechnik

Band II – Seite 984
11.2.2 Analoge und digitale Videosignale

Digitale und binäre Daten

Ein binäres Signal ist ein digitales Signal, bei dem genau zwei Werte vorkommen: null oder eins.

Binäre Daten sind also immer digitale Daten. Umgekehrt gilt dies nicht: Digitale Daten müssen nicht binär sein, z.B. Dezimalsystem, Hexadezimalsystem.

5

1.1.2 Zahlensysteme

1.1.2.1 Dezimalsystem

Zum Verständnis des binären Zahlensystems ist es hilfreich, zunächst einen Blick auf das uns vertraute Dezimalsystem zu werfen. Dieses Zahlensystem besteht aus zehn Ziffern von 0 bis 9 und der Zahlenbasis 10. Im Beispiel sehen Sie, wie sich eine Zahl aus Ziffern und Basis zusammensetzen lässt:

Darstellung einer Dezimalzahl
Ziffer · Basis$^{\text{Stelle 0}}$ + Ziffer · Basis$^{\text{Stelle 1}}$ + ...
z. B. $365 = 5 \cdot 10^0 + 6 \cdot 10^1 + 3 \cdot 10^2$

Aus der Position der Ziffer – also die Einer, Zehner, Hunderter – ergibt sich der jeweilige Exponent für die Zahlenbasis 10. Wichtig ist, dass von rechts immer mit dem Exponent null begonnen wird (10^0 ergibt 1).

1.1.2.2 Binärsystem

Nach diesen Vorüberlegungen ist der Aufbau des Binärsystems leicht zu verstehen. Das Zahlensystem enthält lediglich die beiden Ziffern 0 und 1 und besitzt die Zahlenbasis 2. Der Aufbau einer Zahl erfolgt analog zum Dezimalsystem durch fortlaufende Multiplikation von Ziffern mit der Basis hoch Stellenzahl:

binär → dezimal	π
100011 b (binär)
$= 1 \cdot 2^0 + 1 \cdot 2^1 + 0 \cdot 2^2 + 0 \cdot 2^3 + 0 \cdot 2^4 + 1 \cdot 2^5$
$= 1 + 2 + 0 + 0 + 0 + 32$
$= 35$ (dezimal)

Zur Darstellung der Dezimalzahl 35 im Binärsystem ist also die Ziffernfolge 100011 b notwendig. Durch das „b" wird angedeutet, dass es sich um eine Binärzahl und nicht um die Dezimalzahl einhunderttausendundelf handelt. Zur weiteren Unterscheidung sind die Binärzahlen immer als einzelne Ziffern – also Eins-Null-Null-Null-Eins-Eins – zu lesen.

Beim Vergleich von Dezimal- mit Binärzahlen erkennen Sie, dass für die Darstellung der gleichen Zahl im Binärsystem wesentlich mehr Stellen benötigt werden. So lassen sich im Dezimalsystem mit acht Stellen 10^8 oder 100 Millionen Zahlen von 0 bis 99.999.999 darstellen. Im Binärsystem sind mit acht Stellen nur 2^8 oder 256 unterschiedliche Zahlen möglich, wobei die kleinste Zahl 0 b und die größte Zahl 11111111 b (255) lautet. Der Nachteil des binären Zahlensystems besteht also darin, dass die Zahlen sehr groß werden und damit viel Speicherplatz belegen.

Oft ist es erforderlich, dass die Zahlenkonvertierung in umgekehrter Richtung vom Dezimal- in das Binärsystem erfolgt. Auch diese Konvertierung ist nicht sonderlich schwierig und geschieht durch fortlaufende Division der Dezimalzahl durch die Zahlenbasis 2 des Binärsystems. Der jeweils verbleibende Rest der ganzzahligen Division liefert die Ziffern der sich ergebenden Binärzahl. Das Beispiel zeigt die Umwandlung der Dezimalzahl 35 in die zugehörige Binärzahl:

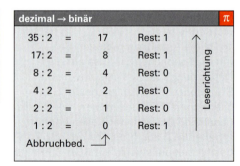

Das Schema endet, wenn sich als Ergebnis der Division 0 Rest 1 ergibt. Wichtig ist, dass Sie die Binärzahl in Pfeilrichtung von unten nach oben lesen: 100011 b.

1.1.2.3 Hexadezimalsystem

Das Hexadezimalsystem ist in der Computertechnik weit verbreitet, weil es sich zur kompakten Darstellung von Binärzahlen hervorragend eignet. Wie der Name sagt, besitzt es als Basis die Zahl 16 und benötigt somit 16 unterschiedliche Ziffern. Da unser Dezimalsystem nur Ziffern von 0 bis 9 zur Verfügung stellt, werden fünf Buchstaben von A bis F hinzugenommen. Das „A" entspricht dabei der 10., das „F" der 15. Ziffer. Das Beispiel zeigt, wie eine Hexadezimalzahl in eine Dezimalzahl umgerechnet werden kann:

hexadezimal → dezimal	π
2FA h (hexadezimal)	
$= 10\ (A) \cdot 16^0 + 15\ (F) \cdot 16^1 + 2 \cdot 16^2$	
$= 10 + 240 + 512$	
$= 762$ (dezimal)	

Zur Umwandlung einer Dezimalzahl in eine Hexadezimalzahl wird das oben beschriebene Schema verwendet: Dabei ist der Divisor in diesem Fall die Zahl 16 und nicht die Zahl 2. Der Rest der ganzzahligen Division kann zwischen 0 und 15 betragen, was den Ziffern des Hexadezimalsystems entspricht.

dezimal → hexadezimal				π
762 : 16	=	47	Rest: A (10)	↑
47 : 16	=	2	Rest: F (15)	
2 : 16	=	0	Rest: 2	
Abbruchbed.				

Beachten Sie wiederum die Leserichtung von unten nach oben: 2FA h.

Der Grund für die Verwendung des Hexadezimalsystems liegt in der sehr kompakten Schreibweise von Binärzahlen. Ursache hierfür ist, dass $2^4 = 16$ ergibt und somit jeweils vier Binärziffern eine Hexadezimalziffer bilden.

Zur Umrechnung einer Hexadezimal- in eine Binärzahl brauchen Sie lediglich die Darstellung der ersten 16 Hexadezimalziffern zu kennen (vgl. Tabelle rechts). Von rechts nach links werden jeweils vier Binärziffern zu Blöcken zusammengefasst und durch die zugehörige Hexadezimalziffer ersetzt. Fehlende Ziffern im Block ganz links werden durch Nullen aufgefüllt:

hexadezimal → binär	π
binär: 0001 1100 1000 0011 b	
hexadezimal: 1 C 8 3 h	

In der Tabelle unten sind die drei vorgestellten Zahlensysteme noch einmal zusammengefasst:

binär	hexadez.
0000	0
0001	1
0010	2
0011	3
0100	4
0101	5
0110	6
0111	7
1000	8
1001	9
1010	A
1011	B
1100	C
1101	D
1110	E
1111	F

Hexadezimalziffern als Binärzahlen

System	Dezimal	Binär	Hexadezimal
Basis	10	2	16
Ziffern	0,1,...9	0,1	0,1,..,9,A,..,F
Beispiel	123 $= 3 \cdot 10^0$ $+ 2 \cdot 10^1$ $+ 1 \cdot 10^2$	1111011 b $= 1 \cdot 2^0$ $+ 1 \cdot 2^1$ $+ 0 \cdot 2^2$ $+ 1 \cdot 2^3$ $+ 1 \cdot 2^4$ $+ 1 \cdot 2^5$ $+ 1 \cdot 2^6$	7B h $= 11 \cdot 16^0$ $+ 7 \cdot 16^1$
Stellen	n	n	n
Wertebereich	10^n	2^n	16^n
Beispiel Stellen Wertebereich Min. Wert Max. Wert	4 $10^4 = 10.000$ 0 9.999	4 $2^4 = 16$ 0 1111 b	4 $16^4 = 65.536$ 0 FFFF h

1.1.3 Alphanumerische Codes

1.1.3.1 ASCII

Im vorherigen Abschnitt wurde die computergestützte Verarbeitung von Zahlen betrachtet. Nun ist die Textverarbeitung eine weitere Hauptaufgabe eines Computers. Texte enthalten neben Buchstaben (Alphazeichen) und Ziffern (numerische Zeichen) auch Sonderzeichen wie beispielsweise Fragezeichen oder Doppelpunkt. Alles zusammen wird als *alphanumerischer Zeichensatz* bezeichnet. Wie bei der Verarbeitung von Zahlen ist es auch hier erforderlich, eine Codierung in binäre Daten vorzunehmen. Dabei muss jedem einzelnen Zeichen eine eindeutige binäre Ziffernfolge zugewiesen werden.

ASCII								
	0	1	2	3	4	5	6	7
0	NUL	DLE	SP	0	@	P	`	p
1	SOH	DC1	!	1	A	Q	a	q
2	STX	DC2	„	2	B	R	b	r
3	ETX	DC3	#	3	C	S	c	s
4	EOT	DC4	$	4	D	T	d	t
5	ENQ	NAK	%	5	E	U	e	U
6	ACK	SYN	&	6	F	V	f	v
7	BEL	ETB	´	7	G	W	g	w
8	BS	CAN	(	8	H	X	h	x
9	HT	EM	)	9	I	Y	i	y
A	LF	SUB	*	:	J	Z	j	z
B	VT	ESC	+	;	K	[	k	{
C	FF	FS	,	<	L	\	l		
D	CR	GS	-	=	M	]	m	}
E	S0	RS	.	>	N	^	n	~
F	S1	US	/	?	O	_	o	DEL

Der ursprünglich für das Betriebssystem DOS in Amerika entwickelte „Urvater" der alphanumerischen Codes wurde unter dem Namen *ASCII (American Standard Code for Information Interchange)* bekannt.

Wegen der internationalen Bedeutung des Internets ist er für die Codierung von E-Mails und HTML-Seiten bis heute wichtig.

Wie in der Tabelle dargestellt, handelt es sich beim ASCII ursprünglich um einen 7-Bit-Code mit 128 Zeichen. Die Codierung der Zeichen ist in hexadezimaler Schreibweise angegeben, wobei die Ziffer in der oberen Zeile vor der Ziffer in der linken Spalte platziert wird, z. B.:

- 47 h = 100 0111 b = G
- 3F h = 011 1111 b = ?

Bei den ersten 32 Zeichen des ASCII handelt es sich um Steuerzeichen wie beispielsweise die ESC-Taste, die sich auf jeder Tastatur befindet.

Der wesentliche Nachteil des ASCII ist, dass bestimmte Buchstaben und Zeichen fehlen, die nur im europäischen Sprachraum vorkommen, wie ä, ö, ü, ß, ç, æ, ¢.

Es liegt also nahe, das achte Bit zur Erweiterung des Codes zu nutzen und neben zusätzlichen Buchstaben auch einige grafische und mathematische Zeichen hinzuzufügen. Dieser 256 Zeichen enthaltende 8-Bit-Code wird als *erweiterter ASCII* bezeichnet.

1.1.3.2 ISO 8859

Trotz seiner Erweiterung auf 256 Zeichen kann der ASCII den vielfältigen Buchstaben in Staaten außerhalb Amerikas nicht gerecht werden. Aus diesem Grund hat sich die „International Organization for Standardization", kurz ISO, des Problems angenommen und mit ISO 8859 einen Standard für 8-Bit-Zeichensätze geschaffen. Wesentliches Merkmal der ISO-Norm ist, dass die ersten 128 Zeichen dem ASCII entsprechen.

Die zweiten 128 Zeichen sind variabel und dienen zur Anpassung an die jeweiligen Sprachräume oder Sprachen:

Digitale Daten

Norm	Bezeichnung, Region
ISO-8859-1	Latin-1, Westeuropa
ISO-8859-2	Latin-2, Osteuropa
ISO-8859-3	Latin-3, Südeuropa
ISO-8859-4	Latin-4, Baltisch
ISO-8859-5	Kyrillisch
ISO-8859-6	Arabisch
ISO-8859-7	Griechisch
ISO-8859-8	Hebräisch
ISO-8859-9	Latin-5, Türkisch
ISO-8859-10	Latin-6, Nordisch
ISO-8859-11	Thai
ISO-8859-13	Latin-7, Baltisch
ISO-8859-14	Latin-8, Keltisch
ISO-8859-15	Latin-9, Westeuropa
ISO 8859-16	Latin-10, Südosteuropa

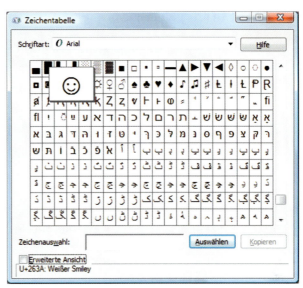

Die deutschen Umlaute sowie das „ß" befinden sich in allen zehn Latin-Zeichensätzen. Für Deutschland bietet sich die Verwendung des westeuropäischen Zeichensatzes ISO-8859-1 (Latin-1) an.

1.1.3.3 Unicode

Die Idee von Unicode besteht darin, alle Zeichen und Sonderzeichen der Sprachen in einem einzigen Code zu vereinen. Damit dies möglich wird, ist Unicode im Unterschied zum erweiterten ASCII oder ISO 8859 nicht auf 8 Bit begrenzt, sondern kann bis zu 32 Bit enthalten. Hieraus ergibt sich die theoretische Möglichkeit, 2^{32} oder 4,29 Milliarden Zeichen zu codieren – ein unerschöpflicher Vorrat! Tatsächlich wurden bislang „erst" etwa 100.000 Zeichen in die Tabelle aufgenommen.

Die Bezeichnung eines mit 16 Bit codierten Unicode-Zeichens erfolgt in der Form U+XXXX, wobei jedes „X" eine hexadezimale Ziffer repräsentiert.

Damit Unicode zu den weit verbreiteten Codes ASCII und ISO-8859-1 kompatibel ist, wurden diese an den Anfang der Unicode-Tabelle gesetzt:
- ASCII: U+0000 bis U+007F
- ISO 8859-1: U+0080 bis U+00FF

Um unicodierte Zeichen in HTML- oder XML-Dokumenten verwenden zu können, ist eine „Maskierung" der Zeichen notwendig: Hierzu muss in einer Unicode-Zeichentabelle – z. B. bei www.unicode.org oder bei http://de.selfhtml.org/inter/unicode.htm – der hexadezimale oder dezimale Code des Zeichens nachgelesen werden. Danach kann das Zeichen im HTML-Quelltext eingesetzt werden: ☺ ergibt beispielsweise das obige Smiley-Zeichen. Das „x" gibt an, dass es sich um eine hexadezimale Angabe handelt. Ohne „x" kann die Eingabe in dezimaler Schreibweise erfolgen: ☺.

Damit das maskierte Zeichen auch dargestellt werden kann, muss erstens der Browser Unicode-kompatibel sein und zweitens muss ein „passender" Zeichensatz installiert sein, z. B. „Arial Unicode MS".

Unicode

Im unteren Teil des Screenshots sehen Sie den Unicode U+263A des „Weißen Smiley".

UTF

Zur Umsetzung und Verwendung von unicodierten Zeichen dient das „Unicode Transformation Format" UTF. Es existieren mehrere Spezifikationen: UTF-8, UTF-16 und UTF-32.

9

1.1.4 Datenformate

1.1.4.1 Bit und Byte

Wie Sie in den vorherigen Abschnitten gelesen haben, verarbeiten Computer Informationen grundsätzlich nur in Form von binären Daten. Diese eignen sich hervorragend zur Verarbeitung und Speicherung durch elektronische Schaltkreise. Der Nachteil ist, dass durch die Konvertierung und Codierung der Originaldaten riesige Mengen an binären Daten entstehen.

Noch vor zwanzig Jahren war Speicherplatz knapp und teuer, so dass die Beschränkung der Datenmenge auf ein Minimum oberstes Gebot war. In heutiger Zeit scheinen Speichermedien in nahezu unbegrenzter Menge vorhanden zu sein – Festplatten mit einem Terabyte kosten keine 100 Euro mehr. Um Ihnen eine Vorstellung zu geben: Auf eine Terabyte-Platte passen wahlweise 1.200.000 Bücher, 300.000 MP3s oder 218 DVDs. Das Problem besteht heute also nicht mehr darin, Daten zu speichern, sondern die gespeicherten Daten wiederzufinden!

Wie gelingt es, derart große Datenmengen zu organisieren? Da sämtliche Daten, egal ob es sich um Texte, Sounds oder Videos handelt, binär vorliegen, besteht die kleinste Informationseinheit aus einer Ziffer, die entweder den Wert „0" oder „1" annehmen kann. Für diese Speichereinheit wurde aus der englischen Übersetzung „binary digit" hierfür das Kunstwort *Bit* geschaffen.

Das binäre Zahlensystem besitzt die Basis 2, aus diesem Grund werden in Binärtechnik Potenzen zur Basis 2, also 2^3, 2^4, 2^5 usw., verwendet. Die wichtigste Bedeutung besitzt die Gruppierung von 2^3 gleich acht Binärziffern, die als *Byte* bezeichnet wird. Binäre Daten werden byteweise gespeichert und verarbeitet. Zur Erinnerung: Mit einem Byte lässt

sich eine Dezimalzahl zwischen 0 und 255 darstellen. Alternativ kann ein Zeichen des erweiterten ASCII oder ISO 8859 codiert werden.

Parallel zur wachsenden Datenmenge stieg die Anforderung an die Mikroprozessoren, die die riesigen Datenmengen bewältigen müssen. Während die ersten Prozessoren noch byteweise gearbeitet haben, verarbeiten heutige 64-Bit-Prozessoren bereits acht Byte ($8 \cdot 8$ Bit = 64 Bit) parallel.

1.1.4.2 Vielfache von Byte

In unserem „dezimalen" Alltag steht „Kilo" immer für 1.000: Kilogramm, Kilometer, Kilojoule. Demnach müsste ein Kilobyte aus 1.000 Byte bestehen.

Leider ist dies nicht unbedingt richtig, denn im Bereich der Computertechnik kann Kilobyte auch 1.024 Byte bedeuten:

Einheitenvorsätze zur Basis 10
Zur Bildung von Vielfachen verwenden wir im Dezimalsystem stets Zehnerpotenzen:
- Kilobyte = 10^3 Byte = 1.000 Byte
- Megabyte = 10^6 Byte = 1.000.000 Byte

So weit, so gut. Der Schönheitsfehler besteht jedoch darin, dass das Binärsystem nicht die Basis 10, sondern die Basis 2 besitzt.

Einheitenvorsätze zur Basis 2
Wird zur Bildung der Vielfachen die Basis 2 des Binärsystems verwendet, so ist die Zahl 1.000 nicht möglich, weil $2^x = 1.000$ keine ganzzahlige Lösung für x besitzt. Aus diesem Grund wurde definiert:
- Kilobyte = 2^{10} Byte = 1.024 Byte
- Megabyte = 2^{20} Byte = 1.048576 Byte

Nun besteht das Problem darin, dass

Band II – Seite 58
2.1.5 Externe Speicher

Bit und Byte

Ein Byte besitzt acht Bit und kann 2^8 = 256 Werte von 0 bis 255 speichern.

Digitale Daten

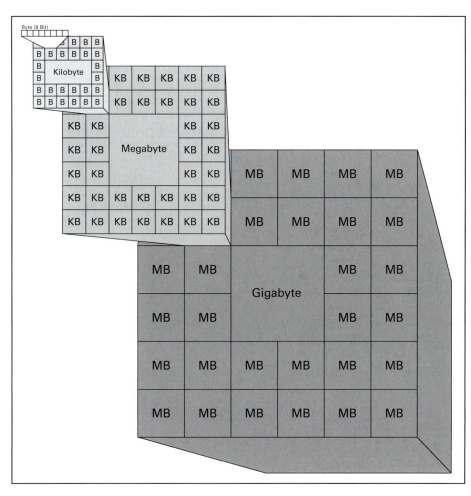

Grafische Darstellung von Byte, KB, MB und GB

die Definition der Vielfachen von Byte nicht eindeutig ist. Deshalb schlug das Normierungsgremium IEC bereits 1996 neue Bezeichnungen für die Vielfachen zur Basis 2 vor:
- KibiByte [KiB] = 2^{10} Byte = 1.024 Byte
- MebiByte [MiB] = 2^{20} Byte = 1.048576 Byte

Haben Sie noch nichts davon gehört? Dann liegt dies vermutlich daran, dass sich diese dämlich klingenden Bezeichnungen kaum durchgesetzt haben: Wir

Vielfache zur Basis 2			Vielfache zur Basis 10		
1 Byte [B]	= 2^3 bit	= 8 bit	1 Byte [B]	= 2^3 bit	= 8 bit
1 Kibibyte [KiB]	= 2^{10} Byte	= 1.024 B	1 Kilobyte [KB]	= 10^3 Byte	= 1.000 B
1 Mebibyte [MiB]	= 2^{20} Byte	= 1.048.576 B	1 Megabyte [MB]	= 10^6 Byte	= 1.000.000 B
1 Gibibyte [GiB]	= 2^{30} Byte	= 1.073.741.824 B	1 Gigabyte [GB]	= 10^9 Byte	= $1,0 \cdot 10^9$ B
1 Tebibyte [TiB]	= 2^{40} Byte	= $1,0995 \cdot 10^{12}$ B	1 Terabyte [TB]	= 10^{12} Byte	= $1,0 \cdot 10^{12}$ B
1 Pebibyte [PiB]	= 2^{50} Byte	= $1,1259 \cdot 10^{15}$ B	1 Petabyte [PB]	= 10^{15} Byte	= $1,0 \cdot 10^{15}$ B

sagen nach wie vor Kilobyte und meinen 1.024 Byte. Wir kaufen eine 1-TB-Festplatte und stellen fest, dass uns tatsächlich nur 931 GB zur Verfügung stehen (siehe Screenshot). Der Grund hierfür ist, dass der Hersteller mit 1 TB = 10^{12} Byte wirbt, das Betriebssystem aber im Binärsystem rechnet und sich daher tatsächlich nur $10^{12} / 2^{30}$ = 931 GB (oder genauer: GiB) auf der Platte befinden. Eine Differenz von immerhin 69 Gigabyte!

Das einzige Betriebssystem, das bislang auf dezimale Einheitenvorsätze umgestellt hat, ist Apple Mac OS ab Version 10.6. Es wird also auf absehbare Zeit verwirrend bleiben.

Für das Kompendium haben wir uns dafür entschieden, im Binärsystem zu bleiben, die seltsam klingenden Bezeichnungen Kibibyte und Mebibyte aber nicht zu verwenden. Bei Verwendung dezimaler Vielfache weisen wir explizit darauf hin.

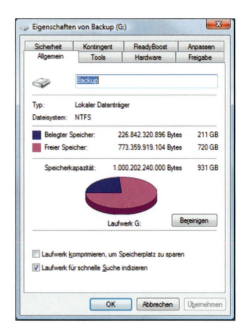

1.1.5   Aufgaben

Digitale Daten

1   Analog-digital-Wandlung beschreiben

Beschreiben Sie die zwei Schritte der Analog-digital-Wandlung und geben Sie den jeweiligen Kennwert an.

2   Die binäre Arbeitsweise eines Computers verstehen

Erklären Sie, weshalb ein Computer ausschließlich binäre Informationen verarbeiten kann.

3   Binäre in dezimale Zahlen umwandeln

Wandeln Sie die binären Zahlen ins Dezimalsystem um:
a. 1000 b
b. 1111 1111 b
c. 1000 0000 0000 0000 b

4   Dezimale in binäre Zahlen umwandeln

Wandeln Sie die dezimalen Zahlen ins Binärsystem um:
a. 64
b. 255
c. 256

5   Binäre in hexadezimale Zahlen umwandeln

Wandeln Sie die binären Zahlen ins Hexadezimalsystem um:
a. 1100 0001 1111 0000 b
b. 1111 1010 0010 0100 b

6   Hexadezimale in binäre Zahlen umwandeln

Wandeln Sie die hexadezimalen Zahlen ins Binärsystem um.
a. ABCD h
b. 1234 h

7   Zeichen im ASCII angeben

Geben Sie mit Hilfe der Tabelle den ASCII der gegebenen Zeichen an:
a. P
b. ?

8   Zeichencodes kennen

Wie viele unterschiedliche Zeichen lassen sich mit den gegebenen Codes (theoretisch) codieren?
a. ASCII
b. ISO 8859-1
c. Unicode

9   Mit Datenformaten rechnen

Geben Sie die Datenmenge in MB und MiB an:

a. 41.943.040 Bit
b. 8.000.000 Bit

10   Mit Datenformaten rechnen

a. Wie viele Buchstaben (je 1 Byte) passen auf eine 1-TB-Festplatte? Rechnen Sie mit 1 TB = 10^{12} Byte.
b. Wie vielen Büchern entspricht dies, wenn pro Buch 200 Seiten à 50 Zeilen mit je 80 Buchstaben angenommen werden?

13

1.2 Schrifttechnologie

1.2.1	Grundbegriffe	16
1.2.2	Fontformate	19
1.2.3	Schriftverwaltung	22
1.2.4	Aufgaben	25

1.2.1 Grundbegriffe

Bitmap- und Outline-Fonts

Outline-Fonts besitzen den großen Vorteil einer gleichbleibend hohen Qualität, da sie in Abhängigkeit von der Ausgabe-auflösung gerastert werden.

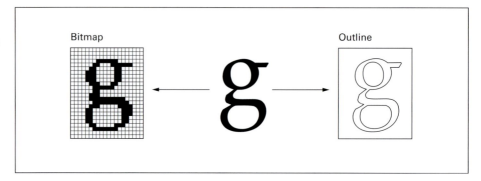

1.2.1.1 Bitmap-Fonts

Die grundlegende Idee zur digitalen Darstellung einer Schrift ist einfach: Für alle Pixel, die sich innerhalb der Buchstabenkontur befinden, wird eine binäre „1" gespeichert, alle Pixel außerhalb der Schriftkontur ergeben eine „0". Die so erstellte „Bit-Karte" hat dieser Art der digitalen Speicherung von Schriften den Namen gegeben: Bitmap-Font. (Der englische Begriff „Font" hat sich zur Bezeichnung von Schriften am Computer eingebürgert.)

Der Vorteil des Bitmap-Verfahrens ist, dass eine Schrift in Abhängigkeit vom Ausgabemedium relativ genau gerastert werden kann. Dies ist insbesondere für die Darstellung der Schrift am Monitor wichtig, da dieser eine geringe Auflösung besitzt und unsaubere Schriftdarstellung als störend (stufig, pixelig) empfunden wird.

Der entscheidende Nachteil von Bitmap-Fonts ist, dass ein Skalieren dieser Zeichensätze nicht möglich ist. Insbesondere die Vergrößerung würde zu merklichen Qualitätsverlusten führen. Deshalb muss für jede gewünschte Schriftgröße ein eigener Zeichensatz entworfen werden – eine aufwändige und unflexible Methode. Obiger Nachteil ist der Grund dafür, dass

Bitmap-Fonts heute praktisch keine Rolle mehr spielen. Lediglich einige Windows-Systemschriften haben noch dieses Format. Dies liegt vor allem auch daran, dass heutige Betriebssysteme (Windows 7, Mac OS X) zur Darstellung von Outline-Fonts keine Zusatzsoftware mehr benötigen.

1.2.1.2 Outline-Fonts

Die zweite Möglichkeit der digitalen Beschreibung von Schriften ist die mathematische Beschreibung der Schriftkontur (Outline). Mit Hilfe von *Bézierkurven* (Type-1-Fonts) bzw. *Splines* (TrueType-Fonts) lassen sich beliebige Konturen formelmäßig beschreiben und als digitaler Datensatz abspeichern.

Es leuchtet ein, dass zur Darstellung derartiger Daten eine Software notwendig ist, die aus der mathematischen Beschreibung der Buchstaben deren Konturen berechnet. Dieser Vorgang wird als *Rasterung* bezeichnet und entspricht dem Öffnen einer Vektorgrafik in einer Bildbearbeitungssoftware wie Photoshop.

Da sich die großen Softwarehersteller Microsoft und Adobe auf keinen gemeinsamen Weg einigen konnten, existieren bis heute zwei Technologien: TrueType von Microsoft

Schrifttechnologie

und Type 1 von Adobe. Es ist nicht verwunderlich, dass zur Verwendung von Adobes Type-1-Fonts eine Schriftverwaltungssoftware benötigt wurde (Adobe Type Manager), während TrueType-Fonts bereits durch das Betriebssystem gerastert werden können. Mittlerweile haben sich beide Firmen geeinigt, so dass Windows XP, Vista, 7 auch Type-1-Fonts ohne Type Manager darstellen können.

Auch unter Mac OS X können beide Technologien ohne zusätzliche Software verwendet werden. Vergleichen Sie in diesem Zusammenhang auch den Abschnitt über „OpenType" (Seite 21), ein Format, das die Vereinheitlichung von TrueType und Type 1 zum Ziel hat.

Die Rasterung von Schriften wird zum Problem, wenn die Auflösung gering ist. Beispiel: Eine 12-pt-Schrift ist gemäß Definition des DTP-Punktes (0,3528 mm) etwa 4,23 mm hoch. Ein 2540-dpi-Drucker druckt 100 Punkte pro Millimeter (ein Inch entspricht 25,4 mm). Für 4,23 mm stehen also 423 Punkte zur Verfügung. Diese hohe Anzahl an Druckpunkten gewährleistet, dass auch feine Unterschiede in der Strichstärke gedruckt werden können ❶.

Ein 72-dpi-Monitor kann im Vergleich dazu lediglich 2,8 Pixel pro Millimeter darstellen – für die 4,23 mm der Schrifthöhe stehen also lediglich 12 Pixel zur Verfügung. Es leuchtet ein, dass bei dieser Rasterung sämtliche Feinheiten und Details der Schrift verloren gehen ❷.

Das Rechenbeispiel zeigt, dass die Darstellung von Schriften auf Monitoren sich problematisch gestaltet. Viele Schriften, z. B. Schreibschriften, feine Schriften, kursive Schriften, eignen sich nicht für den Monitor. Doch auch für bildschirmtaugliche Schriften müssen einige „Tricks" angewendet werden: Hinting, Anti-Aliasing, Kerning.

1.2.1.3 Hinting

Wie oben beschrieben ist die Darstellung einer Schrift bei einer geringen Auflösung nicht exakt möglich. Aufgabe des Hintings ist die Optimierung von Schriften insbesondere für die Verwendung am Monitor. Dabei darf der Charakter der Schrift nicht verloren gehen.

Ein wesentliches Merkmal einer mittels „Hints" optimierten Schrift ist, dass die senkrechten oder waagrechten Linien in Buchstaben wie bei I, T, H oder L immer mit der gleichen Anzahl an Punkten bzw. Pixeln dargestellt werden. Weiterhin müssen die gemeinsamen Merkmale einer Schrift, zum Beispiel ihre Serifen, einheitlich gehandhabt werden.

Hints sind keine automatischen Anweisungen an den Type-1- bzw. TrueType-Rasterizer. Sie müssen vom Schriftenhersteller mit Hilfe von Spezialsoftware definiert werden. Ein Beispiel für eine derartige Software ist Fontlab (www.fontlab.com). Gutes Hinting ist sehr aufwändig und stellt ein Qualitätsmerkmal einer Schrift dar.

Ab einer Auflösung von 600 dpi sind Hints nicht mehr nötig, da dann genügend Punkte zur Wiedergabe der Buchstaben-Outlines vorhanden sind.

1.2.1.4 Anti-Aliasing

Vor allem schräge Linien und Rundungen wirken am Monitor pixelig und unruhig. Mit Hilfe von Anti-Aliasing wird eine Kantenglättung der Schriftkonturen erzielt, indem zusätzliche Pixel ergänzt werden, die eine Mischung aus Schrift- und Hintergrundfarbe erhalten. Bei schwarzer Schrift auf weißem Hintergrund also graue Pixel. Die (scheinbare) Glättung der Schriftkontur

Band I – Seite 528
6.2.7 Bildschirmtypografie

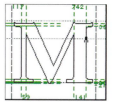

Hints

Die grünen Linien sowie die Zahlen definieren die zulässige Verminderung oder Verbreiterung von Pixeln.

❶

Schrift im Druck

Druckauflösung der Schrift „Palatino"

❷

Schrift am Bildschirm

Bildschirmauflösung der Schrift „Palatino"

17

Band I – Seite 196
2.3.2 Ausgleichen von Schriften

Anti-Aliasing

Anti-Aliasing führt zu einer Glättung der pixeligen Darstellung schräger oder runder Linien.

wird dadurch erreicht, dass unser Auge die pixelige Kontur nicht mehr wahrnehmen kann.

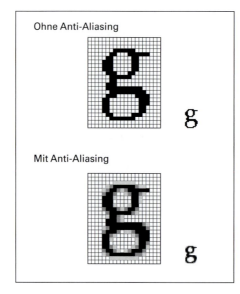

Nachteilig ist, dass die hinzugefügten Pixel zu einer Weichzeichnung führen, und die Schrift an Kontrast und Schärfe verliert. Dies wirkt sich insbesondere bei kleinen Schriftgraden unter zehn Pixel störend auf die Lesbarkeit aus.

1.2.1.5 Kerning

Während sich die letzten Abschnitte vorwiegend mit der verbesserten Darstellung von Schriften auf Monitoren beschäftigt haben, ist das Kerning

Kerning bei QuarkXPress

Zu allen „kritischen" Buchstabenkombinationen gibt es individuelle Kerningwerte. Diese sollten nicht verändert werden.

Kerning

Das Schriftbeispiel zeigt die Wirkung des automatischen Kernings.

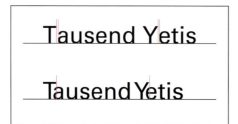

(Unterschneiden) von Schriften eine Aufgabe, die insbesondere bei der Druckausgabe von Schriften von Bedeutung ist.

Unter Kerning wird der manuelle oder automatische Ausgleich der Buchstabenabstände verstanden. Dieser ist notwendig, weil bestimmte Buchstabenkombinationen zu optischen Lücken innerhalb eines Wortes führen. Das Schriftbild wird hierdurch unruhig, der Text schlechter lesbar.

Für jede Schrift existiert eine so genannte Kerningtabelle, in der für alle kritischen Buchstabenkombinationen entsprechende Unterschneidungswerte eingetragen sind. Eine Layoutsoftware (in der Abbildung: QuarkXPress) greift auf diese Tabelle zu und unterschneidet einen Text automatisch.

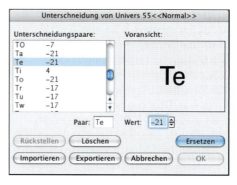

In manchen Fällen, zum Beispiel bei Überschriften oder im Versaliensatz, ist manuelles Kerning erforderlich. Der Cursor wird hierzu zwischen das zu unterschneidende Buchstabenpaar platziert und der gewünschte Wert eingegeben. Beachten Sie: Bei QuarkXPress beziehen sich die Angaben auf 1/200-Geviert, in InDesign dagegen auf 1/1000-Geviert. Die Angabe -50 bewirkt also bei QuarkXPress eine Unterschneidung um 25 %, bei InDesign lediglich um 5 %.

1.2.2 Fontformate

Schrifttechnologie

1.2.2.1 Type-1-Fonts

Type-1-Fonts haben in der Medienvorstufe derzeit die größte Bedeutung, weil Schriften in der weit verbreiteten Seitenbeschreibungssprache PostScript beschrieben werden. Aus diesem Grund wird bei Type-1-Fonts alternativ auch oft von *PostScript-Schriften* gesprochen.

Wie im vorherigen Kapitel erläutert, handelt es sich bei Type-1-Fonts um Schriftzeichensätze, deren Konturen (Outlines) mit Hilfe der mathematischen Bézierkurven-Technik definiert werden. Zur Darstellung der Schrift auf dem Monitor oder zum Ausdruck muss die Schrift zunächst in der benötigten Ausgabeauflösung gerastert werden.

Aufgrund der vektoriellen Beschreibung der Schriften sind Type-1-Fonts frei skalierbar, können also in jeder beliebigen Größe dargestellt oder ausgedruckt werden. Zur Verbesserung der Qualität bei geringer Auflösung – insbesondere zur Darstellung auf Monitoren – kommt die auf der vorherigen Seite beschriebene Hinting-Technik zum Einsatz. Diese gewährleistet ein gleichmäßiges Schriftbild.

Leider sind Type-1-Fonts nicht plattformunabhängig, so dass ein Austausch der Schriften zwischen Apple- und Windows-Computern nicht möglich ist.

Type-1-Fonts unter Windows
Wie bereits erwähnt stammen Type-1-Fonts von Adobe. Die Schrifttechnologie war ursprünglich streng geheim und verschlüsselt, denn Adobe wollte mit Lizenzgebühren Geld verdienen. Die Darstellung der Schriften auf Windows-PCs war mit älteren Betriebssystemen (Windows 95, 98, ME) ohne Zusatzsoftware nicht möglich, da der erforderliche Rasterizer nicht verfügbar war. Besagte Zusatzsoftware stellte – wie kann es anders sein – Adobe mit dem Type Manager (ATM) zur Verfügung.

Wegen des erfolgreichen Konkurrenzproduktes „TrueType", übrigens in Kooperation von Microsoft und Apple (!) entstanden, musste Adobe seine Produktpolitik ändern und lüftete alle Geheimnisse über PostScript-Schriften. So ist es nicht verwunderlich, dass die Betriebssysteme Windows XP, Vista, 7 bereits über den notwendigen Rasterizer verfügen und Type-1-Schriften

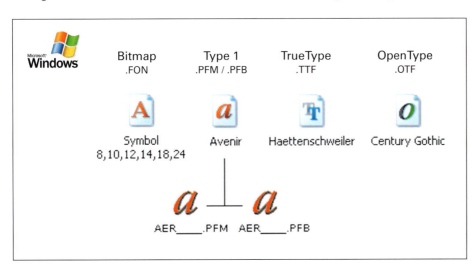

Fontformate unter Windows

Die Zahlenangaben bei Bitmap-Fonts geben die realisierten Schriftgrößen an. Bitmap-Schriften spielen allerdings fast keine Rolle mehr.

Beachten Sie auch, dass Type-1-Fonts grundsätzlich aus zwei Dateien bestehen.

auch ohne den Adobe Type Manager darstellen können.

Zur vollständigen Beschreibung einer Type-1-Schrift werden zwei Dateien benötigt: Die Daten zur Beschreibung der Schrift-Outlines befinden sich in einer Datei mit der Endung PFB (Printer Font Binary). Alle metrischen Angaben zur Schrift wie Laufweite oder Kerning stehen in einer PFM-Datei (Printer Font Metric). Alternativ können auch zwei Textdateien mit den Endungen ATM und INF verwendet werden. Ein Austausch von Type-1-Fonts zwischen Windows und Mac ist nicht möglich.

Type-1-Fonts unter Mac OS

Auch für Apple-Rechner bis zum Betriebssystem 9 gilt, dass zur Darstellung von PostScript-Schriften das Schriftverwaltungsprogramm Adobe Type Manager (ATM) benötigt wurde, da das Betriebssystem selbst über keinen Rasterizer verfügte.

Seit Mac OS X können Type-1-Schriften auch ohne ATM verwendet werden. Seit Version 10.3 stellt Apple sogar ein eigenes kleines Schriftverwaltungsprogramm zur Verfügung (siehe Seite 23).

Auch unter Apple sind für Type-1-Schriften zwei Dateien erforderlich: Die PostScript-Outlines befinden sich in einer LWFN-Datei (Laser Writer Font), während die fontmetrischen Daten in einer AFM-Datei enthalten sind. Alternativ gibt es bei Mac OS so genannte FFIL-Dateien (Font Suitcase), die alle benötigten Informationen über eine Schrift in einem „Schriftkoffer" zusammenpacken.

Ein großer Nachteil der PostScript-Schriften ist die Beschränkung auf maximal 256 Zeichen pro Zeichensatz. Hier sind die 16-Bit-Formate TrueType bzw. OpenType überlegen.

1.2.2.2 TrueType-Fonts

„TrueType" ist die Antwort von Microsoft und Apple auf die Produktpolitik und Geheimniskrämerei um Adobes Type-1-Schriften. Technologisch unterscheiden sich TrueType- von Type-1-Fonts dadurch, dass zur Beschreibung der Schrift-Outlines keine Bézierkurven, sondern so genannte Splines verwendet werden. (Dem Anwender dürfte dies letztlich aber egal sein …)

Aufgrund der großen Verbreitung der Windows-Betriebssysteme und der von vornherein offengelegten Schriftcodierung verbreiteten sich TrueType-Fonts schnell, außerdem wurden zahlreiche – mehr oder weniger brauchbare – Fonts neu entwickelt. Bei TrueType-Fonts gibt es leider große qualitative Unterschiede, was insbesondere bei der Belichtung und im Druck

Fontformate unter Mac OS X

Nicht dargestellt ist das DFONT-Format, in dem Apple einige seiner Systemschriften ausliefert, das aber für die Medienproduktion keine Bedeutung besitzt.

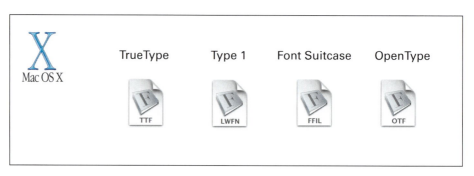

immer wieder zu Schwierigkeiten führt. Bei der Verwendung von TrueType-Fonts muss darauf geachtet werden, dass die Schrift von namhaften Herstellern stammt. Qualitätsunterschiede sind auch daran erkennbar, dass nicht alle TrueType-Fonts mit den für geringe Ausgabeauflösungen erforderlichen Hints ausgestattet sind.

Abgesehen von den oben erwähnten Problemen bieten TrueType-Fonts eine Reihe von Vorteilen: Da sie einer Koproduktion von Apple und Microsoft entstammen, verfügen beide Betriebssysteme über einen Rasterizer. Eine zusätzliche Software zur Verwendung von TrueType-Schriften ist nicht erforderlich. Weiterhin basieren TrueType-Fonts auf 16-Bit-Unicode, mit dem – im Unterschied zu 256 Zeichen bei Type-1-Fonts – 65.536 Zeichen pro Zeichensatz codiert werden können.

Ein weiterer Vorteil von TrueType-Schriften ist darin zu sehen, dass sowohl unter Windows als auch bei Apple lediglich eine Datei (TTF) erforderlich ist. Die Schriftverwaltung wird hierdurch einfacher und übersichtlicher als bei Type-1-Schriften.

1.2.2.3 OpenType-Fonts

Dass sich Zusammenarbeit lohnt, bewiesen Microsoft und Adobe, die 1986 mit „OpenType" eine Weiterentwicklung und Vereinigung von Type-1- und TrueType-Fonts vorstellten.

Ein OpenType-Font kann entweder PostScript- oder TrueType-Outlines enthalten, entsprechend existieren zwei Dateiendungen OTF (PostScript) bzw. TTF (TrueType).

OpenType vereint die Vorteile von PostScript und TrueType:
- Alle fontmetrischen Angaben sind (wie bei TrueType) in *einer* Datei enthalten, so dass keine zweite Datei notwendig ist.
- Eine wesentliche Neuerung gegenüber Type-1-Schriften ist die Verwendung von Unicode. Da es sich um einen Code mit 16 Bit (oder mehr) handelt, sind mindestens 65.653 Zeichen pro Zeichensatz möglich. Insbesondere für Sonderzeichen oder für asiatische Sprachen mit großem Alphabet bzw. Silbenvorrat stellte die Beschränkung auf acht Bit (256 Zeichen) ein großes Problem dar.
- Ein weiterer Vorteil von OpenType ist die plattformunabhängige Einsatzmöglichkeit der Schriften, so dass die Verwendung der Schriftdateien auf Mac und Windows-PC möglich ist.
- Alle heutigen Betriebssysteme (Windows XP/Vista/7 bzw. Mac OS X) benötigen für OpenType keine Schriftverwaltungssoftware.

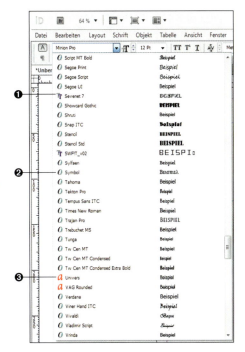

Schriften bei InDesign

Anhand der Icons erkennen Sie bei der Auswahl einer Schrift, um welches Fontformat es sich handelt:
❶ TrueType
❷ OpenType
❸ Type 1 (PostScript)
Auch die Mac-Version von InDesign zeigt die bei Windows verwendeten Icons an.

Schrifttechnologie

Band II – Seite 8
1.1.3 Alphanumerische Codes

21

1.2.3 Schriftverwaltung

1.2.3.1 Schriftverwaltung unter Mac OS X

Da Schriften an unterschiedlichen Stellen abgelegt werden (können), ist die Schriftverwaltung bei Apples Betriebssystem Mac OS X nicht gerade selbsterklärend. Außerdem besteht die Gefahr, dass doppelt vorhandene Zeichensätze zu Fehlern führen.

Wenn Sie mit vielen und ständig wechselnden Schriften arbeiten, sollten Sie sich deshalb nach einer geeigneten Schriftverwaltungssoftware umsehen (siehe nächster Abschnitt).

Speicherorte für Schriften
Bei Mac OS X sind folgende Speicherorte für Schriften möglich:
- Systemschriften sind unter *System > Library > Fonts* gespeichert. Sie stehen allen Benutzern zur Verfügung und dürfen keinesfalls gelöscht werden. Anwenderschriften haben an dieser Stelle nichts verloren.
- Ebenfalls allen Benutzern zur Verfügung stehen die lokalen Schriften, die unter *Library > Fonts* abgelegt werden. Sie sind für das Betriebssystem nicht zwingend erforderlich.
- Jedem Benutzer steht unter *Benutzer > Benutzername > Library > Fonts* ein „privates" Schriftverzeichnis zur Verfügung, auf das nur er selbst zugreifen kann.
- Wenn Sie Ihren Mac im Netzwerk betreiben, steht unter *Netzwerk > Library > Fonts* ein weiteres Verzeichnis zur Verfügung, auf dessen Schriften alle Nutzer des Netzes zugreifen können.
- Einige Applikationen legen ein eigenes Schriftverzeichnis an. So finden Sie unter *Library > Application Support > Adobe* alle Schriften, die zusammen mit den Adobe-Programmen installiert werden. Logischerweise greifen auf diese Schriften auch nur Adobe-Applikationen zu, so dass beispielsweise in QuarkXPress diese Schriften nicht zur Verfügung stehen.

Hierarchie der Schriftnutzung
Welche Schriftdatei wird verwendet, wenn diese an mehreren Orten abgelegt wird? Das Betriebssystem sucht in folgender Reihenfolge nach einer gewünschten Schrift:

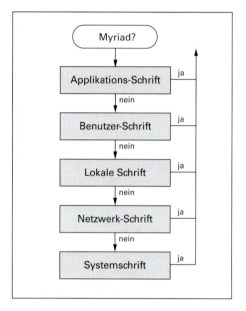

Die gezeigte Hierarchie macht die Schriftverwaltung zwar flexibel, birgt aber andererseits die Gefahr, dass die gewünschte Schrift nicht verwendet wird. Wenn Sie beispielsweise eine Schrift im lokalen Schriftordner ablegen, wird diese nicht gefunden, wenn sich eine gleichnamige Datei im Benutzerverzeichnis befindet. Zur Schriftverwaltung Ihres Macs sollten Sie prüfen, welche Schriften wo installiert sind, und doppelte Schriften löschen.

Schrifttechnologie

Schriftverwaltungsprogramme
Wer sich die Verwaltung seiner Schriften erleichtern will, wird auf eine Schriftverwaltungssoftware zurückgreifen. Diese ermöglicht ein komfortables Verwalten, Aktivieren und Deaktivieren von Schriften. Bessere Programme erkennen doppelte Schriften und ermöglichen teilweise sogar die Reparatur defekter Zeichensätze.

- *Schriftsammlung*
  Kostenloser Bestandteil des Betriebssystems Mac OS X ist eine kleine Software namens Schriftsammlung. Sie stellt alle Grundfunktionen zur Verwaltung von Schriften bereit.
- *FontExplorer X*
  Leider ist der FontExplorer X seit 2009 nicht mehr kostenlos, aber dafür wesentlich umfangreicher als die Schriftsammlung. Sie können eine Demoversion unter www.fontexplorerX.com/de für Mac OS X ab Version 10.4 downloaden, eine Lizenz kostet derzeit 79 Euro. Das Programm analysiert alle im System installierten Schriften, findet Duplikate und löscht diese bei Bedarf. Interessant sind auch die Plug-ins für InDesign, QuarkXPress und Illustrator, die dafür sorgen, dass beim Öffnen einer Datei die benötigten Schriften automatisch aktiviert werden.
- *Suitcase Fusion*
  Ältere „Macianer" kennen das Schriftverwaltungsprogramm Suitcase von Extensis, das mittlerweile unter dem Namen *Suitcase Fusion* vertrieben wird und für Mac OS X und Windows erhältlich ist. Suitcase Fusion stellt die beim FontExplorer X aufgezählten Funktionen ebenfalls bereit. Darüber hinaus integriert die Software den „Font Doctor", der das Reparieren defekter Schriften gestattet. Sie können auch von Suitcase Fusion eine Demoversion herunterladen (www.extensis.com/de/) und 30 Tage lang testen, die Vollversion kostet etwa 140 Dollar.

FontExplorer X

Leider ist der FontExplorer nicht mehr kostenlos – eine Lizenz kostet derzeit 79,– Euro.

www.fontexplorerX.com/de

1.2.3.2 Schriftverwaltung unter Windows

Im Vergleich zu Mac OS X ist die Schriftorganisation und -verwaltung am Windows-PC denkbar einfach: In sämtlichen Betriebssystemvarianten befinden sich die Schriften im Systemverzeichnis *C:\Windows\Fonts*.

Sie können in diesem Verzeichnis Schriften hinzufügen oder löschen ❶ und sich eine Vorschau der Schrift anzeigen lassen ❷. Windows 7 ermöglicht darüber hinaus, Schriften ein- oder auszublenden ❸ – was man schon als Mini-Schriftverwaltung bezeichnen kann. Wenn Sie mit vielen Schriften arbeiten und Ihren Projekten bestimmte Schriften zuordnen wollen, reichen diese wenigen Funktionen nicht aus, und Sie werden auch unter Windows auf eine Schriftverwaltungssoftware zurückgreifen wollen. Leider ist die Auswahl für Windows deutlich geringer als für Mac OS X, was wohl daran liegt, dass die grafische Branche traditionell den Mac bevorzugt.

Wie im vorherigen Abschnitt erwähnt, steht *Suitcase Fusion* auch in einer Windows-Version zur Verfügung. Leider bietet Linotype seinen *FontExplorer X* für Windows nicht zum Kauf an. Ältere kostenlose Versionen können Sie aber zum Download finden.

Schriftverwaltung und Windows 7

Bei Microsofts neuestem Betriebssystem lassen sich die Schriften immerhin ein- oder ausblenden. Ausgeblendete Schriften werden hellgrau dargestellt.

24

1.2.4 Aufgaben

Schrifttechnologie

1 Unterschiede zwischen Bitmap- und Outline-Fonts beschreiben

Beschreiben Sie den wesentlichen Unterschied zwischen einem Bitmap- und einem Outline-Font.

2 Nachteil von Bitmap-Fonts kennen

Erklären Sie, weshalb Bitmap-Fonts heute (fast) keine Rolle mehr spielen.

3 Maßnahmen zur Verbesserung der Schriftdarstellung kennen

Zählen Sie Maßnahmen auf, die zur Verbesserung der Schriftdarstellung
a. am Bildschirm,
b. im Druck
getroffen werden.

4 Anwendung von manuellem Kerning kennen

a. Definieren Sie „manuelles Kerning".
b. Nennen Sie zwei Fälle, in denen manuelles Kerning erforderlich sein kann.

5 Fontformate kennen

Nennen Sie die drei wichtigsten Fontformate.

6 Schriftverwaltung unter Mac OS X kennen

a. Begründen Sie, weshalb Schriften unter Mac OS X in unterschiedlichen Verzeichnissen abgelegt werden können.
b. Nennen Sie einen Nachteil dieser Schriftverwaltung.

7 Funktionen von Schriftverwaltungssoftware kennen

Nennen Sie drei wesentliche Merkmale (Vorteile) einer Schrift- oder Fontverwaltungssoftware.

8 Schriften unter Windows und Mac

Worauf ist bezüglich der Schriften zu achten, wenn Dokumente parallel unter Windows und Mac OS bearbeitet werden?

1.3 Dateiformate

1.3.1	Einführung	28
1.3.2	Alphabetische Übersicht	31
1.3.3	Text- und Layoutformate	32
1.3.4	Office-Formate	33
1.3.5	Bild- und Grafikformate	34
1.3.6	Web- und Multimedia-Formate	36
1.3.7	Audio- und Videoformate	38
1.3.8	Workflow-Formate	40
1.3.9	Aufgaben	41

1.3.1 Einführung

Qual der Wahl

AI, PSD, MOV, DOC, EPS, PDF, MP3, PHP, XML ... – Die Anzahl an Dateiformaten und -endungen ist riesig und unüberschaubar.

Das richtige „Datenhandling" stellt eine der Kernkompetenzen der Medienproduktion dar. Dabei ist es nicht ausreichend, sich mit den Dateiformaten einiger Programme zu beschäftigen. Für die Weiterverarbeitung der unterschiedlichen Daten müssen Sie wissen, wie diese zu exportieren sind, damit sie in der nächsten Stufe des Workflows wieder importiert werden können.

Die Grafiken auf den folgenden Seiten zeigen mögliche Dateiformate eines typischen Print- und eines typischen Nonprint-Workflows. Diese sind beispielhaft zu verstehen, denn selbstverständlich kommen auch andere Programme zum Einsatz.

Neben der Auswahl geeigneter Formate müssen Sie zwei weitere Gesichtspunkte beachten:

Programmversion

Jedes Jahr erscheinen erweiterte und verbesserte Versionen der gängigen Branchensoftware. Leider ergeben sich hieraus häufig Kompatibilitätsprobleme: Zwar lassen sich Dateien, die in der älteren Version erstellt wurden, meistens problemlos in der neueren Software öffnen, da die neue Software „abwärtskompatibel" ist.

Umgekehrt ergibt sich häufig ein Problem: Dateien der neueren Version lassen sich in der älteren Software nicht mehr öffnen, da diese nicht „aufwärtskompatibel" ist. Für die Medienproduktion ergibt sich daraus die Notwendigkeit, dass gegebenenfalls mehrere Versionen parallel vorhanden sein müssen.

Betriebssystem

Mittlerweile hat sich der Datenaustausch von Mac zu Windows und umgekehrt deutlich verbessert und vereinfacht. Nichtsdestotrotz gibt es immer wieder Fälle, in denen ein Dateiformat nach Übertragung in das andere Betriebssystem nicht mehr (korrekt) funktioniert.

Zwischen Mac und Windows-PC gibt es im Hinblick auf die Dateiformate einen grundsätzlichen Unterschied: Unter Windows wird der Dateityp anhand einer drei- bis vierbuchstabigen Dateiendung erkannt. Diese so genannte *Extension* wird durch einen Punkt vom Dateinamen getrennt, z. B. index.htm, foto.tif, sound.wav.

Das Betriebssystem Mac OS speichert alle Dateiinformationen im Dateikopf, so auch den zugehörigen Dateityp. Eine Dateiendung kann zwar vergeben werden, ist aber nicht zwingend erforderlich: Obige Dateien können also index, foto und sound heißen und werden am Mac als HTML-, Bild- bzw. Sounddatei erkannt. Ein Windows-Rechner kann mit diesen Dateien nichts anfangen! Es empfiehlt sich also, dass Sie, auch als überzeugter Mac-User, immer Windows-Dateiendungen an die Dateinamen anhängen.

Für Screen- und Webdesigner ergibt sich eine weitere Einschränkung: Während Windows und Mac OS zwischen Groß- und Kleinschreibung nicht unterscheiden, tun dies unter Linux oder Unix betriebene Rechner sehr wohl: index.htm, Index.htm und INDEX.HTM sind hier drei unterschiedliche Dateien. Da die meisten Webserver diese Betriebssysteme verwenden, müssen Sie dies bei der Namensvergabe von Anfang an beachten.

Dateiformate

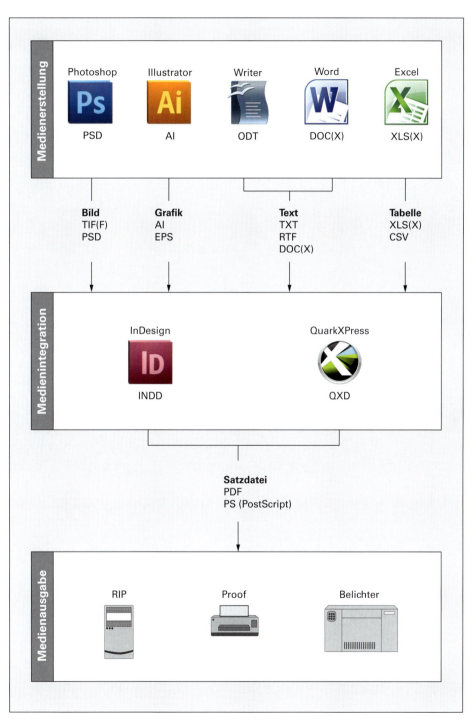

Dateiformate des Print-Workflows

Die Grafik erhebt keinen Anspruch auf Vollständigkeit, sondern ist exemplarisch zu verstehen.

29

Dateiformate des Digital-Workflows

Auch diese Grafik ist lediglich beispielhaft zu verstehen. Die Anzahl an Programmen ist gerade im Nonprintbereich sehr groß!

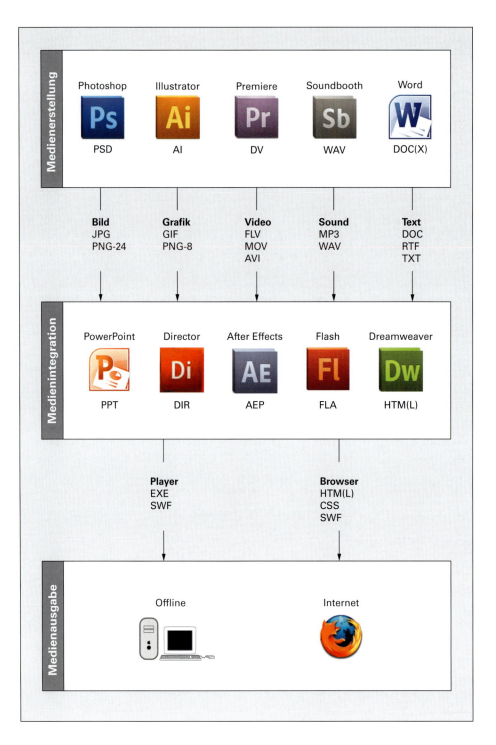

1.3.2 Alphabetische Übersicht

Dateiformate

	Format	Datentausch	Text	Layout/Satz	Pixelbild	Vektorgrafik	Internet	Multimedia	Skriptsprache	Audio	Video	Office	Workflow	S.
A	AAC									x	(x)			38
	AI					x								34
	AIF(F)									x				38
	ASP						x		(x)					36
	AVI										x			38
B	BMP				x									34
C	CDR					x								34
	CIP3												x	40
	CIP4												x	xx
	CSS						x							36
	CSV											x		33
D	DIR							x						36
	DOC(X)		x									x		33
E	EPS	x			(x)	x								34
	EXE													36
F	FHx					x								34
	FLA						x	x						36
	FLV/F4V										x			38
G	GIF				x		x							34
H	HTM(L)						x							37
I	IFRA												x	40
	INDD			x										32
J	JDF												x	40
	J(E)PG				x		x							34
	JMF												x	40
	JS						x		x					37
M	MDB											x		33
	MID									x				38
	MOV										x			38
	MP3									x				38

	Format	Datentausch	Text	Layout/Satz	Pixelbild	Vektorgrafik	Internet	Multimedia	Skriptsprache	Audio	Video	Office	Workflow	S.
	MP(E)G										x			39
O	ODP											x		33
	ODS											x		33
	ODT		x									x		33
P	P(I)CT				x									35
	PDF	x		x									(x)	32
	PHP						x		x					37
	PJTF												x	40
	PL						x		x					37
	PNG				x		x							35
	PPF												x	40
	PPML												x	40
	PPT(X)											x		33
	PS/PRN	x		x										32
	PSD				x									35
Q	QXD			x										32
R	RA									x				39
	RAW				x									35
	RM										x			39
	RTF	x	x									x		32
S	SVG					x	x							35
	SWF						x	x						37
T	TIF(F)	x			x									35
	TXT	x	x											32
W	WAV									x				39
	WMA									x				39
	WMF	x			(x)	x								35
	WMV										x			39
X	XLS(X)											x		33
	XML	x		x									(x)	32

Die Tabelle gibt eine Übersicht von Dateiformaten, die in der Medienbranche von Bedeutung sind. Bitte beachten Sie, dass es sich um eine Auswahl handelt, die keinen Anspruch auf Vollständigkeit erhebt. So fehlen beispielsweise Dateiformate aus dem Bereich 3D-Animation und Schriften. Die Bedeutung der Abkürzung sowie einige wesentliche Merkmale des Dateiformates finden Sie auf den angegebenen Seiten.

Gliederung der Dateiformate nach Software:
- Text- und Layoutformate
- Office-Formate
- Bild- und Grafikformate
- Web- und Multimedia-Formate
- Audio- und Videoformate
- Workflow-Formate

1.3.3 Text- und Layoutformate

Format	Name	Austausch	Text	Layout/Satz	Merkmale
INDD	InDesign Document			x	Dateiformat von InDesign-Dateien (Adobe) • Für die Druckausgabe müssen InDesign-Dateien als PostScript- oder PDF-Dateien abgespeichert werden.
PDF	Portable Document File	x		x	Standardaustauschformat (Adobe) • Universelles und geräteunabhängiges Dateiformat, auf der Seitenbeschreibungssprache PostScript basierend. • Einsatz erfolgt im Print- (Datenausgabe für den Druck) und Digitalbereich (z. B. eBooks). • Erzeugen von PDF-Dateien durch Acrobat Distiller oder direkt aus der Anwendung heraus. • Zur Anzeige von PDF-Dateien ist der kostenlose Adobe Reader bzw. ein Browser-Plug-in notwendig.
PS PRN	PostScript (Mac) Printer (Windows)	x		x	Seitenbeschreibungssprache für die Druckausgabe (Adobe) • Geräteunabhängig und in drei Levels standardisiert: PostScript Level 1, 2 oder 3. • PostScript-Dateien werden durch einen PostScript-Druckertreiber erzeugt. Ein direktes Betrachten von PS-Dateien ist im Unterschied zu EPS- und PDF-Dateien nicht möglich. • PostScript-fähige Geräte sind Laserdrucker, Belichter und RIPs. • PostScript wird zunehmend durch PDF ersetzt!
QXD	QuarkXPress Document			x	Dateiformat von QuarkXPress-Dateien (Quark) • Für die Druckausgabe müssen Quark-Dateien als PS- oder PDF-Dateien abgespeichert werden.
RTF	Rich Text Format	x	x		Austauschformat für Textdateien (Microsoft) • Im Unterschied zu TXT-Dateien bleibt die Formatierung bei RTF weitgehend erhalten.
TXT	Text	x	x		Austauschformat für Textdateien (Microsoft) • Im Unterschied zu RTF-Dateien speichert TXT ausschließlich den ASCI-Code des Textes ab – alle Formatierungen gehen verloren. • TXT-Dateien lassen sich in zahlreiche Programme importieren.
XML	Extensible Markup Language	x		x	„Metasprache" zur Beschreibung von Dokumenten • Medien- und ausgabeunabhängige Beschreibung von Dokumenten • Zur ausgabeabhängigen Formatierung werden Stylesheet-Sprachen (XSL) verwendet.

1.3.4 Office-Formate

Dateiformate

Format	Name	Textverarbeitung	Tabellenkalkulation	Datenbank	Präsentation	Merkmale
CSV	Comma Separated Value		x			CSV speichert tabellarische Daten als Text mit Trennzeichen (z. B. Strichpunkt) ab. Hierdurch wird ein Austausch zwischen Textverarbeitung, Tabellenkalkulation und Datenbanken möglich.
DOC(X)	Word Document	x				Speicherformat für Word-Dateien (Microsoft) • Neben dem Text und dessen Formatierung werden zahlreiche Metainformationen abgespeichert. • Der Datenaustausch mit anderen Programmen des Office-Paketes ist über die Zwischenablage möglich (OLE).
MDB	Microsoft Database			x		Speicherformat für Access-Dateien (Microsoft) • In MDB-Dateien werden neben Tabellen unter anderem auch Formulare, Berichte und Abfragen gespeichert. • Über die ODBC-Schnittstelle ist eine Anbindung an andere Datenbankmanagementsysteme wie z. B. MySQL möglich.
ODP	Open Document Presentation				x	Präsentationen mit Impress (OpenOffice.org) • Impress entspricht im Wesentlichen PowerPoint.
ODS	Open Document Sheet		x			Tabellen mit Calc (OpenOffice.org) • Calc ist das kostenlose Pendant zu Excel. • Calc kann Excel-Dateien öffnen und Dateien ins Excel-Format exportieren.
ODT	Open Document Text	x				Textdateien mit Writer (OpenOffice.org) • Writer ist das kostenlose Gegenstück zu Microsoft Word. • Writer kann auch Word-Dateien öffnen. • Writer kann ins DOC-Format exportieren, die sich dann in Word öffnen lassen.
PPT(X)	PowerPoint				x	Speicherformat für PowerPoint-Dateien (Microsoft) • Quasistandard bei Präsentationssoftware • PowerPoint ermöglicht auch einfache Animationen sowie das Verlinken von „Folien".
XLS(X)	Excel Sheet		x			Speicherformat für Excel-Dateien (Microsoft) • Quasistandard bei Tabellenkalkulationssoftware • Der Funktionsumfang von Excel ist sehr hoch, es lassen sich unter anderem auch Diagramme und kleine Datenbanken realisieren.

33

1.3.5 Bild- und Grafikformate

Format	Name	Internet	Austausch	Pixel	Vektor	Merkmale
AI	Adobe Illustrator				x	Speicherformat für Illustrator-Grafiken (Adobe) • AI-Dateien können in die anderen Adobe-Programme importiert werden.
BMP	Bitmap			x		Standardpixelformat von Windows (Microsoft) • Farbtiefe zwischen 1 und 32 Bit • Kein CMYK! • Import in vielen Programmen möglich • Keine oder verlustfreie (RLE-)Kompression
CDR	Corel Draw				x	Speicherformat für Corel-Draw-Dateien (Corel) • CDR-Dateien müssen zur Verwendung in anderen Programmen in ein Austauschformat exportiert werden.
EPS	Encapsulated Post-Script		x	(x)	x	Austauschformat für Vektorgrafiken • Alle Objekte der Grafik einschließlich Schriften werden mit der Seitenbeschreibungssprache PostScript beschrieben und in die Datei eingebunden (encapsulated). Der PostScript-Code dient zur Ansteuerung des Druckers oder Belichters. • PostScript-Daten können im Layoutprogramm nicht angezeigt werden. Deshalb wird die Grafik zusätzlich als Pixeldaten mit einer Farbtiefe von 1 oder 8 Bit abgespeichert. • Einbinden von Farbprofilen möglich
FHx	Freehand (x steht für die Versionsnummer)				x	Speicherformat für Freehand-Grafiken (Adobe) • Freehand wird nicht mehr weiterentwickelt, sondern durch Illustrator ersetzt.
GIF	Graphics Interchange Format	x		x		Pixelformat für Grafiken auf Webseiten • Farbtiefe maximal 8 Bit (256 Farben) • Wählbare Farbpalette z.B. perzeptiv, selektiv, adaptiv, Windows, Mac, Web • Transparente Pixel möglich • Animation möglich (Animated GIF) • „Interlacter" Bildaufbau von unscharf zu scharf • Dithering (Simulation von Halbtönen) • Verlustfreie Kompression (LZW-Verfahren)
JPG/JPEG	Joint Photographic Experts Group	x		x		Pixelformat für Halbtonbilder auf Webseiten • Farbtiefe 24 Bit • Keine Transparenz möglich • Stufenlos einstellbare Kompressionsrate • „Progressiver" Bildaufbau (unscharf zu scharf) • In hoher Qualität auch für Druck geeignet

Dateiformate

Format	Name	Internet	Austausch	Pixel	Vektor	Merkmale
P(I)CT	Picture			x		Standardpixelformat von Apple • Farbtiefe 16 oder 32 Bit • Kein CMYK! • Wahlweise ohne oder mit JPEG-Kompression
PNG	Portable Network Graphics (sprich: Ping)	x		x		Pixelformat für Grafiken und Bilder auf Webseiten • Farbtiefe zwischen 1 und 48 Bit • Transparenz durch Alphakanal möglich • Bildaufbau von unscharf zu scharf möglich • Verlustfreie Kompression • Etwas höhere Datenmengen als GIF oder JPG
PSD	Photoshop Document			x	(x)	Format für Photoshop-Dateien (Adobe) • Erhaltung sämtlicher Photoshop-Merkmale, z. B. Kanäle, Ebenen, Slices, Masken, Filter, ... • PSD-Dateien können direkt in die anderen Adobe-Programme importiert werden.
RAW	RAW (dt.: roh) CRW Canon DCR/DCS Kodak MRW/MDC Minolta NEF Nikon ORF Olympus X3F Sigma			x		„Roh"-Datenformat von Digitalkameras • Geräteabhängig, deshalb kein einheitlicher Standard und keine einheitliche Dateiendung • Spezielle Software zur Anzeige notwendig • Verlustfreie Kompression möglich
SVG	Scalable Vector Graphics	x			x	Neben SWF einziges Vektorformat für Grafiken auf Webseiten • XML-basiertes Format • Skalierbar (Zoomfunktion auf Webseiten) • Geringe Datenmengen durch vektorbasiertes Speichern • SVG-Viewer notwendig (Browser-Plug-in)
TIF/TIFF	Tagged Image File (Format)		x	x		Standardformat der Printproduktion • Farbtiefe von 1 bis 48 Bit • Alphakanäle möglich • Wahlweise ohne, mit verlustfreier (LZW, ZIP) oder verlustbehafteter (JPEG-)Kompression • Farbprofile können eingebettet werden. • (Photoshop-)Ebenen werden wahlweise abgespeichert.
WMF	Windows Meta File		x	(x)	x	Standardformat für Vektorgrafiken unter Windows • Vektorformat, Pixelbilder können jedoch eingebettet werden. • Für professionellen Einsatz im DTP-Bereich nicht geeignet • Datenaustausch über die Zwischenablage

1.3.6 Web- und Multimedia-Formate

Format	Name	Internet	Multimedia	Skriptsprache	Merkmale
ASP	Active Server Pages	x		(x)	Webtechnologie zur Erstellung dynamischer und interaktiver Webseiten (Microsoft) • Die Skripte werden z. B. als Java- oder VB-Skript direkt in den HTML-Quellcode eingebunden. • Die Ausführung erfolgt „serverseitig", d. h. auf dem Webserver. • ASP setzt Microsoft-Technologie voraus: Internet Information Server (IIS) oder Personal Web Server (PWS).
CSS	Cascading Style Sheets	x			Formatierungssprache des W3-Konsortiums zur Formatierung und Gestaltung von HTML-Seiten • Ziel ist die strikte Trennung von Inhalt (HTML) und Form (CSS). • CSS-Dateien sind reine Textdateien, sie können mit jedem Texteditor erstellt werden. • CSS kann alternativ auch in den HTML-Quelltext integriert werden.
DIR	Director		x		Speicherformat des Autorensystems Director (Adobe) • Director wird vorwiegend zur Produktion multimedialer Offline-Produkte (CD-ROM, DVD, Präsentationen) eingesetzt. • Integration von Text, Bild, Grafik, Sound, Video, Animation • Director integriert die Skriptsprache Lingo. • Director hat mittlerweile stark an Bedeutung verloren.
EXE	Executable				Dateiendung einer ausführbaren Datei unter Windows • Eine EXE-Datei wird benötigt, um eine browser-unabhängige Multimedia-Produktion zu realisieren. • EXE-Dateien können durch Doppelklick gestartet werden. • Vorsicht: Ausführbare Dateien am Mac besitzen keine Dateiendung!
FLA	Flash	x	x		Speicherformat der Animations- und Autorensoftware Flash (Adobe) • Flash kann für Internet- und Multimedia-Produktionen eingesetzt werden, da Flash-Filme als SWF-Dateien in HTML-Dateien eingebunden werden können. • Flash integriert die Skriptsprache ActionScript. • Flash zeichnet sich insbesondere durch sehr gute Animationsmöglichkeiten aus.

Dateiformate

Format	Name	Internet	Multimedia	Skriptsprache	Merkmale
HTM/ HTML	Hypertext Markup Language	x			Auszeichnungssprache zur Erstellung hypertext-basierter (Web-)Seiten • HTML beschreibt die Inhalte (Überschriften, Absätze, Tabellen, Hyperlinks) von Webseiten. • Zur Formatierung von HTML-Seiten stehen die Cascading Stylesheets (CSS) zur Verfügung. • HTML-Dateien sind reine Textdateien – sie können mit jedem Texteditor erstellt werden. • Zur Darstellung von HTML-Seiten ist ein Webbrowser notwendig. Dieser enthält einen „Parser", der die HTML-Auszeichnungen interpretieren und anzeigen kann.
JS	JavaScript	x		x	Skriptsprache für Webseiten • Mit JavaScript lassen sich Funktionen realisieren, die mit HTML nicht möglich sind, z.B. Änderung des Buttons bei Berührung mit der Maus, Fehlermeldung bei falschen Formulareinträgen. • JavaScript kann als externe Datei realisiert oder direkt im HTML-Quellcode eingebunden werden. • JavaScript wird „clientseitig" durch den Webbrowser ausgeführt. • Die Ausführung von JavaScript durch den Webbrowser kann aus Sicherheitsgründen auch deaktiviert werden.
PHP/ PHP4/ PHP5	Hypertext Preprocessor (ursprünglich: Personal Homepage Tools)	x		x	Skriptsprache für Webseiten • Mit PHP lassen sich zahlreiche Funktionalitäten für die Verwendung auf Webseiten realisieren, z.B. Gästebücher, Foren, Kalender, Datenbankanbindung. • PHP kann als externe Datei realisiert oder direkt in den HTML-Quellcode eingebunden werden. • HTML-Dateien mit PHP-Code müssen die Dateiendung PHP erhalten. • PHP-Skripte werden „serverseitig" auf dem Webserver ausgeführt.
PL	Perl	x		x	Skriptsprache, die hauptsächlich bei dynamischen Webseiten eingesetzt wird. • Perl-Skripte werden „serverseitig" auf dem Webserver ausgeführt. Die Softwareschnittstelle heißt CGI (Common Gateway Interface). • Perl hat durch den großen Erfolg von PHP an Bedeutung verloren.
SWF	Shockwave Flash	x	x		Aufgabeformat fertiger Flash-Produktionen • SWF-Dateien lassen sich in HTML-Seiten integrieren oder mittels Flash-Player abspielen. • Ein Bearbeiten von SWF-Dateien in Flash ist nicht mehr möglich.

1.3.7 Audio- und Videoformate

Format	Name	Audio	Video	Merkmale
AAC	Advanced Audio Coding	x	(x)	Verlustbehaftetes Audioformat, das mittlerweile eine hohe Verbreitung hat (z.B. iTunes, iPod) • Bessere Qualität als MP3 • AAC-Dateien lassen sich über DRM (Digital Rights Management) schützen.
AIF AIFF	Audio Interchange Format File	x		Verlustfreies Audioformat (Apple) • Das Format ermöglicht keine Kompression, so dass die Datenmenge hoch ist (ca. 10 MB/min). • Für den Einsatz in Multimedia-Produktionen ist eine Konvertierung in ein anderes Format (z.B. MP3) empfehlenswert.
AVI	Audio Video Interleave		x	Speicherformat für Video (Microsoft) • Audio- und Videodaten werden in einen Datenstrom verschachtelt (interleaved). • Zur Datenkompression stehen – in Abhängigkeit vom Programm – unterschiedliche Codecs zur Verfügung.
FLV F4V	Flash Video		x	Flash-Videoformat (Adobe) • Flash-Video ermöglicht das „Live"-Senden von Videos über das Internet mit Hilfe eines speziellen Streaming-Servers. • Für das Abspielen der Videos ist der kostenlose Flash-Player erforderlich. • Hohe Verbereitung, z.B. YouTube, MyVideo
MID	Musical Instrument Digital Interface	x		Standardschnittstelle zur Steuerung elektronischer Musikinstrumente • In MIDI-Dateien werden keine Sounds, sondern Steuerinformationen, z.B. Tonhöhe, Tonstärke, Tondauer, gespeichert. Die Tonerzeugung erfolgt durch die Soundkarte (Wavetables) bzw. einen Synthesizer.
MOV	QuickTime Movie		x	Speicherformat für QuickTime-Video (Apple) • MOV-Dateien lassen sich mit dem kostenlosen QuickTime-Player abspielen. • Wie bei AVI-Dateien können auch MOV-Videos mit unterschiedlichen Codecs (z.B. Motion JPEG, Sorenson) erzeugt werden.
MP3	Moving Pictures Experts Group Layer 3	x		Verlustbehaftetes Audioformat, das zum weltweiten Standard wurde • MP3 ermöglicht eine Kompression von 12:1 mit kaum hörbaren Qualitätsverlusten. Die Datenmenge beträgt dann etwa 128 Kilobit/Sekunde. • Durch die geringe Datenmenge bietet sich die Verwendung von MP3-Dateien bei multimedialen Produktionen an.

Dateiformate

Format	Name	Audio	Video	Merkmale
MPEG	Moving Pictures Experts Group		x	Videoformat bzw. Kompressionsverfahren • Für MPEG wurden verschiedene Standards definiert: MPEG-1, MPEG-2 (DVD/Digitalfernsehen) und MPEG-4. Der Standard bestimmt die Auflösung, Qualität sowie die Datenrate. • Um MPEG-Video erzeugen zu können, wird eine Encoder-Software benötigt. • Zur Integration des Sounds stehen verschiedene Möglichkeiten zur Verfügung, z. B. AAC, Dolby Digital bei MPEG-2.
RA	Real Audio	x		Streaming-Format für Sound (RealNetworks) • RA-Sound kann „live" über das Internet abgespielt werden. Diese Streaming-Technologie ermöglicht z. B. Webradios. • Zum Abspielen von RA-Sounds wird der kostenlose RealOne-Player benötigt. • Das Streamen von Video erfolgt entsprechend über das RM-Format.
RM RV	Real Media	(x)	x	Streaming-Format für Video (RealNetworks) • RM kann „live" über das Internet abgespielt werden. • Zur Wiedergabe ist der RealOne-Player notwendig. • Durch die hohe Verbreitung von Flash hat RM an Bedeutung verloren.
WAV	Wave	x		Verlustfreies Audioformat (Microsoft) • Das Format ermöglicht keine Kompression, so dass die Datenmenge hoch ist (ca. 10 MB pro Minute). • Für den Einsatz in Multimedia-Produktionen ist eine Konvertierung in ein anderes Format (z. B. MP3) anzuraten.
WMA	Windows Media Audio	x		Audioformat der Windows-Media-Technologie • WMA-Dateien lassen sich „streamen", also „live" über das Internet abspielen. • Die Wiedergabe von WMA-Dateien erfolgt mittels Windows Media Player.
WMV	Windows Media Video		x	Videoformat der Windows-Media-Technologie • Der Encoder für WMV-Dateien ist kostenlos. • Die Wiedergabe von WMV-Video erfolgt mittels Windows Media Player. • WMV-Dateien können gestreamt werden (vgl. RM oder FLV).

1.3.8 Workflow-Formate

Format	Name	Merkmale
CIP3	International Coope-ration for Integration of Prepress, Press and Postpress	CIP3 ist im eigentlichen Sinne kein Dateiformat, sondern eine Schnittstelle, die es erlaubt, Daten in einer Art „digi-talem Container" von einer Arbeitsstation zu einer anderen zu übertragen. Das im Container verwendete Format ist meistens PPF oder JDF. CIP3 ist der Workflow-Standard aller großen Geräte- und Systemanbieter, der jedoch zugunsten von CIP4 an Bedeutung verliert.
CIP4	International Coope-ration for the Integra-tion of Processes in Prepress, Press and Postpress	Erweiterte herstellerunabhängige Schnittstelle zur Kopplung zwischen bislang oft getrennten Prozessschritten in der Vor-stufe, dem Druck und der Weiterverarbeitung. Die CIP4-Organisation ist ein Zusammenschluss der wich-tigsten Hersteller im Vorstufen-, Druck- und Weiterverarbei-tungsbereich, die das Ziel haben, eine Normung für den Druckproduktions-Workflow zu erreichen. CIP4 löst den bis dato gültigen CIP3-Standard ab.
IFRA Track	IFRA Track	XML-basiertes Workflow-Format für die Zeitungsproduktion. IFRA ist kompatibel zu JDF und PPF. Ermöglicht ein gemein-sames Workflow-Management zwischen der Zeitungsherstel-lung und dem Akzidenzbereich in der Druckindustrie.
JDF	Job Definition Format	XML-basiertes Format für den direkten Datenaustausch zwischen Computersystemen zur Bildung eines Produktions-Workflows. Ermöglicht das Einbinden und Weitergeben von Dateien eines Management-Informations-Systems. JDF beinhaltet die Funktionalität von PJTF, PPF und vernetzt betriebswirtschaftliche und technische Workflows in der Medienproduktion.
JMF	Job Messaging Format	Teil des JDF-Formates, zuständig für die Übertragung der Job-Tickets innerhalb eines Workflow-Systems; basiert auf XML.
PJTF	Portable Job Ticket Format	Von Adobe entwickeltes Format für die Speicherung tech-nischer Produktionsdaten und Auftragsdaten zur Automati-sierung von Vorstufensystemen auf PDF-Basis.
PPF	Print Production Format	Workflow-Format: Speichert Voreinstellungen für Farbzonen, Schneidemarken und Falzfolgen, um den Prozessablauf im Druck-Workflow zu beschleunigen.
PPML	Personalized Print Markup Language	Standardformat für das Drucken personalisierter Daten in einem Digitaldruck-Workflow und für die Herstellung perso-nalisierter PDF-Dateien.

Hinweis: XML und PDF finden Sie auf Seite 32.

1.3.9   Aufgaben

Dateiformate

1 Dateiformate zuordnen

Ordnen Sie die gegebenen Dateiformate zu:

WAV	TIF	MOV	BMP
TXT	MP3	FLV	AIF
PSD	RTF	GIF	JPG

a. Textdatei   b. Sounddatei
b. Bilddatei   c. Videodatei

2 Bild-/Grafikformate unterscheiden

Ordnen Sie den gegebenen Bild- und Grafikformaten ihren Verwendungszweck zu:

| TIF | GIF | AI | JPG |
| EPS | CDR | PNG | PSD |

a. Verwendung auf Webseiten
b. Verwendung für Printprodukte
c. Format einer bestimmten Software

3 Programmabhängige Formate von Austauschformaten unterscheiden

Finden Sie die programmabhängigen Formate und nennen Sie das Programm:
a. INDD
b. EPS
c. PSD
d. FLA
e. HTML
f. DOC(X)
g. TIF

4 Skriptsprachen für Webseiten kennen

Nennen Sie zwei serverseitige Skriptsprachen, die sich zur Erstellung interaktiver Webseiten verwenden lassen.

5 Dateiformate im Workflow kennen

Bringen Sie die gegebenen Dateiformate in die richtige Abfolge des Workflows:
a. Bildverarbeitung
   INDD – RAW – PDF – TIF
b. Grafikerstellung
   HTML – GIF – AI

6 Dateiformate für Webseiten kennen

Nennen Sie das/die geeignete/n Dateiformat/e, um auf einer Webseite folgende Dateien einzubinden:
a. Foto
b. Zweifarbiges Logo
c. Cascading Stylesheets
d. Flash-Film
e. Text als Grafik
f. PHP-Datei
g. JavaScript-Datei

7 Unterschiede der Dateiformate in Bezug auf das Betriebssystem kennen

Kreuzen Sie in der Tabelle an, welche Merkmale zutreffen:
a. Dateiname besitzt Dateiendung
b. Unterscheidung Groß-/Kleinschreibung
c. Sonderzeichen sind zulässig
d. Dateityp wird anhand der Dateiendung erkannt

Betriebssystem	a.	b.	c.	d.
Windows				
Mac OS				
Linux				

Informationstechnik

2.1 Hardware

2.1.1	Komponenten eines Computersystems	46
2.1.2	Hauptplatine (Mainboard)	48
2.1.3	Mikroprozessor	51
2.1.4	Halbleiterspeicher	55
2.1.5	Externe Speicher	58
2.1.6	Grafik	71
2.1.7	Monitor	73
2.1.8	Drucker	76
2.1.9	Maus	81
2.1.10	Tastatur	82
2.1.11	Aufgaben	84

2.1.1 Komponenten eines Computersystems

Sicher haben Sie schon von EVA gehört: Gemeint ist an dieser Stelle nicht die aus einer Rippe hervorgegangene Gefährtin Adams im Paradies, sondern das Funktionsprinzip, nach dem auch heutige Computer Daten verarbeiten: Eingabe – Verarbeitung – Ausgabe.

2.1.1.1 Mikrocomputer

Für die Verarbeitung der Daten ist der Computer oder genauer Mikrocomputer zuständig. Im Unterschied zu Mikrocomputern gibt es Großcomputer, wie sie beispielsweise in Rechenzentren der Hochschulen oder in großen Firmen zu finden sind.

Zentrales Bauelement des Mikrocomputers ist der *Mikroprozessor (CPU)*. Es handelt sich dabei um ein Bauelement von wenigen Quadratzentimetern Größe, das hochintegrierte Schaltkreise zur Steuerung des Computers sowie zur Berechnung der Daten enthält. Über die als *Systembus* bezeichneten Verbindungsleitungen ist der Mikroprozessor mit dem *Arbeitsspeicher (RAM)* verbunden. Dieser im Vergleich zu Festplatten sehr schnelle Speicher hält sowohl den aktuell benötigten Programmcode – zum Beispiel ein Textverarbeitungsprogramm – als auch die aktuellen Daten – zum Beispiel einen Brief – zur Verarbeitung durch den Mikroprozessor bereit. Erst durch das Abspeichern einer Datei werden die Daten vom Arbeitsspeicher auf ein externes Speichermedium, in der Regel eine Festplatte, übertragen und damit vor Datenverlust gesichert.

Der Mikroprozessor befindet sich in einem Sockel auf der als *Mainboard oder Motherboard* bezeichneten Hauptplatine des Computers. Sie enthält zusätzlich den bereits erwähnten RAM-Arbeitsspeicher sowie verschiedene *Schnittstellen* und *Controller*, die für den Anschluss der Peripheriegeräte benötigt werden.

2.1.1.2 Peripheriegeräte

Alle Geräte, die nach dem EVA-Prinzip zur Ein- und Ausgabe der Daten genutzt werden, heißen Peripheriegeräte. Der Begriff „peripher" heißt so viel wie „sich am Rande befindend". Zum Anschluss der Peripheriegeräte an den Mikrocomputer muss eine Anpassung der unterschiedlichen Datenformate und Übertragungsgeschwindigkeiten vorgenommen werden. Diese Aufgabe erledigen die verschiedenen *Eingabe-*

Computersystem
Modell: Apple Mac Pro mit Cinema Display

Abb.: Apple

Hardware

Blockschaltbild eines Computersystems

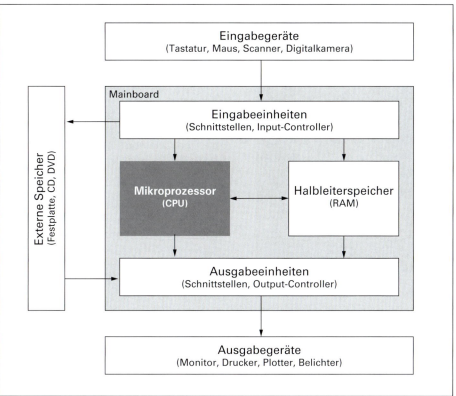

und Ausgabeeinheiten (Schnittstellen und I/O-Controller), die sich entweder bereits auf der Hauptplatine des Mikrocomputers befinden (Onboard-Units) oder bei Bedarf über vorhandene Steckplätze nachgerüstet werden können.

Beispiele für Schnittstellen sind USB und FireWire, I/O-Controller werden u. a. zum Anschluss der Festplatte(n) und anderer Laufwerke, zur Steuerung von Grafik und Sound und für den Netzwerkanschluss benötigt.

Die große Anzahl an zur Verfügung stehender Peripheriegeräte lässt sich funktionell in drei Gruppen gliedern:

Eingabegeräte
- Tastatur
- Maus
- Grafiktablett
- Scanner
- Digitalkamera
- Camcorder
- Mikrofon
- Musikinstrumente

Externe Speicher
- Festplatte
- DVD-/CD-/Blu-ray-Laufwerk
- Flash-Speicher z. B. USB-Stick
- Bandlaufwerk (Streamer)

Ausgabegeräte
- Monitor
- Drucker
- Plotter
- Lautsprecher
- Belichter

2.1.2 Hauptplatine (Mainboard)

Mainboard
Modell:
ASUS P6X58D-E

Merkmale:
ATX (30,5 x 24,4 cm)
❶ Sockel für Intel i7-Prozessor
❷ 6 x DIMM bis 24 GB RAM
❸ 3 x PCIe 2.0 x16
❹ 1 x PCIe 2.0 x1
❺ 2 x PCI
❻ 2 x SATA 6 GBit/s
❼ 6 x SATA 3 GBit/s
❽ 2 x USB 3.0
❾ 8 x USB 2.0

Abb.: Asus

Wenn Sie das Gehäuse eines Computers öffnen, finden Sie dort neben Netzteil, Festplatte, Laufwerken und Lüftern eine als *Hauptplatine, Motherboard oder Mainboard* bezeichnete Leiterplatte, auf die sämtliche elektronischen Komponenten entweder bereits aufgelötet sind oder in Steckplätze (Slots) eingesteckt werden können. Letztere ermöglichen es, einen Computer nach Belieben mit weiteren Komponenten wie Grafikkarte, Arbeitsspeicher, Festplatten u. Ä. auszustatten.

2.1.2.1 Bussysteme

Die Verbindungsleitungen zwischen den einzelnen Komponenten des Mainboards werden als Bussystem oder kurz Bus bezeichnet. Diese Bezeichnung ist passend gewählt, da es ja auch auf der Platine um den Transport (in diesem Fall von Daten) geht. Ein Computer benutzt verschiedene Bussysteme, die sich in der Art der Daten unterscheiden.

PCI
Der Mitte der 90er Jahre eingeführte und damals sehr erfolgreiche PCI (Peripheral Component Interconnect) ist fast schon Geschichte! Seine Datenrate von 133 MB/s genügt den heutigen Anforderungen nicht mehr. Um alte Karten aufnehmen zu können, befinden sich eventuell noch ein oder zwei Slots auf heutigen Mainboards. Sein Nachfolger heißt PCI Express (siehe unten).

AGP
Auch AGP (Accelerated Graphics Port), ein speziell zur Beschleunigung der Grafikausgabe 1997 eingeführter Bus, ist mittlerweile kaum mehr zu finden. Obwohl AGP je nach Spezifikation eine Datenrate von bis zu 2.133 MB/s erreicht, konnte er sich gegenüber PCI Express nicht durchsetzen.

PCI Express (PCIe)
Auf heutigen Mainboards befindet sich fast nur noch der 2004 eingeführte PCI Express (PCIe), der momentan in der Spezifikation 2.0 vorliegt. Die Datenübertragung erfolgt bei PCIe nicht wie bei PCI und AGP parallel über viele Datenleitungen, sondern seriell über Leitungspaare (Lanes) für das Senden und Empfangen von Daten.

Die erreichbare Datenrate hängt von der Anzahl an Lanes ab. Bereits bei der Verwendung eines Lanes (PCIe 2.0 x1) werden maximal 500 MB/s erreicht. Die Technologie gestattet die parallele Verwendung von bis zu 32 Lanes, so dass sich mit PCIe 2.0 x 32 die unvorstellbar hohe Datenrate von 16 GB/s realisieren lässt – das 120-Fache von PCI. Damit nicht genug: Die nächste Generation PCIe 3.0 ermöglicht eine Verdopplung der oben angegebenen Datenraten, so dass sich damit zumindest theoretisch bis zu 32 GB/s realisieren lassen.

Hardware

2.1.2.2 Schnittstellen

Zur Datenübertragung zwischen dem Mikrocomputer und externen Geräten gibt es prinzipiell zwei Möglichkeiten: Entweder gleichzeitig über mehrere Leitungen (parallel) oder nacheinander über eine Leitung (seriell).

Während früher parallele Schnittstellen dominierten, spielt heute praktisch nur noch die *serielle Datenübertragung* eine Rolle. Neben einem geringeren Stromverbrauch ermöglicht sie längere Verbindungsleitungen und deutlich höhere Datenraten.

USB

Der Name wurde Programm: USB (Universal Serial Bus) ist es tatsächlich gelungen, zu einer „universellen" Schnittstelle zu werden. Andere Systeme wie SCSI und selbst FireWire haben stark an Bedeutung verloren.

Sämtliche Peripheriegeräte von der externen Festplatte bis zum Camcorder, vom Handy bis zum Drucker, sind heute USB-fähig. Wie gelingt es, dass das Betriebssystem diese Geräte beim Einstecken „erkennt", ohne dass ein Treiber installiert werden muss?

Der Grund hierfür ist, dass für USB verschiedene Geräteklassen definiert wurden, z.B. Massenspeicher, Drucker, Audio, Video. Für die Geräteklassen wurden herstellerunabhängige, so genannte *generische* Treiber programmiert, an dessen Spezifikationen sich nun die Hersteller halten.

Weitere Vorteile von USB sind einerseits die Möglichkeit der Stromversorgung von Endgeräten, andererseits ist USB „Hot-Plug-&-Play"-fähig: Dies bedeutet, dass USB-Geräte bei laufendem Computer angeschlossen oder entfernt werden können.

FireWire

FireWire (auch: i.Link) wurde von Apple entwickelt und kommt überwiegend im Bereich der digitalen Bild- und Videobearbeitung zum Einsatz. Die aktuellen Mac Books besitzen allerdings keine FireWire-Schnittstelle mehr...

Wie bei USB gibt es mittlerweile drei Spezifikationen, die Datenraten bis 3,2 GBit/s ermöglichen.

(e)SATA

Serial ATA, kurz: SATA, ist der seriell arbeitende Nachfolger von ATA. Derzeit gibt es SATA in drei Spezifikationen, die Datenraten bis zu 6 GBit/s ermöglichen.

Während Serial ATA als interne Schnittstelle zum Anschluss von Festplatten dient, wurde mit eSATA (External SATA) eine externe Variante auf den Markt gebracht, an die sich beispielsweise Festplatten oder Brenner anschlie-

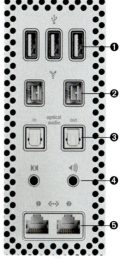

Schnittstellen (Mac Pro):

❶ USB 2.0
❷ FireWire
❸ Optischer Audioein- und -ausgang
❹ Analoger Audioein- und -ausgang
❺ GBit-LAN-Anschluss

Abb.: Apple

Serielle Schnittstellen

Name	Art	Position	Datenrate	Anwendungsbeispiele
USB 1.0/1.1	seriell	extern	12 MBit/s	Peripheriegeräte aller Art
USB 2.0	seriell	extern	460 MBit/s	Peripheriegeräte aller Art
USB 3.0	seriell	extern	5,0 GBit/s	Peripheriegeräte aller Art
FireWire (1394)	seriell	extern	400 MBit/s	z.B. Festplatten, Camcorder
FireWire (1394b)	seriell	extern	800 MBit/s	z.B. Festplatten, Camcorder
FireWire (1394-2008)	seriell	extern	3,2 GBit/s	z.B. Festplatten, Camcorder
Serial ATA (SATA)	seriell	intern	1,5 GBit/s	Festplatten
SATA Revision 2.x	seriell	intern	3,0 GBit/s	Festplatten
SATA Revision 3.x	seriell	intern	6,0 GBit/s	Festplatten
External SATA (eSATA)	seriell	extern	3,0 GBit/s	z.B. Festplatten, Laufwerke

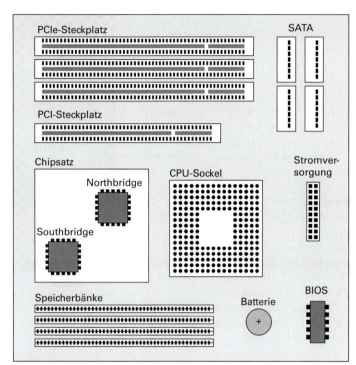

Steckplätze eines Mainboards

Schematische Darstellung, auf der etliche Komponenten, wie z. B. externe Schnittstellen, nicht eingezeichnet sind.

BIOS

siehe Seite 57

ßen lassen. Die Datenübertragung ist mit 3 GBit/s deutlich höher als USB 2.0 oder FireWire.

2.1.2.3 Steckplätze (Slots)

Steckkarten (Slot cards)
Derzeitiger Trend ist die Integration möglichst vieler Controller auf der Hauptplatine. Die Mainboards besitzen in diesem Fall einen Grafik-, Sound- und Netzwerkcontroller „on board" und benötigen somit keine externen Karten mehr. Dies ist nicht nur kostengünstig, sondern spart auch Platz – bei Laptops und Netbooks ein wichtiges Argument.

Um einen Desktop-PC flexibel und erweiterbar zu machen, stellen dessen Mainboards zusätzlich eine Reihe von PCIe-Steckplätzen (teilweise auch noch PCI-Steckplätze) zur Verfügung. Auf diese Weise können Sie eine High-End-Grafikkarte oder -Soundkarte nachrüsten.

RAM-Speicherbänke
Unerlässlich für den Betrieb eines Mikrocomputers ist das Vorhandensein eines Arbeitsspeichers (RAM). Die hierfür notwendigen Speicherbausteine befinden sich auf kleinen Platinen, die sich in spezielle Steckplätze (Speicherbänke) auf der Hauptplatine einstecken lassen. Durch Austausch oder Ergänzung der Speicherbänke ist die Erweiterung des Hauptspeichers möglich. Derzeit kommen fast ausschließlich DDR3-Speicher zum Einsatz. Mehr hierzu finden Sie in Kapitel 2.1.4 ab Seite 55.

Sockel (Socket)
Als Sockel wird der Steckplatz für den Mikroprozessor bezeichnet. Da jeder Mikroprozessor einen anderen Sockel benötigt, kann jedes Mainboard nur mit einem Prozessortyp bestückt werden.

2.1.2.4 Chipsatz

Der Chipsatz ist für die Steuerung des Datenflusses auf der Hauptplatine zuständig. Er besteht in der Regel aus zwei Bauelementen, der Northbridge und der Southbridge.

Während sich die *Northbridge* um die Anbindung des Speichers und der Bussysteme an den Prozessor kümmert, steuert die *Southbridge* den Datenfluss zu den verschiedenen Controllern und Schnittstellen und ermöglicht somit die Kommunikation mit der „Außenwelt" (Tastatur, Maus, Festplatte usw.).

Der Chipsatz ist ein wesentliches Leistungsmerkmal des Mainboards und damit des gesamten Computers.

2.1.3 Mikroprozessor

2.1.3.1 Entwicklung

Ein Mikroprozessor stellt eines der komplexesten Bauelemente dar, das der Mensch jemals entwickelt hat. Voraussetzung für seine Entwicklung war dabei zunächst die Erfindung des elektronischen Schalters (Transistor) im Jahr 1948. Mit Hilfe von Transistoren ließen sich binäre Operationen auf elektronische Schaltkreise übertragen, da jeder Schalter genau zwei Zustände – entsprechend der binären Null und Eins – darstellen kann. Durch die parallelen Fortschritte in der Halbleitertechnologie wurde eine Miniaturisierung dieser Schaltungen möglich, so dass heute mehrere Millionen Transistoren auf einer Fläche von wenigen Quadratzentimetern Platz finden. Die Folge war, dass raumfüllende Großcomputer nach und nach verschwanden und stattdessen der „persönliche Computer", „Personal Computer" oder kurz „PC", geschaffen wurde.

Schon bald nach dem Erscheinen der ersten PCs vor rund 30 Jahren – allen voran der legendäre Apple II oder C64 – wurden auch die großen Firmen der Branche auf die Möglichkeiten des PCs aufmerksam. So kam der erste IBM-PC mit 8088-Prozessor von Intel und dem Betriebssystem DOS von Microsoft im Jahr 1981 auf den Markt. Im damit eröffneten Wettlauf um immer kleinere, schnellere und gleichzeitig billigere Mikroprozessoren ist auch heute noch kein Ende absehbar. Obwohl die Leistungsdaten heutiger Prozessoren noch vor zwanzig Jahren unvorstellbar gewesen wären, besteht nach wie vor der Wunsch nach mehr Leistung und Geschwindigkeit.

Die Ursache hierfür liegt einerseits in der immer komplexer werdenden Software, sowohl bei Betriebssystemen als auch bei Anwendersoftware. Andererseits werden dem PC heute zunehmend Aufgaben übertragen, die enorme Rechenleistungen voraussetzen. Beispiele hierfür sind der digitale Videoschnitt oder aufwändige 3D-Animationen bei Computerspielen.

Der Mikroprozessormarkt ist hart umkämpft und wird von wenigen Firmen beherrscht:

Seit dem spektakulären Wechsel von Apple im Jahr 2005 von IBM zu Intel liefert *Intel* Mikroprozessoren für den gesamten PC-Markt unter Windows, Linux und Mac OS. Während in Apple-Computern ausschließlich Intel-Prozessoren zum Einsatz kommen, kämpfen unter Windows und Linux Intel und Erzfeind *AMD* um Platz 1 des leistungsfähigsten Computers und damit um wichtige Marktanteile.

Der derzeitige Trend geht in Richtung „Mobile Computing" – Laptops, Notebooks, PDAs (Personal Digital Assistent) und webtaugliche Handys sind stark nachgefragt. Für diese Geräte sind Mikroprozessoren erforderlich, deren Strom- und Kühlungsbedarf deutlich unter dem der leistungsstarken Desktop-Prozessoren liegt.

Hardware

Mikroprozessor
Modell:
Intel Core i7

Abb.: Intel

51

2.1.3.2 Funktionsprinzip

Trotz seiner Komplexität lässt sich die prinzipielle Funktionsweise eines Mikroprozessors (CPU, Central Processing Unit) mit Hilfe eines Blockschaltbildes relativ leicht erklären: Die *Buseinheit* steuert die Datenübernahme in den Prozessor bzw. -übergabe auf den *Datenbus*. Die Datenbusbreite, also die Anzahl der parallelen Datenleitungen, ist ein wichtiger Kennwert des Prozessors. Heutige Prozessoren besitzen eine Datenbusbreite von 64 Bit, bei der nächsten Generation wird es sich um 128-Bit-Prozessoren handeln.

Die ankommenden Daten und Befehle gelangen zunächst in einen als *Cache* bezeichneten Zwischenspeicher. Der *Befehlsdecoder* ermittelt nun, um welche Art von Befehl es sich handelt und welche Operanden hierfür benötigt werden. Nach dieser Decodierung bereitet die *Steuereinheit* die Befehlsausführung vor. Handelt es sich beispielsweise um einen Additionsbefehl, dann müssen die zwei Operanden in so genannte *Register* übertragen werden. Auf diese Register greift nun die *Recheneinheit* (Arithmetic Logic Unit, ALU) zu und führt die Addition durch.

Zur Übertragung des Ergebnisses in eine Speicherzelle des Arbeitsspeichers muss durch die Adresseinheit zunächst deren Adresse berechnet werden. Die Adressbusbreite des Prozessors legt dabei die maximale Größe des Arbeitsspeichers fest. Heutige Prozessoren mit einer Adressbusbreite von 36 Bit können 2^{36} Adressen verwalten. Da jede Adresse eine Speicherzelle von einem Byte adressiert, ist mit 2^{36} Adressen die direkte Adressierung von maximal 64 Gigabyte RAM möglich. Wird ein größerer Arbeitsspeicher benötigt, kann dieser als „virtueller Speicher" adressiert werden.

Blockschaltbild eines Mikroprozessors
(stark vereinfacht)

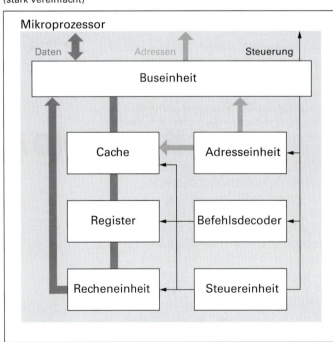

2.1.3.3 Leistungsmerkmale

Transistoranzahl
Ein Leistungsmerkmal eines Mikroprozessors ist die Anzahl an elektronischen Schaltern (Transistoren). Durch die fortschreitende Miniaturisierung konnten immer mehr Transistoren auf eine Fläche von wenigen Quadratzentimetern gepackt werden. Zum Vergleich: Der erste Intel-Mikroprozessor 4004 aus dem Jahr 1971 besaß 2.300 Transistoren. Ein Intel-Xeon-Mikroprozessor besitzt 820 Millionen Transistoren. Sie sehen daran die gigantische Entwicklung in vierzig Jahren.

Taktfrequenz
Zur Synchronisation des Datenflusses innerhalb des Prozessors wird dieser

Hardware

durch einen externen Taktgeber (Quarz) mit einem Rechteckimpuls versorgt. Diese Taktfrequenz wird in Megahertz (MHz) angegeben und ist ein weiteres Leistungsmerkmal eines Mikroprozessors. So konnte die Taktfrequenz von 0,1 MHz (1971) auf bis 4.000 MHz (4 GHz) gesteigert werden.

Nun scheint allerdings ein Ende dieser Entwicklung erreicht. Aus zwei Gründen ist eine beliebige Steigerung der Taktfrequenz nicht möglich:
- Die entstehende Wärme kann nicht schnell genug abgeführt werden.
- Bereits kurze Leitungen werden zu „Antennen" und strahlen die elektrische Energie ab.

Mehrkernprozessoren (Multi Core)
Was also tun, um leistungsfähigere Prozessoren zu bauen? Die Grundidee ist naheliegend: Verwende nicht einen, sondern mehrere Prozessoren. Wenn sich diese weiterhin in einem Gehäuse und auf einem Sockel befinden, spricht man von *Prozessorkernen*, englisch *Core*. Mittlerweile ist der Wettlauf der Mehrkernprozessoren in vollem Gange: Doppelkernprozessoren (z. B. Intel Core i3 oder AMD Athlon X2) und Vierkernprozessoren (z. B. Intel Core i7, AMD

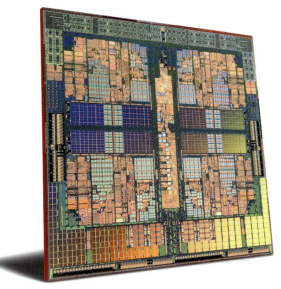

Quad-Core-Prozessor
Modell: AMD Phenom X4 (geöffnete Darstellung). Sie sehen die vier symmetrisch angeordneten Kerne.

Abb.: AMD

Firma	Name	Takt (max.)	Kerne	seit	Einsatz
Intel	Atom	2 GHz	1	2008	Mobile Geräte, Notebooks
	Celeron (Core)	2,5 GHz	1	2007	(preiswerte) Laptops, Desktop
	Pentium Dual-Core	3,2 GHz	2	2007	Desktop, Laptop
	Core 2 Duo	3,3 GHz	2	2007	Desktop, Laptop
	Core 2 Quad	2,8 GHz	4	2007	Desktop, Laptop
	Core i3	3,3 GHz	2/4	2010	Desktop, Laptop
	Core i5	3,6 GHz	2/4	2010	Desktop, Laptop
	Core i7	3,3 GHz	4/6	2010	Desktop, Laptop
	Xeon (Core)	3,2 GHz	2/4	2006	Desktop, Server
AMD	(Mobile) Sempron	2,0 GHz	1	2005	Laptop, Notebooks
	Athlon II	2,8 GHz	2	2008	Desktop, Laptop
	Athlon II X2	3,2 GHz	2	2009	Desktop, Laptop
	Phenom II X2	3,2 GHz	2	2009	Desktop, Laptop
	Athlon II X3	3,1 GHz	3	2009	Desktop, Laptop
	Phenom II X3	3,0 GHz	2	2009	Desktop, Laptop
	Athon II X4	3,0 GHz	4	2009	Desktop, Laptop
	Phenom II X4	3,4 GHz	4	2009	Desktop
	Phenom II X6	3,2 GHz	6	2010	Desktop

Übersicht aktueller Mikroprozessoren
Die Liste ist nicht vollständig, sondern zeigt lediglich eine Auswahl.
(Stand: 2011)

Phenom II X4) sind bereits Standard. Der erste Sechskernprozessor stammt von Intel (Core i7 980X Extreme) – raten Sie mal, was als Nächstes kommt ...

Cache

Im Vergleich zur hohen Taktfrequenz des Mikroprozessors wird der Arbeitsspeicher deutlich langsamer getaktet. Da sich sowohl Programme als auch Daten im Arbeitsspeicher befinden, würde dieser den schnellen Mikroprozessor „ausbremsen".

Die Idee ist nun, einen deutlich schnelleren Speicher zwischen Arbeitsspeicher und Mikroprozessor zu setzen. Diese werden als Cache bezeichnet und je nach Platzierung in L1-, L2- und L3-Cache unterteilt, wobei „L" für Level steht. Ein *First-Level- oder L1-Cache* befindet sich direkt beim Mikroprozessor bzw. bei den Mikroprozessorkernen und besitzt typischerweise eine Größe von 32 oder 64 KB. Er hält die Daten vor, die der Prozessor zur Verarbeitung benötigt.

Ein *Second-Level-Cache (L2)* und eventuell *Third-Level-Cache (L3)* besitzt eine Größe von mehreren Megabyte und sitzt zwischen L1-Cache und RAM. Seine Aufgabe ist es, die Daten aus dem RAM zu laden, die *voraussichtlich* als Nächstes benötigt werden.

Frontside Bus (FSB)

Die Taktfrequenz des FSB ist zwar kein Kennwert des Mikroprozessors, aber ein wichtiges Leistungsmerkmal des Computers. Ein FSB verbindet den Mikroprozessor mit einem als „Northbridge" bezeichneten Chip, der für die Anbindung und Synchronisation des Datenflusses mit den anderen Bussen (v. a. PCIe) und mit dem Arbeitsspeicher zuständig ist.

Die Taktfrequenz des FSB ist deutlich geringer als die Taktfrequenz des Mikroprozessors, typischerweise zwischen 100 und 400 MHz. In der Werbung werden Sie auf höhere Zahlen stoßen, z. B. „FSB 1600". Grund hierfür ist, dass pro Takt zwei (DDR = Double Data Rate) oder sogar vier Datenwörter (QDR = Quadruple Data Rate) übertragen werden können. Somit ergibt sich aus $400 \cdot 4 = 1.600$ „MHz".

Mehrprozessorsysteme

Wenn die Rechenleistung mit einem (Multi-Core-)Prozessor immer noch nicht ausreicht, dann werden mehrere parallel arbeitende Prozessoren verwendet. Auf diese Weise lassen sich Super-Computer realisieren, die auf die Rechenpower von mehreren Hundert Prozessoren zurückgreifen.

Fazit

Nach obigen Betrachtungen sehen Sie: Die tatsächliche Leistungsfähigkeit eines Computers bestimmt nicht allein der Mikroprozessor. Entscheidend ist das Zusammenspiel des Prozessors mit den anderen Komponenten des Mainboards (v. a. Chipsatz, FSB, RAM).

Super-Computer
Modell: IBM Roadranner mit 6480 AMD-Opteron-Prozessoren

2.1.4 Halbleiterspeicher

2.1.4.1 Speicherhierarchie

Zur effizienten Verarbeitung von Daten benötigt ein Mikrocomputer unterschiedliche Speicher, die hinsichtlich Speicherkapazität und Zugriffszeit auf die Daten an die jeweilige Aufgabe angepasst sind. Dabei gilt folgender Grundsatz:

> Je näher ein Speicher am Prozessor sitzt, umso schneller muss er sein.

Aus diesem Grund werden in Prozessornähe ausschließlich *Halbleiterspeicher* eingesetzt, weil der elektronische Zugriff auf Daten wesentlich weniger Zeit benötigt als der mechanische Zugriff auf eine Platte oder Scheibe.

Unterschieden werden hierbei die als *Register* bezeichneten prozessoreigenen Speicher, die allerdings nur die gerade aktuellen Befehle bzw. Daten für die Verarbeitung durch das Rechenwerk bereithalten können. In direkter Prozessornähe befinden sich schnelle Zwischenspeicher, die in einen First-Level-, Second-Level- und – je nach Prozessor auch noch – einen Third-Level-*Cache* gegliedert sind. Ihre Aufgabe ist es, die aktuell benötigten Befehlsfolgen für den Prozessor bereitzuhalten, indem sie diese aus dem deutlich langsameren *Arbeitsspeicher (RAM)* kopieren.

Der im Vergleich zum Cache langsame Arbeitsspeicher hält wegen seiner Größe – bei heutigen Computern mindestens 1 GB oder mehr – alle für die Arbeitssitzung benötigten Programme und Daten bereit, indem er sie von der Festplatte kopiert. Im Unterschied zum Arbeitsspeicher haben Flash-Speicher, Festplatten und Streamer den Vorteil, dass die Daten nach Ausschalten des Computers nicht verloren gehen.

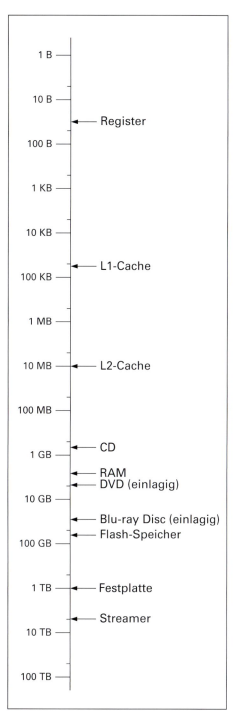

Hardware

Speicherhierarchie

Die Speicherkapazität nimmt von oben nach unten massiv zu. Beachten Sie die logarithmische Skala, bei der die kleinen Striche die Fünfer-Teilung angeben (5 B, 50 B, 500 B usw.)

Die Geschwindigkeit des Datenzugriffs nimmt von oben nach unten ab.

Die Kosten pro MB nehmen von oben nach unten ebenfalls ab.

55

Prozessornahe Speicher (Register, Cache, RAM) werden als *interne* Speicher bezeichnet.

Auch wenn sich Festplatte und CD- oder DVD-Laufwerke ebenfalls innerhalb des Computergehäuses befinden, spricht man hierbei von *externen oder peripheren Speichern*. Diese Unterscheidung erklärt sich durch die unterschiedliche Arbeitsweise beider Gruppen:

Halbleiterspeicher speichern Daten mit Hilfe von elektronischen Bauelementen, die einen schnellen Zugriff auf jede einzelne Speicherzelle ermöglichen. Alle Festplatten und Laufwerke hingegen schreiben die Daten auf sich drehende Scheiben – ein vergleichsweise zeitaufwändiger Vorgang.

Die Familie der Halbleiterspeicher lässt sich funktionell in zwei Gruppen teilen: Schreib-Lese-Speicher (RAM) und Nur-Lese-Speicher (ROM).

2.1.4.2 Schreib-Lese-Speicher (RAM)

Der RAM-Speicher des Computers wird auch als *Arbeitsspeicher* bezeichnet, weil er ausschließlich als Zwischenspeicher während der aktuellen Computersitzung dient. Beim Ausschalten des Rechners gehen alle Daten im RAM verloren, weshalb man auch von einem *flüchtigen* Speicher spricht.

Bei RAM-Bausteinen müssen zwei Untergruppen, dynamische DRAM und statische SRAM, unterschieden werden:

DRAM
Ein dynamischer oder DRAM-Baustein speichert ein Bit mit Hilfe eines einzigen Transistors. Dadurch lässt sich eine sehr hohe Anzahl an Speicherzellen auf kleinstem Raum unterbringen. Nachteilig dabei ist, dass sich die winzigen Bauelemente schnell entladen und die gespeicherte Information deshalb ständig aufgefrischt werden muss (Refresh-Zyklus). Die hierfür benötigte Zeit geht zu Lasten der Zugriffszeit auf den Speicher. Aufgrund ihrer kompakten Bauweise und der geringen Kosten werden DRAM-Module als Arbeitsspeicher genutzt. Heutige Computer besitzen mindestens 1 GB Arbeitsspeicher, oft jedoch mehr. Dabei gilt:

> Je mehr Arbeitsspeicher, umso leistungsfähiger wird der Computer.

In heutigen Computern kommt vorwiegend DDR-Technologie zum Einsatz, wobei die Abkürzung nichts mit dem früheren Ostdeutschland zu tun hat, sondern für „Double Data Rate" steht. Bei jedem Takt werden hierbei zwei Datenwörter übertragen. Die Erweiterung DDR2 erweitert auf vier, DDR3 schließlich auf acht Datenwörter, so dass der Speicherzugriff 8-mal so schnell erfolgt.

SRAM
Ein statischer oder SRAM-Baustein verwendet zum Speichern eines Bits nicht ein einziges Bauelement, sondern eine Schaltung aus mehreren Transistoren. Dies hat den Nachteil, dass Platzbedarf und Kosten pro Megabyte deutlich höher sind als beim DRAM-Baustein.

Der Vorteil hierbei ist, dass die zeitintensiven Refresh-Zyklen entfallen und SRAM-Speicher somit eine sehr geringe Zugriffszeit besitzen. Dies erklärt,

DRAM
Modell:
8 GB DDR3-Speicher

Abb.: HP

Hardware

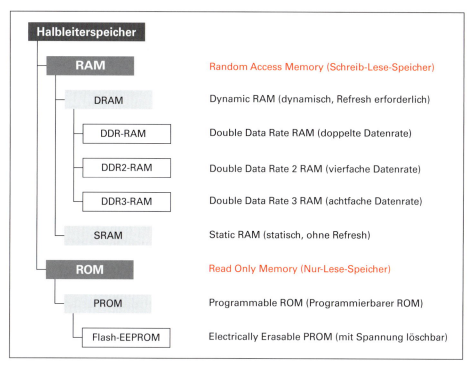

Halbleiterspeicher

Für den großen, aber vergleichsweise langsamen Arbeitsspeicher werden DRAM-Speicher verwendet.

Der schnelle Pufferspeicher (Cache) des Prozessors verwendet SRAM.

Das BIOS muss auch ohne Spannung erhalten bleiben und ist deshalb in einem ROM gespeichert.

weshalb SRAM als schneller Zwischenspeicher (Cache) zwischen DRAM und Mikroprozessor eingesetzt wird.

Eine Steuerlogik sorgt dafür, dass die *voraussichtlich* benötigten Daten vom RAM in den Cache kopiert werden. Der Mikroprozessor hat in diesem Fall einen wesentlich schnelleren Zugriff auf diese Daten. Die Größe des Cache-Speichers beträgt zwischen 1 und 12 MB.

2.1.4.3 Nur-Lese-Speicher (ROM)

In einen Nur-Lese-Speicher (Read Only Memory, ROM) können – wie der Name sagt – keine Daten geschrieben werden. Sein Vorteil besteht jedoch darin, dass er seine Daten nicht verliert, wenn der Computer ausgeschaltet wird, man spricht von einem *nichtflüchtigen* Speicher. Beim Starten eines Computers greift der Mikroprozessor deshalb zunächst auf einen ROM-Baustein mit dem BIOS (Basic Input Output System) zu. Das BIOS liefert alle benötigten Informationen zur Erkennung der vorhandenen Hardware. Erst danach kann das Betriebssystem von der Festplatte gestartet (gebootet) werden.

Eine als Flash-EEPROM bezeichnete Sonderform der ROM-Bausteine ist elektrisch lösch- und neu beschreibbar, so dass hiermit eine Veränderung (zum Beispiel ein Update) des Speicherinhaltes möglich wird.

Diese Technologie macht man sich auch im Bereich der externen Speicher zunutze: In Form von kompakten Speicherkarten in Notebooks, Digitalkameras, MP3-Playern oder als USB-Sticks sind Flash-Speicher mittlerweile in einer großen Auswahl erhältlich und ersetzen CDs und zunehmend auch Festplatten.

57

2.1.5 Externe Speicher

2.1.5.1 Speicherverfahren

Im Bereich der externen Speicher kommen drei unterschiedliche Verfahren zum Einsatz:

Magnetische Speicher
Beim magnetischen Speicherverfahren wird eine magnetisierbare Schicht durch einen sehr feinen Elektromagneten entsprechend der binären Information magnetisiert. Vereinfacht gesagt heißt dies: Eine binäre Eins wird durch einen magnetischen Südpol gespeichert, eine binäre Null durch einen magnetischen Nordpol. Dieses Speicherverfahren wird bei Festplatten und Streamern (Bandlaufwerke) angewandt.

Der große Vorteil besteht darin, dass Platten oder Bänder jederzeit gelöscht und neu beschrieben werden können. Nachteilig ist die hohe Empfindlichkeit gegenüber äußeren Magnetfeldern und thermischen Einflüssen.

Optische Speicher
Bei beschreibbaren CDs, DVDs und Blu-ray Discs werden die Informationen mit Hilfe eines optischen Verfahrens gespeichert. Dabei „brennt" ein Laserstrahl im wahrsten Sinne des Wortes das binäre Informationsmuster als Erhöhungen (Land) und Vertiefungen (Pit) in eine Metallschicht. Bei kommerziellen Datenträgern wird ein „Glasmaster" erstellt, der zum Pressen der gewünschten Auflage herangezogen wird. Beim Lesen der Medien werden die Informationen durch die unterschiedliche Reflexion der Pits und Lands wiedergewonnen.

Vorteil der optischen Datenspeicher ist die relativ große Unempfindlichkeit gegenüber äußeren Einflüssen. Selbst kleine Kratzer können durch entsprechende Korrekturverfahren eliminiert werden. Was die Haltbarkeit anbelangt, erweisen sich optische Medien als problematisch. Manche CDs oder DVDs sind bereits nach wenigen Jahren nicht mehr lesbar, so dass Sie sich vielleicht einmal Gedanken darüber machen sollten, ob Sie Ihre CD- oder DVD-Sammlung nicht auf ein anderes digitales Medium übertragen sollten.

Elektronische Speicher (Flash-Speicher)
Seit einigen Jahren etabliert sich die Halbleitertechnologie auch im Bereich der externen Speicher: Damit die Daten auch ohne Versorgungsspannung erhalten bleiben, kommt die Flash-EEPROM-Technologie zum Einsatz (siehe auch Seite 57).

Flash-Speicher bestehen aus winzigen elektronischen Schaltern: Transistoren. Im ungeladenen Zustand kann ein Strom zwischen Source (S) und Drain (D) fließen. Dies entspricht einer binären „0". Wird nun über eine Spannung das sich zwischen D und S befindliche Gate geladen, ist der Stromfluss nicht mehr möglich, das Bit wird auf „1" gesetzt. Da die Ladung erhalten bleibt, funktioniert der Speicher ohne äußere Stromversorgung. Zum Löschen des Speichers müssen die Gates lediglich wieder entladen werden.

Flash-Speicher bieten hierbei neben ihrer kompakten Bauweise den Vorteil eines schnellen Datenzugriffs. Speicherkarten sind in zahlreichen Varianten und Ausführungen erhältlich. Ihr Einsatz ist überall dort, wo kein Platz für größere Laufwerke vorhanden ist, zum Beispiel in Digitalkameras, Notebooks, Handys, MP3-Playern oder Handhelds.

Als Ersatz für (magnetische) Festplatten kommen „Solid State Drives" zum Einsatz, die es zurzeit bis 1 TB gibt – allerdings zu astronomisch hohen Preisen.

Hardware

Magnetische Datenspeicherung

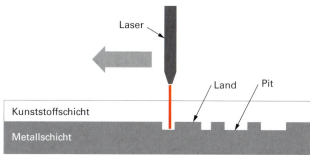

Optische Datenspeicherung

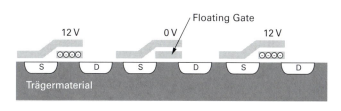

Elektronische Datenspeicherung

Datenspeicherung
Schematische Darstellung des Schreibvorgangs bei magnetischen, optischen und elektronischen Speichermedien

59

2.1.5.2 Speicherkennwerte

Speicherkapazität

Die Speicherkapazität bezeichnet die Gesamtmenge an speicherbaren Informationen. Die Einheit der Speicherkapazität ist das Byte sowie die Vielfachen Kilobyte (KB), Megabyte (MB), Gigabyte (GB) und Terabyte (TB).

Wie Sie auf Seite 55 sehen können, nimmt die Speicherkapazität von den prozessornahen Halbleiterspeichern zu peripheren Speichern enorm zu. Die Speicherkonfiguration eines heute aktuellen PCs könnte sein (Stand: 2011):

- L1-Cache   64 KB
- L2-Cache   12 MB
- Arbeitsspeicher   8 GB
- Festplatten   1 TB
- DVD±RW±R   4,7 GB

Hierbei nehmen die Kosten pro MB von oben nach unten merklich ab, die Geschwindigkeit des Datenzugriffs allerdings auch.

Zugriffszeit

Bei der in Sekunden angegebenen Zugriffszeit handelt es sich um die durchschnittliche Dauer von der Adressierung der gewünschten Daten bis zu deren Erhalt auf dem Datenbus.

Bei Halbleiterspeichern ist diese Zeit für den Zugriff auf alle Speicherzellen nahezu konstant. Bei allen mechanisch bewegten Platten oder Scheiben hingegen muss der Schreib-/Lesekopf zunächst an die zugehörige Stelle bewegt werden. In Abhängigkeit von der zurückzulegenden Weglänge unterscheiden sich die Zugriffszeiten deshalb stark, so dass hier nur eine mittlere Zugriffszeit angegeben werden kann. Bei allen Bandlaufwerken macht aufgrund der notwendigen Spulvorgänge die Angabe einer Zugriffszeit keinen Sinn.

Datenübertragungsrate

Aussagekräftiger über den Datentransfer von oder zu einem Speicher ist die Angabe einer in MB/s oder GB/s gemes-

---

Externe Speichermedien

Fast wöchentlich gibt es Meldungen über Weiterentwicklungen. Bitte haben Sie Verständnis, dass ein Buch nie auf dem aktuellen Stand sein kann.

(Stand: 2011)

Typ	Format	Kapazität	Verfahren	Lesen	Schreiben
Festplatte	0,8 – 3,5"	bis 2 TB	magnetisch	ja	ja
Bandlaufwerke	divers	>1 TB	magnetisch	ja	ja
CD-ROM	12 cm	800 MB	optisch	ja	nein
CD-R	12 cm	650 MB	optisch	ja	1x
CD-RW	12 cm	650 MB	optisch	ja	ja
DVD-ROM	12 cm	bis 17 GB	optisch	ja	nein
DVD±R	12 cm	4,7 GB	optisch	ja	1x
DVD±RW	12 cm	4,7 GB	optisch	ja	ja
DVD±R9	12 cm	8,5 GB	optisch	ja	1x
DVD-RAM	12 cm	4,7 GB	optisch	ja	nein
BD-ROM (Blu-ray Disc)	12 cm	bis 50 GB	optisch	ja	nein
BD-R	12 cm	25 GB	optisch	ja	1x
BD-RE	12 cm	25 GB	optisch	ja	ja
xD-Picture-Card	20 mm · 25 mm	bis 4 GB	elektronisch	ja	ja
MS (Memory Stick)	24 mm · 32 mm	bis 32 GB	elektronisch	ja	ja
SD Memory Card	divers	bis 32 GB	elektronisch	ja	ja
CF (CompactFlash)	42,8 mm · 36,4 mm	bis 128 GB	elektronisch	ja	ja
USB-Sticks	divers	bis 64 GB	elektronisch	ja	ja
Solid State Disc	1,8 – 2,5"	bis 1 TB	elektronisch	ja	ja

Hardware

senen Datenübertragungsrate. Hierdurch wird ein direkter Geschwindigkeitsvergleich zwischen peripheren Speichern möglich. Beispielhaft einige derzeit aktuelle Werte:
- DDR3-RAM   25,6 GB/s
- SATA-Festplatte   768 MB/s
- 10x BD-R/-RE   45 MB/s
- 16x DVD+/-RW   17,6 MB/s

Beachten Sie den großen Unterschied zwischen der Zugriffszeit auf einen RAM-Speicher im Vergleich zu einer Festplatte: Im Beispiel ist das RAM-Modul um mehr als das 24-Fache schneller als die Festplatte. Dies erklärt die große Bedeutung des Arbeitsspeichers für die Performance des Computers!

2.1.5.3 Festplatten

Aufbau

Ihren Namen hat die Festplatte daher, dass sie aus einer oder mehreren beschichteten Aluminiumscheiben besteht, die sich mit einer Geschwindigkeit von 4.200 bis 10.000 Umdrehungen pro Minute drehen. Durch Erhöhung der Umdrehungsgeschwindigkeit lässt sich die Zugriffszeit auf die Daten reduzieren, allerdings steigen auch Geräusch- und Wärmeentwicklung an.

Zwischen den Platten bewegen sich die Schreib- und Leseköpfe auf einem kammförmigen Träger hin und her. Es handelt sich dabei um winzige Elektromagnete, die beim Schreibvorgang die Scheibe magnetisieren und beim Lesevorgang die magnetisierte Stelle in ein elektrisches Signal umwandeln.

Entscheidend für das Funktionieren der Festplatte ist, dass keine der Scheiben durch einen Schreib-/Lesekopf jemals berührt wird. Dieser so genannte „Headcrash" führt unwiderruflich zur Zerstörung der Festplatte.

Offene SATA-Festplatte

Modell:
WD Caviar SE16
Daten:
750 GB, 300 MB/s,
16 MB Cache, 7.200 U/min

Abb.: Western Digital

Datenzugriff

Der Datenzugriff erfolgt über die so genannte LBA-Adressierung (Large Block Address): Das Verfahren teilt jede Platte in konzentrische Kreise (Zylinder) ein, die in gleich große Sektoren von jeweils 512 Byte unterteilt werden. Jeder Sektor erhält eine eindeutige 48-Bit-Adresse. Mit dieser Zahl lassen sich Festplatten bis 128 Petabyte (2^{50} Byte) adressieren, dürfte also noch eine Weile ausreichen.

LBA-Adressierung

Die Daten einer Festplatte werden in Blöcken à 512 Byte adressiert.

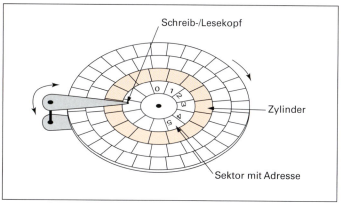

RAID

Nicht nur in Firmen, sondern auch bei privater Nutzung eines Computers sollten Sie ein Konzept zur konsequenten Sicherung aller relevanten Daten erarbeiten. Neben der Datensicherung auf externe Festplatten oder Bändern setzen viele Unternehmen die RAID-Technologie (Redundant Array of Independent Disks) ein. Dabei werden Daten durch einen RAID-Controller auf mehrere Festplatten verteilt, so dass dieser bei Ausfall einer Festplatte die gesamte Information wiedergewinnen kann.

Unterschieden werden acht RAID-Level, wobei vorzugsweise die Level 0, 1 und 5 eingesetzt werden:

- *RAID Level 0*
  Die Daten werden in Blöcke zerlegt und abwechselnd auf zwei (oder mehr) Festplatten verteilt. Dies erhöht die Sicherheit der Daten nicht, verdoppelt aber die Zugriffsgeschwindigkeit, weil gleichzeitig auf zwei Platten zugegriffen wird.
- *RAID Level 1*
  Auch hier werden die Daten auf zwei (oder mehr) Platten verteilt, allerdings wird jeder Datenblock auf zwei Platten gespeichert. Es handelt sich also um eine Datenspiegelung (Mirroring), so dass bei Ausfall einer Platte die Daten auf der anderen Platte erhalten sind.
- *RAID Level 5*
  Einen Kompromiss zwischen hoher Performance (RAID Level 0) und hoher Sicherheit (RAID Level 1) stellt RAID Level 5 dar. Alle Daten werden auch hier in Blöcke aufgeteilt und auf mindestens drei Platten gespeichert. Anstatt die Daten jedoch komplett

RAID-Systeme

RAID Level 0 bringt keine Datensicherheit, RAID Level 1 erfordert doppelte Plattenkapazität.

RAID Level 5 stellt einen guten Kompromiss zwischen Speicherplatzbedarf und Datensicherheit dar.

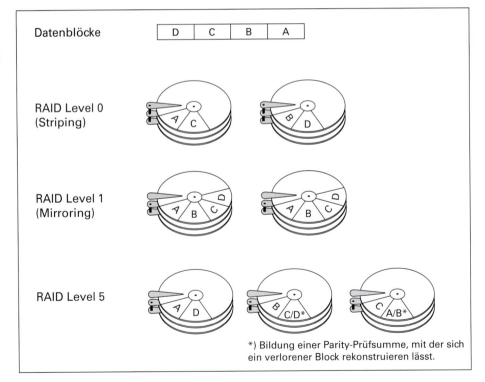

*) Bildung einer Parity-Prüfsumme, mit der sich ein verlorener Block rekonstruieren lässt.

Hardware

zu spiegeln, werden Prüfsummen der jeweiligen Blöcke gebildet, mit deren Hilfe sich die Daten bei Verlust rekonstruieren lassen. Die hierfür benötigte Plattenkapazität ist geringer als bei einer Spiegelung (siehe Abbildung).

Hundertprozentige Sicherheit bietet keines der vorgestellten Verfahren, da auch der RAID-Controller ausfallen kann und damit eine Rekonstruktion der Daten nicht mehr möglich ist. Um ganz sicher zu gehen, muss demnach auch der RAID-Controller redundant ausgelegt werden. Zusätzlich empfiehlt sich ein Backup auf ein Bandlaufwerk.

2.1.5.4 CD (Compact Disc)

Regenbogenbücher

Kennen Sie noch Schallplatten? Die (Audio-)CD wurde 1982 als Nachfolger der Schallplatte vorgestellt. Drei Jahre später erkannte man ihre Vorteile für die Archivierung von Computerdaten und der Siegeszug dieses Speichermediums konnte beginnen.

Keine dreißig Jahre später scheint nun auch die Ära der CD bald zu Ende: MP3-Player, Flash-Speicher, DVD und Blu-ray Disc lösen die CD sowohl im Musikbereich als auch im Bereich der Datenspeicherung nach und nach ab.

Die unterschiedlichen CD-Spezifikationen wurden in den so genannten „Regenbogenbüchern" (Rainbow Books) festgelegt:

- Red Book (1982): Audio-CD
- Yellow Book (1985): CD-ROM
- Green Book (1987): CD-I
- White Book (1993): Video-CD
- Orange Book (1990): CD-R, CD-RW
- Blue Book (1995): CD-Extra

Audio-CD (CD-DA)

Die Audio-CD hat im Grunde genommen nichts mit einem Computer zu tun, sondern speichert bis zu 78 Minuten Musik, die mit Hilfe eines CD-Players abgespielt werden kann. Die digitalen Musikdaten sind hierbei in Tracks unterteilt.

Die Konvertierung der Audiodaten in WAV- oder MP3-Dateien für den Computer ist mit Hilfe einer speziellen Software (Audio-Grabber) möglich. Umgekehrt ermöglicht jede Brennersoftware das Schreiben einer Audio-CD, die stets in einer Session geschrieben werden muss (Disc-at-once).

CD-ROM

Eine CD-ROM kann – wie der Name ROM (Read Only Memory) sagt – gelesen, aber nicht beschrieben werden. Sie besitzt eine maximale Datenmenge von ca. 800 MB. Eine CD-ROM besteht, wie alle anderen Varianten auch, aus einer Kunststoffscheibe mit einem Durchmesser von 12 cm. Im Unterschied zur Festplatte sind die Daten nicht in konzentrischen Kreisen, sondern auf einer spiralförmigen Spur angeordnet. Die Spur ist in Sektoren mit jeweils 2 KB an

CD-Walkman
Kaum mehr vorstellbar, dass man einmal stolz darauf war, einen „CD-Walkman" von Sony durch die Gegend zu schleppen ...

63

Nutzdaten unterteilt und wird von innen nach außen beschrieben.

CD-ROMs werden nicht mittels Laser gebrannt, sondern in industrieller Fertigung gepresst.

Außer bei CD-Playern zum Abspielen von Audio-CDs findet man mittlerweile keine reinen CD-Laufwerke mehr. Es handelt sich hierbei immer um Kombigeräte, die sowohl CDs als auch DVDs lesen und beschreiben können.

Die erreichbare Datenrate beim Lesen bzw. Schreiben einer CD wird als Faktor angegeben und bezieht sich auf das ursprüngliche „Single-Speed-Laufwerk", das zu Beginn der CD-ROM-Ära eine Datenrate von 150 KB/s ermöglicht hat. Beispiel: Die Angabe „52x" eines modernen Laufwerks bedeutet also: 52 x 150 KB/s = 7.800 KB/s.

CD-R/CD-RW

Nach der erfolgreichen Markteinführung der CD-ROM kam der Wunsch nach beschreibbaren Medien. So wurde im „Orange Book" ein Standard für einmal beschreibbare CD-R (Recordable) und mehrmals beschreibbare CD-RW (Rewritable) festgelegt. Um eine CD-RW beschreiben und wieder löschen zu können, wird eine spezielle Kristallschicht verwendet. Diese hat die Eigenschaft, dass sich ihre kristallinen Eigenschaften in Abhängigkeit von der Temperatur (Laser) verändern: Bei hoher Temperatur richten sich die Kristalle aus, während sie bei mittlerer Temperatur in einen ungeordneten (amorphen) Zustand übergehen. Diese Kristalleigenschaft wird zum Beschreiben bzw. Löschen der CD-RW genutzt (Phase-Change-Technik). Da sich beim Übergang von ungeordnet in geordnet das Reflexionsverhalten der Schicht ändert, ist ein Auslesen der Information möglich.

Das Lesen, Schreiben und Wiederbeschreiben einer CD dauert unterschiedlich lange, so dass die Hersteller drei Geschwindigkeitsangaben machen: 52x/48x/32x bedeutet, dass eine CD mit 52x gelesen, eine CD-R mit 48x beschrieben und eine CD-RW mit 32x beschrieben werden kann. Zu beachten ist, dass die verwendeten Rohlinge für diese Datenraten ausgelegt sein müssen.

Eine CD-R kann zwar nicht gelöscht werden, dennoch muss der Schreibvorgang nicht an einem Stück erfolgen. Mittels Multisession-Technik ist es möglich, den Datenträger nach und nach durch Hinzufügen weiterer Sessions zu beschreiben. Eine Session besteht dabei immer aus drei Teilen:
- Lead-in: Beginn der Session

Aufbau einer CD-R

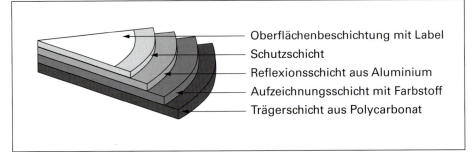

- Oberflächenbeschichtung mit Label
- Schutzschicht
- Reflexionsschicht aus Aluminium
- Aufzeichnungsschicht mit Farbstoff
- Trägerschicht aus Polycarbonat

Hardware

- Datenbereich
- Lead-out: Ende der Session

Durch die Multisession-Technik und die sehr günstigen CD-R-Rohlinge ist es nicht mehr erforderlich, die teureren CD-RW-Rohlinge zu verwenden.

Video-CD (VCD)

Auf einer Video-CD lassen sich etwa 70 Minuten Video im Format 352 x 288 Pixel MPEG-1-codiert abspeichern. Bei 25 Bildern/s ergibt sich ein Datenstrom von 1.150 kBit/s. Diese mittelmäßige Qualität entspricht im Zeitalter des High-Definition-Fernsehens nicht mehr den Ansprüchen des Betrachters. Zum Vergleich: DVD-Video verwendet das PAL-Format (752 x 576 Pixel) und speichert die Daten im qualitativ überlegenen MPEG-2-Format.

CD-Dateisysteme

Zum Brennen einer CD ist die Kenntnis der unterschiedlichen Dateisysteme unerlässlich, da das gewünschte Dateisystem im Brennprogramm eingestellt werden muss:

- *ISO 9660* ❶
  Der „Veteran" der Dateisysteme geht auf DOS zurück und verlangt Dateinamen mit maximal acht Buchstaben (nur Großbuchstaben, Zahlen und Unterstriche) sowie einer durch einen Punkt getrennten Dateiendung von drei Buchstaben (8.3-Konvention): KAPITEL3.QXD, TEIL_5.TXT
- *ISO 9660/Joliet* ❷
  Mit der Einführung von Windows 95 wurden lange Dateinamen möglich, die beim Brennen einer CD gemäß ISO 9660 radikal auf 8.3 gekürzt werden. Um dies zu verhindern, erweitert die Joliet-Konvention die Dateinamenlänge auf bis zu 64 Zeichen und lässt nun auch Sonder- und Leerzeichen zu: Kapitel 3.qxd, Alles klar oder etwa nicht?.txt
- *HFS (Hierarchical File System)*
  HFS ist das proprietäre Dateisystem des Apple-Betriebssystems Mac OS. Eine CD, die in diesem Format am „Mac" gebrannt wurde, kann durch Windows-Betriebssysteme nicht gelesen werden. (Umgekehrt können Windows-CDs auch am Mac gelesen werden!)
- *Hybrid-CD*
  Soll eine CD sowohl unter Windows als auch unter Mac OS lesbar sein, müssen zwei Partitionen – eine ISO- und eine HFS-Partition – erstellt werden. Das Brennen einer Hybrid-CD sollte am Mac erfolgen, da unter Windows eine externe Festplatte mit HFS-Dateisystem angeschlossen werden müsste.
- *UDF (Universal Disc Format)* ❸
  Mit UDF wurde 1995 ein Dateisystem für optische Datenträger geschaffen, das sowohl hinsichtlich Dateinamen keinen Einschränkungen mehr unterliegt als auch *von allen Betriebssystemen* gelesen werden kann. Während UDF 1.50 das Schreiben von CD-R(W) und DVD±R(W) spezifiziert, ermöglicht UDF 2.6 das Schreiben von BD-Rs (Blu-ray Discs).

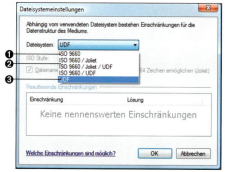

CD-Dateiformate   Abb.: CDBurnerXP

65

CD- bzw. DVD-Auflagen-Produktion

Bei einer größeren Auflage werden die Datenträger nicht gebrannt, sondern in einem Presswerk hergestellt. Hierzu müssen die Daten zunächst auf einen mit einem lichtempfindlichen Material beschichteten Glasträger übertragen werden. Nach der Belichtung wird eine hauchdünne Silberschicht aufgedampft – damit ist der Glasmaster fertig und kann auf Fehler überprüft werden.

In einem galvanischen Prozess wird eine Nickelschicht aufgebracht, die die Erhöhungen und Vertiefungen nun spiegelbildlich enthält, der so genannte „Vater". In zwei weiteren Prozessschritten wird zunächst wieder ein seitenrichtiges Gegenstück hergestellt, um von dieser „Mutter" schließlich eine oder mehrere Pressformen („Töchter") zu erhalten.

Die Tochterformen werden nun zur Auflagenproduktion mit Polycarbonat gefüllt und unter hohem Druck gepresst. Im Anschluss wird eine Reflexionsschicht aus Aluminium oder Gold, ein Schutzlack sowie die bedruckbare Oberflächenbeschichtung aufgebracht.

Die Oberfläche kann nun beispielsweise im Siebdruckverfahren bedruckt werden.

Das Pressen einer CD/DVD-Auflage von 1000 Stück kostet heute um die 500 Euro, was Stückkosten von lediglich zwei Euro entspricht.

2.1.5.5 DVD (Digital Versatile Disc)

DVD-Spezifikationen

Mit der DVD steht seit 1995 ein Speichermedium zur Verfügung, das, im Vergleich zur CD, die bis zu 25-fache Datenmenge auf einem Rohling gleicher Größe speichern kann.

Mittlerweile scheint die Ablösung durch die Blu-ray Disc bevorzustehen, vor allem im Videobereich.

Leider konnte sich die Industrie auf keinen Standard einigen, so dass es mehrere DVD-Spezifikationen gibt:

- DVD-Audio
- DVD-Video
- DVD-ROM
- DVD-R/DVD+R
- DVD-RW/DVD+RW/DVD-RAM

Da nach wie vor alle Spezifikationen auf dem Markt sind, wurden DVD-Brenner entwickelt, die mit allen Medien einschließlich CDs umgehen können.

Abgesehen von den verschiedenen Spezifikationen unterscheiden sich DVDs hinsichtlich ihrer Speicherkapazität: Ursache hierfür ist, dass eine DVD ein- oder zweiseitig beschichtet werden kann und sich zusätzlich auf jeder Seite ein oder zwei Schichten befinden können. Die Grafik stellt dies schematisch dar:

Von den sich hierdurch ergebenden vier Möglichkeiten werden zurzeit

DVD-Schichtenfolge

Derzeit kommen vorwiegend einseitige Single- oder Double-Layer-DVDs zum Einsatz.

SS/SL (Single Sided/Single Layer)

SS/DL (Single Sided/Double Layer)

DS/SL (Double Sided/Single Layer)

DS/DL (Double Sided/Double Layer)

Hardware

Typ	Kapazität	Art	Videolänge
DVD-5	4,7 GB	SS/SL	ca. 2 h
DVD-9	8,5 GB	SS/DL	ca. 3,6 h
DVD-10	9,4 GB	DS/SL	ca. 4 h
DVD-18	17 GB	DS/DL	ca. 7,2 h

vorwiegend DVD-5 und DVD-9 genutzt. Da mit der Blu-ray Disc ein Speichermedium mit einer deutlich höheren Kapazität zur Verfügung steht, ist nicht zu erwarten, dass sich zweiseitige DVDs durchsetzen werden.

DVD-Video

Der Haupteinsatzbereich der DVD liegt im Videobereich. Das Angebot an DVD-Videos ist riesig und die analoge VHS-Kassette komplett vom Markt verschwunden.

Im Vergleich zur Video-CD speichert die DVD-Video im vollen PAL-Format (720 x 576 Pixel) MPEG-2-codiert ab. Zusätzlich ist Surround-Sound (Dolby Digital/AC-3, DTS) möglich, so dass im Wohnzimmer „Kinoatmosphäre" erzeugt werden kann.

Um eine DVD-Video abspielen zu können, ist ein Decoder erforderlich, der die Datenkompression rückgängig macht. Decoder gibt es als Hardware- oder Software-DVD-Player.

Zur Produktion einer DVD-Video ist eine spezielle Software erforderlich. Diese DVD-Authoring-Programme (z. B. bei www.cyberlink.de) ermöglichen das Zusammenstellen aller Videos einer DVD, das Erstellen einer Menü- sowie einer Szenenstruktur, mit deren Hilfe später an bestimmte Stellen des Videos gesprungen werden kann.

Zu beachten ist, dass alle käuflichen DVDs mit einem *Regionalcode* versehen und nach diesem Code überprüft werden (siehe Abbildung). Eine DVD aus den USA mit Regionalcode 1 können Sie mit einem hiesigen DVD-Player nicht abspielen, da bei uns der Regionalcode 2 gilt. Das Umgehen des Regionalcodes ist nach dem deutschen Urheberrecht verboten. Ebenso untersagt ist das als „Rippen" bezeichnete Konvertieren von Videos von DVD auf Festplatte.

Band II – Seite 984
11.2.2 Analoge und digitale Videosignale

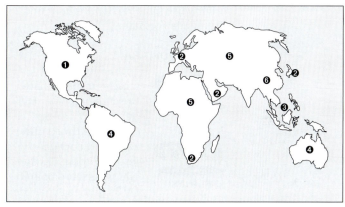

DVD-ROM

Eine DVD-ROM stellt analog zur CD-ROM einen Nur-Lese-Speicher für den PC dar. In der einseitigen und einschichtigen Ausführung kann er bis zu 4,7 GB an Daten enthalten, so dass der Inhalt von etwas mehr als sieben CDs auf einer DVD-ROM untergebracht werden kann. Computerspiele oder Programme finden damit auf einer einzigen Scheibe Platz.

Die Lesegeschwindigkeit wird bei einer DVD ebenfalls als Vielfaches eines Single-Speed-Laufwerkes angegeben – allerdings besitzt dieses eine Datenrate von 1,1 MB/s. Die Angabe „16x" bedeutet also: 16 x 1,1 MB/s = 17,6 MB/s.

Glücklicherweise sind DVD-Laufwerke in der Lage, CDs zu lesen. So kann auf ein zusätzliches CD-Laufwerk

Regionalcodes

DVD-Videos sind mit einer Länderkennung versehen.

❶ USA, Kanada
❷ Europa, Japan, Mittlerer Osten, Südafrika
❸ Südostasien, Taiwan
❹ Mittel- und Südamerika, Australien
❺ Afrika, Russland, Indien, Pakistan
❻ China

67

verzichtet werden. Umgekehrt gilt dies allerdings nicht!

DVD±R

Im Bereich der einmalig beschreibbaren DVDs gibt es zwei Spezifikationen, die sich lediglich in Details unterscheiden, aber unterschiedliche Rohlinge erfordern. Glücklicherweise beherrschen Brenner und Player alle Formate.

DVD±RW/DVD-RAM

Technologisch entspricht das löschbare Beschreiben einer DVD der CD-RW (Phase-Change-Technik) und kann dort nachgelesen werden. Bei den wiederbeschreibbaren DVDs gibt es sogar drei Produkte, die das Wiederbeschreiben von DVD-Rohlingen ermöglichen.

Wohin geht der Trend? Während DVD-RAM bereits an Bedeutung verloren hat, ist das Rennen um „+" oder „–" noch nicht entschieden. Wie oben erwähnt gilt auch für „RW", dass heutige „Kombi-Laufwerke" alle Formate lesen und schreiben können, so dass uns Anwendern der technologische „Hickhack" ziemlich egal sein kann.

MiniDVD

Erwähnenswert ist, dass es analog zur MiniCD auch eine MiniDVD mit einem Durchmesser von 8 cm gibt. Sie kommt u. a. in Camcordern zum Einsatz und speichert knapp 1,5 GB.

DVD-Audio

Noch ist nicht absehbar, ob die DVD-Audio zu einer Ablösung der Audio-CD führen wird, denn es gibt hier ein von Sony und Philips bevorzugtes Konkurrenzprodukt – die Super-Audio-CD (SACD).

Beide Produkte zeichnen sich durch eine verbesserte Klangqualität sowie die Möglichkeiten des Surround-Sounds (siehe DVD-Video) aus. Es muss letztlich abgewartet werden, ob DVD-Audio oder SACD zum Nachfolger der Audio-CD führen wird. Möglicherweise haben beide Produkte das Nachsehen, wenn der derzeitige Trend anhält, Musik als Einzeldateien über iPod oder MP3-Player zu konsumieren.

2.1.5.6 Blu-ray Disc (BD)

In der letzten Auflage haben wir die Frage gestellt, ob sich Blu-ray im Vergleich zu HD DVD durchsetzen wird.

Drei Jahre später ist der Kampf zugunsten von Blu-ray entschieden und Blu-ray steht als Nachfolger der DVD-Video fest.

Der Name „Blu-ray" kommt von „blue ray", blauer Strahl, und weist darauf hin, dass im Unterschied zur DVD ein blauer Laser zum Einsatz kommt. Wie Sie wissen, ist blaues Licht kurzwelliger als rotes Licht, so dass sich die Daten wesentlich dichter auf die 12-cm-Scheibe „packen" lassen als bei einer DVD.

Auf eine Seite einer Blu-ray Disc passen einlagig (Single Layer) 25 GB und zweilagig (Double Layer) 50 GB. Damit nicht genug: Pioneer hat bereits eine 16-lagige Blu-Ray vorgestellt, die 400 GB an Daten speichern kann, in Planung sind bereits 1-TB-Discs.

Wofür werden solche Datenmengen benötigt? Ein Sektor ist der Spie-

Hardware

lemarkt. Immer fotorealistischere Computerspiele erfordern immer mehr Speicherplatz. Deshalb brachte Sony seine „PlayStation 3" mit BD-Laufwerk auf den Markt. Ein zweiter Sektor sind hochaufgelöste Filme.

Blu-ray für Video
Im Unterschied zur DVD ermöglicht Blu-ray das Abspeichern von Videos im Full-HD-Format mit 1.920 x 1.080 Pixel. Im Vergleich zum PAL-Standard von DVDs ergibt sich eine deutlich bessere Qualität – einen HD-fähigen Fernseher oder Beamer vorausgesetzt.

Die Tabelle listet die wesentlichen Unterschiede zwischen Blu-ray und DVD auf:

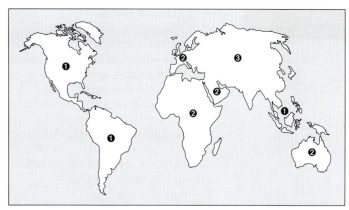

Merkmal	Blu-ray	DVD-Video
Speicherkap.	25 GB (SL) 50 GB (DL)	4,7 GB (SL) 8,5 GB (DL)
Kompression	MPEG2/H.264	MPEG2
max. Auflösung	1.920·1.080 px	720·480 px
max. Dauer	2 h	2 h
Datenrate	36 MBit/s	11 MBit/s

Auch für Blu-ray Discs gibt es Regionalcodes, deren Einteilung allerdings nicht mit den Regionalcodes der DVDs übereinstimmt. Aus Nutzersicht erfreulich ist, dass etliche Hersteller derzeit auf die Verwendung von Regionalcodes verzichten. Man darf annehmen, dass es sich um einen Marketing-Schachzug handelt, der zur Verbreitung der Blu-ray führen soll.

Wie DVD-Videos sind auch Blu-ray-Videos mit einem Kopierschutz versehen, so dass sie sich zumindest auf legalem Wege nicht kopieren lassen.

Blu-ray für Daten
Zum Abspielen bzw. Beschreiben der Blu-ray Discs gibt es drei Varianten:
- BD-ROM
„Read Only Memory", also lesbar, aber nicht beschreibbar
- BD-R
Auch hier steht „R" für „recordable", also einmalig beschreibbar.
- BD-RE
Die Bezeichnung „RE" steht für „rewritable", vergleichbar mit „RW" bei CD und DVD.

Beachten Sie, dass die Geschwindigkeitsangabe anders definiert ist als bei CD und DVD:

Ein Single-Speed-Laufwerk (1x) liest oder schreibt mit 4,5 MB/s, so dass die Angabe 10x für 10 x 4,5 MB/s = 45 MB/s steht.

Glücklicherweise kommen Blu-ray-Laufwerke auch mit DVDs und CDs zurecht, so dass Ihr PC nach wie vor nur ein optisches Laufwerk benötigt.

Blu-ray-Regionalcodes
❶ Nord- und Südamerika, Japan, Korea, Taiwan
❷ Europa, Afrika, Australien, Naher Osten
❸ Russland, Indien, China, Zentral- und Südasien

Externes Blu-ray-Laufwerk
Modell: BEO8LU
Das Laufwerk liest bzw. schreibt alle optischen Datenträger:
- BD-ROM/-R/-RE
- DVD-ROM/-Video/ /±R/±RW/-RAM
- CD-ROM/-R/-RW/ -DA

Abb.: LG

Band II – Seite 297
5.1.5 Speicherkarten

2.1.5.7 Flash-Speicher

Flash-Speicher werden als mobile Datenspeicher und als Festplattenersatz immer wichtiger. Ihre Vorteile im Vergleich zu Festplatten sind:
- Große Speicherkapazität auf kleinem Raum
- Höhere Geschwindigkeit beim Datenzugriff
- Keine mechanischen Verschleißteile wie bei rotierenden Platten
- Geringer Strombedarf
- Keine störenden Geräusche

Einziger Nachteil ist, dass die Kosten pro GB im Vergleich zu Festplatten (noch) deutlich höher sind.

Flash-Speicher sind ideal für Geräte, die mit Akkus betrieben werden und in denen Platz Mangelware ist: Digitalkameras, MP3-Player, Notebooks, PDAs usw. Im Wesentlichen lassen sich drei Einsatzgebiete unterscheiden:

Speicherkarten
Speicherkarten werden in Handys, Digitalkameras und Camcordern eingesetzt.

Da sich die Industrie – wie so oft – auf keinen gemeinsamen Standard einigen konnte, gibt es eine ganze Reihe unterschiedlicher Fabrikate:
- CompactFlash (CF)
- SmartMedia (SM)
- SD Memory Card (SDHC, SDXC)
- MultiMedia-Card (MMC)
- xD-Picture-Card
- Memory-Stick (MS)

Weitere Informationen finden Sie in Kapitel 5.1.5 auf Seite 297.

Zur Verbindung der Speicherkarten mit dem Computer ist ein Adapter notwendig. Diese sind als Speicherkarten-Lesegeräte entweder bereits im Computer eingebaut oder über USB mit diesem zu verbinden.

USB-Stick (Flash-Drive)
Der Preisverfall bei den handlichen Flash-Speichern mit USB-Anschluss hat dazu geführt, dass das Brennen von CDs für den Datentransport überflüssig wurde.

Darüber hinaus gibt es mittlerweile eine große Auswahl an kostenlosen Programmen, die vom USB-Stick gestartet werden können (z. B. http://portableapps.com). Packen Sie auch noch ein Betriebssystem dazu, haben Sie einen Mini-Rechner in der Hosentasche.

Solid State Drive (SSD)
Als dritte Anwendung ist der teilweise oder komplette Ersatz der Festplatte in Netbooks, Notebooks und Laptops zu nennen.

SSD gibt es zurzeit bis zu einer Kapazität von 1 TB, allerdings noch sündhaft teuer. Man muss aber wohl kein Prophet sein, um vorherzusagen, dass die Preise purzeln und SSD die Festplatte zumindest im Bereich der mobilen Computer irgendwann komplett ablösen wird.

SD-Speicher
Modell: Kingston microSD 8 GB

Abb.: Kingston

SDHC-Speicher
Modell: SanDisk Extreme 32 GB

Abb.: Sandisc

(Hinweis: Die SD-Karten sind in ihrer Originalgröße dargestellt.)

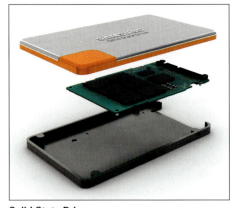

Solid State Drive
Abb.: Samsung

2.1.6 Grafik

Hardware

Um jeden Bildpunkt (Pixel) eines Monitors oder Displays mit Farbinformationen zu versorgen, benötigt jeder Computer einen (Grafik-)Prozessor sowie einen Speicher für die Bilddaten.

Hierfür gibt es prinzipiell zwei Möglichkeiten:
- Die Grafikkarte bildet eine eigene Einheit, die in einen Steckplatz (Slot) des Mainboards eingesteckt wird. Hierdurch ergibt sich der Vorteil, dass der Nutzer die gewünschte Grafikkarte auswählen kann.
- Der Grafikprozessor ist in das Mainboard integriert und damit nicht austauschbar. Der Vorteil dieser Variante ist einerseits der geringere Platzbedarf und andererseits eine optimale Anpassung der Grafik an Mainboard und Mikroprozessor.

Durch die wachsende Nachfrage nach kompakten, sparsamen Computern wie iPad, Netbooks oder Subnotbooks geht der Trend in Richtung „Onboard-Grafik". Selbst Apple bietet nur im Spitzenmodell Mac Pro austauschbare Grafikkarten an. Letztere werden hauptsächlich für aufwändige (3D-)Spiele nachgefragt.

Den Markt teilen sich wenige Firmen auf: Vor allem Nvidia mit GeForce und AMD mit ATI Radeon kämpfen um die Gunst der „Power-Gamer".

Solange es sich um flächige (zweidimensionale) Darstellungen handelt, ist der Rechenaufwand des Grafikprozessors überschaubar. Anders sieht es bei räumlichen (dreidimensionalen) Darstellungen aus: Im 3D-Bereich ist die Leistungsfähigkeit eines Grafikprozessors gefordert. Die Berechnung räumlicher Darstellungen (Linien, Flächen, Texturen, Licht, Schattenverlauf) ist sehr rechenaufwändig. Um einen flüssigen Bewegungsablauf zu ermöglichen, müssen in Echtzeit mindestens 15 bis 20 Bilder pro Sekunde berechnet werden – ein immenser Rechenaufwand.

Computerspiele

... sind ein Grund dafür, weshalb die Anforderungen an die Hardware ständig steigen.

www.machinarium.net

Grafikprozessor

Der Grafikprozessor Nvidia GeForce 9600M kommt derzeit im MacBook Air von Apple zum Einsatz.

Abb.: Nvidia

2.1.6.1 Grafikprozessor

Das „Gehirn" der Grafikausgabe ist der Grafikprozessor (GPU, Graphic Processing Unit). Er ist für die Berechnung der Bilder zuständig, die sich aus einzelnen Pixeln zusammensetzen. Beispiel: Für den Grafikstandard 1.920 x 1.200 Pixel müssen für ein Bild 1.920 x 1.200 = 2,3 Millionen Pixel berechnet werden. Eine hohe Taktfrequenz ist ein Leistungsmerkmal des Grafikprozessors.

2.1.6.2 Grafikspeicher

Die durch den Grafikprozessor berechneten Bilder werden im Grafikspeicher für den Monitor bereitgestellt. Es handelt sich dabei um GDDR-Speicher (Graphics Double Data Rate), also um einen für Grafik optimierten DDR-Speicher.

Für ein Einzelbild der Auflösung 1.920 x 1.200 Pixel werden bei einer Farbtiefe von 3 Byte pro Pixel 1.920 x 1.200 x 3 Byte = 6,6 MB benötigt.

Um nicht bloß ein Bild, sondern viele Bilder bereithalten zu können, besitzen heutige Grafikkarten deutlich größere Speicher von 512, 1024 oder mehr MB. Hinzu kommt, dass an eine Grafikkarte häufig nicht einer, sondern zwei Monitore angeschlossen werden, so dass sich hierdurch die Datenmenge verdoppelt.

2.1.6.3 Schnittstellen

Analog oder digital? Wie in allen Bereichen ist der Siegeszug der Digitaltechnik nicht aufzuhalten.

VGA (D-Sub)
VGA (Video Graphic Array) ist der analoge Standardanschluss, der sich auch heute noch an vielen Rechnern und Beamern befindet.

DVI
Der digitale Nachfolger von VGA heißt DVI (Digital Visual Interface). DVI überträgt die Daten ohne Qualitätsverlust an den Monitor oder Beamer und liefert eine bessere Bildqualität als VGA.

Um eine Kompatibilität zu VGA-Monitoren zu erzielen, gibt es DVI auch in einer Variante, die sowohl ein digitales als auch ein analoge Videosignal zur Verfügung stellt (DVD-I). Um ein VGA-Kabel anschließen zu können, benötigen Sie einen Adapter.

HDMI
HDMI (High Definition Multimedia Interface) ist eine digitale Schnittstelle für Video- und Audiosignale und kommt deshalb vorwiegend im Bereich der Unterhaltungselektronik zum Einsatz. Ein Unterschied zu DVI ist neben der zusätzlichen Übertragung des Tons, dass mit HDMI ein Kopierschutz (HDCP) möglich ist.

2.1.6.4 DirectX und OpenGL

Für den direkten Zugriff von Programmen (z. B. Computerspielen) auf den Grafikprozessor sorgen standardisierte Programmierschnittstellen, die als *API (Application Programming Interface)* bezeichnet werden. Hierdurch wird es möglich, Programme zu entwickeln, ohne eine genaue Hardwarekenntnis zu besitzen. Letzteres wäre auch nicht möglich, da es ja viele Grafikkarten gibt.

DirectX
Die unter Windows verwendete Programmierschnittstelle heißt *DirectX* von Microsoft, wobei das „X" nicht wie bei Mac OS X die Versionsnummer bezeichnet. Die neueste Version von DirectX ist DirectX 11 und kommt bei Windows 7 zum Einsatz.

OpenGL
Mac OS X setzt auf eine Technologie namens *OpenGL* (Open Graphics Library), eine plattformunabhängige API, die auch für andere Betriebssysteme zur Verfügung steht. Die aktuelle Version ist 4.1.

DVD-D

DVD-I

DVI
Um ein VGA-Kabel anschließen zu können, benötigen Sie einen DVD-I-Anschluss und einen Adapterstecker.

VGA

DVI-D
Fotos:
Hartmut Krummrei

2.1.7 Monitor

Kennen Sie noch Röhrenmonitore? In nur wenigen Jahren haben Flachbildschirme die klobigen Kästen aus den Büros und Schulungsräumen verdrängt.

Während bei Fernsehern auch so genannte Plasmabildschirme erhältlich sind, hat sich im Computerbereich innerhalb weniger Jahren die Flüssigkristall-Technologie durchgesetzt, die wir im Folgenden kurz erläutern wollen.

2.1.7.1 Thin Film Transistor (TFT)

Das Funktionsprinzip eines TFT- (oder auch LCD-)Monitors besteht darin, dass organische Materialien (Flüssigkristalle) entdeckt wurden, die durch Anlegen eines elektrischen Feldes ihre Lage verändern und dabei lichtdurchlässig werden. Das elektrische Feld ist durch winzige elektronische Schalter (TFT, Thin Film Transistor) ein- oder ausschaltbar. Da sich Farben additiv aus den drei Grundfarben Rot, Grün und Blau zusammensetzen, werden für jeden Bildpunkt drei Transistoren benötigt. Die Farben werden dabei mit Hilfe von Farbfiltern aus weißem Licht gewonnen.

Für ein Display mit beispielsweise 1.920 x 1.080 Bildpunkten ergibt sich damit ein Bedarf von 1.920 x 1.080 x 3 = 6.220.800 Transistoren, wobei alle funktionieren müssen, damit es nicht zum Pixelfehler kommt.

Die wesentlichen Gründe für den großen Erfolg von TFT-Monitoren sind:
- Geringer Platzbedarf
- Geringer Strombedarf
- Geringe Wärmeentwicklung
- Flimmerfreies Bild
- Sehr kontrastreiches Bild
- Sehr scharfes Bild
- Fast keine Strahlung
- Völlig ebenes Bild
- In allen Größen herstellbar

TFT-Monitore sind kalibrierbar, d. h., dass die Farbdarstellung des Monitors

TFT-Matrix

Ein Pixel ergibt sich durch additive Überlagerung der drei Grundfarben Rot, Grün und Blau.

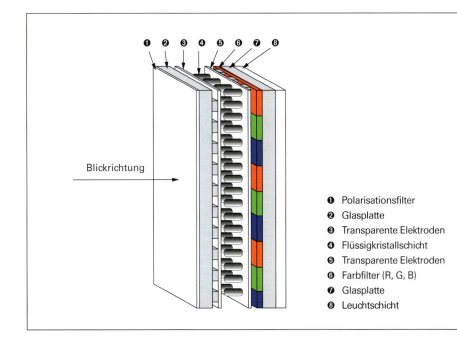

TFT-Display

Schematische Darstellung eines TFT-Displays

❶ Polarisationsfilter
❷ Glasplatte
❸ Transparente Elektroden
❹ Flüssigkristallschicht
❺ Transparente Elektroden
❻ Farbfilter (R, G, B)
❼ Glasplatte
❽ Leuchtschicht

iMac-Display

Bei Apples iMac sind Computer und Monitor in einem Gehäuse untergebracht.

Abb.: Apple

mit Hilfe eines Messgerätes und entsprechender Software einstellbar ist. Die Farbdarstellung heutiger TFT-Monitore ist, im Unterschied zur ersten Generation, kaum mehr vom Betrachtungswinkel abhängig. Beides ist für die grafische Industrie von besonderer Bedeutung, weil sonst Farbkorrekturen nicht möglich sind.

2.1.7.2 Kennwerte

Bilddiagonale
Die Kennzeichnung der Monitorgröße erfolgt durch Angabe der Bilddiagonale in Zoll (Abkürzung: "). Ein Zoll entspricht einer Länge von 2,54 Zentimetern, so dass ein 20"-Monitor eine sichtbare Bilddiagonale von etwa 20 · 2,54 = 51 cm aufweist. Monitore besitzen üblicherweise eine Bilddiagonale zwischen 17 und 30 Zoll. Sie können aber auch TFT-Monitore mit einem Durchmesser von zwei Metern erwerben.

Logische Auflösung
Die Anzahl an Bildpunkten in horizontaler und vertikaler Richtung wird als logische Auflösung des Monitors bezeichnet. Bei TFT-Monitoren ist die Auflösung, im Unterschied zu den früheren Röhrenmonitoren, durch die Anzahl an Transistoren vorgegeben und muss in Betriebssystemen entsprechend eingestellt werden.

In den letzten Jahren wurden Standardgrößen definiert, die zu einer Vereinheitlichung der Monitore geführt haben. Eine Auswahl wichtiger Grafikstandards ist in der Tabelle rechts oben zusammengefasst.

Wie Sie in der Tabelle sehen, besitzen alle größeren Monitore ein Seitenverhältnis von 16 : 9 oder 16 : 10. Hierbei wird die Eigenschaft unserer Augen berücksichtigt, horizontal einen deutlich größeren Blickwinkel zu sehen als vertikal. Je breiter ein Display ist, umso besser – Kinofilme werden im Format 21 : 9 ausgestrahlt. Wer sich den Luxus eines großen Monitors nicht leisten kann, dem bietet sich die Alternative, mit zwei Monitoren zu arbeiten.

Physikalische Auflösung
Etwas verwirrend ist, dass der Begriff „Auflösung" eine zweite Bedeutung

Hardware

Name	Auflösung	Format	Typische Anwendung
QVGA (Quarter VGA)	320 x 240	4 : 3	Handy, PDA
VGA (Video Graphics Array)	640 x 480	4 : 3	Handy, PDA
WVGA (Wide VGA)	800 x 480	5 : 3	PDA, Subnotebook
SVGA (Super VGA)	800 x 600	4 : 3	Sub-Notebook
DVGA (Double VGA)	960 x 640	3 : 2	iPhone
XGA (Extended Graphic Array)	1.024 x 768	4 : 3	15"-Monitor, iPad
HD 720	1.280 x 720	16 : 9	HD-Fernsehen
WXGA (Wide XGA)	1.280 x 800	16 : 10	15"/17"-Monitor, 15"-Laptop
WXGA+ (Wide XGA Plus)	1.440 x 900	16 : 10	17"-Monitor, 17"-Laptop
WSXGA	1.600 x 900	16 : 9	17"-Monitor, 17"-Laptop
HD 1080	1.920 x 1.080	16 : 9	HD-Fernsehen, 21"-Monitor
WUXGA (Wide Ultra XGA)	1.920 x 1.200	16 : 10	21"/24"-Monitor
Wide QHD	2.560 x 1.440	16 : 9	27"-Monitor z.B. iMac
QWUXGA	3.840 x 2.400	16 : 10	> 30"-Monitor

Grafikstandards

Bei heutigen Displays kommt überwiegend das Bildformat 16:9 oder 16:10 zur Anwendung.

hat: Die physikalische Auflösung eines Monitors bezeichnet die Anzahl an Bildpunkten pro Inch. Die Einheit heißt demzufolge ppi (Pixel per Inch).

Die alte Aussage, dass Apple mit 72 ppi und Windows mit 96 ppi arbeitet, stimmt heute nicht mehr. Die physikalische Auflösung hängt von der logischen Auflösung und den Abmessungen des Displays ab. Beispiele:
- 108 ppi: Apple iMac mit 27"-Display
- 132 ppi: Apple iPad
- 326 ppi: Apple iPhone

Die physikalische Auflösung spielt im Bereich der Digitalmedien keine große Rolle. Für den Druck ist sie jedoch von zentraler Bedeutung.

Bildwiederholfrequenz

Voraussetzung für das tägliche Arbeiten an einem Monitor ist ein flimmerfreies Bild. Flimmern entsteht durch eine zu geringe Vertikal- oder Bildwiederholfrequenz, das heißt, die Anzahl an Bildwiederholungen pro Sekunde ist zu klein.

Ein Beispiel hierfür ist das PAL-Fernsehen, das mit einer Vertikalfrequenz von nur 25 Hz – genauer gesagt handelt es sich um 50 Halbbilder – arbeitet.

Im Unterschied zu Röhrenmonitoren genügen bei TFT-Flachbildschirmen bereits 60 Hz, um ein Monitorbild flimmerfrei darzustellen. Ursache hierfür ist, dass es technologisch bedingt zu einem Nachleuchten des Bildes kommt.

TCO-Prüfsiegel

Die schwedischen TCO-Normen geben Richtlinien u. a. für ergonomische Monitore vor. Das momentan gültige Prüfsiegel ist „TCO '06 Media Display".

Geprüft wird nach folgenden Kriterien:
- Ergonomie: Bildqualität, Farbwiedergabe, Anpassungsmöglichkeiten des Blickwinkels
- Geringe Emissionen durch magnetische und elektrische Felder
- Geringer Energieverbrauch, Energiesparfunktionen
- Verwendung ökologischer Materialien, Recycling-Möglichkeiten

Weitere Informationen finden Sie auf der zugehörigen Website unter www.tcodevelopment.com.

2.1.8 Drucker

Großformatdrucker

Modell: Epson 9900
- 11 (!) Farben
- Rolle bis 44"
- 2.880 x 1.140 dpi,
- USB 2.0, Ethernet

Abb.: Epson

Zu einem Computer gehört selbstverständlich ein Drucker. Auch Internet und E-Mail haben das „papierlose Büro" nicht ermöglicht, im Gegenteil, gedruckt wird mehr denn je.

Die Industrie ist sich dieser Tatsache bewusst und stellt uns ein riesiges Modellangebot zur Verfügung, so dass wir wieder einmal die Qual der Wahl haben.

2.1.8.1 Kennwerte

Auflösung
Der wichtigste Kennwert eines Druckers ist seine Auflösung: Hierunter wird die Anzahl an Druckpunkten (dots) verstanden, die der Drucker auf einer Strecke von einem Inch (= 2,54 cm) ausdrucken kann. Die Einheit der Auflösung wird in dpi (dots per inch) angegeben.

Die meisten Laserdrucker besitzen Auflösungen zwischen 600 dpi und 2.400 dpi, Tintenstrahldrucker arbeiten teilweise mit noch höheren Auflösungen bis 4.800 dpi und erreichen damit locker die Auflösung eines Offsetdrucks.

Viele Druckermodelle verwenden eine unterschiedliche Auflösung in horizontaler und vertikaler Richtung. Dieser Unterschied wird durch die Angabe zweier Auflösungen (z. B. 2.400 x 1.200 dpi) zum Ausdruck gebracht – im wahrsten Sinne des Wortes!

Format
Bei den Druckformaten halten sich die Hersteller an die Papiernormung der DIN-A-Reihe. Bei den meisten Druckern handelt es sich um DIN-A4- oder DIN-A3-Geräte.

Beachten Sie hierbei, dass ein vollständiges Bedrucken bis zum Papierrand nicht möglich ist, weil der Drucker das Papier am Rand greifen muss. Manche Drucker bieten allerdings die Option „randloser Druck" an. Bessere Druckergebnisse erhalten Sie jedoch, wenn Sie auf einen Drucker mit Überformat (DIN-A4+, DIN-A3+) zurückgreifen, und das Papier nach dem Ausdruck auf das gewünschte Endformat zuschneiden.

Druckgeschwindigkeit
Die Druckgeschwindigkeit wird durch Angabe der druckbaren Seiten pro Minute angegeben, manchmal auch mit ppm (pages per minute) abgekürzt. Hierbei zeigen sich Unterschiede zwischen den einzelnen Druckertypen: Während Tintenstrahldrucker mit 20 Farbseiten/Minute schnell sind, schaffen Schwarzweiß-Laserdrucker bis zu 50 Seiten/Minute. Damit unterscheiden sie sich kaum mehr von Fotokopierern.

Schnittstellen
Die parallele Druckerschnittstelle Centronics (Windows) bzw. RS-423-Schnittstelle (Mac) gehört der Vergan-

Hardware

genheit an. Heutige Drucker sind alle mit einer USB-Schnittstelle ausgerüstet, teilweise zusätzlich mit FireWire. Für die Einbindung ins Netz wird eine RJ45-Schnittstelle benötigt.

Speicher (nur Laserdrucker)
Während Tintenstrahldrucker zeilenweise drucken, belichtet ein Laserdrucker eine ganze Seite in einem Vorgang. Hierzu benötigt er einen möglichst großen eigenen Arbeitsspeicher.

Schwarzweiß-Laserdrucker sind typischerweise mit 32 MB oder mehr ausgestattet, für Farblaserdrucker sollten 256 MB oder mehr veranschlagt werden.

Bedruckstoffe
Bei der Entscheidung für einen Drucker sollte von vornherein auch auf die zulässigen Bedruckstoffe geachtet werden. Hierbei kommen neben Papier und Karton eventuell auch Etiketten, Folien und CD/DVD-Rohlinge in Frage.

Laserdrucker sind hinsichtlich der Kosten für Bedruckstoffe sicherlich die beste Alternative, da sie auf kostengünstiges Kopierpapier drucken können. Bei Folien muss darauf geachtet werden, dass diese hitzebeständig sind.

Für Tintenstrahldrucker steht eine große Auswahl an Papieren zur Verfügung. Für qualitativ hochwertige Ausdrucke muss teures Spezialpapier verwendet werden (Inkjet-Papier, Fotopapier), da bei normalem Kopierpapier die Farben verlaufen. Beachten Sie auch, dass für Tintenstrahldrucker nur spezielle Inkjet-Folien einsetzbar sind.

2.1.8.2 Tintenstrahldrucker

Für einfache Farbausdrucke bis zu farbverbindlichen Vordrucken (Proofs) sind Tintenstrahldrucker die richtige Wahl. Sie werden in allen Preisklassen und für Formate von A4 bis B0+ angeboten.

Wie der Name sagt, arbeitet ein Tintenstrahldrucker mit flüssiger Tinte, die nach den Gesetzmäßigkeiten der Farbmischung in den drei subtraktiven Primärfarben Cyan, Magenta und Gelb (Yellow) vorhanden sein muss. Zur Kontrastverbesserung und für Schwarzweißausdrucke wird Schwarz ergänzt. Hochwertige Drucker verwenden zur Verbesserung der schwierigen Wiedergabe von Hauttönen zusätzliche Farben,

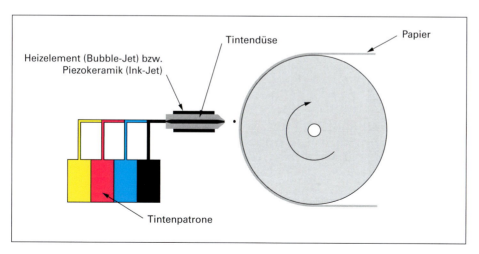

Druckprinzip eines Tintenstrahldruckers

zum Beispiel Hellmagenta und Hellcyan.

Im Gegensatz zum Drucker selbst sind die Nachfüllpackungen für die Tinte oft sehr teuer, was für so manchen Druckerbesitzer zum Ärgernis wird. Zu beachten ist hierbei, dass die Farben einzeln ausgetauscht werden können und nicht gemeinsam gewechselt werden müssen.

Bei den Tintenstrahldruckern muss zwischen dem so genannten *Bubble-Jet-* und dem *Inkjet-Verfahren* unterschieden werden. Im ersten Fall wird die Tinte tröpfchenförmig aus einer erhitzten Düse geschleudert, weil sich in dieser durch die Erwärmung eine winzige Gasblase bildet. Da die Druckköpfe von Bubble-Jet-Druckern kostengünstiger herzustellen sind, haben sie die größere Verbreitung.

Das Inkjet-Verfahren kommt bei Epson-Druckern zum Einsatz: Hierbei wird die Tintendüse durch eine sie umgebende Piezokeramik zusammengepresst. Dieses Material besitzt die Eigenschaft, dass es sich durch Anlegen einer elektrischen Spannung zusammenzieht und dadurch einen hohen Druck auf die Düse erzeugt. Durch diesen Druck wird die Tinte aus der Düse geschleudert.

Tintenstrahldrucker
Pro   • Sehr gute Farbwiedergabe, auch für Farbproofs verwendbar   • Geringe Anschaffungskosten   • Keine Emissionen (Ozon, Hitze, Toner)
Contra   • Evtl. hohe Kosten/Seite (Tinte, Papier)   • Relativ geringe Geschwindigkeit   • Spezialpapier erforderlich   • Gefahr des Austrocknens bei längerer Nichtbenutzung

2.1.8.3 Laserdrucker

Vor allem beim Schwarzweißdruck sind Laserdrucker hinsichtlich Geschwindigkeit und Kosten pro Seite unerreicht und sparen vielen Firmen die zusätzliche Anschaffung eines Fotokopierers.

Bei dieser Drucktechnologie entlädt ein elektronisch gesteuerter Laserstrahl oder eine Reihe von Leuchtdioden

Druckprinzip eines Laserdruckers

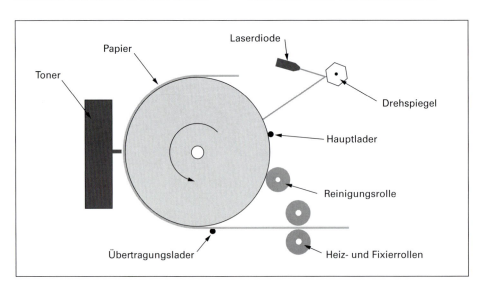

Hardware

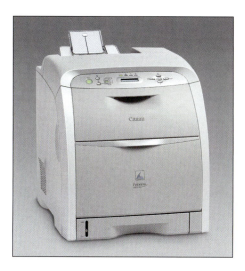

Laserdrucker
Pro • Hohe Geschwindigkeit • Geringe Anschaffungskosten v. a. bei Schwarzweißdruckern • Relative geringe Verbrauchskosten/Seite
Contra • Großer Platzbedarf • Keine Farbverbindlichkeit • Evtl. Beeinträchtigung durch Emissionen

Farblaserdrucker

Modell: Canon
i-SENSYS LBP5360
21 Seiten/min,
9.600 x 600 dpi,
USB-, Netzanschluss
bis 384 MB Speicher

Abb.: Canon

(LED-Drucker) die lichtempfindliche Schicht einer durch den Hauptlader negativ aufgeladenen Trommel, so dass an diesen Stellen das ebenfalls negativ geladene Tonermaterial haften bleibt. Der sich auf der Trommel befindende Toner wird auf das Papier übertragen, da dieses durch den Übertragungslader positiv aufgeladen wird. Abschließend wird durch Druck und Hitze der Toner auf dem Papier fixiert.

Bei Farblasern muss dieser Vorgang für jede Farbe wiederholt werden, so dass ein Ausdruck deutlich länger dauert.

Laserdrucker sind immer dann empfehlenswert, wenn eine große Anzahl an Drucken zu erwarten ist. Die vergleichsweise geringen Kosten pro Seite machen die höheren Anschaffungskosten im Vergleich zum Tintenstrahldrucker schnell wett. Dies gilt mehr und mehr auch für Farblaserdrucker, die mittlerweile auch für die private Anwendung erschwinglich geworden sind.

Wenn Sie allerdings *farbverbindliche* Ausdrucke in hoher Qualität benötigen, ist der Laserdrucker nicht geeignet.

2.1.8.4 Nadeldrucker

Vor fünfundzwanzig Jahren war jeder Computeranwender froh, einen Nadeldrucker sein Eigen nennen zu können. Dieser ermöglichte immerhin einen einigermaßen lesbaren Schwarzweißausdruck.

Im Druckkopf eines Nadeldruckers befinden sich hierzu meistens 9 oder 24 feine Nadeln, die durch kleine Elektromagnete einzeln bewegbar sind. Um Buchstaben zu drucken, muss die Druckersteuerung die entsprechenden Nadeln in Richtung Farbband und Papier bewegen, so dass hierdurch die Farbe des Farbbandes auf das Papier übertragen wird.

Nachteil dieser Technologie ist, dass sie relativ laut ist und deshalb aus den Büros weitgehend verschwunden ist. Die Vorteile eines Nadeldruckers liegen in seinen geringen laufenden Kosten,

Nadeldrucker

Modell:
Epson LQ-2190
24 Nadeln

Abb.: Epson

79

Druckprinzip eines Nadeldruckers

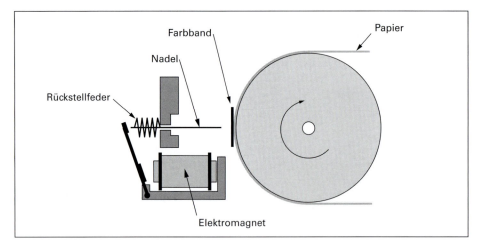

außerdem ist nur diese Drucktechnologie in der Lage, Originaldurchschläge zu erstellen.

Nadeldrucker
Pro • Bedrucken von Endloslisten, Formularen • Durchschläge möglich • Sehr robust
Contra • Sehr laut • Geringe Geschwindigkeit • Geringe Druckqualität • Hohe Anschaffungskosten

2.1.8.5 Thermodrucker

Bei den Thermodruckern muss zwischen folgenden Untergruppen unterschieden werden:
- *Thermodirektdrucker* bedrucken Spezialpapier, indem dieses an der zu bedruckenden Stelle erhitzt wird. Sie finden dieses Verfahren häufig bei Kassenbons, Etiketten, Aufklebern usw.
- Beim *Thermotransferdruck* wird durch punktuelle Erhitzung einer wachsähnlichen Farbfolie der Farbstoff auf den Bedruckstoff übertragen und dort eingeschmolzen. Thermotransferdrucker werden beispielsweise in Faxgeräten oder zur Beschriftung von Schildern genutzt.
- Auch ein *Thermosublimationsdrucker* arbeitet mit Farbfolie und punktueller Erhitzung, allerdings mit deutlich höherer Temperatur. Dies hat zur Folge, dass der Farbstoff gasförmig wird (sublimiert) und in dieser Form in das Papier eindringt. Hierdurch wird das Drucken echter Halbtöne möglich, weshalb diese Drucker als Fotodrucker verwendet werden können.

Thermosublimationsdrucker

Modell:
Sony UP CD10L
Format 13 x 18 cm
300 dpi

Abb.: Sony

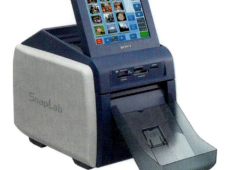

2.1.9 Maus

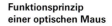
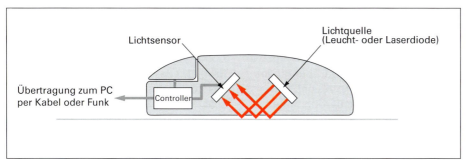

Funktionsprinzip einer optischen Maus

Die Maus besitzt eine Kugel und Apple-Mäuse haben nur eine Taste. Halt! Als aufmerksamer Leser und Mac-Besitzer wissen Sie natürlich, dass beide Aussagen heute falsch sind.

Heutige Mäuse sind kleine Wunderwerke mit sensibler Elektronik. Während die früher benutzte mechanische Maus (die mit der Kugel) ausgedient hat, kommen heute nur noch optisch funktionierende Mäuse zum Einsatz. Dabei wird entweder mit einer Leucht- oder Laserdiode ein Lichtstrahl in Richtung Unterlage abgestrahlt. Mit Hilfe von Sensoren misst die Maus die reflektierten Lichtstrahlen. Ein Controller berechnet daraus die Bewegungsrichtung und -geschwindigkeit.

Während die ersten optischen Mäuse stark von der verwendeten Unterlage abhängig waren, lassen sich moderne Mäuse auch ohne Mousepad benutzen.

Mit Hilfe von Software lassen sich Mäuse in der gewünschten Form konfigurieren, um beispielsweise die Tastenbelegung zu ändern.

Optische Mäuse stehen wahlweise kabelgebunden oder kabellos zur Verfügung. Letztere senden die Informationen über eine Infrarot-Schnittstelle oder per Funk (Bluetooth) zum Computer und besitzen den Vorteil, dass sie ohne Kabel frei bewegt werden können. Nachteilig ist, dass sie eine Batterie benötigen, die natürlich immer im ungünstigsten Moment gerade leer ist ;-)

Wie sieht die Zukunft aus? Vielleicht folgen die anderen Hersteller einmal mehr Apple, das mit der „Magic Mouse" eine Neuheit auf den Markt gebracht hat: eine Maus ohne Tasten und Scrollrad, oder anders gesagt: Die gesamte Oberfläche ist Taste oder Scrollrad. Die Steuerung der Maus erfolgt durch Bewegung der Finger wie auf einem Touchpad. Mausklicks können an jeder beliebigen Stelle erfolgen, die Maus kann als Ein- oder Zwei-Tasten-Maus konfiguriert werden. It's magic!

Magic Maus

Die Steuerung erfolgt durch Bewegung der Finger auf der Oberfläche.

Abb.: Apple

2.1.10 Tastatur

Das Vorhandensein einer Tastatur am Computer ist selbstverständlich. Wie Sie in der Grafik sehen, sind viele Tasten doppelt, einige (unter Windows) sogar dreifach belegt. Darüber hinaus gibt es etliche Tastenkombinationen, die eine Computersteuerung ohne Maus ermöglichen sollen. (Vor allem Programmierern wird nachgesagt, dass sie Mäuse konsequent ablehnen!) Wenn Sie sich die Mühe machen und die wichtigsten Kürzel erlernen, werden Sie über kurz oder lang schneller sein als mit der Maus.

Unterschiede Mac – Windows
Wer beruflich oder privat gezwungen ist, parallel an Apple- und Windows-Computer zu arbeiten, kennt das Problem, dass sich die zugehörigen Tastaturen in den Sondertasten unterscheiden. Die Grafik unten zeigt beide Tastaturen im Vergleich. Unterschiedliche Tasten sind rot eingefärbt.

Trotz der Unterschiede gibt es jedoch Tasten, die sich in ihrer Funktion weitgehend entsprechen: Der wichtigen *Steuerungstaste* am Windows-PC entspricht bei Apple die *Befehlstaste*

Tastatur
Vergleichende Darstellung der Tastaturen für Mac OS und Windows. Die sich unterscheidenden Tasten sind rot hinterlegt.

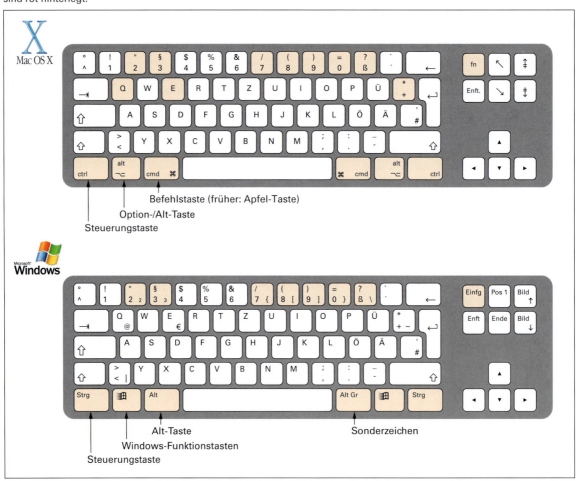

82

Hardware

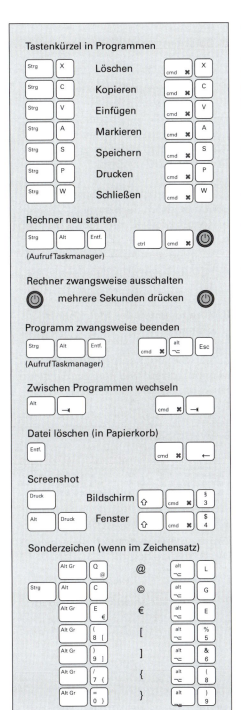

(Wer kennt sie nicht, die berühmte Taste mit dem Apple-Logo?). Aus nicht erklärlichen Gründen ist das Logo von der Tastatur entfernt worden – hoffentlich ändert Apple dies wieder, bis dieses Buch gedruckt ist.

Die unter Windows für Sonderzeichen häufig verwendete *AltGr-Taste* entspricht bei Apple der *Alt-(Wahl-) Taste*.

Die Windows-Sondertasten sind auf der Apple-Tastatur logischerweise nicht vorhanden – deren Notwendigkeit kann ohnehin bezweifelt werden.

Um den Wechsel von Windows zu Mac OS zu erleichtern, haben wir einige wichtige Tastenkürzel in der Übersicht links zusammengestellt. In der Grafik finden Sie links die Tastenkürzel für Windows, rechts für Mac OS.

Numerischer Tastenblock

Desktop-Tastaturen besitzen zusätzlich einen numerischen Tastenblock. Er dient zur einfacheren Eingabe von Ziffern.

Funktionstasten

Weiterhin besitzt jede Windows-Tastatur zwölf Funktionstasten F1 bis F12, bei Apple sind es sogar sechzehn Tasten von F1 bis F16. Ihre Belegung ist nicht fest definiert und kann sich von Programm zu Programm unterscheiden. Bei Windows wird die F1-Taste in der Regel für den Aufruf der Hilfe verwendet. Manche Programme gestatten auch eine freie Belegung der Funktionstasten mit gewünschten Programmfunktionen.

Tastaturkürzel

Gegenüberstellung einiger wichtiger Tastenkürzel bei Windows (links) und Mac OS (rechts)

83

2.1.11 Aufgaben

1 Hardwarekomponenten zuordnen

Ordnen Sie die Komponenten zu:
Tastatur – Festplatte – Mikroprozessor – RAM – Drucker – DVD – USB – Digitalkamera – Blu-ray Disc – PCIe – Cache – BIOS

a. Peripheriegerät
b. Teil des Mikrocomputers
c. Externe Speicher

2 Schnittstellen kennen

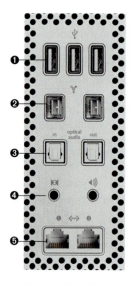

a. Geben Sie die Bezeichnung der Schnittstellen an (siehe Foto links)
b. Nennen Sie für jede Schnittstelle ein Anschlussbeispiel.

3 Funktion des Mikroprozessors erklären

Erklären Sie die Funktion folgender Bauelemente eines Mikroprozessors:
a. ALU
b. Cache
c. Register
d. Datenbus

4 Speicherhierarchie verstehen

Ordnen Sie die gegebenen Speicher nach den unten genannten Kriterien.
RAM – Festplatte – Register – Cache – Streamer – Blu-ray Disc

a. Geschwindigkeit des Datenzugriffs von langsam nach schnell
b. Kosten pro MB von niedrig bis hoch
c. Speicher, die keine Spannungsversorgung benötigen
d. (Elektronische) Halbleiterspeicher

5 Komponenten des Mainboards kennen

Zählen Sie fünf Komponenten eines Mainboards auf und nennen Sie deren Funktion.

6 DVI-Schnittstelle kennen

Worin unterscheiden sich die gezeigten DVI-Schnittstellen?

7 Speicherverfahren unterscheiden

Bei Speichern werden drei Verfahren unterschieden:
- Magnetische Speicher
- Optische Speicher
- Elektronische Speicher

Nennen Sie je zwei Vorteile.

Hardware

8 Blu-ray Disc und DVD vergleichen

Nennen Sie Gemeinsamkeiten und Unterschiede zwischen Blu-ray Disc und DVD.

9 Funktionsprinzip von Flachbildschirmen beschreiben

Erklären Sie das Funktionsprinzip eines TFT-Bildschirms.

10 Monitorauflösungen kennen

Erklären Sie den Unterschied zwischen
a. logischer Auflösung und
b. physikalischer Auflösung eines Monitors.

11 RAID-System zur Datensicherung kennen

Erklären Sie den Unterschied zwischen:
a. RAID Level 0
b. RAID Level 1
c. RAID Level 5

12 Leistungsmerkmale einer Grafikkarte kennen

Nennen Sie die beiden wichtigsten Kennwerte einer hochwertigen Grafikkarte.

13 Datenmenge berechnen

Ein Monitor besitzt eine Auflösung von 1.920 × 1.200 Pixel. Berechnen Sie die Datenmenge eines Bildes in MB.

14 Druckertypen vergleichen

Nennen Sie jeweils zwei Vorteile:
a. Tintenstrahldrucker
b. Laserdrucker
c. Nadeldrucker
d. Thermodrucker

15 Wichtige Tastenkombinationen kennen

Nennen Sie die Tastenkombination für folgende Funktionen:
a. Alles auswählen/markieren
b. Markierten Bereich löschen
c. Markieren Bereich in Zwischenablage kopieren
d. Inhalt der Zwischenablage einfügen
e. Datei speichern
f. Datei drucken

16 Monitorgröße berechnen

Ein 19"-Monitor besitzt ein Bildverhältnis von 16:10 (Breite zu Höhe).
a. Berechnen Sie die Bilddiagonale in cm.
b. Für Spezialisten: Berechnen Sie die Breite und Höhe des Monitors in cm.

17 Abkürzungen kennen

Erklären Sie die Bedeutung folgender Abkürzungen:
a. UDF
b. RAID
c. BIOS
d. GPU

2.2 Netzwerktechnik

2.2.1	Grundlagen	88
2.2.2	Netzwerktopologien	92
2.2.3	Netzwerkverbindung	98
2.2.4	Ethernet	102
2.2.5	Referenzmodelle	105
2.2.6	Netzwerkkomponenten	110
2.2.7	Netzwerkprotokolle und -dienste	115
2.2.8	Aufgaben	123

2.2.1 Grundlagen

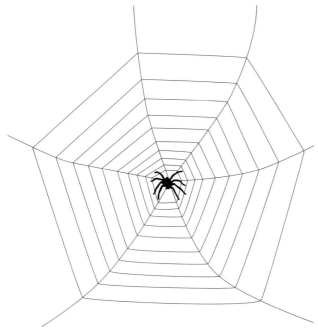

Netzwerke in der Natur

2.2.1.1 Klassifikation von Netzen

Datennetze werden hinsichtlich ihrer örtlichen Ausdehnung klassifiziert:

LAN (Local Area Network)
Lokale Netze stellen die mit Abstand größte Gruppe der Datennetze dar. Ihre Ausdehnung ist auf ein Gebäude oder Firmengelände beschränkt und beträgt damit etwa einen Kilometer.

VPN (Virtual Private Network)
Wie der Name sagt, nutzt ein VPN öffentliche Netze wie das Internet zur Übertragung nicht öffentlicher (privater) Daten. Auf diese Weise können beispielsweise Firmen, die in vielen Ländern tätig sind, miteinander kommunizieren. Bei der verschlüsselten Übertragung privater Daten in öffentlichen Netzen spricht man von einem *Tunnel*. Nicht autorisierten Nutzern ist ein Zugriff auf diese Daten nicht möglich.

WLAN (Wireless Local Area Network)
Heute spielen kabellose (wireless) lokale Netze eine immer größere Rolle, weil sie flexibel und kostengünstig realisiert werden können. In vielen Netzen finden Sie eine Kombination aus LAN und WLAN, die über einen WLAN-Router problemlos möglich ist.

MAN (Metropolitan Area Network)
Datennetze innerhalb von Städten werden als MAN (Metropolitan Area Network) bezeichnet. Ein Beispiel hierfür ist ein rechnergestütztes Verkehrsleitsystem innerhalb einer Stadt.

WAN (Wide Area Network)
Unter WAN werden landesweite oder länderübergreifende Netze verstanden, wie sie beispielsweise für die Mobiltelefonie zur Verfügung stehen.

GAN (Global Area Network)
Bei weltumspannenden Netzen wie dem Internet spricht man von GAN.

Intranet – Internet
Da heutige Netzwerke in vielfältiger Weise miteinander verbunden sind, macht die Trennung in LAN, WAN und GAN oft keinen Sinn mehr.
Zur Bezeichnung von Netzen, die zur internen Kommunikation in Unternehmen oder Behörden dienen, eignet sich der Begriff *Intranet* besser. Ihr Merkmal ist, dass für den Zugriff auf das Netz eine Zugangsberechtigung vorliegen muss. Die räumliche Begrenzung wie bei einem LAN kann jedoch entfallen, weil Firmen, wie oben beschrieben, über VPN-Tunnel landes- oder weltweit miteinander kommunizieren können.

Netzwerktechnik

Der Begriff *Internet* dient heute als Überbegriff für einen weltweiten Rechnerverbund mit mehreren Hundert Millionen Rechnern. Das Netz lässt sich für unterschiedliche Zwecke, die als Dienste bezeichnet werden, nutzen. Bekannte Internetdienste sind das WWW, E-Mail oder die Internettelefonie. Weitere Dienste finden Sie in Kapitel 2.3.2 beschrieben.

2.2.1.2 Nutzungsmöglichkeiten

File-Sharing
Ein wesentlicher Vorteil eines Netzwerkes ist, dass der gesamte Datenbestand an zentraler Stelle auf einem Server gespeichert werden kann. Dies erhöht die *Datensicherheit*, weil Backups nur an diesem Rechner durchgeführt werden müssen. Durch die Vergabe von Zugriffsrechten auf die Daten ist auch der *Datenschutz* gewährleistet. Neben Nutzerdaten können auch die Anwenderprogramme zentral gespeichert und gemeinsam genutzt werden. Der Aufwand für Installation und Update der Software sinkt hierdurch beträchtlich ab.

Resource-Sharing
Der sicherlich bekannteste Vorteil von Datennetzen ist in der gemeinsamen Nutzung von Peripheriegeräten zu sehen. So können Sie beispielsweise Drucker oder Scanner ins Netz einbinden und damit allen Benutzern zur Verfügung stellen. Auch der Zugang ins Internet erfolgt üblicherweise an zentraler Stelle.

Communication
Datennetze ermöglichen die firmeninterne oder globale Kommunikation, ohne dass ein ständiger Griff zum Telefon notwendig ist. Die hohen Bandbreiten moderner Netze gestatten die Durchführung von Videokonferenzen, die manche Geschäftsreise überflüssig macht.

2.2.1.3 Vernetzungskonzepte

Zentralrechnerkonzept
Bereits in den 70er Jahren hielten große Rechenanlagen Einzug in Industrie und Wirtschaft. Zu dieser Zeit war Rechenleistung umso preiswerter, je größer die Rechenanlage war. So entstanden Großrechner, für die spezielle Räume und eigenes Bedienpersonal (Operator) erforderlich waren.

Zur Einwahl an einem Großrechner genügt der Einsatz von Terminals, bestehend aus Tastatur und Bildschirm, von denen aus ein interaktiver Dialog mit dem Großrechner möglich

Band II – Seite 129
2.3.2 Internetdienste

Zentralrechnerkonzept
Für den Zugriff auf den Rechner sind nur Tastatur und Bildschirm notwendig.

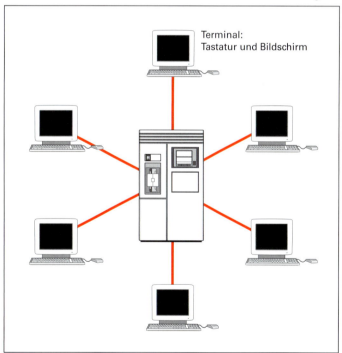

89

ist. Dieser arbeitet die Aufgaben der Teilnehmer nacheinander im „Timesharing"-Verfahren ab, so dass dadurch eine scheinbare Parallelverarbeitung erzielt wird.

Aufgrund der enormen technologischen Entwicklung von immer kleineren und immer leistungsfähigeren Prozessoren hat die Bedeutung der zentralen Datenverarbeitung stark abgenommen. Großrechner werden heute nur noch installiert, wenn – meist zu Forschungszwecken – sehr hohe Rechenleistung benötigt wird. Weltweit existieren einige Hundert dieser Super-Computer, die durch Parallelbetrieb von sehr vielen Prozessoren auf enorme Rechenleistungen kommen.

Peer-to-Peer-Konzept (P2P)

Mit der Entwicklung des PCs (Personal Computer) Anfang der 80er Jahre wurde für die meisten Aufgaben die Nutzung eines Großrechners überflüssig. Das Verbinden gleichwertiger Computer wird als Peer-to-Peer-Netz bezeichnet, wobei der Begriff „peer" aus dem Englischen stammt und so viel wie „gleichgestellt", „ebenbürtig" bedeutet. Da alle am Netz partizipierenden Rechner also die gleiche Rechenleistung besitzen, dient die Verbindung der Rechner ausschließlich zum Datenaustausch, zur Nutzung gemeinsamer Ressourcen und zur Kommunikation.

Peer-to-Peer-Netze kommen häufig im Privatbereich zum Einsatz, um zwei oder mehr (gleichwertige) Computer miteinander zu verbinden. Danach lassen sich Drucker oder der Internetzugang gemeinsam nutzen. Alle gängigen Betriebssysteme (Windows XP, Vista, 7, Mac OS X oder Linux) lassen eine Peer-to-Peer-Vernetzung zu.

Super-Computer
Abb.: NASA

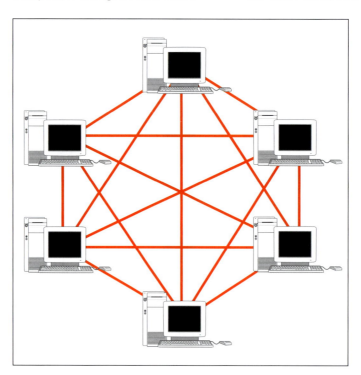

Peer-to-Peer-Konzept

Alle Rechner eines Peer-to-Peer-Netzes sind gleichwertig miteinander verbunden.
Beachten Sie, dass die Linien lediglich die logischen und nicht die tatsächlichen Verbindungen darstellen.

Netzwerktechnik

XServe von Apple
Abb.: Apple

Der Begriff Peer-to-Peer wird auch dann gebraucht, wenn Rechner über das Internet verbunden sind und lediglich einen gemeinsamen *Dienst* zur Verfügung stellen. Bekannte Beispiele hierfür sind Filesharing-Systeme wie *Gnutella* oder *BitTorrent*. Das Prinzip dieser (logischen) P2P-Netze besteht darin, dass jeder Rechner seine Dateien zum Download zur Verfügung stellt und sich somit ein riesiger Verbund an Rechnern ergibt, die einen schnellen Datenaustausch ermöglichen. Bedenken Sie aber, dass der Austausch urheberrechtlich geschützter Dateien in Deutschland illegal ist.

Client-Server-Konzept
Die meisten lokalen Netze besitzen eine Client-Server-Architektur, bei der es zwei Arten von Rechnern gibt: Clients (dt.: Kunde, Auftraggeber) erwarten bestimmte Dienste von Servern (dt.: Diener). Typische Funktionen eines Servers sind hierbei:
- Fileserver: Server mit gemeinsam oder individuell nutzbaren Daten und gegebenenfalls auch Programmen
- Printserver: Server zur Ansteuerung gemeinsamer Drucker, oft mit RIP zur Rasterung von PostScript-Daten
- Mailserver: Server zur Verwaltung des E-Mail-Verkehrs
- Webserver: Server mit einem durch eine Firewall geschützten Internetzugang zur Weiterleitung (Routing) der Daten an angeschlossene Clients

Neben der Datenverwaltung gehört zu den zentralen Aufgaben eines Servers die *Benutzerverwaltung* des Netzes.

So können die Zugriffsmöglichkeiten auf Daten oder Programme für jeden Benutzer individuell freigegeben oder gesperrt und damit Datenmissbrauch verhindert werden.

Ein weiterer Vorteil eines Servers ist die höhere Datensicherheit, da Datenbackups zentral durchgeführt werden können und der Server über eine USV (Unterbrechungsfreie Stromversorgung) vor einem Stromausfall geschützt werden kann.

Beispiele für derzeit aktuelle Server-Betriebssysteme sind Windows Server 2003 und 2008, Mac OS X, Novell NetWare und Linux.

Client-Server-Konzept
In Client-Server-Netzen nehmen die Client-Rechner die Dienste von Servern in Anspruch.
Die Linien geben die logischen Verbindungen wieder, nicht die tatsächliche Verkabelung.

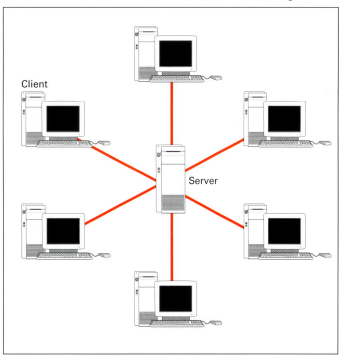

91

2.2.2 Netzwerktopologien

Topologie ist die Lehre von der Lage und Anordnung geometrischer Gebilde im Raum. Bezogen auf die Netzwerktechnik wird unter Topologie die Art verstanden, wie Computer physikalisch miteinander verbunden sind.

Beachten Sie, dass *heutige Netzwerke stern- oder baumförmig* sind. Die anderen Topologien werden der Vollständigkeit halber erwähnt, weil sie in den Anfängen der Netzwerktechnik von großer Bedeutung waren.

Bus-Topologie

Pro
- Einfache Installation
- Geringer Verkabelungsaufwand
- Geringe Kosten

Contra
- Begrenzte Leitungslänge
- Schwierige Fehlersuche
- Häufige Datenkollision, da nur ein Kabel
- Kompletter Netzausfall bei Unterbrechung des Busses

2.2.2.1 Bus-Topologie

Bei der heute veralteten Bus-Topologie wurden alle Rechner einschließlich Server an einer zentralen Leitung – dem Bus – angeschlossen. Damit die Datensignale an den Enden des Busses nicht reflektiert werden, mussten sich dort Abschlusswiderstände (Terminatoren) befinden.

Die Vor- und Nachteile der Bus-Topologie sind in der Tabelle rechts zusammengestellt:

Vor allem die beiden letztgenannten Nachteile macht die Bus-Technologie zu unsicher und hat zur Ablösung des Busses durch die Stern-Technologie geführt.

2.2.2.2 Ring-Topologie

Die Ring-Topologie wurde vorwiegend in großen Netzen (z. B. WAN) eingesetzt, spielt heute aber fast keine Rolle mehr. Sie verbindet alle Arbeitsstationen und den oder die Server ringförmig miteinander. Die Daten werden dabei vom sendenden Computer in den Ring

Bus-Topologie
Die Bus-Topologie spielt bei heutigen Netzen nur noch im Bereich der Backbones (Hauptverbindungsleitungen) eine Rolle.

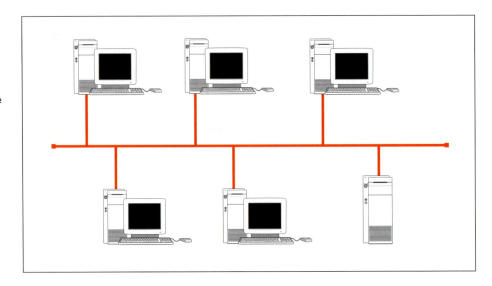

Netzwerktechnik

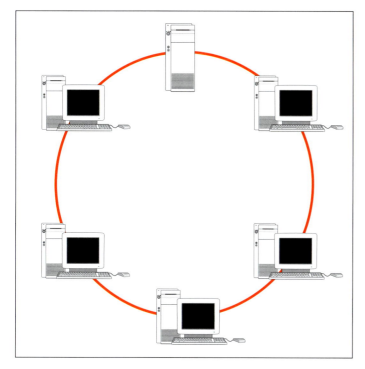

Ring-Topologie
Die Ring-Topologie hat heute fast keine Bedeutung mehr.

eingespeist und „wandern" danach von Rechner zu Rechner. Anhand ihrer Adresse werden sie schließlich vom Zielrechner erkannt.

Ring-Topologie
Pro
• Hohe Ausfallsicherheit (bei Doppelring)
• Keine Datenkollisionen
• Keine Beschränkung der Gesamtlänge
Contra
• Hoher Verkabelungsaufwand
• Teure Komponenten
• Keine Kopplung von Telefon- und Rechnerdaten

Der Vorteil des Rings, nämlich die kollisionsfreie Datenübertragung, wird durch den Einsatz von Switches auch im Sternnetz erreicht. Die aufwändige Realisierung von Ringnetzen hat deshalb weitgehend an Bedeutung verloren.

2.2.2.3 Stern-Topologie

Ein sternförmiges Netz lässt sich realisieren, indem jeder Computer mit einem zentralen Sternverteiler (Switch) verbunden wird. Dies hat zunächst einen deutlich höheren Verkabelungsaufwand zur Folge als bei der Bus- oder Ring-Topologie. Dennoch sind die heutigen Rechnernetze sternförmig, oder, durch Kombination mehrerer Sternnetze, baumförmig aufgebaut.

Warum konnten sich Sternnetze durchsetzen? Die Hauptursache für den durchschlagenden Erfolg dieser Technologie ist, dass der zentrale Sternpunkt heute ausschließlich durch so genannte Switches (dt.: Schalter) gebildet wird. Im Unterschied zu den früher verwendeten Hubs (dt.: Speicherrad) vermeidet ein Switch Datenkollisionen, indem er

Stern-Topologie

Heutige Datennetze sind sternförmig aufgebaut.
　Der Sternverteiler (Switch) ermöglicht eine kollisionsfreie Datenübertragung.

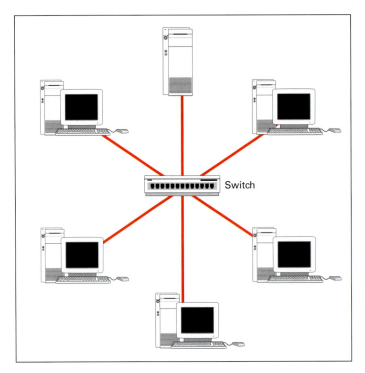

zwischen Sender und Empfänger intern eine Verbindung schaltet, die eine kollisionsfreie Datenübertragung ermöglicht. Damit entfällt das Argument, dass Sternnetze bei hoher Belastung keine gute Performance besitzen.

Stern-Topologie
Pro
• Keine Datenkollisionen durch Einsatz von Switches
• Netzerweiterung problemlos möglich
• Kombination mit WLAN möglich
• Kostengünstige Komponenten
Contra
• Netzausfall bei Ausfall des Switches
• Aufwändige Verkabelung
• Begrenzte Leitungslänge

Auch der bisherige Nachteil des höheren Verkabelungsaufwandes kann heute umgangen werden, indem sich Computer über WLAN auch kabellos ins Netz integrieren lassen. Die Nutzung ist hierdurch nicht mehr ortsgebunden – denken Sie an Züge oder Flugzeuge.

2.2.2.4 Baum-Topologie

In großen Netzen wäre es unsinnig, alle Computer an einen einzigen Sternpunkt anzuschließen. Fiele dieser aus, wäre das gesamte Netz lahmgelegt. Außerdem ist die Leitungslänge zwischen Computer und Switch begrenzt.

　In großen Netzen bietet sich deshalb die Realisierung einer Baumstruktur an: Die „Wurzel" wird durch ein oder mehrere Haupt-Switches gebildet, an die, z. B. für jedes Stockwerk, Sub-Switches angeschlossen werden. Selbst wenn ein Haupt-Switch ausfällt, bleiben die Teilnetze weiterhin nutzbar.

Netzwerktechnik

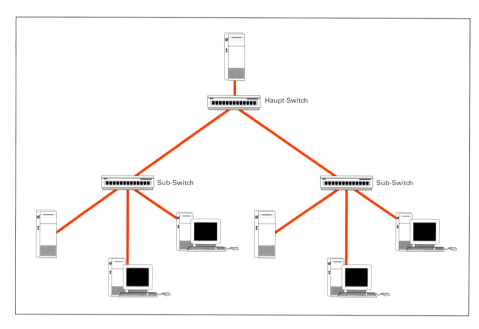

Baum-Topologie

In großen Netzen werden mehrere „Sterne" miteinander verbunden, so dass sich eine Baumstruktur ergibt.

Neben der Ausfallsicherheit ergibt sich der Vorteil, dass Sie die Netzwerkkomponenten an die zu erwartende Datenmenge anpassen können. So kann die schnelle, aber teure Glasfaserverkabelung auf die Hauptäste beschränkt bleiben, während für die Teilnetze die günstige Kupfertechnologie zum Einsatz kommt.

2.2.2.5 Physikalische und logische Topologie

Beachten Sie den wichtigen Unterschied zwischen physikalischer und logischer Topologie: Bei der *physikalischen Topologie* handelt es sich um die in den vorherigen Abschnitten beschriebene Art der (hardwaremäßigen) Verbindung der Rechner.

Unter der *logischen Topologie* wird verstanden, wie das Netz durch das Betriebssystem administriert wird. Über das Zugriffsverfahren wird festgelegt, ob das Netz logisch als Bus betrieben wird und alle Rechner gleichzeitig Daten senden dürfen. Alternativ kann aber auch ein Senderecht vergeben werden, so dass ein logischer Ring entsteht.

Die physikalische und logische Topologie eines Netzwerks müssen nicht miteinander übereinstimmen: So kann beispielsweise ein Netz physikalisch sternförmig miteinander verbunden sein und dennoch logisch als Ring betrieben werden. Die einzelnen Rechner erhalten dann vom Betriebssystem nacheinander ein Senderecht, als ob sie tatsächlich im Ring verbunden wären.

2.2.2.6 Anwendungsbeispiele

Auf den folgenden Seiten sind Netzstrukturen dargestellt, wie sie in der Medienindustrie vorzufinden sind. Im ersten Beispiel ist das Netzwerk einer Internetagentur, im zweiten Beispiel eines Reprobetriebs dargestellt.

Netz-Beispiel 1
Mögliche Netzstruktur einer Internetagentur

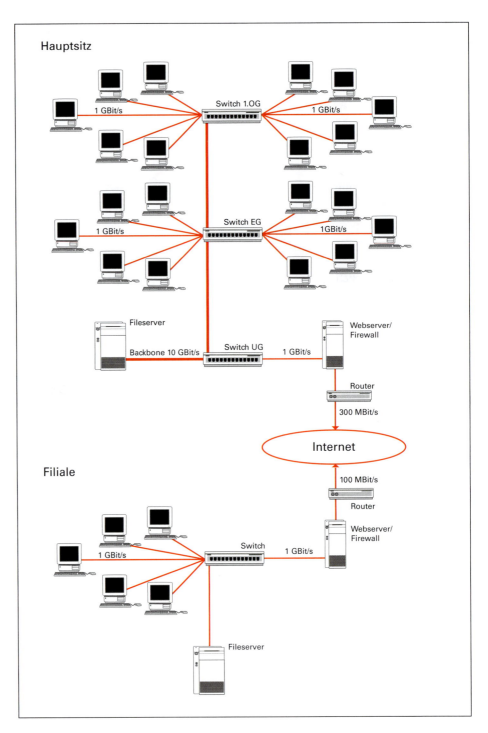

Netzwerktechnik

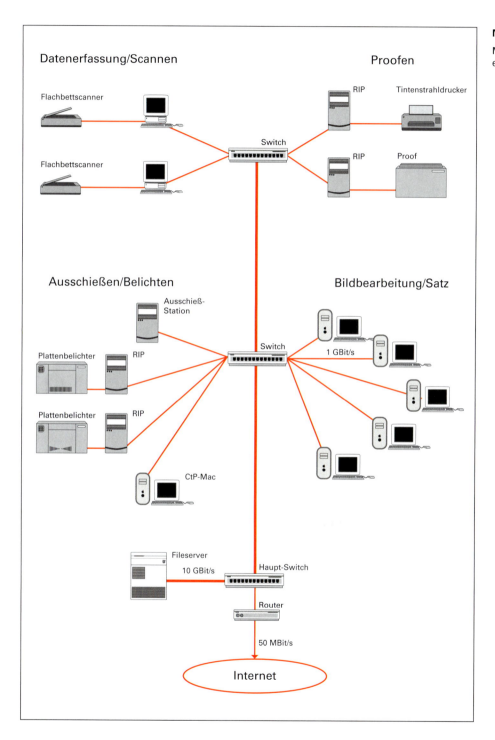

Netz-Beispiel 2
Mögliche Netzstruktur eines Reprobetriebs

97

2.2.3 Netzwerkverbindung

Die Auswahl des richtigen Kabels hängt von der gewünschten Übertragungsrate, der Netztopologie und nicht zuletzt von den Kosten des Kabels ab. Für drahtgebundene Verbindungen kommen hierbei zwei Medien in Frage: Twisted-Pair-Kabel oder Lichtwellenleiter.

Twisted Pair
Die Abschirmung gegen Störeinflüsse erhöht die Qualität des Kabels und ermöglicht höhere Übertragungsraten.

2.2.3.1 Twisted Pair

Das Twisted-Pair-Kabel, das in den USA auch als Telefonkabel verwendet wird, besteht im einfachsten Fall aus verdrillten Kupferleiter-Doppeladern (UTP). Das Verdrillen der Kupferadern dient zur Vermeidung äußerer Störeinflüsse. Um diese weiter zu reduzieren, werden Twisted-Pair-Kabel mit einer metallischen Abschirmung um die Adernpaare (S/UTP) sowie mit zusätzlicher Aluminiumfolie um jedes Adernpaar (S/FTP) angeboten.

Die Verkabelung mit Twisted Pair wird bei sternförmig vernetztem Ethernet eingesetzt. Die Verbindung von Twisted-Pair-Kabel und Switch erfolgt mittels RJ45-Stecker bzw. -Buchse, ebenso die Verbindung des Kabels mit der Netzwerkkarte des Computers.

Patchkabel Abb.: Bechtle

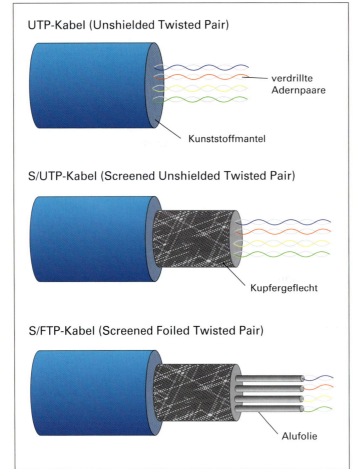

Der große Vorteil einer Twisted-Pair-Verkabelung liegt in den niedrigen Kosten und der einfachen Installation. Die zulässige Kabellänge sowie die maximale Taktung des Netzes muss bei der Auswahl des Kabels beachtet werden.

Twisted-Pair-Kabel werden hierzu in Kategorien von 1 bis 7 eingeteilt:

Bez.	max. Takt	Einsatzgebiet
CAT 1	100 kHz	Telefon
CAT 2	1,5 MHz	Telefon (ISDN)
CAT 3	16 MHz	10-MBit-Ethernet
CAT 4	20 MHz	unbedeutend
CAT 5	100 MHz	100-/1000-MBit Ethernet
CAT 6	500 MHz	Multimedia, ATM-Netze
CAT 7	1000 MHz	10-GBit-Ethernet

Netzwerktechnik

Für die heute üblichen 100-MBit/s- oder 1-GBit/s-Netze werden Kabel der Kategorie 5 verwendet. Beachten Sie weiterhin, dass zur direkten Verbindung zweier Rechner (ohne Switch) ein gekreuztes (crossover) Twisted-Pair-Kabel benutzt werden muss.

2.2.3.2 Koaxialkabel

Koaxialkabel kennen Sie vielleicht vom Antennenanschluss Ihres Fernsehers. Es besteht aus einer inneren Kupferader, die von einer Isolationsschicht, gefolgt von einem Kupferdrahtnetz, umgeben ist.

Im Bereich der Netzwerktechnik haben Koaxialkabel keine Bedeutung mehr, so dass wir nicht näher darauf eingehen.

2.2.3.3 Lichtwellenleiter

Licht bewegt sich mit Lichtgeschwindigkeit (ca. 300.000 km/s) und damit deutlich schneller als Elektronen.

Lichtwellenleiter (LWL), umgangssprachlich als *Glasfaser* bezeichnet, ermöglichen Übertragungsraten von derzeit bis zu 10 GBit/s. LWL bestehen aus etwa 0,05 mm dünnen Glasfasern,

Patchkabel für LWL Abb.: Bechtle

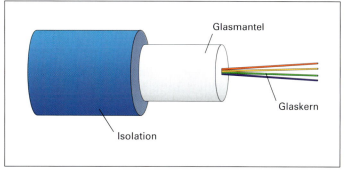

Lichtwellenleiter
Die Lichtimpulse breiten sich entlang der Glaskerne aus.

die von einem äußeren Glasmantel mit einem anderen Brechungsindex umhüllt sind. Dadurch werden die Lichtimpulse am äußeren Mantel vollständig reflektiert und bewegen sich entlang der inneren Fasern.

Abgesehen von der hohen Übertragungsrate bieten Lichtwellenleiter den Vorteil, dass sie völlig unempfindlich gegenüber elektrischen oder elektromagnetischen Störeinflüssen sind. Ein weiteres Argument für die Glasfasertechnologie betrifft die Abhörsicherheit: Das Anzapfen eines Lichtwellenleiters ist nach derzeitigem Stand der Technik nicht möglich.

Den obigen Vorteilen stehen im Wesentlichen die höheren Kosten für Installation und Komponenten gegenüber. Da mittlerweile sogar 10-GBit-Netzwerke mit Kupferkabel betrieben werden können, müssen Sie sich bei der Planung die Frage stellen, ob die Investition in die teurere LWL-Technologie gerechtfertigt ist.

2.2.3.4 WLAN

Kommunikation und Information an jedem Ort und zu jeder Zeit – dies scheint der Trend des 21. Jahrhunderts zu sein. Was mit einer explosionsartigen Verbreitung der Mobiltelefone begonnen hat, setzt sich jetzt mit der sprunghaften Zunahme an mobilen Computern (Laptop, Notebook, Palmtop, ...) fort. Da liegt der Wunsch nahe, auch mit diesen mobilen Geräten im Internet surfen, E-Mails empfangen oder einfach nur einen Abgleich seiner Daten mit dem Desktop-PC vornehmen zu können. Mit WLAN kein Problem!

Standards
Wie der Name sagt, ist WLAN für „lokale" Netze vorgesehen – die Reichweiten der Sender betragen in Gebäuden bis zu 50, im Freien bis zu 500 Meter.

In der Tabelle sind die wichtigsten Standards des „Institute of Electrical and Electronics Engineers", kurz IEEE, zusammengestellt:

WLAN-Standards

IEEE	Brutto-Datenrate	Netto-Datenrate
802.11	2 MBit/s	ca. 1 MBit/s
802.11a	54 MBit/s	20 – 22 MBit/s
802.11b	11 MBit/s	5 – 6 MBit/s
802.11g	54 MBit/s	20 – 22 MBit/s
802.11n	600 MBit/s	100 – 120 MBit/s

Zurzeit besitzen die Spezifikationen 802.11g und 802.11n die größte Verbreitung. Bei der maximalen Datenrate muss zwischen brutto und netto unterschieden werden: Für uns Anwender ist die Netto-Datenrate von Bedeutung, da sie die (unter optimalen Bedingungen) tatsächlich übertragbaren Nutzdaten angibt. Wenn mehrere Geräte am WLAN partizipieren, reduziert sich die erreichbare Datenrate.

Die zur Übertragung erforderliche Trägerfrequenz (2,4 bzw. 5 GHz) liegt im Bereich der Mikrowellenstrahlung. Natürlich stellt sich hierbei die Frage, inwieweit eine derartige Strahlung gesundheitsschädlich sein kann oder sogar ist. Wenn Sie zu den elektrosensiblen Menschen gehören, sollten Sie auf WLAN im Wohnbereich verzichten oder den Router nachts ausschalten.

Verschlüsselung
Während der Datenübertragung wird die gewählte Trägerfrequenz ständig gewechselt, um Störungen durch Überlagerung anderer Frequenzen zu vermeiden und um die Übertragung abhörsicherer zu machen. Dennoch ist die Funktechnik anfällig gegenüber „Lauschangriffen". Als Gegenmaßnahme muss eine Verschlüsselungstechnologie eingesetzt werden. Derzeit empfehlenswerter Standard ist *WPA2*.

Überprüfen Sie, ob Sie in Ihrem WLAN-Access-Point die veraltete WEP-Verschlüsselung eingestellt habe. Diese kann mittels geeigneter Software in wenigen Minuten „geknackt" werden.

WLAN-Adapter und Access-Point
Damit ein Computer am Funknetz partizipieren kann, benötigt er einen WLAN-Apapter. In heutigen Computern sind diese bereits integriert, in älteren

WLAN-Access-Point

Neben der kabellosen Datenübertragung können Sie mit einem WLAN-Router ein kleines Netzwerk (LAN) und eine Telefonanlage betreiben.

Abb.: AVM

100

Netzwerktechnik

Integration von WLAN und LAN

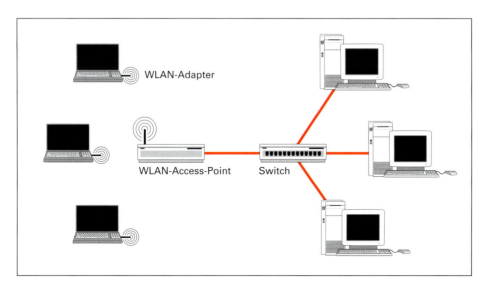

Geräten genügt das Einstecken eines WLAN-USB-Sticks.

Computer mit WLAN-Adapter können ohne weitere Hardware zu einem *Ad-hoc-Netz* zusammengeschlossen werden. Meistens kommt jedoch eine als *Access-Point* bezeichnete Vermittlungsstation zum Einsatz. Diese bietet den Vorteil, dass sie gleichzeitig eine Schnittstelle zum verkabelten LAN bereitstellt. Somit können mobile Computer in bestehende kabelgebundene Netze eingebunden werden.

Bei heutigen WLAN-Access-Points handelt es sich oft um Kombigeräte, die zusätzlich einen DSL-Router und eine Telefonanlage enthalten (siehe Foto links unten).

Mehrere Access-Points können ihrerseits zu Funkzellennetzwerken (wireless bridges) verbunden werden, innerhalb derer sich der Nutzer frei bewegen kann. Der Wechsel von einem Access-Point zum nächsten erfolgt hierbei – wie beim Mobiltelefon – automatisch. Die Technik ermöglicht also eine flächendeckende Funkvernetzung, wie Sie dies von der Mobiltelefonie kennen.

2.2.3.5 Bluetooth

Auch bei Bluetooth handelt es sich um eine Funkverbindung, deren Reichweite vor allem für den Nahbereich von 10 bis 30 m gedacht ist und die insbesondere für folgende Anwendungen genutzt wird:
- Kabellose Anbindung von Peripheriegeräten (Drucker, Tastatur, Maus, Headset)
- Datenaustausch zwischen Mobiltelefonen
- Kommunikation zwischen Controller und Spielkonsole (Wii, Playstation)

Die Nutzung von Bluetooth zur Vernetzung von PCs ist zwar möglich, empfiehlt sich aber nicht, weil die Übertragungsrate mit maximal 2,1 MBit/s hinter den Möglichkeiten von WLAN weit zurückbleibt.

Zum Anschluss Bluetooth-fähiger Geräte an einen Computer benötigt man, falls nicht bereits integriert, einen Bluetooth-USB-Adapter. Achtung: Störungen mit WLAN können nicht ausgeschlossen werden.

101

2.2.4 Ethernet

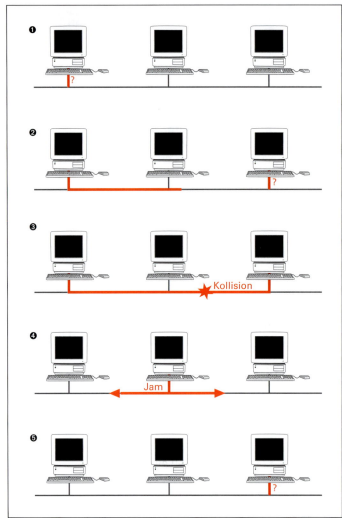

CSMA/CD

Die Grafik illustriert den Ablauf der Kollisionserkennung (Collision Detection).

Ethernet ist fast schon zum Synonym für kabelgebundene lokale Netze geworden. Das Verfahren ist unter IEEE 802.3 standardisiert und wird ständig weiterentwickelt. Die Bezeichnung „Ethernet" umfasst die Beschreibung
- der benötigten Stecker und Kabel für die Integration eines Computers in ein LAN,
- das Zugriffsverfahren (CSMA/CD),
- die Protokolle zur Regelung des Datenverkehrs,
- die Art der Datenübertragung in Datenpaketen (Frames).

2.2.4.1 CSMA/CD

Zum Betrieb eines Netzwerkes muss eindeutig festgelegt sein, wie der Datenaustausch zwischen den einzelnen Rechnern im Netz erfolgen soll. Diese als *Zugangs- oder Zugriffsverfahren* bezeichnete Festlegung besitzt bei Ethernet die komplizierte Bezeichnung CSMA/CD (Carrier Sense Multiple Access/Collision Detection):

❶ Alle Rechner „hören" permanent das Netz ab (Carrier Sense), um festzustellen, ob Daten zu empfangen sind oder ob das Medium zum Senden eigener Daten frei ist.
❷ Ein Rechner beginnt zu senden, wenn das Netz frei ist, andernfalls startet er nach einer kurzen Wartezeit einen erneuten Versuch (Multiple Access).
❸ Wenn zufällig ein zweiter Rechner gleichzeitig zu senden beginnt, kommt es zur Datenkollision.
❹ Der Rechner, der die Kollision zuerst entdeckt (Collision Detection), sendet ein Störsignal (Jamming-Signal) aus. Damit erfahren alle Rechner, dass eine Störung vorliegt und somit das Senden momentan nicht möglich ist.
❺ Nach einer kurzen Zufallszeit versucht der sendewillige Rechner erneut zu senden. Die Wahrscheinlichkeit, dass es wieder zu einer Kollision kommt, ist nun gering, sollte es dennoch dazu kommen, wiederholen sich 4 und 5.

In der Grafik links ist das Zugriffsverfahren am Beispiel der heute veralteten Bus-Topologie dargestellt. Als Ethernet

Netzwerktechnik

vor etwa dreißig Jahren entwickelt wurde, war diese Topologie jedoch weit verbreitet. Dies erklärt, weshalb ein Verfahren zur Kollisionserkennung eingesetzt werden *musste*.

Die Situation heute ist eine andere: Lokale Netze werden fast ausschließlich sternförmig aufgebaut. Als Sternverteiler kommen Switches zum Einsatz, die eine „Intelligenz" besitzen und für die Datenübertragung immer eine direkte Verbindung zwischen Sender und Empfänger herstellen – daher auch die Bezeichnung „Switch" (dt.: Schalter).

Ein „Switched Ethernet" arbeitet damit kollisionsfrei, so dass CSMA/CD nicht benötigt würde. Dennoch hat man es dabei belassen, auch um Kompatibilität zu Netzen mit Kollisionen zu erreichen. Durch die Kollisionsfreiheit steigert sich natürlich die Performance im Netz, da alle Daten nur einmal gesendet werden müssen.

2.2.4.2 Ethernet-Standards

Was für Mikroprozessoren gilt, ist auch für lokale Netze gültig: Immer größere Datenmengen erfordern immer schnellere Netze.

In der Tabelle sind die verschiedenen Varianten zusammengefasst:

Um sich die Zahlen besser vorstellen zu können, hier ein Rechenbeispiel: Eine Video-DVD mit 4,7 GB ließe sich in einem 10-GBit/s-Ethernet (1,25 GByte/s) theoretisch in 3,8 Sekunden von A nach B kopieren!

Die Rechnung berücksichtigt nicht, dass es sich bei der maximalen Datenrate von 10 GBit/s nicht nur um Nutzdaten handelt. Tatsächlich werden die Daten in Paketen übertragen, deren Aufbau im nächsten Abschnitt kurz besprochen wird.

2.2.4.3 MAC-Adressierung

Ein entscheidendes Kriterium für den Betrieb eines Netzes ist, dass alle beteiligten Komponenten eindeutig identifizierbar sind – vergleichbar mit dem Fingerabdruck oder der DNA eines Menschen.

MAC-Adresse
In Netzwerken wird diese Identifikation über die MAC-Adresse gewährleistet, wobei MAC für „Media Access Control" steht und nichts mit dem gleichnamigen Betriebssystem zu tun hat. Die MAC-Adresse befindet sich auf der Netzwerkkarte und besteht aus einer 48-Bit-Zahl, gegliedert in sechs Blöcke

Name	Datenrate	Bezeichnung	Kabelart	max. Länge
Ethernet	10 MBit/s	10Base2	Koaxialkabel (thin)	185 m
		10Base5	Koaxialkabel (thick)	500 m
		10BaseT	Twisted Pair (CAT 3, 5)	100 m
Fast Ethernet	100 MBit/s	100Base-TX	Twisted Pair (CAT 5)	100 m
		100Base-FX	Lichtwellenleiter	400 m
Gigabit-Ethernet	1000 MBit/s	1000Base-T	Twisted Pair (CAT 5)	100 m
	1 GBit/s	1000Base-SX	Lichtwellenleiter	bis 500 m
		1000Base-LX	Lichtwellenleiter	bis 5000 m
10-GBit-Ethernet	10 GBit/s	10GBase-CX4, -T	Twisted Pair (CAT 6a, 7)	100 m
		10GBase-LX4, -LR, -ER	Lichtwellenleiter	bis 10 km
		u. a.		

Ethernet-Standards

Das 10-MBit-Ethernet mit Koaxialkabel hat heute keine Bedeutung mehr.

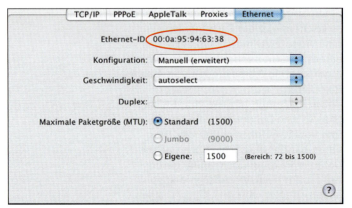

Grafik unten ist eine mögliche Spezifikation eines Ethernet-Frames dargestellt. Es sei aber darauf hingewiesen, dass es noch andere Spezifikationen gibt. Der Ethernet-Frame setzt sich aus folgenden Teilen zusammen:
- MAC-Adresse des Empfängers
- MAC-Adresse des Senders
- Zusatzinformation über das Netzwerkprotokoll
- Die eigentlichen Nutzdaten, wobei maximal 1500 Byte möglich sind
- Prüfsumme zur Fehlererkennung bei der Datenübertragung

MAC-Adresse

Wahrscheinlich um Verwechslungen zu vermeiden, heißt die MAC-Adresse beim „Mac" Ethernet-ID.

mit je einem Byte (6 x 8 Bit = 48 Bit). Sie wird üblicherweise in hexadezimaler Schreibweise notiert, wobei eine Hexadezimalzahl bekanntlich vier Bit repräsentiert:

Struktur einer MAC-Adresse
xx : xx : xx : xx : xx : xx
xx aus: 00, 01, ..., FF (hexadezimal)
Beispiel:
00:0A:95:94:63:38 h

Mit 48 Bit lassen sich 2^{48} (281 Billionen) unterschiedliche Zahlen speichern, so dass der Vorrat an weltweit einmalig vorkommenden Zahlen so schnell nicht erschöpft sein wird.

Ethernet-Frame

Die Grafik zeigt den möglichen Aufbau eines Ethernet-Frames zur Übertragung von maximal 1500 Bytes an Nutzdaten.
Größere Datenmengen müssen auf mehrere Frames verteilt werden.

Ethernet-Frame

Vor der Datenübertragung „schnürt" der Sender ein „Datenpaket", das als Ethernet-Frame bezeichnet wird. In der

Die in der Grafik eingetragenen Zahlen sind lediglich Beispiele.

Trifft ein gesendetes Paket im Switch ein, kann dieser mit Hilfe der beiden MAC-Adressen eine direkte Verbindung zwischen Sender und Empfänger herstellen. Wie bereits erläutert sind Datenkollisionen hierdurch unmöglich.

Nun haben Sie sicherlich schon gehört, dass in Netzwerken (wie auch im Internet) eine weitere Adresse, die IP-Adresse, eine wichtige Rolle spielt. Worin liegt der Unterschied zwischen MAC- und IP-Adresse? Die MAC-Adresse ist hardwaremäßig festgelegt und unveränderlich. IP-Adressen hingegen können dynamisch zugeteilt werden, z. B. wenn Sie sich mit einem Computer am Netz anmelden. Nach Abschalten des Computers wird die IP-Adresse wieder frei. Auf diese Weise wird die Verwaltung von Netzen wesentlich flexibler (siehe Kapitel 2.2.7).

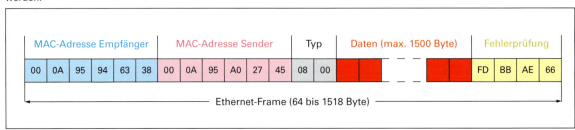

104

2.2.5 Referenzmodelle

2.2.5.1 Einführung

Die Auseinandersetzung mit Referenzmodellen und Netzwerkprotokollen ist sehr abstrakt und primär den Informatikern vorbehalten. Weshalb plagen wir Sie dennoch mit dieser Materie?

Der Grund ist, dass sich die Funktionsweise eines Netzwerks *ohne* Referenzmodell kaum erklären lässt, geschweige denn verstanden werden kann. Wir möchten Ihnen deshalb in diesem Kapitel die beiden zentralen Referenzmodelle, das OSI-Referenzmodell und das TCP/IP-Modell, in Grundzügen vorstellen. Mit diesem Wissen werden Sie dann die Bedeutung der Netzwerkkomponenten (wie Switch oder Router) sowie die Notwendigkeit unterschiedlicher Protokolle (wie ARP, TCP, IP, SMTP) besser verstehen.

Wozu Referenzmodelle?

Stellen Sie sich zunächst folgende Situation vor: Herr Schwarz aus Hamburg will mit seinem Geschäftspartner Monsieur Blanc in Paris telefonieren. Die Herren unterhalten sich in Englisch, da Herr Schwarz nicht französisch und Monsieur Blanc nicht deutsch spricht. Eine scheinbar einfache Alltagssituation, die aber bei genauerer Betrachtung eine Menge Technik und Knowhow erfordert. Die Grafik zeigt, wie sich das Beispiel in Teilaufgaben zerlegen und in Schichten darstellen lässt:

Schichtenmodell
Beispiel eines Schichtenmodells aus dem Alltag

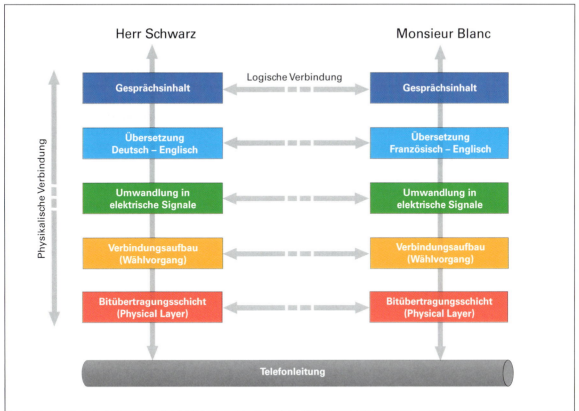

- Die oberste Schicht beschreibt den Gespräch*sinhalt*. Dieser zunächst rein gedankliche Vorgang spielt sich in den Gehirnen der beiden Herren ab.
- Die nächste Schicht stellt die Übersetzung der (muttersprachlichen) Gedanken in die Sprache Englisch dar. Sie endet mit der Aussprache der Worte und Sätze.
- Die darauf folgende Schicht beschreibt die Umsetzung der akustischen in elektrische Signale.
- Die vorletzte Schicht beschreibt die Verbindung der beiden Telefone, die durch einen Wählvorgang hergestellt wird.
- Die unterste Schicht bestimmt schließlich, in welcher Form die elektrischen Signale von Hamburg nach Paris und zurück übertragen werden.

Wozu Protokolle?

Nachdem der Vorgang des Telefonierens in einzelnen Schichten beschrieben wurde, müssen im zweiten Schritt „Regeln" definiert werden, nach denen die einzelnen Schichten funktionieren. Außerdem muss festgelegt werden, wie die Schichten miteinander verbunden werden. Die technische Bezeichnung für diese Regelwerke lautet Protokoll.

- Das Protokoll der obersten Schicht liefert das Regelwerk für die deutsche bzw. französische Sprache. Es enthält den Zeichensatz, die zulässigen Kombinationen der Zeichen zu Wörtern bzw. Sätzen (Syntax) und ordnet den Wörtern und Sätzen eine Bedeutung (Semantik) zu.
- Nun muss durch ein weiteres Regelwerk festgelegt werden, wie die deutsche bzw. französische Sprache ins Englische übersetzt wird.
- Die darauf folgenden „technischen" Protokolle legen fest, wie (a) die

Umsetzung der akustischen in elektrische Signale, (b) die Verbindung hergestellt und (c) die eigentliche Übertragung der Informationen erfolgen soll.

Eine Schicht muss von den angrenzenden Schichten nur „wissen", wie ihr die Informationen übergeben werden und wie sie die Informationen weitergeben muss. Dies ist durch die Protokolle geregelt. Ansonsten übernimmt die jeweilige Schicht die ihr zugeteilte Aufgabe, ohne den Gesamtzusammenhang des Systems zu kennen.

Obwohl der physikalisch-technische Ablauf eines Telefonats im Referenzmodell von oben nach unten und umgekehrt von unten nach oben verläuft, sind „logisch" gleichartige Schichten horizontal miteinander verbunden. In der obersten Schicht kommunizieren die beiden Gesprächspartner miteinander – wenn auch nur gedanklich. In der nächsten Schicht findet die Übersetzung Deutsch – Französich über den Umweg Englisch statt, usw. Die Schichten sind nicht an den Vorgang des Telefonierens gebunden und würden ebenso ablaufen, wenn die Herren gemeinsam in einem Raum sitzen würden.

Zusammenfassung

Das obige Beispiel veranschaulicht die Vorteile eines Referenzmodells:

- Komplexe Zusammenhänge lassen sich in kleine, überschaubare Einheiten (Schichten) zerlegen.
- Für jede dieser Schichten lassen sich Regeln (Protokolle) definieren, nach denen die Informationen zu verarbeiten sind.
- Jede Schicht funktioniert unabhängig vom restlichen System.
- Schichten und Protokolle können in verschiedenen technischen Systemen verwendet werden.

2.2.5.2 OSI-Referenzmodell

Zur strukturierten Beschreibung von Datennetzen hat die Organisation ISO (International Standardization Organisation) 1983 ein Referenzmodell entwickelt, das sie mit OSI (Open System Interconnection) bezeichnet hat und das sieben Schichten (Layers) definiert. Für jede dieser sieben Schichten sind spezifische Aufgaben festgelegt und entsprechende Protokolle standardisiert worden, die in den folgenden Abschnitten kurz angesprochen werden.

Kritiker wenden ein, dass das OSI-Referenzmodell zu „aufgebläht" und zu akademisch sei und in der Praxis deshalb wenig Verwendung fände. Aus diesem Grund existieren zahlreiche weitere Modelle, die mit weniger Schichten auskommen (siehe nächster Abschnitt).

Schicht 1: Bitübertragungsschicht

Die unterste Schicht des Referenzmodells legt fest, wie die binäre Übertragung der einzelnen Bits – also logisch „Null" oder „Eins" – zu erfolgen hat. Dazu muss zunächst entschieden werden, welches Kabel und welche Stecker zu verwenden sind. Zweitens definiert die Schicht, *wie* die Daten übertragen werden.

Wenn Sie das vorherige Kapitel gelesen haben, dann wissen Sie bereits, dass beim Ethernet wahlweise Twisted-Pair- oder Glasfaserkabel verwendet werden und die Übertragung in Paketen über Ethernet-Frames erfolgt.

Schicht 2: Sicherungsschicht

Die Sicherungsschicht dient – wie der Name sagt – zur Sicherung des Datenstromes zwischen den Kommunikationspartnern. Dazu gehört einerseits die Fehlererkennung und -korrektur und andererseits die so genannte Flussregelung. Darunter wird die Synchronisation zwischen Sender und Empfänger verstanden. Dies geschieht durch Aufteilung der Daten in Blöcke, die in einen Übertragungsrahmen (z. B. Ethernet-Frame) eingepasst werden.

In der Sicherungsschicht wird weiterhin das Zugriffsverfahrens festgelegt:

OSI-Referenzmodell

Die unteren vier Schichten sind transportorientierte, die oberen drei Schichten anwendungsorientierte Schichten.

Wie Sie wissen, ist dies bei Ethernet das CSMA/CD-Verfahren. Bei WLAN kommt ein modifiziertes Zugriffsverfahren namens CSMA/CA zum Einsatz.

Hardware, die auf Schicht 2 des Modells arbeitet, sind Netzwerkkarten und Switches.

Schicht 3: Vermittlungsschicht

In der Vermittlungsschicht werden die Paketleitwege bestimmt. Darunter versteht man die Festlegung des Weges (Routing) vom Ursprungs- zum Zielrechner. Zwischen diesen können wie beim Internet Tausende von Kilometern Distanz liegen, so dass es eine große Zahl von möglichen „Routen" gibt. Aufgabe der Schicht 3 ist es, eine günstige Route auszuwählen und eine entsprechende Adressierung der Datenpakete vorzunehmen. Diese Aufgabe übernehmen Router, die im Netzwerk als eigenständige Geräte installiert sind.

Das wichtigste Protokoll der Vermittlungsschicht ist das Internet Protocol (IP), auf das wir wegen seiner großen Bedeutung in Kapitel 2.2.7 ab Seite 115 genauer eingehen.

Schicht 4: Transportschicht

Die letzte der vier *transportorientierten Schichten* des OSI-Referenzmodells bildet die eigentliche Transportschicht. Ihre Aufgabe besteht in der Verknüpfung der beiden Kommunikationspartner durch Auf- und Abbau der Verbindung. Außerdem werden die zu übertragenden Daten auf der Senderseite in kleinere Einheiten zerlegt und auf Empfängerseite auf Vollständigkeit geprüft und wieder zusammengesetzt. Wichtigstes Protokoll der Transportschicht ist das Transmission Control Protocol (TCP), dessen Aufgaben Sie in Kapitel 2.2.7 ab Seite 115 nachlesen können.

Schicht 5: Sitzungsschicht

Die drei oberen Schichten des Referenzmodells werden als *anwendungsorientierte Schichten* bezeichnet. Aufgabe der Schicht 5 ist die Dialogsteuerung. Darunter versteht man die Festlegung, welche der beteiligten Stationen senden und welche empfangen darf (Token-Management). Zusätzlich regelt diese Schicht auch die Synchronisation der Teilnehmerverbindungen, die Sessions genannt werden.

Schicht 6: Darstellungsschicht

Die Darstellungsschicht ist insbesondere für die Syntax und Semantik der übertragenen Informationen zuständig. Darunter ist zu verstehen, dass die zu übertragenden Daten einheitlich codiert und damit standardisiert werden.

Der wichtigste internationale Code hierfür ist der ASCII. Eine weitere Aufgabe der Schicht 6 besteht in der Verschlüsselung von Daten.

Schicht 7: Anwendungsschicht

Die oberste Schicht stellt die Schnittstelle zum Anwender dar. Die zugehörige Software, z. B. Webbrowser, FTP- oder E-Mail-Clients, stellt die zur Kommunikation benötigten Protokolle zur Verfügung.

Beispiele für wichtige Protokolle der Anwendungsschicht sind:

- SMTP   Postausgang bei E-Mail
- POP3   Posteingang bei E-Mail
- IMAP   Zugriff auf E-Mails, die auf einem Server verbleiben
- HTTP   WWW-Seiten
- FTP   Datenaustausch

2.2.5.3 TCP/IP-Referenzmodell

Sowohl in lokalen Netzen als auch im Internet verwendet die große Mehrheit der Datennetze den TCP/IP-Protokollstapel. Aus diesem Grund wurde ein Referenzmodell entwickelt, das auf TCP/IP zugeschnitten ist und darüber hinaus eine deutliche Vereinfachung des OSI-Referenzmodells darstellt.

Schicht 1: Netzzugangsschicht

Die unterste Schicht des TCP/IP-Referenzmodells fasst die Schichten 1 und 2 des OSI-Modells zusammen. Sie sorgt für die physikalische Übertragung der binären Daten. Wie Sie wissen, ist das Ethernet mit CSMA/CD der Standard lokaler Netze.

Zur Datenfernübertragung kommt, wenn der Rechner nicht ständig mit dem Internet verbunden ist, das Point-to-Point Protocol (PPP) zum Einsatz. Dieses stellt, wie beim Telefonieren, eine Wählverbindung zwischen den beiden Rechnern her.

Schicht 2: Internetschicht

Die Internetschicht entspricht der Vermittlungsschicht (Schicht 3) im OSI-Modell. Ihre wesentliche Aufgabe besteht darin, die zu übertragenden Daten in kleinere Einheiten (Datagramme) zu zerlegen, diese Pakete zu adressieren (IP-Adresse) und sich um die Vermittlung des Weges zu kümmern, den die Datenpakete im Netz nehmen (Routing). Das Protokoll der Internetschicht heißt deshalb auch Internet Protocol (IP). Weitere Informationen zum Internet Protocol finden Sie in Kapitel 2.2.7.

Schicht 3: Host-zu-Host-Transportschicht

Schicht 4 des OSI-Modells wird im TCP/IP-Modell als Host-zu-Host-Transportschicht bezeichnet. Unter einem Host (dt.: Gastgeber) wird allgemein ein Rechner mit Netzzugang verstanden.

Die Transportschicht stellt die Verbindung der kommunizierenden Hosts her und sorgt danach für einen sicheren Datentransport. Wichtigstes Protokoll in dieser Schicht ist TCP.

Schicht 4: Anwendungsschicht

Im TCP/IP-Referenzmodell werden die drei oberen OSI-Schichten 5, 6 und 7 zu einer Anwendungsschicht zusammengefasst. Wie der Name sagt, finden sich hier die Protokolle, die für die Kommunikation mit uns Anwendern zuständig sind, z. B. HTTP oder SMTP.

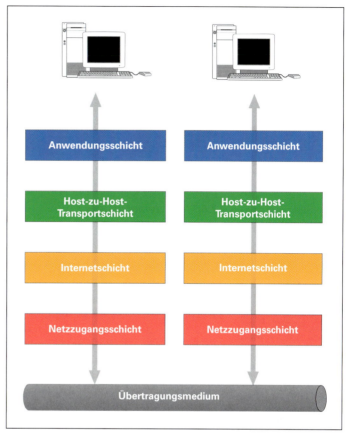

TCP/IP-Referenzmodell

Der TCP/IP-Protokollstapel kommt sowohl in lokalen Netzen als auch im Internet zum Einsatz.

109

2.2.6 Netzwerkkomponenten

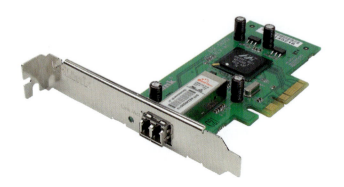

Gigabit-Ethernet-Karte für Glasfaser
Abb.: D-Link

Gigabit-Ethernet-Anschluss eines Apple MacBook Pro
Abb.: Apple

2.2.6.1 Netzwerkadapter

Funktionen
Netzwerkadapter sind in heutigen Laptops und Desktop-PCs entweder bereits integriert (siehe kleines Foto) oder in Form einer Netzwerkkarte nachrüstbar. Sie erfüllen v. a. zwei Funktionen:
- Physikalischer Netzzugang (gemäß Schicht 1 des OSI-Referenzmodells): Twisted Pair, Lichtwellenleiter oder drahtlose Funkverbindung
- Regelung des Netzzugriffsverfahrens (gemäß Schicht 2 des OSI-Referenzmodells): CSMA/CD (Ethernet) oder CSMA/CA (WLAN)

Höhere Ebenen des Referenzmodells werden softwaremäßig bearbeitet. Diese Treibersoftware ist der Karte beigefügt oder bereits Bestandteil des Betriebssystems.

MAC-Adresse
Zur Identifikation besitzt jede Netzwerkkarte eine weltweit einmalige Netzwerkadresse. Diese wird als MAC-Adresse (Media Access Control) bezeichnet und besteht aus einer 48 Bit langen Zahl, gegliedert in sechs Blöcke. Sie wird Burnt-in-Adresse genannt, weil sie in einen eigenen ROM-Speicher des Netzwerkcontrollers „eingebrannt" ist (siehe Seite 103).

Ethernet-Adapter
Da es sich bei lokalen Netzen in der Regel um ein Ethernet handelt, werden Netzwerkkarten auch als Ethernet-Adapter bezeichnet.

Das immer noch verbreitete Fast Ethernet mit einer Übertragungsrate von 100 MBit/s wird nach und nach durch die 1-GBit-Technologie abgelöst. Gibabit-Karten sind wahlweise für Kupferkabel (RJ45-Anschluss) oder Lichtwellenleiter erhältlich, wobei Letztere deutlich teurer sind. Alle Gigabit-Karten sind abwärtskompatibel, d. h., sie können auch in einem 100-MBit-Ethernet eingesetzt werden.

Für Hochgeschwindigkeitsnetze gibt es 10-GBit-Ethernet-Karten, die wegen ihres deutlich höheren Preises überwiegend im Backbone-Bereich zur Verbindung von Servern und Haupt-Switches zum Einsatz kommen.

Zur Realisierung eines WLAN-Funknetzes müssen, soweit nicht bereits im Computer vorhanden, WLAN-Adapterkarten oder ein WLAN-USB-Stick verwendet werden. Diese unterscheiden sich äußerlich dadurch, dass sie statt Anschlussbuchsen eine kleine Antenne besitzen.

PXE
Ein Ziel eines jeden Netzwerk-Administrators ist es, einen weiteren Rechner möglichst einfach in ein bestehendes Netz integrieren zu können. Damit dies gelingt, muss die Netzwerkkarte dafür sorgen, dass der neue Computer über das Netz gebootet und installiert werden kann. Die mühsame Installation des Rechners über lokale Laufwerke entfällt.

Netzwerkkarten, die diese Option des Bootens über das Netzwerk besitzen, müssen PXE-fähig sein (Preboot Execution Environment).

Netzwerktechnik

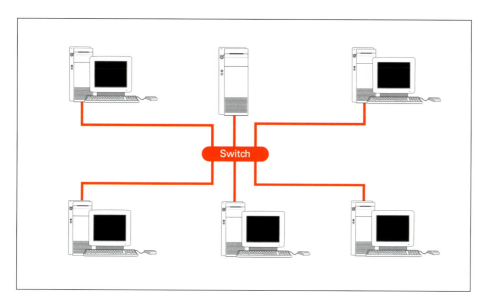

Switch

An einem Switch lassen sich alle Rechner eines sternförmigen Netzes anschließen.

2.2.6.2 Switch

Switches sind Komponenten, die für sternförmige Netze konzipiert wurden. Sie besitzen 8, 16, 24 oder mehr Ausgänge (Ports) mit RJ45-Buchsen zum Anschluss der Rechner.

Ein Switch (dt.: Schalter) verbindet die Computer des Netzes also an einer zentralen Stelle und dient zusätzlich als Signalverstärker.

Ein Switch ist in der Lage, die eintreffenden Datenpakete (Ethernet-Frames) zu analysieren und eine Punkt-zu-Punkt-Verbindung zwischen Sender und Empfänger herzustellen. Auf diese Weise werden Datenkollisionen ausgeschlossen. Switches arbeiten aus diesem Grund mindestens auf Schicht 2 des OSI-Modells (Sicherungsschicht).

Moderne Switches sind zusätzlich in der Lage, Routing-Funktionen zu übernehmen, die Datenpakete also auf „intelligente" Weise weiterzuleiten. Sie arbeiten dann bereits auf Schicht 3 des OSI-Modells.

Um Switches miteinander verbinden zu können, besitzen sie einen oder mehrere Ports, die als *Uplink-Ports* bezeichnet werden. Auf diese Weise werden große baumförmige Netzwerke möglich.

24-Port-Gigabit-Switch

Modell: D-Link DGS-1224TT

Abb.: D-Link

111

Router

Router ermöglichen die Weiterleitung von Daten durch Analyse ihrer IP-Adressen.

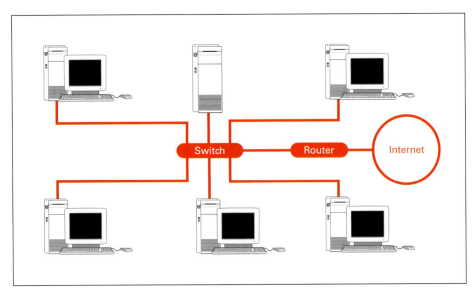

2.2.6.3 Router

Ein Router (route, dt.: Strecke) kümmert sich um die Verbindung von Netzwerken auf der Vermittlungsebene (Schicht 3) des OSI-Referenzmodells.

Router sind als eigenständige Geräte erhältlich – alternativ kann auch ein Computer zum „Routing" genutzt werden. Spezielle Formen wie ISDN- oder DSL-Router übernehmen zusätzlich die Anbindung an das Telefonnetz. Häufig integrieren Router eine Hardware-Firewall zum Schutz des lokalen Netzes vor äußeren Angriffen.

In lokalen Netzen werden Router überwiegend zur Verbindung des Netzes mit dem Internet genutzt. Von „außen" ist nur die IP-Adresse des Routers sichtbar. Damit das Internet von allen Hosts genutzt werden kann, muss sich der Router um die Weiterleitung der Daten kümmern. Hierzu besitzt er eine Routing-Tabelle mit den IP-Adressen aller Arbeitsstationen. Handelt es sich um einen *statischen Router*, dann müssen diese manuell

8-Port-Router

Modell: RV082

Abb.: D-Link

Netzwerktechnik

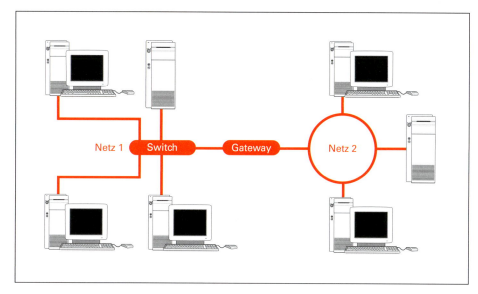

Gateway

Mit Hilfe eines Gateways lassen sich Netze miteinander verbinden, die sich technologisch komplett unterscheiden.

durch den Netzwerk-Administrator einprogrammiert werden. Bei größeren Netzen kommen dynamische Router zum Einsatz, die sich automatisch um die Verwaltung und (dynamische) Zuteilung der Netzadressen kümmern.

Ohne Router wäre aber auch das Internet selbst undenkbar: In einem Netzverbund mit mehreren Millionen Computern ist eine effiziente Wegvermittlung durch Router unerlässlich. Sie sorgen dafür, dass in Abhängigkeit von der aktuellen Netzauslastung optimale Verbindungswege für die zu übertragenden Daten gefunden werden.

2.2.6.4 Gateway

Bei einem Gateway (dt.: Tor) handelt es sich um einen Computer, der Netze bis zur Schicht 7 des OSI-Modells miteinander verbinden kann. Diese Netze müssen demnach überhaupt keine Gemeinsamkeiten mehr besitzen und können sich beispielsweise im Zugriffsverfahren, den Übertragungsprotokollen und der Codekonvertierung voneinander unterscheiden. Ein Gateway schließt logischerweise die Funktionen eines Routers ein.

In reinen TCP/IP-Netzen kann die Funktion des Gateways durch einen Router übernommen werden. Ein Gateway ist jedoch beispielsweise notwendig, um ein TCP/IP-Netz mit einem IPX/SPX-Netz von Novell zu verbinden.

2.2.6.5 Netzwerkkomponenten und Referenzmodelle

Die Einordnung der Netzwerkkomponenten in das TCP/IP-Referenzmodell ist in der Grafik auf der nächsten Seite dargestellt.

Wie Sie sehen, sind die Komponenten in unterschiedlichen Schichten zu finden und verbinden die Netzwerke (logisch) auf diesen Schichten:
- Ein *Netzwerkadapter* verbindet einen Computer mit dem Netzwerk in der Netzzugangsschicht. (Im OSI-Modell entspricht dies den Schichten 1 und

113

2). Dies bedeutet, dass der Adapter einerseits eine physikalische Verbindung mittels Stecker und Kabel ermöglicht, andererseits das Zugriffsverfahren auf das Netz kennen muss, bei Ethernet also CSMA/CD. Ein Netzwerkadapter kann damit Datenpakete (Ethernet-Frames) ins Netz einspeisen oder aus diesem empfangen. Allerdings „weiß" er nicht, zu welchen größeren Einheiten die Datenpakete gehören, da hierfür die Internetschicht (genauer: das Internet Protocol) zuständig ist.

- Ein *Router* arbeitet in der Internetschicht und analysiert die (IP-)Adressen der ankommenden Datenpakete, vergleicht sie mit den Adressen, die er in seiner Routing-Tabelle abgelegt hat, und leitet die Daten entsprechend weiter. Er sorgt dafür, dass die IP-Datenpakete am richtigen Zielort ankommen. Den Router „interessiert" aber weder, welcher Art die Daten sind, noch, wie diese physikalisch übertragen werden.
- Ein *Gateway* schließlich arbeitet in der obersten Schicht des TCP/IP-Modells (bzw. OSI-Modells) und ist damit in der Lage, unterschiedliche Netze miteinander zu verbinden. Für alle untergeordneten Schichten und Protokolle ist das Gateway nicht zuständig.

Netzkomponenten und TCP/IP-Modell

Die horizontalen Pfeile zeigen die logische Verbindung der Netze durch die jeweiligen Komponenten.

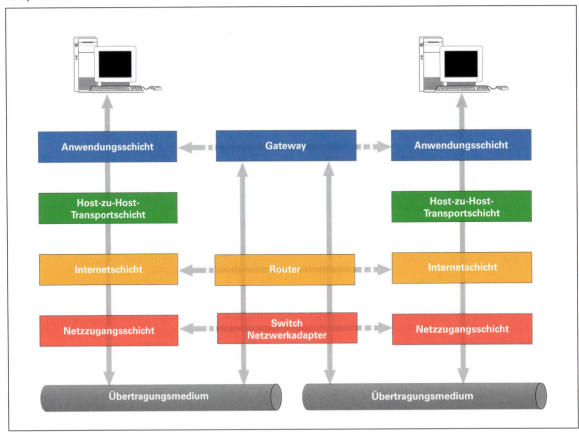

2.2.7 Netzwerkprotokolle und -dienste   Netzwerktechnik

Wie bereits mehrfach erwähnt, sind Ethernet und TCP/IP zum Standard lokaler Netze geworden. Darüber hinaus ist TCP/IP für die Datenübertragung im Internet zuständig.

Grundkenntnisse über die Funktionsweise dieser Protokolle gehören deshalb zum „Basiswissen" Netzwerktechnik hinzu.

2.2.7.1 Internet Protocol (IP)

Es erscheint zunächst etwas verwirrend, dass jeder Rechner eines lokalen Netzwerks bzw. im Internet neben der MAC-Adresse eine zweite eindeutige Adresse benötigt. Der Unterschied zwischen den Adressen ist folgender:

Eine MAC-Adresse ist der Netzwerkkarte fest und unveränderlich zugeordnet. Eine IP-Adresse hingegen ist nicht zwingend an einen Rechner gebunden. Sie kann ihm dafür zeitweilig (dynamisch) zugeteilt werden und wird nach Beendigung der Netzwerksitzung wieder frei. Bestes Beispiel hierfür ist die Einwahl ins Internet über einen Internet-Provider. Weiterhin ermöglichen die IP-Adressen die Klassifizierung von Netzen und die Bildung von Subnetzen (siehe nächster Abschnitt).

Zur Bildung von IP-Adressen existieren zwei Versionen: IPv4 und IPv6.

IPv4
Eine IPv4-Adresse („v4" steht für Version 4) besteht aus einer 32-Bit-Zahl, die sich in 4 x 8 Bit, also vier Byte, gliedert:

Struktur einer IPv4-Adresse
xxx.xxx.xxx.xxx
xxx aus: 0, 1, ..., 255
Beispiel:
192.168.178.20 (dezimal)

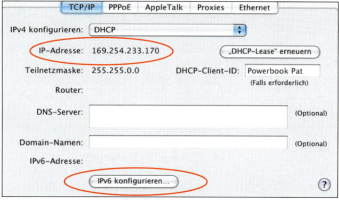

In einem Byte lassen sich 256 Zahlen von 0 bis 255 speichern. Bei vier Byte ergeben sich somit 256^4 oder 4,29 Milliarden unterschiedliche Adressen.

Trotz dieser scheinbar großen Zahl gehen die IPv4-Adressen so langsam aus. Ursache hierfür ist, dass durch die Bildung von Netzklassen große Adressbereiche reserviert sind.

Bedenken Sie auch, dass nicht nur Computer eine eindeutige IP-Adresse benötigen, sondern prinzipiell alle Geräte, die am Internet teilnehmen können, also z. B. Mobiltelefone, Fernseher mit Internet, Spielekonsolen,...

IPv6
Schon vor etlichen Jahren wurde aus oben genannten Gründen die Arbeit an einem neuen IP-Standard begonnen. IPv6 (Version 6, Version 5 wurde verworfen) erweitert IPv4 um 96 auf 128 Bit. Mit dieser unvorstellbar großen Zahl ($2^{128} = 3,4 \cdot 10^{38}$ Adressen) ließe sich jedes Reiskorn dieser Erde mit einer IP-Adresse versehen.

IPv6 besteht aus acht Blöcken mit je zwei Byte. Achtung: Wie bei MAC-Adressen erfolgt die Schreibweise hexadezimal, wobei für jeden Block vier Hexadezimalziffern benötigt werden: Der Umstieg auf IPv6 erfolgt langsam

IPv4 und IPv6

Unter Mac OS X kann seit Version 10.3 ein Netz wahlweise nach alter oder neuer IP-Version eingerichtet werden.

115

Struktur einer IPv6-Adresse

xxxx : xxxx : xxxx : xxxx : xxxx : xxxx : xxxx : xxxx

xxxx aus: 0000, 0001, ... ,FFFF (hexadezimal)

Beispiel:

0000:0000:0000:2135:A201:00FD:DCEF:125A h

und zögerlich. Er soll möglichst „sanft" geschehen, so dass übergangsweise eine gemischte Verwendung von IPv4- und IPv6-Adressen möglich sein wird.

Wir beschränken uns deshalb im Folgenden (noch) auf die Betrachtung von IPv4-Adressen:

Netz-ID und Host-ID

Im Falle des Internets bilden viele Millionen Rechner einen riesigen Rechnerverbund. Um nicht nach der berühmten Nadel im Heuhaufen suchen zu müssen, ist es sinnvoll, die IP-Adresse in zwei Teilbereich zu gliedern, einen Netz- und einen Host-Teil:

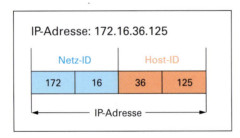

Die in der IP-Adresse blau markierte Netz-ID kennzeichnet das (Teil-)Netz, in dem sich der gesuchte Rechner befindet. Die rot markierte Host-ID dient zur Identifikation des Rechners innerhalb dieses Teilnetzes. Sie können diese Gliederung mit Telefonnummern vergleichen, die aus einer Landesvorwahl, Ortsvorwahl und einer Durchwahl bestehen.

Netzmaske (Subnetzmaske)

Nun ergibt sich ein Problem: Wie lässt sich anhand der IP-Adresse erkennen, welcher Teil die Netz-ID und welcher die Host-ID ist? Damit dies möglich wird, muss die IP-Adresse um eine so genannte *Netzmaske*, oft auch als *Subnetzmaske* bezeichnet, ergänzt werden: Diese kennzeichnet die Netz-ID durch die binäre „1" und die Host-ID durch „0":

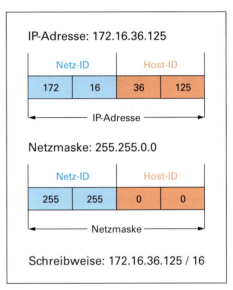

Die Zahl „255" ergibt sich, wenn in jedem der acht Bit eines Byte eine „1" steht. Insgesamt besitzt der Netz-Teil also 16 „Einser", so dass sich die IP-Adresse in der Form 172.16.36.125 / 16 schreiben lässt.

Mit den verbleibenden 16 Bit der Host-ID lassen sich $2^{16} = 65.536$ Adressen bilden. Dabei sind zwei Adressen reserviert:
- 172.16.0.0 ist die IP-Adresse des Netzes und darf für keinen Rechner benutzt werden.
- 172.16.255.255 ist die so genannte Broadcast-Adresse, mit der alle Rech-

Netzwerktechnik

ner im Netz *gleichzeitig* adressiert werden können.
Damit verbleiben 65.536 − 2 = 65.534 IP-Adressen für die einzelnen Computer. Sie werden zustimmen, dass diese IP-Adresse selbst für eine größere Firma genügen wird.

In vielen Fällen ist es ausreichend, eine geringere Anzahl an Host-IDs zur Verfügung zu haben:

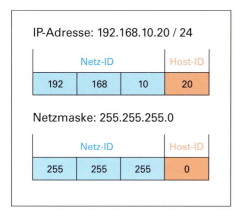

Von den 256 Adressen der Host-ID sind wieder die „0" und die „255" reserviert, so dass 254 Host-IDs zur Verfügung stehen.

CIDR

Vielleicht haben Sie davon gehört, dass die IP-Adressen in fünf Klassen von A bis E eingeteilt sind. Diese Klassen haben sich jedoch als zu unflexibel erwiesen und wurden durch CIDR (Classless Inter-Domain-Routing) abgelöst.

Nach CDIR darf die IP-Adresse nicht nur byteweise, sondern bitweise in Netz- und Host-ID aufgeteilt werden. Im rechts oben aufgeführten Beispiel verbleiben für die Host-ID fünf Bit, so dass hiermit $2^5 − 2 = 32 − 2 = 30$ Rechner adressiert werden können:
- 192.168.121.224 (Netzwerk-ID)
- 192.168.121.225 (1. Host-ID)

- 192.168.121.254 (30. Host-ID)
- 192.168.121.255 (Broadcast-ID)

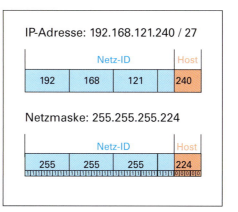

Das vierte Byte wird also teilweise (fünf Bit) für die Host-ID und teilweise (drei Bit) für die Netz-ID genutzt.

Um den Bereich der Host-ID zu vergrößern, können hierfür auch Teile des dritten Byte herangezogen werden:

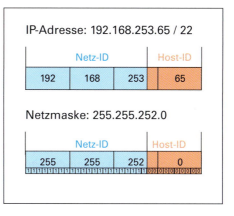

Die zehn Bit der Host-ID ergeben $2^{10} − 2$ = 1.024 − 2 = 1.022 IP-Adressen. Der Adressraum teilt sich folgendermaßen auf:
- 192.168.252.0 (Netzwerk-ID)
- 192.168.252.1 (1. Host-ID)
- 192.168.255.254 (1.022. Host-ID)
- 192.168.255.255 (Broadcast-ID)

Private IP-Adressen

Wie Sie wissen, muss eine IP-Adresse im Internet weltweit einmalig sein, da es sonst nicht möglich wäre, einen Rechner eindeutig zu identifizieren.

Für lokale Netze gilt obige Einschränkung nicht: Es spielt keine Rolle, ob in einer Firma X dieselben IP-Adressen wie in einer Firma Y verwendet werden, solange diese Adressen nur intern benutzt werden.

Damit es nicht versehentlich zu Konflikten mit IP-Adressen kommen kann, die im Internet verwendet werden, wurden einige Adressbereiche als „privat" definiert und werden im Internet nicht eingesetzt. Je nach Größe Ihres Netzes können Sie eine IP-Adresse mit größerer oder kleinerer Host-ID aussuchen.

CIDR-Notation	Adressbereich	Anzahl Adressen
192.168.0.0 / 16	192.168.0.0 – 192.168.255.255	2^{16} = 65.536
172.16.0.0 / 12	172.16.0.0 – 172.31.255.255	2^{20} = 1.048.576
10.0.0.0 / 8	10.0.0.0 – 10.255.255.255	2^{24} = 16.777.216

Private IP-Adressen

Mit „privat" ist hier gemeint, dass diese Adressbereiche für lokale Netzwerke zur Verfügung stehen und im Internet nicht verwendet werden dürfen.

2.2.7.2 Dynamic Host Configuration Protocol (DHCP)

Bei großen Netzen wäre die manuelle Einrichtung und Einbindung der einzelnen Computer ins Netz eine aufwändige Angelegenheit. Bedenken Sie auch die hohe Fehleranfälligkeit: Verdreht der Administrator bei der Eingabe der IP-Adresse versehentlich zwei Zahlen, dann wird dieser Rechner im Netz nicht gefunden.

Alle Netzwerkbetriebssysteme stellen aus diesem Grund einen Dienst zur Verfügung, der die Zuteilung von IP-Adressen automatisiert: DHCP.

Der Ablauf der Adresszuweisung über DHCP funktioniert (vereinfacht) folgendermaßen:

- Einem DHCP-Server (genauer gesagt ist es ein Dienst, der auf dem Server läuft) wird ein Adressbereich aus der links dargestellten Tabelle zugewiesen.
- Wird ein neuer Client im Netzwerk gestartet, sendet er zunächst eine Aufforderung an alle Rechner (Broadcast), dass er eine IP-Adresse benötigt.
- Der DHCP-Server erkennt diese Nachricht, wählt aus seinem Adresspool eine freie IP-Adresse aus und sendet diese an alle Stationen. (Er kennt ja noch nicht die richtige Zieladresse.)
- Der Client übernimmt die ihm zugewiesene IP-Adresse und sendet eine Bestätigungsmeldung an alle. Hierdurch „weiß" der DHCP-Server, dass die Adressierung abgeschlossen ist.

DHCP ist also eine sehr praktische Sache. Problematisch wird es, wenn in einem Netzwerk mehrere DHCP-Server aktiv sind, die sich gegenseitig „ins Handwerk pfuschen".

2.2.7.3 Network Address Translation (NAT)

Nun muss noch geklärt werden, wie ein Computer eines lokalen Netzes, der ja lediglich eine private IP-Adresse besitzt, dennoch auf das Internet zugreifen kann.

Eine relativ einfache Möglichkeit besteht darin, dass sich der Router um den Austausch der IP-Adressen kümmert. Der Vorgang wird als NAT (Network Address Translation) bezeichnet. Der Ablauf erfolgt folgendermaßen:

- Fragt ein Computer nach einer IP-Adresse, die sich nicht im LAN

118

Netzwerktechnik

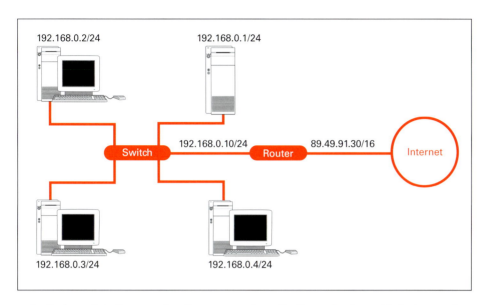

Network Address Translation (NAT)

Der Router ist mit dem lokalen Netz und dem Internet verbunden und besitzt deshalb zwei IP-Adressen.
Durch NAT wird gewährleistet, dass Daten aus dem Internet zum anfragenden Client weitergeleitet werden.

befindet, wird diese an den Router weitergereicht.
- Der Router besitzt eine zweite, nach außen sichtbare IP-Adresse (in der Grafik 89.49.91.30). Er tauscht die IP-Adresse des Clients gegen diese externe IP-Adresse aus und leitet die Anfrage ins Internet weiter.
- Nach Eintreffen der Antwort aus dem Internet ersetzt der Router seine öffentlich sichtbare IP-Adresse wieder durch die IP-Adresse des Clients und leitet die Daten ins LAN weiter.
- Der Client bemerkt diesen Austausch nicht und meint, dass er selbst mit dem Internet verbunden ist.

2.2.7.4 Proxy-Server

Eine komfortablere Variante als NAT ist die Verwendung eines Proxy-Servers (dt.: Stellvertreter). Im Unterschied zu NAT ermöglicht ein Proxy nicht nur die Weiterleitung von Anfragen vom lokalen Netz ins Internet und zurück, sondern analysiert den Datenstrom und legt die Daten in einem Zwischenspeicher (Cache) ab.

Durch die Datenanalyse lassen sich Angriffe aus dem Internet abwehren oder bestimmte Inhalte ausfiltern. Proxy-Server sind deshalb häufig Bestandteil von Firewall-Konzepten.

Das Zwischenspeichern bringt den Vorteil, das mehrfach angefragte Webseiten aus dem Cache geholt werden können, wodurch die Zugriffsgeschwindigkeit deutlich erhöht wird.

2.2.7.5 Address Resolution Protocol (ARP)

Sie werden sich erinnern, dass zur eindeutigen Identifikation eines im Netz befindlichen Gerätes dessen MAC-Adresse dient. Ein Switch legt sich eine Tabelle aller MAC-Adressen an, so dass die Computer (theoretisch) auf diese Weise kommunizieren könnten. Was geschieht jedoch, wenn die Datenpakete über das Internet kommen?
- Das Datenpaket besitzt als Ziel-

119

adresse die IP-Adresse des Routers, da nur diese von außen sichtbar ist.

- Der Router tauscht seine eigene IP-Adresse per NAT durch die IP-Adresse des Clients aus, der die Anfrage ins Internet gestellt hatte.
- Der Router muss nun mit ARP die MAC-Adresse des Zielcomputers ermitteln. Er sendet hierzu eine Anfrage an alle Computer: Wem gehört die IP-Adresse XYZ?
- Der Computer mit dieser IP-Adresse meldet sich beim Router und teilt ihm seine MAC-Adresse mit.
- Der Router versieht die Daten nun mit dieser Adresse und speist Sie ins lokale Netz ein.
- Da der Switch die MAC-Adressen aller Clients kennt, kann er das Paket dem richtigen Client „zustellen".

2.2.7.6 Transmission Control Protocol (TCP)

Bisher haben wir kennengelernt, wie Daten in Pakete (Ethernet-Frames) gepackt und mit der MAC-Adresse des Empfängers versehen werden. Damit Daten über das Netzwerk hinaus ins Internet gesendet werden können, erhalten sie zusätzlich eine IP-Adresse.

Nun wäre es leichtsinnig, diese Datenpakete einfach „auf die Reise" zu schicken. Wer könnte Ihnen garantieren, dass die Daten auch tatsächlich ihr Ziel erreichen? Wer würde dafür sorgen, dass sie im Fehlerfall erneut gesendet werden? Sie ahnen schon, dass für diese Aufgabe ein weiteres Protokoll benötigt wird: Mit TCP steht ein *verbindungsorientiertes* und *zuverlässiges* Protokoll bereit. Diese beiden Fachbegriffe werden wir im Folgenden erläutern:

Verbindungsaufbau

Bevor Daten übertragen werden, stellt TCP eine Punkt-zu-Punkt-Verbindung zwischen Sender und Empfänger her. Hierzu benötigt es

- die IP-Adresse des Senders und des Empfängers,
- eine „Zugangstür" zum Zielcomputer, die als Port (dt.: Anschluss) bezeichnet wird.

Ein Port ist eine 16-Bit-Zahl, mit der sich also 2^{16} = 65.536 unterschiedliche Zahlen speichern lassen. Port 0 bis 1.023 sind standardisiert und werden deshalb als „Well Known Ports" bezeichnet. Beispiele hierfür sind:

- Port 21: Datenübertragung (FTP)
- Port 25: E-Mail-Versand (SMTP)
- Port 80: Webseiten (HTTP)
- Port 443: Verschlüsselte Übertragung (HTTPS)

Ports von 1.024 bis 49.151 müssen wie Domain-Namen registriert werden und Ports ab 49.152 sind zur privaten Nutzung frei. Die Angabe der Portnummer erfolgt, durch einen Doppelpunkt getrennt, nach der IP-Adresse:

- 192.168.0.25 : 49260 (privat)
- 89.49.91.30 : 80 (HTTP)

Sie wissen sicherlich, dass offene Ports eine große Gefahrenquelle darstellen, da durch diese „Tür" Schädlinge eindringen können. Eine wesentliche Aufgabe von Firewalls ist es deshalb, diese Ports möglichst geschlossen zu halten.

Zuverlässige Übertragung

Steht die Verbindung zwischen Sender und Empfänger, werden die Daten in kleinen Einheiten (Datensegmenten) übertragen. Zur Kontrolle sendet der Empfänger eine Bestätigung, wenn ein neues Datensegment eingetroffen ist. Auf diese Weise wird festgestellt, ob Daten während der Übertragung verloren gehen.

Netzwerktechnik

Zur Fehlerkontrolle bildet der Sender eine Prüfsumme, die er zusammen mit dem Datensegment verschickt. Der Empfänger ermittelt anhand der Prüfsumme, ob die eingetroffenen Daten auch fehlerfrei sind. Andernfalls fordert er sie erneut an.

Verbindungsabbau
Nachdem alle Datensegmente übertragen sind, erfolgt ein geregelter Abbau der Verbindung – die Aufgabe von TCP ist damit beendet.

2.2.7.7 Hypertext Transfer Protocol (HTTP)

Wegen seiner großen Bedeutung im Internet und Intranet wollen wir Ihnen abschließend mit HTTP ein zentrales Protokoll der obersten Schicht des OSI- und TCP/IP-Referenzmodells vorstellen.

Diese höheren Protokolle kümmern sich ausschließlich um die Kommunikation auf Anwendungsebene, also z. B. zwischen Webbrowser und Webserver. *Wie* die Daten dann tatsächlich übertragen werden, interessiert diese Protokolle nicht.

HTTP-Request
Wenn Sie eine Internetadresse in die Adresszeile Ihres Browsers eintippen, dann wird ein Request (dt.: Anfrage) ins Internet gesandt:

```
HTTP-Request (Beispiel)
GET /HTTP/1.1
Host: www.schlaich.info
```

Hinter dem Domain-Namen (www.schlaich.info) verbirgt sich tatsächlich eine IP-Adresse. Spezielle Server

(Domain Name Server) im Internet sorgen dafür, dass der Klartext durch die zugehörige IP-Adresse ausgetauscht wird. Die Portnummer von HTTP ist, wie Sie bereits wissen, standardmäßig 80.

Mit IP-Adresse und Portnummer ausgestattet sorgen TCP und IP für die Übertragung der Anfrage – HTTP hat nichts damit zu tun.

HTTP-Response
Nachdem der Request den Zielrechner erreicht hat, wird das HTTP-Protokoll auf diesem Server aktiv und sucht nach der Startseite, die standardmäßig den Namen index.htm oder index.html besitzt. Zwei Fälle sind denkbar:

- Fall 1:
  Ist die gesuchte Datei vorhanden, liefert HTTP folgende Response (dt.: Antwort). Der Webbrowser zeigt alles an, was sich im Content-Bereich befindet:
- Fall 2:
  Ist die Datei ist nicht vorhanden, gibt HTTP die Fehlermeldung „404: Not found" zurück.

```
HTTP-Response (Beispiel)
HTTP Status Code: HTTP/1.1 200 OK
Date:          Mon, 2 May 2011 13:15:13 GMT
Server:        Apache/2.0.54
Last-Modified: Sat, 4 May 2008 19:13:03 GMT
Content-Length: 1117
Connection:    close
Content-Type:  text/html
Content:
<html>
... Inhalt von index.html ...
</html>
```

Band II – Seite 943
10.8.3.3 Upload (FTP)

HTTP
Unter http://web-sniffer.net können Sie sich das HTTP-Protokoll „live" anschauen.

121

2.2.7.8 Protokolle im TCP/IP-Referenzmodell

Nachdem Sie die wichtigsten Protokolle des TCP/IP-Protokollstapels kennengelernt haben, ordnen wir diese abschließend dem Referenzmodell zu.

Jedes Protokoll hat für sich betrachtet eine genau definierte Funktion und verbindet das Netzwerk *logisch* (horizontal) in seiner jeweiligen Schicht.

Physikalisch erfolgt die Datenübertragung stets in vertikaler Richtung von oben nach unten und umgekehrt. Dabei werden an die eigentlichen Nutzdaten die Informationen des jeweiligen Protokolls, z. B. MAC-Adresse, IP-Adresse, Portnummer, in einem Kopfteil (Header) angefügt und nach Abschluss der Übertragung wieder entfernt.

HTTP-Request bzw. -Response	
TCP-Header	
Ziel-Port	Quell-Port
IP-Header	
Ziel-IP	Quell-IP
Ethernet-Frame	
Ziel-MAC	Quell-MAC

Zuordnung der Protokolle zum TCP/IP-Modell

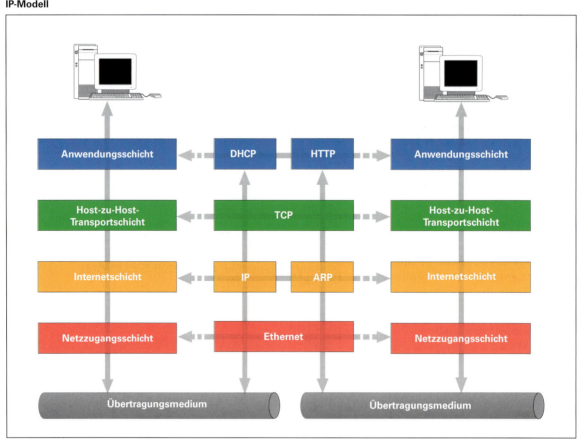

122

2.2.8 Aufgaben

1 Einsatzmöglichkeiten von Datennetzen beschreiben

Beschreiben Sie vier Einsatz- bzw. Nutzungsmöglichkeiten von Datennetzen.

2 Netzwerktopologien vergleichen

Erläutern Sie, weshalb sich die Stern-Topologie im Vergleich zur Bus- und Ring-Topologie durchgesetzt hat.

3 Netzwerkarchitekturen vergleichen

Vergleichen Sie ein Peer-to-Peer- mit einem Client-Server-Netz hinsichtlich:
a. Administrationsaufwand,
b. Datenhandling/-verwaltung,
c. Benutzerverwaltung,
d. Datensicherheit/Backups.

4 Netzwerkkomponenten wählen

Welche Netzwerkkomponente benötigen Sie, um
a. ein Sternnetz zu realisieren,
b. die Anbindung ins Internet zu ermöglichen,
c. ein Laptop per Funk ins Netz zu integrieren,
d. einen Rechner in ein bestehendes Netz zu integrieren?

5 Netzwerk planen

Die Grafik zeigt den Grundriss eines Gebäudes, in dem zwei PC-Schulungsräume eingerichtet werden sollen. Zeichnen Sie eine geeignete Vernetzung ein und begründen Sie Ihre Lösung.

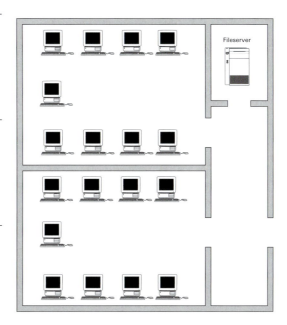

6 IP-Adressen kennen

a. Geben Sie die Struktur einer IPv4-Adresse an.
b. Wie viele Adressen sind (theoretisch) möglich?
c. Erläutern Sie, weshalb die Adressen knapp werden.

7 IP- und MAC-Adressen unterscheiden

Erklären Sie den Unterschied zwischen IP- und MAC-Adresse.

8 Referenzmodelle kennen

a. Begründen Sie die Notwendigkeit von Referenzmodellen.
b. Erklären Sie den Begriff „Protokoll".
c. Nennen Sie zwei Referenzmodelle und geben Sie jeweils die Zahl der Schichten (Layer) an.

9 TCP/IP-Referenzmodell kennen

Die vier Schichten des TCP/-IP-Modells
lauten:
Schicht 1: Netzzugangsschicht
Schicht 2: Internetschicht
Schicht 3: Host-zu-Host-Transport-
            schicht
Schicht 4: Anwendungsschicht

Ordnen Sie den Schichten zu:
a. Netzwerkkomponenten:
   Switch, Netzwerkadapter, Router,
   Gateway
b. Protokolle:
   HTTP, IP, Ethernet, TCP, DHCP

10 Netzwerkadressierung verstehen

a. Erklären Sie die Aufteilung von IP-
   Adressen in Netz- und Host-ID.
b. Welche Funktion besitzt eine Subnetzmaske?
c. Notieren Sie die Subnetzmaske eines
   Netzes mit der IP-Adresse:
   192.168. 100. 0 / 20

11 Netzwerkadressierung verstehen

Gegeben ist ein Netzwerk mit folgender
IP-Adresse: 192.168.178.248 / 29

a. Geben Sie die Subnetzmaske an.
b. Wie viele Rechner lassen sich in diesem Netzwerk adressieren? Geben
   Sie die IP-Adressen an.
c. Geben Sie die Broadcast-Adresse an.

12 Netzwerkdienste/-protokolle kennen

Erklären Sie in einem Satz die Funktion
von:
a. DHCP
b. NAT
c. ARP
d. Proxy

2.3 Internet

2.3.1	Geschichte des Internets	128
2.3.2	Internetdienste	129
2.3.3	Internetnutzung....................................	130
2.3.4	Datenübertragung..................................	132
2.3.5	Internetzugang.....................................	136
2.3.6	Angriffe aus dem Internet	140
2.3.7	Die Zukunft des Internets	147
2.3.8	Checkliste „Computersicherheit"	150
2.3.9	Aufgaben	151

2.3.1 Geschichte des Internets

Am Anfang stand – wie so oft in der Geschichte der Technik – militärische Grundlagenforschung. Die grundlegende Idee der ARPA-Mitarbeiter (Advanced Research Projects Agency: Forschungsgruppe des amerikanischen Verteidigungsministeriums) bestand darin, Großrechner miteinander zu verbinden, um eine Datenkommunikation über weite Strecken zu ermöglichen. Hierdurch würde die EDV im Krisen- oder Kriegsfall unabhängig von einem bestimmten Standort.

Im Jahr 1969 waren es gerade einmal vier Großrechner, die mit Hilfe von Spezialcomputern namens IMP (Interface Message Processor) miteinander verbunden wurden. Zwei Jahre später wurde das als *ARPAnet* bezeichnete Computernetz mit mittlerweile 15 Netzknoten der Öffentlichkeit vorgestellt. Neben militärischen waren es vor allem wissenschaftliche Institutionen, die Vorteile und Nutzen der Datenkommunikation erkannten.

In den darauf folgenden Jahren wuchs das Netz ständig an, der militärische Teil des Netzes wurde 1983 aus Sicherheitsgründen vom wissenschaftlichen Netz abgespalten und als *MILnet* bezeichnet. Im Jahr 1989 wurde das aus bereits 100.000 Host-Computern bestehende ARPAnet aufgelöst und stattdessen das *NSFnet* (National Science Foundation) gegründet. Ein Jahr später erfolgte die Freigabe des Netzes für die kommerzielle Nutzung. Aus dem nationalen wurde schließlich ein internationales Netz durch Anbindung der Computernetze anderer Staaten. Dieses globale Netz trägt bis heute den Namen *Internet*.

Nachdem die Kommunikation bis dato hauptsächlich auf E-Mail basierte, sorgte der 1993 „geborene" Dienst „Word Wide Web" (WWW) für den Durchbruch des Internets. Geniale Idee hierbei war die Verwendung der von Tim Berners-Lee am Cern in Genf erfundenen Auszeichnungssprache HTML. Der erste Webbrowser zur grafischen Darstellung von HTML-Seiten war „Mosaic".

Das heutige Internet in einigen Zahlen: Im Jahr 2010 waren knapp 800 Millionen Computer ans Internet angeschlossen (vgl. Grafik). In Deutschland sind etwa 50 Millionen oder 70 % der Bundesbürger über 14 Jahren „online" (siehe Seite 130).

Laut Wikipedia wird bis 2014 das tägliche Datenaufkommen auf 1.400 Petabytes geschätzt. Dies entspricht der 3500-fachen Menge an Informationen aller Bücher, die jemals geschrieben wurden.

Zweifellos hat das Internet unser alltägliches und berufliches Leben grundlegend verändert und die Gesellschaft zu einer Informationsgesellschaft werden lassen. Dabei unterliegt das Internet selbst ständigen Veränderungen, wie wir in Kapitel 2.3.7 ab Seite 147 andeuten. Können Sie sich ein Leben ohne Internet vorstellen?

Entwicklung des Internets

Die Grafik zeigt die rasante Zunahme der registrierten Domain-Namen.

Quelle: www.isc.org

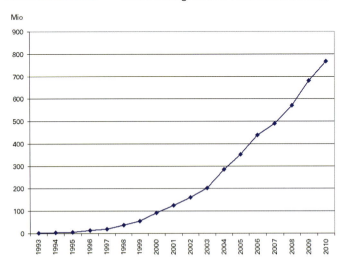

2.3.2 Internetdienste

Im Internet gibt es zahllose Dienste, von denen hier nur die wichtigsten aufgezählt werden:

WWW (World Wide Web)
Internet und WWW werden fälschlicherweise oft synonym verwendet. Beim World Wide Web handelt es sich um ein Informationssystem des Internets, mit dem sich Dateien mittels Hyperlinks verbinden lassen. Es wurde wie erwähnt von Tim Berners-Lee in Europa entwickelt und erst 1993 als neuer Dienst ins Internet integriert.

E-Mail (Electronic Mail)
Trotz der Dominanz des WWW ist die elektronische Post nach wie vor der am meisten genutzte Dienst des Internets, der dem scherzhaft auch als S-Mail (Snail-Mail, Schneckenpost) bezeichneten konventionellen Brief starke Konkurrenz gemacht hat.
 Heute ist *Spam* zum Problem der elektronischen Post geworden. Schätzungen zufolge sind 97 % aller E-Mails Spam. Der Begriff geht übrigens auf die britische Komikergruppe „Monty Pyhton" zurück, die sich über „Spam" als billigen Fleischersatz lustig machte.

FTP (File Transfer Protocol)
Bei FTP handelt es sich um einen Dienst zum Austausch von Dateien. Dabei wird das „Herunterladen" von Dateien von einem Server auf den eigenen Rechner als *Download*, das Übertragen von Dateien vom eigenen Rechner auf einen Server als *Upload* bezeichnet.

SSH (Secure Shell)
Der Nachteil von FTP ist die fehlende Möglichkeit der Datenverschlüsselung. Wer sichergehen will, dass die von ihm übertragenen Daten nicht ausgespäht werden können, muss deshalb auf einen anderen Dienst zurückgreifen, der Daten verschlüsseln kann.
 SSH ist beispielsweise für die Ferndiagnose und -wartung von Computern von großer Bedeutung.

Usenet (Network News Transfer Protocol)
Newsgroups sind öffentliche Diskussionsforen zu bestimmten Themen. Zur Teilnahme an einer Newsgroup wird das gewünschte Thema „abonniert". Danach kann der Teilnehmer alle Beiträge zu diesem Thema lesen, eigene Beiträge hinzufügen oder Fragen stellen.

IRC (Internet Relay Chat)
Vor allem bei jüngeren Internetnutzern sehr beliebt ist der als „Chatten" bezeichnete Livedialog mit anderen Teilnehmern. Die Anmeldung in einem so genannten Chat-Room erfolgt über einen frei wählbaren Zugangsnamen.

IM (Instant Messenger)
Instant Messenger sind Programme, die wie bei IRC eine Livekommunikation mit Freunden oder Unbekannten ermöglichen. Bekannte Vertreter sind ICQ oder MSN Messenger.

VoIP (Internettelefonie)
Telefonieren über das Internet gewinnt immer mehr an Bedeutung, weil die Kosten im Vergleich zur konventionellen Telefonie deutlich günstiger sind, insbesondere bei Auslandsgesprächen.

Internetstreaming
Die Streaming-Technologie ermöglicht es, Audio oder Video „live" oder auf Anfrage (Video-on-Demand) über das Internet zu übertragen. Radio und Fernseher wurden hierdurch zum global verfügbaren Medium.

WWW

E-Mail

FTP

SSH

Usenet

IRC

IM

VoIP

Streaming

2.3.3 Internetnutzung

Band I – Seite 579
7.1 Zielgruppenanalyse

Wer nutzt das Internet? Wie wird es genutzt?

Zwei Fragen, die für Mediengestalter und Webdesigner von großer Bedeutung sind. Hinter den Fragen verbirgt sich der zentrale Marketingbegriff nach der Zielgruppe. Das Vorhandensein einer Zielgruppe ist Voraussetzung für den Erfolg eines Internetauftritts. Die Analyse der Zielgruppe lässt Rückschlüsse zu, welche Inhalte angeboten werden müssen und wie der Internetauftritt gestaltet werden muss, um angenommen zu werden.

In diesem Kapitel wollen wir Sie deshalb mit einigen Statistiken „quälen", um Antworten auf die eingangs gestellten Fragen nach dem „wer" und „wie" der Internetnutzung zu finden.

ARD und ZDF veröffentlichen jedes Jahr eine Online-Studie, die Sie unter www.ard-zdf-onlinestudie.de abrufen können. Die Tabelle unten zeigt die Internetnutzung nach Geschlecht, Alter und beruflichem Status. Gemäß Tabelle lassen sich folgende Aussagen machen:

- Knapp 70 % der deutschen Bevölkerung nutzt das Internet.
- In der Altersgruppe bis 19 Jahre nutzt jeder, bis 29 Jahre fast jeder das Internet.
- Die Altersgruppe ab 60 Jahre nutzt

das Internet nur zu einem knappen Drittel und gibt damit anderen Medien (Zeitung, Fernsehen) den Vorzug. Während Sie also alle Jugendlichen und jungen Erwachsenen über das Internet potenziell erreichen, nutzen Senioren derzeit diese Informationsquelle mehrheitlich nicht. Dies wird sich in den nächsten Jahren ändern, da nämlich in der Altersgruppe zwischen Fünfzig und Sechzig bereits knapp 70 % das Internet nutzen.

Zur Frage, *wie* das Internet genutzt wird, betrachten Sie das Diagramm auf der nächsten Seite. Hätten Sie dieses Ergebnis erwartet? Wenn wir die einzelnen Punkte vier Gruppen zuordnen, ergibt sich folgende Rangliste:
1. Kommunikation
   (E-Mail, Community, Chats, Foren)
2. Information
   (gezielte Suche oder freies „Surfen")
3. Freizeit
   (Video, Audio, Spiele)
4. Konsum
   (Auktionen, Shopping, Tausch)
Überraschend ist die Tatsache, dass das Internet zwar intensiv zur Recherche genutzt wird, beim Kauf bzw. Verkauf aber eine (noch) untergeordnete Rolle spielt – der Einzelhandel darf sich darüber freuen.

Internetnutzung in Deutschland in %

Quelle: ARD/ZDF-Online-Studie 2010

	2000	2001	2002	2003	2004	2005	2006	2007	2008	2009	2010
Gesamt	28,6	38,8	44,1	53,5	55,3	57,9	59,5	62,7	65,8	67,1	69,4
männlich	36,6	48,3	53,0	62,6	64,2	67,5	67,3	68,9	72,4	74,5	75,5
weiblich	21,3	30,1	36,0	45,2	47,3	49,1	52,4	56,9	59,6	60,1	63,5
14 – 19 Jahre	48,5	67,4	76,9	92,1	94,7	95,7	97,3	95,8	97,2	97,5	100,0
20 – 29 Jahre	54,6	65,5	80,3	81,9	82,8	85,3	87,3	94,3	94,8	95,2	98,4
30 – 39 Jahre	41,1	50,3	65,6	73,1	75,9	79,9	80,6	91,9	87,9	89,4	89,9
40 – 49 Jahre	32,2	49,3	47,8	67,4	69,9	71,0	72,0	73,8	77,3	80,2	81,9
50 – 59 Jahre	22,1	32,2	35,4	48,8	52,7	56,5	60,0	64,2	65,7	67,4	68,9
ab 60 Jahre	4,4	8,1	7,8	13,3	14,5	18,4	20,3	25,1	26,4	27,1	28,2
in Ausbildung	58,5	79,4	81,1	91,6	94,5	97,4	98,6	97,6	96,7	98,0	100,0
berufstätig	38,4	48,4	59,3	69,6	73,4	77,1	74,0	78,6	81,8	82,3	82,4
nicht berufstätig	6,8	14,5	14,8	21,3	22,9	26,3	28,3	32,0	33,6	34,7	36,4

130

Internet

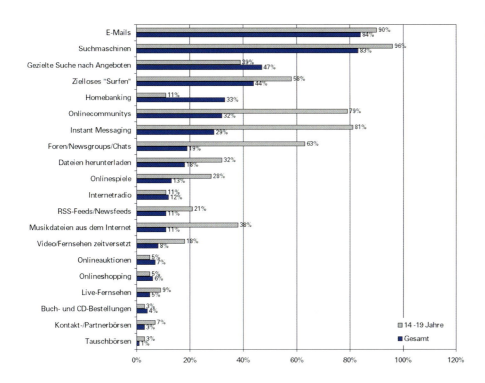

Nutzung verschiedener Online-Anwendungen

Basis: Online-Nutzer ab 14 Jahre, Anwendung mindestens einmal wöchentlich genutzt

Quelle: ARD/ZDF-Online-Studie 2010

Eine weitere, für Webentwickler wichtige Frage ist, in welcher Form der Zugriff auf das Internet erfolgt. Auch hierüber kann die Statistik Auskunft geben: Mobiltelefone haben sowohl bei den Jugendlichen als auch insgesamt (noch) keine große Bedeutung für die Internetnutzung. Die Gründe hierfür dürften im Wesentlichen sein:
- Höhere Zugangskosten
- Geringe Abmessungen der Displays
- Niedere Zugangsgeschwindigkeit

Auch die Internetnutzung „vom Wohnzimmer" mittels Fernseher spielt derzeit noch keine Rolle, obwohl heutige Fernseher diese Option bieten.

Unten sehen Sie eine Statistik, die die tägliche Medien-Nutzungsdauer vergleicht. Bei Jugendlichen spielt das Internet bereits eine größere Rolle als das Fernsehen.

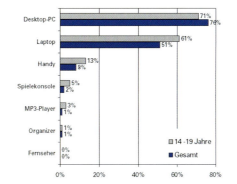

Internet-Zugang

Basis: Online-Nutzer ab 14 Jahre

Quelle: ARD/ZDF-Online-Studie 2010

	Fernsehen	Hörfunk	Internet	Tonträger	Zeitung	Buch	Zeitschrift	Video
Gesamt	244	187	77	33	28	25	12	4
14 – 19 J.	107	106	110	86	9	35	7	8

Tägliche Nutzungsdauer in Minuten

Quelle: ARD/ZDF-Online-Studie 2010

131

2.3.4 Datenübertragung

Band II – Seite 115
2.2.7 Netzwerkprotokolle und -dienste

Sie werden zustimmen, dass die Datenübertragung von einem Ort A zu einem Ort B in einem weltweiten Rechnerverbund mit 800 Millionen Rechnern durchaus eine Herausforderung darstellt. Damit sie überhaupt bewältigt werden kann, müssen viele Regeln vereinbart werden, die als *Protokolle* bezeichnet werden.

Alle an der Datenübertragung beteiligten Geräte (Host-Rechner, Server, Router) müssen diese Protokolle kennen und die Daten entsprechend dieser Regeln weiterleiten. Dass dies hervorragend funktioniert, erleben wir in der täglichen Nutzung des Internets.

Die beiden Hauptprotokolle des Internets sind, neben vielen weiteren, das Internet Protocol (IP) und das Transmission Control Protocol (TCP), die nicht nur im Internet, sondern auch in lokalen Netzen zum Einsatz kommen (siehe Seite 120).

2.3.4.1 Internet Protocol (IP)

Nehmen Sie einmal an, dass Sie eine Datei von 1,5 MB von einem Server in Los Angeles auf Ihren eigenen Rechner in Hamburg downloaden wollen. Auch wenn Ihnen diese Datenmenge nicht sonderlich groß erscheint, wäre eine Übertragung „am Stück" wenig sinnvoll, da hierdurch *eine* Leitung stark beansprucht würde.

Um dies zu verhindern und die Last zu verteilen, werden die 1,5 MB vor der Übertragung in mehrere Datenpakete (Datagramme) zerteilt. Das hierfür zuständige Internet Protocol (IP) gestattet Paketgrößen von maximal 64 KB. Eine Datei mit einer Größe von 1,5 MB würde durch das Internet Protocol also in 24 Teile zerlegt (24 × 64 KB = 1,5 MB). In der Grafik unten wird dies vereinfacht mit nur vier Datenpaketen dargestellt.

Datenübertragung von Los Angeles nach Hamburg

Die Grafik verdeutlicht, dass Dateien vor der Übertragung in kleine Pakete zerlegt werden und jedes dieser Pakete einen eigenen Weg durch die Knotenpunkte des Internets nehmen kann.

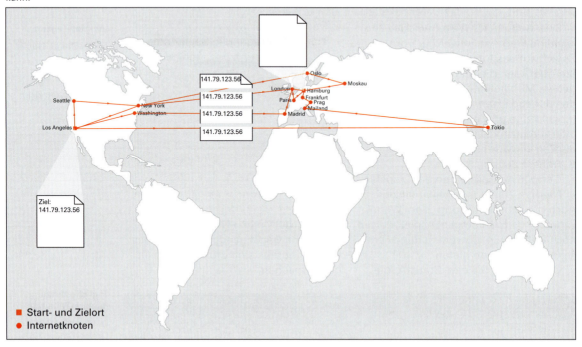

Im zweiten Schritt benötigt jedes dieser Pakete eine weltweit eindeutige Zieladresse. Diese *IP-Adresse* besteht bei IPv4 aus vier Zahlen zwischen 0 und 255, die jeweils durch einen Punkt getrennt sind:

> Beispiel einer IP-Adresse:
> 89.49.91.74

(Nähere Informationen zur IP-Adressierung finden Sie auf Seite 115).

Wenn Sie wissen wollen, welche IP-Adresse Ihr eigener Computer besitzt, so sehen Sie unter www.wieistmeineip.de nach!

Nachdem jedes Datenpaket mit einer Adresse versehen ist, muss sich das Internet Protocol um den Weg kümmern, den das Paket durch das Internet nehmen soll. Diese Aufgabe wird als *Routing* bezeichnet, die zuständigen Geräte entsprechend als *Router*. Dabei kann es sein, dass jedes Datenpaket einen anderen Weg vom Absender zum Empfänger durchläuft.

Der große Vorteil dieses Verfahrens besteht darin, dass die Router im Internet für eine „intelligente" Nutzung der Übertragungskapazitäten des Netzes sorgen: Ein aktuell stark belasteter oder ausgefallener Netzabschnitt wird zugunsten eines weniger frequentierten Abschnitts gemieden.

Die drei wesentlichen Funktionen des Internet Protocols nochmals in der Zusammenfassung:

- Zerlegung der Daten in Pakete (Datagramme)
- Adressierung der Datagramme mittels IP-Adresse
- Wahl des Übertragungsweges (Routing) der Datagramme
- Zusammensetzung der Datagramme am Zielort

2.3.4.2 Transmission Control Protocol (TCP)

Das Internet Protocol ist zwar für die Wahl des Weges, aber nicht für die tatsächliche Datenübertragung zuständig, da es ein „verbindungsloses" Protokoll ist. Für die Datenübertragung sorgt das Transmission Control Protocol (TCP).

Hierzu baut TCP eine Verbindung zwischen Sender und Empfänger auf. Im Anschluss werden die Datenpakete in nummerierten kleinen „Päckchen" (Segmenten) übertragen. Trifft ein Segment am Zielrechner nach einer bestimmten Zeit nicht ein, wird die Datenübertragung wiederholt. Diese Möglichkeit der Fehlererkennung hat dem Protokoll seinen Namen gegeben: Transmission *Control* Protocol.

Der Zielrechner setzt per TCP anhand der Nummerierung die Segmente des übertragenen Datenpaketes wieder zusammen. Die Funktionen von TCP sind also kurzgefasst:

- Verbindungsaufbau
- Datenübertragung in Segmenten
- Fehlererkennung und -korrektur
- Verbindungsabbau

2.3.4.3 Domain Name System (DNS)

Voraussetzung für einen funktionierenden Datenaustausch sind weltweit einmalige Zieladressen. Nun sind diese zwölfstelligen IP-Adressen nicht gerade anwenderfreundlich. Viele Menschen haben schon Schwierigkeiten, sich die Geheimzahl ihrer EC-Karte merken zu können ;-)

Die Idee liegt also nahe, die IP-Adressen durch einprägsamere Adressen zu ersetzen. Das hierfür entwickelte Konzept teilt die Adressen zunächst nach Gebieten (Domains) ein.

Themenbezogene und länderspezifische Top-Level-Domains

Themenbezogene Top-Level-Domains			
aero	aeronautics (Luftfahrtindustrie)	mil	military (US-Militär)
biz	business (Unternehmen)	mobi	mobile (Sites für mobile Endgeräte)
com	commercial (Unternehmen)	museum	museums (Museen)
coop	cooperatives (Genossenschaften)	name	name (Privatpersonen)
edu	education (Bildungseinrichtungen)	net	network (Netzwerkbetreiber)
gov	government (US-Regierung)	org	organization (Vereine, Organisationen)
info	information (Information)	pro	professionals (Selbstständige)
int	international (Internat. Organisationen)	post	post (Post-, Logistikunternehmen)
jobs	jobs (Stellenangebote)	travel	travel (Reiseindustrie)

Länderspezifische Top-Level-Domains			
at	Österreich	hu	Ungarn
au	Australien	il	Israel
be	Belgien	it	Italien
ca	Kanada	in	Indien
ch	Schweiz	jp	Japan
cn	China	nl	Niederlande
de	Deutschland	pl	Polen
dk	Dänemark	ru	Russland
es	Spanien	se	Schweden
fi	Finnland	tr	Türkei
fr	Frankreich	uk	England
gb	Großbritannien	us	USA
gr	Griechenland	va	Vatikanstadt

In den USA gibt es beispielsweise die Domains com (commercial) für Firmen oder edu (education) für Bildungseinrichtungen. Für die übrigen, später zum Internet hinzugekommenen Staaten wurden als Domains länderspezifische Abkürzungen gewählt: de steht für Deutschland, fr für Frankreich und jp für Japan.

Diese als *Top-Level-Domain* (TLD) bezeichneten Abkürzungen stehen, durch einen Punkt getrennt, am Ende des Domain-Namens. Vor dem Punkt befindet sich die Bezeichnung des Host-Rechners, die auch als *Second-Level-Domain* (SLD) bezeichnet wird:

Beispiel für Domain-Namen:
springer.de
de.wikipedia.org

Vor TLD und SLD kann bei Bedarf, wiederum durch einen Punkt getrennt, der Name einer Subdomain stehen, z. B. store.apple.com. Beachten Sie, dass die Angabe „www" nicht zum Domain-Namen gehört, sondern den Server bezeichnet.

Zur Umsetzung der Domain-Namen in IP-Adressen befinden sich im Internet mehrere Domain-Name-Server, z. B. in Frankfurt. Diese ersetzen den von Ihnen im Browser eingegebenen Domain-Namen durch die zugehörige IP-Adresse. Existiert diese Adresse nicht, erhalten Sie eine Fehlermeldung.

Für die Vergabe und Verwaltung von Domain-Namen ist die in den USA ansässige Organisation ICANN (www.internic.org) zuständig. Deutsche Domain-Namen (de) werden durch die

DENIC vergeben. Unter www.denic.de können Sie ermitteln, ob ein gewünschter Domain-Name noch erhältlich oder bereits vergeben ist und wie viel die Registrierung kostet.

Nachdem das Internet aus Amerika stammt und dort der ASCII (American Standard Code of Information Interchange) verwendet wird, waren in Domain-Namen deutsche Umlaute nicht möglich. Dies hat sich seit März 2004 geändert. Seither können auch Namen wie Müller oder Völler in der korrekten Schreibweise realisiert werden. Allerdings kann nicht gewährleistet werden, dass diese Domain-Namen von allen Browsern unterstützt werden.

2.3.4.4 Uniform Resource Locator (URL)

Die Angabe des Domain-Namens genügt noch immer nicht, um den gewünschten Zielcomputer eindeutig adressieren zu können. Dies liegt daran, dass es viele Dienste im Internet gibt (siehe Seite 129). In der Adresse muss der Internetdienst deshalb genannt werden. Des Weiteren ist es optional möglich, in der Adresse bereits genaue Angaben über Name und Ort der aufgerufenen Datei auf dem Server zu machen. Eine um diese Angaben komplettierte Internetadresse wird als URL bezeichnet. Die allgemeine Form einer URL lautet:

Struktur einer URL
Protokoll://Server.Domain-Name/Ordner/Datei
Protokoll: z. B. http Server: z. B. www Domain: z. B. springer.de Ordner: z. B. books Datei: z. B. index.html

Eine vollständige URL beginnt mit dem Namen des Protokolls, das für die Übertragung des gewählten Dienstes verantwortlich ist. Das Protokoll des World Wide Web besitzt die Abkürzung HTTP (Hypertext Transfer Protocol). Durch einen Doppelpunkt und zwei Slashs (/) getrennt folgt der Servername. Server des World Wide Web tragen meistens die Bezeichnung www. Es folgt der Domain-Name und schließlich, falls erforderlich, Ordner und Name der gesuchten Datei. Beispiele für URLs sind:
- http://www.tagesschau.de
- http://www.springer.de/books/index.html
- ftp://ftp.uni-stuttgart.de

Die als *Homepage* bezeichnete Startseite des Internetauftritts besitzt definitionsgemäß immer den Dateinamen index.htm oder index.html. Damit wird sichergestellt, dass der Webserver diese Datei als Startseite erkennt und automatisch überträgt. Für den Nutzer hat dies den Vorteil, dass die Angabe „index.htm" bei der Adresseingabe entfallen kann.

Zu beachten ist weiterhin, dass Unix- oder Linux-Server bei Dateinamen zwischen Groß- und Kleinschreibung unterscheiden: Bei den Dateien index.htm, Index.htm und INDEX.HTM handelt es sich bei diesen Betriebssystemen um drei verschiedene Dateien. Da unter Windows zwischen Groß- und Kleinschreibung nicht unterschieden wird, kann es vorkommen, dass eine Webseite lokal (unter Windows) „funktioniert" und nach dem Upload auf den Unix- oder Linux-Webserver nicht gefunden wird.

Gewöhnen Sie sich aus diesem Grund bei der Vergabe von Dateinamen von vornherein an, für alle Dateien grundsätzlich nur Kleinbuchstaben zu verwenden!

Internet

Band II – Seite 938
10.8.1 Domain-Name

2.3.5 Internetzugang

Band II – Seite 945
10.8.4 Webhosting

2.3.5.1 Internet-Service-Provider

Ein Computer, der sich in ständiger Verbindung mit dem Internet befindet, wird als *Internet-Host* bezeichnet.

Da ein Internet-Host ständig „online" sein muss, lohnt sich das Einrichten eines derartigen Servers für Privatpersonen normalerweise nicht. Denn wer einen Host-Computer betreibt, muss diesen gegen die ständigen Angriffe aus dem Internet schützen. Außerdem muss gewährleistet sein, dass der Computer rund um die Uhr störungsfrei funktioniert.

Obige Aufgaben haben sich zahllose Firmen zu eigen gemacht und sich auf die „Dienstleistung Internet" spezialisiert. Sie werden als Provider oder genauer *Internet-Service-Provider* (ISP) bezeichnet. Um mit dem Internet verbunden zu werden, muss sich der Kunde lediglich mit dem Host-Rechner verbinden und erhält von diesem die benötigte (eindeutige) IP-Adresse. Hierdurch wird der Computer des Kunden für die Zeit der Verbindung selbst zum Internet-Host. Für die Abrechnung dieser Dienstleistung stehen drei Varianten zur Verfügung:

- Beim *Zeittarif* wird wie für das Telefonieren eine Gebühr berechnet, die an eine Zeitspanne, z. B. eine Minute, gekoppelt ist. Der Tarif ist für diejenigen interessant, die das Internet selten benötigen.
- Beim *Volumentarif* ist die Datenmenge begrenzt, die ein Kunde downloaden darf. Wird die Menge überschritten, muss der Kunde für jedes weitere Megabyte zusätzlich bezahlen. Ein Volumentarif ist also für die Kunden interessant, die das Internet lediglich für die Betrachtung von Webseiten, nicht aber für den Download von Dateien nutzen.

- Weder zeitlich noch vom Volumen begrenzt sind Kunden mit *Flatrate*. Diese kostet eine höhere monatliche Gebühr, schränkt die Nutzung dafür nicht ein. Häufig wird allerdings eine bestehende Verbindung alle 24 Stunden kurz unterbrochen, um zu verhindern, dass die Kunden pausenlos Daten herunterladen und damit die Server massiv belasten.

Beispiele für große Internet-Provider sind T-Com, AOL, Arcor, Freenet, 1&1, Versatel, O2 oder Strato.

Natürlich können im Rahmen dieses Buches keine Empfehlungen für die Wahl eines bestimmten Internet-Providers gegeben werden. Dies wäre auch nicht sinnvoll, weil sich die Preise fast monatlich ändern und es außerdem regionale Unterschiede gibt. Ein seriöser Vergleich ist deshalb nur möglich, wenn der Wohnort berücksichtigt wird. Aktuelle Vergleichsübersichten finden Sie in einschlägigen Computerzeitschriften oder im Internet zum Beispiel unter www.onlinekosten.de oder www.billiger-surfen.de. Weitere Informationen zur Auswahl eines Providers finden Sie auf Seite 945.

2.3.5.2 Schmalband-Zugang

Mit dem Begriff „Band" wird in der Kommunikationstechnik der Frequenzbereich bezeichnet, der zur Übertragung eines analogen oder digitalen Telefon- oder Datensignals zur Verfügung steht. Je breiter dieses Frequenzband ist, umso höher ist die Geschwindigkeit der Datenübertragung. Wegen der geringen Übertragungskapazität von maximal 128 kBit/s werden

- analoge Zugänge mittels Modem oder
- digitale Zugänge via ISDN

als „Schmalband" bezeichnet – im Unterschied zu Breitband-Zugängen wie DSL.

Während man vor einigen Jahren froh war, dass Computerdaten *überhaupt* weltweit übertragen werden konnten, sind Übertragungsraten unter hundert Kilobit pro Sekunde in heutiger Zeit nicht mehr akzeptabel. Grund hierfür ist, dass moderne Webseiten nicht nur Text, sondern auch Bilder, Animationen, Sound- und Videoclips enthalten. Diese besitzen eine deutlich größere Datenmenge als Text.

Analoger Internetzugang

Um einen analogen Telefonanschluss für das Internet nutzen zu können, ist ein so genanntes *Modem* erforderlich. Es sorgt dafür, dass auch digitale Daten über die analoge Leitung übertragen werden können.

Die typische Übertragungsgeschwindigkeit eines Modems beträgt 56,6 kBit/s oder 56.600 Bit/s. Bitte beachten Sie, dass bei der Angabe von Datenraten das „k" (Kilo) für den Faktor 1.000 und nicht für den in der Computertechnik ansonsten üblichen Faktor 1.024 steht.

ISDN

Bei ISDN (Integrated Services Digital Network) erfolgt die Datenübertragung digital. Die Abkürzung bedeutet, dass eine Leitung *gleichzeitig* für mehrere digitale Dienste, z. B. Telefon und Internetzugang, genutzt werden kann.

Ein ISDN-Basisanschluss besteht immer aus zwei (B-)Kanälen mit jeweils 64 kbps (64.000 Bit/s) und einem Steuerkanal (D-Kanal) mit 16 kbps. Für den Anschluss eines Computers an einen ISDN-Basisanschluss (NTBA) benötigt dieser einen ISDN-Adapter. Während die Datenrate von ISDN für das Telefo-

nieren völlig ausreichend ist, kann der „Datenhunger" heutiger Internetnutzer mit 64 kBit/s, oder, bei Kanalbündelung, 128 kBit/s nicht mehr befriedigt werden. Denken Sie an das Streaming von Audio- oder Videodaten, das mehrere Hundert Kilobit pro Sekunde erfordert. Aus diesem Grund ist ISDN ebenfalls fast schon Geschichte.

2.3.5.3   Breitband-Zugang

Das Internet ist heute ein multimediales Medium, das nicht nur zum „Surfen", sondern auch zum Telefonieren (VoIP), Radio hören und Fernsehen genutzt wird. Vor allem Fernsehen in hoher Qualität (HDTV) erfordert sehr hohe Datenübertragungsraten. Um diese Forderung zu erfüllen, reichen die bisherigen Möglichkeiten des analogen bzw. ISDN-Zugangs ins Internet nicht aus.

Ab einer Übertragungsrate von 1 MBit/s oder 1.000 kBit/s spricht man von einem Breitband-Zugang. Für den Breitband-Zugang ins Internet kommen mehrere Techniken in Frage:

- *Telefonnetz*
  Für einen Breitband-Zugang ins Internet werden in Deutschland überwiegend die vorhandenen Telefonleitungen genutzt.
- *Kabelfernsehen*
  Über ein Kabelmodem lässt sich das in viele Haushalte verlegte Fernsehkabel für den Internetzugang nutzen.
- *Funk (WiMAX)*
  Für abgelegene Orte gibt es seit 2005 die Möglichkeit, Breitband via Funk zur Verfügung zu stellen.
- *Glasfaser*
  Einen Anschluss per Lichtwellenleiter (Glasfaser) ermöglicht hohe Datenraten, ist aber teuer, weil die Leitungen extra verlegt werden müssen.

- *Stromnetz (Powerline)*
  Auch über die Stromleitung lassen sich digitale Daten übertragen. Die Technik wird als Powerline bezeichnet und ermöglicht die Nutzung des Internets durch Anschluss an eine gewöhnliche Steckdose.

Welche Technologien bei Ihnen verfügbar sind, können Sie im „Breitbandatlas", der im Auftrag des Wirtschaftsministeriums erstellt wurde, im Internet unter www.zukunft-breitband.de abrufen (siehe Abb. rechts). Nach Eingabe Ihrer Postleitzahl werden die bei Ihnen verfügbaren Technologien sowie die Anbieter aufgelistet.

DSL (Digital Subscriber Line)
Die Breitband-Technik mit der größten Verbreitung in Deutschland ist DSL und ermöglicht eine Datenübertragungsrate von bis zu 200 MBit/s. Hierbei muss zwischen folgenden Varianten unterschieden werden:
- Die meisten privaten Internetzugänge nutzen *ADSL*, wobei das „A" für asymmetrisch steht. Dies bedeutet, dass für einen *Downstream* (aus dem Internet auf den eigenen Computer) und den *Upstream* (vom eigenen Computer ins Internet) mit unterschiedlichen Übertragungsraten gearbeitet wird, z. B. 16 MBit/s Downstream und 1 MBit/s Upstream.
- Vor allem Firmenkunden benötigen oft einen symmetrischen Zugang mit identischen Datenraten für den Upstream und Downstream ins Internet, der als *SDSL* bezeichnet wird.
- Noch höhere Datenraten von bis zu 200 MBit/s werden mit *VDSL2* (Very High Data Rate DSL) erreicht. Die Technik ist momentan aber nur in einigen Ballungsräumen verfügbar.

Die Anbieter werben derzeit mit dem so genannten *Triple Play* und verstehen darunter die gleichzeitige Verfügbarkeit von Telefonie, Internet und Fernsehen über eine Leitung. Die Telefonanbieter wollen dadurch Teile des Fernsehmarktes erobern, während die Anbieter von Kabelfernsehen zusätzlich mit Telefonie und Internet Geld verdienen möchten.

DSL kann wahlweise in Verbindung mit einem analogen Telefonanschluss *oder* ISDN-Anschluss erfolgen. Die Grafik zeigt eine typische Konfiguration mit einem DSL-Router:

DSL-Konfiguration

Die Grafik zeigt die Kombination von DSL und ISDN an einem DSL-WLAN-Router.

Abb.: Apple, AVM, Reichelt Electronik, Epson, Siemens

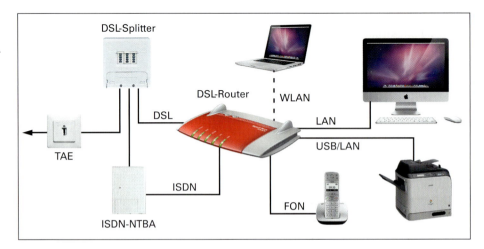

138

Internet

Breitbandatlas

Die Grafik zeigt die Breitband-Verfügbarkeit über 1 MBit/s (Stand: 2009)

www.zukunft-breitband.de

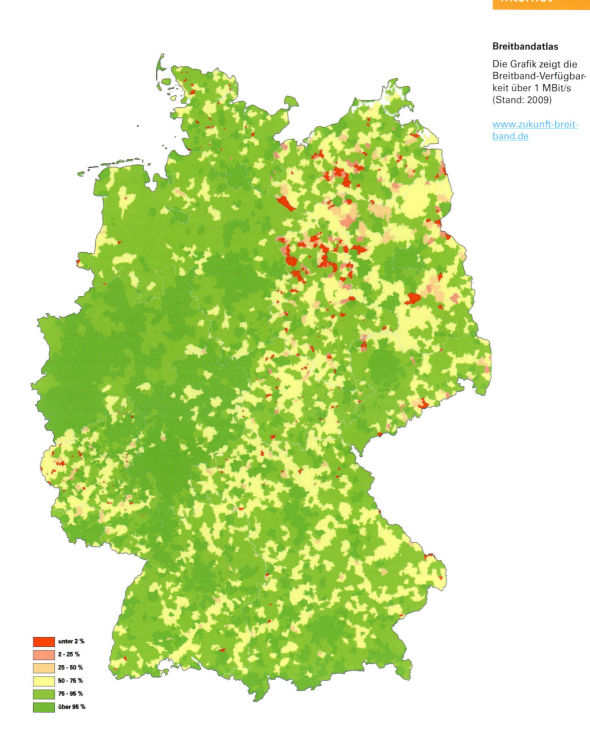

2.3.6 Angriffe aus dem Internet

Während es noch vor einigen Jahren Datenträger waren, die zur Verbreitung von Computerviren geführt haben, ist es mittlerweile fast ausschließlich das Internet, über das sich Viren, Würmer, Trojaner und andere Schädlinge in oft rasender Geschwindigkeit verbreiten. Die Hauptgefahr geht hierbei von E-Mail-Attachments und von Sicherheitslücken der Webbrowser aus.

2.3.6.1 Malware

Der Begriff „Viren" wird oft fälschlicherweise als Oberbegriff für Schädlinge aller Art bezeichnet. Besser sollte hierbei von „Malware" (Zusammensetzung aus „Malicious Software", also bösartige Software) gesprochen werden. Ihre wichtigsten Vertreter sind:

Viren
Viren sind kleine Programme, die sich, wie ihre organischen Verwandten, zur Verbreitung an ein Wirtsprogramm anhängen müssen. Das Virus wird aktiv, wenn das Wirtsprogramm (durch Doppelklick) gestartet wird.

Eine besondere Form stellen Makroviren dar, die sich vor allem im Office-Bereich verbreiten, da Word & Co. über eine Makrosprache (Visual Basic) verfügen. Beim Öffnen eines Word- oder Excel-Dokuments wird das Makroprogramm gestartet und der schädliche Programmcode unbemerkt ausgeführt.

Würmer
Im Unterschied zum Virus benötigt ein Wurm zur Verbreitung kein Wirtsprogramm, sondern stellt ein eigenes ausführbares Programm dar. Wichtigste Verbreitungsmöglichkeit für Würmer bieten E-Mails, weil sie Dateien als Anhang enthalten können. Wird der als Dateianhang empfangene Wurm durch Doppelklick gestartet, so kann er sich beispielsweise an alle im Adressbuch gespeicherten E-Mail-Adressen versenden. Dies erklärt, weshalb sich Würmer nach dem „Schneeball-Prinzip" in rasanter Weise verbreiten: Geht man pro E-Mail-Adressbuch von zwanzig Adressen aus, dann werden im ersten Schritt 20, dann 400, 8.000, 160.000, 3,2 Millionen neue Computer infiziert.

Leider sind mittlerweile Würmer aufgetaucht, die kein Attachment mehr benötigen. Bei diesen „bösartigen" Varianten kann eine aktive Internetverbindung oder das Betrachten einer Webseite ausreichend sein, um den Wurm zu aktivieren. Der bekannt gewordene Wurm „Sasser" richtete auf diese Weise großen Schaden an.

Trojaner
Der Name dieser gefährlichen Schädlinge müsste genau genommen „trojanisches Pferd" heißen und stammt aus der griechischen Sage, bei der Troja durch die Griechen dadurch erobert

Virenkarte
Die Website zeigt eine Übersicht der aktuell wichtigsten Schädlinge sowie deren Verbreitung.

http://worldmap.f-secure.com

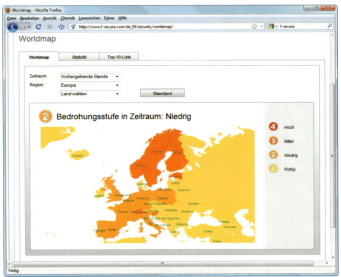

wurde, dass Soldaten in einem großen Holzpferd versteckt die Stadtmauern passieren konnten, um dann nachts anzugreifen.

Im übertragenen Sinn ist ein Trojaner ein Programm, das nach außen sichtbar eine nützliche Funktion besitzt, z. B. ein kostenloses Update, während im Hintergrund jedoch seine schädlichen Funktionen gestartet werden. Gefährlich sind vor allem so genannte *Backdoor*-Programme, die einen externen Zugriff auf den Rechner gestatten. Mit Hilfe von *Rootkits* versucht die Software, sich vor Antiviren-Software zu verstecken. Tückisch sind auch *Key-Logger*, die als PC-Wanzen sämtliche Tastatureingaben protokollieren und somit zur Entschlüsselung von Benutzernamen und Passwörtern dienen.

Spy- und Adware
Spyware besitzt eine ähnliche Funktion wie Trojaner, nämlich den befallenen Rechner bzw. das Nutzerverhalten auszuspionieren. Die Zielsetzung ist hierbei nicht, Schaden anzurichten, sondern möglichst viele Informationen über das Nutzerverhalten zu sammeln. Diese Informationen können dann beispielsweise dazu genutzt werden, um personifizierte Werbung einzublenden oder Werbemails zu verschicken.

Software, die ausschließlich zur Werbung dient, wird als Adware bezeichnet. Sie ist unschädlich, aber lästig.

Abhilfe gegen Spy- bzw. Adware kann die Installation eines Programms schaffen, das auf das Auffinden derartiger Software spezialisiert ist. Mit Windows Vista oder Windows 7 wird eine Anti-Spyware bereits mit dem Betriebssystem installiert (Windows Defender). Zusätzlich oder stattdessen können Sie auf ein kostenloses Angebot aus dem Internet zurückgreifen, emp-

fehlenswert ist z. B. Ad-Aware (www.lavasoft.de).

Hoaxes
Hoax kommt aus dem Englischen und meint Jux oder Scherz. Offensichtlich finden es einige Zeitgenossen lustig, das Internet mit Kettenbriefen, falschen Virenwarnungen oder sonstigem Unfug zu versorgen. Es handelt sich also um digitale Aprilscherze.

Hoaxes sind meistens unschädlich, können aber durchaus auch Schaden anrichten, wenn die Meldung User beispielsweise auffordert, bestimmte Systemdateien als vermeintliche Viren zu löschen.

Bots, Botnetze
Der Begriff Bot stammt von Robot, also Roboter. Gemeint sind Programme, die sich eigenständig im Internet bewegen, um Informationen zu sammeln.

Während „gutartige" Bots beispielsweise dazu dienen, neue Webseiten aufzuspüren und in die Datenbanken von Suchmaschinen einzutragen, nisten sich bösartigen Varianten auf fremden Computern ein, um zum Beispiel E-Mail-Adressen oder sonstige Benutzerdaten aufzuspüren. Im schlimmsten Fall übernehmen sie die Kontrolle über den Computer, um ihn für eigene Zwe-

Anti-Spyware
Die Software durchsucht Ihren Rechner nach Viren, Rootkits und Spyware.

www.lavasoft.de

Anti-Botnet

„Bösartige" Bots missbrauchen fremde Computer zu eigenen Zwecken, z. B., um Spam-Mails zu verschicken.

www.botfrei.de

cke zu missbrauchen. So könnte es sein, dass Sie auf Ihrem Rechner ohne es zu wissen illegale Dateien zum Download anbieten oder Spam-Mails versenden.

Es gibt etliche Möglichkeiten, wie sich Bots verbreiten, z. B. über Trojaner, Würmer oder den Download scheinbar nützlicher Programme. Es kommt noch schlimmer: Bots sind in der Lage, über eine Chat-Kanal miteinander zu kommunizieren und vom Betreiber des Botnetzes Befehle zu empfangen. Dieser ist somit in der Lage, die Kontrolle über sehr viele Computer zu haben und diese für seine Zwecke missbrauchen zu können.

Bots und Botnetze stellen ein großes Problem dar, dessen sich der Verband der deutschen Internetwirtschaft (eco) und das Bundesamt für Sicherheit in der Informationstechnik angenommen haben: Auf www.botfrei.de finden Sie eine Software, mit der Sie Ihren Computer auf Bots überprüfen und von diesen befreien können.

2.3.6.2 Gefahrenquelle E-Mail

E-Mails sind die mit Abstand größte Gefahr für die Infektion eines Rechners mit einem Virus, Wurm oder Trojaner.

Dateianhänge (Attachments)

Der Grund für die große Gefahr durch E-Mails sind nicht die Textdateien selbst, sondern potenzielle Dateianhänge, da diese Dateien ausführbaren Code enthalten können. Die wichtigste Regel im Umgang mit E-Mails lautet deshalb:

> Öffnen Sie keine Dateianhänge, wenn es sich um ausführbare Dateien handelt, z. B. .exe, .com, .scr, .pif, .php, .js, .dll, .bat oder .vbs.

Da sich Dateiendungen bekannter Dateitypen unter Windows ausblenden lassen, sind die Dateiendungen unter Umständen gar nicht sichtbar.

Ein anderer Trick besteht darin, dass eine Datei eine falsche Dateiendung vorgibt: Hinter der Datei brief.txt.vbs verbirgt sich scheinbar eine Textdatei, tatsächlich aber ein VisualBasic-Script.

Leider kann aus der Absenderadresse der E-Mail längst nicht mehr gefolgert werden, ob die Mail vertrauenswürdig ist oder nicht. Grund ist die bereits erwähnte Verbreitung von Würmern unter Zuhilfenahme des Adressverzeichnisses. Die E-Mail eines Freundes mit einem durchaus plausibel klingenden Betreff kann also eine Falle sein und nach dem Doppelklick auf den Anhang ist es zu spät...

Wichtigste Maßnahme zur Vermeidung von Infektionen ist eine gesunde Skepsis gegenüber allen eingehenden Daten. Rufen Sie gegebenfalls den Absender an, bevor sie einen unsicheren Anhang öffnen.

Spam-Mails

Fast alle E-Mails sind Spam! Schätzungen zufolge sind etwa 97 % aller Mails Spam und verursachen damit einen enormen wirtschaftliche Schaden.

Internet

Dennoch sind Spam-Mails, wenn es sich um reine Textdateien *ohne* Dateianhang handelt, zwar lästig, aber ungefährlich.

Die wichtigste Maßnahme gegen Spam ist, zu verhindern, dass Ihre E-Mail-Adresse überhaupt erst in Spamlisten gelangt. Vor allem auf Webseiten, die automatisch nach gültigen E-Mail-Adressen durchsucht werden, sollten Sie Ihre E-Mail-Adresse nicht platzieren. Ist die Angabe einer Kontaktadresse auf einer Website erwünscht oder erforderlich, sollte sie verschlüsselt erfolgen, z. B. durch Ersetzen des @-Zeichens (name[ät]firma.de) oder indem die Adresse als GIF-Grafik gespeichert wird.

Mittelfristig wird sich eine E-Mail-Adresse jedoch kaum verheimlichen lassen, weil sie in zahlreiche Adressbücher von Kunden, Freunden oder Bekannten aufgenommen wird und diese gegebenenfalls ausgespäht werden. Findet sich Ihre E-Mail-Adresse in Spamlisten, dann helfen nur noch Spamfilter.

Phishing-Mails

E-Mails mit dem Ziel, Zugangsdaten zu eBay, Homebanking o. Ä. auszuspionieren, werden als Phishing-Mails bezeichnet. Durch eine plausibel klingende Mail wird der Nutzer dazu veranlasst, einen Textlink anzuklicken, der auf eine vermeintlich seriöse Seite führt. Dort wird er aufgefordert, sich beim jeweiligen Dienst anzumelden – schon sind die Zugangsdaten erfasst. Die wichtigste Regel lautet also:

> Seien Sie vorsichtig beim Anklicken von Links in E-Mails, selbst wenn diese scheinbar seriös sind.

Webmailer

Eine sinnvolle Maßnahme im Kampf gegen Viren und Spam ist, dass Sie sich, falls noch nicht geschehen, bei einem kostenlosen Web-Mailer wie Web.de oder GMX anmelden. Diese überprüfen alle eingehenden E-Mails auf Schädlinge. Eine infizierte Datei gelangt also erst gar nicht auf Ihren Rechner. Die Mails von vertrauenswürdigen Absendern können Sie sich automatisch zur E-Mail-Software Ihres Rechners weiterleiten lassen. Der Webmailer wirkt somit als Filter, der vor allem auch die zahllosen Spam-Mails zurückhält und automatisch löscht.

Wegwerf-Mails

Wer eine E-Mail-Adresse angeben muss, aber hierfür seine Hauptadresse nicht verwenden möchte, kann sich im Internet für kurze Zeit eine „Wegwerf-Mail" reservieren, z. B. bei www.sofort-mail.de. Der Vorteil ist, dass es in diesem Fall egal ist, ob die Adresse in einer Spam-Liste landet.

2.3.6.3 Antiviren-Software

Die Lehre aus den in den letzten Abschnitten behandelten Gefahren aus dem Internet lautet:

> Betreiben Sie keinen Computer ohne aktive Antiviren-Software!

Da sich die Angriffe fast ausschließlich gegen Computer mit Windows-Betriebssystem richten, hat Microsoft reagiert und bietet mit den *Microsoft Security Essentials* erstmalig eine kostenlose Antiviren-Software an.

Wer diese nicht nutzen will oder einen Mac besitzt, muss sich um die Ins-

143

Name	kostenlos*)	Windows	Mac OS	Linux	Web
Antivir	ja	•		•	www.avira.de
avast!	ja	•	•	•	www.avast.de
AVG Antivirus	ja	•		•	www.avg.com
BitDefender	ja	•	•	•	www.bitdefender.de
F-Secure	ja	•			www.f-secure.com
Microsoft Security Essentials	ja	•			www.microsoft.com/security_essentials/
Kaspersky Anti-Virus	nein	•	•		www.kaspersky.com/de
Norton Anti-Virus	nein	•	•		www.symantec.com/de
Sophos	ja	•	•	•	www.sophos.com/products/free-tools/

*) Zusätzlich gibt es kostenpflichtige Versionen mit höherem Funktionsumfang

Antiviren-Software

Die Tabelle zeigt Beispiele für Antiviren-Programme für die drei Betriebssysteme Windows, Mac OS und Linux.

tallation eines alternativen Programms kümmern. In der Tabelle listen wir Programme für die unterschiedlichen Betriebssysteme auf – ohne Anspruch auf Vollständigkeit.

Über die Wirksamkeit der Virenscanner informieren Sie sich am besten aus aktuellen Vergleichstests, die in regelmäßigen Abständen von einschlägigen Computerzeitschriften durchgeführt und im Internet veröffentlicht werden.

Problematisch bei der Verwendung *aller* Virenscanner ist, dass diese immer nur die ihnen bekannten Viren erkennen und entfernen können. Insofern ist es unerlässlich, dass mindestens einmal täglich ein Download der aktuellsten Virensignaturen erfolgt.

Online-Scanner

Alternativ zum ständigen Update der eigenen Virensoftware können Sie gegen Gebühr einen Online-Scanner nutzen. Sämtliche Daten aus dem Internet werden auf einem externen Server überprüft und erst dann auf Ihren Rechner weitergeleitet. Neben der höheren Aktualität bietet der externe Virencheck den Vorteil, dass eine befallene Datei den eigenen Computer erst gar nicht erreicht und somit nicht aktiv werden kann. Einen absoluten Schutz gibt es allerdings leider auch auf diese Weise nicht.

2.3.6.4 Personal Firewall

Die Funktion einer Brandschutzmauer (Firewall) besteht darin, das Übergreifen der Flammen auf ein Gebäude zu verhindern.

Im übertragenen Sinn soll eine Personal Firewall das Eindringen von Schädlingen in den eigenen Computer verhindern. Sie überprüft die eintreffenden Datenpakete beispielsweise hinsichtlich Quell- und Zieladresse (IP-Adresse, Portnummer) und enthält je nachdem auch einen Content-Filter, der die Inhalte z. B. auf schädlichen Code untersucht.

Umgekehrt sollte eine Firewall aber auch die den Rechner verlassenden Daten prüfen können. Der Grund hierfür ist, dass sich bereits schädliche Software im System befinden könnte, die versucht, Informationen nach außen zu liefern. Auf diese Weise kann eine Firewall also auch Spyware oder Trojaner entdecken.

Sowohl Windows (Vista, 7) als auch Mac OS X stellen eine eigene Firewall zur Verfügung. Die wichtigste Regel lautet:

Aktivieren Sie die Firewall grundsätzlich, wenn Sie mit dem Computer im Internet sind.

Internet

2.3.6.5 Weitere Schutzmaßnahmen

Als bisherige Maßnahmen zum Schutz vor Angriffen aus dem Internet haben wir kennengelernt:
- Vorsicht beim Umgang mit E-Mails, insbesondere bei Dateianhängen
- Aktivierung einer Firewall ❶
- Installation und Aktivierung eines Antiviren-Programms ❷

Die Sicherheit Ihres Computers können Sie weiter steigern, wenn Sie zusätzlich folgende Maßnahmen treffen:

Computersicherheit bei Windows

Aufgrund der hohen Verbreitung erfolgen Angriffe bevorzugt auf Computer mit einem Windows-Betriebssystem.
   Microsoft versucht, diesen mit einem Sicherheitskonzept entgegenzuwirken.

Benutzerkontensteuerung

Alle heutigen Betriebssysteme unterscheiden zwischen Benutzern, die eingeschränkte Rechte besitzen und Administratoren, die den vollen Zugriff auf den Computer haben.
   Als Administrator haben Sie z. B. Zugriff auf den Programme-Ordner und dürfen Software installieren oder löschen. Sind Sie als Administrator im Internet, kann eine Malware also ebenso mit vollem Zugriffsrecht auf Ihren Computer einwirken. Aus diesem Grund lautet eine Sicherheitsmaßnahme:

> Arbeiten Sie ohne Administratorrechte an Ihrem Computer, erst recht, wenn Sie im Internet sind.

Verwenden Sie deshalb für die alltägliche Arbeit einen Benutzer mit einge-

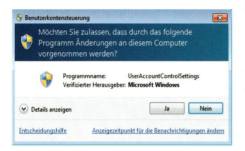

schränkten Rechten. Im Falle, dass, z. B. zur Installation einer Software, Administratorrechte erforderlich sind, erscheint eine entsprechende Meldung (siehe Screenshot unten). Sie können als Nutzer dann selbst entscheiden, ob Sie den Zugriff zulassen wollen oder nicht.

Automatische Updates

Es ist ein ständiger Wettlauf: Angreifer suchen nach einer Lücke, um ins Betriebssystem einzudringen und dieses für eigene Zwecke zu missbrauchen. Wird die Lücke bekannt, bemüht sich der Betriebssystemhersteller, sie so schnell wie möglich zu schließen. Zu diesem Zweck stellt er so genannte Patches bereit. Die Installation erfolgt automatisch ❸, wenn Sie dies als Nutzer zulassen. Aus verständlichen Gründen gilt:

> Lassen Sie automatische Updates zu, da hierdurch Sicherheitslücken geschlossen werden!

Sicherheitseinstellung des Browsers

Da die Angriffe auf Ihren Computer über das Internet erfolgen, kommt dem Webbrowser als „Einfallstor" eine zentrale Bedeutung zu. Immer wieder sind es Sicherheitslücken des Browsers, die zu Schädigungen führen. Andererseits sind es wir Nutzer, die aus Sorglosig-

Benuterkontensteuerung

Die Grundidee ist, dass Nutzer ohne Administratorrechte arbeiten und deshalb vor Eingriffen ins System zustimmen müssen.

145

keit oder Bequemlichkeit diese Tür weit öffnen. Aus diesem Grund gilt:

> Nehmen Sie Sicherheitseinstellungen im Webbrowsers vor.

Der Screenshot zeigt Sicherheitsoptionen bei Mozilla Firefox. Mögliche Maßnahmen können sein, vor
- vor Installationen zu warnen ❶,
- potenziell gefährliche Webseiten zu blockieren ❷,
- keine Passwörter zu speichern ❸.

Sicherheitseinstellungen bei Firefox

Da nahezu alle Angriffe über das Internet erfolgen, sind die Sicherheitseinstellungen des Webbrowsers von zentraler Bedeutung.

Sichere Passwörter

Eine gängige Methode, um Passwörter auszuspähen, ist die so genannte Brute-Force-Attacke: Bei dieser sehr einfachen Methode werden einfach alle Möglichkeiten ausprobiert – für einen Computer kein Problem, nur eine Frage der Zeit.

Nehmen wir an, dass Sie ein Passwort verwenden, das aus 6 Kleinbuchstaben besteht. Es ergeben sich 26 (Buchstaben) hoch 6 (Stellen) gleich 308.915.776 Möglichkeiten. Klingt nach viel? Wenn ein Computer aber 500 Mio. Möglichkeiten pro Sekunde testet, dann ist das Passwort nach 0,6 Sekunden geknackt!

Verwenden Sie nicht nur Kleinbuchstaben, sondern auch Großbuchstaben und Ziffern, so ergeben sich 26 + 26 + 10 = 62 Zeichen und bei 6 Stellen bereits $62^6 = 5{,}68 \cdot 10^{10}$ Möglichkeiten. Obiger Computer braucht hierfür 113,6 Sekunden.

Erhöhen Sie die Stellenzahl von 6 auf 10 Stellen, dann ergeben sich $62^{10} = 8{,}4 \cdot 10^{17}$ Möglichkeiten. Um dieses Passwort zu knacken, bräuchte obiger Computer bereits 53,2 Jahre!

> Wählen Sie möglichst lange Passwörter, die aus einer willkürlichen Folge aus Ziffern, Klein- und Großbuchstaben bestehen.

Um sich ein Passwort merken zu können, werden häufig existierende Begriffe wie z. B. Namen genommen. Eine „intelligente" Brute-Force-Attacke wird also zunächst nach lexikalischen Begriffen suchen. Der Umkehrschluss lautet, dass ein Passwort möglichst keinen Sinn ergeben darf. Wie merkt man sich aber ein derartiges Passwort?

Ein einfacher Trick ist, dass Sie hierzu einen Merksatz verwenden, dessen Anfangsbuchstaben das Passwort ergeben, z. B.:

> Merksatz (Beispiel):
> **I**ch **b**in **91 g**eboren, **m**eine **2 G**eschwister **h**eißen **S**andra **u**nd **J**an.
>
> Passwort:
> **Ib91gm2GhSuJ**

Um dieses Passwort zu knacken, bräuchte obiger Computer 204.608 Jahre, so dass Sie beruhigt schlafen können …

2.3.7 Die Zukunft des Internets

Internet

Wie sieht das Internet in zehn oder zwanzig Jahren aus? Wenn die Entwicklung in den kommenden Jahren ähnlich rasant fortschreitet, wie dies in den vergangenen Jahren der Fall war, dann können wir uns auf etliche Überraschungen gefasst machen.

2.3.7.1 Triple Play

Wie Sie der Karte auf Seite 139 entnehmen können, ist die Verfügbarkeit von Breitband-Zugängen ins Internet in Deutschland bereits sehr hoch. Hierdurch ergeben sich Nutzungsmöglichkeiten, die bislang wegen der zu geringen Übertragungskapazität nicht denkbar waren.

Neben der Integration der Telefonie ist es vor allem das Internet-Fernsehen, das zukünftig hochaufgelöst über den DSL-Anschluss ins Haus kommen wird. Die Vereinigung der drei Dienste Internet, Telefon und Fernsehen wird als „Triple Play" bezeichnet. Kommen noch Mobilfunkdienste hinzu, spricht man von „Quadruple Play".

Die Technik hierfür ist vorhanden, so dass Telefon- und Fernsehanbieter um Marktanteile kämpfen. Für den Kunden ergibt sich der Vorteil, dass durch die Konkurrenzsituation mit sinkenden Preisen zu rechnen ist.

Kritiker führen an, dass es auch Risiken birgt, sich in die Hände eines *einzigen* Anbieters zu begeben. Wenn der Zugang ausfällt, heißt dies: Kein Internet, kein Telefon, kein Fernsehen …

2.3.7.2 Mobiles Internet

Der Hype um Smartphones, Netbooks, und Tablet Computer wie das iPads zeigt: Das zukünftige Internet wird über-

all und rund um die Uhr zur Verfügung stehen, egal ob wir uns im Zug, Auto, Flugzeug oder sonst irgendwo befinden. Um diesen Service zu ermöglichen, haben die vier großen Netzbetreiber Vodafone, T-Mobile, O2 und E-Plus für sehr viel Geld UMTS-Frequenzen erworben. Die UMTS-Technologie (Universal Mobile Telecommunications System) ermöglicht Datenraten bis zu 14 MBit/s, was selbst für Videodaten völlig ausreichend ist.

2.3.7.3 Cloud Computing

Mit dem Internet sind Millionen von Computern verbunden, die aber nur zu einem kleinen Prozentsatz ausgelastet sind: Wenn die Amerikaner schlafen, werden die dortigen Internet-Hosts kaum genutzt und umgekehrt.

Die grundlegende Idee des Cloud Computings besteht darin, die Rechenpower vieler Computer gemeinsam zu nutzen, indem sie zu einer virtuellen „Cloud" (dt.: Wolke) zusammengeschlossen werden. Hierdurch wird es einerseits möglich, vorhandene Hardware (Speicherplatz, Prozessorleistung) gemeinsam zu nutzen. Man spricht von *IaaS (Infrastructure as a Servive)*. Beispiele hierfür sind Windows Azure oder Amazon EC2.

Andererseits ermöglicht Cloud Computing auch die Nutzung von Software über das Internet (*SaaS: Software as a Service*), so dass die Nutzer auf dem eigenen Computer keine Software mehr benötigen. Die gemeinsame Bearbeitung von Dokumenten wird hierdurch sehr leicht möglich. Auch hierfür gibt es bereits Anwendungsbeispiele wie iWord.com von Apple oder Google Docs.

2.3.7.4 Web X.0

Bei Software ist es üblich, die Version durch eine fortlaufende Nummer zu kennzeichnen. Obwohl das Internet nicht mit Software zu vergleichen ist, konnte sich der Begriff „Web 2.0" durchsetzen – nicht zuletzt auch aus Marketinggründen. Rückwirkend spricht man heute auch vom Web 1.0 und als Ausblick auf zukünftige Entwicklungen vom Web 3.0.

„Altes" Web (1.0)
Das Internet bis Anfang dieses Jahrhunderts bestand im Wesentlichen daraus, dass sich wenige Experten um das Erstellen von (statischen) Webseiten gekümmert haben, um auf diesen für ihre Kunden Informationen und Dateien zum Download anzubieten. Die Nutzung des Internets erfolgte für die User überwiegend passiv, da eine aktive Einbindung aus technischen Gründen nicht oder kaum möglich war.

Web 2.0 – Social Web
Der Begriff „Web 2.0" wurde durch den Verleger Tim O'Reilly populär, der im Jahr 2005 einen Artikel mit dem Titel „What is Web 2.0?" veröffentlicht hat. Sie können den von Patrick Holz ins Deutsche übersetzten Artikel bei Interesse unter www.oreilly.de/artikel/web20_trans.html nachlesen.

Welche wesentlichen Unterschiede bestehen zwischen dem frühen Internet und 2.0? In erster Linie ist zu nennen, dass die Nutzer von passiven Konsumenten zu Akteuren werden. Das erklärte Ziel sei es, so O'Reilly, von der „kollektiven Intelligenz" der Nutzergemeinschaft zu profitieren.

Man spricht bei Web 2.0 deshalb auch vom Mitmach-Web. Heute wissen wir, dass dieser Ansatz perfekt funktio-

niert. Sie alle kennen die „Erfolgsgeschichten":

- *Wikis*
  Gab es ein Leben vor Wikipedia?
- *Blogs (Webtagebücher)*
  Hier wurde insbesondere Twitter zu einem Riesenerfolg.
- *Social Communitys*
  Datenschutz hin oder her: Facebook, studiVZ, schülerVZ, MySpace erfreuen sich enormer Beliebtheit.
- *Podcasts*
  Der Traum vom eigenen Radio- oder Fernsehsender ist Wirklichkeit geworden.
- *Foto- und Videocommunitys*
  Die Nutzung von Flickr, MyVideo und vor allem YouTube hat dank Breitband-Zugang explosionsartig zugenommen. Videodaten machen heute einen Großteil der übertragenen Datenmenge im Internet aus.
- *Social Bookmarks*
  Die Idee ist, digitale Lesezeichen, also Verweise auf Webseiten, an einer zentralen Stelle abzulegen, um sie so anderen Nutzern zur Verfügung zu stellen. Große Anbieter sind del.icio.us oder Mister Wong.
- *Feeds*
  Mit Hilfe von Feeds (RSS, Atom) lassen sich Nachrichten, Blogs oder Podcasts abonnieren und automatisch im Webbrowser anzeigen.
- *Virtuelle Welt*
  In dreidimensionalen digitalen Welten wie bei Second Life oder World of Warcraft ist jeder Mitspieler durch einen eigenen so genannten Avatar vertreten und gestaltet sein „paralleles" Leben nach eigenen Vorstellungen.
- *Social Commerce*
  Auch beim Verkauf, Versteigerungen oder Tauschhandel werden die Nutzer eingebunden. Über Rezensionen und

Bewertungen können sie ihre Meinung zu einem Produkt mitteilen, um anderen den Kauf zu empfehlen oder davon abzuraten.
- Open Source
Software entwickelt sich vom lizenzpflichtigen „Produkt" zur kostenlosen „Dienstleistung", die nicht nur entwickelt, sondern gepflegt und weiterentwickelt werden muss. Die Anwender werden in diese Entwicklung einbezogen.
- Cloud Computing
Das Internet wird zur universellen Plattform, die nicht nur Webseiten, sondern auch Hardware und Applikationen, also Programme, zur Verfügung stellt. Der Nutzer kann auf eigene Rechenpower und Software verzichten.

Web 3.0 – Social Semantic Web
Die Semantik untersucht die Bedeutung, den Sinn und Inhalt von Zeichen. Im Zusammenhang mit dem Internet ist vor allem die Bedeutung von Wörtern und Sätzen von Interesse. Um dies zu verdeutlichen, betrachten wir ein Beispiel: Wenn Sie in Google den Begriff „Absatz" eingeben, so meinen Sie
- den unteren Teil eines Schuhs *oder*
- die Menge an verkauften Produkten oder
- die Gliederung eines Textes.

Das Wort „Absatz" hat also drei unterschiedliche Bedeutungen. Woher wissen wir, welche Bedeutung gemeint ist? Wenn nur dieser eine Begriff genannt wird, können wir die gemeinte Bedeutung tatsächlich nur raten. Im *Kontext* aber wird uns die Bedeutung sofort klar: Wo bekomme ich neue Absätze für meine Schuhe? Wie hoch war der Absatz im vergangenen Quartal? Wie viele Absätze hat der Brief?

Was für Menschen einfach ist, stellt für einen Computer eine Herausforderung dar. Da er nicht über den Erfahrungsschatz eines Menschen verfügt, kann er diese Rückschlüsse aus dem Kontext nicht ziehen. Genau an diesem Punkt setzen semantische Technologien an: Ziel ist, dass Computerprogramme die inhaltliche Bedeutung von Daten erkennen und logische Schlüsse daraus ziehen können. Sie müssen hierzu – wie wir Menschen – lernfähig werden.

Die semantische Suchmaschine der Zukunft wird dann auf die Frage „Wo bekomme ich in München neue Absätze für meine Schuhe?" nicht mehr 13.900 Treffer liefern, sondern *einen* Treffer mit einer Wegbeschreibung oder Karte zum nächsten Schuster in München.

Semantische Suchmaschine

Eine semantische Suchmaschine wird – im Unterschied zum heutigen Google – in der Lage sein, auf eine eingegebene Frage eine eindeutige Antwort zu geben.

2.3.8 Checkliste „Computersicherheit"

Maßnahmen	Bewertung		Notizen
	ja	nein	
Eine Firewall ist vorhanden und aktiviert.	☐	☐	
Eine Antiviren-Software ist vorhanden, automatische Updates sind aktiviert.	☐	☐	
Die Option „Automatische Updates" im Betriebssystem ist aktiviert.	☐	☐	
Der Computer wird regelmäßig mit einem Anti-Spyware-Programm überprüft.	☐	☐	
Die Computernutzung erfolgt ohne Administratorrechte.	☐	☐	
Die Passwörter bestehen aus Ziffern, Klein- und Großbuchstaben und besitzen eine Länge von mind. 10 Zeichen.	☐	☐	
Die Sicherheitseinstellungen des Webbrowsers wurden überprüft.	☐	☐	
Ein Backup aller wichtigen Daten wird regelmäßig durchgeführt.	☐	☐	
Ein Webmailer wird genutzt, um Spam auszufiltern.	☐	☐	
Dateianhänge werden nur geöffnet, wenn Herkunft und Inhalt bekannt sind.	☐	☐	

2.3.9 Aufgaben

Internet

1 Internetdienste kennen

Nennen Sie vier Dienste des Internets und deren Funktion.

2 Aufgaben der Internetprotokolle kennen

Nennen Sie je zwei Funktionen folgender Protokolle:
a. IP
b. TCP

3 Aufbau einer URL kennen

Gegeben ist die URL:
http://www.springer.de/index.html

Ordnen Sie den Bestandteilen der URL die richtigen Bezeichnungen zu:
a. Top-Level-Domain
b. Protokoll
c. Dateiname
d. Second-Level-Domain
e. Servername (Internetdienst)

4 Domain-Namen kennen

Ein Kunde möchte seinem Internetauftritt den Domain-Namen www.gemüse-müller.de geben.

Wie beraten Sie den Kunden?

5 Domain-Namen registrieren

a. Nennen Sie die beiden Institutionen, die für die Verwaltung deutscher und internationaler Domain-Namen zuständig sind.
b. Wie kann ein Domain-Name reserviert werden?

6 Mit Datenübertragungsraten rechnen

Wie lange dauert der Download einer 10-MB-Datei mit einem
a. ISDN-Anschluss mit 64 kbps,
b. DSL-Anschluss mit 16.000 kbps?

Hinweis: Gehen Sie vereinfachend davon aus, dass die Übertragung mit maximaler Datenrate erfolgt.

7 DSL kennen

Unterscheiden Sie die DSL-Varianten:
a. ADSL
b. SDSL
c. VDSL(2)

8 Schädlingsarten kennen

Unterscheiden Sie folgende Malware:
a. Virus   b. Trojaner
c. Wurm   d. Spyware

9 Maßnahmen gegen Angriffe aus dem Internet treffen

Zählen Sie Maßnahmen auf, die Sie zum Schutz vor Angriffen aus dem Internet treffen sollten.

10 Web 2.0 kennen

a. Definieren Sie Web 2.0 in einem Satz.
b. Nennen Sie typische Web-2.0-Anwendungen.

11 Web 3.0 kennen

Erklären Sie den Begriff „Semantic Web".

2.4 Datenbanken

2.4.1	Datenbanken in der Medienbranche.	154
2.4.2	Datenerfassung	155
2.4.3	Datenbankentwurf	157
2.4.4	SQL.	166
2.4.5	Datenbankmanagement.	169
2.4.6	Aufgaben	171

2.4.1 Datenbanken in der Medienbranche

Mediendatenbanken
- Atomic View
- CatDV
- Culumus
- Bento
- Expression Media
- Filemaker
- FotoStation
- Microsoft Access
- MySQL
- Portfolio
- PreStore Archive
- QPict

Diese Digital-Asset-Managementsysteme (DAM) werden in der Medienindustrie genutzt, um Daten systematisch zu erfassen, zu verteilen, zu finden und zu archivieren. Siehe auch Seite 170.

Wir merken als Anwender normalerweise nichts davon, aber ohne Datenbanken wäre die heutige Medienbranche unvorstellbar. Datenbanken sind der wertvollste Schatz unserer globalisierten und vernetzten Medienwelt. Nicht Wenige sind durch Datenbanken zu Milliardären geworden – Facebook-Chef Mark Zuckerberg ist noch keine dreißig Jahre alt!

Eine Datenbank hat die Aufgabe, eine große Datenmengen in einer strukturierten Form widerspruchsfrei zu speichern und vor Verlust und unbefugtem Zugriff zu schützen.

Ob Print- oder Digitalmedien: Datenbanken finden sich überall. Einige Anwendungsbeispiele sind:
- Auftrags- und Kundendatenbanken
- Digitale Medienarchive
- Print-Workflow von der Auftragserfassung bis zur Ausgabe
- Personalisiertes Drucken
- Shopsysteme
- Suchmaschinen
- Content-Management-Systeme
- Lern-Management-Systeme wie Moodle
- Soziale Netzwerke wie Facebook
- Enzyklopädien wie Wikipedia

Nun sagen Sie vielleicht: Ich bin Mediengestalter/in – Datenbanken ist Thema der Informatiker.

In der Tat erfordert der Umgang mit Datenbank und erst recht deren Entwurf fundierte Kenntnisse auf diesem Gebiet. Dennoch ist die heutige Medienbranche so stark von der Informatik abhängig, dass *alle* Beteiligten zumindest eine gemeinsame Sprache sprechen müssen. Dies bedeutet, dass Sie als Mediengestalter/in ein Grundverständnis von Datenbanken benötigen. Dieses wollen wir Ihnen in dieser stark vereinfachten Einführung vermitteln.

Konkrete Anwendungen von Datenbanken finden Sie für den Printbereich in Kapitel 8.3 über Personalisierung und für den Digitalbereich in den Kapiteln 10.5 über dynamische Webseiten und 10.7 über Content-Management-Systeme.

Datenbanken bei Amazon

❶ Bilddatenbank mit gescannten Buchseiten (Search Inside)
❷ Kundendaten, z.B. Name, Empfehlungen
❸ Buchinformationen, z.B. Titel, Preis, Rezensionen
❹ Suchvorschläge
❺ Shopsystem, z.B. Warenkorb, Merkzettel

Abb.: Amazon

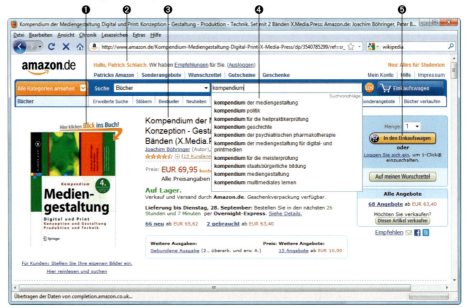

2.4.2 Datenerfassung

2.4.2.1 Karteikarten

Wie hat eine Datenbank ausgesehen, bevor es Computer gab? Es waren Kästen oder Schubfächer gefüllt mit Karteikarten.

Das Beispiel zeigt die Karteikarte einer Kundenkartei. Zur eindeutigen (*konsistenten*) Kennzeichnung der Kunden dient die Kundennummer (Kd.-Nr.). Da für jeden Kunden genau eine Karte angelegt wird, ist gewährleistet, dass Daten nicht doppelt (*redundanzfrei*) erfasst werden (siehe auch Seite 158). Durch das alphabetische Sortieren der Karten nach Nachnamen wird ein gezielter Zugriff auf die Kundendaten möglich.

2.4.2.2 Formulare

Am Prinzip der Karteikarte hat sich nichts geändert, nur dass die Eingabe elektronisch erfolgt: Formulare ermöglichen ein anwenderfreundliches „Einpflegen" von Daten in eine Datenbank, ohne dass hierzu Kenntnisse über die Struktur der Daten benötigt werden.

Der wesentliche Vorteil von Formularen besteht jedoch darin, dass bereits bei der Datenerfassung eine Überprüfung auf Vollständigkeit und Korrektheit der Daten erfolgen kann. Heutige Datenbanksysteme erkennen beispielsweise:
- Fehlende Eingaben
- Falsche Eingaben, z. B. vierstellige Postleitzahlen oder E-Mail-Adressen ohne @-Zeichen
- Rechtschreibfehler, z. B. fehlende Großschreibung

Die Systeme sind so programmiert, dass sie einen Datensatz erst dann akzeptieren, wenn er vollständig und, soweit durch eine Software überprüfbar, fehlerfrei ist. Das System stößt an seine Grenzen, wenn der Anwender (absichtlich oder versehentlich) falsche Eingaben macht, die für die Software nicht als Fehler erkennbar sind, z. B. falsche Namen.

Ein weiterer Vorteil von Formularen ist, dass der Anwender nicht alle für die Datenbank benötigten Daten eingeben muss: Im Beispiel wird die für die Datenbank zur Identifikation des Kunden notwendige Kundennummer nicht durch den Anwender erfasst, sondern vom System einmalig und eindeutig vergeben. Würde zufällig ein zweiter „Fritz Adler" im selben Haus wohnen, wäre er dennoch eindeutig identifizierbar, weil er eine andere Kundennummer zugewiesen bekommt. Eine Verwechslung ist somit ausgeschlossen, es sei denn, der Postbote liefert an der falschen Tür ab …

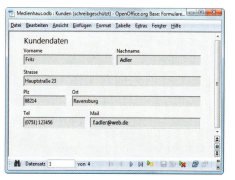

Formular (OpenOffice)
Formulare ermöglichen eine übersichtliche und strukturierte Eingabe von Daten.

155

Band II – Seite 854
10.5.6 Datenbankzugriff

Ein dritter Aspekt, der die Datenerfassung über Formulare unersetzbar
macht, ist die weltweite Verfügbarkeit:
Über Webformulare lassen sich Daten
mit jedem Computer erfassen, der mit
dem Internet verbunden ist. Auf diese
Weise ist es möglich geworden, ein
Hotel in Timbuktu oder ein Auto auf
Honululu zu buchen. (Diese Orte gibt es
wirklich!)

Nun stellt sich die Frage, was mit all'
den eingegebenen Daten geschieht?

2.4.2.3 Tabellen

Tabellen stellen das wichtigste Hilfs-
mittel zur strukturierten Darstellung
von Daten dar. Die im Rahmen dieses
Kapitels besprochenen *relationalen*
Datenbanken verwenden ausschließlich
Tabellen zur Strukturierung der Daten.
Tabellen werden in der Datenbanktheo-
rie als Relation bezeichnet.

Bei einer Kundendatenbank in tabellarischer Darstellung entspricht jede
Karteikarte bzw. Formularseite einer
Tabellenzeile. Tabellen ermöglichen
also eine kompakte Darstellung großer
Datenmengen. Weitere Vorteile der
tabellarischen Darstellung sind:

- Tabellen lassen sich nach beliebigen
  Attributen *sortieren*, z. B. nach dem
  Wohnort.
- Tabellen können nach vorgegebenen Kriterien *gefiltert* werden, z. B.
  könnten Sie für eine lokale Werbeaktion alle Kunden aus Freiburg
  benötigen.
- Tabellen können miteinander in
  Beziehung gesetzt werden. Beispiel:
  Eine Beziehung zwischen einer
  Kunden- und einer Auftragsdaten-
  bank besteht darin, dass zwischen
  dem Kunden und dem Auftrag eine
  eindeutige Beziehung besteht: Zu

jedem Auftrag gehört genau ein
Kunde. Durch Beziehungen lassen
sich mehrere Tabellen miteinander
verbinden.

2.4.2.4 Datenbanksoftware

Um den Umgang mit Datenbanken
zu üben, brauchen Sie eine Software.
Während die meisten kommerziellen
Datenbanksysteme sehr teuer sind, gibt
es alternativ auch einige Produkte, die
entweder kostenlos oder als Bestandteil
eines Office-Pakets zumindest bezahl-
bar sind:

- *Microsoft Access* ist ein weit verbreitetes Datenbanksystem. Es ist Bestandteil des Microsoft-Office-Pakets,
  für das es kostengünstige Schüler-
  und Studentenversionen gibt. Zur
  Erstellung von Tabellen, Formularen
  und Abfragen stellt Access zahlreiche
  Assistenten zur Verfügung, die den
  Einstieg in die komplexe Materie
  erleichtern.
- *OpenOffice Base* ist ein kostenloses
  Datenbanksystem, das Bestandteil des OpenOffice-Pakets ist. Die
  Bedienung und Leistungsfähigkeit
  kommt allerdings an Access nicht
  heran. OpenOffice steht unter
  http://de.openoffice.org für alle
  Betriebssysteme zur Verfügung.
- Für webbasierte Datenbankanwendungen empfiehlt sich die Installation des Komplettpakets XAMPP,
  das neben einem Apache-Webserver
  auch einen *MySQL*-Datenbankserver
  zur Verfügung stellt. Zur Verwaltung
  der Datenbanken enthält das Paket
  die Weboberfläche *phpMyAdmin*.
  Für Anfänger empfiehlt sich diese
  Anwendung eher nicht. Weitere Informationen hierzu finden Sie in Kapitel
  10.5.6.

2.4.3 Datenbankentwurf

2.4.3.1 Grundbegriffe

Nach den einführenden Betrachtungen über Datenbanken müssen einige Begriffe definiert werden, die für Ihre Arbeit mit Datenbanken unerlässlich sind.

Datenbanksystem
Ein Datenbanksystem (DBS) dient der Erstellung, Pflege und Verwaltung von einer oder mehreren Datenbanken.
Beispiele für kostenlose Datenbanksysteme sind OpenOffice Base oder MySQL.

Datenbank
Bei einer Datenbank (DB) handelt es sich um eine strukturierte Sammlung von Daten, die in einem sachlogischen Zusammenhang stehen.

Relationale Datenbank
Relationale Datenbanken sind die wichtigste Untergruppe der Datenbanken. Sie setzen sich aus einer oder mehreren Tabellen zusammen, die auch als Relationen bezeichnet werden.
Neben relationalen gibt es beispielsweise hierarchische oder objektorientierte Datenbanken, auf die im Rahmen dieses Kapitels jedoch nicht eingegangen wird.

Tabelle (Relation)
Tabellen stellen die „Bausteine" relationaler Datenbanken dar. Eine relationale Datenbank besteht aus mindestens einer, meistens aus mehreren Tabellen, die über Schlüssel miteinander in Beziehung stehen. Jede Tabelle besteht ihrerseits aus Datensätzen.

Datensatz (Tupel)
Die *Zeilen* einer Tabelle werden als Datensätze oder Tupel bezeichnet. Ein Datensatz besteht aus mehreren Datenfeldern, z. B. Kundennummer, Nachname, Vorname, Anschrift, Telefonnummer und E-Mail-Adresse. Jeder Datensatz muss über einen so genannten Schlüssel, z. B. die Kundennummer, *eindeutig* identifizierbar sein.
Mit Hilfe einer Karteikarte bzw. mittels Formular wird jeweils ein Datensatz beschrieben.

Attribute
Die einzelnen Zellen einer Tabelle werden als Datenfelder bezeichnet. Gleichartige Datenfelder, z. B. Nachnamen oder E-Mail-Adressen, sind spaltenweise angeordnet und werden in der Theorie *Attribute* genannt.
Jedes Attribut wird durch einen Feldnamen, z. B. „Nname" oder „Mail", bezeichnet.

Grundbegriffe
Relationale Datenbanken bestehen aus einer oder mehreren Tabellen.

Band II – Seite 466
8.5.1 XML-Reisekatalog

Datentyp

Jeder Spalte (Attribut) müssen Sie einen bestimmten Datentyp zuweisen. Die wichtigsten Datentypen sind:
- Ganze Zahlen (INTEGER)
- Dezimalzahlen (FLOAT, DECIMAL)
- Zeichen (CHAR)
- Text (VARCHAR)
- Ja/Nein (BOOLEAN)
- Datum (DATE)
- Uhrzeit (TIME)
- Binäre Daten (BINARY)

Warum ist diese Unterscheidung wichtig? Erstens entscheidet der Datentyp über den benötigten Speicherplatz und damit letztlich auch über die Performance der Datenbank. Zweitens ist die Festlegung des Datentyps zur weiteren Verarbeitung der Daten erforderlich. So kann mit Zahlen gerechnet werden, z.B. Menge mal Einzelpreis gleich Endpreis. Aus Texten lassen sich beispielsweise E-Mails generieren, während binäre Datentypen z.B. Bilder speichern können.

Datentypen

Auswahl wichtiger Datentypen:
- Ganze Zahlen (INTEGER, SMALLINT)
- Dezimalzahlen (NUMERIC, DECIMAL, FLOAT, REAL, DOUBLE)
- Einzelne Zeichen (CHAR)
- Text (VARCHAR, LONGVARCHAR)
- Ja/Nein-Entscheidung (BOOLEAN)
- Datum (DATE)
- Zeit (TIME)
- Binäre Daten (BINARY) z.B. für Bilder

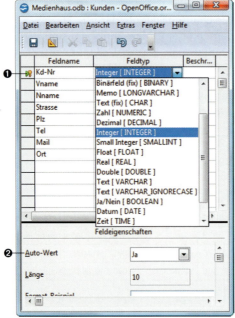

Schlüssel

Ein wesentliches Merkmal einer Datenbank ist, dass *jeder Datensatz eindeutig identifizierba*r sein muss. Für diesen Zweck wird in jeder Tabelle (mindestens) ein Schlüssel benötigt: In der Kundendatenbank wurde die Kundennummer als Schlüssel definiert. Sie erkennen dies am kleinen Schlüsselsymbol ❶ links vom Feldnamen. Über einen Schlüssel wird der Zugriff auf Datensätze beschleunigt. Sein Wert wird vom System üblicherweise automatisch vergeben (Auto-Wert) ❷, so dass doppelte Werte nicht vorkommen können. Weiterhin ermöglichen Schlüssel die Verknüpfung von Tabellen miteinander.

Ein Schlüssel, der zur Identifikation der Datensätze der eigenen Tabelle dient, heißt *Primärschlüssel*. Wird dieser Schlüssel in einer Tabelle verwendet, die einen eigenen Primärschlüssel hat, spricht man vom *Fremdschlüssel*.

2.4.3.2 Forderungen an den Datenbankentwurf

Am Beispiel der Kundendatenbank lassen sich die wichtigsten Kriterien für den Entwurf von Datenbanken ablesen:

Datenkonsistenz

Jeder Datensatz muss eindeutig identifizierbar (*konsistent*) sein. Dies wird dadurch erreicht, dass die als Primärschlüssel bezeichnete (Kunden-)Nummer einmalig vergeben wird. Sie wird auch dann nicht erneut vergeben, wenn der Datensatz gelöscht wird.

Konsistente Datensätze sind also gleich einem Fingerabdruck immer eindeutig unterscheidbar, selbst wenn der Fall eintritt, dass sich zwei Menschen mit demselben Namen eine Wohnung und einen Telefonanschluss teilen.

Datenbanken

Redundanzfreiheit

Werden sämtliche Daten nur ein einziges Mal erfasst und gespeichert, dann sind sie *redundanzfrei*. Dies spart Speicherplatz und verhindert Probleme bei späteren Änderungen.

Nehmen Sie an, dass ein Kunde im Laufe der Zeit mehrere Bestellungen tätigt. Ohne Kundennummer müssten bei jeder Bestellung Name und Anschrift erneut und damit redundant erfasst werden. Noch problematischer wäre, wenn sich nach einiger Zeit die Anschrift des Kunden ändert. Um die Daten konsistent zu halten, müsste die Anschrift bei sämtlichen Bestellungen nachträglich geändert werden.

Sie erkennen, dass die Kundennummer als Schlüssel die mehrfache Eingabe der Kundendaten unnötig macht, da zu jeder Bestellung lediglich die Kundennummer notiert werden muss. Im Falle der geänderten Anschrift muss diese Änderung in der Kundendatenbank nur an einer Stelle vorgenommen werden, die Kundennummer selbst bleibt unverändert.

Weitere Forderungen

- Der Nutzer braucht sich nicht um die Organisation und Verwaltung der Daten zu kümmern. Die Reihenfolge der Datenerfassung spielt keine Rolle.
- Die Daten einer Datenbank müssen vor Verlust sicher sein (*Datensicherheit*). Um diese Forderung zu erfüllen, müssen geeignete Backup-Strategien zum Einsatz kommen.
- Ein heikles Thema ist der *Datenschutz* vor unerlaubtem Zugriff und vor Manipulation, insbesondere wenn es sich um personenbezogene Daten handelt. Facebook lässt grüßen!
- Mehrere Nutzer müssen gleichzeitig auf eine Datenbank zugreifen können (Multiuser-DB).

2.4.3.3 Normalisierung

Gemäß letztem Abschnitt lauten die Hauptforderungen an Datenbanken:
- Datenkonsistenz
- Redundanzfreiheit

Um diese Ziele zu erreichen, müssen die Datensätze auf mehrere Tabellen verteilt werden. Der Vorgang wird als Normalisierung bezeichnet, wobei mehrere so genannte Normalformen unterschieden werden.

Im Folgenden wird anhand eines Beispiels auf die ersten drei Normalformen eingegangen. Die vierte und fünfte Normalform spielt in der Praxis eine untergeordnete Rolle.

Aufgabenstellung

Sie arbeiten in einem Medienbetrieb, der seinen Kunden Print- und Nonprintprodukte anbietet. Alle Aufträge werden mit einer Auftragsnummer (ANr) versehen und in einer Tabelle erfasst:

Aufträge

ANr	Datum	Kunde	Anschrift	Produkte
1	01.03.12	Firma Winkler	Hauptstr. 23, 77652 Offenburg	Website
2	10.05.12	Firma Mayer	Gartenstr. 15, 77933 Lahr	Visitenkarten, Briefbogen, Logo
3	20.06.12	Firma Schulz	Holzweg 3, 77960 Seelbach	Flyer
4	01.09.12	Firma Schmitt	Hauptstr. 5, 77933 Lahr	Website, Flyer
5	01.10.12	Firma Winkler	Hauptstr. 23, 77652 Offenburg	Visitenkarten
6	01.10.12	Firma Schulz	Holzweg 3, 77960 Seelbach	Briefbogen

Auftragserfassung

Eine Tabelle in dieser Form ist für die Umsetzung in einer Datenbank untauglich.

Die Tabelle enthält folgende Mängel:

- Die Datensätze sind nicht konsistent, obwohl ein Schlüssel „ANr" vergeben wurde. Grund ist, dass aus der Auftragsnummer „ANr" nicht gefolgert werden kann, um welches Produkt es sich handelt.
- Durch die Erfassung der gesamten Anschrift in einem Datenfeld ist ein Sortieren der Datensätze, z. B. nach Postleitzahlen, nicht möglich.
- Die Datensätze sind nicht redundanzfrei: Bei Firmen, die mehrere Aufträge erteilen, muss jedes Mal die gesamte Anschrift eingetragen werden. Ändert sich die Kundenanschrift, muss diese Änderung in mehreren Datensätzen vorgenommen werden.
- Als ungeschickt erweist sich auch, dass vor den Firmennamen der Eintrag „Firma" steht. Ein alphabetisches Sortieren der Firmen wird nur dann möglich, wenn diese Schreibweise konsequent eingehalten wird. Fehlt der Eintrag oder wird stattdessen „Fa." geschrieben, stimmt die Reihenfolge bereits nicht mehr.

1. Normalform

Ein Teil der angesprochenen Probleme lässt sich beseitigen, wenn die Tabelle in die 1. Normalform umgewandelt wird:

> **1. Normalform**
> Eine Tabelle befindet sich in der 1. Normalform, wenn jedes Datenfeld nur einen Eintrag enthält.

Wenn Sie die Tabelle in der 1. Normalform betrachten, stellen Sie fest:

- Jedes Datenfeld enthält genau einen Eintrag, sieht man einmal von der Hausnummer ab. Diese gehört jedoch zur Straße. Die Tabelle kann nun nach beliebigen Attributen (also spaltenweise) sortiert werden. Weiterhin ist das Filtern bestimmter Datensätze möglich, z. B. alle Aufträge der Firma Winkler, alle Aufträge für Visitenkarten oder alle Aufträge im ersten Quartal.
- Die Datensätze sind jedoch nicht konsistent, weil der Primärschlüssel „ANr" einen Datensatz nicht mehr eindeutig identifiziert.
- Die Tabelle ist alles andere als redundanzfrei. Die Redundanz hat im Vergleich zur ersten Tabelle sogar deutlich zugenommen.

2. Normalform

Zur Reduktion der Redundanz muss die Tabelle in mehrere Tabellen zerlegt werden.

1. Normalform

Aufträge

ANr	Datum	Firma	Straße	Plz	Ort	Produkt
1	01.03.12	Winkler	Hauptstraße 23	77652	Offenburg	Website
2	10.05.12	Mayer	Gartenstraße 15	77933	Lahr	Visitenkarten
2	10.05.12	Mayer	Gartenstraße 15	77933	Lahr	Briefbogen
2	10.05.12	Mayer	Gartenstraße 15	77933	Lahr	Logo
3	20.06.12	Schulz	Holzweg 3	77960	Seelbach	Flyer
4	01.09.12	Schmitt	Hauptstraße 5	77933	Lahr	Website
4	01.09.12	Schmitt	Hauptstraße 5	77933	Lahr	Flyer
5	01.10.12	Winkler	Hauptstraße 23	77652	Offenburg	Visitenkarten
6	01.10.12	Schulz	Holzweg 3	77960	Seelbach	Briefbogen

160

Datenbanken

2. Normalform

2. Normalform
Eine Tabelle befindet sich in der 2. Normalform, wenn
- sie sich in der 1. Normalform befindet und
- alle Datenfelder von einem (zusammengesetzten) Schlüssel *funktional abhängig* sind.

Die abstrakte Formulierung der „funktionalen Abhängigkeit" lässt sich anhand des Beispiels erklären:
- Die Tabelle „Produkte" besitzt einen Schlüssel „PNr". Von diesem Schlüssel ist das Attribut „Produkt" funktional abhängig. Dies heißt, dass es zu jeder Produktnummer *genau ein* Produkt gibt.
- Die Tabelle „Aufträge" enthält die Schlüssel „ANr" und „PNr". Keiner der Schlüssel stellt in der Tabelle eine funktionale Abhängigkeit her. Diese wird erst durch Kombination der Schlüssel möglich: Aus dem zusammengesetzten Schlüssel „ANr" *und* „PNr" folgt *genau ein* „Datum", genau ein „Kunde" mit *genau einer* Anschrift.
- Die Tabelle ist nicht redundanzfrei, weil die Kundenanschriften mehrfach enthalten sind.

3. Normalform

In der dritten Stufe der Normalisierung werden die verbliebenen Redundanzen beseitigt.

3. Normalform
Eine Tabelle befindet sich in der 3. Normalform, wenn
- sie sich in der 2. Normalform befindet und
- alle Datenfelder, die keine Schlüssel sind, *nicht funktional abhängig* sind.

Auch dieser Sachverhalt lässt sich am Beispiel erklären:

In der Tabelle „Aufträge" in der 2. Normalform sind die Kundenangaben funktional abhängig: Zum Kunden „Winkler" gehört genau eine „Straße", genau eine „Plz" und genau ein „Ort". Dies darf nach der 3. Normalform nicht sein. Schließlich ist es vorstellbar, dass ein zweiter Kunde namens „Winkler" hinzukommt. Die Adressen der Kunden namens „Winkler" ließen sich anhand des Namens nicht mehr ermitteln. Um diesen Fehler zu beheben, muss eine dritte Tabelle mit neuem Schlüssel definiert werden. Auf der nächsten Seite ist die Datenbank in der 3. Normalform

Aufträge

ANr	PNr	Datum	Firma	Straße	Plz	Ort
1	1	01.03.12	Winkler	Hauptstraße 23	77652	Offenburg
2	2	10.05.12	Mayer	Gartenstraße 15	77933	Lahr
2	3	10.05.12	Mayer	Gartenstraße 15	77933	Lahr
2	4	10.05.12	Mayer	Gartenstraße 15	77933	Lahr
3	5	20.06.12	Schulz	Holzweg 3	77960	Seelbach
4	1	01.09.12	Schmitt	Hauptstraße 5	77933	Lahr
4	5	01.09.12	Schmitt	Hauptstraße 5	77933	Lahr
5	2	01.10.12	Winkler	Hauptstraße 23	77652	Offenburg
6	3	01.10.12	Schulz	Holzweg 3	77960	Seelbach

Produkte

PNr	Produkt
1	Website
2	Visitenkarten
3	Briefbogen
4	Logo
5	Flyer

2. Normalform

Aufträge

ANr	PNr	Datum	KNr
1	1	01.03.12	1
2	2	10.05.12	2
2	3	10.05.12	2
2	4	10.05.12	2
3	5	20.06.12	3
4	1	01.09.12	4
4	5	01.09.12	4
5	2	01.10.12	1
6	3	01.10.12	3

Produkte

PNr	Produkt
1	Website
2	Visitenkarten
3	Briefbogen
4	Logo
5	Flyer

Kunden

KNr	Firma	Straße	Plz	Ort
1	Winkler	Hauptstraße 23	77652	Offenburg
2	Mayer	Gartenstraße 15	77933	Lahr
3	Schulz	Holzweg 3	77960	Seelbach
4	Schmitt	Hauptstraße 5	77933	Lahr

3. Normalform dargestellt. Wie Sie sehen, sind alle Datenfelder, die keine Schlüssel sind, nur noch von Schlüsseln abhängig. Nun wäre auch ein weiterer Kunde „Winkler" mit identischer Anschrift eindeutig identifizierbar, da er eine andere Kundennummer erhält.

Der Prozess der Normalisierung ist mit der 3. Normalform abgeschlossen. Für alle drei Tabellen gilt, dass die enthaltenen Daten *redundanzfrei und konsistent* sind.

Einen großen Nachteil bringt die Normalisierung einer Datenbank leider mit sich: Die *Lesbarkeit verschlechtert sich* mit jeder weiteren Tabelle deutlich. Damit wird klar, dass für den Einsatz von Datenbanken eine geeignete Datenbankmanagement-Software unerlässlich ist. Diese übernimmt die Datenorganisation und -verwaltung sozusagen „im Hintergrund", ohne dass sich der Anwender darum kümmern muss.

2.4.3.4 Entity-Relationship-Modell

Bislang haben wir uns angesehen, wie sich eine „schlechte" Datenbank in eine normalisierte Form überführen lässt. In der Praxis wird man natürlich versuchen, diesen Fall zu vermeiden und bereits beim *Datenbankentwurf* dafür zu sorgen, dass sich konsistente und redundanzfreie Datenbanken ergeben. Zu diesem Zweck gibt es verschiedene Entwurfsverfahren, von denen das Entity-Relationship-Modell (ER-Modell) das bekannteste ist. Bei der so genannten Chen-Notation werden drei grafische Elemente, Rechteck, Raute und Ellipse, unterschieden:

- *Entitätstyp*
  Der komplizierte Begriff steht für Objekte, denen Informationen zugeordnet werden können, z. B. Produkte, Kunden, Aufträge.
- *Beziehung*
  Zwischen den Objekten lassen sich Beziehungen herstellen, z. B. Kunde „kauft" Produkte oder Kunde „erteilt" Aufträge.
- *Attribute*
  Jedes Objekt hat bestimmte Eigenschaften oder Attribute, z. B. haben Kunden einen Namen und eine Anschrift.

Die drei Elemente lassen sich nun mittels Linien miteinander verbinden:

Datenbanken

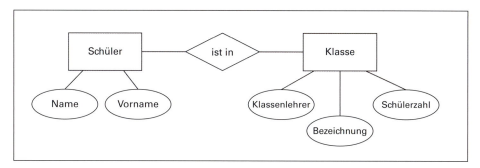

ER-Modell

Das ER-Modell dient zur grafischen Darstellung der Zusammenhänge zwischen Daten.

Bei der Umsetzung des Diagramms in eine Datenbank wird aus jedem Entitätstyp (Rechteck) eine Tabelle.

Das Beispiel zeigt zwei Entitätstypen „Schüler" und „Klasse", zwischen denen eine Beziehung besteht: Jeder Schüler „ist in" einer Klasse. Jedem Entitätstyp sind Attribute zugeordnet. Beim Entwurf müssen Sie entscheiden oder mit Ihrem Auftraggeber absprechen, ob diese Attribute ausreichend sind oder ob weitere Attribute ergänzt werden müssen, z.B. Alter, Anschrift, Geschlecht der Schüler. Sie sehen den Vorteil des Modells: Es ist eine auch für Laien verständliche Darstellungsweise von Daten.

Bevor wir uns ansehen, wie sich ein ER-Modell in eine Datenbank umsetzen lässt, müssen wir noch genauer auf die Art von Beziehung eingehen, die zwischen den Entitätstypen besteht.

1:1-Beziehung

Wenn zwischen zwei Entitätstypen ein eindeutiger Zusammenhang besteht, spricht man von einer 1:1-Beziehung.

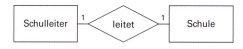

Interpretation:
- Jeder Schulleiter leitet *genau eine* Schule.
- Jede Schule wird von *genau einem* Schulleiter geleitet.

Bei der Umsetzung des ER-Diagramms in eine Datenbank können 1:1-Beziehungen in *einer Tabelle* notiert werden, die die Spalten „Schule" und „Schulleiter" besitzt.

1:n-Beziehung

Eine 1:n-Beziehung liegt dann vor, wenn einer der Entitätstypen mit *mehreren* Entitäten des zweiten Typs verbunden sein kann:

Interpretation:
- Jede Klasse hat *mehrere* Schüler.
- Jeder Schüler gehört zu *genau einer* Klasse.

Bei der Umsetzung als Datenbank werden für die häufig vorkommenden 1:n-Beziehungen *zwei Tabellen* benötigt, die über Schlüssel miteinander verbunden werden.

m:n-Beziehung

Gibt es mehrere Verbindungen in beiden Richtungen, spricht man von einer m:n-Beziehung:

Interpretation des Diagramms:
- Ein Lehrer unterrichtet mehrere Schüler.

- Jeder Schüler wird von mehreren Lehrern unterrichtet.

Eine m:n-Beziehung macht Probleme bei der Erstellung einer Datenbank, weil sich mit ihr keine eindeutige Beziehung zwischen zwei Tabellen herstellen lässt. Zur Umsetzung in eine Datenbank gilt deshalb:

> m:n-Beziehungen sind unzulässig und müssen durch Ergänzen weiterer Tabellen aufgelöst werden!

Im konkreten Beispiel wäre dies eine Lehrer-Schüler-Tabelle, aus der hervorgeht, welcher Lehrer welche Schüler unterrichtet.

Anwendung des ER-Modells

Die Grafik zeigt die Anwendung des ER-Modells auf das Beispiel des Medienbetriebs:

Zwischen Produkten und Kunden besteht eine m:n-Beziehung (siehe gestrichelte Linie):

- Jeder Kunde kann mehrere Produkte in Auftrag geben.
- Jedes Produkt kann von mehreren Kunden bestellt werden.

Die Modellbildung erfordert deshalb die Einführung einer dritten Tabelle Aufträge, die aus *einer* m:n-Beziehung *zwei* 1:n-Beziehungen macht:

- Jeder Kunde kann mehrere Aufträge erteilen. Jeder Auftrag gehört zu genau einem Kunden.
- Ein Produkt kann in mehreren Aufträgen bestellt werden. Zu jedem Auftrag gehört genau ein Produkt.

Aus der letzten Aussage ergibt sich ein Problem: Was passiert, wenn ein Kunde mehrere Produkte bestellt? Die Auftragsnummer kommt dann mehrfach vor und eignet sich deshalb nicht als Primärschlüssel. Eindeutigkeit ergibt sich in dieser Tabelle deshalb erst aus der Kombination von Auftrags- *und* Produktnummer – man spricht von einem zusammengesetzten Schlüssel, der den Datensatz eindeutig identifiziert. Ist der Datenbankentwurf fertiggestellt, kann

ER-Diagramm

Zwischen Produkten und Kunden besteht eine m:n-Beziehung. Um diese als Datenbank umsetzen zu können, muss eine weitere Tabelle eingefügt werden.

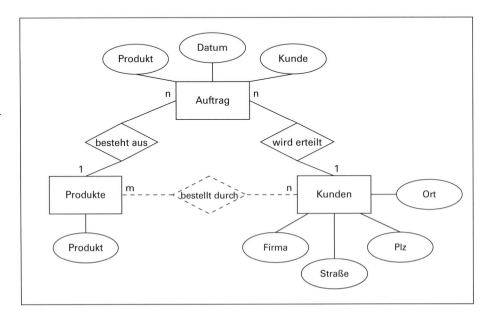

Datenbanken

mit der Umsetzung in einem Datenbanksystem begonnen werden. Gehen Sie hierbei folgendermaßen vor:
- Aus jedem Entitätstyp (Rechteck) wird eine Tabelle.
- Die Attribute (Ellipsen) werden zu Tabellenspalten. Eventuell müssen weitere Spalten ergänzt werden (ANr, KNr, PNr).
- Die Beziehungen werden realisiert, indem Primärschlüssel ❶ und Fremdschlüssel ❷ miteinander verbunden werden.

Wie der Screenshot (Microsoft Access) zeigt, entspricht der Datenbankentwurf optisch dem ER-Diagramm. Statt „n" wird hier das „∞"-Zeichen verwendet, das in der Mathematik für „unendlich" steht.

Würde ein Produkt aus der Produkttabelle gelöscht, das schon einmal bestellt wurde, dann würde hierdurch die Auftragstabelle fehlerhaft, da es das bestellte Produkt nicht (mehr) gibt. Referenzielle Integrität verhindert also, dass ein bestelltes Produkt gelöscht werden kann. Zulässig hingegen ist es, Produkte hinzuzufügen, die dann natürlich noch nicht bestellt wurden.

Oder: Theoretisch kann es Kunden geben, die noch nichts bestellt haben. Vielleicht haben sie nur einmal einen Produktkatalog angefordert. Diese Kunden können gelöscht werden. Ein Kunde, der schon einmal etwas bestellt hat, kann bei referenzieller Integrität nicht gelöscht werden, da hierdurch die Auftragstabelle fehlerhaft würde.

Referenzielle Integrität stellt also sicher, dass die Nutzer der Datenbank nur Eingaben machen können, die nicht zu Dateninkonsistenzen führen. Das Datenbanksystem überprüft dies anhand der vergebenen Primär- und Fremdschlüssel, ohne die referenzielle Integrität nicht möglich ist.

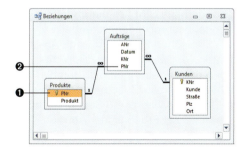

2.4.3.5 Referenzielle Integrität

Der kompliziert klingende Begriff der referenziellen Integrität bedeutet, dass ein Datenbanksystem (DBS) sicherstellen muss, dass die Beziehungen zwischen Tabellen nicht zu Fehlern (Dateninkonsistenzen) führen. Beim Erstellen einer Beziehung müssen Sie deshalb entscheiden, ob diese mit oder ohne referenzielle Integrität sein soll ❸. Was kann passieren, wenn keine referenzielle Integrität besteht? Hierzu zwei Beispiele:

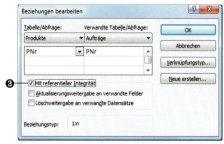

Beziehungen

In Microsoft Access lassen sich Beziehungen mit Hilfe eines Assistenten festlegen.

Referenzielle Integrität

Bei jeder Beziehung muss festgelegt werden, ob „referenzielle Integrität" gewünscht wird. Hierdurch lassen sich widersprüchliche oder fehlerhafte Daten verhindern.

165

2.4.4 SQL

2.4.4.1 Bedeutung von SQL

Um Webseiten weltweit einheitlich darstellen zu können, wurde die Seitenbeschreibungssprache HTML (Hypertext Markup Language) entwickelt und standardisiert.

Auch bei der Entwicklung von Datenbanken wird das Ziel verfolgt, dass ein – im Idealfall – plattform- und programmunabhängiger Zugriff auf Datenbanken möglich ist. Um dies zu ermöglichen, wurde für relationale Datenbanken die Abfragesprache SQL (Structured Query Language) entwickelt. Sie ermöglicht unter anderem das
- Erstellen von Datenbanken und Tabellen,
- Eingeben, Ändern und Löschen von Datensätzen,
- Abfragen (engl.: Query) von Daten nach gewünschten Kriterien.

SQL ist ISO-standardisiert und plattformunabhängig. Dennoch existieren verschiedene Sprachversionen bzw. -dialekte, so dass in Abhängigkeit vom eingesetzten Datenbankmanagementsystem unterschiedliches SQL zum Einsatz kommt.

Müssen Sie SQL lernen? Die Antwort lautet: Ja und Nein. Wenn Sie sich intensiver mit Datenbanken auseinandersetzen, kommen Sie an SQL nicht vorbei. SQL ist die Sprache der Datenbanken, so wie HTML die Sprache der Webseiten ist.

Allerdings ermöglicht heutige Datenbank-Software das Erstellen von und den Zugriff auf Datenbanken auch ohne SQL-Kenntnisse. Zu diesem Zweck stehen z. B. bei Microsoft Access oder OpenOffice Base Abfrage-Assistenten zur Verfügung, die Sie bei der Erstellung von Abfragen mittels grafischer Oberfläche unterstützen. Der zugehörige SQL-Befehl wird im Hintergrund gespeichert, so dass sich der Anwender hiermit nicht befassen muss.

Die Screenshots zeigen eine Abfrage „Kunden aus Lahr" zu der im letzten Kapitel besprochenen Datenbank.

Links sehen Sie den Abfrage-Assistenten von Microsoft Access, rechts oben den zugehörigen SQL-Befehl. Die Linien zeigen die Zusammenhänge zwischen Assistent und Befehl. Rechts unten ist das Ergebnis der Abfrage dargestellt.

Band II – Seite 854
10.5.6 Datenbankzugriff

Structured Query Language (SQL)

SQL ist eine Abfragesprache für Datenbanken.
Bei Access können Sie Abfragen wahlweise über einen SQL-Befehl (rechts oben) oder mit Hilfe eines Assistenten (links) erstellen. Das Ergebnis der Abfrage sehen Sie rechts unten.

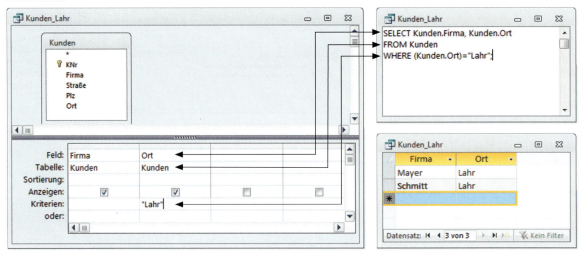

Datenbanken

2.4.4.2 SQL-Befehle

Im Unterschied zu anderen Sprachen ist der „Wortschatz" von SQL relativ begrenzt und einigermaßen leicht zu verstehen – sehen wir einmal von komplexen Anwendungen des SELECT-Befehls ab.

Im Folgenden lernen Sie einige wichtige SQL-Befehle kennen. Als Beispiel dient die Kundendatenbank, die bereits im letzten Kapitel für die Normalisierung bzw. Entwicklung eines ER-Modells herangezogen wurde.

Datenbank erstellen
Der SQL-Befehl, um eine neue Datenbank zu erstellen, lautet:

```
CREATE DATABASE medienbe-
trieb;
```

Die SQL-Befehle sind zur besseren Kennzeichnung großgeschrieben. Die Datenbank ist zunächst noch leer, enthält also noch keine Tabelle.

Tabellen erzeugen
Die Erzeugung einer Tabelle ist etwas umfangreicher, weil sämtliche Eigenschaften (Attribute) der Tabelle angegeben werden müssen. Betrachten wir hierzu das Beispiel der Tabelle „Kunden":

```
CREATE   TABLE Kunden(
  KNr      INT NOT NULL
           AUTO_INCREMENT,
  Firma    VARCHAR(30),
  Strasse VARCHAR(30),
  Plz      VARCHAR(5),
  Ort      VARCHAR(30),
           PRIMARY KEY (KNr)
);
```

Erklärungen:
- Die „KNr" erhält den Datentyp INT (Integer) für ganze Zahlen. Weiterhin muss hier immer ein Eintrag erfolgen (NOT NULL), da die Kundennummer als Primärschlüssel (PRIMARY KEY) dient. Die Angabe AUTO_INCREMENT besagt schließlich, dass die Nummer vom Datenbanksystem automatisch vergeben und hochgezählt wird. Auf diese Weise ist die versehentliche doppelte Vergabe einer Nummer nicht möglich.
- Die Attribute „Firma", „Strasse", „Plz" und „Ort" sind jeweils von Datentyp VARCHAR, bestehen also aus einer variablen Anzahl von Zeichen. Die Angabe in Klammer besagt, dass maximal 30 bzw. 5 Zeichen möglich sind. Vielleicht wundern Sie sich, dass auch die Postleitzahl als Text und nicht als Zahl angegeben wird. Dies hat den Grund, dass es Postleitzahlen mit einer führenden Null gibt, z. B. 03042 (Cottbus). Bei einer Zahl würde die führende Null nicht angezeigt.

Die Befehle zum Verändern bzw. Löschen einer Tabelle heißen ALTER TABLE bzw. Tabelle DROP TABLE.

Datensätze eingeben
Nachdem die Tabellen definiert sind, erfolgt im nächsten Schritt die Eingabe der Datensätze:

```
INSERT INTO Kunden
(Firma, Strasse, Plz, Ort)
VALUES ("Winkler", "Haupt-
strasse 23", "77652", "Offen-
burg");
```

Erklärungen:
- Wie Sie sehen, entfällt die Eingabe der Kundennummer, da diese auto-

matisch (`AUTO_INCREMENT`) durch
das Datenbanksystem generiert und
hochgezählt wird.
- Beachten Sie auch, dass Texte in Anführungszeichen oder Hochkommas
gesetzt werden müssen. Die Postleitzahl wird ebenfalls als Text und nicht
als Zahl eingegeben.

Datensätze ändern

Eine nachträgliche Änderung eines Datensatzes erfolgt mit Hilfe des `UPDATE`-
Befehls:

```
UPDATE Kunden SET
Strasse = "Gartenstraße 5",
Plz = "77933",
Ort = "Lahr" WHERE KNr = 5;
```

Im Beispiel wird also die gesamte Anschrift des Kunden mit der Kundennummer 5 geändert.

Datensätze löschen

Mit entsprechenden Zugriffsrechten
ist auch das Löschen von Datensätzen
problemlos möglich:

```
DELETE FROM Kunden
WHERE KNr = 5;
```

Gelöscht wird der gesamte Datensatz
mit der Kundennummer 5.

Datensätze abfragen

`SELECT` ist ein komplexer SQL-Befehl,
der den Zugriff auf Datenbanken mittels
Abfragen ermöglicht. In der Tabelle
rechts sind einige Beispiele aufgelistet.

Die `SELECT`-Anweisung bietet noch
weitere Möglichkeiten, z.B. können Sie
über `GROUP` Ergebnisse zusammenfassen. Im Internet finden Sie hierzu
zahlreiche Tutorials.

Abfrage aller (∗) Datensätze der
Tabelle Kunden:

```
SELECT *
FROM Kunden;
```

Abfrage aller Kunden mit dem Namen „Mayer":

```
SELECT Firma,Strasse,Plz,Ort
FROM Kunden
WHERE Firma LIKE "Mayer";
```

Abfrage aller Datensätze geordnet
nach Postleitzahlen:

```
SELECT *
FROM Kunden
ORDER BY Plz;
```

Abfrage über zwei verknüpfte Tabellen:

```
SELECT Kunden.Firma,Aufträge.
Datum
FROM Kunden
INNER JOIN Aufträge
ON Kunden.KNr = Aufträge.KNr;
```

Kombinierte Abfrage aller Kunden,
die das Produkt „Briefbogen" bestellt haben, sortiert nach Datum:

```
SELECT Aufträge.Datum,Kunden.
Firma,Produkte.Produkt

FROM (Kunden INNER JOIN Auf-
träge ON Kunden.KNr = Aufträ-
ge.KNr) INNER JOIN Produkte
ON Aufträge.PNr = Produkte.
PNr

WHERE Produkte.Produkt LIKE
"Briefbogen"

ORDER BY Aufträge.Datum;
```

2.4.5 Datenbankmanagement

Datenbanken

2.4.5.1 ODBC

Fileserver-System
Bei einem Zugriff auf eine Access-Datenbank erfolgt ein direkter Zugriff auf die Datenbank*datei*. Die Auswahl der gewünschten Datensätze mittels SQL-Abfragen erfolgt clientseitig.

Nachteil dieses Verfahrens ist, dass die Belastung des Netzwerks ab einer gewissen Benutzerzahl hoch ist und damit die Performance der Datenbank sinkt. Fileserver-Systeme sind deshalb nur für kleinere Datenbanksysteme empfehlenswert.

Client-Server-System
Mit Hilfe der im vorherigen Abschnitt vorgestellten Abfragesprache SQL ist der Zugriff auf Datenbanken standardisiert. Damit nun von einer Datenbank-Client-Software der Zugriff auf SQL-Datenbanken möglich ist, wurde für Windows-Betriebssysteme mit ODBC (Open Database Connectivity) eine entsprechende Schnittstelle geschaffen. ODBC stellt die Verbindung zwischen Datenbank-Client und Datenbank-Server her. Um auf eine Datenbank zugreifen zu können, muss der entsprechende ODBC-Treiber installiert werden. Der Zugriff auf den Datenbank-Server erfolgt mittels SQL-Befehlen, die jedoch serverseitig ausgewertet werden. Das Resultat der Abfrage wird an den Client übertragen. Der Vorteil dieser Vorgehensweise liegt darin, dass durch die serverseitige Abarbeitung der SQL-Befehle eine deutlich bessere Performance und geringere Netzbelastung erreichbar ist.

Client-Server-Systeme wie Microsoft SQL-Server, MySQL oder Oracle ermöglichen aus den genannten Gründen die Realisierung sehr großer Datenbanken mit hoher Benutzeranzahl.

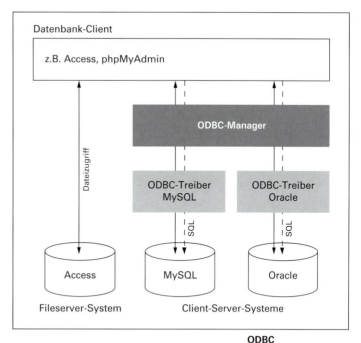

Abschließend sei erwähnt, dass auf Client-Server-Systeme auch mittels Skriptsprache zugegriffen werden kann. Dies macht man sich für die Realisierung von dynamischen Webseiten zunutze, deren Inhalte in Abhängigkeit von der Anfrage des Benutzers „dynamisch" aus einer Datenbank geladen werden (siehe Kapitel 10.5.6).

ODBC
Über ODBC ist ein Zugriff auf unterschiedliche Datenbanksysteme möglich.

2.4.5.2 Datenbanksysteme (DBS)

Wie die Grafik auf der nächsten Seite zeigt, besteht ein Datenbanksystem aus Datenbanken (DB) und aus einer diese Datenbanken verwaltenden Software, einem Datenbankmanagementsystem (DBMS). Für den oder die Anwender ergibt sich der Vorteil, dass sie auf Datenbanken zugreifen können, ohne sich um die physikalische Organisation der Daten kümmern zu müssen. Für die Anwender spielt es keine Rolle, wie und

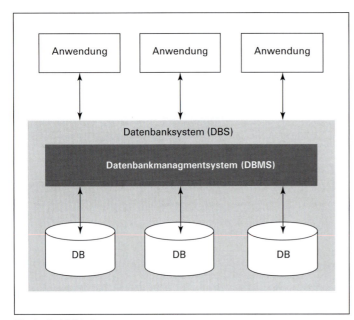

Blockschaltbild eines Datenbanksystems

Datenbanksysteme bestehen aus einer Software zur Verwaltung der Datenbanken, dem Datenbankmanagementsystem (DBMS), und Datenbanken.

wo die Daten gespeichert sind, sondern lediglich, wie sie auf diese Daten zugreifen können. Neben der physikalischen Verwaltung der Daten hat ein Datenbankmanagementsystem weitere Aufgaben:
- Bearbeitung von Datenbankabfragen (Query)
- Gewährleistung der Datensicherheit – auch nach Systemabsturz
- Gewährleistung des Datenschutzes über die Vergabe von Zugriffsrechten
- Synchronisation bei gleichzeitigem Zugriff auf eine Datenbank durch mehrere Nutzer (Multiuser-DB)
- Bereitstellung von Werkzeugen für den Datenbankentwurf
- Bereitstellung von „Assistenten" z. B. für Berichte (Reports), Formulare und Abfragen
- Konvertieren der Daten in andere Formate (Datenexport)

Wie im letzten Abschnitt erläutert, müssen Sie bei Datenbanksystemen zwischen Client-Server-Systemen für große und sehr große Datenbanken mit mehreren Millionen Datensätzen und Fileserver-Systemen für kleine und mittlere Datenbanken unterscheiden.

Den kommerziellen Bereich teilen sich hierbei die drei großen Systeme DB2 von IBM, Microsoft SQL-Server und Oracle Database auf. Ein zweites Unterscheidungsmerkmal ist, ob es sich um ein kommerzielles oder kostenloses Produkt handelt. Dass Letzteres nicht unbedingt minderwertig sein muss, beweist die große Verbreitung von *MySQL* auf Webservern. In Kapitel 10.5 stellen wir Ihnen vor, wie Sie sich einen Webserver mit MySQL lokal auf Ihrem Rechner installieren können, um mittels PHP darauf zuzugreifen.

In der Tabelle sind die wichtigsten Datenbanksysteme zusammengestellt, ohne dass die Liste einen Anspruch auf Vollständigkeit erhebt:

Datenbanksysteme

In der Tabelle wird zwischen Client-Server- und Fileserver-Systemen unterschieden.

Name	System	Art	Windows	Mac OS	Unix/Linux
DB2 (IBM)	Client-Server	kommerziell	•		•
Microsoft SQL-Server	Client-Server	kommerziell	•		•
Oracle Database	Client-Server	kommerziell	•		•
PostgreSQL	Client-Server	Open Source	•		•
MySQL	Client-Server	Open Source	•	•	•
Microsoft Access	Fileserver	kommerziell	•		
FileMaker	Fileserver	kommerziell	•	•	
OpenOffice Base	Fileserver	Open Source	•	•	•
SQLite	Fileserver	Open Source	•	•	•

170

2.4.6　Aufgaben

Datenbanken

1　Datenbank-Fachbegriffe kennen

Gegeben ist folgende Auftragstabelle eines Schreibwarenhandels:

ANr	Datum	Kunde	Produkt	Menge
1	11.11.11	Schulz	Klebstoff	3
2	12.01.11	Schmitt	Schere	2
3	09.02.11	Wagner	Hefter	1
4	10.03.11	Maier	Locher	1
5	09.05.11	Huber	Ordner	5

a. Ordnen Sie die Fachbegriffe zu:
- Datensatz
- Datenfeld
- Attribut
- Schlüssel
- Feldname
b. Welche Datentypen kommen in der Tabelle vor?

2　Anforderungen an Datenbanken kennen

Erklären Sie die Bedeutung der beiden Hauptforderungen an den Datenbankentwurf:
a. Datenkonsistenz
b. Redundanzfreiheit

3　Datenbank normalisieren

Gegeben ist die Datenbank eines kleinen Medienbetriebes:
a. Beschreiben Sie die Mängel.

b. Bringen Sie die Datenbank in die 1. Normalform.
c. Bringen Sie die Datenbank in die 3. Normalform.

4　ER-Modell kennen

a. Erklären Sie die Funktion des ER-Modells.
b. Finden Sie je ein Alltagsbeispiel für eine
- 1:1-Beziehung,
- 1:n-Beziehung,
- m:n-Beziehung.
c. Weshalb sind m:n-Beziehungen problematisch? Nennen Sie die notwendige Maßnahme.

5　Datenbank-Fachbegriffe kennen

Erklären Sie die Aufgaben von:
a. SQL
b. ODBC
c. DBMS

6　ER-Modell anwenden

Eine Firma besitzt mehrere Firmenfahrzeuge. Eine Datenbank soll dabei helfen, die aktuell im Einsatz befindlichen und verfügbaren Fahrzeuge zu verwalten. Folgende Informationen sollen in der Datenbank enthalten sein:

Name	Abteilung	Telefon	E-Mail
Bernd Müller	Geschäftsleitung	1701-0	info@media.de
Schwarz, Stefan	Vertrieb	1701-10	vertrieb@media.de
Petra Maier	Vertrieb	1701-10	vertrieb@media.de
Bernd Stöckle	Produktion	1701-11	produktion@media.de
Maier Bert	Produktion	1701-11	produktion@media.de
Beate Klinger	Kunden	1701-12	kunden@media.de

Datenbank zu Aufgabe 3

Fahrzeuge:	Fabrikat, Modell, Kennzeichen
Mitarbeiter:	Vorname, Name, Abteilung
Einsatz:	Datum, Uhrzeit, Fahrzeug, Mitarbeiter

Entwerfen Sie das ER-Modell der Datenbank.

7 SQL-Befehle anwenden

Gegeben ist folgende Kundendaten-bank:

kunden

KNr	Name	Vorname	Strasse	Plz	Ort	Telefon
1	Schlund	Patrick	Hauptstraße 13	77960	Seelbach	07823 1312
2	Müller	Bernd	Mühlgasse 1	77933	Lahr	07821 96484
3	Dreher	Franz	Gartenstraße 15	76133	Karlsruhe	0721 124576
4	Eberle	Markus	Mozartstraße 11	79540	Lörrach	07621 77889
5	Eberle	Maria	Vogelsang 12	79104	Freiburg	0761 456456

Formulieren Sie SQL-Abfragen:
a. Alle Datensätze anzeigen
b. Alle Datensätze anzeigen, sortiert nach Ort
c. Alle Datensätze mit Namen „Eberle" anzeigen
d. Einen neuen Datensatz einfügen: Schmitt, Isabel, Mattweg 12, 77933 Lahr, 07821 335566
e. Datensatz mit der KNr 4 ändern: 07621 98877.
f. Datensatz mit der KNr 2 löschen.

8 Referenzielle Integrität kennen

Erklären Sie den Begriff „Referenzielle Integrität" an einem Beispiel.

Datenbanken

9 Datenbank normalisieren

Gegeben ist folgende Datenbank eines
Sportgeschäfts:

Datum	Kunde	Strasse	Plz	Ort	Produkte
01.01.11	Schulz	Hauptstraße 13	77960	Seelbach	Ski, Stöcke
11.01.11	Müller	Mühlgasse 1	77933	Lahr	Schlittschuhe
12.02.11	Dreher	Gartenstraße 15	76133	Karlsruhe	Laufschuhe, Trikot
13.02.11	Eberle	Mozartstraße 11	79540	Lörrach	Tennisschläger
14.05.11	Eberle	Vogelsang 12	79104	Freiburg	Tennisschläger
21.05.11	Müller	Mühlgasse 1	77933	Lahr	Ski
26.05.11	Dreher	Gartenstraße 15	76133	Karlsruhe	Golfschläger, Trikot

a. Beschreiben Sie die Mängel.
b. Bringen Sie die Datenbank in die
   3. Normalform.

173

Optik

3.1 Allgemeine Optik

3.1.1	Das Wesen des Lichts	178
3.1.2	Wellenoptik	179
3.1.3	Strahlenoptik – geometrische Optik	181
3.1.4	Lichttechnik	183
3.1.5	Lichtquellen	184
3.1.6	Densitometrie	185
3.1.7	Aufgaben	187

3.1.1 Das Wesen des Lichts

3.1.1.1 Lichtentstehung

Im Ruhezustand eines Atoms sind seine Elektronen auf den jeweiligen Energieniveaus – je nach Modell: Bahnen oder Orbitale – im energetischen Gleichgewicht. Durch äußere Energiezufuhr wird das Atom angeregt und in Schwingung versetzt. Einzelne Elektronen springen auf eine höhere Energiestufe. Beim Übergang zurück auf das niedrige Energieniveau wird die Energiedifferenz in Form eines Photons abgegeben.

3.1.1.2 Welle-Teilchen-Dualismus

Licht ist der Teil des elektromagnetischen Spektrums, für den das menschliche Auge empfindlich ist. Auf der langwelligen Seite schließt die Infrarotstrahlung (IR), auf der kurzwelligen Seite die Ultraviolettstrahlung (UV) an. UV, Licht und IR umfassen zusammen einen Wellenlängenbereich von etwa 10^{-6}m bis 10^{-8}m.

Der Wellencharakter beschreibt die Ausbreitungs-, Beugungs- und Interferenzerscheinungen. Emissions- und Absorptionserscheinungen lassen sich mit der Wellentheorie nicht erklären. Licht ist demzufolge nicht nur eine elektromagnetische Welle, sondern auch eine Teilchenstrahlung, in der die Teilchen bestimmte Energiewerte haben. Die Lichtteilchen werden als Quanten oder Photonen bezeichnet.

Kenngrößen des Wellenmodells
- *Periode*
  Zeitdauer, nach der sich der Schwingungsvorgang wiederholt.
- *Wellenlänge* λ (m)
  Abstand zweier Perioden, Kenngröße für die Farbigkeit des Lichts
- *Frequenz f* (Hz)
  Kehrwert der Periode, Schwingungen pro Sekunde
- *Amplitude*
  Auslenkung der Welle, Kenngröße für die Helligkeit des Lichts

Lichtgeschwindigkeit
Elektromagnetische Wellen können sich auch ohne Medium ausbreiten. Ihre Geschwindigkeit beträgt im Vakuum: c = 300000 km/s (c von lat. celer, schnell). In optisch dichteren Medien wie Luft oder Glas breitet sich das Licht entsprechend langsamer aus.

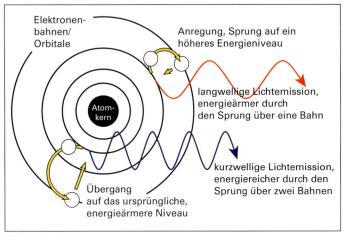

Prinzip der Lichtentstehung

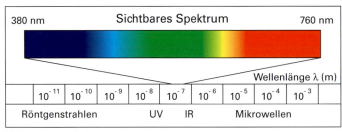

Elektromagnetisches Spektrum

Formel zur Berechnung der Lichtgeschwindigkeit

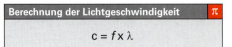

$$c = f \times \lambda$$

3.1.2 Wellenoptik

Allgemeine Optik

3.1.2.1 Wellenlänge

Die Wellenlänge wird bestimmt durch den Abstand zweier aufeinanderfolgender Phasen. Bei einer sinusförmigen Welle ist dies der Abstand von Wellenberg zu Wellenberg oder ein Wellenberg und ein Wellental.

Das Kurzzeichen für Wellenlänge ist der griechische Buchstaben Lambda [λ]. Die Einheit, in der die Wellenlänge angegeben wird, ist Meter.

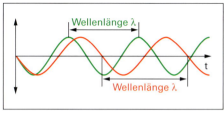

Wellenlänge

Die Farbigkeit von Licht wird durch die Wellenlänge bestimmt. Farben gleicher Wellenlänge haben denselben Farbton, können aber unterschiedlich hell sein.

3.1.2.2 Amplitude

Mit der Amplitude wird die Auslenkung der Lichtwelle beschrieben. Je größer die Amplitude, desto heller erscheint die Farbe.

Bleibt die Wellenlänge unverändert, dann ändert sich nur die Helligkeit, nicht der Farbton des Lichts.

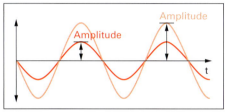

Amplitude

3.1.2.3 Polarisation

Die Wellen des Lichts schwingen in allen Winkeln zur Ausbreitungsrichtung. Durch das Einbringen eines Polarisationsfilters in die Ausbreitungsrichtung des Lichts können Sie alle Schwingungsebenen bis auf eine Vorzugsrichtung ausblenden. Die Moleküle eines Polarisationsfilters sind wie die eng beieinanderstehenden Stäbe eines Gitters ausgerichtet. Dadurch kann nur die Schwingungsebene des Lichts, die parallel zur Filterstruktur verläuft, passieren. Polarisiertes Licht schwingt also nur in einer Ebene.

Reflektiertes Licht ist teilpolarisiert, d. h., seine Wellen bewegen sich hauptsächlich in einer Ebene. Durch den Einsatz von Polarisationsfiltern können deshalb Spiegelungen, z. B. bei der densitometrischen Messung nasser Druckfarbe, gelöscht werden. Eine Kamera kann, ebenso wie das menschliche Auge, polarisiertes Licht nicht von unpolarisiertem Licht unterscheiden. Somit können durch die entsprechende Winkellage eines Polarisationsfilters vor dem Objektiv auch Spiegelungen, z. B. in Fensterscheiben, bei fotografischen Aufnahmen eliminiert werden.

Im Gegensatz zu Farbfiltern absorbieren Polarisationsfilter nicht Wellenlängen eines bestimmten Spektralbereichs, sondern Lichtschwingungen aus gegenläufigen Schwingungsebenen.

Polarisation von Licht durch einen Polarisationsfilter

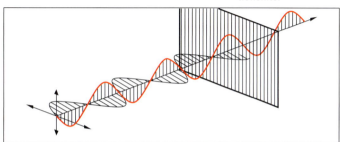

3.1.2.4 Interferenz

Die Überlagerung mehrerer Wellen heißt Interferenz. Je nach Verhältnis der Phasen kommt es zur Verstärkung, Abschwächung oder Auslöschung der Wellen. Bei einer Phasenverschiebung um die halbe Wellenlänge treffen ein Wellenberg und ein Wellental aufeinander. Die beiden gegenläufigen Amplituden heben sich dadurch auf. D. h., Licht dieser Wellenlänge löscht sich aus und ist somit nicht mehr sichtbar.

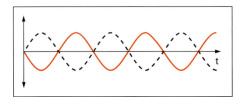

Interferenz zweier Wellen mit einer Phasenverschiebung von $\lambda/2$

Entspiegelung
Bei der Vergütung optischer Linsen und Objektive wird in speziellen Verfahren eine so genannte Antireflexionsschicht auf die Linsenoberfläche aufgebracht. An den beiden Grenzflächen Luft-Schicht und Schicht-Linse wird jeweils Licht reflektiert. Bei geeigneter Schichtdicke der Antireflexionsschicht löscht sich das an den Grenzflächen reflektierte Licht durch Interferenz aus. Um die verschiedenen Wellenlängenbereiche des Spektrums zu erfassen, besteht die Antireflexionsschicht aus bis zu sieben Einzelschichten.

Farben dünner Schichten und Plättchen
An den Grenzflächen der dünnen Schichten und Plättchen wird jeweils Licht reflektiert. Je nach Schichtstärke löscht die Überlagerung einzelne Farben aus. Es entsteht das Farbenspiel von Seifenblasen oder eines Ölfilms auf der Wasseroberfläche. In bestimmten Effektdruckfarben sorgen spezielle dünne Glimmerteilchen für diesen Farbeffekt.

Newtonringe
Ein negativer optischer Effekt sind die so genannten Newtonringe. Sie entstehen als farbiges Ringmuster z. B. beim Scannen von Dias durch Interferenz des Abtastlichts an den Grenzflächen von Luftblasen zwischen Dia und Glasscheibe.

3.1.2.5 Beugung (Diffraktion)

Beim Auftreffen einer Welle auf eine Kante wird die Welle abgelenkt, d. h., sie breitet sich auch hinter der Kante aus.

Blende
An der Kante der Blendenöffnung im Objektiv wird das Licht gebeugt. Dies kann, vor allem bei Nahaufnahmen, zu Bildunschärfen führen.

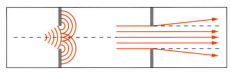

Beugung an der Blendenöffnung

Beugungsgitter
An den Spalten eines Gitters mit vielen parallelen Spalten wird das Licht jeweils gebeugt. Die Beugungswinkel der einzelnen Wellenlängen unterscheiden sich. Deshalb wird bei der Transmission des Beugungsgitters das Licht in die Spektralfarben aufgefächert. Im Diffraktionsspektrum wird das kurzwellige blaue Licht weniger stark gebeugt als das langwellige rote Licht.

Beugungsgitter kommen z. B. in Spektralfotometern zur Auffächerung und Analyse des gemessenen Lichts zum Einsatz.

3.1.3 Strahlenoptik – geometrische Optik

Allgemeine Optik

Die Strahlenoptik oder geometrische Optik geht vereinfachend von einem punktförmigen Strahl aus. Diese Lichtstrahlen breiten sich geradlinig aus. Sich kreuzende Stahlen beeinflussen sich, im Unterschied zu Wellen, nicht wechselseitig. Die Strahlenoptik beschreibt die geometrischen Verhältnisse bei der Reflexion und der Brechung von Lichtstrahlen.

3.1.3.1 Reflexion und Remission

Trifft ein Lichtstrahl auf eine opake Oberfläche, dann wird ein Teil der auftreffenden Lichtenergie absorbiert. Der übrige Teil wird zurückgestrahlt. Je glatter die Oberflächenstruktur ist, desto höher ist der reflektierte Anteil. Hier gilt das Reflexionsgesetz, nach dem der Einfallswinkel und der Reflexions- oder Ausfallswinkel gleich groß sind. Reale Oberflächen reflektieren nur einen Teil des Lichts gerichtet, der andere Teil wird diffus reflektiert bzw. remittiert.

Beispiele aus der Praxis der Medienproduktion sind das Scannen von Aufsichtsvorlagen im Scanner und die densitometrische und spektralfotometrische Messung von Vorlagen und Drucken.

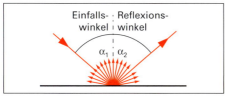
Reflexion

3.1.3.2 Brechung (Refraktion)

Beim Auftreffen eines Lichtstrahls auf ein transparentes Medium dringt ein Teil des Lichtes in das Medium ein. Dort wird ein Teil der Lichtenergie absorbiert. Der nicht absorbierte Anteil des Lichtstrahls ändert an der Grenzfläche seine Richtung. Hat das neue Medium eine höhere optische Dichte, dann wird der Strahl zum Lot hin gebrochen. Bei einer geringeren Dichte erfolgt die Brechung vom Lot weg.

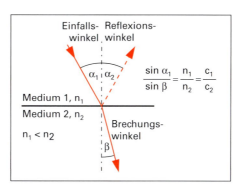

Reflexion und Brechung

Die optische Dichte eines Mediums wird durch die Brechzahl, früher Brechungsindex, bezeichnet. Die Brechzahl [n] ist eine dimensionslose physikalische Größe.

Farbe	Brechzahl n				
	Vakuum	Wasser	Kronglas	Flintglas	Diamant
Rot	1,0	1,331	1,514	1,571	2,410
Grün	1,0	1,333	1,517	1,575	2,418
Blau	1,0	1,340	1,528	1,594	2,450

Die Ursache für die Brechung ist eine Geschwindigkeitsänderung des Lichts in der Grenzfläche. Die Lichtgeschwindigkeit ist von der optischen Dichte eines Mediums abhängig.

Lichtgeschwindigkeit c in	
Vakuum	300.000 km/s
Wasser	225.000 km/s
Kronglas	197.000 km/s
Flintglas	167.000 km/s

181

3.1.3.3 Totalreflexion

Ein Lichtstrahl, der unter einem bestimmten Winkel aus einem optisch dichteren Medium auf die Grenzfläche zu einem optisch dünneren Medium trifft, kann das optisch dichtere Medium nicht verlassen. Er wird an der Grenzfläche reflektiert. Dieser optische Effekt heißt Totalreflexion.

Der Grenzwinkel für die Grenzfläche Glas – Luft beträgt $\alpha_g = 42°$.

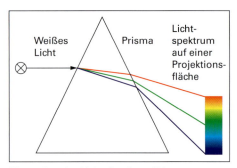

Dispersion des Lichts in einem Prisma

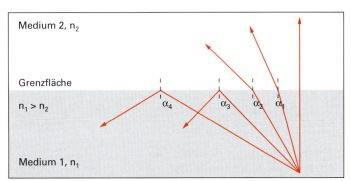

Brechung und Totalreflexion

Die beiden Winkel α_1 und α_2 sind kleiner als der Grenzwinkel α_g, α_3 und α_4 sind größer als der Grenzwinkel α_g.

Anwendungen in der Praxis sind Glasfaserkabel als Lichtwellenleiter in der Netzwerktechnik und Umlenkprismen in Scannern und Kameras.

3.1.3.4 Dispersion

Der Brechzahl n ist für Licht verschiedener Wellenlängen unterschiedlich hoch. Der britische Physiker Isaac Newton (1642–1727) wies mit einem Prisma nach, dass weißes Licht aus allen Spektralfarben besteht. Die verschiedenen Wellenlängenbereiche des weißen Lichts werden unterschiedlich gebrochen und in einem Prisma deshalb in alle Farben des Regenbogens aufgefächert. Da n_{Blau} größer als n_{Rot} ist, wird das blaue Licht an jeder Grenzfläche stärker gebrochen als das rote Licht.

3.1.3.5 Streuung

Licht verändert durch Streuung seine Ausbreitungsrichtung aufgrund der Ablenkung an der inneren Struktur des Mediums.

Im Tageshimmel wird das blaue Licht stärker gestreut als die langwelligen Anteile. Der Himmel sieht blau aus. Abends und Morgens trifft das Sonnenlicht in einem flacheren Winkel auf die Atmosphäre. Das blaue Licht wird aus der Ausbreitungsrichtung gestreut. Übrig bleibt das rote Licht des Morgen- oder Abendrots.

Blauer Himmel durch Lichtstreuung, steiler Lichteinfall

Abendrot durch Lichtstreuung, flacher Lichteinfall

3.1.4 Lichttechnik

3.1.4.1 Lichttechnische Grundgrößen

Lichtstärke I (cd, Candela)
Die Lichtstärke ist eine der sieben Basis-SI-Einheiten. Sie beschreibt die von einer Lichtquelle emittierte fotometrische Strahlstärke bzw. Lichtenergie.

Lichtstrom Φ (lm, Lumen)
Der Lichtstrom ist das von einer Lichtquelle in einem bestimmten Raumwinkel ausgestrahlte Licht.

Lichtmenge Q (lms, Lumensekunde)
Die Lichtmenge einer Strahlungsquelle wird aus dem Produkt des emittierten Lichtstroms und der Strahlungsdauer errechnet.

Leuchtdichte L (sb, Stilb)
Die Leuchtdichte bestimmt den subjektiven Lichteindruck einer Lichtquelle. Sie entspricht der Lichtstärke bezogen auf eine bestimmte ausstrahlende Fläche. Wenn die Lichtmenge auf eine beleuchtete Fläche bezogen wird, spricht man von Beleuchtungsstärke.

Beleuchtungsstärke E (lx, Lux)
Die Beleuchtungsstärke ist die Lichtenergie, die auf eine Fläche auftrifft. Sie ist die entscheidende Kenngröße bei der Beleuchtung und bei der Belichtung in der Fotografie, beim Scannen und bei der Film- und Druckformbelichtung.

Belichtung H (lxs, Luxsekunden)
Die Belichtung ist das Produkt aus Beleuchtungsstärke und Zeit.
Aus ihr resultiert die fotochemische oder fotoelektrische Wirkung z. B. bei der Bilddatenerfassung in der Fotografie. Die Beleuchtungsstärke wird durch die jeweils gewählte Blende reguliert, die Dauer der Belichtung ist durch die Belichtungszeit bestimmt.

3.1.4.2 Fotometrisches Entfernungsgesetz

Das fotometrische Entfernungsgesetz wurde von dem französischen Physiker Johann Lambert (1728–1777) postuliert. Es besagt, dass sich die Beleuchtungsstärke umgekehrt proportional dem Quadrat der Entfernung zwischen Lichtquelle und Empfängerfläche verhält. Oder anders ausgedrückt: Die Beleuchtungsstärke verändert sich im Quadrat der Entfernung.

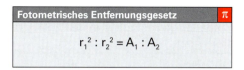

Fotometrisches Entfernungsgesetz
$$r_1^2 : r_2^2 = A_1 : A_2$$

Bei einer Verdopplung der Entfernung r_1 von der Lichtquelle zur beleuchteten Fläche vergrößert sich die beleuchtete Fläche A_2 auf das vierfache der ursprünglichen Fläche A_1. Die aufgestrahlte Beleuchtungsstärke E_2, Maß für die aufgestrahlte Lichtenergie, ist dadurch nur noch ein Viertel der vorherigen Beleuchtungsstärke E_1.

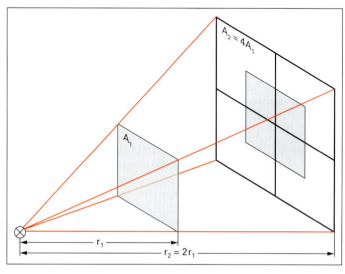

Fotometrisches Entfernungsgesetz

3.1.5 Lichtquellen

3.1.5.1 Laser

Laserdiode
Abb.: Osram

Laserlicht finden Sie in den unterschiedlichsten Geräten bei der Medienproduktion. Für das Lesen und Brennen optischer Speichermedien wie CD und DVD in Computerlaufwerken bis hin zur Bebilderung von Druckformen in CtP-Belichtern sind Laser im Einsatz.

Laser ist die Abkürzung von „Light amplification by stimulated emission of radiation", auf deutsch „Lichtverstärkung durch stimulierte Strahlungsemission". Die Entwicklung des Lasers erfolgte in den 50er Jahren des vergangenen Jahrhunderts in den USA.

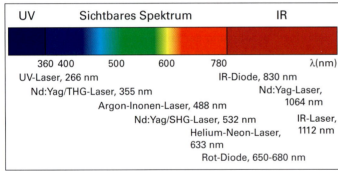

Laseremissionsspekten

Prinzip der Laserlichterzeugung
Die Erzeugung von Laserlicht erfolgt durch induzierte Emission. Zur Lichtverstärkung muss die stimulierte Emission größer sein als die Absorption. Dies ist dann der Fall, wenn die Besetzung der Atome invertiert ist. D. h., die Zahl der Atome auf höherem Energieniveau ist größer als die auf dem niedrigen Energieniveau. Man nennt die zur Anregung zugeführte optische oder elektrische Energie Pumpenergie.

Ein optischer Resonator, Spiegel an beiden Enden des Lasers, führt dazu, dass die Lichtstrahlen das Lasermaterial mehrfach durchlaufen und sich die Wellen dabei verstärken. Durch einen teildurchlässigen Spiegel auf einer Seite des Lasers wird das Laserlicht emittiert.

Als Lasermaterial werden Gase, Flüssigkeiten, Festkörper und Halbleiter verwendet.

Eigenschaften des Laserlichts
Das emittierte Licht aller Laser ist:
- *Monochromatisch*
  Laserlicht besteht nur aus einer oder sehr wenigen Wellenlängen – enges Emissionsspektrum.
- *Kohärent*
  Die Laserlichtwellen sind kohärent, d. h., sie schwingen in der gleichen Phase.
- *Parallel*
  Laserlicht strahlt parallel, die Divergenz ist dadurch sehr gering.

3.1.5.2 Entladungslampen

Entladungslampen emittieren Licht durch die Ionisierung eines Gases. Metallentladungslampen enthalten Metalldampf, z. B. Quecksilber. Gasentladungslampen sind mit Edelgas gefüllt, z. B. Neon oder Xenon. Das Emissionsspektrum der Entladungslampen entspricht dem des Tageslichts. Sie sind deshalb besonders gut zur Beleuchtung in der Fotografie und als Abtastlampe in Scannern geeignet.

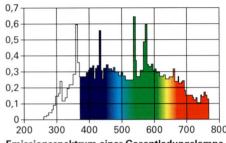

Emissionsspektrum einer Gasentladungslampe

Entladungslampe
Abb.: Osram

3.1.6 Densitometrie

Allgemeine Optik

In der Densitometrie wird die optische Dichte D von Vorlagen, Drucken und fotografischen Materialien gemessen. Zur Bestimmung der Dichte werden als Messgeräte Densitometer verwendet. Die densitometrische Messung ergibt keine absoluten Kenngrößen wie z. B. die Beleuchtungsstärke E mit der Einheit Lux, sondern nur dimensionslose Kenngrößen. Ausgangswert der Messung ist die auftreffende Lichtintensität I_0. Sie wird unabhängig von ihrem absoluten Wert immer zu 100% gesetzt.

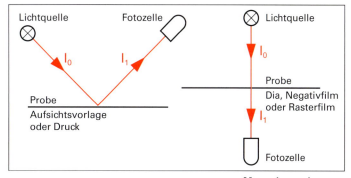

Messschema der densitometrischen Auflicht- und Durchlichtmessung

3.1.6.1 Kenngrößen

Opazität O (Lichtundurchlässigkeit)
Die Opazität O ist das Verhältnis der auftreffenden Lichtintensität I_0 zur durchgelassenen Intensität I_1.

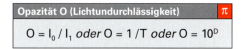

Opazität O (Lichtundurchlässigkeit)
$O = I_0 / I_1$ oder $O = 1/T$ oder $O = 10^D$

Transparenz T (Lichtdurchlässigkeit)
Die Transparenz T ist der Kehrwert der Opazität O, d. h. das Verhältnis der durchgelassenen Lichtintensität I_1 zur auftreffenden Lichtintensität I_0.

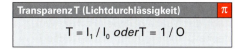

Transparenz T (Lichtdurchlässigkeit)
$T = I_1 / I_0$ oder $T = 1/O$

Dichte D
Das menschliche Auge empfindet Helligkeitsunterschiede nicht linear, sondern logarithmisch. Die Dichte D wird deshalb durch die Logarithmierung der Opazität O errechnet.

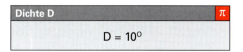

Dichte D
$D = 10^O$

3.1.6.2 Halbtondichtemessung

Bei der densitometrischen Messung von Halbtönen, z. B. Dias oder Fotos, muss zunächst das Densitometer kalibriert werden. Dies geschieht durch eine erste Messung ohne Probe. I_1 wird damit gleich I_0 und somit zu 100% gesetzt. Bei der folgenden Messung auf der Bildstelle wird die durch die optische Dichte reduzierte I_1 gemessen. Die anschließende Berechnung im Densitometer ergibt die Bilddichte D.

3.1.6.3 Durchlicht-Rasterdichtemessung

Die Rasterdichtemessung, auch integrale Dichtemessung, bestimmt als I_1 den Mittelwert aus gedeckter und ungedeckter Fläche. Dazu ist es notwendig, wenigstens 100 Rasterpunkte zu erfassen. Die Messblende ist deshalb mit einem Durchmesser von ca. 3 mm größer als bei der Halbtondichtemessung.
  Bei der Messung der Flächendeckung bzw. der Dichte von Rasterflächen muss bei der Kalibrierung die Dichte des Trägermaterials berücksichtigt werden. Die Kalibrierung erfolgt deshalb auf einer nicht mit Rasterpunkten bedeckten

185

blanken Filmstelle bzw. bei Aufsicht auf weißem Papier. Somit repräsentiert I_1 bei der Messung nur die rasterfreien Flächenanteile. Die Differenz zwischen 100% und I_1 ergibt die Flächendeckung bzw. den Rastertonwert in Prozent.

Beziehung Dichte – Rastertonwert (%)

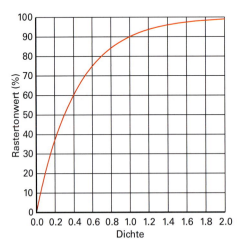

3.1.6.4 Auflicht-Rasterdichtemessung

Anders als bei der Durchlichtmessung sind die geometrische und die optisch wirksame Flächendeckung nicht gleich. Durch die diffuse Streuung des auftreffenden Lichts am Rand der Rasterelemente erscheint der Rastertonwert dunkler. Man nennt diesen Effekt Lichtfang.

Auflichtdensitometer

Anzeige der Dichte und des Rastertonwerts eines Cyan-Farbfeldes nach der Messung
Abb.: Techkon

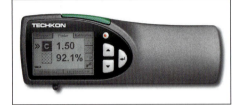

Rastermessung im Druck
Die wirksame Flächendeckung im Druck wird mit der Murray-Davies-Formel berechnet.

Murray-Davies-Formel

$$F = \frac{10^{-DB} - 10^{-DR}}{10^{-DB} - 10^{-DV}} = \frac{R_B - R_R}{R_B - R_V}$$

Bedruckstoff: D_B: Farbdichte
              R_B: Remission
Rasterfläche: D_R: Farbdichte
              R_R: Remission
Vollton: D_V: Farbdichte
              R_V: Remission

Rastermessung auf der Druckform
Auf der Druckform muss nicht der optisch wirksame, sondern die geometrische Flächendeckung gemessen werden. Das Ergebnis der Berechnung nach der Murray-Davies-Formel wird deshalb noch mit dem Yule-Nielsen-Faktor n korrigiert. Sie können den Faktor n mit dem Densitometer auf einem Rastertonwert mit bekannter Flächendeckung, z. B. 50%, ermitteln.

Murray-Davies-Formel korrigiert durch den Yule-Nielsen-Faktor

$$F = \frac{1 - 10^{-DR/n}}{1 - 10^{-DV/n}}$$

3.1.7   Aufgaben

Allgemeine Optik

1 Kenngrößen einer Welle definieren

Definieren Sie die Kenngrößen einer
Welle:
a. Periode
b. Wellenlänge
c. Frequenz
d. Amplitude

2 Lichtgeschwindigkeit erläutern

a. Wie hoch ist die Lichtgeschwindigkeit
   im Vakuum?
b. Wie ist die Beziehung zwischen
   Lichtgeschwindigkeit, Frequenz und
   Wellenlänge?

3 Spektralbereich des Lichts kennen

Welchen Wellenlängenbereich des elektromagnetischen Spektrums umfasst
das sichtbare Licht?

4 Polarisiertes Licht erklären

a. Worin unterscheidet sich unpolari-
   siertes von polarisiertem Licht?
b. Nennen Sie eine Anwendung von
   Polarisationsfiltern in der Praxis.

5 Reflexionsgesetz kennen

Wie lautet das Reflexionsgesetz?

6 Totalreflexion erläutern

a. Was versteht man unter Totalreflexion?
b. Nennen Sie ein Beispiel für die
   Anwendung der Totalreflexion in der
   Praxis.

7 Dispersion des Lichts kennen

Welchen Einfluss hat der Brechungsindex auf die Dispersion des Lichts?

**8 Grundgrößen der Lichttechnik
    definieren**

Definieren Sie die lichttechnischen
Grundgrößen:
a. Lichtstärke
b. Beleuchtungsstärke
c. Belichtung

**9 Fotometrisches Entfernungsgesetz
    kennen**

Wie lautet das fotometrische Entfernungsgesetz?

10 Beleuchtungsstärke berechnen

In welchem Maß verändert sich die
Beleuchtungsstärke, wenn Sie den Abstand der Lichtquelle verdoppeln?
(E_1 = 1000 lx, r_1 = 2 m, r_2 = 4 m)

11 Densitometrie anwenden

a. Was wird in der Densitometrie gemessen?
b. Beschreiben Sie die densitometrische
   Messung von Halbtonvorlagen.

12 Raster berechnen

Welcher densitometrischen Dichte entsprechen die Rastertonwerte?
a. 25%
b. 50%
c. 95%

187

3.2 Fotografische Optik

3.2.1	Linsen und Objektive	190
3.2.2	Schärfentiefe	197
3.2.3	Aufgaben	199

3.2.1 Linsen und Objektive

Band II – Seite 332
6.2.3 Korrektur technischer Objektivfehler

Bei der fotografischen Optik geht es um die optimale fehlerfreie Abbildung eines Motivs mittels einer Kamera oder eines Scanners.

Die Kamera wurde schon viele Jahrhunderte vor der Fotografie erfunden. Schon im 11. Jahrhundert gab es in Arabien die Camera obscura. Sie ist ein abgedunkelter Raum oder ein Zelt mit einem kleinen Loch in der Wand. Durch dieses Loch fällt Licht auf die gegenüberliegende Wand und bildet dort ein auf dem Kopf stehendes Bild der Welt draußen ab. Auch der Maler und Gelehrte Leonardo da Vinci beschrieb in seinen Werken die Funktion der Camera obscura. Im 17. Jahrhundert schließlich gehörte die Camera obscura zur Ausrüstung vieler Künstler, die mit ihrer Hilfe Landschaften und Gebäude in maßstäblichen Verhältnissen und in korrekter Perspektive zeichnen konnten.

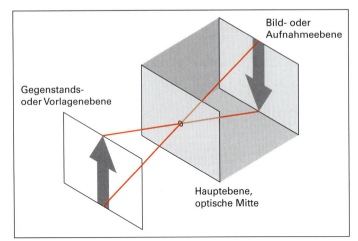

Camera obscura
camera (lat.): Raum
obscurus (lat.): finster

Die Abbildung in der Camera obscura war sehr lichtschwach. Vergrößerte man die Öffnung, um mehr Licht in den Raum zu lassen, dann wurde die Abbildung unscharf. Die Lösung dieses Problems ist der Einsatz von Linsen oder Linsensystemen oder Objektiven, um eine lichtstarke scharfe Abbildung zu erzielen. Erste Versuche dazu gab es schon im 16. Jahrhundert. Es fehlte aber noch die lichtempfindliche Schicht zur Aufzeichnung der Abbildung. Erst im 19. Jahrhundert wurden entsprechende Verfahren von Joseph Nicéphore Niepce und Louis Jaques Mandé Daguerre entwickelt.

3.2.1.1 Linsenformen

Die meisten in Kameras oder Scannern eingesetzten optischen Linsen sind sphärische Linsen, d. h., ihre Oberflächengeometrie ist ein Ausschnitt aus einer Kugeloberfläche. Man unterscheidet grundsätzlich konvexe Linsen, die das Licht sammeln, und konkave Linsen, die das durchfallende Licht streuen. Um ihre optische Wirkung zu verstehen, zerlegen wir eine Linse gedanklich in einzelne Segmente. Die Seg-

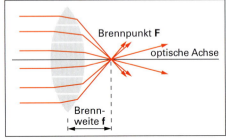

Prinzip der Lichtsammlung, Sammellinse

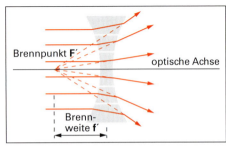

Prinzip der Lichtstreuung, Zerstreuungslinse

Fotografische Optik

mente entsprechen jeweils annähernd einem Prisma und brechen entsprechend das Licht. Jede sphärische Linse können wir uns deshalb aus zahlreichen Teilprismen zusammengesetzt denken.

Linseneigenschaften
Je kleiner der Radius der Krümmung, desto stärker ist die Brechung der Linse.

Neben der Linsenform bestimmt die Glasart der Linse, Kronglas oder Flintglas, ihre optische Eigenschaft. Die Wirkung des Linsenmaterials wird durch die Brechzahl beschrieben. Eine höhere Brechzahl beschreibt eine stärkere Brechung.

Bezeichnung der Linsen
Bei der Bezeichnung der Linse wird die bestimmende Eigenschaft nach hinten gestellt. Eine konkav-konvexe Linse ist demnach eine Sammellinse mit einem kleineren konvexen und einem größeren konkaven Radius.

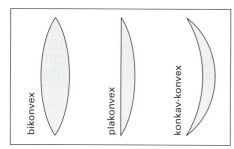
Sammellinsen

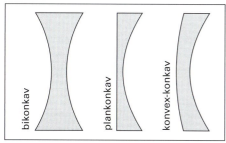
Zerstreuungslinsen

3.2.1.2 Linsenfehler

Die fotografische Abbildung durch Linsen oder Objektive wird durch verschiedene physikalische und herstellungstechnische Faktoren der Optiken negativ beeinflusst.

Die Korrektur der Linsenfehler erfolgt durch die Kombination verschiedener Linsenformen und Linsenglassorten in den Objektiven. Je nach Güte der Korrektur des Objektivs sind die Linsenfehler in der Aufnahme deutlich, schwach oder nicht mehr erkennbar.

Drei der bedeutendsten Linsenfehler werden im Folgenden vorgestellt.

Farbfehler – chromatische Aberration
Eine Linse dispergiert das auftreffende Licht wie ein Prisma. Das kurzwellige Licht wird stärker gebrochen als das langwellige Licht. Daraus ergeben sich verschiedene Brennpunkte der einzelnen Lichtfarben auf der optischen Achse der Linse. In der Abbildung zeigt sich dieser Effekt als Unschärfe und farbige Säume.

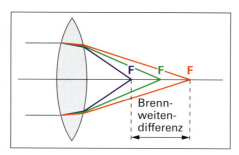

Chromatische Aberration

Die unterschiedliche Brechung der einzelnen Wellenlängen des Lichts führt zu Brennweitendifferenzen.

Kugelgestaltsfehler – sphärische Aberration
Fehler in der exakten Geometrie der Linsenform führen zu unterschiedlichen Brennpunkten der Linsensegmente. Daraus entsteht, ähnlich wie bei der chromatischen Aberration, eine unscharfe Abbildung.

191

Verzeichnung – Distorsion

Bei der Verzeichnung wird das Motiv nicht über das gesamte Bildfeld geometrisch gleichförmig abgebildet. Die Verzeichnung tritt bei allen nicht symmetrisch aufgebauten Objektiven auf. Bei Zoomobjektiven mit ihren variablen Brennweiten kommt es im Weitwinkelbereich mit den kurzen Brennweiten zur tonnenförmigen Verzeichnung. Im Telebereich mit den langen Brennweiten ist die Verzeichnung kissenförmig. Leider lässt sich dieser Fehler nicht durch Abblenden vermindern. Wie stark die Verzeichnung auftritt, ist allein von der Güte des Objektivs abhängig.

3.2.1.3 Bildkonstruktion

Für die Bildkonstruktion gelten die Regeln der geometrischen Optik. Es werden dabei die verschiedenen Linsen eines optischen Systems vernachlässigt und die optische Mitte als resultierende der verschiedenen Linseneigenschaften eines Objektivs genommen. Zur Konstruktion genügen drei Strahlen.

- *Parallelstrahl*
  Er verläuft vom Aufnahmeobjekt bis zur optischen Mitte parallel zur optischen Achse.
- *Brennpunktstrahl*
  Ein Brennpunktstrahl verläuft vom Aufnahmeobjekt durch den Brennpunkt bis zur optischen Mitte und von dort als Parallelstrahl parallel zur optischen Achse weiter.
  Der zweite Brennpunktstrahl schließt sich in der optischen Mitte an den Parallelstrahl an und verläuft durch den Brennpunkt.
- *Mittelpunktstrahl*
  Der Mittelpunktstrahl verläuft vom Aufnahmeobjekt geradlinig durch den Mittelpunkt des optischen Systems, den Schnittpunkt der optischen Achse und der optischen Mitte.

Im Schnittpunkt der drei Strahlen befindet sich senkrecht zur optischen Achse die Bild- oder Aufnahmeebene. In dieser Ebene wird die Aufnahme scharf abgebildet. Im Gegensatz zur Camera obscura wird jetzt nicht mehr nur ein Lichtstrahl zur Aufzeichnung genutzt, sondern der ganze Bereich des Winkels zwischen Parallelstrahl und Brennpunktstrahl mit entsprechender Lichtstärke.

Bei einer Gegenstands- oder Bildweite unter der Länge einer Brennweite schneiden sich die Strahlen nicht. Als Folge ergibt sich keine scharfe Abbildung.

Abbildung ohne Verzeichnung

Tonnenförmige Verzeichnung

Weitwinkelobjektiv

Kissenförmige Verzeichnung

Teleobjektiv

Fotografische Optik

Bildkonstruktion

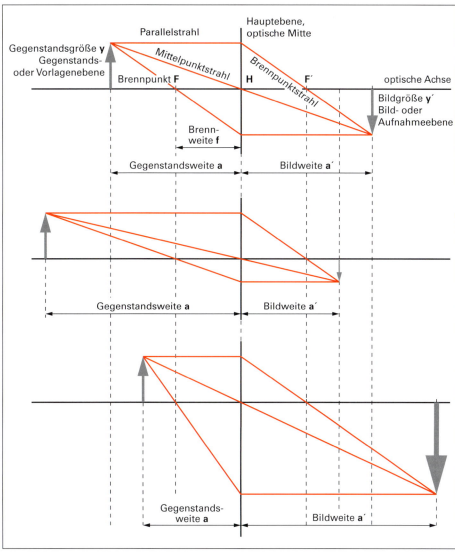

Optische Achse

Die optische Achse ist die Symmetrieachse der Linsen. Auf ihr steht senkrecht die Hauptebene.

Hauptebene, Hauptpunkt

Objektive haben eine gegenstandsseitige und eine bildseitige Hauptebene. Von ihr aus wird jeweils die Brennweite, Gegenstands- und Bildweite gerechnet.
Die Hauptebene schneidet im Hauptpunkt **H** die optische Achse.

Brennweite, Brennpunkt

Die Brennweite **f** ist der Abstand des Brennpunkts **F** vom Hauptpunkt **H**. Im Brennpunkt treffen sich die von einer Sammellinse gebrochenen Strahlen.

Gegenstandsweite, Bildweite

Die Gegenstandsweite **a** ist der Abstand zwischen Objekt **y** und dem Hauptpunkt. Die Bildweite **a′** ist die Entfernung des bildseitigen Hauptpunkts zum Bild **y′**.

193

3.2.1.4 Objektive

Objektive sind gemeinsam auf einer optischen Achse zentrierte Linsen. Durch die Kombination mehrerer konvexer und konkaver Linsen aus unterschiedlichen Glasarten ist es möglich, die meisten optischen Fehler, mit denen jede Linse behaftet ist, zu korrigieren. Des Weiteren ergeben sich durch die Linsenkombination eine erhöhte Lichtstärke und unterschiedliche Brennweiten.

Vereinfacht ausgedrückt, werden bei der Objektivkonstruktion zwei Hauptebenen senkrecht zur optischen Achse für beide Seiten des Objektivs festgelegt. Brennweite, Gegenstandsweite und Bildweite werden von der nächstgelegenen Hauptebene gerechnet. Zwischen den Hauptebenen verlaufen die Strahlen idealisiert parallel. Die Gesamtbrechkraft eines Objektivs ist die Summe der Einzelbrechkräfte. Dabei wird die Brechkraft von Sammellinsen positiv und die von Zerstreuungslinsen negativ bewertet.

Die Einteilung der Objektive erfolgt nach der Brennweite in Weitwinkel-, Normal- und Teleobjektive. Ein besonderer Typ sind die Zoomobjektive mit variabler Brennweite. Ihr Brennweitenumfang kann vom Weitwinkel über den Normalbereich bis in den Telebereich reichen.

Normalobjektiv
Brennweite 50 mm
Lichtstärke 1:1,4
Abb.: Nikon

Teleobjektiv
Brennweite 300 mm
Lichtstärke 1:2,8
Abb.: Nikon

Weitwinkelobjektiv
Fisheyeobjektiv
Brennweite 10,5 mm
Lichtstärke 1:2,8
Abb.: Nikon

Teleobjektiv
Brennweite 18 bis 55 mm
Lichtstärke 1:3,5 bis 5,6
Abb.: Nikon

Fotografische Optik

Durch die Brennweite eines Objektivs werden verschiedene fotografische Parameter festgelegt:
- Bildgröße
- Abbildungsmaßstab
- Bildwinkel
- Entfernung des Aufnahmestandortes vom Aufnahmegegenstand
- Raumwirkung
- Schärfentiefenbereich

Weitwinkelaufnahme

Teleaufnahme

Strahlengang durch ein Objektiv
Abb.: Panasonic

3.2.1.5 Bildwinkel

Der Bildwinkel bestimmt den Bildausschnitt der Abbildung. Er wird durch die Lichtstrahlen begrenzt, die am Rand des Objektivs gerade noch zu einer Abbildung führen. Bei gegebenem Aufnahmeformat hat ein Objektiv mit einer kurzen Brennweite einen größeren Bildwinkel als ein langbrennweitiges Objektiv. Objektiv und Kamera müssen aufeinander abgestimmt sein. Nur so erhalten Sie eine optimale, bis zu den Bildrändern hin scharfe Abbildung. Die meisten Digitalkameras haben durch ihr kleineres Chipformat einen anderen Bildwinkel als eine Kleinbildkamera und dadurch eine veränderte Objektivcharakteristik. Den entsprechenden Faktor entnehmen Sie dem Datenblatt Ihrer Kamera.

Weitwinkelobjektive erfassen durch den größeren Bildwinkel ein größeres Bildfeld als so genannte Normalobjektive oder Teleobjektive. Setzen Sie deshalb Weitwinkelobjektive immer dann ein, wenn nur ein geringer Abstand zum Aufnahmeobjekt möglich ist oder Sie ein kleines Hauptmotiv mit viel Umgebung oder Innenräume fotografieren.

195

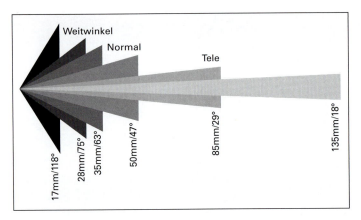
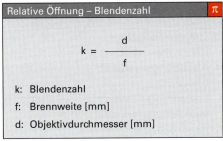

Brennweiten und Bildwinkel

Vollformat-Kleinbildkamera

Beachten Sie bei der Aufnahme, dass Weitwinkelaufnahmen meist eine Veränderung der Raumwirkung durch fallende senkrechte Linien des Motivs zeigen. Außerdem haben Objektive mit kurzer Brennweite immer eine größere Schärfentiefenzone als Objektive mit langer Brennweite.

3.2.1.6 Lichtstärke – relative Öffnung

Die Lichtstärke eines Objektivs ist vom optisch wirksamen Durchmesser des Objektivs und seiner Brennweite abhängig. Als Maß für die Lichtstärke eines Objektivs wird das Verhältnis des Durchmessers der Objektivöffnung und der Brennweite des Objektivs genommen. Ein Objektiv mit einem Durchmesser von 10 mm und 50 mm Brennweite hat dementsprechend die gleiche Lichtstärke wie ein Objektiv mit 20 mm Durchmesser und einer Brennweite von 100 mm. Beide Objektive haben denselben Öffnungswinkel und deshalb auch identische Lichtstärken. Dieses Verhältnis wird als relative Öffnung bezeichnet. Sie dient allgemein zur Kennzeichnung der Bildhelligkeit eines fotografischen Objektivs, z.B. 1 : 2,8.

3.2.1.7 Blende

Die Blende ist die verstellbare Öffnung des Objektivs, durch die Licht auf die Bildebene fällt. Ihre Größe wird durch die Blendenzahl k ausgegeben und ist der Kehrwert der relativen Öffnung. Die Blendenzahl errechnet sich also aus der Division der Objektivbrennweite durch den Durchmesser der Blende. Die gleiche Blendenzahl steht deshalb bei längeren Brennweiten für eine größere Öffnung.

Bei Kameraobjektiven wird die Blendengröße durch die Blendenzahlen der „Internationalen Blendenreihe" angegeben. Die Blendenreihe beginnt mit der Zahl 1 und erhöht sich jeweils um den Faktor 1,4. Dieser entspricht jeweils der Verringerung des Blendendurchmessers um Wurzel 2 und damit einer Halbierung der Öffnungsfläche des Objektivs. Daraus folgt das umgekehrte Verhältnis von Blendenzahl und Blendenöffnung:
- Kleine Blendenzahl – große Blendenöffnung,
- Große Blendenzahl – kleine Blendenöffnung.

Häufig finden Sie auch zur Kennzeichnung die kombinierte Angabe von Blendenzahl und Brennweite als Bruch, z.B. 2,8/50 für ein Objektiv mit der Lichtstärke 1 : 2,8 und einer Brennweite von 50 mm.

3.2.2 Schärfentiefe

Fotografische Optik

Die Bild- oder Aufnahmeebene mit dem Filmmaterial oder bei Digitalkameras mit dem Chip ist in der Kamera unbeweglich. Der Aufnahmegegenstand ist in seiner Position natürlich auch vorgegeben. Um scharfzustellen, bewegen Sie deshalb die Hauptebene im Objektiv. Nach dem Scharfstellen sind alle Objekte in dieser Einstellungsebene scharf abgebildet. Tatsächlich ist es aber so, dass nicht nur eine Ebene, sondern ein größerer Schärfebereich dem Betrachter scharf erscheint. Dies liegt daran, dass das menschliche Auge auch Flächen, die sogenannten Zerstreuungskreise, bis zu einem Durchmesser von 1/30 mm aus der normalen Sehentfernung von 25 bis 30 cm scharf sieht. Den Punkt mit der noch akzeptablen Unschärfe Richtung Aufnahmeebene nennt man Nahpunkt, der entsprechende Punkt auf der Gegenstandsseite heißt Fernpunkt. Dieser Schärfebereich zwischen Nah- und Fernpunkt, den der Betrachter vor und hinter der scharfgestellten Einstellungsebene noch als scharf wahrnimmt, wird als Schärfentiefe bezeichnet.

Den Streit, ob dieses Phänomen

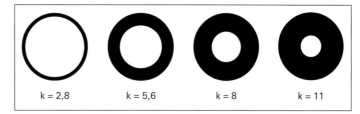

Blendenöffnungen
der internationalen Blendenreihe von 2,8 bis 11

Schärfentiefe oder Tiefenschärfe heißt, überlassen wir den Fachstammtischen. Wir verwenden den Begriff Schärfentiefe.

Die Schärfentiefe ist von der Brennweite, der Blende und der Entfernung zum Aufnahmeobjekt abhängig. Durch Abblenden, d.h. Verkleinerung der Blendenöffnung, erweitern Sie den Schärfebereich. Durch zunehmendes Abblenden wird der Lichtkegel immer spitzer und die Streuscheibchen werden damit kleiner.

Grundsätzlich gilt, wenn immer nur ein Faktor variiert wird:
- *Blende*
  Je kleiner die Blendenöffnung, desto größer ist die Schärfentiefe.
- *Brennweite*
  Je kürzer die Brennweite, desto größer ist die Schärfentiefe.
- *Aufnahmeabstand*
  Je kürzer der Aufnahmeabstand, desto geringer ist die Schärfentiefe.

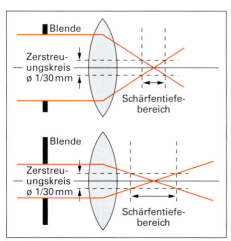

Zunahme der Schärfentiefe beim Abblenden

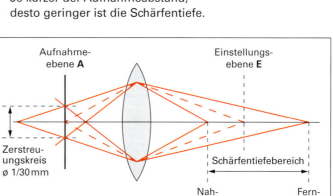

Konstruktion des Schärfentiefenbereichs

Boke oder Bokeh [jap.]:
verwirrt, unscharf, verschwommen

Bokeh
Motivbereiche, die außerhalb des Schärfentiefebereichs liegen, werden in der Aufnahme unscharf abgebildet. Man bezeichnet die verschiedenen ästhetischen Möglichkeiten des fotografischen Gestaltungsmittels der Unschärfe mit dem japanischen Begriff Bokeh.

Blendenbilder – Blendenflecke
Im Unschärfebereich überlagern sich die Zertreuungskreise mit ähnlicher Helligkeit. Sie vermischen sich dadurch in der Unschärfe der Abbildung und sind somit nicht einzeln wahrnehmbar. Wenn aber einzelne Punkte des Motivs viel heller als ihre Umgebung sind, dann sind deren Zerstreuungskreise aus der Umgebung hervorgehoben und bilden die geometrische Form der Blende in der Aufnahme ab.

Bokeh und Blendenbilder

Schärfentiefe in Abhängigkeit von Blende und Brennweite

visualisiert mit dem Schärfentiefentool von Tamron

www.tamron.eu/de/objektive/schaerfentiefenvergleich.html

3.2.3   Aufgaben

Fotografische Optik

1 Camera obscura erläutern

Erklären Sie das Prinzip der Entstehung einer fotografischen Abbildung in einer Camera obscura.

2 Linsenformen erkennen

Wie lautet der Fachbegriff für
a. Sammellinsen,
b. Zerstreuungslinsen?

3 Linsenformen visualisieren

Zeichnen Sie den Querschnitt von
a. Sammellinsen,
b. Zerstreuungslinsen.

4 Linsenbezeichnung kennen

Nach welcher Regel werden Linsen namentlich eingeteilt?

5 Linsenfehler erläutern

Erklären Sie die Ursachen und die Wirkungen der folgenden Linsenfehler.
a. Chromatische Aberration
b. Sphärische Aberration
c. Distorsion

6 Bild konstruieren

Welches Kurzzeichen bezeichnet in der fotografischen Optik
a. Vorlage,

b. Reproduktion/Abbildung?

7 Brennweite definieren

Welche Strecke wird in der fotografischen Optik mit dem Begriff Brennweite bezeichnet?

8 Gegenstands- und Bildweite definieren

Definieren Sie die beiden Begriffe
a. Gegenstandsweite,
b. Bildweite.

9 Abbildungsmaßstab berechnen

Wie lautet die Formel zur Berechnung des Abbildungsmaßstabs?

10 Bildwinkel und Blende erläutern

Erklären Sie die beiden Begriffe aus der fotografischen Optik:
a. Bildwinkel
b. Blende

11 Schärfentiefe kennen

Erklären Sie den Begriff Schärfentiefe.

12 Schärfentiefe einsetzen

a. Nennen Sie die drei Faktoren, die die Schärfentiefe beeinflussen.
b. In welcher Weise beeinflussen diese drei Faktoren die Schärfentiefe?

Farbe

4.1 Farbsysteme

4.1.1	Farbensehen – Farbmetrik	205
4.1.2	Spektralfotometrische Farbmessung	206
4.1.3	Farbmischungen	207
4.1.4	Farbordnungssysteme	209
4.1.5	Emission – Remission	217
4.1.6	Weißabgleich – Graubalance	219
4.1.7	Metamerie	220
4.1.8	Aufgaben	221

Hans E. J. Neugebauer schrieb in seiner Dissertation: „Zur Theorie des Mehrfarbenbuchdrucks" (Dresden 1935, S. 24): „In diesem Kapitel soll die weitere Aufgabe behandelt werden, in wieweit es möglich ist, in einem rein automatisch ablaufenden Verfahren Farben der Natur durch Drucken getreu wiederzugeben. Die wiederzugebenden Farben müssen dabei selbstverständlich im Innern des im vorliegenden Kapitel beschriebenen Körpers liegen, so daß insbesondere glänzende und selbstleuchtende Gegenstände ausgeschlossen sind. Ferner wird davon abgesehen, daß unter Umständen die wiederzugebenden Gegenstände von einer Lichtquelle anderer Helligkeit und Energieverteilung als das gedruckte Bild bei der Betrachtung beleuchtet werden: Nur die Helligkeitsverhältnisse gegen Weiß sollen in der Natur und im Bild die gleichen sein."

Die Probleme sind heute die gleichen wie 1935, allerdings ergänzt um Themenstellungen wie Monitordarstellung, Crossmedia, digitale Druckverfahren und ...

Sind Sie farbtüchtig? (42)

204

4.1.1 Farbensehen – Farbmetrik

Farbsysteme

Die eigentliche lichtempfindliche Struktur des Auges, mit der wir sehen, ist die Netzhaut. Sie enthält die Fotorezeptoren (Stäbchen und Zapfen) sowie verschiedenartige Nervenzellen, die sich schließlich zum Sehnerv vereinen.

Die Rezeptoren wandeln als Messfühler den Lichtreiz in Erregung um. Nur die Zapfen sind farbtüchtig. Es gibt drei verschiedene Zapfentypen, die je ein spezifisches Fotopigment besitzen, dessen Lichtabsorption in einem ganz bestimmten Wellenlängenbereich ein Maximum aufweist. Diese Maxima liegen im Rotbereich bei 600 – 610 nm (Rotrezeptor), im Grünbereich bei 550 – 570 nm (Grünrezeptor) und im Blaubereich bei 450 – 470 nm (Blaurezeptor).

Durch die Überschneidung der Absorptionskurven sprechen auf viele Wellenlängen mehrere Zapfentypen in unterschiedlicher Stärke an. Jede Farbe wird durch ein für sie typisches Erregungsverhältnis der drei Rezeptorentypen bestimmt.

Die Farbvalenz ist die Bewertung eines Farbreizes durch die drei Empfindlichkeitsfunktionen des Auges. Pathologisch können eine oder mehrere Komponenten gestört sein oder ganz fehlen. Es kommt dann zu Farbsehstörungen, der Farbenschwäche oder Farbenblindheit. Diese Störungen werden über das X-Chromosom rezessiv vererbt. Sie treten daher bei Männern viel häufiger (ca. 8%) als bei Frauen (ca. 0,5%) auf.

Die Farbmetrik entwickelt Systeme zur quantitativen Erfassung und Kennzeichnung der Farbeindrücke (Farbvalenzen). Das menschliche Farbensehen wird durch die Farbmetrik messtechnisch erfassbar und ermöglicht somit eine objektive Prozesssteuerung des gesamten Workflows.

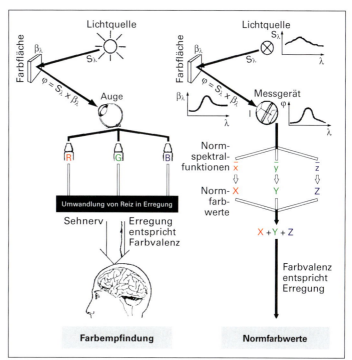

Vergleich von Farbensehen und Farbmetrik

Die Normfarbwertanteile x(λ), y(λ) und z(λ) kennzeichnen den geometrischen Farbort einer Farbe. Sie lassen sich einfach aus den Farbvalenzen (Normvalenzen) errechnen.

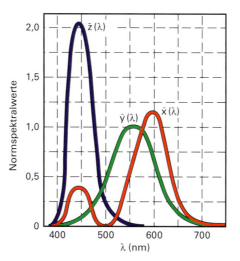

Normspektralwertkurven

Die Kurven beschreiben die spektrale Empfindlichkeit des Normalbeobachters, des statistischen Mittels mehrerer Versuchspersonen.

Die Kurven sind analog den spektralen Empfindlichkeitskurven eines physikalischen Strahlungsempfängers. Messvorgaben: 2° Sehwinkel Lichtart D50.

4.1.2 Spektralfotometrische Farbmessung

Die farbmetrische Messung von Farben wird mit Spektralfotometern durchgeführt. Hierbei wird der visuelle Eindruck einer Farbe mit den Farbmaßzahlen des im Messgerät voreingestellten Farbordnungssystems dargestellt.

Spektralfotometrische Messung eines Drucks

Abb.:Techkon

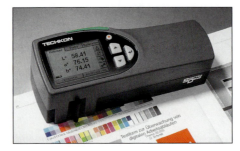

Körperfarbmessung
Jeder Spektralfotometer zur Messung von Körperfarben, z. B. von Drucken, hat eine Lichtquelle, die das gesamte sichtbare Spektrum emittiert. Ihre spektrale Strahlungsverteilung wird auf Idealweiß und auf die Strahlungsverteilung der einzelnen Normlichtarten bzw. Glühlampenlicht bezogen. Zusätzliche Xenonblitzlampen ermöglichen die messtechnische Erfassung optischer Aufheller.

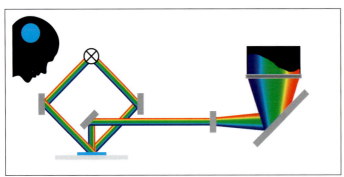

Messprinzip eines Spektralfotometers

Messvariable
Der visuelle Eindruck einer Farbe ist von der Beleuchtung und dem Beobachtungswinkel abhängig. Deshalb ist es notwendig, dass auch in der Messung diese Einflussgrößen verändert werden können.

Grundsätzlich ermöglichen alle Spektralfotometer die Messung mit unterschiedlichen Messvariablen:
- Lichtart, z. B. D50 oder D65
- Beobachtungswinkel 2° oder 10°

Farbmessung am Monitor

Lichtfarbmessung
Spektralfotometer zur Lichtfarbmessung haben keine eigene Lichtquelle. Bei Geräten, die Körper- und Lichtfarbmessung ermöglichen, wird die interne Lichtquelle zur Lichtfarbmessung ausgeschaltet.

Messwerterfassung
Spektralfotometer erfassen die spektralen Anteile des Lichts über das gesamte sichtbare Spektrum. Grundsätzlich gibt es dazu zwei verschiedene technische Prinzipien. Das von der Probe remittierte oder emittierte Licht wird durch ein Beugungsgitter oder schmalbandige Farbfilter mit einer Schrittweite von z. B. 20 nm aufgespalten, von Fotodioden erfasst und in elektrische Spannung umgewandelt. Die Signale werden zur weiteren Auswertung an den Rechner des Spektralfotometers bzw. an einen online verbundenen Computer weitergeleitet.

4.1.3 Farbmischungen

4.1.3.1 Additive Farbmischung – physiologische Farbmischung

Bei der additiven Farbmischung wird Lichtenergie verschiedener Spektralbereiche addiert. Die Mischfarbe (Lichtfarbe) enthält also mehr Licht als die Ausgangsfarben. Sie ist somit immer heller.

Wenn Sie rotes, grünes und blaues Licht mischen, dann entsteht durch die Addition der drei Spektralbereiche das komplette sichtbare Spektrum, d. h. Weiß.

Beispiele für die Anwendung der additiven Farbmischung sind der Monitor, die Digitalkamera, die Bühnenbeleuchtung und die Addition der drei Teilreize (Farbvalenzen) beim menschlichen Farbensehen. Man nennt deshalb die additive Farbmischung auch physiologische Farbmischung.

4.1.3.2 Subtraktive Farbmischung – physikalische Farbmischung

Bei der subtraktiven Farbmischung wird Lichtenergie subtrahiert. Jede hinzukommende Farbe absorbiert einen weiteren Teil des Spektrums. Die Mischfarbe (Körperfarbe) ist deshalb immer dunkler als die jeweiligen Ausgangsfarben der Mischung.

Durch die Mischung von cyanfarbener, magentafarbener und gelber Körperfarbe, z. B. Druckfarbe, entsteht durch die Subtraktion (Absorption) der drei Spektralbereiche des sichtbaren Spektrums von Licht, also der jeweiligen Komplementärfarbe, Schwarz.

Beispiele für die Anwendung in der Praxis sind der Farbdruck und künstlerische Mal- und Zeichentechniken. Da diese Farbmischungen technisch, unabhängig vom menschlichen Farbensehen, stattfinden, nennt man die subtraktive Farbmischung auch physikalische Farbmischung.

Die Beziehung der additiven und der subtraktiven Farbmischung zeigt die folgende Tabelle.

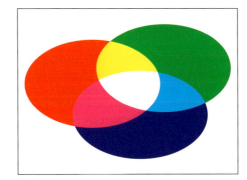

Additive Farbmischung

Drei Lichtpunkte der Primärfarben RGB strahlen übereinander und addieren ihre Lichtenergie zu den drei Sekundärfarben CMY und der Tertiärfarbe Weiß.

Subtraktive Farbmischung

Drei Farbflächen mit den Primärfarben CMY überdecken sich teilweise. Durch die lasierenden Druckfarben entstehen die drei Sekundärfarben RGB und im Bereich der dreifachen Überlappung als Tertiärfarbe Schwarz.

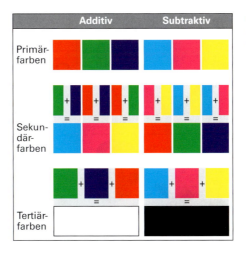

Beziehung der additiven und der subtraktiven Farbmischung

Farbsysteme

4.1.3.3 Autotypische Farbmischung – Farbmischung im Druck

Die Mischung der Farben im Druck wird allgemein als autotypische Farbmischung bezeichnet. Ihre Gesetzmäßigkeiten gelten grundsätzlich für alle Druckverfahren, vom Digitaldruck bis hin zu künstlerischen Drucktechniken wie der Serigrafie. Auch die verschiedenen Rasterungsverfahren wie amplituden- und frequenzmodulierte Rasterung erzielen die Farbwirkung durch diese Farbmischung.

Die autotypische Farbmischung vereinigt die additive und die subtraktive Farbmischung. Voraussetzung für die farbliche Wirkung der Mischung ist allerdings, dass die Größe der gedruckten Farbflächen bzw. Rasterelemente unterhalb des Auflösungsvermögens des menschlichen Auges liegt. Die zweite Bedingung ist, dass die verwendeten Druckfarben lasierend sind. Die zuoberst gedruckte Farbe deckt die darunterliegende nicht vollständig ab, sondern lässt sie durchscheinen. Das remittierte Licht der nebeneinander liegenden Farbflächen mischt sich dann additiv im Auge (physiologisch), die übereinander gedruckten Flächenelemente mischen sich subtraktiv auf dem Bedruckstoff (physikalisch).

Autotypische Farbmischung

Durch den groben Raster sehen Sie die einzelnen Rasterpunkte. Vergößern Sie den Betrachtungsabstand – die Farben mischen sich autotypisch zu einem Gesamtbild.

Schematische Darstellung der Farbmischung im Druck

Die lasierenden Druckfarben transmittieren ihre Lichtfarben und absorbieren ihre Komplementärfarbe.

Der Bedruckstoff remittiert die Lichtfarben. Diese werden im Auge additiv zum Farbeindruck der Körperfarbe gemischt.

4.1.4 Farbordnungssysteme

4.1.4.1 Einteilung

Es gibt Dutzende Farbordnungssysteme mit ganz unterschiedlichen Ordnungskriterien. Die in der Medienproduktion gebräuchlichsten Systeme werden im Folgenden vorgestellt.

Farbmischsysteme
Farbmischsysteme orientieren sich an herstellungstechnischen Kriterien. Beispiele hierfür sind das System Itten und Hickethier, aber auch das RGB-System und das CMYK-System.

Farbauswahlsysteme
Aus den Farben eines Bildes werden bestimmte Farben ausgewählt und in eine Farbpalette/Farbtabelle übertragen. Ein indiziertes Farbbild basiert auf einer Farbtabelle mit maximal 256 Farben. Diese Auswahl ist nicht genormt, sondern systembedingt verschieden.

Farbmaßsysteme
Farbmaßsysteme basieren auf der valenzmetrischen Messung von Farben. Sie unterscheiden sich damit grundsätzlich von den Farbmischsystemen. Als Beispiele wären das CIE-Normvalenzsystem, das CIELAB-System und das CIELUV-System zu nennen.

4.1.4.2 Sechsteiliger Farbkreis

Das einfachste Farbordnungssystem ist der sechsteilige Farbkreis. Die 3 Grundfarben der additiven Farbmischung (RGB) und die 3 Grundfarben der subtraktiven Farbmischung (CMY) sind immer abwechselnd, entsprechend den Farbmischgesetzen, angeordnet.

Magenta ist als einzige Grundfarbe nicht im Spektrum vertreten. Sie ist die additive Mischung aus den beiden Enden des Spektrums Blau und Rot. Durch die Kreisform wird das Spektrum geschlossen.

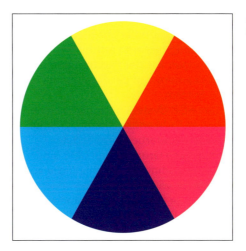

Sechsteiliger Farbkreis

Komplementärfarben
Komplementärfarben sind Farbenpaare, die in einer besonderen Beziehung zueinander stehen:
- Komplementärfarben liegen sich im Farbkreis gegenüber.
- Komplementärfarben ergänzen sich zu Unbunt.
  (Komplement: lat. Ergänzung)
- Komplementärfarbe zu einer Grundfarbe ist immer die Mischfarbe der beiden anderen Grundfarben.

In der Praxis werden zur Farbtrennung in digitalen Fotokameras, Videokameras und Scannern Komplementärfilter eingesetzt.

In der Gestaltung ist der Komplementärkontrast einer der wichtigsten und häufig angewandten Kontraste.

Komplementärfarbenpaare
Additiv:
Mischung bzw. Ergänzung zu Weiß
Subtraktiv:
Mischung bzw. Ergänzung zu Schwarz

4.1.4.3 RGB-System

Rot, Grün und Blau (RGB) sind die additiven Grundfarben. Alle Farben, die der Mensch sieht, setzen sich aus diesen drei Grundfarben zusammen. Folgerichtig basieren technische Anwendungen wie der Farbmonitor, die Digitalkamera und der Scanner auf dem RGB-System.

Das RGB-System ermöglicht keine absolute Farbkennzeichnung. Wie bei den als Druckfarben verwendeten subtraktiven Grundfarben CMY sind herstellerbedingt unterschiedliche spektrale Werte vorhanden.

Beispiele für RGB-Farbräume sind: Der sRGB-Farbraum (standardRGB), er wird von vielen Soft- und Hardwareherstellern unterstützt; CIE RGB, er umfasst einen größeren RGB-Farbraum und ist dadurch nicht in allen Komponenten realisierbar; ECI RGB, als empfohlener Basisfarbraum für den Color-Management-Workflow, Sie können das Profil unter www.eci.org kostenlos herunterladen, und schließlich PAL/SECAM für den aktuellen Farbfernsehstandard.

4.1.4.4 CMYK-System

Die Buchstaben CMY bezeichnen die Grundfarben der subtraktiven Farbmischung Cyan, Magenta und Gelb (Yellow). Beim Mehrfarbendruck wird zur Kontrastunterstützung noch zusätzlich Schwarz (BlacK oder Key) gedruckt.

RGB- und CMY-Farbraum

Die Tabellen bezeichnen die Eckpunkte der jeweiligen Farbräume.

RGB:
255 maximaler Farbanteil
0 kein Farbanteil, d. h. kein Licht

CMY:
100 maximaler Farbanteil
0 keine Farbe, Papierweiß

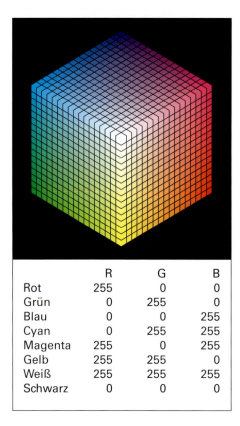

	R	G	B
Rot	255	0	0
Grün	0	255	0
Blau	0	0	255
Cyan	0	255	255
Magenta	255	0	255
Gelb	255	255	0
Weiß	255	255	255
Schwarz	0	0	0

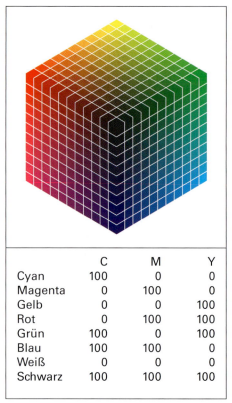

	C	M	Y
Cyan	100	0	0
Magenta	0	100	0
Gelb	0	0	100
Rot	0	100	100
Grün	100	0	100
Blau	100	100	0
Weiß	0	0	0
Schwarz	100	100	100

Farbsysteme

Die Koordinaten des Farbraums sind die Flächendeckungen, mit denen die Farben gedruckt werden.

Da ein Farbraum durch vier Grundfarben überbestimmt ist, muss bei jedem CMYK-Farbraum die Grundfarbe Schwarz definiert werden. Die eindeutigste Definition ergibt sich, wenn keine Mischfarbe durch mehr als drei Grundfarben entsteht, nämlich entweder durch drei Buntfarben (Buntaufbau) oder durch zwei Buntfarben und Schwarz (Unbuntaufbau).

Abhängig von der Separationsart, dem Papier und den Druckbedingungen ergeben sich andere farbmetrische Eckpunkte. Es gibt somit mindestens so viele CMYK-Farbräume, wie es unterschiedliche Kombinationen von Papier und Druckbedingungen gibt.

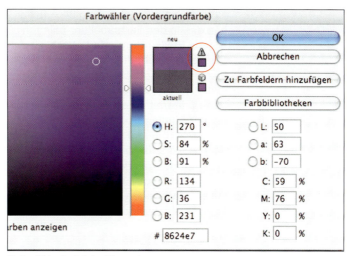

Farbwähler in Adobe Photoshop
Das Warnzeichen zeigt, dass die ausgewählten RGB-Werte außerhalb des CMYK-Arbeitsfarbraums liegen.

4.1.4.5 Farbauswahlsysteme – indizierte Farben

Indizierung
Das System der indizierten Farben ist weder ein Farbmischsystem noch ein Farbmaßsystem. Es ist ein Farbauswahlsystem. Ein indiziertes Farbbild basiert auf einer Farbtabelle mit maximal 256 Farben.

Der geringe Speicherbedarf indizierter Bilder (8 Bit) bedingt eine Auswahl von 256 Farben. Diese Auswahl ist nicht genormt, sondern systemabhängig. Die Art und Position der Farben in den Systempaletten von Mac OS und Windows sind unterschiedlich. Zusätzlich können Sie bei der Indizierung noch zwischen verschiedenen Rendering Intents wählen. Rendering Intents bestimmen die Art der Farbauswahl.

Bei der Indizierung lässt sich auch die Farbtiefe, d. h. die Anzahl der Bits für die Farbinformation pro Pixel, festlegen.

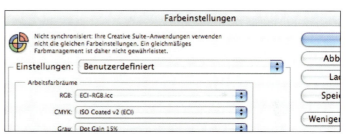

Farbeinstellungen in Adobe Photoshop
Einstellung des RGB- und CMYK-Arbeitsfarbraums

Farbverfälschung
durch falsche Zuordnung der Farbpaletten

211

4 Bit/Pixel stellt gleichzeitig 24 = 16 Farben dar. In den Farbtabellen/-paletten ist jede Stelle nummeriert. Wechselt die Palette, so bleibt die Farbnummer des Pixels im Bild gleich. Wenn die Nummer in der neuen Palette einer anderen Farbe zugeordnet ist, so wird diese gesetzt. Bei der Medienproduktion (z. B. Darsteller in Macromedia Director) ergibt sich die Problematik, dass das geladene Bild nicht mit der geladenen Palette harmoniert. Es kann dadurch, wie im Beispiel auf der vorherigen Seite, zu absurden Farbverschiebungen kommen.

Browserunabhängige Farben – Webpalette
Bei der farblichen Gestaltung von Internetseiten und der Bildverarbeitung fürs Web ist nur eines bekannt: Die Seite wird mit einem Browser auf dem Monitor betrachtet. Monitoreinstellung, Gamma, Grafikkarte, Betriebssystem, Rechner, Art des Browsers sind alles unbekannte Variable. Um trotzdem eine möglichst konsistente Farbdarstellung und Sicherheit bei der Gestaltung zu erreichen, wurde die Webpalette definiert.

Die Webpalette umfasst die 216 Farben, die der Win- und der Mac-Systempalette gemeinsam sind. Alle gängigen Browser unterstützen diese Palette. Die 216 Farben wurden nach mathematischen, nicht nach gestalterischen Gesichtspunkten ausgewählt. Die RGB-Werte jeder Farbe haben 6 mögliche Einstellungen mit einer Schrittweite von 51: Im Dezimalsystem 0, 51, 102, 153, 204 und 255; im Hexadezimalsystem sind die Werte 00, 33, 66, 99, CC und FF. Die 6 x 6 x 6 Variationen ergeben 216 Möglichkeiten, d. h. Farben.

Die Webpalette eignet sich sehr gut für die konsistente Gestaltung von Grafiken und Buttons. Für Bilder ist sie

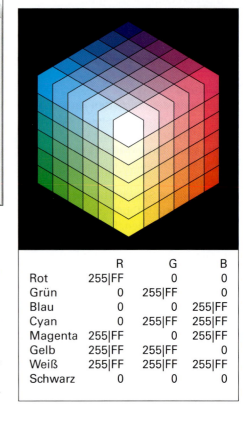

	R	G	B
Rot	255|FF	0	0
Grün	0	255|FF	0
Blau	0	0	255|FF
Cyan	0	255|FF	255|FF
Magenta	255|FF	0	255|FF
Gelb	255|FF	255|FF	0
Weiß	255|FF	255|FF	255|FF
Schwarz	0	0	0

Farbsysteme

ungeeignet, da die Farbanzahl zu gering ist und durch das Dithering störende Muster und Strukturen erzeugt werden. Wählen Sie deshalb für Bilder auf Internetseiten die beiden Dateiformate JPEG oder PNG. Beide Formate können Bilder mit 24 Bit Farbtiefe abspeichern.

4.1.4.6 CIE-Normvalenzsystem

Als eine der ersten internationalen Normen wurde 1931 von der CIE das Normvalenzsystem eingeführt. CIE ist die Abkürzung von Commission Internationale de l'Eclairage, auf deutsch Internationale Beleuchtungskommission. Das System basiert auf der Definition der Farbe als Gesichtssinn. Die subjektive Farbempfindung wurde durch eine Versuchsreihe mit verschiedenen Testpersonen auf allgemeine Farbmaßzahlen, die Farbvalenzen, zurückgeführt (Normalbeobachter).

Die Farbvalenz ist die Bewertung eines Farbreizes durch die drei Empfindlichkeitsfunktionen des Auges. Die Farbmaßzahlen X, Y und Z dienen zur eindeutigen Kennzeichnung einer Farbvalenz.

Die Normfarbwertanteile $x(\lambda)$, $y(\lambda)$ und $z(\lambda)$ kennzeichnen den geometrischen Farbort einer Farbe. Sie lassen sich einfach aus den Farbvalenzen (Normvalenzen) errechnen. Da die Summe der Normspektralwertanteile $x + y + z = 1$ ist, genügen die x- und y-Anteile zur Eintragung der Farbart als Farbort in die Farbtafel.

Beschreibung
- Im Normfarbraum sind alle sichtbaren Farben wiedergegeben.
- Die Spektralfarben (gesättigte Farben) liegen auf der unteren gekrümmten Außenlinie.
- Auf der unteren Geraden liegen die gesättigten Purpurfarben (additive Mischfarben aus Blau und Rot).
- Im Unbuntpunkt E ($x = y = z = 0{,}33$) steht senkrecht die Grauachse (Unbuntachse), Hellbezugswert Y = 0 : Schwarz, Y = 100 : Weiß.
- Additive Mischfarben liegen auf der Geraden zwischen den beiden Ausgangsfarben.

Farbortbestimmung
Zur Bestimmung des Farbortes einer Farbe genügen drei Kenngrößen:
- *Farbton* T
  Lage auf der Außenlinie
- *Sättigung* S
  Entfernung von der Außenlinie
- *Helligkeit* Y
  Ebene im Farbkörper

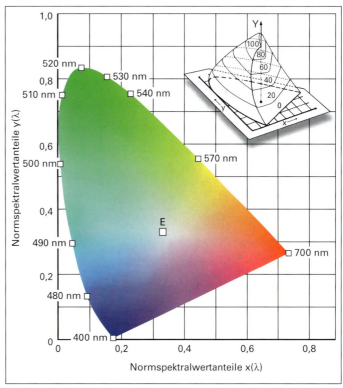

CIE-Normvalenzsystem

Normfarbtafel mit der Darstellung des Farbraums nach Rösch. Die Farbtafel zeigt die Luftaufnahme des Farbraums.

4.1.4.7 CIELAB-System

Der amerikanische Physiker David L. MacAdam untersuchte die Beziehung zwischen dem visuellen und dem geometrischen Farbabstand im CIE-Normvalenzsystem. Er fand dabei heraus, dass Farben, die empfindungsgemäß nicht zu unterscheiden sind, im Blaubereich nur einen verhältnismäßig kleinen geometrischen Abstand aufweisen. Im Grünbereich erscheinen dagegen auch geometrisch weit entfernte Farben gleich. Die so genannten MacAdam-Ellipsen veranschaulichen dies. Alle innerhalb einer Ellipse liegenden Farben sind von der Bezugsfarbe im Mittelpunkt visuell nicht zu unterscheiden.

Die CIE führte 1976 einen neuen Farbraum ein. Im CIELAB-Farbsystem sind die beschriebenen Mängel des Normvalenzsystems durch eine mathematische Transformation behoben. Die Transformation streckt den blauen Bereich und staucht den grünen Bereich des Normvalenzsystems. Der rote Bereich bleibt in etwa erhalten. Auch der Nullpunkt wurde verändert. Er ist jetzt im Zentrum des Farbraums, dem Unbuntpunkt E des Normvalenzsystems. Der Nullpunkt definiert jetzt die Grau- bzw. Unbuntachse. Die Farbebene wird meist als Quadrat oder Kreis dargestellt. Durch die Transformation wurde erreicht, dass die empfindungsgemäße und die geometrische Abständigkeit zweier Farben im gesamten Farbraum annähernd gleich sind.

Normvalenzsystem mit MacAdam-Ellipsen

Die Farben innerhalb der MacAdam-Ellipsen sind empfindungsgemäß gleich.

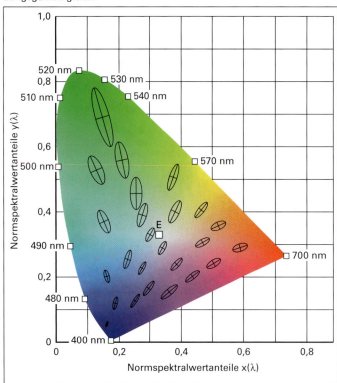

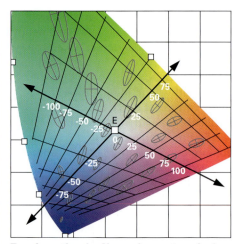

Transformation des Normvalenzsystems in das LAB-System

1994 und 2000 wurden Weiterentwicklungen des LAB-Systems vorgestellt. Beide Systeme sollen eine bessere Anpassung an die Gleichabständigkeit in den Farbbereichen gewährleisten. In der Praxis haben sich beide Systeme jedoch nicht durchgesetzt. Das 1976-Modell ist nach wie vor das geltende Referenzmodell der Medienproduktion.

Farbsysteme

Beschreibung
- Im L*a*b*-Farbraum sind alle sichtbaren Farben wiedergegeben.
- Die Abbildung stellt das Innere des Farbraums dar.
- Die gesättigten Farben (Spektral- und Purpurfarben) liegen auf der Außenlinie der mittleren Ebene (L* = 50).
- In der Mitte des Farbraums steht senkrecht die Unbunt- bzw. Grauachse (a* = b* = 0; L* = 0 : Schwarz, L* = 100 : Weiß).

Farbortbestimmung
Zur Bestimmung des Farbortes einer Farbe genügen drei Kenngrößen:
- *Helligkeit* L* (Luminanz)
  Ebene im Farbkörper
- *Sättigung* C* (Chroma)
  Entfernung vom Unbuntpunkt
- *Farbton* H* (Hue)
  Richtung vom Unbuntpunkt

H* und C* werden auf zweierlei Arten beschrieben:
- Durch die Koordinaten a* und b* in der Farbebene
- Durch den Bunttonbeitrag ΔH*ab (Bunttonwinkel h*, a* = 0°, mathematisch positive Richtung) und den Buntheitsbeitrag ΔC*ab

Farbabstand ΔE*
Eine wichtige Aufgabe der Farbmetrik besteht darin, den visuellen Sinneseindruck Farbe messtechnisch erfassbar zu machen.
  Im LAB-System entsprechen sich der visuelle Abstand und der geometrische Abstand zweier Farben. Der Farbabstand E* ist die Strecke zwischen zwei Farborten im Farbraum.

Berechnung von ΔE*
Die Berechnung des Farbabstandes erfolgt nach dem Satz des Pythagoras: $c^2 = a^2 + b^2$.

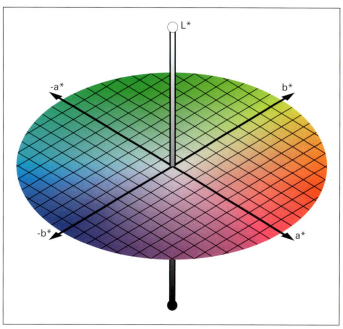

Der Farbabstand ΔE* ist dabei die Diagonale eines Quaders, der aus Δa*, Δb* und ΔL* gebildet wird.

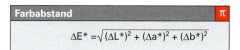

$$\Delta E^* = \sqrt{(\Delta L^*)^2 + (\Delta a^*)^2 + (\Delta b^*)^2}$$

Der ΔE*-Wert reicht zur Bewertung des Farbunterschiedes allein nicht aus. Zur genauen Beurteilung müssen Sie zusätzlich die Differenz der anderen Kenngrößen betrachten.
  Die Differenzen Δ sind dabei immer die Differenzen zwischen Probe (Nachstellung, Istfarbe) und Bezug (Vorlage, Sollfarbe):

$$\text{Differenzwert} = \text{Wert}_{Probe} - \text{Wert}_{Bezug}$$

Bei ΔL*, Δa*, Δb* zeigt das Vorzeichen die Richtung der Abweichung an.

CIELAB-System

Die Farbtafel zeigt den inneren Bereich der mittleren Ebene.
L* = 50
a*/–a*-Achse:
Rot/Grün
b*/–b*-Achse:
Gelb/Blau
Unbunt-, Grauachse:
a* = b* = 0
L* = 100   Weiß
L* = 0   Schwarz

Berechnung des Farbabstands ΔE

Schritt 1:
Berechnung der Diagonalen in der Ebene a*/b*

$c^2 = (\Delta a^*)^2 + (\Delta b^*)^2$

$c = \sqrt{(\Delta a^*)^2 + (\Delta b^*)^2}$

Schritt 2:
Berechnung der Diagonalen im Quader

$\Delta E^* = \sqrt{c^2 + (\Delta L^*)^2}$

daraus folgt:

$\Delta E^* = \sqrt{(\Delta a^*)^2 + (\Delta b^*)^2 + (\Delta L^*)^2}$

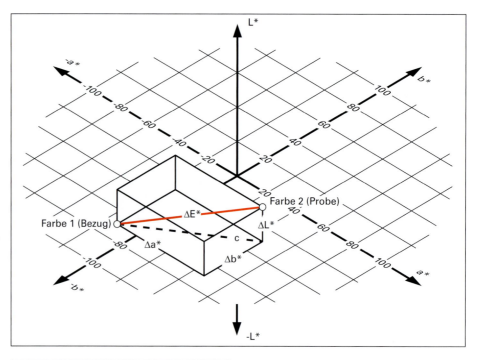

Visuelle Bewertung des Farbabstands ΔE*

Die Bewertung des Farbabstands ist vom jeweiligen Produkt abhängig. Sonderfarben im Verpackungsdruck bedingen allgemein engere Toleranzen als Abbildungen im 4c-Auflagendruck.
Die Bewertung durch Noten entspricht den üblichen Schulnoten.

Farbkorrektur im LAB-/LCH-Farbraum

Bewertung des Farbabstands

Farbabstand ΔE*	Unterschiedsanteil	Note
1	unsicher erkennbar	1
2	erkennbar	2
4	mittlere Differenz	3
8	große Differenz	4
16	zu große Differenz	5

LAB oder LCH?

Die Bewertung von Farben und die Bestimmung von Farbdifferenzen erfolgt meist im CIELAB-Farbraum über die Kenngrößen L*, a* und b*. Farbton H* und Sättigung S* werden dabei in der Ebene durch die Koordinaten a* und b* beschrieben. In der Bildverarbeitung ist es sinnvoller, die drei Größen L*, C* und H* unabhängig voneinander verändern zu können. Wir sprechen dann vom CIELCH-Farbraum. Dieser ist aber grundsätzlich identisch mit dem CIELAB-Farbraum. Der einzige Unterschied ist die Kennzeichnung des Farbortes in der Ebene.

In Adobe Photoshop finden Sie im Farbwähler die Farbkennzeichnung über L*, a* und b*. Unter Menü *Bild > Anpassen > Farbton/Sättigung...* oder in der Einstellungsebene *Farbton/Sättigung...* erfolgt die Veränderung der Farbe durch drei unabhängige Regler.

4.1.5 Emission – Remission

4.1.5.1 Emission

Wesentliches Kennzeichen einer Lichtquelle ist die spektrale Verteilung der Strahlung S(λ), die emittiert wird. Strahlungsverteilung wird häufig mit der Farbtemperatur gekennzeichnet.

Die Farbtemperatur wird mit einem schwarzen Strahler bestimmt, einem beheizten Hohlraum mit kleiner Öffnung. Wenn ein schwarzer Strahler erhitzt wird, dann emittiert er bei unterschiedlichen Temperaturen jeweils Licht mit einer bestimmten spektralen Energieverteilung durch diese Öffnung. Man bezeichnet die Temperatur, bei der der schwarze Strahler eine bestimmte Farbart emittiert, als Farbtemperatur. Die Farbtemperatur einer Lichtquelle entspricht also der Temperatur eines schwarzen Strahlers, bei der er die gleiche Farbart abgibt wie die Lichtquelle. Mit der Farbtemperatur wird die Strahlungsleistung einer Lichtquelle in den verschiedenen Wellenlängen, nicht die Temperatur der Lichtquelle beschrieben. Die Einheit der Farbtemperatur ist Kelvin K, die SI-Einheit für die Temperatur.

4.1.5.2 Remission

Spektrale Remissionswerte geben Auskunft über die spektrale Zusammensetzung (Eigenschaft) einer Körperfarbe. Je höher der Remissionsgrad einzelner Wellenlängen ist, desto größer ist ihr Anteil an der Farbwirkung.

Ideale Körperfarben
Die spektrale Remission der idealen Skalenfarben CMY unterscheidet sich erheblich von der spektralen Strahlungsverteilung der realen Farben. Bei den idealen Farben werden jeweils zwei

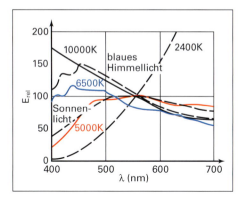

Farbtemperaturen und ihre relative spektrale Energieverteilung

Lichtquelle	Farbtemperatur
Kerzenlicht	ca. 1900 K
Glühlampe	ca. 2400 K
Mondlicht	ca. 4100 K
Sonnenlicht	5600 K – 6500 K
bedeckter Himmel	6500 K – 7000 K
blauer Himmel	12000 K – 27000 K
Normlicht D50	5000 K
Normlicht D65	6500 K

Farbtemperaturen verschiedener Lichtquellen

Spektralbereiche remittiert, der dritte Spektralbereich (Komplementärfarbe) wird absorbiert. Die remittierten Lichtfarben liegen im 6-teiligen Farbkreis neben der jeweiligen Körperfarbe; die absorbierte Lichtfarbe liegt gegenüber.

Ideal-Weiß
Der spektrale Remissionsgrad β(λ) einer ideal-weißen Oberfläche ist für alle Wellenlängenbereiche (Δλ): 1 bzw. 100%.

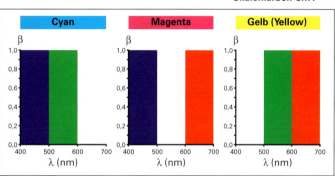

Ideale Remission der Skalenfarben CMY

Reale Körperfarben

Bei den realen Körperfarben wird die Komplementärfarbe nicht vollständig absorbiert, die Eigenfarben werden nicht vollständig remittiert. Diese Abweichung der Druckfarben von ihrer spektralen Idealfunktion führt ohne Basisfarbkorrektur zu einem farblich stark verfälschten Druckergebnis. Hervorgerufen wird dieser Farbfehler durch die Absorption der Nebenfarben und die Remission der additiven Komplementärfarbe. Die Nebenabsorption bewirkt, dass zu wenig Licht remittiert wird. Dadurch wirkt die Farbe dunkler, man spricht von Verschmutzung oder Verschwärzlichung der Farbe. Durch die Remission der Komplementärfarbe erscheint die Farbe heller, sie wird verweißlicht. Die Korrektur dieser spektralen Mängel erfolgt durch die Scan- oder Bildverarbeitungssoftware. Sie kann von Ihnen i.d.R. nicht beeinflusst werden, sondern läuft automatisch im Hintergrund ab. Zur Berechnung ist in einer Farbtabelle, einer so genannten Color-Look-up-Tables (CLUT), die Idealfunktion hinterlegt. Beim Einsatz eines Color-Management-Systems sind die Korrekturtabellen im ICC-Profil integriert. Da in den einzelnen Programmen zur Medienproduktion nicht dieselben Algorithmen zur Berechnung der Farbkorrektur eingesetzt werden, führt die Basisfarbkorrektur zu jeweils unterschiedlichen Ergebnissen.

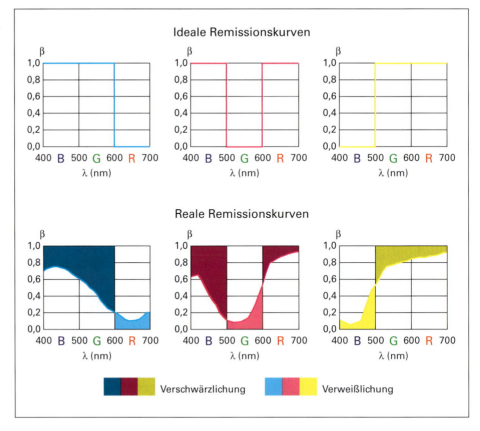

Ideale und reale Remission der Skalenfarben CMY

4.1.6 Weißabgleich – Graubalance
Farbsysteme

4.1.6.1 Weißabgleich

Das menschliche Auge passt sich Farbveränderungen der Beleuchtung automatisch an. Sie empfinden weißes Schreibmaschinenpapier auch unter rötlichem oder gelblichem Licht als weiß. Bei Digitalkameras muss die sich verändernde spektrale Zusammensetzung der Beleuchtung korrigiert werden. Man nennt diese Korrektur Weißabgleich. Die drei Teilfarbenanteile Rot, Grün und Blau werden dabei so aufeinander abgestimmt, dass sie ein neutrales Weiß ergeben. Dies kann automatisch durch die Software der Kamera oder manuell erfolgen. Beim manuellen Weißabgleich wird eine Graukarte fotografiert und diese dann über die Software in der Aufnahme neutral eingestellt. Der Weißabgleich ist also eher ein Grauabgleich. Da aber die Farbbalance für alle unbunten Tonwerte von Weiß über Grau bis Schwarz gilt, ist mit dem Abgleich mittels Graukarte auch das Weiß abgeglichen.

4.1.6.2 Graubalance

Die Graubalance, auch als Graubedingung oder Farbbalance bezeichnet, ist das gleichgewichtige Verhältnis der Druckfarben Cyan, Magenta und Gelb (Yellow).
  Bedingt durch die spektralen Mängel ergeben gleichwertige Farbanteile von CMY kein neutrales, sondern ein farbstichiges Grau. Durch farblich gleichwertige Anteile von CMY wird die Graubedingung erfüllt.
  Das menschliche Auge kann bei der visuellen Beurteilung im neutralen Bereich, von Weiß über Grau nach Schwarz, Farbabweichungen am besten erkennen. Neutrale Töne gelten deshalb als Indikator für die Farbbalance im Bild. Stimmt die Graubalance, dann stimmt auch das Verhältnis der Farben in den Buntfarbtönen.
Die Graubalance ist in verschiedenen Bereichen der Bildverarbeitung von Bedeutung:
- Festlegen der neutralen Töne beim Scannen und in der Bildverarbeitung
- Farbstichausgleich
- Einstellen der neutralen Töne bei der Bildschirmkalibrierung
- Anpassen der Bildschirmdarstellung an den Druck
- Separationseinstellung
- Kontrollfelder im Druckkontrollstreifen, das Rasterfeld CMY ergibt bei korrekten Druckbedingungen angenähert ein neutrales Grau.

Zur Einstellung der Graubalance in Photoshop muss in der Kanäle-Palette der Composite-Kanal ausgewählt sein.

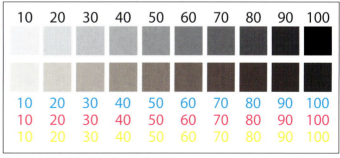

Farbstich durch falsche Graubalance

Die 10%-Abstufung der drei Skalenfarben berücksichtigt nicht die unterschiedlichen spektralen Mängel von Cyan, Magenta und Gelb.

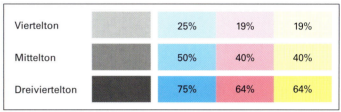

Graubalance nach DIN ISO 12647-2

219

4.1.7 Metamerie

Die Metamerie beschreibt das Phänomen, dass spektral unterschiedliche Farbreize die gleiche Farbempfindung auslösen. Die Transmissions- bzw. Remissionskurven der beiden zu vergleichenden Farben sind nicht gleich.

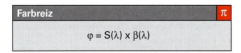

Farbreiz	π
$\varphi = S(\lambda) \times \beta(\lambda)$	

Der Farbreiz, d. h. das Produkt aus der spektralen Emissionsfunktion $S(\lambda)$ einer bestimmten Lichtquelle und den Transmissions- bzw. Remissionsfunktionen $T(\lambda)$, $R(\lambda)$ oder $\beta(\lambda)$ der Proben, hat aber denselben Wert. Die Flächen unter den Farbreizkurven beider Proben sind deshalb gleich. Daraus ergibt sich die gleiche Farbvalenz. Die beiden Farben sind visuell nicht unterscheidbar, sie sehen gleich aus. Ändert sich der Faktor Licht $S(\lambda)$, dann sind die Proben meist visuell wieder unterscheidbar.

Metamerie-Index
Der Farbabstand zwischen zwei Proben unter einer bestimmten Lichtquelle wird als Metamerie-Index M_T bezeichnet. Die Metamerie zweier Farben ist umso ausgeprägter, je größer der Metamerie-Index, d. h. der Farbabstand nach dem Wechsel der Lichtart, ist.

Bedingt-gleiche oder metamere Farben
Bedingt-gleiche Farben sind zwei Proben, die unter einer bestimmten Beleuchtung einer Bezugslichtart (= Bedingung), z. B. D50, visuell nicht unterscheidbar sind, aber unterschiedliche spektrale Transmissions- bzw. Remissionskurven haben. Wenn Sie nun die beiden Proben unter einer veränderten Testlichtart, z. B. D65, betrachten, dann sind die Farben visuell unterschiedlich. Ihr Metamerie-Index ist als Farbabstand messbar.

Farben, deren Spektralkurven wenigstens zwei Kreuzungen aufweisen, sind meist metamer.

Unbedingt-gleiche Farben
Unbedingt-gleiche Farben sind Farben mit identischen Spektralfunktionen. Sie haben immer den Metamerie-Index $M_T = 0$. Unbedingt-gleiche Farben sind unabhängig von der Beleuchtung visuell nie unterscheidbar.

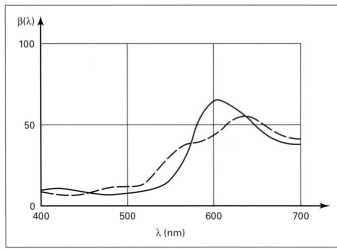

Remissionskurven zweier metamerer Farben

4.1.8 Aufgaben

Farbsysteme

1 Farbensehen erläutern

Beschreiben Sie das Prinzip des Farben-
sehens.

2 Farbvalenz definieren

Definieren Sie den Begriff Farbvalenz.

3 Farbmetrik erläutern

Mit welchen Inhalten befasst sich die
Farbmetrik.

4 Additive Farbmischung kennen

a. Wie heißen die Grundfarben der
   additiven Farbmischung?
b. Warum wird die additive Farbmischung auch physiologische Farbmischung genannt?

5 Subtraktive Farbmischung kennen
Wie heißen die Grundfarben der
subtraktiven Fabmischung?

a. Warum wird die subtraktive Farbmischung auch physikalische Farbmischung genannt?

6 Farbmischung im Druck erklären

Beschreiben Sie das Prinzip der autotypischen Farbmischung im Druck.

7 Komplementärfarbe definieren

Definieren Sie den Begriff Komplementärfarbe.

8 Weiß mit Farbwerten bestimmen

Mit welchen Farbanteilen wird Weiß
definiert im
a. RGB-System,
b. CMYK-System?

9 Farbortbestimmung im Normvalenz-system kennen

Mit welchen Kenngrößen wird ein
Farbort im CIE-Normvalenzsystem eindeutig bestimmt?

10 Unbuntpunkt im Normvalenz-system festlegen

Welche Koordinaten hat der Unbuntpunkt E im CIE-Normvalenzsystem?

11 Farbortbestimmung im CIELAB-System kennen

Mit welchen Kenngrößen wird ein
Farbort im CIELAB-System eindeutig
bestimmt?

12 Farbabstand kennen

Was bezeichnet der Farbabstand ΔE^*?

13 Farbtemperatur einordnen

Welche Eigenschaft einer Lichtquelle
wird mit der Farbtemperatur
beschrieben?

14 Metamerie erklären

Was sind unbedingt-gleiche Farben?

4.2 Color Management

4.2.1	Wie viel CMYK ist Erdbeerrot?	224
4.2.2	Profile Connection Space – PCS	226
4.2.3	Farbprofile	227
4.2.4	Eingabeprofilierung	229
4.2.5	Monitorprofilierung	234
4.2.6	Ausgabeprofilierung	246
4.2.7	Standarddruckprofile (Offset)	252
4.2.8	Farbmodus – Arbeitsfarbraum	256
4.2.9	Gamut-Mapping	257
4.2.10	Prozesskontrolle	263
4.2.11	CM in Bridge	274
4.2.12	CM in Photoshop	275
4.2.13	CM in Illustrator	279
4.2.14	CM in InDesign	280
4.2.15	CM in QuarkXPress	282
4.2.16	CM in Distiller und Acrobat	283
4.2.17	Aufgaben	284

4.2.1 Wie viel CMYK ist Erdbeerrot?

Sie fotografieren Walderdbeeren mit Ihrer Digitalkamera oder mit der Analogkamera auf ein bestimmtes Aufnahmematerial. Das Bild soll in einem Bildverarbeitungsprogramm bearbeitet und dann z. B. in einem Buch über die Früchte des Waldes veröffentlicht werden.

Betrachten wir einmal den Workflow von der Aufnahmesituation bis hin zum fertigen Printprodukt unter dem Gesichtspunkt: Konsistenz der Farben. Konsistent kommt aus dem Lateinischen und bedeutet widerspruchsfrei, zusammenhängend. Bei der Verarbeitung von Farben heißt dies, dass z. B. die Farben Ihrer Erdbeeren im Druck gleich wirken wie die der Erdbeeren im Wald.

Jede Station des Workflows, von der Bilddatenerfassung mit der Kamera oder dem Scanner über die Verarbeitung im Computer mit entsprechender

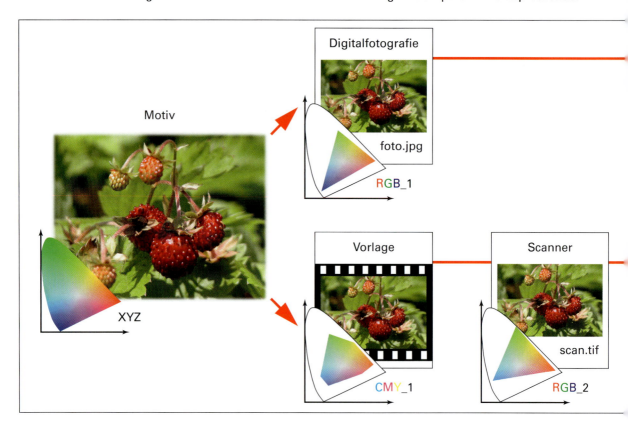

224

Color Management

Software und die Darstellung auf dem Monitor bis hin zu Proof und Druck, erfordert eine systembedingte Transformation der Farben. Schon die Länge dieses Satzes zeigt die Komplexität des Workflows. Um der Forderung nach Konsistenz gerecht zu werden, müssen die Art der Farbwiedergabe aller Systemkomponenten im Workflow bekannt sein und aufeinander abgestimmt werden. Hier setzt das Color Management an. In einem Color-Management-System, CMS, werden die einzelnen Systemkomponenten des Farbworkflows von der Bilddatenerfassung über die Farbverarbeitung bis hin zur Ausgabe in einem einheitlichen Standard erfasst, kontrolliert und abgestimmt.

1993 wurde dazu vom International Color Consortium, ICC, ein einheitlicher plattformunabhängiger Standard definiert. Das Ziel war die Schaffung einer einheitlichen farbmetrischen Referenz zur Farbdatenverarbeitung. Der ICC-Standard ist offen und steht allen Hard- und Softwareentwicklern zur Verfügung. Dadurch sind alle professionellen Soft- und Hardwarekomponenten des Farbworkflows vom Bildverarbeitungs-, Grafik- und Layoutprogramm bis hin zum Monitor, Proofdrucker und den Druckverfahren durch ein Color-Management-System aufeinander abgestimmt.

Und wissen Sie schon die Antwort auf die Frage:
Wie viel CMYK ist Erdbeerrot?
Auf Seite 262 steht die Lösung.

Farbräume und Farbmodi im Farbworkflow

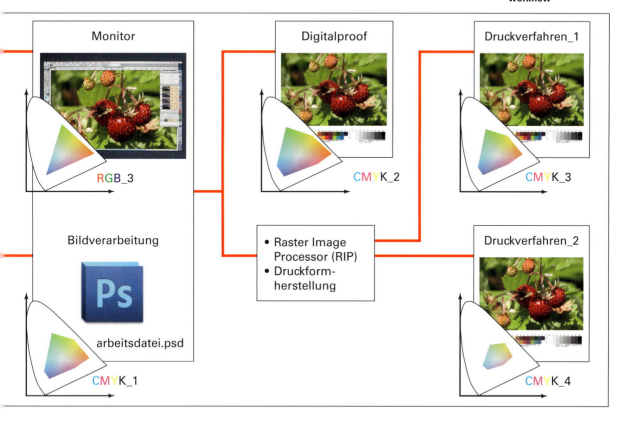

225

4.2.2 Profile Connection Space – PCS

Projektion der Prozessfarbräume

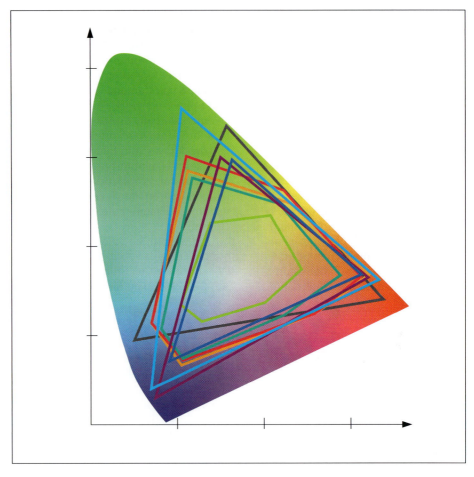

In der Normvalenzfarbtafel (Yxy-Farbraum) sind alle Farbräume des Workflows der vorherigen Doppelseite zusammengefasst. Die Darstellung zeigt sehr deutlich die Notwendigkeit einer definierten Farbübertragung zwischen den einzelnen Stationen der Druckproduktion. Die Lösung des Problems ist ein gemeinsamer Referenzfarbraum. Dieser Farbraum muss so groß sein, dass alle Prozessfarbräume darin Platz finden. Außerdem müssen die Farborte messtechnisch farbmetrisch erfassbar und zahlenmäßig eindeutig definiert sein. Die XYZ-, Yxy- und LAB-Farbräume erfüllen diese Forderungen. Sie umfassen alle sichtbaren Farben und somit automatisch alle Prozessfarbräume. Die Farborte sind eindeutig definiert und können in die jeweiligen Prozessfarbanteile, d.h. RGB bzw. CMYK, umgerechnet werden. In den Spezifikationen der ICC-Profile und des Gamut-Mapping wurden vom ICC und der ECI der XYZ- und der LAB-Farbraum als allgemein gültige Referenzfarbräume festgelegt. Da das Gamut-Mapping zwischen den Profilen in diesem Farbraum stattfindet, wird dieser auch als Profile Connection Space, PCS, bezeichnet.

4.2.3 Farbprofile

Color Management

Die Spezifikation der Farbcharakteristik eines Gerätes bzw. eines Ausgabeprozesses erfolgt durch so genannte Farbprofile. Farbprofile sind Datentabellen, in denen die Farbcharakteristik bezogen auf definierte Referenzwerte beschrieben ist. Damit die Kompatibilität zwischen den einzelnen Komponenten des Farbworkflows gewährleistet ist, sind Inhalt und Struktur der Profile genormt.

4.2.3.1 Profilklassen

Farbprofile werden nach ihrem Einsatzzweck in sieben Profilklassen eingeteilt.
- *Input-Device-Profile*
  Input-Device-Profile beschreiben die Transformation einer Datei aus dem Eingabefarbraum von Eingabegeräten wie Scanner und Digitalkameras in den geräteunabhängigen Profile Connection Space (PCS).
- *Display-Device-Profile*
  Mit diesen Profilen wird die Konvertierung aus dem PCS in den Gerätefarbraum von Geräten wie Monitoren und Beamern beschrieben.
- *Output-Device-Profile*
  Ausgabegeräte und Druckverfahren, die nach dem Prinzip der subtraktiven Farbmischung arbeiten, werden durch Output-Device-Profile charakterisiert. Die Profile beschreiben sowohl die Transformation aus dem PCS in den Geräte- bzw. Prozessfarbraum als auch vom Gerätefarbraum in den PCS.
- *Device-Link-Profile*
  Die direkte Transformation von einem Eingangsgerätefarbraum in einen Ausgangsgerätefarbraum ohne den Zwischenschritt PCS wird durch Device-Link-Profile beschrieben.
- *ColorSpace-Conversion-Profile*
  ColorSpace-Conversion-Profile

beschreiben die Transformation einer Datei von einem geräteunabhängigen Farbraum in den PCS und vom PCS in den geräteunabhängigen Farbraum.
- *Abstract-Profile*
  Profile dieser Profilklasse beschreiben die Konvertierung zwischen zwei Profile Connection Spaces, z.B. LAB und XYZ.
- *Named-Color-Profile*
  Konvertierung von Sonderfarben aus Farbskalen wie Pantone oder HKS in LAB oder Gerätefarbräume, z.B. CMYK.

4.2.3.2 ICC-Profile

1993 hat das ICC, International Color Consortium, ein Zusammenschluss führender Soft- und Hardwarehersteller unter der Federführung der Fogra, das plattformunabhängige ICC-Geräteprofil-Format festgelegt. ICC-Profile sind grundsätzlich unabhängig vom Erstellungsprogramm in jeder ICC-kompatiblen Software bzw. auf jedem ICC-kompatiblen Gerät einsetzbar. In der Praxis zeigt sich jedoch, dass sich die Profile abhängig von der Soft- und Hardware, die bei der Profilerstellung verwendet wurde, durchaus unterscheiden. Die Ergebnisse der Farbraumtransformation, dem Gamut-Mapping, sind ebenfalls vom Color-Management-System abhängig. Daraus ergeben sich für Sie bestimmte Faktoren, die Sie bei der Erstellung und Anwendung von ICC-Profilen beachten sollten:
- Messgerät für die Farbwerterfassung
- Software zur Profilerstellung
- Einstellparameter bei der Profilerstellung
- CMM (Color Matching Modul), z.B. ColorSync oder Adobe CMM

Device [engl.]:
Gerät, Apparat, Bauelement

Profile Connection Space (PCS)

4.2.3.3 Device-Link-Profile

Mit Device-Link-Profilen transformieren Sie Profile direkt ohne die Zwischenstation PCS. Dies kann die Transformation von RGB nach RGB, von RGB nach CMYK oder auch direkt aus einem CMYK-Eingabefarbraum in einen CMYK-Ausgabefarbraum sein. Die direkte Konvertierung ist sinnvoll zum optimalen Datenaustausch zwischen verschiedenen Druckprozessen, zur Prozessanpassung innerhalb eines Druckprozesses oder als Möglichkeit zur Einsparung bunter Druckfarben durch die prozessoptimierte Separation.

Vorteile der Device-Link-Profile
Die Farbraumtransformation mit Device-Link-Profilen bietet gegenüber der klassischen ICC-Farbraumtransformation über einen PCS einen wichtigen prozessbedingten Vorteil. Bei der Transformation einer separierten CMYK-Datei in den PCS gehen die Separationseinstellungen verloren. Die Ausgabe in einem anderen CMYK-Farbraum erfordert eine erneute Separation mit meist geänderten Einstellungen zum Schwarzaufbau. Dies kann dazu führen, dass schwarze Schrift oder schwarze Linien einer Vektorgrafik nicht mehr nur im Schwarzauszug mit 100% Schwarz gedruckt werden, sondern nach den Regeln der Graubalance mit allen vier Skalenfarben.

ICC-Profil

ISOcoated_v2_300_ eci.icc, FOGRA39L, Kopf und erste Datenzeilen des Standardprofils für den Offsetdruck, Papiertyp 1 und 2

```
ISO12642-2
ORIGINATOR „Fogra, www.fogra.org"
DESCRIPTOR „FOGRA39L"
CREATED      „December 2006"
INSTRUMENTATION „D50, 2 degree, geometry 45/0, no polarisation filter, white ba-
cking, according to ISO 13655"
PRINT_CONDITIONS „Offset printing, according to ISO 12647-2:2004/Amd 1, OFCOM,
paper type 1 or 2 = coated art, 115 g/m2, tone value increase curves A (CMY)
and B (K)"
NUMBER_OF_FIELDS 11
BEGIN_DATA_FORMAT
SAMPLE_ID CMYK_C CMYK_M CMYK_Y CMYK_K XYZ_X XYZ_Y XYZ_Z LAB_L LAB_A LAB_B
END_DATA_FORMAT
NUMBER_OF_SETS 1617

BEGIN_DATA
1        0        0        0        0     84.48    87.62    74.57    95.00     0.00    -2.00
2        0       10        0        0     77.89    77.75    68.26    90.67     5.90    -3.86
3        0       20        0        0     71.44    68.34    61.53    86.18    12.01    -5.21
4        0       30        0        0     65.03    59.18    54.42    81.39    18.70    -6.19
5        0       40        0        0     58.85    50.57    47.38    76.42    25.78    -6.91
```

4.2.4 Eingabeprofilierung

Color Management

4.2.4.1 Digitalkamera-Profilierung

Jede Digitalkamera hat eine eigene Farbcharakteristik, die sich in der Aufnahme bzw. Wiedergabe von Farben zeigt. Mit der Profilierung wird dieser so genannte Gerätefarbraum eindeutig definiert.

Profilerstellung
Zur Erstellung von ICC-Profilen Ihrer Digitalkamera benötigen Sie neben der CM-Software ein spezielles Testchart. Die Testfelder des Charts verteilen sich mit verschiedenen Farben und unterschiedlichen Helligkeits- bzw. Sättigungswerten über das ganze Chartformat. Um Reflexionen zu vermeiden und trotzdem eine möglichst optimale Farberfassung zu erreichen, sollte die Oberfläche halbmatt sein. Im CM-System der Firma GretagMacbeth sind Testcharts, so genannte Color Checker, im Lieferumfang enthalten. Die IT8-Charts zur Scannerprofilierung sind für die Kameraprofilierung ungeeignet.

Die Beleuchtung spielt naturgemäß bei der fotografischen Aufnahme eine entscheidende Rolle. Durch die Profilierung in verschiedenen Beleuchtungssituationen können Sie Profile für verschiedene Lichtarten und Einsatzzwecke erstellen. Diese entsprechen den verschiedenen Filmtypen in der Analogfotografie.

Selbstverständlich ist ein korrekter Weißabgleich die Grundvoraussetzung für die Erstellung eines guten Kameraprofils. Die übrigen Kameraeinstellungen wie z. B. Schärfefilter sollten bei der Aufnahme zur Profilierung die Basiseinstellung haben.

Profileinbindung
Nach der Profilerstellung müssen Sie jetzt im Dienstprogramm Ihrer Kamera das Kameraprofil als Quellprofil und das Zielprofil als Arbeitsfarbraum, in dem Ihr Bild gespeichert wird, definieren.

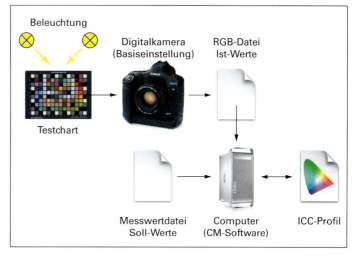

Schema der Digitalkamera-Profilierung

4.2.4.2 Scannerprofilierung

Für die Profilierung Ihres Scanners stehen von verschiedenen Herstellern Softwaretools zur Verfügung. Die Vorgehensweise ist grundsätzlich bei allen Tools die gleiche.

Test-Target scannen
Mit Ihrer Profilierungssoftware erhalten Sie verschiedene Testvorlagen, so genannte Test-Targets. Das Testbild ist dabei immer dasselbe, die IT8-Vorlage. Sie müssen aber für Aufsicht und Durchsicht jeweils eigene Profile erstellen. Ebenso unterscheidet sich die Farbcharakteristik der Aufnahmematerialien der verschiedenen Hersteller, z. B. Kodak oder Fuji.

Welche Scanparameter Sie einstellen müssen, wird von der Profilierungssoftware vorgegeben. Grundsätzlich gilt, wie bei der Profilierung einer Digital-

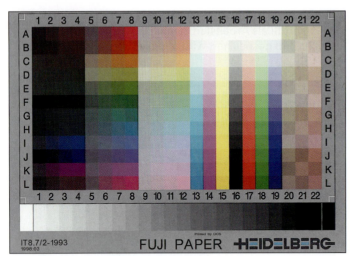

IT8.7/2-Test-Target zur Scannerprofilierung

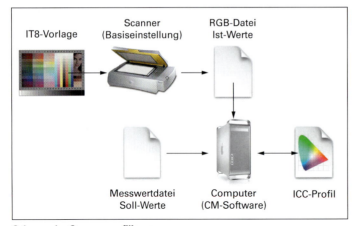

Schema der Scannerprofilierung

ICC-Profilauswahl in der Scannersoftware

kamera, stellen Sie in der Scansoftware alle Einstellungsgrößen am Scanner bzw. in der Scansoftware auf die Basiseinstellung.

ICC-Scannerprofil berechnen
Die Profilierungssoftware vergleicht jetzt die gescannten Farbwerte der Testvorlage mit den gespeicherten Referenzfarbdaten. Aus dem Vergleich ergibt sich die individuelle Farbcharakteristik Ihres Scanners bezogen auf die jeweilige Testvorlage.

Als Ergebnis der Berechnung erhalten Sie ein ICC-Profil für Ihren Scanner.

ICC-Profil speichern
Damit Sie das Scannerprofil auch nutzen können, müssen Sie es im entsprechenden Ordner des Betriebssystems ablegen. Meist bietet Ihnen die Profilierungssoftware beim Speichern diese Option direkt an.

Wenn Sie das Profil erst später oder ein geliefertes Scannerprofil speichern wollen:
- Mac OS X
  Festplatte > *Users* > *Username* > *Library* > *ColorSync* > *Profiles*
- Windows 2000, XP, Windows 7
  Festplatte > *WINNT* > *system32* > *spool* > *drivers* > *color*

ICC-Profil einbinden
In der Scannersoftware müssen Sie vor dem Scannen das Scannerprofil und das Zielprofil auswählen. Das Scannerprofil beschreibt als Quellprofil die Farbcharakteristik Ihres Scanners, das Zielprofil gibt den Arbeitsfarbraum vor, in dem die Bilddatei gespeichert und später im Bildverarbeitungsprogramm bearbeitet wird. Wenn Sie kein eigenes Scannerprofil haben, dann wählen Sie das mitgelieferte Standardprofil des Scanners als Quellprofil aus.

Color Management

Scannerprofilierung mit Heidelberg Scanopen

Schritt 1

Öffnen Sie die gescannte Datei und die dazugehörigen Referenzfarbdaten.
Die Textdatei der Referenzfarbdaten ist ebenso wie die Testvorlage Teil des Scanopen-Pakets.

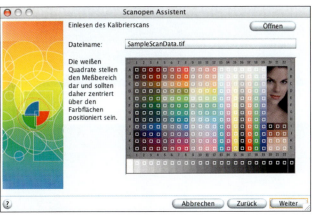

Schritt 2

Positionieren Sie die gescannte Testdatei im Scanopen-Fenster. Die Software erfasst anschließend automatisch die Ist-Werte.

Schritt 3

Berechnen und Speichern des ICC-Scannerprofils

231

Scannerprofilierung mit SilverFast

Schritt 1

Scannen Sie die IT8-Vorlage mit den Grundeinstellungen Ihres Scanners. Wählen Sie dann die Option zur IT8 Kalibration.

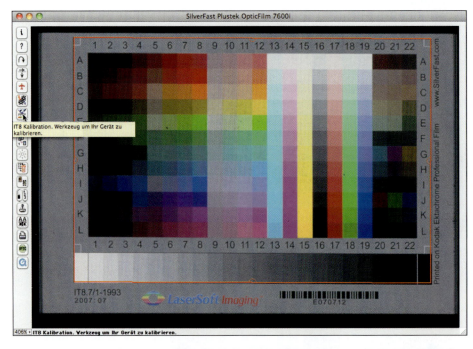

Schritt 2

Die Scansoftware wertet die gescannten Werte automatisch aus und erstellt im Abgleich mit den hinterlegten Referenzdaten das Profil.

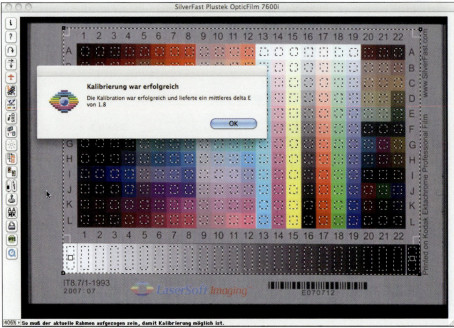

4.2.4.3 Eingabe-Profilvergleich

Die dreidimensionale Darstellung der ICC-Profile im Lab-Farbraum zeigt den unterschiedlichen Farbraumumfang der verschiedenen Eingabefarbräume.

Sie können auf dem Apple Macintosh mit ColorSync selbst die Farbraumdarstellungen der von Ihnen verwendeten Farbräume ansehen und vergleichen. ColorSync finden Sie unter *Applications > Utilities > ColorSync*.

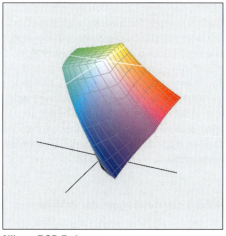

Nikon sRGB-Farbraum
Häufig verwendeter Standard-RGB-Farbraum in der Digitalfotografie mit Digitalkameras der Firma Nikon

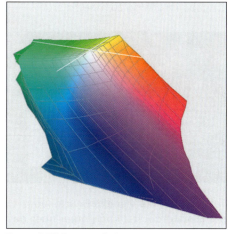

Epson RGB-Scanner-Farbraum
Farbraum des Epson Scanners 1670

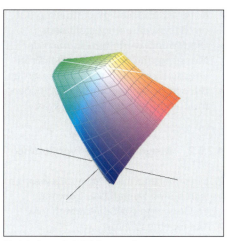

Kodak Generic DCS Camera Input
Allgemeiner RGB-Farbraum in der Digitalfotografie mit Digitalkameras der Firma Kodak

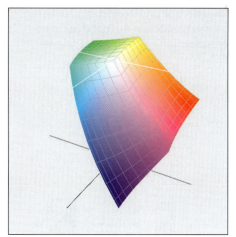

Epson sRGB-Farbraum

4.2.5 Monitorprofilierung

Der Monitor ist im Workflow die visuelle Schnittstelle zwischen dem Mediengestalter und den Farben des Bildes bzw. der Grafik. Sie haben in allen Bildverarbeitungsprogrammen die Möglichkeit, Farben numerisch zu kontrollieren und bei Bedarf auch durch numerische Eingabe im Dialog zu modifizieren.

Farbwerte in der Info-Palette

Die Info-Palette zeigt die RGB- und die CMYK-Werte der ausgewählten Bildstelle (schwarzes Quadrat) bezogen auf die eingestellten RGB- bzw. CMYK-Arbeitsfarbräume.
Die RGB- und CMYK-Werte sind unabhängig vom gewählten Monitorprofil.

Trotzdem ist die visuelle Beurteilung der Monitordarstellung immer noch das Wichtigste bei der Farbverarbeitung. Deshalb ist es unabdingbar, dass Sie nicht nur die Eingabe bzw. Erfassung der Bilddaten mit einer Digitalkamera oder im Scanner und die Ausgabe im Digitalproof und Fortdruck profilieren, sondern auch die Ausgabe auf dem Monitor.

Obwohl die Internet-Browser derzeit (2011) Farbprofile noch ignorieren, ist es auch zur professionellen Bildverarbeitung für Digitalmedien notwendig, eine verlässliche Anzeige auf dem Monitor zu haben.

Ein konsistenter Farbworkflow in der Medienproduktion erfordert deshalb die Definition der Monitordarstellung. Dies können Sie durch die Kalibrierung und die Profilierung Ihres Monitors durch ICC-Profile erreichen. Sie können ein Profil messtechnisch oder visuell mit verschiedenen Dienstprogrammen wie z. B. Adobe Gamma oder dem Apple Monitorkalibrierungs-Assistenten erstellen und im System Ihres Computers abspeichern.

4.2.5.1 Grundregeln der Profilierung

Die messtechnische oder visuelle Profilierung eines Monitors erfolgt immer nach den gleichen Regeln:
- Der Monitor soll wenigstens eine halbe Stunde in Betrieb sein.
- Kontrast und Helligkeit müssen auf die Basiswerte eingestellt sein.
- Die Monitorwerte dürfen nach der Messung und anschließender Profilierung nicht mehr verändert werden.
- Bildschirmschoner und Energiesparmodus müssen deaktiviert sein.

4.2.5.2 Messtechnische Profilierung

Zur Profilierung Ihres Monitors werden verschiedene Systeme angeboten. „Eye-One" von GretagMacbeth bzw. X-Rite ist eines davon.
Neben der Monitorprofilierung gibt es in „Eye-One" auch Module zur Profilierung von Scannern, Datenprojektoren (Beamern) und Druckern.

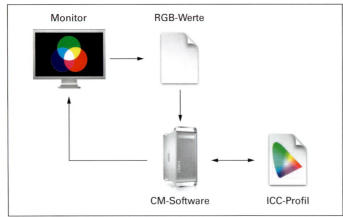

Schema der Monitorprofilierung

Color Management

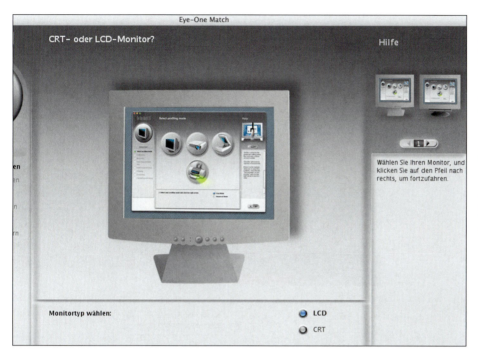

Schritt 1

Nach dem Start des Programms wählen Sie den Kalibrierungsmodus. Im erweiterten Modus haben Sie mehr Einstellmöglichkeiten als im Basismodus.

Wählen Sie anschließend den Monitortyp. Die besondere Bauart des Messgerätes erlaubt es, sowohl Flachbildschirme als auch Röhrenmonitore zu kalibrieren.

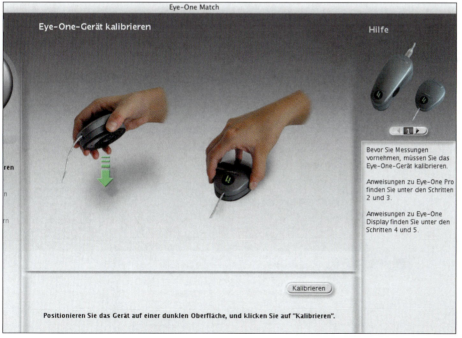

Schritt 2

Das Messgerät muss vor der Messung auf einer schwarzen Fläche kalibriert werden.

235

Schritt 3

Sie müssen den Weißpunkt vor Beginn der Messung festlegen. Die Einstellung 5000K (D50) erscheint als gelbliches Weiß. Sie ist aber nach der Norm die korrekte Einstellung für die Farbabstimmung in der Druckindustrie.

Die korrekte Gammaeinstellung ist für Apple Macintosh-Computer 1.8 und für Windows-PCs 2.2.

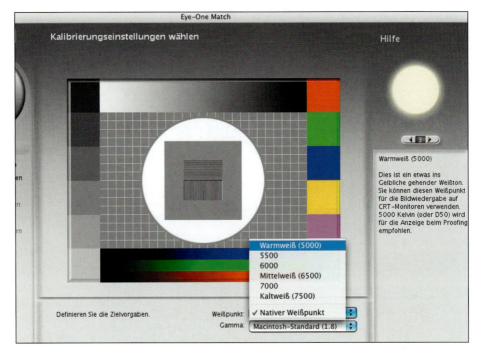

Schritt 4

Nach der Einstellung des Weißpunktes positionieren Sie das Messgerät auf dem Monitor und starten die Messung. Auf dem Monitor erscheinen jetzt verschiedene von der Kalibrierungssoftware gesteuerte Farben. Die dargestellten RGB-Werte werden gemessen und in das nach der Messung berechnete Monitorprofil aufgenommen.

Nach Abschluss der Farbmessung errechnet Eye-One automatisch das Monitorprofil. Sie können jetzt dem Monitorprofil einen eigenen Namen vergeben und es abspeichern.

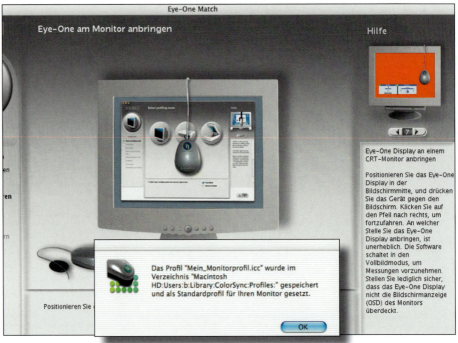

Color Management

4.2.5.3 Visuelle Profilierung

Apple Monitorkalibrierungs-Assistent

Auf dem Apple Macintosh können Sie unter Mac OS X mit dem Monitorkalibrierungs-Assistenten ein Monitorprofil erstellen (Menü *Apple > Systemeinstellungen... > Monitore > Farben > Kalibrieren*). Die Einstellungen erfolgen durch die numerische Eingabe der Farbtemperatur und des Monitorgammas sowie nach Ihrer visuellen Beurteilung. Das Profil entspricht damit natürlich nicht ganz der Objektivität eines messtechnisch erstellten ICC-Profils.

Schritt 1

Schritt 2

Schritt 3

Schritt 4

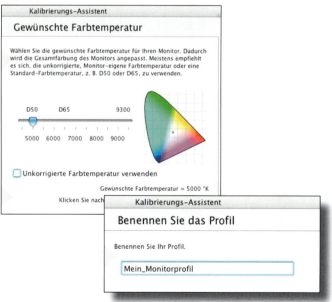

237

Windows 7 Kalibrierungs-Assistent

Auch unter Windows 7 können Sie visuell mit einem Kalibrierungs-Assistenten Ihren Monitor kalibrieren. Er ist Teil des Betriebssystems und somit einfach über die Suchzeile des Startmenüs mit dem Befehl „dccw.exe" aufzurufen. Folgen Sie im Weiteren den Dialogen des Assistenten.

Schritt 1: Gamma anpassen

Bewegen Sie den Schieberegler, bis die Punkte im Testbild nicht mehr sichtbar sind.

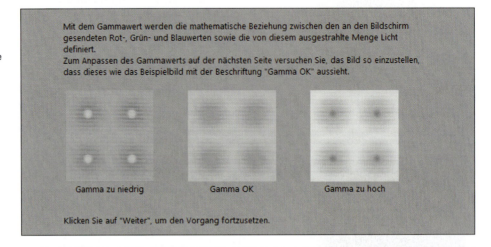

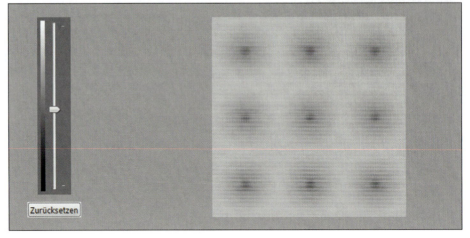

Color Management

Schritt 2: Helligkeit anpassen

Stellen Sie die Helligkeit der Monitordarstellung mit dem Helligkeitsregler Ihres Monitors ein. Je nach Bauart des Monitors ist dies eine Taste am Monitor oder ein Anzeigeeinstellregler im Bildschirmmenü.

Mit der Helligkeitsanpassung wird bestimmt, wie dunkle Farben und Schatten auf dem Bildschirm angezeigt werden.
Versuchen Sie beim Anpassen der Helligkeit auf der nächsten Seite das Bild so einzustellen, dass dieses wie das Beispielbild mit der Beschriftung "Gute Helligkeit" unten aussieht.

Zu dunkel Gute Helligkeit Zu hell

Klicken Sie auf "Weiter", um den Vorgang fortzusetzen.

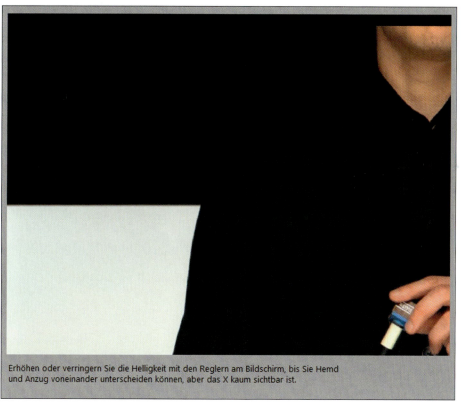

Erhöhen oder verringern Sie die Helligkeit mit den Reglern am Bildschirm, bis Sie Hemd und Anzug voneinander unterscheiden können, aber das X kaum sichtbar ist.

239

Schritt 3: Kontrast anpassen

Stellen Sie den Kontrast der Monitordarstellung mit dem Kontrastregler Ihres Monitors ein. Je nach Bauart des Monitors ist dies eine Taste am Monitor oder ein Anzeigeeinstellregler im Bildschirmmenü.

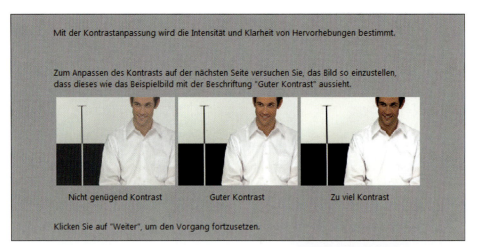

Mit der Kontrastanpassung wird die Intensität und Klarheit von Hervorhebungen bestimmt.

Zum Anpassen des Kontrasts auf der nächsten Seite versuchen Sie, das Bild so einzustellen, dass dieses wie das Beispielbild mit der Beschriftung "Guter Kontrast" aussieht.

Nicht genügend Kontrast — Guter Kontrast — Zu viel Kontrast

Klicken Sie auf "Weiter", um den Vorgang fortzusetzen.

Verwenden Sie den Kontrastregler am Bildschirm, um den Kontrast auf den höchstmöglichen Wert festzulegen. Die Falten und Knöpfe des Hemds sollten aber sichtbar bleiben.

Color Management

Schritt 4: Farbbalance anpassen

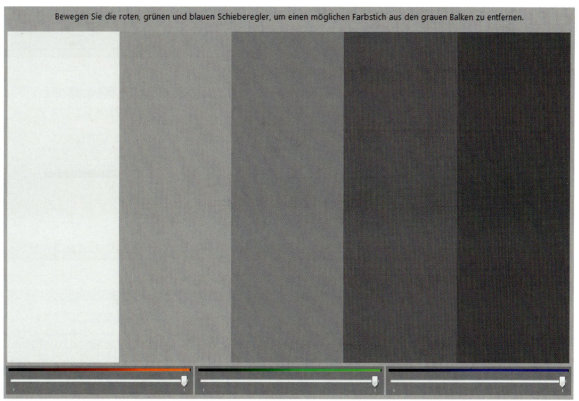

Adobe Gamma-Assistent
Auf dem PC unter Windows können Sie mit dem Adobe Gamma-Assistenten ein visuelles ICC-Profil erstellen. Die Qualität ist allerdings schlechter als bei einer messtechnischen Profilierung. Der Gamma-Assistent wird bei der Installation von Adobe Photoshop auf der Festplatte automatisch mit installiert. Sie finden Gamma auf der Festplatte Ihres PCs im Ordner *Programme > Gemeinsame Dateien > Adobe > Calibration*.

Schritt 1

Schritt 2

Schritt 3

Schritt 4

Schritt 5

Schritt 6

Color Management

Schritt 7

Schritt 8

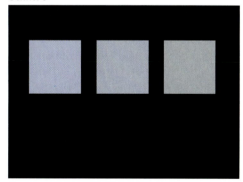

Schritt 9

Schritt 10

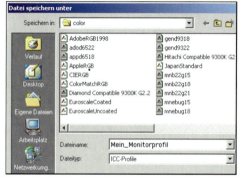

4.2.5.4 Profilspeicherung und -zuweisung

Mac OS X

Wenn Sie Ihr Profil entweder messtechnisch, z. B. mit Eye-One, oder visuell mit dem Apple Monitorkalibrierungs-Assistenten erstellt haben, dann müssen Sie es noch speichern und in den Systemeinstellungen Ihrem Monitor zuweisen.
- Speicherpfad
  Festplatte > Users > Username > Library > ColorSync > Profiles
- Profilzuweisung
  Systemeinstellungen > Monitore > Farben > Profil auswählen

243

Windows XP, Vista und Windows 7
Nach der Erstellung müssen Sie Ihr Monitorprofil noch speichern, installieren und dem Monitor zuweisen. Je nach Kalibrierungstool wird die Installation nach der Speicherung automatisch durchgeführt, so dass dieser Schritt dann natürlich entfällt.
- Speicherpfad
  Festplatte > WINNT > system32 > spool > drivers > color
- Installation nach dem Speichern (Kontextmenü)
- Profilzuweisung
  Systemsteuerung > Anzeige > Einstellungen > Erweitert > Farbverwaltung > Hinzufügen

244

Color Management

4.2.5.5 Monitor-Profilvergleich

Die dreidimensionale Darstellung der Monitorprofile im Lab-Farbraum zeigt den unterschiedlichen Farbraumumfang der verschiedenen Monitorfarbräume.

Durch die Zuweisung verschiedener Monitorprofile zu einem Monitor verändert sich nur die Darstellung der Farben. Die RGB-Werte oder die CMYK-Werte der Datei, die Sie gerade mit einem Programm bearbeiten und auf dem Monitor betrachten, ändert sich durch die veränderte Monitorprofilzuweisung nicht. Da sie aber neben den numerischen Farbwerten immer auch die Darstellung auf dem Monitor in die Beurteilung von Farben mit einbeziehen, ist eine korrekte Profilierung und Profilzuweisung unabdingbar.

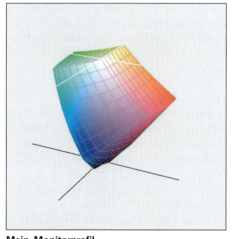

Mein_Monitorprofil
Messtechnisch mit Eye-One erstelltes ICC-Monitorprofil

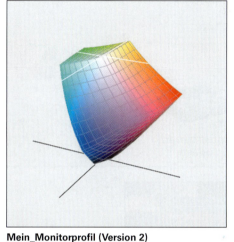

Mein_Monitorprofil (Version 2)
Visuell mit dem Apple Monitorkalibrierungs-Assisenten erstelltes Monitorprofil

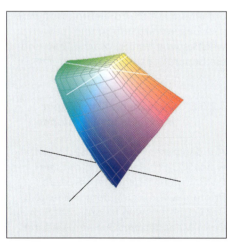

Generisches Monitorprofil

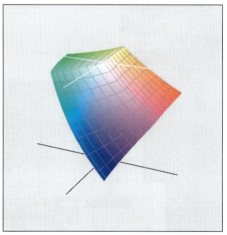

Apple Monitorprofil Multiple Syan 20-D50

4.2.6 Ausgabeprofilierung

Band II – Seite 616
9.1.12 Kontrollmittel für den Druck

Systeme zur Profilierung der Druckausgabe werden von verschiedenen Herstellern angeboten. Alle Systeme enthalten Dateien zur Erzeugung eines Testdrucks, Ist-Werte als Referenzdateien und ein spektralfotometrisches Messgerät zur Messung der Testdrucke.

4.2.6.1 Verfahrensablauf

Die Profilerstellung erfolgt in allen Systemen in drei Phasen:

Ausdrucken der Testform
Die als Datensatz vorliegende Testvorlage wird als Druckdatei an den Drucker übermittelt und ausgedruckt. Im konventionellen Druck wird die Datei unter standardisierten Bedingungen auf Film belichtet und dann auf die Druckform kopiert bzw. über CtP direkt auf die Druckform belichtet. Der anschließende Druck muss selbstverständlich ebenfalls standardisiert erfolgen.

Farbmetrisches Ausmessen
Die einzelnen Farbfelder des Ausdrucks werden mit einem Spektralfotometer ausgemessen. Natürlich gibt es dazu Spektralfotometer zur automatischen Messwerterfassung.

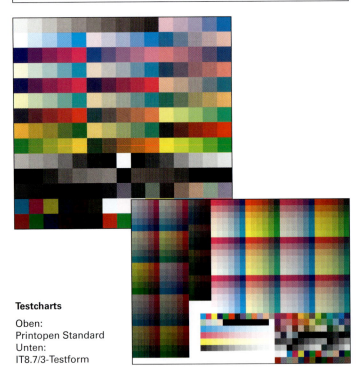

Generieren des ICC-Profils
Aus den Abweichungen zur Testdatei wird das Ausgabeprofil berechnet. Dabei haben Sie die Möglichkeit der Anpassung des Profils an Ihre spezifischen Bedingungen. Sie können bei der Profilerstellung in der Profilierungssoftware den Gesamtfarbauftrag und Tonwertzuwachs sowie den Schwarzaufbau und die Separationsart definieren.

4.2.6.2 Ausgabeprofilerstellung mit Heidelberg Printopen

Auf den nächsten Seiten ist die schrittweise ICC-Profilerstellung mit dem CMS (Color-Management-System) Printopen von Heidelberg dargestellt. Der Verfahrensweg ist grundsätzlich auf Color-Management-Systeme anderer Hersteller übertragbar.

Testcharts
Oben:
Printopen Standard
Unten:
IT8.7/3-Testform

Color Management

Schritt 1

Sie haben die Wahl zwischen der Erzeugung einer neuen Testform und der Bearbeitung vorhandener Messdaten.

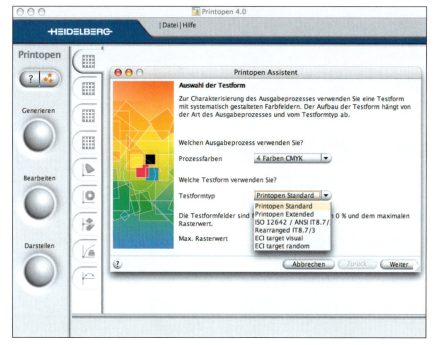

Schritt 2

Sie haben sich für die erste Option entschieden. Wählen Sie eine Testform aus.

Falls Sie schon vorhandene Messdaten zur Profilerstellung verwenden wollen, dann müssen Sie an dieser Stelle die Messdaten laden. Die weiteren Schritte sind bei beiden Optionen wieder gleich.

247

Schritt 3

Sie müssen die gewählte Testform in Ihrem Ausgabeprozess jetzt ausdrucken. Zur Proofprofilierung auf Ihrem Proofer, zur Profilierung des Druckprozesses nach der Druckformherstellung auf dem entsprechenden Bedruckstoff in der zu profilierenden Druckmaschine.

Natürlich müssen alle Druckparameter einem definierten Standard entsprechen und sollten nach der Profilerstellung tunlichst nicht mehr verändert werden.

Schritt 4

Die Messung der Farbwerte erfolgt mit einem Spektralfotometer.

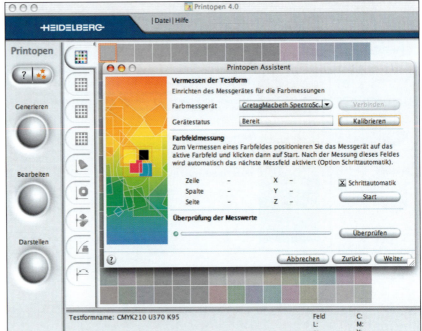

Color Management

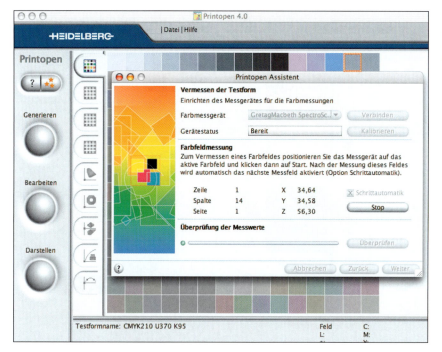

Schritt 5

Nach der Messung werden von der Software die Ist-Werte des Drucks mit den Soll-Werten der Testform verglichen.

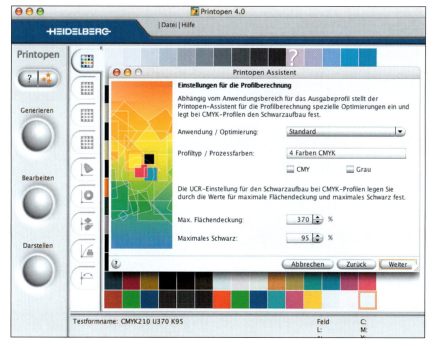

Schritt 6

Die Separationseinstellungen sind Teil der Profilerstellung.

Band II – Seite 378
6.4.1.1 Farbseparation

Schritt 7

Sie müssen sich zwischen GCR, dem Unbuntaufbau, und UCR, dem Buntaufbau, entscheiden.

Die Länge des Schwarzauszugs definiert, ob Schwarz nur in den neutralen Dreivierteltönen und Tiefen, Skelettschwarz, oder vom Licht bis zur Tiefe über den ganzen Tonwertumfang geht.

Ein schmales Schwarz ist nur in den neutralen Tertiärfarben, ein breites Schwarz hat auch Anteil an den bunten Tertiärfarben.

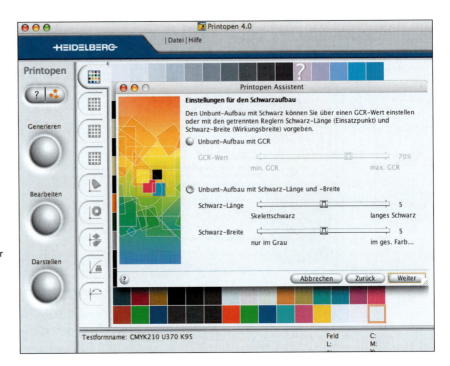

Schritt 8

Als letzten Schritt der Profilberechnung müssen Sie die Helligkeits- und Sättigungseinstellungen festlegen.

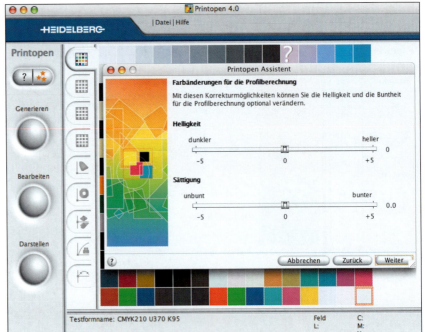

Color Management

Schritt 9

Nachdem alle Einstellungen getroffen sind, erfolgt die Berechnung des Profils.

Das berechnete Profil können Sie mit einem eigenen Namen im entsprechenden Systemordner speichern. Der Profilname wird auch in die Dateistruktur mit aufgenommen. Sie sollten deshalb den Dateinamen später nicht mehr ändern.

251

4.2.7 Standarddruckprofile (Offset)

Es gibt unzählige ICC-Profile für die verschiedensten Bedruckstoffe und Druckverfahren. Welches ist nun das richtige Profil? Viele Druckereien bieten auf ihrer Internetseite Profile zum Herunterladen an. Bei einer eindeutigen Kommunikation der am Workflow beteiligten Partner ist die Verwendung dieser speziellen Profile sicherlich sinnvoll. Oft ist es aber so, dass in der Druckvorstufe die Druckbedingungen nicht bekannt sind. Deshalb bietet die ECI, European Color Initiative, Standarddruckprofile für verschiedene Druckverfahren an.

Das aktuelle ECI-Offset-2009-Paket enthält zwölf Profile für den standardisierten Akzidenzoffsetdruck, Bogen- und Rollenoffsetdruck mit der Bandbreite an Rasterweiten von 54 L/cm bis 80 L/cm. Das Profil „ISOcoated_v2_300_eci.icc" für matt und glänzend gestrichenes Papier (Papierklassen 1 und 2) wird von der ECI als Arbeitsfarb-raum empfohlen, wenn Sie noch keine Angaben über den Fortdruck haben. Druckvorlagendaten mit diesem Profil lassen sich problemlos in einen anderen Farbraum mit neuem Profil für veränderte Druckbedingungen bzw. andere Druckverfahren umrechnen.

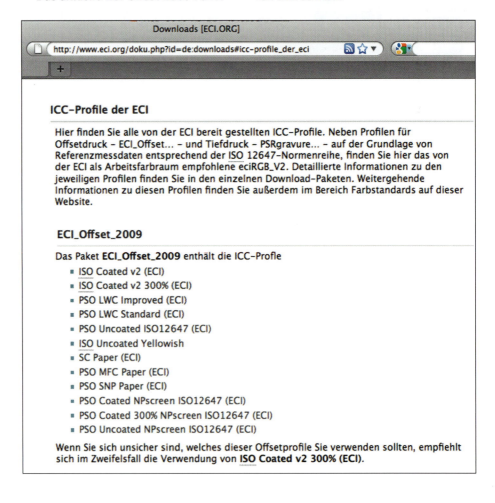

Color Management

	ISO Coated v2	ISO Coated v2 300%	PSO LWC Improved	PSO LWC Standard
Profilname	ISOcoated_v2_eci.icc	ISOcoated_v2_300_eci.icc	PSO_LWC_Improved_eci.icc	ISOuncoated.icc
Papier	**Papiertyp 1 und 2** glänzend oder matt gestrichen Bilderdruck Akzidenzoffset 115 g/m^2	**Papiertyp 1 und 2** glänzend oder matt gestrichen Bilderdruck Akzidenzoffset 115 g/m^2	**Papiertyp 3** aufgebessert glänzend gestrichen (LWC) Akzidenzoffset Rollenoffset 65 g/m^2	**Papiertyp 3** Standard glänzend gestrichen (LWC) Akzidenzoffset Rollenoffset 65 g/m^2
Rasterweite	60L/cm, 150lpi	60L/cm, 150lpi	60L/cm, 150lpi	60L/cm, 150lpi
Druckform	Positiv	Positiv	Positiv	Positiv
CMS	HD Printopen	HD Printopen	HD Color Tool	HD Color Tool
Farbaufbau				
Schwarzlänge	9	9	10	10
Schwarzbreite	10	10	10	10
max. Deckung	330	300	300	300
max. Schwarz	95	95	98	98
Tonwertzunahme (40%)	CMY 13,0 K 16,0	CMY 13,0 K 16,0	CMY 16,0 K 19,0	CMY 16,0 K 19,0
Referenzdatei	FOGRA39L	FOGRA39L	FOGRA45L	FOGRA46L
L*|a*|b* weiße Messunterlage	16|0|0 55|-37|-50 58|74|-3 89|-5|93 47|68|48 50|-65|27 24|22|-46 23|0|0 95|0|-2	20|0|0 55|-37|-50 58|74|-3 89|-5|93 47|68|48 50|-65|27 24|22|-46 23|0|0 95|0|-2	20|1|2 57|-37|-46 48|73|-6 86|-2|89 48|6|44 50|-59|26 28|16|-46 27|-4|-2 92|0|-2	20|1|2 57|-37|-46 48|73|-6 86|-2|89 48|6|44 50|-59|26 28|16|-46 27|-4|-2 92|0|-2

Charakterisierungsdaten Offset für Standard Druckbedingungen nach ISO 12647-2

Papiertyp 1, 2 und 3 Akzidenzoffsetdruck (Bogen- und Heatset-Rollenoffsetdruck)

	PSO Uncoated ISO 12647	ISO Uncoated Yellowish	SC Paper	PSO MFC Paper
Profilname	ISOcoated_v2_ eci.icc	ISOuncoated yellowish.icc	SC_paper_eci.icc	ISOuncoated.icc
Papier	**Papiertyp 4** ungestrichen weiß Offset 115 g/m²	**Papiertyp 5** ungestrichen leicht gelblich Offset 115 g/m²	**Papiertyp SC** Super-calandered satiniert Rollenoffset 56 g/m²	**Papiertyp MFC** Machine Finished Coating
Rasterweite	60L/cm, 150lpi	60L/cm, 150lpi	60L/cm, 150lpi	60L/cm, 150lpi
Druckform	Positiv	Positiv	Positiv	Positiv
CMS	HD ColorTool	HD Printopen	HD Printopen	HD Color Tool
Farbaufbau	GCR			GCR
Schwarzlänge		9	10	
Schwarzbreite		5	5	
max. Deckung	300	320	270	280
max. Schwarz	98	100	100	98
Tonwertzu-nahme (40%)	CMY 19,0 K 22,0	CMY 19,0 K 22,0	CMY 16,0 K 19,0	CMY 16,0 K 19,0
Referenzdatei	FOGRA47L	FOGRA30L	FOGRA40L	FOGRA41L
L*|a*|b* weiße Mess-unterlage	31|1|1 60|–26|–44 56|61|–3 89|–4|78 54|55|26 54|–44|14 38|8|–32 33|0|0 95|0|–2	29,4|1,8|2,1 58|–25,7|–40,2 53|59,9|4,5 89,2|–1|80,5 51|56|30,1 50,6|–39,1|16,8 37,5|8,3|–22,1 34,9|–0,8|0,4 95,9|–0,8|3,9	22,4|1,1|2,3 55,0|–35,6|–38,3 47,6|66,2|–2,8 82,8|–0,6|86,1 46,7|61,9|39,9 49,0|–53,0|25,4 27,8|12,6|–39,3 26,6|1,5|–2,8 89,2|0,2|4,6	23,7|1|2,3 55,5|–33,3|–41,6 48,7|66,9|–2 84,1|–2,1|81,3 48,1|62|38,6 50,1|–52,4|24,2 28,1|17,4|–38,3 27,5|2,1|–3,1 90,4|0,1|0,5

Charakterisierungsdaten Offset für Standard Druckbedingungen nach ISO 12647-2

Papiertyp 4, 5, SC und MFC Akzidenzoffsetdruck (Bogen- und Heatset-Rollenoffsetdruck)

Color Management

	PSO SNP Paper	PSO Coated NP screen ISO12647	PSO Coated 300% NPscreen ISO12647	PSO Uncoated NPscreen ISO12647
Profilname	PSO_SNP_paper_eci.icc	PSO_Coated_NP screen_ISO12647_eci.icc	PSO_Coated_300_NP screen_ISO12647_eci.icc	PSO_Uncoated_NP screen_ISO12647_eci.icc
Papier	**Papiertyp SNP** Standard Newsprint Heatset Rollenoffset 115 g/m^2	**Papiertyp 1 und 2** glänzend oder matt gestrichen Bilderdruck Akzidenzoffset 115 g/m^2	**Papiertyp 1 und 2** glänzend oder matt gestrichen Bilderdruck Akzidenzoffset 115 g/m^2	**Papiertyp 4** ungestrichen weiß Offset 115 g/m^2
Rasterweite	60L/cm, 150lpi	nicht periodisch 20µm	nicht periodisch 20µm	nicht periodisch 30µm
Druckform	Positiv	Positiv	Positiv	Positiv
CMS	HD ColorTool	HD ColorTool	HD ColorTool	HD ColorTool
Farbaufbau		GCR	GCR	GCR
Schwarzlänge	10			
Schwarzbreite	10			
max. Deckung	260	330	300	300
max. Schwarz	98	98	98	98
Tonwertzu-nahme (40%)	CMY 19,0 K 22,0	CMY 28,0 K 28,0	CMY 28,0 K 28,0	CMY 28,0 K 28,0
Referenzdatei	FOGRA42L	FOGRA43L	FOGRA43L	FOGRA44L
L*|a*|b* weiße Mess-unterlage	29|1|2 54|–27|–31 51|55|1 79|1|71 48|54|31 47|–38|20 35|9|–26 31|–1|0 85|1|5	16|0|0 55|–37|–50 58|74|–3 89|–5|93 47|68|48 50|-65|27 24|22|–46 23|0|0 95|0|–2	16|0|0 55|–37|–50 58|74|–3 89|–5|93 47|68|48 50|-65|27 24|22|–46 23|0|0 95|0|–2	31|1|1 60|–26|–44 56|61|–3 89|–4|78 54|55|26 54|–44|14 38|8|–312 33|0|0 95|0|–2

Charakterisierungsdaten Offset für Standard Druckbedingungen nach ISO 12647-2

Papiertyp SNP, 1, 2 und 4 Akzidenzoffsetdruck (Bogen- und Heatset-Rollenoffsetdruck)

4.2.8 Farbmodus – Arbeitsfarbraum

4.2.8.1 Farbmodus

Durch den Farbmodus eines Bildes wird definiert, durch welche Parameter eine Farbe beschrieben wird. Im RGB-Modus sind es die Rot-, Grün- und Blauanteile. Im CMYK-Modus die Cyan-, Magenta-, Gelb- und Schwarzanteile. Die CMYK-Anteile wurden durch die Separation festgelegt. Farben im Lab-Modus werden mit der Helligkeit und den Rot-Grün- und Blau-Gelb-Anteilen beschrieben.

Wenn Sie ein und dieselbe Bilddatei auf verschiedenen Monitoren betrachten oder sich ihren Druck auf verschiedenen Bedruckstoffen vorstellen, dann ist klar, dass es für jeden Farbmodus verschiedene Farbräume gibt. D. h., die jeweiligen RGB- oder CMYK-Werte erzeugen einen eigenen Farbeindruck.

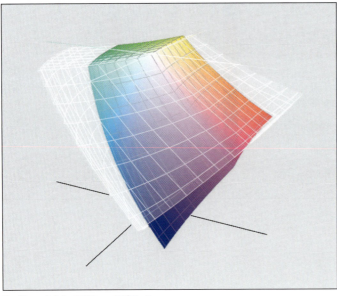

Profilvergleich sRGB – eciRGB v2
Der eciRGB-Farbraum ist weiß dargestellt. Im Blaubereich geht der Umfang des sRGB-Farbraums über den ansonsten größeren eciRGB-Farbraum hinaus.

4.2.8.2 Arbeitsfarbraum

Der Arbeitsfarbraum ist der Farbraum, in dem Sie die Bearbeitung von Bildern, z. B. Ton- und Farbwertretuschen, vornehmen. Daraus ergeben sich verschiedene Anforderungen an einen Arbeitsfarbraum:
- Der Arbeitsfarbraum umfasst alle Prozessfarbräume.
- Der Arbeitsfarbraum ist nicht wesentlich größer als der größte Druckfarbraum, um möglichst wenig Farben zu verlieren.
- Die Farbwerte der Primärfarben sind definiert.
- Der Gammawert ist festgelegt.
- Der Weißpunkt entspricht der Norm von D50, 5000K.
- Der Arbeitsfarbraum ist geräte- und prozessunabhängig.
- Die Beziehung der Primärfarben ist linear, d. h., gleiche Farbwerte ergeben ein neutrales Grau.
- Der Farbraum ist gleichabständig, d. h., geometrische und visuelle Farbabstände entsprechen sich.

CMYK-Farbräume sind immer geräte- bzw. prozessbezogen, Lab-Farbräume sind zu groß, bleibt also nur RGB, um einen brauchbaren Arbeitsfarbraum zu definieren.

In der Praxis finden meist folgende drei RGB-Farbräume als Arbeitsfarbräume Anwendung:
- *sRGB-Farbraum*
  Kleiner als der Farbraum moderner Druckmaschinen, Farbdrucker oder Monitore, deshalb nur bedingt für den Print-Workflow geeignet.
- *Adobe RGB*
  Guter großer Farbraum
- *eciRGB v2*
  Von der ECI empfohlener RGB-Arbeitsfarbraum. Sie erhalten ihn kostenlos unter www.eci.org.

4.2.9 Gamut-Mapping

Unter Gamut-Mapping versteht man die Transformation der Farbräume zwischen einzelnen Stationen des Workflows.

4.2.9.1 PCS – Profile Connection Space

Die Kommunikation über Farbe muss in einem gemeinsamen Sprach- bzw. Farbraum erfolgen. Dieser Farbraum soll alle am Workflow beteiligten Farbräume umfassen und eine eindeutige Übersetzung zwischen den Farbräumen ermöglichen. Die XYZ-, Yxy- und LAB-Farbräume erfüllen diese Forderungen. Sie umfassen alle für den Menschen sichtbaren Farben und somit automatisch alle Prozessfarbräume. Die Farborte sind eindeutig und prozessunabhängig definiert und können somit in die jeweiligen Prozessfarbanteile, d. h. RGB bzw. CMYK, umgerechnet werden.

In den Spezifikationen der ICC-Profile und des Gamut-Mapping wurden vom ICC, International Color Consortium, und der ECI, European Color Initiative, der XYZ- und der Lab-Farbraum als allgemein gültige Referenzfarbräume festgelegt.

Da das Gamut-Mapping zwischen den Profilen in diesem Farbraum stattfindet, wird dieser auch als Profile Connection Space, PCS, bezeichnet.

Das ICC-Profil stellt die Beziehung des individuellen Gerätefarbraums zum geräteunabhängigen PCS her.

Das im Betriebssystem des jeweiligen Computers integrierte CCM, Color Matching Modul, steuert die profilgestützte Farbverarbeitung. Durch die Wahl von Rendering Intents legen Sie den jeweiligen Algorithmus fest.

4.2.9.2 CMM – Color Matching Modul

Das Color Matching Modul ist als Teil des Betriebssystems die Software auf Ihrem Computer, mit der das Gamut-Mapping durchgeführt wird. Mit der Installation der CM-Software wird meist ein eigenes CMM installiert. Da aber verschiedene CMMs mit den gleichen ICC-Profilen zu unterschiedlichen Ergebnissen führen, empfiehlt es sich, immer das gleiche CMM, z. B. ColorSync, zu verwenden.

4.2.9.3 Rendering Intent

Das Rendering Intent ist der Umrechnungsalgorithmus der Farbraumtransformation. Welches Rendering Intent Sie auswählen, ist von der jeweiligen Anwendung abhängig.

Wir unterscheiden vier verschiedene Optionen:
- Perzeptiv bzw. perceptual, fotografisch, wahrnehmungsorientiert
- Sättigung bzw. saturation
- Relativ farbmetrisch bzw. relative colorimetric
- Absolut farbmetrisch bzw. absolute colorimetric

Das Intent „Sättigung oder saturation" wird nur für die Transformation flächiger Grafiken mit wenigen Farben eingesetzt. Bei Bildern mit vielen Farben führt diese Einstellung zu starken Farbveränderungen beim Moduswandel.

257

Perzeptiv

„Perzeptiv" ist die übliche Einstellung bei allen Farbraumtransformationen von Farbbildern, außer bei der Prooferstellung. Bei der Prooferstellung erfolgt das Gamut-Mapping farbmetrisch.

Die Einstellung „perzeptiv" bewirkt beim Gamut-Mapping eine nichtlineare Anpassung des Quellfarbsystems an das Zielfarbsystem. Der visuelle Charakter des Bildes soll dadurch bei der Farbraumtransformation möglichst bewahrt werden. Bei der Transformation werden Farben, die weit außerhalb des Zielfarbraums liegen, sehr stark verschoben, Farben am Rand des Zielraums weniger stark und Farben, die im Inneren des Zielfarbraums liegen, nur ganz leicht. Wählen Sie diese Option bei stark unterschiedlichen Farbräumen.

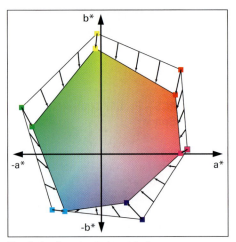

Rendering Intent – farbmetrisch

Absolut farbmetrisch

Die Option „absolut farbmetrisch" passt den Weißpunkt des Zielfarbraums (Proof) an den Weißpunkt des Quellfarbraums (Druck) an. Die Papierfärbung wird also im geprooften Bild simuliert. Wählen Sie diese Option, wenn das Proofpapier farblich nicht dem Auflagenpapier entspricht.

Relativ farbmetrisch

Bei der Option „relativ farbmetrisch" wird der Weißpunkt des Zielfarbraums (Proof) nicht an den Weißpunkt des Quellfarbraums (Druck) angepasst. Sie wählen deshalb diese Option, wenn das Proofpapier farblich dem Auflagenpapier entspricht.

Rendering Intent – perzeptiv

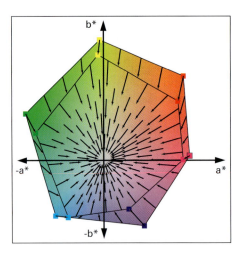

Farbmetrisch

Die Einstellung „farbmetrisch" bewirkt das Stanzen eines kleineren Farbraums in einen größeren Farbraum. Dadurch wird der kleine Farbraum exakt im größeren Farbraum abgebildet. Deshalb ist „farbmetrisch" das Rendering Intent beim Proofen und der Umwandlung von ähnlich großen Farbräumen.

Sättigung

Hier werden kräftige Farben auf Kosten der Farbtreue erstellt. Der Quellfarbumfang wird in den Zielfarbumfang skaliert, aber anstelle des Farbtons bleibt die relative Sättigung erhalten, so dass sich Farbtöne bei der Skalierung in einen kleineren Farbumfang verschieben können. Die Priorität für Grafiken mit leuchtenden und satten Farben.

Color Management

Gamut-Mapping

einer sRGB-Bilddatei mit den Rendering Intents:
perzeptiv
relativ farbmetrisch
absolut farbmetrisch
Links:
ISOcoated_v2_eci.icc
Rechts:
ISOnewspaper26v4.icc

ISOcoated_v2_eci.icc – perzeptiv   ISOnewspaper26v4.icc – perzeptiv

ISOcoated_v2_eci.icc – relativ farbmetrisch   ISOnewspaper26v4.icc – relativ farbmetrisch

ISOcoated_v2_eci.icc – absolut farbmetrisch   ISOnewspaper26v4.icc – absolut farbmetrisch

4.2.9.4 Gamut-Mapping mit Device-Link-Profilen

www.gmgcolor.com
www.basiccolor.de
www.colormanagement.org
www.schwabe-braun.net

Device-Link-Profile werden vor allem eingesetzt, wenn eine schon separierte Datei in einen anderen CMYK-Farbraum konvertiert werden muss. In unserem Beispiel wurde die Datei im Offset auf ein glänzend gestrichenes Papier von Papiertyp 1 gedruckt. Der Nachdruck soll auf ein maschinengestrichenes Papier gedruckt werden. Um ein optimales Druckergebnis zu erzielen, erfolgt eine Profilkonvertierung von ISOcoated_v2_300_eci.icc nach PSO_MFC_Paper_eci.icc.

Bei der Transformation von Farbräumen über ein Device-Link-Profil findet keine Zwischentransformation in einen prozessneutralen Profile Connection Space, z.B. LAB, statt. Dies hat den Vorteil, dass die Separation der Datei grundsätzlich erhalten bleibt. Der Schwarzkanal bleibt erhalten und somit auch die reinschwarze Information in Grafiken oder Texten.

RGB-zu-CMYK-Separation
Auf die Druckbedingungen hin optimierte Separation unter Beibehaltung der Graubalance.

CMYK-Reseparation
Verschiedene Dateien mit unterschiedlicher Separation und Farbprofilen werden durch die Re-Separation in einen einheitlichen Farbaufbau transformiert.
Zusätzlich kann durch ein starkes GCR der Druckfarbverbrauch optimiert werden.

CMYK-zu-CMYK-Konvertierung
Der Farbaufbau bleibt grundsätzlich erhalten, die Konvertierung dient nur der Anpassung an die spezifischen Druckbedingungen wie z.B. veränderter Tonwertzuwachs.

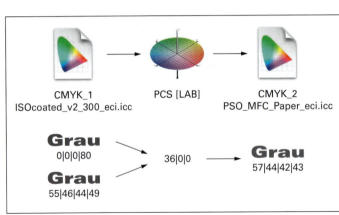

Farbraumtransformation mit PCS

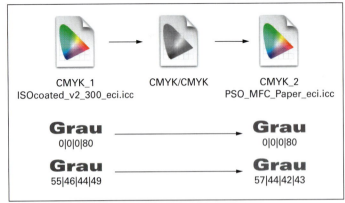

Farbraumtransformation mit Device Link

Einstellung der Re-Separation
GMG Color Server bei Schwabe und Braun

260

Color Management

Referenzdatei

ISOcoated_v2_300_
eci.icc

Grauskala (%):
C 0|0|0|0|0|0
M 0|0|0|0|0|0
Y 0|0|0|0|0|0
K 100|80|60|40|20|0

Gamut-Mapping mit Device Link

ISOcoated_v2_300_
eci.icc
nach
ISOwebcoated.icc

Grauskala (%):
C 0|0|0|0|0|0
M 0|0|0|0|0|0
Y 0|0|0|0|0|0
K 100|78|56|36|17|0

Tonwertanpassung durch höheren Tonwertzuwachs

Gamut-Mapping mit PCS

ISOcoated_v2_300_
eci.icc
nach
ISOwebcoated.icc

Grauskala (%):
C 82|64|50|32|13|1
M 74|54|40|24|9|1
Y 56|47|35|20|5|0
K 86|27|3|0|0|0

Neue Separation, Verlust der reinschwarzen Information

261

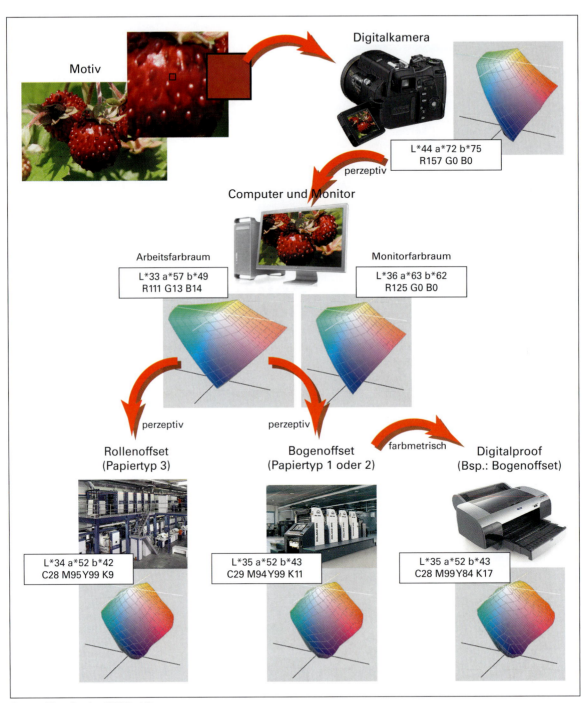

Gamut-Mapping im CM-Workflow

4.2.10 Prozesskontrolle

4.2.10.1 ECI-Monitortest

Die ECI hat einen Monitortest entwickelt, der es Ihnen erlaubt, die Kalibrierung Ihres Monitors während der Arbeit ständig visuell zu kontrollieren. Der Monitortest besteht aus einem Paket verschiedener Hintergrundbilder für PC und Mac sowie für unterschiedliche Monitorgrößen. Tauschen Sie also das geliebte Urlaubsbild gegen einen professionellen Schreibtischhintergrund aus.

Das Hintergrundbild hat als Fläche den mittleren Grauwert von R=G=B=127. Da das menschliche Auge für Farbschwankungen im neutralen Graubereich besonders empfindlich ist, können Sie Farbabweichungen über die Fläche oder in Bereichen sehr leicht wahrnehmen. Bei so genannten Farbwolken hilft bei Röhrenmonitoren oft entmagnetisieren. Flachbildschirme bieten diese Möglichkeit natürlich nicht, hier hilft meist nur die Ersatzbeschaffung.

Color Management

www.eci.org

Hintergrundbild zur Monitorkontrolle

Licht- und Tiefenkontrollelement

- Helligkeit
  Das ECI-Logo darf im schwarzen Feld gerade noch sichtbar sein.
- Kontrast
  Das ECI-Logo darf im weißen Feld gerade noch sichtbar sein.

Gradationkontrollelement

Bei korrekter Gammaeinstellung ist der eingestellte Gammawert beim Betrachten des Testbildes mit zusammengekniffenen Augen nicht mehr sichtbar.

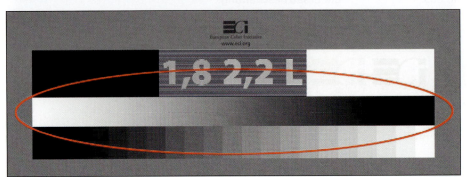

Verlaufsgraukeil

Bei korrekter Helligkeitsdarstellung darf es zu keinen Tonwertabrissen kommen.

Stufengraukeil

Zur Überprüfung der Tonwertabstufung und evtl. Farbstiche in bestimmten Tonwertbereichen

Color Management

4.2.10.2 Fogra Monitor-Testbilder

Die Monitor-Testbilder sind Teil des Fogra-Forschungsprojektes „Aufbau und Untersuchung eines Softproof-Arbeitsplatzes". Sie stehen auf der Fogra-Forschungswebsite kostenlos zur Verfügung. Die 15 verschiedenen Testmotive eignen sich zur visuellen Beurteilung von:
- Blickwinkelcharakteristik
- Homogenität
- Pixelfehler
- Artefakt „Black Mura". Mura kommt aus dem Japanischen und bedeutet „Fehler. „Black Mura" sind schwarze Bildbereiche am Rande des Monitors, die durch Verspannungen beim Einbau des LCD-Panels auftreten.
- „Geisterbilder", Bildschatten des vorherigen Motivs, die nach dem Umschalten auf einen neuen Bildschirminhalt noch einige Zeit sichtbar sind.

Betrachtungsbedingungen

Bei der visuellen Beurteilung eines Monitors müssen Sie natürlich möglichst die Umgebungsfaktoren wie Beleuchtung, Betrachtungsabstand und Betrachtungswinkel beachten.

Oft stehen bei Abmusterungen mehrere Personen vor dem Monitor. Dadurch hat jeder einen anderen Betrachtungswinkel. Dies führt bei qualitativ nicht optimalen Monitoren zu sehr starken visuellen Veränderungen des Monitorbildes. Um diese Veränderungen rasch erkennen zu können, verlassen Sie Ihre Grundhaltung und bewegen sich in horizontaler und vertikaler Richtung vor dem Bildschirm. Simulieren Sie die in Ihrem Betrieb praxistypischen Betrachtungsbedingungen bei der Abstimmung eines Bildes oder des Softproofs am Monitor.

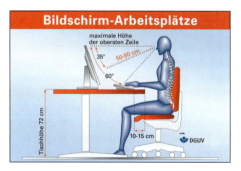

Ergonomisch richtige Grundhaltung
Abb.: DGUV
www.dguv.de

Testmotiv Porträt
Überprüfung der Blickwinkelcharakteristik und der Homogenität

Testmotiv Schachbrett
Überprüfung des Auftretens von Geisterbildern

4.2.10.3 Softproof

Ein Softproof ist die „Darstellung von Farbdaten auf einem Monitor oder Projektor mit dem Zweck, die Farberscheinung der durch die Daten beschriebenen Farben, für bestimmte Beleuchtungs- und Umfeldbedingungen, zu synthetisieren". Soweit die Definition der Fogra. In der Praxis bedeutet dies, dass ein Druckprodukt oder eine fotografische Aufnahme farbrichtig und reproduzierbar auf einem Monitor dargestellt werden. Dies setzt eine regelmäßige messtechnische Kalibrierung und visuelle Überprüfung der Monitordarstellung voraus.

Der konkrete Ausgabeprozess ist in der Regel noch nicht bekannt. Somit kann die Simulation der druckbaren Farben nur durch ein typisches Druckprofil wie FOGRA 39L (ISOcoated_v2_300_eci.icc) erfolgen. Eine weitere Möglichkeit ist, wie im Screenshot dargestellt, die Simulation des eigenen Fotodruckers.

www.eizo.de

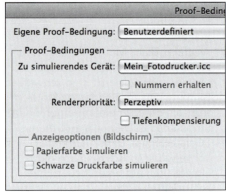

Softproof auf kalibriertem Monitor
Abb.: Eizo

www.quato.de

Softproof in der Fotografie
In der Fotografie ist die konsitente, möglichst vollständige Farbdarstellung in allen eingesetzten Programmen eine Bedingung für die Darstellung der Bilddatei im Softproof. Für die Darstellung während der Bildverarbeitung in Photoshop erfolgt dies automatisch durch die relativ farbmetrische Umrechnung mit Tiefenkompensierung in das Monitorprofil.

Softproof in der Reproduktion
In der Reproduktion ist häufig zusätzlich zum Softproof auf dem Monitor noch der visuelle Abgleich mit Vorlagen, Gegenständen, Drucken oder Proofs

Abmusterkabine Abb.: Quato

Color Management

notwendig. Sie benötigen dazu außer einem kalibierten Monitor noch eine Abmusterkabine mit Normlicht.

Als Simulationsprofil für den Softproof wählen Sie das Farbprofil des zukünftigen Ausgabeprozesses. Für die Separation stehen zwei Rendering Intents zur Wahl: perzeptiv oder relativ farbmetrisch mit Tiefenkompensierung. Die Monitordarstellung erfolgt absolut farbmetrisch.

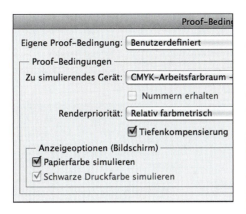

Softproof in der Druckerei

In der Druckerei ist der fertige Druckbogen Gegenstand zum Abmustern. Der Softproof dient hier anstelle des Digitalproofs als Farbreferenz für den Fortdruck.

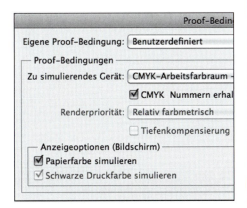

Proofstation Abb.: Quato

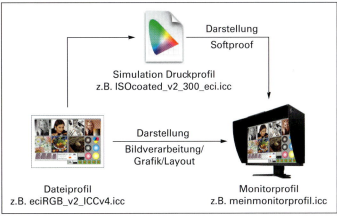

Druckfarbraumsimulation im Softproof

267

MedienStandard
Druck2010
ISO 12647
www.bvdm-online.de

4.2.10.4 Digitalproof

Der Digitalproof oder digitale Prüfdruck hat den analogen Andruck weitgehend abgelöst. Grundbedingung ist dabei, dass der Farbraum des Proofers größer als der im Proof zu simulierende Farbraum ist und dass die Druckergebnisse reproduzierbar sind. Zur Kontrolle der Farbverbindlichkeit des Proofs muss auf jedem Ausdruck ein Ugra/Fogra-Medienkeil gemäß ISO 12647 stehen. In der Fußzeile oder auf einem speziellen Label des Proofs stehen jeweils der Dateiname, das Datum, die Bezeichnung des Prooferprofils und des geprooften Referenzdruckprofils.

Großformatiger Farbdrucker und Proofer
Epson Epson Stylus Pro 7900, Abb.: Epson

Druckereinstellungen in Photoshop
Proofen einer RGB-Datei

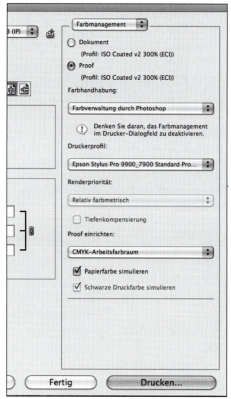

Druckereinstellungen in Photoshop
Proofen einer CMYK-Datei

4.2.10.5 Ugra/Fogra-Medienkeil

Die Ugra/Fogra-Medienkeile sind ein digitales Kontrollmittel, das zusammen mit der Seite ausgegeben wird. Sie können dadurch die Farbverbindlichkeit von Proof und Druck kontrollieren und nachweisen. Die Ton- bzw. Farbwerte basieren auf den Werten der internationalen Norm ISO 12642. Die Druckbedingungen sollten dem Medienstandard Offsetdruck bzw. ISO 12647-7 entsprechen.

2008 wurde die Version 3.0 des Ugra/Fogra-Medienkeils vorgestellt. Darin sind alle 46 Farbfelder der vorherigen Version enthalten. Diese wurden durch neue Farbfelder ergänzt, die eine erhöhte Empfindlichkeit im Lichter- und Tiefenbereich bringen.

Den Ugra/Fogra-Medienkeil CMYK gibt es in verschiedenen Layouts. Je nach Ausgabeformat können Sie zwischen ein- oder zweizeiliger Anordnung sowie unterschiedlichen Größen der Messfelder wählen.

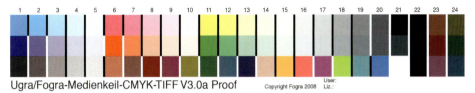

Ugra/Fogra-Medienkeil CMYK 3.0

Messfelder

Obere Reihe:
- 1 – 3, 6 – 8, 11 – 13 Primärfarben CMY (100%, 70%, 40%)
- 4, 5, 9, 10, 14, 15 Primärfarben CMY (20%, 10%)
- 16 – 21 CMY (Graubalance)
- 22 Buntfarbenüberdruck auf Schwarz
- 23, 24 Felder im Tiefenbereich mit $L \leq 35$

Mittlere Reihe:
- 1 – 3, 6 – 8, 11 – 13 Sekundärfarben RGB (200%, 140%, 80%)
- 4, 5, 9, 10, 14, 15 Sekundärfarben CMY (20%, 10%)
- 16 – 21 CMY (Graubalance)
- 22 Buntfarbenüberdruck auf Schwarz
- 23, 24 Felder im Tiefenbereich mit $L \leq 35$

Untere Reihe:
- 1– 5 CMY (Graubalance)
- 6 – 20 kritische Mischfarben
- 21 Papierweiß
- 22 Buntfarbenüberdruck auf Schwarz
- 23, 24 Felder im Tiefenbereich mit $L \leq 35$

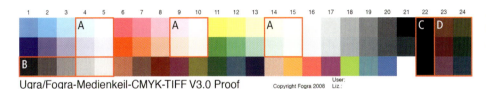

Ugra/Fogra-Medienkeil CMYK 3.0

Neue Messfelder

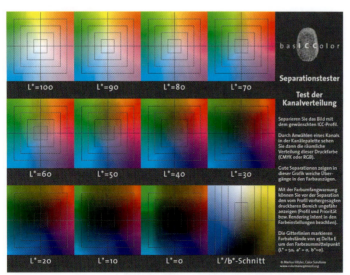

Separationstester

4.2.10.6 Visuelle Testformen

Als Beispiel für eine Vielzahl von visuellen Testformen sei hier der „Separationstester" genannt, den Sie zusammen mit einer Reihe weiterer Testbilder bei www.colormanagement.org herunterladen können.

Diese Datei wurde in LAB angelegt und enthält 13 Schnitte durch den LAB-Farbraum. Separieren Sie die Datei mit Ihrem Farbprofil. Durch Anwahl der einzelnen Farbkanäle in Photoshop können Sie nun den Schwarzaufbau und das Farbauszugsverhalten bewerten.

4.2.10.7 Altona Test Suite

www.altonatestsuite.com
www.eci.de

Die Altona Test Suite besteht aus drei PDF-Dateien zur Überprüfung der digitalen Datenausgabe. Es sollen dabei vor allem die Einhaltung des PDF/X-3-Standards und der Vorgaben des Color Management sichergestellt werden. Die Entwicklung der Altona Test Suite erfolgte durch bvdm, ECI, Fogra und Ugra. Die Online-Version der Altona Test Suite ist Freeware. Sie können sie unter www.eci.org aus dem Internet herunterladen. Dort finden Sie auch weitere Informationen zu Color Management und eine ausführliche Beschreibung der Altona Test Suite.

Altona-Testformen

- *Altona-Measure-Testform*
  Die Altona-Measure-Testform enthält Kontrollelemente zur densitometrischen und farbmetrischen Überprüfung von Proofern, digitalen und konventionellen Drucksystemen. Die Datei der Testform entspricht den PDF-1.3-Spezifikationen ohne Anpassung an spezielle Druckbedingungen.
- *Altona-Visual-Testform*
  Die Altona-Visual-Testform ist eine PDF/X-3-Datei. Sie dient der visuellen Überprüfung. Neben den üblichen Druck-Kontrollelementen enthält die Altona-Visual-Testform noch spezielle Elemente zur Überprüfung des geräteunabhängigen CIELAB- und RGB-Farbraums im Color Management. Die visuell auszuwertenden Felder sind: „Primärfarbe", „Duplex und Sonderfarbe", „Geräteunabhängige Farbe", „Überdrucken", „Verläufe" und „Auflösung".
- *Altona-Technical-Testform*
  Die Altona-Technical-Testform dient zur Überprüfung des Überdruckens und der Zeichensatzcodierung in PostScript-RIPs.

Altona-Anwendungspaket

Das Altona-Anwendungspaket des bvdm enthält außer einer umfangreichen Dokumentation, den Test-Suite-Dateien mit Charakterisierungstabellen auch zahlreiche Referenzdrucke und Färbungsstandards zum visuellen Vergleich von Proofs und Auflagendrucken.

Color Management

Altona-Visual-Test-form

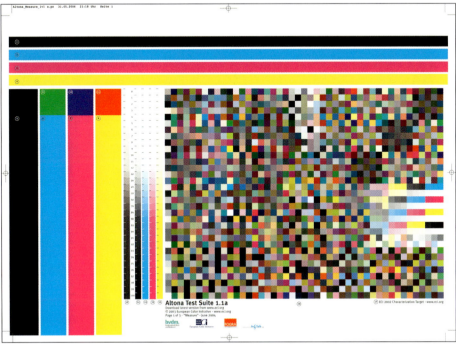

Altona-Measure-Testform

Altona-Technical-Testform

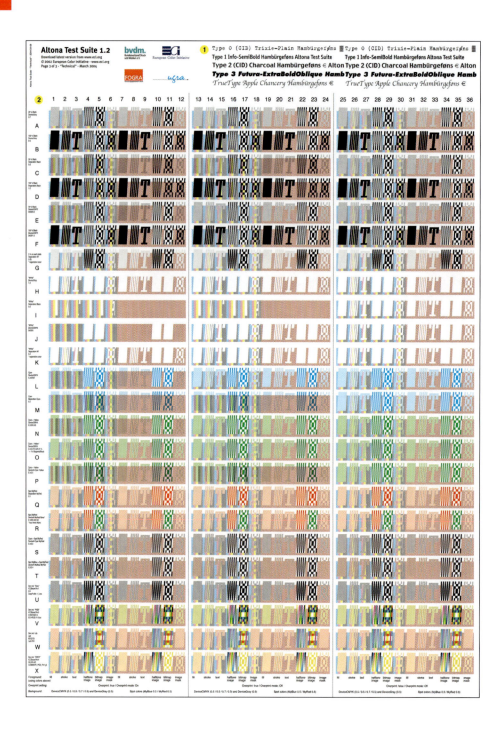

Color Management

4.2.10.8 ECI/bvdm-Graubalance-Kontrolle

Die Graubalance und ihre Überprüfung mittels Graubalancefeldern ist in der Druckindustrie schon seit vielen Jahrzehnten als visuelles Kontrollmittel weit verbreitet. Ihre Anwendung beruht darauf, dass das menschliche Auge für Farbschwankungen im neutralen Grau besonders empfindlich ist. Sie sehen einen leichten Rotstich im Grau, schon bevor Sie die Farbschwankungen im Rotton bemerken.

	Buntgrau 70	Echtgrau 70	Buntgrau 50	Echtgrau 50	Buntgrau 30	Echtgrau 30
L*	45,53	45,53	61,82	61,82	76,12	76,12
a*	0,0	0,0	0,0	0,0	0,0	0,0
b*	−0,75	−0,75	−1,16	−1,16	−1,52	−1,52
C	66	0	45	0	27	0
M	56	0	36	0	19	0
Y	56	0	36	0	20	0

ECI/bvdm Gray Control Strip (S) • FOGRA 39
für den Druck auf gestrichene Papiere

Neu an dem gemeinsam von der ECI und dem bvdm herausgegebenen Gray Control Strip ist die Definition der Buntgraufelder über L*, a* und b*-Werte. Das Buntgrau aus CMY muss dieselben L*a*b*-Werte haben wie ein gleich helles Vergleichsfeld, das nur mit Schwarz gedruckt wird. Die L*a*b*-Werte stammen jeweils aus der Charakterisierungsdatei. Das Buntgrau ist komplett bunt, d. h. ohne Schwarz aufgebaut. Sie wurden durch eine absolut farbmetrische Konvertierung des Schwarzwertes erzeugt.

Natürlich ist die Graubalance von den Druckbedingungen abhängig. Es stehen deshalb analog zu den Standarddruckprofilen auch verschiedene Gray Control Strips zu Verfügung. Das ICC-Profil und der entsprechende Gray Control Strip beruhen auf denselben Charakterisierungsdaten der Fogra.

Den Gray Control Strip gibt es in vier Layoutversionen:
- *Grundversion* S
  Der Control Strip enthält nur die sechs 6 mm x 6 mm großen Kontrollfelder.
- *Layout* Mi1
  Zu den Graubalancefeldern sind in diesem Control Strip noch Volltonfelder zur Kontrolle der Farbannahme (Trapping) und Stufenkeile zur Ermittlung der Druckkennlinien der einzelnen Druckfarben angegeben.
- *Layout* L
  Er enthält die gleichen Kontrollelemente wie die Version M. Die Stufenkeile sind aber stärker abgestuft, um eine differenziertere Erstellung der Druckkennlinie zu ermöglichen.
- *Layout* tvi 10
  Er dient der Überprüfung von Auflagendrucken nach ISO 12647. Hierfür enthält der Keil Vollton- und Übereinanderdruck- sowie Rasterfelder in 10%-Abstufung. Der ECI/bvdm tvi 10 hat keine Graubalance-Felder und ist folglich für alle Druckbedingungen geeignet. Die Farbfolge der Farbfelder im Kontrollkeil „ECI/bvdm tvi 10" ist für die schnelle scannende Messung optimiert.

Der Gray Control Strip ist Freeware. Sie können die Kontrollelemente und die dazugehörige Anleitung von den beiden Internetseiten www.eci.org und www.bvdm.org herunterladen und frei auf Ihren Drucken als Kontrollelement platzieren.

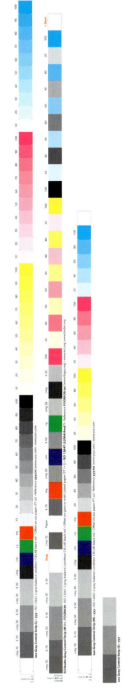

273

4.2.11 CM in Bridge

Adobe Bridge ist Teil der Adobe Creative Suite. Bridge dient als Steuerzentrale und Bindeglied der verschiedenen Programme wie Photoshop, Illustrator und InDesign. Sie können in Bridge die Farbverwaltung für alle CS-Programme festlegen.

Farbeinstellungen definieren und abspeichern
Die Definition der Farbeinstellungen können Sie nicht direkt in Bridge vornehmen, sondern nur in einem CS-Programm, z.B. Photoshop. Dort wählen Sie im Dialogfenster „Farbeinstellungen" unter Menü *Bearbeiten > Creative Suite-Farbeinstellungen…* die entsprechenden Optionen. Diese Einstellungen speichern Sie dann im Ordner „Settings" der Systemkomponente von Adobe ab.

Farbeinstellungen synchronisieren
Durch „Anwenden" im Dialogfeld „Suite-Farbeinstellungen" synchronisieren Sie die Farbeinstellungen aller Adobe-Programme auf Ihrem Rechner. Damit ist ein konsistenter Farbworkflow beim Datenaustausch zwischen den einzelnen Programmen gewährleistet. Im Dialogfeld der jeweiligen Programmfarbeinstellungen wird angezeigt, ob die Farbeinstellungen synchronisiert sind.

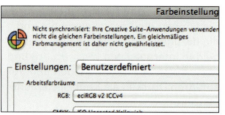

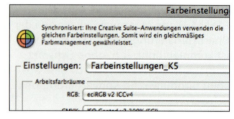

4.2.12 CM in Photoshop

Color Management

4.2.12.1 Farbeinstellungen

Bevor Sie mit der Bildverarbeitung in Photoshop beginnen, müssen Sie die Farbeinstellungen überprüfen bzw. neu festlegen. Die Farbeinstellungen stehen unter Menü *Bearbeiten > Farbeinstellungen...*

Einstellungen
Sie haben die Möglichkeit, eine der von Photoshop angebotenen Grundeinstellungen zu wählen. Durch die Synchronisation erhalten Sie in allen Programmen der Adobe CS (Creative Suite) eine einheitliche Einstellung des Farbmanagements. Wenn Sie, so wie von uns vorgeschlagen, die aktuellen ISO-Profile verwenden, dann müssen Sie die Einstellungen in jeder Software selbst vornehmen und den Workflow damit manuell synchronisieren. Adobe CS erkennt dies leider nicht und behauptet auch bei gleicher Einstellung, dass Ihr Farbmanagement nicht synchronisiert sei.

Arbeitsfarbräume
Jedes Bild, das Sie in Photoshop anlegen oder bearbeiten, hat einen bestimmten Farbmodus. Mit der Auswahl des Arbeitsfarbraums definieren Sie den Farbraum innerhalb des Farbmodus, z. B. sRGB oder eciRGB.
Wenn Sie unter Menü *Bild > Modus* einen Moduswandel vornehmen, dann wird der derzeitige Arbeitsfarbraum Ihres Bildes in den von Ihnen eingestellten Arbeitsfarbraum konvertiert.
- Als RGB-Arbeitsfarbraum wählen Sie einen möglichst großen, farbmetrisch definierten Farbraum wie z. B. Adobe RGB oder den eciRGB-Farbraum. Sie können das eciRGB-Farbprofil kostenlos unter www.eci.org herunterladen.
- Für den CMYK-Arbeitsraum wählen Sie das jeweilige Fortdruckprofil oder, falls der Druckprozess noch nicht feststeht, das ICC-Profil ISO-coated.icc. Dieses Profil können Sie ebenfalls unter www.eci.org herunterladen.

Farbmanagement-Richtlinien
Mit den Farbmanagement-Richtlinien bestimmen Sie, wie das Programm bei fehlerhaften, fehlenden oder von Ihrer Arbeitsfarbraumeinstellung abweichenden Profilen reagieren soll. Sie sollten auf jeden Fall immer die drei Häckchen gesetzt haben, damit Sie bei Abweichungen selbst entscheiden können, wie weiter verfahren wird.

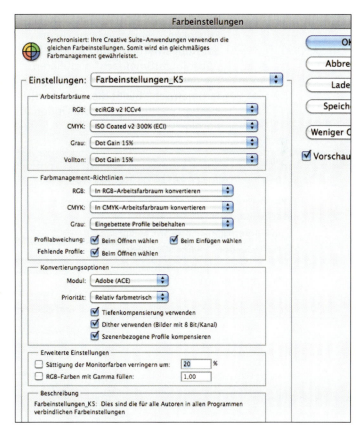

Konvertierungsoptionen
Im Bereich Konvertierungsoptionen legen Sie fest, nach welchen Regeln eine Farbmoduswandlung unter Menü *Bild > Modus* durchgeführt wird.
- *Modul*
  Hier legen Sie das Color Matching Modul (CMM) fest, mit dem das Gamut-Mapping durchgeführt wird. Sie sollten immer dasselbe CMM nehmen, da die Konvertierung vom jeweiligen Algorithmus des CMM abhängt.
- *Priorität*
  Die Priorität bestimmt das Rendering Intent der Konvertierung.
  Für Halbtonbilder wählen Sie „Perzeptiv" zum Gamut-Mapping innerhalb des RGB-Modus und zur Moduswandlung von RGB nach CMYK. Die Einstellung „Farbmetrisch" dient der Konvertierung zum Proofen. Mit „Absolut farbmetrisch" simulieren Sie das Auflagenpapier, mit „Relativ farbmetrisch" bleibt dieses unberücksichtigt. „Sättigung" ist die Option für flächige Grafiken.
- *Tiefenkompensierung*
  Durch das Setzen dieser Option können Sie den Dichteumfang des Quellfarbraums an den des Zielfarbraums anpassen. Dadurch bleiben alle Tonwertabstufungen auch in den Tiefen, den dunklen Bildbereichen, erhalten.
- *Dither anwenden*
  Die Ditheringfunktion bewirkt bei der Farbraumkonvertierung eine bessere Darstellung in den glatten Tönen und Verläufen des Bildes. Sie verhindern durch die Auswahl dieser Option weitgehend die Stufen- bzw. Streifenbildung.

Erweiterte Einstellungen
Mit den erweiterten Einstellungen können Sie die Darstellung eines großen Arbeitsfarbraums durch einen kleineren Monitorfarbraum anpassen. Diese Einstellungen sind nicht empfehlenswert, da die veränderte Bildschirmdarstellung der Farben eines Bildes keine Rückschlüsse auf die Druckausgabe mehr zulässt.

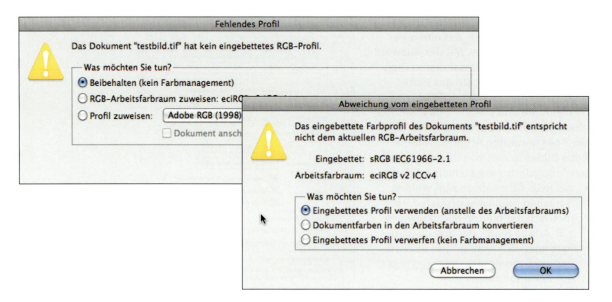

Color Management

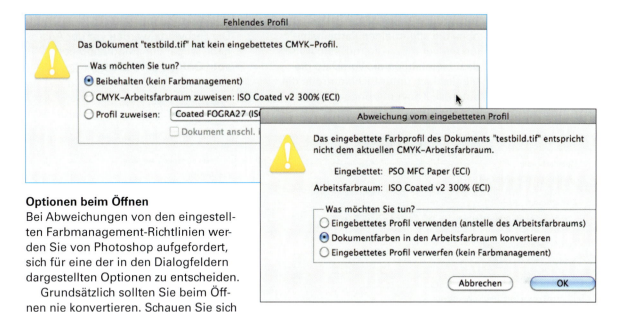

Optionen beim Öffnen
Bei Abweichungen von den eingestellten Farbmanagement-Richtlinien werden Sie von Photoshop aufgefordert, sich für eine der in den Dialogfeldern dargestellten Optionen zu entscheiden.

Grundsätzlich sollten Sie beim Öffnen nie konvertieren. Schauen Sie sich das Bild erst an, Sie haben bei der Bildverarbeitung immer noch alle Optionen.

4.2.12.2 Gamut-Mapping

Menü *Bild > Modus*
Die einfachste Methode, einem bereits geöffneten Bild ein neues Profil zuzuweisen, ist der Moduswandel unter Menü *Bild > Modus*. Photoshop verwendet dazu die von Ihnen im Dialogfeld „Farbeinstellungen" gewählten Konvertierungsoptionen.

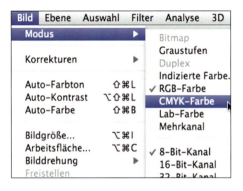

Menü *Bearbeiten > Profil zuweisen...*
Mit dieser Option weisen Sie Ihrer Bilddatei ein neues Farbprofil zu. Abhängig davon, wie stark sich Quell- und Zielfarbraum unterscheiden, verändert sich die Bildschirmdarstellung der Bilddatei. Da Photoshop das neue Profil aber nur als Tag an die Bilddatei anhängt, werden die Farben nicht in den Profilfarbraum konvertiert.

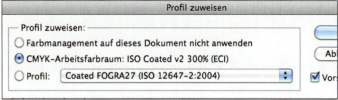

Menü *Bearbeiten > In Profil umwandeln...*
Diese Option hat die gleiche Auswirkung auf die Bilddatei wie die Moduswandlung unter Menü *Bild > Modus*. Der Vorteil liegt aber darin, dass Sie bei einem einzelnen Bild eine Farbraum-

277

konvertierung durchführen können, ohne die allgemeinen Farbeinstellungen verändern zu müssen. Außerdem bietet Ihnen die Vorschau die Möglichkeit, unter Sichtkontrolle die optimale Konvertierungseinstellung auszuwählen.

- *Kein Farbmanagement*
  Die Farbwerte werden vor der Ausgabe weder von Photoshop noch vom Drucker verändert.

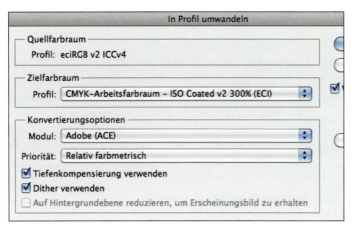

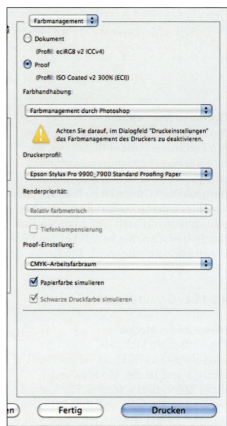

4.2.12.3 Digital Proofen und Drucken

Natürlich müssen Sie die Farbeinstellungen nicht nur beim Öffnen und Bearbeiten der Bilddatei beachten, sondern auch bei der Ausgabe, d. h. dem Proofen oder Drucken. Sie finden die Farbmanagementeinstellungen unter Menü *Datei > Drucken > Farbmanagement*. Photoshop bietet folgende Optionen:

- *Farbverwaltung durch Drucker*
  Der Drucker bzw. die Druckersoftware konvertiert die Farbwerte der Datei in die Farbwerte des Druckerfarbraums.
- *Farbverwaltung durch Photoshop*
  Die Farbeinstellungen des Druckers werden von Photoshop überschrieben. Natürlich setzt diese Einstellung voraus, dass Sie die korrekten Profile ausgewählt und eingestellt haben.

4.2.12.4 Speichern der Bilddatei

Für den Farbmanagement-Workflow müssen Sie das Farbprofil Ihrer Bilddatei immer mit abspeichern.

Im Speichern-Dialog von Photoshop sind alle Dateiformate, die Profile unterstützen, zur Auswahl aufgelistet.

Die Option „Farbprofil einbetten" bewirkt, dass das Farbprofil als Tag an die Bilddatei angehängt und dadurch mit abgespeichert wird.

4.2.13 CM in Illustrator

Color Management

Farbeinstellungen
Natürlich müssen Sie auch in Illustrator für einen konsistenten Color-Management-Workflow die entsprechenden Farbeinstellungen vornehmen. Wählen Sie dazu unter Menü *Bearbeiten > Farbeinstellungen...* Ihre Profile aus. Grundsätzlich gelten dabei die gleichen Regeln wie in Photoshop.

Optionen beim Öffnen
Bei Abweichungen von den eingestellten Farbmanagement-Richtlinien werden Sie von Illustrator aufgefordert, sich für eine der in den Dialogfeldern dargestellten Optionen zu entscheiden.
Grundsätzlich sollten Sie beim Öffnen nie konvertieren. Schauen Sie sich die Grafik erst an, Sie haben bei der Bearbeitung immer noch alle Optionen.

Profil zuweisen
Diese Option kennen Sie ebenfalls schon aus Photoshop. Sie finden sie unter Menü *Bearbeiten > Profil zuweisen ...*

Farbmodus wechseln
Unter Menü *Datei > Dokumentfarbmodus* können Sie zwischen dem RGB-Modus und dem CMYK-Modus wechseln. Die Auswahl erfolgt nach Ihren Einstellungen im Dialogfeld Farbeinstellungen.

Digital Proofen und Drucken
Die Farbeinstellungen im Dialogfeld „Drucken" unter der Option „Farbmanagement" ermöglichen es, einen farbrichtigen Ausdruck bzw. Proof Ihrer Grafik zu erstellen.
Sie haben die Wahl zwischen den beiden Optionen
- *Illustrator bestimmt die Farben* mit eigenen Einstellungen,
- *Drucker bestimmt Farben* mit vordefinierten Einstellungen.

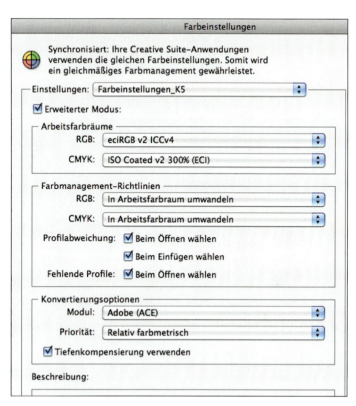

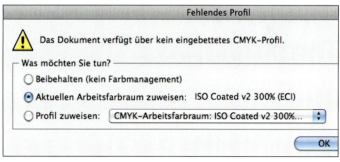

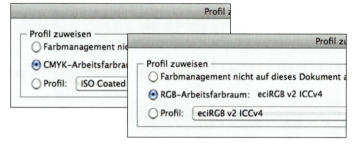

4.2.14 CM in InDesign

Farbeinstellungen
Als letzten Schritt im Workflow führen Sie Bild und Grafik im Layoutprogramm zusammen. Die Farbprofile Ihrer Dateien werden natürlich auch hier in InDesign weiter mitgeführt. Deshalb müssen Sie auch in InDesign die Farbeinstellungen kontrollieren und ggf. modifizieren. Gehen Sie dazu ins Menü *Bearbeiten > Farbeinstellungen ...* Für die Einstellungen gelten die gleichen Regeln wie in Photoshop.

Optionen beim Öffnen
Bei Abweichungen von den eingestellten Farbmanagement-Richtlinien werden Sie von InDesign aufgefordert, sich für eine der in den Dialogfeldern dargestellten Optionen zu entscheiden.
   Grundsätzlich sollten Sie beim Öffnen nie konvertieren. Schauen Sie sich die Datei erst an, Sie haben bei der Bearbeitung immer noch alle Optionen.

Profil zuweisen
Diese Option kennen Sie ebenfalls schon aus Photoshop. Sie finden sie unter Menü *Bearbeiten > Profil zuweisen ...*

Profil umwandeln
Im Gegensatz zur Profilzuweisung werden mit Menü *Bearbeiten > In Profil umwandeln ...* die Farbwerte tatsächlich neu berechnet. Sie können damit partiell die generellen Vorgaben in den Farbeinstellungen überschreiben.

Digital Proofen und Drucken
Die Farbeinstellungen im Dialogfeld „Drucken" unter der Option „Farbmanagement" ermöglichen es, einen farbrichtigen Ausdruck bzw. Proof Ihres Dokuments zu erstellen.
   Sie haben die Wahl zwischen den beiden Optionen
- *InDesign bestimmt die Farben* mit eigenen Einstellungen,
- *Drucker bestimmt Farben* mit vordefinierten Einstellungen.

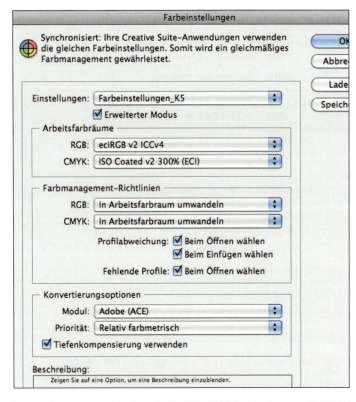

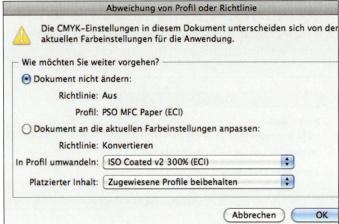

Color Management

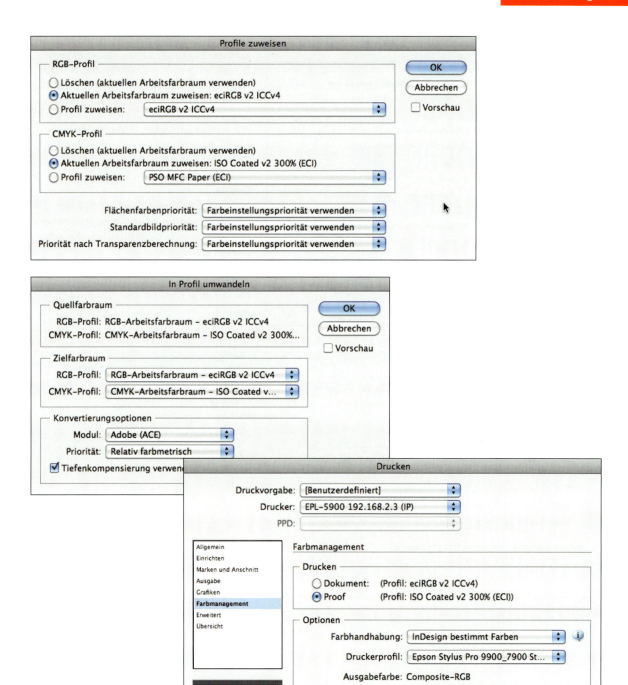

281

4.2.15 CM in QuarkXPress

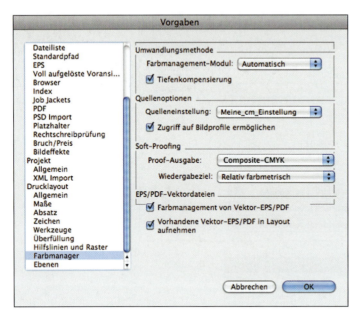

Die grundlegenden Farbeinstellungen können Sie unter Menü *QuarkXPress > Einstellungen ... > Drucklayout > Farbmanager* machen. Natürlich ist auch die Modifikation während der Bearbeitung eines Dokuments möglich. Sie finden die entsprechenden Dialogfelder unter Menü *Bearbeiten > Farbeinstellungen > Quelle ...* oder *> Ausgabe ...*

Quelle ...
In diesem Dialogfeld geben Sie alle Farbeinstellungen für die Bearbeitung des Dokuments einschließlich der platzierten Dateien an.

Ausgabe ...
Hier stellen Sie alle Ausgabeparameter ein.

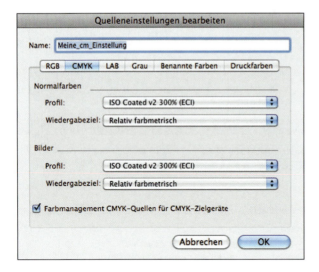

4.2.16 CM in Distiller und Acrobat
Color Management

4.2.16.1 Farbeinstellungen in Distiller

Für die Druckproduktion ist PDF/X-3 der Standard. Wählen Sie deshalb zunächst das Setting PDF/X-3 und gehen Sie dann unter Menü *Voreinstellungen > Adobe-PDF-Einstellungen bearbeiten...* auf die Registerkarte Farbe. In der Registerkarte Farbe stehen die Adobe-Farbeinstellungen. Die Optionen Einstellungsdatei: „Ohne" und „Farbe nicht ändern" bedeuten, dass die in den Quellprogrammen getroffenen Farbeinstellungen mit den Farbprofilen beibehalten werden. Die Option „Beibehalten" überlässt das Gamut-Mapping dem Ausgabegerät. Es gilt das dort eingestellte Rendering Intent. Wenn die Farbeinstellungen in den vorhergehenden Stationen des Workflows korrekt waren, dann wählen Sie diese Optionen.

4.2.16.2 Farbeinstellungen in Acrobat

In Acrobat können Sie in der PDF-Datei die Farbeinstellungen noch verändern. Sie können in Acrobat den Farbdateien Profile zuweisen oder festlegen, dass die mitgeführten Profile beibehalten werden. Die Einstellungen machen Sie unter Menü *Acrobat > Voreinstellungen...*

Mit der Option „OutputIntent überschreibt Arbeitsfarbräume" werden die eingebetteten Farbprofile durch die hier eingestellten Profile ersetzt. Eine Option, die wohl überlegt sein will. Wählen Sie diese Option nur dann, wenn die bisherigen Arbeitsfarbräume bzw. Farbprofile für die neue Ausgabe nicht mehr gültig sind und durch die neuen Profile ersetzt werden müssen. So z. B., wenn das Dokument jetzt in einem anderen Druckverfahren gedruckt werden soll.

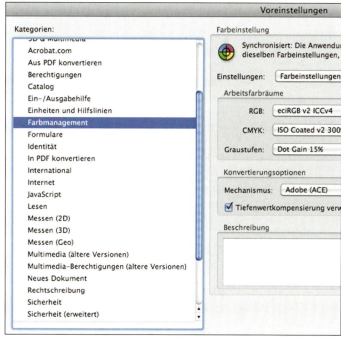

283

4.2.17 Aufgaben

1 Color-Management-System beschreiben

Welche Aufgaben hat ein Color-Management-System?

2 ICC kennen

Welche Organisation verbirgt sich hinter der Abkürzung ICC?

3 Digitalkamera profilieren

Welche Rolle spielt die Beleuchtung bei der Profilierung einer Digitalkamera?

4 Scanner profilieren

a. Nennen Sie die vier Schritte der Scannerprofilierung.
b. Warum genügt nicht ein Scannerprofil für alle Vorlagentypen?

5 Monitor profilieren

Welche Punkte müssen Sie beachten, bevor Sie mit der Monitorprofilierung beginnen können?

6 Roof oder Druck profilieren

Nennen Sie die Schritte der Ausgabeprofilierung.

7 Separationseinstellungen im ICC-Profil kennen

Warum sind die Separationseinstellungen Teil der Ausgabe-Profilerstellung?

8 ECI kennen

Was bedeutet die Abkürzung ECI?

9 ECI-Standardprofile erläutern

Für welche Papiere und Druckverfahren sind die ECI-Standardprofile zu verwenden?
a. ISOcoated.icc,
b. ISOwebcoated.icc
c. ISOuncoated.icc
d. ISOuncoatedyellowish.icc
e. SC_paper_eci.icc

10 Arbeitsfarbraum erklären

Was ist ein Arbeitsfarbraum?

11 Kenngrößen eines Arbeitsfarbraums nennen

Nennen Sie die wesentlichen Anforderungen, denen Arbeitsfarbräume genügen müssen.

12 PCS erläutern

Was ist ein PCS?

13 CMM erläutern

a. Was bedeutet die Abkürzung CMM?
b. Welche Aufgabe hat ein CMM im Color-Management-Workflow?

Color Management

14 Rendering Intent kennen

a. Was ist ein Rendering Intent?
b. Nennen Sie die vier Rendering-Intent-Optionen.

15 Rendering Intent wählen

Welches Rendering Intent wählen Sie zum Gamut-Mapping beim
a. Öffnen einer RGB-Datei aus der Digitalfotografie,
b. Proofen mit Simulation des Papierweiß Ihres Auflagenpapiers?

16 Bildschirmhintergrundbild auswählen

Welchem Zweck dient ein neutralgraues Bildschirmhintergrundbild?

17 Mittleres Grau mit Farbwerten festlegen

Welche RGB-Werte ergeben ein neutrales mittleres Grau?

18 Ugra/Fogra-Medienkeil erklären

a. Wozu dient der Ugra/Fogra-Medienkeil?
b. Welche ISO-Normen sind die Grundlage der Verwendung des Medienkeils?

19 Ugra/Fogra-Medienkeil erklären

Welche Farben enthält der Medienkeil in den ersten 9 Farbfeldern der
a. oberen Reihe,
b. unteren Reihe?

20 Graubalance überprüfen

Wie wird die Graubalance im Medienkeil überprüft?

21 Farbmanagement-Richtlinien erklären

Was regeln die Farbmanagement-Richtlinien?

22 Konvertierungsoptionen kennen

In den Farbeinstellungen vieler Programme können Sie verschiedene Konvertierungsoptionen einstellen. Welche Einstellungen machen Sie unter
a. Modul,
b. Priorität?

23 Altona Test Suite kennen

Nennen Sie die drei Testformen der Altona Test Suite.

24 Altona Test Suite kennen

Was wird mit den drei Testformen jeweils überprüft?

25 Altona Test Suite kennen

Kann mit den Testformen der Altona Test Suite auch die visuelle Wirkung des Drucks überprüft werden?

285

Digitalfotografie

5.1 Kameratechnik

5.1.1	Kameratypen	290
5.1.2	Sensoren	293
5.1.3	Kamerafunktionen	295
5.1.4	Technische Daten	296
5.1.5	Speicherkarten	297
5.1.6	Aufgaben	298

5.1.1 Kameratypen

Die fotografischen Aufnahmen erfolgen in allen Kameras nach dem gleichen Grundprinzip. Das vom Motiv kommende Licht fällt durch das Objektiv auf ein lichtempfindliches Medium, um dort aufgezeichnet zu werden. In den analogen Kameras ist das Aufnahmemedium ein fotografischer Film, in den digitalen Kameras sind es elektrofotografische Sensoren.

5.1.1.1 Kompaktkamera

Kompaktkameras haben von allen Digitalkameras den größten Marktanteil. Sie sind, wie es der Name schon verrät, klein und kompakt gebaut. Alle Elemente wie Objektiv, Blitz und Akku sind im Gehäuse integriert. Viele kompakte Digitalkameras besitzen keine optischen Sucher, sondern nur ein LCD-Display auf der Rückseite der Kamera. Als Sensorchip sind wie bei den größeren Digitalkameras CCD-Chips eingebaut.

Das Licht fällt durch das Objektiv auf den CCD-Chip. Bei den meisten Kompaktkameras ist der Stahlengang geradlinig wie in unserer Beispielkamera. Es gibt aber auch besonders platzsparende Modelle, bei denen in so genannten Periskopobjektiven der Strahlengang umgelenkt wird. Im Chip wird die Information erfasst und zur Voransicht an das LCD-Display auf der Kamerarückseite weitergeleitet. Nachteile dieser Technologie sind der hohe Stromverbrauch und die ungünstigen Sichtverhältnisse bei Sonneneinstrahlung auf das Display. Vorteile sind die Vorschau des Bildes vor der Aufnahme und die hohe Flexibilität im Einsatz dieser Kameras. Die Automatikfunktionen für die Steuerung der Aufnahme werden den meisten Aufnahmesituationen gerecht. Zusätzlich sind bei den meisten Kameras noch manuelle Eingriffe wie Blenden- oder Zeitsteuerung möglich.

Der Brennweitenumfang der fest eingebauten Objektive ist meist beschränkt auf den Faktor 3 oder 4. Das zusätzliche digitale Zoom ist keine wirkliche Option, da hier die Bildpixel über Interpolation nur hochgerechnet werden. Qualitativ hochwertige Aufnahmen erzielen Sie nur mit dem optischen Zoom. Mit der optischen Vergrößerung wird tatsächlich die echte und nicht die nur berechnete Bildinformation aufgezeichnet.

Durch die kompakte Bauweise sind die CCD-Chips relativ klein, dies führt dazu, dass bei einer höheren Pixelzahl des Chips die Qualität der Aufnahme z. B. durch verstärktes Blooming meist nicht besser, sondern schlechter wird. Für die üblichen Anwendungen reichen Kameras mit 6 Megapixeln völlig aus. Investieren Sie deshalb lieber in ein besseres Objektiv mit größerem optischem Zoombereich.

Leider ist die Auslöseverzögerung bei vielen digitalen Kompaktkamera

Kompaktkamera, Abb.: Canon

Kameratechnik

ziemlich hoch und liegt im Bereich von 1 bis 2 Sekunden. Grund dafür sind der meist etwas langsamere Autofokus und die interne Signalverarbeitung. Nach dem Auslösen der Aufnahme erfolgt die endgültige Signalbearbeitung in der Kamera.

5.1.1.2 Bridgekamera

Bridgekameras stehen technisch zwischen den digitalen Kompaktkameras und den digitalen Spiegelreflexkameras. Sie haben wie die Kompaktkameras ein fest eingebautes Objektiv. Der Zoombereich ist aber deutlich höher. Es sind Kameras mit einem 18-fachen optischen Zoom auf dem Markt. Die meisten Bridgekameras haben zwei elektronische Suchersysteme: einen kleinen elektronischen Sucher, der dem optischen Sucher einer Spiegelreflexkamera ähnelt, und den üblichen LCD-Monitor auf der Kamerarückseite. Bridgekameras haben als lichtempfindlichen Sensor CCD-Chips eingebaut. Wie bei den meisten Kompaktkameras ist der Stahlengang geradlinig. Die Anzeige des Sensorbildes wird an einen der beiden oder beide Suchersysteme weitergeleitet. Ein Vorteil des kleinen elektronischen Suchers ist der geringere Stromverbrauch und der „Augenkontakt" beim Fotografieren.

Die Qualität der Bridgekameras ist denen der digitalen Kompaktkameras meist überlegen. Beispiele sind hochwertigere Optik, kürzere Auslöseverzögerungen und mehr manuelle Gestaltungsmöglichkeiten. Durch ihre vergleichsweise kompakte Bauweise bei guter Qualität sind Bridgekameras in vielen Bereichen eine echte Alternative zu den teuren und komplexen Spiegelreflexkamerasystemen.

Bridgekamera, Abb.: Panasonic

5.1.1.3 Spiegelreflexkamera

Spiegelreflexkameras bieten die höchste Qualität der drei vorgestellten Digitalkameratypen. Alle Kameras arbeiten mit Wechselobjektiven. Die Objektivsysteme der verschiedenen Hersteller umfassen vom extremen Weitwinkel- bis zum Teleobjektiv und verschiedenen Zoomobjektiven die ganze Palette. Neben dem eingebauten Blitz können Sie an allen Spiegelreflexkameras auch externe Blitzgeräte einsetzen. Die automatischen Kamerafunktionen und die manuellen Einstellmöglichkeiten zur Steuerung der Aufnahme sind vielfältiger als bei den beiden anderen Kameratypen.

Spiegelreflexkameras werden auch SLR, nach dem englischen Single Lens Reflex, genannt. Oft wird die Abkürzung noch ergänzt durch ein D für digital also DSLR.

Das Suchersystem bei Spiegelreflexkameras unterscheidet sich grundsätzlich von dem der beiden anderen Kameratypen. Das Licht fällt durch das Objektiv auf einen schrägstehenden

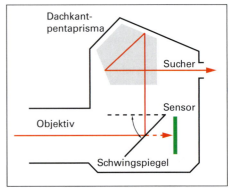
Strahlengang einer Spiegelreflexkamera

Spiegelreflexkamera, Abb.: Canon

Spiegel. Von dort wird das Licht in ein Dachkantpentaprisma im oberen Teil der Kamera geleitet. Das Prisma lenkt das Licht in den optischen Sucher oben in der Mitte der Kamera. Durch die Umlenkung im Prisma erscheint dem Betrachter das Kamerabild aufrecht und seitenrichtig. Beim Auslösen der Aufnahme klappt der Spiegel nach oben und gibt den Weg des Lichts zum Sensor frei. Mit der rein optische Vorschau sind sehr kurze Auslöseverzögerungen mit extrem kurzen Verschlusszeiten realisierbar. Ein Nachteil dieses Suchersystems ist, dass Sie keine Vorschau des vom Sensor aufgezeichneten Bildes haben.

Moderne Spiegelreflexkameras bieten mittlerweile wie die Kompakt- und Bridgekameras die Live-View-Funktion. Dabei wird vor der Aufnahme auf dem LCD-Display auf der Kamerarückseite das vom Sensor erfasste Bild angezeigt. Sie haben dadurch aber wieder einen erhöhten Stromverbrauch und längere Auslöseverzögerungen. Standard bei allen digitalen Spiegelreflexkameras ist die Anzeige der Aufnahme nach der Aufnahme.

Als optische Sensoren sind CCD-Chips oder CMOS-Chips eingebaut.

5.1.2 Sensoren

Kameratechnik

Digitale Kompakt-, Bridge- und Spiegelreflexkameras sind alle so genannte Single-Shot-Kameras. Bei der Aufnahme wird im Sensor die Farbinformation direkt in die drei Teilfarben Rot, Grün und Blau aufgeteilt. Dies geschieht wie im Scanner optisch durch Farbfilter. Im Gegensatz zu digitalen Videokameras mit drei CCD-Chips sind die digitalen Fotokameras nur mit einem Sensorchip ausgestattet.

5.1.2.1 Bayer-Matrix

Die in den Digitalkameras am meisten verwendete Technologie ist die Anordnung der Sensorelemente und die Signalverarbeitung nach der Bayer-Matrix. Die Anordnung der Sensorelemente wurde Mitte der 1970er Jahre von dem amerikanischen Physiker Bryce Bayer entwickelt. Entsprechend den Empfindlichkeitseigenschaften des menschlichen Auges sind 50% der Sensoren mit einer grünen, 25% mit einer roten und die restlichen 25% mit einer blauen Filterschicht belegt. Die blauen Sensorelemente erfassen den Blauanteil, die grünen den Grünanteil und die roten den Rotanteil der Bildinformation. Durch entsprechende Softwarealgorithmen wird vom Prozessor in der Kamera aus den Teilbildern durch Interpolation ein vollständiges Bild errechnet. Für die Vorschau der Live-View-Funktion auf dem Kameradisplay wird eine schnellere, aber qualitativ weniger gute Berechnungsart verwendet. Für die endgültige Berechnung kommt dann ein aufwändiger besserer Algorithmus zum Einsatz. Da diese Berechnung relativ viel Zeit in Anspruch nimmt, speichert die Kamera zunächst die Aufnahme in einem Zwischenspeicher und erst abschließend auf dem endgültigen Speichermedium ab.

Bei der Bildberechnung werden die Teilfarbinformationen zu einem dreifarbigen Pixel zusammengerechnet. Die durch die Interpolation zwangsläufige Weichzeichnung wird anschließend durch elektronische Scharfzeichnung wieder korrigiert. Zusätzlich ist ein Weißabgleich zwischen den drei Teilfarben noch Teil der Berechnung. Je nach gewähltem Dateiformat werden die Bilddaten zum Schluss der Berechnung wie im JPEG-Format noch komprimiert und in der Datentiefe reduziert oder wie im RAW-Format direkt abgespeichert.

Die Algorithmen zur Bildberechnung sind nicht genormt, sondern kamera- und herstellerspezifisch. Somit ist neben der Optik und mechanischen Kamaratechnik die Qualität der Bildberechnung ein entscheidendes Qualitätskriterium.

Die Firma Fuji hat auf der Basis der Bayer-Matrix einen so genannten Super-CCD-Chip entwickelt. Als lichtempfindliche Sensoren werden bei diesem Chip keine herkömmlichen

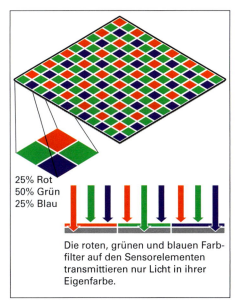

25% Rot
50% Grün
25% Blau

Die roten, grünen und blauen Farbfilter auf den Sensorelementen transmittieren nur Licht in ihrer Eigenfarbe.

quadratischen Elemente, sondern achteckige Sensoren verwendet. Diese Struktur führt laut Fuji zur Erfassung feinerer Strukturen bzw. einer besseren Auflösung.

5.1.2.2 Foveon X3

Die amerikanische Firma foveon geht mit ihrem Foveon X3-Chip einen ganz anderen Weg der Erfassung der Bildinformation. Analog zum mehrschichtigen Aufbau des herkömmlichen Farbfilms liegen bei diesem Chip die Farbsensoren nicht nebeneinander, sondern übereinander. Damit soll eine wesentlich höhere Auflösung und bessere Bildqualität erreicht werden. Diese Chips werden nur in einigen Kameras der Firmen Sigma, Toshiba, Polaroid und Hanvision eingebaut.

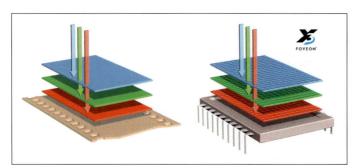

Vergleich des schematischen Aufbaus eines Farbfilm und eines Foveon X3-Chips

Abb.: foveon

5.1.2.3 Sensortypen

CCD-Chip
Der CCD-Chip, Charge Coupled Device, ist der am meisten verwendete lichtempfindliche Sensorchip in Digitalkameras. Ein Element hat eine durchschnittliche Kantenlänge von 10µ. Die Sensorfläche wird seriell zeilenweise ausgelesen. Die CCD-Technologie ist preiswert, aber auch relativ langsam.

CMOS-Chip
Diese Sensoren werden vor allem in hochwertigen Digitalkameras eingebaut. Bei CMOS-Chips, Complementary Metal Oxide Semiconductor, sind die einzelnen Elemente direkt adressierbar. Dadurch kann eine schnellere Verarbeitung der Bildsignale und somit eine schnellere Bildfolge erzielt werden. Der Stromverbrauch ist ebenfalls günstiger als bei CCD-Sensoren.

Sensorgrößen
Die meisten Digitalkameras haben durch ihr Chipformat einen anderen Bildwinkel als eine Kleinbildkamera und dadurch eine veränderte Objektivcharakteristik. Den entsprechenden Faktor entnehmen Sie dem Datenblatt Ihrer Kamera.

5.1.2.4 Sensorreinigung

Im Gegensatz zu analogen Kameras mit ständig wechselnden Filmen ist das Aufnahmemedium fest eingebaut. Bei Spiegelreflexkameras mit Wechselobjektiven ist deshalb die Reinigung des Sensors notwendig. Eine häufig eingesetzte Technik ist die Reinigung durch hochfrequente Schwingungen.

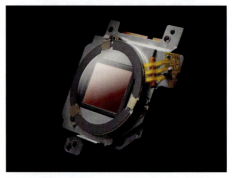

Sensorchip mit Ultraschall-Staubentfernung
Abb.: Panasonic

5.1.3 Kamerafunktionen

Kameratechnik

5.1.3.1 Bildstabilisator

Bildstabilisatoren gehören heute zur Standardausstattung der meisten Digitalkameras. Sie sind eine nützliche Funktion, um bei längeren Belichtungszeiten oder Aufnahmen mit langen schweren Teleobjektiven auch ohne Stativ eine verwacklungsfreie Aufnahme zu erzielen.

Die Kamerahersteller haben in ihren Kamerasystemen verschiedene Technologien umgesetzt:

- *Optische Stabilisatoren*
  Kreiselsensoren, so genannte Gyroskope, registrieren die Bewegungen der Kamera. Die Steuerelektronik des Bildstabilisators kompensiert diese Bewegungen durch Gegenbewegungen eines beweglichen Linsensystems im Objektiv.

  Ein zweites Prinzip bewegt den Sensor, um Verwacklungen auszugleichen. Der Vorteil dieses Systems ist, dass Sie keine speziellen Objektive verwenden müssen. Allerdings sind die Korrekturmöglichkeiten eingeschränkter als bei der Bildstabilisation im Objektiv.

- *Elektronische Stabilisatoren*
  Zwei kurz hintereinander automatisch aufgenommene Bilder werden verglichen und zusammengerechnet. Zusätzlich erfolgt eine elektronische Schärfung.

5.1.3.2 Empfindlichkeit

Die Lichtempfindlichkeit wird mit dem ISO-Wert angegeben. Die Skala geht allgemein von 50 bis 1600. Als Standard ist meist ISO 100 voreingestellt. Ein geringer ISO-Wert steht für eine geringe Empfindlichkeit. Der Verdopplung des Wertes entspricht die Verdopplung der Empfindlichkeit. Eine Empfindlichkeit von ISO 200 entspricht der doppelten Empfindlichkeit von ISO 100.

Auch die Empfindlichkeit fotografischer Filme wird damit bezeichnet. Im Gegensatz zu den Filmen, bei denen ein veränderter ISO-Wert auch einem anderen Filmmaterial entspricht, ist es in den Digitalkameras nur eine Softwareeinstellung, um die Signalverarbeitung des Sensorelements zu verändern. Je höher Sie den ISO-Wert an Ihrer Kamera einstellen, desto stärker macht sich das Bildrauschen als störender Effekt bemerkbar.

5.1.3.3 Autofokus

Autofokus zur automatischen Scharfstellung ist heute in praktisch allen Digitalkameras eine Standardfunktion. Es werden verschiedene Technologien eingesetzt. Passive Autofokussysteme nutzen das vom Motiv kommende Licht zur Schärfeanalyse und -einstellung. Aktive Systeme strahlen zur Entfernungsmessung Infrarotlicht oder auch Ultraschall aus.

Die häufigste Technik zur automatischen Schärfeeinstellung ist die Kontrastmessung. Dazu werden von der Kamerasoftware bestimmte Bildbereiche untersucht. Die Entfernungseinstellung mit dem höchsten Kontrast garantiert die optimale Schärfe. Dies kann bei kontrastarmen Motiven zu erheblichen Auslöseverzögerungen führen.

Hochwertigere Kameras bieten verschiedene Messfeldanordnungen zur detaillierten Schärfefestlegung einzelner Bildbereiche außerhalb des Bildzentrums. Mit der halbgedrückten Auslösetaste können Sie die Schärfeeinstellung speichern, um den Bildausschnitt nach der Messung noch zu verändern.

ISO: International Organisation for Standardisation

5.1.4 Technische Daten

Technische Daten	Nikon D3	Panasonic DMC-FZ18	Canon Digital IXUS 700
Kameratyp	Spiegelreflexkamera	Bridgekamera	Kompaktkamera
Bildsensor	CMOS 36,0 x 23,9 mm	CCD 1/2,5 Zoll	CCD 1/1,8 Zoll
Pixelzahl (effektiv)	12,87 Megapixel	8,1 Megapixel	7,1 Megapixel
Bildgröße (maximal)	4256 x 2832 Pixel	3264 x 2448 Pixel	3072 x 2304 Pixel
Sucher	Optischer Spiegelreflex- Pentaprismensucher	1,12 cm Farb-Video-Sucher 188000 Pixel 100% Bildfeld	Optischer Zoomsucher
LCD-Monitor	3 Zoll 920000 Pixel	2,5 Zoll 207000 Pixel	2,0 Zoll 118000 Pixel
Objektiv	Wechselobjektive	18-fach optisches Zoom Brennweite 4,6 – 82,8 mm entspricht 28 – 504 mm Klein- bildformat Lichtstärke 2,8 – 4,2	3-fach optisches Zoom Brennweite 7,7 – 23,1 mm entspricht 37 – 111 mm Klein- bildformat Lichtstärke 2,8 – 4,9
Verschlusszeiten	1/8000 – 1/30 Sekunde Langzeitbelichtung	1/2000 – 8 Sekunden Langzeitbelichtung bis 60s	1/1500 – 15 Sekunden
Belichtungssteuerung	Programmautomatik Blendenautomatik Zeitautomatik Manuelle Steuerung	Programmautomatik Blendenautomatik Zeitautomatik Manuelle Steuerung	Programmautomatik Motivprogramme Farbprogramme Manuelle Steuerung
Belichtungsmessung	Matrixmessung Mittenbetonte Messung Spotmessung	Matrixmessung Mittenbetonte Messung Spotmessung	Matrixmessung Mittenbetonte Messung Spotmessung
Weißabgleich	Automatik Manuelle Steuerung	Automatik Manuelle Steuerung Modi nach Lichtsituation	Automatik Manuelle Steuerung Modi nach Lichtsituation
Empfindlichkeit	ISO 200 – ISO 1600 Manuelle Erweiterung	ISO 100 – ISO 1600 Automatik	ISO 50 – ISO 400 Automatik
Blitz	Eingebauter Blitz Blitzschuh für externe Geräte	Eingebauter Blitz	Eingebauter Blitz
Belichtungsreihen	9 Bilder pro Sekunde 2 – 9 Aufnahmen	3 Bilder pro Sekunde 7 Aufnahmen	2 Bilder pro Sekunde unbegrenzt, bis Karte voll ist
Speicherformate	RAW JPEG	RAW JPEG	JPEG
Speicherkarte	CF-Card Microdrives	SD-Card Multimedia-Card	SD-Card

5.1.5 Speicherkarten

Kameratechnik

Band II – Seite 55
2.1.4 Halbleiterspeicher

In den meisten Digitalkameras speichern Sie Ihre Bilder auf austauschbaren Speichermedien. Sie haben allerdings nicht die Wahl zwischen den verschiedenen Karten. Der Kamerahersteller hat sich für eine Technologie entschieden.

Die Datenübertragung von der Kamera zum Computer ist sowohl online als auch offline möglich über:
- Schnittstellenkabel, z. B. USB oder IEEE 1394 FireWire,
- Verwendung eines Speicherkarten-Lesegeräts.

CompactFlash-Karte
Die CompactFlash-Technologie wird derzeit von den meisten Kameraherstellern unterstützt. CF-Speicherkarten speichern die Daten ohne bewegliche Teile in einem Flash-Speicher. Auf der Karte befindet sich ebenfalls ein Controller zur Steuerung des Schreiblesevorgangs. Deshalb lassen sich CF-Karten ohne zusätzliche Elektronik in vielen Geräten einsetzen.

Die maximale Speichergröße ist zurzeit 8 GB. Die Datenübertragungsgeschwindigkeit beträgt bis zu 9 MB/s. Es gibt zwei Bauformen:
- CF-I, 42,8 x 36,4 x 33,3 mm
- CF-II, 42,8 x 36,4 x 5 mm, CF-Plus oder „Microdrive Kompatibel"

4-GB-CF-Karte, Abb.: ScanDisk

SD Memory Card
SD ist die Kurzform für Secure Digital. Die Daten werden auf SD-Karten wie bei der CF-Karte ohne bewegliche Teile gespeichert. Die Karten besitzen ebenfalls einen eigenen Controller. Eine SD-Karte ist 32 x 24 x 2,1 mm groß. Die maximale Speicherkapazität beträgt 4 GB (Mitte 2011). So genannte Highspeed-Karten können mit Übertragungsraten von 7.000 kB/s lesen und 3.500 kB/s schreiben.

Multimedia-Card
Die Multimedia-Card speichert die Daten ebenfalls in einem Flash-Speicher, ein integrierter Controller steuert die Speicherung. Die Maße sind mit 32 x 24 x 1,4 mm ähnlich der SD-Karte. MMC lassen sich deshalb in vielen Geräten betreiben, die für SD-Karten ausgelegt sind. Die durchschnittliche Datenübertragungsrate ist 2,5 MB/s.

xD-Picture Card
Die xD-Picture Card als Speicherkarte für die Digitalfotografie verfügt im Gegensatz zur SD-Karte über keine eigenen Controller. Sie hat eine Größe von 20 x 25 x 1,7 mm. Derzeit haben xD-Picture Cards eine Speicherkapazität bis zu 2 GB. Zukünftige Modelle sollen über eine Speicherkapazität bis zu 8 GB verfügen.

Microdrive
Microdrives sind Festplatten im Format einer CF-Speicherkarte. Durch den Preisverfall bei gleichzeitiger Kapazitätserhöhung von CF-Karten haben diese Festplatten an Bedeutung verloren. Sie enthalten bewegliche Teile und einen Motor. Wie alle Festplatten können starke Erschütterungen das Medium beschädigen. Ein Microdrive ist 42,8 x 36,4 x 5 mm groß. Die maximale Speichergröße beträgt derzeit 4 GB. Die Festplatte arbeitet mit einer Datenübertragungsrate von maximal 4,2 MB/s.

4-GB-SD-Karte
Abb.: Fujifilm

2-GB-xD-Picture Card
Abb.: Fujifilm

5.1.6 Aufgaben

1 Digitalkameratypen einteilen

Nennen Sie drei Digitalkameratypen.

2 Suchersysteme kennen

Nennen Sie die in Digitalkameras verwendeten Suchersysteme.

3 LCD-Display beurteilen

Erläutern Sie jeweils einen Vor- und einen Nachteil eines LCD-Suchersystems.

4 Spiegelreflexkamera kennen

a. Zeichnen Sie den Strahlengang einer Spiegelreflexkamera vom Objektiv bis zum Sucher in die Grafik ein.
b. Benennen Sie die einzelnen Bauteile.

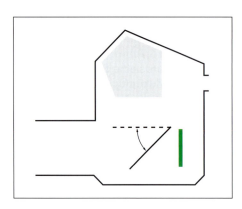

5 Live-View-Funktion erklären

Was versteht man unter der Live-View-Funktion bei Digitalkameras?

6 Live-View-Funktion erläutern

Erläutern Sie jeweils einen Vor- und einen Nachteil der Live-View-Funktion.

7 Auslöseverzögerung bewerten

Was versteht man unter Auslöseverzögerung?

8 DSLR kennen

Welche Bedeutung hat die Abkürzung DSLR?

9 Objektive beurteilen

Welchen Vorteil haben Festobjektive gegenüber Wechselobjektiven bezüglich der Verschmutzung des Sensors?

10 Pixelzahl berechnen

Wie viele Megapixel hat eine Digitalkamera mit einem maximalen Bildformat von 2048 x 1536 Pixel?

11 Bayer-Matrix erläutern

Beschreiben Sie den prinzipiellen Aufbau eines Sensorchips nach der Bayer-Matrix.

12 Sensorchiparten kennen

Nennen Sie die zwei gebräuchlichsten Sensorchiptypen, die in Digitalkameras eingebaut werden.

Kameratechnik

13 Bildstabilisator kennen

Welche Aufgabe erfüllt ein Bildstabilisator in einer Digitalkamera?

14 Bildstabilisatortypen kennen

Nennen Sie zwei technische Prinzipien der Bildstabilisierung.

15 Prinzipien der Belichtungsmessung kennen

Nennen Sie drei technische Prinzipien der Belichtungsmessung in Digitalkameras.

16 Bilddateiformate vergleichen

a. In welchen Bilddateiformaten können Bilder in Digitalkameras abgespeichert werden?
b. Bieten alle Digitalkameras diese Formate?

17 Bilddateiformat kennen

Nennen Sie das zur Speicherung von Bildern in Digitalkameras verbreitetste Bilddateiformat.

18 ISO kennen

Für was steht die Abkürzung ISO?

19 ISO-Einstellung erklären

Welche Kameraeigenschaft oder -einstellgröße wird mit der Abkürzung ISO bezeichnet.

20 ISO-Wert einordnen

Welcher ISO-Wert entspricht der üblichen Standardeinstellung?

21 Speicherkarten kennen

Nennen Sie vier Speicherkarten, die in Digitalkameras zur Speicherung der Bilddaten eingesetzt werden.

5.2 Bildtechnik

5.2.1	Pixel	302
5.2.2	Bildfehler	305
5.2.3	Bilddateiformate	307
5.2.4	Aufgaben	309

5.2.1 Pixel

Pixel

Pixel ist ein Kunstwort, zusammengesetzt aus den beiden englischen Wörtern „picture" und „element". Ein Pixel beschreibt die kleinste Flächeneinheit eines digitalisierten Bildes.

Digitale Bilder bestehen aus einzelnen Bildelementen, so genannten Picture Elements oder kurz Pixel. Pixel entstehen in der Kamera durch die Erfassung der Bildinformationen mit einzelnen Sensorelementen im CCD- oder CMOS-Chip. Je nach eingestellter Bildgröße und Bauart des Chips werden intern aus mehreren Sensorinformationen die Bildinformationen einem Pixel zugerechnet.

nicht die Qualität des Bildes, sondern nur seine geometrische Größe.

5.2.1.2 Auflösung

Wenn Sie die Zahl der Pixel Ihres Bildes zu einer anderen Streckeneinheit in Beziehung setzen, dann erhalten Sie die Auflösung des Bildes. Die Auflösung ist linear, d.h., sie ist immer auf eine Strecke bezogen:
- ppi, Pixel/Inch bzw. Pixel/Zoll
- ppcm, px/cm, Pixel/Zentimeter

Pixelbild

mit jeweils 60-facher Ausschnittvergrößerung

1 Inch = 2,54 cm

5.2.1.1 Pixelmaß

Mit dem Pixelmaß wird die Breite und Höhe eines digitalen Bildes in Pixel angegeben. Das Pixelmaß ist von der Auflösung unabhängig.

Die Gesamtzahl der Pixel eines Bildes ist das Produkt aus Breite mal Höhe. Sie wird in Megapixel angegeben. Die meisten Digitalkameras haben verschiedene Pixelmaßeinstellungen. Sie beeinflussen mit dieser Einstellung

Bildtechnik

In Bildverarbeitungsprogrammen wie z. B. Photoshop wird die Auflösung als Verhältnis der Bildpixel zu den Bildschirmpixeln angegeben. Sie können die gerade angezeigte Auflösung als Prozentwert in der Titelleiste des Bildfensters ablesen. 100% bedeutet, dass jedes Bildpixel mit einem Bildschirmpixel dargestellt wird. Bei 50% sehen Sie auf die Fläche bezogen nur jedes vierte Bildpixel auf dem Monitor. 1600% verteilt die Information eines Bildpixels auf 16 Pixel x 16 Pixel = 256 Bildschirmpixel.

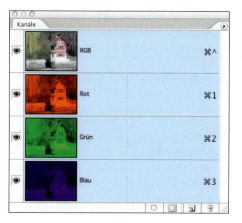

Kanälepalette
mit den drei Farbkanälen Rot, Grün und Blau

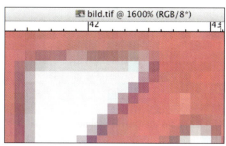

Pixelbild in 16-facher Zoomansicht

5.2.1.3 Farbmodus

Digitale Fotografien sind RGB-Bilder. Die Farbinformation des Motivs wurde von den für die drei additiven Grundfarben empfindlichen Sensorelementen in die drei Teilfarbinformationen Rot, Grün und Blau aufgeteilt. Wie die Signale weiterverarbeitet werden, hängt jetzt vom eingestellten Dateiformat ab:
- *JPEG* und *TIFF*
  Die Farbsignale werden in den Arbeitsfarbraum der Digitalkamera konvertiert.
- *RAW*
  Die Farbsignale der drei Farbsensoren werden nicht konvertiert. Sie bleiben farblich unverändert als so genanntes digitales Negativ.

5.2.1.4 Datentiefe, Farbtiefe

Mit der Farbtiefe wird die Anzahl der möglichen Ton- bzw. Farbwerte eines Pixels bezeichnet. Sie wird in Bit/Kanal oder in Bit/Pixel angegeben. Dabei gilt die Regel, dass mit n Bit 2^n Informationen bzw. Farben dargestellt werden können. Ein RGB-Bild mit 24 Bit Farbtiefe (8 Bit x 3 Kanäle) kann also 2^{24} = 16.777.216 Farben enthalten.

In der Praxis werden für den Begriff Farbtiefe auch die beiden Begriffe Datentiefe und Bittiefe benutzt. Alle drei Begriffe sind synonym.

Hochwertige Digitalkameras und Scanner arbeiten mit einer höheren Farbtiefe. Dies ermöglicht eine differenziertere Bearbeitung der einzelnen Ton- und Farbwertbereiche. Zur Ausgabe in Print- oder Digitalmedien werden die Dateien dann abschließend auf 8 Bit Farbtiefe reduziert.

Farbtiefe/Kanal	Anzahl der Farben
1 Bit = 2^0	2
8 Bit = 2^8	256
10 Bit = 2^{10}	1024
12 Bit = 2^{12}	4096
16 Bit = 2^{16}	65.536
32 Bit = 2^{32}	4.294.967.296

5.2.1.5 Pixelzahl und Dateigröße

Wie viele Pixel braucht ein digitales Bild? Auf diese Frage gibt es keine eindeutige Antwort. Es kommt darauf an, was Sie mit dem Bild machen möchten.

Die Kamerahersteller überbieten sich mit immer höheren Megapixelzahlen. Eine höhere Zahl von Pixeln führt aber nicht automatisch zu eine besseren Bildqualität. Im Gegenteil, immer voller gepackte Chips bei gleichbleibender geometrischer Chipgröße zeigen deutlich mehr Bildfehler wie Blooming oder Rauschen. Die Qualität der Signalverarbeitung in der Kamera und nicht zuletzt die Güte der Optik beeinflussen ebenfalls die Bildqualität entscheidend.

Pixel brauchen Zeit und Platz

Die Signalverarbeitung und Speicherung der Aufnahme in der Kamera brauchen natürlich umso mehr Zeit, je mehr Information sprich Pixel verarbeitet werden müssen. Ihre Kamera braucht dadurch länger, bis sie zur nächsten Aufnahme bereit ist.

Der zweite Aspekt, dass große Bilder mehr Speicherplatz benötigen, hat heute bei der Kapazität der Speicherkarten weniger Bedeutung.

Digitalfotografie als Papierbild

Bei der Ausgabe als Papierbild wird meist nicht die Auflösung, sondern das notwendige Pixelmaß für eine bestimmte Bildgröße angegeben. Die folgende Tabelle gibt Ihnen Richtwerte für die Ausgabe der Digitalbilder als Fotografien über einen digitalen Bilderservice.

Druckausgabe

Im Druck sind die Formate frei wählbar. Es ist deshalb üblich, hier nicht das Pixelmaß, sondern die Bildauflösung anzugeben. Durch eine einfache Multiplikation können Sie dann das Pixelmaß errechnen, um zu überprüfen, ob die Datei geeignet ist.

Druckverfahren	Auflösung Druckausgabe	Digitalfoto
Offsetdruck	48 L/cm 120 lpi	240 ppi
	60 L/cm 150 lpi	300 ppi
	70 L/cm 175 lpi	350 ppi
Inkjet	720 dpi	150 ppi
Laser	600 dpi	150 ppi

Auflösung für die Druckausgabe

Ausschnittvergrößerung

Eine Ausschnittvergrößerung ist nur möglich, wenn Ihr Ausgangsbild für den gewünschten Ausschnitt genügend Pixel zur Verfügung hat. Alle Vergrößerungen über Interpolation führen zu Qualitätsverlusten.

Bildgröße für die digitale Ausgabe als Papierbild
Quelle: Kodak

Bildgröße (cm)	Pixelmaß (Px)	Megapixel
9 x 13	900 x 630	0,6
10 x 15	1080 x 720	0,8
13 x 18	1260 x 900	1,1
15 x 20	1440 x 1080	1,6
20 x 30	2160 x 1440	3,1
30 x 45	3240 x 2160	7,0
40 x 60	4320 x 2880	12,4
50 x 75	5400 x 3600	19,4

Fotografierte Pixel Interpolierte Pixel

5.2.2 Bildfehler

5.2.2.1 Rauschen

Rauschen ist ein Fehler in der Informationsübertragung und Verarbeitung, der in allen elektronischen Geräten vorkommt. In der Digitalkamera tritt das Rauschen als Bildfehler auf. Das Bild erscheint krisselig mit hellen farbigen Punkten.

Elektronische Verstärker rauschen umso stärker, je geringer das zu verstärkende Signal ist. Das so genannte Verstärkerrauschen ist deshalb in den dunklen Bildbereichen am größten. Wenn Sie an der Digitalkamera eine höhere Lichtempfindlichkeit einstellen, dann verstärkt sich das Rauschen hin zu den Mitteltönen. Der Grund liegt darin, dass ja nicht die physikalische Empfindlichkeit des Sensorelements, sondern nur die Verstärkerleistung erhöht wurde.

Bei Langzeitbelichtungen kommt zusätzlich noch das thermische Rauschen hinzu. Durch die Erwärmung des Chips füllen sich die Potenziale der einzelnen Sensorelemente nicht gleichförmig.

Die verschiedenen Wellenlängen des Lichts haben einen unterschiedlichen Energiegehalt. Deshalb ist das Rauschen im Blaukanal am stärksten.

Rauschen tritt vor allem bei kleinen dicht gepackten Chips auf. Je größer der Chip und umso weiter der Mittelpunktabstand der einzelnen Sensorelemente ist, desto geringer ist das Rauschen.

5.2.2.2 Blooming

Mit dem Begriff Blooming wird beschrieben, dass Elektronen von einem Sensorelement auf ein benachbartes überlaufen. Da dies meist bei vollem Potenzial geschieht, wirkt sich dieser Effekt in den hellen Bildbereichen aus. Ein typischer Bloomingeffekt ist das Überstrahlen von Reflexen und Lichtkanten in benachbarte Bildbereiche.

> **Bildtechnik**
>
> Band II – Seite 332
> 6.2.3 Korrektur technischer Objektivfehler

Rauschen und Blooming

5.2.2.3 Farbsäume

Farbsäume entstehen durch die Interpolation und Zuordnung der drei Farbsignale zu einem Pixel. Eine Ursache der Farbverschiebung in den drei Kanälen kann das nicht optimale Kameraobjektiv sein. Da Abbildungsfehler des Objektivs vor allem im Randbereich auftreten, sind die Farbsäume dort stärker zu sehen.

Farbsäume lassen sich leider nicht mit Filtern, sondern nur mit Geduld und Geschick durch manuelle Retusche im Bildverarbeitungsprogramm entfernen.

5.2.2.4 Moiré

Moiré als Bildfehler ist Ihnen sicherlich aus dem Druck mit falscher Rasterwinkelung bekannt. Es kann im Druck aber auch zu einem so genannten Vorlagenmoiré kommen, wenn die Vorlage eine regelmäßige Struktur hat, z. B. grober Leinenstoff, die sich mit der Rasterstruktur des Drucks überlagert. Ein

Moirémuster bildet sich immer dann, wenn sich regelmäßige Strukturen in einem bestimmten Winkel überlagern. In der Digitalfotografie entsteht ein Moiré durch die Interferenz zwischen einer Motivstruktur und der Anordnungsstruktur der Elemente des Bildsensors.

Moiré
Das Moiré entsteht durch die Interferenz der Ziegelstruktur und des Anordnungsschemas der Bildsensoren.

5.2.2.5 Artefakte

Mit dem Begriff Artefakte werden die Bildfehler bezeichnet, die durch die verlustbehaftete Komprimierung im JPEG-Format entstehen. Je höher Sie die Komprimierung einstellen, desto stärker sind die Artefakte sichtbar.

Artefakte durch JPEG-Komprimierung
Oben:
hohe Komprimierung, geringe Qualität
Unten:
geringe Komprimierung, hohe Qualität

5.2.2.6 Farbstich – fehlerhafter Weißabgleich

Das menschliche Auge passt sich problemlos und schnell an farbliche Veränderungen der Beleuchtung an. Ein weißes Papier erscheint Ihnen unter rötlichem Licht genauso weiß wie unter bläulichem Licht. Digitalkameras leisten diese Anpassung durch den Weißabgleich. Hierbei wird das Verhältnis von Rot, Grün und Blau, abhängig von der Beleuchtung, so gewählt, dass farblich neutrale Flächen auch in der Aufnahme farblich neutral wiedergegeben werden. Gerade bei Mischbeleuchtung, z. B. Sonnenlicht und gleichzeitiger künstlicher Beleuchtung, gelingt ein neutraler Weißabgleich nicht immer optimal. Als Grundregel gilt, dass der Weißabgleich immer auf die Hauptbeleuchtung abgestimmt werden sollte. Ein fehlerhafter Weißabgleich führt zu einem Farbstich, d. h. Farbverfälschungen im Bild. Die Korrektur von Farbstichen ist in allen Bildverarbeitungsprogrammen z. B. durch die Funktionen „Tonwertkorrektur" oder „Gradationskurven" möglich.

Fehlerhafter Weißabgleich

5.2.3 Bilddateiformate

Die meisten Digitalkameras erlauben es, die Bilder in verschiedenen Dateiformaten abzuspeichern. Am weitesten verbreitet sind die beiden im Folgenden näher beschriebenen Dateiformate JPEG und RAW.

5.2.3.1 JPEG

JPEG ist die Abkürzung von Joint Photographic Experts Group. Das von dieser Organisation entwickelte Dateiformat und das damit verbundene Kompressionsverfahren wird von allen Digitalkameras unterstützt. In den Menüeinstellungen Ihrer Kamera lassen sich meist verschiedene Qualitätsstufen einstellen. Leider werden Bilder im JPEG-Format immer verlustbehaftet komprimiert. Dabei gilt, je stärker die Bilddateien komprimiert werden, desto kleiner wird die Datei, aber umso deutlicher ist der Qualitätsverlust. Die Auswirkungen der Komprimierung sind als so genannte Artefakte, Strukturen, im Bild sichtbar.

Die Bilddateien werden mit 24 Bit im RGB-Modus gespeichert. Der Arbeitsfarbraum ist meist der sRGB-Farbraum.

Die JPEG-Dateierweiterung ist *.jpg oder *.jpeg.

Die meisten Kameras speichern die Bilddatei im EXIF-Format (Exchangeable Image File Format). Dabei handelt es sich um eine besondere Form von JPEG. Es ermöglicht die Speicherung zusätzlicher Informationen in der Bilddatei. Das EXIF-Format wurde von der Japanese Electronics Industry Development Association (JEIDA) entwickelt. Im Header der EXIF-Datei werden Informationen über die Farbraum- und Farbanpassungseinstellungen der Digitalkamera gespeichert. Somit ist die Einbindung des in der Digitalfotografie üblichen YCbCr-Farbraums in das Color Management möglich.

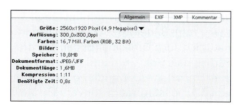

JPEG-Komprimierung

EXIF-Informationen

Bildtechnik

Band II – Seite 984
11.2.2.1 Analoge Videosignale

Band II – Seite 346
6.2.5 Erweiterte Bildbearbeitung

raw [engl.]:
roh, unbearbeitet

5.2.3.2 RAW

RAW ist keine Abkürzung, sondern steht für roh und unbearbeitet (engl. raw = roh). Bilder im RAW-Format sind natürlich auch Dreikanal-Bilder. Die drei Farbsignale Rot, Grün und Blau wurden aber nach der A/D-Wandlung nicht in einen Arbeitsfarbraum konvertiert. Sie enthalten die direkte Helligkeitsinformation, so wie sie von den Sensorelementen aufgenommen wurde. Damit ist jeder Kanal ein eigenes Graustufenbild. Mit spezieller RAW-Software oder Bildverarbeitungsprogrammen wie Photoshop können Sie die RAW-Datei bearbeiten, bevor sie anschließend in den Arbeitsfarbraum konvertiert wird. Das Histogramm in der rechten oberen Ecke des Arbeitsfensters zeigt die Verteilung der drei Farbkanäle über den Tonwertbereich. Die weiße Fläche kennzeichnet alle Tonwerte, die von allen drei Farben gebildet werden.

Mit den Werkzeugen am linken oberen Rand des Fensters arbeiten Sie:
- Zoom der Vorschau im Fenster
- Handwerkzeug
- Weißabgleich
- Farbaufnahme
- Beschneiden
- Ausrichten
- Retuschieren
- Rote-Augen-Korrektur

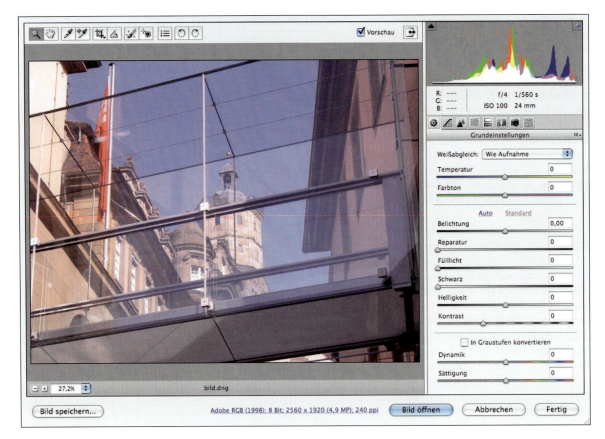

5.2.4   Aufgaben

Bildtechnik

1 Auflösung und Farbtiefe erklären

Erklären Sie die beiden Begriffe
a. Auflösung,
b. Farbtiefe.

2 Artefakte erkennen

Was sind Artefatke in digitalen Bildern?

3 Störungen und Fehler in digitalen Bildern erläutern

Welche Ursachen haben die folgenden Störungen und Fehler in digitalen Fotografien?
a. Rauschen
b. Blooming
c. Farbsäume

4 Moiré erläutern

Erläutern Sie eine mögliche Ursache für das Auftreten eines Moirés in einer digitalen Fotografie.

5 Anzahl der Farben berechnen

Wie viele Farben kann ein Bild im RGB-Modus maximal enthalten?

6 Anzahl der Bits berechnen

Wie viele Bit pro Pixel sind notwendig, um 256 Tonwerte abspeichern zu können?

7 Weißabgleich durchführen

Wie wirkt sich ein fehlerhafter Weißabgleich in der Aufnahme aus?

8 EXIF kennen

Was versteht man unter EXIF-Informationen?

9 Dateiformate vergleichen

Worin unterscheiden sich Bilder im JPEG- von Bildern im RAW-Format? Nennen Sie zwei wesentliche Unterschiede.

10 JPEG kennen

Für was steht die Abkürzung JPEG?

11 RAW kennen

Welche Bedeutung haben die drei Buchstaben RAW?

12 Geometrische Bildgröße berechnen

Berechnen Sie die Breite und Höhe eines Bildes in Millimeter bei einem Pixelmaß von 2560 Pixel x 1920 Pixel und einer Auflösung von 240 Pixel/Zoll.

13 Farbenzahl berechnen

Berechnen Sie die Anzahl der Farben/Kanal bei einer Farbtiefe von 16 Bit.

Bild und Grafik

6.1 Scannen

6.1.1	Vorlagen	314
6.1.2	Scanner	316
6.1.3	Grundeinstellungen in der Scansoftware	318
6.1.4	Halbtonvorlagen scannen	319
6.1.5	Strichvorlagen scannen	322
6.1.6	Aufgaben	323

6.1.1 Vorlagen

6.1.1.1 Vorlagenarten

Vorlage ist der Sammelbegriff für alle Fotos, Zeichnungen, Drucke usw., die gescannt werden. Eine Vorlage ist das physikalische Medium der Bildinformation. Diese ist als optische Information gespeichert und muss deshalb zur Bildverarbeitung erfasst und in elektronische digitale Information umgewandelt werden.

Die grundsätzliche Unterscheidung der Vorlagen erfolgt nach der Art der Bildinformation in ein- oder mehrfarbige Halbton- und Strichvorlagen. Gerasterte Vorlagen bilden eine Sonderform. In ihnen liegt die Bildinformation als unechte Halbtöne vor.

Halbtonvorlagen
Halbtonvorlagen bestehen aus abgestuften oder verlaufenden Ton- bzw. Farbwerten. Die überwiegende Zahl der Vorlagen sind Fotos (Aufsicht) oder Farbdias/-negative (Durchsicht), einfarbig oder mehrfarbig.

Strichvorlagen
Strichvorlagen enthalten nur Volltöne, d. h. keine abgestuften Tonwerte. Die Vorlagen sind ein- oder mehrfarbig. Je nach Struktur und Größe der Farbflächen wird in Grobstrich, Feinstrich oder Feinststrich unterschieden.

Gerasterte Vorlagen
Gerasterte Vorlagen sind Drucke oder Rasterfilme, die als Halbtondateien redigitalisiert werden. Dazu müssen Sie das Druckraster beim Scannen oder im Bildverarbeitungsprogramm entfernen, um ein Moiré im erneuten Druck zu verhindern.

Hochwertige Scanner bieten oft zusätzlich die so genannte Copydot-Funktion. Dabei werden die vier gerasterten Farbauszüge für Cyan, Magenta, Gelb und Schwarz getrennt eingescannt und dann von der Scannersoftware zu einer Halbtondatei zusammengerechnet.

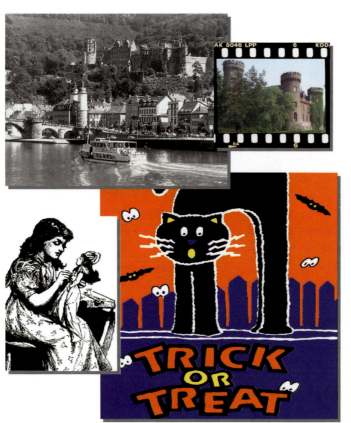

314

6.1.1.2 Fachbegriffe

- *Tonwerte*
  Unterschiedliche Helligkeiten im Bild
  Spitzlicht: „allerhellste" Bildstelle, ein metallischer Reflex, das Funkeln im Auge
  Licht/Lichter: hellste Bildstelle, helle Bildbereiche
  Vierteltöne: Tonwerte zwischen Licht und Mittelton
  Mitteltöne: mittlere Helligkeiten
  Dreivierteltöne: Tonwerte zwischen Mittelton und Tiefe
  Tiefe, Tiefen: dunkelste Bildstelle, dunkle Bildbereiche
- *Kontrast*
  Visuelle Differenz zwischen hellen und dunklen Bildstellen
- *Gradation*
  Tonwertabstufung, Bildcharakteristik
- *Zeichnung*
  Unterscheidbare Tonwerte, Strukturen
- *Dichte*
  Logarithmisches Maß für die Schwärzung einer Bildstelle; gemessen mit dem Densitometer
- *Dichteumfang*
  Differenz der maximalen und der minimalen Bilddichte
- *Farbwert*
  Farbigkeit einer Bildstelle, definiert als Anteile der Prozessfarben
- *Farbstich*
  Ungleichgewicht der Prozessfarben
- *Weißpunkt, Weißabgleich, Graubalance, Graubedingung*
  Verhältnis der Prozessfarben (RGB oder CMYK), das ein neutrales Weiß bzw. Grau ergibt
- *Farbmodus*
  Prozessfarbraum, z. B. RGB oder CMYK
- *Schärfe*
  Detailkontrast benachbarter Bildstellen

Bild zur Analyse und Bewertung mit Hilfe der Fachbegriffe

- keine Lichterzeichnung
- kontrastarm
- …

+	Verstärken, Pluskorrektur	⇆↕	Verschieben, Pfeilrichtung
./.	Verringern, Minuskorrektur	↺↻	Rotieren
~	Angleichen, z.B. Tonwert	U	Umkehren, Tonwertumkehr
ᨏᨏ	Schärfen, z.B. Kontur	K	Kontern, Seitenumkehr
P	Passer (Druck)	|← →|	Größenänderung
᧞	Wegnehmen		Unter-/Überfüllung

Korrekturzeichen nach DIN 16549-1

315

6.1.2 Scanner

Band II – Seite 326
6.2.1 Das digitale Bild

6.1.2.1 Auflösung und Farbe

Scanner haben die Aufgabe, Bildinformation optisch zu erfassen und anschließend zu digitalisieren. Dazu wird die Vorlage beim Scannen in Flächeneinheiten, so genannte Pixel, zerlegt. Pixel ist ein Kunstwort, zusammengesetzt aus den beiden englischen Wörtern „picture" und „element". Ein Pixel beschreibt die kleinste Flächeneinheit eines digitalisierten Bildes. Die Größe der Pixel ist von der gewählten Auflösung abhängig. Wir unterscheiden dabei zwischen optischer Auflösung und interpolierter Auflösung.

Halbtonvorlage mit stufenlosem Verlauf

Halbtonscan mit in Pixel aufgeteiltem Verlauf

Farbtiefe 8 Bit = 256 Tonwerte

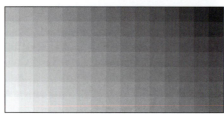

Mit dem Begriff optische Auflösung wird beschrieben, dass jede Bildstelle von einem Fotoelement des Scanners erfasst und einem Pixel zugeordnet wird. Die interpolierte Auflösung ist das Ergebnis einer zusätzlichen Bildberechnung nach der Bilddatenerfassung durch die Fotoelemente. Die Qualität der Interpolation ist von den Benutzereinstellungen und der Qualität der Scansoftware abhängig.

Jedem Pixel wird die Tonwert- bzw. Farbinformation der entsprechenden Vorlagenstelle zugeordnet. Da ein Pixel nur einen einheitlichen Ton- bzw. Farbwert darstellen kann, führt dies automatisch immer zur Mittelwertbildung der Bildinformation der Vorlagenstelle.

Die Farbinformation wird im Scanner optisch durch Farbfilter in die drei Teilfarbanteile Rot, Grün und Blau getrennt. Die Teilfarbinformationen werden anschließend digitalisiert und den drei Farbkanälen Rot, Grün und Blau zugeordnet. Weitere Farbberechnungen durch die Scansoftware ergeben je nach Nutzereinstellung verschiedene Farbmodi wie RGB, CMYK oder LAB.

Die eingestellte Farbtiefe bestimmt die Anzahl der möglichen Farbabstufungen pro Pixel.

Halbtonscan mit unterschiedlicher Farbtiefe

Von oben nach unten: 1 Bit = 2 Tonwerte, 2 Bit = 4 Tonwerte und 4 Bit = 16 Tonwerte, jeweils pro Farbkanal

Scannen

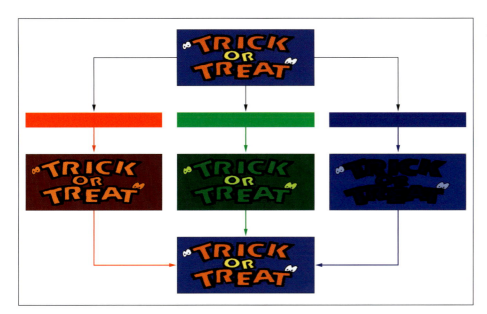

Schema der Farbtrennung im Scanner

6.1.2.2 Flachbettscanner

Die Digitalfotografie bedrängt die Scannertechnologie immer stärker. Trotzdem wird es auf absehbare Zeit immer noch Einsatzbereiche für die Scanner geben. Flachbettscanner sind heute der Scannertyp mit dem weitaus größten Marktanteil. Die früher in der Medienproduktion weit verbreiteten Trommelscanner finden nur noch bei spezialisierten Firmen ihren Einsatz.

Flachbettscanner haben ihren Namen von der flachen Bauart der Vorlagenaufnahme. Von der Lichtquelle wird Licht auf die Vorlage gestrahlt. Das von der Aufsichtsvorlage remittierte Licht wird über ein Spiegelsystem durch eine Optik auf das CCD-Element projiziert.

Die Farbtrennung erfolgt während der Abtastung. Meist sind auf der CCD-Zeile jeweils ein Element für das Rot-, das Grün- und das Blausignal.

Die maximale Auflösung wird durch die Anzahl der CCDs auf der CCD-Zeile über die Vorlagenbreite bzw. durch den schrittweisen Vorschub über die Länge der Vorlage beim Scannen bestimmt. Bei vielen Scannern ist die optische Auflösung in Vorschubrichtung durch die doppelte Taktung des Abtastsignals doppelt so hoch wie in der Breite.

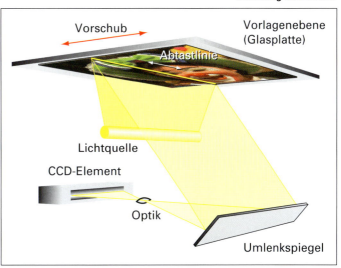

Schema der Vorlagenabtastung im Scanner

317

6.1.3 Grundeinstellungen in der Scansoftware

Unabhängig von Hersteller und Software müssen Sie vor dem eigentlichen Scannen immer bestimmte Grundeinstellungen vornehmen. Die Einstellungen unterscheiden sich je nach Vorlagenart und späterer Verwendung des digitalisierten Bildes.

Vorlagenvorbereitung
Die Vorlage muss plan und sauber sein. Eigentlich eine Selbstverständlichkeit, aber Staub ist überall und verursacht unnötige Retuschearbeiten.

Prescan oder Vorschauscan
Beim Prescan oder Vorschauscan wird die ganze Scanfläche mit niedriger Auflösung gescannt. Die Scansoftware erkennt dabei den Vorlagentyp und die Vorlagenlage.
Nach dem Prescan treffen Sie verschiedene Einstellungen:
1. Festlegen des Scanbereichs
   Er wird beim späteren Feinscan gescannt. Alle automatischen und manuellen Bildeinstellungen wirken nur auf diesen Bereich.
2. Einstellen der Bildgröße
   Proportionale oder nicht proportionale Maßstabsänderung
3. Festlegen der Scanauflösung
   Die Scanauflösung ist von der späteren Bildgröße und dem Ausgabeprozess abhängig.
4. Einstellen des Farbmodus
   - Graustufen
   - Farbeinstellungen
     – Farbmodus, z. B. RGB
     – Farbtiefe, z. B. 24 Bit TrueColor mit 16,7 Millionen Farben
   - Schwarz/Weiß (Strich)
5. Schärfe
6. Spezifische Korrektureinstellungen

Die nachfolgenden Einstellungen sind häufig in der Scansoftware automatisiert. Ihre Funktion können Sie aber natürlich auch manuell verändern.

7. Licht und Tiefe
   Festlegen der hellsten und dunkelsten Bildstelle
8. Gradation, Gamma
   Die Tonwertcharakteristik des Bildes zwischen Licht und Tiefe
9. Farbbalance
   Hier kann z. B. ein Farbstich der Vorlage ausgeglichen werden.

Grundsätzlich gilt: Bildinformation, die durch falsche Einstellung der Scanparameter nicht erfasst wurde, ist für den weiteren Prozess unwiederbringlich verloren.

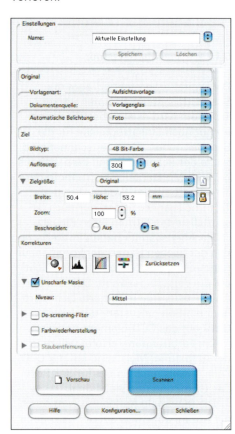

6.1.4 Halbtonvorlagen scannen

Scannen

Die wichtigsten manuellen Einstellungen bei Halbtonscans sind die Farb- und Tonwertkorrektur. Der Titel und das Aussehen der Dialogfelder unterscheiden sich in den verschiedenen Scanprogrammen. Ihre Funktion ist aber in allen Programmen grundsätzlich gleich.

Bildkorrektur, Farbkorrektur
Hier stellen Sie die Helligkeit und Kontrast des Scans ein. Außerdem können Sie über die Farbbalance der Komplementärfarben eine Farbstichkorrektur durchführen.

Histogrammanpassung
Im Histogrammdialogfeld legen Sie die Tonwertverteilung im Bild sowie den Lichter- und Tiefenpunkt fest. Die Korrekturen gelten für das RGB-Bild und/oder für die einzelnen Farbkanäle.

Tonwertkorrektur
Mit der Einstellung des Verlaufs der Gradationskurve wählen Sie die Tonwertcharakteristik der Reproduktion schon vor dem Scan aus, entweder für das RGB-Bild oder in den einzelnen Farbkanälen.

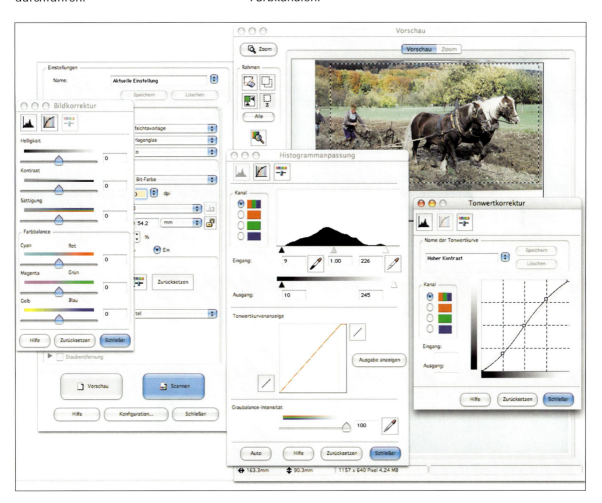

319

Referenz-Scan
Der Scan wurde mit der Scanautomatik der Scansoftware durchgeführt. Die folgenden Bildoptimierungseinstellungen beruhen auf dieser Basis.

Gradationskorrektur

Mit dem Begriff Gradation wird der Kontrast und die Charakteristik des Tonwertverlaufs vom Licht bis zur Tiefe eines Bildes bezeichnet. Die Kennlinie der Tonwertübertragung von der Vorlage zum Scan heißt deshalb Gradationskurve.

Wir unterscheiden fünf charakteristische Kurvenverläufe als so genannte Grundgradationen. Die Standardeinstellung ist die proportionale Tonwertübertragung. Die Gradationskurve verläuft dabei linear. In den Gradationskurven unserer Beispielbilder ist dieser Kurvenverlauf jeweils rot eingezeichnet.

Ein steiler Verlauf der Gradationskurve bewirkt eine Kontraststeigerung in diesen Tonwertbereichen des Scans. Da Licht und Tiefe nicht verändert werden können, führt die Aufsteilung in bestimmten Tonwertbereichen zwangsläufig zu einer Verflachung, d. h. Kontrastreduzierung, in den übrigen Tonwerten. Welche der Grundgradationen Sie wählen, hängt von der Tonwertcharakteristik Ihrer Vorlage ab. Allgemein gilt als Richtlinie, dass der Kontrast in den für das Bild wichtigen Tonwertbereichen verstärkt wird, leider zu Lasten der anderen Tonwertbereiche im Bild.

Sie sollten die Möglichkeit der Gradationskorrektur beim Scannen nutzen, da Sie hier die Zahl der Tonwerte in bildwichtigen Tonwertbereichen festlegen. Die spätere Korrektur der Gradation im Bildverarbeitungsprogramm erlaubt nur eine Tonwertspreizung bzw. Tonwertreduzierung. Auch hier gilt: Tonwerte, die nicht gescannt wurden, kann man nachher auch nicht korrigieren.

Abdunkeln

Aufhellen

Kontrastreduzierung

Kontraststeigerung

Scannen

Schärfeeinstellungen
Die Schärfe wird bei den meisten Scannern nicht optisch, sondern digital geregelt. Durch die Kontraststeigerung benachbarter Pixel wird der Schärfeeindruck des Bildes gesteigert. Eine Kontrastreduzierung im Detail verringert die Bildschärfe.

Geringe Schärfe

Hohe Schärfe

Tiefenpunkt definieren
Mit der dunklen Pipette können Sie den Tiefenpunkt durch Anklicken der Bildstelle definieren. Hier wurde fälschlicherweise ein Dreiviertelton als Tiefe festgelegt. Alle Tonwerte, die dunkler als der ausgewählte Tonwert sind, werden ebenfalls schwarz wiedergegeben.

Tiefenpunkt neu definiert

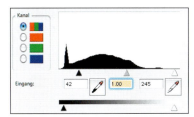
Histogramm nach der Neudefinition

Lichterpunkt definieren
Der Lichterpunkt wird mit der weißen Pipette im Bild durch Anklicken definiert. Wenn Sie wie hier nicht die hellste Bildstelle, sondern einen Viertelton zum Licht erklären, dann werden alle helleren Tonwerte damit automatisch weiß.

Lichterpunkt neu definiert

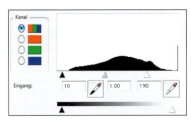
Histogramm nach der Neudefinition

Graubalance definieren
Die Graubalance beschreibt das Verhältnis der Farbanteile von Rot, Grün und Blau in einem neutralen Grau. Sie steht stellvertretend für die Farbbalance des ganzen Bildes. Deshalb führt eine falsche Definition des Verhältnisses von Rot, Grün und Blau zu Farbverfälschungen in allen Farben des Bildes.

Falsche Definition der Graubalance

Korrekte Definition der Graubalance

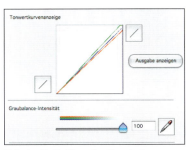
Falsche Definition der Graubalance

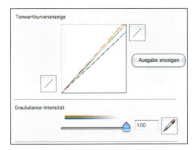
Korrekte Definition der Graubalance

6.1.5 Strichvorlagen scannen

Auflösung

Wie beim Halbtonscan wird die Bildinformation in Pixel zerlegt. Die Ausgabe der Bilddatei auf einem Drucker oder Belichter erfolgt aber ohne die abermalige Umwandlung der Bildinformation in Rasterelemente. Die Pixel werden direkt im Druckertreiber oder im Raster Image Processor, RIP, in die Ausgabematrix umgerechnet. Optimal ist deshalb, wenn die Scanauflösung gleich der Ausgabeauflösung ist. Bei hochauflösenden Ausgabegeräten sollten Sie als Eingabeauflösung einen ganzzahligen Teil der Ausgabeauflösung, mindestens aber 1200 dpi, einstellen. Andere Auflösungsverhältnisse, die nicht in einem ganzzahligen Verhältnis zur Ausgabeauflösung stehen, können durch die notwendige Interpolation u. a. zu schwankenden Strichstärken führen.

Schwellenwert

Da ein Strichscan als binäres System nur Schwarz oder Weiß enthält, müssen Sie über die Schwellen- bzw. Schwellwerteinstellung festgelegen, ob ein Pixel schwarz oder weiß gescannt wird.

Wenn die Schwellenwertfunktion des Scanprogramms nicht zum gewünschten Ergebnis führt, scannen Sie die Strichvorlage als Halbtonbild ein und bearbeiten sie dann in einem Bildverarbeitungsprogramm nach. Sie haben dort die Möglichkeit, einzelne Bildbereiche gezielt in Kontrast und Helligkeit zu modifizieren. Die Umwandlung in ein Bitmap-Bild führen Sie anschließend über die Schwellenwertfunktion Ihres Bildverarbeitungsprogramms durch. Abschließend erfolgt dann die Konvertierung in den Bitmap-Modus.

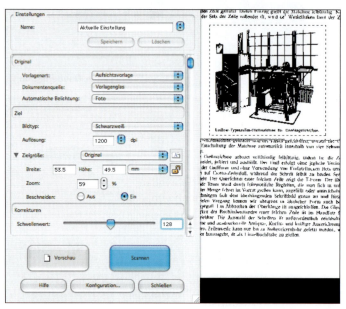

Schwellenwert 64

Schwellenwert 128

Schwellenwert 192

6.1.6   Aufgaben

Scannen

1 Halbton- und Strichvorlagen unterscheiden

Beschreiben Sie die Eigenschaften von:
a. Halbtonvorlagen
b. Strichvorlagen

2 Gerasterte Vorlagen scannen

Welche Besonderheiten muss man beim Scannen von gerasterten Vorlagen beachten?

3 Fachbegriffe zur technischen Bildanalyse erläutern

Definieren Sie die Begriffe
a. Tonwert,
b. Kontrast,
c. Gradation,
d. Farbwert.

4 Pixel definieren

Was ist ein Pixel?

5 Auflösung beurteilen

Erklären Sie folgende Begriffe:
a. Optische Auflösung
b. Interpolierte Auflösung

6 Farbtrennung erläutern

Welche Farbe haben die Filter zur Farbtrennung im Scanner?

7 Bildsensor kennen

Welche Art Bildsensor ist in den meisten Flachbettscannern zur Erfassung der Bildinformation eingebaut?

8 Vorschau- und Feinscan durchführen

Erklären Sie die Aufgabe von:
a. Vorschauscan
b. Feinscan

9 Scaneinstellungen treffen

Nennen Sie vier Einstellungen, die nach dem Vorschauscan und vor dem Feinscan gemacht werden.

10 Schwellenwert festlegen

Welche Bedeutung hat die Schwellenwerteinstellung beim Scannen von Strichvorlagen?

11 Auflösung erläutern

Warum werden Halbtonvorlagen mit einer geringeren Auflösung gescannt als Strichvorlagen?

12 Auflösung festlegen

Wodurch wir die Auflösung bei Halbtonvorlagen bestimmt?

13 Auflösung festlegen

Welche Regel gilt für die Bestimmung der Scanauflösung von Strichvorlagen?

6.2 Bildbearbeitung

6.2.1	Das digitale Bild.	326
6.2.2	Bilddatenübernahme	331
6.2.3	Korrektur technischer Objektivfehler	332
6.2.4	Bildoptimierung	334
6.2.5	Erweiterte Bildbearbeitung	346
6.2.6	Aufgaben	352

6.2.1 Das digitale Bild

Band II – Seite 301
5.2 Bildtechnik

Band II – Seite 313
6.1 Scannen

In den beiden Kapiteln 5.2 Bildtechnik und 6.1 Scannen haben Sie die beiden Verfahren zur Digitalisierung von Bildinformation kennengelernt. Bevor wir die grundlegenden Techniken der Bildbearbeitung vorstellen, folgt zunächst eine Zusammenfassung der Kenngrößen digitaler Bilder.

6.2.1.1 Auflösung

Bei der Digitalisierung eines Bildes wird es in einzelne meist quadratische Flächenelemente, Pixel (px), zerlegt. Die Anzahl der Pixel pro Streckeneinheit wird als Auflösung bezeichnet. Die Auflösung hat als Einheit Pixel/Zoll bzw. Pixel/Inch, ppi, oder Pixel/Zentimeter, ppcm bzw. px/cm. Abhängig von der Bildart und dem Ausgabeprozess müssen Sie die entsprechende Bildauflösung beim Scannen wählen oder im Bildverarbeitungsprogramm einstellen.

Pixel

Kunstwort aus den beiden englischen Wörtern *picture* und *element*

Halbtonbilder im Druck
Die Auflösung ist vom Ausgabeprozess abhängig. Bei der autotypischen Rasterung im Druck soll das Verhältnis Pixel : Rasterpunkte gleich 2 : 1 betragen. Man nennt den Faktor, der sich aus diesem Verhältnis ergibt, Qualitätsfaktor (QF). Für einen Druck mit 60 L/cm ist die Auflösung bei einem QF = 2 also 60 L/cm x 2 px/L = 120 px/cm oder 300 (304,8) ppi.

1 Inch = 2,54 cm

In der Praxis wird häufig mit dem gerundeten Wert von 2,5 cm gerechnet.

Formel zur Berechnung der Bildauflösung

von Halbtonbildern für den Druck

Halbtonbildauflösung

Bildauflösung = Rasterweite x Qualitätsfaktor
(Der Qualitätsfaktor ist im Allgemeinen 2)

Für die frequenzmodulierte Rasterung und den Digitaldruck müssen Sie die notwendige Auflösung des Prozesses selbst bestimmen bzw. erhalten vom Hersteller die notwendigen Vorgaben.

Strichbilder im Druck
Strichbilder sind Bilder mit vollfarbigen Flächen. Sie werden i.d.R. nicht aufgerastert und brauchen deshalb eine höhere Auflösung als gerastert gedruckte Halbtonbilder. Die Auflösung für Strichbilder beträgt mindestens 1200 ppi. Bei höherer Auflösung ist ein ganzzahliges Verhältnis zur Ausgabeauflösung sinnvoll, um Interpolationsfehler zu vermeiden.

Strich- und Halbtonbilder auf dem Monitor
Bei der Ausgabe auf dem Bildschirm beträgt die Auflösung sowohl für Strich- als auch für Halbtonbilder üblicherweise 72 ppi oder 96 ppi.

Da heute viele Monitore eine variable Auflösung ermöglichen, wird für die Ausgabe in Digitalmedien neben der Auflösung auch das absolute Pixelmaß, d.h. die Zahl der Pixel in Breite und Höhe des Bildes, angegeben.

Jedes Pixel des Bildes, z.B. auf einer Internetseite, wird durch ein Pixel des Monitors abgebildet. Dadurch ist die dargestellte Bildgröße, anders als im Druck, nicht konstant, sondern von der eingestellten Monitorauflösung abhängig.

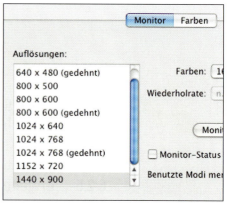

Variabel einstellbare Monitorauflösungen

326

Bildbearbeitung

Halbton, 72 ppi

Halbton, 150 ppi

Halbton, 300 ppi

Halbtonbilder

mit unterschiedlicher Auflösung

Strich, 72 ppi

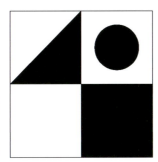
Strich, 300 ppi

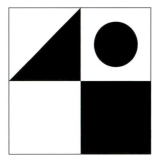
Strich, 1200 ppi

Strichbilder

mit unterschiedlicher Auflösung

6.2.1.2 Datentiefe, Farbtiefe

Die Datentiefe bezeichnet die Anzahl der Bits pro Pixel eines digitalen Bildes. Nach der Regel: Mit n Bit lassen sich 2^n Informationen darstellen, ist damit auch die Zahl der möglichen Ton- und Farbwerte beschrieben. Deshalb wird die Datentiefe auch als Farbtiefe oder Bittiefe bezeichnet.

Maximale Anzahl der Farben im Bild

$$\text{Anzahl der Farben} = 2^{\text{Farbtiefe in Bit}}$$

Im RGB-Modus mit z. B. 24 Bit Farbtiefe (8 Bit x 3 Kanäle) kann jede der 256 Stufen eines Kanals mit jeder Stufe der anderen Kanäle kombiniert werden. Daraus ergeben sich 256 x 256 x 256 = 16.777.216 Farben.

Formel zur Berechnung der maximalen Anzahl der Farben im Bild

3 Bit = 8 Farben

8 Bit = 256 Farben

24 Bit = 16777216 Farben

Halbtonbilder

mit unterschiedlicher Farbtiefe

327

Band II – Seite 223
4.2 Color Management

Band II – Seite 377
6.4 Bild- und Grafikausgabe

6.2.1.3 Farbmodus

Bilder aus der Digitalfotografie, aber auch gescannte Bilder sind meist im RGB-Modus abgespeichert. Der Farbmodus gibt an, nach welchem Farbmodell die Farben eines digitalen Bildes aufgebaut sind. RGB-Modus bedeutet, dass die Farbinformation eines Pixels in den drei Farbkanälen Rot, Grün und Blau aufgeteilt ist. Durch den Farbmodus ist aber nicht festgelegt, in welchem Farbraum die Bildfarben gespeichert sind. Bevor Sie Bilder öffnen und bearbeiten, müssen Sie sich zunächst vergewissern, ob in den Farbeinstellungen der Bildverarbeitungssoftware auch der korrekte Arbeitsfarbraum eingestellt ist. In Photoshop finden Sie die Farbeinstellungen unter Menü *Bearbeiten > Farbeinstellungen …* Welche Einstellungen Sie treffen sollten, wird im Kapitel 4.2 Color Management ausführlich dargestellt.

Die Auswahl eines anderen Farbmodus unter *Bild > Modus* konvertiert das Bild in den in den Farbeinstellungen voreingestellten Arbeitsfarbraum.

6.2.1.4 Pixel und Vektor

Die Bildinformation ist üblicherweise als Pixelbild gespeichert. Zusätzlich kann eine Pixelbilddatei aber auch Vektorinformationen enthalten.

Vektorobjekte
Schrift, geometrische Formen wie Rechteck oder Kreis sowie freie Formen können in vielen Bildverarbeitungsprogrammen als Vektorobjekte mit den Pixeln zusammen abgespeichert werden. Die Objektpfade folgen, anders als die Auswahlwerkzeuge, nicht dem Verlauf der Pixel, sondern sind davon unabhängig. Erst beim Rastern bzw. Rendern wird der Verlauf eines Pfads

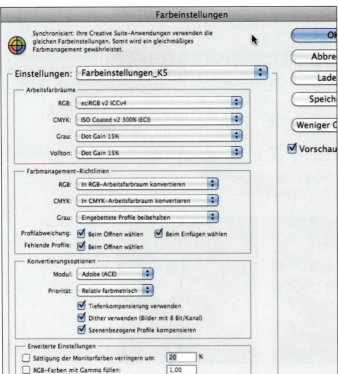

Bildbearbeitung

auf die jeweils naheliegendste Pixelkante gerechnet.

Sie können die Bilddatei in Photoshop unter Menü *Datei > Speichern unter... > Photoshop EPS > Mit Vektordaten* speichern. Die Vektorinformation steht dann beim Drucken und Ausbelichten zur Verfügung. Beim erneuten Öffnen in Photoshop werden die Vektoren aber automatisch gerendert. Wenn Sie beim Speichern als TIFF-Datei die Ebenen mit abspeichern, dann bleiben auch beim Öffnen der Datei die Vektorobjekte erhalten.

Beschneidungspfad
Der Beschneidungspfad ist eine besondere Form eines Vektorobjekts. Dabei dient der Pfad zur geometrischen, nicht rechtwinkligen Freistellung eines Bildmotivs. Bei der Positionierung im Layoutprogramm und bei der Belichtung werden alle Bildbereiche außerhalb des Pfades ausgeblendet. Die Genauigkeit der Ausgabeberechnung legen Sie durch die Angabe der Kurvennäherung fest.

Der Beschneidungspfad wird im TIFF- und im EPS-Format beim Speichern in Photoshop automatisch mitgespeichert.

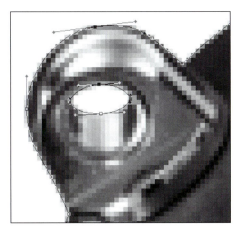

Freistellungspfad mit Ankerpunkten und Griffen

Freigestelltes Motiv　　　　　　　　　　　Abb.: Nikon
Positionierung der Bilddatei mit Freistellungspfad im Layoutprogramm. Der graue Hintergrund ist die Flächenfarbe des Bildrahmens.

329

6.2.1.5 Dateiformate

Unter Dateiformat versteht man die innere logische Struktur einer Datei. Alle Bildverarbeitungsprogramme bieten neben dem „programmeigenen" Dateiformat noch eine Reihe weiterer Dateiformate als Import- und als Exportformat beim Abspeichern der Bilddatei an.

Dateiformatwahl
Welches der angebotenen Dateiformate zu wählen ist, hängt vom weiteren Verwendungszweck der Datei ab:
- *Bildverarbeitung*
  Programmeigenes Format, z. B. Photoshop PSD
- *Layoutprogramm*
  Abhängig vom Importfilter, TIFF oder EPS sind am weitesten verbreitet.
- *Web-Editor*
  GIF, JPG und PNG
- *Präsentationssoftware*
  Abhängig vom Importfilter, z. B. JPEG, BMP, TIFF
- *Autorensystem*
  Abhängig vom Importfilter, z. B. JPEG, PIC, BMP oder TIFF

Eingebettete Einstellungen
Einzelne Dateiformate ermöglichen beim Abspeichern der reinen Bildinformation noch die zusätzliche Speicherung verschiedener bearbeitungsspezifischer Einstellungen wie:
- Alphakanäle aus Photoshop im TIF- und PNG-Format
- Rastereinstellungen und Druckkennlinie im EPS-Format
- ICC-Farbprofile z. B. im PSD-, TIF- und EPS-Format

Importdateiformate in PS CS5

Menü *Datei > Öffnen...*

Speicheroptionen TIFF

Menü *Datei > speichern unter...*

Importdateiformate in PS CS5

Menü *Datei > Importieren*

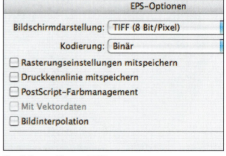

Speicheroptionen EPS

Menü *Datei > speichern unter...*

6.2.2 Bilddatenübernahme

Bildbearbeitung

Bei der Bilddatenübernahme bzw. bei der Weitergabe Ihrer Bilddaten sind eine Reihe von technischen Parametern zu beachten. Nur durch eine qualifizierte Kommunikation aller am Workflow der Medienproduktion beteiligten Partner ist ein farbrichtiges einwandfreies Ergebnis möglich.

Checkliste für die digitale Bilddatenübernahme

Ansprechpartner _____

Fon _____ Fax _____ E-Mail _____

Anzahl ◻ ...	**Beschnitt** ◻ 3 mm ◻ ohne ◻ nicht angelegt
Datenmenge ◻ ...	**Komprimierung** ◻ ohne ◻ LZW ◻ JPEG ◻ ....
Datenübertragung ◻ ISDN ◻ DSL ◻ Begleitfax ◻ Software/Protokoll ...	**Farben** ◻ CMYK ◻ RGB ◻ Duplex ◻ ... ◻ Graustufen ◻ sw ◻ Sonderfarben ◻ HKS ◻ Pantone ◻ Farbnummern angegeben
Datenträger ◻ CD ◻ DVD ◻ ...	
Dateiformat ◻ PSD ◻ TIF ◻ EPS ◻ PDF ◻ BMP ◻ JPG ◻ PNG ◻	**Farbprofil** ◻ ohne ◻ ... **Alphakanäle und Masken** ◻ ohne ◻ mit ... ◻ Freistellungspfad
Dateinamen ◻ eindeutig ◻ nicht eindeutig	
Tonwerte ◻ Halbton ◻ Strich	**Ausdruck** ◻ Farbproof ◻ Farbdruck ◻ mitgeliefert ◻ muss erstellt werden
Ausgabegröße (%) ◻ 100 ◻ ...	**Bearbeitung** ◻ Korrektur _____ _____
Auflösung (ppi) ◻ 300 ◻ 1200 ◻ 72 ◻	◻ Composing _____ _____
Format (mm) ◻ angegeben ◻ entspricht Layout ◻ nicht angegeben	◻ Rasterung _____ _____

Checkliste für die digitale Bilddatenübernahme

6.2.3 Korrektur technischer Objektivfehler

Band II – Seite 190
3.2.1 Linsen und Objektive

Band II – Seite 305
5.2.2 Bildfehler

Die Objektive aller Kameras sind mehr oder weniger fehlerbehaftet. Objektivfehler entstehen durch Abweichungen der Linsen von der idealen Form und durch Materialeigenschaften der Objektive. Wir unterscheiden dabei monochromatische Fehler und chromatische Fehler.

Spezielle Programme wie z.B. DxO Optics Pro und auch professionelle Bildverarbeitungsprogramme wie Adobe Photoshop ermöglichen auf einfache Weise, die Objektivfehler zu korrigieren. Natürlich muss diese Korrektur vor der eigentlichen Bildbearbeitung erfolgen. Für alle marktgängigen Objektive der großen Kamerahersteller sind in der Software Korrekturprofile hinterlegt oder lassen sich aus dem Internet herunterladen und in die Software importieren. Mit diesen Profilen ist eine automatisierte Korrektur der jeweiligen Objektivfehler möglich. Daneben können Sie benutzerorientierte Einstellungen treffen, diese abspeichern und für die Basiskorrektur Ihrer Aufnahmen nutzen.

6.2.3.1 Vignettierung

Mit Vignettierung bezeichnet man die ungleichmäßige Helligkeitsverteilung vom Zentrum der Abbildung hin zu den Bildrändern. Dieser Effekt tritt vor allem bei Aufnahmen mit Weitwinkelobjektiven auf.

6.2.3.2 Verzeichnung

Die Abbildung ist am Rand tonnen- oder kissenförmig verzeichnet. Die Ursache dafür ist der unsymmetrische Aufbau des Objektivs und die unsymmetrische Position der Blende im Objektiv.

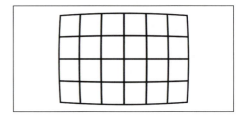

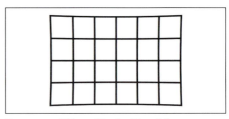

Tonnen- und kissenförmige Verzeichnung

6.2.3.3 Farbfehler

Farbfehler, chromatische Aberration, haben ihre Ursache in der unterschiedlich starken Brechung der verschiedenen Wellenlängen des Lichts in den Linsen des Objektivs. Die chromatische Aberration zeigt sich insbesondere bei Aufnahmen mit längerer Brennweite als Farbsäume und durch Unschärfe an Kanten in der Abbildung.

Farbsäume durch chromatische Aberration

Vignettierung

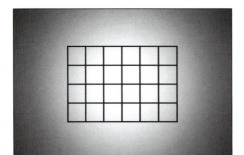

Bildbearbeitung

Korrektur der technischen Bildfehler im Programm DxO Optics Pro 6

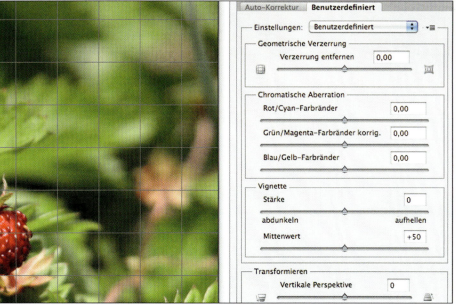

Korrektur der technischen Bildfehler in Photoshop CS5

Menü *Filter > Objektivkorrektur...*

333

6.2.4 Bildoptimierung

6.2.4.1 Licht und Tiefe

Der erste Schritt in der Bildverarbeitung ist immer die Kontrolle und ggf. Korrektur von Licht, Weißpunkt, und Tiefe, Schwarzpunkt, eines Bildes. Dies können Sie einfach im Dialogfeld der Einstellungsebene *Tonwertkorrektur* durchführen. Das Histogramm zeigt die statistische Verteilung der Tonwerte über den gesamten Tonwertumfang von der Tiefe (links) über die Mitteltöne bis zum Licht (rechts).

In unserem Beispiel fehlen durch falsche Belichtungseinstellung die Tiefen.

Making of ...
- Ziehen Sie den Tiefenregler (schwarzes Dreieck unter dem Histogramm) zum ersten Tiefenwert.
- Bestätigen Sie die Korrektur mit „OK".
- Das abermalige Aufrufen der Tonwertkorrektur zeigt die neue Tonwertverteilung.

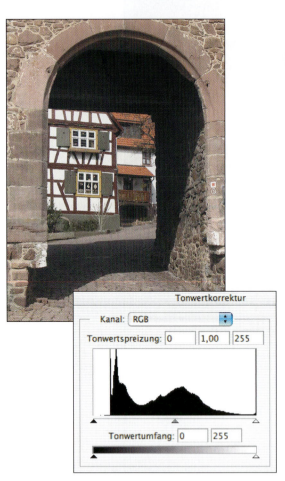
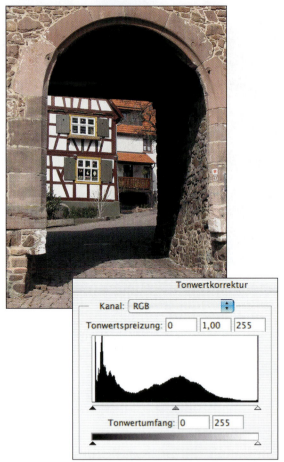

334

Bildbearbeitung

6.2.4.2 Gradation

Die Tonwertverteilung eines Bildes zwischen Licht und Tiefe nennt man Gradation. Sie wird in Scan- und Bildverarbeitungsprogrammen als Gradationskurve dargestellt. Die Gradationskurve beschreibt das Verhältnis der Tonwerte als Übertragungskennlinie. Wenn keine Tonwertverschiebung oder Tonwertkorrektur stattfindet, dann ist der Verlauf der Gradationskurve geradlinig mit einem Steigungswinkel von 45°. Der Tangens des Steigungswinkels heißt Gamma γ (tan 45° = 1). Die Standardeinstellung ist $\gamma = 1$, der Tonwertumfang der Arbeitsdatei und der Tonwertumfang der Ausgabedatei ist gleich und die Tonwertübertragung proportional. Mit der Option „Betrag anzeigen für" können Sie zwischen Licht (RGB) und Pigment/Druckfarbe (CMYK) wählen.

Die Tiefenzeichnung im Torbogen soll verbessert werden.

Making of ...
- Erstellen Sie eine geometrische Auswahl des Korrekturbereichs im Bild.
- Modifizieren Sie den Verlauf der Gradationskurve.
- Bestätigen Sie die Korrektur mit „OK".

Korrigiertes Bild
Das bearbeitete Bild von der linken Seite wurde durch die Gradationskorrektur weiter modifiziert.

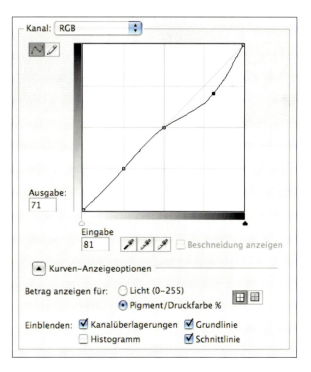

335

Grundgradationen
Die Modifikation der Gradationskurven erlaubt Ihnen eine differenziertere Korrektur der Tonwerte als die Funktion „Tonwertkorrektur". Statt die Korrekturen mit nur drei Variablen (Lichter, Tiefen und Mitteltöne) vorzunehmen, können Sie hier jeden Punkt der von 0 bis 255 bzw. 0% bis 100% reichenden Kurve verändern. Die Wirkung der Korrektur lässt sich durch Ankerpunkte, die Sie durch Klicken auf die Kurve setzen, gezielt auf bestimmte Tonwertbereiche beschränken. Eine Aufsteilung eines Tonwertbereichs führt immer zur Kontraststeigerung. Da der Tonwertumfang zwischen Licht und Tiefe festgelegt ist, wird dabei zwangsläufig der Kontrast in den anderen Tonwertbereichen durch eine Verflachung reduziert.

Im Folgenden sind fünf idealtypische Grundgradationen dargestellt. Ausgangspunkt für die Gradationskorrekturen war jeweils die Grundgradation $\gamma = 1$. Die Grauskalen und die Histogramme sollen Ihnen die Veränderung des Tonwertverlaufs veranschaulichen. In der Praxis wählen Sie eine der Gradationen und passen die Einstellungen an die gegebene Bildcharakteristik an.

Grundgradation 1
Proportionale Tonwertübertragung

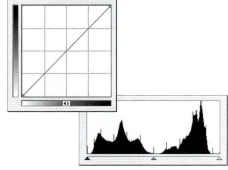

Grundgradation 2
Tonwertspreizung von den Lichtern über die Vierteltöne bis zu den Mitteltönen, Tonwertverdichtung von den Mitteltönen über die Dreivierteltöne bis zu den Tiefen

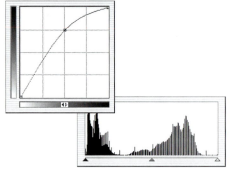

Bildbearbeitung

Grundgradation 3

Tonwertverdichtung von den Lichtern über die Vierteltöne bis zu den Mitteltönen, Tonwertspreizung von den Mitteltönen über die Dreivierteltöne bis zu den Tiefen

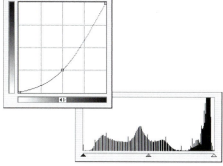

Grundgradation 4

Tonwertspreizung von den Vierteltönen über die Mitteltöne bis zu den Dreivierteltönen, Tonwertverdichtung in den Lichtern und den Tiefen

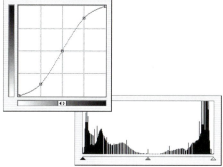

Grundgradation 5

Tonwertverdichtung von den Vierteltönen über die Mitteltöne bis zu den Dreivierteltönen, Tonwertspreizung in den Lichtern und den Tiefen

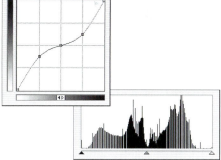

6.2.4.3 Bildschärfe

Scharfzeichnen

Bei der Bilddatenerfassung im Scanner und in der Digitalkamera treten grundsätzlich Unschärfen im Bild auf. Dies ist zum einen technisch bedingt wie z. B. durch die Größe der Abtastblende oder durch Überstrahlungseffekte der CCD-Elemente. Zum anderen führt auch die Interpolation bei der Bildberechnung zu Unschärfen. Es wird deshalb grundsätzlich bei der Bilddatenerfassung durch die entsprechende Software scharfgezeichnet.

Die Funktion Scharfzeichnung heißt auch Unscharfmaskierung (USM) oder Detailkontrast. Der Begriff Detailkontrast beschreibt anschaulich das Prinzip der Scharfzeichnung: Der Kontrast benachbarter Pixel wird erhöht. Dadurch erscheint uns das Bild schärfer. Es ist aber eine nachträglich errechnete und keine echte Schärfe des Motivs oder der Vorlage.

USM in Photoshop
- Stärke: Maß für die Schärfung
- Radius: Umkreis der Kontraststelle, in dem geschärft wird
- Schwellenwert: Tonwertdifferenz benachbarter Pixel, ab der geschärft wird

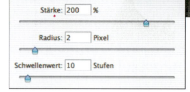

Scharfzeichnungsfilter

In der Nachbearbeitung digitaler Bilder kann die Bildschärfe nachträglich mit verschiedenen Funktionen beeinflusst werden. Stehen in Ihrer Bildverarbeitungssoftware mehrere Funktionen zur Verfügung, dann wählen Sie immer die mit der größten Bandbreite an Einstellungen.

Scharfzeichnungsfilter schärfen Bilder, indem sie den Kontrast der benachbarten Pixel erhöhen. Je nach Einstellung geschieht dies im gesamten Bild oder nur an den Konturen

Weichzeichnen

Weichzeichnungsfilter glätten Übergänge, indem sie Durchschnittswerte der Pixel berechnen, die sich neben harten Kanten von Linien und Schatten mit deutlichen Farbübergängen befinden.

Störungsfilter werden benutzt, um fehlerhafte Bereiche eines Bildes, z. B. Staub und Kratzer, zu korrigieren und um ungewöhnliche Strukturen zu erzeugen. Sie arbeiten wie die Scharfzeichnungs- und Weichzeichnungsfilter nach dem Prinzip des Pixelvergleichs. Allerdings erhöhen sie den Kontrast benachbarter Pixel nicht, sondern verringern ihn. Das Bild erscheint dadurch weniger scharf.

Weichzeichnen in Photoshop
- Radius: Umkreis, der weichgezeichnet wird
- Schwellenwert: Tonwertdifferenz benachbarter Pixel, ab der weichgezeichnet wird

338

Bildbearbeitung

6.2.4.4 Farbkorrektur

In der Bildverarbeitung spielt die Farbkorrektur eine besondere Rolle. Die bisherigen Bildkorrekturen veränderten das Bild in den ausgewählten Bereichen insgesamt. Mit der Farbkorrektur greifen Sie in das Verhältnis der einzelnen Farbkanäle Ihres Bildes ein. Dazu stehen Ihnen in den verschiedenen Bildverarbeitungsprogrammen eine Vielzahl von Funktionen zur Verfügung.

Farbmodus
Führen Sie die Farbkorrekturen möglichst in einem medienneutralen Arbeitsfarbraum aus. Sie können das ICC-Profil des farbmetrisch definierten eciRGB-Farbraums unter www.eci.org kostenlos aus dem Internet herunterladen und in das System Ihres Rechners (ColorSync oder ICM) kopieren.

Monitoreinstellungen
Zur visuellen Kontrolle der Farbkorrekturen ist ein kalibrierter Monitor absolut notwendig.

Wählen Sie als Bildschirmhintergrund zur Bildverarbeitung einen neutralgrauen Hintergrund.

Farbbalance – Farbstichausgleich
Die Teilfarben eines Bildes, RGB bzw. CMYK, stehen in einem harmonischen Verhältnis zueinander. Verschiebungen dieser Balance, z. B. durch Beleuchtung mit nicht neutralem Licht oder fehlerhaftem Weißabgleich bei der Aufnahme, führen zu einem so genannten Farbstich.

Sie haben wie immer mehrere Möglichkeiten, den Farbstich zu neutralisieren. Die Korrektur über die Funktion „Tonwertkorrektur" erlaubt Ihnen, neben der Farbstichkorrektur gleichzeitig auch Licht und Tiefe zu definieren.

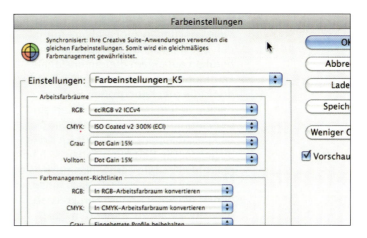

Tonwertkorrektur RGB

Tonwertkorrektur Grünkanal

Tonwertkorrektur Blaukanal

Tonwertkorrektur Rotkanal

Vor der Farbstichkorrektur

Nach der Farbstichkorrektur

339

Band II – Seite 214
4.1.4.7 CIELAB-System

Farbkorrekturen mit LAB

Viele Funktionen zur Farbkorrektur in den Bildverarbeitungsprogrammen beruhen auf einem dreidimensionalen Farbraum, z. B. LAB, in dem die Farben durch die drei Kenngrößen Farbton, Sättigung und Helligkeit definiert sind. Der Farbton ändert sich, wenn Sie sich bei gleichbleibendem Radius im Kreis bewegen. Die Sättigung ändert sich bei gleichbleibendem Farbwinkel durch die Veränderung des Radius. Nach innen nimmt die Sättigung im Farbkreis ab, nach außen hin zu. In der Mitte des Farbraums liegt also die Unbuntachse, unten Schwarz und oben Weiß, dazwischen alle Grautöne. Die dritte Dimension wird durch die Helligkeit beschrieben. Wenn Sie die Helligkeit verändern, dann bewegen Sie sich im Farbraum nach oben, die Farbe wird heller, oder nach unten, sie wird dunkler. Der Farbkreis zeigt die Farben in der gewählten Ebene (Regler) im Farbraum. In welcher Ebene Sie sich befinden, visualisiert der Helligkeitsregler neben dem Farbkreis.

Farbton/Sättigung in Photoshop

Mit Menü *Bild > Korrekturen > Farbton/Sättigung...* können Sie durch die voneinander unabhängige Steuerung der drei Kenngrößen Farbton, Sättigung und Helligkeit komplexe Farbkorrekturen und sogar Umfärbungen einfach durchführen. Zusätzlich können die sechs grundlegenden Farbbereiche, Rot, Gelb, Grün, Cyan, Blau und Magenta, selektiv modifiziert werden.

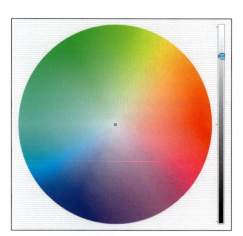

vorher

Nachher

340

Bildbearbeitung

Farbvariationen

Unter Menü *Bild > Korrekturen > Variationen...* finden Sie in Photoshop eine mächtige Funktion zur einfachen intuitiven Farbkorrektur. Nach der Ordnung des 6-teiligen Farbkreises wählen Sie Eigen- oder Gegenfarbe.

Making of ...
- Wählen Sie den zu korrigierenden Bereich aus.
- Korrigieren Sie in den „Variationen". Überkorrekturen lassen sich durch Anklicken der Komplementärfarbe leicht rückgängig machen.

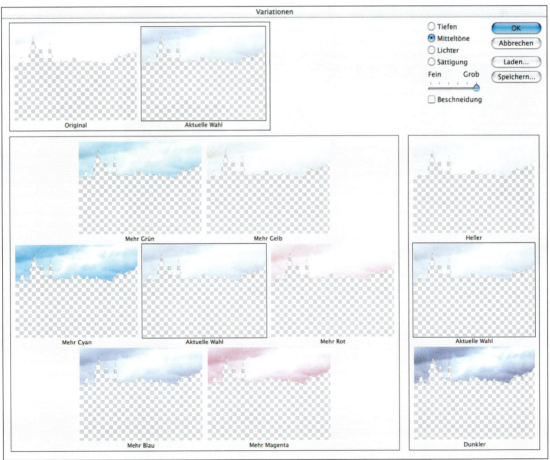

6.2.4.5 Retusche

Retusche bedeutet meist, unerwünschte Bildbereiche zu entfernen. Dazu stehen Ihnen in den einzelnen Bildverarbeitungsprogrammen verschiedene Werkzeuge zur Verfügung. In Photoshop sind dies neben den verschiedenen Malwerkzeugen der Kopierstempel, der Reparaturpinsel und das Ausbessern-Werkzeug.

Die Größe der Werkzeugspitze und Wirkungsstärke lässt sich bei allen Werkzeugen einstellen.

 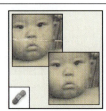  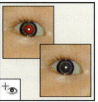 

Mit dem **Bereichsreparatur-Pinsel** können Sie fehlerhafte Stellen und Objekte entfernen.

Mit dem **Reparatur-Pinsel** beseitigen Sie Bild-Defekte, indem Sie mit aufgenommenen Pixeln bzw. Pixelbereichen oder Mustern diese übermalen.

Mit dem **Ausbessern-Werkzeug** korrigieren Sie mit aufgenommenen Bereichen oder Mustern kleine Fehler in einem Bereich des Bildes.

Mit dem **Rote-Augen-Werkzeug** können Sie die durch ein Blitzlicht verursachten roten Reflexionen entfernen.

Mit dem **Abwedler-Werkzeug** hellen Sie Bereiche in einem Bild auf.

Mit dem **Kopierstempel-Werkzeug** malen Sie mit aufgenommenen Bildbereichen.

Mit dem **Musterstempel-Werkzeug** malen Sie mit einem Bildbereich als Muster.

Mit dem **Radiergummi-Werkzeug** löschen Sie Pixel und stellen einen zuvor gespeicherten Status in Bildbereichen wieder her.

Mit dem **Hintergrund-Radiergummi-Werkzeug** versehen Sie durch Ziehen Bereiche mit Transparenz.

Mit dem **Nachbelichter-Werkzeug** verdunkeln Sie Bereiche in einem Bild.

Mit dem **Magischen Radiergummi-Werkzeug** löschen Sie einfarbige Bereiche mit nur einem Mausklick, indem Sie die Bereiche mit Transparenz versehen.

Mit dem **Weichzeichner-Werkzeug** zeichnen Sie harte Kanten in einem Bild weich.

Mit dem **Scharfzeichner-Werkzeug** zeichnen Sie weiche Kanten in einem Bild scharf.

Mit dem **Wischfinger-Werkzeug** verwischen Sie Pixel in einem Bild.

Mit dem **Schwamm-Werkzeug** ändern Sie die Farbsättigung eines Bereichs.

Übersicht der Retuschewerkzeuge in Photoshop CS5

Bildbearbeitung

6.2.4.6 Perspektive korrigieren

Vor allem bei Architekturaufnahmen erscheint das Motiv durch die Aufnahmeperspektive häufig auf der Fotografie verzerrt. Diese stürzenden Senkrechten, d. h. die Verzeichnung der Perspektive von in der Realität parallelen Kanten, lassen sich in allen Bildverarbeitungsprogrammen auf einfache Weise wieder senkrecht stellen.

Making of ...
- Vergrößern Sie die Arbeitsfläche, damit Sie Platz zum Verzerren haben.
- Blenden Sie das Raster ein, es dient bei der Korrektur als Hilfsmittel zur Ausrichtung.
- Wählen Sie jetzt das Bild rechtwinklig aus.
- Mit der Funktion „Verzerren" können Sie nun das Motiv ausrichten.
- Stellen Sie zum Schluss das Bild rechtwinklig frei.

Vorher

Nachher

343

6.2.4.7 Composing

Composing ist die Kombination zweier oder mehrerer Bilder zu einem neuen Bild. Dabei werden gegensätzliche Intentionen verfolgt:
- Der Betrachter soll/darf merken, dass das neue Bild so nie real war. Es muss insgesamt nur stimmig erscheinen.
- Der Betrachter soll/darf nicht merken, dass das neue Bild eine Fotomontage ist. Es muss im Charakter und Aufbau absolut real und harmonisch sein.

Grundsätzlich müssen bei jedem Composing folgende Bildparameter beachtet werden:
- Schärfe
- Farbcharakter
- Licht und Schatten
- Perspektive
- Größenverhältnisse
- Proportionen

Beim Composing mehrerer Bilddateien gelten immer die Einstellungen von Auflösung und Farbmodus der Zieldatei.

Making of ...
- Stellen Sie die Burg mit Felsen frei.
- Vergrößern Sie die Arbeitsfläche der zweiten Bilddatei.
- Ziehen Sie mit dem *Bewegen-Werkzeug* die Burg auf das Bildfenster der zweiten Datei.
- Positionieren Sie die Ebene.
- Ergänzen Sie die fehlenden Bildteile mit den Retuschewerkzeugen.
- Führen Sie alle Ton- und Farbwertkorrekturen aus, die nur eine Ebene betreffen.
- Reduzieren Sie die Ebenen auf eine Ebene.
- Jetzt können Sie noch Korrekturen im Composing ausführen.

Vorlage 1

Vorlage 2

Bearbeitung der beiden Bilder

Composing

Blick vom Reußenstein auf der Schwäbischen Alb bis zur Küste von Gotland

344

Bildbearbeitung

6.2.4.8 Bildgröße, Auflösung

Bei der Bilddatenerfassung werden die einzelnen Bereiche der Bildgröße festgelegt:
- Geometrisches Format
- Auflösung
- Farbmodus
- Dateigröße

Die Neuberechnung eines Bildes ist in allen Bildverarbeitungsprogrammen möglich. In Adobe Photoshop z. B. mit Menü *Bild > Bildgröße...* Die Qualität der Bildgrößenneuberechnung ist von mehreren Faktoren abhängig. Grundsätzlich gilt aber, dass nachträgliche Bildgrößenänderungen meist zur Verschlechterung der Bildqualität führen.

Interpolationsmethode

Die Interpolationsmethode bestimmt, wie den neuen Pixeln auf Basis der im Bild vorhandenen Pixel Ton- und Farbwerte zugeordnet werden. Bei indizierten Bildern, z. B. GIF, wählen Sie „Pixelwiederholung", da hier keine neuen Farben eingerechnet werden sollen. Bei Bilddateien in anderen Farbmodi, CMYK für den Druck oder RGB für Internetseiten, führen die Interpolationsmethoden „Bilinear" oder „Bikubisch" zu besseren Ergebnissen. Die Einberechnung neuer Farben ergibt weichere Übergänge und glattere Kanten.

Vergrößerung bei gleichbleibender Auflösung

Durch die Vergrößerung werden, bei konstanter Auflösung, zusätzliche Pixel eingefügt. Das Bild wird unscharf, weil die zusätzlich eingefügten Pixel als Ton- bzw. Farbwerte Mittelwerte der benachbarten vorhandenen Pixel zugewiesen bekommen. Nach der Neuberechnung müssen Sie deshalb das Bild scharfzeichnen.

Vergrößerung bei gleichbleibender Pixelzahl

Wenn die Anzahl der Pixel bei der Vergrößerung gleich bleibt, sinkt die Auflösung des Bildes. Dies kann zu einer „Verpixelung" führen, d. h., die Pixel bilden sich auf dem Bildschirm oder im Druck ab. Wenn zu wenig Pixel zur Verfügung stehen, dann wird die Information von einem Pixel mehreren Rasterelementen zugeordnet. Das Pixel wird dadurch im Druck sichtbar.

Verkleinerung

Die Verkleinerung führt zum Verlust von Pixeln und somit zum Verlust von Bilddetails.

Auf dem Monitor werden Bildpixel direkt in Monitorpixel umgewandelt. Deshalb erscheint das Bild bei höherer Bildauflösung auf dem Monitor größer. Dies hat aber keinen Einfluss auf die Bildgröße im Druck.

Bei der Größenänderung von Screenshots ist es wichtig, dass Sie die Zahl der Pixel beibehalten. Nur so kann die Pixelmatrix des Monitors auch im Druck wiedergegeben werden.

Band II – Seite 357
6.3.2 Pixelgrafik

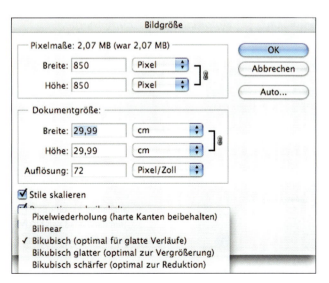

6.2.5 Erweiterte Bildbearbeitung

Band I – Seite 406
4.4.2 Panoramen

6.2.5.1 Panoramabild

Panoramabilder setzen sich aus mehreren Einzelbildern zusammen. Die Bandbreite der Anwendung von Panoramabildern reicht von der Erstellung von Abbildungen einzelner Objekte, z.B. Häuser, bei denen der Kamerastandort bzw. die Aufnahmesituation eine komplette Abbildung nicht erlaubte, bis hin zu 360°-Panoramen zur Visualisierung von Räumen.

Aufnahme
Bei der Aufnahme der Einzelbilder für ein Panoramabild sollten Sie folgende Punkte beachten:
- Machen Sie alle Aufnahmen mit einer Brennweite.
- Verwenden Sie ein Stativ.
- Verändern Sie nicht den Kamerastandort.
- Bleiben Sie bei einer Belichtungseinstellung.
- Achten Sie auf die Überlappung der Einzelbilder. Im Photoshop-Handbuch wird eine Überlappung zwischen 40% und 70% empfohlen.

Making of ...
- Öffnen Sie die Bilder in Photomerge.
- Wählen Sie die geeignete Layout-Option. Meist müssen Sie die Berech-

360°-Panoramabild auf einer Website
www.knaus.de

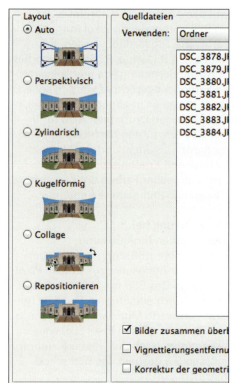

Die Herstellung von Panoramabildern war früher nur mit sehr hohem zeitlichem Aufwand und speziellem Fachwissen als Composing möglich. Heute sind Panoramabilder mit verschiedenen Programmen auf einfache Weise zu erstellen. In Photoshop finden Sie die Funktion unter Menü *Datei > Automatisieren > Photomerge...*

Bilderserie für ein Panoramabild

Bildbearbeitung

nung mit den verschiedenen Optionen durchführen, um die optimale Einstellung zu finden.
- Reduzieren Sie die von Photomerge berechneten Ebenen mit den Teilbildern auf die Hintergrundebene.
- Korrigieren Sie die Bildgeometrie.
- Optimieren Sie das Bild durch Retusche und Ton- und Farbwertkorrekturen.
- Stellen Sie das Bild frei.

Panoramabild

Sieben Einzelaufnahmen wurden über Photomerge kombiniert und anschließend in Photoshop optimiert.

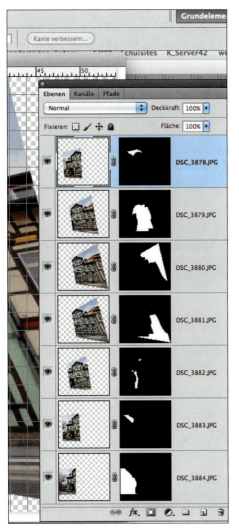

6.2.5.2 HDR – High Dynamic Range

HDR-Bilder umfassen einen höheren Dynamik- bzw. Dichteumfang, High Dynamic Range, als herkömmliche Fotografien. Dies wird dadurch erzielt, dass eine Belichtungsreihe von einem Motiv erstellt wird. Vom Low-Key-Bild

Bilderserie für ein HDR-Bild

347

High-Key

Histogramm mit Tonwertverteilung

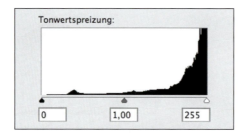

Low-Key

Histogramm mit Tonwertverteilung

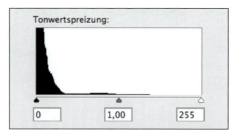

HDR-Bild

aus acht Einzelaufnahmen einer Belichtungsreihe

mit guter Tiefenzeichnung bis hin zum High-Key-Bild mit durchgezeichneten Lichtern. In der Bildverarbeitungssoftware öffnen Sie alle Bilder der Belichtungsreihe als Ebenen einer Bilddatei. Dort wird durch das Zusammenfügen mehrerer Bilder des Motivs mit verschiedenen Belichtungswerten automatisch der gesamte Dichtebereich aller Aufnahmen zu einem neuen HDR-Bild zusammengerechnet. Im Einstellungsfenster können Sie noch gezielt Einfluss auf die Bildgestaltung nehmen.

In Photoshop finden Sie die Funktion unter Menü *Datei > Automatisieren > Zu HDR Pro zusammenfügen...*

Aufnahme

Bei der Aufnahme der Einzelbilder für ein HDR-Bild sollten Sie folgende Punkte beachten:
- Machen Sie alle Aufnahmen mit einer Brennweite.
- Verwenden Sie ein Stativ.
- Verändern Sie nicht den Kamerastandort.
- Variieren Sie die Belichtungszeit.
- Behalten Sie die eingestellte Blende

bei, da Sie sonst die Schärfentiefe verändern.
- Halten Sie die Beleuchtung möglichst konstant.
- Achten Sie auf genügend Einzelbilder. Im Photoshop-Handbuch werden wenigstens 5 bis 7 Aufnahmen empfohlen.

Making of ...
- Öffnen Sie die Bilder
- Treffen Sie Ihre Einstellungen im Vorschau-Dialogfeld.
- Bestätigen Sie Ihre Einstellungen mit „OK" und speichern Sie das Bild.

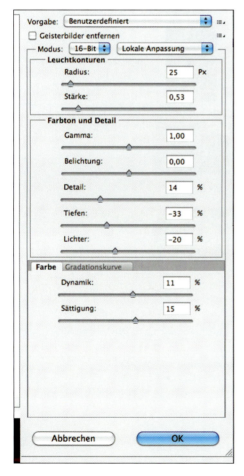

6.2.5.3 RAW

Raw bedeutet im Englischen roh oder unbearbeitet, d.h., die Signale werden so, wie sie vom Sensor der Digitalkamera erfasst wurden, gespeichert. Bei der Nikon D300 sind dies z.B. 14 Bit Farbtiefe pro Kanal (16.384 Ton- und Farbwerte).

Maximale Anzahl der Farben im Bild

$$\text{Anzahl der Farben} = 2^{\text{Farbtiefe in Bit}}$$

Der aufgenommene und damit in der Bildbearbeitung zur Verfügung stehende Kontrastumfang der RAW-Bilddatei ermöglicht eine bessere Spreizung der Ton- und Farbwerte. Stufenlose Verläufe und feine Zeichnungsnuancen sind dadurch auch in Primär- und Sekundärfarben möglich. Bei den 8-Bit-Bilddateien im JPEG- oder TIF-Format zeigen diese Bildbereiche oft Abrisse.

Die Qualität der RAW-Verarbeitung ist stark vom verwendeten RAW-Konverter abhängig. RAW-Konverter sind Programme zur Bildbearbeitung im RAW-Format und anschließenden Speicherung als 8-Bit-Bilddatei zur Weiterverarbeitung in der Print- und Digitalmedienproduktion. Alle Hersteller von Digitalkameras mit RAW-Option bieten einen RAW-Konverter an, den Sie von der Homepage des Kameraherstellers herunterladen bzw. die mit der Kamera gelieferte Version dort updaten können.

Aufnahme
Bei der Aufnahme von Digitalbildern im RAW-Format müssen Sie im Menü Ihrer Digitalkamera das RAW-Format auswählen. Alle übrigen Kameraeinstellungen wie Weißabgleich, Belichtungsprogramm usw. unterscheiden sich nicht von den anderen Aufnahmedateieinstellungen.

Bildbearbeitung

Band II – Seite 307
5.2.3 Bilddateiformate

raw [engl.]:
roh, unbearbeitet

Making of ...
- Öffnen Sie die Bilder in Ihrem RAW-Konverter. Wenn Sie die RAW-Bilder in Photoshop öffnen, dann startet automatisch Camera Raw ...
- Treffen Sie Ihre Einstellungen im Vorschau-Dialogfeld. Die Korrektur der technischen Objektivfehler müssen Sie nicht vorab durchführen, da sie in den RAW-Konvertern integriert erfolgt.
- Bestätigen Sie Ihre Einstellungen und speichern Sie das Bild.

Nikon ViewNX
RAW-Bildbearbeitung

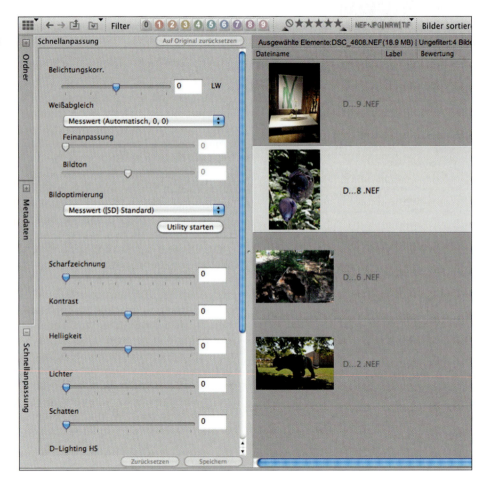

Nikon ViewNX
RAW-Konvertierung nach TIFF 8-Bit

Bildbearbeitung

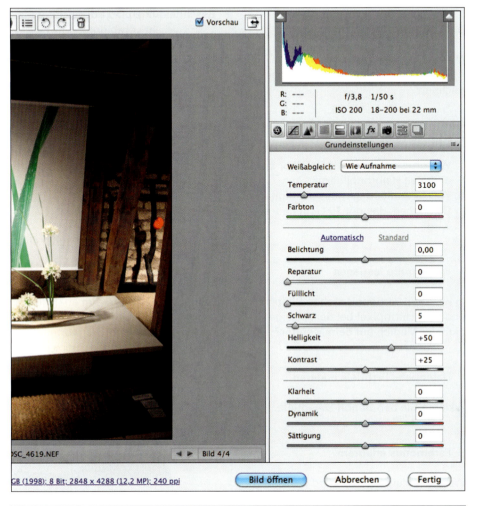

Photoshop
RAW-Bildbearbeitung

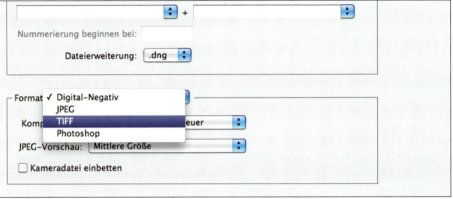

Photoshop
RAW-Konvertierung nach TIFF 8-Bit

351

6.2.6 Aufgaben

1 Einheiten zur Bezeichnung der Bildauflösung kennen

Mit welchen Maßeinheiten wird die Auflösung eines digitalen Bildes bezeichnet?

2 Qualitätsfaktor berechnen

a. Wie groß ist der Qualitätsfaktor bei digitalen Halbtonbildern?
b. Welche Auflösung muss ein digitales Bild haben, das mit 70 L/cm gedruckt wird?

3 Bildergröße festlegen

In welchem Verhältnis stehen Bildpixel und Bildschirmpixel bei der Anzeige digitaler Medien auf dem Monitor?

4 Datentiefe, Farbtiefe erklären

Erklären Sie den Begriff Datentiefe.

5 Farbmodus erläutern

Welche Bildeigenschaft wird durch den Farbmodus bestimmt?

6 RGB-Farbwerte erklären

Wie sind die Farben eines digitalen Bildes im RGB-Modus definiert?

7 Beschneidungspfad erstellen

a. Was ist ein Beschneidungspfad?
b. Wie erstellt man einen Beschneidungspfad?

8 Beschneidungspfad abspeichern

In welchen Dateiformaten kann man einen Beschneidungspfad abspeichern?

9 Bilddaten übernehmen

Nennen Sie 5 Kriterien, die eine Checkliste zur Bilddatenübernahme enthalten sollte.

10 Histogramm kennen

Welche Bildeigenschaft wird durch ein Histogramm visualisiert?

11 Bild durch Histogramm analysieren

Beschreiben Sie die Tonwertverteilung und Bildcharakteristik des Bildes, zu dem folgendes Histogramm gehört.

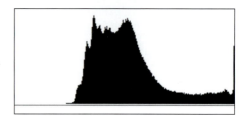

12 Gradationskorrektur durchführen

Wie wirkt sich eine Aufsteilung eines Abschnitts der Gradationskurve auf die übrigen Tonwertbereiche aus?

13 Gradationskurve beurteilen

Wie verläuft die Gradationskurve bei einer proportionalen Tonwertübertragung bzw. -korrektur?

Bildbearbeitung

14 Gradationskorrektur beurteilen

Wie wirkt sich die folgende Korrektur der Gradationskurve auf ein Bild aus?

 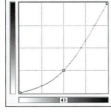

Vor der Korrektur   Nach der Korrektur

15 Scharf- und Weichzeichnen anwenden

Erklären Sie die prinzipielle Funktion von:
a. Scharfzeichnen
b. Weichzeichnen

16 Bildschirmhintergrund festlegen

Welches Muster oder welche Farbe sollte Ihr Monitorhintergrund bei der Bildbearbeitung haben?

17 Farbkorrekturen in LAB machen

Erklären Sie die Arbeitsweise der Farbkorrektur in LAB.

18 Retuschewerkzeuge einsetzen

Für welche Retuschearbeiten sind die folgenden Werkzeuge geeignet?
a. Kopierstempel
b. Reparaturpinsel
c. Bereichsreparatur-Pinsel
d. Ausbessern-Werkzeug

19 Composing durchführen

Welche Bildparameter müssen Sie beim Composing beachten?

20 Bildgrößenänderung einstellen

Nennen Sie Bildparameter, die Sie bei der Bildgrößenänderung in Photoshop modifizieren können.

21 Auflösung berechnen

Mit welcher Auflösung muss eine Halbtonvorlage gescannt werden, die auf 300% vergrößert und dann im 60er Raster gedruckt wird?

6.3 Grafikerstellung

6.3.1	Grundlagen	356
6.3.2	Pixelgrafik	357
6.3.3	Vektorgrafik	361
6.3.4	SVG – Scalable Vector Graphics	364
6.3.5	3D-Grafik	365
6.3.6	Aufgaben	375

6.3.1 Grundlagen

Der Begriff Grafik leitet sich vom griechischen *graphike techne* ab und beschreibt die Kunst des Schreibens, Zeichnens und Einritzens. Eine Grafik ist nicht wie eine Fotografie ein direktes Abbild der Welt, sondern eine von Grafikern erstellte Darstellung eines Objekts oder eines Sachverhalts.

Medienproduktion eine Vorlagenart, die durch Scannen oder digitale Fotografie erfasst und digitalisiert werden.

Die Erstellung von Grafiken zur Publikation in Print- und Digitalmedien erfolgt heute meist direkt am Computer mit Bildverarbeitungsprogrammen oder speziellen 2D- und 3D-Grafikprogrammen.

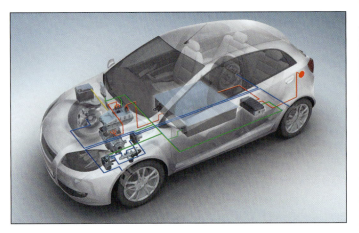

Komponenten und Systeme für Elektrofahrzeuge

Abb. Bosch

Holzschnitte als Briefmarken

links: 2009 zum 100. Geburtstag von HAP Grieshaber
rechts: 1971 zum 500. Geburtstag von Albrecht Dürer

Zur Erstellung von Grafiken wurden über die Jahrhunderte hinweg ganz unterschiedliche Techniken eingesetzt. Vom Holzschnitt oder Kupferstich durch Albrecht Dürer bis hin zur Druckgrafik in der Technik des Holzschnitts von HAP Grieshaber im 20. Jahrhundert. Diese künstlerischen Grafiken sind in der

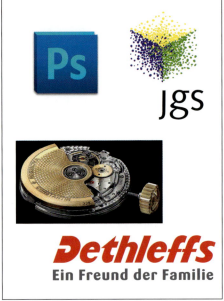

Pixel- und Vektorgrafiken

Grafikarten
Die Einteilung der Grafiken erfolgt nach unterschiedlichen Kriterien:
- Pixel- oder Vektorgrafik
- Dimension, 2D oder 3D
- Dateiformat
- Print- oder Webgrafiken
- Bildaussage und Verwendungszweck, z.B. Icon, Infografik
- Statisch oder animiert

Wir werden uns zunächst mit der grundsätzlichen technischen Unterscheidung in Pixel- und Vektorgrafik befassen.

6.3.2 Pixelgrafik

Pixelgrafiken sind wie digitale Fotografien oder Scans aus einzelnen Bildelementen (Pixel) zusammengesetzt.

Pixelbild

In der Fotografie und beim Scannen ist die Größe der Bildmatrix und damit die Anzahl der Pixel in der Breite und der Höhe der Abbildung durch die Einstellungen der Kamera- bzw. Scannersoftware festgelegt. Bei der Erstellung einer Pixelgrafik sind Sie in der Definition der Auflösung bzw. des absoluten Pixelmaßes der Grafik frei.

Bildeinstellungen vor der Erstellung einer Pixelgrafik

6.3.2.1 Pixeleigenschaften

Pixelbilder und -grafiken haben verschiedene technische Eigenschaften, die Sie bei der Erstellung und Verwendung beachten müssen.
- Pixel haben eine quadratische oder eine rechteckige Form.

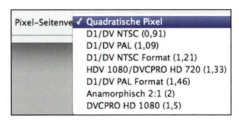

- Pixel haben keine feste Größe, sind aber innerhalb einer Pixelgrafik, bestimmt durch deren Auflösung, immer einheitlich groß.
- Pixel sind in ihrer Position jeweils durch die x/y-Koordinaten des Formats definiert (die Zählung beginnt bei null).

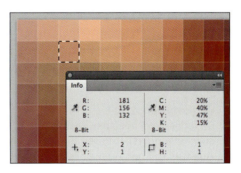

6.3.2.2 Zeichnen und Malen

Zum Zeichnen oder Malen in pixelorientierten Grafikprogrammen stehen Ihnen verschiedene Basiswerkzeuge zur Verfügung.
- *Buntstift und Pinsel*
  Mit dem Buntstift- und Pinsel-Werk-

Grafikerstellung

Band II – Seite 326
6.2.1 Das digitale Bild

Pixel

Kunstwort aus den beiden englischen Wörtern *picture* und *element*

357

Band II – Seite 209
4.1.4 Farbordnungssysteme

zeug setzen Sie Pixel auf die Arbeitsfläche. Die Anzahl, Farbe und Form können Sie in den jeweiligen Dialogfenstern der Software einstellen.

Zeichen- und Malwerkzeuge

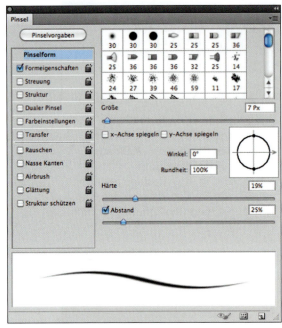

- *Auswahlwerkzeuge*
  Da jedes Pixel in seiner Position selbstständig ist, müssen Sie zur Auswahl mit den Auswahlwerkzeugen einen bestimmten Bereich zur Bearbeitung auswählen. Die Auswahl erfolgt entweder über die Flächengeometrie oder durch die Auswahl eines bestimmten Ton- und Farbwertbereichs.

Auswahlwerkzeuge

6.3.2.3 Pixelfarben

Jedes Pixel hat seine eigene Farbe. Die Farbwerte werden durch den Datei-Farbmodus und durch die Farbtiefe bestimmt.

Farbmodus und Farbtiefe

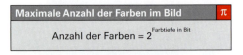

$$\text{Anzahl der Farben} = 2^{\text{Farbtiefe in Bit}}$$

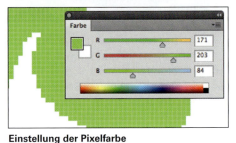

Einstellung der Pixelfarbe

6.3.2.4 Dateigröße und Auflösung

Dateigröße
Die Dateigröße wird durch die Anzahl der Pixel und die Farbtiefe Ihrer Grafik bestimmt.

$$\text{Dateigröße} = \text{Breite [px]} \times \text{Höhe [px]} \times \text{Farbtiefe [Bit]}$$

Auflösung
Die Auflösung wird durch die Anzahl der Pixel pro Streckeneinheit, meist Zentimeter oder Inch, definiert. Da die Größe der Pixel durch die Auflösung vorgegeben ist, variiert die dargestellte

Grafikerstellung

 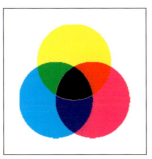 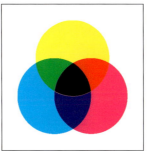

72 ppi, 48 KB   150 ppi, 207 KB   300 ppi, 823 KB

Pixelgrafik
mit unterschiedlicher Auflösung

Definition der Auflösung:
ppi = pixel per inch

Dateigröße 4c, ohne Komprimierung

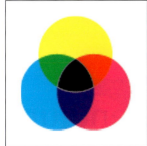 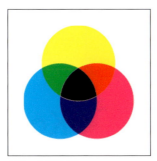 

72 ppi, 48 KB   150 ppi, 207 KB   300 ppi, 823 KB

Pixelgrafik
mit unterschiedlicher Auflösung und Anti-Aliasing

Bildgröße je nach Monitorauflösung oder Ausgabeauflösung im Printmedium.

Bildauflösung = Anzahl Pixel/Streckeneinheit

Skalierung
Wenn Sie die Größe eines Bildes bzw. einer Grafik verändern, dann vergrößert sich bei gleichbleibender Pixelzahl die Bildauflösung und damit auch die absolute Pixelgröße. Bei konstant bleibender Auflösung müssen Pixel bei der Vergrößerung hinzugerechnet werden. Die verschiedenen Grafikprogramme bieten dazu mehrere Algorithmen zur Auswahl. Die Option „Pixelwiederholung" liefert bei flächigen Grafiken meist das beste Ergebnis. Grundsätzlich gilt aber, dass sich die Qualität bei der Skalierung immer verschlechtert. Bei der Vergrößerung wird die Grafik unschärfer, bei der Verkleinerung gehen durch die Verringerung der Pixelzahl Details verloren.

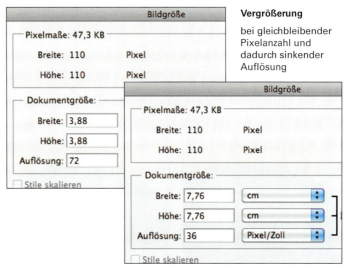

Vergrößerung
bei gleichbleibender Pixelanzahl und dadurch sinkender Auflösung

359

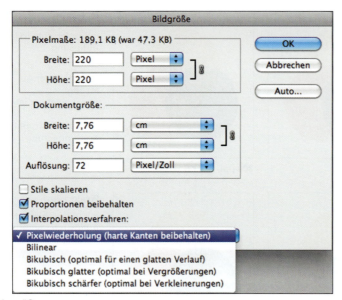

6.3.2.5 Speichern

Beim Speichern Ihrer Grafik wählen Sie das für den Ausgabeprozess passende Dateiformat.
- *Druck*
Für den Druck speichern Sie im TIF-Format.
- *Browser*
Für die Ausgabe im Browser stehen JPEG, GIF, PNG8 und PNG24 zur Wahl. Das für Bilder häufig gewählte JPEG-Format ist für Grafiken weniger geeignet, da die Artefakte der Komprimierung die Darstellungsqualität deutlich verschlechtern.

JPEG, 4 KB

GIF, 4 KB

PNG8, 4 KB

PNG24, 4 KB

Vergrößerung
bei gleichbleibender Auflösung und dadurch steigender Pixelzahl

Anti-Aliasing
Durch die Rasterung der Fläche in Pixel sind alle Kanten, die nicht parallel mit den Bildkanten verlaufen, stufig. Um trotzdem eine optisch gefällige Linienendarstellung zu bekommen, gibt es grundsätzlich zwei Möglichkeiten.
- *Hohe Auflösung*
Durch die damit erreichten kleinen Pixel ist die Stufung kleiner und für den Betrachter nicht mehr sichtbar.
- *Anti-Aliasing*
An den Kanten der Linien und Flächen werden Pixel mit Zwischentönen hinzugerechnet. Optisch wirkt die Kante dadurch glatter, aber auch etwas unschärfer.

Pixelgrafik
links:
ohne Anti-Aliasing
rechts:
mit Anti-Aliasing

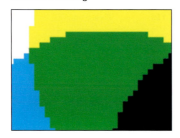
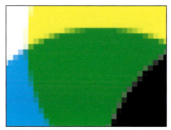

360

6.3.3 Vektorgrafik

6.3.3.1 Kurven

Vektorgrafiken setzen sich nicht aus einzelnen voneinander unabhängigen Pixeln zusammen, sondern beschreiben eine Linie oder eine Fläche als Objekt. Die Form und Größe des Objekts werden durch mathematische Werte definiert.

Bézierkurven
Der französische Mathematiker Pierre Bézier, 1910 bis 1999, war bei der Firma Renault beschäftigt. Er entwickelte in den 1960er Jahren ein mathematisches Modell zur Berechnung von Kurven bei der Entwicklung von Karosserieteilen für Autos. Die nach ihm benannten Bézierkurven sind heute grundlegender Teil aller Vektorgrafik- und CAD-Programme.

Eine Bézierkurve ist durch Start-, Scheitel- und Endpunkte, die so genannten Ankerpunkte, in ihrer Position definiert. An den Ankerpunkten sind Tangenten angelegt, an deren Ende sich Kontroll- oder Griffpunkte befinden. Der Verlauf der Kurve zwischen den Ankerpunkten wird durch die Stellung der Tangenten und die Entfernung der Kontrollpunkte vom zugehörigen Ankerpunkt bestimmt.

Splines, B-Splines und NURBS
Der Begriff Spline kommt ursprünglich aus dem Schiffsbau und bezeichnet die gebogenen Planken eines Schiffs. In der Computergrafik werden mit dem Begriff Spline mathematisch beschriebene Kurven bezeichnet. Sie unterscheiden sich von den Bézierkurven durch das zugrunde liegende mathematische Modell. Die einfachste Struktur bilden die Splines. Mit B-Splines lassen sich komplexere Formen als mit einfachen Splines beschreiben. NURBS, Non-

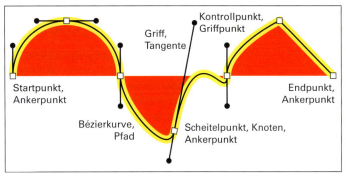

Bézierkurve

Uniform Rational B-Splines, erlauben es außerdem, dass die Kurve im Raum beschrieben wird. Sie bilden damit die Basis für die 3D-Animation runder organischer Formen.

6.3.3.2 Zeichnen

In allen Vektorgrafikprogrammen stehen Ihnen verschiedene Basiswerkzeuge zur Verfügung.
- *Pfadwerkzeuge*
zur Erstellung und Bearbeitung von Pfaden

- *Grundformen-Werkzeuge*
zur Erstellung einfacher Grundformen

- *Auswahlwerkzeuge*
zur Auswahl eines oder mehrerer Pfade bzw. Objekte

Die Bearbeitung von Vektorgrafiken unterscheidet sich grundsätzlich von der Bearbeitung von Pixelgrafiken. Die Attribute sind nicht einem unabhängigen Pixel zugeordnet, sondern der jeweiligen Kurve bzw. dem Objekt.

Auswahl und Zuweisung von Attributen
Zur Zuweisung verschiedener Attribute wie z.B. der Farbe einer Fläche oder der Farbe und Stärke einer Kontur müssen Sie die Kurve an einer Stelle mit dem Auswahlwerkzeug (Pfeil) anklicken und die Attribute in die Dialogfenster eingeben.

So müssen Sie beispielsweise entscheiden, ob die Konturenstärke oder Effekte wie z.B. Schlagschatten mit skaliert werden oder gleich bleiben.

6.3.3.4 Beziehung zwischen Objekten

Die Beziehung mehrerer Objekte zueinander können Sie ebenfalls über Dialogfenster einfach regeln.
- *Transformieren*
  Einstellen des Referenzpunktes des ausgewählten Objekts, Eingabe der x/y-Koordinaten bezogen auf die Zeichenfläche, Modifikation von Breite und Höhe des Objekts
- *Ausrichten*
  Ausrichten der ausgewählten Objekte zueinander oder in Bezug auf die Zeichenfläche
- *Pathfinder*
  Auswahl des Algorithmus zur Objektberechnung z.B. Entfernen des überlappenden Bereichs zweier ausgewählter Objekte

Farbe-Dialogfenster
Einstellung der Flächen- und Konturfarbe

Kontur-Dialogfenster
Einstellung der Konturstärke und weiterer Attribute

6.3.3.3 Bildgröße und Auflösung

Vektorgrafiken sind durch die mathematische Beschreibung der Kurven und Attribute auflösungsunabhängig. Sie können deshalb grundsätzlich ohne technischen Qualitätsverlust skaliert werden. Die Darstellungsqualität feiner Strukturen oder Proportionen müssen Sie davon unabhängig natürlich bei einer Größenänderung immer beachten.

Skalier-Dialogfenster

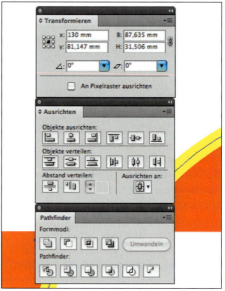

362

Grafikerstellung

6.3.3.5 Konvertierung

Von der Pixelgrafik zur Vektorgrafik

Viele Vektorgrafikprogramme bieten die Option, Pixelgrafiken als Vorlage in ein Dokument zu laden und dann zu vektorisieren. Daneben gibt es noch eine Reihe spezieller Programme zur Konvertierung wie z.B. Vector Magic.

Durch die Konvertierung ist es möglich, dass Sie Pixelgrafiken aus dem Internet oder eingescannte Grafiken, die technisch bedingt ebenfalls Pixelgrafiken sind, als Vektorgrafiken weiterzubearbeiten und auflösungsunabhängig zu skalieren.

Die Software bietet die Möglichkeit, die Pixelgrafik zunächst nach Ihren Vorgaben automatisch nachzeichnen zu lassen und das Ergebnis danach noch manuell zu optimieren.

Von der Vektorgrafik zur Pixelgrafik

Die Konvertierung von der Vektorgrafik zur Pixelgrafik ist ebenfalls möglich. Notwendig wird dies, wenn die Grafik im Internet ohne Plug-in im Browser angezeigt werden soll oder die Vektorgrafik mit einem Bild kombiniert wird. Da die Pixelgrafik nur noch mit Qualitätsverlust skaliert werden kann, sollten Sie die Vektorgrafik vor der Konvertierung auf das gewünschte Endformat bringen.

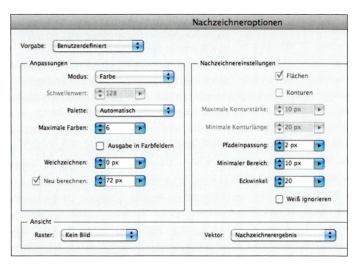

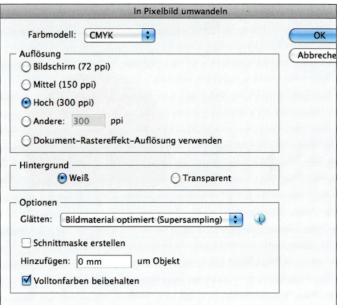

6.3.3.6 Speichern

Beim Speichern Ihrer Grafik wählen Sie das für den Ausgabeprozess passende Dateiformat.
- *Druck*
  Für den Druck speichern Sie im EPS-Format.
- *Browser*
  Für die Ausgabe im Browser stehen die Vektordateiformate SVG und SWF zur Verfügung. SVG ist von einigen Browsern schon ohne Plug-in darstellbar, SWF braucht derzeit immer das Flash-Plug-in.

Die Speicherung als JPEG, GIF, PNG8 oder PNG24 wandelt Ihre Vektorgrafik automatisch in eine Pixelgrafik um.

6.3.4 SVG – Scalable Vector Graphics

SVG wurde vom W3C entwickelt und soll hier stellvertretend für alle durch Skripte erzeugte Vektorgrafiken kurz vorgestellt werden. Leider zeigen noch nicht alle Browser SVG-Grafiken ohne Plug-in an. Es wird sich aber hoffentlich eine Entwicklung wie vormals beim Pixelformat PNG ergeben so dass in absehbarer Zeit alle modernen Browser SVG-Grafiken anzeigen können. Mit Programmen wie z.B. Illustrator können Sie herkömmlich erstellte Vektorgrafiken als SVG abspeichern und damit automatisch den SVG-Code erzeugen. Öffnen Sie anschließend einfach die SVG-Datei in einem Texteditor und bearbeiten Sie den XML-Code.

SVG-Code

```
<?xml version="1.0"
encoding="utf-8"?>

<!-- Generator: Adobe Illustrator
15.0.0, SVG Export Plug-In . SVG
Version: 6.00 Build 0)   -->

<!DOCTYPE svg PUBLIC „-//W3C//DTD
SVG 1.1//EN" „http://www.w3.org/Gra-
phics/SVG/1.1/DTD/svg11.dtd">

<svg version="1.1" id="Ebene_1"
xmlns="http://www.w3.org/2000/svg"
xmlns:xlink="http://www.w3.org/1999/
xlink" x="0px" y="0px"
width="283.46px" height="283.46px"
viewBox="0 0 283.46 283.46" enable-
background="new 0 0 283.46 283.46"
xml:space="preserve">
<circle fill="#FF0000"
stroke="#FFFF00" stroke-width="6"
stroke-miterlimit="10" cx="141.73"
cy="141.73" r="113.386"/>
</svg>
```

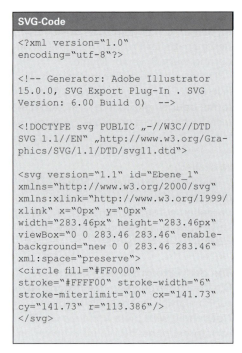

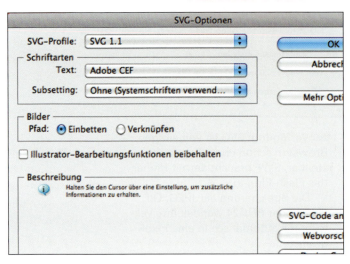

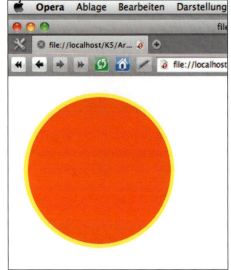

6.3.5 3D-Grafik

Grafikerstellung

6.3.5.1 Raum

Wir verlassen jetzt die Ebene mit den Koordinaten der x-Achse und y-Achse und betreten durch Hinzufügen der z-Achse den Raum. In Blender ist dies visualisiert durch das 3D-Widget mit der farbigen Pfeildarstellung der drei Raumachsen, die x-Achse in Rot, die y-Achse in Grün und die z-Achse in Blau.

Editor-Kamera

In der 2D-Grafik blicken Sie durch ein Fenster auf die Arbeitsoberfläche. Sie können das Fenster mit den Scrollbalken verschieben und durch Zoomen mit der Lupe einen Ausschnitt detaillierter betrachten oder einen Überblick über die gesamte Grafik bekommen. In der 3D-Grafik blicken Sie nicht durch ein Fenster, sondern durch eine Kamera auf den Arbeitsbereich im Raum. Diese so genannte Editor-Kamera ist nicht die Kamera, die Sie im Screen sehen. Eigentlich logisch, da Sie ja die Kamera, durch die Sie schauen, nicht gleichzeitig als Objekt sehen können. Die Kamera im Screen ist Teil der dargestellten Szene und kann beim Rendern als Kamera eingesetzt werden.

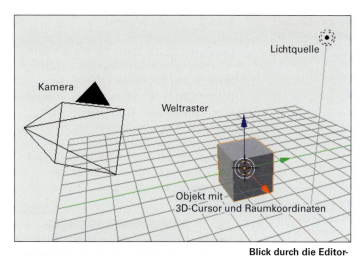

Blick durch die Editor-Kamera in den Raum
Startanordnung in Blender

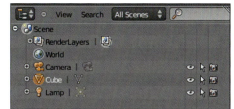

Elemente einer Szene
Startanordnung in Blender

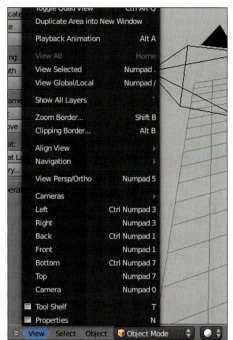

Auswahl der Editor-Kameraansichten

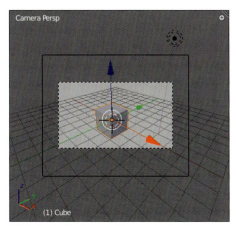

Blick durch die Szenen-Kamera in den Raum

365

Vertex, -ices [lat.]:
Scheitel, Scheitelpunkt, Zielpunkt

6.3.5.2 Punkt (Vertex)

Der Punkt ist die Basis für die 2D- und 3D-Vektorgrafik. Im Gegensatz zum Pixel besitzt ein Punkt keine geometrische Größe, sondern ist nur in seiner Position definiert. Die Position wird jeweils auf den Nullpunkt des Systems bezogen in der Fläche durch x- und y-Koordinaten und im Raum zusätzlich durch die z-Koordinate, der dritten Dimension, beschrieben.

Punkt in der 2D-Vektorgrafik

Der Punkt hat eine Position in der Fläche, aber keine geometrische Ausdehnung.

Bézierkurve, NURBS-Kurve oder Pfad erzeugt. Alle drei Kurvenarten sind in 2D- und 3D-Grafikprogrammen grundsätzlich nicht sichtbar. Dies ist auch nicht notwendig, wenn die Kurve z.B. als „Schiene" für eine Kamerafahrt oder als Animationspfad eines bewegten Objekts eingesetzt wird. Eine weitere Anwendung für Linien bzw. Kurven ist die als Profil für einen Rotationskörper.

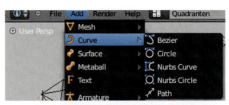

Menü zum Einfügen einer Kurve in die Szene

Konstruktion eines Rotationskörpers aus einer Linie
Als Beispiel für die Arbeit mit Linien erstellen wir einen einfachen Becher.

Making of ...
- Öffnen Sie in Blender eine neue Szene unter Menü *File > New*.
- Löschen Sie den Würfel unter Menü *Object > Delete...*

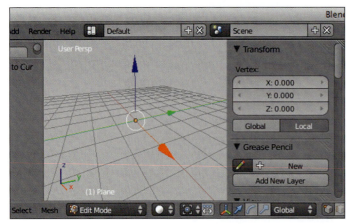

Punkt in der 3D-Vektorgrafik

Der Punkt hat eine Position im Raum, aber keine geometrische Ausdehnung.

Edge [engl.]:
Rand, Kante

6.3.5.3 Linie (Curve, Spline, Edge)

Die Verbindung zweier Punkte ergibt eine Linie. In den 3D-Grafikprogrammen werden Linien mit unterschiedlichen mathetischen Modellen beschrieben. Die Kante eines Polygons ist eine Gerade (Edge). Eine Kurve (Curve oder Spline) wird in ihrem Verlauf in Blender als

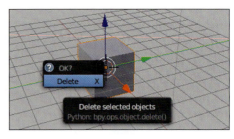

- Fügen Sie in die Szene eine Fläche unter Menü *Add > Mesh > Plane* ein.
- Schalten Sie mit Menü *Object Mode > Edit Mode* in den Edit-Mode um.
- Heben Sie die Auswahl mit Menü *Select > Select/Deselect All* auf. Die Kanten der Fläche sind dann nicht

Grafikerstellung

mehr orange, sondern schwarz dargestellt.
- Wählen Sie mit Menü *Select > Circle Select* das Auswahlwerkzeug aus und markieren Sie durch Darüberziehen die vier Eckpunkte der Fläche.
- Beenden Sie die Aktivität des Werkzeugs durch Drücken der Escape-Taste.
- Löschen Sie die vier ausgewählten Punkte mit Menü *Mesh > Delete...*
- Schalten Sie die Ansicht mit Menü *View* auf *Right* und *View Ortho*.
- Zeichnen Sie das Becherprofil mit Edges durch Klicken mit der linken Maustaste bei gleichzeitig gedrückter STRG-Taste.

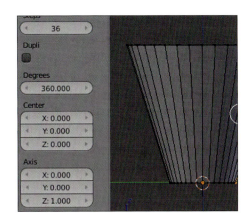

- Wählen Sie alles aus und entfernen Sie durch Drücken des Buttons *Remove Doubles* alle doppelten Punkte.
- Berechnen Sie die Normalen der Polygone durch Drücken des Buttons *Recalculate* neu.
- Der Becher ist jetzt fertig modelliert. Gehen Sie auf Menü *View > Camera*.

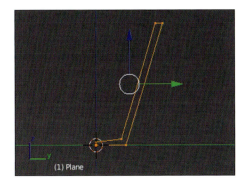

- Wählen Sie alle Punkte aus und rotieren Sie die Edges um die Cursorposition durch Drücken des Buttons *Spin* in den Mesh Tools.

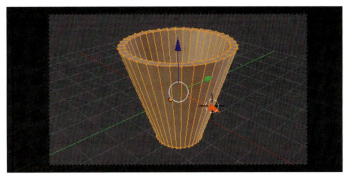

- Geben Sie die im Screenshot angezeigten Werte ein.

- Rendern Sie zum Schluss mit Menü *Render > Render Image*.
- Speichern Sie das gerenderte Bild unter Menü *Image > Save As*.

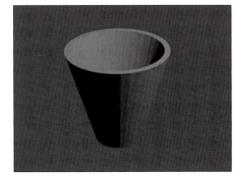

367

Sie haben jetzt mit den Edges die einfachste Linienart kennengelernt. Um auch mit Rundungen arbeiten zu können, müssen Sie entweder die Edges in eine der anderen Linienarten konvertieren oder direkt unter Menü *Add > Curve* eine Bézierkurve, eine NURBS-Kurve oder einen Pfad hinzufügen.

Wie wir gesehen haben, können Sie einzelne Edges zu Polygonen zusammenfügen, die wiederum in der Gesamtheit ein 3D-Objekt wie unseren Becher bilden. Da es sehr mühsam wäre, jeden Körper aus Polygonen jeweils zu konstruieren, bieten alle 3D-Grafikprogramme verschiedene geometrische Grundkörper an. In Blender sind es 10 verschiedene Polygongrundobjekte.

Polygongrundobjekte in Blender

6.3.5.5 Drahtgittermodell (Mesh)

Durch das Aneinanderfügen von Flächen bildet sich der Körper. Die Darstellung, bei der man nur die Punkte, Kanten und Flächen der Polygone sieht, nennt man Drahtgittermodell, englisch mesh oder wireframe.

In Blender können Sie hinsichtlich Art der Ansicht Ihrer Objekte im 3D View-Fenster zwischen verschiedenen Optionen wählen.

Kurven im Edit-Mode von Blender

oben: Bézierkurve
mitte: Nurbskurve
unten: Pfad

Das Fischgrätmuster zeigt die Richtung der Kurve an.

Neue Segmente fügen Sie am mit der echten Maustaste ausgewählten Punkt durch Menü *Curve > Extrude* hinzu. Die Bearbeitung der Kurve ist analog zur Bearbeitung in einem 2D-Grafikprogramm.

6.3.5.4 Fläche (Polygon, Face)

Polygon [gr.-nlat.]:
Vieleck

Face [engl.]:
Fläche, Oberfläche, Gesicht

Mesh [engl.]:
Netz

Verbinden wir mindestens drei Punkte durch Linien miteinander, dann erhalten wir eine Fläche, ein so genanntes Polygon. Polygone bilden die einfachsten Grundelemente im 3D-Grafikprogramm.

Ansichtsoptionen im 3D View-Fenster

368

Grafikerstellung

6.3.5.6 Non-Uniform Rational B-Splines (NURBS)

Objekte, die mit NURBS modelliert sind, bestehen nicht nur aus Flächen mit geraden Kanten wie die Mesh-Objekte. Die Form der NURBS-Objekte wird, wie schon der Name sagt, durch mathematisch definierte Kurven bestimmt. Die Form der Kurven ist über Kontrollpunkte gesteuert und damit modifizierbar.

NURBS-Objekte in Blender

6.3.5.7 3D-Grafik mit Polygongrundobjekten

Szene
Mit unserem Becher soll eine einfache räumliche Szene mit einer Fläche als Boden und zwei Flächen als Wände erstellt werden. Außerdem soll noch eine schwebende Kugel die Szene ergänzen.

Making of ...
- Klicken Sie mit der linken Maustaste in die Szene. Zentrieren Sie dann den 3D-Cursor mit „Shift + S".
- Fügen Sie der Szene mit Menü *Add > Mesh > Cube* einen Würfel hinzu.
- Stellen Sie als Wert für die Breite, Höhe und Tiefe jeweils 10 Blendereinheiten ein.
- Wählen Sie im Header des 3D View-Fensters die Flächenauswahl.

- Wählen Sie die obere und die beiden vorderen Flächen mit der rechten Maustaste aus und löschen Sie die drei Flächen.
- Achten Sie darauf, dass der Becher auf der unteren Fläche steht. Korrigieren Sie ggf. den z-Wert.
- Fügen Sie der Szene noch die schwebende Kugel hinzu. Positionieren Sie die Kugel frei.
- Betrachten Sie die Szene durch die Kamera (Taste „0").

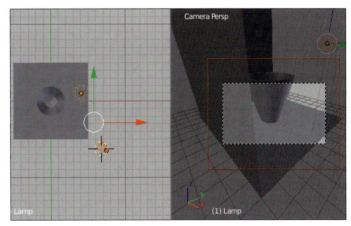

- Korrigieren Sie die Positionen der Kamera und der Lichtquelle. Wählen Sie die Objekte jeweils mit der rechten Maustaste aus, drücken Sie die Taste „G" und verschieben Sie die Kamera und Lichtquelle. Mit der Taste „R" können Sie die Objekte drehen. Beenden Sie die Transformation jeweils durch Klicken mit der linken Maustaste.

6.3.5.8 Material

Unsere Szene ist bisher grau in grau, so wie die Oberflächen von Blender, analog zu anderen 3D-Grafikprogrammen, im „Solid"-Modus als Standard dargestellt werden.

Farbe

Farbe wird in allen Vektorgrafikprogrammen einem Objekt als Eigenschaft zugewiesen. In Blender ist die Farbe ein Teil des sehr mächtigen Material-Dialogs, in dem Sie neben der Farbe auch die Einstellungen für Texturen, Schatten, Transparenz und Spiegelung treffen können.

Bei der Einstellung der Farbe wird grundsätzlich unterschieden zwischen:
- *Diffuse*
  Mit Diffuse wird eine allgemeine diffuse Grundfärbung des Objekts definiert.
- *Specular*
  Specular legt die Färbung der Glanzlichter fest, belassen Sie die Grundeinstellung üblicherweise bei weiß.

Making of ...
- Wählen Sie das einzufärbende Objekt mit der rechten Maustaste aus.
- Schalten Sie auf den Material-Dialog.
- Generieren Sie ein neues Material durch Klicken auf das Plus-Symbol.
- Benennen Sie das Material.
- Klicken Sie auf das Farbfeld der Option *Diffuse* und stellen Sie die gewünschte Farbe ein.
- In der 3D-View sehen Sie sofort das Ergebnis Ihrer Farbeinstellung. Natürlich können Sie eine definierte Farbe verschiedenen Objekten parallel zuweisen.

Textur

Texturen sind Bitmaps, die auf die Oberfläche eines Objekts gemapt werden. Dies können von Blender generierte Texturen wie z.B. Wolken sein, aber auch Fotografien oder Filme. Die Verwendung eines Films als Textur ermöglicht es, auf einem Monitor in der Szene unabhängig von der Animation einen Film abzuspielen.

6.3.5.9 Kamera

Die Position Ihrer Kamera haben Sie nach dem Einfügen des Bodens und der beiden Wände in die Szene verändert. Aber natürlich lassen sich neben der

370

Grafikerstellung

Position verschiedene weitere Parameter einstellen:
- *Bildausschnitt*
  Der Bildausschnitt lässt sich in Blender frei wählen, indem Sie in der Kameraansicht (Taste „0") mit der rechten Maustaste den äußeren Rahmen anwählen und dann den Ausschnitt skalieren, rotieren oder einfach verschieben.
- *Brennweite*
  Die Brennweite stellen Sie in Blender im Eigenschaftenfenster ein. Die Standardeinstellung ist eine Brennweite von 35 mm.
- *Animation*
  Zur Umsetzung einer Kamarafahrt können Sie die Kamera mit einem Pfad verlinken. In unserem Beispiel soll es eine 360°-Fahrt um unseren Becher sein.

Making of ...
- Positionieren Sie einen Kreis mit Menü *Add > Curve > Circle* um das Objekt. In der Ansicht von oben gelingt dies am besten.
- Modifizieren Sie anschließend noch die Position des Kreises in Höhe und Neigung.

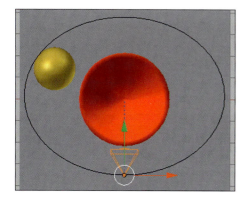

- Wählen Sie nun die Kamera mit der rechten Maustaste aus und gehen Sie dann in das *Objects Constraints*-Fenster.
- Mit der Option *Follow Path* verketten Sie in unserem Beispiel den Kreis.
- Richten Sie den Blick der Kamera auf das Objekt. Wählen Sie dazu in einem neuen *Object Constraints* die Option *TrackTo*. Damit bleibt die Kamera automatisch während der Fahrt auf das als Target gewählte Objekt ausgerichtet.

6.3.5.10 Licht und Schatten

Ohne Licht sehen Sie auch in der virtuellen Welt nichts. Deshalb ist in jedem 3D-Grafikprogramm außer der Kamera eine Lichtquelle Teil der Standardszene.

Aber natürlich können Sie auch in Blender mehrere Lichtquellen mit unterschiedlichen beleuchtungstechnischen

Band II – Seite 183
3.1.4 Lichttechnik

Eigenschaften in eine Szene einbringen. Wir unterscheiden fünf verschiedene Lichtarten, die jeweils noch spezifisch geregelt werden können.

- *Point*
  Das Punktlicht ist die Standardlichtart in Blender. Es strahlt nach allen Richtungen von der Lichtquelle ab. Sie können neben der Position der Lichtquelle auch deren Intensität, Lichtfarbe und Art der Lichtabnahme einstellen.
- *Sun*
  Das Sonnenlicht sendet parallele Lichtstrahlen. Die Entfernung der Lichtquelle ist für die Beleuchtung nicht von Bedeutung. Den Stand der Sonne können Sie durch die Positionierung und Rotation der Lichtquelle festlegen.
- *Spot*
  Der Spot ist ein Scheinwerfer mit regelbarer Leuchtweite, Form und Schärfe des Lichtflecks.
- *Hemi*
  Diese Lichtart entspricht dem Sonnenlicht, wirft aber keinen Schatten.
- *Area*
  Das Flächenlicht dient zur Simulation von Fenstern oder dem Leuchten von Monitoren.

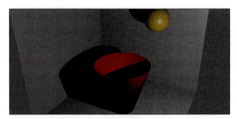
Lichtart: Point

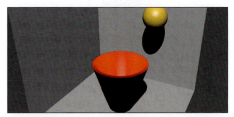
Lichtart: Sun

Lichtart: Spot

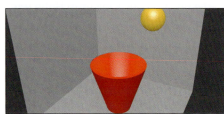
Lichtart: Hemi

Lichtart: Area

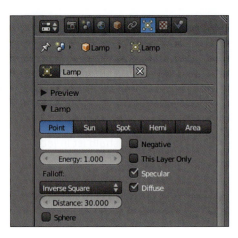

372

Grafikerstellung

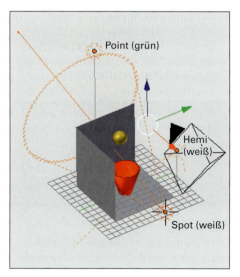

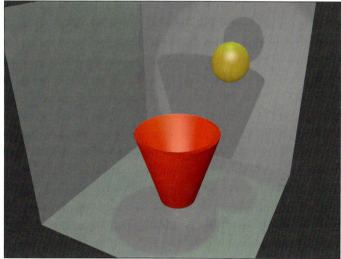

Beleuchtung mit Hemi-, Point- und Spot-Licht

Kein Schatten ohne Licht
In den 3D-Grafikprogrammen werden die Schatten, die die einzelnen Lichtarten werfen, mit unterschiedlichen Algorithmen berechnet. Gemeinsam ist allen Programmen die Einstellung von:
- Lichtfarbe
- Schattenfarbe
- Leuchtweite/Lichtintensität
- Schärfe der Schattenbegrenzung

6.3.5.11 Transparenz und Spiegelung

Die Berechnung und Darstellung von Transparenzen und Spiegelungen sind sehr komplexe Prozesse. Es müssen meist mehrere Objekte im Zusammenwirken einschließlich ihrer Schatten berechnet werden.

Transparenz
Blender bietet drei Arten der Berechnung von Transparenz.
- *Alpha-Transparenz*
  Sie entspricht in ihrer Wirkung der Alpha-Transparenz, die Ihnen aus der Bildverarbeitung bekannt ist.
- *z-Transparenz*
  Die z-Transparenz entspricht der Berechnung von Transparenzen in 2D-Grafikprogrammen.
- *Raytrace-Transparenz*
  Erzeugt in der Darstellung ein „echtes" transparentes Objekt.

Making of ...
- Wählen Sie mit der rechten Maustaste das Objekt aus.

373

- Gehen Sie auf die Materialeinstellungen und dort auf den Dialog *Transparency*.

- Zum Schluss müssen Sie noch die Oberflächeneigenschaften des Objekts, auf das der transparente Schatten fällt, einstellen. In unserem Beispiel ist dies der Raum.

- Nehmen Sie die Einstellung *Diffuse* etwas zurück, da transparente Objekte natürlich eine geringere diffuse Reflektion haben.

Spiegelung
Die Spiegelung ist bei allen Objekten mit einer glatten Oberfläche eine wichtige Oberflächeneigenschaft.

Making of ...
- Wählen Sie mit der rechten Maustaste das Objekt aus.
- Gehen Sie auf die Materialeinstellungen und dort auf den Dialog *Mirror*.
- Stellen Sie die passenden Werte ein. Mit *Reflectivity* bestimmen Sie die Stärke, *Depth* gibt an, wie oft sich ein Objekt widerspiegelt, und mit *Gloss* können Sie die Oberfläche glänzender oder matter gestalten. *Fresnel* definiert den Winkel des Betrachters und damit den geometrischen Wirkbereich. Sie müssen das Bild immer wieder rendern, um zum für Sie optimalen Ergebnis zu kommen.

Gerendertes Bild mit Tranparenzen und Spiegelungen

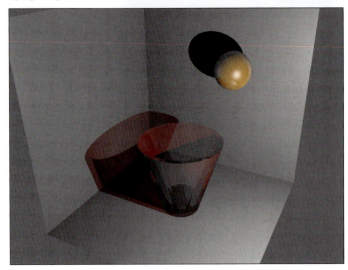

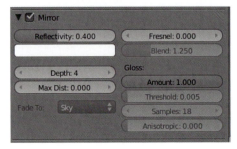

6.3.6   Aufgaben

Grafikerstellung

1 Fotografie und Grafik unterscheiden

Erläutern Sie den Unterschied zwischen einer Fotografie und einer Grafik.

2 Kriterien zur Einteilung von Grafiken kennen

Nennen Sie verschiedene Kriterien, nach denen Grafiken eingeteilt werden können.

3 Technischen Aufbau von Pixelgrafiken kennen

Beschreiben Sie den grundsätzlichen technischen Aufbau einer Pixelgrafik.

4 Formel zur Berechnung der Dateigröße kennen

Wie lautet die Formel zur Berechnung der Dateigröße einer Pixelgrafik?

5 Formel zur Berechnung der geometrischen Bildauflösung kennen

Wie lautet die Formel zur Berechnung der geometrischen Bildauflösung einer Pixelgrafik?

6 Bildgröße und Auflösung von Vektorgrafiken verändern

Können wir die Bildgröße von Vektorgrafiken ohne Qualitätsverlust verändern?

7 Vektorgrafiken für das Internet speichern

In welchen Dateiformaten können Vektorgrafiken für das Internet gespeichert werden?

8 Code für SVG-Grafiken erstellen

In welcher Skriptsprache werden SVG-Grafiken erstellt?

9 Editor-Kamera und Szenen-Kamera unterscheiden

Wodurch unterscheiden sich in der 3D-Grafik Editor-Kamera und Szenen-Kamera?

10 Einstellungsparameter der Szenen-Kamera nennen

Nennen Sie vier Einstellungsparameter einer Szenenkamera.

11 Den Begriff Textur definieren

Was ist eine Textur?

12 Den Begriff Drahtgittermodell definieren

Was versteht man in der 3D-Grafik unter einem Drahtgittermodell?

6.4 Bild- und Grafikausgabe

6.4.1	Bilder und Grafiken für den Druck	378
6.4.2	Bilder für das Internet	393
6.4.3	Bildkomprimierung	397
6.4.4	Aufgaben	401

6.4.1 Bilder und Grafiken für den Druck

Band II – Seite 223
4.2 Color Management

6.4.1.1 Farbseparation

Unter Farbseparation versteht man die Umrechnung der digitalen Bilddaten aus einem gegebenen Farbraum, z.B. RGB, in den CMYK-Farbraum des Mehrfarbendrucks.

Der farbige Druck basiert auf der subtraktiven Körperfarbmischung. Die Skalengrundfarben sind somit die drei subtraktiven Grundfarben Cyan, Magenta und Gelb (Yellow). Da diese drei Farben, bedingt durch spektrale Mängel, im Zusammendruck kein neutrales Schwarz ergeben, muss Schwarz als vierte Prozessdruckfarbe eingesetzt werden.

Jede Farbe ist in einem Farbraum durch drei Koordinaten ausreichend definiert. Durch das Hinzukommen der vierten Farbe Schwarz ist der dreidimensionale Farbraum überbestimmt. Mit der Separation wird nun festgelegt, ob und mit welchem Anteil die Verschwärzlichung der Tertiärfarbe durch die Komplementärfarbe (Buntaufbau, UCR) oder durch Schwarz (Unbuntaufbau, GCR) erfolgt.

Buntaufbau – UCR, Under Color Removal

Bei der Farbtrennung werden schwarze Flächen im Bild in allen vier Farbauszügen mit Farbe belegt. Dies ergibt, bei 100% Flächendeckung pro Farbauszug, im Druck 400% Flächendeckung. Die maximale druckbare Flächendeckung liegt aber bei 280–320%. Deshalb werden die Buntfarben, die unter dem Schwarz liegen, reduziert.

Schwarz dient im Buntaufbau nur zur Kontrastverstärkung in den Tiefen und den neutralen dunklen Bildbereichen ab den Dreivierteltönen. Alle bunten Farbtöne des Bildes werden dreifarbig nur mit CMY ohne Schwarz aufgebaut.

Unbuntaufbau – GCR, Gray Component Replacement

Alle Farbtöne eines Bildes, die nicht nur aus zwei, sondern aus drei Grundfarben aufgebaut werden, enthalten einen Unbuntanteil. Dieser Unbuntanteil entspricht idealisiert dem Anteil der geringsten Buntfarbe in allen drei Buntfarbauszügen.

Der Unbuntanteil wird in den Buntfarbauszügen von der jeweiligen Positivdichte abgezogen und zum Schwarz-Auszug addiert. Alle Tertiärfarben bestehen deshalb beim maximalen Unbuntaufbau aus zwei Buntfarben und Schwarz.

Desktop Color Separations – DCS

Das DCS-Format (Desktop Color Separations) ist eine Version des Standard-EPS-Formats. Es ermöglicht das Speichern einer Farbseparation von CMYK- oder Mehrkanaldateien.

- Das DCS-1.0-Format erstellt für jeden der vier Farbkanäle eine Datei sowie als fünfte Datei eine Masterdatei. Die Masterdatei kann eine 72-ppi-Graustufen- oder eine Farbversion des Gesamtbildes enthalten. Sie entspricht dem Composite-Kanal.
- Das DCS-2.0-Format dient zum Exportieren von Bildern mit Volltonfarbkanälen.

Die Optionen werden beim Speichern als Format ausgewählt. Der Druck bzw. die Belichtung von DCS-Dateien setzt ein PostScript-Ausgabegerät voraus.

In-RIP-Separation

Bei der In-RIP-Separation wird die Bilddatei nicht im Bildverarbeitungsprogramm, sondern erst im Raster Image Processor (RIP) separiert. Die Separation erfolgt entweder durch UCR- bzw. GCR-Einstellungen in der RIP-Software oder über eingebettete ICC-Profile.

378

Bild- u. Grafikausgabe

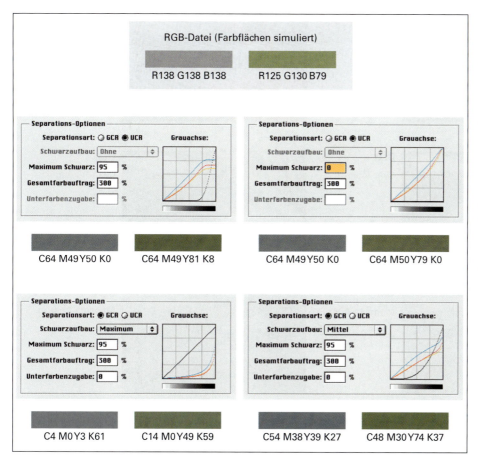

Separationsarten und -einstellungen

Die Farbflächen ergeben innerhalb der Druckprozesstoleranzen unabhängig von der Separationsart jeweils den gleichen Farbton.

Der Farbsatz auf der folgenden Doppelseite ist mit diesen Einstellungen separiert. Sie finden die Einstellungen in Photoshop unter Menü *Bearbeiten > Farbeinstellungen ... > Arbeitsfarbräume > CMYK > Eigenes CMYK ...*

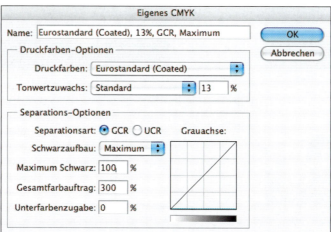

Eigenes CMYK ...

Mit dieser Separationseinstellung können Sie Screenshots separieren. Die grauen Flächen werden dann nur mit Schwarz aufgebaut. Sie vermeiden dadurch Farbstiche im Druck.

379

UCR
K 95%
CMYK Σ 300%

UCR
K 0%
CMYK Σ 300%

UCR
Cyan-Auszug

UCR
Cyan-Auszug

UCR
Magenta-Auszug

UCR
Magenta-Auszug

UCR
Gelb-Auszug

UCR
Gelb-Auszug

UCR
Schwarz-Auszug

UCR
Schwarz-Auszug enthält keine Bildanteile, da das Bild komplett bunt aus CMY aufgebaut ist.

Bild- u. Grafikausgabe

 **GCR**
K 95%
CMYK Σ 300%

 **GCR**
K 95%
CMYK Σ 300%

 **GCR**
Cyan-Auszug

 **GCR**
Cyan-Auszug

 **GCR**
Magenta-Auszug

 **GCR**
Magenta-Auszug

 **GCR**
Gelb-Auszug

 **GCR**
Gelb-Auszug

 **GCR**
Schwarz-Auszug

 **GCR**
Schwarz-Auszug

Zum Druck muss Ihr RGB-Bild separiert werden. Sie können die Farbseparation entweder der Software Ihres Druckers überlassen oder vorher im Bildverarbeitungsprogramm separieren. Die Separation vor dem Druck setzt natürlich voraus, dass Sie die Farbeinstellungen des Druckers kennen und das entsprechende Profil zur Separation eingestellt haben. Falls dies nicht der Fall ist, dann schicken Sie die RGB-Datei zum Druck und überlassen es der Druckersoftware, auf den Druckerfarbraum abgestimmt zu separieren.

Wenn die Datei nicht gedruckt, sondern in der Druckformherstellung belichtet wird, verhält es sich ähnlich. Separieren Sie nur, wenn der Fortdruckprozess bekannt ist. Ansonsten schicken Sie die mit einem Profil versehene RGB-Datei zum RIP, Raster Image Processor. Dort wird im In-RIP-Prozess mit dem gültigen Ausgabeprofil separiert.

Modus umwandeln über Menü
Die Separation erfolgt durch einfache Anwahl des CMYK-Modus im entsprechenden Programmmenü. In Photoshop unter Menü *Bild > Modus*. Die Moduswandlung wird dabei nach den Vorgaben, die Sie im Dialogfeld *Farbeinstellungen* getroffen haben, durchgeführt.

Modus umwandeln über Dialog
Bei dieser Option können Sie die Separationseinstellungen bzw. das Farbprofil direkt auswählen, ohne die allgemeinen Farbeinstellungen verändern zu müssen.

Unter *Zielfarbraum > Profil* können Sie zwischen allen Profilen, die auf Ihrem Computer geladen sind, wählen. Außerdem können Sie unter den Konvertierungsoptionen das Color Matching Modul und das Rendering Intent für Ihre Konvertierung einstellen.

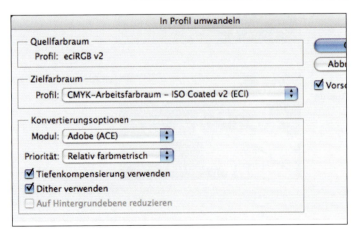

382

Bild- u. Grafikausgabe

6.4.1.2 Preflight-Check

Mit dem Preflight-Check sollen Fehler eines digitalen Dokuments bereits in einem möglichst frühen Produktionsstadium, d. h. vor der Ausgabe, festgestellt werden. Mögliche Fehler sind fehlende Bilder oder Schriften, falsche Bildauflösungen oder falsche Farbmodi. Einen Preflight-Check können Sie mit spezieller Software oder im PDF-Workflow z. B. direkt in Adobe Acrobat durchführen.

Mängel wie falscher Stand oder falsche Strichstärken können bei Preflight-Checks nicht erkannt werden.

6.4.1.3 Computer-to...

Der letzte Arbeitsschritt in der Bildverarbeitung ist die Ausgabe der digitalen Bilddaten zum Druck. Dies erfolgt je nach Art der Druckformherstellung bzw. Druckverfahren auf verschiedene Weise.

- *Computer-to-Film*
  Einzelseiten oder die digital ausgeschossene Form werden auf Film belichtet. Von diesen Filmen werden anschließend die Druckformen durch Kopie hergestellt. Dieses Verfahren hat heute nur noch geringe Bedeutung.
- *Computer-to-Plate*
  Die Druckform wird direkt aus dem Datenbestand mit den ausgeschossenen Bogendaten belichtet bzw. im Tiefdruck graviert.
- *Computer-to-Press*
  Die Seitendaten werden direkt in der Druckmaschine über einen immateriellen Druckbildspeicher eines Digitaldrucksystems, die Halbleitertrommel eines Laserdruckers oder den Ausgabespeicher bei Tintenstrahldruckern auf den Bedruckstoff übertragen. Da jeder Druck neu aufgebaut wird, sind mit diesen Verfahren z. B. personalisierte Drucke möglich.

6.4.1.4 RIP – Raster Image Processor

Die Berechnung der Steuerungsdaten des Bilddatenausgabesystems, Belichter oder Drucker, erfolgt im Raster Image Processor (RIP). Beim Hardware-RIP ist die Rechnerarchitektur auf die RIP-Software hin optimiert; Software-RIP sind spezielle Computerprogramme, die auf Standardhardware, PC oder Mac, laufen.

Im RIP werden keine fertig gerasterten, auf einen bestimmten Ausgabeprozess festgelegten Daten erzeugt. Stattdessen verwenden die Systeme ein Zwischenformat, in dem zwar schon alle Seitenelemente in Pixel zerlegt sind, aber in Pixel höherer Ordnung. Dabei bleiben alle Halbtöne zunächst als Halbtöne bestehen. Ein Grau wird weiterhin als Grau definiert und nicht durch die ihm entsprechende Anzahl Dots in der Rasterzelle. Zusätzlich zu dieser Halbtonebene (CT, continuous tone) enthalten die gerippten Seiten eine Ebene, auf der sich alle Vektorelemente befinden. Diese zweite Ebene (LW, linework) hat eine wesentlich höhere Auflösung.

Die eigentliche Rasterung findet erst unmittelbar vor der Belichtung statt.

Band II – Seite 425
7.2 PDF-Bearbeitung

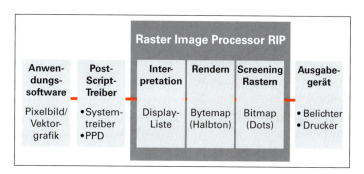

383

6.4.1.5 Überfüllen – Trapping

In der Druckvorstufe wird mit dem Begriff Trapping die Überfüllung von Farbflächen für den Fortdruck beschrieben. Im Druck dagegen steht Trapping für das unterschiedliche Farbannahmeverhalten von Drucken. Dies kann in der fachlichen Kommunikation zu Missverständnissen führen.

Prinzip des Trappings
Die Prozessfarben eines Bildes werden in den konventionellen Druckverfahren, wie Offset- oder Tiefdruck, von einzelnen Druckformen nacheinander auf den Bedruckstoff übertragen. Schon geringe Passerdifferenzen führen dazu, dass zwischen den farbigen Flächen der Bedruckstoff zu sehen ist. Nebeneinanderliegende Farbflächen müssen deshalb über- bzw. unterfüllt sein, damit diese so genannten Blitzer nicht entstehen.
- *Überfüllung*
  Objekt überlappt Hintergrund.
- *Unterfüllung*
  Hintergrund überlappt Objekt.

Überfüllungs-/Unterfüllungsregeln
- Alle Farben werden unter Schwarz überfüllt.
- Gelb wird unter Cyan, Magenta und Schwarz überfüllt.
- Hellere Farben werden unter dunklere Farben überfüllt.
- Reines Cyan und reines Magenta werden zu gleichen Teilen überfüllt.
- Um zu vermeiden, dass die Überfüllungslinie durchscheint, kann der Tonwert der Überfüllungsfarbe, z. B. Gelb, geändert werden.
- Grafik ist vor dem Überfüllen auf ihre endgültige Größe zu skalieren.
- Bei der Überfüllung von Text steht die Lesbarkeit im Vordergrund. Alternativ: Überdrucken des Hintergrunds.

Überfüllungen können mit speziellen Überfüllungsprogrammen wie TrapWise oder in den jeweiligen Grafik- und Layoutprogrammen angelegt werden.

In-RIP-Trapping
Oft ist es bei gelieferten Daten nicht eindeutig nachvollziehbar, ob und in welcher Art überfüllt wurde. Die Software des In-RIP-Trappings ignoriert deshalb die Trappingeinstellungen in den Bild-, Grafik- und Layoutdateien und berechnet entsprechend den Einstellungen im RIP eine einheitliche Über- bzw. Unterfüllung der Flächen.

Die Größe der überfüllten Bereiche ist vom jeweiligen Druckprozess abhängig. So ist z. B. im Flexodruck die benötigte Überfüllung höher als im Bogenoffsetdruck.

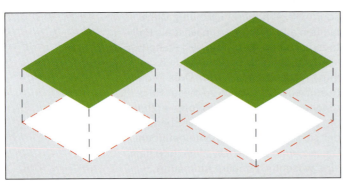

Ohne Überfüllung und mit Überfüllung

Überfüllung
Die hellere graue Fläche überlappt den dunkleren grünen Hintergrund.

Unterfüllung
Der hellere graue Hintergrund überlappt die dunklere grüne Fläche.

Bild- u. Grafikausgabe

6.4.1.6 R.O.O.M. – Rip once, output many

Beim R.O.O.M.-Workflow-Konzept wird im RIP ein Datenformat erzeugt, das grundsätzlich systemunabhängig ist. Damit ist es möglich, einmal gerippte Dateien ohne erneuten RIP-Vorgang direkt zu proofen oder auf verschiedenen Belichtern auszugeben.

6.4.1.7 OPI – Open Prepress Interface

Das Layoutprogramm, z. B. QuarkXPress und InDesign, fügt statt der hochaufgelösten Bilddaten (Feindaten) lediglich niedrigaufgelöste Platzhalterbilder (Grobdaten) mit Pfadangaben in die Layoutdatei zum Seitenaufbau ein. Die Pfadkommentare beschreiben, wo sich auf dem Speichermedium die Feindaten befinden, an welcher Position und mit welcher Größe sie zu platzieren sind, ob sie gedreht oder beschnitten werden. Der OPI-Server wertet die Kommentare aus und bindet die Bilddaten bei der Ausgabe den Vorgaben gemäß ein. Der Vorteil diese Systems ist, dass Sie nur mit kleinen Bilddatenmengen im Layout arbeiten.

6.4.1.8 Rasterung im Druck

Der Druck von Tonwerten, d. h. von Helligkeitsstufen, ist nur durch die Rasterung möglich. Die Bildinformation wird dabei einzelnen Flächenelementen, den Rasterpunkten, zugeordnet. Form und Größe dieser Elemente sind verfahrensabhängig verschieden. Grundsätzlich liegt die Rasterteilung immer unterhalb des Auflösungsvermögens des menschlichen Auges. Sie können dadurch die einzelnen Rasterelemente nicht sehen, sondern das von der bedruckten Fläche zurückgestrahlte Licht. Dieses mischt sich im Auge zu so genannten unechten Halbtönen.

6.4.1.9 Amplitudenmodulierte Rasterung – AM

Die amplitudenmodulierte, autotypische Rasterung ist das klassische Rasterungsverfahren im Druck. Alle AM-Rasterungen sind durch die folgenden drei Merkmale gekennzeichnet:
- Die Mittelpunkte der Rasterelemente sind immer gleichabständig. Damit ist die Frequenz über die Fläche hinweg immer gleich.
- Die Fläche der Rasterelemente variiert je nach Tonwert. Sie entspricht der Amplitude einer gleichförmigen Schwingung.
- Die Farbschichtdicke ist grundsätzlich in allen Tonwerten gleich. Schwankungen sind druckverfahrensspezifisch natürlich möglich. Sie sind aber kein Mittel zur Tonwertsteuerung. In den gravierten halbautotypischen Tiefdruckformen dagegen variiert die Fläche und die Näpfchentiefe und damit die gedruckte Farbschichtdicke. In den hellen Tönen ist sie dünn, in den dunklen Tönen entsprechend dicker.

Moiré
Die falsche Rasterwinkelung führt im amplitudenmoduliert gerasterten Mehrfarbendruck zu einem Moiré. Mit Moiré bezeichnet man das störende Muster, das durch die Überlagerung der regelmäßigen Rasterstruktur der einzelnen Farbauszüge entsteht. Sie können ein Moiré durch die Wahl der richtigen Rasterwinkelung nach DIN ISO 12647-2 oder entsprechend den Vorgaben der Belichterhersteller verhindern.

OPI-Druckdialog

Rastertonwert

Anteil der bedruckten Fläche in Prozent

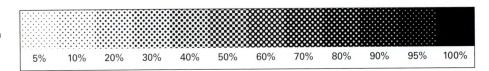

Rasterweite

Anzahl der Rasterelemente pro Streckeneinheit:
- Linien pro cm (L/cm)
- lines per inch (lpi)

Niedrige Rasterweite

Hoher Kontrast, geringe Informationsdichte

Hohe Rasterweite

Geringer Kontrast, hohe Informationsdichte

Rasterpunktform

Form der Rasterelemente, z. B. Punkt oder Ellipse

Punktförmiger Rasterpunkt

Elliptischer Rasterpunkt

Rasterwinkelung

Lage der Rasterelemente zur Bildachse

Rasterwinkelung 0°

Rasterstruktur optisch sehr auffällig

Rasterwinkelung 45°

Rasterstruktur optisch unauffällig

Bild- u. Grafikausgabe

Rasterwinkelung bei mehrfarbigen Bildern nach DIN ISO 12647-2:

- Bei Rastern mit Hauptachse muss die Winkeldifferenz zwischen Cyan, Magenta und Schwarz 60° betragen. Gelb muss einen Abstand von 15 ° zur nächsten Farbe haben. Die Winkelung der zeichnenden, dominanten Farbe sollte 45° oder 135° betragen, z.B. C 75°, M 45°, Y 0°, K 15°.
- Raster ohne Hauptachse sollen einen Winkelabstand von 30° bzw. 15° für Gelb haben.

4c-Druck mit korrekter Rasterwinkelung
Cyan 75°, Magenta 45°, Gelb 0°, Schwarz 15°

4c-Druck mit falscher Rasterwinkelung
Cyan 5°, Magenta 10°, Gelb 15°, Schwarz 20°

Rasterpunktbildung

Der einzelne Rasterpunkt entsteht bei der Belichtung innerhalb einer Rasterzelle, auch Basis- oder Rasterquadrat genannt. Die Größe einer Rasterzelle wird durch das Verhältnis der Belichter- bzw. Druckerauflösung zur Rasterweite bestimmt. Abhängig vom Tonwert der Pixel werden unterschiedlich viele Dots in der Rasterzelle angesteuert. Dazu ist es notwendig, dass linear für jeden Rasterpunkt unabhängige Information zur Verfügung steht. Das Verhältnis Pixel : Rasterpunkt muss deshalb, wie in der Zeichnung dargestellt, bei einer Rasterwinkelung von 45° wenigstens $\sqrt{2} : 1$ betragen. Zur einfacheren Berechnung und um Spielraum für z. B. layoutbedingte nachträgliche Bildgrößenänderungen zu haben, wird allgemein das Verhältnis 2 : 1 angewandt. Die Bildauflösung ist also doppelt so hoch wie die später zu belichtende Rasterweite. Dieser Faktor heißt Qualitätsfaktor.

Halbtonbildauflösung π

Bildauflösung = Rasterweite x Qualitätsfaktor

(Der Qualitätsfaktor ist im Allgemeinen 2)

In der Rasterkonfiguration der RIP-Software ist die Reihenfolge festgelegt, in der die einzelnen Dots nacheinander belichtet werden. Die Liste wird bei der Rasterberechnung im Raster Image Processor (RIP) erstellt. Dabei werden, neben der Punktgröße (Rastertonwert), auch die Rasterwinkelung, die Rasterweite und die Rasterpunktform berechnet.

Anzahl der Tonwerte

Die Anzahl der möglichen Tonwerte im Druck entspricht der Anzahl der möglichen Rasterpunktgrößen. Diese ist von der Anzahl der Dots pro Rasterzelle abhängig. Wie viele Dots insgesamt zur Verfügung stehen, wird durch die Anzahl der Belichterlinien, die ein Belichter maximal belichten kann, bestimmt.

Berechnung der Tonwerte einer Rasterkonfiguration:

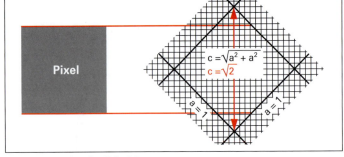

Bestimmung des Qualitätsfaktors

Maximale Anzahl an Tonwerten π

Tonwerte = Belichterlinien je Rasterzelle² + 1

(1 steht für unbedrucktes, weißes Papier)

Die tatsächliche Anzahl der Tonwerte wird durch den kleinsten druckbaren Rasterpunkt bestimmt.

Anzahl der Tonwerte (5% bis 95%)

1% = 256 Dots/100% = 2,56 Dots
5% = 2,56 Dots x 5 = 12,8 ≈ 13 Dots
256 – 26 = **230 Tonwerte**

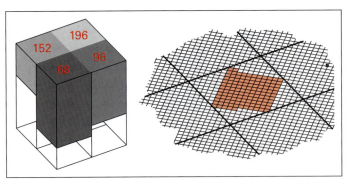

Bestimmung der Rasterpunktgröße

Bild- u. Grafikausgabe

Rationale Rasterung – Superzellen
Durch die rationalen Gesetzmäßigkeiten der PostScript-Rasterung ist die Positionierung einer Rasterzellenecke nur auf die Ecke eines Dots möglich. Der Tangens des Rasterwinkels muss ein ganzzahliges Verhältnis haben:
tan α = a/b.

Um eine möglichst optimale Annäherung an die Rasterwinkel von 15° und 75° zu erreichen, werden sehr große Zellen, sog. Superzellen, gebildet, die wiederum in einzelne Subzellen (Rasterzellen) unterteilt werden. Die Superzellen entsprechen den Anforderungen der rationalen Rasterung: ganzzahliger Tangens des Rasterwinkels. Die Subzellen liegen mit ihren Mittelpunkten auf dem statistischen Mittel der Rasterwinkelung.

Die Größe eines Dots ergibt sich aus der Belichter- bzw. Druckerauflösung.

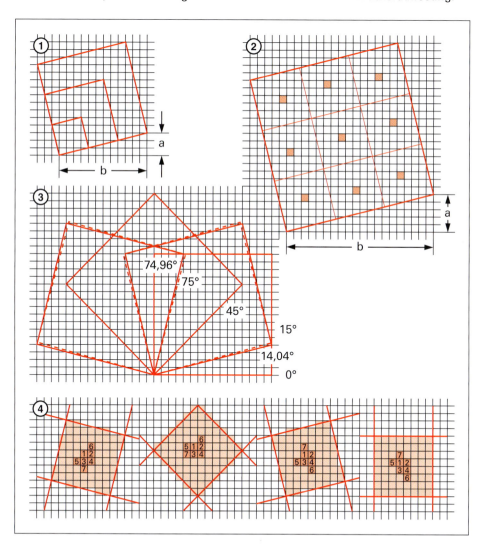

Rationale Rasterung

1. Rasterweite: Bei gegebener Rasterwinkelung sind nur bestimmte Rasterweiten möglich.

2. Superzelle: hier mit neun Subzellen (Rasterzellen)

3. Rasterwinkelung: 14,04° statt 15° und 75,96° statt 75°, da das rationale Verhältnis eingehalten werden muss.

4. Punktaufbau für unterschiedliche Rasterwinkelungen. Die Ziffern in den Dots bezeichnen die Reihenfolge der Belichtung.

389

Irrationale Rasterung
Die irrationale Rasterung hat durch steigende Rechenleistung und verbesserte Algorithmen ihren Marktanteil in der digitalen Druckvorstufe neben der rationalen Rasterung gefunden. Merkmal der irrationalen Rasterung ist die exakte Winkelung der Farbauszüge auf die irrationalen Winkel 15° und 75°. Die exakten Winkel werden dadurch erreicht, dass die Belegung der Dots jeder einzelnen Rasterzelle nach den Vorgaben einer speziellen Schwellwert-Matrix berechnet werden. Somit ist die Form, Größe und Position des Rasterpunkts in der Rasterzelle jeweils individuell unterschiedlich und richtet sich exakt an der Winkelachse aus.

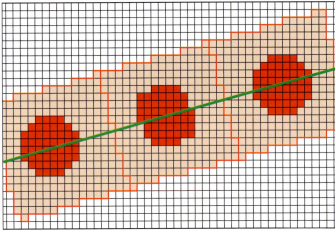

Irrationale Rasterung
Unregelmäßige Formen und Folgen der Rasterzellen ermöglichen die exakte Winkelung von 15°.

6.4.1.10 Frequenzmodulierte Rasterung – FM

Die frequenzmodulierte Rasterung stellt unterschiedliche Tonwerte ebenfalls durch die Flächendeckung dar. Es wird dabei aber nicht die Größe eines Rasterpunktes variiert, sondern die Zahl der Rasterpunkte, also die Frequenz der Punkte (Dots) im Basisquadrat.

Beim FM-Raster ist keine allgemein gültige Auflösung der Bilddatei vorgegeben. Die Angaben schwanken bei den verschiedenen Anbietern der Rasterkonfigurationen von Qualitätsfaktor $QF = 1$ bis $QF = 2$.

Die Verteilung der Dots erfolgt nach softwarespezifischen Algorithmen. Dabei müssen bestimmte Regeln beachtet werden:
- Keine regelmäßig wiederkehrenden Strukturen
- Gleichmäßige Verteilung in glatten Flächen
- Unterscheidung der einzelnen Druckfarben

Durch die Frequenzmodulation werden die typischen Rosetten des amplitudenmodulierten Farbdrucks und Moirés durch falsche Rasterwinkelungen und Bildstrukturen vermieden. Das durch Überlagerung von Vorlagenstrukturen und der Abtastfrequenz des Scanners oder der CCD-Matrix Ihrer Digitalkamera entstehende Moiré kann allerdings auch durch FM-Raster nicht verhindert werden. Dieses Moiré können Sie nur vermeiden, indem Sie die Bildauflösung verändern.

Rastergenerationen
Die frequenzmodulierte Rasterung wurde Anfang der 1980er Jahre an der Technischen Hochschule Darmstadt entwickelt. Aufgrund der damaligen geringen Computerleistung und dementsprechend langen Rechenzeiten fand die FM-Rasterung erst 10 Jahre später den Weg in die Praxis. Die Rasterelemente wurden in der 1. Generation der FM-Rasterkonfigurationen zufällig in den Rasterbasisquadraten angeordnet. Wiederholende Strukturen waren weitestgehend ausgeschlossen. Die rein zufällige Verteilung der Dots führt vor allem in den Mitteltönen zu

Bild- u. Grafikausgabe

unruhigen Verläufen. Die 2. Generation der frequenzmodulierten Raster verhindert diese Unruhe im Bild durch wurmartige Gruppenbildungen in den Mitteltönen. Ein zweiter Vorteil dieser Gruppenbildung ist der geringere Anteil einzelner Dots und kleiner Gruppen von Dots in der Fläche und dadurch eine geringere Tonwertzunahme als bei FM-Rastern der 1. Generation. Mit

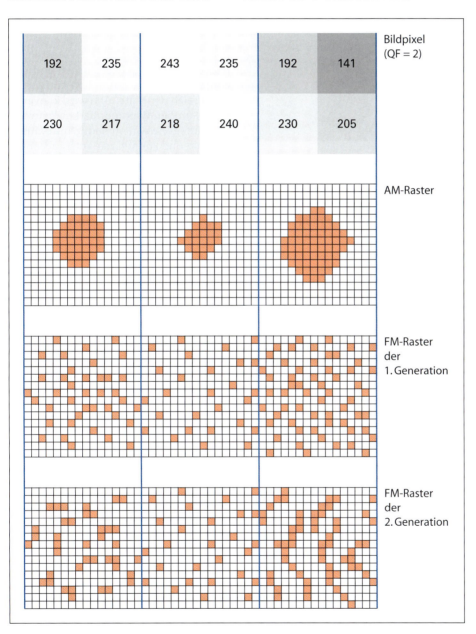

Rasterung
Die mittlere Helligkeit von jeweils vier Pixel bestimmt die Anzahl der belichteten Dots im Rasterbasisquadrat (QF = 2).

391

Frequenzmoduliert gerastertes Bild

den frequenzmodulierten Rastern der 2. Generation lassen sich kontrastreiche fotorealistische Drucke herstellen.

6.4.1.11 Hybridrasterung – XM

Die Hybridrasterung vereinigt die Prinzipien der amplitudenmodulierten Rasterung mit denen der frequenzmodulierten Rasterung.

Grundlage der Hybridrasterung ist die konventionelle amplitudenmodulierte Rasterung. In den Lichtern und in den Tiefen des Druckbildes wechselt das Verfahren dann zur frequenzmodulierten Rasterung. Jeder Druckprozess hat eine minimale Punktgröße, die noch stabil gedruckt werden kann. Diese Punktgröße, die in den Lichtern noch druckt und in den Tiefen noch offen bleibt, ist die Grenzgröße für AM und FM. Um hellere Tonwerte drucken zu können, wird dieser kleinste Punkt nicht noch weiter verkleinert, sondern die Zahl der Rasterpunkte wird verringert. Dadurch verkleinert sich der Anteil der bedruckten Fläche, die Lichter werden heller. In den Tiefen des Bildes wird dieses Prinzip umgekehrt. Es werden also offene Punkte geschlossen und somit ein höherer Prozentwert erreicht. Im Bereich der Mitteltöne wird konventionell amplitudenmoduliert gerastert. Die Mitteltöne wirken dadurch weniger unruhig und können mit entsprechend feiner Rasterweite reproduziert werden.

Die Rasterweite im amplitudenmodulierten Bereich und die minimale Punktgröße lassen sich bezogen auf einen bestimmten Druckprozess in der Rasterkonfiguration einstellen.

6.4.1.12 Effektraster

Durch die Wahl der Art der Rasterelemente, z. B. Linien- oder Kornraster, können Sie zusätzlich zur Tonwertdarstellung noch eine bestimmte grafische Bildwirkung erzielen. Verschiedene Softwarehersteller bieten dazu Rastertechnologien an. Sie können aber auch in Ihrer Bildverarbeitungssoftware interessante Rastereffekte selbst erzeugen.

XM-Rasterung
In den hellen Bildstellen wird die Anzahl der Rasterelemente verringert.

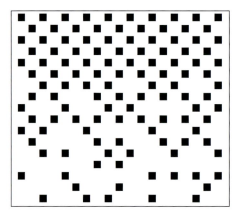

Mit einem Effektraster gerastertes Bild

392

6.4.2 Bilder für das Internet

Bild- u. Grafikausgabe

6.4.2.1 Bildgröße

Digitalmedien werden über den Monitor oder einen Beamer ausgegeben. Im Gegensatz zur Ausgabe von Bildern im Druck, für die die Pixel immer in Rasterelemente konvertiert werden, erfolgt hier für die Ausgabe der digitalen Bilder eine 1 : 1-Umsetzung der Bildpixel in die Monitor- bzw. Beamerpixel. Die geometrische Bildgröße wird deshalb in Digitalmedien durch die Anzahl der Pixel in der Breite und in der Höhe festgelegt und nicht durch die Auflösung in Pixel pro Streckeneinheit. Da das Verhältnis Bildpixel zu Bildschirmpunkten von der gewählten Monitorauflösung abhängt, variiert die tatsächliche Darstellungsgröße eines Bildes.

6.4.2.2 Dateiformate

Während der Bildverarbeitung empfiehlt es sich, jeweils mit dem proprietären Dateiformat, z. B. *.psd, zu arbeiten. Nach Abschluss der Bearbeitung können Sie dann beim Speichern zwischen den verschiedenen Dateiformaten wählen. Welches Dateiformat Sie nehmen, hängt wesentlich von der Zielapplikation ab. Für die Veröffentlichung im Internet stehen nur die drei Dateiformate GIF, JPEG und PNG zur Verfügung, da nur diese drei Dateiformate von den Browsern unterstützt werden.

GIF – Graphic Interchange Format
* Indizierte Farbtabelle mit maximal 8 Bit = 256 Farben
* Farbtabellen mit weniger Farben sind möglich
* Gut geeignet für flächige Grafiken
* Schlecht geeignet für Bilder
* Transparenzeinstellung für eine Farbe möglich

* Keine Alphakanäle
* Interlaced
* Animation möglich
* Verlustfreie Komprimierung

JPEG – Joint Photographic Experts Group
* True Color, 24 Bit RGB und 32 Bit CMYK
* ICC-Farbprofile
* Gut geeignet für Bilder
* Nicht geeignet für flächige Grafiken
* Keine Transparenz
* Keine Alphakanäle
* Interlaced
* Keine Animation möglich
* Verlustbehaftete Komprimierung

PNG
* True Color, 24 Bit RGB oder
* Indizierte Farbtabelle mit maximal 8 Bit = 256 Farben
* Gut geeignet für Bilder
* Gut geeignet für flächige Grafiken
* Transparenzeinstellungen für mehrere Farben möglich
* Alphakanäle
* Interlaced
* Keine Animation möglich
* Verlustfreie Komprimierung

Wenn Sie Ihr Bild in Präsentationsprogramme wie PowerPoint oder in Programme wie Director oder Flash exportieren, dann sind weitere Dateiformate möglich wie z. B. BMP, SWF oder TIFF. Die Spezifikationen der einzelnen Dateiformate sind in Kapitel 1.3 *Dateiformate* näher beschrieben.

6.4.2.3 Dateigröße

Ziel der Speicherung von Bildern für das Internet ist eine möglichst optimale Anzeigequalität auf dem Bildschirm bei

Band II – Seite 27
1.3 Dateiformate

Proprietär (lat.): Eigentümer

Mit *proprietär* wird ein programmeigenes Dateiformat bezeichnet.

393

kleinstmöglicher Dateigröße zu erreichen. Die Speichergröße einer Bilddatei ist zunächst vom gewählten Dateiformat und der Komprimierungseinstellung abhängig. Zusätzliche Features wie Interlaced oder Alphakanäle beeinflussen die Dateigröße ebenfalls negativ.

6.4.2.4 Bildoptionen

Beim Speichern der Bilddatei in das jeweilige Dateiformat können Sie verschiedene Bildoptionen auswählen und festlegen. Welche Option Sie in welcher Einstellung wählen, hängt sehr stark vom Motiv und den Qualitäts- bzw. Quantitätsansprüchen an die Bilddatei ab. Es gibt leider keine allgemein gültigen Rezepte. Testen Sie die Dateiformate und ihre Einstellungen aus.

Adobe Photoshop
In Photoshop CS3 finden Sie die Optimierungsoptionen unter Menü *Datei > für Web und Geräte speichern ...* . Das Vorschaufenster ist in bis zu vier Teilfenster teilbar. Im linken oberen Fenster sehen Sie die Bildschirmdarstellung der Originaldatei. Für die drei anderen Fenster können Sie nach dem Anklicken jeweils eigene Optionen einstellen. Wenn Sie den Speichern-Button drücken, dann wird die Option des ausgewählten Teilfensters als Speichereinstellung für das Bild ausgewählt.

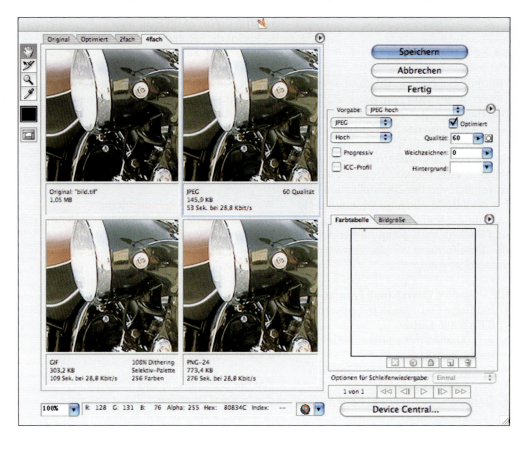

Bild- u. Grafikausgabe

Bildoptionen

Vergleich der Ergebnisse unterschiedlicher Bildoptionen beim Speichern einer Bilddatei

PSD – RGB (583 Px x 461 Px, 788 KB) PNG-24 – RGB (578 KB)

JPEG – niedrige Qualität (38 KB) JPEG – mittlere Qualität (58 KB) JPEG – maximale Qualität (327 KB)

GIF – perzeptiv mit Dithering (226 KB) GIF – perzeptiv o. Dithering (208 KB) GIF – perz. o. Dith. 32 Farben (110 KB)

PNG-8 – perzeptiv m. Dithering (192 KB) PNG-8 – perzeptiv o. Dith. (176 KB) PNG-8 – perz. o. Dith. 32 Farb. (100 KB)

Bildoptionen

Vergleich der Ergebnisse unterschiedlicher Bildoptionen beim Speichern einer Grafikdatei

PSD – RGB (583 Px x 461 Px, 788 KB)

PNG-24 – RGB (73 KB)

JPEG – niedrige Qualität (9 KB)

JPEG – mittlere Qualität (14 KB)

JPEG – maximale Qualität (80 KB)

GIF – perz. m. Dith. 32 Farben (12 KB)

GIF – perz. o. Dith. 32 Farben (11 KB)

GIF – perz. o. Dith. 8 Farben (7 KB)

PNG-8 – perz. m. Dith. 32 Farb. 11 KB)

PNG-8 – perz. o. Dith. 32 Farb. (10 KB)

PNG-8 – perz. o. Dith. 8 Farb. (6 KB)

6.4.3   Bildkomprimierung

Bild- u. Grafikausgabe

Beim Speichern einer Bilddatei im Bildverarbeitungsprogramm werden für die einzelnen Dateiformate verschiedene Komprimierungstechniken angeboten.

- *LZW – Lempel-Ziff-Welch*
  Verlustfreie Komprimierung von 24- und 32-Bit-Farbbildern und Grafiken sowie indizierte Dateien mit bis zu 256 Farben in den Dateiformaten TIFF, PDF und GIF.
- *JPEG – Joint Photographic Experts Group*
  Verlustbehaftete Komprimierung für 24- und 32-Bit-Farbbilder, die von den Dateiformaten JPEG, TIFF und PDF unterstützt wird.
- *CCITT – Consultative Committee for International Telephone and Telegraph*
  Verlustfreie Komprimierung für Schwarzweißbilder im Format PDF, keine Graustufen
- *ZIP*
  ZIP steht für *.zip, der Dateiendung von mit spezieller ZIP-Software komprimierten Dateien. Die drei Buchstaben ZIP stehen für Zipper, englisch für Reißverschluss.
  Die ZIP-Komprimierung von Dateien und Bildern in den Formaten TIFF und PDF ist verlustfrei.

6.4.3.1   JPEG-Komprimierung

Das Dateiformat und das Komprimierungsverfahren haben beide den Namen des Gremiums, das sie entwickelt hat, der Joint Photographic Experts Group. JPEG ist das am weitesten verbreitete Bilddatei- und Komprimierungsverfahren für Bilder im Internet. JPEG wird aber auch als reines Komprimierungsverfahren in anderen Dateiformaten wie PDF und TIFF eingesetzt. Die Komprimierung erfolgt in mehreren

Schritten, die automatisch nacheinander abgearbeitet werden. Die Stärke und damit die Qualität der Komprimierung können Sie im Speicherdialog der Software einstellen.

Konvertierung der Bildfarben
Als erster Schritt der Komprimierung werden die Farben des Bildes in den YUV-Farbraum oder den YCbCr-Farbraum konvertiert. In beiden Farbräumen wird die Helligkeit (Luminanz) von der Farbinformation (Chrominanz) getrennt gespeichert. Der Helligkeitsbetrag Y errechnet sich entsprechend dem Helligkeitsempfinden der drei Zapfen aus 60% Grünanteil, 30% Rotanteil und 10% Blauanteil. Die Farbwerte werden über die Differenz vom Blauwert zur Helligkeit und dem Rotwert zur Helligkeit beschrieben.

Band II – Seite 984
11.2.2.1   Analoge Videosignale

YUV-Farbwerte
$Y = 0{,}299R + 0{,}587G + 0{,}114B$
$U = 0{,}493\,(B - Y)$
$V = 0{,}877(R - Y)$

YUV-Farbwerte

Subsampling der Farbanteile
Das menschliche Auge ist für Helligkeitsunterschiede weit empfindlicher als für Farbunterschiede. Deshalb werden nach der Konvertierung die Farbwerte in ihrer Auflösung nach unten skaliert, d. h., mehrere Farbwerte werden gemittelt und dieser neue Farbwert dann gespeichert. Die Helligkeitswerte bleiben unverändert. Bei einer Subsamplingrate von 4:1:1 bleibt der Helligkeitswert, und der jeweilige U- und der V-Wert von vier Pixeln ist zu einem Wert gemittelt.

Blockbildung
Das Bild wird in 8 x 8 Pixel große Blöcke aufgeteilt.

397

Farbkonvertierung und Subsampling

Vorlage RGB

R

G

B

V

Y

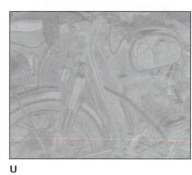

U

V – Subsampling 1

Y – Subsampling 4

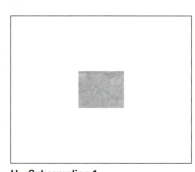

U – Subsampling 1

Bild- u. Grafikausgabe

Diskrete Kosinustransformation und Quantifizierung

Bildmotive haben meist wenig markante Kanten oder hohe Detailkontraste. Diese Bildbereiche gelten in der diskreten Kosinustransformation als hochfrequente Anteile und werden im Gegensatz zu den niederfrequenten Flächen stark reduziert gespeichert. Bei einer hohen Kompressionsrate führt dies zu deutlich sichtbaren Artefakten.

Konturenwerte

Die Quantifizierung basiert auf einer Quantifizierungstabelle, in der das Helligkeits- und Farbempfinden des menschlichen Auges berücksichtigt ist. Durch die Art und Stärke der Quantifizierung wird wesentlich die Qualität des komprimierten Bildes beeinflusst, da durch die heutigen Systeme bei der Decodierung diese Bilder nicht vollständig in der ursprünglichen Qualität wieder hergestellt werden können.

Huffman-Codierung

Die Komprimierung nach der Huffman-Codierung wurde von dem amerikanischen Informatiker David A. Huffman entwickelt. Das Prinzip der Huffman-Codierung beruht auf der Annahme, dass die Werte in einer zu codierenden Datenmenge ungleichmäßig in ihrer Häufigkeit verteilt sind. Die häufigsten Werte werden mit dem kürzesten Binärcode bezeichnet. Die seltensten Werte haben den längsten Binärcode. Die Häufigkeitsverteilung der Ton- bzw. Farbwerte erfolgt über ein Histogramm.

6.4.3.2 LZW-Komprimierung

LZW steht für die Anfangsbuchstaben der Nachnamen der drei Entwickler dieses Komprimierungsverfahrens, Lempel, Ziv und Welch. Das LZW-Verfahren arbeitet verlustfrei. Es beruht auf der Idee, dass sich bestimmte Muster in der Abfolge von Pixeln wiederholen. Bei der Komprimierung wird von der Software eine Musterbibliothek angelegt. Dort werden beim ersten Auftreten die Muster jeweils gespeichert. Tritt ein Muster ein weiteres Mal auf, dann wird nur noch der Bibliotheksindex des Musters gespeichert.

www.jpeg.org

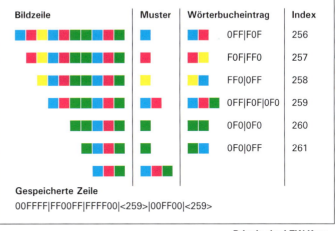

Prinzip der LZW-Komprimierung

6.4.3.3 RLE-Komprimierung

RLE, Run Length Coding oder auf Deutsch die Lauflängencodierung, ist das einfachste verlustfreie

399

Kompressionsverfahren. Bei der Lauflängencodierung wird nicht jedes einzelne Pixel gespeichert, sondern gleichfarbige Pixel in einer Bildzeile werden zusammengefasst. Es wird lediglich die Anzahl der Pixel und deren gemeinsamer Farbwert gespeichert.

Prinzip der Lauflängencodierung

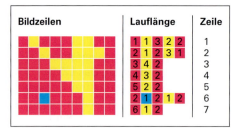

6.4.3.4 PNG-Komprimierung

PNG, Portable Network Graphics, wurde als lizenzfreie Alternative zum GIF entwickelt. Das PNG-Format besitzt ein eigenes komplexes Kompressionsverfahren zur verlustfreien Komprimierung. Da PNG außerdem 1- bis 64-Bit-Bilder unterstützt, ist es eine gute Alternative zu GIF und zu JPEG. 64-Bit-Bilder sind RGBA-Bilder, d. h. 16 Bit pro Kanal, RGB plus ein Alphakanal. PNG wird heute von allen Browsern unterstützt und die etwas größeren Dateien sind im DSL-Zeitalter sicherlich auch kein Argument mehr gegen die Verwendung von PNG.

Filterung
Vor der eigentlichen Komprimierung wird das Bild mit verschiedenen verlustfreien Filtern nacheinander gefiltert.
- *Sub-Filter*
  Differenz zwischen einem Pixel und dem links von ihm stehenden Pixel
- *Up-Filter*
  Differenz zwischen einem Pixel und dem in der darüberliegenden Zeile stehenden Pixel
- *Average-Filter*
  Differenz zum Mittelwert des linken und des oberen Pixels
- *Paeth-Filter*
  Differenz zum linken, schräg links oberen und oberen Pixel

Deflate-Komprimierung
Der Deflate-Algorithmus ist eine Kombination aus der LZ77-Komprimierung von Lempel und Ziv und der Huffman-Komprimierung. Das vorgefilterte Bild wird mit der Deflate-Komprimierung komprimiert und gespeichert.

JPEG Maximum (RGB, 384 KB)

LZW (RGB, 940 KB)

PNG-24 (RGB, 674 KB)

6.4.4 Aufgaben

Bild- u. Grafikausgabe

1 Farbseparation erläutern

Was versteht man unter Farbseparation?

2 Farbseparationsarten unterscheiden

Was bedeuten die Abkürzungen:
a. UCR,
b. GCR,
c. DCS?

3 In-RIP-Separation durchführen

Wann und wie erfolgt die In-RIP-Separation?

4 Überfüllung durchführen

Warum ist beim Mehrfarbendruck eine Überfüllung notwendig?

5 Echte und unechte Halbtöne kennen

Wodurch unterscheiden sich
a. echte Halbtöne,
b. unechte Halbtöne?

6 AM- und FM-Rasterung erläutern

Beschreiben Sie das Grundprinzip der
a. AM-Rasterung,
b. FM-Rasterung.

7 Hybridrasterung erklären

Welche Besonderheiten kennzeichnen die Hybridrasterung?

8 Rasterwinkelung im Farbdruck festlegen

Mit welcher Rasterwinkelung müssen die Teilfarben eines 4c-Farbdrucks gewinkelt sein?

9 Bilddateiformate im Internet kennen

Nennen Sie die drei Bilddateiformate, in denen Bilder für das Internet gespeichert werden können.

10 Bilddateiformate im Internet auswählen

Welches der Internetbildformate ist geeignet für
a. Grafiken,
b. Halbtonbilder?

11 Komprimierungsverfahren kennen

Nennen Sie ein verlustbehaftetes und ein verlustfreies Bildkomprimierungsverfahren.

12 LZW kennen

Was bedeuten die drei Buchstaben LZW?

13 Lauflängencodierung erklären

Erklären Sie das Prinzip der Bildkomprimierung durch Lauflängencodierung.

401

PDF

7.1 PDF-Erstellung

7.1.1	PDF – Portable Document Format	406
7.1.2	PostScript	407
7.1.3	Aufbau einer PDF-Datei	408
7.1.4	PDF in Distiller erstellen	409
7.1.5	Überwachte Ordner	415
7.1.6	PDF in InDesign erstellen	416
7.1.7	PDF in Photoshop erstellen	417
7.1.8	PDF in Illustrator erstellen	418
7.1.9	PDF in Acrobat erstellen	419
7.1.10	PDF-Kompatibilitätsebenen	421
7.1.11	Aufgaben	422

7.1.1 PDF – Portable Document Format

PDF, Portable Document Format, wurde von Adobe zu Beginn der 90er Jahre des vergangenen Jahrhunderts als eigenständiges Dateiformat zum Austausch von Dateien entwickelt. Heute ist PDF der De-facto-Standard für die Publikation elektronischer Dokumente im Internet, als elektronische Bücher, als Präsentationen und im Print-Workflow.

Der Dateiaustausch erfolgt plattformübergreifend. Durch den von Adobe kostenlos verbreiteten Acrobat Reader, der mittlerweile auf fast jedem Computer zu finden ist, kann die Datei angezeigt, gedruckt und in ihr navigiert werden. Als Multimedia-Anwendung können in PDF-Dateien Sounds und Movies sowie interaktive Formulare eingebunden werden.

Die Acrobat-Familie
Adobe Acrobat ist mehr als der Acrobat Reader. Es ist ein Paket aus verschiedenen Programmen zur Erzeugung, Bearbeitung und Betrachtung von PDF-Dateien. Die wichtigsten Mitglieder der Acrobat-Familie sind:
- *Acrobat Reader*
  Der Acrobat Reader erlaubt nur die Betrachtung und meist auch den Ausdruck von PDF-Dokumenten.
- *Acrobat*
  Mit dem Acrobat können Sie PDF-Dokumente bearbeiten, editieren, Zugriffsrechte vergeben usw.
- *Acrobat Maker*
  Der Acrobat Maker wird bei der Installation von Adobe Acrobat auf dem PC automatisch als Plug-in in MS Office installiert. Die Menüleiste wird um die Option „Acrobat" erweitert.
- *Acrobat Writer*
  Der Acrobat Writer ist ein Programm zur Erzeugung einfach strukturierter PDF-Dateien ohne EPS-Grafiken für die Geschäftskommunikation auf Computern mit dem Windows-Betriebssystem. Bei der Acrobat-Installation muss der PDF Writer mit installiert werden und steht dann in den Anwenderprogrammen zur Verfügung.
- *Acrobat Distiller*
  Der Distiller ist das professionelle Programm zu Erstellung von PDF-Dokumenten aus PostScript-Dateien. Die vielfältigen Einstellungsoptionen ermöglichen eine auf den jeweiligen Anwendungsbereich optimierte Konvertierung.

In Acrobat können Dokumente konvertiert, bearbeitet, zusammengestellt und publiziert werden. Die Erstellung eines PDF-Dokuments setzt grundsätzlich immer eine bereits existierende PDF-Datei voraus. Sie finden deshalb unter Menü *Datei* auch nicht wie gewohnt als erste Option „Neu…", sondern „Öffnen…". „PDF erstellen" erlaubt aber neben der Dateikombination auch das Erstellen eines leeren PDF-Dokuments.

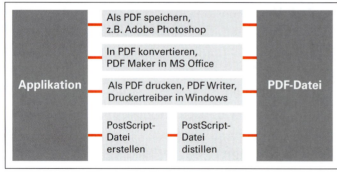

Wege der PDF-Erstellung

406

7.1.2 PostScript

PostScript, ebenfalls eine Entwicklung von Adobe, ist die Basis von PDF. PostScript wurde entwickelt, um Seiten mit all ihren Elementen zu beschreiben. Ziel war die grafische Darstellung zweidimensionaler Objekte bzw. Seiten und deren Ausgabe auf rasterorientierten Ausgabegeräten wie z. B. Laserdrucker oder Filmbelichter. 1985 wurde von der Firma Apple der erste PostScript-Laserdrucker vorgestellt, 1986 der erste PostScript-Belichter von Linotype.

Elemente
Das PostScript Imaging Model umfasst:
- *Geometrische Basiselemente*
  Objekte wie Linien, Rechtecke und Kreise, die durch Vektoren oder Bézierkurven beschrieben sind.
- *Schrift*
  Die typografische Darstellung von Schrift wird in PostScript ebenfalls als Objekt behandelt.
- *Pixelbilder*
  Objekte, die durch Rasterdaten, d. h. einzelne quadratische Pixel, picture elements, beschrieben sind.

Merkmale
PostScript ...
- ... ist eine Programmier- bzw. Seitenbeschreibungssprache.
- ... ist unabhängig von Ausgabegerät, Auflösung und Betriebssystem.
- ... kennt verschiedene Dialekte und Strukturen.
- ... erzeugt keine sichtbaren Dateiinhalte.
- ...-Dateien sind sehr groß.
- ...-Dateien können nicht editiert werden.

Raster Image Processor
Die PostScript-Anweisungen müssen zur Ausgabe interpretiert werden. Dieser Vorgang erfolgt im Raster Image Processor, RIP. Der RIP-Vorgang gliedert sich in vier Schritte:
- *Interpretieren*
  Die PostScript-Datei wird analysiert. Kontrollstrukturen, Angaben über Transparenzen oder Verläufe werden zu Anweisungen für die Erstellung der Display-Liste.
- *Erstellen einer Display-Liste*
  Die PostScript-Programmanweisungen werden in ein objektorientiertes Datenformat umgerechnet.
- *Rendern*
  Beim Rendern wird aus der Display-Liste eine Bytemap erstellt. Alle Objekte der Seite werden in Pixel umgewandelt. Dabei wird die Pixelgröße an die spätere Ausgabeauflösung des Druckers oder Belichters angepasst.
- *Screening, Rastern*
  Die Bytemap wird in diesem letzten Schritt in eine Bitmap umgerechnet. Dadurch werden aus den Halbtonpixeln entsprechend der gewählten Rasterkonfiguration frequenz- oder amplitudenmodulierte Rasterpunkte.

Wir unterscheiden in der Praxis Software- und Hardware-RIP. Hardware-RIP sind Computer mit speziell angepasster Hard- und Software. Die heute üblichen Software-RIP sind RIP-Programme, die auf Standardcomputern, PC oder Mac, arbeiten.

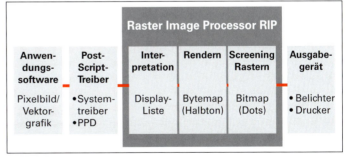

RIP-Prozess

7.1.3 Aufbau einer PDF-Datei

PDF ist ein objektbasiertes Datenformat. Es hat seinen Ursprung in der Display-Liste einer interpretierten PostScript-Datei, also eines Zwischenproduktes des RIP-Vorgangs.

7.1.3.1 Merkmale einer PDF-Datei

PDF-Dateien …
- … sind plattform- und systemunabhängig.
- … können eingebundene Schriften enthalten. Die eingebundenen Schriften sind systemunabhängig nutzbar.
- … sind editierbar.
- … haben einzelne Seiten, die auswählbar sind. Die Seiten verschiedener PDF-Dateien können zu einem neuen PDF-Dokument zusammengeführt werden.
- … haben eine geringe Dateigröße.
- … sind für das jeweilige Ausgabemedium optimierbar.
- … können für multimediale Anwendungen neben der Interaktivität verschiedene andere Medien, z. B. Video, enthalten.
- … sind standardisierbar.

7.1.3.2 PDF-Rahmen (-Boxen)

Jede PDF-Seite besteht aus mehreren in sich geschachtelten Rahmen, den so genannten Boxen.

Medien-Rahmen (Media-Box)
Der Medien-Rahmen entspricht der Seitengröße, die beim Drucken gewählt wird. Er ist der größte Rahmen und umfasst somit alle anderen Rahmen. Alle Elemente, die über den Medien-Rahmen hinausragen, werden abgeschnitten.

Endformat-Rahmen (Trim-Box)
Der Endformat-Rahmen beschreibt das beschnittene Endformat der Seite.

Anschnitt-Rahmen (Bleed-Box)
Der Anschnitt-Rahmen liegt zwischen Endformat- und Medien-Rahmen. Er definiert bei angeschnittenen randabfallenden Elementen den Anschnitt. Beim Ausdruck einer DIN-A5-Seite auf einem A4-Drucker wäre also der Medien-Rahmen DIN A4 und der Endformat-Rahmen DIN A5. Der Anschnitt-Rahmen wäre an allen vier Seiten 3 mm größer als DIN A5. Alle Hilfszeichen wie z. B. Passkreuze liegen außerhalb des Anschnitt-Rahmens im Medien-Rahmen.

Objekt-Rahmen (Art-Box)
Der Objekt-Rahmen bzw. die Art-Box umschließt alle Objekte, die sich auf der Seite befinden.

Beschnitt-Rahmen (Crop-Box)
Der Beschnitt-Rahmen ist der einzige Rahmen, der nicht schon aus dem Quellprogramm mitgeführt wird. Er entsteht erst in Acrobat, wenn Sie die Seite mit dem Beschneiden-Werkzeug beschneiden. Dadurch werden die Seitenelemente außerhalb des Rahmens nicht gelöscht, sondern nur ausgeblendet.

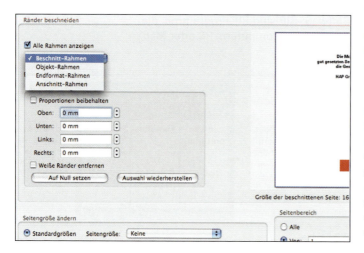

408

7.1.4 PDF in Distiller erstellen

PDF-Erstellung

Viele Wege führen zu PDF. Welcher ist nun der richtige? Soll das PDF für ein bestimmtes Ausgabemedium erstellt werden? Oder brauchen Sie ein universelles PDF, das dann je nach Ausgabemedium editiert und optimiert werden kann? Soll das PDF der Bürokommunikation dienen? Ist das PDF Teil des Print-Workflows? Fragen über Fragen – und wie meist gibt es keine eindeutigen Antworten.

Wenn Sie die PDF-Datei als neutralen Container nutzen wollen, weil die spätere Ausgabe zum Zeitpunkt der Erstellung noch nicht bekannt ist, oder die Datei crossmedial in verschiedenen Anwendungen genutzt werden soll, dann bleibt nur eines: Erstellen Sie das bestmögliche PDF.

7.1.4.1 PDF/X-3

PDF/X-3 wurde gemeinsam von der ECI, European Color Initiative, und dem bvdm, Bundesverband Druck und Medien, entwickelt. Eine PDF/X-3-Datei ist eine normale PDF-Datei, die aber bestimmten Vorgaben entspricht. Das X steht für eXchange = Austausch. Die standardisierte Erstellung soll den problemlosen Austausch der PDF-Dateien zwischen den Stationen des Workflows garantieren.

Seit 2002 sind die Spezifikationen in der ISO-Norm 15930 international genormt.

PDF/X-3-Vorgaben
- PDF-Version 1.3
- Die PDF/X-3-Datei muss alle benötigten Ressourcen enthalten. Sie darf nicht auf die Ressourcen des Rechners zurückgreifen.
- Die Bildauflösung muss für die Ausgabe ausreichend hoch sein.

- LZW-Komprimierung ist nicht zulässig.
- Transferfunktionen dürfen nicht enthalten sein.
- Die Seitenrahmen bzw. -boxen müssen definiert sein.
- Rastereinstellungen sind erlaubt, aber nicht zwingend.
- Es muss ein Output-Intent definiert sein.
- RGB-Farben nur mit Farbprofil
- Der Überfüllungsschlüssel muss gesetzt sein.
- Kommentare sind nur außerhalb des Anschnitt-Rahmens zulässig.
- Die Datei darf keine Transparenzen enthalten.
- Schriften müssen eingebettet sein.
- Keine OPI-Kommentare, die Bilder müssen in der Datei sein.
- JavaScript, Hyperlinks usw. sind nicht zulässig.
- Nur Composite, keine vorseparierten Dateien
- Verschlüsselung ist unzulässig.
- Die Namenskonvention sollte „name_x3.pdf" sein.

7.1.4.2 PDF-Erstellung über PostScript

Die PDF-Erstellung über PostScript ist nach wie vor der sicherste Weg, ein gutes PDF zu erhalten. Dazu wird zunächst aus der Applikation heraus eine PostScript-Datei erstellt, die dann anschließend im Adobe Distiller in ein PDF konvertiert wird. Der Acrobat Distiller ist ein Software-Interpreter zur Generierung einer PDF-Datei. Er wird bei der Installation von Acrobat automatisch mitinstalliert. Verschiedene Settings, Einstellungen, erlauben Ihnen, ein exakt an Ihre Bedürfnisse angepasstes PDF zu erstellen.

409

PostScript-Druckertreiber

Zur Erzeugung einer PostScript-Datei benötigen Sie einen PostScript-Druckertreiber. Da das PDF geräteunabhängig sein soll, müssen Sie auch einen geräteneutralen Treiber, z. B. „Acrobat Distiller" oder den Adobe PostScript-Druckertreiber, verwenden. Falls Sie einen anderen PostScript-Druckertreiber zur Erstellung Ihrer PostScript-Datei verwenden, dann müssen Sie darauf achten, dass der Druckertreiber auch das gewünschte Endformat unterstützt. Ansonsten wird das geometrische Format des PDF durch das maximale Druckformat bestimmt. Wenn Sie z. B. für die Erzeugung eines DIN A3 großen PDF den Druckertreiber eines DIN-A4-PostScript-Druckers verwenden, dann wird das Format nach der Hälfte abgeschnitten. Der Grund liegt in der beschränkten Größe des Medien-Rahmens. Der Medien-Rahmen entspricht der Seitengröße, die beim Drucken gewählt wird.

PostScript-Datei erzeugen

Die Erzeugung einer PostScript-Datei erfolgt in den verschiedenen Programmen über das Drucker-Dialogfeld. Statt der Druckausgabe wird allerdings die Datei als PostScript gesichert.

Konvertierung in Acrobat Distiller

Nach dem Starten des Distillers wählen Sie die passenden Einstellungen bzw. Settings. Nachdem wir ein PDF/X-3 erzeugen möchten, ist PDF/X-3 die richtige Einstellung. Die Settings können Sie unter Menü *Voreinstellungen > Adobe PDF-Einstellungen bearbeiten ...* modifizieren. Unter demselben Menüpunkt lassen sich auch eigene oder gelieferte Settings hinzufügen.

Wenn Sie die Einstellungen getroffen haben, dann können Sie unter Menü *Datei > Öffnen...* Ihre PostScript-Datei öffnen oder Sie ziehen sie mit der Maus einfach in den Rahmen mit der Tabelleneinteilung im Distiller-Fenster. Der Distiller konvertiert die PostScript-Datei entsprechend den von Ihnen getroffenen Einstellungen in ein PDF und legt die PDF-Datei dann automatisch in den Ordner, in dem die PS-Datei gespeichert ist. Der Dateinamen bleibt gleich, es ändert sich nur die Dateiendung.

Druckerdialogeinstellung zur Erzeugung aus einer PS-Datei

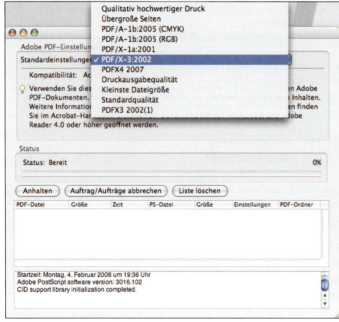

Auswahl der Distiller-Settings zur PDF-Erzeugung aus einer PS-Datei

Die untere Option PDFX3 2002(1) bezeichnet eine modifizierte Version des Settings PDF/X-3:2002.

PDF-Erstellung

7.1.4.3 Distiller-Optionen PDF/X-3

Stellvertretend für alle Distiller-Settings sind hier die Registerkarten der PDF/X-3-Joboption beschrieben. Die Registerkarten sind in allen Settings die gleichen, die Einstellungen variieren naturgemäß jeweils auf den Ausgabeprozess bezogen. Sie können aber grundsätzlich immer ein PDF/X-3 erstellen, um ein umfassend nutzbares PDF zu haben. Im zweiten Schritt optimieren Sie es dann für die spezifische Anforderung in Acrobat unter Menü *Erweitert > PDF-Optimierung...* oder *Erweitert > Druckproduktion > PDF-Optimierung...*

Registerkarte Allgemein

- Die „Kompatibilität" muss auf Acrobat 4.0 (PDF 1.3) gestellt sein.
- Die „Komprimierung auf Objektebene" muss deaktiviert sein, da sonst Strukturinformationen der Seite komprimiert werden. Dies kann zu Schwierigkeiten beim RIP-Prozess führen.
- „Seiten automatisch drehen" kann zu unliebsamen Überraschungen führen. Die Seiten sollten in der von Ihnen vorgegebenen Formatlage verbleiben.
- Mit der Option „Bund" können Sie aus einer linken Seite eine rechte Seite machen.
- Die eingestellte „Auflösung" sollte nicht unter 2400 dpi liegen.
- „Piktogramme einbetten" vergrößert die Datei unnötig. Falls Sie doch noch welche brauchen sollten: Acrobat erstellt automatisch Piktogramme, wenn Sie das Piktogramm-Fenster öffnen.
- Als „Standardpapierformat" wählen Sie die maximale Größe von 508 cm x 508 cm. Dies hat keinen Einfluss auf das spätere Ausgabeformat, das PDF ist aber auf jeden Fall nicht beschnitten.

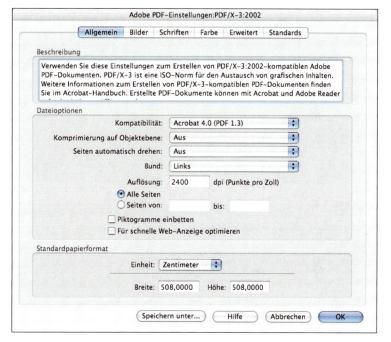

411

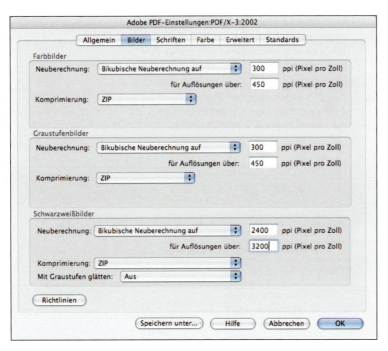

Registerkarte Bilder

- Die „Neuberechnung" von Bildern bedeutet Neuberechnung der Auflösung. Dabei erfolgt nur ein Downsampling (Herunterrechnen) zu hoch aufgelöster Bilder. Niedrig aufgelöste Bilder werden in ihrer Auflösung belassen. Die „Bikubische Neuberechnung" führt bei Halbtonbildern zum besten Ergebnis.
- Die „Komprimierung" mit ZIP erfolgt verlustfrei.
- „Schwarzweißbilder" sind 1-Bit-Strichabbildungen. Hier kann eine Neuberechnung zu sehr unschönen Treppenstufen oder Interferenzerscheinungen führen. Sie sollten deshalb 1-Bit-Bilder nicht neu berechnen lassen. Die Einstellung in der Registerkarte führt dazu, dass nur Bilder mit einer Auflösung von über 3200 dpi neu berechnet werden.
- „Mit Graustufen glätten" führt zu Anti-Aliasing-Effekten. Diese Einstellung ist für die Darstellung auf dem Monitor gut, für den Druck ungeeignet.

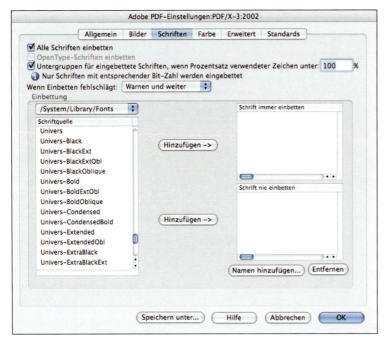

Registerkarte Schriften

- Schriften müssen immer vollständig eingebettet werden. Bei TrueType-Schriften kommt es immer wieder zu Schwierigkeiten beim Einbetten. Falls sich aus technischen oder rechtlichen Gründen eine Schrift nicht einbetten lässt, dann ist diese Schrift für die Erzeugung einer PDF/X-3-Datei nicht geeignet und Sie sollten auf eine Ersatzschrift zurückgreifen.

PDF-Erstellung

Registerkarte Farbe

- Ohne „Einstellungsdatei" bedeutet, dass Sie in keinem vorgelagerten Adobe-Programm eine Farbeinstellungsdatei generiert haben.
- „Farbe nicht ändern" ist immer dann die richtige Option, wenn Sie im bisherigen Workflow mit den korrekten Farbeinstellungen, -profilen, gearbeitet haben und diese in der PostScript-Datei eingebettet sind.
- „Geräteabhängige Daten" sollten Sie behalten.

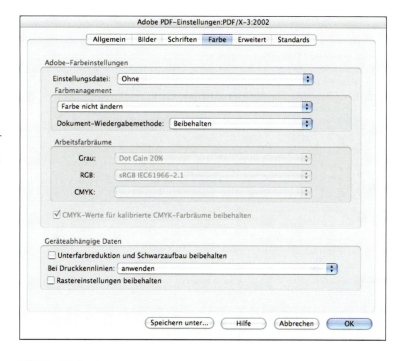

Registerkarte Erweitert

- „Überschreiben der Adobe PDF-Einstellungen durch PostScript-Datei zulassen" würde dazu führen, dass Ihre PDF/X-3-Konventionen überschrieben werden. Da Sie nie sicher sein können, welche Einstellungen in der PostScript-Datei stecken, deaktivieren Sie diese Option in der Registerkarte.
- PostScriptXObjects sind in PDF/X-3 nicht zulässig.
- Smooth Shades – die Farbverläufe werden glatter und die Dateien kleiner.
- Nur im JDF-Workflow zu aktivieren
- Level 2 zur Abwärtskompatibiltät mit PS 2 setzen.
- Überdruckeneinstellungen müssen beibehalten werden.
- Die Speicherung der PDF-Einstellungen ist optional.
- JPEG-Bilder sollten nicht noch einmal komprimiert werden, da dies zu Qualitätsverlusten führt.
- PJTF gilt alternativ zu JDF.
- Nicht notwendige zusätzliche Steuerbefehle für die Ansteuerung des Distillers.
- OPI-Kommentare sind unzulässig.

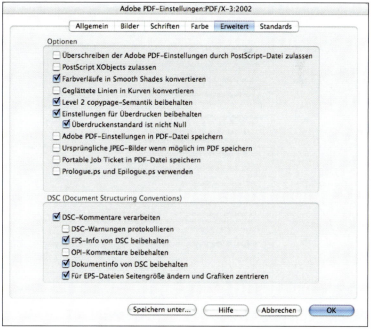

413

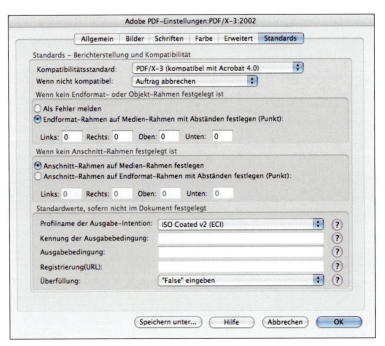

Registerkarte Standards

- Das Setzen von „PDF/X-3" überprüft bei der Erstellung automatisch die PDF/X-3-Kompatibilität. „PDF/X-1a" ist ein in den USA verbreiteter Standard.
- „Auftrag abbrechen" garantiert, dass nur eine PDF/X-3-Datei distilliert wird. Wenn Sie die Option auf „Fortfahren" stellen, dann wird die PDF-Datei trotzdem erstellt und Sie können anschließend im Protokoll nachlesen, warum die Datei keine PDF/X-3-Datei ist, und ggf. Abhilfe schaffen.
- Falls kein Endformat-Rahmen (Trim-Box) definiert ist, können Sie hier ein Format definieren.
- Hier können Sie einen Anschnitt-Rahmen (Bleed-Box) festlegen.
- Die Angabe eines Output-Intents ist notwendig.
- Die Angabe der Registrierung-URL ist optional.
- Der Überfüllungsschlüssel muss gesetzt sein. Bei Composite-Applikationen ist „False" die Standardeinstellung.

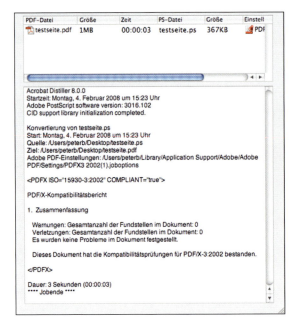

Kompatibilitätsbericht

Nach der PDF-Konvertierung zeigt der Distiller, ob die Konvertierung gelungen ist und sie dem PDF/X-3-Standard entspricht.

414

7.1.5 Überwachte Ordner

PDF-Erstellung

Mit Adobe Distiller können Sie die Erstellung Ihrer PDF-Dateien automatisieren. Dies erfolgt durch die Einrichtung spezieller überwachter Ordner.

Sie können für jede Ihrer PDF-Einstellungen, PDF/X-3, Internet usw., eigene überwachte Ordner anlegen. Beim Abspeichern in den jeweiligen In-Ordner erzeugt der Distiller automatisch das richtige PDF und legt die Datei in den zugehörigen Out-Ordner.

Überwachte Ordner erstellen
- Menü *Voreinstellungen > Überwachte Ordner...*
- Wählen Sie die Option „Hinzufügen".
- Entweder Sie wählen jetzt einen Zielordner oder Sie erstellen einen neuen Ordner und wählen diesen dann aus.
- Treffen Sie Ihre Einstellungen, entsprechend dem gewünschten PDF-Setting.
- Bestätigen Sie mit OK.
- Der Distiller hat im ausgewählten Ordner automatisch die beiden überwachten Ordner mit den Namen „In" und „Out" angelegt.

415

7.1.6 PDF in InDesign erstellen

Wir haben die Erstellung einer PDF-Datei über den Adobe Distiller kennengelernt. Natürlich können Sie auch direkt in den verschiedenen Programmen der Adobe Creative Suite aus einer Datei direkt ein PDF erstellen. Die meisten Optionen bietet InDesign, da hier Layout, Schrift, Bild und Grafik integriert werden.

7.1.6.1 PDF-Vorgaben – Joboptions

Wählen Sie zur Auswahl und Einstellung unter Menü *Datei > Adobe PDF-Vorgaben*.

Falls Sie eigene Joboptions erstellen, bestehende modifizieren oder gelieferte laden möchten, dann wählen Sie den Menüpunkt *Definieren...*

Zur Neuerstellung und Anpassung bestehender Joboptions klicken Sie auf den Button „Neu". Die Einstellungsmöglichkeiten sind nicht ganz so umfangreich wie im Distiller, reichen aber für gewöhnlich aus. Orientieren Sie sich bei der Bearbeitung der Joboptions an der ausführlichen Darstellung der Einstellungen für PDF/X-3 auf den vorhergehenden Seiten.

Zur Verwendung gelieferter Joboptions klicken Sie auf den Button „Laden".

7.1.6.2 PDF/X-3 und PDF/X-4

Neben dem PDF/X-3-Standard für PDF-Dateien für den Druckprozess werden zunehmend auch Dateien nach dem PDF/X-4-Standard verarbeitet. Die wesentlichen Unterschiede zwischen den beiden PDF-Standards liegen darin, dass erst im PDF/X-4 Transparenzen und Ebenen zulässig sind. Die Transparenz- und Ebenenreduzierung findet dann nicht schon bei der PDF-Erstellung wie bei PDF/X-3 statt, sondern erst im RIP bei der Ausgabeberechnung. Die Option „Transparenzreduzierung" ist deshalb in der Registerkarte „Erweitert" bei PDF/X-4 auch ausgegraut.

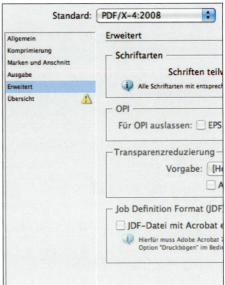

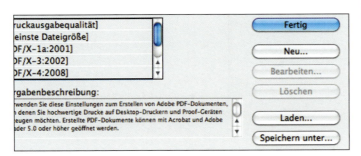

416

7.1.7 PDF in Photoshop erstellen

PDF-Erstellung

7.1.7.1 Bilddatei als PDF speichern

Neben den üblichen Dateiformaten zur Bildausgabe in Print- und Digitalmedien wie TIFF oder JPEG ist auch die Ausgabe eines Bildes als PDF-Datei möglich. Die Speicherung einer Photoshop-Datei als PDF erfolgt einfach unter Menü *Speichern unter... > Format: Photoshop PDF*. Natürlich können Sie auch in Photoshop aus den Joboptions die für Ihren Ausgabeprozess optimale Einstellung auswählen und ggf. modifizieren.

7.1.7.2 PDF/X-3 und PDF/X-4

Allgemein gilt TIFF als das Austauschdateiformat für Bilder für den Druck. Um aber zu gewährleisten, dass ein Bild den Prozessvorgaben genügt, reicht das TIF-Format nicht aus. So kann ein TIFF-Bild auch im RGB-Modus ohne Farbprofil, mit Ebenen, Alphakanälen und geringer Auflösung abgespeichert werden. Es ist deshalb für die Bilddatenübernahme in einem offenen Workflow zur Standardisierung auch für Bilder die Erstellung einer PDF-Datei nach dem PDF/X-3-Standard möglich. Bei der Speicherung des Bildes als PDF/X-3 können Sie durch die Auswahl des Farbprofils direkt eine Farbkonvertierung für den Ausgabeprozess durchführen. Die Bildauflösung können Sie dabei ebenfalls für den jeweiligen Ausgabeprozess optimiert neu berechnen lassen.

Die Einstellung *Speichern: Ebenen* im Speichern-Dialog von Photoshop wird durch die Spezifikation von PDF/X-3 überschrieben. Sie müssen deshalb, falls in Ihrer PDF-Datei Transparenzen und Ebenen beibehalten werden sollen, die Photoshop-Datei als PDF/X-4 abspeichern.

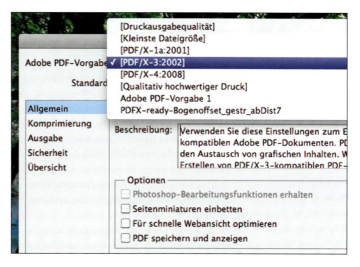

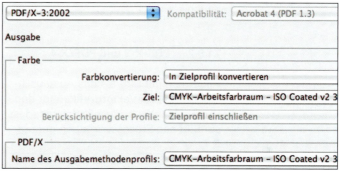

417

7.1.8 PDF in Illustrator erstellen

7.1.8.1 Grafikdatei als PDF speichern

Neben den üblichen Dateiformaten zur Grafikausgabe in Print- und Digitalmedien wie EPS, SVG oder SWF ist auch die Ausgabe einer Vektorgrafik als PDF-Datei möglich. Die Speicherung einer Illustrator-Datei als PDF erfolgt einfach unter Menü *Speichern unter… > Format: Adobe PDF (pdf)*. Natürlich können Sie auch in Illustrator aus den Joboptions die für Ihren Ausgabeprozess optimale Einstellung auswählen und ggf. modifizieren.

Beachten Sie, dass bei der Speicherung als PDF illustratorspezifische Bearbeitungsmöglichkeiten verloren gehen können.

7.1.8.2 PDF/X-3 und PDF/X-4

Allgemein gilt EPS als das Austauschdateiformat für Vektorgrafiken für den Druck. Um aber zu gewährleisten, dass ein Bild den Prozessvorgaben genügt, reicht das EPS-Format oft nicht aus. So kann eine EPS-Grafik auch im RGB-Modus ohne Farbprofil und mit Ebenen abgespeichert werden. Es ist deshalb für die Grafikdatenübernahme in einem offenen Workflow zur Standardisierung auch für Vektorgrafiken die Erstellung einer PDF-Datei nach dem PDF/X-3-Standard möglich. Bei der Speicherung der Grafik als PDF/X-3 können Sie durch die Auswahl des Farbprofils direkt eine Farbkonvertierung für den Ausgabeprozess durchführen. Für die Reduzierung der Transparenz, der Einstellung von Überdrucken und die Umwandlung der Schrift in Pfade können Sie bei der Joboption für PDF/X-3 dezidierte Einstellungen treffen.

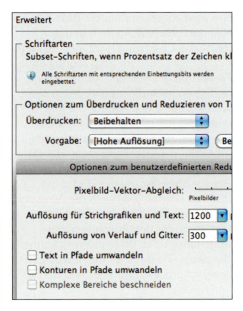

Falls in Ihrer PDF-Datei Transparenzen und Ebenen beibehalten werden sollen, müssen Sie die Illustrator-Datei als PDF/X-4 abspeichern.

Für platzierte Pixelbilder oder Pixelgrafiken gelten die üblichen Speicher- und Komprimierungseinstellungen.

418

7.1.9 PDF in Acrobat erstellen

PDF-Erstellung

7.1.9.1 PDF aus Quelldatei

Acrobat bietet die Möglichkeit, ohne den Umweg über eine PostScript-Datei und den Distiller aus einer Reihe Dateiformate direkt ein PDF mit entsprechender Joboption-Einstellung zu erstellen. Sie finden die Einstellungen unter Menü *Acrobat > Voreinstellungen... > in PDF konvertieren*. Im zweiten Schritt öffnen Sie Ihre Quelldatei unter Menü *Datei > PDF erstellen > Aus Datei...* Acrobat erstellt automatisch entsprechend den von Ihnen getroffenen Voreinstellungen aus der Quelldatei ein PDF.

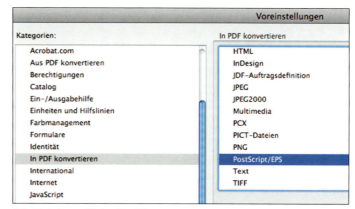

Schritt 1: Auswahl des Quellformats

7.1.9.2 PDF zusammenführen

Sie können in Acrobat aus mehreren PDF-Dateien eine neue PDF-Datei erstellen. Gehen Sie dazu unter Menü *Datei > PDF erstellen > Dateien in einem einzigen PDF-Dokument zusammenführen...* Das neu erstellte PDF lässt sich anschließend wie jedes PDF weiter bearbeiten oder konvertieren.

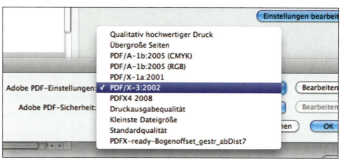

Schritt 2: Auswahl der Joboption

7.1.9.3 Screenshot, Scan und Website als PDF

Zum Schluss noch drei weitere Optionen zur PDF-Erstellung unter Menü *Datei > PDF erstellen*.
- *Screenshot*
  Screenshot von Bildschirm, Fenster oder ausgewähltem Bereich als PDF
- *Scanner*
  Scaninterface zum Scannen mehrseitiger Vorlagen einschließlich OCR-Funktion
- *Website*
  Sie geben die URL der Seite an und Acrobat erstellt automatisch eine PDF-Datei dieser Seite.

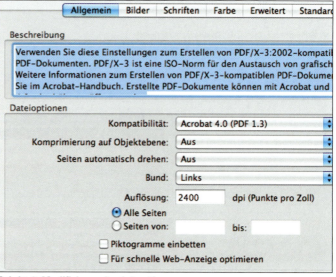

Schritt 3: Modifizieren der Joboption

419

7.1.9.4 Eigenschaften

Beim Erstellen einer PDF-Datei in Acrobat können Sie verschiedene Eigenschaften der Datei einstellen. Stellvertretend soll hier die Eigenschaft „Sicherheit" vorgestellt werden. Wie Sie im Screenshot links sehen, hat der Nutzer einer PDF-Datei nach dem Öffnen zunächst alle Rechte zur Bearbeitung der Datei. Mit dem Kennwortschutz legen Sie fest, ob die Datei ohne Kennwort geöffnet werden kann und ob sie z.B. gedruckt oder Seiten entnommen werden dürfen. Dies ist vor allem sinnvoll, wenn Sie die Dateien über das Internet verbreiten und Ihre Rechte dabei schützen möchten.

Beachten Sie, dass für Dateien nach dem PDF/X-Standard nicht alle Eigenschaften erlaubt sind.

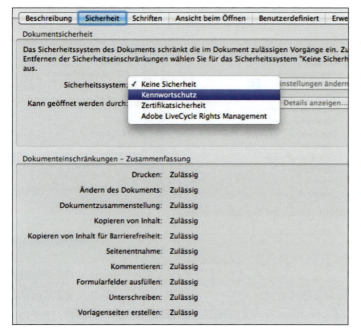

420

7.1.10 PDF-Kompatibilitätsebenen

PDF-Erstellung

Acrobat 4 (PDF 1.3)	Acrobat 5 (PDF 1.4)	Acrobat 6 (PDF 1.5)	Acrobat 7 (PDF 1.6) Acrobat 8 und 9 (PDF 1.7)
PDF-Dateien können mit Acrobat 3.0 und Acrobat Reader 3.0 (und höheren Versionen) geöffnet werden.	PDF-Dateien können mit Acrobat 3.0 und Acrobat Reader 3.0 (und höheren Versionen) geöffnet werden. Funktionen, die in späteren Versionen eingeführt wurden, gehen u. U. verloren oder können nicht angezeigt werden.	Die meisten PDF-Dateien können mit Acrobat 4.0 und Acrobat Reader 4.0 (und höheren Versionen) geöffnet werden. Funktionen, die in späteren Versionen eingeführt wurden, gehen u. U. verloren oder können nicht angezeigt werden.	Die meisten PDF-Dateien können mit Acrobat 4.0 und Acrobat Reader 4.0 (und höheren Versionen) geöffnet werden. Funktionen, die in späteren Versionen eingeführt wurden, gehen u. U. verloren oder können nicht angezeigt werden.
Bietet keine Unterstützung für Grafiken mit Live-Transparenzeffekten. Alle Transparenzen müssen vor der Konvertierung in PDF 1.3 reduziert werden.	Unterstützt Live-Transparenz in Bildmaterial. (Die Acrobat Distiller-Funktion führt zu einer Transparenzreduzierung.)	Unterstützt Live-Transparenz in Bildmaterial. (Die Acrobat Distiller-Funktion führt zu einer Transparenzreduzierung.)	Unterstützt Live-Transparenz in Bildmaterial. (Die Acrobat Distiller-Funktion führt zu einer Transparenzreduzierung.)
Ebenen werden nicht unterstützt.	Ebenen werden nicht unterstützt.	Beim Erstellen von PDF-Dateien aus Anwendungen, die PDF-Dokumente mit Ebenen unterstützen (beispielsweise Illustrator CS und höhere Versionen oder InDesign CS und höhere Versionen), bleiben die Ebenen erhalten.	Beim Erstellen von PDF-Dateien aus Anwendungen, die PDF-Dokumente mit Ebenen unterstützen (beispielsweise Illustrator CS und höhere Versionen oder InDesign CS und höhere Versionen), bleiben die Ebenen erhalten.
Geräteunabhängiger Farbbereich mit acht Farbgebern wird unterstützt.	Geräteunabhängiger Farbbereich mit acht Farbgebern wird unterstützt.	Geräteunabhängiger Farbbereich mit bis zu 31 Farbgebern wird unterstützt.	Geräteunabhängiger Farbbereich mit bis zu 31 Farbgebern wird unterstützt.
Multibyte-Schriftarten können eingebettet werden. (Distiller konvertiert die Schriften beim Einbetten.)	Multibyte-Schriftarten können eingebettet werden.	Multibyte-Schriftarten können eingebettet werden.	Multibyte-Schriftarten können eingebettet werden.
40-Bit-RC4-Sicherheitseinstellungen werden unterstützt.	128-Bit-RC4-Sicherheitseinstellungen werden unterstützt.	128-Bit-RC4-Sicherheitseinstellungen werden unterstützt.	Sicherheitseinstellungen 128-Bit-RC4 und 128-Bit-AES (Advanced Encryption Standard) werden unterstützt.

Quelle: Adobe

421

7.1.11 Aufgaben

1 PDF kennen

Für was steht die Abkürzung PDF?

2 Acrobat-Familie vorstellen

Welche Aufgaben erfüllt
a. Acrobat Reader,
b. Acrobat,
c. Acrobat Distiller?

3 Neues PDF erstellen

Kann man mit Acrobat neue PDF-Dokumente erstellen?

4 PostScript kennen

Nennen Sie die Elemente des PostScript Imaging Model.

5 PostScript kennen

Wodurch ist PostScript gekennzeichnet?

6 RIP-Vorgang beschreiben

Beschreiben Sie die vier Schritte des RIP-Vorgangs:
a. Interpretieren
b. Erstellen der Display-Liste
c. Rendern
d. Screening/Rastern

7 PDF-Rahmen kennen

Nennen Sie vier PDF-Rahmen.

8 PDF-Rahmen unterscheiden

Welche Dokumenteneigenschaften werden durch den Anschnitt-Rahmen bzw. die Bleed-Box definiert?

9 PDF/X-3 erläutern

Was bedeutet der Zusatz X-3?

10 PDF/X-3 kennen

Von welchen Organisationen wurde PDF/X-3 entwickelt?

11 PDF/X-3-Vorgaben benennen

Nennen Sie fünf PDF/X-3-Vorgaben, die erfüllt sein müssen, damit aus einer „gewöhnlichen" PDF-Datei eine PDF/X-3-Datei wird.

12 Distiller-Settings einstellen

a. Was sind Settings?
b. Unter welcher Menüoption lassen sich Settings bearbeiten?

13 Schrift im Distiller einstellen

Welchen Sinn hat die Einstellung „Warnen und weiter"?

PDF-Erstellung

14 Papierformat im Distiller einstellen

Welches Papierformat sollte im Distiller für PDF/X-3 eingestellt werden?

15 Überwachte Ordner einrichten

Welchen Vorteil bringt die Arbeit mit überwachten Ordnern?

16 Bilder-Neuberechnung festlegen

Tragen Sie die Werte in die entsprechenden Felder der Abbildung ein.
a. Welche Auflösung sollen die Bilder eines PDF/X-3 haben?
b. Ab welcher vorhandenen Auflösung soll neu berechnet werden?

17 PDF/X-3-Kompatibilitätsbericht beurteilen

Welche Informationen enthält der abschließende Kompatibilitätsbericht nach der PDF/X-3-Erzeugung im Acrobat Distiller?

18 PDF/X-3-Kompatibilität einstellen

Wann sollte man in der Kompatibilitätsprüfung nach der Erzeugung einer PDF/X-3-Datei die Option „Auftrag abbrechen" wählen?

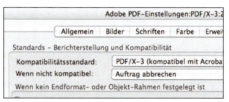

7.2 PDF-Bearbeitung

7.2.1	Preflight und Parameter für den Druckprozess	426
7.2.2	Dateien aus Acrobat exportieren	430
7.2.3	Seiten und Elemente bearbeiten	432
7.2.4	Navigation in der PDF-Datei	434
7.2.5	PDF als Präsentationsmedium	435
7.2.6	Formulare	436
7.2.7	Sicherheit	438
7.2.8	Aufgaben	439

7.2.1 Preflight und Parameter für den Druckprozess

Band II – Seite 377
6.4 Bild- und Grafikausgabe

In einer komplexen Software wie Adobe Acrobat gibt es sehr viele Optionen zur Überprüfung, Bearbeitung und Ergänzung von PDF-Dateien. Alle vorzustellen würde alleine schon ein zweibändiges Werk füllen. Deshalb möchten wir hier nur exemplarisch einige grundlegenden Preflight-Funktionen und -Techniken zeigen. Preflight ist die Überprüfung der Datei auf Fehler, die bei der Generierung entstanden sind oder schon aus den vorherigen Applikationen mitgebracht wurden.

Unter Menü *Erweitert > Druckproduktion* finden Sie die wichtigsten Einstellungen zur Kontrolle und ggf. Modifizierung Ihrer PDF-Datei, nicht nur für die Druckproduktion, sondern auch für die Überprüfung und Bearbeitung von PDF-Dateien als Digitalmedium.

Die Optionen *PDF-Optimierung...* und *Preflight...* gibt es zweimal, einmal unter *Erweitert* und zum Zweiten unter *Druckproduktion*. Die Menüoptionen führen jeweils zum gleichen Ziel.

Acrobat Distiller
Starten Sie den Acrobat Distiller direkt aus Acrobat, wenn Sie weitere PDF-Dateien erstellen möchten.

Überdrucken-Vorschau
Durch Einschalten dieser Option können Sie überprüfen, ob in der ursprünglichen Datei Objekte mit der Eigenschaft Überdrucken versehen wurden.

Überdrucken bedeutet, dass bei zwei übereinanderliegenden Objekten das untere bei der Belichtung nicht im überlappenden Bereich entfernt wird, sondern auf der entsprechenden Druckform druckt.

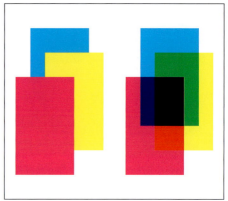

Überdrucken
Links: ohne Überdrucken
Rechts: mit Überdrucken

Ausgabevorschau...
Das Dialogfeld zeigt das Ausgabeprofil und die Druckfarben der Datei einschließlich Sonderfarben. Mit den Optionen „Schwarze Druckfarbe simulieren" und „Papierfarbe simulieren" können Sie sich auf dem kalibrierten und profilierten Monitor einen Softproof anzeigen lassen. Die Informationen über die Separation und die Papierfarbe wird von Acrobat dem ausgewählten ICC-Profil entnommen. Über den Button

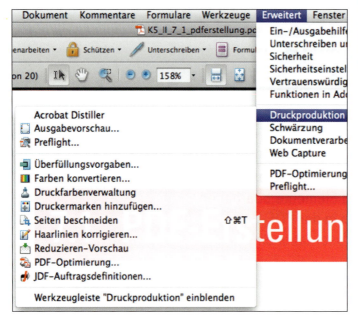

426

PDF-Bearbeitung

„Druckfarbenverwaltung" kommen Sie zur detaillierteren Anzeige der Druckfarbenliste. Dort bekommen Sie auch Informationen über die Farbdichte und können die Dichtewerte bei Bedarf modifizieren. Die Option „Alle Volltonfarben in CMYK-Farben konvertieren" separiert alle Sonderfarben. Sie drucken dann nur noch mit den vier Skalenfarben Cyan, Magenta, Gelb und Schwarz.

Preflight...
Mit dem Preflight können Sie ein PDF auf Kompatibilität zu einem bestimmten PDF-Standard, z. B. PDF/X-3, überprüfen lassen. Die Ergebnisse werden in einem Protokoll exakt angezeigt. Bei positiver Überprüfung bekommen Sie ein „i", ansonsten ein rotes Kreuz.

Sie finden den Preflight unter Menü *Erweitert > Druckproduktion > Preflight...* oder Menü *Erweitert > Preflight...*

Preflight – Making of ...
- Wählen Sie das Prüfprofil aus.
- Klicken Sie auf den Button „Prüfen". Auf der Karteikarte „Ergebnisse" werden Ihnen automatisch die Prüfungsergebnisse angezeigt.

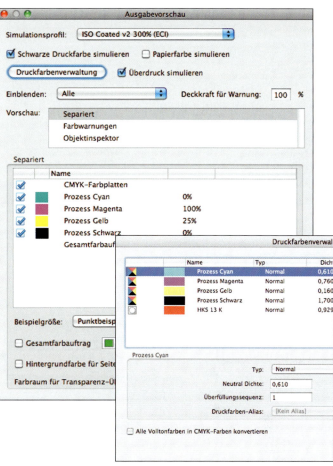

427

Überfüllungsvorgaben ...
Überfüllen ist notwendig, um bei Passerdifferenzen im Mehrfarbendruck die Blitzer zu verhindern. In der medienneutralen Produktion macht es Sinn, erst direkt vor der Ausgabe für einen bestimmten Druckprozess die Überfüllungen im PDF bzw. bei der Einstellung der RIP-Software anzulegen.

Die Überfüllungsoption „Neutrale Dichte" analysiert die Farbdichte der einzelnen Druckfarben und überfüllt nach der Regel „hell unter dunkel", d. h., die Farbfläche mit der höheren Dichte wird von der angrenzenden Farbfläche mit der geringeren Dichte überfüllt.

Farben konvertieren
Sie können hier detailliert einstellen, ob und welche Farben auf welchen Seiten der PDF-Datei konvertiert werden sollen. Wenn Sie einen konsistenten Farbworkflow eingehalten haben, dann gilt hier: *Konvertierungsbefehl: beibehalten*.

Druckfarbenverwaltung
Dieses Feld kennen Sie schon aus der Ausgabevorschau. Hier haben Sie aber den direkten Zugang zur Verwaltung der Druckfarben Ihrer PDF-Datei.

Druckermarken hinzufügen
Schneidemarken, Passkreuze usw. können Sie hier auswählen und auch einzelnen Seiten zur Ausgabe zuordnen. Eine Option, die nur bei einer direkten Druckausgabe sinnvoll ist. Ansonsten werden diese Marken im Ausschießprogramm gesetzt.

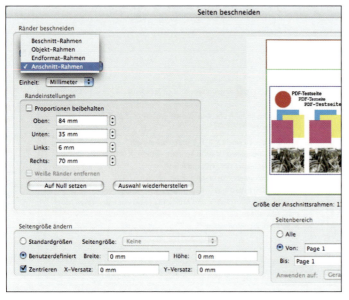

Seiten beschneiden
Im Dialogfenster „Seiten beschneiden" können Sie die geometrischen Abmessungen der vier Rahmen (Boxen) modifizieren und so das Format des Dokuments nachträglich verändern.

PDF-Bearbeitung

Haarlinien korrigieren …
Es gibt immer noch Programme, in denen Sie die dünnsten Linien nicht mit einem Zahlenwert, sondern mit der Bezeichnung „Haarlinie" definieren. Eine Haarlinie ist definiert als die dünnste auf einem Ausgabegerät technisch mögliche Linie. Dies mag auf einem Laserdrucker oder einem Tintenstrahldrucker noch gut aussehen, ein hochauflösender Belichter produziert aber eine so hochfeine Linie, die man kaum mehr sehen würde und die im weiteren Prozess nicht mehr stabil verarbeitbar wäre. Definieren Sie deshalb Linien immer numerisch.

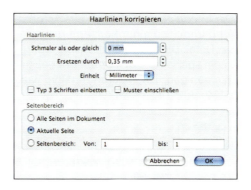

Reduzieren-Vorschau
Mit dieser Option können Sie Transparenzen und Verläufe rendern sowie Konturen und Schriften in Pfade umwandeln. Eine nützliche Funktion, wenn das Ausgabegerät nicht in der Lage ist, diese Berechnungen z. B. im Raster Image Processor durchzuführen.

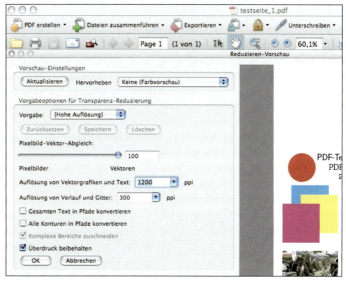

PDF-Optimierung …
PDF-Optimierung ist ein etwas missverständlicher Ausdruck. Alle bisher vorgestellten Funktionen dienen der Optimierung einer PDF-Datei. Hier geht es um eine komplette Neuberechnung der Datei. Sie können die Auflösung der Bilder reduzieren, um z. B. aus einer PDF/X3-Datei ein PDF zum Download zu machen. Die weiteren Optionen sehen Sie im linken Fenster des Dialogfeldes. Unter Menü *Erweitert > Druckproduktion > PDF-Optimierung…* oder Menü *Erweitert > PDF-Optimierung…* kommen Sie zu den Einstellungen.

JDF-Auftragsdefinitionen…
Hier können Sie für den JDF-Workflow Informationen hinzufügen, bearbeiten oder löschen.

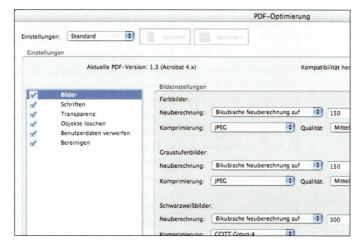

429

7.2.2 Dateien aus Acrobat exportieren

Der Export einer PDF-Datei aus Acrobat führt immer zu einer Konvertierung dieser Datei. Dies kann die Konvertierung in ein spezielles PDF-Format oder auch in einen gänzlich anderen Dateityp wie HTML oder TIFF bewirken.

Making of ...
- Wählen Sie Menü *Datei > Exportieren > PDF/X*.
- Klicken Sie auf „Einstellungen".
- Wählen Sie die korrekte „Darstellungs- oder Ausgabebedingung".

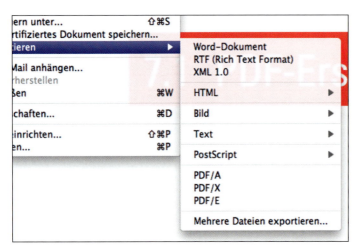

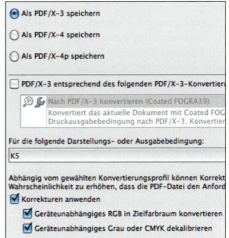

7.2.2.1 Nach PDF/X konvertieren

Sie können in Acrobat eine beliebige PDF-Datei in einen PDF/X-Standard konvertieren. Als Beispiel zeigen wir hier die Konvertierung einer PDF-Datei [Druckausgabequalität] nach PDF/X-3.

- Klicken Sie auf „Speichern als…" und geben Sie dem konvertierten PDF einen neuen Namen.

Als Ergebnis bekommen Sie ein PDF/X-3-Dokument, das den Preflight mit dem PDF/X-3-Prüfprofil bestanden hat.

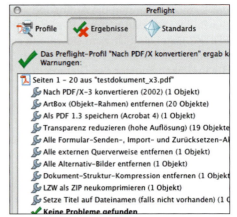

430

PDF-Bearbeitung

7.2.2.2 Preflight-Voreinstellungen

In den Preflight-Voreinstellungen können Sie die Darstellungs- oder Ausgabedingungen oder mit dem Fachbegriff den Output-Intent der Konvertierung bzw. des Exports definieren.

Making of ...
- Wählen Sie Menü *Erweitert > Preflight > Optionen > Preflight-Voreinstellungen...*
- Klicken Sie auf die Registerkarte „Out-putIntents".
- Mit dem "Plus" unterhalb der OutputIntents-Liste generieren Sie einen neuen Output-Intent.
- Vergeben Sie einen Namen für diesen Output-Intent.
- Wählen Sie das passende Farbprofil.
- Speichern Sie den neuen Output-Intent.
- Starten Sie Acrobat neu. Der Neustart ist notwendig, da die Profile nur beim Programmstart geladen werden.

7.2.2.3 Programm-Voreinstellungen

Unter Menü *Acrobat > Voreinstellungen > Aus PDF konvertieren* können Sie weitere allgemeine Voreinstellungen für den Export bzw. die Konvertierung einer PDF-Datei in einen anderen PDF-Standard oder ein anderes Dateiformat treffen.

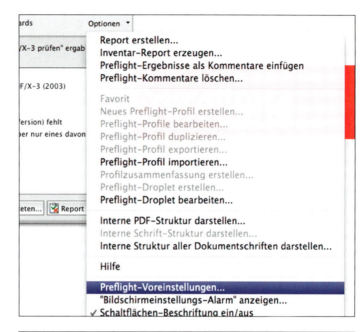

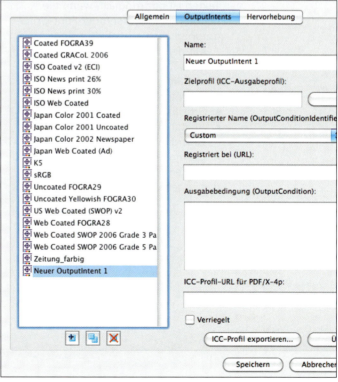

PDF-Exportformate	
EPS	PNG
HTML	PostScript
JPEG, JPEG2000	RTF, Text (normal)
Word-Dokument	Excel-Arbeitsblatt
PDF/A, PDF/E, PDF/X	TIFF
	XML 1.0

7.2.3 Seiten und Elemente bearbeiten

Unter Menü *Werkzeuge > Erweiterte Bearbeitung* bietet Acrobat eine Reihe von nützlichen Werkzeugen zur Bearbeitung von Seitenelementen.

7.2.3.1 Texte bearbeiten

Die Bearbeitung oder Korrektur von Texten ist nur möglich, wenn die benötigten Schriften oder Font-Untergruppen auch eingebettet sind.

Mit dem TouchUp-Textwerkzeug können Sie Text auswählen und verschiedene Parameter verändern:
- Schriftgröße
- Schriftfarbe
- Abstände
- Grundlinienversatz
- Geringe inhaltliche Textänderungen

Die Parameter zu Veränderungen des Textes können Sie im Dialogfeld „TouchUp-Eigenschaften" einstellen. Klicken Sie mit der rechten Maustaste oder beim Mac mit gedrückter „ctrl"-Taste auf die markierte Textstelle, um zum Eigenschaften-Dialog zu gelangen.

7.2.3.2 Bilder und Grafiken bearbeiten

Bilder und Grafiken können Sie mit dem TouchUp-Objektwerkzeug auswählen. Die Bearbeitung erfolgt aber nicht in Acrobat, sondern direkt im gewählten externen Bearbeitungsprogramm, z. B. Photoshop oder Illustrator. Die externen Editoren wählen Sie unter Menü *Acrobat > Voreinstellungen ... > TouchUp*.

Bild/Objekt bearbeiten – Making of ...
- Wählen Sie das Bild/Objekt mit dem TouchUp-Objektwerkzeug aus.
- Wählen Sie danach im Kontextmenü „Bild bearbeiten" oder „Objekt bearbeiten". Das ausgewählte Bild/Objekt wird automatisch im Editor, z. B. Photoshop, geöffnet.

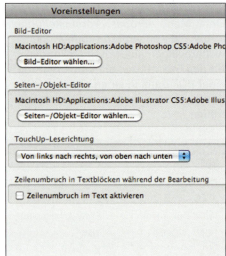

432

PDF-Bearbeitung

- Bearbeiten Sie das Bild/Objekt wie gewohnt.
- Schließen Sie das Bild/Objekt.
- Speichern Sie im Dialogfeld.
- Das Bild/Objekt wird automatisch im PDF-Dokument aktualisiert.

7.2.3.3 Seitenfenster

Beim Öffnen des Seitenfensters erzeugt Acrobat automatisch Vorschaubilder der einzelnen Seiten des PDF-Dokuments. Sie können per „Drag & Drop" die Seitenreihenfolge ändern oder eine Seite in das Seitenfenster eines zweiten geöffneten PDF-Dokuments verschieben. Die Seite ordnet sich automatisch an der Position, auf die sie von Ihnen mit der Maus geschoben wurde, ein. Auf diese Weise ist es einfach, neue Dokumente zusammenzustellen.

Das Löschen einer Seite ist ebenso einfach wie das Verschieben. Wählen Sie eine oder mehrere Seiten aus und klicken Sie anschließend auf den Papierkorb. Wenn Sie den Dialog bestätigen, dann ist die Seite gelöscht.

Die weiteren Optionen des Seitenfensters zur Bearbeitung sehen Sie im Menü.

7.2.3.4 PDF erstellen

Eine einfache und nützliche Funktion in Acrobat ist die Möglichkeit, aus mehreren PDF-Dateien eine neue gemeinsame Datei zu erstellen. Darüber hinaus bietet Menü *Datei > PDF erstellen* noch weitere Funktionen.

7.2.3.5 Fuß- und Kopfzeile hinzufügen

Bei PDF-Dateien, die aus mehreren Teildateien zusammengestellt sind, ergeben einheitliche Kopf- und/oder Fußzeilen mit einer durchgehenden Paginierung ein neues einheitliches Gesamtbild der neuen Datei. Die entsprechenden Einstellungsoptionen finden Sie unter Menü *Dokument > Kopf- und Fußzeile*.

433

7.2.4 Navigation in der PDF-Datei

PDF ist mehr als ein Produktionsstandard für die professionelle Printproduktion. Auch in elektronischen Medien wie Internet oder CD-ROM/DVD haben PDF-Dokumente ihren festen Platz, beispielsweise als aus dem Internet herunterladbarer Katalog auf Basis einer Printproduktion oder Multimedia-Datei mit integriertem Sound und Video.

Seitenfenster
Die Vorschaubilder im Seitenfenster sind die einfachste Möglichkeit, in einem PDF-Dokument zu navigieren. Ein Doppelklick auf das Vorschaubild bringt Sie direkt zur gewünschten Seite.

Lesezeichenfenster
Lesezeichen werden häufig benutzt, um das Inhaltsverzeichnis eines Werkes im PDF-Dokument zur Navigation zu verwenden.

Making of ...
- Markieren Sie den Text.
- Erstellen Sie im Lesezeichenfenster ein neues Lesezeichen.
- Strukturieren Sie die Lesezeichen per „Drag & Drop".

Als Aktion ist automatisch der Sprung zur jeweiligen Seite hinterlegt. Unter *Optionen > Eigenschaften...* können Sie weitere Aktionen definieren, die per Mausklick auf das Lesezeichen ausgelöst werden.

Verknüpfungen – Hyperlinks
Die Navigation mit Hyperlinks ist die klassische Methode in interaktiven digitalen Medien. Mit dem Verknüpfungswerkzeug unter Menü *Werkzeuge > Erweiterte Bearbeitung > Verknüpfungswerkzeug* können Sie auf einfache Art Hyperlinks setzen. Die Links können sich auf eine andere Seite im selben Dokument oder eine Seite in einem anderen PDF-Dokument oder auch eine externe URL beziehen.

Making of ...
- Ziehen Sie mit dem Verknüpfungswerkzeug einen Rahmen um den zukünftigen Link.
- Definieren Sie im „Verknüpfung erstellen"-Dialogfeld die gewünschte Verknüpfung.
- Im Kontextmenü können Sie abschließend die Eigenschaft des Links festlegen.

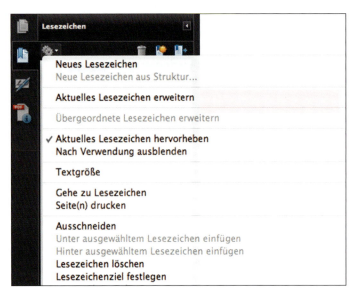

434

7.2.5 PDF als Präsentationsmedium

PDF-Bearbeitung

PDF-Dokumente können Sie auch als Präsentationsmedium nutzen. Zur Navigation und Steuerung fügen Sie verschiedene Elemente ein und definieren die Ansicht und Seitenübergänge in den jeweiligen Dialogfeldern.

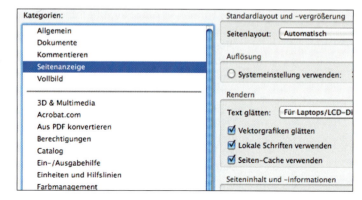

Seitenansicht beim Öffnen
In Präsentationen ist es sicherlich sinnvoll, die einzelnen Seiten nacheinander aufzurufen. Treffen Sie unter Menü *Datei > Dokumenteigenschaften... > Ansicht beim Öffnen* die Einstellungen.

Vollbildmodus
Sie können in Menü *Datei > Dokumenteigenschaften...* festlegen, dass die Datei im Vollbildmodus geöffnet wird. Wie sich Ihre Datei nach dem Öffnen verhält, definieren Sie unter Acrobat *Voreinstellungen... > Vollbild*.
  Eine weitere Möglichkeit ist die Aktivierung des Vollbildmodus im Acrobat Reader oder im Programm unter Menü *Fenster > Vollbildmodus*. Die ESC-Taste schaltet wieder in die Normalansicht zurück.
  Mit der Tastaturkombination „CMD + L" bzw. „STRG + L" können Sie ebenfalls jederzeit zwischen den Monitoransichten wechseln.

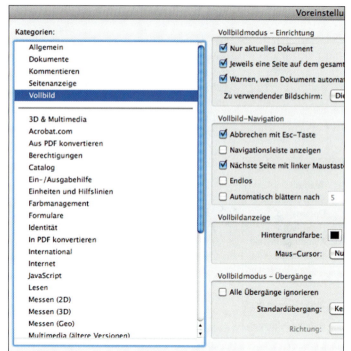

Seitenübergänge
Die Seitenübergange können Sie in den Grundeinstellungen Vollbild oder im Seitenfenster definieren.

Seite beschneiden...
Die Option „Seite beschneiden..." ist uns schon bei verschiedenen Stationen der PDF-Bearbeitung begegnet. Gerade wenn Sie die Präsentation nicht neu erstellen, sondern eine bestehende Datei zu Ihrer Präsentation verwenden möchten, ist diese Funktion hilfreich. Sie können damit unerwünschte Seitenelemente ausblenden und den Ausschnitt beispielweise auf das volle Format hochzoomen.

Seiten zusammenstellen
Stellen Sie sich Ihre Präsentation aus Seiten verschiedener PDF-Dokumente neu zusammen, z. B. per „Drag & Drop" zwischen den Seitenfenstern.

435

7.2.6 Formulare

Sie können in Acrobat auf einfache Weise interaktive PDF-Formulare erstellen. Diese Formulare werden dann vom Nutzer direkt am Rechner ausgefüllt. Das ausgefüllte Formular kann entweder ausgedruckt und dann dem Empfänger gefaxt oder auf elektronischem Wege verschickt werden. Mit einer geeigneten CGI-Schnittstelle können die Formulardaten dann direkt in eine Datenbank geschrieben werden.

7.2.6.1 Formularelemente

Der erste Schritt bei der Formularerstellung ist die Frage: Welche Information möchte ich mit diesem Formular erfassen? Erst danach folgen die Konzeption und Gestaltung des Formulars. In Acrobat stehen Ihnen dazu die klassischen Formularelemente zur Verfügung:

- *Textfeld*
  Eingabe von Text und Zahlen
- *Optionsfelder*
  Auswahl einer Option aus einer Gruppe
- *Kontrollkästchen*
  Auswahl mehrerer Optionen aus einer Gruppe
- *Kombinationsfelder*
  Auswahl aus einem Popup-Menü oder direkte Dateneingabe
- *Listenfelder*
  Auswahl eine oder mehrerer Optionen aus einer Liste
- *Schaltflächen*
  Auslösen einer Aktion
- *Barcodes*
  Codieren der Eingabe als Barcode
- *Digitales Unterschriftfeld*
  Zur digitalen Unterschrift durch den Nutzer
- *Dokumentmeldungsleiste*
  Anzeige von Systemmeldungen

7.2.6.2 Formular in Acrobat erstellen

Die Erstellung eines PDF-Formulars ist auf verschiedenen Wegen möglich. Beispiele sind ein Formular
... in einer PDF-Datei erstellen,
... aus einer Papiervorlage erstellen
oder
... aus einer Adobe Illustrator-Datei erstellen.
Am einfachsten nutzen Sie dazu den Formularassistenten. Sie finden ihn unter Menü *Formulare > Formularassistenten starten...*

7.2.6.3 Formular erstellen und Formulardaten exportieren

Wir möchten Ihnen jetzt an einem einfachen Musterformular den kompletten Ablauf von der Formularerstellung bis zum Export der Formulardaten als XML-Datei zeigen.

Schritt 1
- Setzen Sie Ihren Formularentwurf in Illustrator um.
- Speichern Sie die Datei als PDF.

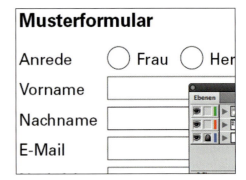

436

PDF-Bearbeitung

Schritt 2
- Öffnen Sie das Formular in Acrobat.
- Starten Sie den Formularassistenten.
- Wählen Sie die Option *PDF-Datei in ein Adobe PDF-Formular konvertieren > Aktuelles Dokument verwenden*.
- Ergänzen bzw. modifizieren Sie die Formularelemente. In der Vorschau können Sie Ihr Formular überprüfen.
- Beenden Sie die Formularbearbeitung.
- Speichern Sie das Formular.
- Gehen Sie auf Menü *Erweitert > Funktionen in Acrobat Reader erweitern...*, um die Speicherung des ausgefüllten Formulars zu ermöglichen.

Schritt 3
- Veröffentlichen Sie das Formular, z.B. als Download auf Ihrer Website.

Schritt 4
- Das Formular wird im Adobe Reader ausgefüllt, abgespeichert und z.B. als E-Mail-Anhang an Sie zurückgeschickt.

Schritt 5
- Öffnen Sie das Formular in Acrobat.
- Exportieren Sie die Formulardaten mit Menü *Formulare > Formulardaten verwalten > Daten exportieren...*

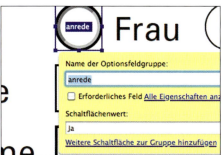

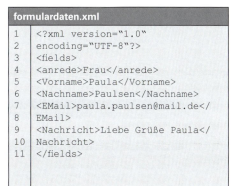

437

7.2.7 Sicherheit

Datensicherheit ist gerade bei einem Dateiformat wie PDF, das häufig als Austauschformat eingesetzt wird, ein wichtiger Aspekt. Die wichtigsten Sicherheitseinstellungen sind der Kennwortschutz und der Schutz des PDF-Dokuments durch ein Zertifikat.

7.2.7.1 Kennwortschutz

Beim Einrichten des Kennwortschutzes für Ihre PDF-Datei können Sie festlegen, ob zum Öffnen, zum Kopieren von Inhalten oder zum Drucken des PDF-Dokuments ein Kennwort notwendig ist. Gehen Sie dazu auf Menü *Datei > Eigenschaften... > Sicherheit > Sicherheitssystem: Kennwortschutz* oder Menü *Erweitert > Sicherheit > 1 Verschlüsselung mit Kennwort*. Mit beiden Menüoptionen kommen Sie zum selben Einstellungsdialogfeld. Falls Sie die notwendige Berechtigung besitzen, dann können Sie unter Menü *Erweitert*

> *Sicherheit > Sicherheitsrichtlinien verwalten...* die Sicherheitseinstellungen des PDF-Dokuments modifizieren oder ganz entfernen.

7.2.7.2 Zertifikatsicherheit

Um mit PDF-Zertifikatschutz zu arbeiten, benötigen Sie und der Empfänger der PDF-Datei eine digitale ID. Die IDs werden entweder lokal in Acrobat oder auf einem so genannten Signaturserver zentral verwaltet. Dieses Verfahren bietet gegenüber dem Kennwortschutz eine erhöhte Sicherheit, setzt aber voraus, dass Sender und Empfänger über die jeweiligen Zertifikate bzw. Schlüssel zum Bearbeiten des PDF-Dokuments verfügen.

Durch die Zuordnung unterschiedlicher Zertifikate für verschiedene Empfänger können Sie einzelnen Nutzern, deren Identität durch das Zertifikat überprüft wird, verschiedene Berechtigungen zur Bearbeitung eines PDF-Dokuments zuweisen. Gehen Sie dazu auf Menü *Datei > Eigenschaften... > Sicherheit > Sicherheitssystem: Zertifikatsicherheit* oder Menü *Erweitert > Sicherheit > 2 Verschlüsselung mit Zertifikat*. Mit beiden Menüoptionen kommen Sie zum selben Einstellungsdialogfeld.

7.2.7.3 Sicherheitsrichtlinien und PDF/X

Für PDF-Dokumente im PDF/X-Standard sind keine Sicherheitseinstellungen zulässig. Dies ist nur folgerichtig, da bei der Verarbeitung der PDF-Datei in einem automatisierten PDF-Workflow natürlich beim Öffnen der Datei kein Kennwort eingegeben werden kann.

7.2.8 Aufgaben

PDF-Bearbeitung

1 Preflight erläutern

Was versteht man unter Preflight?

2 Überdrucken einstellen

Erklären Sie den Begriff Überdrucken.

3 Druckfarbenverwaltung erläutern

Welche Informationen und Bearbeitungsmöglichkeiten bietet die Karteikarte „Druckfarbenverwaltung"?

4 Sonderfarben konvertieren

Ist es in Acrobat möglich, in der PDF-Datei vorhandene Sonderfarben nach CMYK zu konvertieren?

5 Überfüllen einstellen

Kann man im Acrobat noch überfüllen?

6 Überfüllen erläutern

a. Begründen Sie die Notwendigkeit des Überfüllens.
b. Erklären Sie die Bedeutung des Begriffs Neutraldichte im Zusammenhang mit Überfüllen.

7 Haarlinien korrigieren

a. Was sind Haarlinien?
b. Warum müssen Haarlinien im Acrobat korrigiert werden?

8 Texte bearbeiten

a. Mit welchem Werkzeug können Sie in einer PDF-Datei Texte bearbeiten?
b. Nennen Sie drei Textparameter, die modifiziert werden können.

9 Vollbildmodus einstellen

a. Was ist der Vollbildmodus?
b. Mit welcher Tastaturkombination können Sie ihn aktivieren?

10 Navigation erstellen

Nennen Sie vier Möglichkeiten, ein PDF-Dokument mit einer interaktiven Navigation zu versehen.

11 Formulare konzipieren

Nennen Sie vier Formularelemente, die Sie in ein interaktives PDF-Formular einfügen können.

Database Publishing

8.1 XML

8.1.1	Grundlagen.	444
8.1.2	Grundstruktur einer XML-Datenbank	450
8.1.3	XML-Textimport in InDesign	454
8.1.4	XML-Bildexport aus InDesign	463
8.1.5	XML-Reisekatalog.	466
8.1.6	Ausblick	472
8.1.7	Aufgaben	473

8.1.1 Grundlagen

8.1.1.1 Überblick

Band II – Seite 737
10.1 HTML

Extensible Markup Language (XML) – kaum eine andere Sprache ist in den letzten Jahren so diskutiert worden. Man war sich nicht sicher, ob sich die Sprache in der IT-Industrie etablieren würde. Welche Bedeutung hat die Sprache, wird sie gebraucht, muss man sich damit beschäftigen?

Die Fragen sind weitgehend geklärt: Man muss! Die aktuellen Office-Anwendungen verwenden XML als Standarddatenformat, allerdings geschieht die Nutzung der XML-Technologie im Hintergrund. Auch die gesamte Adobe-Programmpalette erzeugt und arbeitet im Hintergrund mit XML. Für die Entwicklung von Anwendungen ergeben sich dabei interessante Möglichkeiten, Informationen zu verarbeiten, zu verwalten und sie vor allem auszutauschen.

Im Internet können Sie sich die aktuelle XML-Dokumentation des W3-Konsortiums sowie die deutsche Übersetzung betrachten. Allerdings sind diese Dokumentationen zum Einstieg vermutlich weniger geeignet, sie können aber einen Überblick über dieses komplexe Gebiet geben.

Sprachfamilie XML – Überblick			
Kern-Standards			
XML-Info-Set	XML 1.0	Namensräume	XML-Schema
Co-Standards			
XSL/XSLT	XPath	XPointer	XLink
Programmierschnittstellen			
DOM	SAX		
XML-Anwendungen			
XHTML	WML	SMIL	SOAP

1999 wurde XML 1.0 um XML Namespace erweitert, 2001 um das Inhaltsmodell XML-Schema. Die Basis dieser Standards wurde Ende 2001 zum so genannten XML-Informations-Set (Info-Set) zusammengefasst, um eine klare und leichter lesbare Zusammenfassung aller XML-Spezifikationen zu haben.

XSL ist für die Formatierung von XML-Dokumenten zuständig. Diese ist so umfangreich, dass drei Teile erforderlich waren: XML Path Language (XPath) für die Adressierung in der Struktur eines XML-Dokumentes, XSL Transformation (XSLT) zur Dokumentenumwandlung. Dazu gehört auch XSL Formatting Objects, mit dem seit 2001 auch Cascading Stylesheets für die Formatierung von XML-Dokumenten verwendet werden können. XLink dient der Verknüpfung verschiedener Dokumente, XPointer erweitert seit 2003 die Möglichkeiten der Adressierung von XPath.

Das W3-Konsortium (W3C) hat als Schnittstelle für den Zugriff auf XML-Dokumente die DOM-Spezifikation (Document Object Model) verabschiedet. SAX (Simple API for XML) ist eine zweite Schnittstelle, die sich neben der DOM-Schnittstelle und unabhängig vom W3C etabliert hat. Informationen dazu gibt es unter www.saxproject.org.

XML im Internet

Die Originalfassung des W3-Konsortiums in Englisch:

http://www.w3.org/TR/1998/REC-xml-19980210

Die deutsche Übersetzung dazu:

http://edition-w3c.de/TR/2000/REC-xml-20001006/

Die Sprachfamilie XML

XML ist im Kern eine sehr einfache Sprache. Dies ist sicher einer der Hauptgründe für die schnelle Ausbreitung der letzten Jahre.

Wird über die Sprache XML gesprochen, ist sehr häufig nicht nur der XML-Standard gemeint, sondern es wird über ein breites Spektrum der Sprachfamilie XML diskutiert. Den Kern der Sprachfamilie bildet XML 1.0, das Anfang 1998 standardisiert wurde. Der Internet Explorer 5.0 war dann 1999 der erste Browser, der diese Sprache auch darstellen konnte.

www.saxproject.org

XML

Die in der Übersicht genannten XML-Anwendungen sind zum Teil recht bekannt. XHTML ist die Reformulierung von HTML 4.0. Die Wireless Markup Language (WML) ist die Sprache, in der Inhalte von WAP-Angeboten für Handys codiert werden. SMIL ist eine Sprache für Multimedia-Anwendungen im Internet und SOAP ein Vokabelsatz für den Nachrichtenaustausch zwischen XML-Anwendungen.

XML-Dokumente

Im Prinzip reicht für die Erstellung eines XML-Dokumentes ein einfacher Texteditor – wobei es eine Reihe von XML-Editoren gibt, die dem Entwickler eine Menge an Routinearbeiten abnehmen.

Ein XML-Editor ist ein Computerprogramm zum Editieren von XML-Dokumenten. Neben der bei normalen Texteditoren möglichen Eingabe von Klartext haben XML-Editoren besondere Fähigkeiten, die den Benutzer bei der Eingabe von XML-Daten unterstützen. Vor allem der korrekte Aufbau eines XML-Dokuments, die dazugehörige DTD oder das XML-Schema werden überprüft. Der Editor ist dadurch in der Lage, nur XML-konforme Dateneingaben zuzulassen und andere zurückzuweisen. Dies führt zu einer Minimierung von Fehleingaben.

XML ist keine Programmiersprache, da sie keine Elemente für die Steuerung von Programmen aufweist. Sie ist keine dem PostScript vergleichbare Seitenbeschreibungssprache. XML wird meist als Auszeichnungssprache bezeichnet. Allerdings ist XML nicht vergleichbar mit der Auszeichnungssprache HTML. HTML weist eine Reihe von festgelegten Tags auf, also z. B. Schriftdefinitionen, Auszeichnungen u. Ä. XML ist hier frei erweiterbar und lässt die Definitionen von individuellen Elementen mit eigenen Begriffen zu. Dadurch können inhaltliche Strukturen mit komplexen Hierarchien dargestellt werden. Da XML individuelle Inhalte darstellen kann und sich dabei nicht um die Form, also das Aussehen, kümmert, spricht man auch von einer Inhaltsbeschreibungssprache.

XML ermöglicht die strikte Trennung von Inhalt und Darstellung. XML beschreibt nur die Inhalte eines Dokumentes, das Aussehen wird von anderen Sprachen festgelegt. Es gibt in XML keine festen Formatierungen, wie dies in HTML z. B. durch Tags wie <h1> oder <h2> üblich ist. Damit können die Inhalte eines Dokumentes auch problemlos bearbeitet werden, da das Aussehen hier keine Rolle spielt.

XML-Textdateien

XML-Dateien sind reine Textdateien, die mit jedem Texteditor erstellt werden können. Dadurch weisen XML-Dateien erst einmal sehr kleine Dateigrößen auf.

Die Abbildung unten zeigt eine XML-Textdatei im Programm TextEdit.

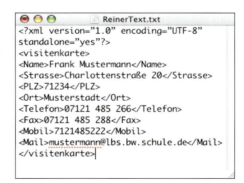

Das Problem beim Arbeiten mit einem Texteditor ist, dass notwendige XML-Strukturen nicht dargestellt werden. Daher ist die Gefahr von unbemerkten

Ziel von XML
ist die strukturierte Beschreibung von Inhalten. Eine XML-Datei enthält keinerlei Information darüber, wie sie dargestellt werden soll. Dadurch kann eine XML-Datei in den unterschiedlichsten Medien ohne großen Aufwand aufbereitet und dargestellt werden.

HTML-Tags
<h1> und <h2> sind HTML-Tags für Überschriften, das Tag fett bezeichnet einen Text, der fett dargestellt werden soll. Derartige Formatierungstags gibt es in XML nicht.

Texteditor
XML-Datei in Texteditoransicht. Es werden zu den einzelnen Tags keine weiteren Informationen gegeben.

Schreibfehlern, vergessenen Zeichen u. Ä. relativ groß. Es empfiehlt sich daher, mit einem speziellen XML-Editor zu arbeiten, die dem Anwender eine Reihe von Routinen abnehmen und eventuelle Fehler deutlich darstellen.

In der Abbildung unten ist ein derartiger Editor mit der gleichen Datei dargestellt wie im Bild Texteditor auf der vorherigen Seite 445.

Zeile beginnt mit einem Tag zur XML-Deklaration, dem <?xml>-Tag:
Damit wird das Dokument der zurzeit gültigen Version 1.0 zugeordnet. Wenn Sie bereits Erfahrung mit HTML haben, so ist der Unterschied auf den ersten Blick nicht sehr groß. Dort wird jede Seite mit dem Tag <HTML> eingeleitet. Das <?xml>-Tag weicht jedoch davon in einigen Punkten ab:
- Das Tag muss in Kleinbuchstaben geschrieben werden.
- Das Tag wird durch ein Fragezeichen eingeleitet und durch ein Fragezeichen beendet.
- Das Attribut version="1.0" legt die Version des XML-Codes definitiv fest.
- Das Ende einer XML-Seite wird nicht durch ein End-Tag abgeschlossen. Das gibt es, anders als bei HTML, nicht.

XML-Editor Smultron
XML-Datei in farbiger und zeilengenauer Editoransicht

XML-Editoren zeigen mittels farbiger Markierung des Textes Information zur korrekt aufgebauten XML-Datei an. Eventuelle Fehler werden angezeigt und zum Teil sofort korrigiert.

```
<?xml version="1.0" encoding=UTF¬
16 standalone="yes"?>
```

Die Attribute „encoding" und „standalone" können noch in die XML-Deklaration eingefügt werden.

Im obigen Beispiel wird durch das Attribut „encoding=UTF-16" festgelegt, dass die Zeichensatzcodierung mit 16 Bit pro Zeichen durchgeführt wird. Daneben gibt es noch UTF-8 und UTF-32.

Das Attribut „standalone="yes"" gibt an, dass alle Dokumentinformationen vorhanden sind. Sollen Dokumentinformationen außerhalb der Datei gesucht und aufgerufen werden, müsste „standalone="no"" angegeben werden. Dies ist aber nicht notwendig, da „standalone="no"" als Grundeinstellung vorliegt.

Übrigens: Das in der obigen Abbildung zu sehende Zeichen „¬" bedeutet, dass die Programmzeile nur in

XML 1.1
Es gibt seit Januar 2004 einen XML-1.1-Standard, der aber nicht kompatibel zur Version 1.0 ist. Damit bleibt die Version 1.0 für die nächsten Jahre gültig.

8.1.1.2 XML-Tags

Um mit XML zu arbeiten, ist es notwendig, sich mit der Grundlogik des Programmcodes zu befassen.

Wird ein XML-Dokument erstellt, beginnen Sie mit dem Prolog. Damit wird jedes Dokument eindeutig als XML-Dokument identifiziert. Die erste

```
<?xml version="1.0"?>
```

446

der nächste Zeile weitergeschrieben wurde, das Zeichen taucht also nicht im Programmcode auf – dies würde als Fehler interpretiert.

Prolog
Dieses erste XML-Tag wird auch als Prolog bezeichnet. Innerhalb des Prologs werden Definitionen festgelegt, die dann später im eigentlichen XML-Code Verwendung finden. Wie sich der dreiteilige Prolog zusammensetzt und welche Spezifikationen er enthält, zeigt Ihnen die nebenstehende Grafik.

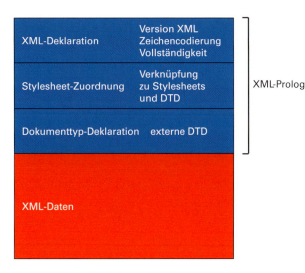

```
<?xml version="1.0" encoding=UTF-16
standalone="yes"?>

<Name>Frank Mustermann</Name>
```

Erstes Tag

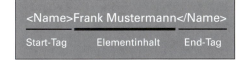

Das obige Tag setzt sich wie darunter dargestellt aus drei Teilen zusammen: Jedes Element wird durch ein Start-Tag und ein End-Tag eingerahmt. Die Information befindet sich immer zwischen den beiden Tags.

Damit Inhalt und Markierung klar getrennt werden können, werden immer bestimmte Zeichen genutzt, die Beginn und Ende anzeigen. Die obige Abbildung verdeutlicht Ihnen dies. Dabei ist zu beachten, dass das End-Tag immer durch einen Schrägstrich eingeleitet wird.

Beachten Sie beim Schreiben von Tags folgende Vorgaben:
- Zu jedem Tag muss es ein End-Tag geben. Wenn Sie wie oben das Start-Tag <Name> verwenden, müssen Sie das End-Tag von der Schreibweise her genau gleich schreiben, also </Name>.
- Berücksichtigen Sie dabei unbedingt die Groß- und Kleinschreibung. Wenn Sie wie oben das Start-Tag <Name> schreiben, müssen Sie das End-Tag von der Schreibweise her genau so schreiben, also </Name> und nicht etwa </NAME>. Wenn Sie hier einen Fehler beim Schreiben machen, hat dies unweigerlich eine XML-Fehlermeldung zur Folge.

Wohlgeformtes XML
Wenn Sie sich nicht an die strengen Festlegungen der oben beschriebenen Schreibweise halten, führt dies zu einer Fehlermeldung. Diese Fehlermeldung ergibt sich, weil beim Schreiben des XML-Codes das Kriterium der Wohlgeformtheit nicht beachtet wurde.

Ein XML-Dokument gilt als wohlgeformt, wenn der Elementtypname im Start-Tag und im End-Tag übereinstimmen. Nur wenn dies korrekt erfolgt, ist ein XML-Dokument wohlgeformt. Auf der folgenden Seite ist ein wohlgeformtes XML-Dokument und dazu im Vergleich ein wohlgeformtes und

Wohlgeformtes XML
wird auch mit dem Begriff „well-formed" beschrieben.

Wohlgeformtes XML

Das linke Dokument ist „well-formed".

Wohlgeformtes und gültiges XML

Das rechte Dokument ist „well-formed" und „valid", also gültig.

Parser

Programm, das XML-Dokumente liest, interpretiert und auf Wohlgeformtheit und Gültigkeit prüft. Erst nach dieser Prüfung wird das XML-Dokument zur Verarbeitung weitergeleitet. Wird die Prüfung nicht bestanden, wird die Verarbeitung mit einer Fehlermeldung abgebrochen.

Wohlgeformtes XML-Dokument

```xml
<?xml version="1.0"?>

<!--Hier beginnt die XML-Datei-->

<Kontakt>
    <Name>Frank Mustermann</Name>
    <Ort>Musterstadt</Ort>
    <Strasse>Musterstraße</Strasse>
</Kontakt>

<!--Hier endet die XML-Datei-->
```

Wohlgeformtes und gültiges XML-Dokument

```xml
<?xml version="1.0"?>

<!--Hier beginnt die DTD-->

<!DOCTYPE Kontakt [
    <!Element Name (#PCDATA)>
    <!Element Ort (#PCDATA)>
    <!Element Strasse (#PCDATA)>
]>

<!--Hier endet DTD und Prolog-->

<!--Hier beginnt die XML-Datei-->

<Kontakt>
    <Name>Frank Mustermann</Name>
    <Ort>Musterstadt</Ort>
    <Strasse>Musterstraße</Strasse>
</Kontakt>

<!--Hier endet die XML-Datei-->
```

---

gültiges XML-Dokument gegenübergestellt. Die Erklärung dazu ist unten angeschlossen.

Oben ist ein wohlgeformte Dokument in seiner Grundstruktur abgebildet. Um das Dokument übersichtlicher darzustellen, ist auf die Attribute „encoding" und „standalone" verzichtet worden.

Kommentare in XML

Ein XML-Code kann mit Kommentaren versehen werden. Sie erleichtern das Lesen und Verstehen des Codes und haben keinen Einfluss auf die Verarbeitung des Codes durch den Parser. Kommentare werden wie folgt geschrieben:

```xml
<!--Hier beginnt die XML-Datei-->
```

Der Kommentar muss exakt nach dem dargestellten Aufbau zwischen die doppelten Gedankenstriche geschrieben werden. Ist dies nicht der Fall, wird der Code als XML-Code interpretiert und es wird eine Fehlermeldung erscheinen.

Dokumenttyp-Definition (DTD)

Die DTD kann direkt in das Dokument eingebunden werden. Dies erfolgt vor dem ersten Element der XML-Datei. Sie sehen im oberen Bild eine Erweiterung des wohlgeformten XML-Dokumentes um die DTD. Diese besteht im Prinzip aus drei Zeilen, im obigen Beispiel sind es fünf Zeilen.

Die gesamte DTD wird in eine eckige Klammer gesetzt und definiert das Tag <Kontakt>. Die DTD beginnt mit dem <!DOCTYPE>-Tag. Es wird als Schlüsseltag bezeichnet und leitet die DTD ein. Danach folgt der Name der Definition, also Kontakt. Alle nach der eckigen Klammer definierten Einträge definieren das Tag. In der folgenden Zeile erscheint das <!Element>-Tag. Hierüber wird das oder die konkreten Tags in der XML-Datei unten definiert. Nach dem <!Element>-Tag wird der Name des Tags angegeben (hier Name, Ort, Strasse). In der nun folgenden runden Klammer wird das Schlüsselwort (#PCDATA) geschrieben. Dieses Schlüsselwort

448

XML

besagt, dass innerhalb der Tags normale Zeichen stehen dürfen, aber keine Grafiken. PCDATA bedeutet Parsed Character Data. Die DTD wird in der folgenden kurzen Zeile mit einer eckigen Klammer und einer spitzen Klammer abgeschlossen. Damit ist der Prolog der XML-Datei beendet.

Innerhalb der DTD werden grundsätzlich die Tags definiert, die später im XML-Teil verwendet werden. Die

```xml
<?xml version="1.0"?
encoding=UTF-16 standalone="yes">


<!--Hier beginnt die DTD-->

<!DOCTYPE Kontakt [
 <!Element Kontakt (Nachname,
 Vorname, Strasse, PLZ, Ort,Fon,
 Fax, Mail)>

 <!Element Nachname (#PCDATA)>
 <!Element Vorname (#PCDATA)>
 <!Element Strasse (#PCDATA)>
 <!Element PLZ (#PCDATA)>
 <!Element Ort (#PCDATA)>
 <!Element Fon (#PCDATA)>
 <!Element Fax (#PCDATA)>
 <!Element Mail (#PCDATA)>

]>

<!--Hier endet die DTD und der
Prolog-->


<!--Hier beginnt die XML-Datei-->

<Kontakt>

 <Nachname>Mustermann</Nachname>
 <Vorname>Frank</Vorname>
 <Strasse>Musterstraße 9</Strasse>
 <PLZ>89123</PLZ>
 <Ort>Musterstadt</Ort>
 <Fon>01245-891211</Fon>
 <Fax>01245-891290</Fax>
 <Mail>Mustermann@t-online.de</Mail>

</Kontakt>
<!--Hier endet die XML-Datei-->
```

DTD ist demzufolge der Schlüssel zum XML-Code. Das Beispiel einer kleinen Datenbank mit personenbezogenen Daten soll Ihnen dies verdeutlichen:

Es werden in der DTD acht Tags definiert, die im Wurzelelement „Kontakt" nacheinander innerhalb der runden Klammern aufgeschrieben und durch Kommas getrennt werden. Danach sind alle Tags über das Element-Tag festgelegt. Nach Prologende folgt das Wurzelelement <Kontakt> mit den acht Tags mit den Personendaten.

Festlegungen für die Namensgebung
In der Zusammenfassung sollen alle Konventionen für die Schreibweisen aufgelistet werden, die für XML erforderlich sind:
- Alle Elemente (Tags) und Inhalte werden von einem <Wurzelelement> umschlossen.
- <?xml version="1.0"?>
- Jedes Element besteht aus einem öffnenden und einem schließenden Tag.
- Keine Zahlen am Anfang einer Programmzeile
- Keine Sonderzeichen
- Keine Umlaute
- Attribute in Elementen sind möglich, aber ihre Werte müssen immer in Anführungszeichen stehen (encoding="utf-8").
- Für die Vergabe von Elementnamen dürfen nur Buchstaben, Ziffern und Unterstrich verwendet werden.
- Eine XML-Datei muss „well-formed" sein, das bedeutet, dass Anfangs- und Endsyntax identisch sein müssen.
- Bei der Namensvergabe dürfen die folgenden Zeichen nicht verwendet werden: Ä, Ö, Ü, ä, ö, ü, ß, *, +, !, §, $, %, &, /, (), –, #, , . : ; @, <>, □, ˆ, °, "

449

8.1.2 Grundstruktur einer XML-Datenbank

Mit XML lässt sich relativ schnell eine kleine Datenbank erstellen, mit der das Aufbauprinzip deutlich wird. Dazu wird ein Dokument verfasst, das den Regeln der Wohlgeformtheit und Gültigkeit entspricht.

Die Datenbank soll aus Kundendaten für spätere Kontakte bestehen, welche die dafür typischen Einträge enthält:

- Nachname
- Vorname
- Beruf
- Straße und Hausnummer
- Postleitzahl
- Ort
- Telefonnummer

Diese personenbezogenen Felder müssen in der XML-Datei erstellt werden, indem jedes der obigen Felder ein eigenes Tag wird. Es muss also für jeden Begriff ein Tag wie <Nachname> oder <Vorname> definiert werden. In diese verschiedenen Tags werden dann die späteren konkreten Namen bzw. Inhalte (Content) eingetragen.

Der Tagsatz für eine solche Kontaktadresse würde wie folgt aussehen:

Datensatz

oder Elementcontainer – enthält die Informationen einer Datenbank, die nach einem immer gleichen Schema in eine Datenbank eingetragen werden können. Der Datensatz enthält alle von der Datenbank vorzuhaltenden Informationen.

XML-Datenbank – Grunddaten

```xml
<?xml version="1.0"?
encoding=UTF-16 standalone="yes">


<!--Hier beginnt die DTD-->

<!DOCTYPE Kontakt [
  <!Element Kontakt (Nachname,
  Vorname, Beruf, Strasse, PLZ,
  Ort, Telefon)>
    <!Element Nachname (#PCDATA)>
    <!Element Vorname (#PCDATA)>
    <!Element Beruf (#PCDATA)>
    <!Element Strasse (#PCDATA)>
    <!Element PLZ (#PCDATA)>
    <!Element Ort (#PCDATA)>
    <!Element Telefon (#PCDATA)>

]>

<!--Hier endet DTD und Prolog-->


<!--Hier beginnt die XML-Datei-->

<Kontakt>
  <Nachname>Mustermann</Nachname>
  <Vorname>Frank</Vorname>
  <Beruf>Mediengestalter</Beruf>
  <Strasse>Musterweg 12</strasse>
  <PLZ>89123</PLZ>
  <Ort>Musterstadt</Ort>
  <Telefon>01245-891211</Telefon>
</Kontakt>

<!--Hier endet die XML-Datei-->
```

Datensatz oder Elementcontainer

```xml
<Kontakt>
  <Nachname>Mustermann</Nachname>
  <Vorname>Franz</Vorname>
  <Beruf>Mustermaurer</Beruf>
  <Strasse>Mustermann</Strasse>
  <PLZ>07070</PLZ>
  <Ort>Musterstadt</Ort>
  <Telefon>01234-09876</Telefon>
</Kontakt>
```

Dieser Datensatz muss jetzt in den XML-Programmcode integriert werden, der zu Anfang aus der DTD bestehen muss. In der folgenden Spalte ist dies für die spätere Datenbank vorgestellt. Es ist die DTD und ein Datensatz in der folgenden Abbildung vorhanden.

Um aus dem obigen XML-Dokument eine Datenbankanwendung zu erstellen, ist es notwendig, weitere Datensätze aufzunehmen. Dazu wird der links abgebildete Datensatz unverändert verwendet. Es muss jedoch eine weitere hierarchische Ebene eingesetzt werden, um die Datensätze voneinander zu unterscheiden. Dies wird im XML-Dokument auf der folgenden Seite deutlich. Beachten Sie die Unterschiede zum obenstehenden XML-Dokument. Dies ist gut möglich, da Sie die Datensätze direkt nebeneinander stehen haben und

450

XML

```
XML-Datenbank – Datensatz

<?xml version="1.0"?
encoding=UTF-16 standalone="yes">


<!--Hier beginnt die DTD-->

<!DOCTYPE Kontakt [
 <!Element Kontakt (Datensatz)+>
 <!Element Datensatz (Nachname,
  Vorname, Beruf, Strasse, PLZ,
  Ort, Telefon)>
   <!Element Nachname (#PCDATA)>
   <!Element Vorname (#PCDATA)>
   <!Element Beruf (#PCDATA)>
   <!Element Strasse (#PCDATA)>
   <!Element PLZ (#PCDATA)>
   <!Element Ort (#PCDATA)>
   <!Element Telefon (#PCDATA)>
]>
<!--Hier endet DTD und Prolog-->

<!--Hier beginnt die XML-Datei-->
<Kontakt>
 <Datensatz>
 <Nachname>Böhringer</Nachname>
 <Vorname>Joachim</Vorname>
 <Beruf>Studiendirektor</Beruf>
 <Strasse>Dorfplatz 1</Strasse>
 <PLZ>07070</PLZ>
 <Ort>Musterstadt</Ort>
 <Telefon>03981-66321</Telefon>
 </Datensatz>

 <Datensatz>
 <Nachname>Bühler</Nachname>
 <Vorname>Peter</Vorname>
 <Beruf>Studiendirektor</Beruf>
 <Strasse>Grundweg 22</Strasse>
 <PLZ>08080</PLZ>
 <Ort>Neustadt</Ort>
 <Telefon>07071-09876</Telefon>
 </Datensatz>

 <Datensatz>
 <Nachname>Schlaich</Nachname>
 <Vorname>Patrick</Vorname>
 <Beruf>Professor</Beruf>
 <Strasse>Mannweg 3</Strasse>
 <PLZ>09090</PLZ>
 <Ort>Neudorf</Ort>
 <Telefon>04179-6942</Telefon>
 </Datensatz>
</Kontakt>

<!--Hier endet die XML-Datei-->
```

die „roten Unterschiede" bzw. „Erweiterungen" leicht vergleichen können.

Erweiterung der DTD
Hier muss das Wurzelelement <Kontakt> definiert werden. In der runden Klammer steht jetzt ein untergeordnetes Element mit einem +-Zeichen nach der Klammer. Dieses Tag grenzt die verschiedenen Datensätze durch das +-Zeichen voneinander ab. Das +-Zeichen bedeutet, dass beliebig viele Tags von <Kontakt> möglich sind. Mindestens jedoch muss ein Tag <Kontakt> vorhanden sein. Wird das +-Zeichen nicht gesetzt, ist nur ein Datensatz möglich. Um den XML-Code als Datenbank zu nutzen, muss demzufolge das +-Zeichen unbedingt gesetzt sein.

Das Tag <Datensatz> wird in der folgenden Zeile exakt definiert. Es setzt sich zusammen aus den sieben Tags, die später die Personendaten enthalten. Daran schließt sich die Definition der Element-Tags an.

Datenbank
Die XML-Datei beginnt mit dem Wurzelelement <Kontakt> und dem folgenden Tag <Datensatz>. Diese sieben Tags enthalten die personenbezogenen Daten. Der erste Datensatz wird mit dem Tag </Datensatz> abgeschlossen.

Jetzt folgt das zweite Tag <Datensatz> und danach das dritte Tag usw. Es können jetzt beliebig viele Datensätze erscheinen, da das Tag </Datensatz> immer nur einen Container mit Daten darstellt, der durch das untergeordnete Tag-Element eingegrenzt wird.

Das Wurzelelement <Kontakt> und </Kontakt> ist das übergeordnete Element und beschließt diesen Datenbanksatz.

In diese Datei können nach Bedarf weitere Datensätze eingefügt werden.

Dokumentenbaum

Nach dem XML-Prolog beginnt, wie vorne bereits beschrieben, die XML-Datei. Diese lässt sich mit Hilfe eines Dokumentenbaumes darstellen. Das erste Element im XML-Dokument ist immer das Wurzelelement, das alle folgenden Elemente in sich einschließt, bis das

Datenbank

Die Abbildung zeigt die hierarchische Struktur der Datenbank, die auf der vorherigen Seite aufgebaut wurde, dargestellt in einem XML-Editor.

```
 2  <?xml version="1.0" encoding="UTF-8"?>
 3
 4  <!--Hier beginnt die DTD-->
 5
 6  <!DOCTYPE Kontakt [
 7      <!Element Kontakt (Datensatz)+>
 8      <!Element Datensatz (Nachname, Vorname, Beruf, Strasse, PLZ, Ort, Telefon)>
 9
10      <!Element Nachname (#PCDATA)>
11      <!Element Vorname (#PCDATA)>
12      <!Element Beruf (#PCDATA)>
13      <!Element Strasse (#PCDATA)>
14      <!Element PLZ (#PCDATA)>
15      <!Element Ort (#PCDATA)>
16      <!Element Telefon (#PCDATA)>
17  ]>
18
19  <!--Hier endet die DTD und der Prolog-->
20
21  <!--Hier beginnt die XML-Datei-->
22
23  <Kontakt>
24    <Datensatz>
25      <Nachname>Böhringer</Nachname>
26      <Vorname>Joachim</Vorname>
27      <Beruf>Referent</Beruf>
28      <Strasse>Dorfplatz 1</Strasse>
29      <PLZ>07070</PLZ>
30      <Ort>Musterstadt</Ort>
31      <Telefon>03981-66321</Telefon>
32    </Datensatz>
33    <Datensatz>
34      <Nachname>Bühler</Nachname>
35      <Vorname>Peter</Vorname>
36      <Beruf>Studiendirektor</Beruf>
37      <Strasse>Grundweg 22</Strasse>
38      <PLZ>08080</PLZ>
39      <Ort>Neustadt</Ort>
40      <Telefon>07071-09876</Telefon>
41    </Datensatz>
42    <Datensatz>
43      <Nachname>Schlaich</Nachname>
44      <Vorname>Patrick</Vorname>
45      <Beruf>Professor</Beruf>
46      <Strasse>Mannweg 3</Strasse>
47      <PLZ>09090</PLZ>
48      <Ort>Neudorf</Ort>
49      <Telefon>04179-6942</Telefon>
50    </Datensatz>
51  </Kontakt>
52
    <!--Hier endet die XML-Datei-->
```

Gespeichert: 20. November 2007 22:16 · Zeichen: 1.238 · Kodierung: Unicode (UTF-8)

XML

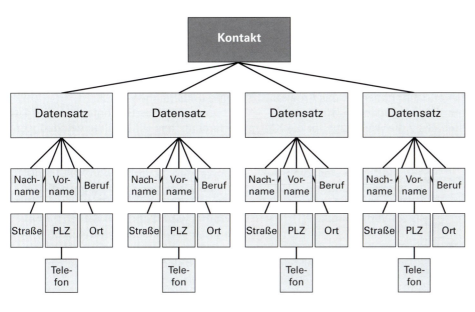

Baumstruktur

Die Abbildung zeigt die Dokumentenbaumstruktur des Datenbankentwurfs, der auf der linken Seite im XML-Editor dargestellt ist.

Beachten Sie dabei, dass die Struktur einen Datensatz mehr anzeigt als die Abbildung im XML-Editor.

Dies verdeutlicht, dass eine solche Datenbank erweiterbar ist, aber die einzelnen Datensätze in der Datenbankhierarchie immer gleichwertig sind, es findet also keine Wertung zwischen den Datensätzen statt.

Wurzelelement abgeschlossen wird. Wird eine solche Hierarchie grafisch dargestellt, erscheint diese als relative klare Baumstruktur, so wie Sie dies auf der obenstehenden Abbildung für das Projekt Datenbank erkennen können.

Das erste Feld in der Grafik oben ist das Wurzelelement <Kontakt>, das alle anderen Elemente einschließt. Das Element <Datensatz> mit den darunter befindlichen Felddarstellungen enthält die Informationen, die im Datensatz- oder Elementcontainer abgelegt sind.

Die Darstellung zeigt, dass es ein Wurzelelement grundsätzlich nur einmal gibt. Unter dem Wurzelelement können im Prinzip beliebig viele Unterelemente wie <Datensatz> vorkommen. Jedes Unterelement enthält entsprechende Tags mit den dazugehörigen Inhalten, die im Beispiel links durch die Namen der Autoren dieses Buches gekennzeichnet sind.

Der Vorteil einer solchen Struktur wird relativ schnell deutlich, wenn man sich klarmacht, welche Inhalte in jedem Unterelement vorhanden sind. Jeder <Datensatz> kann völlig unproblematisch in die vorhandene Struktur eingefügt oder entnommen werden. Das bedeutet, dass eine solche XML-Datenbankstruktur relativ schnell in kleine Dateien geteilt oder zu einem größeren Dokument erweitert werden kann.

Der Baum stellt also die Inhalte dar sowie die Abfrageabfolge der Elemente im XML-Dokument.

8.1.3 XML-Textimport in InDesign

8.1.3.1 XML-Werkzeuge

InDesign weist eine Reihe spezieller Werkzeuge auf, die Sie beim „normalen" Arbeiten ohne XML nicht nutzen. Bevor daher näher auf das Arbeiten mit XML eingegangen wird, sollen Ihnen kurz die Werkzeuge für die XML-Verarbeitung vorgestellt werden.

InDesign stellt die Strukturansicht und das Menü Tags für die Arbeit mit XML zur Verfügung.

Strukturansicht

In der links abgebildeten Strukturansicht werden alle Elemente innerhalb des Dokuments und ihrer Hierarchie angezeigt. Um die jeweiligen Elemente zu identifizieren, werden in InDesign die Element-Tags und ein Symbol für den jeweiligen Inhaltstyp angezeigt. Zudem können in der Strukturansicht die ersten Wörter des Textes in einem Element angezeigt werden. Dies wird als Textausschnitt bezeichnet.

In der Strukturansicht können Sie XML-Elemente anzeigen, bearbeiten und verwalten. Bei der Arbeit mit XML werden Sie die Strukturansicht auf vielerlei Art verwenden. Wenn Sie beispielsweise importierte XML-Inhalte im Layout platzieren möchten, können Sie Elemente aus der Strukturansicht direkt auf eine Seite ziehen. Sie können die Strukturansicht auch verwenden, um die Hierarchie der Elemente anzupassen. Sie können Elemente, Attribute, Kommentare und Verarbeitungsanweisungen hinzufügen.

Strukturansicht
❶ Rootelement oder Wurzelelement, kann nur ein Mal vorhanden sein, außer bei angehängten XML-Dokumenten.
❷ Dieses Element ist im Layout platziert.
❸ Hinweiselement, wird nicht im Layout platziert.
❹ Textausschnitt-Element, wird nicht im Layout platziert.

Tags-Bedienfeld

Im Tags-Bedienfeld werden die einzelnen Tags für die Elemente auf einer Seite angezeigt. Sie können Tags importieren, exportieren, hinzufügen, löschen und umbenennen.

Über das Tags-Bedienfeld können Sie Element-Tags auf Inhalt anwenden, den Sie nach XML exportieren möchten. Sie können Tags auf Rahmen im Dokument anwenden, bevor Sie den XML-Inhalt in die jeweiligen Rahmen importieren. Wenn auf Rahmen ein Tag angewendet wurde, wird dies durch die Tag-Farbe auf dem Dokument angezeigt. So können Sie in den Abbildungen rechts genau verfolgen, welches Tag zu welchem Rahmen zugeordnet ist.

Damit jedes Tag eine entsprechende Formatierung für die Schriftart und Größe bekommt, müssen Sie über das Tags-Menü die Tags zu Formaten zuordnen. Diese Zuordnung ermöglicht eine direkte Formatierung des XML-Inhalts, der ja keine Informationen über das Aussehen aufweist, da Inhalt und Form bekanntermaßen getrennt sind.

Die Zuweisung des optischen Erscheinungsbildes einer XML-Information erfolgt also mittels der Zuweisung zu einem Absatzformat. Diese Zuweisung muss unbedingt in zwei Richtungen erstellt werden: „Tags zu Formaten zuordnen" und „Formate zu Tags zuordnen". Der Befehl dazu befindet sich oben rechts im Tags-Menü. Die beiden Zuordnungslisten sind auf der gegenüberliegenden Seite unten rechts abgebildet.

Sind die Absatzformate und die Tags-Namen identisch, lassen sich die Formate und die Tags sehr leicht nach Namen zuordnen und es werden dabei keine Zuordnungsfehler gemacht. Dies muss aber bei der Dateianlage bereits bedacht werden.

454

XML

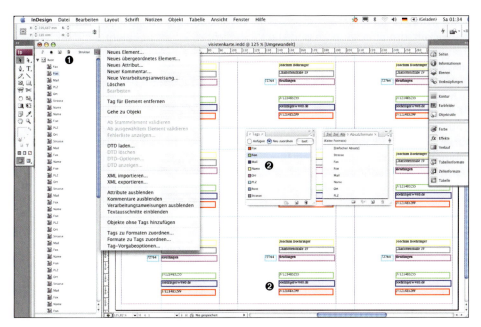

Dokumentansicht mit geöffneten XML-Werkzeugen

Links ist die Strukturansicht mit dem Root- oder Wurzelelement ❶ und allen Tags für die dargestellte Seite abgebildet. Jedes Tag weist eine eigene Farbe auf, die wiederum den Rahmen ❷ zugeordnet werden können, die durch XML-Daten befüllt werden sollen.

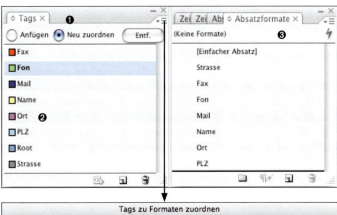

Tags-Menü und Absatzformate

Links ist die Tags-Liste ❶ mit den jeweils zugeordneten Farben ❷ dargestellt. Rechts das Fenster Absatzformate ❸ mit den definierten Schriftfestlegungen. Mit den unten abgebildeten Listen ❹ wird die Zuordnung der Tags zu den Absatzformaten und die Zuordnung der Absatzformate zu den Tags durchgeführt.

455

XML wurde unter anderem deswegen entwickelt, um eine saubere und klare Trennung des Inhalts eines Dokumentes und seiner grafischen Darstellung zu sichern. Wie im vorherigen Kapitel deutlich wird, kennt XML keine grafischen Formatierungsanweisungen, sondern „nur" strukturierte Inhalte. Diese strukturierten Inhalte können in einer XML-fähigen Applikation mit entsprechenden Formatierungen automatisch verarbeitet, also grafisch dargestellt werden.

8.1.3.2 Anlegen einer XML-Struktur in Adobe InDesign

Soll ein XML-Workflow eingerichtet werden, muss eine klar strukturierte Layoutdatei erstellt werden, in die aus den unterschiedlichsten Quellen XML-Daten eingelesen werden können. XML-Daten können aus den unterschiedlichsten Programmen in unterschiedlicher Qualität exportiert werden. Dies sind beispielsweise Adobe Acrobat 7.0, Adobe InDesign, QuarkXPress, GoLive, MS-Office für Windows (MacVersion besitzt keinen XML-Exportfilter) oder eine Datenbank wie Excel. Hinweis: Microsoft Excel 2004 für Mac kann nur XML-Dateien im Format „XML-Kalkulationstabelle" speichern. Es ist nicht möglich, in einem anderen XML-Schema zu speichern, beispielsweise Schemata gemäß der vom World Wide Web Consortium (W3C) vorgeschlagenen XML-Deklaration.

Strukturierte Satzvorlage
Prinzipiell lassen sich zwei Wege beschreiben, wie XML-Daten für InDesign aufbereitet werden:
- 1. Weg: Die XML-Daten werden durch eine XML-Datei importiert, die vollständig in einem XML-Editor aufbereitet wurde. Dabei wird die Dateistruktur und der Dateiinhalt vollkommen unabhängig von InDesign beschrieben. Das InDesign-Dokument muss die entsprechenden Formate und Tags für diese Datei aufweisen.
- 2. Weg: Die XML-Daten werden aus einer aufbereiteten InDesign-Musterdatei als XML-Datei exportiert und mit den entsprechenden Inhalten versehen. Danach wird die XML-Datei mit aktualisierten Inhalten zurückimportiert und die InDesign-Datei übernimmt die aktualisierten Daten und kann diese, korrekt formatiert, weiterverarbeiten. Beide Wege sind in der folgenden Grafik dargestellt.

XML-Darstellung in Adobe Acrobat und Adobe InDesign CS
Von links nach rechts: Tags in Adobe Acrobat und der dazugehörige Inhalt. Daneben die Bearbeitungsmöglichkeiten der Tags.
Ganz außen Darstellung der Tag-Struktur in InDesign.

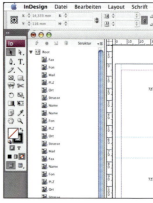

XML

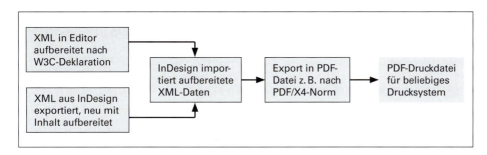

Prinzipieller XML-Arbeitsablauf

Die Erstellung einer Satzvorlage für den Import einer XML-Datei erfolgt wie gewohnt. Es werden Text- und Bildrahmen erstellt. Für jeden Rahmen, der später durch XML-Daten befüllt werden soll, muss ein Absatzformat erstellt werden.

Stellen Sie sich folgende Auftragssituation vor: Sie sollen für ein festgelegtes Designmuster einer Visitenkarte für immer wiederkehrende Druckaufträge eine Datei erstellen, mit der mehrere Nutzen von diesem Muster gedruckt werden können. Der Ablauf für die Erstellung des Auftrages könnte wie folgt aussehen:

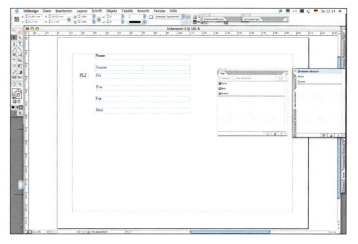

Vorgehensweise:
- Legen Sie ein DIN-A4-Dokument (Querformat, 1 Seite) an. Sichern Sie dieses Dokument unter dem Namen Visitenkarte.idd.
- Erstellen Sie den Inhalt entsprechend der Vorlage im rechten Bild für die Visitenkarte. Für jeden Begriff muss ein eigenes Textfeld erstellt werden. Die einzelnen Textfelder dürfen nicht verkettet sein.
- Definieren Sie für jedes Textfeld und jeden Begriff ein Absatzformat.
- Erstellen Sie für jedes Textfeld und jeden Begriff ein XML-Tag. Das Tags-Fenster rufen Sie im Menü *Fenster > Tags* auf. Absatzformate und Tags werden mit identischen Begriffen bezeichnet, damit die jetzt folgende Zuordnung sicher funktioniert.

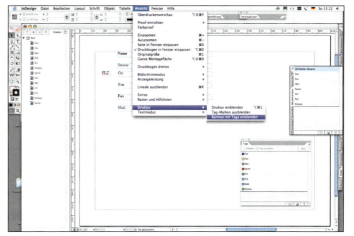

Satzvorlage und XML-Strukturdarstellung

Oben: Satzvorlage
Unten: XML-Struktur

457

- Tags werden den Formaten zugeordnet und Formate den Tags. Den Befehl dazu finden Sie im Tags-Menüfenster.

Tags zu Formaten und **Formate zu Tags**

Diese beiden Zuordnungen müssen durchgeführt werden, um die XML-Information über die Zuordnungslisten in den jeweils richtigen Textrahmen zu positionieren.

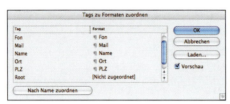

- Das fertige Eingabeergebnis enthält:
  - Textrahmen mit je einem Begriff
  - Absatzformate mit gleichen Namen wie Textfelder
  - Tags mit gleichen Namen wie die Absatzformate; Zuordnungsliste von Tags zu Formaten und umgekehrt
- Exportieren Sie das Ergebnis als XML-File.
- *Ablage > Exportieren > XML-Format.* In der weiteren Folge werden Sie noch nach dem Code gefragt: UNICODE–8 ist zu nutzen.

Der jetzt exportierte XML-Programmcode müsste, wenn Sie ihn öffnen, ungefähr so aussehen, wie der rechts oben abgebildete Text. Wenn Sie andere Namen oder Begriffe verwendet haben, ergeben sich entsprechende Änderungen.

XML-Code

Zur besseren Übersichtlichkeit können Sie den oben dargestellten XML-Code strukturieren. Dabei nehmen Sie immer einen vollständigen Wurzelbegriff in eine Zeile. Das Ergebnis sieht jetzt deutlich besser strukturiert aus, ist damit übersichtlich und gut zu verarbeiten. Um dies optisch zu verdeutlichen, ist der XML-Code in der folgenden Info-

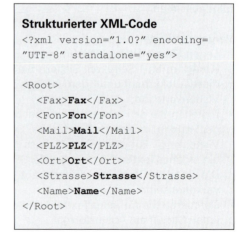

box dargestellt. Dies gibt die erhaltene Zeilenstruktur wieder.

Diesen jetzt besser strukturierten Code importieren Sie nun in Ihre InDesign-Datei. Sie erhalten jetzt, im Vergleich zur Ausgangsdatei, eine XML-basierte Datei

XML

mit einer etwas veränderten farblichen Struktur, die auf der folgenden Seite abgebildet ist. Diese Struktur können Sie nur erkennen, wenn Sie die in der rechten Abbildung verwendeten Ansichtseinstellungen von InDesign nutzen. Diese Struktur muss jetzt noch zur drucktechnischen Nutzung aufbereitet werden.

Eingabe der Nutzdaten
Rufen Sie jetzt in einem Texteditor die XML-Datei auf, die Sie, wie vorne abgebildet strukturiert haben.

Ersetzen Sie jetzt die Grunddaten der Datei (vorne = fett) durch die perso-

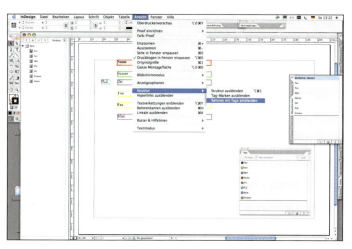

```
<?xml version="1.0" encoding=
"UTF-8" standalone="yes"?>

<Root>
  <Fax>07121-845288</Fax>
  <Fon>07121-845222</Fon>
  <Mail>Mustermann@web.de</Mail>
  <PLZ>72789</PLZ>
  <Ort>Musterstadt</Ort>
  <Strasse>Musterstrasse 20</
  Strasse>
  <Name>Johann Muster</Name>
</Root>
```

nalisierten Auftragsdaten – wie oben dargestellt. Verwenden Sie für diese Übung Ihre persönlichen Daten. Die fertige Datei müsste ähnlich wie oben angegeben aussehen.

Sichern Sie die erstellte Datei unter einem neuen Namen und importieren Sie diese in Ihre bestehende InDesign-Datei.

Ihre persönlichen Daten müssen jetzt in den entsprechenden Feldern der InDesign-Datei erscheinen.

8.1.3.3 Mehrfachnutzen mit XML

Folgende Vorstellung liegt der Datei zugrunde, die mehrere Nutzen einer Visitenkarte enthalten soll.
- Eine DIN-A4-Seite enthält neun Nutzen einer Visitenkarte zum Ausdruck auf einem Digitaldrucksystem.
- Die Visitenkarte ist nach einem Standardlayout aufgebaut. Die Datei wird als Print-on-Demand-Datei genutzt.
- Die Übernahme der aktuellen Kundendaten wird mit Hilfe von XML durchgeführt.
- Das Format der Visitenkarte beträgt 85 mm x 55 mm. Der Text ist so anzuordnen, dass bei Bedarf noch ein Bildlogo in der Größe 30 x 20 mm integriert werden kann.
- Die verwendete Schrift ist festgelegt. Gestalterische Ansprüche an eine seriöse Geschäftsdrucksachen-Typografie müssen erfüllt werden.
- Da mehrere Gestaltungsvorschläge vom Kunden ausgewählt werden können, sind mehrere Dateien mit unterschiedlichen Gestaltungsvarianten anzulegen, die nach Bedarf abgerufen werden.

Satzvorlage für die zu erstellende Nutzendatei

Das Bild zeigt eine Visitenkarte auf dem DIN-A4-Format. Diese Visitenkarte muss mit neun Nutzen (also mit neun Karten) auf diese Fläche gesetzt werden, um das Papierformat möglichst optimal auszunutzen und um Produktionskosten zu sparen. Die erstellte Nutzendatei sehen Sie auf der folgenden Seite.

Nutzendatei

Das Bild zeigt eine Nutzendatei mit neun Visitenkarten auf der Fläche eines DIN-A4-Querformates.
Alle Textfelder sind mit Tags versehen und alle Tags sind mit Absatzformatierungen verknüpft.

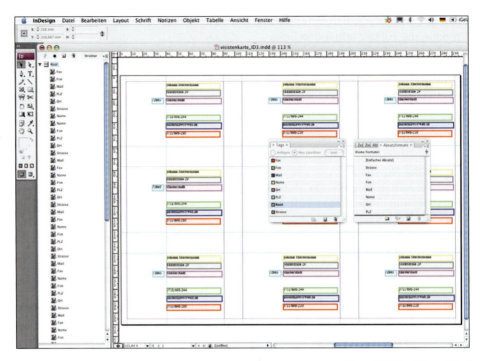

Oben ist der Aufbau der Nutzenseite im Layoutprogramm dargestellt. Alle Tags sind mit den Absatzformaten korrekt verknüpft. Der zur Seite gehörende XML-Code kann exportiert werden und sieht nach dem Export wie folgt aus:

XML-Dokument für Mehrfachnutzen

```xml
<?xml version="1.0" encoding="UTF-8" standalone="yes"?>

<Root>

<Name>Johann Mustermann</Name>
<Fon>0711/698-244</Fon>
<PLZ>72865</PLZ>
<Ort>Musterstadt</Ort>
<Strasse>Marktstraße 29</Strasse>
<Mail>mustermann@web.de</Mail>
<Fax>0711/698-210</Fax>

<Name>Johann Mustermann</Name>
<Fon>0711/698-244</Fon>
<PLZ>72865</PLZ>
<Ort>Musterstadt</Ort>
```

```xml
<Strasse>Marktstraße 29</Strasse>
<Mail>mustermann@web.de</Mail>
<Fax>0711/698-210</Fax>

<Name>Johann Mustermann</Name>
<Fon>0711/698-244</Fon>
<PLZ>72865</PLZ>
<Ort>Musterstadt</Ort>
<Strasse>Marktstraße 29</Strasse>
<Mail>mustermann@web.de</Mail>
<Fax>0711/698-210</Fax>

<Name>Johann Mustermann</Name>
<Fon>0711/698-244</Fon>
<PLZ>72865</PLZ>
<Ort>Musterstadt</Ort>
<Strasse>Marktstraße 29</Strasse>
<Mail>mustermann@web.de</Mail>
<Fax>0711/698-210</Fax>

<Name>Johann Mustermann</Name>
<Fon>0711/698-244</Fon>
<PLZ>72865</PLZ>
<Ort>Musterstadt</Ort>
<Strasse>Marktstraße 29</Strasse>
<Mail>mustermann@web.de</Mail>
<Fax>0711/698-210</Fax>
```

XML

```
<Name>Johann Mustermann</Name>
<Fon>0711/698-244</Fon>
<PLZ>72865</PLZ>
<Ort>Musterstadt</Ort>
<Strasse>Marktstraße 29</Strasse>
<Mail>mustermann@web.de</Mail>
<Fax>0711/698-210</Fax>

<Name>Johann Mustermann</Name>
<Fon>0711/698-244</Fon>
<PLZ>72865</PLZ>
<Ort>Musterstadt</Ort>
<Strasse>Marktstraße 29</Strasse>
<Mail>mustermann@web.de</Mail>
<Fax>0711/698-210</Fax>

<Name>Johann Mustermann</Name>
<Fon>0711/698-244</Fon>
<PLZ>72865</PLZ>
<Ort>Musterstadt</Ort>
<Strasse>Marktstraße 29</Strasse>
<Mail>mustermann@web.de</Mail>
<Fax>0711/698-210</Fax>

<Name>Johann Mustermann</Name>
<Fon>0711/698-244</Fon>
<PLZ>72865</PLZ>
<Ort>Musterstadt</Ort>
<Strasse>Marktstraße 29</Strasse>
<Mail>mustermann@web.de</Mail>
<Fax>0711/698-210</Fax>

</Root>
```

Sie werden feststellen, dass der XML-Code aus neun Inhaltsbereichen besteht, also für jede Karte ist ein Content angelegt. Der Code kann in einem XML-Editor mit einem neuen aktuellen Inhalt überschrieben werden. Dies wäre in diesem Beispiel mit dem ersten Kartensatz durchzuführen. Dieser aktualisierte Satz wird dann in die bestehende XML-Datei acht mal kopiert und gesichert. Danach kann die aktualisierte XML-Datei in die Layoutdatei importiert werden. Das Einlesen der neuen Textinformation in die entsprechenden Textrahmen erfolgt automatisch.

8.1.3.4 XML-Importfunktionen

Beim Import von XML-Daten können zwei Grundeinstellungen von Bedeutung sein, die im Importfenster eingestellt werden. Dies betrifft den Modus „Inhalt anhängen" oder „Inhalt zusammenführen".

Importfunktionen

Die beiden untenstehenden Abbildungen zeigen die Einstellungen für die XML-Importfunktionen.

Inhalt anhängen
Beim Anhängen wird der neue XML-Inhalt dem Dokument hinzugefügt, wobei die vorhandene Struktur und der vorhandene Inhalt unverändert beibehalten werden.

Beim Zusammenführen wird der vorhandene Inhalt ersetzt und der neue Inhalt wird je nach gewählten Optionen hinzugefügt, wenn keine entsprechenden Elemente vorgefunden werden. Das Zusammenführen von XML mit einem Dokument empfiehlt sich in folgenden Fällen:
- Das Dokument enthält Platzhalterrahmen, die Sie mit der zu importierenden XML-Datei füllen möchten.

In der Abbildung auf Seite 462 rechts sehen Sie in der Strukturansicht ein Dokument, bei dem der Inhalt an ein bestehendes Dokument angehängt wurde.

461

- Das Dokument enthält XML-Abschnitte, die Sie durch die zu importierende XML-Datei ersetzen möchten.
- Das Dokument enthält keine XML-Struktur und Sie möchten das Standard-Stammelement durch das Stammelement in der zu importierenden XML-Datei ersetzen.

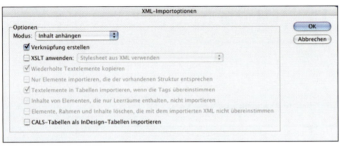

XML-Importoptionen

Die Abbildungen zeigen die möglichen Importoptionen für XML-Daten. Lesen Sie zu diesem Punkt auch die sehr gute Hilfedatei im Programm InDesign.

Inhalt zusammenführen

Die Option „Inhalt zusammenführen" vergleicht den zu importierenden XML-Inhalt mit der Struktur in der Strukturansicht. Hierbei wird die gesamte Datei Element für Element analysiert.

Hinweis: Beim Importieren von XML können Sie wählen, ob der Importvorgang bei einem ausgewählten Element beginnen soll, ob Inhalte ausgefiltert werden sollen, wenn sie nicht mit der vorhandenen Struktur übereinstimmen, oder ob Elemente in der Strukturansicht gelöscht werden sollen, wenn in der zu importierenden XML-Datei kein entsprechendes Element vorhanden ist. Nachfolgend wird die grundlegende Zusammenführung ohne zusätzlich ausgewählte Optionen beschrieben.

Der Vergleich beginnt immer beim Stammelement (Rootelement). Wenn die Stammelemente nicht übereinstimmen und die Strukturansicht keine vorhandene Struktur enthält, ersetzt InDesign das Stammelement in der XML-Datei durch das Standard-Stammelement „Root" und importiert die Datei.

Wenn die Stammelemente nicht übereinstimmen und die Strukturansicht Elemente enthält, hängt InDesign die Datei an das Ende der vorhandenen Struktur an. Dies ist in der Abbildung unten dargestellt und leicht erkennbar an den zwei Rootelementen. Dies ist immer ein sicheres Indiz für eine ange-

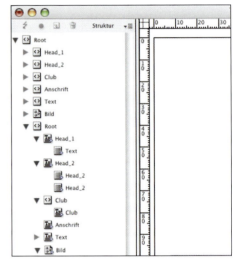

hängte XML-Struktur. Wenn die Stammelemente übereinstimmen, wird der Vorgang beim nächsten Element in der zu importierenden Datei fortgesetzt.

Im Bild links oben ist noch eine interessante Variante aktiviert: „Verknüpfung" erstellen. Damit legen Sie fest, dass die Datei nicht fest eingebettet wird, sondern mit der XML-Datei verknüpft wird. Ändern Sie jetzt etwas an der XML-Datei, ändert sich der Inhalt des InDesign-Dokumentes automatisch. Gerade unsere Visitenkarte mit ständig wechselnden Inhalten profitiert, wie andere ständig zu aktualisierende Dokumente auch, von dieser praktischen Funktion.

8.1.4 XML-Bildexport aus InDesign

Exportoptionen für optimierte Bilder
Die folgenden Optionen sind verfügbar, wenn Sie „Optimierte Originalbilder" oder „Optimierte formatierte Bilder" auf der Registerkarte „Bilder" des Dialogfelds „XML exportieren" gewählt haben, um die für den Export vorgesehenen Bilder zu optimieren:

- Bildumwandlung: Hiermit legen Sie das Dateiformat für das konvertierte Bild fest. Mit der Option „Automatisch" wählt InDesign das beste Dateiformat für das Bild aus. Daher sollten Sie weiter unten sowohl GIF-Optionen als auch JPEG-Optionen festlegen.
- GIF-Optionen: Hier legen Sie die Formatierung für Bilder fest, die beim Exportieren in XML in das GIF-Format konvertiert werden. Folgende Optionen stehen hier zur Verfügung:
  - Palette: Hiermit legen Sie die Farbpalette für das konvertierte Bild fest. Wählen Sie die Palette für das endgültige Anzeigeformat des XML-Inhalts. „Flexibel (ohne Dithering)" eignet sich gut für Bilder, die hauptsächlich Volltonfarben enthalten, sowie für die endgültige Ausgabe in mehrere Formate.
  - Interlace: Hiermit wird bei jedem Durchgang nur jede zweite Zeile eines Bildes heruntergeladen, statt das gesamte Bild auf einmal zu übertragen. Auf diese Weise kann rasch eine Vorschau des Bildes erfolgen, da bei jedem Durchgang die Auflösung erhöht wird, bis die endgültige Qualität erzielt ist.
- JPEG-Optionen: Hiermit legen Sie die Formatierung für Bilder fest, die beim Exportieren in XML in das JPEG-Format konvertiert werden. Folgende Optionen stehen zur Verfügung:
  - Bildqualität: Hier legen Sie die Qualität des konvertierten Bildes fest. Je höher die Qualität, desto größer wird die Datei und desto länger dauert die Übertragung.
  - Formatmethode: Hiermit legen Sie fest, wie das JPEG-Bild für die Übertragung formatiert wird. Mit der Option „Grundlinie" wird das Bild in einem einzigen Durchgang in seiner endgültigen Qualität heruntergeladen, so dass die Datei direkt nach dem Öffnen in voller Qualität angezeigt wird. Das Herunterladen von Bildern in diesem Format kann länger dauern als bei Bildern, die in mehreren Durchgängen übertragen werden. Mit der Option „Mehrere Durchgänge" wird das Bild in mehreren Durchgängen übertragen. Im ersten Durchgang wird ein Bild mit einer niedrigen Auflösung heruntergeladen und jeder zusätzliche Durchgang erhöht die Auflösung, bis die endgültige Qualität erreicht ist.

Bildablage aus InDesign
Wird nur die Einstellung „Originalbilder" genutzt, wird eine Kopie der Originalbilddateien im Unterordner „Bilder" gespeichert.

Die Einstellung „Optimierte Originalbilder" optimiert und speichert Kopien

dieser Dateien im Unterordner „Bilder".
Die Einstellung „Optimierte formatierte Bilder" optimiert die Bilddateien, die transformiert wurden (z. B. Rotation oder Skalierung).

Bild-Tags
Enthält ein Dokument ein Bild oder ein Grafik, muss dieses Bild „getagt" werden. Es muss also ein eigenes Bild-Tag angelegt werden, das nicht mit einem Absatzformat verknüpft wird. Die Verknüpfung erfolgt nur auf den vorgesehenen Bildrahmen. Dieser erhält die Rahmenfarbe, die im Tags-Fenster angezeigt wird. Links in der Abbildung auf der gegenüberliegenden Seite ist das Abbildung_01-Tag grau. Beim Export wird in der Strukturansicht der Pfad zum Bild angezeigt. Dieser Pfad kann variiert werden, wenn dies erforderlich sein sollte. Die Bildablage kann somit, unabhängig von den Programmvorgaben an die Erfordernisse eines Workflows angepasst werden.

In den gegenüberliegenden Abbildungen ist dieses Prinzip dargestellt. Um das Bild und das damit dargestellte Arbeitsprinzip zu verdeutlichen, sind folgende Erklärungen erforderlich.

Workflow Golf
Die obere Abbildung zeigt eine Anzeige im Hochformat, die für eine Tageszeitung erstellt wurde. Als Abbildung wird die S/W-Fotografie eines Abschlages verwendet. Die fertige Datei wird mit Formaten und Tags für alle Textgruppen und Abbildung versehen. Diese Inhalte werden als XML-Datei exportiert. Damit gehen alle Formatierungseinstellungen verloren und es wird nur der XML-Code mit dem Inhalt als XML-Datei gespeichert und weitergegeben.

Der XML-Code dieser Anzeige wird ohne Änderung an eine Zeitschrift geschickt, die den XML-Code importiert und mit den aus früheren Anzeigen bereits vorhandenen Tags und Formaten automatisch aufbereitet. Die einzige Aktion, die noch durchgeführt werden muss, ist das Einbinden bzw. Zuordnen des Bildes in den richtigen Bildordner.

Dieser XML-Code kann nun für eine weitere Werbeaktion verwendet werden, indem nur die Texte der einzelnen Tags im XML-Code aktualisiert werden, Dies ist in der untenstehenden Abbildung für Golfen in Freiburg dargestellt.

Bild-Tag
„Abbildung_01" ist ein grau unterlegtes Bildtag ohne Absatzformatzuweisung.

Alternativtext
Die Abbildung auf der gegenüberliegenden Seite zeigt „Golfen in Hamburg". Um Text und Bild für den Golfstandort Freiburg zu ändern, ist der rechts abgebildete XML-Code in das Dokument einzulesen.

```
<?xml version="1.0"
encoding="UTF-8" standalone="yes"?>

<Root>
<Head_1>Golf in Freiburg</Head_1>

<Head_2>Der Freizeitsport für Aktive</Head_2>

<Club>Golfclub Freiburg/Breisgau</Club>

<Anschrift>18-Loch-Platz &#8226;
Clubrestaurant &#8226; Übungsdrive
</Anschrift>
<Anschrift>Am Schlossberg 12
&#8226; 73113 Freiburg/B </Anschrift>
<Anschrift>Fon 07234/54 23 45
```

```
&#8226; www.golf-freiburg.de</Anschrift>
<Text>Freiburg: Dies ist ein
Mustertext zur Darstellung der erforderlichen Textmenge.</Text>

<Text>Zweite Spalte: Dies ist ein
Mustertext zur Darstellung der
erforderlichen Textmenge bei einem
Entwurf, bei dem der Text noch
nicht bekannt ist. Dieser Blindtext
kann immer dann eingesetzt werden,
wenn neutraler Text nicht zur Verfügung steht.</Text>

<Abbildung_01> href="file://Bilder/
Golf2_2.tif"></Abbildung_01>

</Root>
```

XML

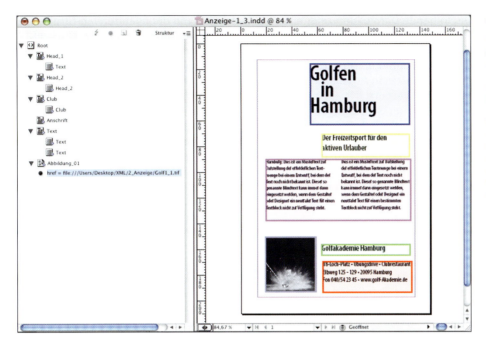

Golfen in Hamburg

Unterschiedliche Absatzformatzuweisungen, hergestellt aus einem XML-Code mit identischen Inhalten.

Dies funktioniert nur dadurch, dass XML Inhalte transportiert und keine Formatierungen enthält. Die Formatierung wird immer erst in der Zieldatei durchgeführt.

8.1.5 XML-Reisekatalog

Die folgende Darstellung zeigt eine mögliche Produktionsstruktur einer XML-basierten Katalogerstellung für einen Reiseanbieter. Der Arbeitsablauf mit den folgenden Arbeitsschritten soll aufgezeigt werden:

- Anlage einer SQL-Datenbank
- Export der Datenbankinhalte als XML-Datei
- Seitenaufbau und Struktur des geplanten Kataloges
- Import der XML-Daten in den Katalog

Grundlegende Überlegungen

Vor der Bearbeitung eines derartigen Auftrages sind einige Überlegungen zur Struktur des Katalogprojektes angestellt werden. Wichtigste Überlegung dabei ist, dass die Struktur des Reisekataloges in der Layoutdatei mit der Struktur der Datenbank übereinstimmt. Es müssen also die Datenbankinhalte so aufbereitet werden, dass diese später in die festgelegt Layoutstruktur problemlos importiert werden können. Das bedeutet, dass die Datenbank-

struktur mit der späteren Tag-Struktur im Layoutprogramm übereinstimmen muss, um eine sichere Produktion zu gewährleisten. Hier müssen sich also Katalogdesigner und Datenbankspezialisten klar und eindeutig absprechen, um zu einer funktionierenden Produktionsstruktur zu gelangen.

Für unser Beispiel „Reisekatalog" werden folgende technischen Vorgaben getroffen:

- Alle Bilddaten müssen in gleicher Größe, Auflösung und Farbmodus verwendet werden.
- Alle Kataloginhalte müssen für folgende Struktur aufbereitet werden:
  - Headline (Teaser)
  - Ort
  - Reisebeschreibung
  - Buchungsnummer
  - Preis
  - Bild
  - ID-Nummer (Primärschlüssel)
- Die Datenbank wird als SQL-Datenbank ausgeführt.
- Das Layout wird in InDesign CS umgesetzt.

Anlegen der Datenbank

Die Datenbank wird mit phpMyAdmin erzeugt. Sprache: deutsch Zeichensatz: latin1_german1_ci. Die Anzahl der Felder wird sinnvollerweise dem späteren Layout angepasst und um ein Feld erhöht, damit ein Primärschlüssel (ID) angelegt werden kann.

Im Beispiel Reisekatalog werden folgende sieben Felder benötigt: Ort, Teaser, Reisebeschreibung, Preis der Reise, Buchungsnummer, Bild und ID-Nummer.

Wenn die Angaben entsprechend der Abbildung unten links eingegeben wur-

XML

Band II – Seite 157
2.4.3 Datenbankentwurf

Festlegung der Tabellen, Felder, Datentypen und Attribute

Es werden im Text nur die wichtigsten Einstellungen beschrieben, für vertiefende Informationen ist der obige Verweis oder die Programmhilfe heranzuziehen.

den, erscheint das obige Fenster, für die verschiedenen Einstellungen und Festlegungen für die Tabelle.

Bei „Feld" werden die Namen der Felder eingetragen. „Typ" und „Länge/Set" hängen direkt miteinander zusammen, da je nach Zeichen- bzw. Zifferntyp im Feld „Länge/Set" unterschiedliche Angaben einzutragen sind:

- „INT" – nur für Zahlenangaben (hier für die automatische Generierung des Primärschlüssels)
- „Länge/Set" – hier wird die Angabe zur maximalen Länge der erzeugten Zahl eingetragen.
- „VARCHAR" – hier kann später ein Text mit Sonderzeichen und Zahlen eingegeben werden.
- „Länge/Set" – hier wird die Angabe zur maximalen Länge eines Textes eingegeben. Die maximale Anzahl der Zeichen richtet sich nach dem im Layout verfügbaren Platz des entsprechenden Textfeldes.
- DECIMAL – hier werden z.B. Preise in Dezimalschreibweise eingetragen.
- „Länge/Set" – gibt an, wie viele Stellen die Zahl vor und nach dem Komma aufweisen darf.
- TINYTEXT – könnte für kurze Texte an Stelle von VARCHAR verwendet werden.
- Bei „Standard" muss immer „kein" und „NOT_NULL" eingetragen werden.
- A_I (Häkchen) – wenn das Häkchen gesetzt wird, wird hier automatisch hochgezählt, z.B. für Primärschlüssel.

Sind die Einstellungen gesetzt, kann mit Hilfe der Eingabemaske (siehe Abbildung unten) das Befüllen der Datenbank mit den Daten des Reisekataloges durchgeführt werden.

Eingabemaske

Hier kann die Datenbank befüllt werden. Die Eingabe der ID ist nicht möglich, da diese Zahl automatisch gesetzt wird. In der Abbildung links ist der Bildpfad noch nicht eingegeben. Das Ergebnis der Eingabe ist auf der folgenden Seite abgebildet.

467

Befüllte Datenbank

Die Abbildung zeigt zehn Datensätze des Reisekataloges mit allen notwendigen Informationen zur späteren Ausgabe als XML-Datei.

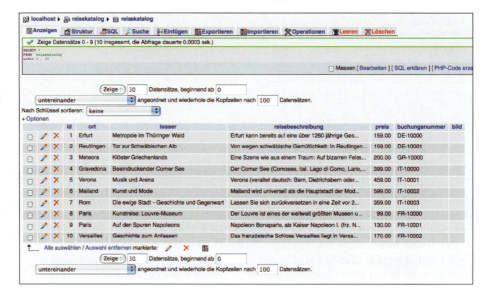

Export der XML-Daten

Die Datentabelle oben zeigt die ersten zehn Datensätze des Datenbestandes für den geplanten Reisekatalog. Die Reisebeschreibungen werden in der Listenansicht nur verkürzt dargestellt, sind aber in der Datentabelle vollständig für den Export gespeichert. Für den Export wird das Exportfenster mit Hilfe des Reiters geöffnet. Die Abbildung unten zeigt die vielfältigen Exportmöglichkeiten. Für den Export der Daten wählen wir das XML-Format und die für den Export benötigten Datensätze (z.B. Datensatz 1 bis Datensatz 30).

Nach der Bestätigung des Exports mit „OK" werden die Daten im XML-Format ausgegeben, gespeichert und können zur Weiterverarbeitung für das Layoutprogramm überprüft werden.

Export aus Datenbank

Die Exportmöglichkeiten aus der SQL-Datenbank sind vielfältig. Am Ende des „Exportieren"-Fensters kann ausgewählt werden, ab welchem Datensatz exportiert und/oder wie viele Datensätze exportiert werden sollen. So kann man z.B. eine umfangreiche Datenbank in mehrere Teile splitten, um den Importprozess in ein Layoutprogramm zu optimieren.

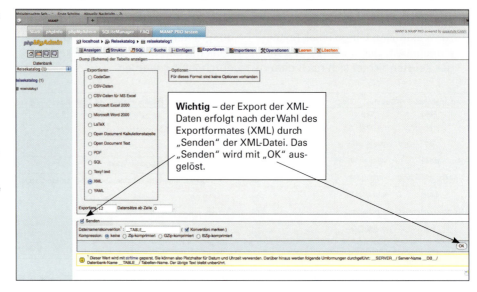

468

XML

Optimieren der XML-Daten

Wenn XML-Daten aus einer Datenbank exportiert werden, enthalten die Datensätze oftmals Kommentare und Definitionen, die sich auf die Datenbankausgabe beziehen und im XML-Datensatz eher störend sind. Die nicht benötigten Informationen werden gelöscht. Unnötige Informationen wie Datenbankprogramm, Rohinformationen, Server- und Programmkommentare usw. werden entfernt, da diese nicht zur Weiterbearbeitung erforderlich sind.

Bildpfade müssen überprüft und eventuell nachbearbeitet werden:
- Der gesamte Bildpfad wird in das vordere Tag aufgenommen.
- Das ID-Tag muss entfernt werden.
- Vor ‚href‘ wird ein Leerzeichen eingefügt.
- Der Pfad wird in doppelte Anführungszeichen gesetzt.

Die Abbildung unten zeigt einen Datensatz für den Reiseprospekt, der für das Programm InDesign korrekt aufbereitet wurde.

Vorbereiten der InDesign-Datei

Das Layout wird wie üblich mit Text- und Bildrahmen erstellt, allerdings ist zu beachten:
- Für jedes Feld, das aus der Datenbank befüllt wird, muss zwingend ein eigenständiges Textfeld verwendet werden.
- Beim XML-Import wird jeder bereits vorhandene Inhalt überschrieben. Es ist also empfehlenswert, das Eurozeichen bei Preisen in einen eigenen Textrahmen zu schreiben und an den für den Preis-Import vorgesehenen Rahmen anzupassen. Das Eurozeichen ist also ein feststehendes Element und wird nicht aus der Datenbank übernommen.
- Für jedes Textfeld muss ein Absatzformat angelegt werden. Da die die Namen der Datenbankfelder bekannt sind, bietet es sich an, die Absatzformate gleich den Datenbankfeldern zu benennen. Sie können dann später automatisch verknüpft werden.

Band II – Seite 506
8.3.4 Variabler Datendruck von PDF-Dokumenten

Band II – Seite 514
8.3.5 Gestaltung und Planung variabler Drucksachen

```xml
<?xml version="1.0" encoding="UTF-8" standalone="yes"?>
<Root>
  <reisekatalog>
    <ort>Erfurt</ort>
    <teaser>Metropole im Thüringer Wald</teaser>
    <reisebeschreibung>Erfurt kann bereits über eine 1260-jährige Geschichte
    zurückblicken. Die Landeshauptstadt Thüringens hat einen der am besten
    erhaltenen mittelalterlichen Stadtkerne Deutschlands. Schmucke
    Patrizierhäuser und liebevoll rekonstruierte Fachwerkhäuser geben dieser
    alten Handels- und Wissenschaftsstadt ein eigenes, unverwechselbares
    Gesicht.</reisebeschreibung>
    <preis>159,00</preis>
    <buchungsnummer>DE-10000</buchungsnummer>
    <bild href="file:///Users/Dokuments/Daten/D3Reise/Datenbank/Reisekatalog/
    DE-10000.tif"></bild>
  </reisekatalog>
</Root>
```

Exportergebnis XML

Die nebenstehende Abbildung zeigt einen exportierten Datensatz für den Reiseprospekt. Sinnvollerweise werden die Tags und Absatzformate im Layoutprogramm ebenso wie die hier dargestellten Tags benannt, um eine logische Zuordnung zu erleichtern.

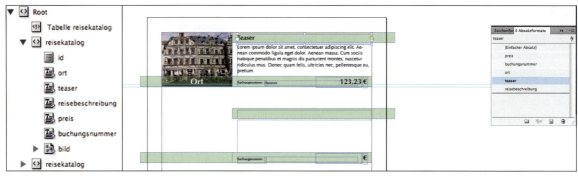

Struktur-Fenster mit XML-Struktur Reisekatalog

Die XML-Struktur der Exportdatei und der Layoutdatei müssen übereinstimmen, um einen automatisierten XML-Import zu ermöglichen.

Die Abbildung oben zeigt das Grundlayout des Reiseprospektes mit Bild, Teaser, Reisebeschreibung, Preis sowie Buchungsnummer. Die dazugehörige Verknüpfung zu den angelegten Absatzformaten ist im Bild rechts erkennbar.

Links außen sind in der XML-Struktur (Struktur einblenden unter Menü *Ansicht > Struktur > Struktur einblenden*) die angelegten Tags dargestellt. Im Fenster Tags (*Fenster > Hilfsprogramme > Tags*) hat man jetzt eine Liste aller Datenbankfelder. Mit Klick auf das Drop-

Verknüpfung der Datenbankfelder mit Text- und Bildrahmen

Per Drag & Drop werden aus dem Struktur-Fenster die einzelnen Datenbankfelder den Textrahmen zugewiesen.

Die erfolgreiche Zuweisung wird in der Struktur mit einem kleinen + gekennzeichnet (nicht abgebildet) und der Inhalt des Datenbankfeldes wird im Layout sofort als Text oder Bild angezeigt. Durch die zugewiesenen Absatzformate wird der Inhalt auch sofort richtig formatiert.

Tags zu Formaten und **Formate zu Tags**

Diese beiden Zuordnungen müssen durchgeführt werden, um die XML-Information über die Zuordnungslisten in den jeweils richtigen Textrahmen zu positionieren. Die dazu notwendigen Bilddarstellungen finden Sie nochmals auf Seite 455.

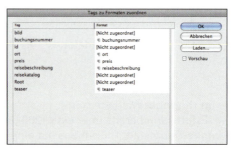

Down-Menü kann man die „Tags zu Formaten zuordnen". Dieses geht jetzt automatisch nach Namen, wenn die Absatzformate dieselben Namen aufweisen wie die Datenbankfelder. Diese Zuordnung ist dann noch ein zweites Mal durchzuführen, indem die „Formate den Tags" zugeordnet werden.

Je nachdem, wie viele Datensätze pro Seite dargestellt werden sollen, müssen die Datensätze mit dem Layout verbunden werden. In unserem Beispiel sind es vier Datensätze pro Seite, die zuerst manuell wie beschrieben verknüpft werden.

Wenn jetzt die nächsten vier Datensätze importiert werden, wird die XML-Quelldatei geändert. Dadurch wird der alte Inhalt automatisch durch den neuen DB-Inhalt ersetzt.

Die Voraussetzung, dass dies sicher funktioniert, ist: Die Dateien haben immer dieselbe Struktur. Das heißt, jeder

XML

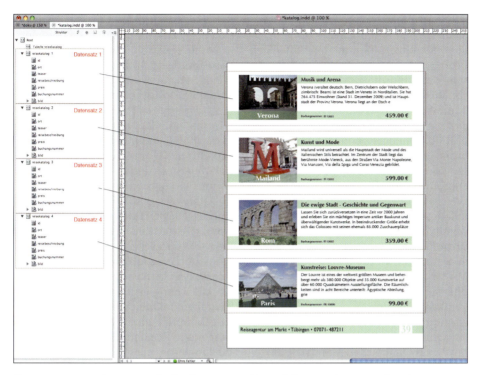

Zuordnung der XML-Datensätze aus einer SQL-Datenbank zum InDesign-Layout

Die Abbildung verdeutlicht die Zuordnung der aufbereiteten XML-Datensätze zu der vorbereiteten InDesign-Katalogseite.

Datensatz muss immer vollständig vorhanden sein, sonst wird der zugehörige Text- oder Bildrahmen nicht befüllt und bleibt leer.

Die Abbildung oben zeigt den Zusammenhang nochmals auf. Jede Katalogseite weist vier Reiseinformationen auf, die grafisch immer gleichartig gestaltet wurden. Damit benötigt jede Katalogseite immer vier Datensätze zur Befüllung aus der SQL-Datenbank. Nach dem Befüllen der Seiten werden diese gespeichert und für die Druckausgabe vorbereitet.

Korrektur der fertigen Seiten
Die fertigen Katalogseiten werden einer Korrektur unterworfen. Eventuell müssen noch aktuelle Preisänderungen und sonstige grafische Ergänzungen eingefügt werden, um die Gleichartigkeit der Katalogstruktur etwas aufzulockern.

Aktualisierung der Datenbank
Um die Aktualität der Datensätze in der Datenbank hinsichtlich der Korrekturen sicherzustellen, muss nach Produktionsende ein Rückexport der Texte in die Datenbank erfolgen, um alle Text- und Preiskorrekturen, die in der Layoutdatei durchgeführt wurden, in die Datenbank einzupflegen. Dies ist oftmals ein umständlicher, aber notwendiger Vorgang, um die Qualität und Aktualität der Datenbankinformationen für spätere Produktionen zu gewährleisten. Es darf nicht geschehen, dass die Daten zwischen einem Printprodukt und der Produktionsdatenbank nicht identisch sind.

8.1.6 Ausblick

Das vorliegende Kapitel sollte Ihnen einen kleinen Einblick in die Struktur von XML geben. Dies ist uns hoffentlich gelungen. Wichtigste Erkenntnis muss sein, dass Informationen unabhängig von ihrer späteren Verarbeitung und ihrem späteren Aussehen für die Produktion vorgehalten werden.

XML stellt eine gemeinsame Datenbasis her. XML-Daten können nach der Korrektur der Daten in die Medienproduktion übernommen werden. Da es sich bei den XML-Daten mit den aufbereiteten Informationen um reine Textdaten handelt, können diese bei Bedarf in den Satz für Printprodukte übernommen werden, aber auch für die Multimedia-Produktion bei CD-ROMs oder für die Herstellung und Befüllung von Internetseiten.

Normalerweise werden für die Herstellung von Print- und Nonprintmedien zwar die gleichen Manuskripttexte verwendet, aber es werden aufgrund der unterschiedlichen technischen und gestalterischen Anforderungen bei der Erstellung der Medien im Ergebnis unterschiedliche Datenbestände geschaffen, die eine gemeinsame Datenbasis verlassen haben. Dadurch wird vor allem eine Pflege und Aktualisierung der Daten erschwert.

Dies lässt sich im Prinzip durch XML und SGML „relativ leicht" ändern. Benötigte Daten werden in XML oder SGML vorgehalten, korrigiert und aktualisiert. Aus diesem Datenbestand wird dann für das jeweilige Medium die konkrete Print- oder Nonprintanwendung erstellt.

Bei der Datenhaltung geht es also um die Pflege der Inhalte, die Form wird später realisiert. Da die Daten nach der XML-Norm vorgehalten werden, lassen sich diese tatsächlich in einer klaren Struktur z. B. in einer Datenbank ablegen und bei Bedarf abrufen. Denken Sie dabei an eine Tabelle mit technischen Daten: Diese wird im Prospekt benötigt, in der technischen Betriebsanleitung des Produktes, auf der Internetseite und in der Reparaturanleitung einer Werkstatt auf CD-ROM oder DVD.

Ändert der Hersteller eine technische Information in der Tabelle, so wird diese in der XML-Datenbank geändert und kann für alle Medientypen von dort zentral abgerufen und für Aktualisierungen genutzt werden.

Daten für die XML-Produktion werden nach DTD-Regeln erfasst, die bei den Texterfassungsprogrammen bereits berücksichtigt werden. Dies verhindert eine falsche oder fehlerhafte Texterfassung. Neben der XML-Inhaltsstruktur können auch typografische Vorgaben definiert werden. Dies sind XSL-Definitionen, die ähnlich wie eine Stilvorlage in einem DTP-Programm funktionieren.

XSL (Extensible Stylesheet Language) ist eine Sprachfamilie zur Erzeugung von Layouts für XML-Dokumente. Diese Layouts, auch als Stylesheets bezeichnet, können in die zu formatierenden XML-Dokumente eingebunden werden. Dabei lassen sich die Layouts speziellen Medien zuordnen. Dadurch ist es möglich, ein Layout zum Drucken und ein Layout für die Darstellung am Computer zu verwenden.

Epilog

XML und dazugehörige Sprachvarianten sind für die Herstellung crossmedialer Medien unverzichtbar. Diese komplexe Multimedia-Produktion erfordert tiefgehendes Wissen in den Bereichen Datenbanken, Layoutgestaltung, Programmierung, Datenübernahme und Database Publishing. Die links angegebenen Internetseiten führen Sie weiter in diese spannende Produktionswelt.

SGML – ISO 8879

Standard Generalized Markup Language – trennt ebenso wie XML Inhalt und Layout eines Dokumentes und lässt eine unabhängige Bearbeitung beider Ebenen zu. HTML und XML werden oft als Ableitung von SGML beschrieben. HTML ist jedoch eine Anwendung, XML eine durch die ISO-Norm definierte Schnittmenge von SGML.

www.xmlcity.de

http://de.selfhtml.org/xml/

www.w3c.de/Misc/XML-in-10-points.html

www.sql-und-xml.de/xml-lernen/

8.1.7 Aufgaben

XML

1 XML – Begriffserklärung

Die Abkürzung XML steht für einen bestimmten Begriff. Erklären Sie dieses Kürzel.

2 XML – Sprachfamilie

XML steht nicht nur für eine bestimmte Sprache, sondern auch für eine ganze Sprachfamilie. Nennen Sie mindestens drei XML-Varianten.

3 XML-Editor – Erklären Sie

Was versteht man unter einem XML-Editor und welche Aufgaben erleichtert er beim Bearbeiten von XML-Skripten?

4 XML-Eigenschaften beschreiben

XML-Informationen werden immer dadurch umschrieben, dass behauptet wird, Inhalt und Darstellung seien strikt voneinander getrennt. Was wird unter dieser Behauptung verstanden?

5 XML-Prolog – Erklären Sie

Wird ein XML-Dokument erstellt, beginnen Sie mit dem Prolog. Welchen Inhalt weist der Prolog immer auf?

6 XML-Tags – Erklären Sie

Erklären Sie den Unterschied zwischen einem <HTML>-Tag und dem <?xml>-Tag.

7 Merkmale beschreiben

Beschreiben Sie den Unterschied zwischen einer wohlgeformten und einer gültigen XML-Datei.

8 DB-Merkmale beschreiben

Erstellen Sie einen so genannten XML-Elementcontainer mit Ihren persönlichen Daten – also Name, Vorname, Anschrift usw. Verwenden Sie dazu die Vorgaben für das Anlegen einer Datenbank aus Kapitel 8.1.2.

9 XML-Datei in Layoutprogramm erstellen, exportieren/importieren

Erstellen Sie Ihre persönliche Visitenkarte in einem Layoutprogramm und erzeugen Sie daraus durch den XML-Export eine XML-Datei. Ändern Sie alle personenbezogenen Daten dieser XML-Datei und importieren Sie diese in Ihr Layout entsprechend den Vorgaben in Kapitel 8.1.3.

10 Bildimport/-export beschreiben

In Kapitel 8.1.4 ist der Bildimport/-export beschrieben. Versuchen Sie diesen Ablauf mit eigenen Bildern nachzustellen. Bei Problemen verwenden Sie bitte die Programmhilfe.

11 Katalogerstellung durchführen

In Kapitel 8.1.5 ist die grundsätzliche Herstellung eines Reisekataloges dargestellt. Erstellen Sie nach diesen Vorgaben einen eigenen XML-basierten Katalog aus einer SQL-Datenbank heraus.

8.2 Web-to-Print

8.2.1	Begriffsklärung	476
8.2.2	Prozessablauf Web-to-Print	478
8.2.3	Web-to-Print aus Kundensicht	482
8.2.4	Serverlösung	484
8.2.5	Aufgaben	489

8.2.1 Begriffsklärung

Definitionen

Mit der Entwicklung des Internets zu einer allgemein genutzten Plattform kam relativ früh die Idee auf, Druckvorlagen online zu erzeugen und diese auszugeben. Mit den schnellen und stabilen Netzen ist dieser Gedanke heute bereits gelebte Realität. Die dazugehörige Technologie hat sich in den letzten Jahren unter dem Begriff „Web-to-Print" durchgesetzt. Unter „Web-to-Print-Lösungen" verstehen wir internetbasierte Angebote, die es ermöglichen, einen Druckauftrag via Internet mit Inhalt zu befüllen, Korrekturen durchzuführen, die Druckdatei freizugeben und den Druck auf einem digitalen Drucksystem auszuführen.

Das wirklich Revolutionäre an diesem „Web-to-Print-Geschäftsmodells" ist, dass nicht nur die Abwicklung eines Druckauftrages beschleunigt wird, sondern dass sich zwischen dem Kunden und seiner Druckerei eine völlig neue Art der Kommunikation herangebildet und nach anfänglicher Skepsis auch etabliert hat.

Druckereien sind durch „Web-to-Print-Lösungen" Teil eines E-Commerce-Workflows geworden, der es ermöglicht, Druckaufträge schnell und effektiv abzuwickeln. Die Just-in-Time-Produktion für Druckleistungen ist damit für viele Produktionen vorstellbar.

Web-to-Print-Einsatz (WtP-Einsatz)

Die Verwendung von Web-to-Print-Lösungen zeigt einen sehr unterschiedlichen Einsatz dieser Technologie. Vor allem große Unternehmen sind beim Einsatz der WtP-Technik aktiv.

Die Info-Trend-Studie zu Web-to-Print in Westeuropa, die von der Firma Canon 2007 (fortgeführt 2010) veröffentlicht wurde, zeigt dies sehr deutlich. 45 % der Unternehmen mit 50 und mehr Mitarbeitern nutzen Web-to-Print-Lösungen, während nur 21% der Unternehmen mit weniger als 50 Mitarbeitern diese Technik einsetzen.

Die Gründe für die zunehmende Beliebtheit digitaler Drucksysteme sind vielfältig, aber ausschlaggebend für kommerzielle Druckanbieter ist die Tatsache, dass sie eine Business-Lösung darstellen, die zu höheren laufenden Einnahmen führt. Der Studie zufolge erwarten 80 % der Druckserviceanbieter

---

Definition „Web-to-Print"

Die Teilnehmer einer Trendstudie aus Druckereien wurden befragt, was sie unter „Web-to-Print" verstehen. Das Ergebnis ist nicht erstaunlich, da dieser Begriff doch relativ neu ist.

Quelle: Info-Trend-Studie 2007 im Auftrag von Canon

www.canon.de
> suchen mit Stichwort „Studie Web-to-Print"

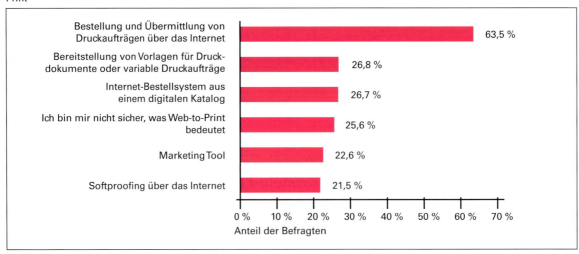

weltweit, dass der digitale Vollfarbdruck den höchsten Einnahmezuwachs in den kommenden Jahren bringen wird. Die Verkaufszahlen von Offsetdruckmaschinen wachsen weltweit nur um 2 % in einem weitgehend von Ersatzbeschaffungen geprägten Markt. Demgegenüber wird für den Absatz von digitalen Drucksystemen ein Wachstum von 10 % erwartet.

Web-to-print ist in den letzten Jahren dramatisch gewachsen. Große Unternehmen nutzen das Internet für Materialien wie Briefpapier, Broschüren oder Visitenkarten. Derartige Drucksachen werden bereits von einem globalisierten europäischen Markt gedruckt und versendet.

Auftragsstruktur

Die unten stehende Grafik zeigt das Auftragsspektrums, das heute bereits etwa 14% des gesamten Druckvolumens umfasst. Man schätzt, dass sich dieses bis zum Jahr 2020 etwa versechsfacht.

Einen großen Anteil an diesem WtP-Volumen haben Aufträge mit variablen Daten. Die Mehrzahl aller Aufträge werden mit derartigen IT-Dienstleistungen verknüpft. Ungefähr 20% der derzeitigen WtP-Aufträge sind diesem variablen Datendruck zuzuordnen.

Die hier genannten Zahlen geben einen kleinen Eindruck von der wachsenden Bedeutung der Web-to-Print-Technologie in Westeuropa wieder. Viele Anbieter dieser Dienstleistungen sehen hier einen Markt, der durch die Schnelligkeit und die zunehmend gute Druckqualität im Digitaldruck enorme Wachstumsmöglichkeiten bietet. Die zusätzliche Funktionalität bei Web-to-Print-Systemen, die für digitale Drucksysteme durch datenbankbasierte Anwendungen und Dienstleistungen zur Verfügung stehen, lässt ein außerordentliches attraktives Umfeld im IT-basierten Medienumfeld entstehen. Dies wird hoffentlich auch dazu beitragen, das Image der teilweise sehr konservativen Druckindustrie zu verbessern.

Web-to-Print

Band II – Seite 491
8.3 Variabler Datendruck

Web-to-Print-Einsatz nach Produktgruppen

Welche Arten von Dokumenten werden über ein Web-to-Print-System abgewickelt. Die Prozentwerte geben jeweils an, welcher Anteil des Auftragsvolumens mit WtP abgewickelt wird. Befragt wurden Firmen mit WtP-Lösung und klassischem Offsetdruck.

www.web-to-print-forum.de

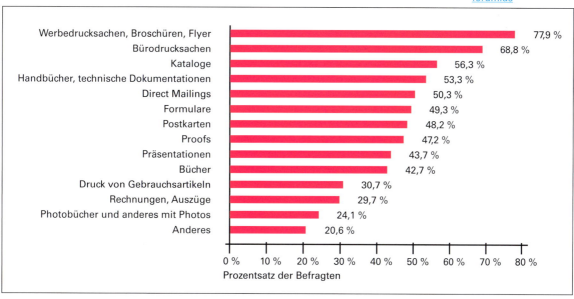

477

8.2.2 Prozessablauf Web-to-Print

Web-to-Print ist eine Prozesskette, die die Erzeugung von Druckvorlagen mittels Internet-Server durchführt. Dabei müssen neben den gestalterischen und technischen Abläufen auch alle notwendigen kaufmännischen Prozesse abgewickelt werden, die für die Lieferung und Bezahlung eines Druckjobs erforderlich sind.

Voraussetzung für die Web-to-Print-Anwendung ist, dass ein Kunde zum Kauf beziehungsweise zur Bestellung auf eine klar strukturierte Webseite gelangt. Der Anbieter muss also für eine ansprechende grafische Präsentation der „digitalen Druckprodukte" sorgen, damit der Kunde die *virtuelle Druckerei* im Web finden und problemlos nutzen kann. Für einen technischen Laien ist die Nutzung einer virtuellen Druckerei oder eines *Printshops* nicht einfach, da für manche Aufträge durchaus technische Anforderungen durch den Kunden zu erfüllen sind, die verstanden werden müssen. Dies trifft z. B. dann zu, wenn der Kunde Bilddaten, Textinformation oder gar eine Datentabelle zur Druckerei schicken muss.

Ein vorbildlich gestalteter Printshop ist unten mit einem Screenshot abgebildet. Die Kunden werden hier sehr gut mit detaillierten Hinweisen so durch die Auftragsannahme geführt, dass ihnen nahezu kein Fehler bei der Eingabe der Daten geschehen kann.

8.2.2.1 Drucksachen aus dem Netz

Bei vielen Anbietern von Web-to-Print-Lösungen finden sich Geschäfts- und Werbedrucksachen aller Art im Angebot. Hierbei handelt es sich um einen weitgehend normierten Markt mit relativ vielen Konstanten für die automatisierte Produktion der Drucksachen. Geschäftsdrucksachen, Rechnungen, Visitenkarten usw. weisen feste Formatvorgaben auf. Die Auswahl des gewünschten Designs für die Druck-

Printshop

Gut gestalteter Printshop mit vielen Variationsmöglichkeiten für einzelne Produkte der Firma printshop24.

www.printshop24.de

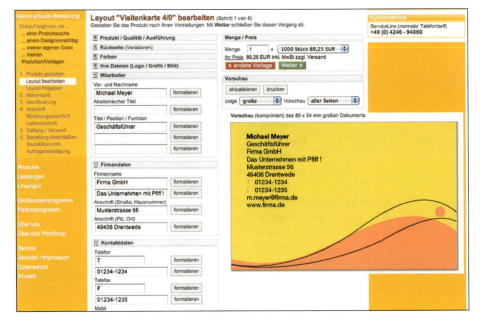

Web-to-Print

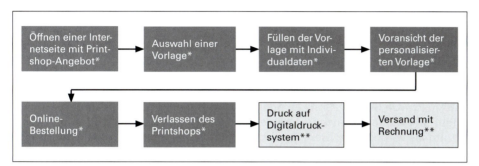

Web-to-Print

Standardprozessablauf einer Web-to-Print-Bestellung für ein individualisiertes Produkt mit analoger Rechnung.
* Aktivität Kunde
** Aktivität Druckerei

sachen kann auf eine vertretbare Anzahl festgelegt werden, so dass keine allzu hohe Zahl an Mustern vorgehalten werden muss.

Kunden der virtuellen Druckerei, die beispielsweise eine Visitenkarte benötigen, loggen sich über einen Standardbrowser ein. Bei dem ausgewählten Visitenkartenmuster können die persönlichen Daten über ein HTML-Eingabefeld eingegeben und je nach persönlichen Erfordernissen personalisiert werden.

Nach der abgeschlossenen Dateneingabe wird ein druckfertiges Muster generiert und dem Kunden direkt im Browser dargestellt. Diese Darstellung nutzt der Kunde, um seine Texte zu lesen. Sind diese fehlerfrei, wird die Online-Bestellung bestätigt und der Druckjob wird an den *Printmanager* einer Digitaldruckmaschine übergeben, dort gedruckt und an den Kunden mit der Rechnung ausgeliefert. Dieses grundlegende Verfahren ist in der Abbildung oben dargestellt.

8.2.2.2 Eingabeverfahren

Um die individuellen Daten in die ausgewählte Vorlage einzubringen, gibt es unterschiedliche Verfahren. Die wichtigsten sind:
- HTML-Formular als Eingabefeld
- HTML-Formular als Auswahlfeld
- PDF-Formular als Eingabefeld
- PDF-Formular als Auswahlfeld
- PDF-Formular als Eingabefeld mit direkter Vorschau im PDF
- Flash-Formular als Eingabefeld
- Flash-Formular als Auswahlfelder
- Flash-Editor als Eingabefeld für beliebige Texte mit Formatierungsmöglichkeit
- Java-Editoren als Eingabefeld für beliebige Texte mit Formatierungsmöglichkeit

8.2.2.3 Web-to-Print-Templates

Web-to-Print-Druckvorlagen benötigen als Grundlage immer vordefinierte Layoutvorlagen. Während der eine Hersteller auf XML zur Erzeugung der individualisierten Druckvorlage setzt, verwenden anderer PDF-Formulare, Vorlagen aus Adobe InDesign oder QuarkXPress.

Derartige Layoutvorlagen, die vom Nutzer ausgewählt werden, bezeichnet man als *Web-to-Print-Templates*. Bei diesen Mustervorlagen-Dateien werden einzelne variable Elemente mit Rechten und Eigenschaften ausgestattet, damit diese nach dem Aufruf durch den Nutzer individuell modifiziert werden können. Nach der Modifizierung am Monitor wird ein Muster zur Ansicht angefertigt, das der Kunde akzeptiert,

WtP-Templates

weisen variable Felder auf, die vom Kunden befüllt werden.

woraufhin er das Produkt dann bestellt.

Auf der Basis von Templates werden einfache Web-to-Print-Systeme zur Erzeugung von einfachen Druckvorlagen wie Visitenkarten oder Briefbögen realisiert. Die Möglichkeit zum Austausch von Bildern, Grafiken oder Logos und kleineren Layoutelementen ist oftmals vorgesehen. Die Möglichkeit zur Anbindung eines solchen Web-to-Print-Systems an ein eigenes, eventuell bereits vorhandenes *Shopsystem* ist gegeben. Da die Bezahlung durch ein Shopsystem für den Druckdienstleister deutlich sicherer ist als das Versenden einer Rechnung, hat sich dieses Verfahren weitgehend durchgesetzt. Da WtP-Angebote europaweit genutzt werden, ist diese Art der Auftragsbezahlung für alle Prozessbeteiligten sicher.

Wird zur Bearbeitung und Abrechnung eines Druckjobs ein Shopsystem eingesetzt, so wird zwischen zwei verschiedenen Systemen unterschieden.

Shopsysteme

Hier sind die Begriffe „Closed Shop" und „Open Shop" zu nennen.

Closed Shop – der Online-Shop wird durch ein Kennwort geschützt, das der Käufer vor dem Kaufvorgang zur Identifizierung eingeben muss. Ist der Kunde nicht registriert, ist diese Registrierung vor dem Eintritt in den Shop durchzuführen. Ein derartiger Shop hat einen hohen Schwellenwert – viele potenzielle Nutzer werden hier nicht eintreten, wenn das Angebot nicht öffentlich zugänglich ist. Derartige Closed Shops werden häufig für festgelegte Kundenkreise und deren Druckaufträge angelegt. Als Beispiel können Unternehmen genannt werden, die immer ein einheitliches Corporate Design für alle Geschäftsdrucksachen verlangen. Druckaufträge werden von

den Mitarbeitern bestellt und über einen nicht öffentlichen Web-to-Print-Shop zentral abgewickelt. Dies sichert vor allem die Einhaltung bestehender Designrichtlinien in einem Unternehmen.

Im Gegensatz dazu kann ein „Offener Online-Shop" direkt vom Endanwender betreten und genutzt werden. Ein Kunde muss sich erst dann identifizieren, wenn er eine Kaufentscheidung getroffen hat und eine Bestellung auslösen möchte. Eine derartige Shopsituation ist durch die Abbildung auf Seite 481 dargestellt und wird im folgenden Abschnitt beschrieben.

Web-to-Print-Shopsystem

Die Abbildungen auf den folgenden Seiten zeigen Ihnen den prinzipiellen Ablauf bei der Bestellung eines Druckproduktes durch ein als Open Shop angelegtes Web-to-Print-System.

Der Kunde „betritt" den Shop, wählt aus mehreren Vorlagen (Templates) sein Produkt aus und gibt seine individuellen Daten ein. Nach dem Bestätigen der Eingabe wird die Voransicht generiert und im Browser für den Kunden angezeigt. Weist die Voransicht z. B. einen Schreibfehler auf, kann der Kunde eine Korrektur vornehmen. (Hinweis: Der Korrekturvorgang ist im Diagramm nicht dargestellt.) Ist die erstellte Drucksache in Ordnung, also fehlerfrei, kann

- der endgültige Bestellvorgang eingeleitet werden oder
- der Kunde kann die Bestellung abbrechen und die Seite verlassen oder sich „in letzter Sekunde" ein neues Produkt aussuchen und erstellen. In diesem Fall beginnt der Vorgang von vorne.

Wird der Bestellvorgang durch den Bestellen-Button eingeleitet, werden

Shopsysteme

Closed Shop
Open Shop

Web-to-Print

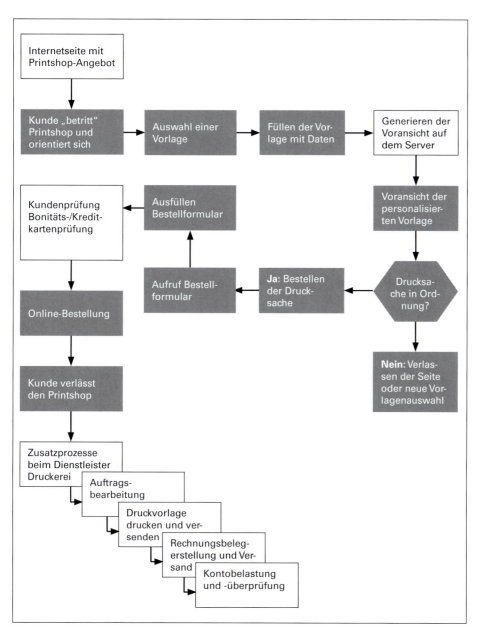

Web-to-Print-Prozess

Prozessablauf einer Web-to-Print-Bestellung durch ein Shopsystem mit allen notwendigen Prozessen und Aktivitäten der Auftragsbestellung, -abwicklung und Kartenzahlung. Dargestellt sind die Aktivitäten eines Kunden und die dadurch ausgelösten Prozesse beim Druckdienstleister.

eine Reihe von Informationen durch das Shopsystem abgefragt, die sich im Wesentlichen auf die Prüfung der Zahlungsfähigkeit und Abwicklung der Bezahlung des Auftrages beziehen.

Die entsprechenden Aktivitäten und Prozesse sind in der Abbildung oben dargestellt.

8.2.3 Web-to-Print aus Kundensicht

Abbildung ❶
Auswahlmenü

Abbildung ❷
Aussehen festlegen

Abbildung ❸
Personalisierung

Printshop aus Kundensicht
Die Abbildung ❶ zeigt das Fenster mit unterschiedlich gestalteten Visitenkarten, die der Kunde nach Belieben in einer größeren Ansicht abrufen und betrachten kann. Dabei bestehen Wahlmöglichkeiten bei den Farben, den angebotenen Schriften sowie deren Größe. Dies ist in der Abbildung ❷ zu erkennen.

Hat sich der Kunde für eine Karte aus dem Angebot entschieden, muss diese durch entsprechende Eingabefelder personalisiert werden. Dies geschieht durch den Button „Personalisieren" in der Navigationsleiste – siehe Abbildung ❷. Das dadurch aufgerufene Personalisierungsformular ❸ erfasst die persönlichen Daten und leitet die entstandene XML-Datei an ein automatisch arbeitendes Layoutprogramm auf dem Webserver des Anbieters. Hier wird die Aktualisierung der Templatedatei mit den Daten des Kunden durchgeführt. Die personalisierte Visitenkarte wird an den Browser des Kunden zurückgeschickt, der die Datei nach einer Sichtkontrolle oder nach dem Ausdruck auf seinem Drucker freigibt zum Druck. Diese Vorschaudatei ist hier nicht abgebildet, da sie im Prinzip dem abgebildeten Muster in der Abbildung ❷ entspricht.

Die Abbildung ❹ auf der gegenüberliegenden Seite stellt die erste Seite des Warenkorbes mit den AGB und der Datenschutzerklärung dar. Abbildung ❺ ist die Akzeptanzseite für die vorherige Seite ❹, die der Kunde in jedem Fall mit dem „AGB akzeptieren"-Button bestätigen muss, um seine Visitenkarten als Digitaldruck zu erhalten. Vor dem eigentlichen „Klick zur Kasse" mit dem „AGB akzeptieren"-Button wird eine inhaltliche Information zur Korrektur der Drucksache gegeben. Dies schärft

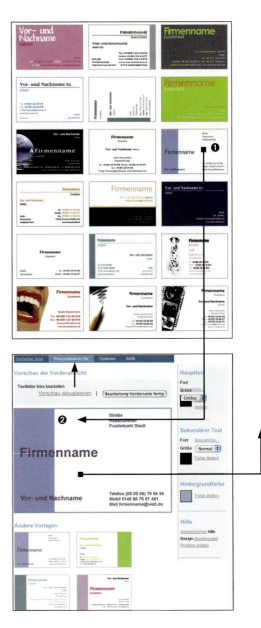

482

Web-to-Print

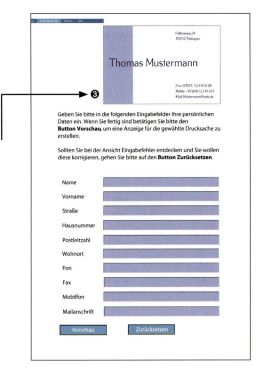

sicherlich bei vielen Kunden nochmals den Blick für die Rechtschreibung in der bestellten Drucksache. Die Möglichkeit der Rechtschreibkorrektur ist hier nochmals durch den „Zurück"-Button gegeben. Mit dem Button „AGB akzeptieren" wird das Bezahlsystem des Shops aufgerufen.

Die folgende Abfrageabbildung ❻ für das bestellte Produkt dient zur Festlegung der Bestellmenge, zur Produktionsgeschwindigkeit und zur Schichtungsoption, also der Festlegung der Oberflächenbeschaffenheit des Bedruckstoffes. Die für den Kunden entstehenden Preise werden mitgeführt und im folgenden Fenster ❼ angezeigt.

Auf dieser Seite können noch eine Reihe von Einstellungen und Informationen gegeben werden, die dann letztlich in der Bestellung der Visitenkarten enden. Der letzte Vorgang ist dann die Rechnungsangabe und das Bestellen.

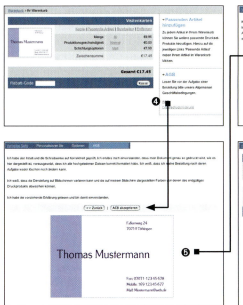
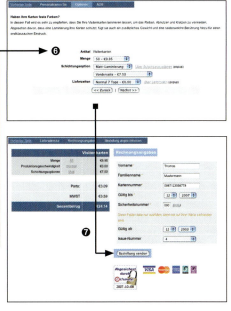

Abbildung ❹
Warenkorb

Abbildung ❺
AGB akzeptieren

Abbildung ❻
Produktion festlegen

Abbildung ❼
Bestellung prüfen und bestellen

483

8.2.4 Serverlösung

InDesign Server
Version CS3 bis
Version CS5

Ausgangsdaten für Web-to-Print-Angebote sind in der Praxis sehr häufig Satzdateien, die derzeit zumeist mit Adobe InDesign erstellt werden. Es ist daher wichtig, derartige Dateien bereits bei der Erstellung auf den geplanten WtP-Workflow abzustimmen.

Die Aufbereitung von Grafiken und Bildern kann nicht wie beim CMYK-Print-Workflow erfolgen, sondern muss auf einen RGB-Workflow abgestimmt werden. Problemfelder sind hier insbesondere die verschiedenen Daten- und Dateiformate bei Bild und Text.

Bei der Bildaufbereitung sind vor allem die unterschiedlichen Farbräume bei RGB- und CMYK-Bildern zu beachten. Das Zurückkonvertieren von Bildern aus dem CMYK-Farbraum in einen RGB-Farbraum ist immer verlustbehaftet. RGB-Originalbilder weisen den größeren Farbumfang auf. Sind diese Bilder in CMYK-Daten umgewandelt, reduziert sich der Farbraum und wird beim Zurückrechnen in RGB nicht mehr hergestellt. Daher sollte hier immer mit RGB-Originaldateien gearbeitet werden.

Texte stellen durchaus ein großes Problem dar. Die verschiedenen Textvarianten (7-Bit-, 8-Bit-Formate, Formate mit Mac OS, Unix- oder Windows-Zeilenende, Unicode, Rich-Text-Format) sind insofern problematisch, da je nach Betriebssystem die Zeichen unterschiedlich codiert sind.

Der Inhalt eines Textes ergibt sich aber oft erst eindeutig, wenn die Kombination von Text und dem dazugehörenden Zeichensatz stimmt. Liegt hier eine Änderung vor, so ergeben sich oftmals Textänderungen – vor allem bei den Sonderzeichen und Zeilenschaltungen, die ja auch nur als Zeichennummern codiert sind.

In der Praxis können viele Probleme mit Text umgangen werden, wenn die weitgehend schlichten Systemschriften wie Times oder Helvetica verwendet werden. Bei höheren typografischen Ansprüchen im Text-Workflow muss zum Dateiexport auf PDF-Dateien zurückgegriffen werden. Eine wichtige Einstellung für den Export von Text betrifft die Textrahmen, deren Formatierung und Verkettung. Man muss darauf achten, dass Textrahmeninhalte durch Zeichen-und Absatzformate formatiert werden, da nur dann korrekte CSS-Formatumsetzungen möglich sind. Des Weiteren dürfen Textrahmen mit unterschiedlichen Textformatierungen nicht verkettet werden, da beim Textexport pro verkettetem Textrahmen nur ein CSS-Tag erzeugt wird.

8.2.4.1 InDesign Server

InDesign Server ist, anders als das gleichnamige Layoutprogramm, kein Programm mit einer eigenen grafischen Benutzeroberfläche. Daher kann dieses Programm in seiner Oberfläche hier nicht beschrieben und erklärt werden. Trotzdem soll in aller gegebenen Kürze versucht werden, InDesign Server und dessen Bedeutung und Technologie zu beschreiben.

InDesign Server ist eine Technologieplattform, die es erlaubt, die grafischen Möglichkeiten von InDesign auf eine Serverumgebung anzupassen. Des Weiteren können über die Programmierschnittstelle „Run-Script" selbst erstellte Anwendungen oder fertige Lösungen z. B. für Web-to-Print angebunden werden. Dies ermöglicht es z. B., Redaktions-Workflows einzurichten, datenbankgestützte Publikationen zu erstellen oder webbasierte Designlösungen anzubieten.

InDesign und InDesign Server

Web-to-Print

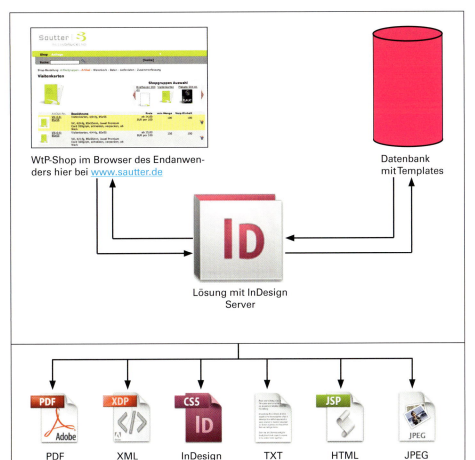

Band II - Seite 27
1.3 Dateiformate

Web-to-Print

Die Abbildung zeigt die Grundkonfiguration eines WtP-Systems auf der Basis von InDesign Server.

Ein klar und funktional gestalteter Printshop für den Kunden, die Serverlösung und die Datenbank mit den vorbereiteten statischen oder dynamischen Templates bilden das Konfigurationszentrum einer WtP-Lösung.

Unten sind mögliche Dateiformate dargestellt, die von einem WtP-System verarbeitet werden können.

www.adobe.de >
suchen mit Stichwort „InDesign Server"

weisen die gleiche Grundarchitektur auf. Nahezu alle Funktionen sind identisch – allerdings mit einigen bedeutenden Unterschieden. InDesign Server unterstützt nicht:
- die Zwischenablage,
- InDesign Version Cue Cs,
- ALAP InBooklet SE Plug-in für Ausschießfunktionen.

InDesign Server unterstützt dagegen die üblichen Funktionen im Bereich der Ausgabe für Print, PDF und Adobe GoLive (HTML), die Verwendung von Skriptsprachen wie JavaScript, XML, AppleScript, VBScript, Document Objekt Model (DOM) und das Software Development Kit (SDK).

Adobe InDesign als Layoutprogramm kann über einen Server bestimmte Funktionen automatisieren, bleibt dabei aber immer eine Desktop-Anwendung. InDesign Server hat dagegen eine Reihe von erweiterten Funktionen, die eine komplexe Servernutzung im Prinzip erst möglich machen. Diese Funktionen sind:

485

- *Headless-Modus*. Dies bedeutet, dass die Anwendung ohne grafische Benutzeroberfläche arbeitet.
- Die *Kontrolle der Anwendung* erfolgt mittels Skriptsprachen wie C++ oder Simple Object Access Protocol (SOAP).
- Eine dokumentierte *Programmier-schnittstelle* mit dem Namen Run-Script ermöglicht es, Skripte in Java-Script, AppleScript oder VBScript auszuführen (SOAP-API-Schnittstelle).
- *Error Capturing*, also eine integrierte Fehlererkennung, sorgt dafür, dass standardmäßig alle auftretenden Fehler in einer Datei geloggt werden. Dies kann z. B. bei fehlenden Schriften oder falschem Farbmodus der Fall sein. Die Ausführung wird nach der Dokumentation ohne Benutzereingriff weitergeführt. Das „Error Log" dient dazu, Fehler zu erkennen, zu beheben und möglichst automatisch abzufangen.
- *Prozesse* können *parallel* laufen. Dies führt bei entsprechenden Servern zu einer erheblichen Beschleunigung der Arbeitsprozesse.

Unterstützt werden Windows 2000, 2003, XP, Mac OS X Server ab Version 10.3.x. InDesign Server stellt also eine ausgereifte Serverplattform dar, um komplexe Anwendungsprozesse abzuarbeiten.

InDesign-Server-Anwendungen

Derzeit gibt es zwei Anwendergruppen, die die InDesign-Server-Konzeption nutzen:

- Anwender, die ein höheres Auftragsvolumen abarbeiten und dabei arbeitsgruppentypische Funktionen automatisieren und beschleunigen wollen. Hier sind z. B. Redaktionsumgebungen zu nennen, bei denen ein höherer Datendurchsatz in kür-

zerer Zeit zu einer Aktualisierung der Medienprodukte führen kann.
- Anwender, die eine professionelle Publishing-Umgebung benötigen, um Geschäftsprozesse abzuwickeln. Hierbei handelt es sich sehr häufig um Berufsgruppen, die standardisierte Drucksachen zumeist kurzfristig benötigen und diese vorlagenbasiert abrufen müssen. Dabei ist ein wesentliches Element, dass diese Berufsgruppen keine Publishing-Kenntnisse aufweisen, aber professionell gestaltete Drucksachen benötigen, die häufig auch noch vorgegebenen CD-Richtlinien entsprechen müssen. Dies trifft z. B. auf die Außendienstmitarbeiter großer Unternehmen zu. Das InDesign-Server-Konzept nimmt diesen grafisch wenig affinen Personengruppen die Vorbereitung für die Produktion weitgehend ab, da die Drucksachen mit Hilfe eines Browsers und eines Internetzuganges bestellt werden können.

InDesign Server läuft in beiden Anwendungsbeispielen nur im Hintergrund und wird über die vorne angesprochene SOAP-Schnittstelle von einer Anwendungssoftware angesprochen, gesteuert und bearbeitet die aufgerufenen Templates nach entsprechend vorgegebenen Definitionen.

8.2.4.2   InDesign Server und iBrams

Die nebenstehenden Abbildungen zeigen zwei im Prinzip gleichartige Abläufe (Open Shop/ Closed Shop) bei der Herstellung von webbasierten Druckprodukten. Bis ein solches Dokument letztendlich auf einer digitalen Druckmaschine hergestellt wird, müssen viele Schnittstellen überwunden und Konvertierungen durchgeführt werden.

Web-to-Print-Server auf Basis InDesign

Auf der Adobe Website kann InDesign-Server in einer Testversion heruntergeladen werden und sechs Wochen im Testbetrieb genutzt werden. Der Download ist schwierig zu finden, daher suchen Sie den Download wie folgt:

www.adobe.de >
suchen mit Stichwort „InDesign Server"

Web-to-Print

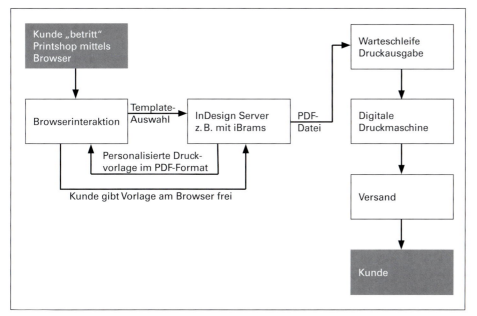

Web-to-Print-1

WtP-Workflow mit InDesign Server. Der Kunde bestellt seine Drucksache im Web. Am Server werden die Drucksachen personalisiert, am Browser kontrolliert und von dort zum Druck freigegeben. Vom Server wird die Druckdatei in die Warteschleife der Digitaldruckausgabe eingereiht, gedruckt, fertiggemacht und dem Kunden zugeschickt.

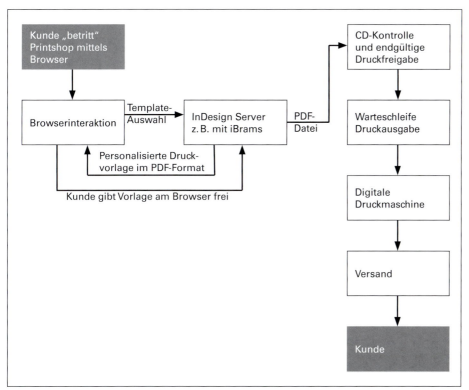

Web-to-Print-2

WtP-Workflow mit InDesign Server. Der Kunde bestellt seine Drucksache im Web. Am Server werden die Drucksachen personalisiert, am Browser kontrolliert und von dort zur Designkontrolle geschickt. Hier wird die Einhaltung der Corporate-Design-Richtlinien überprüft. Entspricht die Datei den Richtlinien, wird sie in die Warteschleife der Digitaldruckausgabe eingereiht, gedruckt, fertiggemacht und dem Besteller zugeschickt. Derartige Systeme arbeiten in der Regel in einem Closed Shop.

Web-to-Print-Studie 2007/2010

Markt- und Produktstudie – Lösungen, Verfahren, Märkte

www.bvdm.org
www.print-media-forum.de

iBrams

Integrated Brand-Management-System

www.ibrams.de

Alle diese Prozesse erfordern hohe Rechenleistungen und schnelle Netze, um eine möglichst optimale Abwicklung zu gewährleisten.

Um derartig komplexe Abläufe und Prozesse sicher durchführen zu können, ist es notwendig, weitgehend standardisierte Formate und Abläufe festzulegen. Dies ist in der neusten Version des Brand-Management-Systems iBrams gegeben. In der 2007 veröffentlichten und nach wie vor aktuellen Marktstudie „Web-to-Print" von Zipcon Consulting und dem Bundesverband Druck und Medien in Wiesbaden erreichte diese Softwareumgebung die beste Bewertung. Die Version 4.0 des Brand-Management-Systems iBrams baut auf dem InDesign Server 3 auf und bietet eine Plattform mit einer einheitlichen Dokumentenbasis. Diese Plattform ist systemunabhängig, hat festgelegte Regelwerke zu Dokumentenverarbeitung und -erzeugung. Der InDesign Server rendert die druckverbindlichen Dokumente so, dass diese auf Drucksystemen ausgegeben werden können. Der Nutzer gestaltet nach festgelegten Designtemplates seine Produkte am Browser, allerdings mit den Einschränkungen, dass bestimmte Designstandards eines Unternehmens nicht umgangen werden können.

So unterstützt iBrams z. B. die Erstellung individualisierter Dokumente für die Mitarbeiter und für das Marketing eines Unternehmens in Einklang mit den Designregeln und sorgt dafür, dass ausschließlich aktuelle und korrekte Vorlagen verwendet werden.

Die auf dem Adobe InDesign Server basierende Version zeichnet sich durch eine sehr intuitive Benutzerführung aus. Die überarbeitete Programmoberfläche bietet unter anderem ein Design-Cockpit, das einen schnellen Überblick über den aktuellen Status aller laufenden Projekte inklusive Zuständigkeiten und Aufgabenstellungen ermöglicht. Außerdem profitieren Anwender vom Zugriff auf alle Funktionen von InDesign CS5.

Die nahtlose Verknüpfung mit Adobe InDesign ist insbesondere für Agenturen wertvoll, da Vorlagen ganz einfach importiert, bearbeitet und wieder exportiert werden können. Besonders vorteilhaft dabei: Die gewohnten Dateiformate und Prozesse können beibehalten werden. Für den produktiven Einsatz von iBrams vor Ort wird lediglich ein Internetzugang benötigt, es sind keine Softwareinstallationen nötig. Im Vergleich zu Lösungen, mit denen sich lediglich PDF-Dateien editieren lassen, bietet iBrams wesentlich mehr Bearbeitungs- und Automatisierungsoptionen. Für die Verwendung von iBrams sind keine Programmierkenntnisse beim Anwender erforderlich. Dadurch können auch „klassische" Druckereien und Agenturen das Marktsegment Web-to-Print nutzen, wenn gute InDesign-Kenntnisse im Unternehmen vorhanden sind – und wer hat diese Kenntnisse in unserer Branche nicht!

488

8.2.5 Aufgaben

Web-to-Print

1 Fachbegriff definieren

Der Begriff „Web-to-Print" ist, aktuellen Untersuchungen zufolge, nicht ganz einfach zu definieren. Erklären Sie, was unter diesem Begriff zu verstehen ist.

2 Auftragsstruktur beschreiben

Beschreiben Sie die wichtigsten Auftragsgruppen, die derzeit durch Web-to-Print-Lösungen gedruckt werden.

3 Web-to-Print-Template erklären

Erklären Sie den Begriff „Web-to-Print-Templates" und dessen Funktion in der Prozesskette WtP.

4 Prozessabläufe skizzieren und beschreiben

Skizzieren Sie den Standardablauf bei einer Web-to-Print-Bestellung. Berücksichtigen Sie dabei die notwendigen kaufmännischen Aspekte einer solchen Bestellung *nicht*.

5 Fachbegriffe erklären

Erklären Sie die Begriffe „Open Shop" und „Closed Shop" im Zusammenhang mit WtP-Anwendungen. Geben Sie das typische Kennzeichen für die beiden Shoparten an.

6 Prozessabläufe skizzieren und beschreiben

Skizzieren Sie den Prozessablauf einer Web-to-Print-Bestellung durch ein offenes Shopsystem mit allen notwendigen Prozessen und Aktivitäten der Auftragsbestellung, -abwicklung und Kartenzahlung.

7 Web-to-Print-Shop besuchen

Suchen Sie einen Web-to-Print-Shop im Internet auf und informieren Sie sich über Abläufe und Preise.

8 Aufruf des Bezahlsystems benennen

Mit welchem Button (Mausklick) wird immer das Bezahlsystem eines Web-to-Print-Systems aufgerufen?

9 InDesign-Server-Konzept beschreiben

Beschreiben Sie in kurzen Stichworten das Konzept von InDesign Server CS und die damit verbundenen Möglichkeiten.

10 Informieren über iBrams

Besuchen Sie die Website von iBrams und informieren Sie sich über dieses Produktionssystem, seine Installation und die anfallenden Kosten.

8.3 Variabler Datendruck

8.3.1	Datentechnische Grundlagen	492
8.3.2	Variabler Datendruck in der Textverarbeitung	496
8.3.3	Variabler Datendruck mittels Layoutprogramm	500
8.3.4	Variabler Datendruck von PDF-Dokumenten	506
8.3.5	Gestaltung und Planung variabler Drucksachen	514
8.3.6	Aufgaben	517

8.3.1 Datentechnische Grundlagen

Grundlegendes
1:1-Marketing, auch als One-to-one-Marketing bezeichnet, bedeutet, dass die Marketingaktivitäten eines Unternehmens ganz individuell auf jeden Kunden maßgeschneidert werden.

Dabei steht im Idealfall der einzelne Kunde mit seinem gesamten Datenstamm und seinem weitgehend erfassten Kaufverhalten im Mittelpunkt des gezielt geplanten Verkaufsprozesses. 1:1-Marketing bedeutet, Kundendatenbanken und geeignete Medien so einzusetzen, dass jeder Kunde ein maßgeschneidertes Angebot erhält. Aus Untersuchungen ist bekannt, dass die Responsequote, also die Reaktions- und Antworthäufigkeit bei einer gut geplanten und gestalteten Direktmarketingaktion, bis zu 45% betragen kann.

Vor allem so genannte bildpersonalisierte Dokumente eignen sich für alle Druckprodukte, die die Aufmerksamkeit der Kunden wecken und hohen Response erzeugen sollen – also zum Beispiel Direct Mailings oder Werbegeschenke –, da hier nicht nur Leserinteresse, sondern unbewusst auch starke Emotionen eine Rolle spielen.

Diese spezielle Variante des variablen Datendruckes kann mit bildpersonalisierten Druckprodukten Absatz, Umsatz und Gewinn steigern und die Kundenbindung verbessern. Für Mediengestalter bietet sich eine Möglichkeit, mit innovativen, responsestarken Kampagnen und Druckprodukten neue Umsatzfelder zu generieren.

Eine solch hohe Responsequote ist also abhängig von der Qualität der eingesetzten Direktmarketinginstrumente. Diese Qualität beruht auf folgenden Faktoren:
- Adressqualität der Datenbank, also Fehlerfreiheit der Datensätze
- Grafische Gestaltung
- Zielgruppengenaue Datenbankauswahl
- Textgestaltung
- Zielgruppenansprache
- Attraktivität und Anmutung des Angebotes
- Geeignete Bildauswahl und -aufbereitung
- Preis des Angebotes

Anstatt ein Produkt in einer bestimmten Verkaufsperiode an so viele Kunden wie möglich anzubieten, kann es für den Absatz des Produktes durchaus wirtschaftlich sinnvoll sein, Kunden für bestimmte, i. d. R. hochwertige Waren- oder Dienstleistungsgruppen direkt anzusprechen. Gut geführte Kundendatenbanken ermöglichen es dann vielen Unternehmen, jedem Kunden ein maßgeschneidertes Angebot zu erstellen.

Personalisieren bedeutet in diesem Zusammenhang, dass Datenbankinhalte wie Name, Vorname, Berufsbezeichnung, akademischer Grad, Wohnort und Straße u. Ä. sowie Produkte mit Artikelnummer und Preisinformation an ein gut gestaltetes Layoutdokument übergeben, daraus individuelle Angebote erstellt und dem potenziellen Kunden per Post oder Mail zugeschickt werden.

Personalisierungssoftware und dazu gehörender Workflow
Hier wird zwischen verschiedenen Softwaregruppen unterschieden:
- Textverarbeitungssoftware
- Layoutsoftware mit Erweiterungen
- Software für den variablen Datendruck
- Web-to-Print-Lösungen – siehe dazu Kapitel 8.2 *Web-to-Print*

Textverarbeitung MS Word
Die allgemein gebräuchlichste Personalisierungssoftware ist auf den meisten

Bildpersonalisierung
Abb.: Konica-Minolta

Band II – Seite 475
8.2 Web-to-Print

Personalisierung

PCs vorhanden. Das Textverarbeitungsprogramm MS Word deckt hier ein breites Spektrum an Möglichkeiten ab, die in der Bürokommunikation in Form von Serienbriefen bereits lange erfolgreich genutzt werden. Eine einführende Information dazu finden Sie auf den Seiten 496ff.

Üblicherweise erfolgt die Ausgabe der personalisierten Daten direkt aus dem Textverarbeitungsprogramm heraus auf einen geeigneten Drucker. Aber auch hier hat sich die Druckausgabe mittels PDF-Daten in vielen Bürokommunikationsumgebungen durchgesetzt.

Layoutsoftware mit Erweiterungen

Die üblichen Layoutprogramme können für Personalisierungsaufgaben durchaus genutzt werden. Adobe FrameMaker, InDesign oder QuarkXPress erhalten mit entsprechenden Erweiterungen (Plug-ins, XTensions) Schnittstellen für die Verarbeitung von Datenbankinformationen. Der Vorteil dieser Erweiterungen liegt darin, dass Designer ihre kreativen und technischen Fähigkeiten mit den Programmen vertiefen, an denen sie täglich arbeiten. Die Erweiterungen ermöglichen die einfache Erstellung eines kompletten Projekts mit variablen Daten, und dies ohne von Programmierern abhängig zu sein.

Die Nutzer einer solchen Erweiterung arbeiten innerhalb des gewohnten Layoutprogramms mit einem eigenen Plug-in-Palettenfenster, in dem alle Verknüpfungen zu Datensätzen oder Bildern hergestellt werden können.

Üblicherweise ist im Palettenfenster eine interaktive Vorschau mit Hilfe eines speziellen Browsers möglich, der die korrekten Datenverknüpfungen direkt anzeigt. Damit können alle Datensätze durchgeblättert werden, um während der Entwurfsarbeiten eine Vorschau der variablen Text- und Bildelemente anzuzeigen.

Die folgenden Ausgabeformate werden in der Regel unterstützt, da sie eine Druckausgabe auf Digitaldrucksystemen zulassen: PDF, VPS, PPML, VIPP, VDX oder PostScript.

Vorschauanzeige

Personalisierte Dateien lassen sich im Vorschaumodus betrachten, um eine Kontrolle über den korrekten Datenaustausch zu gewährleisten. Bei sehr großen Datenmengen lässt sich dies nur mittels Stichproben durchführen.

Abb.: Agfa NV, Personalizer-X

Workflow Personalisierung

Die Abbildung zeigt den prinzipiellen Workflow, der beim Aufbereiten und Drucken von Dokumenten mit variablen Datensätzen durchgeführt wird.

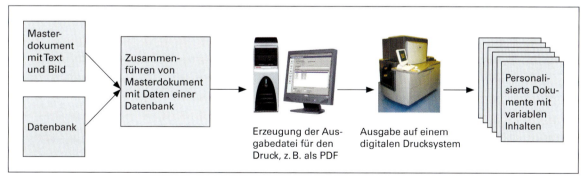

Band II – Seite 500
8.3.3 Variabler Datendruck
mittels Layoutprogramm

Variabler Datendruck

Beim variablen Datendruck wird ein Masterdokument durch individuelle Teile ergänzt, die gezielt für den jeweiligen Leser erstellt werden. Während der personalisierte Druck im engeren Sinn nur den Lesernamen und die Anschrift einsetzt, sind beim variablen Datendruck auch weitere individuelle Elemente wie kundenbezogene Angebote oder individuelle Bilder möglich.

Alle Anbieter von Digitaldruckmaschinen liefern ihre Maschinen mit Software aus, die den variablen Datendruck unterstützen. Hierbei werden zum Teil Softwareerweiterungen für Standardlayoutprogramme geliefert wie oben beschrieben. In der Regel wird aber eigenständige Software direkt für den variablen Datendruck zur Verwendung mitgeliefert. Die meisten dieser Programme nehmen den Austausch der variablen Inhalte in der druckfähigen PDF-Masterdatei vor. Die Masterdatei, in der die Text- und Bilddaten ausgetauscht werden, ist z. B. eine PDF/X-3-Datei und keine Layoutdatei.

Von dieser Master-PDF-Datei heraus werden durch Datenbankinhalte aktualisierte PDF-Dateien erzeugt, die von Datei zu Datei veränderte Text- und Bilddaten enthalten. Diese PDF-Dateien werden an die Digitaldruckeinheit übergeben, gedruckt, weiterverarbeitet und verschickt.

Der Austausch von Bilddaten erfolgt üblicherweise aus definierten Bildordnern heraus, die im Zusammenspiel mit der Datenbank den Bildaustausch organisieren. Mehr dazu ab Seite 500.

**Workflow
Variabler Datendruck**
Die Abbildung zeigt mögliche Werkzeuge für den variablen Datendruck und deren Stellung im Workflow.

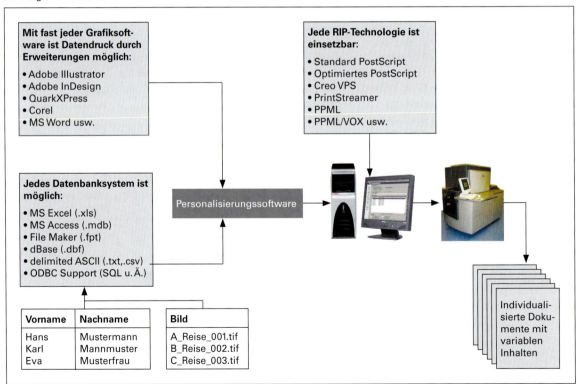

494

Variabler Datendruck

Datenqualität

Die Datenspeicherung, die bei Personalisierungsvorhaben und für den variablen Datendruck häufig verwendet wird, erfolgt mit den Programmen MS Access und MS Excel. Deren Datentabellen werden oft an die Agentur oder Druckerei von den Kunden geliefert. Der Medienbetrieb hat bei der Erstellung der Datenbank zunächst keinen großen Einfluss auf Aufbau und Qualität der gelieferten Daten. Auf den korrekten Aufbau der Datentabellen ist aber bei der Übernahme eines solchen Auftrages besonders zu achten. Nur wenn die Struktur der Daten den späteren Abfrageanforderungen entspricht, ist ein schnelles und sicheres Produzieren gewährleistet.

Die Kontrolle der Datentabelle orientiert sich an den Kriterien für die unterschiedlichen Anforderungen des Normalisierens einer Datenbank. Da beim variablen Datendruck Informationen nur ausgelesen werden und in der Regel keine komplexen Verknüpfungen in den Datenbankinhalten erforderlich sind, genügt in der Regel eine Aufbereitung der Datentabelle bis zur ersten Normalform. Die Aufbereitung einer ungeeigneten Datenbank in die richtige Form ist in den Abbildungen unten dargestellt.

Band II - Seite 153
2.4 Datenbanken

Band II - Seite 628
9.2.2 Digitaldruck-Workflow

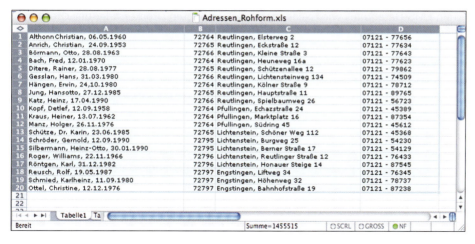

Excel-Datentabelle 1

Falsch angelegte Datentabelle, die für eine Personalisierung nicht nutzbar ist. Der Datenzugriff ist ungenügend, es werden zu viele nicht benötigte Informationen ausgelesen.
Solche Datenbanken können von Kunden geliefert werden. Die Aufbereitung in die unten abgebildete Normalform ist zeitaufwändig.

Excel-Datentabelle 2

Inhaltlich gleiche Datentabelle wie oben, aber strukturell korrekt angelegt, da auf die Informationen einzeln zugegriffen werden kann. Informationen sind damit verwendungsbezogen auslesbar. Diese Struktur entspricht der ersten Normalform. Die erste Zeile ist die Steuerzeile, die für MS Word und InDesign notwendig ist.

8.3.2 Variabler Datendruck in der Textverarbeitung

Am Beispiel des Programms MS Word soll exemplarisch dargestellt werden, wie ein personalisiertes Dokument erstellt und ausgegeben wird.

Bei einem personalisierten Dokument werden bestimmte Textteile z. B. in einem Brief oder Flyer ausgetauscht, um diese auf einen bestimmten Empfänger hin zu individualisieren. Dazu müssen die folgenden fünf Arbeitsschritte durchgeführt werden:

- Erstellen eines *Masterdokumentes* mit allen Inhalten, die in jedem Dokument enthalten sein sollen.
- Erstellen oder Auswählen einer *Datenquelle*. Dafür ist für eine sichere Produktion in MS Word eine MS-Datenbank wie Excel oder Access am besten geeignet.
- Der dritte Arbeitsschritt ist das *Fertigstellen des Dokumentes* durch das Hinzufügen der Seriendruckfelder mit Hilfe des Seriendruck-Managers.
- Danach erfolgt im vierten Schritt die Funktionskontrolle durch die Vorschau der in das Dokument importierten Daten. Dabei wird durch die *Vorschausteuerung* jedes Dokument mit wechselndem Dateninhalt angezeigt. Diese Funktion ist nicht in allen Programmversionen verfügbar. Dann kann die Kontrolle der Datensätze nur durch den nächsten Schritt vollzogen werden.
- *Zusammenführen* und *Ausgeben* der Daten entweder direkt auf einem geeigneten Drucker oder das Drucken aller Datensätze als PDF-Datei.

Seriendruck-Manager
Die Abbildung zeigt das vollständige Hauptwerkzeug von MS Word für die Erstellung eines Serienbriefes.

Erstellen/Definieren eines Masters
Die Abbildung oben zeigt den Start zur Herstellung eines Serienbriefes. Nachdem ein Dokument, wie z. B. rechts abgebildet, erstellt wurde, muss dieses im aufgerufenen *Seriendruck-Manager* als Hauptdokument für einen Serienbrief definiert werden. Nur dann werden die folgenden Funktionen auf das Dokument übertragen. Aus der Abbildung oben ist ersichtlich, dass hier weitere Dokumente für den Datenaustausch vorgesehen sind. So können Etiketten, Umschläge und Kataloge mit Texten aus Datenbankbeständen befüllt werden.

Lesen Sie dazu die sehr gut aufbereitete Hilfedatei von MS Word zu diesen Themenbereichen, Sie finden dort die erforderlichen Informationen.

Variabler Datendruck

Werbeflyer mit MS Word

Die Abbildung zeigt den Screenshot eines Serienbriefes, der zur Personalisierung vorbereitet wurde. Die Seriendruckfelder sind «Vorname» «Name» «Nächster Datensatz Wenn» «Anschrift» «PLZ» «Wohnort» «Name» «Name».

Die obigen Seriendruckfelder in den spitzen Doppelklammern können nicht in das Dokument hineingeschrieben werden, sondern müssen über das Bedienfeld des Seriendruck-Managers in das Dokument eingefügt werden. (Die Farbe Rot wurde hier zur Verdeutlichung der Felder gewählt, im Normalfall sind diese schwarz.)

Digitaldruck München

Telefon 08123/651238
digidruck@muenchen.de

Herrn
«Vorname»«Name» «Nächster Datensatz Wenn»
«Anschrift»

«PLZ» «Wohnort»   Im Oktober 2008

Sehr geehrte Herr «Name»

wir bieten Ihnen für Ihre Geschäftsdrucksachen und Kleinauflagen im Mehrfarbendruck seit diesem Monat die neue digitale Drucktechnik mit unserer Indigo-6-Farben-Digitaldruckmaschine im A3+ Format an.

Unsere Digitaldruckabteilung kann Ihnen kostengünstig Drucksachen im 4-Farb-Schön- und Widerdruck erstellen. Die Möglichkeiten der schnellen Text- und Bildpersonalisierung besteht für Ihre geplanten Mailing-Aktionen, Direktmarketingaktionen und datenbankgestütztes 1:1-Marketing sind schnell und kostengünstig mit uns zu realisieren. Wir beraten und unterstützen Sie gerne bei Ihren Marketingaktionen.

Lassen Sie sich unsere Einführungsangebote nicht entgehen – Sie werden begeistert sein. Auf dem beiliegenden Flyer finden Sie, Herr «Name» unsere gesamte Digitaldrucktechnologie angeboten. Nehmen Sie bei Bedarf gerne mit unseren Digitaldruckspezialisten Kontakt auf. Frau Bärbel Maier und Carsten Schmied erwarten Ihren Anruf unter der Rufnummer 08123/651238.

Mit freundlichen Grüßen

Hans Kaufmann
Hans Kaufmann,
Digitaldruck München

Anlage: Flyer Digitaldruck München

Digitaldruck München

Hans Kaufmann
Senefelder Straße 11
89107 München
Fon 08123/651-238 • Fax 08123/651-239 • Digitaldruck@muenchen.de

Seriendruck-Manager
Auswahl verschiedener Datenquellen

Datenquelle definieren
Wenn als Datenquelle eine Datenbank wie Excel oder Access zur Verfügung steht, muss diese Datenquelle wie in der obigen Darstellung gezeigt geöffnet werden. Andere Datenquellen sind ebenfalls möglich, erfordern aber zum Teil eine erhebliche Vorbereitung, die bei einer gut angelegten Datenbank entfällt.

Seriendruck-Manager
Bedingungsfeld und Seriendruckfeld mit verschiedenen Funktionsmöglichkeiten, um die Verbindung zur Datenquelle herzustellen.

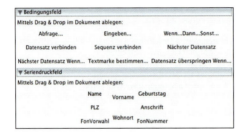

Masterdokument fertigstellen
Um die Datenquelle zu nutzen, benötigt das Dokument *Bedingungsfelder* und *Seriendruckfelder*. Diese Felder werden per Drag & Drop in das Masterdokument an der dafür vorgesehenen Stelle eingefügt. Es erscheinen dann die Feldnamen in doppelten Klammern. Eine Abbildung davon finden Sie auf der vorherigen Seite 497. Die Felder sind in dem Dokument rot gekennzeichnet und können sich an jeder beliebigen Stelle des Dokumentes befinden.

Ein *Bedingungsfeld* ermöglicht das zusätzliche Einfügen von Informationen in ein Seriendruckdokument. Des Weiteren kann das Zusammenführen von Daten z. B. durch individuelle „if-then-Bedingungen" gesteuert werden.

Sie können beispielsweise das folgende Bedingungsfeld einfügen:

Beim Bedingungsfeld Wenn... Dann... Sonst... handelt es sich um einen If-Anweisungstyp. Dahinter könnten Sie eingeben: Wenn das Feld „Ort" des aktuellen Datensatzes „Stuttgart" enthält, wird der erste Text in Anführungszeichen in dem aus dem Datensatz resultierenden Seriendruckdokument gedruckt. Andernfalls druckt Microsoft Word den zweiten Text.

{ IF Ort = „Stuttgart" „Bitte wenden Sie sich an die örtliche Niederlassung." „Bitte senden Sie das beiliegende Formular im dafür vorgesehenen Umschlag zurück." }

Um derartige Bedingungsfelder zu handhaben, müssen Sie ein paar praktische Übungen durchführen, die durchaus sinnvoll sind. Solche nicht programmierte Bedingungsfelder tauchen in nahezu allen Softwarepaketen zum variablen Datendruck immer wieder auf. Word legt hier bereits sehr gute Grundlagen.

Seriendruckfelder sind Platzhalter, die in das Masterdokument eingefügt werden. Durch die Seriendruckfelder wird die Verknüpfung zu den variablen Daten der Datenbank hergestellt. In die Seriendruckfelder werden die Datenbankinformationen eingelesen. Ein Seriendruckfeld ist erkennbar an den Seriendruckfeldzeichen (« »). Diese Zeichen können nicht eingegeben oder eingefügt werden, sondern ausschließlich per Drag & Drop in das Masterdokument übertragen werden.

Wie Sie in der Abbildung links in der Mitte erkennen, weisen die Seriendruckfelder bestimmte Namen auf. Diese Namen müssen identisch sein mit den Namen der Datenspalte einer Datenbank. Also das Seriendruckfeld «Name» übernimmt die Namen aus der entspre-

Variabler Datendruck

chenden Datenspalte usw. Die Namen der einzelnen Datenspalten sind in der ersten Zeile einer Datenquelle enthalten. Diese erste Zeile einer Datenquelle wird auch als *Steuerzeile* bezeichnet, da aus diesen Spalten die verfügbaren Informationen ausgelesen werden.

Vorschau
Vor dem Drucken der Serienbriefe können Sie die Personalisierungsergebnisse in der Vorschau betrachten, um sicherzustellen, dass alles den Auftragsvorgaben entspricht. Während der Vorschau können Sie auch das Layout und das Format der Serienbriefe ändern.
- Klicken Sie bei geöffnetem Hauptdokument im aktiven Fenster unter Vorschau auf Seriendruck-Vorschau.
- Word zeigt die Informationen aus dem ersten Datensatz an der Position der Seriendruckfelder an.

Wenn Sie die Informationen aus einem anderen Datensatz anzeigen möchten, klicken Sie auf die rechten oder linken Pfeilschaltflächen oder geben Sie die Nummer eines Datensatzes ein. Diese Funktion der Vorschau steht nicht in allen Versionen zur Verfügung.

Ausgeben
Wenn Sie personalisierte Daten ausgeben wollen, haben Sie drei Möglichkeiten, die durch die Symbole im Zusammenführen-Dialog von links nach rechts ausgewählt werden können.

Direkt auf einem Drucker ausgeben erfolgt durch Klicken auf das erste Symbol für Zusammenführen des Seriendruck-Ergebnisses, und die Datensätze werden auf einem Drucker ausgedruckt.

Wenn Sie zusammengeführte Daten in einem neuen Dokument speichern wollen, klicken Sie das zweite Symbol für das *Zusammenführen auf Ausgabe in neues Dokument* an. Durch den sich öffnenden Druckdialog kann das Dokument mit allen Datensätzen z. B. als PDF-Datei ausgegeben werden.

Die dritte Möglichkeit besteht darin, dass die Serienbriefe direkt per Mailnachricht verschickt werden können. Dazu klicken Sie auf das Symbol für *Zusammenführen auf Seriendruck in E-Mail*. Sie können die Serienbriefe in einer E-Mail-Nachricht als normalen Text, als E-Mail-Anlage oder als E-Mail im HTML-Format versenden.

Seriendruckergebnis
Oben: Fertiger Serienbrief. Die Datensatzinformationen sind zu Demozwecken rot dargestellt.
Rechts: Ausschnitt aus der PDF-Datei mit allen Datensätzen aus der Musterdarstellung. Jedes Adressfeld, jede Anrede und eine direkte Ansprache im Text ist von Seite zu Seite unterschiedlich, entsprechend den Vorgaben auf dem Masterdokument auf Seite 497.

1

2

3

4

5

499

8.3.3 Variabler Datendruck mittels Layoutprogramm

8.3.3.1 Ausgangsdaten für den variablen Datendruck

Am Beispiel des Programms Adobe InDesign soll der Datendruck mit variablen Text- und Bilddaten beschrieben werden. Dies ist auch mit anderen Layoutprogrammen in vergleichbarer Art möglich.

Datentabelle mit Steuerzeile

Datentabellen in der ersten Normalform sind die Ausgangsdaten für das Erstellen personalisierter Drucksachen mit Adobe InDesign. Die Datentabelle muss mit einer Steuerzeile versehen sein, um später das Einlesen der Daten im Layoutprogramm zu ermöglichen.

8.3.3.2 Export der Daten als Text

InDesign ist nicht in der Lage, Daten aus einer Datentabelle direkt einzulesen. Die Daten müssen immer in einem Textformat aus der Datentabelle exportiert werden und können dann durch InDesign verarbeitet werden.

Text (Tabs getrennt)
Das Dateiformat Text (Tabs getrennt) speichert nur den Text und die Werte,

wie diese in den Zellen im aktiven Arbeitsblatt angezeigt werden. Alle Zeilen und alle Zeichen in sämtlichen Zellen werden gespeichert. Datenspalten werden durch Tabstopps getrennt; alle Datenzeilen werden durch eine Zeilenschaltung abgeschlossen. Wenn eine Zelle ein Komma enthält, werden die Zellinhalte in Anführungszeichen eingeschlossen. Alle Formatierungen, Grafiken, Objekte und andere Tabelleninhalte gehen verloren.

Wenn Zellen Formeln anstelle von Formelwerten anzeigen, werden die Formeln als Text gespeichert. Um die Formeln beim erneuten Öffnen der Datei in Microsoft Excel zu erhalten, wählen Sie im Text-Assistenten die Option *Getrennt* aus, und wählen Sie *Tabstopps* als Trennzeichen aus.

Anmerkung: Wenn eine Arbeitsmappe Zeichen besonderer Schriftarten enthält, z. B. ein Copyright-Symbol (©), und die konvertierte Textdatei soll auf einem Computer mit einem anderen Betriebssystem verwendet werden, speichern Sie die Arbeitsmappe in einem Textdateiformat, das für das entsprechende System geeignet ist.

Wenn Sie beispielsweise Windows einsetzen und die Textdatei auf einem Macintosh-Computer verwenden möchten, speichern Sie die Datei im Format Text (Macintosh). Wenn Sie einen Macintosh-Computer verwenden und die Textdatei auf einem Windows XP- oder Windows 7-System einsetzen möchten, speichern Sie die Datei im Format Text (Windows).

500

Variabler Datendruck

Formatierter Text oder durch Leerzeichen getrenntes Format

Das Format „Formatierter Text (Leerzeichen getrennt)" speichert nur den Text und die Werte, wie diese in den Zellen im aktiven Arbeitsblatt angezeigt werden.

Alle Zeilen werden gespeichert. Wenn eine Zeile mit Zellen mehr als 240 Zeichen enthält, werden die Zeichen nach dem 240. Zeichen in eine neue Zeile am Ende der konvertierten Datei umbrochen. Wenn beispielsweise die Zeilen 1 bis 10 jeweils mehr als 240 Zeichen enthalten, wird der restliche Text aus Zeile 1 in Zeile 11 eingefügt, der restliche Text aus Zeile 2 in Zeile 12 eingefügt usw.

Datenspalten werden durch Kommas getrennt; alle Datenzeilen werden durch eine Zeilenschaltung abgeschlossen. Wenn Zellen Formeln anstelle von Formelwerten anzeigen, werden die Formeln als Text konvertiert. Alle Formatierungen, Grafiken, Objekte und andere Tabelleninhalte gehen verloren.

Vor dem Speichern eines Arbeitsblattes in diesem Format sollten Sie sicherstellen, dass alle zu konvertierenden Daten angezeigt werden und dass sich zwischen den Spalten ein ausreichender Abstand befindet. Ist dies nicht der Fall, können Daten verloren gehen oder in der konvertierten Datei nicht korrekt getrennt werden. Unter Umständen müssen Sie die Spaltenbreiten im Arbeitsblatt anpassen.

8.3.3.3 Exportieren der Daten

Exportieren Sie die aufbereitete Datentabelle in den beiden zuvor beschriebenen Formaten, so dass Sie über zwei unterschiedliche Exportdaten für den variablen Datendruck verfügen.

```
✓ Microsoft Excel-Arbeitsmappe

  Webseite
  Mustervorlage
  Formatierter Text (Leerzeichen getrennt)
  Text (Tabs getrennt)
  Microsoft Excel 5.0/95-Arbeitsmappe
  Microsoft Excel 97-2002, X & 5.0/95-Arbeitsmappe
  CSV (Trennzeichen getrennt)
  Microsoft Excel 4.0-Tabelle
  Microsoft Excel 3.0-Tabelle
  Microsoft Excel 2.2-Tabelle
  Microsoft Excel 4.0-Arbeitsmappe
  WK4 (1-2-3)
  WK3,FM3 (1-2-3)
  WK3 (1-2-3)
  WK1,FMT (1-2-3)
  WK1,ALL (1-2-3)
  WK1 (1-2-3)
  WKS (1-2-3)
  DBF 4 (dBASE IV)
  DBF 3 (dBASE III)
  DBF 2 (dBASE II)
  Unicode-Text
  Text (Windows)
  Text (OS/2 oder MS-DOS)
  CSV (Windows)
  CSV (OS/2 oder MS-DOS)
  DIF (Data Interchange-Format)
  SYLK (Symbolische Verknüpfung)
  Microsoft Excel-Add-In
```

Auf der folgenden Seite ist das Exportergebnis für die Verwendung der Dateninhalte für InDesign abgebildet. Die Datentabelle wurde im Format .txt, also als Tabs getrennte Datei exportiert.

Nachdem die Datendatei erstellt wurde, muss noch eine Änderung in einem Texteditor vorgenommen werden. Öffnen Sie dazu die Datei in TextEdit unter Mac oder mit Notepad auf einem PC.

Geben Sie das @-Zeichen vor dem Wort „Bild" ein (@Bild) und speichern Sie die Datei. Im Programm Excel ist diese Eingabe in die Datentabelle nicht möglich, da das Programm die Eingabe dieses Zeichens als Funktion (Mailfunktion) interpretiert. Um einen sicheren Bildimport zu gewährleisten, ist es also unbedingt erforderlich, dieses @-Zeichen im Texteditor einzugeben. Diese Eingabe und deren Ergebnis ist auf der folgenden Seite dargestellt.

Excel-Exportmöglichkeiten für Texte

Für die Verarbeitung der Inhalte von Datentabellen sind nur die folgenden Formatierungen möglich:
- Formatierter Text
- Text (Tabs getrennt)
- CSV (Trennzeichen getrennt)

Welche der Formate für die unterschiedlichen Layoutprogramme und deren Versionen nutzbar sind, muss jeweils getestet werden.

501

Datentabelle mit Steuerzeile

Rechts ist in der Steuerzeile der Datentabelle erkennbar, dass vor dem Begriff „Bild" noch kein Zeichen eingeführt wurde.
In der unteren Abbildung der ersten vier Datensätze ist das @-Zeichen vor das Wort „Bild" in einem Texteditor eingefügt worden.

Name	Vorname	Geburtstag	PLZ	Wohnort	Anschrift	Fon-Vorwahl	Fon-Nummer	Bild
Althonn	Christian	06.05.1960	72764	Reutlingen	Elsterweg 2	7121	77656	DIGIDRUCK_01.tif
Anstrich	Christian	24.09.1953	72765	Reutlingen	Eckstraße 12	7121	77634	DIGIDRUCK_02.tif
Börmann	Otto	28.08.1963	72766	Reutlingen	Kleine Straße	7121	77643	DIGIDRUCK_03.tif
Bach	Fred	12.01.1970	72764	Reutlingen	Heuneweg 16	7121	77623	DIGIDRUCK_04.tif
Ditere	Rainer	28.08.1977	72765	Reutlingen	Schützenallee	7121	79862	DIGIDRUCK_01.tif
Gesslan	Hans	31.03.1980	72766	Reutlingen	Lichtensteinw	7121	74509	DIGIDRUCK_02.tif
Hängen	Erwin	24.10.1980	72764	Reutlingen	Kölner Straße	7121	78712	DIGIDRUCK_03.tif
Jung	Hansotto	27.12.1985	72765	Reutlingen	Hauptstraße	7121	89765	DIGIDRUCK_04.tif
Katz	Heinz	17.04.1990	72766	Reutlingen	Spielbaumwe	7121	56723	DIGIDRUCK_01.tif
Kopf	Detlef	12.09.1958	72764	Pfullingen	Echazstraße	7121	45389	DIGIDRUCK_02.tif
Kraus	Heiner	13.07.1962	72764	Pfullingen	Marktplatz 16	7121	87354	DIGIDRUCK_03.tif
Manz	Holger	26.11.1976	72765	Pfullingen	Südring 45	7121	45612	DIGIDRUCK_04.tif
Schütze	Dr. Karin	23.06.1985	72795	Lichtenstein	Schöner Weg	7121	45368	DIGIDRUCK_01.tif
Schröder	Gernold	12.09.1990	72795	Lichtenstein	Burgweg 25	7121	54230	DIGIDRUCK_02.tif
Silbermann	Heinz-Otto	30.01.1990	72796	Lichtenstein	Berner Straße	7121	54129	DIGIDRUCK_03.tif
Roger	Williams	22.11.1966	72796	Lichtenstein	Reutlinger St	7121	76433	DIGIDRUCK_04.tif
Röntgen	Karl	31.12.1980	72797	Lichtenstein	Honauer Stei	7121	87545	DIGIDRUCK_03.tif
Reusch	Rolf	19.05.1987	72797	Engstingen	Liftweg 34	7121	76345	DIGIDRUCK_03.tif
Schmied	Karlheinz	11.09.1980	72797	Engstingen	Höhenweg 32	7121	78737	DIGIDRUCK_03.tif
Ottel	Christine	12.12.1976	72797	Engstingen	Bahnhofstraß	7121	87238	DIGIDRUCK_01.tif

Name	Vorname	Geburtstag	PLZ	Wohnort	Anschrift	Fon-Vorwahl	Fon-Nummer	@Bild
Althonn	Christian	06.05.1960	72764	Reutlingen	Elsterweg 2	7121	77656	DIGIDRUCK_01.tif
Anstrich	Christian	24.09.1953	72765	Reutlingen	Eckstraße 12	7121	77634	DIGIDRUCK_02.tif
Börmann	Otto	28.08.1963	72766	Reutlingen	Kleine Straße 3	7121	77643	DIGIDRUCK_03.tif
Bach	Fred	12.01.1970	72764	Reutlingen	Heuneweg 16a	7121	77623	DIGIDRUCK_04.tif

Name	Vorname	Geburtstag	PLZ	Wohnort	Anschrift	Fon-Vorwahl	Fon-Nummer	@Bild
Althonn	Christian	06.05.1960	72764	Reutlingen	Elsterweg 2	7121	77656	DIGIDRUCK_01.tif
Anstrich		Christian	24.09.1953	72765	Reutlingen	Eckstraße 12	7121	77634	DIGIDRUCK_02.tif
Börmann	Otto	28.08.1963	72766	Reutlingen	Kleine Straße 3	7121	77643	DIGIDRUCK_03.tif
Bach	Fred	12.01.1970	72764	Reutlingen	Heuneweg 16a	7121	77623	DIGIDRUCK_04.tif

Oben ist die Datentabelle abgebildet, die korrekt nach der ersten Normalform strukturiert ist. Darunter erkennen Sie die exportierte Datentabelle, die aus Gründen der Übersichtlichkeit „ordentlich" formatiert wurde. Real sieht die Datentabelle etwas weniger aufgeräumt aus wie in der darunter liegenden Abbildung. In beiden Darstellungen ist das eingefügte @-Zeichen erkennbar.

8.3.3.4 Import der Datensätze

Öffnen Sie die Datenzusammenführung-Palette. Mit Hilfe dieser Palette können Sie direkt die nächsten drei Arbeitsschritte ausführen.

Wählen Sie *Fenster > Automatisierung > Datenzusammenführung*, um die Datenzusammenführung-Palette anzuzeigen.

Wählen Sie Ihre Datentabelle aus. Dazu wählen Sie aus dem Menü der Datenzusammenführung-Palette die Option „Datenquelle auswählen". Dadurch wird ein Dialogfeld geöffnet, in dem Sie die aufbereitete Datei, die Sie in den vorherigen Arbeitsschritten erstellt haben, auswählen können. In der Palette sollten dann die folgenden Felder angezeigt werden, die aus den Namen der Steuerzeile gebildet werden: *Name, Vorname, Geburtstag, PLZ, Wohnort, Anschrift, Fon-Vorwahl, Fon-Nummer, @Bild*.

Links neben dem Feld „Bild" sollte ein Bild-Symbol angezeigt werden. Damit können Sie sicherstellen, dass das @-Zeichen erfolgreich in der Datendatei vor dem Wort „Bild" eingefügt wurde.

Die Abbildung auf der folgenden Seite 503 zeigt die korrekte Darstellung der Daten der Steuerzeile für den Datenim-

Variabler Datendruck

Digitaldruck München

Telefon 08123/651238
Digitaldruck@Muenchen.de

<<Bild>>

<<Vorname>> <<Name>>

<<Anschrift>>

<<PLZ>> <<Wohnort>>   **Im Oktober 2011**

Digitaldruckseminar in Kassel

Sehr geehrter Herr <<Name>>,

Wir würden uns freuen, wenn wir Sie Herr <<Name>> , bei unserer Digitaldruckveranstaltung in Kassel begrüßen dürften.

Das Seminar, verehrter Herr <<Name>> wird am 12. November dieses Jahres stattfinden. Wir haben für Sie ein anspruchsvolles Programm mit namhaften Referenten zusammengestellt, das Ihren Ansprüchen und Erwartungen gerecht werden dürfte.

Als Tagungshotel haben wir unser beliebtes Haus Schutterwald ausgesucht, beim dem Sie sich Herr <<Name>>, sicherlich sehr wohl fühlen werden.

Das Tagungsprogramm und die Hotelreservierung entnehmen Sie bitte dem beiliegenden Prospekt. Sollten Sie, sehr geehrter Herr <<Name>> Fragen, Wünsche und Anregungen zum Seminar haben, stehen wir Ihnen gerne zur Verfügung.

Mit freundlichen Grüßen

Hans Kaufmann
Hans Kaufmann
Digitaldruck München

Anlage: Digitaldruckseminar in Kassel

Digitaldruck München

Hans Kaufmann
Senefelder Straße 11
89107 München
Fon 08123/651-238 • Fax 08123/651-239 • Digitaldruck@Muenchen.de

Werbeflyer mit InDesign

Dieser Werbebrief soll an Kunden verschickt werden. Die variablen Felder sind durch die roten Textgruppen in spitzen Doppelklammern gekennzeichnet. Diese Textstellen werden per Drag & Drop aus der unten abgebildeten Datenzusammenführungs-Palette an die vorgesehene Position gezogen. Für den Datenaustausch werden nur die benötigten Informationen (siehe Pfeile) in das Dokument übertragen. Nicht notwendige Informationen wie Telefon, Fax oder Geburtstag bleiben unberücksichtigt. Das variable Bildfeld wird ebenfalls

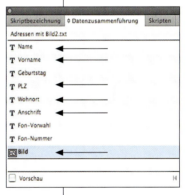

per Drag & Drop angesteuert. Das Bild muss das Bildsymbol im Fenster Datenzusammenführung (siehe oben) erhalten, es wird allerdings erst nach dem Aktivieren der Vorschau im Dokument sichtbar.

503

Datenzusammenführung

Darstellung der variablen Textfelder und Bildfelder in der Zusammenführungspalette, nachdem die Datenquelle ausgewählt wurde.

port in die vorbereitete InDesign-Datei. Die Beschreibung der vorbereiteten Datei für einen Werbebrief finden Sie

dern sicher möglich ist, müssen sich die InDesign-Datei und alle variablen Bilder im gleichen Bildformat (z.B. .tif) in

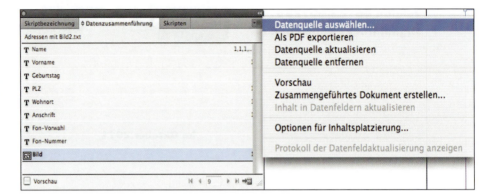

auf der vorherigen Doppelseite rechts. Wenn Sie die Verknüpfungen zu den Datenbankinhalten wie vorne beschrieben erstellt haben, können Sie diese durch die Vorschau überprüfen.

8.3.3.5 Vorschau der Datendateien

In der Datenzusammenführung-Palette aktivieren Sie zur Kontrolle das Kontrollkästchen „Vorschau" unten links. In der Vorschau wird daraufhin der erste Datensatz aus Ihrer Datendatei in den Rahmen, die Sie den Feldern zugewiesen haben, angezeigt.

Sie können nun die Datensätze mit den Rechts- und Links-Pfeilen am unteren Rand der Palette durchblättern. Es müssen daraufhin alle variablen Texte und die variablen Bilder ausgetauscht werden. Sie können diesen Test mit allen Datensätzen Ihrer Datei durchführen und dabei prüfen, ob alle Text- und Bilddaten korrekt, also entsprechend der Datentabellenvorgabe, ausgetauscht werden.

Noch ein Hinweis zu den Bildern: Damit der Datenaustausch mit den Bil-

einem Ordner befinden. Bilder, die sich wie üblich im Link-Ordner von InDesign befinden, werden nicht ausgetauscht.

8.3.3.6 Optionen für Inhaltsplatzierung von Bildern

Standardmäßig werden Bilder proportional in den Rahmen gezogen, so dass Sie zumeist passen.

Wenn diese Einstellung außer Kraft gesetzt werden soll, wählen Sie im Menü der Datenzusammenführung-Palette die „Optionen für Inhaltsplatzierung". Über dieses Dialogfeld können Sie verschiedene Vorgaben zur Bildeinpassung nutzen.

8.3.3.7 Zusammengeführtes Dokument erstellen

Abschließend kann das Dokument zusammengeführt werden. Das bedeutet, dass auf der Grundlage jeden Datensatzes eine Seite aus den variablen Daten erstellt wird. Jede Seite weist danach einen anderen Inhalt auf.

Variabler Datendruck

Ausgabe der zusammengeführten Dokumente

Nachdem die zusammengeführten Dokumente in InDesign erstellt wurden, können daraus druckfertige PDF-Dateien erzeugt werden, die dann auf einer Digitaldruckmaschine ausgegeben werden. Von dem beschriebenen Datensatz und dem dazugehörigen Layout sehen Sie links vier variable Drucke. Alle variablen Inhalte sind Magentafarben dargestellt.
Die Abbildungen, die zu jedem Datensatz farblich verändert vorliegen, wurden immer an der gleichen Stelle ausgetauscht, so dass jeder Kunde seine individuell eingefärbte digitale Druckmaschine auf dem Briefbogen zugesendet bekommt.

505

8.3.4 Variabler Datendruck von PDF-Dokumenten

www.sautter.de

Der variable Datendruck tauscht Text- und Bildinformationen von einem Druck zum nächsten aus. In den vorherigen Kapiteln wurde Ihnen dieser Datenaustausch an einem Beispiel zur Textverarbeitung und an einem Beispiel mit dem Layoutprogramm InDesign dargestellt. Hier wird Ihnen dieser Datentausch direkt an einer PDF-Datei vorgestellt.

www.reiff-gruppe.de

Der Auftrag der Reiff-Gruppe
Mit 14 Unternehmen an über 80 Standorten in Deutschland und Europa ist die Firma Reiff Anbieter in den Geschäftsbereichen Reifen, Räder, Autoservice, Technische Industrieprodukte und Elastomertechnik. Passend zum Winterbeginn wurden die unten abgebildeten Neukundenmailings für Winterreifen erstellt und für die jeweiligen Niederlassungen mit den zutreffenden individuellen Daten versehen.

Das dazu erstellte Produkt ist unten mit Vorder- und Rückseite abgebildet. Die variablen Felder sind durch die folgenden Nummern gekennzeichnet:
❶ Bild Niederlassungsleiter
❷ Name Niederlassungsleiter
❸ Direkte Kundenansprache mit Namen
❹ Kundennummer
❺ Unterschrift Niederlassungsleiter
❻ Registrierungsnummer
❼ Anschrift der Niederlassung
❽ Anfahrtskarte zur Niederlassung
❾ Postanschrift des Kunden
❿ Kfz-Kennzeichen des Kunden

506

Variabler Datendruck

Um diesen Auftrag durchzuführen, standen zwei Excel-Datentabellen und mehrere Bildordner zur Verfügung:
- Excel-Datentabelle 1 mit den Informationen zu den Niederlassungen
- Excel-Datentabelle 2 mit den Kundeninformationen
- Bildordner mit den Bilddaten zur jeweiligen Niederlassung (Anfahrtskizze, Bild Niederlassungsleiter, Bild Unterschrift).

Unten sind Ausschnitte aus diesen Datentabellen und der Bildordner zum Standort Reutlingen abgebildet.

Datenlage

Für den vorgestellten Beispielauftrag sind die links beschriebebenen und unten dargestellten Datentabellen und ein aufbereiteter Bildordner verfügbar.

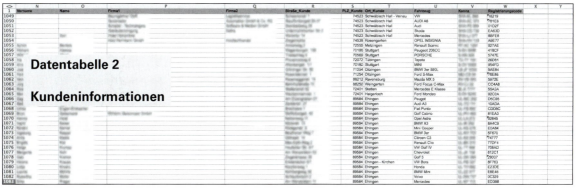

Datenschutz

Aus Datenschutzgründen sind die Namen der Mitarbeiter und Kunden in den Tabellen und Abbildungen unscharf dargestellt. Die Steuerzeilen sind jeweils erkennbar.

Variable Datenfelder

FusionPro-Text- und Grafikfelder werden exakt an den Positionen der Grundgrafik erstellt, an denen später die variablen Daten stehen sollen. Dies sind, wie auf der vorherigen Seite angezeigt:
- ❼ Anschrift der Niederlassung
- ❽ Anfahrtskarte zur Niederlassung
- ❾ Postanschrift des Kunden
- ❿ Kfz-Kennzeichen des Kunden

Datenquelle auswählen und zuordnen

Das Auswählen der Datenquellen für Text und Bild erfolgt in fünf Schritten:
- ❶ Eingabe der Datenquellendefinition
- ❷ Wahl des Datenquellenformates
- ❸ Wahl und Festlegung des Datenpfades zur Datenbank
- ❹ Definition der Feldbegrenzungszeichen der Datenbank
- ❺ Übernahme der ersten Zeile der Datenbank mit den Feldnamen. Mit diesen Namen wird die Zuordnung zu den Datenfeldern und der Datenaustausch durchgeführt.

Vorbereitung der Grafik für Datenaustausch

Im Folgenden werden Ihnen die prinzipiellen Arbeitsschritte des variablen Datenaustausches am Beispiel der Mailingdatei gezeigt. Die verwendete Software ist das Programm FusionPro. Dies ist ein Plug-in für die Adobe Acrobat-Vollversion und ermöglicht den Datenaustausch direkt in der PDF-Datei.

Wie in der Abbildung oben ersichtlich, werden an die Positionen, bei denen Text- oder Bildelemente ausgetauscht werden sollen, Text-, Bild-, Diagramm- oder Grafikfelder passgenau aufgezogen. (Position ❼ bis ❿). Die Text- und Bildfelder können im X/Y-Koordinatensystem der Grundgrafik in der genau benötigten Position und Größe platziert werden. Mit Hilfe des oben abgebildeten Bedienfeldes können Position, Größe und Datenzuordnung geplant werden. Die jeweilige Feldgröße richtet sich nach den Befüllungsdaten, die nach Möglichkeit immer dieselbe Textmenge bzw. eine einheitliche Bild- oder Grafikgröße aufweisen müssen.

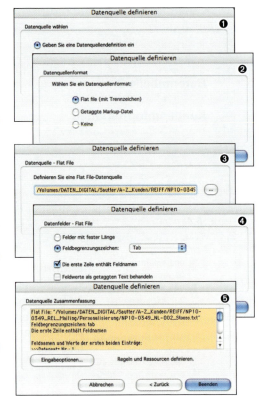

508

Variabler Datendruck

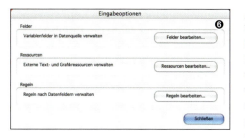

Oben abgebildet ❻ ist die Bearbeitungsmöglichkeit zur Festlegung der Eingabeoptionen. Hier wird z.B. die Zuordnung der Grafiken zu bestimmten Datenfeldern ❼ definiert. Zudem kön-

nen hier manuell bestimmte „If...Then-Bedingungen" nach selbst definierten Regeln eingegeben werden, durch die eine höchst komplexe und produktionssichere Austauschhierarchie erstellbar ist. Ein einfaches Beispiel aus dem Regel-Editor für ein „nicht befülltes Name-Feld" ist unten abgebildet.

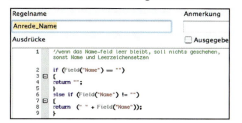

Am Ende der Einstellarbeiten für die Wahl der Datenquellen können über Eigenschaftsfelder ❽ für die Text- und Bildrahmen alle Einstellungen überprüft werden. Den Texten kann hier noch eine vorgeschriebene typografische Eigenschaft gegeben werden, indem Schriftgröße, Farbe, Ausrichtung usw. wie in einem üblichen Textverarbeitungsprogramm festgelegt wird.

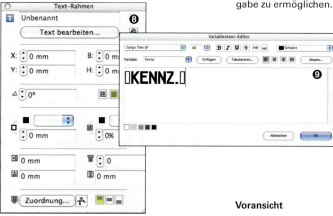

Desweiteren wird die Übernahme der Datenbankinhalte in den ❾ Variablentext-Editor geprüft. Dabei wird die Feldzuordnung zu den einzelnen Datenbankinhalten festgelegt.

Voransicht des Datenaustausches

Nach der abgeschlossenen Zuordnung von Text- und Bildquellen zu den variablen Datenfeldern kann geprüft werden, ob dieser Austausch auch tatsächlich funktioniert. Bei der Vorschau können alle Datensätze auf die richtige Zuordnung kontrolliert werden. Es wird die Kontrolle der folgenden Einstellungen ermöglicht:
- Richtige Dateiart > richtiges Feld
- Richtige Text- und Bildkombinationen auf einer Seite
- Richtige Formatierung der Texte in

Variable Datenfelder

In FusionPro stehen die verschiedensten Eingabe- und Bearbeitungsmenüs zur Verfügung, um den Datenaustausch sicher und effektiv zu planen und durchzuführen. Die Menüs müssen nahezu zwangsweise abgearbeitet werden, um die spätere Ausgabe zu ermöglichen.

Voransicht

Nach dem Aktivieren der Voransicht kann überprüft werden, ob die Daten korrekt zusammengeführt werden.

509

Größe, Stand, Farbe und Vollständigkeit
- Richtige Größe der Bilder/Grafiken hinsichtlich Größe, Stand und Skalierung
- Bei der Vorschau sind bei großen Jobs wie diesem Neukundenmailing nur Stichproben möglich, um den variablen Datenaustausch zu überprüfen. Ein besonderes Augenmerk für die Richtigkeit des Datentausches muss bei der korrekten Aufbereitung der Datenquellen liegen.

In der Abbildung unten links ist die Außenseite mit der Voransicht abgebildet, in der die Dateien angezeigt werden, die gerade in die variablen Datenblöcke geladen werden. Unten ist das Anschriftenfenster (auf dem Kopf stehend) angezeigt, in der Mitte die Anfahrtsskizze und die Anschrift, oben das (hier fiktive) kopfstehende Autokennzeichen des Kunden. Bei der Vorschau ist auf die Skalierung, die horizontale und vertikale Ausrichtung der Grafiken zu achten. Entscheidend für die Funktion ist die Aufbereitung der Bilder für den Datenaustausch: Alle Bilder müssen die gleiche Größe, Auflösung, den gleichen Farbmodus und das gleiche Datenformat aufweisen, damit ein fehlerloser Datenaustausch ermöglicht wird.

Ausgabe der individualisierten Daten
Das Erstellen und Ausgeben der individualisierten Seiten erfolgt als PDF-Datei. Das bedeutet, dass aus der Original-PDF-Datei jeweils ein neues PDF-Dokument mit individuellem Inhalt erstellt wird. Bild- und Textinhalt sind jeweils von PDF-Datei zu PDF-Datei verändert.

Im vorliegenden Projekt erfolgt die Ausgabe auf einer Kodak-NexPress-2100-Plus-Digitaldruckmaschine mit Wendeeinrichtung. Die Maschine hat ein eigenes Workflow-Tool, mit dessen

Vorschau der einzelnen Datensätze
Der 1. von 166 Datensätzen wird zur Kontrolle angezeigt. Durch die Pfeiltasten (nur eine Taste sichtbar) kann sich der Mediengestalter durch die Datensätze scrollen und Zuordnungskontrollen durchführen.

Variabler Datendruck

Hilfe die Vorbereitung der Ausgabe erfolgt. Der Ausgabe-Workflow durchläuft folgende Schritte:
- Ausgabeformat festlegen z. B. PDF
- Ausgabedatei festlegen
- Datenquelle und Pfad für Ausgabedatei festlegen
- Datensatzbereich festlegen, z. B. 200 Datensätze von 500 vorhandenen sollen ausgegeben werden – oder alle Datensätze.
- Ausgabeeinstellungen für PDF-Dateiqualität festlegen. Hier sind Einstellungen vorzunehmen, die dem Adobe Acrobat Distiller sehr ähnlich sind.
- Einstellungen für den Druck und die Weiterverarbeitung. Hier werden die Format-, Beschnitt- und Schneidemarken angelegt.
- Auflösungseinstellungen für die Druckqualität

Die folgenden Abbildungen zeigen und verdeutlichen den vorzunehmenden Workflow exemplarisch für die NexPress. Bei anderen Herstellern ist der Ablauf im Prinzip ähnlich vorzunehmen:

❶ Definition der Datenquelle und Festlegung der Ausgabedateiart PDF.
❷ Angabe der Datensätze, die aus der definierten Datenquelle ausgegeben werden sollen.
❸ bis ❼ In den folgenden Eingabemenüs wird die Qualität der PDF-Datei, die Druckauflösung für Bilder, Sicherheitseinstellungen und die Dateiinformation definiert. Dies entspricht in vielen Fällen den Acrobat Destiller-Einstellungen.
❹ Im Menüfenster „Imposition" können die Ausschießeinstellungen für die Druckausgabe vorgenommen werden. Dies ist auf der folgenden Seite dargestellt.

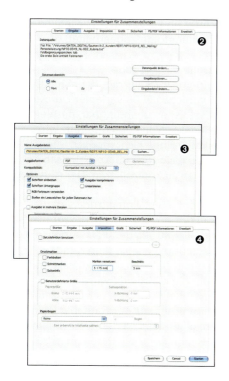

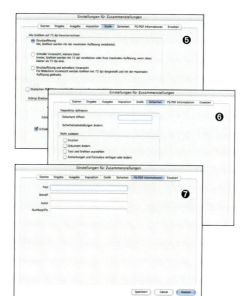

Einstellungsmenüs

Die Abbildungen ❶ bis ❼ zeigen die Einstellungsmenüs für den vorzunehmenden Workflow an einer Kodak NexPress 2100-Plus. Die Kurzbeschreibung finden Sie im Text.

511

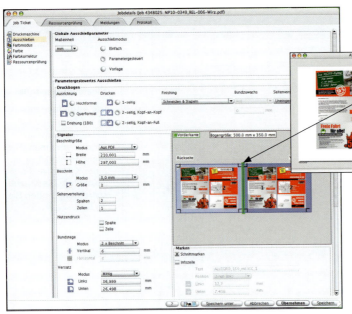

ist in der kleinen Abbildung links zu erkennen. Die Pfeile verdeutlichen die Zuordnung zu den linken und rechten Seiten. Des Weiteren können hier noch alle erforderlichen Hilfszeichen für die buchbinderische Weiterverarbeitung angebracht werden, sofern sie nicht vorher angelegt wurden. Die verwendeten Zeichen werden in der Bogenvorschau angezeigt (siehe links).

Nach dem Ausschießen und der Druckfreigabe durch den Operator werden die personalisierten Daten in die Warteschleife der Druckmaschine geschickt und dort in der vorgegebenen Druckreihenfolge abgearbeitet.

Kontrolle der Ausgabe

Bei einem Druckauftrag, der einen Umfang von etwa 2000 variabler Drucke umfasst, ist es unabdingbar, dass eine Qualitätskontrolle durchgeführt wird. Es ist allerdings nicht möglich, die individualisierten Druckergebnisse im Einzelnen zu kontrollieren. Der Aufwand wäre zu groß und zu personalintensiv.

Daher bieten Digitaldrucksysteme Produktionsprotokolle an, die für die Ausgabekontrolle genutzt werden müssen und die auch dem Kunden gegenüber belegen, dass korrekt und vollständig gearbeitet wurde.

Für jeden Datensatz wird mit seiner Kennnummer aus der Datenbank ein Protokoll erstellt. Ist die Datenzusammenstellung und die Datenausgabe korrekt, wird nur vermerkt, dass die Zusammenstellung begonnen wurde.

Wenn Teile aus der Datenbank „vergessen" oder „ausgelassen" wurden,

Ausschießen und Drucken

Oben: Ausschießmenü mit Festlegung der Produktionsparameter u. a. für das begleitende Job-Ticket

Unten: Warteschleife „Kodak NexPress front End" für die einzelnen Druckjobs, die für die Druckausgabe zu mehreren Nutzen vorgesehen sind.

Ausschießen und Drucken

Bei dem vorgestellten Projekt muss die Vorder- und Rückseite mittels Schön- und Widerdruck bedruckt werden. Dazu werden, wie oben dargestellt, Vorder- und Rückseite angelegt und so ausgeschossen, das Vorder- und Rückseiten der jeweils zusammengehörenden variablen Datensätze zusammengedruckt werden. Vorderseite 1 und Rückseite 2 entsprechen einem Datensatz, Vorderseite 3 und Rückseite 4 entsprechen einem Datensatz usw. Die Zuordnung kann auch optisch (allerdings nur mit einem Acrobat-Plug-in) mit dem jeweiligen Datensatz angezeigt werden. Dies

Variabler Datendruck

wenn Informationen oder Bilddaten nicht zu finden sind oder ein Datenbankfeld leer ist oder sich sonstige Fehler ergeben – im Protokoll ist es nachzulesen.

Zur Qualitätskontrolle ist dieses Protokoll auszuwerten und fehlende Personalisierungen können dann, nach der Fehlerbeseitigung und mit Hilfe der Datensatznummer nachgedruckt werden. Dazu können die einzelnen Datensätze separat aufgerufen werden.

Rechts ist ein Ausschnitt aus solch einem Produktionsprotokoll abgebildet. Der Protokollsatz `Zusammenstellung von Datensatz #14 wurde begonnen.` bedeutet, dass der Job korrekt ohne Fehler abgearbeitet wurde.

War dies nicht der Fall, wird eine ausführliche Fehlerbeschreibung angehängt, aus der die zum Datenaustausch fehlenden Dateien und die Fehlerart ersichtlich sind.

Die Fehlermeldungen wurden in der Abbildung rechts farbig gekennzeichnet, um sie deutlich herauszuheben und voneinander abzugrenzen. Das Originalprotokoll wird einfarbig als TXT-Datei angelegt und ausgegeben.

```
Job started 14:15:43 - 4348025.
Zusammenstellung von Datensatz #1 wurde begonnen.
Zusammenstellung von Datensatz #2 wurde begonnen.
Zusammenstellung von Datensatz #3 wurde begonnen.
Zusammenstellung von Datensatz #4 wurde begonnen.
Datenfeld „" hat die Grafikressource „Druckdatei_An-
fahrtReiffRT" angefordert. Diese Grafikressource
existiert nicht.
Datenfeld „" hat die Grafikressource „DruckSigna-
turRT" angefordert. Diese Grafikressource existiert
nicht.
Druckjob wurde mit Fehler abgebrochen.
Zusammenstellung von Datensatz #5 wurde begonnen.
Platzhalter für Grafik <Druckdatei_AnfahrtReiffRT>
wurde in Datensatz 5 kein Wert zugeordnet.
Platzhalter für Grafik <DruckSignaturRT> wurde in
Datensatz 5 kein Wert zugeordnet.
Druckjob wurde mit Fehler abgebrochen.
Zusammenstellung von Datensatz #6 wurde begonnen.
Zusammenstellung von Datensatz #7 wurde begonnen.
Zusammenstellung von Datensatz #8 wurde begonnen.
Zusammenstellung von Datensatz #9 wurde begonnen.
Zusammenstellung von Datensatz #10 wurde begonnen.
Zusammenstellung von Datensatz #11 wurde begonnen.
Zusammenstellung von Datensatz #12 wurde begonnen.
Zusammenstellung von Datensatz #13 wurde begonnen.
Zusammenstellung von Datensatz #14 wurde begonnen.
Zusammenstellung von Datensatz #15 wurde begonnen.
Zusammenstellung von Datensatz #16 wurde begonnen.
Zusammenstellung von Datensatz #17 wurde begonnen.
Zusammenstellung von Datensatz #18 wurde begonnen.
Zusammenstellung von Datensatz #19 wurde begonnen.
Zusammenstellung von Datensatz #20 wurde begonnen.
Zusammenstellung von Datensatz #21 wurde begonnen.
Zusammenstellung von Datensatz #22 wurde begonnen.
Zusammenstellung von Datensatz #23 wurde begonnen.
Datenfeld „" hat die Grafikressource „Druckdatei_An-
fahrtReiffRT" angefordert. Diese Grafikressource
existiert nicht.
Datenfeld „" hat die Grafikressource „DruckSigna-
turRT" angefordert. Diese Grafikressource existiert
nicht.
Druckjob wurde mit Fehler abgebrochen.
Zusammenstellung von Datensatz #24 wurde begonnen.
Platzhalter für Grafik <Druckdatei_AnfahrtReiffRT>
wurde in Datensatz 24 kein Wert zugeordnet.
Platzhalter für Grafik <DruckSignaturRT> wurde in
Datensatz 24 kein Wert zugeordnet.
Druckjob wurde mit Fehler abgebrochen.
Zusammenstellung von Datensatz #25 wurde begonnen.
Zusammenstellung von Datensatz #26 wurde begonnen.
Zusammenstellung von Datensatz #27 wurde begonnen.
Zusammenstellung von Datensatz #28 wurde begonnen.
Zusammenstellung von Datensatz #29 wurde begonnen.
Zusammenstellung von Datensatz #30 wurde begonnen.
Zusammenstellung von Datensatz #31 wurde begonnen.
Zusammenstellung von Datensatz #32 wurde begonnen.
Zusammenstellung von Datensatz #33 wurde begonnen.
Zusammenstellung von Datensatz #34 wurde begonnen.
Zusammenstellung von Datensatz #35 wurde begonnen.
Zusammenstellung von Datensatz #36 wurde begonnen.
```

Produktionsprotokoll

Aufbau:
- JobStart – Timer – Jobnummer
- Datensatz #1
- Datensatz #2 usw. Datensätze, die hier schwarz dargestellt sind, wurden korrekt gedruckt.
- Datensatz # 4 ist fehlerhaft. Fehlerbeschreibung meldet fehlende Grafikdatei.
- Datensatz # 5 ist fehlerhaft. Fehlerbeschreibung meldet falsche Wertzuweisung, durch die keine Grafikdatei geladen werden kann.
- Datensatz #6 bis Datensatz #22 wurden korrekt gedruckt.
- Datensatz # 23 ist fehlerhaft.
- Datensatz # 24 ist fehlerhaft.
- Datensatz #25 bis Datensatz #36 wurden korrekt gedruckt.

Hinweis: Die Anzahl der Fehler – wie bei diesem Protokoll dargestellt – entspricht nicht der Produktionsrealität, sondern soll lediglich die Fehlerdarstellung verdeutlichen.

8.3.5 Gestaltung und Planung variabler Drucksachen

Personalisierter Zeitschriftentitel

160.000 individualisierte Titelseiten in der Ausgabe 12/2007

www.cicero.de/2038

Textanpassung im variablen Textfeld

Oben: Seitenüberlauf-Einstellungen für die Verarbeitung zu großer Textmengen. Text an Größe des Rahmens anpassen bewirkt eine Veränderung der Schriftgröße. Die Vorgaben können in einem hier nicht abgebildeten Feld eingegeben werden.
Unten: Textrahmen-Eigenschaften mit Aufruf zur Seitenüberlaufeinstellung

Unter gestalterischen Aspekten können Sie kreativ und ohne Einschränkung Medienprodukte entwerfen, die später mit variablen Inhalten, also Texten und Bildern, versehen werden.

Es sind allerdings bereits bei der Gestaltung einige technische Aspekte zu berücksichtigen, die für die spätere technische Umsetzung von Vorteil sind.

Alle Layoutprogramme der Medienindustrie arbeiten rahmenorientiert. In einen Textrahmen passt, bei einer vorgegebenen Schriftgröße, immer nur eine bestimmte maximale Buchstabenzahl. Bei der Layoutplanung muss die maximal zu verarbeitende Textmenge bekannt sein, da der zur Verfügung stehende Platz für den Textdatenaustausch nicht variabel ist. Je nach verwendeter Personalisierungssoftware wird der

- Text gekürzt – also die Buchstaben, die nicht in den Textrahmen passen, werden nicht berücksichtigt. Der Text erscheint unvollständig.
- Textrahmen bleibt leer, da die Software nur Textdaten übernimmt, die vollständig in den Textrahmen passen. Werden zu viele Buchstaben in den Rahmen importiert, wird der Rahmen automatisch wieder entleert.
- Schriftgrad wird automatisch so angepasst, dass der Text vollständig in den Rahmen eingefügt wird. Der mögliche Schriftgrößenbereich für die größte und kleinste Schrift kann angegeben werden.

Es ist wichtig, dass dem Gestalter die maximale Textmenge bekannt ist, die in ein Feld eingelesen wird, da eine Reihe von Programmen keine dynamischen Textrahmen kennt, die eine automatische Anpassung der Textmenge bei gleichem Schriftgrad erlauben würden.

Problematisch ist diese Art der Textverarbeitung mit variablem Schriftgrad allerdings, wenn eine Drucksache nach strengen Designvorgaben gestaltet ist – dann ist diese Textanpassung nicht im Sinne eines Corporate Designs.

Die Vorgaben für den Bilddatenaustausch sind bedingt variabel. Es ist nicht möglich, unterschiedliche Bildgrößen in einen Bildrahmen zu laden und die Bilder dort auf die korrekte Endgröße zu skalieren. Ein variabler Bildrahmen kennt in der Regel nur folgende Übernahmeparameter für die Bildskalierung:

- Größe beibehalten
- Skalierung in Prozent
- Bildposition links oben, links unten oder zentriert

Es kann üblicherweise nur eine Einstellung gewählt werden. Nach dieser Einstellung werden alle Bilddaten ausgetauscht. Daher ist es notwendig, dass alle Bilder folgende technische Parameter aufweisen, um einen sicheren Datenaustausch zu gewährleisten.
Alle Bilder

- müssen exakt die gleichen Pixelmaße aufweisen,
- die gleiche Auflösung besitzen,
- das gleiche Datenformat,
- den gleichen Farbmodus haben
- und einen einheitlichen Farbraum aufweisen.

Nur wenn die Bildparameter allen diesen Anforderungen entsprechen, lässt sich eine sichere und qualitätsvolle Bildindividualisierung durchführen.

Für den gesamten variablen Datendruck gilt, dass einmal festgelegt Pfade

Variabler Datendruck

zu Datenbank und Bildordner nicht verändert werden dürfen, da veränderte Pfade in der Software mühsam nachgeführt werden müssen. Daher ist eine gute, klare und übersichtliche Datenorganisation zwingend, um schnell und sicher zu produzieren.

Rechts ist der Aufbau eines Flyers für den variablen Datendruck mit variablen Text- und Bildfeldern und die dazugehörende Datentabelle dargestellt.

Planung variabler Text- und Bildfelder
Für den variablen Datendruck müssen die folgenden Vorbereitung getroffen werden:
- Datentabelle mit Textinformation muss in 1. Normalform vorliegen.
- Bildordner mit Bildern. Alle Bilder sind in gleicher technischer Aufbereitung (Auflösung, Breite x Höhe, Namensstruktur) in einen Bildordner abzulegen. Dadurch können alle Bilder mit den gleichen Einstellungen in das Dokument eingelesen werden.
- Vorbereitetes Dokument (feste Layoutseite) mit den variablen Text- und Bildfeldern. Diese Felder sind für die rechts abgebildete Seite wie folgt definiert:

Feste Layoutseite:
❶ = Headline mit genau definierter Buchstabenzahl und exakter Schriftformatierung. Dies muss sich an der Headline mit der größten Textmenge orientieren.
❷ = Formatierter Infotext mit genau definierter Buchstabenzahl. Die maximale Buchstabenanzahl muss auf die Feldgröße abgestimmt werden.
❸ = Anschriftenfeld mit genau festgelegter Zeilen- und Buchstabenzahl
❹ = Bild mit genauer Breite x Höhe und Auflösung sowie zentrierter

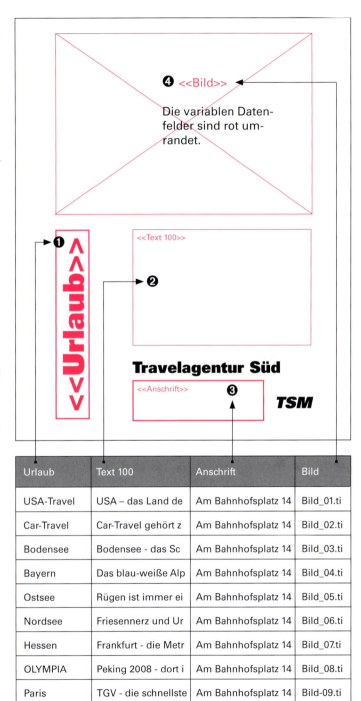

Die variablen Datenfelder sind rot umrandet.

Urlaub	Text 100	Anschrift	Bild
USA-Travel	USA – das Land de	Am Bahnhofsplatz 14	Bild_01.ti
Car-Travel	Car-Travel gehört z	Am Bahnhofsplatz 14	Bild_02.ti
Bodensee	Bodensee - das Sc	Am Bahnhofsplatz 14	Bild_03.ti
Bayern	Das blau-weiße Alp	Am Bahnhofsplatz 14	Bild_04.ti
Ostsee	Rügen ist immer ei	Am Bahnhofsplatz 14	Bild_05.ti
Nordsee	Friesennerz und Ur	Am Bahnhofsplatz 14	Bild_06.ti
Hessen	Frankfurt - die Metr	Am Bahnhofsplatz 14	Bild_07.ti
OLYMPIA	Peking 2008 - dort i	Am Bahnhofsplatz 14	Bild_08.ti
Paris	TGV - die schnellste	Am Bahnhofsplatz 14	Bild-09.ti

515

Position. Die Positionierungsvorschrift darf beim Auswechseln der Bilder aus dem Bildordner oder der Datenbank nicht verändert werden.

Personalisierungsergebnis
Unten sind die Personalisierungsergebnisse für die vorne dargestellte Musterseite und die darunterstehende Datentabelle abgebildet.

Die drei unten gezeigten Flyer zu den verschiedenen Reiseangeboten sind mit den variablen Daten aus der Datentabelle der vorherigen Seite erstellt worden. Die Anschrift des Reisebüros ist immer gleich, da hier alle Flyer ausgegeben wurden. Dieses Feld ist aber auch variabel, da andere Niederlassungen des Reisebüros diese Daten ebenfalls nutzen können.

Hinweis zur Darstellung der Datenbank
Ein Hinweis zur Darstellung der Inhalte der Datenbank: Eine Datenbankzeile besteht aus Feldern. In jedes Feld kann eine beliebige Textmenge hineingeschrieben werden. Gezeigt werden in der Datenbank, je nach gewählter Darstellungsart, nur die ersten Zeichen einer Textmenge – der nichtsichtbare Text ist verfügbar, wird aber optisch nicht vollständig dargestellt. Wenn mit der Maus über das Feld gefahren wird, erscheint in der Regel der Inhalt des Feldes als kleines Popup-Menü.

Versuchen Sie dies in Excel einmal selbst – das Programm ist in der Regel auf jedem PC installiert. Beim Anklicken eines Textes mit größerem Umfang mit der Maus wird dann immer die gesamte Textmenge erkennbar und damit für Sie zu lesen sein.

Personalisierte Flyer
Gelungene Individualisierung eines Reisebüroangebotes, das jedem Kunden maßgeschneiderte Flyer in optisch ansprechender Qualität anbieten kann.

8.3.6 Aufgaben

Variabler Datendruck

1 1:1-Marketing beschreiben

Beschreiben Sie, was unter dem Fachbegriff 1:1-Marketing verstanden wird und warum ein Bezug zum Digitaldruck hergestellt werden kann.

2 Responsequote erklären

Beschreiben Sie, was unter der so genannten Responsequote verstanden wird und wo diese von Bedeutung ist.

3 Responsequote erklären

Von welchen Faktoren ist eine gute, möglichst hohe Responsequote abhängig. Nennen Sie mindesten fünf Punkte.

4 Personalisierung beschreiben

Beschreiben Sie, was unter dem Begriff „Personalisierung" zu verstehen ist.

5 Variablen Datendruck beschreiben

Beschreiben Sie, was unter dem Begriff „Variabler Datendruck" zu verstehen ist.

6 Datenbankanforderung definieren

Um variablen Datendruck durchzuführen, müssen an die verwendete Datenbank bestimmte Anforderung gestellt werden. Beschreiben Sie diese Anforderungen.

7 Personalisierung durchführen

In diesem Kapitel ist das Schreiben eines Serienbriefes mit dem Programm MS Word in aller Kürze beschrieben. Erstellen Sie einen eigenen Werbebrief und personalisieren Sie diesen. Legen Sie dazu eine Datenbank in Excel an und schreiben Sie Ihre nächste Einladung zu einem Fest mit der Serienbrieffunktion. Nehmen Sie zum Schreiben des Serienbriefes bei Bedarf die Word-Hilfe in Anspruch – diese ist zum Thema Serienbrief sehr übersichtlich und ausführlich.

8 Variable Drucksachen gestalten und planen

Um einen variablen Datendruckauftrag zu planen und zu gestalten, sind eine Reihe von Punkten zu berücksichtigen, die Voraussetzung für den reibungslosen Datenaustausch sind. Nennen und erklären Sie diese Punkte.

9 Datenbanknormalisierung für die erste Normalform beschreiben

Um einen variablen Datendruck durchzuführen, muss die Datentabelle den Kriterien der ersten Normalform entsprechen. Nennen und erklären Sie diese Kriterien.

10 Textfeldanforderungen beschreiben

a. Was geschieht, wenn bei einem variablen Textfeld eine zu große Textmenge vorhanden ist?
b. Wie können Sie das Problem lösen?

517

8.4 eBook

8.4.1	eBook – Lesen in neuer Dimension?	520
8.4.2	ePUB	524
8.4.3	Adobe Digital Editions	526
8.4.4	Calibre	527
8.4.5	eBook, Google und eBook-Kauf	532
8.4.6	Gestaltungsgrundsätze für eBooks	535
8.4.7	eBooks – Überblick	537
8.4.8	eBook-Formate – Überblick	538
8.4.9	Aufgaben	539

8.4.1 eBook – Lesen in neuer Dimension?

Seit Mai 2010 ist das Apple iPad in der Bundesrepublik zu erwerben und hat sofort Bewegung in den bis dahin etwas stagnierenden eBook-Markt gebracht. Apple versucht mit diesem Gerät zusätzlich zum Musik- und Videomarkt auch in den eBook-Markt einzusteigen und sich als Konkurrenz zu anderen eBook-Anbietern aufzubauen. Dazu hat Apple Vertriebsverträge mit amerikanischen Verlagsketten geschlossen, um deren Bücher im neuen iBookstore vertreiben zu können. Auch als Wiedergabemedium für elektronische Zeitungen und Zeitschriften versucht Apple das iPad zu etablieren.

ePaper, eInk, Fiction-Book oder eBook stehen für einen längerfristigen Entwicklungsprozess, der zu elektronischen Lesegeräten geführt hat, die zwar zu vielen Hoffnungen Anlass geben, aber zum Teil noch nicht so komfortabel sind, dass das Lesen größerer Textmengen den Endverbrauchern

ePaper 2005

Flexibles ePaper, vorgestellt von LG.Philips USA

Gutenberg-Projekt 2006

Farbiges ePaper, vorgestellt 2005 von E-Ink Corporation USA und Toppan Printing Co. Ltd.

Sony eBook

Lesegeräte (Reader) für eBooks von Sony 2005 und 2007

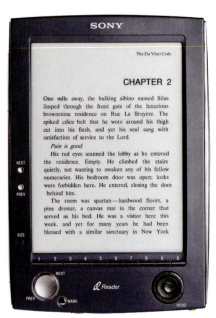
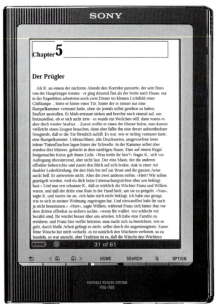

eBook

Adobe Digital Edition
PDF-Darstellung im ePaper-Reader.

Links ist ein Seitenausschnitt mit Lesezeichen und Navigationstool (Mitte links) dargestellt, rechts eine ganze Seite mit dem Lesen-Menü und den verschiedenen Darstellungsoptionen.

wirklich Lesevergnügen bereitet. Unklar sind technische Spezifikationen, das unterschiedliche und zum Teil wenig komfortable Handling und die damit eng verbundenen Formatfragen.

Mobile Computer sind neben den Lesegeräten für eBooks nutzbar. Dadurch ist es logisch und nachvollziehbar, dass ein großer Teil der elektronischen Bücher im PDF-Format angeboten werden. Seitenaufbau und Darstellung orientieren sich am gedruckten Buch. Die im PDF-Format angebotenen eBooks sind, zumindest teilweise, ein „Abfallprodukt" der bereits gedruckten Bücher und erschließen dadurch andersweitige Zielgruppen, Vertriebs- und Absatzmärkte.

PDF-Dokumente und eBooks
Der Vorteil gegenüber dem gedruckten Buch liegt in den Möglichkeiten der hyperaktiven PDF-Zusatzfunktionen wie Lesezeichen, verkleinerte Seitendarstellung, interaktive Inhalte wie Video- oder Sound, direkte Links ins Internet oder die komfortablen Suchfunktionen im Dokument. Damit hat sich das PDF-For-mat als Standard im Bereich der eBooks etabliert und vor allem für das Lesen und Arbeiten am mobilen PC durchgesetzt. Dass dabei das Drucklayout weitgehend bestehen bleibt, ist sicherlich ein herstellungstechnischer Vorteil, der die oben erwähnten Aspekte unterstützt.

Die Abbildungen oben zeigen einen Ausschnitt aus dem Kompendium der Mediengestaltung in einem ePaper-Reader von Adobe, der in diesem Kapitel noch detaillierter beschrieben wird. Das linke Bild zeigt die Lesedarstellung eines Seitenausschnitts mit Lesezeichen und Navigationstool für die Größen- und Ausschnittsdarstellung. Wenn Sie genau auf die linke Abbildung schauen, erkennen Sie den Bildausschnitt der Seite im Navigationstool wieder. In der rechten Abbildung sind die verschiedenen Optionen im Lesen-Menü zum Arbeiten bzw. Lesen mit dem PDF-Dokument eingeblendet.

Lesemöglichkeiten
Beide Abbildungen oben zeigen die grundsätzlichen Lesemöglichkeiten des

eBooks
Vor allem Fachbücher werden im PDF-Format als eBooks vertrieben, da alle in einem PDF-Dokument üblichen Such- und Bearbeitungsfunktionen auch beim PDF-eBook genutzt werden können.

521

PDF-Formats mit einem eBook-Reader. Links wird in der Leseansicht der verkleinerte Titel dargestellt, darunter die Lesezeichen zur Navigation innerhalb eines Werkes. In der breiteren rechten Spalte ist das Lesedokument ausschnittsweise dargestellt. Wie in der rechten Abbildung gezeigt, kann die linke Spalte vollständig ausgeblendet und damit der Lesebereich vergrößert werden. Damit wird die Lesequalität deutlich verbessert. Um die Lese- und Arbeitsfähigkeit zu verbessern, können Lesezeichen zu Adobe PDF- oder ePUB-Dokumenten hinzugefügt werden. Dies erleichtert die Navigation innerhalb eines Dokuments. Darüber hinaus können Sie Textstellen hervorheben und kommentieren.

Ansichtssachen

Es sind zwei grundsätzliche Ansichtsbereiche möglich. Die vorne dargestellte

Bibliotheks- oder Leseansicht

Leseansicht wird mit dem rechten der beiden oberen linken Buttons aufgerufen. Dieser Modus kann auch durch direkten Doppelklick auf das gewünschte Dokument aufgerufen werden.

Durch Wechsel zum linken Button wird die *Bibliotheksansicht* aufgerufen, die alle Inhalte in Listen aufführt. Diese Listenansicht erfolgt in zwei Spalten. Links oben wird eine verkleinerte Vorschau mit Titel und Autor des ausgewählten Dokuments angezeigt. Darunter befinden sich vier „Regale", also intelligente Ordner, die es ermöglichen, den Bestand an Dokumenten nach unterschiedlichen Kriterien zu organisieren. Es ist folgende Grundstruktur für die Regale vorgegeben:
- Alle Medien
- Entliehene Medien
- Erworbene Medien
- Kürzlich gelesene Medien

Jeder Nutzer kann weitere, eigene Regale anlegen und nach seinen Vorstellungen verwalten.

In der rechten Spalte werden die Medien in einer Listenansicht sortiert dargestellt. In der Liste sind alle relevanten Informationen zum Dokument vorhanden. Durch das Öffnen der einzelnen Dokumentinformation wird das unten abgebildete Fenster geöffnet, das alle wichtigen Informationen und Eigenschaften zu einem Dokument sowie eine verkleinerte Ansicht darstellt. Durch einen Doppelklick auf die Dokumentinformation wird das Dokument im Lesemodus geöffnet. Die Aufnahme neuer Medien in den Medienbestand geschieht mit Hilfe des Bibliotheksme-

Adobe Digital Edition Bibliotheksmodus

Bild links: Links ist die Spalte mit Dokumentenvorschau und den Regalen zu erkennen, rechts die verfügbaren Medien in Listenansicht.

Bild rechts zeigt die Zusatzinformation zu einem Medium.

eBook

Band II – Seite 405
7.1 PDF-Erstellung

nüs. Hier ist der Befehl zum Einfügen neuer Dokumente zu finden. Das Einfügen ist auch per „Drag & Drop" oder durch Befehlstaste + O möglich.

Das Navigieren in der Interfaceoberfläche ist spartanisch und damit einfach: Scrollfunktionen, Seiten umblättern und das Vergößern bzw. Verkleinern der Schrift und das Ausschieben der linken Fensterhäfte sind möglich – mehr nicht!

Formatchaos
eBooks werden, wie in der unteren Abbildung zu erkennen ist in unterschiedlichen Formaten am Markt angeboten. So wird das PDF-Format insbesondere als Fachbuchformat für den PC betrachtet, da dieses Format bei der Darstellung komplexer Bilder und Grafiken besonders vorteilhaft ist. Das weit verbreitete ePUP-Format wird überwiegend bei textlastigen Werken, Romanen u.ä. als Format für mobile Endgeräte wie z.B. für Sonys eBook-Reader definiert.

Für einen Mediengestalter ist die Erstellung von PDF-Dateien mit Inhaltsverzeichnis und Querverweisen üblicherweise kein Problem. Lesen Sie dazu nähere Informationen im Kapitel zur PDF-Herstellung. Anders sieht es aus, wenn das ePUP-Format oder andere für eBook-Reader notwendig sind. Wie werden diese erstellt bzw. konvertiert?

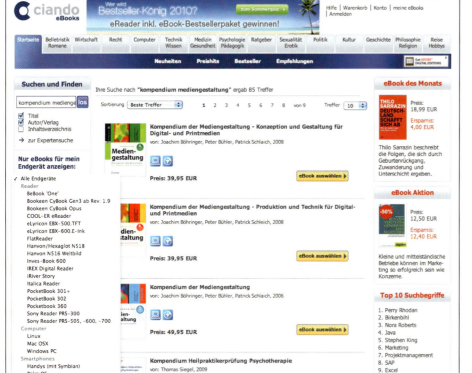

Ciando eBooks
Deutschlands größter eBook-Händler. Auf der Seite dieses Händlers wird in dem Ausklappmenü links deutlich, dass die verschiedenen Endgeräte, die zum Lesen der eBooks verwendet werden, nicht in der Lage sind, alle Buchformate zu lesen. Daher werden die Bücher in alternativen Formaten angeboten. Dies sind zumeist das PDF- und das ePUB-Format. Weitere Formate sind zum Teil für bestimmte Lesegeräte erforderlich und werden ebenfalls vertrieben.

8.4.2 ePUB

ePUB-Vorteil

Die Text- und Grafikdarstellung wird an die jeweilige Displaygröße angepasst.

Der ePUB-Standard wurde 2007 vom International Digital Publishing Forum (IDPF) entwickelt und wird von einer Vielzahl von Verlagen, Lesegeräte- und Softwareherstellern unterstützt. Das ePUB-Format (Suffix .epub) basiert auf dem Standard XML und ist als offene Spezifikation des International Digital Publishing Forum erhältlich.

eBooks im ePUB-Format können unter anderem mit der kostenlos erhältlichen Software Adobe Digital Editions auf PC und Mac gelesen werden. Des Weiteren unterstützt z.B. Sonys eBook-Reader das ePUB-Format.

Viele eBooks oder ePaper sind nicht frei erhältlich, sondern werden als Leseprodukt verkauft oder verliehen. Daher spielt der Kopierschutz und

International Digital Publishing Forum

www.idpf.org
www.openeBook.org

die damit verbundene Problematik des digitalen Rechtemanagements eine bedeutende Rolle. Hierfür gibt es bekannte DRM-Modelle. So ist z.B. das Digital-Rights-Management-System (DRM) von Apple ein leistungsfähiges, im Musikmarkt bewährtes DRM-System, das in ähnlicher Form bei eBooks genutzt wird.

eBook-Markt und ePUB

Sony, Google, Kindle, Amazon, Libreka und andere bieten, um mehr Bücher zu den Lesern zu bringen, um Information überall und auf jedem Gerät verfügbar zu machen, verschiedene Zugänge zu eBooks an.

Google unterstützt eine offene Plattform für den Zugang und die Darstellung von Buchinformationen. Viele bei Google abrufbare Bücher sind mit einer speziellen Software in durchsuchbare Textdateien überführt worden. Diese lassen sich auch mit dem Google-Betriebssystem Android auf Mobiltelefonen lesen. So ist es nur folgerichtig, die bestehenden Dateien auch für weitere mobile Lesegeräte zur Verfügung zu stellen. Die meisten Bücher bei Google Books liegen im PDF-Format vor und können damit im Buchlayout für Lesegeräte zur Verfügung gestellt werden. In Zukunft werden die vorhandenen und neu dazukommenden Bücher von Google im ePUB-Format angeboten. Dass dieses Vorhaben aus urheberrechtlicher Sicht als durchaus problematisch betrachtet wird, sei hier am Rande erwähnt. Associated Press gibt an, dass die Bücher, die ab 2009 in einem passenden eBook-Format angeboten werden, aus der Zeit vor 1923 stammen und damit urheberrechtlich kein Problem darstellen. Aber es folgen auch durchaus aktuelle Titel mit derzeit unklarer Urheberrechtslage.

Damit Sie sich eine Vorstellung vom derzeitigen eBook-Angebot machen können, folgen ein paar Zahlen zum aktuellen Angebot verschiedener Anbieter mit Stand Sommer 2010:

eBook

- Sony 500.000 eBooks. (ePUB-Format)
- Google 500.000 eBooks (PDF- und ePUB-Format)
- Amazon 600.000 eBooks (Kindle- und iPhone-Format)
- Libreka 104.000 eBooks (PDF-Format und ePUB-Format)
- Barnes & Noble 700.000 eBooks (ePUB-Format)

Libreka (libreka!)
Libreka, eigenartigerweise bei vielen Lesern wenig bekannt in Deutschland, ist ein seit 2007 vom Börsenverein des Deutschen Buchhandels betriebenes Portal, das als Such- und Kaufmaschine für eBooks betrieben wird. In der Fachwelt wird das Projekt Libreka als „deutsche Antwort auf Google Book Search" dargestellt.

Spiegel-Online schreibt dazu im Mai 2009: „Im Selbstversuch enttäuscht die Plattform: Die Bedienbarkeit ist bescheiden, aktuelle Bestseller fehlen – immerhin gibt es Gartenbücher." Schauen Sie selbst auf dieser Seite nach – vielleicht verändert sich im Laufe der Zeit etwas?

Die deutsche eBook-Plattform krankt ja nicht nur an einer gewöhnungsbedürftigen Usability, sondern vor allem an der zu geringen Anzahl von downloadbaren Büchern im PDF-Format. Bücher im ePUB-Format sind auf dieser Plattform noch nicht verfügbar.

ePUB-Format
Für das ePUB-Format ist die Zusammenarbeit von Google und Sony von Vorteil. Damit wird sich ein offener Standard am eBook-Markt durchsetzen. Für das Kindle-Format von Amazon ist dies ein deutlicher Nachteil, da dieses proprietäre Format nicht von anderen Lesegeräten dargestellt werden kann. Amazon isoliert sich damit gegenüber der ePUB-Welt, zumal Amazon anderen Marktanbietern untersagt, Werke im Kindle-Format zu veröffentlichen.

Libreka
eBook-Onlineplattform des Börsenvereins des deutschen Buchhandels mit Hinweis auf das verwendete eBook-Format.

www.libreka.de

525

8.4.3 Adobe Digital Editions

Adobe Digital Editions ist eine Rich-Internet-Anwendung (RIA) für Anbieter von Digital-Publishing-Produkten. RIA bedeutet, dass eine Anwendung vorliegt, die Internet-Technologien nutzt und für den Anwender eine intuitive Benutzeroberfläche anbietet, die er ohne große Einweisung sofort nutzen kann.

Adobe Digital Editions bietet eine solche intuitive und leicht nutzbare Anwendungsoberfläche für den Erwerb, die Verwaltung und die Anzeige von eBooks und weiteren digitalen Publikationen.

Installation
Eine Verbindung zum Internet ist nur bei der Installation von Digital Editions und beim Kauf von eBooks erforderlich. Nach der Installation bzw. dem Erhalt der erworbenen eBooks können Sie Digital Editions auch offline nutzen. Falls Sie jedoch Adobe Reader® oder Adobe Acrobat® installiert haben und ein Adobe PDF-eBook per Doppelklick auswählen, werden Sie automatisch zur Website von Adobe Digital Editions weitergeleitet. Um das zu verhindern, starten Sie zuerst Adobe Digital Editions und wählen dann das eBook in der Bibliotheksansicht aus.

Unterschied zwischen Adobe Digital Editions, Adobe Reader und Adobe Acrobat?
Adobe Reader ist der globale Standard für die Anzeige und den Druck von Adobe PDF-Dokumenten. Adobe Reader unterstützt jedoch zahlreiche Workflows, die über die Nutzung von eBooks und anderen kommerziell veröffentlichten Inhalten hinausgehen, wie etwa interaktive Formulare, digitale Signaturen und andere branchenspezifische Prozesse, die die Integration mit anderen Büroanwendungen erfordern. Aufgrund der umfassenden Funktionalität, Komplexität und Größe von Adobe Reader ist dieses Programm für das einfache Lesen von eBooks wenig geeignet.

Adobe Acrobat ist eine weit verbreitete Lösung zur Erstellung und Bearbeitung von Adobe PDF-Dokumenten. Acrobat basiert auf derselben Softwarearchitektur wie Adobe Reader und bietet leistungsfähige Funktionen für die Erstellung von und Zusammenarbeit an Dokumenten. Daher ist dieses Programm, ebenso wie der Reader, für das Lesen von eBooks wenig sinnvoll und letztlich auch zu teuer.

Adobe Digital Editions ist ein schlankes Anzeigeprogramm für Mac und Windows, das für einen ganz bestimmten Zweck entwickelt wurde: Es erweitert die eBook-Funktionalität der früheren Versionen von Reader und Acrobat und stellt Anwendern eine übersichtliche und intuitive Leseumgebung zur Verfügung. Digital Editions wird als webbasierte Rich-Internet-Anwendung bereitgestellt. Auf diese Weise ist sichergestellt, dass Anwender immer über die aktuelle Version der Software verfügen.

Aus InDesign heraus lassen sich sowohl PDF-Dokumente als auch ePUB-formatierte Dokumente für die Anzeige im Anzeigeprogramm Adobe Digital Editions exportieren (siehe Abbildung links). Wobei im ePUB-Format derzeit in aller Regel nur textbasierte Dokumente gut und lesbar dargestellt werden.

Adobe InDesign CS5
Für Digital Editions exportieren im ePUB-Format.

www.adobe.de

8.4.4 Calibre

eBook

Wie vorne bereits dargestellt, ist der eBook-Markt ein wachsender Markt, der mit der Zunahme der entsprechenden Lesegeräte sicherlich deutlich an Dynamik gewinnen wird. Es ist wohl nur eine Frage der Zeit, bis eBooks zu unserem Lesealltag gehören werden.

Für den Hersteller von eBooks stellt sich, zumindest im Herbst 2010, der Markt der eBook-Editoren und eBook-Reader als sehr unübersichtlich dar. Es gibt eine Vielzahl an Geräten, aber verfügbare und gute Editoren sind Mangelware. Die vorne beschriebene Lösung von Adobe ist schwierig und noch unsicher in der Herstellung von eBooks im ePUB-Format. Professionelle Systeme sind noch nicht ausgereift und teuer. Auf dem Markt der frei verfügbaren Editoren hinterlässt das Programm „Calibre" den derzeit ausgereiftesten Eindruck.

Das Programm „Calibre" wird von seinem Autor als vollständige eBook-Management-Lösung verstanden, das Bibliotheks-, Konvertierungs- und Darstellungsfunktionen übernehmen kann. So können alle eBooks und eBook-Aufträge als elektronische Titel in einer eigenen Datenbank verwaltet werden. Die Verwaltung der Titel ermöglicht eine umfangreiche Sortierung nach unterschiedlichen Kriterien:

- Titel
- Autor
- Erscheinungstermin
- Verlag
- Bewertung
- Format (gemeint ist Dateiformat)
- Buchreihe
- Etiketten

Hauptfunktionalität Konvertierung
Die Hauptfunktion von Calibre ist die Konvertierung von einem eBook-Format in ein anderes. Derzeit unterstützt das

Downloadseite für das kostenlose Programm Calibre von Kovid Goyal. Das Programm steht für Windows-PC, MAC-OS und Linux zur Verfügung.

http://calibre-eBook.com

In diesem Kapitel wird nur die Grundfunktionalität von „Calibre" beschrieben. Eine ausführliche Darstellung mit allen Funktionen finden Sie bei Holger Reibold „e-Books selbst gemacht" bonmots-verlag, Linux und Open-Source-Taschenbücher ISBN 978-3-939316-70-1

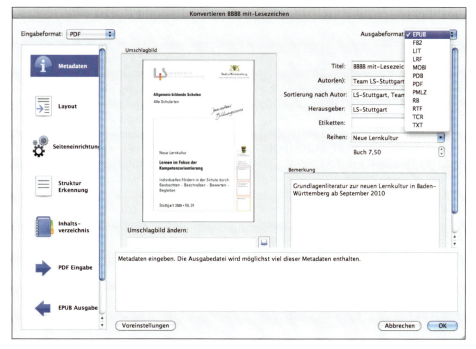

„Calibre"-Konvertierungsmodul

Das Programm stellt umfangreiche Konvertierungsformate zur Verfügung. In der Abbildung sind rechts die verfügbaren Ausgabeformate im Pull-down-Menü aufgeführt, die für die unterschiedlichsten eBook-Reader erforderlich sind.

527

„Calibre"-Meta-Informationen und Konvertierungsformate

Links erkennen Sie das Eingabefeld für die notwendigen Meta-Informationen, die für das Auffinden eines eBooks z.B. in einem eBook-Shop erforderlich sind. Rechts wird das Scrollfenster für die verfügbaren Konvertierungsformate dargestellt.
Mit dem darunter sichtbaren Fenster „Umschlagbild" ist es möglich, dem eBook ein gut erkennbares Titelbild zuzuordnen, das ein Auffinden im eBook-Shop erleichtert und das Buch attraktiv darstellt.

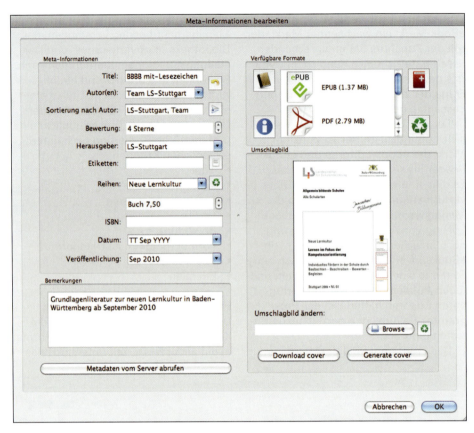

Programm die folgenden Eingabeformate: CBZ, CBR, CBC, ePUB, FB2, HTML, LIT, LRF, MOBI, ODT, PDF, PRC, PDB, PML, RB, RTF, TCR und TXT. Als Augabeformate stehen zur Verfügung: ePUB, FB2, OEB, LIT, LRF, MOBI, PDB, PML, RB, PDF, TCR und TXT.

Der sicherste Weg der Konvertierung ist das Erstellen einer PDF-Datei im Quellprogramm (z.B. InDesign oder Word). Diese Eingabedatei dient dann als Grunddatei für die weiteren Konvertierungen. In der oberen Abbildung ist beispielhaft erkennbar, dass die vorhandene PDF-Datei als reduzierte PDF-Datei und als ePUB-Datei konvertiert werden kann. Weitere Formate sind im Scrollfenster aufrufbar.

Bei der Konvertierung ist es möglich, für die Umwandlung des Dokumentes *Verarbeitungsregeln* festzulegen, die die Layoutübertragung oder die Handhabung eines Inhaltsverzeichnisses festlegen. Mit diesen Einstellungen wird dann die Konvertierung für das jeweilige Dateiformat gesteuert. Dabei ist es durchaus denkbar, dass je nach Format unterschiedliche Konvertierungseinstellungen erarbeitet und geprüft werden müssen.

Wichtig ist die Eingabe der *Metadaten*, da nach diesen Informationen das eBook später gesucht und gefunden wird. Wenn hier keine oder zu wenig Informationen zur Verfügung gestellt werden, ist das Buch nicht oder

eBook

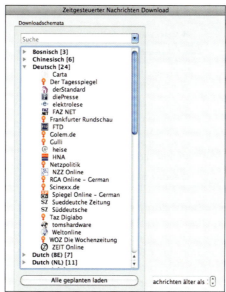

Von Calibre unterstützte eBook-Reader

- Amazon Kindle DX
- Android
- BeBook
- BeBook Mini
- Cybook Gen 3/Opus
- Ectaco Jetbook
- Foxit eSlick
- iPhone
- iPad
- Irex Illiad DR 1000
- Netronix EB600
- Sony PRS 300 - 700

Wird in die entsprechenden Formate konvertiert, lässt sich das Konvertierungsergebnis im passenden eBook-Viewer betrachten und gegebenenfalls noch korrigieren.

nur schwer auffindbar und damit wird es letztendlich schlecht verkauft.

Vorschaufunktion
Calibre verfügt über eine *Vorschaufunktion*, die es ermöglicht, bei der Konvertierung einen Eindruck zu erhalten, wie das zu konvertierende eBook in einem späteren Viewer dargestellt wird. Der Viewer ist zum Zeitpunkt der Erstellung dieses Textes (Januar 2011) auf die Darstellung von ePUB-Books ausgelegt.

Die Vorschaufunktion ermöglicht über die Symbolleiste eine Reihe von Funktionen für Navigation, Drucken, Lesezeichen, Suchen, Schriftgröße ändern usw.

News-Download
Mit dem Befehl *„Zeitgesteuerter Nachrichten Download"* wird die News-Verwaltung des Programms geöffnet. Mit diesem Menü, das oben rechts abgebildet ist, können Nachrichten abgerufen werden. Die Nachrichtenquellen sind nach Sprachen strukturiert und bieten für Deutsch sechszehn vordefinierte Quellen an. Mit dem Befehl *Nachrichten abrufen > Neue individuelle Nachrichtenquelle hinzufügen* können Sie eine neue Quelle anlegen. Zu Beachten ist, dass sich die fest installierten Quellen nicht löschen lassen. Die aktuellen Quellen, die sich durch diese Funktion herunterladen und zusammenfassen lassen, können zu einem aktuellen eBook zusammengefasst werden, das automatisch in die Bibliothek gestellt und von dort abgerufen und gelesen werden kann. So lassen sich eBooks in zeitungsähnlicher Art erstellen, gespeist aus den unterschiedlichen aktuellen Quellen der verschiedenen gewählten Tageszeitungen.

Übertragung an Reader
Ist ein eBook fertig erstellt, muss dieses auf den Reader übertragen werden. Dazu bietet das Programm verschiedene Optionen an. Hierzu sind prinzipiell zwei Übertragungsvarianten möglich:

529

„Calibre"-Übertragungs-, Speicher- und Löschfunktionen

- Übertragung an den Hauptspeicher
- Übertragung an eine Speicherkarte

Diese Übertragung kann mit dem Löschen des eBooks aus der Calibre-Datenbank kombiniert werden.

Aus der oberen Abbildung sind noch weitere Speicherfunktionen ersichtlich, die das Speichern auf Festplatte oder andere Speichermedien ermöglichen.

Einstellen der Arbeitsumgebung

Die Abbildung unten zeigt die Symbolleiste des Programms auf einem Apple-Rechner. Mit Hilfe des letzten Icons auf der Leiste lässt sich die Arbeitsumgebung des Programms individuell konfigurieren. Die möglichen Einstellungen sind außerordentlich umfangreich, so dass diese in mehrere Bereiche gliedert werden können:

- Bedienungsoberfläche: Ermöglicht die individuelle Anpassung des Programms an Ihre Bedürfnisse. Die Gestaltung der Symbolleiste und die Spaltendarstellung der Bibliotheksansicht kann variiert werden.
- Layout und Schriftgrößenanpassung: Hier sind verschiedene Einstellungen zur Layoutanpassung der eBook-Dokumente vorzunehmen. Eine der elementaren Einstellungen ist die Bestimmung der Standardschriftgröße für die zu erstellenden eBooks.
- Seiteneinrichtung: Hier stehen verschiedene Standardeinstellungen für Seitengrößen zur Verfügung, die auf verschiedene Lesegeräte ausgerichtet sind. Individuelle Anpassungen sind ebenfalls möglich.
- Strukturerkennung: Festlegung der Strukturerkennung für Dokumente und deren Kapitelaufbau.
- Inhaltsverzeichnis: Inhaltsverzeichnisse lassen sich bei der Erzeugung strukturieren und paginieren.
- Eingabe- und Ausgabeformateinstellungen: Auf der gegenüberliegenden Seite erkennen Sie ein Bearbeitungsfenster zur Festlegung der bevorzugten Reihenfolge beim Eingabeformat (linke Spalte) und das bevorzugte Ausgabeformat (rechte Spalte). Das bevorzugte Eingabeformat ist .PDF, beim bevorzugten Ausgabeformat ist das ePUB-Format bei dieser Einstellung erste Wahl.
- Fehlersuche: Jeder Konvertierungsvorgang wird protokolliert. Dieses

„Calibre"-Symbolleiste mit den Navigationspfeilen zu den Submenüs

eBook

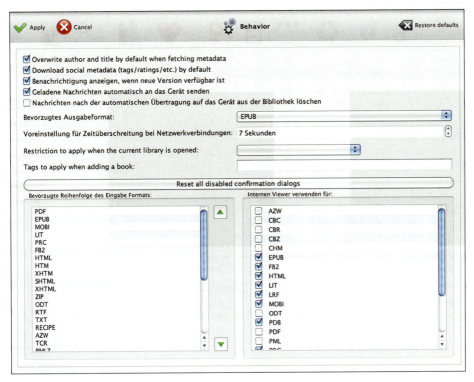

„Calibre"-Einstellungen zu den bevorzugten Ein- und Ausgabeformaten

Ein Fehler wird auf der Abbildung oben links deutlich: Die deutsche Übersetzung des Programms ist manchmal unvollständig, was der Funktionalität aber in keiner Weise schadet.

Protokoll kann gespeichert und an einem sinnvollen Ort abgelegt werden. Zu diesem Ort müssen Sie einen schnellen Zugriff haben, um auftauchende Fehler zu verstehen und die Einstellungen mit Hilfe der Protokolle zu optimieren.

Schlussbemerkung

Calibre ist ein guter eBook-Reader und wandelt beliebige Dokumente in eBook-Formate um. Mit dem eBook-Konverter können eine Vielzahl von Dokumentenformate in eBooks konvertiert werden, um sie unterwegs zu lesen.

Importiert werden die Formate CBZ, CBR, CBC, CHM, EPUB, FB2, HTML, LIT, LRF, MOBI, ODT, PDF, PRC, PDB, PML, RB, RTF, TCR und TXT. Die Exportformate sind EPUB, FB2, OEB, LIT, LRF, MOBI, PDB, PML, RB, PDF, TCR und TXT, die nach der Konvertierung z.B. gleich an eBook-Reader wie das iPad oder Amazon Kindle übertragen werden können.

Der Konvertierungsprozess funktioniert problemlos und ist ohne umständlichen Konfigurationsaufwand sofort nach der Installation möglich. Nachrichten von über 100 internationalen Nachrichtenquellen lädt das Programm aus dem Internet. Comics werden unterstützt; ein Server für das Bereitstellen der eBooks ist ebenfalls integriert.

Insgesamt ein ausgereiftes Konvertierungsprogramm, das für alle gängigen Betriebssysteme verfügbar ist.

531

8.4.5 eBook, Google und eBook-Kauf

Google ist, trotz vieler Widerstände, dabei, weltweit das gedruckte Wissen zu digitalisieren. Die davon hervorgerufene Unruhe im Verlags- und Buchsektor, aber auch in der Öffentlichkeit ist sicherlich ein Zeichen dafür, dass mit der Monopolisierung dieses Angebotes nicht alle möglichen Nutzer einverstanden sind. Google eBooks möchte, gegen eine einmalige Zahlung von 125 Millionen Dollar, in den USA Bücher von Universitäten und Bibliotheken ohne Zustimmung der Autoren für die Öffentlichkeit durch das Internet nutzbar machen. Dazu hat Google einen gerichtlichen Vergleich mit den amerikanischen Verlagen und Autorenvereinigungen abgeschlossen.

Trotzdem sorgt dieses urheberrechtlich durchaus umstrittene Projekt auf der Angebotsseite für die Leser von eBooks für einen erhöhten Angebotskomfort, sowohl bei den verfügbaren Buchtiteln als auch bei der damit einhergehenden Verbesserung der Lesegeräte. Da die Lesegeräte alle über ausreichend viel Speicherplatz verfügen, können Hunderte von Büchern gekauft und gespeichert werden.

eBook-Kauf
Im Prinzip funktioniert der Kauf eines eBooks nicht anders als die Bestellung eines gedruckten Buches in einem Online-Shop. Sie wählen sich ein eBook aus, bezahlen dieses Buch und laden dieses auf Ihren Computer und von dort auf Ihr Lesegerät. So weit die Theorie. In der Praxis muss das eBook für das vorhandene Lesegerät freigeschaltet werden, um das eBook zu nutzen. Dies ist abhängig vom jeweils vom Lesegerät verwendeten Format. Hier ist das vorne beschriebene ePUB-Format eindeutig im Vorteil, da es die weiteste Verbreitung aufweist.

Sony PRS 600
Lesegerät mit berührungsempfindlichem Bildschirm. Der Speicher ist erweiterbar bis 16 GB. Dies ermöglicht das Speichern von etwa 13.000 Büchern. Ebenso können Musikdaten oder Bilder abgelegt und aufgerufen werden.

Abb.: Sony

Amazon Kindle 2
Tastatur, 2 GB Arbeitsspeicher für etwa 1500 Bücher

Abb.: Amazon USA

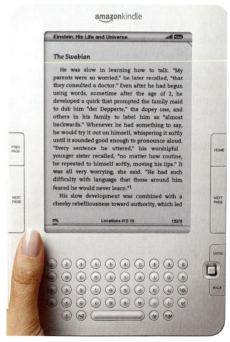

eBook

Der eigentliche Kaufvorgang erfolgt in mehreren Schritten:

- Gewünschten Titel im Shop aussuchen
- Download bestellen und in Warenkorb legen
- Zur virtuellen Kasse gehen
- Zahlungsart auswählen
- Bestellung abschließen
- Nachdem Sie ein eBook gekauft haben, finden Sie den dazugehörigen Downloadlink unter *Mein konto > eBook-Downloads*.
- Loggen Sie sich hier mit Ihren Benutzerdaten ein. Mit einem Klick auf den „Download"-Button können Sie nun Ihr erworbenes eBook herunterladen.
- Wenn ein Fenster mit der Frage „Öffnen" oder „Speichern" erscheint, wählen Sie die Option „Öffnen".
- Der eBook-Download beginnt und das Buch wird automatisch auf Ihrem Computer gespeichert.
- Das eBook ist nun für Sie zum Lesen verfügbar.
- Alternativ wird von einigen Anbietern die Downloadinformation über das erworbene eBook per Mail an den Käufer verschickt. Hierbei handelt es sich dann zumeist um eBooks im PDF-Format.

Um ein eBooks lesen zu können, ist es nicht notwendig, dass Sie online sind. Nach Beendigung des Downloadvorgangs können Sie das eBook offline lesen. Eine Verbindung zum Internet ist nur notwendig, um ein eBook per Download beziehen zu können.

Wenn Sie keine eigenen Downloadeinstellungen vorgenommen haben, werden eBooks standardmäßig in den folgenden Verzeichnissen auf dem PC oder Mac gespeichert:

- Windows: Ordner „My eBooks" im Verzeichnis „Eigene Dateien".

- Macintosh: Ordner „E-Book" oder Ordner „Digital Editions" im Dokumente-Ordner.

Ausdrucken der erworbenen eBooks

eBooks im ePUB-Format können nicht ausgedruckt werden. Der Ausdruck aller erworbenen eBooks im PDF-Format ist normalerweise bei allen eBook-Shops möglich, es sei denn, die Sicherheitseinstellungen verbieten dies. eBooks werden normalerweise mit einem Kopierschutz versehen, der eine unerlaubte Vervielfältigung und Weitergabe verhindert und somit die Rechte der Autoren und Verleger wahrt.

Mehrfachnutzung der erworbenen eBooks

Grundsätzlich besteht die Möglichkeit, eBooks im PDF-Format auf mehreren Rechnern zu nutzen: Schalten Sie dazu den Adobe Reader (ab Version 7.0) für den Bezug von eBooks, die auf mehreren Rechnern lesbar sind, frei. Dies funktioniert über die so genannte „Aktivierung". Dies ist ein Online-Registrierungsprozess, den Sie wie folgt aufrufen:

- Internetverbindung aktivieren
- Menü *Datei > Digitale Ausgaben > Adobe Digital Media Store*
- Klicken Sie auf die Website des Digital Media Store zum Herunterladen einer kostenlosen digitalen eBook-Ausgabe.
- Folgen Sie den Anweisungen auf dem Bildschirm zum Auswählen und Downloaden eines eBooks (die angebotenen Titel sind alle nicht wirklich spannend). Damit beginnt der DRM-Aktivierungsvorgang. Auf der Website werden Sie nun aufgefordert, eine vollständige Aktivierung auszuführen. Dazu müssen Sie sich mit einer Adobe-ID oder über eine

533

Net-Passport-ID anmelden. Klicken Sie auf die Schaltfläche „Sign In and Reactivate" und folgen Sie den Anweisungen, die Sie zu einer vollständigen Aktivierung führen.

Nachdem Sie Ihren Adobe Reader „aktiviert" haben, beziehen Sie Ihre eBooks und können diese im Folgenden auf allen Rechnern lesen, auf denen Sie den Adobe Reader installiert und wie beschrieben „aktiviert" haben. Die Aktivierung ist ein einmaliger Vorgang, um digital geschützte Inhalte wie eBooks zu lesen. Durch die Aktivierung können Sie eBooks und geschützte Dokumente zwischen den von Ihnen verwendeten Computern austauschen, ohne die Urheberrechte des Herausgebers oder Verfassers zu verletzen.

Durch die Aktivierung erhalten Sie eine Adobe-ID mit dem dazugehörigen Kennwort. Die Adobe-ID ist ein Benutzerkonto beim Softwarehersteller Adobe, das erstellt wird, wenn Sie sich online registrieren. Sie können bis zu sechs Computer oder mobile Geräte aktivieren und geschützte PDF-Dateien gemeinsam auf ihnen verwenden. Es können dabei unterschiedliche Rechnersysteme wie Windows und Apple Macintosh Computer (Mac OS X Version 10.2.8 oder höher) sowie PalmOS– und WinCE(PocketPC)-PDAs aktiviert werden.

Sollten Sie ein eBook für den Adobe Reader auf Ihren Palm übertragen wollen, schauen Sie unter der Frage „Wie kann ich eBooks auf meinem Palm ansehen?". Dort finden sich die genauen Informationen dazu.

PDF-eBooks ohne Aktivierungsvorgang lesen?

Dies geht im PDF-Format nicht. Der oben beschriebene Aktivierungsprozess ist einmal erforderlich. Nach dieser Re-gistrierung ist es auch möglich, Sicherheitskopien zu erstellen. Auch dazu ist die Adobe-ID oder die Anmeldung Ihres Adobe Readers unter Microsoft.NET Voraussetzung.

Die eigentliche Sicherheitskopie ist sehr einfach und komfortabel über den Menüpunkt „Sichern" in Ihrer eBook-Bibliothek, die Sie über *Datei > Digitale Ausgaben > Eigene Digitale Ausgaben* erreichen. Damit lassen sich eBooks auf Festplatte, Netzlaufwerk oder auf CD-ROM, DVD oder USB-Stick kopieren und später dann unter Verwendung des .NET-Passworts bzw. der Adobe-ID wieder freischalten.

eBooks können auch auf mobile Endgeräte übertragen und gelesen werden. Hierzu klicken Sie im Menü *Digitale Ausgaben > Geräte autorisieren > An mobiles Endgerät senden*. Ihr eBook wird für die Übertragung durch die Docking-Station auf Ihren Pocket PC vorbereitet.

eBooks im ePUB-FORMAT

Dieses Format ist der Standard für eBooks, auf den man sich im Rahmen der Buchhändlertage des Börsenvereins des Deutschen Buchhandels verständigt hat. Basierend auf dem XML-Format erlaubt das ePUB-Format dynamische Inhalte wiederzugeben und mobile Lesegeräte wie den Sony Reader PRS-505 bestmöglich zu unterstützen.

Zum Download von eBooks im ePUB-Format benötigen Sie die kostenlose Software Adobe Digital Editions für eBooks im ePUB-Format.

Es ist nicht möglich, ePUB-Bücher z.B. als E-Mail-Anhang oder per USB-Speicherstick auf andere Rechner zu kopieren, da alle ePUB-Bücher gegen illegale Vervielfältigung geschützt sind. Mithilfe eines DRM-Schutzes sichern sich die Buchverlage gegen Raubkopien ab.

DRM

Digital Rights Management

8.4.6 Gestaltungsgrundsätze für eBooks

eBook

8.4.6.1 Kauf eines eReaders

Elektronische Bücher sind, wie vorne beschrieben, oft an das jeweilige Lesegerät gekoppelt – ein einheitliches Leseformat gibt es noch nicht. In diesem Kapitel sind einige eReader abgebildet, die zum Teil unterschiedliche Leseformate aufweisen – hier ist also beim Kauf genau zu überlegen, welcher Reader für die persönlichen Lesegewohnheiten in Frage kommt.

eReader können in aller Regel mehr als nur eBooks wiedergeben. Einige Geräte sind in der Lage, die gängigen Office-Formate sowie Texte und Bilder darzustellen.

Komfortable Geräte sollten über Touchscreen-Displays verfügen und entsprechende drahtlose Verbindungen ermöglichen. Auch bei Sonnenlicht müssen die Reader-Displays gut lesbar sein, Akkulaufzeiten von mehreren Tagen oder gar Wochen können erwartet werden sowie genügend Speicher, um eine private digitale Bibliothek anzulegen – all dies müssen eBook-Reader anbieten. Mit einer besonderen Displaytechnik sind sie bei der Laufzeit Notebooks überlegen und bieten beim Zeichenkontrast ein Lesegefühl, das dem eines Buches nahekommt. So sollen moderne Reader den elektronischen Büchern zum Durchbruch verhelfen und auch Magazinen oder Zeitungen ein attraktives Marktsegment anbieten.

Viele Verlage und Buchhändler befürchten, dass der wachsende eBook-Markt dazu führt, dass die Preise für gedruckte Bücher unter Druck kommen. Bereits heute (2011) liegen manche Preise für die elektronische Ausgabe eines Buches 20 % unter dem der gedruckten Werke. Daher wird bereits die Ausweitung der Buchpreisbindung auf digitale Bücher von den Vertretern der Verlagsverbände gefordert, wie auch immer dieses in einem webbasierten Markt gehen soll.

8.4.6.2 Grafische Aufbereitung der eBooks

Derzeit ist die Marktsituation so, dass viele eBooks im PDF-Format als reales Abbild eines gedruckten Werkes vertrieben werden. Die Seitengestaltung dieser eBooks orientiert sich an der klassischen Buchgestaltung. Bilder, Grafiken und Texte sind nach buchtypografischen Regeln angeordnet und dienen im gedruckten Buch der Unterstützung einer guten Lesbarkeit. Die Buchgestaltung bezieht hierbei z.B. Aspekte der Haptik wie das Fühlen des Bedruckstoffes mit in die Buchgestaltung ein.

Derartige Gestaltungsansätze unterstützen nicht die gute Lesbarkeit auf dem kleinen Monitor eines eBooks. Das gut aufbereitete eBook darf keine Kopie des gedruckten Buches sein, sondern es ist eine eigenständige Medienform, die mit einer funktionellen, dem Lesemedium angepassten Gestaltung auftreten muss.

Die Gestaltung richtet sich mehr nach den klassischen Regeln der Textverarbeitung, wie wir sie bei Taschenbüchern kennen.

Erstes Kriterium ist die Wahl einer monitorgeeigneten, gut lesbaren Schrift. Wir wollen, dass unsere Kunden ein elektronisches Buch mit der gleichen Begeisterung lesen wie das gedruckte Werk. Dabei ist die grafische Anmutung der Leseschrift des eBooks vollkommen unabhängig von der Schrift des gedruckten Werkes.

Ein weiterer, entscheidender Punkt bei der Gestaltung eines eBooks ist eine klare, logische und funktionssichere

Strukturierung des eBooks. Der Leser muss sich durch gute Inhaltsverzeichnisse, Schlagwortverzeichnisse, Suchfunktionen und Lesezeichen in seinem eBook gut, schnell und sicher zurechtfinden können.

Zusammenfassung

Zusammenfassend lässt sich zur eBook-Gestaltung Folgendes festhalten:
- Verwenden Sie gut lesbare Bildschirmschriften.
- Die Satzbreite muss auf gängige Monitorgrößen angepasst werden.
- Achten Sie auf hellen Schrifthintergrund mit gutem Lesekontrast.
- Erstellen Sie eine klare und logische Lesestruktur, verknüpft mit einer guten Suchfunktionalität.

Dual-Screen-Reader

Vergessen Sie sicherlich nicht alles, was bisher zur Gestaltung gesagt wurde – das doppelseitige Lesegerät ist bereits in der Erprobung und vermutlich sind beim Erscheinen dieses Buches erste Dual-Screen-Reader dieser Art auf dem Markt. Den Prototyp einer neuen Generation von eBooks haben Wissenschaftler der Universitäten Maryland und Berkeley entwickelt und ist unten abgebildet.

Das Gerät lässt sich wie ein Buch aufklappen, mit Bewegungen wie beim Blättern springt man auf die nächste Seite. Vor allem das ans Lesen eines Buches angelehnte Bedienkonzept überrascht angenehm – Gewohnheiten müssen nicht verändert werden. Der Dual-Screen-eBook-Reader kann durch den Einsatz von zwei Bildschirmen vergleichbar wie ein klassisches Buch aufgeklappt und gelesen werden. Angenehmer Nebeneffekt dieses Readers ist, dass damit die Buchtypografie durchaus auch auf diesen doppelseitigen Reader übertragen werden kann, zumal sich das Umschlagen der Seiten wie bei einem Buch durchführen lässt. Der zweite Monitor kann aber auch anderweitig verwendet werden: Eine virtuelle Tastatur ist denkbar, die z.B. das drahtlose Surfen im Internet ermöglicht oder für Suchfunktionen genutzt werden kann.

Das eBook lässt sich aber auch wie ein Heft umschlagen, so dass beide Displays Rücken an Rücken liegen. Durch Drehen des Geräts ist so der Blick auf die vorhergehende oder nächste Seite möglich. Durch mehrmaliges Drehen kann so ebenfalls relativ leicht durch ein digitales Buch geblättert werden.

Asus Prototyp
Dual-Screen-eBook-Reader

Abb.: Asus

www.asus.com

8.4.7   eBooks – Überblick

eBook

Hersteller	Produkt	Display	Merkmale	Betriebssystem
1. Amazon	Kindle 3	6"	WiFi, UMTS, USB, MP3	WINDOWS
2. Asus	EEEReader	10" Dual-Screen	erscheint 2011	WINDOWS 7
3. Asus	EP 121	12"	erscheint 2011	WIN CE 7
4. Apple	iPad	9,7"	16 GB, GPS, UMTS	iOS
5. E-NOA	Interpad	10"	16 GB, GPS, USB, BT, MicroSD	WIN CE 7
6. Google	gPad	10"	erscheint Anfang 2011	ANDROID
7. iRiver	iriver Story	6"	USB, MP3, Diktiergerät	Linux
8. MSI	WindPad 100	10"	USB, HDMI, Webcam	WINDOWS 7
9. OpenPeak	OpenTablet7	7"	UMTS, BT, USB, MicroSD	Linux
10. Smartbook	Surfer	7"	2 GB, GPS, USB, MicroSD	ANDROID
11. ViewSonic	ViewPad 7	7"	UMTS, GPS, BT, MicroSD	ANDROID

Die Übersichtstabelle (März 2011) gibt einen kleinen, unvollständigen Überblick über die derzeit geplanten beziehungsweise verfügbaren Lesegeräte, die am Markt angeboten werden. Um Ihnen ein eBook genauer vorzustellen, sei ein Gerät willkürlich herausgenommen und mit seiner vollständigen technischen Beschreibung als Beispiel wiedergegeben:

iRiver Story – Technische Daten:
- Display: 6", e-ink, 800 x 600 Pixel, 8 Graustufen, 167 ppi
- Tastatur
- ROM: 2 GB interner Speicher
- Akkulaufzeit: 7000 Seiten, 20 Stunden Musik, 5 Stunden Aufnahme
- Audiowiedergabe: MP3, WMA, OGG
- eBook-Dateiformate: ePUB, rtf, xml, PDF
- Office-Viewer-Formate: DOC, XLS, TXT, PPT
- Comic-Viewer-Formate: ZIP, JPEG, BMP, GIF
- Magazin, Zeitungsformate: PDF/RSS
- Equalizer: 8 Einstellungen
- Akku: 1800mAh, Ladezeit ca. 5 Stunden
- USB 2.0
- Kopfhörerausgang
- Internes Mikrofon für Sprachaufnahme
- 15 Menüsprachen
- OS: Linux
- CPU: ARM 11 533 MHz
- Größe: 203,5 x 127 x 9,3 mm
- Gewicht: 284 g

Die technischen Daten zeigen, dass die Spezifikationen bei jedem Gerät sehr genau zu betrachten sind. Besondere Aufmerksamkeit ist dem Display, dem verfügbaren Speicher, der Akkuqualität und der Ladezeit zu schenken.

8.4.8   eBook-Formate – Überblick

Hersteller	Format	DRM-fähig	Besonderheiten	Anwender
Amazon	.AZW	ja	Eigene DRM-Technik	Amazon-Kindle
Mobipocket	.PRC/.MOBI	ja / freie Texte möglich	Siehe Marginalie*	Amazon
Sony	.BBeB	ja	Suffix .lrx	Amazon
Sony	.BBeB	Freie Version	Suffix .lrf	Sony
Offenes Format	.ePUB	ja	Digital Editions	Viele
Offenes Format	.ePUB	Freie Version	Digital Editions	Viele
Adobe	.PDF	ja	Digital Editions	Viele
Adobe	.PDF	Freie Version	Layoutorientiert	Viele
Freies Format	.rtf	Freie Version	Einfache Textformate Kleine Dateigrößen	Viele, da wenig Formatierung
Freies Format	.txt	Freie Version	Einfache Textformate Kleine Dateigrößen	Viele, da wenig Formatierung
Microsoft	.LIT	Für Microsoft Reader Freie Version	Aus Word lassen sich mit einem Plug-in .LIT-Dateien speichern. Keine hohe Verbreitung.	
Microsoft	Office-Formate	Freie Version	Bei viele Readern darstellbar, allerdings nicht für eBooks genutzt	
Audible	.aax	Freie Version	Hörbuchformat	Hörbuchnutzer

*Domain-Suffix.mobi

.mobi ist nicht ausschließlich eine Domain-Suffix, sondern gleichzeitig ist .mobi ein Standardformat zur technisch einwandfreien und sicheren Übertragung und Auslieferung von Internetinhalten an mobile Endgeräte wie Handy, Smartphone oder PDA.

www.united-domains.de/

Die Übersichtstabelle gibt einen Überblick über die gängigen eBook-Formate, die von den unterschiedlichen Anwendern für eBook-Dienstleistungen zur Verfügung gestellt werden.

Entscheidend für kommerzielle Anwender ist die DRM-Fähigkeit, also die Möglichkeit, einen funktionssicheren Urheberrechtsschutz zu realisieren. Bei manchen Formaten sind hier für den zunehmenden offenen Markt DRM-freie Versionen verfügbar.

Digital Rights Management (DRM)
Der Begriff „Digital Rights Management (DRM)" bezeichnet alle technischen Maßnahmen zu einer digitalen Rechteverwaltung, die für die Einhaltung von Urheberrechten sorgen sollen. Rechteinhaber können über solche Systeme festlegen, was die registrierten Endanwender mit den erworbenen Dateien anstellen können.

DRM-Systeme eröffnen auch neue Abrechnungsmöglichkeiten wie Pay-per-View. Ohne Kopierschutz lassen sich Kopien ohne Qualitätsverlust erstellen, mit DRM hingegen werden die Rechte der Nutzer oft stärker eingeschränkt, als das bei den klassischen analogen Kopien der Fall ist. Häufig ist es schwer, die gewährten Rechte überhaupt zu nutzen, denn die DRM-Systeme sind oft auf begrenzte Plattformen (z.B. iTunes) beschränkt, was die Wiedergabe auf Geräten anderer Hersteller verhindert.

8.4.9 Aufgaben

eBook

1 Grundlegende Fachbegriffe erklären

Erklären Sie die Begriffe ePaper, eInk und eBook.

2 Dateiformate für eBooks kennen

Nennen Sie die wichtigsten Dateiformate bzw. Leseformate für eBooks, die in der derzeitigen Praxis genutzt werden.

3 Vorteile von Dateiformate kennen

Beschreiben Sie die Vorteile des PDF-Formates bei der Verwendung als eBook-Leseformat.

4 Nachteile von Dateiformaten kennen

Beschreiben Sie die Nachteile des PDF-Formates bei der Verwendung als eBook-Leseformat.

5 Vorteile von Dateiformaten kennen

Beschreiben Sie das ePUB-Format und seine Verwendung im eBook-Markt.

6 Probleme des Kopierschutzes für eBooks beschreiben

Beschreiben Sie die grundlegenden Aufgaben eines Digital-Rights-Management-Systems für den Handel mit eBooks.

7 Aktuelle Angebotssituation für eBooks kennen

Auf Seite 537 ist die Angebotssituation für eBooks im Jahr 2011 dargestellt. Versuchen Sie diese Situation durch eine Internetrecherche zu aktualisieren.

8 Online-Plattformen für eBooks in Deutschland beschreiben

Nennen und besuchen Sie verschiedene eBook-Shops aus Deutschland und beurteilen Sie das jeweilige Angebot und die Benutzerführung.

9 Software zur Herstellung von eBooks kennen

Nennen Sie aktuelle Softwarepakete, die zur Herstellung von eBooks verwendet werden.

10 Softwareunterschiede beschreiben

Beschreiben Sie die Unterschiede zwischen Adobe Digital Editions, Adobe Reader und Adobe Acrobat.

11 Gestaltungsregeln für eBooks benennen

Nennen Sie die Gestaltungsgrundsätze, die bei der Herstellung eines eBooks vom Mediengestalter beachtet werden müssen. Denken Sie daran, dass nicht nur gestalterische Punkte beachtet werden sollten.

12 Den Begriff „DRM" definieren

Erklären Sie, was sich hinter dem Kurzbegriff „DRM" verbirgt und welche Bedeutung dieser Begriff für eBooks hat.

539

Drucktechnik

9.1 Konventioneller Druck

9.1.1	Johannes Gutenberg	544
9.1.2	Grundbegriffe	546
9.1.3	Buchdruck	549
9.1.4	Flexodruck	552
9.1.5	Lettersetdruck	561
9.1.6	Tiefdruck	562
9.1.7	Historische Flachdruckverfahren	570
9.1.8	Offsetdruck	572
9.1.9	Siebdruck	601
9.1.10	Erkennungsmerkmale der Hauptdruckverfahren	609
9.1.11	Tonwertzunahme im Druck	610
9.1.12	Kontrollmittel für den Druck	616
9.1.13	Druckmaschinenleistungen – Berechnungen	618
9.1.14	Aufgaben	620

9.1.1 Johannes Gutenberg

Band I - Seite 153
2.1.6 Johannes Gutenberg

Johannes Gutenberg
um 1397 in Mainz geboren, gestorben am 03.02.1468 am Hof des Mainzer Kurfürsten. Das erste Bild wurde etwa 100 Jahre nach seinem Tod nach Beschreibungen anlässlich einer Gutenberg-Ehrung angefertigt und ist in Kapitel 2.1.6 abgebildet.
Das obige Bild von Johannes Gutenberg ist ein Gemälde des Gegenwartskünstlers Dietmar Gross.

Abb.: Gutenberg-Museum Mainz

Um 1397 in Mainz geboren, war Johannes Gutenberg vor einem halben Jahrtausend, an der Schwelle zwischen Mittelalter und Neuzeit, darum bemüht, das Bücherschreiben zu mechanisieren und Bücher der Öffentlichkeit zugänglich zu machen. Dazu galt es, drei Erfindungen zu vollenden: den Schriftguss, das Setzen und das Drucken. Von diesem Dreigestirn der drucktechnischen Urerfindungen der Jahre um 1440 war das Setzen die am wenigsten Problematische. Sie ergab sich wohl fast von selbst aus der Notwendigkeit heraus, die gegossenen Einzelbuchstaben zu einer druckfertigen Form zusammenzustellen. Was lag also näher, als die Vielzahl der gegossenen Bleibuchstaben in einem Schriftkasten nach einem logischen System unterzubringen! Winkelhaken und Setzschiff ergänzten die Satztechnik Gutenbergs. Mit diesem System war es den Schriftsetzern jahrhundertelang möglich, die beweglichen Lettern von Hand einzeln aus dem Schriftkasten zu nehmen und in den Winkelhaken zu setzen, um Wörter und Zeilen zu bilden. Daraus ergab sich dann auf dem Setzschiff die druckfertige Kolumne, die in der Druckerpresse zu vervielfältigen war.

Gutenbergs Vorstellungen der Buch- und Druckkunst orientierten sich an den Vorlagen der damaligen Zeit, den handgeschriebenen Büchern. Er versuchte mit seinen Lettern diesem Ideal nach Möglichkeit nahezukommen. In seinem bekanntesten Werk, der 42-zeiligen Bibel, ist ihm dies in großartiger Weise gelungen (siehe auch Seite 549). 290 verschiedene Lettern musste er dafür schneiden und gießen: breite und schmale, Kürzungen und Ligaturen. Um diese „beweglichen Lettern" herzustellen, erfand Gutenberg ein noch bis ins letzte Jahrhundert gebräuchliches Handgießinstrument, mit dessen Hilfe unzählige gleichartige Lettern gegossen werden konnten. Da für jeden Buchstaben eine eigene Gussform notwendig war, erfand Gutenberg das Stahlstempelprägeverfahren zur Herstellung der Matrizen. Alle Stempel und Matrizen für seine Werke wurden von Gutenberg und seinen Gehilfen selbst hergestellt. So kann man Gutenberg nicht nur als Ahnherrn aller Schriftsetzer bezeichnen, sondern auch als Ahnherrn der Schriftschneider und Schriftgießer.

Nicht zuletzt ist er aber auch ein exzellenter Konstrukteur und Drucker gewesen. Hier konnte Gutenberg auf die Erfahrungen der Holztafeldrucker seiner Zeit zurückgreifen und musste seine Druckerpresse nur den Bedingungen seiner neuen, revolutionären Bleisatztechnik anpassen. Die von Gutenberg konstruierte Presse gestattete die Benutzung zähflüssiger Farbe. Dadurch konnten Vorder- und Rückseite des Papierblattes bedruckt werden. Vor dieser Zeit war dies nicht möglich gewesen. Es wurden bis dahin die so genannten Blockbücher gedruckt, bei denen Vorder- und Rückseite mit der unbedruckten Seite zusammengeklebt wurden, da die Farben in der Regel durch das Papier durchschlugen. Zur Konstruktion der Druckerpresse gehörte

Konventioneller Druck

also auch noch die Entwicklung einer geeigneten, zähflüssigen Druckfarbe.

Die Erfindung der Buchdruckerkunst war keine Augenblickseingebung. Gutenbergs System von Guss, Satz und Druck war ein genau durchdachtes und aufeinander abgestimmtes Informations- und Vervielfältigungssystem, das in einer langen Zeit entwickelt und zur Funktionsreife gebracht wurde.

Wir wissen heute, dass der Goldschmied Gutenberg sich um das Jahr 1430 in Straßburg bereits mit der Technik des Letterndrucks beschäftigte. 1435 ist in Straßburger Prozessakten bereits von der „Presse, Blei und anderen Metallen zum Gebrauch in einer Druckery" die Rede. 1443 lieh sich Gutenberg, inzwischen in seiner Heimatstadt Mainz lebend, von dem Kaufmann Johannes Fust 300 Gulden für sein „Werk der Bücher", wie er die Druckkunst in der Leihurkunde nannte. Im Jahr 1455 wurde er zur Rückzahlung des geliehenen Kapitals samt Zinsen verklagt. Gutenberg verlor den Prozess und musste seine Druckerei mit sämtlichen Erfindungen dem Kläger Fust überlassen.

Vorher noch hatte Gutenberg sein großartigstes Werk, die 42-zeilige Bibel, vollendet. Von dieser – heute Gutenberg-Bibel genannt – sind noch sechs auf Pergament und 17 auf Papier gedruckte Exemplare vollständig erhalten. Eines der am besten erhaltenen Pergamentexemplare befindet sich in der Kongressbibliothek in Washington. Auf dieses Exemplar legt jeder neugewählte Präsident der USA seinen Amtseid ab.

Außer dieser Bibel hat Gutenberg mehrere kleinere Schriften gedruckt: Ablassbriefe, astronomische Kalender, den Türkenkalender – eine politische Flugschrift für den Kampf gegen die Türken. Anfang 1468 ist Gutenberg in Mainz gestorben.

Johannes Fust und Peter Schöffer betrieben die von Gutenberg übernommene Druckerei weiter. Sein 1460 herausgebrachtes Psalterium zählt zu den Meisterwerken der Druckkunst. Seit 1453 druckte Johann Mendel in Straßburg, Albrecht Pfister zur gleichen Zeit in Bamberg, beide waren wahrscheinlich ehemalige Mitarbeiter Gutenbergs.

1464 gründete Anton Koberger in Nürnberg eine Druckerei. Fünf Jahre später beschäftigte er 100 Gehilfen und druckte auf 25 Druckpressen. In den rund 60 Jahren von der Erfindung der Druckkunst bis zum Jahre 1500 verbreitete sich die Drucktechnik Gutenbergs in rasender Eile in Europa.

In über 200 Orten sind mehr als 1100 Druckereien tätig gewesen. Es wird geschätzt, dass in diesem Zeitraum etwa 40.000 Verlagswerke erschienen sind mit einer Auflage von rund 12 Millionen. Dabei waren alle Frühdrucker immer Stempelschneider, Schriftgießer, -setzer und Drucker zugleich. Alle Bücher, die von Druckereien in Europa bis zum Jahr 1500 produziert wurden, werden heute als „Wiegendrucke" oder „Inkunabeln" bezeichnet.

Gutenbergs Druckpresse

Nachbau einer funktionsfähigen Druckpresse, wie sie um Gutenbergs Zeit gebaut wurde. Diese Presse steht im Gutenberg-Museum in Mainz und wurde nach Konstruktionsplänen aus dieser Zeit nachgebaut, da keine Originaleinrichtungen mehr vorhanden sind.

Abb.: Gutenberg-Museum, Mainz

9.1.2 Grundbegriffe

9.1.2.1 Produktionsprozess Druck

DIN 16 500
DIN-Norm für das Schema der Hauptdruckverfahren

Ausgehend vom Datenbestand eines PCs gibt es die verschiedensten Möglichkeiten, diese Daten zu vervielfältigen bzw. zu drucken. Um einen Überblick über die Verfahrensabläufe zu erhalten, sollen hier nur die grundsätzlichen Wege und die dazugehörenden Begriffe zum Druck dargestellt werden.

Drucken ist eine sehr alte Technologie, die durch die Erfindung des Satzes mit beweglichen Lettern durch Johannes Gutenberg Mitte des 15. Jahrhunderts den Aufbruch in eine technologisch und geistig neue Zeit eingeläutet hat. Vom 15. Jahrhundert bis heute hat sich das „Handwerk" des Druckens so verändert, dass wir heute fast ausschließlich industriell geprägte Drucktechnologien antreffen.

Es ergeben sich hier verschiedene Fragestellungen: Was ist Drucken eigentlich – wie wird diese Technologie definiert und was wird alles zum Drucken benötigt? Beginnen wir mit der letzten Fragestellung – was wird zum Drucken benötigt:
- Druckbildspeicher (z. B. PC oder CD)
- Druckform (z. B. Offsetdruckplatte)
- Druckkörper (z. B. Druckzylinder)
- Druckfarbe (z. B. Offsetfarbe, Toner)
- Bedruckstoff (z. B. Papier, Folie)

Drucken oder Vervielfältigen ist ein Produktionsprozess, „bei dem zur Wiedergabe von Informationen (Bild und/oder Text) Druckfarbe auf einen Bedruckstoff unter Verwendung eines Druckbildspeichers (z. B. Druckform) aufgebracht wird". So die Definition der DIN 16 500.
- Der Druckbildspeicher ist eine analoge oder digitale Druckform, die alle Bild- und/oder Textelemente enthält, die zur Wiedergabe von Informationen erforderlich sind.
- Informationen werden mit Hilfe einer Druckform mittels Farbe auf einen Bedruckstoff zur bildlichen und/oder textlichen Darstellung übertragen.
- Druckfarbe ist eine Farbsubstanz, die beim Druckvorgang auf einen Bedruckstoff übertragen wird.
- Der Bedruckstoff ist das Material, das durch diesen Übertragungsprozess mit Informationen bedruckt wird.
- Der Übertragungsprozess findet in einer Druckmaschine statt. Dies sind hochkomplexe Maschinen, die den Vorgang des Druckens auf unterschiedlichste Art ausführen.

Druckmaschinen gibt es in verschiedenen Bauprinzipien und mit den unterschiedlichsten Übertragungsverfahren.

9.1.2.2 Druckmaschinen

Allen Druckmaschinen gemeinsam ist die Vervielfältigung von Informationen auf einen Bedruckstoff. Druckmaschinen weisen dazu eine permanente oder dynamische Druckform auf. Weiteres

PC-System mit Text-Bild-Integration

Druckbildspeicher – analog oder digital

Druckform – z. B. Offsetdruckplatte

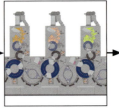
Druckbildübertragung in der Druckmaschine

Bedruckstoff z. B. Papier, Folie, Blech, Pappe

Konventioneller Druck

gemeinsames Merkmal ist ein Farbübertragungssystem, das entweder pastöse oder tonerbasierte Druckfarbe verwendet. Die Unterschiede bei den verschiedenen Druckmaschinen sind beträchtlich. Je nach Druckverfahren, Druckprinzip und Verwendungszweck sind die unterschiedlichsten Druckmaschinen am Markt. Dies können sein:

- Bogendruckmaschinen: Der Bedruckstoff wird in Einzelbogen zugeführt.
- Rollendruckmaschinen: Der Bedruckstoff wird fortlaufend der Druckmaschine zugeführt und nach dem Druck wieder aufgerollt oder geschnitten, gefalzt und ausgelegt.
- Schön- und Widerdruckmaschinen: Diese Maschinen bedrucken einen Druckbogen auf beiden Seiten. Das Ergebnis ist z. B. ein beidseitig vierfarbig bedruckter Bogen.
- Einfarbendruckmaschine: Ein Druckbogen wird einseitig, einfarbig bedruckt.
- Mehrfarbendruckmaschinen: Ein zugeführter Bedruckstoff wird mehrfarbig auf einer Seite bedruckt. Mit entsprechenden Zusatzaggregaten können die Bogen auch noch veredelt werden (z. B. Drucklackierung).

9.1.2.3 Druckprinzipe

Das erste von Gutenberg genutzte Übertragungsprinzip von Druckfarbe auf den Bedruckstoff erfolgte von Fläche zu Fläche – dies ist ähnlich einem Handstempel. Die Druckform und der Druckkörper bilden dabei ebene Flächen. Zwischen der eingefärbten Druckform und dem Druckkörper befindet sich der Bedruckstoff. Die Farbübertragung von der Druckform auf den Bedruckstoff erfordert einen hohen Kraftaufwand, da die Farbe direkt auf den flächig liegenden Bedruckstoff übertragen wird.

Man spricht hierbei auch von einem direkten Druckverfahren, das logischerweise eine seitenverkehrte Druckform benötigt. In vielen Betrieben wird dieses Druckprinzip Fläche gegen Fläche, obwohl schon lange nicht mehr gebaut, durch die „klassische Heidelberger Tiegeldruckpresse" vertreten. Allerdings wird auf dieser Druckmaschine kaum noch gedruckt, sondern es werden überwiegend Sonderarbeiten wie Prägen, Nuten, Stanzen, Perforieren oder Rillen ausgeführt.

Viele Buchdruckmaschinen oder Offset-Andruckmaschinen arbeiten nach dem Druckprinzip flach – rund. Auf einen flachen Informationsspeicher drückt sich ein drehender Zylinder auf den Bedruckstoff und erzeugt die zur Farbübertragung notwendige Druckkraft. Die Druckform bewegt sich dabei unter dem rotierenden Zylinder hindurch. Damit beim Rücklauf der Druckform keine Farbübertragung stattfindet, wurde der Druckzylinder angehoben und in seiner Umdrehung gestoppt. Auch bei diesem Druckprinzip handelt es sich um einen direkten Druck, der eine seitenverkehrte Druckform voraussetzt. Diese Druckmaschinen sind nur noch selten in der Druckproduktion zu finden – außer für Arbeiten wie Prägen, Nuten, Stanzen, Perforieren oder Rillen.

Moderne Druckmaschinen arbeiten alle nach dem Druckprinzip rund – rund. Dieses Prinzip lässt die höchsten Druckgeschwindigkeiten zu und benötigt den geringsten Kraftschluss zwischen den runden Druckzylindern zur Druckbildübertragung. Durch diese Druckbildübertragung von Zylinder zu Zylinder sind die erforderlichen Druckkräfte vergleichsweise gering. Das Druckprinzip rund – rund kennt noch die

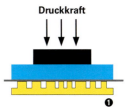

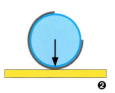

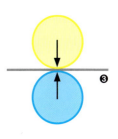

Druckprinzipe
❶ Oben: flach – flach
❷ Mitte: flach – rund
❸ Unten: rund – rund

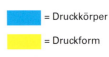

= Druckkörper
= Druckform
= Bedruckstoff

547

Band II - Seite 552
9.1.4   Flexodruck

Band II - Seite 623
9.2 Digitaldruck

Unterscheidung zwischen direktem und indirektem Druck. Bei einem direkten Druck muss die Druckform seitenverkehrt sein, beim indirekten Druck seitenrichtig.

Das Druckprinzip rund – rund wird bei allen Druckverfahren angewendet. Im Hoch- oder Buchdruckverfahren arbeiten nur Rotationsmaschinen nach diesem Prinzip. Es sind heute noch einige wenige Zeitungsrotationsmaschinen im Einsatz. Überwiegend wird im Hochdruckverfahren der Flexodruck praktiziert, der ebenfalls nach dem Prinzip rund – rund arbeitet und als eigenes Verfahren ab Seite 552 dargestellt wird.

Offsetdruckmaschinen werden im Bereich des Bogendrucks und des Rollenoffsetdrucks nur nach dem Prinzip rund – rund gebaut. Dabei wird von drei Zylindern im Bogendruck und bis zu 10-Zylinder-Druckwerken im Rollenoffsetdruck nach diesem Prinzip verfahren.

Den Druck großer Auflagen von Katalogen oder Zeitschriften mit den hohen Druckgeschwindigkeiten des Tiefdrucks lässt nur das Druckprinzip rund – rund zu. Aber auch der Bogentiefdruck nutzt dieses Druckprinzip, allerdings werden hier deutlich niedrigere Druckgeschwindigkeiten erreicht.

Das vergleichsweise wenig schnelle Durchdruckverfahren nutzt das Druckprinzip rund – rund, um Dosen, Flaschen und andere Körper zu bedrucken.

Wie Sie erkennen können, ist dieses Druckprinzip rund – rund bei allen konventionellen Druckverfahren von Bedeutung.

9.1.2.4   Konventionelle Druckverfahren (IP-Verfahren)

Zu den so genannten konventionellen Druckverfahren werden die Verfahren gerechnet, deren Informationsübertragung durch eine feste eingefärbte Druckform (Druckbildspeicher) mit mechanischer Druckkraft, dem so genannten Anpressdruck, auf einen Bedruckstoff erfolgt.

Diese Verfahren werden auch als IP-Verfahren (Impact-Printing) bezeichnet. Kennzeichen ist die Informationsübertragung von einer eingefärbten und festen Druckform auf einen beliebigen Bedruckstoff.

Zu diesen konventionellen IP-Druckverfahren zählen als industrielle Verfahren der Hochdruck (Buchdruck), Flexodruck, Flachdruck, Offsetdruck, Durchdruck und Tiefdruck.

9.1.2.5   Kontaktlose Druckverfahren (NIP-Verfahren)

Bei diesen in der Regel neueren Druckverfahren werden die Text-/Bildinformationen ohne statische Druckform mit Hilfe von Farbe oder Toner auf den Bedruckstoff übertragen.

Der Anpressdruck hat bei diesen Verfahren, die als Non-Impact-Printing-Verfahren (NIP-Verfahren) bezeichnet werden, keine oder nur eine minimale Bedeutung. Kennzeichen dieser Verfahren ist die berührungslose Informationsübertragung oder die Übertragung mit minimalem Anpressdruck. Die Übertragung wird durch elektrostatische, magnetische oder sonstige elektronisch gesteuerte Kräfte durchgeführt.

Zu diesen NIP-Verfahren gehören alle Digitaldrucksysteme, die mittels Elektrofotografie oder Inkjet-Technologie arbeiten. Genauere Informationen dazu erhalten Sie im Kapitel 9.2 Digitaldruck.

548

9.1.3 Buchdruck

9.1.3.1 Buchdruckverfahren

Das Hochdruckverfahren ist das älteste Druckverfahren, das dazu verwendet wurde, Informationen in hoher Auflage herzustellen. Da die meisten Produkte in der Anfangszeit der Drucktechnologie Bücher – am häufigsten Bibeln – waren, wird das Verfahren oft auch als Buchdruckverfahren bezeichnet. Eine Seite des bekanntesten Buchdruckwerks, der 42-zeiligen Gutenberg-Bibel, ist rechts abgebildet.

Arbeitsprinzip des Buchdrucks
Die erhabenen Stellen der Buchdruckform übertragen die Farbinformation auf den Bedruckstoff. Die Buchdruckformen können aus Bleilettern, aus zu Zeilen gegossenen Bleibuchstaben oder aus geätzten bzw. gravierten Kunststoffplatten bestehen.

Die Buchstaben und Grafiken bestehen aus Linien (Kurven). Der Charakter eines Halbtonbildes wird durch Zerlegung des Bildes in mehr oder weniger große flächenvariable, erhabene Rasterpunkte erzeugt.

Die Rasterweite im Buchdruck kann nicht so hoch wie im Flachdruck gewählt werden, da die erhabenen Rasterpunkte nicht beliebig verkleinert werden können. Um einen Mehrfarbendruck zu erstellen, wird für die Farben Cyan, Magenta, Gelb und Schwarz je eine eigene Druckform für den Vierfarbendruck benötigt.

9.1.3.2 Merkmale und Anwendung des Buchdrucks

Typisches Erkennungsmerkmal für den Buchdruck ist die Schattierung auf der Rückseite eines Druckbogens. Da der Druck mit hoher Druckkraft ausgeführt wird, prägen sich die hochstehenden druckenden Teile, also die Buchstaben und Metallklischeeformen der Bilder, in das Druckpapier ein und lassen auf der Rückseite eine leichte Prägung entstehen. Diese Prägung ist sicht- und fühlbar. Eine Schattierung ist in allen anderen Druckverfahren verfahrensbedingt nicht möglich, da nur im Buchdruckverfahren die druckenden Elemente bei Text- und Bildstellen erhöht sind.

Das zweite buchdrucktypische Merkmal ist der Quetschrand. Verursacht wird dieser Quetschrand beim Druckvorgang durch ein geringes

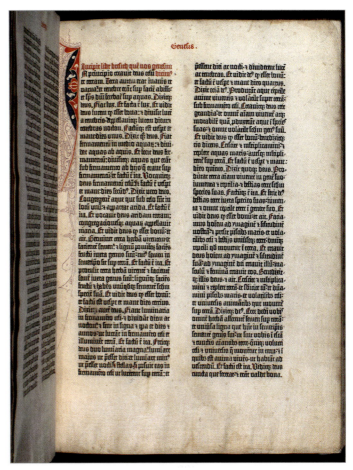

Gutenberg-Bibel B 42

Blatt 05 des 1. Bandes aus der 42-zeiligen Gutenberg-Bibel (Shuckburgh-Exemplar), die um 1440 in Mainz im Hochdruckverfahren gedruckt wurde.
Deutlich sind die kunstvoll von Hand gezeichneten Initialien zur Ausschmückung der Absätze und Seiten zu erkennen.

www.gutenberg-museum.de

Konventioneller Druck

Buchdrucklettern

Bleibuchstaben mit erkennbar erhabenem Schriftbild. Der Buchstabenkörper mit der Signatur ist deutlich erkennbar. Die Schrifthöhe von 62 2/3 Punkt ist eine Normhöhe.

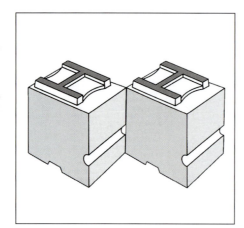

Buchdruck – Schema

Schematische Darstellung einer erhabenen und eingefärbten Druckform und der dazugehörende Abdruck auf einen Bedruckstoff. Der Quetschrand ist nicht dargestellt.

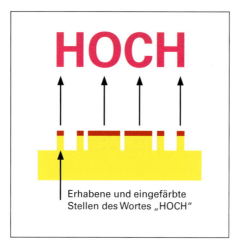

Erhabene und eingefärbte Stellen des Wortes „HOCH"

Buchdruck Erkennungsmerkmale

Quetschrand

❶ Druck erfolgt von oben, Druckfarbe wird nach links und rechts gequetscht.
❷ Druckform löst sich vom Bedruckstoff, die Farbspaltung erzeugt einen erhöhten linken und rechten Farbrand.
❸ Sichtbarer Quetschrand im Querschnitt

Quelle: TU Darmstadt, Prof. Dr. E. Dörsam

Wegdrücken der Druckfarbe an den Buchstabenrand bzw. Rasterpunktrand. Der Quetschrand ist als leichte Linienkontur um eine Buchstabenform erkennbar. In der Abbildung auf der gegenüberliegenden Seite 551 unten links ist dies etwas verstärkt dargestellt.

Ein drittes Merkmal des Buchdruckverfahrens ist die ungleichmäßige Deckung von Rasterpunkten, vor allem an den dunkleren Bildstellen. Die Rasterpunkte zeigen eine etwas wolkige Wiedergabe, hervorgerufen durch eine ungleichmäßige Farbübertragung beim Druck. Die so genannte Lichterzeichnung, also die Bildwiedergabe in hellen Bildstellen, ist unbefriedigend.

Das Buchdruckverfahren kann nur grobe Raster wiedergeben. Die maximal druckbare Rasterweite liegt zwischen 48er und 60er Raster.

Buchdruck-Druckmaschinen werden heute fast ausschließlich zum Stanzen, Prägen und Perforieren eingesetzt. Diese Spezialarbeiten sind heute das letzte und wichtigste Arbeitsfeld des Buchdruckverfahrens.

Die Druckgeschwindigkeiten von Bogendruckmaschinen des Buchdrucks lagen bei etwa 6.000 Druck pro Stunde.

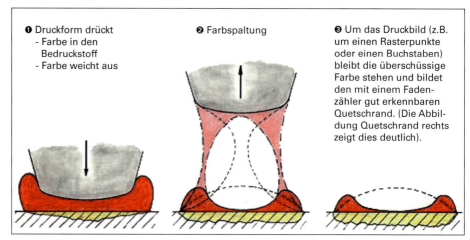

❶ Druckform drückt
 - Farbe in den Bedruckstoff
 - Farbe weicht aus

❷ Farbspaltung

❸ Um das Druckbild (z.B. um einen Rasterpunkte oder einen Buchstaben) bleibt die überschüssige Farbe stehen und bildet den mit einem Fadenzähler gut erkennbaren Quetschrand. (Die Abbildung Quetschrand rechts zeigt dies deutlich).

Konventioneller Druck

Da die Nutzungsdauer von Rollenrotationsmaschinen im Allgemeinen sehr hoch ist, werden vereinzelt noch Tageszeitungen im Hochdruckverfahren gedruckt. Diese Tageszeitungen werden mit Hilfe von Fotopolymer-Druckplatten bei einer Stundenleistung von ca. 35 – 40.000 Exemplaren produziert.

9.1.3.3 Bedeutung der Erkennungsmerkmale

Jedes Druckverfahren ist mit verfahrensspezifischen Merkmalen ausgestattet, die sich an jedem Druck erkennen lassen. Ein Fachmann muss anhand dieser Merkmale an einem Druckprodukt das Druckverfahren erkennen können. Dies ist z. B. wichtig, wenn von einem Auftrag ein Nachdruck angefertigt werden soll, der in einer anderen Druckerei gedruckt wurde. Dann muss der fachlich versierte Mediengestalter anhand der Druckmuster das Druckverfahren eindeutig und sicher erkennen.

Die Erkennungsmerkmale sind bei allen Druckverfahren in der Regel eindeutig festzustellen und im Prinzip leicht erkenn- und erlernbar. Dies geht aber nur, wenn Sie dieses Erkennen der Druckverfahren üben. Besorgen Sie sich Druckmuster und eine kleine Lupe (in der Fachsprache Fadenzähler), mit deren Hilfe Sie das Erkennen der Merkmale der Druckverfahren nachvollziehen und üben können.

In der Praxis müssen Sie Druckverfahren und die damit verbundenen Verfahrenswege zur Herstellung sicher bestimmen können. Daher müssen Sie üben. Das geht einfach: Untersuchen Sie jedes Druckprodukt, das Ihnen in die Hände kommt, auf seine Merkmale ...

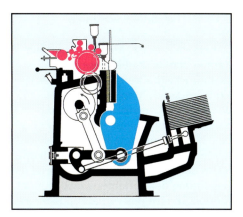

Tiegeldruckpresse
Die Heidelberger Tiegeldruckpresse arbeitet nach dem Prinzip flach – flach. Die seitenverkehrte Druckform ist gelb eingezeichnet, der Druckkörper blau und das Farbwerk in Magenta. Diese Buchdruckmaschine ist noch in vielen Betrieben anzutreffen.

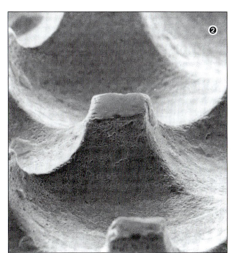

❶ Quetschrand
Links: Darstellung Quetschrand

❷ Rasterpunkt
Vergrößerte Rasterpunktdarstellung für den Buchdruck. Es sind deutlich die Flanken und die druckende Oberfläche des Punktes erkennbar.

551

9.1.4 Flexodruck

9.1.4.1 Flexodruckverfahren

Der Flexodruck ist, wie im vorherigen Kapitel bereits deutlich wurde, ein Hochdruckverfahren. Dieses moderne Hochdruckverfahren hat in den letzten Jahren einen rasanten Aufschwung genommen und bietet zwischenzeitlich eine bemerkenswerte Produktionsvielfalt für die Werbe- und Medienindustrie an. In der unten stehenden Grafik ist die Bedeutung des Verfahrens insbesonder für den Bereich des Verpackungsdrucks dargestellt.

Entstehungsgeschichte
Flexodruck, so wie wir ihn heute kennen, entstand in den 20er Jahren in den USA. Er wurde aufgrund der damals verwendeten Druckfarben als Anilindruck bezeichnet. In den Folgejahren verschwand dieser Begriff, da sich die Farbzusammenstellungen veränderten und der Begriff Anilindruck damit seine Akzeptanz verlor. So wurde im Oktober 1952 im Rahmen des 14th Packaging Institute Forum bekannt gegeben, dass dieses Verfahren künftig als „flexografisches Verfahren" zu bezeichnen sei. Dieser Begriff setzte sich dann recht schnell weltweit durch. Beim Flexodruck handelt es sich, entsprechend der Definition der Flexographic Technical Association in den USA, „um ein Rotationsdruckverfahren, bei dem weichelastische, reliefartige Druckformen aus Gummi oder Fotopolymer verwendet werden."

Anwendungsgebiete
Anwendungsgebiete des Flexodrucks sind der Verpackungsdruck, der Druck von Folienverpackungen, der Etikettendruck, die Faltschachtelherstellung, aber auch die allseits bekannten und von Ihnen vielleicht genutzten Lottoscheine werden durch dieses Verfahren erstellt. Ein weiterer Anwendungsbereich liegt im Tapeten- und Dekordruck. Billige Postwurfsendungen, Mailings, Etiketten, Durchschreibesätze, Tragetaschen, einfache Romanhefte, Abreißkalender, Eindrucke in Prospekte u. Ä. m. sind die typischen Flexodruckprodukte.

Es können sehr dünne, flexible und feste Folien, Metall- oder Verbundfolien, nahezu alle Papiere, Pappen, Verpackungsmaterialien mit rauer Oberfläche, Gewebe und druckempfindliche Materialien bedruckt werden.

Marktsegmente Verpackungsdruck

Daten zusammengestellt aus eigenen Recherchen.

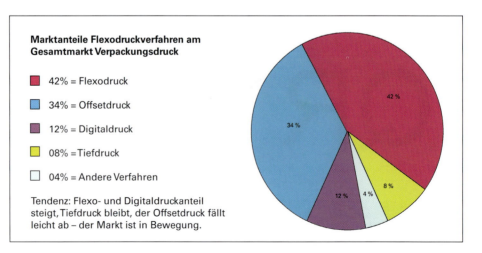

Marktanteile Flexodruckverfahren am Gesamtmarkt Verpackungsdruck

- 42% = Flexodruck
- 34% = Offsetdruck
- 12% = Digitaldruck
- 08% = Tiefdruck
- 04% = Andere Verfahren

Tendenz: Flexo- und Digitaldruckanteil steigt, Tiefdruck bleibt, der Offsetdruck fällt leicht ab – der Markt ist in Bewegung.

Konventioneller Druck

Der Flexodruck steht in einer Reihe von Produktionsbereichen in direkter Konkurrenz zum Tiefdruck, der die besseren Druckergebnisse erreicht. Aufgrund der hohen Kosten der Druckzylinderherstellung bei kleinen und mittleren Auflagen ist der Tiefdruck deutlich zu teuer. Der Flexodruck bietet oftmals die wirtschaftlichere Technologie an, wenn zwischen Qualität, Flexibilität in der Fertigung und den Kosten zu entscheiden ist.

Im direkten Vergleich der Druckverfahren schneidet der Flexodruck oft besser ab als Rollentief- oder Offsetdruck. Die Schnelligkeit der Formherstellung und die günstige Kostensituation sprechen häufig für den Flexodruck, vor allem in Verbindung mit variablen Produktionssystemen.

Verfahrenstechnik

Der Flexodruck ist ein direktes rotatives Druckverfahren, das mit elastischen Reliefdruckplatten aus Gummi-, Kunststoff oder Fotopolymer druckt. Die Druckformen werden auf Stahlzylinder oder -hülsen aufgezogen. Üblicherweise werden für die jeweilige Anwendung speziell gebaute Flexodruckmaschinen verwendet. Die dünnflüssige Druckfarbe wird mit Hilfe eines Aniloxfarbwerkes auf die Druckform und von dieser auf den Bedruckstoff übertragen.

Kernstück des Flexodruckverfahrens ist das Aniloxfarbwerk. In die Aniloxwalze sind Tausende winziger Näpfchen eingraviert, die die dünnflüssige Druckfarbe von der Farbwanne über eine Heberwalze auf die Druckform übertragen. Die Näpfchengröße bestimmt die auf die Druckform übertragene Farbmenge. Je geringer die Anzahl der Näpfchen, umso größer ist die Näpfchentiefe und umso mehr Farbe wird übertragen. Überflüssige Druckfarbe wird während der Walzenumdrehung entfernt. Bei neueren Druckmaschinen wird die überflüssige Farbe durch Rakelsysteme an der Aniloxwalze entfernt. Damit wird eine gleichmäßigere Farbverteilung erreicht. In der Abbildung ist das Rakel nicht eingezeichnet.

Die Näpfchenform der Aniloxwalze kann unterschiedlich sein. In diesen Näpfchen hält sich genügend dünnflüssige Farbe, die dann auf die Flexodruckplatte und von dort auf den Bedruckstoff übergeben wird. Die typischen Rasterstrukturen einer Rasterwalze sind

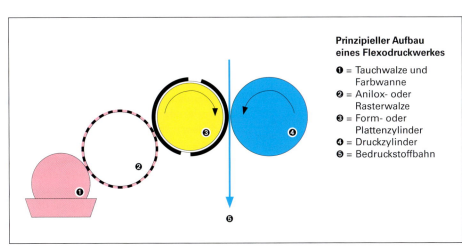

Prinzipieller Aufbau eines Flexodruckwerkes

❶ = Tauchwalze und Farbwanne
❷ = Anilox- oder Rasterwalze
❸ = Form- oder Plattenzylinder
❹ = Druckzylinder
❺ = Bedruckstoffbahn

Flexodruckwerk

Prinzipieller Aufbau eines Druckwerkes. In der Abbildung ist ein mögliches Rakel an der Aniloxwalze aus Gründen der Übersichtlichkeit nicht eingezeichnet.

die so genannten Orthogonalraster, Rautenraster und Diagonalraster. Für die Wiedergabe von autotypischen Rastern hat sich das Diagonalraster mit einer Winkelung von 45° zur Walzenachse bewährt.

Die eingefärbte Druckplatte überträgt die Farbe auf den Bedruckstoff. Dieser kann entweder saugend (z. B. Pappe) oder nichtsaugend (z. B. Folie) sein. Die Flexodruckfarben sind aggressive, chemisch schnelltrocknende Farben, die zwischen zwei Druckwerken vollständig trocknen. Damit kann feuchte Druckfarbe in einem nachfolgenden Druckwerk problemlos auf die zuvor gedruckte und getrocknete Farbe aufgetragen werden.

Druckformen

Je nach Qualitätsanspruch und verwendeter Formherstellungstechnik werden heute Gummi-, Kunststoff- oder elastische Fotopolymer-Druckplatten verwendet. Die Flexodruckform als Informationsträger kann neben dem Text auch Halbtöne bis zu einer mittleren Rasterweite von 48 L/cm darstellen.

Wir unterscheiden bei den Druckformen noch drei Druckformtypen:
- Flexodruckplatten
- Endlos-Sleeves
- Endlos-Nahtlos-Sleeves

Druckformaufbau

Flexodruckformen werden auch Flexoklischees genannt. Sie bestehen im Wesentlichen aus einer lichtempfindlichen Fotopolymerschicht (auch Substrat- oder Laserschicht genannt), die die eigentliche Druckform bildet, und einer Trägerschicht. Die fotopolymere Druckform wird durch eine Negativmaske mit UV-Licht belichtet und die druckenden Elemente in einem Auswaschprozess entwickelt. Druckformen aus Gummimaterial für den Rotationsdruck werden durch Lasergravur hergestellt. Die Trägerschicht, Polyesterfolie oder Aluminiumblech, dient der Dimensionsstabilisierung des Klischees. Der schematische Aufbau einer solchen Flexodruckform ist in der Abbildung links unten dargestellt.

9.1.4.2 Druckformherstellung

Flexodruckplatten werden plan liegend oder rund in entsprechenden Belichtern aufgespannt bebildert und nach der Fertigstellung standgenau auf den Druckformzylinder montiert. Zum Befestigen der Druckform werden Klebefolien oder Magnete verwendet.

Sleeves sind dünnwandige Druckformhülsen, die nach der Fertigstellung standgenau auf den Druckformzylinder aufgeschoben werden. Das Aufschieben und Positionieren des Sleeves erfolgt mittels eines Luftkissens. Dem Druckzylinder wird Druckluft zugeführt, die durch kleine Bohrungen an der Zylinderoberfläche austritt und ein Luftkissen erzeugt. Auf diesem Luftkissen wird der Sleeve auf den Zylinder geschoben und exakt positioniert. Zum Druck wird das Luftkissen ausgeschaltet und der Sleeve zieht sich auf dem Zylinder unverrückbar zusammen. Ist der Auflagendruck beendet, wird der Sleeve mit Hilfe des aktivierten Luftkissens

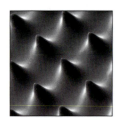

Flexodruckform
Darstellung der Spitzlichter (= helle druckende Stellen) einer fotopolymeren Flexodruckform

Flexodruckform
Schematischer Aufbau eines Flexoklischees

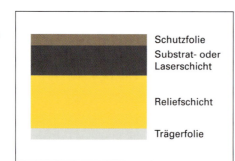

Konventioneller Druck

wieder vom Formzylinder abgezogen. Endlos-Sleeves werden in einem Laser-Rundbelichter standgenau belichtet und danach auf dem Zylinder positioniert. Die Sleeve-Technologie ist im Abschnitt Sleeve-Druckformtechnik dargestellt.

Reprotechnische Besonderheiten

Die wesentlichste Forderung an den Flexodruck – vor allem im Verpackungsdruck – ist eine hohe Druckqualität. Daher werden für hochwertige Arbeiten Fotopolymer-Druckplatten eingesetzt. Bekannte Plattentypen sind Cyrel® von DuPont oder Nyloflex® von BASF. Wird in der Druckvorstufe für den Flexodruck reproduziert, gelten andere Vorgaben als für den Offsetdruck.

Diese Produktionsvorgaben sind normalerweise wie folgt zu beachten:

- Die übliche Rasterweite liegt bei 48 L/cm. Wenn alle Parameter wie Bedruckstoffoberfläche, Druckform und Druckmaschine optimal aufeinander abgestimmt sind, kann auch ein 60er bis 80er Raster reproduziert werden.
- Bedingt durch die Aniloxwalze und das darauf befindliche Raster wird mit einer speziell auf den Flexodruck abgestimmten Rasterwinkelung gearbeitet. Zum Rasterwinkel nach DIN wird immer eine Vorwinkelung von 7,5° dazugerechnet, um Moiréeffekte durch die Aniloxwalze zu vermeiden. Yellow = 82,5°, Magenta = 67,5°, Cyan = 7,5°, Schwarz = 37,5°.
- Es werden üblicherweise runde Rasterpunktformen verwendet, da hier die geringste Tonwertzunahme zu verzeichnen ist. Dies ist wichtig, da die Tonwertzunahme bei gerasterten Bildern bis zu 30% betragen kann. Das bedeutet, dass sich ein Rasterpunkt mit 40% Flächendeckung um ein Drittel ausdehnt. Er erscheint also im Druck mit über 50% Flächendeckung. Alle Tonwerte über 60% sind etwa 15% offener zu halten als für den Offsetdruck.
- Der Tonwertumfang liegt bei 10% bis 85%. Hellere Töne fallen weg, dunklere Töne laufen zu.
- Linienstärken müssen wegen des hohen Tonwertzuwachses im Druck reduziert werden.
- Die Linienstärken für EAN-Codes sind wegen der starken Tonwertzunahme zu reduzieren.
- Strich- und autotypische Rasterbilder sollten reprotechnisch getrennt sein.

Flexobelichter

Digitale Laserbelichter zur Flexodruckformherstellung für große Formate (links) und für Sleeve-Belichtung (rechts)

Abb.: esko-graphics

555

Flexodruckformen

Links oben: Detailansicht eines Laserbelichters

Links unten: Schriftdarstellung in einem gerasterten Umfeld auf der Druckform

Rechts oben: Erhabene Schrift auf einem Flexodruckklischee von oben aufgenommen

Rechts unten: Erhabene Rasterpunkte auf einem Flexodruckklischee im Winkel von 45° aufgenommen

Abb.: atg-systems

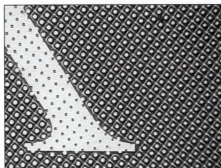

Sleeve-Technologie

Der Sleeve (= gelb) wird über die Luftlöcher des Formzylinderdorns geschoben. Aus den Luftlöchern tritt Luft aus und die Sleeve-Druckform wird auf einem Luftpolster exakt auf den Zylinderdorn eingepasst, bis er komplett aufgezogen und eingerastet ist. Die Sleeve-Technologie wird sowohl im Flexodruck als auch im Rotationstiefdruck verwendet.

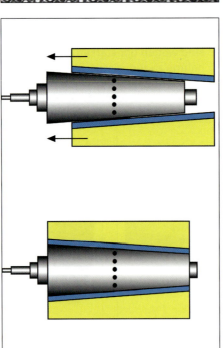

- Negative Schrift sollte mindestens 10 pt groß und möglichst ohne feine Serifen sein.
- Passerdifferenzen zwischen den einzelnen Druckfarben sind bis zu +/− 0,5 mm möglich. Wenn Farben aneinander stoßen, müssen diese deswegen um mindestens 0,5 mm überlappen, um Blitzer zu vermeiden.
- Schriften und Farbflächen sollten in jeweils eigenen Druckformen gedruckt werden. Die Anzahl der Druckformen kann in der Regel mehr als vier Formen betragen, da Flexodruckmaschinen üblicherweise mehr als vier Druckwerke aufweisen.

Sleeve-Druckformtechnik

Auf einem Luftpolster werden die Sleeves auf den Formzylinder auf- bzw. abgezogen. Die Technologie des Sleeve-Abziehens wird beim Formzylinder und

Konventioneller Druck

Sleeve-Wagen

Die fertigen Sleeves werden in solchen Sleeve-Wagen an die Maschine gebracht und mittels eines Luftkissens auf den Walzendorn aufgespannt. Deutlich sind die unterschiedlichen Öffungsdurchmesser zu erkennen.

Abb.: Firma Windmöller & Hölscher

für die Aniloxwalzen genutzt. Durch den Einsatz der Sleeve-Technik verkürzt sich die Rüstzeit der Flexodruckmaschinen.

Anwendungsgebiete und Vorteile von Sleeves in der Drucktechnik
Sleeve-Systeme sind im Flexodruck, im Tiefdruck und in einigen Druckmaschinen aus dem Bereich Rollenoffset bereits etabliert. Flexodruckmaschinen werden derzeit zu über 90% mit Sleeve-Systemen ausgeliefert.

Im Flexodruck kommen gummierte Hülsen, die mit einer Lasergravur versehen sind, als Druckform zum Einsatz. Im Tiefdruck werden Presseursleeves für den konventionellen Druck und für den Druck mit elektrostatischer Druckunterstützung (ESA) eingesetzt.

Die Vorteile des Einsatzes der Sleeve-Technologie liegen, wie anfangs bereits genannt, im schnellen Wechsel der Walzenbezüge. Bei einigen Maschinen besteht, in Abhängigkeit von der Bauweise, die Möglichkeit eines Sleeve-Wechsels direkt in der Druckmaschine.

Der Einsatz von Sleeves verkürzt den Maschinenstillstand und erhöht somit die Verfügbarkeit und Wirtschaftlichkeit einer Druckmaschine.

9.1.4.3 Flexodruckmaschinen

Sie sind heute nahezu auschließlich Mehrfarben-Rollenrotationsmaschinen. Die Produktionsgeschwindigkeit liegt bei 300 m/s bis 500 m/s.

Im Allgemeinen unterscheidet man die folgenden Bauweisen von Flexodruckmaschinen:
- Maschine in Reihenbauweise
- Zentralzylindermaschine

Maschinen in Reihenbauweise
Mehrzylinder-*Flexodruckmaschinen in Reihenbauweise* wurden für Druckarbeiten eingesetzt, bei denen die Passerqualität nicht ganz so bedeutend war oder ist. Durch den geringen Anpressdruck beim Druck und die auf die Bedruckstoffbahn wirkenden Zugkräfte waren auftretende Bahnschwankungen die Ursache für erhebliche Passerprobleme. Erst durch die jetzt üblichen digital gesteuerten Einzelantriebe der Druckwerke, kleinere Druckformate und dehnstabilere Bedruckstoffe sind diese Probleme weitgehend minimiert. Maschinen in Reihenbauweise bieten eine Reihe von Vorteilen gegenüber den Zentralzylindermaschinen:
- Die Anzahl der Druckwerke ist beliebig zu erweitern.
- Schön- und Widerdruck ist problemlos möglich.
- Die Arbeitstechnik und Ergonomie ist deutlich besser.

557

Gallus KM 510 Flexodruck-Inline-System

Dieses modular konzipierte Flexodruck-Inline-System in Reihenbauweise ermöglicht den Druck anspruchsvoller Kartonverpackungen für die Lebensmittel-, Pharma- und Körperpflegeindustrie direkt ab Rolle. Die Verpackungen können noch veredelt und fertig verarbeitet werden. In das System integriert ist die Möglichkeit des Siebdruckfarbauftrages und der UV-Trocknung.

Die Abbildung unten zeigt den Druckformwechsel an einem Druckwerk dieser Flexodruckmaschine.

Abb.: Heidelberger Druckmaschinen AG, Gallus holding AG, St. Gallen, Schweiz

Flexo-Rollendruckmaschinen in Reihenbauweise sind besonders gut für ein Kombinieren und Erweitern mit zusätzlichen Druckwerken geeignet. Lackier- und Trocknungseinrichtungen können problemlos eingebaut werden. Des Weiteren besteht die Möglichkeit, Druckwerke mit anderen Druckverfahren in den Produktionsablauf zu integrieren. So können Tiefdruck- oder Siebdruck-Druckwerke als Modul in eine solche Maschine integriert werden. Dies ist z. B. dann von Bedeutung, wenn eine Verpackung als Druckveredelung einen spürbaren Farbauftrag für einen Schriftzug erhalten soll. Dieser Schriftzug wird dann im Siebdruckverfahren aufgetragen.

Derartige Maschinen werden auch als Hybridmaschinen bezeichnet. Eine beispielhafte Flexodruckmaschine ist unten abgebildet.

Zentralzylindermaschinen

Rollendruckmaschinen in *Zentralzylinder- oder Einzylinderbauweise* sind durch einen großen, zentral gelagerten Druckzylinder gekennzeichnet. Um diesen Zylinder werden bis zu 10 Farbwerke angeordnet. Die Bedruckstoffbahn wird in den Zentralzylindermaschinen um den Druckzylinder herum geführt und dabei nacheinander von allen Farben bedruckt. Damit ist ein sehr genauer Stand und weitgehend exakter Passer zu erzielen – und dies nahezu unabhängig vom Bedruckstoff. Allerdings muss die Bedruckstoffoberfläche eben sein, sie darf also keine Strukturierung aufweisen.

Die Bahnführung für den Bedruckstoff verlangt, dass dieser auf dem Druckzylinder sicher haftet und sich nicht verschiebt. Wird durch eine fehlerhafte Bahnführung und Bahnspannung diese Bedingung nicht erfüllt, ergeben sich unweigerlich Passerdifferenzen. Hier ist der Flexodrucker gefordert, um die bauartbedingten Vorteile der Zentralzylindermaschine hinsichtlich der Passgenauigkeit auch tatsächlich zu nutzen.

Zentralzylindermaschinen können bauartbedingt keinen Schön- und Widerdruck durchführen.

Zentralzylindermaschinen können mit einer UV-Trocknungsanlage ausgerüstet werden. Des Weiteren ist es möglich, Lack- oder Beschichtungswerke zu integrieren sowie Tiefdruckdruckwerke bei Bedarf einzubauen. Derartige Ma-

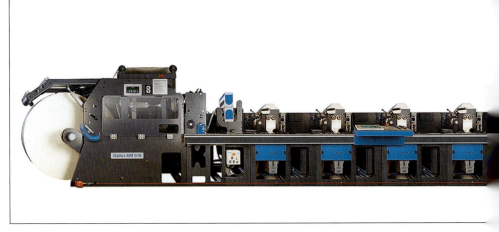

558

Konventioneller Druck

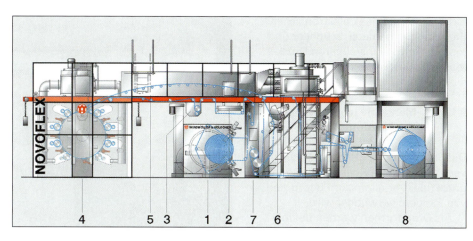

Zentralzylinder-Novoflex-Druckmaschine für den Druck flexibler Verpackungen

1 = Abwicklung
2 = Bahnlaufregelung
3 = Vorbehandlung
4 = Druckwerkständer mit acht Farbwerken
5 = Brückentrocknung
6 = Bahnbeobachtung
7 = Kühlwalzen
8 = Aufwicklung

Abb.: Firma Windmöller & Hölscher

schinen werden als Spezialanwendung in der Regel für ein bestimmtes Auftragsspektrum entworfen, gebaut und in der Flexodruckerei installiert.

Oben ist der prinzipielle Aufbau einer Flexodruckmaschine in Zentralzylinderbauweise dargestellt. Zudem finden Sie die Abbildung einer solchen Maschine für den Verpackungsdruck auf Seite 560.

Die Verwendung modernster Steuer- und Regeltechnik ermöglicht, dass die Maschinen bei einer hohen Druckqualität mit einer Druckgeschwindigkeit von etwa 500 m/min arbeiten. Es können dabei sehr dünne Papiere und Folien verdruckt werden, in Flexodruck-Spezialmaschinen können Glasfolien bedruckt werden.

Das Flexodruckverfahren hat sich dank der Vorzüge der Zentralzylinderbauweise mit hoher Passergenauigkeit zu einem auch in der Farbübertragung anerkannten Druckverfahren entwickelt. Entwicklungsschritte, die hierzu wesentlich beigetragen haben, sind Fotopolymerplatten, die rechnerunterstützte Klischeerasterung, die erstmals Punktvergrößerungen zu kompensieren erlaubt, ferner Kammerrakelsysteme, Entwicklungen bei Rasterwalzen und

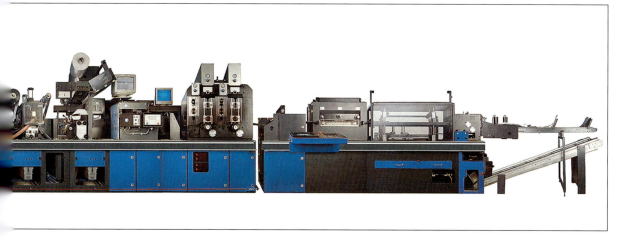

Zentralzylinder-Flexodruckmaschine

8-Farben-Flexodruck-Einzylinder-Rollendruckmaschine. Die Maschine ist für den Verpackungsdruck mit Sleeve-Technologie und halbautomatischer Wechseleinrichtung für die Aniloxwalzen versehen. Die Steuerung erfolgt zentral über Leitstandtechnologie.

Abb.: Firma Windmöller & Hölscher

nicht zuletzt die dank elektronischer Steuerungen genauer, schneller und reproduzierbar einstellbaren Druckmaschinen.

9.1.4.4 Merkmale und Anwendung des Flexodrucks

Der Flexodruck ist ein direktes Druckverfahren, das im Rollen- und Bogendruck (hier vor allem zum Bedrucken von Pappen) verwendet wird.

Als Druckformen werden flexible Gummi- oder Auswaschdruckplatten eingesetzt. Bei der Formherstellung müssen die speziellen technischen Vorgaben für den Flexodruck beachtet werden, da Tonwertumfang und Druckzunahme nicht dem des Offsetdruckverfahrens entsprechen. Die Tonwertzunahme ist abhängig von der Härte der verwendeten Druckform. Je größer die Shorehärte der Druckplatte, desto geringer fällt die Tonwertzunahme aus, weil sich das Druckmotiv beim Druckvorgang nicht so entscheidend vergrößert.

Die Druckfarbe für den Flexodruck ist dünnflüssig und physikalisch trocknend. Durch entsprechende Umluft-Trocknungssysteme wird der Trocknungsvorgang beschleunigt und unterstützt. Als Besonderheit werden zunehmend auch die UV-Trocknungssysteme verwendet.

Durch die schnelle Trocknung der Farben des Flexodrucks sind hohe Druckgeschwindigkeiten möglich. Mehrheitlich wird im Flexodruck als Bedruckstoff Rollenmaterial verarbeitet. Bogenmaterial ist vor allem beim Bedrucken von Pappen bzw. Wellpappen üblich.

Die Erkennungsmerkmale entsprechen weitgehend den Merkmalen des Hochdrucks – aber es sind doch folgende Abweichungen zu beachten. Der Quetschrand ist vorhanden und zum Teil stärker als im klassischen Hochdruck, da die dünnflüssige Farbe stärker gequetscht wird. Es gibt keine Schattierung, da die elastische Druckform dies verhindert. Striche, Punktraster und FM-Raster sind gröber als im Hochdruck.

Flexodruck-Quetschrand

Links: Um ein Buchstabenbild
Rechts: Um einen Rasterpunkt

Abb.: TU Darmstadt

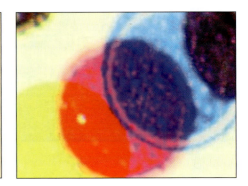

9.1.5 Lettersetdruck

Konventioneller Druck

9.1.5.1 Lettersetdruckverfahren

Der Lettersetdruck ist ein Hochdruckverfahren, das oft in Kombination mit dem Flexodruck verwendet wird, aber auch als eigenständiges Verfahren genutzt wird. Letterset ist ein indirektes Hochdruckverfahren, das ausschließlich als rotatives Druckverfahren genutzt wird. Das Druckbild wird von einem erhabenen Druckelement mit Hilfe eines Gummizylinders auf den Bedruckstoff übertragen. Daher wird das Lettersetverfahren oft auch als Trockenoffsetverfahren bezeichnet.

Druckform

Es werden ausschließlich Fotopolymerplatten verwendet. Diese Platten sind so genannte Auswaschreliefplatten auf einem Trägermaterial wie Stahlblech oder Aluminium. Die Bebilderung z. B. einer BASF-Nyloprintplatte erfolgt mit Hilfe der folgenden Herstellungsschritte: Belichten, Auswaschen, Trocknen und Nachbelichten (um die Auflagenbeständigkeit zu erhöhen).

Die Platte wird üblicherweise von Negativfilmen belichtet, so dass die nicht gehärteten Stellen auf der Druckform ausgewaschen werden können. Die Druckform muss seitenrichtig sein, da der Druck in diesem Verfahren (wie beim Offsetdruck) ein indirekter ist.

Druckmaschinen

Lettersetdruck kann in jeder Offsetdruckmaschine mit ausreichend tiefem Zylinderunterschnitt des Plattenzylinders durchgeführt werden. Das Feuchtwerk wird dabei ausgeschaltet – es wird schließlich von einer Hochdruckplatte gedruckt. Dabei muss der Drucker die Farbauftragswalzen des Farbwerks exakt zur Druckplatte justieren. Geschieht dies nicht, können die Nichtbildstellen

der Druckform durch zu tief stehende Auftragswalzen eingefärbt werden und dann mitdrucken. Dies würde zu einem nicht beabsichtigten Drucken bzw. Tonen der Nichtbildstellen führen.

Der Lettersetdruck benötigt zur indirekten Druckbildübertragung ein Gummituch. Dieses Gummituch ermöglicht das Bedrucken von rauen und strukturierten Bedruckstoffoberflächen. Ebenso können sehr gut Tonflächen und Metallfarben für den Verpackungsbereich verarbeitet werden. Ein weiteres Einsatzgebiet des Lettersetdrucks ist das Bedrucken von Kunststoffen und Metalloberflächen, allerdings wird dies in besonders dafür ausgestatteten Lettersetdruckmaschinen durchgeführt.

9.1.5.2 Merkmale und Anwendung des Lettersetdrucks

Als Druckformen werden seitenrichtige fotopolymere Auswaschreliefdruckplatten verwendet. Die für den Druck benutzte Farbe ist zähflüssig und physikalisch-chemisch trocknend.

Die verwendeten Bedruckstoffe sind Papier, Karton und Kunststoffe. Damit werden Verpackungen, Formulare, Etiketten, Endlosformulare und auf Spezialmaschinen Hohlkörper wie z. B. Becher produziert.

Die Erkennungsmerkmale des Lettersetdrucks sind nicht einfach festzustellen. Der Quetschrand ist kaum zu erkennen, da ein indirektes Druckverfahren vorliegt. Eine Schattierung ist nicht gegeben, da über das Gummituch gedruckt wird. Es wird wenig mit autotypischen Rastern gedruckt, die meisten Produkte sind mit flächigen Druckelementen und Schrift versehen.

9.1.6 Tiefdruck

9.1.6.1 Illustrationstiefdruck

1894 entwickelte Karl Klietsch und Theodor Reich unabhängig voneinander den Rakeltiefdruck – das erste für hohe Auflagen nutzbare Tiefdruckverfahren. Das Prinzip dieses Verfahrens war das Drucken von einem mit einer nahtlosen Kupferhaut überzogenen Druckzylinder. Der Druckzylinder wurde von einem Stahlrakel vor dem Druck von überflüssiger Farbe befreit. Zur Rakelauflage wurde der vollständige Zylinder in ein gleichmäßiges Rastermuster zerlegt. Diese Rakelauflage bildet die Stege der Tiefdruckform, die dazwischenliegenden farbaufnehmenden Vertiefungen sind die tiefen- oder flächenvariablen Näpfchen.

Tiefdruck-Druckform
Dünnflüssige Tiefdruckfarbe und die Rakel sind die charakteristischen Merkmale des modernen Tiefdruckverfahrens. Die Druckform dafür muss so beschaffen sein, dass in unterschiedlich tiefen Näpfchen die Farbe gehalten wird und dass die Rasterstege, die diese Vertiefungen begrenzen, eine Auflage für das Rakel bilden können, damit nicht zu viel Farbe aus den Näpfchen herausgenommen wird.

Eine deutliche Unterscheidung zu den Verfahrenstechniken im Hochdruck und Flachdruck liegt beim Tiefdruck in der Aufgabe des Rakels. Das Rakel soll die Tonwerte nicht nach einer so genannten autotypischen Punktaufteilung in unterschiedlich große Rasterpunkte zerlegen. Es soll vielmehr die überflüssige Farbe von unterschiedlich tiefen Rasterelementen gleichmäßig abstreifen. Dadurch wird gewährleistet, dass aus den vertieften Näpfchen immer die gleiche Farbmenge auf den Bedruckstoff übertragen wird.

Die Tiefdruckform ist ein mit einer nahtlosen Kupfer- oder Zinkhaut über-

Tiefdruckzylinder
Prinzipieller Aufbau eines Tiefdruckzylinders mit verschiedenen Ansichten.
- Schnitt durch einen Zylinder
- Steg-/Näpfchen-System
- Schema Zylinderaufbau
- Aufbau eines Zylinders mit allen Metallschichten

Abb.: Huhtamaki Ronsberg b. Kempten

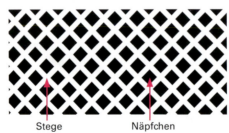

Stege   Näpfchen

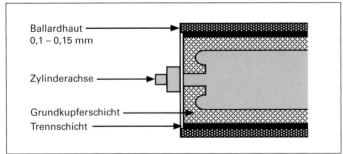

Ballardhaut 0,1 – 0,15 mm
Zylinderachse
Grundkupferschicht
Trennschicht

Konventioneller Druck

zogener Zylinder. Die Mantelfläche des Zylinders ist voll nutzbar. Einen Zylinderkanal wie im Offsetdruck oder im Hochdruck gibt es nicht. Daher wird der Tiefdruckzylinder auch als Komplettdruckform bezeichnet. Die Mantelfläche besteht aus einer polierten Kupfer- oder Zinkschicht, die etwa 0,1 bis 0,15 mm dick und hochglänzend poliert ist.

Die Abbildung auf der linken Seite zeigt den Schnitt durch einen Tiefdruckzylinder. Deutlich ist auf dem Bild vorne der hohle Stahlkern erkennbar, in der Bildmitte ist das auf den Stahlkern aufgebrachte Grundkupfer zu sehen, dahinter wird die Ballardhaut als dunklere Schicht sichtbar.

Ein Tiefdruckzylinder enthält, wie oben angesprochen, Näpfchen, die mit Farbe gefüllt werden. Die Farbe aus den Näpfchen, den tiefen Stellen, wird auf den Bedruckstoff übertragen. In der Regel werden die Vertiefungen durch die elektromechanische Gravur erstellt. Ein Diamantstichel oder Laserstrahl graviert in gleichmäßigem Rhythmus auf den sich drehenden Kupfer- oder Zinkzylinder mehr oder weniger tiefe Näpfchen in die Ballardhaut. Die Näpfchen sind bedingt durch die Diamantstruktur flächen- und tiefenvariabel angelegt.

Die Abbildung unten zeigt die Gravurstation eines aufgekupferten Tiefdruckzylinders. Jeder Gravurkopf graviert nur ein kleines Segment des Druckzylinders, so dass die Gravurzeit für einen Tiefdruckzylinder dadurch relativ kurz ist.

Rechts ist ein Gravurergebnis mit unterschiedlichen Tonwertabstufungen zu sehen. Ganz unten ist ein dunkler Tonwert mit einem feinen Steg, nach oben nimmt dann die Stegbreite zu und die Tonwerte werden lichter (heller).

Tiefdruckgravur

Links: Tiefdruckgravur mit 16 Gravurköpfen

Unten: Gravurergebnisse für unterschiedliche Tonwertabstufungen. Von oben nach unten ist ein Zylinderausschnitt zu sehen, darunter helle, mittlere und dunkle Tonwerte eines gravierten Zylinders.

Abb.: Burda, Offenburg

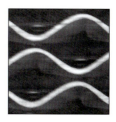

9.1.6.2 Druckformherstellung

Im industriellen Tiefdruck werden heute die farbführenden Näpfchen durch elektromechanische oder Lasergravursysteme in den Tiefdruckzylinder eingebracht.

Zylinder, die elektromechanisch graviert werden, sind zumeist mit einer Ballardschicht aus Kupfer versehen. In der Lasergravur hat Zink als lasergeeigneteres Material aus technischen Gründen das Kupfer als klassisches Material für Tiefdruckzylinder in weiten Bereichen abgelöst.

Nach der Bebilderung werden die Tiefdruckzylinder verchromt, um die Oberflächenhärte und damit die Auflagenbeständigkeit für den Druck zu erhöhen. In der Praxis der Formherstellung ist die elektromechanische Gravur immer noch das beherrschende Verfahren.

Elektromechanische Gravur

Diamantstichel übertragen im Gravurkopf des Gravursystems die Bildinformation auf den Tiefdruckzylinder. Ein elektromagnetisches Schwingsystem steuert die Auf- und Abwärtsbewegung des Stichels. Die Gravurfrequenz in modernen Gravursystemen beträgt 7.500 Hz, d. h., es werden 7.500 Näpfchen pro Sekunde graviert. Um die Produktionszeit zu verkürzen, sind in den Gravursystemen, z. B. Helioklischograf der Firma Hell Gravure Systems, mehrere Gravurköpfe in einer Reihe angeordnet. Durch den gemeinsamen Vorschub werden somit Teilabschnitte parallel graviert. Direkt nach der Gravur trennt jeweils ein Schaber den Kupfergrat plan von der Kupferzylinderoberfläche. Der abgetrennte Span wird abgesaugt.

Halbautotypische Rasterung

Bei der Gravur variiert das Näpfchenvolumen in Oberfläche und Tiefe. Anders als z. B. im Offsetdruck werden die Tonwerte durch die Farbmenge nicht

nur über die Fläche, sondern dreidimensional auch über die Farbschichtdicke gesteuert. Man spricht deshalb vom Druck echter Halbtöne im Tiefdruck. Die ausschließlich flächenvariable Rasterung im Offset-, Flexo- und Siebdruck heißt autotypische Rasterung, die flächen- und tiefenvariable Rasterung im Tiefdruck wird als halbautotypische Rasterung bezeichnet.

Die Näpfchen sind bedingt durch die Diamantstruktur flächen- und tiefenvariabel. Auf die Tiefdruckform wird ein

Tiefdruckform

Vergrößerte Darstellung einer gravierten Ballardhaut. Erkennbar ist die Tiefen- und Flächenvariabilität der Näpfchen. Links ist ein Tonwert von etwa 10%, daneben ein Mittelton mit 50% und rechts ein Tonwert mit etwa 95% (Tiefe) abgebildet. Stege und Näpfchen sind deutlich voneinander getrennt gut erkennbar.

Elektromechanische Zylindergravur

Links: Schematische Darstellung eines elektromechanischen Gravurkopfes

Rechts: Elektromechanischer Gravurkopf

Abb.: atg-systems

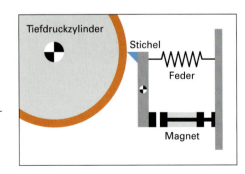

Konventioneller Druck

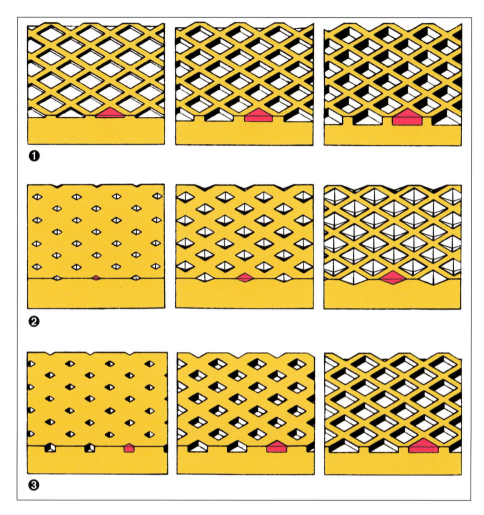

Tiefdruckformen

Vergleichende Darstellung der Tiefdruckformen nach Näpfchenfläche und Näpfchentiefe.

❶ Tiefenvariable oder konventionelle Tiefdruckform mit konstanter Näpfchenfläche und variabler Näpfchentiefe.

❷ Tiefen- und flächenvariable Tiefdruckform der Zylindergravur mit variabler Näpfchenfläche und variabler Näpfchentiefe (halbautotypische Tiefdruckform).

❸ Flächenvariable oder autotypische Tiefdruckform mit variabler Näpfchenfläche und konstanter Näpfchentiefe.

gleichmäßiges Raster, z. B. mit einer 60er oder 70er Rasterweite, graviert. Alle Informationen wie Buchstaben, Grafiken, Striche, Linien und Kurven bestehen aus Rasternäpfchen. Das Volumen der Näpfchen bestimmt die Menge des Farbauftrages. Damit nur die Farbe aus den Näpfchen auf den Bedruckstoff übertragen wird, rakelt ein Messer (Rakel) die Stege der Tiefdruckform ab.

Die Abbildung oben zeigt links die hellen Bildstellen einer Tiefdruckform, danach Mitteltöne und rechts dunkle Bildstellen mit einem Tonwert von 95% bis 100%. Die rote Farbdarstellung zeigt die Farbmenge an, die beim jeweiligen Tonwert pro Näpfchen auf den Bedruckstoff übertragen wird und damit den Tonwert bildet. Die tiefenvariable Tiefdruckform wird mittels Ätzverfahren hergestellt und bildet auf dem Bedruckstoff einen echten Halbton, wird heute aber kaum noch industriell genutzt.

Standard ist heute die tiefen- und flächenvariable Tiefdruckform, die mit Hilfe der Zylindergravur erstellt wird.

Autotypische Tiefdruckform

Überträgt eine verkürzte Tonwertskala und wird vor allem im Verpackungs-, Dekor-, Tapeten- und Textildruck eingesetzt.

565

Aufbau einer Tiefdruckrotation

Links: Tiefdruck-Druckwerk

Rechts: Formzylinder (Gelb)
Farbwerk (Magenta)
Rakel (Magenta)
Druckpresseur 1 und 2 (Cyan)
Papierbahn (Grau)

Tiefdruck-Druckwerk

Moderne Tiefdruckmaschinen arbeiten nach dem Druckprinzip rund – rund. Dadurch werden hohe Druckleistungen pro Stunde erreicht. Die Rollenrotationsmaschine für den Schön- und Widerdruck ist die typische Tiefdruckmaschine. Sie werden als einfachbreite Maschinen mit einer Arbeitsbreite von etwa 80 cm bis zu überbreiten Maschinen mit über zwei Metern gebaut. Normalerweise bestehen Tiefdruckrotationsmaschinen aus den folgenden Hauptteilen:
- Rollenträger
- Druckwerke
- Falzapparate
- Ausleger oder Aufwickler

Für den Zeitschriften- und Akzidenztiefdruck ist es notwendig, dass mehrere Papierbahnen gleichzeitig zusammenlaufen und diese z. B. zu einer Zeitschrift verarbeitet werden.

Es können beliebig viele Druckwerke hintereinander gekoppelt werden. Ein Druckwerk besteht immer aus einem Formzylinder mit Rakel und Farbwerk sowie dem Presseur und der Trockenpartie. Tiefdruck-Druckwerke sind häufig als umsteuerbare Druckwerke gebaut.

Dies bedeutet, dass die Papierbahn von jeder Seite durch das Druckwerk geführt werden kann.

Im Rotationstiefdruck werden massive Zylinder mit eingebauten Achsen verwendet. Dies erfordert aufwändige Transport- und Lagervorrichtungen. Der Zylinder wird mit Hilfe von Hubwagen, Gleitschienen und Hebevorrichtungen durch eine Öffnung an den Seitenteilen in das jeweilige Druckwerk eingehoben.

Ein Farbtank mit Pumpwerk, der sich außerhalb der Maschine befindet, versorgt das Farbwerk ständig mit neuer Druckfarbe. Die Druckfarbe ist dünnflüssig und nicht mit den Farben des Hoch- oder Offsetdrucks vergleichbar. Schnelllaufende Maschinen erfordern eine dauernde Kühlung der Farbe.

Der Presseur bzw. Gegendruckzylinder ist eine antriebslose, mit Hartgummi beschichtete Walze. Der angetriebene Formzylinder nimmt den Presseur bei angestelltem Druck mit. In den Schemazeichnungen dieser Doppelseite ist über dem Presseur ein weiterer, etwas größerer Zylinder erkennbar. Bei breiten Maschinen verhindert dieser zweite Stahlpresseur ein Durchbiegen des Gummipresseurs

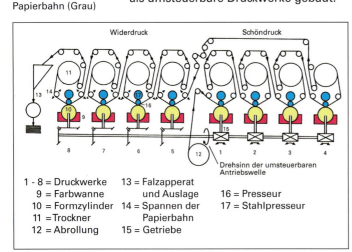

1 - 8 = Druckwerke
9 = Farbwanne
10 = Formzylinder
11 = Trockner
12 = Abrollung
13 = Falzapparat und Auslage
14 = Spannen der Papierbahn
15 = Getriebe
16 = Presseur
17 = Stahlpresseur

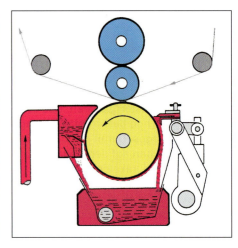

Konventioneller Druck

und sorgt dadurch für eine gleichmäßige Druckverteilung über die gesamte Breite des Druckwerkes.

Rollenmaschinen sind in Parterre- oder Etagenbauweise konstruiert und gebaut. Bei der Parterrebauweise befinden sich die Papierrollenlagerung und der Papierrollenwechsler auf der gleichen Ebene wie die Druckwerke. Durch den Einbau der Wechsler wird die Maschine sehr lang, was sich ungünstig auf Papierzug und Passgenauigkeit auswirken kann. Häufiger ist daher bei Rollenmaschinen die Etagenbauweise anzutreffen (siehe Abbildung Seite 591). Hier ist die Papierlagerung und der Rollenwechsler im Untergeschoss unterhalb der Druckwerke anzutreffen. Dies führt zu kürzeren Maschinen, kürzeren Papierwegen und damit zu günstigeren Druckbedingungen.

Zum Trocknen wird die Papierbahn in eine große Trockenkammer geführt. Die Trockenkammer ist durch einen geschlossenen Warmluftkreislauf gekennzeichnet. Die mit Lösemitteln angereicherte Luft wird üblicherweise erneuert, indem ein großer Teil der Warmluft durch eine Rückgewinnungsanlage geführt und regeneriert wird. Am Ende der Maschine befinden sich Falzapparat und Auslage. Der Falzapparat verarbeitet die bedruckte Papierbahn so, dass z. B. eine Zeitschrift fertig geschnitten und gefalzt die Maschine zum Ausleger hin verlässt. Der Falzapparat weist Wendestangen, Längsschneideeinrichtungen oder Trichter auf. Vom letzten Druckwerk kommend wird die Papierbahn durch Rollenmesser in der Laufrichtung in schmale Bahnen zerteilt. Je nach Ausschießschemata wird die Bahn über Wendestangen oder Trichter in den Falzapparat geführt. Es gibt feste und variable Falzapparate. Die letzteren können unterschiedlichen Zylinderumfängen angepasst werden und sind damit variabler in ihren Einsatzmöglichkeiten. Nach dem Schneiden und Falzen wird je nach Produkt drahtgeheftet oder rückengeklebt.

Tiefdruckprodukte

Tiefdruckrotation Heliostar GL

Druckbreite
900–1700 mm
Drucklänge
450–1050 mm
Rollendurchmesser
800–1500 mm
Druckgeschwindigkeit
300–600 m/min

Abb.: Windmöller und Hölscher, Lengerich

Erkennungsmerkmale Tiefdruck

Der Sägezahneffekt an den Buchstabenrändern, hervorgerufen durch das Steg-Näpfchen-System auf dem Tiefdruckzylinder ist mit Hilfe eines Fadenzählers gut erkennbar und weist eindeutig auf den Tiefdruck hin.

Ausgelegt werden die Fertigprodukte paketweise. Die Pakete werden eingeschweißt und versandfertig konfektioniert. Prinzipiell besteht die Möglichkeit der Planobogenauslage auf einen Stapel. Dies ist i. d. R. nur bei verminderter Maschinengeschwindigkeit möglich.

9.1.6.3 Merkmale und Anwendung des Illustrationstiefdrucks

Der industrielle Tiefdruck weist derartig typische Merkmale auf, dass man die Tiefdruckprodukte eindeutig von den Produkten anderer Druckverfahren unterscheiden kann. Dadurch, dass jede Tiefdruckform vollständig durch ein Steg-Näpfchen-System aufgerastert ist, weisen alle Buchstaben gezackte Begrenzungen auf, den so genannten „Sägezahn". Dieser Sägezahneffekt wird durch die Schräglage der Stege auf dem Zylinder hervorgerufen, die die Ränder der Buchstaben „zersägen". Die Abbildung links mit den ausgefransten Buchstaben zeigt diesen Effekt, der in der Vergrößerung eines Tiefdruck-

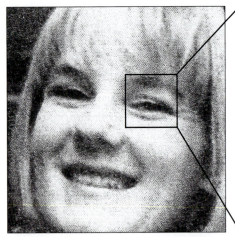
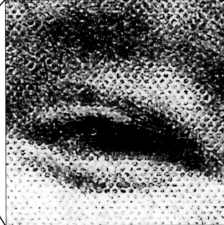

Echte Halbtöne, vor allem in den Bildtiefen, sind in den vergrößerten Bildausschnitten zu erkennen.

Die elliptische Näpfchenstruktur und das Stegsystem ist bei den hellen Bildstellen gut sichtbar.

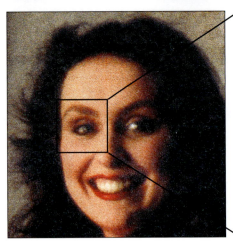
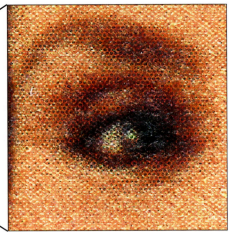

Konventioneller Druck

produktes mit Hilfe eines Fadenzählers leicht erkennbar ist. Sie können dies gut am Beispiel des „Sterns" oder des „Spiegels" überprüfen.

Wegen der Tiefen- und Flächenvariabilität der Näpfchen entstehen echte Halbtöne. Sie sind auf dem Tiefdruckprodukt als unterschiedliche Farbdichte erkennbar. Diese zeigt sich besonders in hellen Bildstellen. In den Bildtiefen läuft die relativ flüssige Tiefdruckfarbe über die einzelnen Stegbegrenzungen hinaus und bildet einen zusammenhängenden Farbfilm mit echten Halbtönen auf dem Bedruckstoff. Das Rasternetz des Tiefdrucks ist in den hellen Bildstellen in der Regel deutlich erkennbar. Druckprodukte von gravierten Zylindern weisen ellipsenförmige Näpfchenformen unterschiedlicher Fläche auf.

Je nach verwendeter Tiefdruckform können unterschiedliche Rasterpunktformen vorhanden sein. Die tiefenvariable Druckform weist quadratische Rasterpunkte in gleicher Größe bei allen Tonwerten auf. Bei hellen Tonwerten kann es vorkommen, dass die Näpfchen innen hohl ausdrucken. In den Bildtiefen ist ein wolkiges und leicht perliges Ausdrucken durchaus als typisch zu betrachten.

Tiefen- und flächenvariable Druckformen weisen unterschiedliche Rasterpunktgrößen und -formen auf. Die erkennbare Farbsättigung ist je nach Punkt bzw. Näpfchen unterschiedlich. Die sonstigen Erscheinungen sind identisch mit den Merkmalen der tiefenvariablen Druckform.

Typische Produkte des Rakeltiefdrucks sind, wie in der Abbildung auf Seite 567 dargestellt, Illustrierte, Zeitschriften, Kataloge, Werbebeilagen z. B. für Tageszeitungen, Dekordrucke, Tapeten, Verpackungen, Furniere und Folien. Die für diese Produkte möglichen Bedruckstoffe sind Papiere aller Art in unterschiedlicher Grammatur, leichte Kartons, Folien, metallisierte Papiere und Pergamin.

9.1.6.4 Tampondruck

Eine besondere Tiefdruckvariante ist der Tampondruck, dessen Druckprinzip darin besteht, dass eine flexible Tampondruckform aus Silikonkautschuk Körper in beliebiger Form bedrucken kann. Aufgrund der Anpassungsfähigkeit der Druckform können alle erdenklichen Körperformen relativ problemlos bedruckt werden. Tischtennisbälle, Kugelschreiber, Spritzen, Spielzeuge, CDs, Geschirr, Schraubverschlüsse, Feuerzeuge, Münzen, Modelleisenbahnen und andere geformte Gegenstände können durch dieses Tiefdruckverfahren mit Informationen versehen werden.

Der Tampondruck ist ein indirektes Tiefdruckprinzip, das sich zum wichtigsten Verfahren zum Bedrucken von nicht ebenen Kunststoffkörpern entwickelt hat. Der Vorteil dieses Verfahrens besteht in der Verformbarkeit des Tampons, durch den das Bedrucken von gewölbten Flächen möglich wird. Der Tampon nimmt aufgrund seiner Elastizität die Form des zu bedruckenden Körpers an und kann so ideal das Motiv auf den Bedruckstoff übertragen. Das Druckbild wird auf den Körper übertragen. Die Farbübertragung auf den Bedruckstoff liegt aufgrund des Silikonöls im Tampon bei annähernd 100%. Die „Drucke" weisen als Merkmale Raster mit geringer Feinheit sowie Strichzeichnungen auf.

Tampondruckmaschine KIPP 200

Einfarbenmaschine mit Tamponschnellwechseleinrichtung.

Unten ist ein Carreetisch zum Druck mit vier Drucktampons als Erweiterung zur KIPP 200 abgebildet.

Abb.: Kent GmbH, Stuttgart

Modellbahnwagen

Bedruckt im Tampondruck

Abb.: Märklin

569

9.1.7 Historische Flachdruckverfahren

9.1.7.1 Lithografie

Das ältesten Flachdruckverfahren ist die Lithografie. Dieses Verfahren wurde 1798 von Alois Senefelder in München erfunden. Er suchte für seine eigenen Veröffentlichungen eine kostengünstigere Möglichkeit des Druckens, als dies der Hochdruck bietet. Dabei stößt Senefelder auf die Steinätzungen des 16. und 17. Jahrhunderts und entwickelt ein Verfahren des so genannten chemischen Drucks.

Das Druckprinzip beruht nicht auf mechanischen Wirkungen, sondern auf einem chemischen Prozess, dem wechselseitigen Abstoßverhalten zwischen Fett und Wasser. Als Druckform nutzte Senefelder eine Solnhofener Kalkschieferplatte – aus Solnhofen im Altmühltal.

Der Lithograf beschrieb diese geschliffene Kalkplatte mit Fetttusche bzw. Fettkreide. Danach wurde der Stein geätzt. An den bildfreien Stellen ohne Zeichnung oder Text wurde die Oberfläche dadurch wasserfreundlich und nahm, wenn sie eingefeuchtet wurde, keine Farbe mehr an. In einer Steindruckpresse wird von der eingefeuchteten und eingefärbten Platte direkt auf den Bedruckstoff gedruckt. Neben der Entwicklung des „Chemischen Drucks" konstruierte Senefelder Druckpressen, Geräte und Materialien für seine Erfindung und gab dazu 1818 ein „Lehrbuche zur chemischen Druckerey" heraus.

Reiberdruckpressen

Kernstück der Druckmaschine war die Reiberdruckpresse. Da der flächige Abdruck des Steines vom Kraftaufwand her nicht möglich war, musste der notwendige Anpressdruck über einen Druckstreifen erreicht werden. Durch die Verwendung eines Reibers, der anfangs aus Holz, später aus Glas oder Metall gefertigt wurde, ließen sich gute Drucke erreichen. Durch den schmalen Druckstreifen des Reibers entsteht ein hoher Anpressdruck, der sich streifenartig über die Druckform fortsetzt. Dies führte zur Entwicklung von zylindrischen Reibern, die als Roll- oder Hebelpresse gute Ergebnisse lieferten.

Anfangs druckte Senefelder vor allem Musiknoten für Theater und Opernaufführungen. Auf Veranlassung des Münchner Schulrats Steiner versuchte sich Senefelder mit dem Druck von Zeichnungen – mit wenig Erfolg.

Trotzdem setzte sich diese preiswerte Drucktechnik vor allem in den Metropolen Europas durch und wurde sowohl technologisch wie wirtschaftlich, auch für Senefelder, ein großer Erfolg. Senefelder war einer der ersten Erfinder, der einen Patentschutz zur wirtschaftlichen Nutzung seiner Erfindung erhielt.

Alois Senefelder
* 06.11.1771 in Prag,
† 26.02.1834 in München.

Lithografie

Links ist ein präparierter Lithografiestein mit seitenverkehrten Bildmotiven zu sehen.

Rechts ist eine Reiberdruckpresse mit kleinem Rollzylinder als Druckkörper abgebildet.

www.edition-ulrich.de

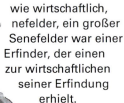

Konventioneller Druck

9.1.7.2 Lichtdruck

Das herausragende Druckverfahren für die originalgetreue (faksimile) Wiedergabe vor allem von Kunstwerken ist der Lichtdruck. Er wurde 1868 von dem Münchner Fotografen Dr. Josef Albert erstmals erfolgreich ausgeübt.

Albert erstellte von einem Gemälde des niederländischen Malers Peter Paul Rubens ein Halbtonnegativ und belichtete von diesem eine Lichtdruckform auf der Basis einer Chromgelatineschicht. Diese Schicht war auf einer Glasplatte aufgebracht, die beim ersten Druckversuch zu Bruch ging. Der Abzug dieses ersten Lichtdrucks war aber gelungen und ist der Nachwelt erhalten geblieben. Im Deutschen Buchmuseum in Leipzig kann dieser erste Lichtdruckabzug besichtigt werden.

Als Lichtdruck-Druckform wird eine Glasplatte verwendet, die mit einer lichtempfindlichen Chromgelatineschicht überzogen ist. Durch Wärmetrocknungen entstehen in der Gelatineschicht Spannungen, die ein Runzelkorn hervorrufen. Bei der Kopie mit einem Halbtonnegativ werden die belichteten Stellen gehärtet und verlieren ihre Quellfähigkeit. Während der Vorbereitung zum Druck quillt die Schicht an den zeichnungsfreien Stellen in einer Glycerin-Wasser-Lösung reliefartig auf und stößt die Druckfarbe ab. Die gehärteten und nicht quellfähigen Stellen nehmen jetzt die Druckfarbe an.

Lichtdruckereien gibt es in Deutschland nur noch zwei in musealer Form. Lichtdruckwerkstätten in Leipzig und Dresden versuchen, diese Technolgie zu erhalten. Wenn Sie sich für diese alte Technik näher interessieren, schauen Sie sich die Webseiten an oder machen Sie einen Besuch – es ist lohnenswert.

9.1.7.3 Blechdruck

Der Blechdruck ist als Sonderverfahren des Offsetdrucks etwa seit 1880 bekannt. Bereits vor der Nutzung des Offsetdrucks auf den Bedruckstoff Papier wurden in Spezialmaschinen Blechtafeln für Werbezwecke oder als Informationstafeln z. B. bei der Reichsbahn mit Hilfe eines Gummituches indirekt von einer Druckform bedruckt. Die indirekte Übertragung der Druckfarbe auf den Bedruckstoff Blech ist erforderlich, weil die harten Bleche kein direktes Bedrucken zugelassen haben. Der industrielle Blechdruck wird heute in speziellen Blechdruckbetrieben praktiziert.

Lichtdruck in Leipzig

Die einzige verbliebene Lichtdruckerei in Deutschland befindet sich in Leipzig.

www.lichtdruck.de

Blechdruck

Historische Blechtafeln für Werbezwecke, die zwischen 1900 und 1930 entstanden sind.

Blechdruckerzeugnisse, gedruckt bei der Fa. Bauer und Kunzi in Ditzingen.

Abb.: Bauer & Kunzi, Ditzingen

571

9.1.8 Offsetdruck

9.1.8.1 Prinzip der Druckbildübertragung

Das am häufigsten genutzte Flachdruckverfahren ist der moderne, industriell genutzte Offsetdruck.

Grundsätzlich gilt für alle Flachdruckverfahren, dass es farbfreundliche (hydrophobe) und wasserfreundliche (hydrophile) Stellen auf der flach erscheinenden Druckplatte gibt. Die hydrophoben Stellen sind die bildführenden Elemente einer Druckform und liegen auf nahezu gleicher Ebene wie die nichtdruckenden wasserführenden Elemente. Das Einfärben und -feuchten der Druckform lässt sich durch das komplexe Zusammenwirken chemisch-physikalischer Vorgänge erläutern, die im Wesentlichen in der Grenzflächenphysik und dem Gegensatz von farbannehmenden und farbabstoßenden Substanzen zu finden sind.

Flachdruckformen weisen, wie in den Abbildungen links zu erkennen ist, druckende und nichtdruckende Stellen auf, die nahezu auf gleicher Ebene liegen. Diese Stellen sind so präpariert, dass alle druckenden Stellen Druckfarbe annehmen und alle nichtdruckenden Stellen wasserfreundlich sind, also Druckfarbe abstoßen und das Feuchtwasser aufnehmen.

Die Oberfläche einer Flachdruckform ist gekörnt. Auf dieser gekörnten Aluminiumoberfläche befindet sich eine hydrophobe Kunststoffschicht. Durch entsprechende Übertragungs- und Auswaschverfahren wird diese Kunststoffschicht zum Informationsträger. Die nach dem Auswaschen freigelegte gekörnte Aluminiumoberfläche ist in der Lage, Feuchtwasser aufzunehmen. Beim Druckvorgang wird die Form zuerst befeuchtet. Dabei speichern die hydrophilen Stellen das Feuchtmittel.

Danach wird die Druckplatte eingefärbt und die hydrophoben Stellen übernehmen die Farbe. Die Druckfarbe gibt die Bild- und Textinformationen an den Bedruckstoff weiter.

Das Wort „Offset" (engl. off set = absetzen) verdeutlicht das Verfahrensprinzip: Die Druckfarbe wird zuerst von der Druckplatte auf das Gummituch „abgesetzt" und von dort auf den Bedruckstoff übertragen. Da der Druck über einen Zwischenträger auf den Bedruckstoff erfolgt, muss die Druckform demzufolge seitenrichtig sein.

Die Abbildung unten zeigt dies. Links ist symbolisch die seitenrichtige Druckform, in der Mitte das seitenverkehrte Gummituch und rechts das seitenrichtige Druckbild auf dem Bedruckstoff zu sehen. Die Seitenlage wechselt von Informationsträger zu Informationsträger.

Druckform → Gummituch → Bedruckstoff

Verfahrenskennzeichen des Offsetdrucks

Die Verfahrenskennzeichen des Offsetdrucks sind:
- Die Anwendung des Druckprinzips rund – rund mit Druckzylindern gestattet hohe Druckgeschwindigkeiten in Verbindung mit großen Druckformaten.
- Hohe Druckauflagen sind möglich durch das Zusammenwirken von harter Druckform und weichem Gummituch.
- Da ein indirektes Verfahren über ein elastisches Gummituch vorliegt, können Bedruckstoffe mit einer rauen Oberfläche problemlos in guter Qualität bedruckt werden.

Hydrophob = feuchtfeindlich oder farbfreundlich
Hydrophil = feuchtfreundlich oder farbfeindlich
Olephil = farbfreundlich
Lipophil = fettfreundlich

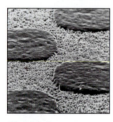

Oberflächen von Offsetdruckplatten

Mikroaufnahmen zweier Offsetplatten. Oben sind druckende Rasterpunkte auf einer mikrogekörnten Offsetplatte, unten auf einer feinen, elektrolytisch aufgerauten Druckplatte zu erkennen.

Abb.: TH Darmstadt

Konventioneller Druck

9.1.8.2 Druckformherstellung

Wenn Sie mit entsprechender Software die einzelnen Seiten Ihres Medienproduktes zu einer Druckform ausgeschossen haben, werden diese ausgeschossenen Formen in der Druckformherstellung auf Druckplatten belichtet. Dies geschieht fast ausschließlich durch Computer-to-Plate-Systeme.

Ausgabe

Die Bebilderung der Druckformen findet nach der Ausgabeberechnung im RIP (Raster Image Processor) durch einen Plattenbelichter statt. Im üblichen Standardablauf wird die Druckform in einem Plattenbelichter hergestellt – die Fachbezeichnung dafür ist CtP-Belichter.

Als Variante ist die Bebilderung der Druckform auch direkt in einer Offsetdruckmaschine möglich. Dabei ist die Belichtungseinheit in die Druckmaschine integriert. Hauptnachteil dieser wenig verbreiteten Technik ist, dass die Direct-Imaging-Druckmaschine während der Bebilderung steht. Näheres dazu lesen Sie auf Seite 575.

Welchen Belichter Sie wählen, ist natürlich von Ihrem speziellen Anforderungsprofil abhängig. Druckmaschinenformat, Plattenbedarf, Auflagenhöhe sind u. a. Kriterien bei der Investition eines Belichters. Die Wahl des Belichters bedingt aber immer auch die Entscheidung für ein bestimmtes Plattenmaterial, da die Bebilderung in den verschiedenen Belichtern mit Laserlicht unterschiedlicher Wellenlängen erfolgt.

Die Einteilung der Belichter wird deshalb nicht nur nach ihrer Bauweise vorgenommen, sondern auch nach der spektralen Emission ihrer Lichtquelle.

Von verschiedenen Herstellern werden Belichter mit unterschiedlichen Bauweisen angeboten. Wir unterscheiden grundsätzlich nach der Lage der Druckplatte bei der Bebilderung drei Konstruktionsprinzipien:
- Flachbettbelichter
- Innentrommelbelichter
- Außentrommelbelichter

Teilweise werden von einem Hersteller verschiedene Modelle mit jeweils unterschiedlicher Bebilderungstechnologie angeboten. Inline-Systeme erlauben die automatisierte Plattenzuführung, Bebilderung und Entwicklung der Druckformen.

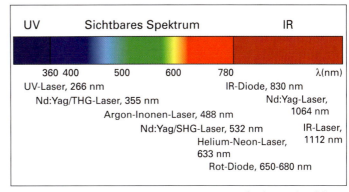

Spektrum der elektromagnetischen Wellen

Zuordnung der wichtigsten Laserlichtquellen

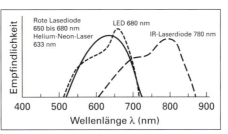

Belichtungseinheit eines Laserbelichters

Abb.: Heidelberg

573

Belichterprinzipien

- Flachbett
- Innentrommel
- Außentrommel

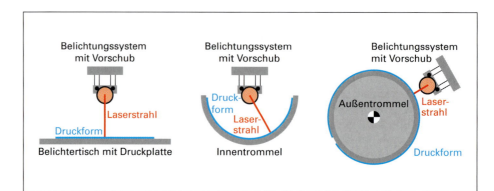

CtP-Belichter

CtP-Belichter

Unterschiedliche Belichtertypen und ihre technischen Spezifikationen als Beispiele für CtP-Anlagen

Abb.: Hersteller

	Suprasetter	**CDI SPARK 2530**	**UV Setter Serie 800**	**xPose! thermalserie**
Hersteller	Heidelberg www.Heidelberg.com	Esko Graphics www.esko-graphics.com	basysPrint www.basysprint.de	Lüscher www.luescher.ch
Bauweise	Außentrommel	Innentrommel	Flachbett	Innen-/Außentrommel kombiniert
Maximales Plattenformat	680 x 750 mm	635 x 762 mm	940 x 1150 mm	2260 mm x 1600 mm
Lichtquelle	Diodensystem 830 nm	Rotlichtlaser 675 nm	UV-Licht 360 nm bis 450 nm	32 bis 128 Dioden 830 nm
Maximale Auflösung	2540 dpi	3600 dpi	1500 dpi	2540 dpi
Plattenarten	Thermale Aluminiumplatten	Polyesterplatten Flexo-Sleeves	UV-empfindliche Platten	Thermale Aluminiumplatten
Plattenstärke	0,15 mm bis 0,3 mm	K.A.	0,15 mm bis 2 mm	0,15 mm bis 0,5 mm

Konventioneller Druck

9.1.8.3 Computer-to-Belichtung

Computer-to-Film (CtF)
Dies ist die traditionelle Möglichkeit der Datenausgabe auf Film mit Hilfe eines PostScript-RIPs und des dazugehörenden Filmbelichters. Die Filme enthalten die kompletten Informationen einer oder mehrerer Seiten. Üblicherweise werden die einzelnen Seiten zu vollständigen Druckformen zusammengestellt und so auch ausbelichtet. Damit erhält man einen kopierfähigen Film für die Druckplattenbelichtung. Die fertigen Druckplatten werden im konventionellen oder wasserlosen Offsetdruck verwendet.

Computer-to-Plate (CtP)
Die Layoutdaten werden mit Hilfe einer Laserbelichtung direkt auf eine Druckplatte übertragen. Üblicherweise werden dazu PDF-Dateien verwendet, die mittels eines Workflow-Systems zur Direktbebilderung vorbereitet werden. Die Direktbelichtung oder Direktbebilderung der Druckplatte wird Computer-to-Plate-Verfahren genannt. Das Ergebnis ist immer eine verarbeitungsfähige Offsetdruckplatte.

Computer-to-Plate-on-Press (DI)
Bei diesem Verfahren werden die fertigen Daten direkt an die Bebilderungseinheit innerhalb einer Druckmaschine geschickt. Die Belichtung bzw. die Bebilderung erfolgt mittels Laser auf die Druckplatte bzw. die Druckfolie. Dieses Bebildern in der Druckmaschine wird Direct Imaging genannt. Die Vorteile der Druckformherstellung in der Druck-

CtP-Plattenbelichter Kodak Magnus 800

PostScript oder PDF-Daten – digitale Ganzseiten mit Text-, Bild- und Grafik, ein- oder mehrfarbig.

Bebilderung der Druckplatten im CtP-Belichter

Druckplatte wird in der Druckmaschine eingespannt, gefeuchtet*, eingefärbt und ausgedruckt.
* nicht beim wasserlosen Offsetdruck

Ergebnis: Ein- oder mehrfarbiger Offsetdruck

74 Karat DI-Druckmaschine

PostScript oder PDF-Daten – digitale Ganzseiten mit Text-, Bild- und Grafik, ein- oder mehrfarbig.

Bebilderung der Druckform innerhalb einer DI-Druckmaschine

Druckplatte wird in der Druckmaschine eingespannt, gefeuchtet*, eingefärbt und ausgedruckt.
* nicht beim wasserlosen Offsetdruck

Ergebnis: Ein- oder mehrfarbiger Offsetdruck

Computer-to-Plate-Technologie

Die Druckform wird im CtP-Belichter belichtet und von dort an die Druckmaschine zum Druck weitergegeben.

Abb.: Kodak

Computer-to-Plate-on-Press-Technologie

Die Druckform wird direkt in der Druckmaschine bebildert. Danach kann sofort von der Druckform in der Maschine gedruckt werden.

Abb.: Koenig & Bauer AG

575

maschine liegen im automatisierten Einzug der Druckform und der ausgezeichneten Passer- und Registerhaltigkeit. Der Nachteil ist vor allem darin zu sehen, dass die Druckmaschine während der Bebilderungszeit steht, also nicht produktiv ist. Der Druck von dieser Druckform erfolgt im Trockenoffsetdruck.

Druckformherstellung
Überblick über die Druckformherstellung für den Offsetdruck mit Computer-to-Technologie.

▫ Aktuelle Verfahrenswege

▪ Noch vereinzelt praktizierter Verfahrensweg mit veralteter und wenig umweltfreundlicher Filmbelichtungs- und Entwicklungstechnologie.

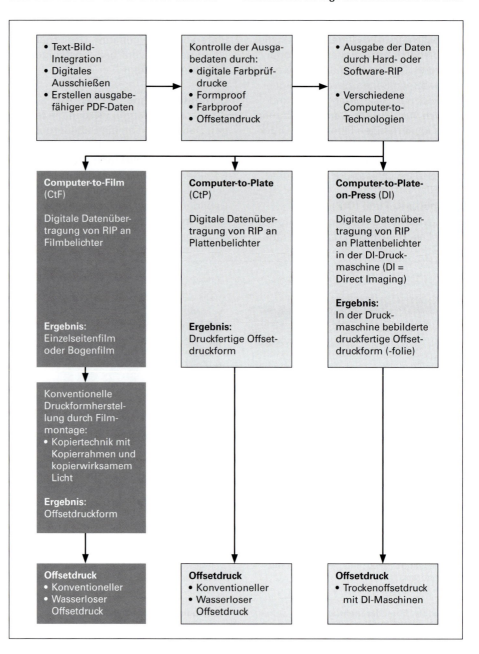

576

Konventioneller Druck

9.1.8.4 Offsetdruckformen

Druckende und die nichtdruckenden Bereiche einer Offsetdruckform liegen in einer Ebene. Bedingt durch unterschiedliche Grenzflächenspannung erfolgt die Trennung der farbführenden und der farbfreien Stellen über das unterschiedliche Benetzungsverhalten der Oberflächen gegenüber dem Feuchtwasser und der Druckfarbe.

Offsetdruckformen bestehen aus verschiedenen Materialien. Trägermaterial ist in den meisten Fällen Aluminium oder Kunstoff. Aluminium durchläuft bei der Druckplattenherstellung ein mehrstufiges Verfahren zur Oberflächenbehandlung. Zuerst erfolgt eine mechanische und/oder elektrochemische Aufrauung, danach eine Anodisierung zur Mikrostrukturierung und Härtung der Oberfläche (siehe Seite 581).

Bei Druckformen mit metallischem Trägermaterial ist nach der Belichtung und Entwicklung das Einbrennen der druckenden Schicht in speziellen Öfen bei über 200 °C möglich. Dadurch wird die Auflagenstabilität erheblich erhöht.

Eine abschließende Gummierung schützt die Offsetdruckplatte bis zum Druck und ermöglicht beim Druck eine gleichmäßige Benetzung.

9.1.8.5 Lichtempfindliche Schichten

Beim Kopieren bzw. beim Belichten werden Texte und Bilder, die als Filmmontagen oder als digitale Information in einem Datenbestand vorliegen, auf lichtempfindliche Schichten übertragen. Diese lichtempfindlichen Schichten arbeiten, je nach Kopierverfahren, positiv oder negativ. Im Hauptdruckverfahren Offsetdruck ist der Träger dieser lichtempfindlichen Schicht in der Regel Aluminium, bei kleineren Druckformaten auch Kunststofffolien.

Positiv arbeitende Schichten

Die Positivkopie ist das in der Druck- und Medienindustrie am weitesten verbreitete Kopierverfahren. Eine Positivplatte besteht aus der lichtempfindlichen Kopierschicht ❶ und dem Trägermaterial ❷. Bei der Positivkopie bewirken die Lichtstrahlen des aktinischen Lichts (= fotochemisch wirksames Licht) eine Zersetzung der Molekülvernetzungen in der Kopierschicht. Die vom Licht getroffenen Stellen werden löslich und können beim Entwicklungsprozess ausgewaschen werden. Die unbelichteten Stellen der Kopierschicht bleiben erhalten und bilden die druckenden Stellen.

Vorteil der Positivkopie ist eine einfache Bogenmontage mit positiven Filmvorlagen. Bei dieser traditionellen Art der Filmmontage ist eine sichere Montage möglich, auch bei passgenau zu erstellenden Arbeiten. Diese Technologie der manuellen Montage wird nur noch selten durchgeführt. Derzeit sind fast ausschließlich CtP-Belichter zur Druckformherstellung im Einsatz.

Negativ arbeitende Schichten

Das aktinische Licht bewirkt bei der Negativkopie eine Polymerisationsreaktion. Das bedeutet, dass sich die einzelnen Moleküle der Kopierschicht zu einer festen Schicht zusammenschließen, die für einen Entwickler nicht löslich ist. Die durch das Licht gehärtete Schicht bildet später die druckenden Elemente auf der Druckform. Alle die Stellen der Kopierschicht, die nicht vom Licht getroffen wurden, lösen sich durch die Entwicklung der Druckform auf.

Man spricht bei der Negativkopie auch von einem durch Licht härtenden

Prinzip Positivkopie

Druckende Stellen

Prinzip Negativkopie

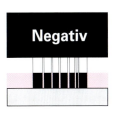

Druckende Stellen

577

Digitale Positivkopie

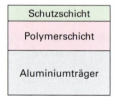

Fotopolymerplatte

Aufbau

| Schutzschicht |
| Polymerschicht |
| Aluminiumträger |

Fadenmoleküle

Vernetzung der Duroplaste

Kopierverfahren; die Positivkopie ist dagegen ein Kopierverfahren, das die Kopierschicht durch Lichteinwirkung zersetzt.

Digitale „Positivkopie"
Trägermaterial der für die digitale Bebilderung eingesetzten Druckplatten ist Aluminium oder Polyester ❷. Letzteres wird bei Druckfolien im kleinformatigen Offsetdruck genutzt. Die spektrale Empfindlichkeit der Kopierschichten ❶, die für die digitale Bebilderung verwendet werden, liegt wesentlich höher als die konventioneller Schichten. Zur Bebilderung werden fast nur Laserdioden genutzt, die im Vergleich zur konventionellen Kopie in kürzerer Zeit mit weniger Lichtenergie eine Wirkung in der Kopierschicht erreichen müssen.

Eine Druckplatte für die digitale Bebilderung sollte nach Möglichkeit die folgenden Eigenschaften aufweisen:
- Hohe Auflösung
- Hohe Auflagenbeständigkeit
- Hohe Druckqualität
- Belichtung mit Laser- oder IR-Licht
- Hohe Lichtempfindlichkeit
- Umweltfreundliche Entwicklung
- Kostengünstig

9.1.8.6 Druckplattensysteme

- Silberhalogenid-Druckplatten
- Fotopolymere Druckplatten
- Hyprid-, Sandwich- oder Mehrschichtendruckplatten (wird hier nicht näher dargestellt, da bedeutungslos)
- Thermodruckplatten
- Konventionelle Druckplatten sind für die digitale Bebilderung nicht geeignet.

Silberhalogenid-Druckplatten
Sie sind für Auflagen bis etwa 350.000 Druck geeignet. Sie sind eine Alternative im Akzidenz- und Zeitungsdruck, da sie eine hohe Qualität erreichen, die sich durchaus mit Thermodruckplatten messen kann. Silberhalogenid-Druckplatten können mit Violett-Laserdioden und Rot-Lasern belichtet werden. Die sehr hohe Auflösung ermöglicht die Verwendung von FM-Rastern.

Darüber hinaus handelt es sich bei diesen Druckplatten nach wie vor um die schnellste digitale Druckplattentechnologie mit der höchsten Empfindlichkeit. Sie kann ohne Weiteres für jede geeignete Lichtwellenlänge im Blau-, Grün- und Rotbereich sensibilisiert werden. Da die Platten für sichtbares Licht empfindlich sind, ist eine Verarbeitung in der Dunkelkammer erforderlich, bei automatischer Verarbeitung in geschlossenen Systemen entfällt dieser Nachteil. Silber wurde für grafische Filme benutzt, daher ist diese Technik für die Laserbelichtung bekannt. Aus diesem Grund ist die Silberhalogenid-Technologie eine logische Wahl für die digitale Plattenbelichtung.

Die Hersteller von Silberhalogenid-Druckplatten geben die Empfehlung, diese Materialien nicht für sehr hohe Auflagen und auch nicht für den Druck mit UV-Druckfarben einzusetzen.

Fotopolymer-Druckplatten
Sie werden üblicherweise für den Zeitungsdruck mit Rollenoffsetmaschinen verwendet. Im Bogenoffsetdruck sind diese Platten vor allem für den mittleren Qualitätsbereich im Akzidenzdruck im Einsatz.

Fotopolymer-Druckplatten weisen eine deutlich geringere Auflösung als Silberhalogenid- und Thermodruckplatten auf. Daher sind sie für Arbeiten mit höchsten Qualitätsansprüchen im Offsetdruck nicht die beste Wahl.

Konventioneller Druck

Agfa gibt zum Beispiel für die Fotopolymer-Druckplatte N 91 eine maximale Auflösung von 175 lpi (68 L/cm) an, während Thermo- und Silberhalogenid-Druckplatten mit Rasterweiten bis 200 lpi (78 L/cm) und höher belichtet werden können.

Der Aufbau der Fotopolymerplatte ist einfach: Auf einen Aluminiumträger wird eine negativ arbeitende Fotopolymerschicht aufgebracht (siehe Abbildung links). Negativ arbeitend bedeutet, dass ein energiereicher Laser oder UV-Licht die druckenden Bereiche der Platte „belichtet".

Fotopolymere Druckformen arbeiten mit so genannten Duroplasten. Diese Kunststoffe lassen sich nur ein einziges Mal bei Wärmezufuhr verformen, dann erstarren sie zu einer festen Masse, sie härten aus. Durch erneutes Erwärmen auf die Verformungstemperatur lassen sich Duroplaste nicht mehr erweichen. Steigert man allerdings die Wärme- bzw. Energiezufuhr, so zersetzen sie sich und der chemische Aufbau der Kunststoffe wird zerstört. Bei der Aushärtung entstehen Atombindungen zwischen den einzelnen Molekülen, der Kunststoff vernetzt sich in alle Richtungen durch die Bildung von Fadenmolekülen. Auf dem beschriebenen Prinzip beruht die Herstellung von Fotopolymer-Druckformen.

Die Aluminiumplatte mit der Fotopolymerschicht wird durch ein Negativ hindurch mit UV-Licht oder Laserlicht bestrahlt. Die notwendige Energiedichte ist abhängig von der Wellenlänge des verwendeten Energiestrahlers. An den ungedeckten Stellen des Negativs härtet der Kunststoff und polymerisiert aus. Die vom Negativ abgedeckte Fotopolymerschicht hat ihre Quellbarkeit und Löslichkeit behalten – sie wird herausgewaschen. Die Vorteile der

Fotopolymerplatten sind in den guten drucktechnischen Eigenschaften wie Farbannahme- und -abgabeverhalten begründet und in der Auflagenstabilität. Eine Auflagenbeständigkeit bis 500.000 Druck ist bei einer normal gefertigten Fotopolymerplatte gegeben, eine eingebrannte Platte erreicht eine Auflage von bis zu einer Million Drucke. Fotopolymer-Druckplatten haben bei Druckern einen guten Ruf, da sie ein stabiles Druckverhalten und einen großen Arbeitsspielraum aufweisen. Dies erklärt z. B. auch ihren häufigen Einsatz im Zeitungssektor.

Nachteile dieser Platten sind nicht zu verschweigen. Die Verarbeitung kann nicht bei Tageslicht durchgeführt werden, sondern muss unter Gelblicht erfolgen, da die Empfindlichkeit der Platten im Spektrum des Tageslichtes liegt. Das Arbeiten mit FM-Rastern sowie sehr feinen Rastern ist mit diesen Platten nicht möglich, da das dafür erforderliche Auflösungsvermögen nicht gegeben ist.

Thermaldruckplatten

Werfen wir einen Blick auf die Vorteile dieser Platte: hohe Auflösung, Einbrennen für Auflagen von einer Million und mehr Drucken, sehr hohe Randschärfe. IR- oder Nd:YAG-Laser-Belichtung ermöglicht die Verarbeitung bei Tageslicht auch bei manuellen Plattenbelichtern. Die Entwicklung benötigt keine Chemikalien, man spricht auch von prozessloser Entwicklung bzw. von prozesslosen Thermaldruckplatten.

Thermisch zu bebildernde Druckplatten reagieren nur auf IR-Strahlung. In einer kurzen Zeitspanne wird eine hohe Energiedichte erreicht, die eine Mindesttemperatur in der Schicht herstellt. Ist diese Temperatur erreicht, wird eine Reaktion ausgelöst, bei der sich

---

Silberhalogenid-Platte

Aufbauschema

Schutzschicht
Emulsionsschicht
Keimschicht
Sperrschicht
Trägerschicht Aluminium

Polymerplatte

Aufbauschema

Schutzschicht
Emulsionsschicht
Trägerschicht Aluminium

Nd:YAG-Laser

Kürzel für Neodym-Yttrium-Aluminium-Granat-Laser – dies ist ein Festkörperlaser, der Licht mit der Wellenlänge 1064 nm emittiert. Dieser Laser wird in der Technik häufig eingesetzt. Er eignet sich aufgrund seiner hohen Ausgangsleistung für Materialbearbeitung wie Schweißen oder Bohren. Der entscheidende technische Vorteil besteht darin, dass sich der YAG-Laserstrahl aufgrund seiner Wellenlänge durch ein Glasfaserkabel leiten lässt. Das Licht dieses Lasers ist extrem gefährlich für das Auge, es schädigt direkt die Sehnerven.

Aluminiumdruckplatten

Oberflächenstrukturen verschiedener Aluminiumdruckplatten

Abb.: TH Darmstadt

der Aggregatzustand der Schicht ändert. Dabei werden die nichtdruckenden Stellen herausgelöst und hinterlassen nur die druckenden Elemente der Platte.

Bei den positiv arbeitenden Platten zerstört der Laserstrahl bei der Bebilderung die Polymere in der Plattenbeschichtung. Die belichteten gelösten Polymere werden bei der Entwicklung entfernt. In der Schicht der Negativ-Platten wird durch die Belichtung eine Polymerisation ausgelöst. Diese Primärpolymerisation wird durch eine anschließende Erwärmung verstärkt. Bei der Entwicklung werden die nicht vernetzten Kunststoffe herausgelöst.

Die Bebilderungsqualität wird durch die Temperatur gesteuert. Dabei gilt: Wird die Mindesttemperatur nicht erreicht, bildet sich kein Rasterpunkt heraus. Ist Mindesttemperatur erreicht, bildet sich ein korrekt dem Tonwert entsprechender Rasterpunkt. Wird die Mindesttemperatur überschritten, verändert sich der Rasterpunkt nicht, es bleibt der tonwertrichtige Punkt ohne Änderung stehen. Durch die exakt verlaufende Schichtreaktion ist ein randscharfer Punktaufbau ohne jede Unschärfe in den Randbereichen gegeben.

9.1.8.7 Trägermetall

Es werden bei Aluminiumplatten fünf Oberflächenqualitäten hergestellt, die aber je nach Hersteller der Platten unterschiedlich benannt werden. Entsprechend ihrer Aufbereitung werden folgende Oberflächen unterschieden:

Mechanische Aufrauung
- Kugelkörnung
- Trocken- und Nassbürsten

Chemische Aufrauung
- Elektrochemische Aufrauung
- Elektrolytische Aufrauung

Die Kugelkörnung bewirkte eine gleichmäßige Plattenoberfläche, die es gestattete, im Offsetdruck gleichbleibende Druckergebnisse zu erzielen. Da dieses Körnungsverfahren für die industrielle Serienfertigung nicht gut geeignet war, wird es heute nicht mehr verwendet.

Trockenbürsten und Nassbürsten haben deutlich bessere Oberflächenrauigkeiten entstehen lassen, sind aber durch den hohen mechanischen Herstellungsaufwand als alleiniges

Mechanisch durch mikrofeine Kugeln und Schleifsand gekörnte Aluminiumplatte. Die Kurven stellen das Rauigkeitsprofil der Druckplattenoberfläche vergrößert dar.

Mechanisch durch Trockenbürstung gekörnte Aluminium-Offsetdruckplatte. Es ist eine eindeutige Bürstrichtung zu erkennen.

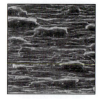

Mechanisch durch Nassbürstung gekörnte Aluminium-Offsetdruckplatte. Die Platte erhält eine gleichmäßige Rauigkeit und verankert die Kopierschicht gut auf der Oberfläche.

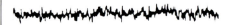

Oberflächenbeschaffenheit einer elektrochemisch aufgerauten und anodisierten Aluminium-Offsetdruckplatte. Das Rauigkeitsprofil zeigt eine feine und gleichmäßige Oberflächenstruktur mit Kapillaröffnungen.

Konventioneller Druck

Verfahren zur Herstellung einer Oberflächenrauhigkeit nicht mehr für die Druckplattenherstellung im Einsatz.

Die elektrochemische Aufrauung hat mechanische Verfahren weitgehend verdrängt. Damit lässt sich eine wesentlich feinere und gleichmäßigere druckoptimierte Oberfläche erstellen.

Herstellung der Aluminiumplatten

Der Herstellungsprozess für eine Aluminium-Offsetdruckplatte durchläuft ein mehrstufiges Verfahren zur Oberflächenbehandlung. Zuerst erfolgt eine mechanische oder eine elektrochemische Aufrauung, danach eine Anodisierung zur Mikrostrukturierung und zur Härtung der Plattenoberfläche. Anschließend wird die lichtempfindliche, farbführende Schicht (Kopierschicht) auf die Plattenoberfläche aufgebracht.

In einem elektrolytischen Bad wird die Aluminiumplatte chemisch aufgeraut. Beim Aufrauungsprozess wird aus der Oberfläche der Platte Aluminium herausgelöst. Dabei bildet sich eine richtungslose, feinporige und kapillare Oberfläche, die für den Offsetdruck eine Reihe wichtiger Eigenschaften aufweist:
- Die hohe Kapillarkraft der Oberfläche bewirkt, dass sich das Feuchtwasser gut in den Kapillaren festsetzen kann. Dadurch wird die Platte beim Druck sehr gut und gleichmäßig benetzt.
- Die feine Oberfläche lässt eine sehr feste Verankerung der Kopierschicht in die Plattenoberfläche zu.
- Die Kopierschicht in der feinporigen Oberfläche begünstigt ein hohes Auflösungsvermögen der druckenden Elemente. Feinere Rasterstrukturen, FM-Raster und feinste Detaildarstellungen sind möglich.

Diese drucktechnisch günstigen Eigenschaften nach der elektrochemischen Oberflächenbehandlung von Aluminium weisen den einen Nachteil auf, dass die Oberfläche relativ weich und damit empfindlich gegen mechanischen Abrieb beim Druck ist. Daher muss die Plattenoberfläche noch einer so genannten elektrolytischen Anodisierung unterzogen werden. Dabei wird die Platte mit einer dünnen und extrem harten Aluminiumoxydschicht überzogen.

Diese so aufgetragene Schicht ist extrem hart, chemisch schwer angreifbar und äußerst feinporig. Damit haften Kopierschicht, Feuchtmittel und Druckfarben gut und die Widerstandsfähigkeit gegen mechanischen Abrieb wird

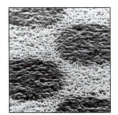

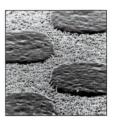

Mikroaufnahmen von Rasterpunkten

Oben: Rasterpunkt auf einer mikrogekörnten Aluminiumplatte

Unten: Rasterpunkt auf einer anodisierten Aluminiumplatte

Abb.: TH Darmstadt

```
Prüfen, Vorbereiten und Reinigen der walz-
blanken Aluminiumrolle
           ↓
Mechanisches Aufrauen durch Nassbürsten
oder elektrochemisches Verfahren. Ergebnis:
mikroporöse Oberflächenstruktur.
           ↓
Elektrolytische Anodisierung. Ergebnis: mikro-
fein gekörnte und mit feinen Kapillaren verse-
hene Aluminiumoberfläche mit gleichmäßiger
Rautiefe und harter Oberfläche.
           ↓
Beschichten: Die lichtempfindliche Kopier-
schicht wird in gleichmäßiger, genau defi-
nierter Stärke aufgetragen, um ein standardi-
siertes Kopierverhalten zu gewährleisten.
           ↓
Schneiden und Endkontrolle: Aus der Alumi-
umrolle werden die verschiedenen handels-
üblichen Plattenformate herausgeschnitten
und einer Qualitätskontrolle unterzogen.
           ↓
Konfektionieren: licht- und feuchtigkeitsab-
weisendes Verpacken zum Versand an den
Kunden.
```

Herstellungsweg Offsetdruckplatte

Das Ablaufdiagramm zeigt den Herstellungsweg für eloxierte und anodisierte Aluminiumdruckplatten für den Offsetdruck.

durch die Anodisierung optimiert. Das Verfahren ist unter dem Begriff Eloxalverfahren bzw. Eloxierung bekannt. Dies ist die Abkürzung für „Elektrolytische Oxydation des Aluminiums". Mit so hergestellten anodisierten Aluminiumdruckplatten sind in einer korrekt eingestellten Offsetdruckmaschine Auflagen bis 250.000 Druck möglich. Dabei werden scharfe Druckelemente, ein großer Tonwertumfang, FM-Raster bzw. Feinraster sowie eine brillante Bildwiedergabe bei geringer Feuchtwasserführung möglich.

9.1.8.8 Wasserlose Offsetplatten

Ende der 1970er Jahre stellte das japanische Unternehmen Toray eine Aluminiumdruckplatte vor, die keine Feuchtwasserführung beim Druck erforderlich machte. Der Wegfall der Feuchtwasserführung beim Offsetdruck bringt eine Reihe von Vorteilen mit sich. Einrichtezeiten werden verkürzt, Passerprobleme durch den Einfluss von Feuchtigkeit auf den Bedruckstoff treten nicht mehr auf und schwierige Bildmotive lassen sich leichter originalgetreu drucken.

Die Toray-Waterless-Plate weist einen anderen Aufbau als die klassische Aluminiumplatte des Offsetdrucks auf. Sie ist eine vorbeschichtete Platte für Bogen- und Rollenoffsetdruck. Die unbearbeitete Platte hat folgenden Aufbau:
❶ = Transparenter Schutzfilm
❷ = Silikon-Gummischicht
❸ = Lichtempfindliche Polymerschicht
❹ = Aluminiumträger

Auf die Trägerschicht aus Aluminium ist eine lichtempfindliche Fotopolymerschicht aufgebracht, die je nach Zusammensetzung negativ oder positiv arbeitet. Darüber befindet sich eine Silikon-Gummischicht, die von einem transparenten Schutzfilm gegen mechanische Beschädigung abgedeckt wird. Diese Schutzschicht wird erst vor der Entwicklung abgenommen.

Die Belichtung mit UV-Licht erfolgt durch den Schutzfilm hindurch. Dadurch wird die Fotopolymerschicht gehärtet und sie vernetzt sich gleichzeitig mit der Silikon-Gummischicht. Nach der Belichtung wird die Schutzschicht abgezogen und die Platte in die Entwicklungsmaschine gegeben. Hier löst sich an den unbelichteten Stellen die Gummi-Silikonschicht. Sie wird in der Entwicklungsmaschine ausgerieben und ausgewaschen. Die sehr feine, um einige μm tiefer liegende Fotopolymerschicht dient als Farbträger der Druckplatte, die verbliebene und vom Licht gehärtete Silikonschicht dient als farbabstoßende Schicht.

Um die Vorteile der Toray-Platte anzuwenden, ist für die Kopie eine Vorlage erforderlich, die eine auf die Druckplatte abgestimmte Gradation aufweist. Nur wenn dies erfolgt, können die drucktechnischen Qualitäten dieser Druckform für eine Druckauflage genutzt werden. Gegenüber einer konventionellen Offsetdruckplatte bietet der Druck mit der wasserlos arbeitenden Toray-Platte eine Reihe deutlicher Vorteile:
- Kein Feuchtwassereinsatz
- Keine Farbführungsschwankungen
- Geringe Tonwertzunahme im Druck
- Druckbild mit sehr hohem Kontrast
- Ausgezeichnete Tiefen
- Hohe Farbkonzentration
- Feinste Raster bis ca. 200 L/cm
- FM-Raster
- Schnelles Einrichten und Rüsten der Druckmaschine

Nachteile oder Probleme weist die Toray-Platte verfahrensbedingt auf. So müssen spezielle Druckfarben verwendet werden, die Druckmaschinen müssen ge-

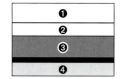

Aufbau Toray-Platte
Druckplatte für den wasserlosen Offsetdruck

Konventioneller Druck

eignete Farbwalzen für die Toray-Farben benutzen. Ferner sollten die Farbwerke zur Temperierung ausgerüstet sein, da nur mit konstanter Farbwerkstemperatur gute Ergebnisse möglich sind. Dass bei diesen Voraussetzungen auch noch geeignete Waschmittel beschafft werden müssen, sei am Rande erwähnt. Die Verarbeitung der Toray-Platte erfolgt immer mit Gelblicht.

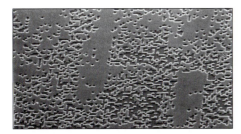

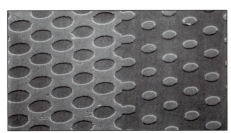

Ein Problem dieser Platten ist die Kratzempfindlichkeit der nichtdruckenden Silikonschicht. Dies ist verbessert worden und stellt bei korrekter Handhabung kein Problem dar – aber die Formherstellung und das Einrichten der Druckmaschine erfordert hohe Sorgfalt im Umgang mit dieser empfindlichen wasserlosen Offsetdruckplatte.

Um die Druckplatte mit der sehr feinen, kontrastreichen Raster- bzw. Bildwiedergabe optimal für den Druck zu nutzen, ist eine speziell auf die Platte und die verwendete Rasterweite abgestimmte Gradation entsprechend der Druckkennlinie zu erstellen und für die Formherstellung zu verwenden.

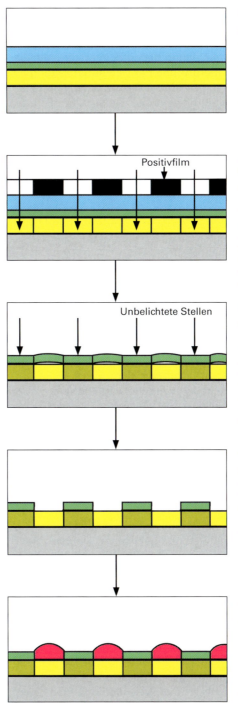

Kopie Toray-Platte

Schichtenfolge:
- Transparenter Schutzfilm
- Silikon-Gummischicht
- Fotopolymerschicht
- Aluminiumträger

Belichtung mit Positivfilm

Belichtung erfolgt mit UV-Licht durch den Schutzfilm. Die Fotopolymerschicht wird gehärtet und mit der Silikonschicht fest verbunden. Schutzfilm wird nach dem Belichten entfernt.

Entwicklung

Der Entwickler wird auf die Silikon-Gummischicht aufgetragen. An den unbelichteten Stellen schwillt die Schicht auf und löst sich von der Fotopolymerschicht.

Fertige Druckplatte

Durch Abreiben der gequollenen Silikon-Gummischicht wird die Fotopolymerschicht als farbführende Schicht freigelegt. Die gehärtete Silikonschicht bleibt als farbabstoßende Schicht erhalten.

Druck

An den freigelegten Stellen der Fotopolymerschicht setzt sich Druckfarbe an, die Silikon-Gummischicht bleibt als nichtdruckende Stellen frei.

Ugra/Fogra-Digital-Plattenkeil
www.fogra.de

9.1.8.9 Prozesskontrolle

Prozesskontrolle bei der Druckformherstellung bedeutet in erster Linie die Überprüfung der Datenübertragung auf die Druckform. Dazu wurden spezielle Kontrollelemente wie der Ugra/Fogra-Digital-Plattenkeil entwickelt. Mit seiner Hilfe können die Auflösung sowie die Gleichmäßigkeit der Belichtung, der Entwicklung und die Druckplattenbeschichtung kontrolliert werden. Die genauen Spezifikationen der Prozesskontrolle sind z. B. im MedienStandard Druck des bvdm, Bundesverband Druck und Medien e.V., definiert.

Ugra/Fogra-Digital-Plattenkeil

„Der Ugra/Fogra-Digital-Plattenkeil verfügt über insgesamt 6 Funktionsgruppen bzw. Kontrollfelder:
- Informationsfeld
- Auflösungsfeld
- Geometrische Diagnosefelder
- Schachbrettfelder
- Visuelle Referenzstufen (VRS)
- Verlaufskeil

Eine Neuheit sind die 11 visuellen Referenzstufen. Hierbei handelt es sich um Felder, die aus einem Schachbrettfeld und einem das Schachbrettfeld umgebenden Referenzfeld bestehen, wobei der Flächendeckungsgrad in 5%-Stufen von 35% bis 85% reicht.

Unter theoretisch idealen Bedingungen und bei linearer Übertragungscharakteristik sollten die zwei Felder bei 50% Flächendeckungsgrad miteinander verschmelzen, d. h., der Helligkeitseindruck und der messbare Tonwert sollte in beiden Bereichen jeweils einen Flächendeckungsgrad von 50% ergeben. In Abhängigkeit von Plattentyp, Belichterkalibration, Entwickler und Übertragungscharakteristik wird dies jedoch unter Praxisbedingungen kaum erreicht und Verschiebungen nach oben wie nach unten werden vorkommen. Wichtig für den Produktionsalltag sind die jeweiligen VRS-Felder, mit denen die optimalen Einstellungen und Ausgabeergebnisse erreicht werden. Die visuelle Kontrolle der jeweiligen für den Produktionsablauf als optimal festgelegten Erscheinung der VRS-Felder macht Abweichungen sichtbar. Weitere Felder enthalten auflösungsorientierte Informationen sowie einen Verlaufkeil, mit dem die Tonwertübertragung geprüft werden kann. Um herstellungsbedingte Ungleichmäßigkeiten im Plattenmaterial auszuschalten, wurden zwischen die Halbtonfeldreihen jeweils Nullpunktfelder gelegt. Damit liegen die Orte für die densitometrische Messung des Nullpunktes (schichtfreies Trägermaterial) und des Flächendeckungsgrades nebeneinander.

Das Auflösungsfeld zeigt zwei Halbkreisfelder, deren Strahlenkranz im ersten Feld aus Positivlinien und im zweiten aus Negativlinien erzeugt wird. Die Linien haben eine Linienstärke, die der theoretischen Auflösung des Ausgabegerätes bzw. der jeweiligen Einstellung des Gerätes entspricht.

Die geometrischen Diagnosefelder enthalten Linien, die sich an den jeweiligen Auflösungseinstellungen des Plattenbelichters orientieren. Unterhalb der geometrischen Diagnosefelder befinden sich die Schachbrettfelder. Entsprechend den jeweiligen Beschriftungen über den Feldern handelt es sich um quadratische Flächen, die eine einfache, doppelte und vierfache Kantenlänge aufweisen." (Quelle: Ugra/Fogra)

Konventioneller Druck

9.1.8.10 Beispiele Offsetdruckplatten

Druckplatte	Spektrale Empfindlichkeit	Auflösung in lpi bzw. Linien/cm	Entwicklung	Trägermaterial	Verwendung und Auflage
Agfa Azura TS Nicht ablative Thermalplatte, negativ arbeitend	Wellenlänge von 830 nm	2 % - 98 % bis 240 lpi bzw. 94 L/cm	Plattenentwickler nicht erforderlich	Aluminium, aufgeraut und anodisiert	Bogen- und Rollendruck bis 100.000 Auflage
Agfa Amigo Negativ arbeitende thermoplastische Druckplatte	Wellenlänge von 830 nm	1 % - 99 % bis 240 lpi bzw. bis 94 L/cm	Physikalisches Auswaschen mit Reinigungslösung, keine Entwicklung	Aluminium, elektrochemisch aufgeraut und anodisiert	Bogen-und Rollendruck bis 200.000, mit Einbrennen bis 500.000 Auflage
Agfa Amipo Positiv arbeitende Aluminiumplatte für Thermolaser	Thermolaser Wellenlänge von 830 nm	1 % - 99 % bis 200 lpi bzw. 78 L/cm	Nassentwicklung mit Positiventwickler	Aluminium, elektrochemisch aufgeraut und anodisiert	Bogen- und Rollendruck bis 100.000, mit Einbrennen bis 1 Mio. Auflage
Agfa Azura V Negativ arbeitende Fotopolymerplatte	Violettlaser mit Wellenlänge von 405 nm	2 % - 98 % bis 175 lpi bzw. 68 L/cm	Physikalisches Auswaschen mit Auswaschgummierung, keine Entwicklung	Fotopolymerplatte auf Aluminiumträger	Bogen- und Rollendruck bis 100.000 Drucke, nicht für UV-Druckfarben
Agfa Thermostar Thermoplastische Positivplatten, Zweischichtsystem, infrarotempfindlich	Wellenlänge von 830 nm (P 970) und von 1.064 bis 1.080 nm (P 971 – Infrarotlaser)	1 % - 99 % bis 200 lpi	Konventionelle Nassentwicklung mit positivem Druckplattenentwickler	Aluminium, elektromechanisch aufgeraut und anodisiert	Bogen- und Rollendruck bis 150.000, mit Nachfixieren bis 1 Mio. Auflage
MITSUBISHI-Silver Digiplate Poloyester/Papier-Druckplatte	Wellenlänge 405 nm (Violette Laserdiode)	3 % - 97 % bis 175 lpi	Konventionelle Nassentwicklung mit Entwicklungschemie	Polyester und Papier, je nach Typ als Rollenware	Bogen- und Rollendruck bis 20.000 Auflage
KODAK Prozesslose THERMAL DIRECT Negativ-Platte	Wellenlänge 800 - 850 nm Thermolaser	1 % - 98 % bis 200 lpi	Plattenentwickler nicht erforderlich	Aluminium, elektromechanisch aufgeraut und anodisiert	Bogen- und Rollendruck bis 100.000 Auflage
KODAK ELECTRA XD Thermoplatte Positiv	Wellenlänge 800 - 850 nm Thermolaser	1 % - 99 % bis 100 L/cm	Plattenentwickler nicht erforderlich	Aluminium, elektromechanisch aufgeraut und anodisiert	Bogen- und Rollendruck bis 100.000 Auflage
KODAK DITP GOLD Thermal Negativ-Plate	Wellenlänge 800 - 850 nm Thermolaser	1 % - 99 % bis 400 lpi	Plattenentwickler erforderlich	Aluminium, elektrochemisch aufgeraut und anodisiert	Rollen- und Verpackungsdruck bis 250.000 Auflage, mit Einbrennen 1 Mio. Auflage
KODAK VIOLET-NEWS GOLD Digital Plate	Wellenlänge 405 nm	1 % - 99 % bis 400 lpi	Plattenentwickler erforderlich	Aluminium, elektrochemisch aufgeraut und anodisiert	Zeitungsplatte 250.000 Auflage, mit Einbrennen über 1 Mio. Auflage

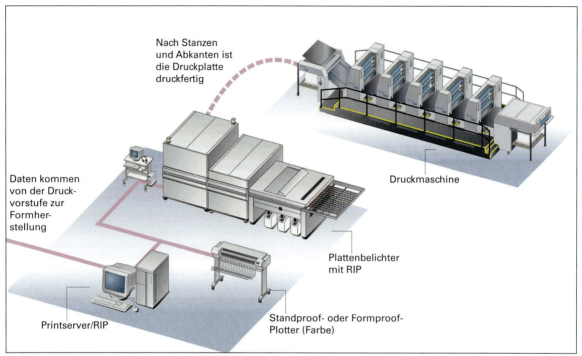

Workflow Druckplattenbelichtung CtP

Die Abbildung zeigt den prinzipiellen Arbeitsablauf der Druckplattenherstellung am Beispiel der Agfa Thermostar P970/971 Platte und des dazugehörenden Workflows.

Abb.: Agfa Thermostar Digital Plate

9.1.8.11 CtP-Workflow

Der oben abgebildete Computer-to-Plate-Workflow zeigt prinzipiell, wie der moderne Ablauf der Druckplattenherstellung strukturiert ist.

Vom Printserver werden die in der Regel ausgeschossenen Daten der Druckform zur Kontrolle an den Standproof-Plotter übertragen. Nach der Kontrolle dieses farbigen Prüfdrucks auf Vollständigkeit der Form- bzw. Bogeninhalte, der Kontrolle des Ausschießens und dem korrekten Stand der Druckkontrollstreifen werden die Daten an den Belichtungsrechner weitergegeben. Ganz wichtig: Dieser Standproof oder Formproof prüft nicht die Farbverbindlichkeit der Druckform – nur Vollständigkeit und Stand. Für die Farbverbindlichkeit eines Drucks sind Farbproofs heranzuziehen.

Der Ausgaberechner steuert die Belichtung der Druckform auf dem Plattenbelichter. Nach erfolgter Belichtung und – je nach Druckplattentyp – Entwicklung ist die Druckplatte produktionsfähig. Stanzen und Abkanten der Druckplatte sind die letzten Arbeitsgänge, bevor die Druckplatten an den Drucker zur Verarbeitung in der Druckmaschine weitergegeben werden.

Die Qualität der Druckplatten wird nach der Ausgabe der Druckplatte und vor der Weitergabe an der Drucker mit Hilfe des vorne angegebenen Kontrollkeils zur digitalen Plattenkopie überprüft und bewertet.

Dieser Workflowprozess ist heute in einem hohen Maß automatisiert, so dass die Druckplattenherstellung als Bindeglied zwischen Druckvorstufe und Druck zumeist relativ problemfrei arbeitet.

Konventioneller Druck

9.1.8.12 Offsetdruckmaschinen

Der Offsetdruck ist das industriell genutzte Flachdruckverfahren. Hier hat sich das Rotationsprinzip durchgesetzt, also das Druckprinzip rund – rund.

In der Grundkonfiguration besteht ein Offsetdruckwerk immer aus drei Zylindern, da es sich um ein indirektes Übertragungsverfahren handelt:
- Form- oder Plattenzylinder
- Gummituchzylinder (Kurzform Gummizylinder)
- Gegendruckzylinder (Kurzform Druckzylinder)

Auf dem Formzylinder ist die Druckform aus Aluminium aufgespannt. Ein Feucht- und Farbwalzensystem feuchtet und färbt die Druckform ein. Der Formzylinder „setzt" die Farbe bzw. das Druckbild auf den Gummizylinder ab. Von dort wird die Druckfarbe auf den Bedruckstoff übertragen, der zwischen dem Gummizylinder und dem Gegendruckzylinder hindurchläuft.

Verfahrensbedingt ist die Farbübertragung zwischen dem Plattenzylinder und dem Gummizylinder sehr gut. Vom Plattenzylinder wird in geringen Mengen Feuchtmittel auf das Gummituch übertragen. Durch diese Feuchtmittelübertragung an den Bedruckstoff kann sich der Bedruckstoff dehnen. Dies hält sich aber in beherrschbaren Grenzen. Das Farbabgabeverhalten zwischen dem Gummizylinder und dem Bedruckstoff ist ebenfalls sehr gut. Die druckenden Elemente werden exakt auf die Bedruckstoffoberfläche übertragen.

Da es sich beim Offsetdruck um ein indirektes Druckverfahren handelt, muss die Druckform seitenrichtig sein, damit das Druckbild in der korrekten Seitenlage auf dem Bedruckstoff erscheint. Siehe hierzu die Abbildung oben auf der Seite. Vorteil des indirekten Drucks über das Gummituch ist die Möglichkeit, raue Bedruckstoffoberflächen zu bedrucken, da sich die Oberfläche des Gummituches allen Bedruckstoffoberflächen gut anpassen kann. Damit können strukturierte Bedruckstoffe gut, schnell und technisch ohne große Schwierigkeiten mit guter Bildqualität bedruckt werden.

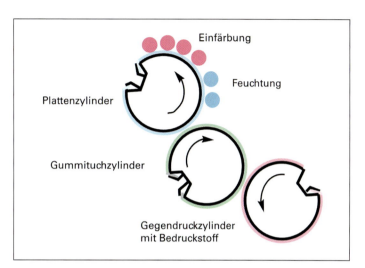

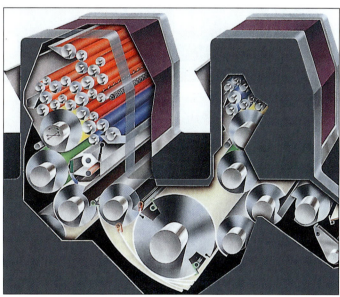

Schema Offsetdruck

Oben: Druckwerkschema

Unten: Zweifarben-Schön- und Widerdruck-Offsetmaschine

Abb.: Heidelberger Druckmaschinen AG

Grundsätzlich werden zwei Arten von Offsetdruckmaschinen unterschieden:
- Bogenoffsetdruckmaschinen für das Bedrucken von einzelnen Planoformatbogen
- Rollenoffsetdruckmaschinen für das Bedrucken von Rollenmaterialien

Bogenoffsetdruckmaschinen
Einzelne, immer gleich große Druckbogen werden in einer Bogenoffsetdruckmaschine nacheinander bedruckt.

Dazu wird ein Papierstapel in den Anleger einer Offsetmaschine eingelegt. Zum Druck müssen die Bogen durch das Anlegersystem vereinzelt und dem Druckwerk durch verschiedene Greifer zugeführt werden. Jedes Druckwerk bedruckt die Bogen mit einer Farbe.

Einfarbendruckmaschinen haben ein Druckwerk, Mehrfarbendruckmaschinen weisen zwei, vier, fünf oder mehr Druckwerke auf. Es werden Maschinen in der so genannten Reihenbauweise, Fünfzylinderbauweise und Satellitenbauweise unterschieden.

Druckmaschinen in *Reihenbauweise* werden von der Heidelberger Druckmaschinen AG, Koenig & Bauer, Komori u. a gebaut. Beispiele für diesen Maschinentyp mit Anleger und Ausleger sind links abgebildet.

Die Vorteile der Reihenbauweise sind einleuchtend:
- Alle Druckwerke sind exakt gleich aufgebaut.
- Zwischen allen Druckwerken sind immer die gleichen Abstände und damit immer ein gleicher Druckrhythmus. Dieses Zeitintervall begünstigt das Trocknen der einzelnen Farben zwischen den einzelnen Druckgängen bei Mehrfarbenmaschinen.
- Alle Druckwerke sind gut zugänglich.

Bogenoffsetdruck

❶ 5-Farben-Heidelberger Speedmaster mit Tiefstapelausleger

Abb.: Heidelberger Druckmaschinen AG

❷ 5-Farben-MAN-Roland 500 mit Hochstapelausleger

Abb.: manroland AG

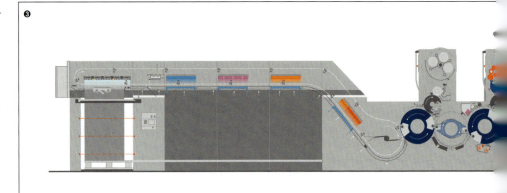

Konventioneller Druck

- Es können gut zugängliche Wendetrommeln für S/W-Druckmaschinen eingebaut werden.

Ein Beispiel für eine Druckmaschine in *Satellitenbauweise* ist die Heidelberger Quickmaster DI 46-4. Diese Satellitenbauweise wird im Bogenoffsetdruck selten verwendet, sie ist aber häufig bei Rollenoffsetdruckmaschinen anzutreffen. Die Quickmaster DI ist eine kleinformatige Trocken-Offsetdruckmaschine, deren Foliendruckformen direkt in der Maschine bebildert werden (Direct-Imaging-Verfahren). Diese Maschine druckt einseitig vierfarbig und ist häufig als Ausbildungsmaschine an Schulen und Hochschulen anzutreffen. Aus diesem Grund wird sie hier auch noch aufgeführt, obwohl sie seit einiger Zeit nicht mehr hergestellt wird.

Maschinen in Satellitenbauweise sind außerordentlich kompakt gebaut und benötigen wenig Platz. Der Vierfarbdruck wird in einem Greiferschluss durchgeführt und wird daher immer einen ausgezeichneten Passer aufweisen.

Schön- und Widerdruckmaschinen

Der erste Druck auf einen Bogen Papier ist der Schöndruck, der Widerdruck ist der Druck auf die Rückseite des Bogens. In einer Schön- und Widerdruck-

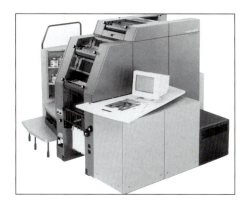

Druckmaschine wird der Druckbogen in einem Bogendurchlauf durch die Druckmaschine auf beiden Bogenseiten bedruckt.

Als Kennzeichnung eines solchen Druckvorganges wird folgende Zahlenkombination verwendet:
- 1/1 = Vorder-/Rückseite wird einfarbig bedruckt.
- 1/4 = Vorderseite einfarbig/Rückseite wird vierfarbig bedruckt.
- 4/4 = Vorderseite vierfarbig/Rückseite wird vierfarbig bedruckt. Dazu ist eine 8-Farben-Maschine erforderlich.

Rollenoffsetdruckmaschinen

Rollenmaschinen für den Offsetdruck (und den Tiefdruck) verarbeiten Bedruckstoffe, die endlos von der Rolle

Quickmaster-DI in Satellitenbauweise

Links die Maschinenansicht, oben eine schematische Darstellung der Bauweise

Abb.: Heidelberger Druckmaschinen AG

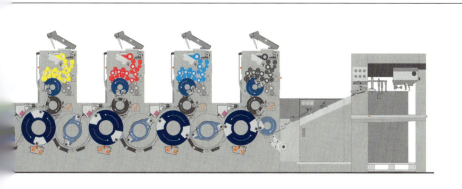

Reihenbauweise

❸ 6-Farben-Speedmaster XL 105 mit UV-Lackwerk. Druckleistung: UV-Druck mit höchstem Glanz bei 18.000 Bg/h. Format: 750 mm × 1.050 mm. Preset plus An- und Ausleger mit Verlängerungsmodulen. Breite: 3,9 m, Länge: 16,5 m, Höhe: 2,05 m.

Abb.: Heidelberger Druckmaschinen AG

MAN-LITHOMAN

Mit 2.250 mm Bahnbreite, 1.240 mm Zylinderumfang und einer Druckleistung von maximal 3,2 Millionen vierfarbigen echten DIN-A4-Seiten pro Stunde begründet die LITHOMAN eine neue Leistungsklasse.

Abb.: manroland AG

Trichterfalz GEOMAN

führt die Papierbahn vor dem Schneiden zusammen.
In der Abbildung ist der rechte Trichterfalz mit einer bedruckten Papierbahn belegt und in Funktion, der linke nicht.

Abb.: manroland AG

den Druckwerken zugeführt werden. In den Druckwerken werden in vielen Fällen beide Seiten einer Papierbahn bedruckt, also ein Schön- und Widerdruck wird erstellt. Nach dem Bedrucken wird die Papierbahn durch eine an die Druckmaschine angeschlossene Inline-Verarbeitungsanlage zum Endprodukt geschnitten, gefalzt, geheftet usw.

Akzidenz- und Zeitungsdruckmaschinen weisen üblicherweise eine Inline-Weiterverarbeitungsanlage auf, die falzen, schneiden, binden und auslegen kann. Zeitungsdruckmaschinen bzw. große Rotationsanlagen können mehrere Papierbahnen zugleich bedrucken und zum Endprodukt weiterverarbeiten.

Endlosdruckmaschinen und Formulardruckmaschinen werden normalerweise mit einer produktspezifischen Weiterverarbeitungsanlage ausgerüstet.

Allen Rollenoffsetdruckmaschinen gemeinsam ist, dass die Druckformate durch den Zylinderumfang festgelegt sind. Dies bedeutet, dass nur sehr geringe Formattoleranzen in Umfangsrichtung z. B. bei der Produktion von Tageszeitungen möglich sind. In der Rollenbreite ist man variabel. Hier lassen sich Papierbahnen mit unterschiedlicher Breite, je nach Produkt, verwenden.

Mehrfarbendruckmaschinen drucken im Nass-in-Nass-Druck. Die Papierbahn durchläuft die Druckwerke in zeitlich so kurzen Abständen, dass die Farben keine Trocknungsmöglichkeit haben. Daher werden die Farben nass aufeinander gedruckt und müssen dann vor der Weiterverarbeitung durch ein Trockenaggregat geführt werden. Einschränkend sei gesagt, dass dies im Rollendruck immer abhängig vom verwendeten Bedruckstoff betrachtet werden muss.

Ungestrichene Naturpapiere werden häufig für den Druck von Tageszeitungen, Wochenblättern, Taschenbüchern u. Ä. verwendet. Bei diesen Bedruckstoffen trocknet die Druckfarbe weitgehend physikalisch durch Wegschlagen und muss i. d. R. nicht thermisch getrocknet werden.

Gestrichene Papiere werden für hochwertigere Produkte verwendet und erfordern so genannte Heatset-Farben. Diese Farben trocknen bei etwa 260 °C und erfordern einen in die Rollenmaschine integrierten Heißlufttrockner, durch den die Bedruckstoffbahn berührungslos hindurchgeführt wird. Danach wird die Papierbahn durch Kühlwalzen gekühlt und erhält hier den für Rollenoffsetdruck mit Heatset-Farben

Konventioneller Druck

typischen Glanz. In vielen Maschinen wird nach der Kühlung von der Bedruckstoffbahn noch eine Silikon-Anlage durchfahren, in der die Bahn einen Teil der verlorenen Feuchtigkeit zurückerhält. Dadurch erhält die Papierbahn gute Weiterverarbeitungseigenschaften für die Inline-Verarbeitung.

Rollenoffsetdruckmaschinen für den Druck auf ungestrichene Papiere wie z. B. für den Zeitungsdruck, für Wochenblätter oder Rotationsromane drucken mit Coldset-Farben, benötigen also keine Trockner- und Kühleinrichtung. Allerdings ist der Anspruch an die erzielbare Druck- und Farbwiedergabequalität niedriger anzusetzen.

Rollenoffsetdruckmaschinen sind festformatige Maschinen, da der Zylinderumfang mit dem kleinen Spannkanal die Länge des Papierabschnitts definiert. Die Papierbahnbreite ist variabel und kann dem Produkt angepasst werden. Die meisten Akzidenz-Rollendruckmaschinen in Europa sind üblicherweise auf das DIN-A4-Hoch- oder -Querformat ausgerichtet.

Zeitungsdruckmaschinen weisen bestimmte, normierte Formate auf (siehe Marginalie). Diese Normen für Zeitungsformate werden allerdings von den Maschinenherstellern nicht streng eingehalten, sondern variiert.

Bekannte Hersteller von Zeitungsrotationsmaschinen, die im Offsetdruckverfahren drucken, sind in Deutschland z. B. manroland in Augsburg sowie König & Bauer (KBA) in Würzburg.

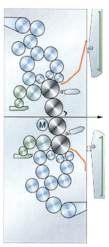

Schema 4-Zylinder-Druckwerk

mit kombiniertem Feuchtfarbwerk in stehender Ausführung mit Darstellung der Papierzuführung

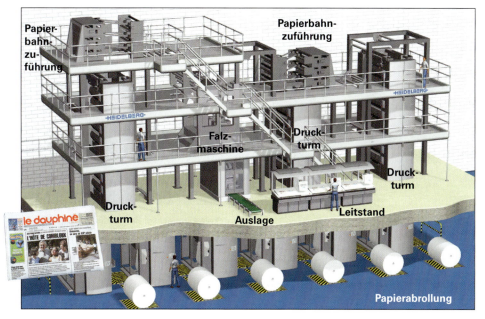

Zeitungsmaschine

Die französische Regionalzeitung „Le dauphiné" in Grenoble hat die abgebildete Zeitungsrotation in Etagenbauweise der Heidelberger Druckmaschinen AG installiert. Oben ein Blick in die Etagen einer KBA-Zeitungsrotation.

Zeitungsformate

Deutsche Formate:
Rheinisches Format
365 x 510 mm
Halbrheinisches Format 255 x 365 mm
Berliner Format
315 x 470 mm
Nordisches Format
400 x 570 mm

Technik des Rollenoffsetdrucks

Links:
Sleeve-Wechsel in einer Rollenoffsetdruckmaschine durch einen Drucker

Rechts:
Auslage einer Rollenoffsetdruckmaschine mittels Schaufelräder. In die Schaufeln werden die Fertigprodukte, z. B. Zeitungen, eingelegt und zur Auslage transportiert.

Rollenwechsler

an einer Akzidenz-Rollendruckmaschine. Der Rollenwechsler kann zwei Papierrollen aufnehmen und „on-the fly" wechseln.

Aufbau Rollenwechsler

Die obige Darstellung zeigt den Aufbau eines Rollenwechslers. Die Rolle selbst ist nur schematisch dargestellt. Der Rollenwechsel findet während des Drucks bei laufender Maschine automatisch statt. Die Rolle muss dafür mit Klebevorrichtungen vorbereitet werden.

Druckplattenwechsel Rollenoffsetdruckwerk

Automatischer Druckplattenwechsel bei einer MAN-Rotoman S. Die Platten werden automatisch eingezogen. In der Mitte ist die Papierbahn sichtbar.

Alle Abb.: manroland AG

Konventioneller Druck

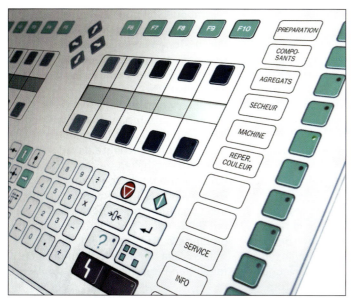

Steuerpult Rollenoffsetdruckmaschine

Steuerpult der Rollenoffsetdruckmaschine ROTOMAN S. Die PECOM PressConsole kontrolliert und überwacht den gesamten Druckprozess. Alle ClosedLoop-Regelsysteme können integriert werden. Die Farbzonenvoreinstellung kann aus den Daten der Ausschießstation hier eingelesen werden, um das „In-Farbe-Gehen" zu beschleunigen.
Alle Druckwerke und Maschinenfunktionen können von diesem Steuerpult aus aufgerufen und ferngesteuert werden.

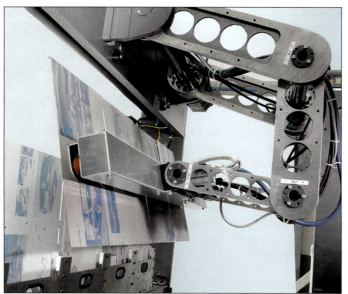

Automatischer Druckplattenwechsel MAN REGIOMAN

AutomaticPlateLoading (APL) mit vierachsigem Roboterarm und einer Positionierungsgenauigkeit von 0,01 mm für einen kompletten Druckplattenwechsel in weniger als drei Minuten bei der Zeitungsrotationsmaschine.

Steuerstand

Reaktionsschnelle Systemsteuerung mit dem printnet-Leitstand. Der Steuerstand ist in einer lärmgeschützten und abgekapselten Kabine untergebracht, die einen vollständigen Blick auf die Hauptaggregate der Maschine ermöglicht.

593

9.1.8.13 pH-Wert und Offsetdruck

Der klassische Offsetdruck funktioniert nur in einem gut aufeinander abgestimmten Zusammenwirken der Komponenten Feuchtwasser, Druckfarbe und Bedruckstoff. Beim Auflagendruck mit einer Offsetdruckmaschine kann es vorkommen, dass
- die Druckfarbe schlecht, also sehr langsam trocknet;
- die Auflagenbeständigkeit der Druckform reduziert wird;
- die Druckfarbe emulgiert, also die Grenzflächenspannung zwischen Farbe und Feuchtmittel reduziert ist;
- Farben mit Metallpigmenten oxydieren und unschöne Effekte erzeugen;
- eine Druckplatte die Tendenz zum Tonen entwickelt, also an den nichtdruckenden Stellen druckt.

Ursache dieser Druckschwierigkeiten ist oftmals ein ungeeigneter pH-Wert des verwendeten Feuchtmittels, das über die Feuchtauftragswalzen in das Drucksystem eingespeist wird.

pH-Wert – Definition und Bestimmung

Der pH-Wert (potentia Hydrogenii = Wirksamkeit des Wasserstoffs) gibt an, wie stark eine vorliegende Lösung sauer oder alkalisch ist. Ursache der sauren Wirkung sind die Wasserstoffionen (H^+), Träger der alkalischen Situation die Hydroxylionen (OH^-). Beide Ionen sind in allen wässrigen Lösungen nebeneinander vorhanden, ihre jeweiligen Konzentrationen können aber in weiten Grenzen verschieden sein.

Ist die Konzentration der H^+- und OH-Ionen gleich groß, so ist die Lösung neutral und die Konzentration beträgt für beide 10^{-7} Grammionen oder Mol je Liter bei einer Temperatur von 20°C.

Überwiegen die H^+-Ionen, dann ist die Lösung sauer. Die H^+-Ionenkonzentration kann von 10^{-7} je Liter über 10^{-5} bis 10^{-0} ansteigen. Überwiegen die OH^--Ionen bedeutet dies, dass die H^+-Ionenkonzentration unter 10^{-7} über 10^{-10} bis 10^{-14} sinkt. Eine Lösung reagiert dann alkalisch.

Zahlenwerte von Größen, die in solchen Grenzen schwanken, werden allgemein durch ihre Exponenten zur Basis 10, d. h. durch ihre dekadischen Logarithmen, gekennzeichnet. Da die Zahlenwerte der H^+-Ionenkonzentration kleiner sind als 1 und demzufolge negative Logarithmen ergeben, arbeitet man mit dem negativen Logarithmus und gibt ihn als pH-Wert einer Lösung an.

Die Skala der pH-Werte umfasst die folgenden Bereiche:

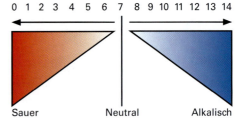

Die Messung des pH-Wertes kann elektrometrisch oder colorimetrisch erfolgen. Die erste Methode wird zur automatischen pH-Wert-Messung z. B. bei Rollenoffsetdruckmaschinen eingesetzt.

Mit Hilfe von Indikatorfarbstoffen wird colorimetrisch gemessen. Indikatorfarbstoffe haben die Eigenschaft, sich bei bestimmten pH-Werten charakteristisch umzufärben. Durch eine, bei den Indikatorpapieren befindliche Farbumschlagstabelle kann der Farbumschlag direkt einem pH-Wert zugeordnet werden.

Der pH-Wert von Bedruckstoffen wie Papier, Pappe oder Karton kann mit Hilfe von Indikatorpapieren und

pH-Wert-Skala

Die Skala der pH-Werte umfasst den sauren Bereich von pH 0 bis etwa pH 6,9. Der neutrale pH-Wert liegt bei pH 7 und darüber befindet sich bis pH 14 der alkalische Bereich der pH-Wert-Skala. Als Beispiel für eine Säure wäre die Salzsäure mit pH 0 zu nennen, Wasser ist mit pH 7 neutral und Seifen- oder Waschlaugen liegen dann im alkalischen Bereich.

Konventioneller Druck

dem Einsatz von destilliertem Wasser ermittelt werden. Zur Messung des pH-Wertes am Bedruckstoff wird dieser zuerst in destilliertes Wasser getaucht. Dann wird zwischen zwei Seiten des zu prüfenden Papiers das Indikatorpapier hineingelegt und etwa 10–15 Minuten in festen Kontakt gebracht. Danach wird der Farbton des Indikatorpapiers mit der Farbtafel verglichen, um den pH-Wert festzustellen.

Korrekte pH-Wert-Einstellung

Die Einhaltung des korrekten pH-Wertes im Feuchtwasser der Druckmaschine ist eine der Aufgaben des Druckers. Zu hohe oder zu niedrige pH-Werte führen zu einer Störung des Gleichgewichts zwischen Feuchtwasser und Druckfarbe. Kommt es zu Störungen des Gleichgewichts, mischen sich Farbe und Feuchtmittel zu einer Emulsion. An den nichtdruckenden Stellen bauen sich durch die unvollständige Feuchtung Farbteilchen auf und es beginnt auch hier zu drucken – es „tont" sagt der Praktiker.

Die optimalen Bedingungen für den Druck und die anschließende Trocknung sind dann vorhanden, wenn der pH-Wert zwischen pH 5,5 und 6,5 im leicht sauren Bereich liegt. Innerhalb dieses Bereiches muss der pH-Wert noch auf den pH-Wert des verwendeten Papiers abgestimmt werden.

Für die Herstellung von Druckpapieren gibt es pH-Wert-Vorgaben, die von einer Druckerei bei der Wareneingangskontrolle geprüft werden sollten. Offsetpapiere sollten den pH-Wert von 4,5 nicht unterschreiten und den pH-Wert 9,5 nicht überschreiten.

Bei einem pH-Wert von < 4,5 trocknen die Druckfarben langsamer. Die katalytische Wirkung der Trockenstoffe in der Farbe wird reduziert. Liegt der pH-Wert eines Papiers im alkalischen Bereich, besteht die Gefahr, dass das Feuchtwasser durch zurückgeführte Alkaliebestandteile des Papiers tendenziell alkalisch wird. Dies würde zu Druckproblemen führen, wenn der Drucker dies nicht beachten sollte.

Der gesamte Ablauf des Feuchtens und Färbens in einer Offsetmaschine läuft weitgehend automatisch ab. Das Farb-Wasser-Gleichgewicht wird durch ein gezieltes Vorfeuchten des Feucht- und Farbwerks beim Andrucken der Maschine sehr schnell erreicht. Durch die Zugabe von Hilfsmitteln wie Alkohol, Stabilisatoren, Pufferlösungen, Netzmittel oder saure bzw. alkalische Lösungen wird das Erreichen und Halten des Farb-Wasser-Gleichgewichts in der Druckmaschine unterstützt.

pH-Wert-Messung

Die Abbildung zeigt oben ein Gerät zur elektronischen pH-Wert-Bestimmung, das häufig in Druckereien zu finden ist. Unten sind verschiedene Spezial-Indikatorpapiere zur pH-Wert-Messung abgebildet, die verschieden große Messbereiche abdecken.

www.eurotronik.de

595

9.1.8.14 Wasserhärte und Offsetdruck

Der pH-Wert des Feuchtwassers schwankt, bedingt durch den pH-Wert des Papiers. Mit Hilfe moderner Feuchtmittelzusätze wird der pH-Wert im offsetgünstigen Bereich von pH 4,8 bis pH 5,5 stabilisiert. Die Pufferwirkung des Feuchtmittelzusatzes ist jedoch stark von der Hydrogencarbonathärte des Wassers abhängig. Je höher die Hydrogencarbonathärte des Wassers ist, umso schneller ist die Pufferwirkung des Feuchtmittelzusatzes erschöpft. Aus diesem Grund gibt es Feuchtmittelzusätze für Wasser mit geringer oder hoher Hydrogencarbonathärte. Beim Bestellen von Feuchtmittelzusätzen muss der Drucker unbedingt darauf achten, dass der Feuchtmittelzusatz die richtige Spezifikation für das in der Druckerei verfügbare Wasser aufweist.

Der dH-Wert

Der Gehalt an Kalzium- und Magnesiumsalzen im Wasser gibt die Wasserhärte an. Gemessen wird diese in ° dH, also in Grad deutscher Härte. 1° dH ist gleich 10 mg Kalziumoxyd pro Liter Wasser.

Das aus der Wasserleitung entnommene und als Feuchtmittel verwendete Wasser kommt in unterschiedlicher Qualität an. Es enthält neben oft nicht sichtbaren Verunreinigungen Kalzium- und Magnesiumsalze in gelöster Form, deren Menge mit dem Härtegrad angegeben wird. Abhängig ist die Wasser-

härte unter anderem auch von der geologischen Gesteinsformation des jeweiligen Wassereinzugsgebietes.

Die Wasserhärte wird wie auch der pH-Wert mit Indikatorstäbchen ausreichend exakt festgestellt. Diese Indikatorstäbchen werden etwa eine Minute in das Wasser eingetaucht und mit einer gelieferten Farbskala verglichen. Das Ergebnis der Messungen lässt sich wie folgt einordnen:

Härtebereiche des Wassers
• Härtebereich 1 = 0° – 7° dH
• Härtebereich 2 = 8° – 15° dH
• Härtebereich 3 = 16° – 21° dH
• Härtebereich 4 = 22° – oo° dH

Eine Wasserhärte von unter 5° dH ist zu vermeiden. Häufiger ist in den Mittelgebirgen Deutschlands eine Wasserhärte über 15° dH anzutreffen. Bei einer hohen Wasserhärte können verstärkt so genannte Kalkseifen entstehen, die zu einem Blanklaufen der Farbwalzen führen können.

Um die negativen Erscheinungen aufgrund einer zu hohen Wasserhärte zu vermeiden, gibt es unterschiedliche Möglichkeiten, Wasser zu enthärten. Die erste Möglichkeit besteht darin, die Härtebildner, das sind Kalzium- und Magnesiumsalze, gegen Natrium auszutauschen. Die Salzfracht des Wassers wird also nicht reduziert, sondern es werden die härtebildenden Salze gegen

dH-Wert-Skala

mit den für den Offsetdruck günstigen Härtebereichen des Feuchtwassers.

http://forum.chemikalien.de

Härtebereich 1 $0^0 – 7^0$ dH	Härtebereich 1 $7^0 – 15^0$ dH	Härtebereich 1 $16^0 – 21^0$ dH	Härtebereich 1 $22^0 – \infty^0$ dH

60 - 120 dH ist der für den Offsetdruck günstige Bereich

Konventioneller Druck

nichthärtende Salze ausgetauscht. Dabei wird der Hydrogencarbonat-Anteil des Wassers nicht verringert. Dieses neutralgehärtete Wasser ist nur bedingt zum Drucken geeignet.

Eine bessere Variante der Wasserenthärtung ist die Vollentsalzung mittels eines Anion-Kationen-Tauschers. Bei dieser Technologie werden dem Wasser neben den Härtebildnern auch alle anderen Salze entzogen. Das so behandelte, völlig entsalzte Wasser muss mit Leitungswasser verschnitten werden. Das völlig entsalzte Wasser ist bestrebt, sich mit Inhaltsstoffen der Druckfarbe und des Papier(staubs) zu verbinden. Der offsetgünstige Bereich muss also durch Zugabe von Leitungswasser oder so genanntem Rohwasser erst hergestellt werden.

Bei großem Bedarf an enthärtetem Wasser kann das Revers-Osmose-Verfahren genutzt werden. Dabei wird das Wasser mit hohem Druck durch eine Membrane gepresst und so zu etwa 95% entsalzt. Neben den Salzen werden Keime und Bakterien aus dem Wasser entfernt. Die Geräte, die nach diesem Verfahren zur Wasserenthärtung eingesetzt werden, sind wartungsfrei.

Alkohol

Neben den Feuchtmittelzusätzen wird dem Feuchtwasser noch Alkohol zugesetzt. Bei dem in Feuchtwerken eingesetzten Alkohol handelt es sich überwiegend um Isopropyl-Alkohol bzw. Isopropanol-Alkohol.

Die Aufgabe des Alkoholzusatzes beim Druck besteht darin, die Oberflächenspannung des Wassers herunterzusetzen. Dadurch lässt sich die Oberfläche gleichmäßiger benetzen und es wird ein deutlich geringerer Feuchtwasserfilm für die Plattenfeuchtung benötigt. Alkohol verdunstet schneller

als Wasser. Durch diese rasche Verdunstung und die dabei auftretende Verdunstungskälte wird das Farbwerk und die Druckplatte gekühlt.

Daneben tritt durch den Alkoholeinsatz ein ausgesprochen positiver Effekt dadurch ein, dass der Feuchtmittelfilm gering gehalten werden kann und damit auch weniger Feuchtmittel über das Gummituch auf den Bedruckstoff gelangt. Geringere Dimensionsschwankungen beim Bedruckstoff sind die Folge. Bei Maschinen mit kleinem Druckformat ist dies nicht so bedeutend, aber bei großen Druckformaten über 70 cm kann so Passerschwierigkeiten, vor allem zum Druckbogenende, entgegengewirkt werden.

Die Verwendung von Alkohol als Feuchtmittelzusatz verändert den pH-Wert kaum – er verringert „nur" die Oberflächenspannung, verbessert die Benetzungsfähigkeit des Feuchtwassers und verringert dadurch den Feuchtfilm insgesamt. Es gelangt weniger Feuchtmittel über das Gummituch auf den Bedruckstoff. Insgesamt also ein positiver Effekt. Die zuzusetzende Menge an Isopropyl-Alkohol bzw. Isopropanol-Alkohol liegt zwischen 8 bis 12%. Bei einer höheren Zugabe ist ein positiver Effekt auf die oben genannten Verbesserungen nicht mehr feststellbar. Dem Feuchtwasser eine höhere Menge Alkohol als 12% zuzugeben ist unsachgemäß, zu teuer und umweltschädlich.

Neben dem Alkohol können dem Feuchtwasser noch andere Zusätze beigegeben werden, die vor allem die Stabilität und das Abtöten von Mikroorganismen im Feuchtwasser als Ziel haben.

9.1.8.15 Einfärbeprinzip beim Offsetdruckverfahren

Die Funktionsweise des Offsetdrucks beruht neben den chemischen Vorgängen auch auf physikalischen Tatsachen, die das Flachdruckverfahren erst korrekt erklärbar machen. Alle Flachdruckverfahren müssen als Druckverfahren definiert werden, deren Funktionieren auf der Physik und Chemie der Grenzflächen basieren. An den Grenzflächen zweier Stoffe kommt es immer zu molekularen Spannungen, die ihren Ausgleich darin suchen, die Grenzflächen zu reduzieren. Derartige Grenzflächenspannungen treten an den Grenzen zwischen Flüssigkeiten und Feststoffen auf oder an den Grenzflächen nicht vermischbarer Flüssigkeiten.

Grenzflächenspannungen treten dann auf, wenn sich zwei nicht mischbare Stoffe treffen. Also wenn Feuchtwasser auf eine Aluminiumplatte trifft. Ist die Oberfläche der Aluminiumplatte aufgeraut, so wird sich das Feuchtwasser auf der Oberfläche der Druckplatte ausbreiten und festsetzen. Die Gründe liegen zum einen in der Oberflächenbeschaffenheit der Druckform, die dafür sorgt, dass sich die Feuchtigkeit gut in den vorhandenen Kapillaren (Haarröhrchen) festsetzen kann. Je enger und feiner ein solches Kapillarsystem ausgebildet ist, umso fester kann sich ein flüssiger Stoff wie z. B. Feuchtwasser darauf verankern. Dies gilt übrigens auch für die Verankerung der Kopierschicht auf der Aluminiumplatte.

Zum Zweiten ist Aluminium ein Metall, dessen Festkörperatome die Flüssigkeitsmoleküle des Feuchtwassers gut anziehen und festhalten. Je besser dies geschieht, umso geringer ist die Grenzflächenspannung und es wird eine gute und gleichmäßige Benetzung erreicht. Werden die Flüssigkeitsmoleküle von einem Metall abgestoßen, so findet eine schlechte Benetzung statt – es bilden sich Tropfen auf dem Metall. Sie kennen dies von Regentropfen auf Ihrem Autodach.

Grenzflächen und Einfärbung

Die Molekularkräfte zwischen den Molekülen eines Stoffes werden allgemein als Kohäsionskräfte bezeichnet. Zwischen den Molekülen verschiedener Stoffe existieren ebenfalls molekulare Wechselwirkungen. In diesem Fall wird von Adhäsionskräften gesprochen. Beispiele für Adhäsion sind das Haften von Kreide an der Tafel oder das Leimen zweier Werkstücke. Adhäsion gibt es auch zwischen Gas und Festkörper. Diese Anlagerung von Atomen oder Molekülen von Flüssigkeiten oder Gasen an eine feste Oberfläche wird als Adsorption bezeichnet. Je nach Verhältnis von Adhäsions- und Kohäsionskräften spricht man von benetzenden bzw. nicht

Offsetdruckplatte – Feuchten/Färben

Prinzipieller Ablauf des Einfeuchtens und Einfärbens einer Aluminiumoffsetplatte

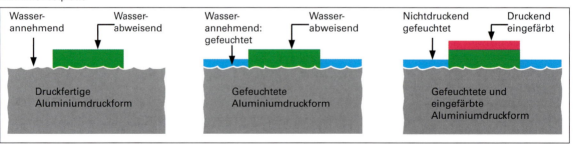

Konventioneller Druck

benetzenden Flüssigkeiten:
- Bei benetzenden Flüssigkeiten ist die Adhäsion größer als die Kohäsion (z. B. Wasser auf Glas).

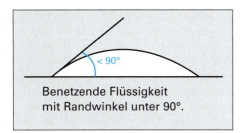

Benetzende Flüssigkeit mit Randwinkel unter 90°.

- Bei nicht benetzenden Flüssigkeiten ist die Adhäsion kleiner als die Kohäsion (z. B. Quecksilber auf Glas).

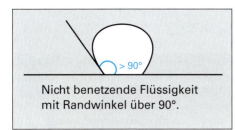

Nicht benetzende Flüssigkeit mit Randwinkel über 90°.

Eine Aussage darüber, wie ein fester Stoff von einem flüssigen Stoff benetzt wird, erfährt man durch das Messen des Randwinkels. Dieser wird an der Stelle gemessen, an der eine Flüssigkeit die feste Oberfläche berührt. Dies ist in den Abbildungen oben zu erkennen. Bei einer stark benetzenden Flüssigkeit wie in der Abbildung oben erhält man einen Randwinkel, der unter 90° liegt. Ist der Randwinkel größer als 90°, liegt eine wenig benetzende Flüssigkeit vor. Dies ist in der Abbildung darunter dargestellt. Der Flüssigkeitstropfen sitzt wie eine Kugel auf der festen Oberfläche, zusammengezogen durch entsprechende Kohäsionskräfte.

Bezogen auf den Offsetdruck muss der Offsetdrucker davon ausgehen, dass wir ein Feuchtmittel benötigen, das einen Randwinkel weit unter 90° aufweisen muss. Dadurch kann eine geringe Feuchtmittelmenge eine möglichst gleichmäßige Benetzung der hydrophilen Stellen auf der Oberfläche der Aluminiumdruckplatte erreichen. Unterstützt wird eine derartige Benetzung noch durch die Kapillarwirkung der Oberfläche einer anodisierten Aluminiumdruckplatte.

Zusammenfassung des Feucht- und Färbeprinzips des Offsetdrucks

Das Offsetdruckverfahren arbeitet nach dem Rotationsdruckprinzip. Die Druckform oder Druckplatte speichert die Bildinformationen als druckende Bildstellen auf der Basis einer farbfreundlichen Kopierschicht.

Neben den Bildstellen befinden sich die nichtdruckenden Nichtbildstellen. Sämtliche druckenden und nichtdruckenden Elemente liegen nahezu auf einer Ebene der Druckplatte.

Vor dem Einfärben ist die Druckplatte zu feuchten (gilt nicht für den Trockenoffsetdruck). Die Nichtbildstellen bzw. die nicht druckenden Stellen nehmen das Feuchtmittel an, die druckenden Bildstellen stoßen Feuchtmittel ab, nehmen jedoch die Druckfarbe an.

Das Verfahren, auf einer Ebene liegende Bildstellen und Nichtbildstellen einzufärben, beruht vor allem auf physikalischen Wechselwirkungen an Grenzflächen. Physikalische Wirkungen wie Kohäsion, Adhäsion, Oberflächenspannung, Benetzung u. a. wirken zwischen Bildstellen, Nichtbildstellen, Feuchtmittel und Druckfarbe und ermöglichen nach der Herstellung der richtigen Bedingungen zum Druck ein einwandfreies Einfärben und Übertragen der Text- und Bildinformationen auf den Bedruckstoff.

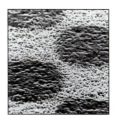

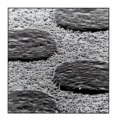

Oberflächen von Offsetdruckplatten

Mikroaufnahmen zweier Offsetplatten. Oben sind druckende Rasterpunkte auf einer mikrogekörnten Offsetplatte, unten auf einer elektrolytisch gerauten Platte zu sehen. Die bessere Verankerung der Rasterpunkte, die geringere Oberfläche und die optimierte Feuchtmittelführung der elektrolytisch gerauten Druckform ergibt eine sehr gut geeignete Druckform für den Offsetdruck.

Band I - Seite 873
11.3 Workflow

Band II – Seite 616
9.1.12 Kontrollmittel Druck

9.1.8.16 Merkmale und Anwendung des Offsetdrucks

Offsetdrucke erkennen Sie an der gleichmäßigen Deckung aller Bild- und Schriftelemente. Schrift erscheint im Offsetdruck ohne Rand, sie kann in der Vergrößerung an den Rändern leicht ausgefranst wirken. Da der Offsetdruck ein indirektes Druckverfahren über ein Gummituch ist, weisen die Drucke keinerlei Schattierungen auf.

Wird auf strukturierte Bedruckstoffe gedruckt, bewirkt das elastische Gummituch, dass auch in den Strukturtiefen Farbe aufgetragen wird. Daher sind auch Vollflächen auf derartigen Bedruckstoffen gleichmäßig und gut gedeckt.

Je nach Druckplattenqualität kann es sein, dass in den hellsten Bildstellen (Spitzlichter) feine Rasterpunkte fehlen.

Ein Merkmal, das auf den Offsetdruck hinweist, ist die Offsetrosette bei mehrfarbigen Bildern. Durch den Zusammendruck der vier Farben CYMK mit unterschiedlichen Winkelungen entsteht das Ringmuster des autotypischen Mehrfarbendrucks. Diese Offsetrosette ist mittels Fadenzählers gut erkennbar.

Da durch den Druck eine Punktverbreiterung und die daraus resultierende Tonwertzunahme erfolgt, ist es erforderlich, eine Tonwertkorrektur mit den entsprechenden Korrekturkurven in der Bildreproduktion vorzunehmen. Diese Korrekturen richten sich nach der Papierqualität, der verwendeten Druckfarbe und der eingesetzten Druckmaschine. Die Korrekturen sollten standardisiert innerhalb eines Workflows vorgenommen werden, um qualitativ hochwertige Druck zu erzielen.

Produkte des Offsetdrucks sind Prospekte, Bücher, Zeitschriften, Flyer, Handbücher usw. Es können alle gängigen Papiere bedruckt werden. Je nach Papiersorte können Rasterweiten bis zu 120er Raster, FM-Raster und unterschiedliche Rasterpunktformen gedruckt werden. Veredelungstechniken können in vielfältiger Form zur Verbesserung der Druckergebnisse angewendet werden.

Merkmale Offsetdruck
- Gleichmäßige Deckung der Schrift
- Offsetrosette*
- Keine Schattierung
- Kein Quetschrand

* Die als Erkennungsmerkmal benannte Offsetrosette ist ein Ergebnis der autotypischen Rasterung und taucht in ähnlicher Form auch bei Flexo- und Buchdruckerzeugnissen auf. In Verbindung mit den anderen genannten Merkmalen ergibt sich bei der Betrachtung ein Offsetdruck.

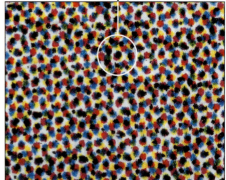

9.1.9 Siebdruck

Konventioneller Druck

9.1.9.1 Geschichte des Siebdrucks

Das Siebdruckverfahren war sicherlich eines der frühesten Druckverfahren. Mit einfachen Schablonen wurden vor allem in Japan und China einfache Schriftzeichen vervielfältigt und Stoffe mit Symbolen bedruckt. Dabei entstanden bereits früh farbenprächtige Gewänder, die mit Hilfe von Schablonen mehrfarbig bedruckt wurden.

Die Siebe im asiatischen Kulturkreis bestanden aus Menschenhaar oder aus Seide. Die Schablonen wurden manuell auf die Siebe aufgetragen und entwickelten sich bei den hochstehenden Kulturen Asiens zu einem kunstvollen Handwerkszweig.

Das 17. Jahrhundert brachte durch die beginnenden Handelsreisen die Technik des Sieb- oder Durchdrucks auch nach Südeuropa. Da der Siebdruck vor allem für die künstlerische Stoffveredelung und die Stofftapetenherstellung verwendet wurde, beschränkte sich die Verbreitung des Siebdruckverfahrens auf die Regionen Europas, die diese Handwerkstechnik der Stoffveredelung gut beherrschten. Der Siebdruck war also nie ein Verfahren, das Kommunikation im heutigen Verständnis unterstützt hat.

Erst um 1930 wurde der Siebdruck in den USA als Drucktechnik zur Vervielfältigung von Informationen genutzt. Nach dem zweiten Weltkrieg entdeckten vor allem die Vertreter der konkreten Kunst und der Optical Art die *Serigrafie* als Kunstform. Geometrische Figuren und kräftige, leuchtende Farben konnten mit der Durchdrucktechnik bestens gedruckt werden. Für die plakativen Bildeffekte der Pop-Art erwies sich der Siebdruck als die geeignetste Drucktechnologie.

Neben der künstlerischen bzw. grafischen Anwendung erfuhr der Durchdruck nach 1950 vor allem eine industrielle Nutzung. Die Hauptanwendung des modernen Siebdruckverfahrens liegt vor allem darin, dass er nahezu jeden Bedruckstoff in nahezu beliebiger Form- und Materialausstattung bedrucken kann.

Wir kennen aus unserem täglichen Leben unzählige Produkte, die mit Siebdrucktechnologien hergestellt wurden – es ist uns oft nur nicht bewusst. Aufkleber, Aschenbecher, Plakate, Etiketten, elektronische Schaltungen, Fahnen, Fahrzeugbeschriftungen, Feuerzeuge, Werbetafeln, Schilder, Tachometerskalen, Bierkisten, Gläser, Computertastaturen, CDs, DVDs usw. sind Siebdruckprodukte.

9.1.9.2 Siebdruckverfahren

Alle Siebdruckverfahren weisen eine Reihe gemeinsamer Merkmale auf:
- Eine *Farbschablone* begrenzt das zu druckende Bild.
- Die *Druckform* ist eine Sieb- oder Schablonendruckform.
- Das zu druckende Bild ist an den *Bildstellen* farbdurchlässig. Alle Stellen, die nicht drucken, weisen eine farbundurchlässige Sperrschicht in Form der Schablone auf.
- Die *Druckfarbe* wird mit Hilfe eines Rakels durch das Sieb auf den Bedruckstoff übertragen.
- Die *Bedruckstoffe* müssen nicht, wie in den anderen Druckverfahren, plan liegen, sondern können die verschiedensten Formen aufweisen.

Der Siebdruck leitet seine Bezeichnung vom Siebgewebe, dem Träger der Schablonendruckform, ab. Der Siebdruck ist ein industriell sehr breit zu nutzendes Verfahren für weite Bereiche der Werbemittelindustrie.

Band II – Seite 652
9.2.9 Großformatiker Digitaldruck

Konkurrenzsituation

Der Siebdruck steht in direktem Wettbewerb zum großformatigen Digitaldruck, der in weiten Bereichen die gleichen Auftragsgebiete abdeckt.

601

Druckprinzip des Siebdrucks

❶ Schema
❷ Schablone
❸ Durchdruck
❹ Druckergebnis

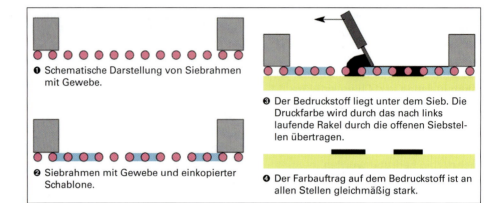

❶ Schematische Darstellung von Siebrahmen mit Gewebe.

❷ Siebrahmen mit Gewebe und einkopierter Schablone.

❸ Der Bedruckstoff liegt unter dem Sieb. Die Druckfarbe wird durch das nach links laufende Rakel durch die offenen Siebstellen übertragen.

❹ Der Farbauftrag auf dem Bedruckstoff ist an allen Stellen gleichmäßig stark.

Pop-Art-Serigrafie

Roy Lichtenstein und Andy Warhol waren bedeutende Vertreter der Pop-Art in den 60er und 70er Jahren des 20. Jahrhunderts. Die Serigrafie ist die künstlerische Anwendung des Siebdruckverfahrens.

Abb.: Artes Kunsthaus

Daneben wird im künstlerisch-handwerklichen Bereich die *Serigrafie* gepflegt. Dabei ist in den meisten Fällen der Künstler gleichzeitig Drucker. Moderne Kunstrichtungen, vor allem die Pop-Art mit Andy Warhol oder Roy Lichtenstein, waren Vertreter dieser modernen Serigrafie. Die zahlreichen Möglichkeiten dieser Druckgrafik eröffnen auch heute noch vielen Künstlern interessante Arbeitsmöglichkeiten.

Der *Filmdruck* ist eine Variante des Siebdruckverfahrens. Dabei werden Stoffe durch zylindrische Druckformen bedruckt. Dies geschieht in der Regel in endlosen Stoffbahnen, die ein- oder mehrfarbig bedruckt werden. Nach dem Druck werden diese bedruckten Stoffbahnen z. B. zu Markisen, Vorhängen oder Bekleidungsstücken weiterverarbeitet.

Druckprinzip des Siebdrucks

Druckfarbe wird durch das Sieb hindurchgepresst – und zwar nur an den farbdurchlässigen Stellen des Siebes. Das Druckbild wird durch den Rakeldruck auf den Bedruckstoff übertragen. Die nichtdruckenden Stellen sind durch die Schablone abgedeckt. Die überflüssige Druckfarbe wird durch das Rakel an den Rand der Druckform (Farbruhe) befördert und für den nächsten Druckgang verwendet. Das Prinzip dieses Druckvorganges ist mit den Bildern 1 bis 4 oben schematisch dargestellt.

9.1.9.3 Siebdruck-Druckformen

Siebdruckgewebe gibt es in den unterschiedlichsten Qualitäten. Wir unterscheiden:

- Naturseidengewebe – werden nur noch in der Serigrafie verwendet.
- Synthetische Gewebe – Polyestergewebe werden heute aufgrund ihrer idealen Eigenschaften im industriellen Siebdruck fast ausschließlich verwendet.
- Metallische Gewebe aus Kupfer oder Draht – werden aufgrund ihrer mangelnden Elastizität nur noch für Arbeiten eingesetzt, bei denen eine höchste Passergenauigkeit notwendig ist, z. B. beim Druck von Leiterplatten für elektronische Geräte.

Die Qualität der Siebgewebe wird durch die Siebfeinheit und durch den Faden- oder Drahtdurchmesser bestimmt. Je nach Auftragsart, Bedruckstoff und Farbe verwendet der Siebdrucker ein Gewebe mit passenden Parametern. Die Siebdicke und die Maschenweite

Konventioneller Druck

Siebgewebe
Drei Gewebe mit unterschiedlichem Fadendurchmesser. Die Anzahl der Fäden pro Zentimeter ist gleich. Je größer der Fadendurchmesser, desto kleiner die wirksame Maschenöffnung und die offene Siebfläche.

beeinflussen die Farbschichtdicke und das Farbauftragsvolumen.

Die Siebfeinheit gibt die Anzahl der Fäden pro Zentimeter an. Ein Siebgewebe mit der Kennzahl 80 weist demzufolge 80 Fäden/cm auf. Übliche Feinheiten für die Mehrzahl der Aufträge liegen zwischen 70 und 180 Fäden. Bei Druckarbeiten auf Papier werden mehrheitlich Siebe mit 120 Fäden/cm eingesetzt. Bei Arbeiten auf textilen Materialien liegen die Siebfeinheiten darunter. Je feiner die Bedruckstoffoberfläche, umso feiner muss die Fadenzahl des Siebes gewählt werden. Dies gilt umso mehr, wenn detailreiche Bilder auf den Bedruckstoff übertragen werden sollen.

Schablonenherstellung

Schablonen im Siebdruck müssen auf das Siebgewebe aufgebracht werden. Die Verbindung von Siebgewebe und Schablone ergibt die Siebdruck-Druckform. Diese Druckform besteht aus den farbdurchlässigen Bildstellen (Maschenöffnung) und den nichtdruckenden Stellen, die durch die Schablone abgedeckt werden. Je nach Herstellungsverfahren werden die folgenden Schablonenarten unterschieden:
- Direktsiebdruckschablonen – dies sind Schablonen, die direkt am Siebdruckschablonenträger erstellt werden.
- Indirektsiebdruckschablonen – dies sind Schablonen, die erst nach ihrer Herstellung am Siebdruckschablonenträger befestigt werden.

Direktsiebdruckschablonen

Das Siebgewebe wird beidseitig mit einer lichtempfindlichen Kopierschicht beschichtet. Die Kopierschicht befindet sich im Gewebe, man spricht von einer „Im-Gewebe-Schablone". Beim Belichten durch ein Diapositiv härten sich alle vom Licht getroffenen Stellen. Die unbelichtet verbliebenen Stellen behalten ihre Löslichkeit und werden mittels Wasser ausgewaschen. Was verbleibt, ist eine Siebdruckform mit offenen Gewebestellen.

Diese Gewebeöffnungen bilden die druckenden, also farbdurchlässigen Stellen, die abgedeckten Gewebe- oder Schablonenstellen sind die nichtdruckenden, farbundurchlässigen Teile.

Regel für die Wahl der Siebdruckfeinheit beim Rasterdruck:

Rasterweite im Bild (Linien/cm) **x 4 = Siebfeinheit** (Faden/cm)

603

Siebgewebe

Links: Blick auf ein Gewebe von oben. In der Bildmitte ist ein Schablonensteg ❶ erkennbar, darüber und darunter befinden sich offene, also druckende Siebstellen.

Rechts: „Am-Gewebe-Schablone" – die auf dem Gewebe ❸ liegende Schablonenschicht ❹ ist gut erkennbar. Im Vordergrund ist ein Teil der Schablonenschicht vom Gewebe abgelöst.

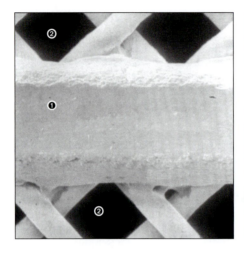

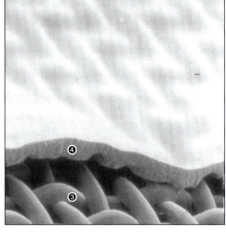

Als Kopiervorlage setzt der Siebdrucker seitenrichtige Positivfilme als Strichfilm oder als Rasterfilm bis etwa zum 40er Raster ein. Es wird mit UV-Licht als aktinischem Licht also kopierwirksamem gearbeitet.

Die Direktsiebdruckschablonen sind die wichtigsten Schablonen für den Siebdruck. Die verwendeten Kopierschichten mit Diazosensibilisierung sind relativ lange lagerfähig, umweltfreundlich, sehr gleichmäßig im Schichtaufbau und ergeben eine recht randscharfe Kopie auf dem Gewebe.

Indirektsiebdruckschablonen
Um eine Indirektsiebdruckschablone zu erstellen, sind zwei Produktionsschritte durchzuführen:
- Herstellung einer Indirektschablone durch Belichten und Entwickeln des so genannten Indirektfilms, der durch ein Diapositiv belichtet wird.
- Übertragen des Indirektfilms bzw. der Schablone auf das Siebgewebe. Da die Schablone am Gewebe haftet, spricht man von einer „Am-Gewebe-Schablone".

Diese Indirektsiebdruckschablone ermöglicht sehr randscharfe Drucke, da die Schärfe der Abbildung kaum negativ von der Struktur des Siebes beeinflusst wird. Daher können sehr feine Elemente und feine Details mit diesen Schablonen gedruckt werden.

Siebdruckrahmen
Das Siebgewebe wird in einen Aluminiumrahmen gespannt. Dabei unterscheidet man Rahmen mit starrer oder beweglicher Gewebehalterung. Bei den starren Rahmen wird das Gewebe überwiegend durch Aufkleben befestigt. Bewegliche Halterungen halten das

Siebdruckform
❶ Farbruhe
❷ Nutzbare Siebfläche
❸ Rahmen aus Aluminium oder Holz

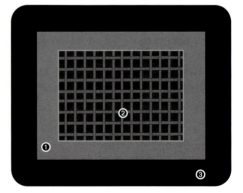

Konventioneller Druck

Gewebe mechanisch oder pneumatisch in der richtigen Arbeitsposition.

Rund um die nutzbare Druckfläche ist eine freie Fläche, die so genannte Farbruhe. Diese Fläche wird zum Umsetzen des Farbrakels benötigt, da die Farbübertragung durch den Zug des Rakels in zwei Richtungen erfolgt. Daneben ist ein größerer Raum für die Farbruhe günstig für den Verzug des Gewebes. Die Farbruhe variiert üblicherweise zwischen 10 bis 30 cm. Muss der Rahmen zum Druck gewinkelt werden, wird die Farbruhe und auch das Sieb größer gewählt werden. Die Abbildung auf der linken Seite zeigt die wichtigsten Benennungen an der Siebdruckform.

9.1.9.4 Druckformherstellung

Konventionelle Druckformherstellung
Nach dem Bespannen des Siebdruckrahmens wird die Kopierschicht aufgebracht. Anschließend wird die Information auf fotografischem Wege in der Kontaktkopie auf das Sieb bzw. die Kopierschicht übertragen. Sie benötigen im Siebdruck als Kopiervorlage einen seitenrichtigen positiven Film. Die densitometrische Dichte sollte ausreichend hoch (D > 3.5) sein, um die nicht zu belichtenden Stellen vor der UV-Strahlung der Kopierlampe zu schützen. Selbstverständlich muss der Film eine hohe Gradation haben, damit die Randschärfe der gedeckten Bereiche der Kopiervorlage hoch ist. Meist garantieren dies nur Filme, die in Laserbelichtern belichtet wurden. Laserfolien aus Laserdrucken genügen den Anforderungen an eine gute Kopiervorlage nicht immer. Nach der Belichtung wird die Form ausgewaschen. Die belichtete Schicht wird dabei entfernt. Somit bildet die unbelichtete Schicht die Schablone, d. h. den nichtdruckenden Teil der Druckform, und die belichteten, ausgewaschenen Bereiche mit den offenen Siebmaschen den druckenden Teil.

Digitale Druckformherstellung
Auch in der Siebdruckformherstellung zeichnet sich die Nutzung computerbasierter Technologien immer massiver ab. Hier werden, genauso wie bei der Erstellung von Filmen, die Daten von einem Computersystem auf eine Computer-to-Screen-Anlage ausgegeben. Hier nennt sich die digitale Herstellung der Druckform für den Siebdruck nicht CtP, sondern CtS, Computer-to-Screen.

Nach dem Bespannen und Beschichten des Siebs erfolgt die Bebilderung digital, direkt aus dem Datenbestand. Vom Raster Image Processor (RIP) wird ein Inkjet-Plotter angesteuert, der das beschichtete Sieb direkt mit Farbe oder Wachs bebildert.

Danach werden die Schablonen, ebenso wie bei der Schablonenherstellung mit Filmen, belichtet und ausgewaschen. Allerdings wird für die Belichtung bei diesem Verfahren kein Vakuum mehr benötigt, da die Tinte

Kopiergerät
Zur konventionellen Siebdruckschablonenherstellung

Abb.: ESC

Siebdruck

Positiv, seitenrichtig

Siebdruck (gespiegelt)

Positiv, seitenverkehrt

Siebdruck

Negativ, seitenrichtig

Siebdruck (gespiegelt)

Negativ, seitenverkehrt

CtS-Siebdruckformen

Zwei Beispiele für Siebe, die mit CtS-Technologie erstellt wurden. Links ist deutlich zu erkennen, dass feine Strukturen gut auf das Sieb übertragen wurden. Rechts wird deutlich, dass die 6-Punkt-Schrift in guter Qualität auf dem Sieb aufgebracht ist und im Druck scharf dargestellt wird.

oder das Wachs direkt auf der Emulsion aufliegt.

Die aufgedruckte Schicht schützt die lichtempfindliche Siebbeschichtung bei der anschließenden Belichtung mit UV-Licht. Der Vorteil dieses Verfahrens ist, dass Sie keinen Film als Kopiervorlage brauchen, da ja die Information direkt digital übertragen wird. Die Belichtung erfolgt nicht im Vakuumrahmen wie bei der konventionellen Kontaktkopie, sondern durch eine flächige Belichtungseinrichtung. Nach der Belichtung wird die Schablone ausgewaschen. Die belichteten Bereiche bleiben geschlossen, sind also nicht druckend. In den ausgewaschenen Bereichen sind die Siebmaschen offen, d. h., dort wird die Farbe auf den Bedruckstoff gedruckt.

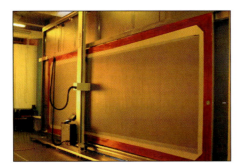

Die bereits weit verbreitete CtS-Technologie hat den Vorteil, dass keine Filmkosten mehr anfallen und dass die Verfahrensabläufe in der Formherstellung deutlich beschleunigt werden.

9.1.9.5   Siebdruck-Druckprinzipe

Wie erfolgt der Druck? Mit Hilfe des Rakels wird Druckfarbe über ein Sieb geführt. An den offenen Stellen des Siebes wird die Farbe hindurchgedrückt und auf den darunterliegenden Bedruckstoff wird eine Information übertragen. An den durch die Schablone abgedeckten Stellen des Siebes wird die Druckfarbe zurückgehalten.

Abhängig vom eingesetzten Bedruckstoff und Druckprinzip können relativ pastöse oder auch flüssigere Druckfarben verwendet werden. Die aufzutragende Farbschichtdicke kann variiert werden, es ist sogar möglich, die Druckfarbe relieffartig aufzubringen. Dem Drucker stehen lasierende, deckende, matte, hochglänzende, leuchtende und unterschiedlich trocknende Druckfarben zur Verfügung. Die Lichtechtheit reicht von geringster bis höchster Stufe. Es

Konventioneller Druck

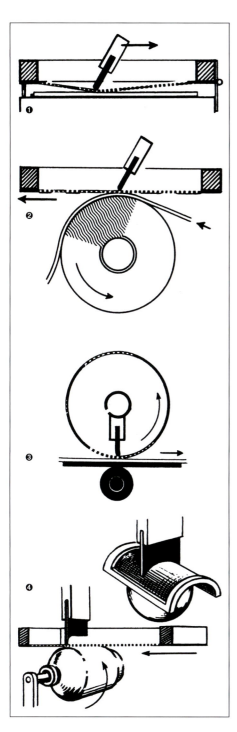

gibt kein Druckverfahren, das eine so breite Palette an möglichen Druckfarben aufweist wie der Siebdruck.

Die einfachste Siebdruckmaschine ist das Siebdruckgerät. Es weist ein Druckfundament auf, häufig ist Saugluft zum Fixieren der Bogen vorhanden. Die Schwinge ermöglicht das Auf- und Abbewegen der eingespannten Druckform. Das Rakel wird bei diesen Geräten meist von Hand über das Sieb gezogen. Bei den Siebdruck-Halbautomaten ist das Hin- und Herschieben des Rakels mechanisiert. Das Anlegen des Druckbogens und das Abnehmen des bedruckten Bogens erfolgen manuell. Spezielle Halbautomaten wurden für das Bedrucken von Körpern entwickelt.

Bei Siebdruck-Vollautomaten sind alle Arbeitsabläufe automatisiert. Der Druckbogen wird über einen Zylinder geführt und streifenförmig unter einer flach liegenden Druckform bedruckt. Dabei steht das Rakel über dem sich drehenden Zylinder still. Vollautomaten können zu Siebdruck-Fertigungsstraßen ausgebaut werden, mit denen mehrfarbig gedruckt und in Trocknungseinrichtungen getrocknet wird.

Für spezielle Zwecke wie den Dekor- oder Tapetendruck verwendet man auch zylindrische Druckformen in so genannten Rollensiebdruckmaschinen.

Die Druckgeschwindigkeiten des Siebdrucks erreichen nicht die Leistungszahlen der anderen Druckverfahren. Dies liegt an den Eigenschaften der Druckformen und an den vergleichsweise langen Trocknungszeiten der verwendeten Druckfarben. Die Leistungsfähigkeit des Siebdrucks ist im industriellen Bereich vor allem darin zu sehen, dass relativ problemlos nicht ebene Bedruckstoffe bedruckt werden können. Das Bedrucken von Hohl- und Formkörpern wie Glasflaschen,

Druckprinzipe des Siebdrucks
❶ Flächendruck
❷ Siebdruck-Halbautomat für den Flachformzylinderdruck
❸ Rotationsdruck oder Filmdruck
❹ Siebdruck-Halbautomat für den Körperdruck mit formangepasstem Rakel, formangepasstem Sieb mit Schablone und einem Hohlkörper als Bedruckstoff.

Abb.: Uwe Baufeldt

607

Büchsen, Schachteln, Kartonagen, Einkaufstaschen u. Ä. ist problemlos möglich. Ebenso können unterschiedliche Materialien bedruckt werden: Leder, Glas, Pappe, Kunststoff, Textilien, Holz, Metall, Folie, CDs, DVD usw. sind mit entsprechenden Druckfarben bedruckbar. Poster, Plakate, Etiketten, Schilder lassen sich effektvoll mit leuchtenden Farben bedrucken.

9.1.9.6 Merkmale und Anwendung des Siebdrucks

Ein typisches Merkmal des Siebdruckproduktes ist der starke, 10- bis 20-mal stärkere und mit den Fingern deutlich fühlbare Farbauftrag. Dies ist im Vergleich zu den anderen Druckverfahren ein eindeutig fühlbarer und auch sichtbarer Unterschied.

Die Farbschichtdicke des Siebdrucks ist abhängig von der Siebfeinheit, der verwendeten Druckfarbe und der Art und Stärke der verwendeten Schablone.

Weiteres Merkmal ist die gleichmäßige Deckung der Bildelemente eines Siebdrucks. Wegen der Siebstruktur können an den Rändern von Tonflächen die typischen Zackenränder entstehen.

Typisches Merkmal des Siebdrucks ist der Bedruckstoff bzw. das Druckprodukt selbst. Glasflaschen, Kunststoffbecher, Plakate, Stoffe, Bälle, Papier, Pappe, Gürtel, CD-ROMs, Ski, Snowboards usw. sind nur einige Beispiele der ungemein breiten Palette der verfügbaren Siebdruckerzeugnisse.

Der Siebdruck kann keine sehr feinen Raster wiedergeben und keine feinen Strichelemente. Allerdings ist der Siebdruck in der Lage, Drucksachen in hellen und leuchtenden Farben herzustellen, die stark auftragen und sehr gut deckend sind.

Dieser starke Farbauftrag des Siebdrucks ist auf einem „Druckprodukt" gut fühlbar – versuchen Sie mal, den Farbauftrag bei einer Coca-Cola-Flasche zu spüren. Sie werden erstaunt sein, wie dick der ist und wie gut er sich anfühlt!

Bei einer Reihe von Druckprodukten steht der Siebdruck zunehmend in direkter Konkurrenz zum großformatigen Digitaldruck. Ein großer Teil der so genannten „Out-of-Home-Medien" wird zunehmend durch dieses modernere und schnellere Druckverfahren erstellt, da Qualität, Kosten und Schnelligkeit diesen direkten Wettbewerb zwischen den Verfahren zulassen.

Coca-Cola-Flasche

Siebdruckaufdruck des Logos und der Schrift

Abb.: Pixelino

9.1.10 Erkennungsmerkmale der Hauptdruckverfahren

Konventioneller Druck

Überblick über die typischen Merkmale und Kennzeichen der Druckverfahren				
Druckverfahren	**Buchdruck Flexodruck**	**Tiefdruck**	**Offsetdruck**	**Siebdruck**
Erkennungsmerkmale	Quetschrand, Schattierung auf der Rückseite eines Druckbogens, nur grobe Rasterweiten möglich	Sägezahneffekt an den Rändern von Buchstaben, hohe Farbbrillanz, Tiefschwarz, echte Halbtöne	Ungleichmäßiger Ausdruck bei Vollflächen, Schrift nicht gerastert, an den Rändern leicht ausgefranst	Siebstruktur ist z.T. erkennbar, starker, fühlbarer Farbauftrag, Bedruckstoff, der nur für Siebdruck geeignet ist, leuchtende Farben
Druckformlage	Druckform ist seitenverkehrt	Druckform ist seitenverkehrt	Druckform ist seitenrichtig	Druckform ist seitenverkehrt
Direktes Druckverfahren	ja	ja	nein – indirekter Druck erfolgt über einen Gummituchzylinder	ja
Druckende Elemente	Liegen erhöht, Halbtöne werden durch autotypische Raster gebildet.	Näpfchen liegen vertieft und nehmen Farbe auf. Je tiefer das Näpfchen, umso dunkler der Farbton, je flacher das Näpfchen umso heller der Farbton.	Liegen auf einer Ebene mit nichtdruckenden Elementen, physikalisch/chemische Trennung. Druckende Stellen sind farb- bzw. fettfreundlich.	Farbdurchlässige Siebelemente
Nichtdruckende Elemente	Sind vertieft	Stege führen das Rakel und entfernen überflüssige Farbe	Sind wasserfreundlich, nehmen keine Farbe an	Farbundurchlässige Schablonenelemente
Farbübertragung	Direkt von der Druckform auf den Bedruckstoff	Direkt von der Druckform auf den Bedruckstoff	Indirekter Druck erfolgt über Gummituch auf den Bedruckstoff	Rakel drückt Farbe durch die offenen Siebstellen direkt auf den Bedruckstoff
Druckform	Bleisatz, Zinkklischee, Kunststoff- und Gummidruckformen	Gravierter Tiefdruckzylinder als Komplettdruckform	Vorbeschichtete Aluminiumdruckplatte	Farbdurchlässige Siebgewebe mit unterschiedlichen Fadendicken und Materialien
Typische Druckerzeugnisse	Zeitungen, Akzidenzen, Geschäftsdrucksachen, Verpackungen	Zeitschriften, Prospekte, Kataloge, Beilagen ab einer Auflagenhöhe von ca. 200.000 Druck	Akzidenzen, Geschäftsdrucksachen, Zeitungen, Prospekte, Bücher, Kataloge, Beilagen im mittleren Auflagenbereich bis max. 200.000 Druck	Plakate, Glaskörper, Flaschen, Dosen, Stoffe usw.
Mögliche Auflagenhöhe von einer Druckform	10.000 Druck von einer Bleisatzform, von Kunststoffformen bis ca. 1 Mio.	Kupferzylinder bis eine Mio. Auflage, verchromte Zylinder deutlich höher	Aluminiumdruckplatten hoher Qualität bis 100.000 Druck	Abhängig von der Siebqualität und der Rakeleinstellung
Farbreihenfolge im Mehrfarbendruck	K-C-M-Y	K-C-M-Y	K-C-M-Y oder K-M-C-Y	K-C-M-Y
Rasterweite für Halbtonwiedergabe	48er Raster	40–148 L/cm	60er Raster und höher	15er–48er Raster

609

9.1.11 Tonwertzunahme im Druck

Tonwertzunahme

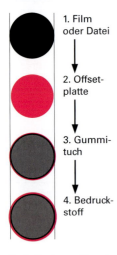

1. Film oder Datei
2. Offsetplatte
3. Gummituch
4. Bedruckstoff

Zu 1: Rasterpunkt auf Film oder in Datei

Zu 2: Rasterpunkt „spitz" (kleiner) auf die Druckplatte belichtet

Zu 3: Erste mechanische Punktverbreiterung zwischen Druckplatte und Gummituch

Zu 4: Zweite mechanische Punktverbreiterung zwischen Gummituch und Bedruckstoff. Der Rasterpunkt druckt breiter aus als in der Film- oder Dateivorlage. Dies ergibt eine Tonwertzunahme, der Druck erfolgt dunkler.

Tonwertzunahme im Offsetdruck
Drucken bedeutet Druck geben. Druckkraft wird eingesetzt, um Druckfarbe vom Medium Druckplatte auf den Zwischenspeicher Gummituch zu übertragen. Von dort wird die Farbe durch Kraftanwendung auf den Bedruckstoff gedruckt.

Bei jedem Übertragungsvorgang befindet sich Druckfarbe zwischen Druckplatte und Gummituch bzw. zwischen Gummituch und Bedruckstoff. Diese pastöse Druckfarbe überträgt die Information innerhalb der Druckmaschine. Wie sich leicht vorstellen lässt, unterliegt die Druckfarbe einer mechanischen Veränderung – sie versucht dem Druck auszuweichen und wird gequetscht. Dies bedeutet, dass ein Rasterpunkt mechanisch verbreitert wird.

In der nebenstehenden Abbildung ist dies schematisch dargestellt. Im Film befindet sich ein Ausgangsrasterpunkt z. B. mit dem Tonwert 50%. Dieser Rasterpunkt wird eingefärbt und mittels Druckkraft auf das Gummituch übertragen. Dabei erfährt der Rasterpunkt eine mechanische Punktverbreiterung, der Drucker spricht vom „voller werden" oder von einer „Tonwertzunahme". Die nächste bzw. die zweite mechanische Punktverbreiterung erfolgt bei der Farbübertragung vom Gummituch auf den Bedruckstoff. Hier geschieht prinzipiell das Gleiche wie zwischen Platte und Gummituch.

Die Fachbegriffe „Tonwertzunahme" oder „Punktzuwachs" bezeichnen den Unterschied zwischen der Rasterpunktgröße auf dem Endfilm (bei CtP in der Datei) und der Größe des Rasterpunktes auf dem Druckergebnis.

Im Prinzip ist diese Erscheinung der Tonwertzunahme fatal. Ein Tonwert mit 50% wird durch die mechanischen Einflüsse in der Druckmaschine verbreitert. Dies nimmt, je nach Bedruckstoff, beträchtliche Werte an.

Tonwertzunahme bei verschiedenen Bedruckstoffen
Die Tonwertzunahme bei gestrichenen (coated) Papieren beträgt etwa 9%, bei ungestrichenen (uncoated) Papieren liegt sie bei etwa 15% und bei Zeitungsdruckpapieren für den Rollenoffsetdruck bei ca. 30%. Die zwei Abbildungen von Adobe Photoshop auf der folgenden Seite unten zeigen, wie diese Tonwertzunahmen in den Voreinstellungen des Programms aufgerufen und eingestellt werden. Damit kann die Tonwertzunahme bereits bei der Bearbeitung von Rasterbildern berücksichtigt werden.

Faktoren der Tonwertzunahme
Der Punktzuwachs kann auf unterschiedliche Einflüsse zurückgehen und kann zu unterschiedlichen %-Werten der Tonwertzunahme führen. Die wichtigsten Einflussgrößen sind:
- Druckmaschineneinstellungen
- Druckplattenherstellung (Bildung der Rasterpunktgröße im 50%-Raster)
- Alter und Art des Gummituches
- Druckabwicklung Druckform- gegen Gummituchzylinder
- Druckabwicklung Gummituch- gegen Druckzylinder bzw. gegen Bedruckstoff
- Verwendetes Raster (Rasterweite und Rasterpunktform)
- Verwendete Druckfarbe
- Passer zwischen den einzelnen Farben
- Tonwertzuwächse der einzelnen Druckfarben (Gelb hat einen anderen Tonwertzuwachs als Magenta, Cyan und Schwarz)
- Bedruckstoff (Oberfläche, Farbe und Struktur)

610

Konventioneller Druck

Standardisierte Tonwertzunahme

Im ProzessStandard Offset des Bundesverbandes Druck und Medien (bvdm) sind die Soll-Werte und Toleranzen der Tonwertzunahme festgelegt. Die Tonwertzunahme der ersten Farbe Schwarz liegt grundsätzlich ca. 3% über jener der Buntfarben. Die Differenz zwischen Cyan, Magenta und Gelb sollte nicht größer als 5% sein.

Druckkennlinie

Die Druckkennlinie charakterisiert die Tonwertübertragung vom Film bzw. der Datei zum Druck. Die Tonwertzunahme ΔA ist die Differenz zwischen der proportionalen Tonwertübertragung und der sich aus den Messwerten (hier Papiertyp 1–5 nach bvdm) ergebenden Druckkennlinie. Die rechts dargestellten Kennlinien zeigen den Zusammenhang: Die Ideallinie oder proportionale Tonwertübertragung ist nicht erreichbar. Um eine tonwertgleiche Übertragung zu gewährleisten, muss eine ausgleichende Druckkennlinie verwendet werden.

Tonwertzuwachs und Photoshop

Wenn bei einem Bild ein 50%iger Punkt bzw. Tonwert festgelegt wurde, der Belichter ihn aber mit 59% druckt, tritt in den Mitteltönen ein Tonwertzuwachs von 9% auf. Um diesen Zuwachs zu kompensieren, muss der Wert von 50% um 9% auf 41% reduziert werden. Daraufhin gibt der Belichter den geforderten 41%igen Punkt aus.

Photoshop hat nun eine Reihe von Vorgaben, die den Tonwertzuwachs im Druck bereits berücksichtigen. Im Dialogfeld „Eigenes CMYK" sind die nebenstehend abgebildeten Druckfarben-Optionen mit den entsprechenden Standard-Tonwertzuwächsen bereits enthalten bzw. können auf eigene Standards angepasst werden.

Tonwert A_F Film/Datei				
40	50	70	75	80

Tonwert A_D im Druck					
Papiertyp 1 + 2	53	64	83	87	91
Papiertyp 3	56	67	85	89	91
Papiertyp 4 + 5	59	70	86	90	92
Papiertyp SC	56*	*	*	*	*

Tonwertzuwachs $\Delta A = A_D - A_F$					
Papiertyp 1 + 2	13	14	13	12	11
Papiertyp 3	16	17	15	14	11
Papiertyp 4 + 5	19	20	16	15	12
Papiertyp SC	16*	*	*	*	*

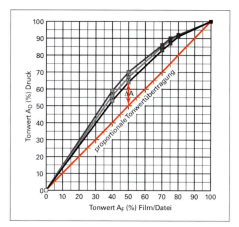

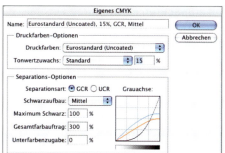

Überblick über alle Papiertypen mit Stand 2010

Auf Seite 614 sind alle Profile für den Offsetdruck (Bogen- und Heatset-Rollenoffsetdruck) nach ISO 12 647 mit Profilname, Profildateiname und Druckbedingungen aufgelistet. (Stand 2010)

*SC-Papiere (supercalendered) sind ungestrichene, holzhaltige Papiere, die hauptsächlich für Magazine und Zeitschriftenbeilagen sowie für Kataloge in hohen Auflagen verwendet werden. Der Druck erfolgt im Rollenoffset- oder Tiefdruckverfahren.

611

9.1.11.1 Tonwertzuwachs mit Profilen anpassen

Wie zu Beginn dieses Kapitel 9.1.11 bereits verdeutlicht, ist dem Tonwertzuwachs besondere Beachtung zu schenken. Durch die mechanische Punktverbreiterung und das Ausfließen der Druckfarbe auf dem Papier beim Offsetdruck, beim Laserdrucker durch die Reduzierung der Graustufen bei der Punktrasterung, also der Halbtonzerlegung, wird der Ausdruck auf den Bedruckstoff in der Regel zu dunkel. Deshalb wird das Bild vor der Ausgabe

Tonwertzuwachs durch das Einbrennen des Toners auf dem Papier stärker ist als die Tonwertzunahme im Offsetdruck.

9.1.11.2 Korrektur Tonwertzunahme

Die Tonwertzunahme oder der so genannte Punktzuwachs ist ein reproduktionstechnischer Fachbegriff und bezeichnet die prozessbedingte Erscheinung, dass die Rasterpunktgröße eines theoretisch festgelegten Rasters von dem tatsächlich gedruckten Rasterpunkt abweicht. Dieser Punktzuwachs stellt

Tonwertzunahme

Der Graukeil oben zeigt einen korrigierten Keil, der in der Mitte einen Tonwert von etwa 50 % aufweist.
Beim unteren Graukeil wurde die Tonwertzunahme nicht berücksichtigt. Die Folge ist gut zu erkennen: Der Mitteltonbereich wird deutlich dunkler, hier etwa 70 %. Auf ein Bild bezogen bedeutet dies eine Verschwärzlichung.

> Tonwert 50 %

> Tonwert 70 %

mit Hilfe der Tonwert- und Farbkorrektur „heller" gemacht, um den Druckzuwachs auf dem Papier zu korrigieren. Ziel ist die originalgetreue Wiedergabe insbesondere der Mitteltöne, da hier Veränderungen optisch sofort auffallen.

Der Tonwertzuwachs ist auch stark vom verwendeten Bedruckstoff abhängig. Auf glattem und glänzenden Bilderdruckpapier bleibt die Druckfarbe eher an der Oberfläche stehen, bei ungestrichenen maschinenglatten Papieren wird die Farbe stark vom Papier eingesaugt und das Resultat ist neben einer matteren Farbwirkung ein stärkerer Druckzuwachs durch das Ausbluten der Druckfarbe.

Der Druckzuwachs betrifft aber nicht nur Bilder, obwohl er dort durch die Rasterpunkte am störendsten ist, sondern auch die Schriftwiedergabe. Im Vergleich zum Offsetdruck wirkt die gleiche Schrift im Ausdruck auf einem Laserdrucker oft deutlich fetter, da der

also ein Problem dar, das bei der Bildreproduktion berücksichtigt werden muss, um die Abbildungsqualität der Bilder eines Druckproduktes zu gewährleisten. Als Tonwertzunahme bezeichnet man die Differenz zwischen gemessenem Tonwert des Drucks und dem Tonwert des Datensatzes. Diese Differenz ist bei den zumeist vergleichbaren Druckpapieren und vergleichbaren Druckbedingungen standardisierbar.

Auf der folgenden Seite ist die Bandbreite des Tonwertzuwachses aus dem Diagramm ablesbar. Die Tonwerte aus dem Datensatz sind in der unteren Achse von 0 % bis 100 % ablesbar. Die Tonwertzunahme wird durch die Kurven verdeutlicht. Die Schwankungen in der unteren, oberen und blauen Kurve ergeben sich durch die Messdifferenzen bei der densitometrischen Auswertung der Probedrucke zur Tonwertveränderung. Die grüne Kurve zeigt den berechneten Mittelwert für den Offsetdruck auf ma-

Konventioneller Druck

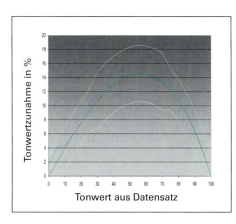

schinenglattem Papier an. Im Folgenden wird die Tonwertzunahme im Offsetdruck für Druckpapiere angegeben:

• Bilderdruckpapier	13 %
• Rollenoffsetpapier glänzend gestrichen	16 %
• Ungestrichenes Papier	19 %
• Rollenoffsetdruck mit Zeitungspapier	22 %
• Ungestrichenes Papier mit NP-Raster bedruckt	28 %

In den anderen Druckverfahren ist das Problem des Tonwertzuwachses durch die mechanischen Veränderungen der Druckfarbe beim Druckprozess ebenfalls gegeben, wird aber in dieser Darstellung vernachlässigt.

Einfluss der Plattenkopie
Auch die Dauer und Art der Belichtung der Offsetdruckplatten und die damit mögliche höhere oder niedrigere Tonwertzunahme hat Einfluss auf die Druckbildwiedergabe. Um diesen Einfluss weitgehend zu reduzieren, wird bei der CtP-Druckplattenbelichtung üblicherweise als Kontrollmittel ein CtP-Digital-Plattenkeil (siehe rechts) verwendet, damit im täglichen Produktionsprozess die Ausgabequalität überwacht und dadurch eine gesicherte Produktion gewährleistet werden kann.

Korrektur mit ICC-Profilen
Auf den beiden folgenden Seiten sind die aktuellen ICC-Profile angegeben, die für die unterschiedlichen Papiertypen und für Rollen- und Bogenoffsetdruck die technischen Bedingungen definieren, unter denen ein optimiertes und weitgehend gleichbleibendes Druckergebnis erreicht werden kann. Es wird für unterschiedliche Druckbedingungen die Rasterung, Flächendeckung und Tonwertzunahme angegeben.

9.1.11.3 ICC-Profil und Papiertyp

Grundsätzlich gilt die Anwendungsempfehlung, für Farbumwandlung und Proof das zur Druckbedingung passende Profil zu wählen. Eine Übersicht der ICC-Profile und Druckbedingungen finden Sie auf der folgenden Doppelseite. Manche Papierlieferanten geben zu den angebotenen Papieren die entsprechende Druckbedingung und das dazu passende ICC-Offsetprofil an. Wenn Ihnen nicht bekannt ist, mit welchen Druckbedingungen später gedruckt werden soll, ist ISO Coated v2 300% (ECI) eine gute Wahl. Die Version des *ISOcoated_v2_300_eci.icc*-Profils mit 300% maximaler Flächendeckung und einem Tonwertzuwachs zwischen 13 % und 16 % zeichnet sich durch den möglichen Einsatz sowohl für Bogen- als auch Rollenoffset aus. Darüber hinaus lassen sich mit diesem ICC-Profil aufbereitete Druckvorlagendaten noch sehr gut in ein CMYK für andere Druckbedingungen umrechnen.

Nächste Seite: Überblick Papiertypen

Druck nach Standard
Fogra Symposium Drucken nach Standard, München 2006

Abb.: FOGRA

www.fogra.org

CtP-Druckplattenkopie nach Standard

Fogra-Digital-Plattenkeil für CtP-Belichtung mit Informationsfeldern:
• Auflösung
• Geometrische Diagnosefelder
• Schachbrettfelder
• Visuelle Kontrollfelder
• Verlaufskeil

Abb.: Fogra

www.fogra.org

613

Papiertyp	Profilname	Rasterweite	Max. Flächen-deckung CMYK	Max. Flächen-deckung K	Tonwert-zunahme*	
Papiertyp 1 und 2 Glänzend oder matt gestrichen, Bilder-druck 115 g/m²	ISOcoated_v2_ eci.icc	60L/cm, 150lpi	330	95	CMY K	13,0 (A) 16,0 (B)
Papiertyp 1 und 2 Glänzend oder matt gestrichen Bilderdruck 115 g/m²	ISOcoated_v2_300_ eci.icc	60L/cm, 150lpi	300	95	CMY K	13,0 (A) 16,0 (B)
Papiertyp 3 aufge-bessert Glänzend gestrichen (LWC) Rollenoffsetdruck 60 g/m²	PSO_LWC_Improved _eci.icc	60L/cm, 150lpi	300	100	CMY K	16,0 (B) 19,0 (C)
Papiertyp 3 Standard glänzend gestri-chen (LWC) Rollenoffsetdruck 60 g/m²	PSO_LWC_Standard _eci.icc	60L/cm, 150lpi	300	98	CMY K	16,0 (B) 19,0 (C)
Papiertyp 4 Ungestrichen weiß Offset 120 g/m²	PSO_uncoated_ISO 12647_eci.icc	60L/cm, 150lpi	300	98	CMY K	19,0 (C) 22,0 (D)
Papiertyp 5 Ungestrichen, leicht gelblich, Offset 115 g/m²	ISOuncoated yellowish.icc	60L/cm, 150lpi	320	100	CMY K	19,0 (C) 22,0 (D)
Papiertyp SC Super-Calandered Satiniert Rollenoffsetdruck 56 g/m²	SC_paper_eci.icc	60L/cm, 150 lpi	270	100	CMY K	16,0 (B) 19,0 (C)
Papiertyp MFC Machine Finished Coating Maschinengestrichen Akzidenzoffset 115 g/m²	PSO MFC:paper_ eci.icc	60L/cm, 150 lpi	280	98	CMY K	16,0 (B) 19,0 (C)
Papiertyp SNP Standard Newsprint Headset-Rollenoffsetdruck Zeitungspapier	PSO_SNP_paper_ eci.icc	60L/cm, 150 lpi	260	98	CMY K	19,0 (C) 22,0 (D)

Konventioneller Druck

Papiertyp	Profilname	Punktgröße	Max. Flächen-deckung CMYK	Max. Flächen-deckung K	Tonwert-zunahme*
Papiertyp 1 und 2 Glänzend und matt gestrichen, Bilder-druck, nicht-periodi-sches Raster (NP-Raster bzw. -Screen), Akzidenzoffset 115 g/m²	PSO_Coated_NPscreen _ISO12647_eci.icc	20 µm	330	98	CMYK 28,0 (F)
Papiertyp 1 und 2 Glänzend und matt gestrichen, Bilder-druck, nicht-periodi-sches Raster (NP-Raster bzw. -Screen), Akzidenzoffset 115 g/m²	PSO_Coated_300_ NPscreen_ISO12647_ eci.icc	20 µm	300	98	CMYK 28,0 (F)
Papiertyp 4 Ungestrichen weiß nicht-periodi-sches Raster (NP-Raster bzw. -Screen), Offset 120 g/m²	PSO_uncoated_NPScreen _ISO12647_eci.icc	30 µm	300	98	CMYK 28,0 (F)
Papiertyp 2 Matt gestrichen, Bilderdruck, Offset-Endlosdruck	ISOcofcoated.icc	k.A.	350	100	keine Angabe
Papiertyp 4 Ungestrichen, weiß Offset-Endlosdruck	ISOcofuncoated.icc	k.A.	350	100	keine Angabe

* Tonwertzunahme im Druck wird im Standard-verfahren gemessen in einem 40%-Kontrollfeld:
- Kurve A: 13 %
- Kurve B: 16 %
- Kurve C: 19 %
- Kurve D: 22 %
- Kurve F: 28 %

Für den Offset-Endlosdruck sind keine Mess-werte verfügbar.

Der bvdm MedienStandard Druck enthält Soll-Werte für den vollständigen Tonwertbereich von 0 bis 100 %, jeweils in 5%-Stufen.
Die Datei kann vom Internetauftritt des Bun-desverbandes Druck und Medien in Wiesbaden www.bvdm.org gratis heruntergeladen werden.

Linkliste zu interes-santen Seiten zum Thema Farbe und Profilanwendungen:

www.eci.org
www.bvdm.org
www.fogra.org
www.ugra.ch
www.din.de
www.color.org
www.apple.com/co-lorsync

9.1.12 Kontrollmittel für den Druck

www.altonatestsuite.com
www.bvdm.de
www.fogra.org

Kontrollkeile
- PCS V 1.6 Medienkeil
- Digital Print Scale
- Testkeil für CtP-Belichtung
Alle Ugra/Fogra

- Ausschnitt MO 8
- Ausschnitt GTO 6
Alle Heidelberger Druckmaschinen

- Passkreuz CMYK-Druck

Kontrollstreifen
Der größte Teil aller Arbeiten von Grafikern, Gestaltern, Designern und Typografen wird nach wie vor gedruckt. Die Beschreibung eines Auftrages könnte wie folgt formuliert werden: Ausgehend von Text- und Bildvorlagen soll eine genau definierte Anzahl gleicher Druckprodukte erzeugt werden. Die Bildvorlagen sind faksimile zu produzieren. Das bedeutet, dass die Bildvorlagen originalgetreu reproduziert und gedruckt werden. Für die Faksimileproduktion müssen Prüfdrucke erstellt werden, um die Bildqualität vor dem Druck zu prüfen. 1996 wurde vom Bundesverband Druck und Medien der ProzessStandard Offset entwickelt, zu dem die Fogra die erforderlichen Kontrollmittel geschaffen hat und am Markt anbietet. Alle Kontrollstreifen und Testkeile werden jeweils als EPS- und TIFF-Version angeboten.

Ausführliche Informationen über den korrekten Einsatz der verschiedenen Kontrollmittel gibt:
- ProzessStandard Offset (PSO), herausgegeben vom bvdm Wiesbaden ab 2001 und jeweils aktualisiert.
- Ugra/Fogra, Beschreibung und Darstellung der Kontrollmittel im Internet und in Prospekten
- Die Altona Test Suite im Überblick

Grundsätzlich gilt heute ein Andruck, Prüfdruck oder Proof nur dann als farbverbindlich, wenn ein CMYK-Medienkeil auf dem Prüfdruck vorhanden ist. Dabei müssen die dafür vorgesehenen CIELAB-Werte im Rahmen der Toleranzen eingehalten werden. Farbabstandmessungen nach ΔE^*ab sind zur Kontrolle und als Qualitätsnachweis vom Drucker während eines Auflagendrucks regelmäßig durchzuführen.

Die CMYK-Tonwerte z. B. des Ugra/Fogra-Medienkeils basieren auf jenen der internationalen Norm ISO 12 642.

Die Soll-Werte orientieren sich an den Charakterisierungstabellen wichtiger Druckbedingungen, wie sie in der Normenfamilie ISO 12 647 verzeichnet sind.

Stand des Druckkontrollstreifens
Die Montage des Druckkontrollstreifens soll auf dem Druckbogen am Bogenende parallel zur langen Seite erfolgen. Nach DIN 16 527 ist der Druckkontrollstreifen eine eindimensionale Aneinanderreihung von Kontrollelementen für den Druck einer oder mehrerer Druckfarben. Der Kontrollstreifen ist über die gesamte Bogenbreite anzubringen.

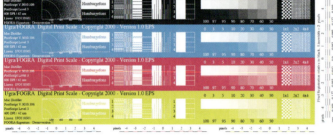

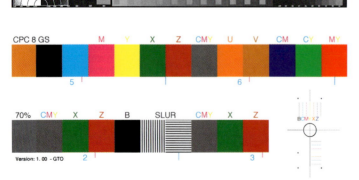

Konventioneller Druck

Beispielhafte Druckkontrollstreifen
Druckkontrollstreifen werden für alle denkbaren Prüfsituationen angeboten. Einige sollen hier genannt werden:
- Ugra/Fogra-Medienkeil CIELAB für die Kontrolle und Prüfung des Farbumfangs
- Ugra-Farbtemperatur-Indikator und Ugra-Metameriekarte zur Kontrolle der Farbabweichungen bei unterschiedlichen Lichtquellen
- Ugra/Fogra-Medienkeil CMYK als Basis für den MedienStandard Druck nach bvdm
- Ugra/Fogra-Medienkeil V 3 für die Kontrolle und Prüfung des Farbumfangs bei farbverbindlichen Prüfdrucken
- Ugra/Fogra-Digital-Druckkontrollstreifen für die Steuerung und Überwachung der Druckqualität im Offsetdruck
- Ugra/Fogra-Digitaldruck-Skala zur Qualitätsüberwachung von digitalen Drucksystemen
- Ugra/Fogra-Digital-Plattenkeil für die Druckformbelichtung
- Fogra-Nonius-Mess-Skala FNM für die Prüfung des Passers in der Druckmaschine

Gretag-Aufsichtsdensitometer für die Auswertung eines Druckkontrollstreifens

Abb.: Heidelberger Druckmaschinen

Druckkontrollstreifen – Aufbau und Funktion

Prüffeld Farbannahme
Hier werden Volltonfarben aufeinander gedruckt, um Farbannahme und Trocknungsverhalten zu überprüfen. Wenn die erste Farbe zu schnell trocknet, können die folgenden Farben nicht mehr ins Papier wegschlagen und die Drucke können wolkig werden. Dies kann densitometrisch gemessen werden.

Prüffeld Graubalance
Hier sind alle Farben übereinander gedruckt und ergeben ein Neutralgrau, wenn alle Farben gleichgewichtig gedruckt sind. Bei Abweichungen ist visuell sofort ein Farbstich erkennbar.

Prüffeld Volltonfelder
Die CMYK-Felder dienen zum Messen der Farbdichten beim Auflagendruck. Sie sollten mit den Farbdichtewerten von Andruck/Proof übereinstimmen.

Prüffeld Schieben/Dublieren
Prüffeld mit Linienelementen zur visuellen Kontrolle beim Druck. Wenn Schieben/Dublieren auftritt, werden die Felder deutlich dunkler und der Drucker kann korrigierend eingreifen.

Prüffeld Rasterprozentwerte
Mit diesen Feldern wird der Punktzuwachs beim Druck überprüft. Je nach Hersteller liegen die Prozentwerte zwischen 20–25% und 70–75%.

Prüffeld Plattenbelichtung
Durch Hochlichtpunkte und Mikrolinienfelder lässt sich überprüfen, ob die Druckplatte richtig belichtet wurde. Bei falscher Belichtung werden die Punkte zu breit bzw. sind nicht mehr sichtbar. Visuelle Kontrolle ist erforderlich.

617

9.1.13 Druckmaschinenleistungen – Berechnungen

Stundenleistungen

Die verschiedenen Druckmaschinen-hersteller geben für ihre Maschinen üblicherweise Stundenleistungen an. Diese angegebenen Stundenleistungen sind aber zu hinterfragen, da diese Werte unter optimalen Bedingungen erreicht wurden. So gibt die Heidelberger Druckmaschinen AG für die neue Speedmaster XL 75 und 105 eine Stundenleistung von 18.000 Bogen an.

Man sollte derartige Angaben in der betrieblichen Praxis als Anhalt betrachten. Innerhalb eines betrieblichen Workflows wird sich für jeden Betrieb eine typische Durchschnittsleistung ergeben, mit der ein Unternehmen seine Kalkulation durchführen und seine betriebliche Leistungsfähigkeit feststellen kann.

Druckmaschinenleistungen sind also keine absolut festen Größen, sondern ergeben sich in der Praxis aus verschiedenen Kenngrößen wie:

- Alter der Maschine
- Technischer Zustand
- Art des Druckauftrages (Vollflächen, mehrfarbiger Rasterdruck, textlastiger Einfarbendruck, Druckveredelung, ...)
- Bedruckstoff
- Qualität des Workflows
- Qualität und Können des Druckers

Leistungsberechnungen sind mathematisch nicht schwierig. Das Problem der Leistungsberechnung liegt sehr häufig in der Begrifflichkeit, der klaren Trennung der Zeiten und der sicheren Erfassung der Produktionszeiten.

Begriffe

Wir unterscheiden:

- Druckleistung je Stunde – das entspricht der Lauf- oder Druckgeschwindigkeit einer Maschine
- Druck/h – Laufgeschwindigkeit
- Einrichten – Vorbereitungsarbeit beim Einrichten einer Maschine z.B. bei einem Auftragswechsel
- Fortdruck – Druck einer Auflage nach dem Einrichten und nach der Druckfreigabe (OK-Bogen)
- Unvermeidlicher Aufenthalt – maschinen- oder drucktechnisch bedingter Aufenthalt während des Fortdrucks
- Reine Druckzeit – Druckzeit ohne Einrichten und Aufenthaltszeiten
- Durchschnittliche Druckleistung – tatsächlich erreichte Druckleistung, bezogen auf eine Stunde
- Gesamtdruckzeit – dies ist die Einrichtezeit + Fortdruckzeit
- Maximale Druckleistung – unter optimalen Bedingungen erreichbare Höchstleistung einer Druckmaschine
- Zylinderumdrehung/h – Leistungsangabe bei Rotationsmaschinen. Da bei diesen Maschinen pro Zylinderumdrehung ein Druck (= Exemplar) erfolgt, entsprechen die Zylinderumdrehungen/h üblicherweise der Laufgeschwindigkeit.
- Druckgeschwindigkeit m/s – Leistungsangabe vor allem bei Rotationsmaschinen und bei digitalen Drucksystemen. Gibt den Druckweg des Druckzylinders in m/s an.

Überblick Druckmaschinenleistungen verschiedener Druckverfahren

Druckverfahren	Maschinentyp	Maximale Leistung	Durchschnitt
Bogenoffsetdruck	Bogenmaschine	18.000 Druck/h	ca. 12.000 Druck/h
Rollenoffsetdruck	Rotationsmaschine	80.000 Druck/h	60 – 80.000 Druck/h
Rollentiefdruck	Rotationsmaschine	100.000 Druck/h	90 – 100.000 Druck/h
Siebdruck	Vollautomat	5.000 Druck/h	ca. 3.000 Druck/h
XXL-Digitaldruck	Inkjetdrucker	20 m²/h	ca. 15 m²/h
Digitaldruck (Bogen)	Festtonermaschine	8.000 Druck/h	ca. 5.000 Druck/h
Digitaldruck (Rolle)	Inkjetdruckeinheit	45.000 Druck/h	ca. 40 – 45.000 Druck/h

618

Konventioneller Druck

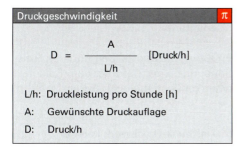

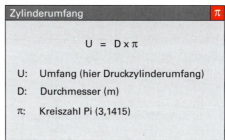

Beispielaufgabe 1

Eine 4-Farb-Offsetdruckmaschine, deren maximale Leistung bei 12.000 Druck/h liegt, benötigt zum Druck von 48.000 vierfarbigen Plakaten einschließlich eines unvermeidlichen Aufenthalts 6 Stunden.
a) Welche Durchschnittsleistung/h wurde erreicht?
b) Um wie viel Prozent liegt die Durchschnittsleistung unter der Höchstleistung der Druckmaschine?

Lösung

$$D = \frac{48.000 \text{ Druck/h}}{6 \text{ h}} = 8.000 \text{ [Druck/h]}$$

12.000 Druck = 100 %
 8.000 Druck = (100 x 8.000) : 12.000
             = 66,7 %
Die durchschnittliche Druckleistung liegt 33,3 % unter der Höchstleistung.

Beispielaufgabe 2

Eine Auflage von 720.000 einfarbigen Bogen soll in einer Einfarbenoffsetdruckmaschine in 90 Stunden gedruckt werden. In der Druckzeit sind 6 Stunden unvermeidlicher Aufenthalt bereits enthalten. Mit welcher Druckleistung/Stunde muss gedruckt werden?

Lösung

8571 Bogen Laufgeschwindigkeit/h

Beispielaufgabe 3

Die Druckgeschwindigkeit von Rotationsmaschinen aller Druckverfahren werden in Meter pro Sekunde [m/s] angegeben. Für die Berechnung der Druckgeschwindigkeit in m/s muss die Stundenleistung der Maschine und der Druckzylinderdurchmesser bekannt sein.
Errechnen Sie mit den folgenden Werten die Druckgeschwindigkeit in m/s für eine Tiefdruckrotation mit 223 mm Zylinderdurchmesser, die eine Druckleistung von 24.000 Druck/h aufweist!

Lösung

$U_{ZYLINDER}$ = 0,223 m x 3,14 = 0,70022 m

Je Zylinderumdrehung wird ein Druckweg von 0,70022 m zurückgelegt. Bei 24.000 Druck (= Umdrehungen) sind dies:

24.000 x 0,70022 m = 16805,28 m/h
1 h = 3600 s   = 16805,28 m
1 s = 16805,28/3600 = 4,6681 m/s

Die Druckgeschwindigkeit der Tiefdruckrotation beträgt 4,6681 m/s.

Schauen Sie sich die Definition der Zeitbegriffe auf der linken Seite nochmals an.

9.1.14 Aufgaben

1 Druckprinzipe kennen und zuordnen

Nennen Sie die Druckprinzipe und ordnen Sie diese den wichtigsten Hauptdruckverfahren zu.

2 Fachbegriffe nennen und erläutern

Erklären Sie:
a. IP-Druckverfahren
b. NIP-Druckverfahren

3 Druckgeschichte kennen und Zusammenhänge richtig einordnen

Wann und wo lebte Johannes Gutenberg und was hat er entwickelt?

4 Erkennungsmerkmale wissen und anwenden

Erstellen Sie eine Tabelle mit den wichtigen Erkennungsmerkmalen für die Hauptdruckverfahren.

5 Technische Merkmale des Flexodrucks darstellen

Zeichnen Sie das Schema eines Flexodruckwerkes und erläutern Sie die Verfahrenstechnik.

6 Flexodruckformen erklären

Erläutern Sie den Aufbau einer Flexodruckform und die damit verbundene Sleeve-Technologie.

7 Prinzip des Tiefdruckverfahrens erläutern

Erläutern Sie den Aufbau und das Funktionsprinzip des Tiefdrucks am Beispiel einer konventionellen Tiefdruckform.

8 Tiefdruck-Druckwerk kennen und darstellen

Erklären Sie zeichnerisch den Aufbau eines Tiefdruck-Druckwerkes.

9 Anwendungsbereiche des Tiefdrucks wissen und nennen

Für welche Druckprodukte wird das Tiefdruckverfahren hauptsächlich genutzt? Begründen Sie Ihre Darstellung!

10 Fachbegriffe des Tiefdrucks erklären

a. Ballardhaut
b. Rollenmaschine

11 Kennzeichen des Offsetdrucks wissen und beschreiben

Zählen Sie drei besondere Verfahrenskennzeichen des Offsetdrucks auf.

12 Begriffe des Offsetdrucks nennen

a. Stellen Sie den prinzipiellen Aufbau einer Einfarben-Offsetmaschine schematisch mit Hilfe einer Skizze dar.
b. Welcher pH-Wert gilt für den Offsetdruck als optimal?
c. Erläutern Sie den Begriff der Tonwertzunahme im Druck.

Konventioneller Druck

13 Kopierverfahren kennen und benennen

Erläutern Sie das Prinzip der Negativ- und Positivkopie.

14 Den Begriff ICC-Profil kennen und beschreiben

Erläutern Sie den Begriff „ICC-Profil" und seine Bedeutung für die Drucktechnik im Zusammenhang mit dem Begriff „Tonwertzuwachs".

15 Druckplattentypen und deren Verwendung nennen

Nennen Sie mögliche Einsatzgebiete für folgende Druckplatten:
a. Silberhalogenid-Platten
b. Fotopolymerplatten
c. Prozesslose Thermalplatten
d. Toray-Platten

16 Druckformoberflächen beschreiben

Zeichnen Sie die Rauigkeitsprofile für
a. mechanisch gekörnte Alu-Platte,
b. mechanisch durch Nassbürstung gekörnte Aluminiumplatte,
c. elektrochemisch aufgeraute und anodisierte Aluminiumplatte.

17 Direct-Imaging-Verfahren kennen und erläutern

Erläutern Sie den Begriff „DI" und ordnen Sie diese Technik einer bestimmten Druckmaschine zu.

18 Belichterprinzipien unterscheiden

Nennen Sie die Konstruktionsprinzipien von CtP-Belichtern.

19 Lichtquellen von Belichtern nennen

Welche Lichtquellen werden bei CtP-Belichtern verwendet?

20 Tiefdruckformen unterscheiden

Benennen Sie die Unterschiede zwischen einer konventionellen, halbautotypischen und autotypischen Tiefdruckform.

21 Elektromechanische Gravur beschreiben

Die elektromechanische Gravur ist das wichtigste Verfahren zur Herstellung einer Tiefdruckform. Beschreiben Sie diese Technologie mit Hilfe einer Skizze.

22 Flexodruckformen beschreiben

Nennen Sie die Druckformtypen des Flexodrucks und zeichnen Sie einen Querschnitt durch ein Flexoklischee.

23 Formherstellung des Siebdrucks wissen

Im Siebdruck wird zwischen konventioneller und digitaler Siebherstellung unterschieden. Erläutern Sie den prinzipiellen Unterschied.

621

9.2 Digitaldruck

9.2.1	Einführung und Überblick	624
9.2.2	Digitaldruck-Workflow	628
9.2.3	Digitaldruck-Geschäftsmodelle	632
9.2.4	Aufbau einer Digitaldruckeinheit	636
9.2.5	Elektrofotografischer Druck mit Festtoner	639
9.2.6	Elektrofotografischer Druck mit Flüssigtoner	642
9.2.7	Inkjet-Verfahren	644
9.2.8	Thermotransferdruck	651
9.2.9	Großformatiger Digitaldruck	652
9.2.10	Out-of-Home-Medien	659
9.2.11	Datenaufbereitung für den Großformatdruck	662
9.2.12	Checklisten Datenaufbereitung Großformatdruck	664
9.2.13	Digigraphie – eine neue Kunstform	666
9.2.14	Aufgaben	668

9.2.1 Einführung und Überblick

Digitaldruck

Aufkleber
Ausweise
Bildkalender
Briefbogen
Briefbogen personalisiert
Broschüren
CD-Ausstattungen
Clubkarten
Coupons
DVD-Ausstattungen
Einladungskarten
Eintrittskarten
Einzelblätter
Einzelblätter personalisiert
Exposés
Flyer gefalzt
Flyer personalisiert
Flyer ungefalzt
Kalender
Kalender-Box
Klappkarten
Klappkarten personalisiert
Kurzbriefe
Lose-Blatt-Sammlungen
Plakate
Poster
Postkarten
Postkarten personalisiert
Präsentationsmappen
Prospekte
Prospekte personalisiert
Speise-/Getränkekarten
Sticker
Streifenka...
Video-Cov...
Visitenkart...

Großformatdruck

4 ScreenClassic
Backlite
DeskWindo
Easy-Display
Exhibition Frame
Floorwindo
Laminierte Prints
Leinwand / Canvis
Leuchtkasten
Oktanorm Vario D5-S
Outdoor-Plakatpapier
Plakatständer
Plakatsysteme
Plakattaschen
Poster-Snaps
Posterprints
PVC-Banner
Quickscreen 3
Quickscreen 3G
Roll Screen Design
Roll Screen Single
Spannrahmen
Vinylfolien / Aufkleber
Werbe-Displays
WipeWindo

PPML

Personalized Print Markup Language ist das Standardformat für das Drucken personalisierter Daten in einem Digitaldruck-Workflow.

Revolution beim Drucken

Die Digitaldrucktechnologie hat die Druckindustrie revolutioniert: Sie ermöglicht kurze Produktionszeiten, den Druck personalisierter Dokumente und ist bereits in niedrigen Auflagen wirtschaftlich. Möglich wird dies durch die Übertragung digitaler Daten direkt auf den Bedruckstoff.

Die zwei wichtigsten digitalen Drucktechniken sind die Elektrofotografie und das Tintenstrahl- oder Inkjet-Verfahren.

Mit dem Digitaldruck hat sich eine völlig neue Dimension des Druckens ergeben: das wirtschaftliche Drucken einer Auflagenhöhe von einem Exemplar, die Auflage „1". Damit lassen sich Drucksachen erstellen, die von Druck zu Druck, von Seite zu Seite variable Inhalte wie unterschiedliche Texte, Bilder, Tabellen, Grafiken, Farben usw. aufweisen können. Ferner kann sequenziell gedruckt werden, also komplette Exemplare werden hintereinander gedruckt, zusammengetragen und fertiggestellt. Das erspart den enormen zeitlichen und kostenintensiven Aufwand für die sonst notwendige Weiterverarbeitung und macht schnelle wie auch kleine Auflagen ungemein wirtschaftlich und damit für viele Drucksachen ausgesprochen attraktiv. Links sehen Sie das Angebot einer Digitaldruckerei im fast schon „klassischen Digitaldruck" und im innovativen Großformatdruck. Plakate, personalisierte Postkarten und viele Out-of-Home-Medien werden hier in einer ungeheuren Breite angeboten, die für Verlage, Agenturen, Werbetreibende, Messebauer u. v. a. attraktiv sind.

Grundlagen

Beim Digitaldruck handelt es sich um Drucksysteme, bei denen Daten einer Drucksache direkt aus einem digitalen Datenbestand auf einen Bedruckstoff ausgegeben werden. Dabei entfallen traditionelle Zwischenschritte wie Film und/oder Druckplattenbelichtung sowie die üblichen Rüstzeiten einer konventionellen Druckmaschine. Durch den Wegfall sämtlicher manueller Arbeitsschritte im Workflow eines Auftrages können Änderungen an Drucksachen bis „zur letzten Minute" vor der Ausgabe durchgeführt werden.

Um ein digitales Drucksystem zu betreiben, ist eine Normschnittstelle notwendig. Die Schnittstelle muss in der Lage sein, die grafisch aufbereiteten Daten eines Personal Computers in das digitale Drucksystem zu übernehmen und auf den Bedruckstoff auszugeben. Diese Schnittstelle wird üblicherweise mit Hilfe eines PostScript-RIPs angesteuert.

PostScript ist nicht nur eine standardisierte Seitenbeschreibungssprache, die aus einer Reihe von Befehlen Fotos oder Texte als Rasterseite (Bitmap) aufbaut. PostScript ist auch eine Programmiersprache. Damit können Programmierer Ausgabegeräte wie Laserdrucker oder Digitaldruckmaschinen auf die Verwendung von PostScript-Signalen optimieren.

Mit Hilfe von PostScript und PPML lassen sich nahezu alle Aufgaben, die in der Layout- und Grafikbearbeitung vorkommen, lösen und auf jeder Ausgabeeinheit ausgeben. Um ein Bild oder eine Textseite aus einzelnen Rasterzeilen aufzubauen, muss jedes Signal, das der Rechner der Digitaldruckeinheit in der Eingabe entgegennimmt, so interpretiert werden, dass daraus entsprechende Anweisungen berechnet werden. In

Digitaldruck

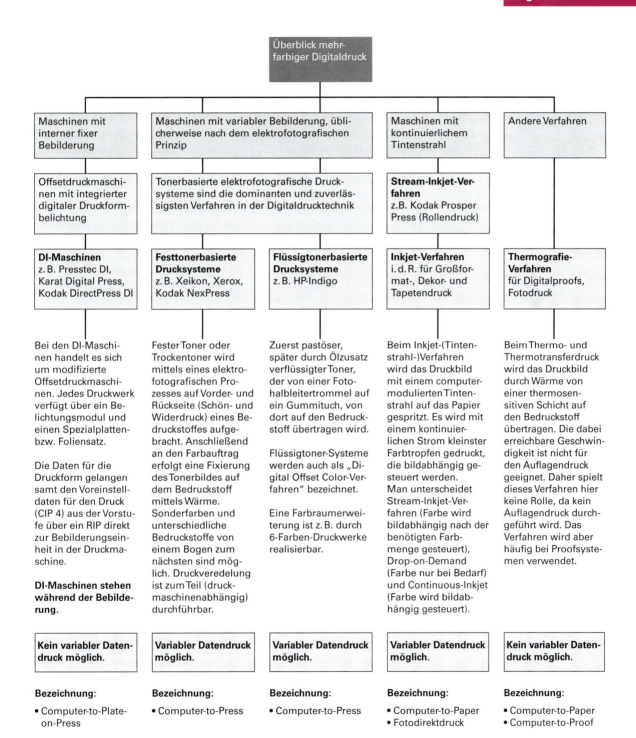

Band II - Seite 491
8.3 Variabler Datendruck

Printing-on-Demand
Drucken auf Abruf aus einer Datenbank. Die Abrufdatei wird als „Demand File" bezeichnet.

Book-on-Demand
Drucken eines Buches auf Abruf aus einer Datenbank. Ein derartiges Buch kann individuell zusammengestellt und personalisiert sein. Siehe auch unter www.bod.de

Web-to-Print
- Bestellung via Internet
- Schnelle Drucke oder Nachdrucke
- Just-in-Time-Printing
- Template-basierter Digitaldruck

möglichst knapper Form und auf mathematisch einwandfreie Weise muss die errechnete Information eines Bildes oder Textes auf den dynamischen Druckzylinder und von dort durch Farbe (Toner) auf den Bedruckstoff übertragen werden.

Das Spektrum digitaler Drucksysteme, die die obige Beschreibung erfüllen, ist breit: Vom einfachen S/W-Laserdrucker für die Heim- oder Bürokommunikation über unterschiedliche Hochleistungskopierer bis zu digitalen Farbdrucksystemen reicht hier die Angebotspalette.

Dynamischer Zylinder
Wichtigstes Merkmal digitaler Drucksysteme und eine der entscheidendsten Stärken ist der „dynamische Druckzylinder". Darunter wird die Fähigkeit digitaler Drucksysteme verstanden, bei jeder Zylinderumdrehung ein geändertes oder neues Druckbild zu erstellen und auf den Bedruckstoff auszugeben. Durch diese Fähigkeit ergeben sich im Vergleich zu den traditionellen Druckverfahren völlig andersartige Produktions- und Anwendungsbereiche wie z. B. 1:1-Marketing.

Sequenzielles Drucken
Bei einem Prospekt mit 40 Seiten und einer Auflagenhöhe von 100 Exemplaren wird im traditionellen Offsetdruck der erste Bogen 100-mal gedruckt, danach der Bogen 2, Bogen 3 usw. Nach dem Druck aller Bogen bzw. Seiten werden diese in der richtigen Reihenfolge zusammengetragen, beschnitten und gebunden.

Der Digitaldruck arbeitet diesen Auftrag in sequenzieller Reihenfolge ab. Das bedeutet, dass die Seiten 1 bis 40 des Prospektes 1 nacheinander gedruckt werden, dann die Seiten 1 bis 40 des Prospektes 2 usw. Wesentliches Merkmal dieser Art der Drucksachenproduktion ist die Auflagengröße 1. Ein Druckprodukt wird also in einer Auflage von einem Exemplar vollständig hergestellt. Dies ist nur möglich durch einen dynamischen Druckzylinder, der in der Lage ist, bei jeder Zylinderumdrehung aus dem vorhandenen Datenbestand ein neues Druckbild abzurufen und auf einen Bedruckstoff zu übertragen.

Personalisiertes Drucken
Weiteres Merkmal des Druckens mit variabler Bebilderung ist das personalisierte Drucken. Darunter versteht man das Herstellen von Drucksachen mit Hilfe einer Datenbank. Jedes erstellte Druckprodukt kann eine individuelle Ausprägung erhalten. Dabei kann die Individualisierung durch einen vollständigen Austausch einer Seite erfolgen oder es kann nur ein Teil einer Seite verändert werden.

Im einfachsten Fall einer Personalisierung handelt es sich um den Austausch von Adresse und Anrede. Bei aufwändigeren Anforderungen müssen ganze Textgruppen mit Bildern und Grafiken verändert werden. Wird z. B. der Kunde eines Kaufhauses mit Hilfe eines personalisierten Prospektes persönlich beworben, wird er sich direkt angesprochen und in seinem „Wert" gesteigert fühlen. Vielleicht lässt er sich auch noch zu einem Kauf überreden – dann hätte sich die personalisierte Drucksache gelohnt. Näheres dazu lesen Sie bitte im Kapitel 8.3 *Variabler Datendruck*.

Printing-on-Demand
Der Druck auf Bestellung (= Printing-on-Demand) kann in unterschiedlichen Varianten erfolgen: Ein Verlag erstellt eine Vorab- oder Probeauflage zu einer Autorenlesung oder einer Marketingaktion; beim Bau eines Automobils wird

Digitaldruck

nach der Teile- und Zubehörliste des Wagens eine exakt zum Produkt passende Bedienungsanleitung geliefert. Diese Bedienungsanleitung existiert in dieser Form nur in der Auflage 1.

Der digitale Bücherdruck bedient mit kleinen Auflagen große Zielgruppen – und ist erfolgreich. Verlage nutzen das Druckverfahren ohne Auflagenrisiko für Rezensionsexemplare, wissenschaftliche Publikationen oder den Nachdruck vergriffener Bücher. Autoren umgehen damit die Instanzen der Verlage.

Ist Printing-on-Demand (PoD) für Verlage lediglich eine – bei Kleinauflagen bis 1000 Exemplare – kostengünstige Alternative zum Offsetdruck, so finden verlagsungebundene Autoren durch das neue Verfahren eine preiswerte und unkomplizierte Möglichkeit zu publizieren: Von Lyrikern über Märchenautoren und Comiczeichner bis hin zu Selbsthilfegruppen, Vereinen und Bürgerinitiativen kann dank Digitaldruck jeder, der schreibt, sein Werk veröffentlichen.

Ein weiterer Aspekt des Druckens auf Bestellung ist das „Book-on-Demand". Ein vom Leser gewünschtes Buch wird erst nach Eingang der Bestellung aus dem beim Verlag vorhandenen Datenbestand gedruckt, gebunden und verschickt. Lagerhaltung und die damit verbundenen Kosten entfallen. Denkbar wäre auch, dass sich ein Leser sein Buch nach persönlichen Wünschen zusammenstellt. Grundlage all dieser Möglichkeiten ist das richtige Zusammenwirken von Text, Bild, Datenbank, RIP und Digitaldrucksystem.

Zusammenfassende Merkmale des Digitaldrucks

- Auflagenhöhe ab 1
- Einsatz digitaler Technologie
- Personalisiertes Drucken
- 1:1-Marketing
- Drucken nach Bedarf
- Vorausdrucke, Probekapitel u. Ä.
- Kleine Auflagen in S/W und Farbe
- Keine analoge Produktion
- Sequenzielles Drucken
- Datenbankanwendungen
- Dynamische Druckzylinder
- Variable Bebilderung
- Tonerbasierte Druckfarben
- Computer-to-Press-Verfahren
- Proofs i. d. R. ohne Sonderfarben

BoD

Books on Demand als erfolgreiche Idee bietet einen umfassenden Service für Buchautoren, Studenten, Doktoranten usw., um Publikationen schnell und preiswert in kleinen Auflagen herzustellen. Die Abbildung zeigt die Kalkulationsseite.

Buch&Media

Die Schatzkiste bietet Kinder- und Jugendbücher auf Abruf an.

627

9.2.2 Digitaldruck-Workflow

Band I - Seite 873
11.3 Workflow

Band II - Seite 572
9.1.8 Offsetdruck

Der Digitaldruck ist von der druckmaschinentechnischen Seite betrachtet ein langsames Drucksystem. Klassische Bogenoffsetmaschinen weisen deutlich höhere Druckleistung/Stunde auf als digitale Drucksysteme.

Eine Betrachtungsweise, die sich ausschließlich auf die reine Druckleistungswerte/Stunde reduziert, greift zu kurz. Nach aktuellen Berechnungen verschiedener Druckmaschinenhersteller lohnt sich der Druck eines Auftrages im Digitaldruck im DIN-A3-Überformat etwa bis zu einer Druckauflage von 800 bis 1000 Bogen. Ist die Druckauflage höher, erreicht der Digitaldruck eine kritische Auflagenhöhe und die Auftragsabwicklung im Bogenoffsetdruck wird zeit- und kostengünstiger.

Woran liegt dies? In erster Linie muss hier immer der Gesamtprozess der Drucksachenherstellung betrachtet werden. Der Unterschied zwischen dem Bogenoffsetdruck und dem Digitaldruck wird mit den unten stehenden Workflow-Abbildungen verdeutlicht. Der Bogenoffsetdruck weist deutlich mehr Prozessschritte auf, um zu einem vergleichbaren Druckergebnis zu gelangen, als der Digitaldruck. Dies führt dazu, dass der Gesamtprozess zur Erstellung eines Druckproduktes im Digitaldruck deutlich beschleunigt werden kann, da insgesamt weniger zeit- und kostenintensive Prozesse anfallen. Erst wenn der eigentliche Druckprozess einen sehr hohen Zeitanteil am Gesamtprozess einnimmt, wird der Bogenoffsetdruck, trotz der höheren Zahl der Prozessschritte günstiger, da die Bogenoffsetmaschinen eine höhere Druckleistung erreichen und die höhere Druckauflage dadurch deutlich schneller gedruckt ist.

Die Frage, ab welcher Auflage der Digitaldruck kostengünstiger ist als der Offsetdruck, stellt sich nur für einen

Workflow Offsetdruck

Die schematische Darstellung zeigt den Arbeitsablauf für den Bogenoffsetdruck.

Für die Weiterverarbeitung ist die Inhouse-Weiterverarbeitung als Standardweg dargestellt. Alternativ dazu ist die Weiterverarbeitung in einem Fremdbetrieb durch die punktierte Linie angegeben.

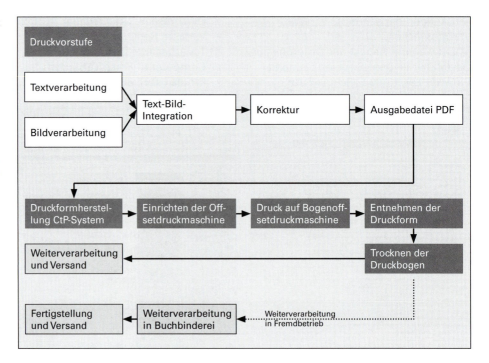

628

Digitaldruck

Teil des Drucksachenspektrums, da ein großer Teil der Digitaldruckaufträge im Offsetdruck grundsätzlich nicht herstellbar ist und daher ein Vergleich nicht sinnvoll angestellt werden kann. Als Beispiel können hier alle personalisierten Drucksachen mit ständig wechselnden Inhalten genannt werden, die ausschließlich durch den Digitaldruck mit dynamischem Druckzylinder erstellt werden können. Der dazu gehörende Wortflow ist auf der folgenden Seite 630 dargestellt.

Ebenso sind Vorabdrucke, Prüfdrucke, Einzelanfertigungen, Vorausauflagen und Ähnliches nur durch den Digitaldruck kostengünstig, schnell und in guter Qualität herzustellen. Da der Digitaldruck ab dem ersten Druck in einer hohen Qualität produziert, sind alle Demand-Drucksachen (Druck auf Abruf) ausschließlich hier anzusiedeln und finden keine Entsprechung im Offsetdruck.

Zudem ist das weite Feld der Out-of-Home-Medien erst durch den Digitaldruck möglich geworden. Diese Medien lassen im einen oder anderen Fall einen Zeit- und Kostenvergleich mit den klassischen Durchdruckverfahren (Siebdruck) zu, aber nicht mit dem Offsetdruck.

Unabhängig von den zu erstellenden Medien entspricht der grundsätzliche Digitaldruck-Workflow dem unten dargestellten Ablauf. Dabei ist die Besonderheit zu berücksichtigen, dass die Out-of-Home-Medien häufig direkt vor Ort fertiggestellt werden müssen. Das Bekleben einer Lokomotive oder eines Linienbusses, das Anbringen eines Blow-ups an der Fassade eines Kaufhauses oder die Installation von Light-Postern in den ICEs der Bahn erfordern werbetechnisches Wissen und Können, das mit den Mitteln der Buchbinderei nicht zu vergleichen ist, da völlig andere

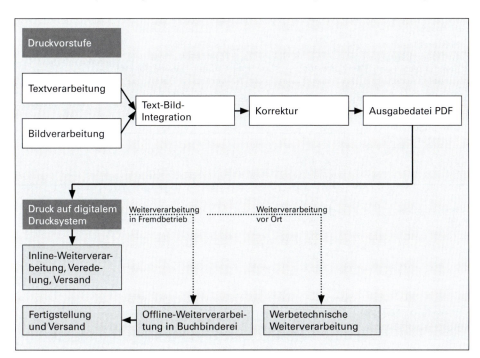

Workflow Digitaldruck

Die schematische Darstellung zeigt den Arbeitsablauf für den Digitaldruck.

Für die Weiterverarbeitung ist die Inline-Weiterverarbeitung als Standardweg dargestellt. (Inline-Weiterverarbeitung erfolgt direkt an der Digitaldruckmaschine.) Alternativ dazu ist die Weiterverarbeitung in einem Fremdbetrieb oder in der eigenen Buchbinderei durch die punktierte Linie angegeben. Es ist deutlich erkennbar, dass dieser Workflow weniger Stationen aufweist als der Workflow für den Offsetdruck.

629

Band II - Seite 153
2.4 Datenbanken

Band II - Seite 491
8.3 Variabler Datendruck

Band II - Seite 514
8.3.5 Planung variabler Drucke

und zum Teil sehr komplexe Aufgabenstellungen bewältigt werden müssen.

Workflow variabler Digitaldruck
Die unten stehende Workflowdarstellung verdeutlicht den prinzipiellen Ablauf für die Herstellung eines individualisierten oder personalisierten Druckproduktes. Der korrekte Begriff für diese Art des Druckens lautet „variabler Digitaldruck" oder „variabler Datendruck". Im Gegensatz zu anderen Druckverfahren kann ein Digitaldrucksystem durch den dynamischen Druckzylinder während der Laufzeit Inhalte von Druck zu Druck beliebig oft ändern, erweitern oder auch weglassen. Selbst völlig unterschiedliche Druckprodukte mit unterschiedlichen Formaten und Seitenumfängen können produziert werden, ohne dass das Drucksystem die Folge des Druckens unterbricht. Dadurch bleiben die Stückkosten für einen Druck unabhängig von der Auflage immer gleich.

Die unten stehende Darstellung verdeutlicht, im Vergleich zum grundlegenden Digitaldruck-Workflow auf Seite 629, dass grundsätzliche Prozesse anders in den Workflow integriert werden:
- Planen und Anlegen von Masterdokumenten mit festen und variablen Datenfeldern
- Erstellen von PDF-Masterdokumenten mit variablen Feldern für die Datenzusammenführung
- Anlegen, Verwalten und Aufbereiten von Text- und Bilddaten aus einer Datenbank für das Einfügen in die variablen Datenfelder des Masterdokumentes.

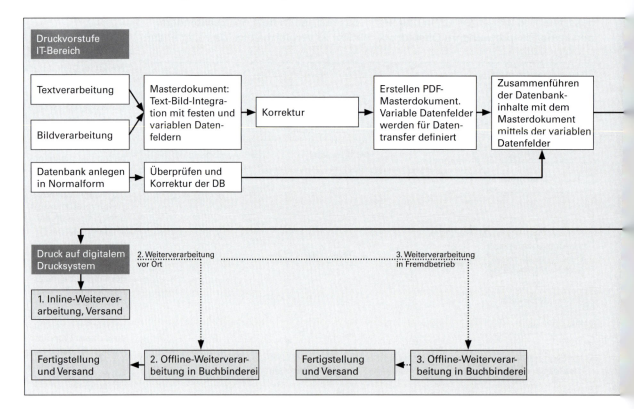

Digitaldruck

- Kontrolle der individualisierten Druckdaten z.B. mittels Vorschaufunktion, um sicherzustellen, dass tatsächlich korrekt zusammengestellte Datensätze gedruckt werden.
- Beim Druck mit variablen Daten ist es oftmals sinnvoll, die exportierten Einzeldateien eines Auftrages auszuschießen. Die individualisierten Datensätze liegen üblicherweise im PDF-Format vor und können weitgehend automatisiert so ausgeschossen werden, dass sich die Druckformate der Digitaldruckmaschinen optimiert ausnutzen lassen.

Die Prozesse nach dem Druck auf dem digitalen Drucksystem sind grundsätzlich vergleichbar mit dem Digitaldruck aus festen Daten. Der Unterschied liegt vor allem darin, dass durch den variablen Datendruck individualisierte Drucksachen erstellt werden. Der gesamte Bereich der Out-of-Home-Medien fällt aus dieser Produktionskonstellation heraus.

Das Problem dieses Workflows ist in der Darstellung auf den ersten Blick nicht erkennbar: die Datenbank und deren Erstellung. Diese wird oft von den Kunden des Digitaldruckdienstleisters z.B. in Form von Adressdatenbanken oder Katalogdatenbanken erstellt. Das Integrieren der Text- und Bilddaten in den Workflowprozess muss daher sehr genau abgesprochen und möglichst getestet werden. Datenbankaufbau und Ausgabe der Datenbankinhalte sowie die Steuerung der Daten im Workflowprozess bedürfen der genauen Absprache zwischen den beteiligten Partnern.

Leistungs- und Qualitätsmerkmale von digitalen Bogendrucksystemen

Da die Systeme doch einem schnellen Wandel unterworfen sind, verweisen wir Sie hier auf eine entsprechende Internetseite zum Thema:

www.publisher.ch
> Dossiers
> Digitaldruck
> Musterordner Digitaldruck
> Musterdrucke Digitaldruck
> Large Format Printing

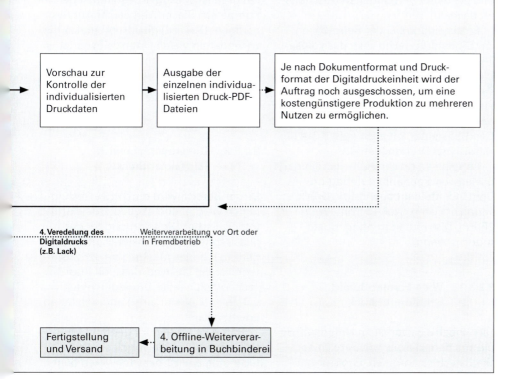

Workflow variabler Datendruck

Die schematische Darstellung zeigt den prinzipiellen Arbeitsablauf für individualisierte Digitaldrucke mittels Datenbank. Es wird deutlich, dass hier mehrere Prozesse parallel angelegt sind, die genau aufeinander abgestimmt werden müssen.

Für die Weiterverarbeitung ist die Inline-Weiterverarbeitung als Standardweg dargestellt. (Inline-Weiterverarbeitung erfolgt direkt an der Digitaldruckmaschine.) Alternativ dazu ist die Weiterverarbeitung in einem Fremdbetrieb oder in der eigenen Buchbinderei durch die punktierte Linie angegeben.

631

9.2.3 Digitaldruck-Geschäftsmodelle

Band II - Seite 639
9.2.5 Elektrofotografischer Druck mit Festtoner

Band II - Seite 642
9.2.6 Elektrofotografischer Druck mit Flüssigtoner

Band II - Seite 652
9.2.9 Großformat Digitaldruck

Band II - Seite 623
9.2 Digitaldruck

Sie finden die hier nicht erläuterten Schlagworte im Index

Der Markt der Digitaldruckmaschinen bietet die unterschiedlichsten Technologien für die verschiedensten Druckaufträge an. Der Überblick auf Seite 624 zeigt dies bereits deutlich. Aber das Angebot an digitalen Drucktechnologien muss noch differenzierter betrachtet werden. Wir unterscheiden:
- Wide-Format-Bereich (Inkjet-Plotter)
- Dokumentenbereich (Einzelblattdrucker, tonerbasiert)
- Endlosbereich (Hochleistungsendlosdrucker, tonerbasiert)
- Zeitungsbereich (Elektrofotografie, tonerbasiert) im Endlosbereich, Duplexdruck

Die vier grundlegenden Druckmaschinensysteme, die mit entsprechenden Maschinenbeispielen auf den folgenden Seiten abgebildet sind, verdeutlichen die entsprechenden Einsatzgebiete und die damit verbundenen Geschäftsmodelle.

Entscheidend bei der Betrachtung der Digitaldrucktechnik ist, dass diese Technologie in aller Regel keine Konkurrenztechnologie zum Offsetdruck darstellt. Die Digitaldrucktechnologie ist eine Erweiterung für die Kommunikationsindustrie und eröffnet andere, neue Geschäftsfelder, oft auch außerhalb der klassischen Druckindustrie.

Es seien an dieser Stelle nur einige Schlagworte genannt: Printing-on-Demand, Kleinauflagendruck, Druck variabler Daten, Web-to-Print (Web2Print), Distributed printing, Customized printing.

9.2.3.1 Wide-Format-Bereich Großformatdruck

Hier finden sich vor allem Unternehmen, die aus dem klassischen Bereich der Werbetechnik kommen. Großformat-

drucke, Werbebanner, so genannte Out-of-Home-Medien, werden mit diesen Großformatdruckern gefertigt. Dieser Bereich des früheren Berufes des Werbetechnikers wurde durch die Digitaldrucktechnik komplett umgestaltet und wir finden hier viele Mediengestalter beschäftigt. Ebenso hat der Siebdruck einen Teil seiner Aufträge an den Digitaldruck abgeben müssen.

Die Drucktechnologie basiert hier in aller Regel auf einem qualitativ hochstehenden Tintenstrahlprinzip. Es werden in vielen Großformatdruckern mehr als vier Farben zum Druck eingesetzt, die üblicherweise eine hohe Lichtechtheit und Wetterbeständigkeit aufweisen müssen.

Die Befestigungstechnik für die großen Drucke auf Fahrzeugen, an Hauswänden, Sportstadien, Messehallen usw. ist wichtiger Bestandteil der Kompetenz dieser Werbetechnikunternehmen. Dieser Digitaldruckbereich hat, wie jeder an vielen Orten selbst erleben kann, einen ungeheuren Aufschwung genommen – und zwar als eigenständige Erweiterung zur klassischen Printwerbung.

9.2.3.2 Dokumentenbereich (Einzelblattdrucke)

Dieser Bereich wird durch zwei Technologien weitgehend abgedeckt: elektrofotografischer Digitaldruck oder der flüssigtonerbasierte Inkjet-Digitaldruck. Entscheidendes Merkmal beider Systeme ist die Tatsache, dass mit diesen Technologien jeder Druck durch den variablen Zylinder einen anderen Inhalt erhalten kann.

Damit ist Tür und Tor geöffnet für Geschäftsfelder, die vor dieser Drucktechnologie nicht bekannt waren oder

Digitaldruck

einschränkend gesagt, nur mit einem hohen Kosten- und Zeitaufwand realisierbar waren.

Printing-on-Demand (Book-on-Demand)
- Auflage: Es ist jede beliebige Auflage ab Auflage 1 auf Abruf möglich.
- Just-in-Time-Druck: Gedruckt werden Bücher, Prospekte, Handbücher u.Ä. immer dann, wenn das Druckprodukt benötigt bzw. abgerufen wird und einen Abnehmer oder Käufer hat.
- Inhalte: Keine veralteten Werke mehr, da der Inhalt bei Bedarf jederzeit angepasst und mit aktualisierten Informationen gedruckt werden kann.
- Lagerhaltung und Kapitalbindung: Es müssen keine gedruckten Auflagen bei hohem Raumbedarf gelagert werden. Dadurch entstehen geringere Lager- und Versandkosten. Die Kapitalbindung durch Materialien ist hier insgesamt niedrig. Aber: Die Demand-Files (Abruf-Daten) müssen sicher „gelagert" werden.

Customized Printing
- Inhalte: Jedes ausgegebene Exemplar kann zum nächsten Exemplar verändert werden oder auch von Auflage zu Auflage. Es kann die Sprache, Inhalt, Seitenanzahl oder die Seitenreihenfolge verändert werden.
- Zielgruppenspezifische Ansprache: Es können leserspezifische Informationen individuell in die Publikationen integriert werden – z.B. aktuelle Börsendaten, Lesernamen oder ein ganz persönlicher Bezug wie bei individualisierten Kinderbüchern.
- Zielgruppenspezifische Aufbereitung: Drucke für besondere Events mit größerer oder anderer Schrift, nur Werkauszüge, zielgruppengerechte Bildauswahl.
- Lagerhaltung und Kapitalbindung:

Xerox 8256 Großformatdrucker
(Wide-Format-Printer)

HP-Indigo-Press-5000 – Schemadarstellung
(Dokumentendrucker)

Siehe bei Printing-on-Demand. Der Aufwand bei der Datenhaltung, z.B. bei mehrsprachigen Werken, ist höher und komplexer.

Distributed Printing
- Verfügbarkeit und Datenhaltung: Druckprodukte werden an zentralen Orten erstellt, aktualisiert, an den Bedarf der Zielgruppe auch sprachlich angepasst. Gedruckt wird nach dem Versand der Daten an beliebigen Orten zu beliebiger Zeit mit geeigneten Drucksystemen. Große Konzerne

Digitaldruckmaschinen
Abb.: Oben: Xerox Presseservice
Unten: HP Presseservice

Band II - Seite 475
8.2 Web-to-Print

Band II - Seite 491
8.3 Variabler Datendruck

Band I - Seite 337
3.4.5 Zeitungsgestaltung

1:1-Marketing mit dem Endlosdruck

Digitale Endlosdruckmaschinen sind in der Lage, personalisierte Drucke zu erstellen. Daher sind mittels Endlosdruck zielgruppengenaue Werbeaktionen sowohl im klassischen 1:1-Marketing als auch im Zeitungsmarketing durch individualisierte Zeitungen bzw. Zeitungsbeilagen möglich.

oder Reiseveranstalter liefern so ihre Drucksachen weltweit digital in einheitlichem Design aus. Nachdrucke, Speicherung und Aktualisierung erfolgt auf elektronischem Wege, die realen Nachdrucke oder Probedrucke sind überall und jederzeit abrufbar.

- Internationalisierung: Versand der Seiten in standardisiertem PDF-Format ist weltweit möglich. Der Druck erfolgt am Ort der Verwendung der benötigten Drucksachen in der erforderlichen Auflage.
- Mehrfachverwendung von Daten: Digitaldruckdaten können zur Herstellung elektronischer Datenträger genutzt werden. Wird aus Datenbanken produziert, kann für Print- und Digitalmedium eine gemeinsame Datenbasis verwendet werden.
- Produktion und Kosten: Produktion der Seiten und deren Druck können räumlich absolut getrennt erfolgen und Lagerhaltung, Versand- und Transportkosten werden erspart.

Online-Publishing

- Verfügbarkeit: Wird über das Internet angeboten. Als Online-Publishing wird alles elektronische Publizieren bezeichnet, das über das Internet angeboten und abgewickelt wird. Online-Publishing umfasst allgemein einen großen Bereich wie z.B. elektronische Zeitschriften, Newsletter oder eBooks.
- Zu den Online-Publishing-Angeboten, die zum Bereich des Digitaldrucks in direkter Beziehung stehen, gehören alle Web-to-Print-Anwendungen. Nähere Informationen lesen Sie dazu im Kapitel 8.2 *Web-to-Print*.

Personalisiertes Drucken

- Inhalte: Drucksachen werden mit Text und/oder Bild individualisiert, das

heißt direkt auf die Bedürfnisse einer Person zugeschnitten.

- Marketing: 1:1-Marketing. Damit werden Zielgruppen sehr direkt angesprochen und maßgeschneiderte Angebote auf eine Einzelperson sind, individuell in einer personalisierten Datei zusammengestellt, möglich.
- Datenvoraussetzung: Gut strukturierte Datenbank, die es erlaubt, Zielgruppendaten trennscharf auszulesen und für den Druck entsprechend zu nutzen.
- Druck und Versand: Druck erfolgt auf Digitaldruckmaschine mit anschließendem, zumeist automatisiertem Versand an die Zielgruppe.
- Prinzipiell kann man personalisiertes Drucken auch elektronisch nutzen, um z.B. personalisierte PDFs zu erstellen, die dann verschickt werden.

9.2.3.3 Endlosbereich (Endlosdrucke von der Rolle)

Im Endlosdruck kennen wir wie im Dokumentendruck mit Einzelblättern zwei grundsätzliche Drucksysteme: Inkjet-Maschinen und tonerbasierte Drucksysteme. Der große Vorteil vom Inkjet ist eindeutig in der Produktionsleistung zu sehen. Im elektrofotografischen Druck liegen wir derzeit (2010) mit den schnellsten Maschinen bei ca. 1400 DIN-A4-Seiten pro Minute. Inkjet-Systeme bieten eine ca. 40% höhere Leistung an.

Der Endlosdruck ist zu einem hohen Prozentsatz durch S/W-Aufträge gekennzeichnet, die auf Duplexmaschinen gedruckt werden – also digitalen Druckmaschinen, die die Vorder- und Rückseite gleichzeitig bedrucken.

Eine der interessantesten Entwicklungen im Endlosdruck ist derzeit beim Druck von überregionalen Tageszei-

Digitaldruck

tungen zu beobachten. Hier gilt: Es gibt nichts Älteres als eine Zeitung von gestern. Zeitungen müssen daher schnell beim Leser sein. Wenn möglich überall zur gleichen Zeit. Es ist an großen Flughäfen bereits möglich, ausländische Zeitungen „auf Abruf", also „on demand" zu kaufen. Der Ausdruck erfolgt dann zumeist auf einem Laserdrucker und sieht nicht nach Zeitung aus.

Was nicht aussieht und sich nicht anfühlt wie eine Zeitung, ist für den Leser keine! Papierqualität und Format sind ein wesentliches Merkmal einer Zeitung. Dies ist für den digitalen Rollendruck kein Problem. Es können Zeitungspapiere von der Rolle verdruckt werden. Die digitalen Vorlagen werden von der Redaktion aktuell an die verschiedenen Druckorte verschickt. Daher können kleinere Auflagen dezentral nach Bedarf gedruckt werden (Distributed Printing mit Endlosdruckmaschinen bis 48 Seiten).

Digitaler Zeitungsdruck eignet sich daher speziell für zeitkritische Teilauflagen von Tageszeitungen an unterschiedlichen Orten. Die Vorteile des digitalen Zeitungsdrucks werden beim dezentralen Druck und den damit reduzierten Versandkosten deutlich. Wenn Daten an unterschiedlichen Orten an Digitaldruckmaschine gedruckt werden, ist dies kostengünstiger und schneller als bei einer lokalen Offsetdruckproduktion.

Alle hier abgebildeten digitalen Rollendruckmaschinen sind für diese Produktionsart geeignet. Die OCE-Variostream Rollendruckmachine ist eine S/W-Duplexmaschine, die durch so genannte Quick-Change-Developer-Stationen (QCDS) auf den Mehrfarbendruck umgestellt werden kann.

Die Weiterverarbeitung erfolgt online, also nach dem Druck wird das Produkt sofort versandfertig aufbereitet.

OCE-Variostream 9000 – Endlosducker
(Digitale Rollendruckmaschine)

Xerox-Docuprint 1050MX – Endlosducker
(Digitale Rollendruckmaschine)

Kodak Stream-Inkjet-Prosper-Press
Inkjet-Rollendruckmaschine für Buch- und Zeitungsdruck

Digitaldruckmaschinen
Abb.: OCE, Xerox und Kodak

9.2.4 Aufbau einer Digitaldruckeinheit

Xeikon Frontend X-800 ❶

Moderne Digitaldruckmaschinen sind JDF-fähig und können in Workflownetze integriert werden. Durch Print Engines können PostScript, PDF, PPML sowie JDF- und XML-basierte Job-Tickets verarbeitet werden.

www.xeikon.com

Xeikon 6000

Digitaldruckmaschine mit deutlicher Trennung der einzelnen Funktionseinheiten

Abb.: Xeikon

Der Aufbau einer Digitaldruckmaschine soll am Beispiel einer Xeikon dargestellt werden. Prinzipiell lässt sich dies auf andere Systeme übertragen.

Bedienungseinheit ❶
Die Bedienungseinheit z.B. Xeikon X-800 besteht aus einer Print-Engine mit Bedienungscomputer, durch den die Maschine gesteuert wird. An einem PC wird von einem Layoutdokument eine PDF-Datei mit entsprechendem Profil angefertigt, in der die spezifischen Eigenschaften zum Druck auf der Digitaldruckmaschine festgehalten sind.

Wenn die PDF-Datei richtig erstellt wurde, wird am RIP z.B. die Seitengröße des Dokumentes eingestellt, die Lage auf dem Papier (Hoch- oder Querformat, Ausschießen). Außerdem wird die Auflagenhöhe angegeben, die Farbführung und die Angaben, wie die Weiterverarbeitung erfolgen soll usw.

Die Benutzeroberfläche des Computers, der die Druckmaschine steuert, ist komplex. Von hier aus kann man nahezu alle Funktionselemente der Maschine kontrollieren und ansteuern. Alle wichtigen Parameter wie z.B. Tonerzufuhr, Spannungen an den Trommeln oder Luftfeuchtigkeit in der Maschine können auf dem Bildschirm abgelesen oder abgefragt werden. Gleichzeitig kann der Operator auch Veränderungen dieser Parameter zur Steuerung der Druckqualität vornehmen. Der Printoperator ruft am Monitor mit entsprechenden Befehlen die zu druckenden Dateien auf.

Papiereingabe ❷
Die Papiereingabe erfolgt in der Beispielmaschine von der Rolle (bei anderen Maschinen ist die Zufuhr von Bogenware möglich). Nach der Papiereingabe folgt eine Papierkonditionierung. Hier wird der Feuchtigkeitsgehalt des Papiers mit beheizten Walzen reduziert bzw. mittels Feuchtsensoren eingestellt. Danach wird die Papierbahn für den Druck auf etwa 20°–22°C temperiert.

Druckeinheit ❸
Im Druckturm befinden sich zehn elektrofotografische Druckeinheiten für den Druck auf die Vorder- und Rückseite des Papiers. Es können die Skalenfarben nach CMYK und eine Sonderfarbe

636

Digitaldruck

gedruckt werden. Die Farben sind in der Druckreihenfolge wie folgt angeordnet:
- Sonderfarbe
- Gelb (Yellow)
- Cyan
- Magenta
- Schwarz (Black, Kontrast)

Die Sonderfarbe kann als zusätzliche Farbstation ausgerüstet werden.
An jeder Trommel ist eine Reinigungseinheit (Cleaning) und eine Entwicklungseinheit (Developer) angebracht.

Nach dem Druck befindet sich der Toner noch unfixiert auf der Papierbahn und muss in der nachfolgenden Fixiereinheit ❹ verfestigt werden.

Fixiereinheit ❹
Die Fixierung des Toners findet kontaktlos statt. Die Papierbahn wird mit langwelligem Infrarotlicht bei einer Temperatur von etwa 250 °C bestrahlt. Dadurch wird das Tonerbild auf der Bedruckstoffoberfläche verankert bzw. „ins Papier gebrannt". In der nachfolgenden GEM-Station wird der Glanz des Druckes beeinflusst. Das GEM-Modul arbeitet nach dem Prinzip der Heißkalandrierung zur Erzielung eines Glanzeffektes bei einer hohen Farbsättigung. Dies ist allerdings nur mit Papieren möglich, die eine Digitaldruckeignung aufweisen. Danach wird die Papierbahn auf eine Ausgabetemperatur von etwa 40°C heruntergekühlt.

Digitaldruckmaschinen können üblicherweise Papiere von etwa 60 g/m^2 bis 250 g/m^2 verarbeiten.

Ausgabeeinheit ❺
Nach der Fixiereinheit wird die Bahn in den Papierschneider geführt, wo das Papier quer zur Laufrichtung auf Format geschnitten wird. Die geschnittenen Bogen gelangen auf einen so genannten „Rüttler". Da im Digitaldruck die Bogen elektrostatisch aufgeladen sind, „kleben" die einzelnen Blätter aneinander, was zu erheblichen Schwierigkeiten beim Aufstoßen des Papierstapels führen kann. Abhilfe schafft hierbei eine zusätzliche Ionisierung des Papiers. Ausgabeeinheiten bei Digitaldruckmaschinen sind üblicherweise sehr flexibel zusammenzustellen. Je nach Produktionspalette können die bedruckten Papiere wieder auf eine Rolle ausgegeben werden. Ebenso besteht

GEM = Gloss Enhancement Module

Darunter wird eine Kombination aus Walzen zur Verbesserung des Glanzes in Digitaldrucksystemen verstanden. Digitale Drucksysteme von IBM, Xeikon und Xerox haben als Druckergebnis auf glänzend gestrichenen Papieren ein deutlich mattes Druckbild. Um diesen optischen Nachteil in der Druckqualität, vor allem gegenüber dem Offsetdruck auszugleichen, wird in den Drucksystemen dieser Hersteller das „GEM" eingesetzt.

Xeikon 5000

❷ = Papierversorgung für Rollenpapier
❸ = Druckeinheit mit Papiereinzug und den Farben Sonderfarbe, Yellow, Cyan, Magenta und Schwarz für Schön- und Widerdruck
❹ = Fixiereinheit für Vorder- und Rückseite
❺ = Ausgabeeinheit mit Querschneider und Zusammentrag-Einrichtung

Abb.: Xeikon

637

Schema Xeikon 500

❷ = Papierversorgung für Rollenpapier
❸ = Druckeinheit mit den Farben Sonderfarbe, Yellow, Cyan, Magenta und Schwarz (T) für Schön- und Widerdruck
❹ = Fixiereinheit für Vorder- und Rückseite
❺ = Ausgabeeinheit mit Querschneider und Zusammentrag-Einrichtung

Rechts ist der schematische Aufbau einer Druckstation dargestellt.

die Möglichkeit, die Drucke als Bogenware auf Papierstapel auszugeben oder direkt in eine Finishing-Lösung einzuarbeiten. Dies bedeutet, dass mehrseitige Dokumente in vollständiger zusammengetragener Reihenfolge gedruckt und ausgegeben werden können.

Schematische Darstellung einer Xeikon-Maschine mit elektrofotografischer Druckstation.

Das Bild unten zeigt den schematischen Aufbau einer Xeikon. Die Papierversorgung und die Konditionierung des Papiers erfolgt bei ❷. Die Doppeldruckwerke mit Fotohalbleitertrommeln ❸ zum beidseitigen vierfarbigen Druck übertragen das Druckbild entsprechend der Farbseparation auf die Schön- und Widerdruckseite der Papierbahn. Eine Zusatzfarbe kann gedruckt werden. Die Papierbahn wird in der oberen Umlenkrolle mit dem noch unfixierten Tonerbild nach unten geführt. Die Umlenkrolle weist ein das Tonerbild abstoßendes Potenzial auf und wird permanent vom Resttoner gereinigt. Die Fixiereinheit ❹ besteht aus einem Infrarotstrahler, der das Druckbild bei etwa 250 °C fixiert. Das folgende GEM-Modul kalandriert den Toner und sorgt für Glanz beim Druckbild. Das ist besonders bei glänzenden Papieren wichtig, da sonst ein mattes Druckbild auf einem glänzenden Papier erscheinen würde. Die folgende Schneideeinheit teilt das Rollenpapier in Einzelbogen und legt sie entsprechend in Stapel aus oder führt die Bogen zur Inline-Weiterverarbeitung.

Elektrofotografische Druckstation

❶ = Aufladeeinheit
❷ = LED-Schreibkopf
❸ = Tonerentwicklung
❹ = Druckbildübertragung
❺ = Löschen der Ladungsunterschiede
❻ = Reinigungseinheit
❼ = Fotohalbleitertrommel
❽ = Bedruckstoff

Die Funktionsweise einer elektrofotografischen Druckstation wird im folgenden Kapitel 9.2.5 erläutert.

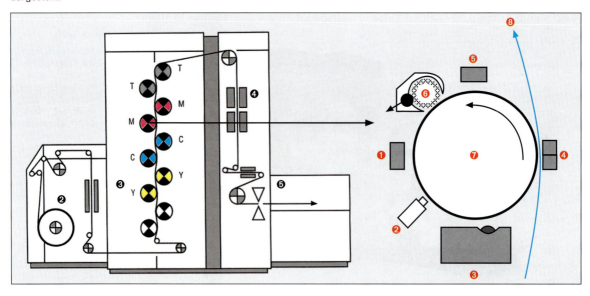

9.2.5 Elektrofotografischer Druck mit Festtoner

Digitaldruck

Band II - Seite 725
9.7 Druckfarbe

Das wichtigste und derzeit erfolgreichste Verfahren im Hochleistungsbereich des Digitaldrucks ist aufgrund seiner Zuverlässigkeit, der hohen Druckqualität und der Kosten die Elektrofotografie. Dieses wichtigste Verfahren soll hier exemplarisch ausführlicher dargestellt werden.

Beim elektrofotografischen Verfahren ist die Oberfläche der Trommel mit einem Fotohalbleiter beschichtet, dessen Widerstand sich durch die Lichteinwirkung verändert.

Die rotierende Fotohalbleitertrommel wird von einem Ladecorotron aufgeladen. Die Belichtung erfolgt mittels eines scharf gebündelten Lichtstrahls. Licht, das bildmäßig auf den Fotohalbleiter trifft, wird dort absorbiert und erzeugt Raumladungen.

Im nächsten Schritt werden jene Bereiche mit Toner eingefärbt, die vom Licht entladen worden sind, man spricht auch vom so genannten „Dunkelschreiben".

Das Tonerbild, das sich auf der Fotoleitertrommel befindet, wird durch elektrostatische Prozesse auf den Bedruckstoff gebracht. Dazu befindet sich hinter dem Papier ein Umdruckcorotron, das eine dem Toner entgegengesetzte Ladung besitzt. Dadurch wird gegenüber dem Fotoleiter ein elektrostatisches Feld erzeugt, der Toner angezogen und auf die Papieroberfläche übertragen. Bei diesem Prozess verbleibt allerdings restlicher Toner an der Trommel. Bevor dieser mittels Bürste und Absaugung automatisch von der Fotoleiteroberfläche entfernt wird, wird der verbleibende Resttoner elektrostatisch neutralisiert.

Alle diese beschriebenen Schritte erfolgen innerhalb einer Umdrehung der Fotohalbleitertrommel. Bereits bei der nächsten Bebilderung des Fotohalbleiters kann ein anderer Datensatz verwendet werden als Voraussetzung für variables Drucken.

Der Toner hält nur dann auf dem Bedruckstoff, wenn durch eine Fixierung die Tonerpartikel so mit dem Papier verbunden werden, dass das Printprodukt abrieb- und scheuerfest ist. Damit die Tonerschicht nicht sofort abschreckt, denn dadurch käme keine Haftung zustande, muss der Bedruckstoff dieselbe Temperatur wie der Toner aufweisen. Die übliche Übertragungstemperatur liegt bei ca. 120° bis 140 °C. Durch das Abkühlen erstarrt die Tonerschicht und geht in einen festen Zustand über. Problematisch bei diesem Verfahren ist, dass der Toner nur oberflächlich aufgebracht wird und die Tonerfarbe nicht wie beim traditionellen Offsetdruck in den Papierfaserverband eindringt. Dies fällt dem Fachmann beim Falzen solcher Druckbogen sofort durch die Unsauberkeiten und das Abspringen der Farbe an der Bruchkante auf. Dazu kommt, dass die gehärtete Tonerschicht deutlich geringere Abrieb- und Scheuerfestigkeit aufweist als die in das Papier eindringende Offsetfarbe.

Der Toner wird bei Digitaldruckverfahren üblicherweise bei relativ hohen Temperaturen fixiert. Dadurch wird die ohnehin schon geringe Feuchte im Digitaldruckpapier noch weiter reduziert. Dies führt oft zu Papierdeformationen wie Schrumpfen oder Welligkeit, was wiederum Probleme in einer angeschlossenen Inline-Weiterverarbeitung verursachen kann. Es bietet sich daher

Chester Carlson

*8.2.1906, †19.9.1968
Erfinder des elektrofotografischen Kopierverfahrens. Eine gute Lebensbeschreibung findet sich auf den unten angegebenen Seiten. Auf der Xerox-Seite muss die Suchfunktion genutzt werden.

www.contentmanagement.de/NT/nt/html
www.xerox.de

an, das bedruckte Papier vor der Weiterverarbeitung rückzubefeuchten oder ein Vorsatzpapier anzubringen, das entstehende Spannungen ausgleicht.

Der eigentliche Druckvorgang im Digitaldruck ist verhältnismäßig langsam. Die maximale Druckgeschwindigkeit beträgt derzeit bei Bogenmaschi-

The Six Steps
Erklärungen zum Bild auf der gegenüberliegenden Seite 641.

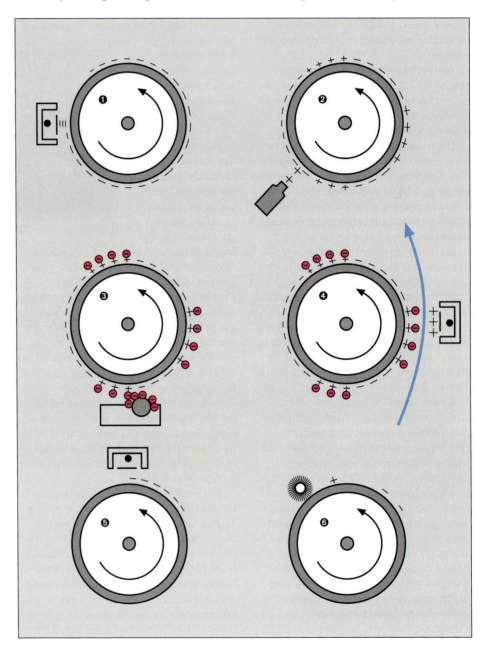

Digitaldruck

nen bis zu 200 A4-Seiten in der Minute bei einer Auflösung von 600 dpi.

Damit reicht ein digitales Drucksystem nicht an die Leistungen einer Offsetmaschine heran. Da sich beim Digitaldruck allerdings die Rüstzeiten verkürzen, beim Finishing das Kollationieren entfällt und eine schnelle Weiterverarbeitung möglich ist, kann ein ausschlaggebender Zeitvorteil gegenüber dem konventionellen Druck erreicht werden. Die Weiterverarbeitung muss deshalb ähnlich leistungsfähig, schnell, kostengünstig und effizient ablaufen wie die Produktion des Buchblocks. Ein besonderer Fokus liegt daher darauf, verschiedene Finishingkomponenten direkt mit dem Drucksystem zu koppeln, um manuelle Arbeitsschritte und somit zusätzliche Kosten zu minimieren. Digital gedruckte Bücher müssen dem Standard hochwertiger gebundener Produkte aus dem konventionellen Druck entsprechen und gleichzeitig die eigentlichen Vorteile wie Aktualität und schnelle Lieferung gewährleisten, um am Markt bestehen zu können.

The Six Steps

Das zentrale Element bei der Elektrofotografie ist die Trommel oder das flexible Masterband, das mit einer lichtempfindlichen Beschichtung versehen ist, im folgenden Fotohalbleitertrommel genannt.

Diese Fotohalbleitertrommel besitzt die Eigenschaft, im Dunkeln elektrisch nichtleitend zu sein, bei Lichteinfall dagegen Stromleitung zuzulassen. Bis ca. 1975 verwendete man amorphes Selen, heute werden amorphe organische Halbleiter, amorphes Silicium oder ArsenTriSelenid verwendet.

Der Druckvorgang erfolgt in sechs Schritten, die auch als „The Six Steps" bezeichnet werden:

❶ = Erzeugen einer elektrostatischen Aufladung auf der Oberfläche der Fotohalbleitertrommel (OPC-Zylinder).

❷ = Der LED-Schreibkopf mit 7424 Leuchtdioden verändert an den belichteten Stellen die Ladung.

❸ = Die belichteten Stellen übernehmen, in Abhängigkeit von der Ladungsgröße, Tonerpartikel.

❹ = Das seitenverkehrte Druckbild wird mit Hilfe einer Übertragungsladung auf den Bedruckstoff übertragen.
Anschließend erfolgt eine Fixierung der Tonerpartikel bei etwa 140 °C.

❺ = Das Ladungsbild wird durch das Entladen der Trommeloberfläche entfernt.

❻ = Die Trommeloberfläche wird vor der nächsten Druckbildübertragung gereinigt.

Nach etwa 150.000 gedruckten Bogen ist, je nach Hersteller, ein Service vorgeschrieben. Dabei werden alle Fotoleiter und die Entwicklergemische getauscht. Um eine gleichbleibend gute Druckqualität zu erreichen, wird der Austausch häufig früher durchgeführt.

Schön- und Widerdruck

Ist mit diesem System nur im Wechsel der Druckwerke möglich, wie dies bei der vorgestellten Xeikon mit 10 Druckeinheiten der Fall ist. Andere Hersteller müssen für den beidseitigen Druck das Papier immer zweimal durch die Druckmaschine transportieren. Dies hat bei tonerbasierten elektrofotografischen Systemen zur Folge, dass der Bedruckstoff durch die doppelte Erwärmung besonders stark belastet wird. Der Feuchtigkeitsgehalt des Papiers sinkt, so dass bei der Weiterverarbeitung Probleme auftreten können.

Schön- und Widerdruckprobleme

- Bogen laden sich elektrostatisch auf.
- Ränder können sich wellen.
- Der Toner auf der Papieroberfläche kann „brechen", wenn gefalzt wird.

641

9.2.6 Elektrofotografischer Druck mit Flüssigtoner

HP IndigoPress

Die „HP IndigoPress" ist ein flüssigtonerbasiertes Digitaldrucksystem, das zur variablen Bebilderung geeignet ist. Auf dem Bild unten ist das Aufbauprinzip dieser Maschine zu sehen.

Mit Hilfe dieser Darstellung soll Ihnen der Aufbau und das Arbeitsprinzip dieser Digitaldrucktechnik erläutert werden:

❶ = Belichtungslaser (IR-Laser)
❷ = Farbinjektor für bis zu sieben Farben (CMYK und bis zu drei Sonderfarben). Der Toner besteht aus sehr kleinen, elektrostatisch aufladbaren Tonerpartikeln mit einem Durchmesser von etwa 1 bis 2 Mikrometer, die auf dem erhitzten Gummidrucktuch (❹) mit der Trägerflüssigkeit zu einem Film verschmelzen. Dieser Film wird sofort verfestigt, wenn er unter Druck auf den „kalten" Bedruckstoff übertragen wird. Durch die Übertragung des vollständigen verfestigten Druckbildes auf den Bedruckstoff verbleiben keine Tonerreste auf dem Drucktuch. Dieses kann sofort ein anderes, geändertes Druckbild aufnehmen, das auf der Druckform (PIP) neu bebildert wurde.

❸ = Rotierende Druckform (Fotoleitertrommel oder Photo-Imaging-Plate, PIP) wird gleichmäßig aufgeladen. Die Bebilderung erfolgt mit 12 Laserdioden, die an den druckenden Stellen der Druckform die vorhandene Ladung in den vorgegebenen Stufen der Daten-

HP IndigoPress

Prinzipieller Aufbau einer Digitaldruckmaschine mit Flüssigtoner. Die einzelnen Zahlen beziehen sich auf die Textbeschreibung.

Abb.: HP-Presse

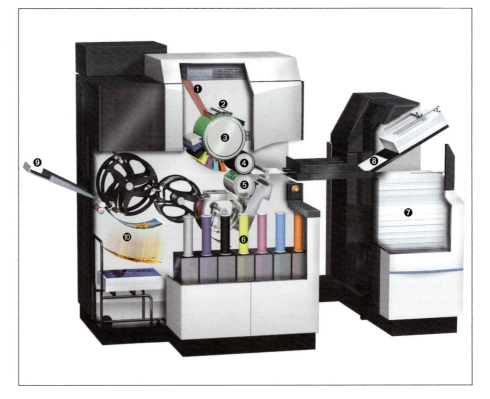

Digitaldruck

tiefe abbauen. Durch eine Entwicklerwalze wird von den nicht druckenden Stellen der Toner entfernt und in die Tanks zurückbefördert (diese Walze fehlt in der Abbildung).

❹ = Elektrostatisch geladenes Gummidrucktuch auf dem Übertragungszylinder. Durch den Einsatz eines elastischen Gummituches als Übertragungsmedium kann, ähnlich wie im Offsetdruck, eine große Anzahl unterschiedlicher Bedruckstoffe bedruckt werden.

❺ = Gegendruckzylinder

❻ = Farbbüchsen mit Farbtanks. Bei den HP-Maschinen ist es möglich, mit sechs bis acht Farben zu drucken. Es können bis zu drei Sonderfarben verwendet werden.

Daneben besteht die Möglichkeit, den CMYK-Druck durch die Farben Violett und Orange zu ergänzen. Dieser Sechsfarbendruck weist dann eine Farbraumerweiterung im Vergleich zum Offsetdruck auf. Die Farben werden von den Tanks zu den Farbauftragswalzen gepumpt. Überflüssige Farbe wird von der Druckform abgenommen und in die Tanks zurückgeführt.

❼ = Anlagestapel Bedruckstoff
❽ = Bedruckstoffführung
❾ = Auslagestapel
❿ = Bogenwendeeinrichtung für zweiseitigen Druck

Die Operator Console zur Systemsteuerung der Druckmaschine und zum Aufrufen der Druckjobs ist oben rechts in der Abbildung unten zu sehen.

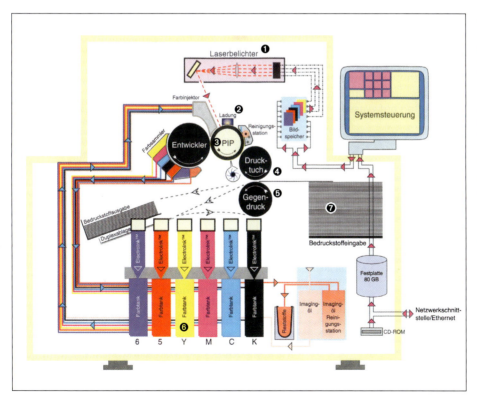

HP IndigoPress

Darstellung der Verbindungs- und Arbeitszusammenhänge. Dabei wurde zur Vereinfachung der Darstellung das An- und Auslegesystem nicht berücksichtigt. Diese sind aber auf der gegenüberliegenden Seite gut erkennbar. Die einzelnen Zahlen beziehen sich auf die Textbeschreibung.

Abb.: HP-Presse

9.2.7 Inkjet-Verfahren

Non-Impact-Drucker

Es findet zwischen Druckkopf und Bedruckstoff kein mechanischer Kontakt statt. Non-Impact-Drucker verwenden elektrische, optische oder thermische Verfahren zur Erzeugung eines Druckbildes auf dem Bedruckstoff.

Continuous-Inkjet

Die Abbildung unten zeigt das grundsätzliche Arbeitsprinzip.

Tintenstrahl- oder Inkjet-Drucker werden in fünf Anwendungsbereichen als so genannte Non-Impact-Drucker, also anschlagsfreie Drucker, genutzt:
- Desktop Drucker (Private Nutzung)
- Bürokommunikation
- Großformatdruck
- Rollendruck
- Fotodrucker

Bei allen Inkjet-Druckern werden Tinten als farbgebendes Medium genutzt. Üblicherweise sind dies die subtraktiven Grundfarben Cyan, Magenta, Gelb und Schwarz. Einige Drucker verwenden zur Farbraumerweiterung noch Sonderfarben, die je nach Hersteller als Hellblau, Cyan (hell), Magenta (hell) oder Orange angeboten werden.

Die Trocknungseigenschaft einer Tinte muss auf den genutzten Bedruckstoff abgestimmt werden. Je nach der Saugfähigkeit des Bedruckstoffes verläuft die Tinte mehr oder weniger stark und wird dadurch das Druckergebnis beeinflussen. Die meisten Nutzer kennen diesen Effekt durch den Gebrauch unterschiedlicher Papiere im Homebereich. Tinten auf Wasserbasis eignen sich für das Bedrucken von Papieren und ähnlich saugfähigen Materialien. Lösungsmittelhaltige Tinten werden zum Bedrucken von Kunststofffolien, metallisierten Oberflächen und Glas verwendet. Pigment-Tinten wurden für das Bedrucken von dunklen Bedruckstoffoberflächen entwickelt, um eine gute Deckung und Lichtechtheit zu gewährleisten.

Zunehmend spielen Inkjet-Drucker im professionellen Publishing eine bedeutende Rolle für die Herstellung von Großformatdrucken, Prüfdrucken und für bestimmte Produktbereiche wie z. B. Tapeten- oder Dekordruck. Sowohl für den professionellen wie für den privaten Bereich arbeiten Inkjet-Drucker nach den folgenden Verfahren:
- Continuous-Inkjet (CIJ-Drucker)
- Drop-on-Demand (DOD-Drucker)
- Bubble-Jet-Verfahren
- Stream-Inkjet-Verfahren

9.2.7.1 Continuous-Inkjet

Bei diesem Verfahren läuft kontinuierlich Tinte durch den Druckkopf, unabhängig davon, ob mit dieser Tinte gerade gedruckt werden soll oder nicht. Der Tintenstrahl wird durch die Überlagerung mit Ultraschallschwingungen in einzelne, kleinste Tintentröpfchen zerlegt. Diese Tröpfchen werden statisch aufgeladen. Beim Passieren der Ablenkelektroden werden die Tröpfchen eines späteren Druckbildes gemäß ihrer Ladung abgelenkt und damit in die entsprechende Position auf dem Bedruckstoff aufgebracht. Soll kein Druckpunkt gesetzt werden, wird der Tintenstrahl nicht unterbrochen, sondern nur nicht statisch aufgeladen. Durch das Spannungsfeld einer Ablenkelektrode wird der Tintenstrahl mit der nicht

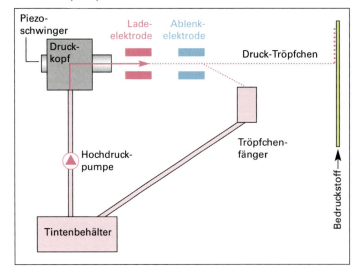

benötigten Tinte so zu einem Tropfenfänger abgelenkt, dass diese nicht auf dem Bedruckstoff ankommt. Diese nicht benötigte Tinte wird in einem Auffangbehälter gesammelt und – bei einigen Druckerherstellern – dem Tintenbehälter

zur weiteren Nutzung wieder zugeführt.

Dieses CIJ-Verfahren werden Sie bei Druckern im Home-Office-Bereich nicht antreffen, sondern nur bei professionell genutzten Tintenstrahl-Ausgabesystemen in der Industrie. Die so genannten CIJ-Drucker werden z.B. bei der Herstellung von Rubbellosen, für XXL-Drucke, Adressierung, Personalisierung und ähnliche Aufträge verwendet.

9.2.7.2 Drop-on-Demand

Beim Drop-on-Demand-Verfahren wird nur dann Tinte durch den Druckkopf geleitet, wenn tatsächlich ein Druckpunkt gesetzt werden muss. Es werden zwei grundlegende Technologien verwendet: Bubble-Jet- und Piezo-Verfahren.

Beiden Verfahren ist gemeinsam, dass sich vor der Düse eine Kammer befindet, die mit Tinte gefüllt wird. Durch Verringerung des Kammervolumens wird Tinte durch die Düsenöffnung ausgestoßen. Der Unterschied zwischen den beiden Verfahren liegt in der Technik der Kammerverkleinerung.

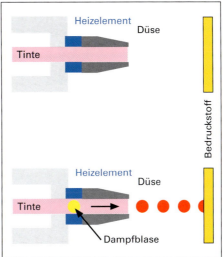

Bubble-Jet-Verfahren

Das Bubble-Jet-Verfahren weist in der vorne genannten Kammer ein Heizelement auf. Dieses wird, wenn ein Punkt auf den Bedruckstoff gesetzt werden soll, innerhalb kürzester Zeit auf mehrere hundert Grad erhitzt. Durch die Erhitzung verdampft die Tinte und es entsteht vor der Austrittsöffnung eine Dampfblase. Diese presst die vor der Dampfblase liegende Tinte explosionsartig aus der Düse Richtung Bedruckstoff. Durch die folgende Abkühlung und das Ausstoßen der Tinte zieht sich die Dampfblase wieder zusammen und neue Tinte kann, bedingt durch den entstehenden Unterdruck, nachfließen. Das Nachfließen der Tinte ist allerdings erst möglich, wenn sich die Dampfblase verkleinert hat bzw. das Heizelement abgekühlt ist. Durch den ständigen Temperaturwechsel des Heizelements und die dauernde Vergrößerung und Verkleinerung der Dampfblase ist das Bubble-Jet-Verfahren etwas langsamer als andere Tintenstrahldruckverfahren.

Des Weiteren ist von Nachteil, dass die dauernden Temperaturwechsel den

Bubble-Jet-Verfahren
Die Abbildung rechts zeigt das grundsätzliche Arbeitsprinzip.

Tintenstrahldrucker
Die Abbildung links zeigt den JV3-250SP Large-Format-Printer, der bis zu einer Bildbreite von 250 cm arbeitet. Er druckt nach dem Continuous-Inkjet-Verfahren mit bis zu sieben Farben und einer Druckgeschwindigkeit von 30 m²/Stunde.

Abb.: Mimaki Engineering Co Presse
www.mimaki.de

645

Piezo-Verfahren

Piezo-Tintenstrahldrucker pressen Tinte durch eine feine Düse. Die Tintensteuerung erfolgt durch den Kristall, der die Eigenschaft hat, sich unter elektrischer Spannung zu verformen. Es erfolgt eine Tropfenbildung der Tinte, die sich durch angelegte elektrische Impulse steuern lässt. Die Arbeitsfrequenz eines Piezo-Kristalls reicht bis 16.000 Hz.

Großformatdrucker

VUTEk® QS 2000 von EFI™ – dieser Rollendrucker vereint HDP-Funktionen (High-Definition Print) mit hohen Produktionsgeschwindigkeiten und erweiterter Medienunterstützung. Der Drucker eignet sich für Schilderwerkstätten, Siebdruckereien und Druckdienstleister, die eine sehr gute Großbildqualität anbieten wollen.

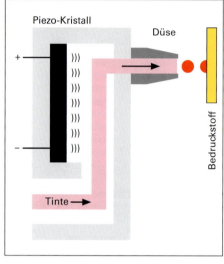

Piezo-Verfahren

Die Kammer mit dem Tintenvorrat wird auch beim Piezo-Verfahren in ihrem Volumen verkleinert, damit die Tinte aus dem Druckkopf gepresst werden kann. Die notwendige Volumenreduzierung erfolgt hier durch einen Piezo-Kristall (siehe Marginalie zu Piezo-Verfahren). Dieser Kristall verformt sich, wenn eine elektrische Spannung angelegt wird, und drückt gegen eine Membran. Durch die dadurch ausgelöste Schwingung wird dann die flüssige Tinte durch die Düsenöffnung gedrückt. Dieser Vorgang ist deutlich schneller als das zuvor beschriebene Bubble-Jet-Verfahren.

Der Piezo-Druckkopf weist eine deutlich längere Lebensdauer auf. Deshalb muss nicht mit jedem Tintenwechsel der Druckkopf mit ausgetauscht werden. Der langlebigere Druckkopf ist daher fest in den Drucker eingebaut. Problematisch kann dies bei einer Verstopfung der Düsen sein, wenn z. B. der Drucker längere Zeit nicht genutzt wurde. Reicht ein normaler Reinigungsgang dann nicht aus, muss der Düsenkopf sehr aufwändig von Hand gereinigt werden.

Druckkopf relativ schnell verschleißen lassen und die Düsen leicht verstopfen. Deswegen wird bei Druckern, die mit diesem Verfahren ausgestattet sind, der Druckkopf mit der Tintenpatrone zusammen ausgetauscht. Dabei ist der Vorratsbehälter für die Tinte und der Druckkopf in einem gemeinsamen Gehäuse untergebracht und kann daher leicht ausgewechselt werden.

Abb.: EFI™

Digitaldruck

9.2.7.3 Stream-Inkjet-Technologie von Kodak

Das Jahr 2008 wird in der Rückschau für die Inkjet-Anwendung sicherlich als ein außergewöhnlich bedeutendes Jahr genannt werden. Grund dafür ist die rasante Entwicklung im Inkjet-Druck, der sich alle Drucksystemhersteller verschrieben haben und deren Entwicklungen in diesem Jahr vorgestellt wurden.

Alle Hersteller versuchen, entweder reine Inkjet-Drucksysteme oder kombinierte Inkjet-/Offsetdrucksysteme (Hybridsysteme) zu entwickeln. Aufgrund der höheren Inkjet-Druckgeschwindigkeiten, der höheren Druckqualität und der sinkenden Kosten für die Verbrauchsmaterialien hat sich die Produktivität der Inkjet-Systeme deutlich erhöht. Dies zeigt sich auch bei den Anwendungen, in denen sich das Inket-Verfahren zwischenzeitlich bewegt. Der Inkjetdruck wird vermehrt für Druckaufträge genutzt, die vor einigen Jahren eher dem tonerbasierten Digitaldruck oder dem Offsetdruck zugeordnet waren.

Integrated Inkjet
Hierbei handelt es sich um die Kombination von Inkjet- und Offsetdruck. Dazu werden Inkjet-Druckköpfe (siehe Abbildung rechts) in Offset- oder in Flexodruckmaschinen integriert. Derartige Maschinen werden als *Hybridmaschinen* bezeichnet. Eine solche Maschine kann variable Inhalte in den Offsetdruck eindrucken.

Die Inkjet-Druckköpfe weisen die dazu notwendige Geschwindigkeit und Auflösung auf, so dass die Offsetdruckmaschine nicht mit reduzierter Druckleistung gefahren werden muss, wenn variable Inhalte mitgedruckt werden.

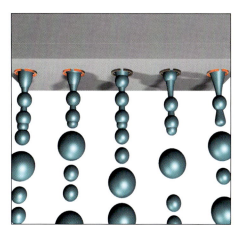

Diese Möglichkeiten sind beim Druck z.B. von Direct Mailings, Formularen und Lotterielosen seit Jahren eingeführt. Neu ist jetzt, dass der Inkjet- mit dem Offsetdruck kombiniert wird. Der mittels Inkjet-Technologie gedruckte Text- oder Bildteil kann dabei zu 100% variabel sein und ist qualitativ vom Offsetdruck nicht zu unterscheiden. Damit werden individualisierte Aufträge in völlig

Kodak-Stream-Inkjet-Technologie

Dies ist ein Continuous-Inkjet-System. Die Auflösung liegt bei 600 dpi. Das System erzeugt, je nach Steuerung durch das Druckbild, unterschiedlich große Tintentropfen.

Abb.: Kodak

Stream-Concept-Inkjet-Druckköpfe von Kodak

Die Druckköpfe der Prosper-Serie weisen eine Haltbarkeit von Ca. 60 Mio. Drucken auf. Die Abbildung zeigt zwei Druckköpfe integriert in eine Rollenoffsetdruckmaschine für einfarbige Anwendungen. Die Druckleistung liegt bei bis zu 1000 Blatt pro Minute.

Abb.: Kodak

647

neue Bereiche eindringen können. Ein Beispiel soll dies verdeutlichen: Kodak und manroland haben mit dem Integrated Inkjet neue Möglichkeiten für die Zeitungsproduktion vorgestellt.

Die Adressen von Abonnenten werden zum Versand durch das Inkjet-Verfahren auf die Titelseite von Zeitungen eingedruckt – in mehr oder weniger guter Qualität. Die dazu notwendigen Datensätze sind variabel. Integrated Inkjet kann nun mit komplexeren variablen Datensätzen, die auch hoch aufgelöste Bilddaten enthalten können, eine individualisierte Zeitungsproduktion durchführen. Die Systemlösung Integrated Inkjet, die manroland und Kodak entwickelt hat, nutzt die Technologie des Kodak Inkjet-Druckkopfes, der in neue Maschinen von manroland integriert und auch in vorhandene Drucksysteme nachgerüstet werden kann.

Mit der Integrated-Inkjet-Technik ist es möglich, einzelne oder wenige Exemplare einer Auflage individuell zu bedrucken oder zu personalisieren. Eindrucke im Innenteil der Zeitung stellen für das System kein Problem dar. Die Anwendungsmöglichkeiten sind groß:
- regionale oder lokale Anzeigen können problemlos platziert,
- unterschiedlichste Nummerierungen und Kodierungen aufgedruckt,
- Barcodes und 2-D-Barcodes, z.B. zur Nutzung via Mobiltelefon, eingedruckt und
- Bilder können eingefügt werden.

Integrated Inkjet schafft die Voraussetzungen für neue Geschäftsmodelle und Ideen in der Zeitungsproduktion. Integrated Inkjet ist in der Lage, Druckaufträge bei Druckgeschwindigkeiten von bis zu 90.000 Exemplaren pro Stunde in ausgezeichneter Qualität zu bewältigen.

Transaktionsdruck

Eine weitere Entwicklung durch Hybriddruckmaschinen ist insbesondere für Rechenzentren und Transaktionsdruckdienstleister interessant: Statt wie bisher in vorproduzierte Farbdrucke digital einzudrucken, bietet die Hybridtechnologie die Möglichkeit, alle Informationen ausschließlich in einem Durchgang auf unbedrucktes Papier zu drucken.

Damit erübrigt sich die Lagerhaltung von vorgedrucktem Material. Außerdem besteht nicht mehr das Risiko, dass die Vordrucke durch Veralten der Inhalte nicht mehr verwendet werden können und zu teurer Makulatur werden. Befragung der Industrieverbände hat ergeben, dass etwa 30% der im Offsetdruck vorgefertigten und auf Lager genommenen Drucksachen letztlich aus diesem Grund als Makulatur entsorgt werden. Diese Kosten sowie die nicht mehr notwendige Lagerhaltung und dessen Administration ermöglichen eine Verringerung der Kosten im Bereich des Transaktionsdrucks.

Kodak Stream Inkjet Prosper Press

Inkjet-Rollendruckmaschine

Abb.: Kodak

Digitaldruck

9.2.7.4   Fotodrucker

Wichtiger Anwendungsbereich für Inkjet-Drucker ist der Fotodruck sowie der Fotodirektdruck. Der Fotodruck ermöglicht die Ausgabe von Bildern, die von einer Digitalkamera auf einen PC überspielt wurden. Die hohe Druckqualität, die hier für eine fotorealistische Wiedergabe erforderlich ist, wird durch die folgenden Bedingungen erbracht. Fotoähnlicher Druck:

* Benötigt Spezial-Fotopapiere mit glatter, matt oder glänzend aufbereiteter Oberfläche.
* Benötigt pigmentierte Tinten mit lichtechten Farbstoffen, die vor allem durch den Einfluss von UV-Strahlung nicht ausbleichen. (Diese lichtechten Tinten sind allerdings oft schwer löslich, wenn der Anwender sich z. B. beim Tintenwechsel beschmutzt hat.)
* Der Druckkopf benötigt eine besonders feine Auflösung der Farbdüsen, um mit kleinen Farbtröpfchen einen möglichst schnellen, präzisen und gleichmäßigen Druck zu erstellen.
* Gute Fotoprinter arbeiten in der Regel mit einem separaten Schwarz für die Verbesserung des Farbkontrastes und der Tiefendarstellung.

Der auf Seite 650 abgebildete Canon-Fotodrucker weist hier erstaunliche technische Daten auf: Der Druckkopf besitzt so viele Mikrodüsen, dass in einer Sekunde ca. 27 Millionen winziger Tintentröpfchen mit extrem hoher Präzision ausgestoßen und auf das Papier gebracht werden. Die Tröpfchengröße beträgt 1 Picoliter. Um diese Tröpfchengröße vielleicht(!) vorstellbar zu machen, folgende Definition von M. Jensen, dem Entwickler dieser Technologie: „Würde man einen 1 Picoliter großen Tintentropfen jeweils auf einem Millimeter einer geraden Linie platzie-

ren, würde man bei einem Vorrat von einem Liter Tinte eine Linie mit einer Länge erreichen, die einer 24-fachen Erdumrundung entspräche."

Aktuelle Fotodrucker bieten eine solch hohe Druckqualität, dass das Ergebnis nicht mehr von einem Laborabzug zu unterscheiden ist. Bereits kurz nach der Aufnahme können Sie Ihr Bild aus dem Drucker nehmen und weiterverwenden. Mit portablen Fotodruckern können sofort an der Aufnahmestelle Bilder ausgedruckt und gegebenenfalls weitergegeben werden.

Leistungsgewichtung

Fotodrucker sind Spezialdrucker, die ihren Schwerpunkt eindeutig in der Ausgabe hochwertiger Fotos haben. Fotodrucker können auch Texte ausgeben, doch nur in mittelmäßiger Qualität, deutlich schlechter und langsamer als Desktop-Drucker. Die Ursache ist relativ einfach: Die verwendete Fototinte ist häufig ohne Bindemittel, was zum leichten Verlaufen der Farben führt. Dies ist für den Fotodruck gewollt, führt bei Texten aber zum Ausfransen der Buchstabenbilder. Es gibt hoch pigmentierte Farben speziell für den optimalen Textdruck durch einen Fotodrucker. Die Verwendung dieser Extratinten ist umständlich, zeitaufwändig und oft mit Verschmutzungen beim Patronenwechsel verbunden.

Eine Reihe von Fotodruckern drucken mit mehr als den Farben Cyan, Magenta, Gelb und Schwarz. Sie haben weitere Patronen zur Verfügung: Cyan (hell) und Magenta (hell). Mit diesen Zusatzfarben lassen sich leichte Farbunterschiede und Farbübergänge besser ausgeben, so dass die Bilder sehr viel realistischer wirken. Besonders Hautfarbtöne werden deutlich natürlicher gedruckt.

PictBridge-Standard
unterstützt den Direktdruck von Bildern von einer Digitalkamera oder einem Mobiltelefon aus ohne den Einsatz eines PCs. Üblicherweise wird die Digitalkamera mittels USB-Kabel direkt mit einem Drucker verbunden. PictBridge ist nicht auf eine USB-Verbindung festgelegt, sondern kann auch andere Verbindungsmöglichkeiten wie z. B. Bluetooth nutzen.

Drucken ohne PC
Viele Fotodrucker drucken ohne PC. Dazu besitzen sie entweder einen oder mehrere Aufnahmeslots für Speicherkarten oder eine Anschlussmöglichkeit für eine Digitalkamera. Vorteilhaft ist es, wenn ein Fotodrucker über ein Display verfügt, mit dessen Hilfe man die Bilder betrachten kann. Dies erleichtert die Auswahl vor dem Ausdrucken. Zumindest als Extra sollte man einen Bildschirm bekommen können. Lässt sich eine Kamera direkt anschließen, kann man auf deren Display zurückgreifen. Geht dies nicht, kann das Drucken durch Fehldrucke teuer werden.

Darüber hinaus sollte man nicht vergessen, dass ein kleines Display nur einen Eindruck vom Bild wiedergibt und nicht mit dem PC-Monitor konkurrieren kann. Ebenfalls ist die Bearbeitung des Bildes nicht oder nur sehr eingeschränkt möglich. Dadurch besteht das Risiko, dass man mit dem Druckergebnis nicht zufrieden ist. Mitunter kann auch die Druckzeit direkt von der Karte länger sein als vom PC. Ursache ist das Auslesen des Bildes von der Karte – und dies verzögert das Drucken.

Kontrollieren Sie beim Kauf einer Kamera oder eines Druckers, dass Ihr gewünschtes Kameramodell mit Ihrem Drucker kommunizieren kann. Denn häufig akzeptieren die Drucker nur Kameras aus dem Haus, aus dem sie selbst stammen. Die Anzahl unterschiedlicher Speicherkartenslots ist ebenfalls wichtig – je mehr, umso besser, da sich die Verwendungsmöglichkeit des Fotodruckers damit verbessert.

9.2.7.5 Merkmale und Anwendung des Inkjet-Drucks

Vorteile
- Sehr gute Druckqualität auf gestrichenen Papieren möglich
- Fotoähnliche Drucke auf Spezialpapieren und Spezialdruckern
- Hohe Druckqualität bei Text und Grafik auf Normalpapier
- Schnelle Druckausgabe bei leistungsfähigen Maschinen (Rollendruck)
- Günstige Home- und Office-Drucker
- Large-Format-Druck in hoher Qualität auf unterschiedliche Bedruckstoffe

Nachteile
- Hohe Materialkosten
- Farbe oft nicht wasserfest, keine optimale Lichtechtheit
- Lichtechte, UV-beständige Farben sind verfügbar, aber teuer.
- Ausgabegeschwindigkeiten sind druckerabhängig sehr unterschiedlich.
- Tinte verläuft bei saugfähigen Bedruckstoffen.
- Proof- und Fotoqualität wird nur mit teuren Spezialpapieren erreicht.

Fotodrucker

Links: HP Photosmart C 4680

Rechts: Canon PIXMA MP 210

Abb.: HP, Canon

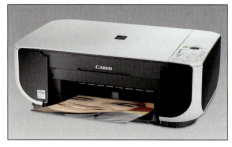

9.2.8 Thermotransferdruck

Digitaldruck

Thermotransferdrucker
Der Thermotransferdruck verwendet eine Farbfolie als Farbträger. In diese Folie sind Farbpartikel in einer Wachsschicht eingelagert. Beim Druckvorgang wird die Farbfolie zwischen eine Heizleiste (Druckkopf) und den Bedruckstoff geschoben und erhitzt. Durch die Wärmeabgabe der Heizleiste schmilzt die Wachsschicht und der Farbstoff wird auf den „kalten" Bedruckstoff übertragen und erstarrt dort zu einer festen Farbschicht.

Die Farbschicht kann auf Bedruckstoffe mit einer relativ rauhen Oberfläche übertragen werden. Je glatter die Bedruckstoffoberfläche jedoch ist, umso qualitätsvoller wird die Bildwiedergabe werden.

Um farbige Drucke zu erstellen, muss eine Farbfolie verwendet werden, bei der Abschnitt für Abschnitt die Grundfarben Cyan, Magenta und Gelb vorkommen. Eine solche Folienrolle ist rechts abgebildet. Bei hochwertigeren Thermotransferdruckern wird auch noch eine schwarze Folie verwendet. Jede dieser Folienabschnitte ist so groß wie die maximale Druckbildgröße des verwendeten Druckers.

Um alle vier Farben zu drucken, muss der Druckbogen mit jedem Farbfolienabschnitt einmal bedruckt werden – es sind also vier Druckgänge für ein Farbbild notwendig. Es wird für einen Druck also immer ein kompletter Satz dieser teuren Folienabschnitte verbraucht. Dabei spielt es keine Rolle, ob das Druckformat maximal ausgenutzt wird oder ob nur ein kleiner Teil des Formates bedruckt wird. Es werden immer vier Folienabschnitte verbraucht. Dies ist der wirtschaftliche Hauptnachteil dieses Thermotransferdrucks: Die Kosten für das Verbrauchsmaterial sind außerordentlich hoch. Dies wird zum Teil durch die sehr gute Qualität der Drucke ausgeglichen.

Thermosublimationsdrucker
Grundsätzlich ist auch ein Thermosublimationsdrucker ein Thermotransferdrucker. Der Unterschied besteht darin, dass die Heizleiste in 256 Stufen erhitzt werden kann. Dadurch ist eine tonwertabgestufte Übertragung der Farbpigmente von der Thermotransferfolie auf den Bedruckstoff möglich. Die Pigmente in den Grundfarben werden dabei durch Sublimationsübertragung übereinander und nebeneinander gedruckt. Dadurch können echte Halbtöne gedruckt werden.

Das Druckergebnis ist hochwertig und wird trotz der hohen Kosten seiner Qualität wegen für Proofzwecke eingesetzt. Damit können diese Drucke einen echten, oft auch besseren Andruckersatz für den Offsetandruck darstellen.

Transferfolie für den Thermotransferdruck

Für jede Farbe wird pro Seite ein Folienabschnitt verwendet.

Abb.: HP-Presse

9.2.9   Großformatiger Digitaldruck

Big Banner, Großformatdruck, XXL-Druck, Out-of-Home-Medien – wie auch immer die großen Bilder benannt werden, die wir an Bahnhöfen, Flughäfen, Sportstadien oder an sonstigen Plätzen finden, an denen sich viele Menschen aufhalten: Sie fallen auf! Um Ihnen einen ersten Eindruck des großformatigen Digitaldrucks auch optisch im Buch nahezubringen, betrachten Sie die Seite rechts mit einem Big Banner, platziert im Frankfurter Hauptbahnhof. Die Größe und Wirkung wird auch beim „kleinen Bild" gut vorstellbar.

Großformatige Medien sorgen für einen hohen Bekanntheitsgrad der beworbenen Produkte und erweisen sich als extrem wirksames Instrument zum Produktlaunch, also zur Einführung eines neuen Produktes am Markt.

Warum XXL-Werbung – Argumente
Welche Gründe sind zu nennen, wenn es um die Wirkung und die Effektivität der XXL-Medien geht:
- Nachhaltige Aufmerksamkeit in der Zielgruppe.
- Zielgruppen werden sicher erreicht.
- An markanten Stellen werden wirksame optische Impulse für eine Marke oder ein Produkt gesetzt.
- Großformatwerbung wirkt – und Zielgruppe muss selbst nicht aktiv werden. Sie nimmt die Banner aufgrund der Größe wahr.
- Außenwerbung sorgt für eine schnelles und sicheres Ankommen einer Werbebotschaft.
- Durch XXL-Werbung wird eine breite mobile Zielgruppe erreicht. Berufstätige, Pendler, kaufkräftige jüngere bis mittlere Zielgruppen, die sich von derartiger Werbung angesprochen fühlen.

Durch Untersuchungen von Marktforschungsunternehmen wie Nielsen Media Research Hamburg oder dem Zentralverband der deutschen Werbewirtschaft ZAW wird nachgewiesen, welchen Erfolg und welche Umsätze durch die Großformatwerbung und Out-of-Home-Medien erreicht wurden. Die Tabelle auf Seite 655 gibt einen Überblick aus dem Jahr 2007 über Verwendung und damit auch über die Wirkung dieser Medien.

XXL-Druck
Mit XXL-Digitaldruckern oder Large-Format-Printer lassen sich nahezu alle Oberflächen mit einer Werbebotschaft versehen. Dabei kann die Wahl des „Bedruckstoffes" sicherlich ungewöhnlich sein: Es lassen sich Fahrzeuge beschriften, Fassaden einhüllen, Verkehrsmittel wie Busse und Bahnen als Werbefläche gestalten, Messestände verschönern, Fußböden lassen sich plakatieren – die Auswahl ist unüberschaubar groß.

Grundsätzlich gilt: In der Großflächenkommunikation ist der Digitaldruck nicht mehr wegzudenken. Der gezielte Einsatz von „Outdoor-Megaprints" oder „Out-of-Home-Medien" beeinflusst Kaufentscheidungen, sie wecken Emotionen – vor allem wenn noch entsprechende Lichteffekte bei Nacht die Megaprints zum Leuchten bringen ...

XXL-Weiterverarbeitung
Zu einem perfekten digitalen Großformatdruck gehört auch die professionelle Weiterverarbeitung. Schneiden, Schweißen, Ösen, Nähen, Verkleben, Kaschieren, Konfektionieren, Montieren usw. XXL-Digitaldrucker drucken mit verschiedenen Bahnbreiten von 1,5 m bis zu 5 m. Hier ist dann eine professionelle werbetechnische Weiterverarbeitung erforderlich. Der Großformatdrucker bietet daher eine deutlich breitere Palette der Weiterverarbeitung

Digitaldruck

Canon Big Banner

Hauptbahnhof
Frankfurt 2010

Abb.: Pressebilder
Ströer Out-of-Home
Media AG
Ströer Allee 1
50999 Köln

www.stroeer.de/presse

Band II - Seite 644
9.2.7 Inkjet-Verfahren

Band II - Seite 651
9.2.8 Thermotransferdruck

Digitaldruck XXL
Bekleben eines LKW-Anhängers auf einem Messestand bei der OCE-Roadshow 2006.

Abb.: OCE-Presse

an als der Drucker, der Produkte ausschließlich in den Klein- und Mittelformaten erstellt.

Die Haltbarkeit der „Outdoor-Prints" im Außenbereich liegt je nach Druckverfahren, verwendetem Bedruckstoffmaterial und Farbe (Tinte) zwischen drei Monaten und fünf Jahren.

XXL-Großformatdrucktechnik
Large Format Printing (LFP) ist die Technik zum Druck großformatiger Motive. Dabei werden vorzugsweise Tintenstrahldrucker mit Druckbreiten zwischen 130 cm und 500 cm eingesetzt.

Bedruckbar sind eine ganze Reihe von Medien wie zum Beispiel: Textilien, Selbstklebefolien, PVC-Planen oder Plakatpapier, aber auch starre Materialien wie Plexiglas. Letztere werden auf so genannten Flatbed Printern verarbeitet. Die Materialien müssen eine für den Tintenstrahldruck geeignete Oberfläche haben.

Großformatdruck nutzt im Wesentlichen drei Technologien zum Druck:
- Continuous-Inkjet (Im Druckkopf wird die Tinte in einem Kreislauf geführt und nur bei Bedarf elektrostatisch auf das Druckmaterial abgelenkt.)
- Drop-on-Demand (DOD) (Die Tinte steht im Druckkopf statisch an und wird bei Bedarf herausgeschossen wie z. B. auch im Bubble-Jet-Druck.)
- Eine Sonderstellung nimmt der Thermosublimationsdruck ein. Hierbei wird das Druckmotiv zunächst spiegelverkehrt auf ein Transfermaterial gedruckt und danach mit Hitze auf Textilien gebügelt.

Alle hier genannten Verfahren sind in Kapitel 9.2.7 und 9.2.8 bereits dargestellt und können nachgelesen werden.

Tinten und Pigmente
Generell ist hierbei zu unterscheiden zwischen:
- Lösungsmitteltinten (Basis sind Lösungsmittel wie z. B. Methylethylketon)
- Wasserbasierten Tinten (Basis ist Wasser)
- ECO-Tinten (ökologisch verbesserte Varianten der Lösungsmitteltinten)

Digitaldruck

Band I – Seite 598
7.1.6 Nielsen-Gebiete

Rang	Produktgruppe	Gesamt 2006*	Gesamt 2005*	Groß-fläche*	Mega-Light*	City-Light-Poster*	Ganz-säulen*
1	Telekommunikation	63.188	23.944	17.783	21.785	21.509	2.111
2	Bier	47.489	40.989	23.743	9.856	13.071	819
3	Handelsorganisationen	45.381	45.412	11.339	6.032	27.608	401
4	TV-Werbung	43.485	30.986	10.666	14.910	16.044	1.865
5	PKW	30.711	43.763	13.534	16.212	953	12
6	Bekleidung	29.613	25.653	5.270	3.731	18.965	1.646
7	Alkoholfreie Getränke	28.694	34.177	17.215	4.621	5.684	1.174
8	Radio-Werbung	25.168	25.344	8.289	2.837	12.572	1.471
9	Versicherungen	19.072	15.710	10.342	2.852	5.359	519
10	Zeitungen-Werbung	18.151	18.689	933	758	15.818	641
11	Fluglinien und Touristik	17.760	7.520	1.978	5.803	9.002	976
12	Finanzdienstleistungen	17.671	13.355	8.042	2.473	6.645	511
13	Sonstige Medien / Verlage	14.510	15.170	3.192	304	3.742	7.272
14	Energie-Versorgungsbetriebe	14.436	9.147	7.676	1.445	5.232	84
15	Fremdenverkehr	14.422	8.457	4.967	2.038	6.198	1.219
16	Körperschaften	14.327	16.721	7.185	2.669	3.690	781
17	Rubriken-Werbung	13.246	9.699	4.160	1.809	5.299	1.979
18	Caritative Organisationen	11.361	k.A.	4.631	4.640	2.089	2
19	Hotels + Gastronomie	9.909	k.A.	4.997	455	3.705	752
20	Möbel + Einrichtung	8.440	k.A.	3.030	2.540	2.745	125

Die 20 wichtigsten Plakatwerber in Deutschland 2006

Rangliste der werbestärksten Produktgruppen im Bereich Außenwerbung.

*: alle Werte, sofern nicht anders ausgewiesen, gültig für 2006, in Tausend Euro.

Quelle: Nielsen Media Research 2007

Nach dem Drucken können die Druckträger für langfristige Außeneinsätze präpariert werden. Dies geschieht durch eine Beschichtung des bedruckten Materials, bei Planen z. B. durch eine Lackierung, bei Folien durch Kaschieren mit speziellen Schutzfolien, die wahlweise matt oder glänzend erfolgen kann. Diese Beschichtungen sind in der Regel auch UV-beständig und verhindern das frühzeitige Verblassen der Farben durch Sonnenlichteinwirkung. Die Folienbeschichtungen verhindern auch eine unmittelbare Beschädigung des Drucks durch mechanische Einflüsse, wie dies z. B. bei Fahrzeugen durch Rollsplit oder Insektenflug nicht zu verhindern ist.

OCE 9290®

Im Folgenden soll Ihnen ein Drucksystem vorgestellt werden, das mit einer Materialbreite von 5 Metern für den Großformatdruck konzipiert ist. Großbanner, Riesenposter, Schilder, Fassadenverkleidungen, Materialien zur Fahrzeugbeschriftung und LKW-Planen sind nur einige Beispiele für Anwendungen, die dieser Drucker abwickeln kann. Ausgestattet mit sechs Farben erzielt dieser Drucker gute Ergebnisse.

Die verwendete Drucktechnik wird von OCE als piezoelektrischer Inkjet bezeichnet, der mit 16 Druckköpfen wahlweise mit vier (CMYK) oder sechs Farben (CMYK/M-hell, C-hell) arbeitet. Die Auflösung liegt bei 600 dpi optisch,

655

Digitaldruck XXL
Beispiel eines Large-Format-Druckers, der drei Rollenbreiten verarbeiten kann.

Abb.: HP-Presse

300 x 300 dpi ansteuerbar. Das Drucksystem ist, wie die meisten Großformatdrucker auch, in einen PDF-Workflow intergrierbar. Die Hersteller bieten hier zumeist individuelle Lösungen an.

Die Druckgeschwindigkeit beim Verdrucken von lösemittelhaltiger Tinte wird bei Großformatdruckern in bedruckter Fläche pro Stunde angegeben: Sie beträgt bis 45 m² pro Stunde im Sechsfarbmodus, bis 90 m² pro Stunde im Vierfarbmodus – ein guter Leistungswert.

Der Drucker kann eine Vielzahl unbeschichteter Vinylfolien, selbstklebende Folien, Mesh-Banner, Banner, Leinwand, Textilien usw. verarbeiten.

Der Druck erfolgt direkt von der Rolle. Der Bedruckstoff kann, geeignete Tinten vorausgesetzt, auch wieder auf eine Rolle aufgenommen und dann zur Weiterverarbeitung gebracht werden.

Die Materialbreite von minimal 91 cm und maximal 5 m kann auf drei Einzelrollen verteilt werden.

9.2.9.1 Ströer Bahnhofsstudie „Insight Station"

Eine 360-Grad-Untersuchung belegt erstmals die Werbewirkung und Kontaktqualität von Bahnhofsmedien und schlüsselt auf, wie die Besucher die unterschiedlichen Werbeträger im Bahnhofsumfeld wahrnehmen.

Sie heißen Young Urbans, Professionals oder Business-Traveller – während sich ihre Lebensumstände in vielen Details unterscheiden, haben sie doch eines gemeinsam: Sie verbringen täglich durchschnittlich 25 Minuten am Bahnhof (Tageszeitungen 24 Minuten, Publikumszeitschriften 6 Minuten). Dass sie in dieser Zeit äußerst empfänglich für Werbung sind und sich dadurch auch in ihren Produktpräferenzen beeinflussen lassen, belegt nun eine umfassende Bahnhofsstudie der Ströer Gruppe, Deutschlands größtem Anbieter für Außenwerbung. Die 360-Grad-Untersuchung „Insight Station", die Ströer in Kooperation mit der Universität Luxemburg durchgeführt hat, baut auf qualitativen, quantitativen und impliziten Wirkungsanalysen bei fast 2000 Befragten auf und erlaubt erstmals vali-

Digitaldruck XXL

OCE 9290 Press:
Gut zu erkennen sind die acht Farbpatronen im Vordergrund, ebenso der Behälter für den Resttoner unter den Farbpatronen.
Rechts die OCE 9290 Press in der Frontansicht.

Abb.: OCE-Presse

de Aussagen über typische Bahnhofsbesucher und deren Einstellung und
Wahrnehmung von Werbung.

Typologie der Bahnhofsnutzer
Sechs Typen von Bahnhofsnutzern
haben die Marktforscher identifiziert,
neben den oben genannten sind das
die City Shopper, die Night Owls und
die Holiday Traveller. Sie alle gehören
zu den täglichen Pendlern, Reisenden
und Freizeitnutzern, bei denen Bahn-
hofswerbung deutlich messbare Einstellungsänderungen bewirken kann.
Drei fiktive Kampagnen hat Ströer auf
insgesamt drei verschiedenen Werbeträgern (Ground Poster, City-Light-
Poster und Big Banner) getestet. Dabei
konnten die Forscher im Lauf des
Kampagnenzeitraums eine deutliche
Steigerung der Werbewirkung messen. Alle drei getesteten Werbeträger
schnitten sehr gut ab, mit einem leicht
höheren Effekt für das Big Banner.
Konnten sich zu Beginn der Testpha-
se 10,2 % der Befragten an das dort
beworbene Motiv ungestützt erinnern,
steigerte sich dieser Wert am Ende
des Befragungszeitraums auf 18,8 %.
Insbesondere die gestützte Werbeerin-
nerung (von 19,7 auf 35,8 %) und die
Recognition-Rate (34,8 versus 48 %)
stiegen signifikant. Auch bei City-Light-
Poster und Ground Poster betrug die
Recognition nach fünf Tagen nahezu
50 %, jeder dritte Befragte konnte sich
zudem gestützt an die Kampagnen
auf den City-Light-Postern (31,5 %)
sowie auf den Ground Postern (34,8%)
erinnern.

Das belegt neben dem quantitativen
Studienteil auch die qualitative Analy-
se. Hierzu wurden insgesamt fast 100
Probanden in Gruppendiskussionen
und Tiefeninterviews befragt. Bei den
Gesprächen trat deutlich zutage, dass

Bahnhofsbesucher dem Thema Werbung sehr positiv gegenüber stehen
und diese praktisch in allen Bahn-
hofsumfeldern wahrnehmen. Und das
nahezu unabhängig von ihrer jeweiligen mentalen Verfassung, die die Studie nach sechs Kategorien differenziert:
von „Ausblenden" über „Entspanntes
Schlendern" bis hin zur „Anregenden
Entdeckungsreise.

Wahrnehmung der Werbeträger
Die Werbeträger werden jedoch unterschiedlich wahrgenommen. Groß-
flächen etwa wirken am besten in der
Wartesituation, an Bahnsteigen. Die
Menschen haben genug Zeit, sich mit
den Details der Botschaft zu beschäftigen. Mega-Lights hingegen ziehen
durch die Kombination von Größe, Beleuchtung und Bewegung die Aufmerksamkeit der Betrachter auch unbewusst
auf sich. Ein Gros der Befragten verbindet mit dem aufwändigen Werbe-
format zudem hochwertige Produkte
und Dienstleistungen, anders als beim
Ground Poster, dem die Probanden
eher eine Eignung als Hinweismedium
zusprechen.

9.2.9.2 Wirksamkeit der XXL-Werbung

Dass die am Bahnhof gemessene
Aufmerksamkeit auch konkrete Ver-
haltens- und Einstellungsänderungen
herbeiführen kann, untermauert die
abschließende implizite Wirkungsana-
lyse der Universität Luxemburg, die
die Testpersonen nach ihren Spontan-
präferenzen befragt hat. Durch die Bank
ließen sich dabei klare Vorlieben für
die im Bahnhof beworbenen Produkte
gegenüber den nicht beworbenen Ver-
gleichsprodukten erkennen. „Werbung

Quelle der Bahnhofs-
studie:

www.stroeer.de/
presse

Studien-Steckbrief

Bahnhofsstudie „Insight Station"

am Bahnhof haben viele Mediaagenturen traditionell eher nicht auf dem Radar. Die Studie zeigt, was für ein relevantes Werbeumfeld der Bahnhof doch sein kann und wie gut Werbung dort wirkt. Sie weist eine Fülle an Optimierungsmöglichkeiten auf und verdeutlicht Mediaplanern worauf man achten muss", so Christian von den Brincken, Geschäftsführer von MediaCom.

Georg Schotten, Direktor Marktforschung Ströer, fügt hinzu: „Der detaillierte 360-Grad-Blick auf die Bahnhofs-Zielgruppen belegt, dass der Bahnhof als Werbeträger in Deutschland bislang eindeutig unterschätzt wurde. Gerade in Zeiten steigender Mobilität aber wird der Mediaplaner wichtige Zielgruppen in Zukunft am Bahnhof und nicht nur vor dem Fernseher antreffen."

2008 waren im Nah- und Fernverkehr insgesamt 2,3 Milliarden Reisende unterwegs, das entspricht über 5 Milliarden Bahnhofsbesuchen pro Jahr – jeder Reisende muss mindestens einmal pro Reise ein- und wieder aussteigen. Auf die Woche umgerechnet sind das über 100 Millionen Bahnhofsbesuche. Damit erreichen Bahnhöfe, laut dem Ergebnis der Mediaanalyse Plakat der ag.ma, insgesamt 19 % der Bevölkerung.

Eine Netto-Reichweite, mit der Spartenkanäle wie N24 (12%) nicht mehr mithalten können. Auch die Publikumstitel „Der Spiegel" (9%), „Stern" (12%) und „Hörzu" (4%) bleiben weit dahinter.

XXL-Banner

Peugeot-Banner zur Produkteinführung in Barcelona

Studien-Steckbrief

Name der Studie
Bahnhofsstudie „Insight Station"

Institute
Die Studie wurde in Kooperation mit der Universität Luxemburg durchgeführt.

Auftraggeber
Ströer Media Köln, Deutschland

Erhebungsmethode/Studienaufbau
Quantitative Analyse: Face-to-face-Befragung am Bahnhof.

Qualitative Analyse: Tiefeninterviews in Fokusgruppen und Spy Walks am Bahnhof.

Implizite Analyse: Face-to-face Interviews am Bahnhof.
Testdesign der quantitativen und impliziten Messung ist ein dreidimensionaler Testcube, bestehend aus 3 Werbeträgern (City-Light-Poster, Ground Poster und Big Banner), 3 Motiven (fiktiver Reiseanbieter mit Zielen nach Mauritius, fiktives Kaugummi Fresh und fiktives Schmerzmittel Mediol) und 3 Bahnhöfen (Stuttgart, Bremen und München).

Zeitraum
Februar 2010

Grundgesamtheit / Fallzahl
Fast 2.000 Befragte, davon 1.896 im Bahnhof, davon 64 in Fokusgruppen.

Quelle:
www.stroeer.de/Bahnhofsstudie.bahnhofsstudie0.0.html

9.2.10 Out-of-Home-Medien

Digitaldruck

Schaufensterdeko
Unterschiedliche Bedruckstoffe, bedruckbar in hoher Auflösung von 1440 dpi. Beispiel Obstwerbung als Panoramaposter bei Edeka. Derartige Banner werden für den Innen- und Außeneinsatz gedruckt und unterscheiden sich in der Regel nur im Bedruckstoff.

Edeka Obstwerbung

Abb.: Edeka

Fahnen – Hissfahnen (Querformat)
– Hissfahnen (Hochformat)
– Bannerfahnen (mit Querstab und seitlichen Abschlussknöpfen. Fahne kann sich nicht überschlagen, das Motiv ist immer sichtbar.)

Fahnen haben in der Regel festgelegte Seitenverhältnisse. Querformate 2 : 3 bis 3 : 5, Hochformate 1 : 2,5 bis 1 : 3.

Fahnen

Verschiedene Hissfahnen im Hochformat

Abb.: Hersteller

Fassadenwerbung
oder Blow-ups für Gebäude, Baugerüste, Parkhäuser usw. Fassadenwerbung mit Blow-up muss wetterfest, farb-/lichtecht, windstabil von der Aufhängung, je nach Verwendungszweck blickdurchlässig und mindestens 3 Jahre wetterbeständig sein.

Blow-ups sind im engen Sinne überdimensionierte Werbeflächen, die zum Teil mit Lichteffekten inszeniert werden im Format 3 x 5 m (40/10-Bögen). Derzeit gibt es etwa 1120 Standorte in rund 110 Städten mit mehr als 50.000 Einwohnern in Deutschland.

H&M Fassaden-Blow-up

Abb.: H&M

Breuninger Stuttgart

Weihnachtsfassade über dem Hauptportal

Abb.: Breuninger

Luftwerbung – Bannerentwürfe
Die Luftwerbung ein exklusives, hoch wirksames und einzigartiges Werbemittel.

www.luftwerbung-sachsen.de

Werbelokomotive

Digitaldruck XXL auf Selbstklebefolie. Die Folie wurde nass verklebt und zur Verlängerung der Haltbarkeit mit einer glänzenden UV-Schutzfolie überzogen.

Abb.:
Märklin Göppingen

659

City-Light-Poster

Leuchtwerbung der Deutschen Bahn in Inter-City-Express-Zügen

Abb.: Privat

Deckenhänger

Modehänger in einem Kaufhaus zur Absatzförderung von Damenbekleidung

Abb.: Horten

Truckprints
- Straßenbahn
- Stadtbus
- Fruchtzwerge-LKW

Abb.:
- Wiener Straßenbahn
- RSV-Reutlingen
- Schöpfer Druck- und Werbetechnik Reutlingen

www.schoepfer.de

City-Light-Poster (CLP) – Werbeträger im Format 119 x 175 cm an Standorten mit Wartesituationen, Fußgängerzonen, Bahnhöfen, Parkhäusern. Sind besonders nachts ein absoluter Eyecatcher. Hohe Erfolgs- und Beachtungsquote ist gegeben, da durch Wartesituation Menschen besonders empfänglich sind für Botschaften mit Lichteffekten. Das Motiv wird auf lichtdurchlässiges Material gedruckt. Aushängedauer beträgt in der Regel nur eine Woche. Abgebildet ist ein Light-Poster in einem ICE der Deutschen Bahn.

Panoramaformate – Bahnbreite etwa 50 cm, Bahnlänge bis etwa 11 m, abhängig von den Möglichkeiten der Druckmaschine. Panoramaformate sind auf Bilderdruckpapier von 120 bis 250 g/m^2 druckbar.

Deckenhänger – Panoramaformate können als Deckenhänger mit entsprechender Aufhängung erstellt werden. Grundsätzlich gilt: Alle Formate von der Rolle können in der Vorstufe geteilt und durch Panelierung der Papierbahn vergrößert umgesetzt werden. Die Abbildung links zeigt einen Modehänger in einem Kaufhaus.

Fahrzeugbeklebung/ Truckprints – Großbilder in brillanter Fotoqualität auf LKW-Qualitätsplanen. Reiß-, kratz- und wetterfest, mit Schutzlack und hoher Lichtechtheit versehen sind Truckprints echte Hingucker! Fotorealistischer Digitaldruck ermöglicht den Druck von Bildern, Fotos, Texten und Grafik direkt auf Klebefolie. Lichtbeständigkeit bis zu sieben Jahren. Die Abbildungen links zeigen beklebte Stadtomnibusse und LKW-Auflieger. Voraussetzung für die Beklebung ist eine saubere und einheitliche helle Lackgrundierung der Fahrzeuge.

Digitaldruck

Airblade – Diese Flügel werden sowohl im Innen- wie auch im Außenbereich als dynamisches Werbemittel eingesetzt.
Die Flügel bewegen sich im Wind und wirken vor allem in der Aufstellung als Gruppe. Die Werbefläche weist standardmäßig eine Größe von etwa 4 m² auf und wird mit Edelstahlmast ausgeliefert. Die Aufhängung ist als fest fixierte oder drehbare Variante verfügbar.

Ganzsäulen – Für Ganzsäulen, aber auch Bushaltestellen u. Ä. werden Plakate in so genannter 6/1- oder 8/1-Bogen-Technik verwendet. Die im Digitaldruck erstellten Bogen werden im Nassklebeverfahren direkt am bzw. auf dem Werbeträger zusammengesetzt. Dabei sind geeignete Papiere in wetterfester Bedruckstoffqualität und Farben mit hoher Lichtechtheit zu verwenden, die eine gesamte Buchungsdauer für eine Plakatserie ohne Veränderung überstehen.

Transportabler Messestand
Derartige Stände gibt es in den vielfältigsten Formen. Sie sind leicht, gut zu transportieren und können zumeist von ein oder zwei Personen problemlos aufgestellt werden. Auf das Grundgestell wird eine im Digitaldruck bedruckte Folienbahn aufgezogen, deren Motiv schnell und leicht ausgetauscht werden kann. So kann bei kleineren Messeständen schnell und kostengünstig das Erscheinungsbild an veränderte Rahmenbedingungen angepasst werden. Die Abbildungen rechts geben einen kleinen Eindruck von den Varianten und Abmessungen dieser variablen Messestände, die sich in der rechts abgebildeten Tonne zusammengelegt transportieren lassen.

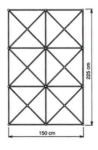

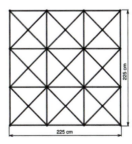

Werbemittel für Messen

Airblade, Ganzsäulen und transportabler Messestand

Abb.: Messebau Ulm

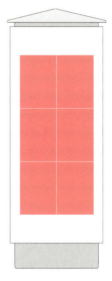

9.2.11 Datenaufbereitung für den Großformatdruck

Um die Dateien für den Digitaldruck vorzubereiten, sind eine Reihe von Festlegungen vorzunehmen. Diese müssen korrekt erfasst und kontrolliert werden, damit ein qualitätsvoller Druck entstehen kann.

Bilddaten Digitalfotografie
Es ist vor allem für starke Vergrößerungen mit hohen Bildauflösungen zu arbeiten.

Vorlagen zum Scannen (Dia/Negativ)
Kleinbild (3,6 x 2,4 cm) Highend bis zu 1 m² möglich, XXL bis zu 4 m²
Mittelformat (6 x 8 cm), Highend bis zu 4 m², XXL bis zu 16 m²
Großformat (13 x 18 cm), Highend bis zu 20 m², XXL bis zu 80 m²

Farbmodus
CMYK-Farbraum ohne zusätzliche Schmuckfarben. Sonderfarben werden in der Regel im Vierfarbmodus gedruckt, Digitaldrucker mit mehr als vier Farben (z. B. HP-Farbplotter) erfordern eventuell spezielle Farbmodi.

Eurostandard (Uncoated)
Tonwertzuwachs 15%, Separationsart GCR, Schwarzaufbau mittel, max. Schwarz 100%, Gesamtfarbauftrag 330%.
   RGB-Daten können nicht gedruckt werden, d. h., sie müssen konvertiert werden.
   Schwarze Flächen müssen i. d. R. vierfarbig angelegt werden. Man sollte sich mit dem Drucker absprechen, der die beste Einstellung für die jeweilige Maschine kennt. Oft empfohlen wird die folgende Farbdefinition für Schwarz: C80/M60/Y60/K100.

Dateigröße/Auflösung
Bei Highend-Digitaldruck: 80 dpi bezo-

gen auf das Endformat (ca. 40 MB/m²)
Bei XXL-Digitaldruck: 30 dpi bezogen auf das Endformat (ca. 6 MB/m²)

Freisteller
Freisteller müssen als Pfade manuell erstellt werden. Die Kurvenannäherung beträgt ein Pixel, Freisteller für den Druck einschalten.

Datenformat
CMYK-TIFF-Dateien ohne Komprimierung, CMYK-EPS-Dateien auch mit JPEG-Komprimierung „maximale Qualität". Wichtiger Hinweis: Digitaldrucker nutzen i. d. R. keine DCS-Daten.

Vektorgrafik
Erforderliche Bilddaten sind immer mitzuliefern, ebenso die enthaltenen Schriften. Schriften dürfen nicht in Zeichenwege umgewandelt werden. Originalschriften lassen sich besser skalieren.

Layout
QuarkXPress und InDesign: Liefern Sie Digitaldruckereien nur offene Dateien mit Bildern und Schriften. Die Druckerei wird dann die korrekte Einstellung mit notwendigen Überlappungen für die Weiterverarbeitung anlegen.

PDF-Format
Wir empfehlen Daten nur dann im PDF-Format anzulegen, wenn Sie Erfahrung mit den Grund- und Voreinstellungen im Distiller für den Großformatdruck haben. Beschnitt, randabfallende Elemente und Hintergrundfonds werden zumeist, aber nicht immer mit 1 cm Beschnitt, bezogen auf das Endformat, angelegt. Lassen Sie die Zugaben den Drucker einstellen – dann sind Sie nicht für Fehldrucke verantwortlich, die Sie als Kunde mitbezahlen müssen.

Digitaldruck

Schriften

Alle verwendeten Schriften sind vollständig mitzuliefern; Schriften sind nur im Originalschnitt zu verwenden, d. h., keine Änderungen wie fett, kursiv usw. über das Stilmenü vornehmen, da dies bei der Vergrößerung zu Problemen führt.

Beim Wechsel der Dateien von PC zu Mac oder umgekehrt können Probleme bei der Konvertierung von Schriften auftreten, da manche Schriften auf den verschiedenen Betriebssystemen unterschiedliche Laufweiten aufweisen. Hier muss vor dem Druck eine Kontrolle durchgeführt werden, damit z. B. nicht plötzlich ein Wort auf einem Werbebanner fehlt oder unvollständig ist.

Softwareverwendung

Alle Programme, die nicht für die Druckvorstufe geeignet sind und keinen echten PostScript- und PDF-Workflow unterstützen, können nicht oder nur mit extremen Einschränkungen für die Qualität verwendet werden. Hierzu sind besonders zu nennen PowerPoint, CorelDraw, Word, Excel, ...

Farben/Monitordarstellung

Der Monitor stellt die Farben im additiven Verfahren dar. Da der Farbraum deutlich vom druckbaren Farbraum abweicht, ist die Monitordarstellung zur Beurteilung von Farben ungeeignet und nicht relevant.

Andrucke/Proof

Professionell erstellte Proofs bieten die beste Kontrollmöglichkeit für Ihre Daten und Farben. Bei schwierigen Motiven empfiehlt sich ein Maschinenandruck – wenn möglich auf der Auflagenmaschine.

Farblaser- und Farbtintenstrahldrucke, die mit einem beliebigen Drucker ohne kalibriertes Ausgabesystem gedruckt wurden, sind als Farbvorlage völlig ungeeignet, da sie extreme Abweichung in der Wiedergabe der in den Daten angelegten Farben aufweisen können.

Sonderfarben

Pantone- oder HKS-Sonderfarben können nur simuliert werden. Dadurch werden manche Farbtöne nur sehr ungenau dargestellt. Um dies abzuklären, ist es empfehlenswert, einen Andruck durchzuführen und diesen als Grundlage für eventuelle Farbkorrekturen zu verwenden.

Auftragsbearbeitung

Bei Out-of-Home-Medien ist es oftmals erforderlich, dass durch unvorhergesehene Ereignisse Beschädigungen an den Werbeträgern entstehen und ein Nachdruck erforderlich wird.

Daher ist darauf zu achten, dass alle zu einer Nachproduktion passenden und erforderlichen Daten und Informationen festgehalten und archiviert werden. Dazu gehören Farb- und Formatinformationen, Andrucke, Materialmuster, Materialverarbeitung und -befestigung sowie eine vollständige Datensicherung aller Auftrags- und Produktionsdaten.

Geringfügige Abweichungen zwischen Erstdruck und Folgeauftrag lassen sich oft nicht vermeiden. Liegen zwischen den Aufträgen längere Zeiträume, die zu einem Wechsel der Produktionsmaschine oder sonstigen technischen Änderungen (z. B. andere Tinten, Folien u. Ä.) führen, sind Abweichungen die nahezu zwangsläufige Folge.

663

9.2.12 Checklisten Datenaufbereitung Großformatdruck

Checkliste Datenaufbereitung Großformatdruck

Die nebenstehende Checkliste erhebt keinen Anspruch auf Vollständigkeit. Je nach verwendeter Drucktechnik und Bedruckstoff können sich Abweichungen ergeben.

Checkliste Datenaufbereitung Großformatdruck

Dateiformat:

- ❏ CMYK-TIFF
- ❏ CMYK-EPS
- ❏ Druckoptimierte PDF-Datei

Farbmodus:

- ❏ RGB (nicht erwünscht)
- ❏ CMYK
- ❏ Mit Sonderfarben
- ❏ Schwarz C80/M60/Y60/K100
- ❏ Schwarz C50/M50/Y50/K100
- ❏ Schwarz C50/M30/Y30/K100
- ❏ Farbprofile: _____
- ❏ Tonwertzuwachs: _____

Farbräume:
Erlaubte Farbräume sind CMYK und Graustufen. Für CMYK-Farbräume hat sich das Profil ISOcoated_v2_bas.ICC bewährt. Dies ist im Detail mit dem Dienstleister abzusprechen.

Freisteller:

- ❏ Freisteller mit Pfaden
- ❏ Kurvennäherung 1 pt
- ❏ Für Druck eingeschaltet

Beschnitt:
Muss auf die Maschine und die Weiterverarbeitung abgestimmt werden.

Schriften:

- ❏ Schriften sind mitgeliefert
- ❏ Schriften in Pfade umgewandelt
- ❏ Schrift Mac ❏ Schrift PC

Verwendete Programme:

- ❏ _____

Maßstab:

- ❏ 1:1 entspricht 100 %
- ❏ 1:10 entspricht 10 %
- ❏ Wenn Endformat größer als 5 m, muss die Datei im Maßstab 1:10 angelegt werden, da Acrobat Formate ab 5 m nicht unterstützt.

Proof/Muster:

- ❏ Verbindliches Proof (kalibriert)
- ❏ Standproof (kalibriert)
- ❏ Maschinenandruck
- ❏ Verkleinerter Tintenstrahldruck
- ❏ Farbausduck
- ❏ Muster Sonderfarben
- ❏ Nachdruck

Datenanlieferung:

- ❏ CD/DVD
- ❏ Internet Download
- ❏ Mail
- ❏ Nicht annehmen: Corel-, Excel-, Word-, CAD-, oder PowerPoint-Daten, wenn ja ...
- ❏ Hinweis: Aufpreispflichtige Nachbearbeitung erforderlich

Kunde:

- ❏ Kundendaten erfasst
- ❏ Verantwortlich/Kontaktperson
- ❏ Korrekturweg festgelegt
- ❏ Andrucktermin abgesprochen
- ❏ Liefertermin
- ❏ Lieferanschrift erfasst
- ❏ Werbetechnik/Anbringung
- ❏ Rechnungsanschrift erfasst

Digitaldruck

Checkliste Bildauflösung Großformatdruck

Bilddaten:

Bei Bilddateien, die nicht im Maßstab 1:1 angelegt werden, ist zu beachten, dass sich mit der Vergrößerung automatisch die Bildauflösung im Endformat verringert.

So hat ein Banner, der im Maßstab 1:10 mit einem Bild von 300 dpi Bildauflösung ausgelegt ist, im Banner-Endformat tatsächlich noch eine Auflösung von 30 dpi. Hier müssen die Voreinstellungen bei der Herstellung der Druck-PDF entsprechend überprüft und angepasst werden.

Optimale benötigte Druckauflösung bei Dateianlageformat im Größenverhältnis 1:10 (verkleinert):

- ❏ bis 3 m² - 1.500 dpi
- ❏ bis 10 m² - 1.000 dpi
- ❏ bis 20 m² - 750 dpi
- ❏ bis 50 m² - 400 dpi
- ❏ bis 100 m² - 250 dpi
- ❏ ab 100 m² - 180 dpi

Optimale benötigte Druckauflösung bei Dateianlageformat im Verhältnis 1:1 (Originalgröße):

- ❏ bis 3 m² - 150 dpi
- ❏ bis 10 m² - 100 dpi
- ❏ bis 20 m² - 75 dpi
- ❏ bis 50 m² - 40 dpi
- ❏ bis 100 m² - 25 dpi
- ❏ ab 100 m² - 18 dpi

Dateigröße:

Eine weitere Richtschnur für die richtige Druckauflösung von Halbtonbildern kann die Dateigröße darstellen. Hier ist der Zusammenhang beim Anlageformat im Verhältnis 1:1 wie folgt:

- ❏ Endformat bis max. 4 m²
  Druckauflösung 100 - 150 dpi
  Dateigröße ca. 60 MB/m²

- ❏ Endformat bis max. 20 m²
  Druckauflösung 50 - 75 dpi
  Dateigröße ca. 15 MB/m²

- ❏ Endformat zwischen 20 - 50 m²
  Druckauflösung 25 - 50 dpi
  Dateigröße ca. 4 MB/m²

- ❏ Endformat über 50 m²
  Druckauflösung 18 - 25 dpi
  Dateigröße ca. 3 MB/m²

Hinweis: Die Angaben zur Dateigröße beziehen sich immer auf Halbtonbilder im CMYK-Modus.

Überfüllung/Überdrucken:

- ❏ Grundsätzlich alle Dateien ohne Überfüllung/Überdrucken angelegt.
- ❏ Überfüllung/Überdrucken angelegt – dann Rücksprache mit dem Kunden.

Sonstiges:

_____

_____

Checkliste Bildauflösung Großformatdruck

Die nebenstehende Checkliste erhebt keinen Anspruch auf Vollständigkeit. Je nach verwendeter Drucktechnik und Bedruckstoff können sich Abweichungen ergeben.

9.2.13 Digigraphie – eine neue Kunstform

Die Digigraphie muss eigentlich korrekt Digigraphie by Epson heißen, denn die Digigraphie ist eine Idee des Druckerherstellers Epson für hochwertige und streng limitierte Drucke auf speziell dafür zertifizierten Medien. Für das Unternehmen Epson bedeutet die Digigraphie eine Aufwertung seiner Drucker und der damit erstellten Kunstdrucke.

www.digigraphie.com/de

Was um 1990 in Frankreich nach einem Werbegag ausschaute, hat sich inzwischen mit vorzeigbaren Ergebnissen zu einem kleinen, feinen und bedeutsamen Kunstmarkt entwickelt.

Epson hat dazu eine eigene mehrsprachige Website erstellt, die dem Interessenten alles zur Digigraphie erklärt. Für angehende Künstler und Kunstsammler eine anregende Seite. Auf der Website kann auch nachgelesen werden, wie man Digigraphie Künstler wird. Unter der Rubrik Neuigkeiten gibt es Wissenswertes um die Digigraphie und deren Kunstbetrieb. Dieser wird von Epson wie folgt beschrieben:

Der „Epson Kunstbetrieb" in Düsseldorf ist ein „Kunstort" mit innovativem Konzept: Dort werden nicht nur hochkarätige Ausstellungen für Fotografie und Videokunst gezeigt, sondern der Epson Kunstbetrieb versteht sich auch als Produktionsort für Digigraphie®, Begegnungs-Forum, Workshop-Zentrum und Event-Location – eben als kunstbezogene Betriebsstätte. Im Epson Kunstbetrieb sollen Sammler und Kunst-Produzenten, Studenten und etablierte Künstler sowie alle Interessenten in einen „betriebsamen" Dialog einsteigen.

Was zeichnet Digigraphie-Drucke aus?
Der Einstieg in diese Kunstform ist nicht mal so eben gemacht. Sowohl als Künstler als auch als Druckdienstleister müssen Sie einen Vertrag mit Epson schließen und darin versichern, sich genau an die vorgegebenen Richtlinien zu halten. Das setzt einerseits einen Drucker von Epson sowie zertifizierte Medien voraus:

Digigraphie® – Definition: *Digigraphie® bezeichnet einen Ausdruck auf einem professionellen Epson Stylus Pro-Drucker mit UltraChrome™-, UltraChrome™ K3-, oder UltraChrome™ K3 Vivid Magenta-Tintentechnologie auf einem zertifizierten Papier. Jeder Druck wird mit Nummer und Unterschrift authentifiziert, mit Prägestempel versehen und mit einem Zertifikat ausgestattet.*

Der Künstler oder Kunstdrucker benötigt einen Prägestempel, den man ausschließlich bei Epson bekommt und der kostet nicht wenig. Der Stempel wird mit dem Namen des Künstlers oder dem des Druckdienstleisters angefertigt. Künstler und Drucker dürfen grundsätzlich nur limitierte Auflagen anbieten. Eine limitierte Auflage gilt aber nur für eine Druckgröße auf einem gewählten Medium. Wollen Sie ein weiteres Material alternativ anbieten, bedeutet dies eine zweite limitierte Auflage. Das führt das Prinzip einer limitierten Auflage ein wenig ins Absurde, denn Sie können unendlich viele limitierte Auflagen erzeugen. Jeder limitierte Druck muss mit dem Prägestempel geprägt werden (siehe Bild) und vom Künstler eigenhändig unterschrieben bzw. signiert sein.

Aber der Kunstmarkt funktioniert. So gibt es in Europa eine zunehmende Kunstgemeinde, die sich dieser digitalen Druck- und Reproduktionstechnik bedient.

Digitaldruck

Digigraphie® Collection

Alle Museen, ob staatlich oder privat, können ihren Besuchern die Möglichkeit einräumen, eine limitierte Auflage eines Kunstwerks zu erwerben. Mithilfe der Digigraphie® von Epson kann praktisch jeder Besucher eine hochwertige und langlebige Reproduktion seines Lieblingsgemäldes oder -fotos mit nach Hause nehmen. Es ist eine wunderbare Möglichkeit, Kunstwerke bei sich zu Hause auszustellen.

Werke mit dem Siegel Digigraphie® Collection sind ideal für den Verkauf während einer temporären oder permanenten Ausstellung geeignet.

Die Bezeichnung Digigraphie® darf nur für einen Ausdruck verwendet werden, der wie folgt erstellt wurde:
- auf einem professionellen Epson Stylus Pro-Drucker
- mit Epson UltraChrome™-Tinten
- auf zertifiziertem Papier
- Beglaubigung: nummeriert, vom Künstler signiert, mit der Stempelzange markiert und mit einem Zertifikat versehen
- Wird eine dieser vier Voraussetzungen nicht erfüllt, kann das Kunstwerk keinesfalls als Digigraphie® bezeichnet und verkauft werden.

Das Konzept einer limitierten Auflage lässt sich über drei vom Künstler frei festzulegende Kriterien beschreiben:
- die Anzahl der Reproduktionen
- das Format der Reproduktionen
- das zu bedruckende Trägermaterial
- Wenn für eine bestimmte Serie der Drucker, das Papier oder das Format geändert werden, muss eine neue Serie begonnen werden.
- Der Künstler verpflichtet sich, die festgelegte Stückzahl nicht zu überschreiten, wie auf dem Digigraphie-Zertifikat vermerkt, das jeder Käufer eines Kunstwerks erhält.

Hauptnutznießer dieser Kunstform ist sicherlich die Firma Epson, der es gelungen ist, ihre Drucker für einen anspruchsvollen Markt in Position zu bringen. Aber auch der Kunstbetrieb und vor allem Kunstliebhaber profitieren von einer Marketingidee, die sich zwischenzeitlich in einem florierenden Kunstmarkt selbständig und durchaus profitabel entwickelt hat. Den Nachweis können Sie selbst im Internet finden: Geben Sie in einer Suchmaschine einfach das Stichwort „Digigraphie" ein, Sie erhalten jede Menge Kunst geboten.

Digigraphie-Beispiele

Oben: La grande Odalisque von Jean-Auguste-Dominique Ingres. Der Louvre und die Vereinigung der französischen Nationalmuseen reproduzierten 12 Arbeiten des Künstlers in limitierter Auflage.

Unten: Dietmar Jäkel Amaryllis klar, bei

www.kunstdruckbetrieb.de

9.2.14 Aufgaben

1 Digitale Drucksysteme beschreiben

Dynamischer Zylinder – erklären Sie diesen Begriff.

2 Fachbegriffe erklären

Erklären Sie die folgenden Fachbegriffe:
a. Computer-to-Plate-on-Press
b. Computer-to-Press
c. Computer-to-Paper
d. Computer-to-Proof
e. Fotodirektdruck

3 Tonersysteme für den Digitaldruck beschreiben

Mit welchen Tonersystemen kann eine Maschine mit variabler Bebilderung drucken?

4 Fachbegriffe erläutern

Erläutern Sie die folgenden Begriffe:
a. Sequenzielles Drucken
b. Personalisiertes Drucken
c. Printing-on-Demand

5 Merkmale des Digitaldrucks zusammenfassen

Geben Sie einen zusammenfassenden Überblick über die Merkmale des Digitaldrucks. Es sind mindestens sechs typische Merkmale für digitale Drucksysteme zu nennen.

6 Digitaldrucktechnik darstellen

Erstellen Sie eine ausführliche Funktionsskizze, die die komplexen Abläufe der so genannten Six Steps bei der Tonerübertragung auf den Bedruckstoff anschaulich erklärt.

7 Inkjet-Drucksysteme beschreiben

Erläutern Sie das Arbeitsprinzip der folgenden Inkjet-Verfahren:
a. Continuous-Inkjet
b. Drop-on-Demand
c. Bubble-Jet-Verfahren
d. Piezo-Verfahren

8 Inkjet-Drucksysteme beschreiben

Stellen Sie die Vor- und Nachteile der Inkjet-Druckverfahren dar.

9 Thermografische Drucksysteme darstellen

Stellen Sie die Vor- und Nachteile der Thermografie-Druckverfahren dar.

10 Digitaldruckweiterverarbeitung beschreiben

Digitale Drucke werden häufig sofort weiterverarbeitet, damit ein schneller Versand zum Kunden möglich ist. Erläutern Sie die folgenden Begriffe, die in diesem Zusammenhang immer wieder genannt werden:
a. Inhouse-Weiterverarbeitung
b. Inline-Weiterverarbeitung
c. Offline-Weiterverarbeitung

Digitaldruck

11 Großformatigen Digitaldruck beschreiben

Erklären Sie die folgenden Fachbegriffe:
a. XXL-Druck
b. Large-Format-Printer
c. Out-of-Home-Medien

12 XXL-Druckweiterverarbeitung erläutern

Im Gegensatz zum „normalforma-tigen" Digitaldruck mit bedruckten Papierbögen erfordert der XXL-Druck weitere und völlig andere Weiterverar-beitungsschritte, um das Produkt an die Öffentlichkeit zu bringen. Nennen und beschreiben Sie einige dieser Weiter-verarbeitungsschritte.

13 Haltbarkeit von XXL-Medien benennen

Welche maximale Haltbarkeit weisen Outdoor-Prints auf?

14 Großformatdrucktechnik kennen

Welche Drucktechnologien werden zum Druck von Großformatprints eingesetzt. Beschreiben Sie in kurzen Worten die verwendeten Technologien.

15 Tintensorten beschreiben

Für den Großformatdruck werden im Wesentlichen drei Tintenarten verwen-det. Nennen und beschreiben Sie diese Tinten.

16 Oberflächenverbesserung bei XXL-Drucken nennen

Welche Möglichkeiten bieten sich für die Verbesserung des Oberflächen-schutzes bei XXL-Drucken an. Nennen Sie zwei Varianten der Verbesserung.

17 Out-of-Home-Medien beschreiben

Nennen und beschreiben Sie mindes-tens drei gängige Out-of-Home-Medien, deren Verwendung und Zielgruppe.

18 Datenaufbereitung für den XXL-Druck wissen

Um die Dateien für den XXL-Digital-druck vorzubereiten, sind eine Reihe von Festlegungen vorzunehmen. Diese müssen korrekt erfasst und kontrolliert werden, damit ein qualitätsvoller Druck entstehen kann. Suchen Sie im Internet verschiedene Großformatdruckanbieter auf und vergleichen Sie deren Daten-aufbereitung mit den Angaben im Kom-pendium und halten Sie die denkbaren Unterschiede in Ihren Unterlagen fest.

19 Großformatdrucktechnik und deren Marktpreise kennenlernen

Erkundigen Sie sich bei Anbietern von Großformatdrucken nach den Preisen für die in Kapitel 9.2.9 aufgeführten Medien. Sie werden dabei extreme Preisunterschiede feststellen. Dies ist einer der Gründe, warum im Buch keine Preisangaben zu finden sind.

669

9.3 Ausschießen

9.3.1	Begriffsklärung	672
9.3.2	Ausschießregeln	676
9.3.3	Aufgaben	679

9.3.1 Begriffsklärung

Das Ausschießen ist eine planende Tätigkeit, die immer dann durchgeführt werden muss, wenn mehrere Seiten in einer Druckform gemeinsam gedruckt werden müssen. Dabei müssen die Seiten einer Druckform so zusammengestellt werden, dass der bedruckte und gefalzte Bogen die richtige Folge der Seiten z. B. eines Buches oder Prospektes ergibt.

Vor dem Ausschießen ist die Verarbeitung der Druckbogen in der Druckerei und der Buchbinderei festzulegen. Dabei sind immer die folgenden Fragen abzuklären:
- Druckbogenformat
- Falzschema und Falzanlage
- Die Art des Bogensammelns: Zusammentragen oder Ineinanderstecken.
- Die Art der Heftung der Bogen: Faden-, Drahtheftung oder Klebebindung.
- Die Wendeart des Druckbogens, wenn der Bogen zweiseitig bedruckt wird.
- Wendearten: Umschlagen in einer Form, Umschlagen für Schön- und Widerdruck, Umstülpen mit zwei Druckformen für Schön- und Widerdruckmaschinen, Umstülpen für eine Druckform für S/W-Druckmaschine, Druck für mehrere Nutzen.

9.3.1.1 Drucktechnische Begriffe

Bevor auf die einzelnen Ausschießregeln und das Herstellen von Ausschießmustern eingegangen wird, müssen noch einige drucktechnische Grundbegriffe geklärt werden, die für das Verständnis des Ausschießens erforderlich sind.

Montage oder Bogenmontage
Darunter versteht man das Zusammenstellen einer standgerechten Druckform entsprechend dem Einteilungsbogen für den Offset- oder Tiefdruck. Dabei muss die Falzart, das Bindeverfahren sowie das Druckbogenformat beachtet werden.

Montagezeichen
Dabei handelt es sich um Passkreuze, Anlage-, Schnitt- und Falzzeichen.

Einteilungsbogen für die Montage
Aus dem Einteilungsbogen sind Bogenformat, Seitenformat, Satzspiegel, Passkreuze, Falz-, Schnitt- und Anlagezeichen ersichtlich. Der Einteilungsbogen ist die Basis zur Herstellung einer mehrseitigen Druckform.

Standbogen
Auf dem Standbogen wird die Stellung der Satzteile, Bilder, Beschnitt, Druck- und Falzanlage vorgezeichnet. Er bildet die Grundlage für das Ausschießen. Bei digitalen Ausschießsystemen wird zwischen Einteilungsbogen und Standbogen kein Unterschied mehr gemacht.

Seitenrichtige und seitenverkehrte Druckform
Auf einer Offsetdruckplatte befindet sich ein seitenrichtiges Druckbild, da dieses zuerst seitenverkehrt auf den Gummituchzylinder übertragen wird. Vom Gummituchzylinder wird das Druckbild seitenrichtig auf den Bedruckstoff gedruckt. Beim Offsetdruck handelt es sich also um ein indirektes Druckverfahren mit einer seitenrichtigen Druckform. Hoch- und Tiefdruck weisen seitenverkehrte Druckformen auf, da der seitenrichtige Abdruck in der Druckmaschine direkt auf den Bedruckstoff erfolgt.

Ausschießen

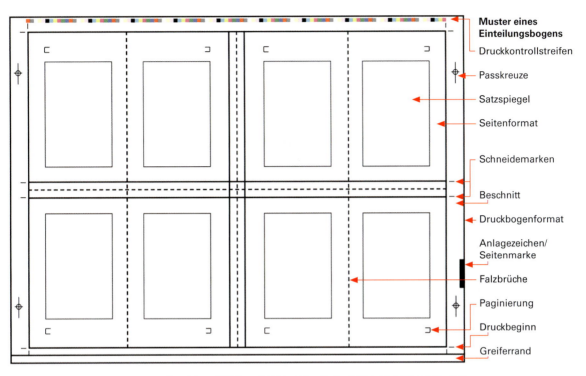

Muster eines Einteilungsbogens

- Druckkontrollstreifen
- Passkreuze
- Satzspiegel
- Seitenformat
- Schneidemarken
- Beschnitt
- Druckbogenformat
- Anlagezeichen/Seitenmarke
- Falzbrüche
- Paginierung
- Druckbeginn
- Greiferrand

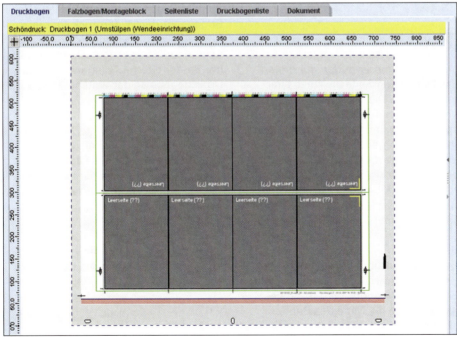

Muster eines digitalen Einteilungsbogens

Digital erstellter Einteilungsbogen. Von oben nach unten sind alle Elemente erkennbar, die erforderlich sind, um in den nachfolgenden Produktionsstufen sicher arbeiten zu können:
- Druckkontrollstreifen
- Schneidemarken ||
- Falzmarken |
- Seitenformat
- Beschnitt
- Seitenmarke
- Passkreuze
- Druckbeginn
- Druckbogenformat
- Plattenformat
- Registerlochung

673

Angeschnittene Bilder

Mit der Bezeichnung „abfallend", „randabfallend" oder „angeschnitten" werden Bilder oder Flächen bezeichnet, die im fertigen Produkt angeschnitten sein sollen. Diese angeschnittenen Bilder werden so reproduziert, dass sie mindestens 3 mm größer als die beschnittene Drucksache sind. Bei Falz- oder Beschnittdifferenzen entstehen dann keine störenden weißen Ränder.

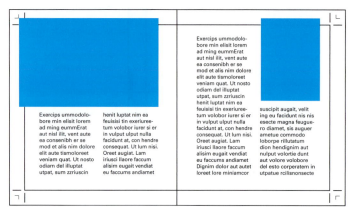

Angeschnittene Bilder
Zwei Beispiele für die korrekte Positionierung angeschnittener Bilder auf einer Doppelseite mit Beschnittzugabe.

Flattermarke

Die Flattermarke wird auf jedem Druckbogen im Bund zwischen der ersten und der letzten Seite als kurze Linie mitgedruckt. Die Linie wird auf dem ersten Bogen in der Höhe des Satzspiegelkopfes positioniert und wandert mit jedem folgenden Bogen um die eigene Länge nach unten. Dadurch erscheint die Linie bei einem korrekt zusammengetragenen Buchblock als regelmäßig verlaufende Markierung in Treppenform.

Bund

Der nicht bedruckte Raum im Rücken zwischen zwei nebeneinanderliegenden Seiten eines Bogens wird Bund genannt. Durch die Mitte des Bundes erfolgt die Draht- oder Fadenheftung.

Stege bzw. Formatstege

Früher wurden im Buchdruck die Abstände zwischen den Seiten mit breiten „Formatstegen" festgelegt. Je nach der Stellung und Lage dieser Stege in der Druckform wurde von Kopfsteg, Bund-, Kreuz-, Fuß-, Mittel- und Greifersteg gesprochen. Teilweise werden diese traditionellen Begriffe beim Ausschießen heute noch verwendet. Auf der gegenüberliegenden Seite oben finden Sie alle Benennungen der Formatstege in einer Druckform für 32 Seiten im Hochformat dargestellt.

Anlagemarken

Beim Druck in einer Druckmaschine sind immer mindestens zwei Vordermarken für die Bogenanlage vorhanden. Bei großen Formaten können entsprechend mehr Vordermarken zur Bogenanlage genutzt werden. Allerdings werden zum Druck immer nur zwei Vordermarken und eine Seitenmarke benützt. Nach dem Wenden des Bogens für den Widerdruck auf die Rückseite wird die gegenüberliegende Seitenmarke verwendet. Dadurch wird immer der gleiche Anlagewinkel des Druckbogens an der Seitenmarke angelegt und ausgerichtet.

Anlagewinkel

Darunter wird der Winkel verstanden, der von den Kanten des Papierbogens gebildet wird, die beim Druck an die Vorder- und Seitenmarken angelegt werden.

Druckbogen

Bezeichnung für ein- oder zweiseitig bedruckte Bogen. Als Normalbogen wird ein 16-seitiger Druckbogen verstanden.

Ausschießen

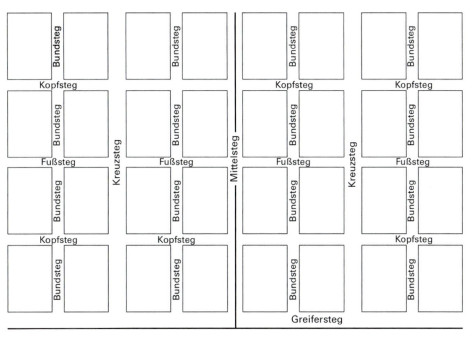

Bezeichnung der Stege

Die Darstellung zeigt beispielhaft die Benennung der verschiedenen Formatstege innerhalb einer Druckform. Gezeigt ist eine Druckform mit 32 Seiten im Hochformat.

9.3.1.2 Wendearten der Bogen

Nach dem Druck auf die Vorderseite eines Druckbogens muss dieser für den zweiten Druck auf die Rückseite gewendet werden. Der Druck auf die Vorderseite wird auch als Schöndruck bezeichnet, der Druck auf die Rückseite als Widerdruck. Dabei gibt es verschiedene Wendemöglichkeiten:

Umschlagen

Hier wird der Druckbogen nach dem erfolgten ersten Druck so gewendet, dass die Vordermarken unverändert bleiben und die Seitenmarke gewechselt werden muss. Der Planobogen (unbedruckte Bogen) muss an zwei Seiten rechtwinklig beschnitten sein.

Umstülpen

Beim Umstülpen wechseln die Vordermarken und die Seitenmarke bleibt erhalten. Der Bogen wird also an der Breite gewendet und die Seitenanlage bleibt bestehen. Der Planobogen wird an drei Seiten beschnitten.

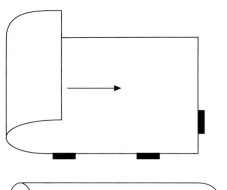

Umschlagen

- Vordermarken bleiben
- Seitenmarke wechselt

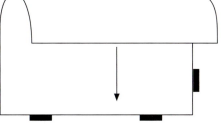

Umstülpen

- Vordermarken wechseln
- Seitenmarke bleibt

9.3.2 Ausschießregeln

Falzfolgen für den Normalbruch und deren Symbolik

Kreuzbruch

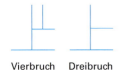

Vierbruch   Dreibruch

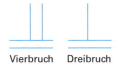

Zweibruch   Einbruch

Parallel-Kreuzbruch

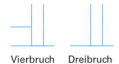

Vierbruch   Dreibruch

Zweibruch

Kreuz-Parallelbruch

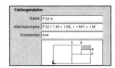

Vierbruch   Dreibruch

Nur wenn die Falzfolge bekannt ist, kann korrekt ausgeschossen werden. Die Falzfolgensymbole erleichtern das Ausschießen.

Diese Falzfolgeninformation wird auch bei digitalen Ausschießsystemen angegeben. Siehe dazu rechts oben auf der Abbildung gegenüber.

Zum Ausschießen und zur Kontrolle des Ausschießergebnisses gibt es eine Reihe von Regeln, die es zu beachten gilt:
- Die Falzfolge der Falzmaschinen legt das Falzschema und somit auch das Ausschießschema fest.
- Der letzte Falz liegt immer im Bund.
- Erste und letzte Seite eines Druckbogens stehen im Bund immer nebeneinander, also Seite 1 + 4, 1 + 8 oder 1 + 16 usw.
- Seiten, die im Bund nebeneinanderstehen, ergeben in der Addition ihrer Seitenzahlen immer die gleiche Summe wie die Summe der ersten und letzten Seite eines Druckbogens.
- Bei 8 Seiten Hochformat ist die Falzanlage bei den Seiten 3 und 4.
- Bei 16 Seiten Hochformat und bei 32 Seiten Querformat ist die Falzanlage bei den Seiten 5 und 6.
- Jeweils vier Seiten bilden eine so genannte Drehrichtung. Nach jeweils vier Seiten wechselt diese immer.
- Die erste und alle übrigen Seiten mit ungeraden Zahlen stehen immer rechts vom Bund. Alle Seiten mit geraden Ziffern stehen links vom Bund.
- Welche Seiten der jeweiligen Druckformhälfte zugeordnet werden, lässt sich durch die Aufstellung einer Viererzahlenreihe ermitteln. Das unten stehende Beispiel für eine 16-seitige Druckform soll dies verdeutlichen:

1	2	3	4
5	6	7	8
9	10	11	12
13	14	15	16

Die außen stehende blaue Zahlenreihe gehört zur äußeren Form, die innen stehenden Zahlen zur inneren Form.

Die folgenden Anlageseiten ergeben sich beim Ausschießen für Hoch- und Querformat:

 4 Seiten hoch/quer : Anlage Seite 3 + 4
 8 Seiten hoch/quer : Anlage Seite 3 + 4
16 Seiten hoch/   –   : Anlage Seite 5 + 6
16 Seiten   –   /quer : Anlage Seite 3 + 4
32 Seiten hoch/   –   : Anlage Seite 3 + 4
32 Seiten   –   /quer: Anlage Seite 5 + 6

9.3.2.1 Ausschießmuster

4 Seiten Hochformat zum Umschlagen für Maschinen-Kreuzfalz

4 Seiten Querformat zum Umstülpen für Maschinen-Kreuzfalz

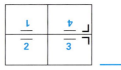

8 Seiten Hochformat zum Umschlagen für Maschinen-Kreuzfalz

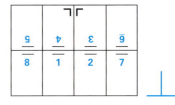

8 Seiten Querformat zum Umschlagen

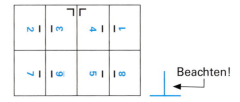

Beachten!

Ausschießen

Prinect Signa Station

Verschiedene Standardschemata, die als Grundlage für den Druck mehrseitiger Falzbogen nutzbar sind, können auftragsbezogen ausgewählt werden. Alle *Standardschemata* für 2-seitige bis 32-seitige Druckbogen können nach Bedarf ausgewählt werden. Dazu gehören immer die Angaben zu den *Falzbogendaten* mit der Falzreihenfolge. Eigene Schemata können nach Bedarf angelegt und auf spezielle Anforderungen hin modifiziert werden. Die Abbildung zeigt ein Ausschießschema mit allen Marken auf dem gewählten Plattenstandbogen mit Registerlochung.

16 Seiten Hochformat zum Umschlagen

32 Seiten Hochformat zum Umschlagen

16 Seiten Querformat zum Umschlagen

677

32 Seiten Querformat zum Umschlagen

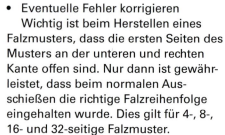

9.3.2.2 Falzmuster

Ausschießen ist in zahlreichen Varianten möglich. Entscheidend ist, dass sich die Seiten auf dem Druckbogen nach dem Druck und dem Falzen in der richtigen Reihenfolge befinden. Um dieses zu kontrollieren, wird neben dem Ausschießen zur Kontrolle noch ein Falz- oder Ausschießmuster hergestellt. Dies geschieht in folgenden Schritten:
- Falzmuster herstellen
- Falzmuster paginieren
- Falzmuster aufklappen
- Falzmuster und Ausschießform vergleichen

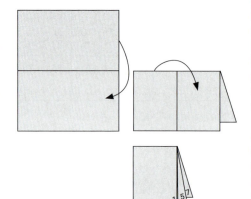

- Eventuelle Fehler korrigieren

Wichtig ist beim Herstellen eines Falzmusters, dass die ersten Seiten des Musters an der unteren und rechten Kante offen sind. Nur dann ist gewährleistet, dass beim normalen Ausschießen die richtige Falzreihenfolge eingehalten wurde. Dies gilt für 4-, 8-, 16- und 32-seitige Falzmuster.

Nach der Kontrolle des Ausschießmusters kann digital ausgeschossen werden. Ist eine Form fertig, wird diese zur Kontrolle an einem Plotter ausgegeben, gefalzt und auf die Vollständigkeit der einzelnen Seiten sowie auf das Vorhandensein der erforderlichen Hilfszeichen überprüft.

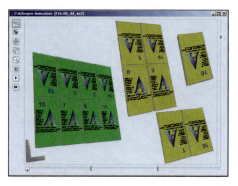

Die meisten Plotterausdrucke können nur zur Kontrolle des Ausschießergebnisses verwendet werden, nicht zur Kontrolle der Farbwiedergabe. Dies ist nur durch einen Proofdrucker möglich. Nur bei der Ausgabe durch farbverbindliche Plotter auf das Auflagenpapier kann die Farbwiedergabe vor der Ausgabe auf die Platte kontrolliert werden.

Nach Ausschießen und Kontrolle des Ausschießergebnisses wird die PDF-Datei an den Ausgaberechner übergeben und dort zur Ausbelichtung an einen Film- oder Plattenbelichter vorbereitet.

Falzbogenanimation

Prinect Signa Station bietet als Service eine Falzbogenanimation. Damit lassen sich die Falzart und die Falzreihenfolge für jede Ausschießsituation simulieren, nachdem diese in einem Falzbogeneditorfenster ausgewählt wurde.

Falzmuster

Falzreihenfolge bei der Herstellung eines Falzmusters. Wichtig ist, dass nach dem Falzen für eine normale Form die ersten Seiten unten rechts offen sind.

9.3.3 Aufgaben

Ausschießen

1 Ausschießen verstehen und seine Aufgabe definieren

Erklären Sie Aufgabe und Funktion des Ausschießens in der Produktion von Drucksachen.

2 Voraussetzungen und Regeln für das Ausschießen nennen

Welche Festlegungen sind vor dem Ausschießen hinsichtlich des Drucks und der Weiterverarbeitung zu treffen?

3 Fachbegriffe kennen und verstehen

Beschreiben Sie die Bedeutung der folgenden Begriffe:
a. Bogenmontage
b. Montagezeichen
c. Einteilungsbogen
d. Seitenlage der Druckform
e. Flattermarke
f. Anlagemarken
g. Randabfallendes Bild

4 Einteilungsbogen korrekt erstellen

Zeichnen Sie auf ein DIN-A4-Blatt einen Einteilungsbogen, bei dem alle für die korrekte Produktion erforderlichen Elemente enthalten sind.

5 Wendearten der Druckbogen wissen

Beschreiben Sie die folgenden Wendearten bei Druckbogen:
a. Umschlagen
b. Umstülpen

6 Ausschießregeln wissen

Nennen Sie die Ausschießregeln und wenden Sie diese bei der nachfolgenden Aufgabe 7 an. Erstellen Sie dazu noch ein Falzmuster als Hilfe.

7 Ausschießregeln anwenden

Schießen die folgenden Formen aus:

16 Seiten Hochformat zum Umschlagen

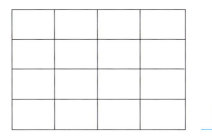

16 Seiten Querformat zum Umschlagen

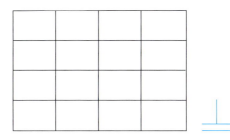

16 Seiten Querformat zum Umschlagen; es ist der 5. Bogen eines Werkes auszuschießen.

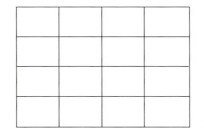

9.4 Druckveredelung

9.4.1	Veredelungsverfahren	682
9.4.2	Lackieren	684
9.4.3	Prägen	692
9.4.4	Kaschieren	693
9.4.5	Exklusive Effektlackierungen	694
9.4.6	Aufgaben	695

9.4.1 Veredelungsverfahren

„Ob Lack oder Folie – das nackte Druckerzeugnis ist schutzbedürftig!"

Es ist gleichgültig, ob es sich um einen Buch- oder Zeitschriftenumschlag, eine Lebensmittelverpackung, ein Verzeichnis oder Dokument handelt: Immer ist der zusätzliche Aufwand Ausdruck besonderer Zuwendung zum Druckprodukt und kreativer Sorgfalt. Jede Druckveredelung verleiht einem Druckerzeugnis längere Haltbarkeit und deutlich vielseitigere Anwendungsmöglichkeiten. Das Druckprodukt wird somit wertvoller.

Reliefflacke

erzeugen glänzende, mit einer Blindprägung vergleichbare fühlbare Schichten auf einem Bedruckstoff. Daher können diese Lacke auch für den Druck von Blindenschriften Verwendung finden.

Veredelung wirkt gut

Der Mensch nimmt einen Großteil aller Informationen mit dem Auge auf. Hier setzt die optische Wirkung eines Produktes ein, das z. B. flächenlackiert oder spotlackiert ist. Die optische Wirkung wird in vielen Fällen durch den Tastsinn ergänzt. Hier setzen Strukturlacke mit rauen Oberflächen, samtweiche Softtouch-Lacke oder Reliefflacke an.

Durch metallische Folien, farbige Folien oder Pigmentzusätze im Lack können Effekte erzeugt werden, die einen Betrachter begeistern. Hochdeckende und hochglänzende Heißfolienprägungen, Glitzerpigmente und Iriodine erzeugen transparente, schillernde Oberflächen im Metalliclook, die sofort ins Auge stechen. Leuchtpigmente leuchten im Dunkeln und thermoaktive Pigmente wirken durch Farbumschlag bei Temperaturwechsel.

Dass Printprodukte frisch aus der Druckmaschine gut nach Druckfarbe riechen, ist bekannt. Dass Duftlacke auf die Nase wirken und damit ein weiteres, emotional wichtiges Sinnesorgan angesprochen wird, sei hier erwähnt.

Die optimale Wirkung eines Produktes hat nachhaltigen Einfluss auf die Kaufentscheidung eines Konsumenten. Kaufentscheidungen am „Point of Sale" fallen mehrheitlich in Sekundenbruchteilen und werden zu einem hohen Prozentsatz aus dem Gefühl heraus unbewusst gesteuert. Untersuchungen haben ergeben, dass die optische Wirkung eines Produktes nachhaltigen Einfluss auf die Kaufentscheidung eines Konsumenten hat. Daher ist es wichtig, dass die Gefühlsebene, vor allem beim Verpackungsdesign, angesprochen wird. Der Kunde möchte ein gestalterisch und technisch gut veredeltes Produkt erwerben – und bei Zufriedenheit mit dem Produkt wird er dieses

mehrmals nachfragen. Daher muss eine Produktverpackung unverwechselbar sein, sich von Mitbewerbern abheben und einen hohen Image- und Wiedererkennungswert aufweisen. Dies gilt insbesondere für Verpackungen – aber auch für jedes andere Produkt, das verkauft werden soll oder öffentlich wirkt. Zu nennen sind hier Etiketten, Prospekte, Zeitschriften, Magazine, Geschäftsberichte oder Imagebroschüren.

Veredelung durch die Papierwahl

Die mitunter preiswerteste Veredelungsidee kann die Wahl eines besonderen Papiers sein, das für alle Printprodukte im Rahmen des CI einer Unternehmung eingesetzt wird. Markenartikelproduzenten verwenden besondere Papierfarben und -oberflächen oft als Element der Wiedererkennung, z. B. kombiniert mit einer Prägung und/oder außergewöhnlich ansprechender Typografie. Auch strukturierte, mattierte oder hochglänzende Papiere können hier genutzt werden.

Lackieren und Prägen

Eine der effektivsten Methoden, Aufmerksamkeit für einen Produktnamen oder ein Logo zu erzielen, ist eine Reliefkonturlackierung. Darunter wird z. B. die Lackierung eines Schriftzuges verstanden, der danach eine Prägung erfährt. Der so bearbeitete Schriftzug wird dadurch optisch und haptisch durch die Lackierung und Prägung hervorgehoben. Entscheidend ist, dass bereits in der Entwurfsphase derartige Zusatzelemente mit in die Planung des Auftrages einbezogen werden.

Betrachten wir den realen Agenturalltag: Beim Entwurf mit Bild, Grafik und Text für einen Auftrag wird die Gestaltungsmöglichkeit nach dem Druck kaum beachtet. Proofs und Plotter-

Druckveredelung

ausgaben für die Kundenpräsentation vermitteln einem Kunden kaum die optischen und haptischen Anmutungen einer Druckveredelung.

Um eine Veredelung anzubieten, müssen sehr gute Musterbeispiele vorhanden sein, um erhabene oder lackierte Gestaltungselemente optisch gut zu präsentieren. Ein weiteres Problem besteht in der Anlage der Daten für die Lack- und Prägeformen. Hier kann nur die Erfahrung helfen und der Mut, derartige Dinge gut überlegt zu probieren.

Lackveredelung

Nach dem Druck und nach der Fertigstellung eines Produktes durch die Buchbinderei wird oftmals festgestellt, dass ein Ergebnis zwar gut gelungen ist, aber der letzte „Pfiff" fehlt. Nach vielen Überlegungen mit dem Drucker und dem Designer kommt man in vielen Fällen zum Ergebnis, dass beim nächsten Auftrag eine Druckveredelung ein Produkt optisch optimiert.

Produktveredelung fängt beim Design an. Produktkreativität bedeutet, dass beim Entwurfsprozess bereits Überlegungen angestellt werden, wie z. B. eine Verpackung, ein Prospekt oder eine Imagebroschüre veredelt werden kann. Die Nachfrage nach aufwändig gestalteten und hochwertig wirkenden Printprodukten ist seit Jahren steigend. Die technischen Möglichkeiten, Printprodukte zu veredeln, sind vielfältig und der erzielte Effekt steht in aller Regel in einem positiven Verhältnis zu den anfallenden Mehrkosten.

Drucklackierungen

Um eine Drucklackierung herzustellen, weisen viele Druckmaschinen ein zusätzliches Lackwerk auf, das speziell für die Lackierungstechnologie ausgelegt ist. Je nach verwendetem Lack ist es notwendig, nach dem Lackwerk noch eine Trocknungseinrichtung in der Druckmaschine zu installieren. Diese Druckveredelung in der Druckmaschine wird als Inline-Veredelung bezeichnet.

Durch die zunehmende Bedeutung der UV-Lacke bei der Druckveredelung hat sich neben der klassischen Inline-Verarbeitung der Trend zur Offline-Veredelung ab dem Jahrtausendwechsel abgezeichnet. Durch den mehrfachen oder den sehr hohen Lackauftrag entwickelt sich ein Trend zur Offline-Veredelung. Dadurch, dass die Druckgeschwindigkeiten reduziert werden müssen, wenn sehr hohe Lackaufträge notwendig sind, wird der Einsatz der Offsetmaschinen unwirtschaftlich, da zu geringe Druckgeschwindigkeiten gefahren werden. Daher sind Maschinen zur Offline-Drucklackierung entwickelt worden, die den hohen Veredelungsansprüchen in den neuen hochpreisigen Marktsegmenten gerecht werden können. Diese Maschinen sind in der Lage, in mehreren Druckgängen Lackaufträge zu erzeugen, die den höchsten Ansprüchen der Druckveredelung genügen.

Drucklackverwendung bei Zeitschriften und Broschüren
Im zunehmenden Bestreben der Verlage, Zeitschriften elegant und exklusiv wirken zu lassen, werden neben der Papierqualität immer häufiger Drucklackierungen für die Titelseiten eingesetzt.

Die Abbildung ist mit UV-Lack veredelt.

683

9.4.2 Lackieren

Dispersionslacke

Die ältesten und einfachsten Lacke sind die so genannten Wasserkastenlacke oder Dispersionslacke. Dies sind Lacke, die mit einer stoffbezogenen Heberwalze verarbeitet werden und im Prinzip kein spezielles Lackierwerk benötigen. Die wichtigsten Inhaltsstoffe der Dispersionslacke sind Polymerdispersionen, fein verteilte polymere Kunstharze, Hydrosole, Wachsdispersionen, Filmbildungshilfen, Netzmittel und Entschäumer. Der Feststoffanteil bei einem Lack liegt bei etwa 20–50%.

Die Eigenschaft und die Viskosität eines Lackes hängt von der Kombination der verschiedenen Rohstoffe ab, von den Anforderungen an ein lackiertes Druckprodukt und vom Übertragungssystem, das den Lack auf den jeweiligen Bedruckstoff überträgt.

Die Trocknung geschieht bei Dispersionslacken in der Regel rein physikalisch durch Verdunsten und Wegschlagen des Wassers. Durch Wärmezufuhr lässt sich die Trocknung bei allen Dispersionslacken beschleunigen.

Die Lackierungsmöglichkeiten reichen von der Vollflächenlackierung bis zur Spotlackierung mit Aussparungen oder eine nur auf ein bestimmtes Teilbildsegment bezogene Lackierung.

UV-Lacke

Die UV-Lackierung ermöglicht die Übertragung eines sehr kräftigen und hochglänzenden Lackspiegels. Zur Verwendung kommen spezielle UV-Lacke, die zu 100% auf polymerisierbaren Bindemittelbestandteilen aufgebaut sind und keine Lösemittel enthalten. UV-Lacke trocknen nur mit speziellen UV-Trocknungsanlagen, die nach dem Lackwerk eingebaut sein müssen. Bei UV-Strahlern, die zur Trocknung eingebaut sind, müssen unbedingt die Vorgaben zur Verarbeitung von UV-Farben des Verbandes der Druckfarbenindustrie und der Berufsgenossenschaften beachtet werden.

Tabelle der Lackbestandteile

Dispersions- und UV-Lackbestandteile

Bei der Tabelle der Lackbestandteile rechts wurden Schrift und Linien mit UV-Lack veredelt. Die Darstellung der UV-Lackierungsmöglichkeiten auf der gegenüberliegenden Seite erhielt einen vollflächigen Lackauftrag.

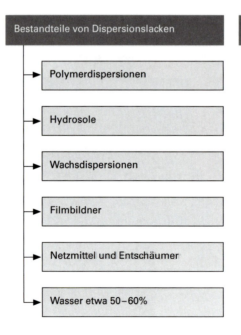

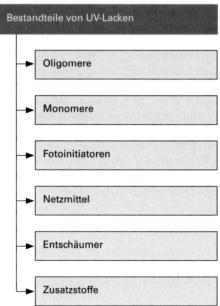

Druckveredelung

UV-Druck
Der UV-Druck galt viele Jahre als ein ausgesprochen schwieriges Verfahren mit einem hohen Gesundheitsrisiko für die Mitarbeiter. Durch lange Untersuchungsreihen und technologische Entwicklungen ist es der Druckmaschinenindustrie in den letzten Jahren gelungen, die UV-Drucktechnologie ebenso sicher wie den konventionellen Offsetdruck zu betreiben. Dazu mussten sowohl maschinentechnische Anlagen zur Absaugung als auch neue Farben und Lacke entwickelt werden.

Eine seidige Oberfläche, edel anmutender hoher Glanz und hochwertige Materialien sind die Kennzeichen von Druckprodukten, die mit UV-Technologie veredelt wurden. In den Punkten Haptik, Schutzwirkung und Scheuerfestigkeit sind UV-Drucke im Vergleich zu konventionell Gedrucktem unschlagbar.

Die Heidelberger Druckmaschinen AG liefert etwa 10% seiner Speedmaster-Druckmaschinen CD 74 und CD 102 als UV-Version aus. manroland hat eigens eine UV-geeignete Veredelungsmaschine entwickelt, um diese Technologie anzubieten, ebenso können UV-Zusatzaggregate installiert werden.

Der Vorteil des UV-Drucks liegt neben den oben angesprochenen Qualitätsanmutungen auch noch in rein technischen Aspekten begründet: Die Drucke müssen nicht bestäubt werden, sie sind trocken, wenn sie die Druckmaschine verlassen. Das schnelle Trocknen der UV-Farben ermöglicht das Bedrucken von nichtsaugenden Bedruckstoffen wie Kunststofffolien, Etiketten oder metallisiertes Papier.

Europäische Sicherheitsstandards für die UV-Technologie
Gemeinsames Vorgehen im Arbeits- und Gesundheitsschutz in Deutschland, England und Frankreich setzt seit dem Jahr 2001 gleiche Standards für den UV-Druck in Europa, die im so genannten „UV-Protokoll" festgelegt sind.

Internetseiten zum Thema:

www.bgdp.de/pages/ service/downloads. htm

www.bgdp.de/pages/ arbeitsicherheit/brancheninfo/UV-technologie. htm

Lackiermaschine Roland 700 LTTLV

Mit der Roland 700 LTTLV wurde eine Offline-Veredelungsmaschine entwickelt, die ein maximales Bogenformat von 740 x 1040 mm hat.

Abb.: manroland

UV-Lackierungsmöglichkeiten

- Hochglanzlack
- Mattlack
- Heißklebelack
- Imprägnierung*
- Barrier-Coating*
- Antirutschlack
- Haftprimer Lack
- Hohe Abriebfestigkeit
- Spotlack
- Duftlack
- Lebensmittelverpackung
- Flexible Lacke für Buchumschläge
- Strukturlack
- UV-Relieflack**
- Hybrid-Effekt für Glanz- und Matteffekt
- Thermoaktiver Lack

Alle hier aufgeführten Lackarten sind immer für den Bogen- und Rollenoffsetdruck nach verfahrensspezifischen Vorgaben verwendbar.

* Schutz gegen Öl und Wasserdampf

** Auch für Blindenschrift geeignet

URS-Reflektor des DryStar 3000 UV

Die über 60 Lagen der URS-Beschichtung absorbieren Wärme und reflektieren das UV-Licht.

Abb.: Heidelberger Druckmaschinen AG

Maschinenlackierung

Um Aufträge mit einem hohen Anteil an hochwertigen Drucklackierungen rationell und schnell zu bewältigen, hat sich in den letzten Jahren der Einsatz von Maschinen für die Druckveredlung im Offline-Verfahren immer mehr in den Vordergrund gespielt. Wenn die Inline-Produktion an technische und organisatorische Grenzen stößt, ist die Überlegung für eine Offline-Verarbeitung für die Druckveredelung sinnvoll.

Die Fa. manroland hat in diese Überlegung hinein eine Veredelungsmaschine entwickelt, die den Ansprüchen der Drucklackierung gerecht wird. Die Lackwerke mit den doppelt so großen Druckzylindern ermöglichen einen sicheren Bogenlauf. Das Kammerrakelsystem hat die klassische Walzensysteme zur Einfärbung abgelöst und ermöglicht immer gleichbleibende Lackstärken (Schichtdicken) beim Druckprozess. Dies war bei den hoch viskosen UV-Lacken immer ein Problem, wenn der Lackauftrag mit Walzensystemen durchgeführt wurde. Unter-

Heidelberg Speedmaster 74

Heidelberger Speedmaster 74 mit UV-Lack-Einheit (Bild oben) und mit DryStar-Trockner (Bild rechts)

Abb.: Heidelberger Druckmaschinen AG

Mittlerweile haben sich auch eine Reihe weiterer EU-Länder dem einheitlichen Vorgehen angeschlossen. Die Vereinbarungen dazu sind auf der Homepage der Berufsgenossenschaft Druck und Papier in Wiesbaden einzusehen und können dort bei Bedarf heruntergeladen werden.

686

Druckveredelung

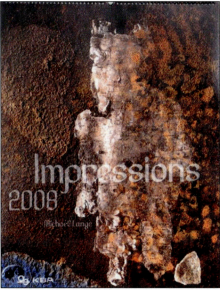

Anwendungsbeispiele für UV-Druck

Durch UV-Veredelungstechniken lassen sich viele Druckprodukte ansprechend gestalten und damit optisch und vom Wertigkeitsgefühl her deutlich verbessern.

KBA-Kalender Impressions 2008

Der KBA-Kalender „Impressions 2008" wurde mit Iriodinen, Hybrid-Effekten und UV-Lacken aufwändig veredelt.

Abb.: KBA Würzburg

schiedliche Schichtdicken können zu funktionalen Problemen führen, wenn z. B. Eigenschaften wie der Scheuer- schutz oder der Glanz darunter leiden. Die Druckgeschwindigkeit wird optimal an den zu verarbeitenden Lack

Alle Abbildungen auf dieser Seite sind partiell mit UV-Lack veredelt.

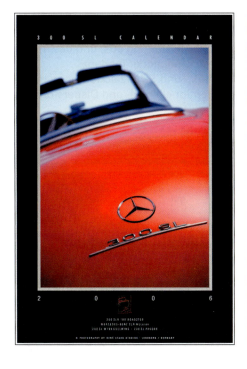

SL-Calendar 2006 und 2011

gedruckt auf 250 g/m² Sappi Mega Matt® Kunstdruckpapier mit Hochglanz Dispersionslack lackiert und mit Wire-O® gebunden. Die 6- und 7-farbig gedruckten Blätter sind teilweise durch Zusatzfarben ergänzt. Ein Beispiel für aufwändige Druck- und Lackiertechnik auf hohem Niveau. Abbildungen entnommen aus SL-Calendar 2006 und 2011.

RENE STAUD PHOTO-GRAPHY 0
Leonberg bei Stuttgart

www.renestaud.com
www.renestaud.com/300-sl-kalender.html

und dessen Trocknung angepasst. Da die Maschine mehrere Druckwerke aufweist, können die unterschiedlichsten Veredelungstechniken innerhalb einer Maschine und einem Produktionsgang realisiert werden. Die Offline-Druckveredelung hat sich in vielen Druckereibetrieben durchgesetzt und führt in der Regel zu höherer Produktionsflexibilität, höherer Produktionsgeschwindigkeit und zu höherer Produktionssicherheit.

Heidelberger Druckmaschinen bietet z. B. die aktuellen Speedmaster-Mehrfarbenmaschinen mit entsprechender Ausrüstung als UV-Maschinen an, die von der Berufsgenossenschaft Druck und Papier, Wiesbaden zertifiziert sind.

Lackierungen im Vergleich
Die UV-Lackierung ist für viele Werbetreibende und Kreative eine wichtige Technologie geworden, da ein ungewöhnlich hoher Glanz, eine außergewöhnliche Struktur oder aus dem Rahmen fallende Eindrücke bei Drucksachen erzielt werden können. Daneben wird mit UV-Lacken eine kratzfeste Schutzschicht erreicht und das „Haften" auf wenig saugfähigen Bedruckstoffoberflächen ist ein gut zu nutzender

Effekt dieser UV-Verfahrentechnik. In Haptik, Glanz, Scheuerfestigkeit und Schutzwirkung sind UV-Produkte konventionell veredelten Produkten deutlich überlegen.

Ein durchaus vergleichbarer Qualitätseindruck ist mit den günstiger zu verarbeitenden Hybridlacken zu erreichen. Hybridfarben sind ein modifiziertes UV-Farbsystem; sie kombinieren die Eigenschaften der konventionellen mit denen der UV-Farben. Im Ergebnis unterscheiden sich Hybridfarben nicht von UV-Farben – das Handling der Hybridfarben ist für den Drucker deutlich einfacher und sicherer. Bei der Verwendung von Hybridfarben kann mit den gleichen Druckhilfsmitteln gearbeitet werden wie im normalen Offsetdruck.

Der Einsatz von UV-Farben erfordert erhebliche Investitionen in die Maschinenvorbereitung – dennoch scheint der Schritt in Richtung UV-Technologie interessant zu sein. Die Druckmaschinenhersteller rüsten derzeit etwa 10% ihrer neu auszuliefernden Offsetmaschinen mit UV-Ausstattung aus, und das mit deutlich steigender Tendenz.

Effekt- und Schutzlackierungen mit konventionellen Öl- und Dispersions-

Übersicht über die wichtigsten Verfahren zur Drucklackierung

Eigenschaften und Effekte	UV-Lacke	Hybridlacke	Öldrucklacke	Dispersionslacke	Drip-off-Verfahren
Glanz	sehr gut	sehr gut – gut	befriedigend	gut	gut
Scheuerfestigkeit	sehr gut	sehr gut – gut	befriedigend	gut	gut
Matt-/Glanzeffekt	sehr gut	sehr gut – gut	gering	befriedigend	gut
Haftung auf nicht saugfähigen Bedruckstoffen bzw. Oberflächen	gut	gut	schlecht	befriedigend	schlecht
Trocknung/Härtung	sehr gut	sehr gut	befriedigend	befriedigend	gut

Druckveredelung

lacken ergeben einen guten bis befriedigenden mechanischen Schutz bei interessanten Effektwirkungen. Der technische Aufwand ist geringer als beim UV-Druck. Im Vergleich zu allen UV-Veredelungen fallen aber die konventionellen Lackeffekte dezenter aus.

Drip-off-Verfahren
Bei diesem Verfahren wird im letzten Farbwerk einer Offsetdruckmaschine ein Öldruck-Mattlack auf die gewünschten matten Flächen der Druckform aufgebracht. Im danach folgenden Lackwerk wird eine vollflächige Dispersionslackierung mit einem Hochglanz-Thermolack durchgeführt. Durch die Erwärmung mit einem separaten Heizaggregat sinkt die Viskosität des Lackes, so dass sich dieser gut verarbeiten lässt. Der Glanzlack perlt an den Mattlack-Stellen ab und die Mattierung bleibt erhalten. Von diesem Vorgang wird auch der Verfahrensname abgeleitet: „Drip off" bedeutet übersetzt „abtröpfeln".

Durch die unterschiedliche Oberflächenbeschaffenheit entstehen interessante Effekte und Kontraste zwischen matten und glänzenden Stellen auf dem Bedruckstoff. Es lassen sich optische Spielereien wie samtiges Aussehen oder spiegelnde bzw. silbrige Eindrücke auf einer Fläche erreichen. Die Kombination von Matt- und Glanzeffekt auf einer Fläche ist für den Gestalter eine Herausforderung. Für diese drucktechnisch interessanten Effekte ist bei den Druckmaschinen keine Zusatzausrüstung notwendig – nur Drucker und Gestalter müssen mehr über diese Verfahren wissen, um sie gewinnbringend zu nutzen.

Zusammenfassende Eigenschaften
Vollflächige Lackierungen mit Walzenauftragssystem bieten trotz einer eher einfachen Technik optimale Möglichkeiten, Bedruckstoffe mit nahezu allen Lacksystemen zu beschichten. Acryllacke auf wässriger Basis (Dispersionen) und Zelluloselacke sind bewährte Systeme für Schutzlackierungen mit mattem bis mittlerem Glanzgrad. UV-Lacke zeichnen sich durch folienähnlichen Glanz sowie durch hohe Kratz- und Scheuerfestigkeit aus und haben daher den größten Anteil an „offline" lackierten Produkten.

Die Schutzeigenschaften der Lackierung sind auf den Scheuerschutz der Oberfläche begrenzt. Das häufig auftretende Problem mit Materialbruch in Nut-, Rill- und Falzlinien kann nur durch die Folienkaschierung vermieden werden.

Glanz-UV-Lacke
Glanz-UV-Lacken werden üblicherweise die folgenden Eigenschaften zugeordnet:

- Hohe Scheuerfestigkeit
- Feuchtigkeitsbeständig
- Sofort weiterzuverarbeiten
- Verklebbarkeit ist gegeben
- Heißfolienprägung möglich
- Zugelassen für Kinderspielzeug
- Lebensmittelechtheit ist verfügbar
- Lackierung auf Metallfarben möglich
- Lackierung auf ungeschliffenes Papier möglich

Spezial-UV-Lacke
Spezial-UV-Lacke weisen weitere zusätzliche Eigenschaften auf:
- Siegelt Karton gegen PVC-, PET-Tiefziehhauben
- Siegelt Karton gegen Karton
- Barriere-Lacke bilden eine Sperrschicht gegen Wasser, Fett und Öl.
- Antirutsch-Lacke bilden eine Sicherung bei Transportverpackungen, Tabletteinlagen, Tischsets u. Ä.

Die Drucklackierung ermöglicht auch ansprechende grafische und optische Effekte, die nicht immer auf den ersten Blick auffallen...

Duftlack

Mit Duftlack bedruckte Fläche mit bereits aufgeplatzten, also zerstörten Kapseln, aus denen das verkapselte Duftöl austreten kann.

Abb.: Siegwerk

www.siegwerk.de

www.schubert-international.com

www.epple-druckfarben.de

Duftlack

Grundlage der Duftlackierung ist die so genannte Mikroverkapselung des Duftöls in den Drucklack. Der verkapselte Duft wird in den Drucklack eingearbeitet und kann auf die unterschiedlichsten Papiersorten gedruckt werden. Der Lack wird dann als fünfte Farbe in einer Fünffarben-Druckmaschine auf den Druck aufgetragen. Dabei ist es unerheblich, ob der Duftlack vollflächig oder partiell auf den Bogen gedruckt wird.

Die Mikrokapseln sind lange haltbar und verlieren ihren Duft erst, wenn die Kapseln durch Druck z.B. durch Rubbeln mit dem Finger oder Aufreißen eines Duftstreifens zerstört werden. Das Zerstören der Kapseln setzt den Duft frei. Da in der Regel beim Zerstören der Duftlackschicht nicht alle Kapseln aufbrechen, ist das Freisetzen der Duftstoffe auch mehrmals möglich.

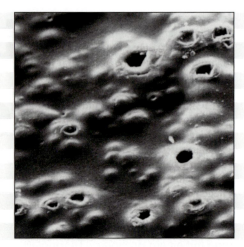

Für den Leser einer Drucksache mit Duftlackierung ist die Sache relativ einfach – er reibt über die lackierte Stelle und der Duft der Mikrokapsel wird freigesetzt. Verwendet wird die Duftlackierung als Werbemittel in Zeitschriften

Duftlackanwendung

Printmaster PM 52 mit einer Laco Lackiereinrichtung, die aus einem Lackwerk und einem Lacktuchzylinder besteht sowie einem eingebauten IR-Trockner. Inline kann nun in einem Durchgang gedruckt und lackiert werden.

Abb.: Heidelberger Druckmaschinen AG

Druckveredelung

und Katalogen, bei Büchern, Comics oder Werbebeilagen. Die Kosmetikindustrie verwendet diese Lackierung gerne, die Lebensmittelindustrie z.B. für Weihnachtswerbung oder Fruchtdüfte. Die Verwendungspalette von Duftlacken ist ausgesprochen groß

Duftlacke können in allen klassischen Druckverfahren eingesetzt werden. Sie sind damit auch bei hohen Druckauflagen ein durchaus attraktives Werbemittel, das bei den Endkunden in der Regel mit Interesse aufgenommen wird. Durch die aktive Handlung des Lesers beim Rubbeln über der Anzeige bzw. beim angebotenen Produkt wird eine relativ lange Verweildauer des Lesers beim beworbenen Produkt erreicht.

Lackieren in der Druckmaschine

Für die Printmaster PM 52 und die Speedmaster SM 52 der Heidelberger Druckmaschinen AG (Heidelberg) gibt es die Laco Lackiereinrichtung. Diese schon bei der Printmaster GTO 52 seit Jahren bewährte Lackiereinrichtung wird nach dem letzten Druckwerk als eigenständige Einheit eingesetzt. Drucken und Lackieren erfolgt damit in einem Durchgang. Möglich sind UV-, Dispersions- und Blisterlacke, die Spezialanwendungen wie Vollflächen-, Spot- oder Effektlackierung ermöglichen.

Gerade kleinere Druckereien können damit ihre Wertschöpfung erhöhen, sich vom Wettbewerb abheben und ihren Kunden eine erweiterte Dienstleistung anbieten. Der Trend nach hoher Qualität und effektvoller Veredelung kann somit umgesetzt werden. Lack kann dabei die Funktion der Veredelung der Drucksachen, des Schutzes der bedruckten Oberfläche oder beim UV-Lack das Erzeugen eines besonders hohen Glanzes übernehmen. Ein großer Vorteil der Inline-Veredelung stellt die

schnellere Weiterverarbeitung dar und damit eine kürzere Lieferzeit für den Endkunden. Durch das Lackieren wird weniger Puder benötigt, beim UV-Lack entfällt dieser ganz. Insgesamt sind die Rüst- und Reinigungszeiten kürzer, was die Produktivität erhöht. Eine einfache Bedienung sorgt für hohe Produktionssicherheit.

Die Laco Lackiereinrichtung passt an die Printmaster PM 52 und Speedmaster SM 52 mit Normalstapelauslage und Ausstattung für den Antrieb für die Nummeriereinrichtung. Die Lackiereinrichtung selbst besteht aus einem Lackwerk, einem Lacktuchzylinder und einem Servicewagen, mit dem das Lackwerk einfach in die Druckmaschine ein- und ausgefahren wird. Ferner muss ein IR-Trockner fest in die Auslage eingebaut werden. Die Lackier- und IR-Trocknungseinrichtungen müssen an allen Druckmaschinen sicherheitstechnisch durch die Berufsgenossenschaft geprüft und abgenommen worden.

Duftlacke werden wie konventionelle Lacke aus dem Farbwerk oder einer Lackiereinrichtung verarbeitet. Um das Freisetzen der Duftstoffe nicht zu beeinträchtigen, *muss* der Duftlack als letzte Schicht aufgetragen werden.

Um eine vorzeitige Zerstörung der Kapseln während des Druckvorgangs zu vermeiden, wird den Duftlacken ein Abstandshalter zugesetzt. Diese Kugeln haben einen größeren Durchmesser als die Duftkapseln, machen sich jedoch beim Druck nicht störend bemerkbar. Bei der Weiterverarbeitung muss eine hohe Druckbelastung vermieden werden, um eine Kapselzerstörung zu verhindern.

Duftlacke sind nur bedingt für IR-Trocknung geeignet. Die IR-Trockner sollten daher auf niedrige Leistung gestellt oder ganz abgeschaltet werden.

Linke Seite: Das Grundlinienraster dieses Buches, dargestellt durch UV-Lack in Kombination mit der Spotlackierung einer Druckmaschine sowie der Vollflächigen Lackierung des Bildes „Duftlack".

Laco Lackiereinrichtung siehe Abbildung auf der gegenüberliegenden Seite unten.

9.4.3 Prägen

Strukturprägungen sind geeignet, folienkaschierten Druckerzeugnissen einen textilen Charakter und wirksamen Schutz gegen Flächenscheuern zu verleihen. Eine zusätzliche Prägung wird vollflächig mit Dessin-Walzen erzeugt. Vorteil dieses Verfahrens ist, dass der Druck auf normalem, nicht strukturiertem Papier ausgeführt werden kann. Beispielhafte Strukturprägungen sind:

Glanz-Leinen-Struktur
- Textile Optik
- Gute Scheuer- und Kratzfestigkeit
- Für langlebige Druckerzeugnisse
- Prägung auf Rückseite sichtbar (seitenverkehrt)
- Ersetzt aufwändige Spezialpapiere
- Lesbarkeit kleiner Schriften reduziert
- Voluminöse Papiere empfohlen

Glanz-Feinleinen-Struktur
- Textile, feine Optik
- Gute Scheuer- und Kratzfestigkeit
- Preisgünstige Alternative zu Feinleinenstruktur-Folie
- Für langlebige Druckerzeugnisse
- Prägung auf Rückseite sichtbar (seitenverkehrt)
- Ersetzt aufwändige Spezialpapiere
- Voluminöse Papiere empfohlen

Glanzfolie Granulat-Struktur
- Gute Scheuer- und Kratzfestigkeit
- Für langlebige Druckerzeugnisse
- Prägung auf Rückseite sichtbar (seitenverkehrt)
- Ersetzt aufwändige Spezialpapiere
- Lesbarkeit kleiner Schriften reduziert
- Voluminöse Papiere empfohlen

Matt-Leinen-Struktur
- Textile Optik
- Gute Scheuer- und Kratzfestigkeit
- Für langlebige Druckerzeugnisse
- Prägung auf Rückseite sichtbar

- Ersetzt aufwändige Spezialpapiere
- Lesbarkeit kleiner Schriften reduziert
- Voluminöse Papiere empfohlen

Matt-Feinleinen-Struktur
- Textile, feine Optik
- Gute Scheuer- und Kratzfestigkeit
- Für langlebige Druckerzeugnisse
- Prägung auf Rückseite sichtbar (seitenverkehrt)
- Ersetzt aufwändige Spezialpapiere
- Voluminöse Papiere empfohlen

Matt-Granulat-Struktur
- Gute Scheuer- und Kratzfestigkeit
- Für langlebige Druckerzeugnisse
- Prägung auf Rückseite sichtbar (seitenverkehrt)
- Ersetzt aufwändige Spezialpapiere
- Lesbarkeit kleiner Schriften reduziert

Feinleinenstruktur-Folie aus Polypropylen
- Für stark beanspruchte und hochwertige Druckerzeugnisse
- Sehr gute Scheuerfestigkeit und Stabilität
- Schmutz- und wasserabweisend
- Bedruckstoffrückseite bleibt glatt
- Bedingt verklebbar
- Nicht bedruckbar

Lederstruktur-Folie aus Polypropylen
- Für stark beanspruchte und hochwertige Druckerzeugnisse
- Sehr gute Scheuerfestigkeit und Stabilität
- Schmutz- und wasserabweisend
- Bedruckstoffrückseite bleibt glatt
- Bedingt verklebbar
- Nicht bedruckbar

9.4.4   Kaschieren

Druckveredelung

Das Kaschieren erfolgt, indem 12–30 Micron dicke Folien von einer Rolle flächig auf Druckbogen aufkaschiert werden. Mittels einer Bogenzuführungseinrichtung werden die Druckbogen zu einer endlosen Bahn mit ca. 5–10 mm Unterlappung einem Kaschierkalander zugeführt, um dort unter Einwirkung von Druck und Wärme mit der beleimten Folie einen Verbund zu bilden. Für die Kaschierung werden an allen vier Seiten des Druckbogens Arbeitsränder (Beschnitt) benötigt. In einer Trennvorrichtung wird die kaschierte endlose Bahn wieder zu Bogen vereinzelt.

Partielle Kaschierungen sind beim derzeitigen Technikstand nicht möglich, lediglich Streifen in Einlaufrichtung können in begrenztem Umfang ausgespart werden (z. B. Klebelaschen, Rückenverleimungen).

Die Folienkaschierung bietet die vielseitigsten Möglichkeiten, um die Anforderungen, die an die Druckveredelung gestellt werden, abzudecken, wie z. B.
- Schutz der Druckfarbe
- Werbewirksamkeit
- Hochglänzende transparente Oberflächen
- Samtartig matte Oberflächen
- Schutz gegen Schmutz – hygienische Oberflächen
- Öl-, Fett-, Chemikalienbeständigkeit
- Rill-, Nut- und Falzbeständigkeit
- Durchstoßfestigkeit
- Witterungsbeständigkeit
- Aromaschutz – Wasserdampfdichte – Lebensmittelechtheit

Folienkaschierung empfiehlt sich für langlebige, häufig in Gebrauch befindliche Produkte. Alle im Offsetverfahren bedruckbaren, gestrichenen Materialien sind üblicherweise für eine Folienkaschierung geeignet.

Erhöhung der Werbewirksamkeit
Die Werbewirksamkeit von Druckprodukten kann zusätzlich erhöht werden, durch Einsatz von Lacken mit:

Duftlack
- Beimischung von verkapselten Duftstoffen mit verschiedenen Duftnoten
- Aktivierung durch Reiben an der Lackschicht

Rubbelfelder
Rubbelfarbe deckend in Silber, Gold oder Druckfarbe eingefärbt.
- Anwendung: Mailings, Losaktionen
- Geheimzahlenschutz u. v. m.
- Schutzlackierung der Rubbelfläche empfohlen

Anfeuchtgummierung mit Klebebeschichtung (Dispersion)
- Vollflächig und partiell
- Klebefunktion durch Anfeuchten
- Anwendung: Mailings, Losaktionen, Wertmarken, Banderolen u. v. m.

Nachleuchtfarbe mit Phosphoreffekt
- Nachleuchten der Farbe im Dunkeln
- Partielle Beschichtung möglich
- Anwendung: Warnhinweistafeln, Aufkleber, Werbeeffekte u. v. m.

UV-erkennbarer Lack
- Lackschicht reflektiert unter UV-Licht
- Anwendung: Sicherheitsmarkierung von Verpackungen, Eintrittskarten, Ausweisen, Gutscheinen u. v. m.

Pigmenteffekte
- Beimischung von Pigmenten: Glitzer, Perlmutt, Metallic, farbiger Lack

693

9.4.5 Exklusive Effektlackierungen

Zunehmend legen Unternehmen Wert auf eine Corporate-Identity-Darstellung, die durch einen individuellen und exklusiven Charakter geprägt ist. Hierzu gibt es viele Möglichkeiten, aus einer Standarddrucksache etwas optisch Herausragendes zu gestalten. Mit einem besonderen optischen Effekt setzen Sie „Highlights", wecken Aufmerksamkeit und vermitteln dem Betrachter eine deutlich höhere Wertigkeit.

Zur Schaffung eines unverwechselbaren CI-Bildes wird in der Gestaltung daher häufig ganz gezielt auf hochwertig wirkende Effekte zurückgegriffen, die in Verbindung mit einem entsprechenden Design hohe Exklusivität vermitteln.

Exklusive Materialien
Exklusivität kann bei Drucksachen auf verschiedene Art und Weise erzeugt werden. Der Markt bietet ein überaus umfangreiches Angebot an exklusiven Bedruckstoffen:
- Image- und Effektpapiere mit besonders aufbereiteten Oberflächen
- Beschichtete Papiere mit Metallic- oder Perlmutt-Oberflächen
- Spezialbedruckstoffe mit Holografie-Effekten
- Transparentpapiere mit irisierenden Effekten
- Selbstklebende Materialien mit unterschiedlichen Oberflächen
- Folien mit feiner Brillanz, deckend, transparent oder glasklar

Exklusive Optikeffekte
Eine besonders hochwertige Wirkung in Aufmachung und Optik ist durch den zusätzlichen Aufdruck von Optikeffekten zu erreichen:
- Effekte durch Reflexionen und Lichtbrechungen
- Hochglanz-/Matteffekte durch abwechslungsreiches Lackdesign
- Spiel mit Transparenz und Opazität durch Deckweißdruck auf geeignete Bedruckstoffe
- Besondere Hochglanzeffekte durch UV-Lackierungen

Spezialanwendungen
Mit Hilfe verschiedener Lackiertechniken lassen sich Sicherheitsmerkmale auf besonderen Drucksachen aufbringen. Dies ist besonders wichtig, um vor Fälschungen oder Missbrauch z. B. bei teuren Eintrittskarten zu schützen. Insbesonders sind hier zu nennen:
- Kopierschutz, z. B. individuelle Wasserzeichen
- Sicherheitsfarben
- Sicherheitsstanzungen
- Sicherheitsfolien
- Oberflächenschutz
- Spotlackierungen

Durch die Kombination mehrerer der oben aufgelisteten Merkmale können die unterschiedlichsten sicherheitsrelevanten Anforderungen gezielt abgedeckt werden.

9.4.6   Aufgaben

Druckveredelung

1 Druckveredelungsmöglichkeiten kennen

Zählen Sie die Ihnen bekannten Möglichkeiten der Druckveredelung auf.

2 Druckveredelungbeispiele benennen

Nennen Sie verschiedene Anwendungsbeispiele für die in Aufgabe 1 genannten Druckveredelungen.

3 Relieflackierungen erläutern

Erklären Sie den Begriff „Relieflackierung" und nennen Sie denkbare Anwendungen.

4 Technologie der Duftlackierungen beschreiben

Beschreiben Sie die Technologie der Duftlackierung und mögliche Anwendungsbeispiele für diese Veredelung.

5 Technologie der Drucklackierung

Um eine Drucklackierung herzustellen, benötigen Druckmaschinen bestimmte technische Voraussetzungen. Nennen und erläutern Sie diese.

6 Fachbegriffe verstehen und erklären

Erklären Sie die folgenden Begriffe:
a. Inline-Veredelung
b. Offline-Veredelung

7 Spotlackierung beschreiben

Erläutern Sie, was unter einer Spotlackierung zu verstehen ist.

8 Lackarten erläutern

Welche Lackarten sind Ihnen für die Drucklackierung bekannt?
Welche Vor- und Nachteile haben die einzelnen Lackarten?

9 Sicherheitsvorschriften kennen

Wo finden Sie die Sicherheitsvorschriften für die Verarbeitung von UV-Lacken?

10 Methodenüberblick erstellen

Erstellen Sie einen Überblick über die Methoden der Drucklackierung mit den Merkmalen Glanz, Scheuerfestigkeit, Effekt, Haftung und Trocknung.

11 Technologie des Kaschieren erläutern

Erklären Sie die Grundtechnologie des Kaschierens von Drucken.

12 Exklusive Lackierungen kennen

Welche Verwendungsmöglichkeiten gibt es für exklusive Effektlackierungen und welche Materialien werden dafür eingesetzt?

9.5 Weiterverarbeitung

9.5.1	Grundlagen	698
9.5.2	Schneiden	700
9.5.3	Falzen	701
9.5.4	Binden, Heften und Endfertigen	703
9.5.5	Aufgaben	707

9.5.1 Grundlagen

Die Weiterverarbeitung ist der letzte Produktionsschritt im Workflow der Printmedienproduktion. Man nennt diesen Produktionsbereich deshalb auch Druckweiterverarbeitung. Die Bezeichnung Buchbinderei ist in der Praxis ebenfalls verbreitet, sie beschreibt aber nur einen Teilbereich der Druckweiterverarbeitung.

9.5.1.1 Weiterverarbeitung im Print-Workflow

Die Weiterverarbeitung bestimmt, wie Sie im Kapitel 9.3 gesehen haben, das Ausschießschema, nach dem die einzelnen Seiten auf dem Druckbogen angeordnet werden. Die Rückwirkungen der Weiterverarbeitung auf den Workflow gehen aber viel weiter. In der Planung und in der Arbeitsvorbereitung der Printproduktion müssen die maschinelle Ausrüstung der Buchbinderei, mögliche Falzfolgen und -arten berücksichtigt werden. Auch die Art der Zusammenführung der einzelnen gefalzten Druckbogen, die Heft- oder Bindeart bestimmen die Produktionsschritte bis hin zur Druckvorstufe.

9.5.1.2 Produkte

Die beiden wichtigsten Produkte der Weiterverarbeitung sind Bücher und Broschuren. Häufig wird der Begriff Buch für alle mehrlagigen gebundenen Produkte benutzt, deshalb erfolgt hier eine kurze Begriffsbestimmung.

Bücher
Bücher unterscheiden sich in der Art der Fertigung und in der Verarbeitung von Broschuren. Danach sind Taschenbücher buchbinderisch keine Bücher, sondern Broschuren. Wesentliche Kennzeichen von Büchern sind:
- Der Buchblock ist durch Vorsätze mit der Buchdecke des Einbandes verbunden.
- Die Buchdecke steht dreiseitig über den Buchblock hinaus.
- Bücher haben einen Fälzel oder Gazestreifen.
- Der Buchblock wird nach dem Fügen, vor der Verbindung mit der Buchdecke dreiseitig beschnitten.

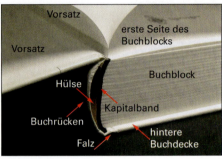

Merkmale eines Buchs

Broschuren
Broschuren weisen eine wesentlich größere Bandbreite an Produkten und Variationen in ihrer Herstellung und Ausstattung als Bücher auf. Typische Broschuren sind Zeitschriften, Gebrauchsanweisungen, Prospekte, Kataloge, aber auch Taschenbücher. Taschenbücher werden in der Alltagssprache zwar als Bücher bezeichnet, sie sind aber herstellungstechnisch Broschuren. Die Einteilung der Broschuren erfolgt nach der Art der Zusammenführung in:
- *Einlagenbroschur*
  Einlagige Broschuren bestehen nur aus einem gefalzten Bogen.
- *Mehrlagenbroschur*
  Mehrlagige Broschuren bestehen aus mehreren Falzbogen, Falzlagen, die zusammengetragen und dann geheftet oder gebunden werden.

Weiterverarbeitung

- *Einzelblattbroschur*
  Die Einzelblattbroschur wird nicht aus Falzbogen, sondern aus einzelnen Blättern gebildet. Dadurch ist es z. B. möglich, verschiedene Materialien oder Papiersorten direkt aufeinander folgen zu lassen.

Die zweite Möglichkeit der Klassifikation von Broschuren ist die Unterscheidung nach der Ausführung des Umschlags.

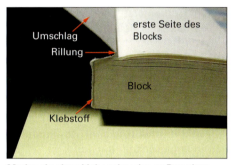

Merkmale einer klebegebundenen Broschur

Weitere Produkte

Neben den klassischen Druckprodukten wie Zeitungen, Zeitschriften oder Mailings gibt es in der Weiterverarbeitung eine Vielfalt weiterer Möglichkeiten, Ihr Produkt aufzuwerten und zu etwas Besonderem zu machen:
- Booklets, aufgeklebt oder mitgeheftet
- Antwortpostkarten, aufgeklebt oder mit Ausreißperforation
- Beihefter
- Warenproben, aufgeklebt
- Beilagen
- ...

9.5.1.3 Bund und Außenseiten

Die Art der Weiterverarbeitung muss schon in der Druckvorstufe und der Druckformherstellung beachtet werden.

Fräsrand bei der Klebebindung

Bei der Klebebindung muss der Rücken des Blocks abgefräst werden, damit jedes Blatt mit dem Kleber Kontakt hat.

Üblicherweise ist der Fräsrand 3 mm groß. Daraus ergibt sich eine Zugabe von 3 mm pro Seite. Abhängig vom Kleber darf dieser Rand bedruckt sein oder muss farbfrei gehalten werden. Da sich klebegebundene Produkte nicht bis zum Bund aufschlagen lassen, dürfen dort natürlich keine bildwichtigen Inhalte platziert werden.

Fräsrand im Bund bei Klebebindung

Im Bund sind jeweils 3 mm Fräsrand berücksichtigt.

Auswachsen bei der Drahtrückstichheftung

Da bei der Drahtrückstichheftung die Lagen nicht zusammengetragen, sondern gesammelt, d. h. ineinander gesteckt werden, sind die inneren Seiten bei umfangreichen Produkten kürzer als die äußeren Seiten. Dies muss beim Ausschießen bzw. bei der Seitengestaltung berücksichtigt werden.

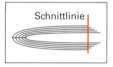

Verkürzung der inneren Seiten bei Drahtrückstichheftung

Beschnitt bei Randabfall

Damit es durch Schnitttoleranzen nicht zu unschönen weißen Rändern, Blitzern, kommt, müssen randabfallende, angeschnittene Seiteninhalte 3 mm über die Formatbegrenzung hinweg in den Beschnitt montiert werden.

3 mm Beschnitt bei randabfallenden Seiteninhalten

699

9.5.2 Schneiden

Die Weiterverarbeitung erfolgt im Bogen- und im Rollendruck grundsätzlich verschieden. Die Weiterverarbeitung im konventionellen Bogendruck ist meist räumlich von der Druckproduktion getrennt. Häufig findet die Weiterverarbeitung in spezialisierten Betrieben statt.

Im Rollendruck ist die Weiterverarbeitung Inline, d.h., die Produktionsschritte bis hin zum Endprodukt finden in einer Produktionslinie direkt nach dem Druck statt.

9.5.2.1 Bahnverarbeitung

Im Rollenrotationsdruck erfolgt das Schneiden und Falzen der Papierbahn im Falzapparat der Druckmaschine. Erst das abschließende Querschneiden trennt in einzelne Bogen, die dann weiterverarbeitet werden.

9.5.2.2 Schneiden von Druckbogen

Die Druckbogen müssen vor dem Falzen oft noch geschnitten werden. Dies geschieht in teilweise computergesteuerten Planschneidern. Man unterscheidet dabei:
- *Trennschnitt*
  Nach dem Druck, vor allem auf großformatigen Bogenmaschinen, werden die Planobogen in das Format zur weiteren Verarbeitung geschnitten. Gemeinsam gedruckte Nutzen werden so voneinander getrennt.
- *Winkelschnitt*
  Ein Winkelschnitt ist dann notwendig, wenn die Druckbogen mit unterschiedlicher Druck- und Falzanlage verarbeitet werden. Falls die aus der Druckerei kommenden Bogen nicht exakt rechtwinklig sind, ist ebenfalls ein Winkelschnitt notwendig.

Falzapparat an einer Rollenrotationsdruckmaschine

Abb.: Koenig & Bauer AG

Planschneider

Einmesserschneidemaschine zur Durchführung von Trenn- und Winkelschnitten. Die Messerauslösung erfolgt aus Gründen der Arbeitssicherheit in der so genannten Zweihandbedienung. Die beiden Auslösetasten befinden sich an der Vorderkante des Schneidetisches. Sie müssen zum Auslösen des Schneidevorgang gleichzeitig gedrückt werden.

Zusammenführen der Papierbahnen über Wendestangen

Trichterfalz und Trennschnitt in der Rollenrotationsdruckmaschine

700

9.5.3 Falzen

Weiterverarbeitung

Beim Falzen werden aus Planobogen Falzbogen, so genannte Lagen. Die einzelnen Seiten des späteren Endproduktes liegen, korrektes Ausschießen vorausgesetzt, jetzt in der richtigen Reihenfolge zur weiteren Verarbeitung.

9.5.3.1 Falzprinzipien

Messerfalz
Beim Messer- oder Schwertfalz wird der Bogen über Transportbänder gegen einen vorderen und seitlichen Anschlag geführt. Das oszillierende Falzmesser schlägt den Bogen zwischen die beiden gegenläufig rotierenden Falzwalzen. Durch die Reibung der geriffelten oder gummierten Walzen wird der Bogen von den Falzwalzen mitgenommen und so gefalzt. Der Weitertransport erfolgt wieder über Transportbänder. Für weitere Falzbrüche sind Falzwerke hintereinander angeordnet. Bei Mehrfachfalzungen mit Kreuzbrüchen stehen die folgenden Falzwerke in einem Winkel von 90° zueinander, für Parallelbrüche stehen die Falzwerke parallel hintereinander.

Die Einstellung der Falzposition erfolgt durch die Veränderung des Anschlags. Durch die Variation des Walzenspaltes wird die unterschiedliche Falzgutstärke berücksichtigt.

Taschenfalz
Schrägwalzen lenken beim Taschen- oder Stauchfalz den Bogen gegen den seitlichen Anschlag. Durch die Einführwalzen wird der Bogen weiter in die Falztasche bis zum einstellbaren Anschlag geführt. Die entstehende Stauchfalte wird von den beiden Falzwalzen erfasst und durch die Reibung durch den Walzenspalt mitgenommen und der Bogen so gefalzt. Je nach Anzahl der aufeinander folgenden Falztaschen können mehrere Falzbrüche ausgeführt werden.

Die Einstellungen des Falzwerks erfolgen am Anschlag und durch die Modifikation des Walzenspalts.

Für die Buch- und Broschurfertigung werden Falzwerke mit hintereinander angeordneten vier bis acht Falztaschen eingesetzt. Zusätzlich können Taschen- und Messerfalzwerke in Folge angeordnet werden.

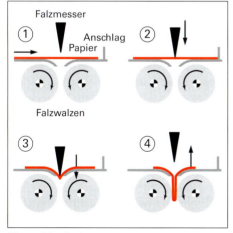

Messerfalzprinzip

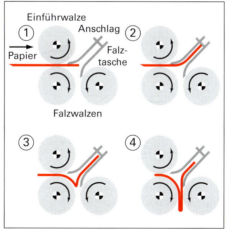

Taschenfalzprinzip

Taschenfalzmaschine

Kombination mehrerer Falztaschen

Abb.: Heidelberger Druckmaschinen AG

9.5.3.2 Falzarten

Parallelfalz
Falzbrüche, die parallel aufeinander folgen, nennt man Parallelfalz. Man unterscheidet verschiedene parallele Anordnungen der Falzbrüche:
- *Mittenfalz*
  Der Bogen wird jeweils in der Mitte gefalzt.
- *Zickzack- oder Leporellofalz*
  Jeder Falz folgt dem vorhergehenden Falz in entgegengesetzter Richtung.
- *Wickelfalz*
  Alle Falzbrüche gehen jeweils in die gleiche Richtung. Der erste Papierabschnitt wird von den folgenden eingewickelt.
- *Fenster- oder Altarfalz*
  Die beiden Papierenden sind zur Bogenmitte hin gefalzt.

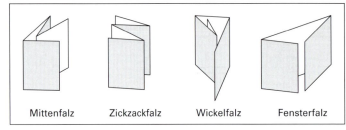

Parallelfalzarten

Kreuzfalz
Beim Kreuzfalz folgt jeder neue Falzbruch dem vorhergehenden Falz im rechten Winkel. Ein ganzer Bogen, traditionell auch Buchbinderbogen genannt, hat 16 Seiten. Diese entstehen durch drei aufeinander folgende Kreuzbrüche. Die Bezeichnungen halber Bogen für einen achtseitigen Bogen und Viertelbogen für einen vierseitigen Bogen sind daraus abgeleitet. Ein Achtelbogen ist ein zweiseitiger Bogen, also ein Blatt.

Kombinationsfalz
Die Kombination von Parallel- und Kreuzbrüchen nennt man Kombinationsfalz. Bei höherer Seitenzahl wird dann die Falzlinie perforiert, um Lufteinschlüsse und Faltenbildung zu verhindern.

9.5.3.3 Falzmuster und Falzfolge

Das Falzmuster ist eine Spiegelung des Ausschießschemas. Die Anordnung der Seiten ist wie auf dem Druckbogen seitenrichtig.
   Die Falzfolge beschreibt die Reihenfolge der einzelnen Falze in einer Richtung hintereinander. Ein Wechsel der Falzrichtung begründet eine neue Falzfolge. Die Abfolge der einzelnen Falze muss schon beim Ausschießen bekannt sein und entsprechend berücksichtigt werden. Nur so ist gewährleistet, dass die Seiten nach dem Falzen in der richtigen Reihenfolge angeordnet sind. Zur Kontrolle der Seitenfolge eine einfache Regel: Alle geraden Seitenzahlen stehen links vom Bund.

9.5.4 Binden, Heften und Endfertigen

Weiterverarbeitung

Bei mehrlagigen Produkten müssen die einzelnen Lagen zum Binden bzw. Heften zusammengeführt werden.

9.5.4.1 Sammelheften

Beim Sammeln werden die einzelnen Lagen jeweils zwischen der vorderen und der hinteren Falzbogenhälfte ineinander gesteckt. Die Bogen müssen natürlich so ausgeschossen sein, dass sich nach dem Sammeln eine fortlaufende Paginierung ergibt. Das Sammeln erfolgt meist nicht in separaten Sammelmaschinen, sondern wird in so genannten Sammelheftern direkt vor dem Drahtrückenstichheften durchgeführt. Abschließend werden die Produkte im so genannten Trimmer an drei Seiten beschnitten.

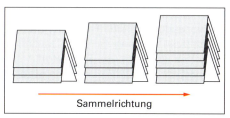

Sammeln von Lagen

9.5.4.2 Zusammentragen

Zusammentragen bedeutet übereinander legen. Dabei können Falzbogen und Einzelblätter in der Abfolge kombiniert werden. Auch bei zusammengetragenen Produkten gilt, dass die Seiten- reihenfolge stimmen muss. Sie können dies durch die Paginierung der Seiten, die Bogensignatur und die Flattermarken kontrollieren.

Sammelhefter mit Drahtrückenstichheftung

Abb.: Heidelberger Druckmaschinen AG

Zusammentragmaschine

Abb.: Müller Martini

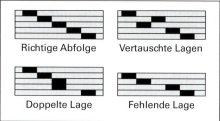

Richtige Abfolge   Vertauschte Lagen

Doppelte Lage   Fehlende Lage

Flattermarken auf dem Blockrücken

zur visuellen und fotoelektrischen Kontrolle

Zusammentragen von Lagen

703

9.5.4.3 Blockdrahtheftung

Die Blockdrahtheftung erfolgt seitlich durch den zusammengetragenen Block. Bekanntestes Beispiel für ein blockdrahtgeheftetes Produkt sind Kalender. Für Broschuren wegen des schlechten Aufschlagverhaltens weniger geeignet.

9.5.4.4 Klebebinden

Klebebindung ist ein sehr weit verbreitetes Bindeverfahren. Der Block wird dabei im Klebebinder mit einer Zange gefasst. Der Buchrücken wird beschnitten und über rotierende Messer abgefräst. Anschließend wird der Rücken und ein schmaler Streifen am Block geleimt. Dieser schmale Leimstreifen dient der besseren Verbindung des Umschlags mit dem Block.

Klebebinder
Abb.: Heidelberger Druckmaschinen AG

In der Praxis werden drei verschiedene Klebstoffarten eingesetzt:
- *Hotmelt*
  Schmelzklebstoffe, die heiß aufgetragen werden und nach dem Erkalten den Block und Umschlag binden. Vorteil der Hotmelt-Klebebindung ist die unkomplizierte und rasche Arbeitsweise. Ein Nachteil ist die Versprödungsneigung und somit geringe Alterungsbeständigkeit der Bindung.
- *Dispersionsklebstoffe*
  Wässrige Dispersionen auf Basis von PVAC, Polyvinylacetat. Sie bilden heute die wichtigste Klebstoffgruppe bei der Klebebindung. Durch Hochfrequenztrocknung wird die Polymerisation so beschleunigt, dass ebenfalls eine Inline-Fertigung möglich ist.
- *Polyurethanklebstoffe*
  Chemisch reaktive PUR-Klebstoffe. Die Festigkeitswerte der PUR-Klebebindung liegen deutlich über denen der beiden anderen Klebebindeverfahren. Der Aufwand ist allerdings auch deutlich höher. Für die Verarbeitung gelten besondere Arbeitsschutzvorschriften.

9.5.4.5 Fadensiegeln

Das Fadensiegeln vereint das Fadenheften mit der Klebebindung. Es findet direkt im Anschluss an den Falzprozess statt. Gemeinsam mit dem letzten Falzvorgang wird eine Fadenklammer durch den Bundsteg gesteckt. Die Fäden bestehen aus Textil und Kunststoff, der nach dem Zusammentragen über einem Heizelement verschmolzen wird. Die Fäden verbinden so die einzelnen Lagen zu einem Buchblock. In einem anschließenden Klebebinder wird das Endprodukt fertig gestellt. Das Fadensiegeln ist also ein Bindeverfahren mit Inline-Produktion vom Falzen über das Fadensiegeln bis zum Klebebinder.

Der Vorteil des Fadensiegelns liegt darin, dass der Bund der Lagen nicht aufgefräst wird. Die Produkte sind somit bis zum Bund aufschlagbar und haben eine hohe Festigkeit. Bei der Bogenmontage muss z. B. bei Bildern, die über den Bund laufen, kein doppelter Fräsrand wie bei der Klebebindung berücksichtigt werden. Fadengesiegelte Produkte sind bei vergleichbarer Qualität preiswerter als fadengeheftete.

Weiterverarbeitung

9.5.4.6 Fadenheften

Das Fadenheften ist die älteste, aber auch hochwertigste Bindeart. Die zusammengetragenen Lagen werden in der Fadenheftmaschine mit den Heftfäden zusammengenäht.

- *Fadenrückstichheften*
  Beim Fadenrückstichheften werden die gesammelten ineinandergesteckten Bogen mit einem Faden geheftet. Das Verfahren ist von der Heftart her mit der Drahtrückstichheftung vergleichbar. Nur werden die gesammelten ineinandergesteckten Bogen nicht mit Draht, sondern mit einem Faden gleichzeitig geheftet.
- *Buchfadenheften*
  Die zusammengetragenen übereinanderliegenden Falzbogen, Falzlagen, werden nacheinanderfolgend mit einem Faden geheftet. Die Löcher, durch die der Heftfaden geführt wird, werden zunächst von innen vorgestochen. Im zweiten Schritt folgt dann der Faden.
  Die gehefteten Buchblöcke werden anschließend in der Buchendfertigung weiterverarbeitet.

9.5.4.7 Ableimen

Die fadengehefteten Buchblöcke werden zunächst in einem Buchblockanleger geordnet gestapelt und dann an den Ableimer weitergeleitet.

In der Ableimmaschine wird auf den fadengehefteten oder klebegebundenen Buchblock ein Gazegewebe und das Fälzel aufgeleimt. Dabei kommen je nach Produktionsprozess Dispersions- oder Heißleime, Hotmelt, zum Einsatz.

Buchblöcke, die mit Dispersionsleimen geleimt wurden, müssen nach dem Ableimen noch in speziellen

Trockenaggregaten getrocknet werden. Anschließend werden sie an die Schneidestation weitergeleitet.

Fadenheftmaschine
Abb.: Müller Martini

9.5.4.8 Schneiden

Im so genannten Dreischneider wird der gebundene Buchblock jetzt an den drei freien Seiten beschnitten. Der Buchblock wird durch einen Pressstempel fixiert. Dann beschneiden die beiden Seitenmesser und das Vordermesser im Schrägschnitt den Block. Die Schnittfolge ist phasenversetzt, damit sich die Messer nicht gegenseitig behindern.

Dreischneider
Abb.: Kolbus

705

Buchlinie
Abb.: Müller Martini

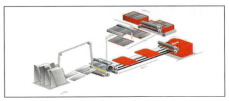

Schema der Buchdeckenfertigung
Abb.: Kolbus

9.5.4.9 Endfertigung

Leseband einlegen
Falls das Buch ein Leseband erhalten soll, dann an dieser Position, zwischen Dreimesserschnitt und dem Einhängen in den Einband in der Buchmontage.

Buchdeckenfertigung
Ein Produktionsabschnitt, der parallel zum Binden und Heften abläuft, ist die Fertigung der Buchdecken. Diese werden in speziellen Maschinen gefertigt, um dann in der Buchmontage mit dem Buchblock vereinigt zu werden.

Buchmontage
Der letzte Schritt der Buchproduktion ist die Verbindung des Buchblocks mit der Buchdecke. Der fertig bearbeitete Buchblock wird am Rücken mit Leim bestrichen und mit dem Vorsatz oder bei Broschuren direkt mit dem Einband kraftschlüssig verbunden. Anschließend wird der Vorsatz mit der Buchdecke flächig verleimt.

Bei Büchern mit festen Einbänden muss nach dem Einhängen in einer weiteren Arbeitsstation der Falz zum besseren Aufschlagen gepresst werden. Einfache Einbände werden an dieser Stelle gerillt.

Als letzter Arbeitsschritt folgt ggf. noch das Umlegen des Schutzumschlags. Besonders hochwertige Bücher werden außerdem noch mit einem Schuber versehen.

Buch- und Broschurproduktionslinie
Abb.: Kolbus

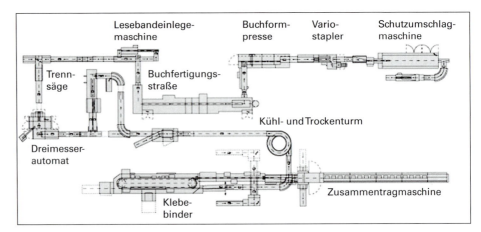

9.5.5   Aufgaben

Weiterverarbeitung

1 Kennzeichen von Büchern nennen

Nennen Sie vier Kennzeichen, die ein Buch von einer Broschur unterscheiden.

2 Broschuren unterscheiden

Wodurch unterscheiden sich eine Einlagenbroschur und eine Mehrlagenbroschur?

3 Klebebindung erläutern

a. Warum muss bei Produkten, die klebegebunden werden, im Bund ein Fräsrand berücksichtigt werden?
b. Wie groß ist dieser Fräsrand üblicherweise?

4 Randabfallende Bilder festlegen

a. Was heißt randabfallend?
b. Stellen Sie das Prinzip der Beschnittzugabe bei randabfallenden Seiten in einer Skizze dar.

5 Arbeitsschritt Schneiden erklären

Welchem Zweck dient ein Trennschnitt?

6 Falzprinzipien erklären

Erklären Sie folgende Falzprinzipien:
a. Messerfalz
b. Taschenfalz

7 Falzarten kennen

Nennen Sie drei Beispiele für Parallelfalzungen.

8 Sammeln und Zusammentragen unterscheiden

Erklären Sie die beiden Arten der Zusammenführung von Falzbogen:
a. Sammeln
b. Zusammentragen

9 Flattermarken erklären

Welche Aufgabe haben Flattermarken?

10 Heft- und Bindearten unterscheiden

Nennen Sie vier Heft- und Bindearten zur Buch- bzw. Broschurherstellung.

9.6 Papier

9.6.1	Papierherstellung	710
9.6.2	Papierveredelung und -ausrüstung	714
9.6.3	Papiereigenschaften und -sorten	716
9.6.4	Papier und Klima	721
9.6.5	Papierformate	722
9.6.6	Aufgaben	723

9.6.1 Papierherstellung

„Papier ist ein flächiger, im Wesentlichen aus Fasern meist pflanzlicher Herkunft bestehender Werkstoff, der durch Entwässerung einer Faserstoffaufschwemmung auf einem Sieb gebildet wird" (DIN 6730).

Papier ist bei den konventionellen Druckverfahren und im Digitaldruck der Bedruckstoff Nummer 1.

Papier hat als Informationsträger wesentlichen Einfluss auf die Qualität und die Wirkung des Druckproduktes.

Papier ist sinnlich – ein schönes Buch fühlt sich gut an, die Färbung des Papiers bildet einen harmonischen Kontrast zur Farbe der Schrift, der Grafiken und der Bilder. Die Wahl des richtigen Papiers trägt so entscheidend zum Erfolg des Produktes bei.

9.6.1.1 Faserrohstoffe

Primärfasern
Der wichtigste Rohstoff zur Gewinnung von Primärfasern ist Holz. Die im Holz durch Harze und Lignin gebundenen Zellulose- und Hemizellulosefasern werden durch verschiedene Verfahren aus dem Faserverbund herausgelöst.

Nadelhölzer zur Primärfasergewinnung

Zur Papierherstellung werden überwiegend Fasern von schnellwachsenden Bäumen eingesetzt. Die Fasern von Nadelhölzern wie Kiefer oder Fichte haben eine Länge von 2,5 mm bis 4,0 mm. Fasern von Laubbäumen wie z. B. der Buche sind nur ca. 1 mm lang. Außer den Primärfasern aus Holz werden für spezielle Papiere noch Fasern aus Einjahrespflanzen und organischen Lumpen gewonnen.

Für alle Druckpapiere werden Fasern verschiedener Herkunft eingesetzt. Die langen Fasern bilden eine feste Struktur, die kürzeren Fasern egalisieren den Faserverbund.

Mechanischer Aufschluss
Die mechanische Zerfaserung von Holz in so genannten Holzschleifern wurde 1843 von Gottlob Keller erfunden. Die entrindeten Holzstammabschnitte werden parallel zur Faserrichtung gegen einen groben Schleifstein gepresst. Unter Wasserzufuhr wird die Holzstruktur zerstört und die Zellulose- bzw. Hemizellulosefasern herausgelöst. Die Harze und das Lignin verbleiben im Holzschliff.

Außer den verschiedenen Arten der Holzschleifer, in denen ganze Stammabschnitte verarbeitet werden, sind heute auch Refiner zur Holzschlifferzeugung im Einsatz. In diesen Refinern werden Holzhackschnitzel zwischen groben Schleifscheiben zerfasert.

Wir unterscheiden die Faserqualitäten nach der Mahltechnik:
- *Holzschliff*
  Mechanische Zerfaserung von Holzstämmen unter Wasserzufuhr
- *TMP, thermomechanischer Holzstoff*
  Zerfaserung von Hackschnitzeln bei ca. 120°C im Refiner
- *CTMP, chemisch-thermomechanischer Holzstoff*
  Den Hackschnitzeln werden im Refiner zusätzlich Chemikalien, z. B. Natriumperoxid, zugeführt.
- *BCTMP, gebleichter chemisch-thermomechanischer Holzstoff*
  Die Fasern werden direkt

Papier

anschließend an den mechanischen Aufschluss gebleicht.
Die Faserrohstoffausbeute beträgt je nach Verfahren zwischen 75% und 95%. Die chemische Zusammensetzung des Aufschlusses bleibt unverändert. Dies führt dazu, dass Papiere, die aus Holzschliff bzw. Holzstoff hergestellt werden, durch die noch enthaltenen Harze und das Lignin stark zum Vergilben neigen.

Holzstoff

Chemischer Aufschluss
Neben der mechanischen Gewinnung der Primärfasern gibt es auch chemische Verfahren zur Zerfaserung der Faserrohstoffe. Dabei wird durch Kochen von Hackschnitzeln der Faserverbund aufgelöst. Die überwiegende Menge an Zellstoff für die Papierherstellung wird im Sulfatverfahren gewonnen. Die Holzhackschnitzel werden bei einer Temperatur von 170°C bis 190°C mehrere Stunden in Natronlauge und Natriumsulfat gekocht. Die im Holz enthaltenen Harze und das Lignin werden herausgelöst. Übrig bleibt die Zellulosefaser.
Außer dem Sulfatverfahren gibt es noch verschiedene andere Aufschlussverfahren. Beim Sulfitverfahren wird Magnesium- oder Kalziumbisulfit verwendet, beim Organozellverfahren erfolgt der Aufschluss durch Methanol und Natronlauge.
Nach dem chemischen Aufschluss werden die Zellstofffasern noch gebleicht. Die Bleichung erfolgt mit Hilfe von Sauerstoff, Wasserstoffperoxid, Ozon oder Chloroxid. Das Herauslösen der Harze und des Lignins führt zusammen mit der Bleichung zu weißen, nicht vergilbenden Papieren.

Die Ausbeute bei den chemischen Aufschlussverfahren beträgt etwa 50%. Die chemische Zusammensetzung der Fasermasse ist von den eingesetzten Chemikalien zum Aufschluss und Bleichen der Holzfasern abhängig.

Zellstoff, ungebleicht

Sekundärfasern – Altpapier
Die Altpapiereinsatzquote liegt in Deutschland bei ca. 65%. Altpapier ist damit neben Holz der wichtigste Faserrohstoff zur Papierherstellung.

Stofflöser, Pulper

Das Altpapier wird in Wasser aufgelöst und zerfasert. Anschließend erfolgt das Entfärben in der Deinking-Einheit.
Abb.: Verband Deutscher Papierfabriken

711

Das Altpapier wird als Erstes im Stofflöser oder Pulper in Wasser aufgelöst und zerfasert. Anschließend werden in Sortiereinrichtungen die groben papierfremden Teile wie Klammern oder Kleberrückstände entfernt. Im folgenden Deinking-Prozess werden durch das Flotationsverfahren unter Einsatz von Wasser, Natronlauge und Seife die Druckfarbe entfernt.

Beim Deinking leidet die Qualität der Faser. Dies bedeutet, dass das Altpapierrecycling nicht als geschlossener Kreislauf geführt werden kann, sondern in der Papierherstellung immer wieder frische Fasern zugeführt werden müssen. Dies geschieht unter anderem dadurch, dass bei der Herstellung von Reyclingpapieren, die aus 100% Altpapier bestehen, auch Papiere aus Primärfasern eingesetzt werden.

9.6.1.2 Stoffaufbereitung – Mahlung

Zellstoff wird meist in speziellen Zellstofffabriken hergestellt. Die Lieferung in die Papierfabrik erfolgt in trockenen Zellstoffballen. Diese werden im Pulper aufgelöst. Gleichzeitig werden hier je nach Rezeptur für eine bestimmte Papiersorte Zellstoffe verschiedener Herkunft und Qualität in entsprechender Menge gemischt. Die Fasersuspension besteht aus 5% Faseranteil und 95% Wasser.

Zellstoffplatten
Die Zellstoffplatten werden von der Zellstofffabrik in Ballen angeliefert und dann im Pulper aufgelöst.

Nach der Auflösung werden die Zellstoff- und/oder Holzstofffasern im Refiner zwischen strukturierten Metallplatten gemahlen. Bei der Mahlung werden die Fasern fibrilliert. Es werden vier Mahlungsgrade unterschieden:
- Lang und rösch, wenig veränderte Fasern
- Kurz und rösch, geschnittene Fasern
- Lang und schmierig, gequetschte Fasern
- Kurz und schmierig, gequetschte und verkürzte Fasern

Der jeweilige Mahlungsgrad beeinflusst wesentlich die Qualität des Papiers. Kurze, rösche Fasern bewirken eine hohe Saugfähigkeit, aber eine geringe Festigkeit des Papiers. Papiere, die überwiegend lange und schmierige Fasern enthalten, haben eine sehr hohe Festigkeit.

9.6.1.3 Füll- und Hilfsstoffe

Vor dem Stoffauflauf in der Papiermaschine werden der Fasersuspension noch verschiedene Füll- und Hilfsstoffe beigemischt.
- *Füllstoffe*
  Als Füllstoffe werden vor allem Kreide und Kaolin eingesetzt. Die Füllstoffe lagern sich bei der Blattbildung in der Papiermaschine zwischen den Fasern ein. Sie erhöhen dadurch die Opazität und die Glätte des Papiers.
- *Optische Aufheller*
  Optische Aufheller absorbieren UV-Licht und emittieren Licht im sichtbaren Bereich des Spektrums. Dadurch wird die Weiße des Papiers gesteigert.
- *Leim*
  Die Beimischung von Leim in das Halbzeug vor der Papiermaschine

Papier

heißt Stoffleimung. Durch sie wird die Saugfähigkeit des Papiers herabgesetzt.
- *Farbstoffe*
Für durchgefärbte Papiere

9.6.1.4 Papiermaschine

Siebpartie
Die Siebpartei steht am Anfang der Papierherstellung in der Papiermaschine. Das Ganzzeug, die Fasersuspension mit Füll- und Hilfsstoffen, wird im Stoffauflauf der Papiermaschine auf das Sieb aufgebracht. Der Wasseranteil beträgt am Siebanfang 99%. Auf dem endlos umlaufenden Metall- oder Kunststoffsieb findet die eigentliche Blattbildung statt. Die Papierfasern richten sich in der Strömungsrichtung, der so genannten Lauf- oder Maschinenrichtung, aus. Das Wasser läuft ab und wird zusätzlich abgesaugt. Durch die Filtrationswirkung der Fasern ist der Füllstoffanteil auf der Oberseite höher als auf der Unterseite der Papierbahn. Die auf dem Sieb aufliegende Papierseite wird als Siebseite bezeichnet, die Papieroberseite heißt Filzseite. Doppelsiebmaschinen entwässern nach beiden Seiten. Dadurch wird eine geringere Zweiseitigkeit des Papiers erreicht. Der Wassergehalt beträgt am Siebende beim Übergang in die Pressenpartie noch 80%.

Pressenpartie
Nach dem Sieb wird die Papierbahn in die Pressenpartie übergeleitet. Dort wird zwischen Filzen unter Anpressdruck der Wassergehalt auf 50% gesenkt.

Trockenpartie
Die abschließende Trocknung erfolgt durch Hitze in der Trockenpartie. Das Papier wird über 50 bis 60 beheizte Stahlzylinder geleitet. Dadurch reduziert sich der Wassergehalt auf 4% bis 6%.

Schlussgruppe
In der Schlussgruppe durchläuft die Papierbahn je nach Papiersorte noch die Leimpresse zur Oberflächenleimung und das Glättwerk. Im Glättwerk wird die Papierbahn mechanisch zwischen Walzen egalisiert.

Aufrollung
Die letzte Station der Papiermaschine ist die Aufrollung. Die Papierbahn wird in voller Breite auf einen Stahlkern, Tambour, in Rollen von bis zu 12 m Breite und 60 km Bahnlänge aufgerollt.

Stoffauflauf und Papiersieb einer Langsiebpapiermaschine
Abb.: Verband Deutscher Papierfabriken

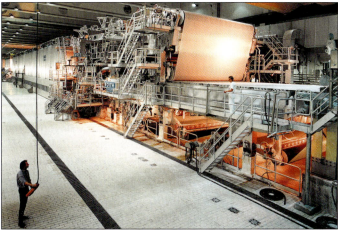

Papiermaschine
Von der Siebpartie bis zur Trockenpartie
Abb.: Verband Deutscher Papierfabriken

713

9.6.2 Papierveredelung und -ausrüstung

9.6.2.1 Streichen

Nach der Papierherstellung folgen meist noch verschiedene Stationen der Papierveredelung. Der wichtigste Veredelungsprozess ist das Streichen. In speziellen Streichmaschinen wird auf das Rohpapier eine Streichfarbe aufgetragen. Dieser so genannte Strich ist die Farbannahme- bzw. Farbaufnahmeschicht im Druck. Je nach Papiersorte und Druckverfahren unterscheidet sich die Zusammensetzung und Dicke des Strichs. Für hochwertige Papiere im konventionellen Druck werden beide Seiten zweimal gestrichen. Auf das Rohpapier wird ein Vorstrich aufgebracht. Anschließend erfolgt darauf ein Deck- oder Topstrich. Kreide und Kaolin sind uns als Füllstoffe schon bekannt. Sie werden auch als Pigmente in der Streichfarbe eingesetzt. Ihr Anteil beträgt ca. 85%. Ungefähr 13% der Streichfarbe machen die Bindemittel aus und ca. 2% sind Hilfsstoffe.

Eine Besonderheit sind die gussgestrichenen Papiere. Der Strichauftrag erfolgt wie bei den herkömmlich gestrichenen Papieren. Direkt nach dem Strich wird die Papierbahn dann aber auf einen großen beheizten sich drehenden Chromzylinder geführt. Dort erfolgt die Trocknung. Die Strichoberfläche ist ein Abbild der sehr glatten Zylinderoberfläche.

Streichmaschine
Die Streichfarbe wird mit dem Rakelstreichverfahren auf das Rohpapier aufgetragen, läuft weiter nach oben und wird dort getrocknet.

9.6.2.2 Satinieren

Beim Satinieren im Kalander erhalten die Papiere ihre endgültige Oberflächeneigenschaft. Kalander sind Maschinen mit mehreren nacheinander angeordneten Stahl-, Papier- oder Strukturwalzen, zwischen denen die Papierbahn hindurchgeführt wird. Im Walzenspalt zwischen den Walzen wird die Papieroberfläche der Bahn durch Reibung, Hitze und Druck geglättet. Eine matte oder halbmatte Oberfläche wird durch geringere Friktion und den Einsatz feinstrukturierter Walzen erreicht.

Geprägte Papiere und Kartons, z. B. mit Leinenstruktur, erhalten ihre Prägestruktur in Prägekalandern durch spezielle Prägewalzen. Satinierte Natur-

Prinzip des Rakelstreichverfahrens
Die Streichfarbe wird im Überschuss aufgebracht. Anschließend wird durch Rakel die Dicke und die Gleichmäßigkeit des Strichs reguliert.

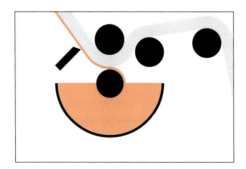

papiere haben eine geschlossenere und glattere Oberfläche als maschinenglatte Papiere. Gestrichene Papiere sind grundsätzlich immer satiniert. Mit einer Ausnahme: Gussgestrichene Papiere erhalten ihre endgültige Oberflächenglätte schon in der Streichmaschine durch die Chromoberfläche des Trocknungszylinders.

9.6.2.3 Ausrüsten

Der letzte Abschnitt in der Papierfertigung heißt Ausrüstung. Dort werden die Papierbahnen in Format geschnitten und verpackt und zu den Kunden versandt. Wir unterscheiden dabei die Ausrüstung in:
- Ries
- Paletten
- Rollen

Ries und Paletten sind zwei Arten der Formatausrüstung als Bogenware. Ein Ries ist ein Paket mit, je nach Masse, 200 bis 500 Bogen Papier. Bei der Verpackung auf Paletten wird der gesamte Papierstapel auf der Palette verpackt. Auf der jeweiligen Verpackung sind die wichtigsten Angaben vermerkt:
- Papiersorte
- Format
- Flächenmasse
- Fabrikations-/Chargennummer
- Laufrichtung

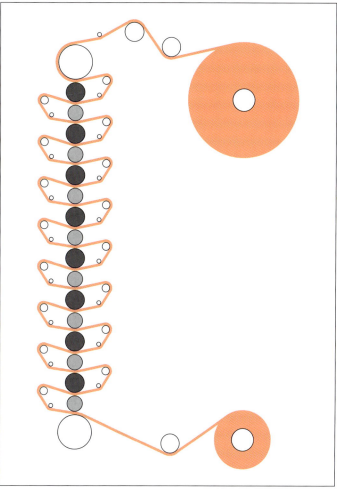

Schema eines Satinierkalanders

Die Papierbahn wird zwischen den Walzen durch Reibung, Druck und Hitze geglättet.

Papiere unterschiedlicher Druckverfahren

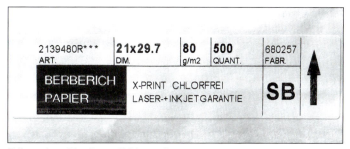

Etikett eines Ries Laser-/Inkjetpapiers

715

9.6.3 Papiereigenschaften und -sorten

Es gibt nicht das gute oder das schlechte Papier. Die Bewertung der Papierqualität richtet sich nach den drei Anforderungsprofilen:

- *Verdruckbarkeit (runability)*
  Beschreibt das Verhalten bei der Verarbeitung, z. B. Lauf in der Druckmaschine
- *Bedruckbarkeit (printability)*
  Bezieht sich auf die Wechselwirkung zwischen Druckfarbe und Papier
- *Verwendungszweck*
  Zeitung, Plakat, Verpackung, ...

9.6.3.1 Stoffzusammensetzung

Holzfreies Papier
Holzfreie Papiere haben als Faserrohstoff, anders als die Bezeichnung vermuten lässt, Holz. Durch das chemische Aufschlussverfahren werden die im Holz enthaltene Zellulose und Hemizellulose von den Harzen und dem Lignin getrennt. Die Zellulose und die Hemizellulose bilden gemeinsam den Zellstoff, der zur Herstellung von holzfreien Papieren eingesetzt wird. Da Harze und Lignin im Zellstoff nicht enthalten sind, vergilben holzfreie Papiere nicht.

Holzfreie Papiere dürfen allerdings bis zu 5% Holzschliff enthalten.

Holzhaltiges Papier
Holzhaltige Papiere werden aus mechanisch aufgeschlossenem Holzschliff bzw. -stoff hergestellt. Durch das deshalb im Fasergrundstoff noch enthaltene Lignin vergilben holzhaltige Papiere unter Lichteinstrahlung.

Umweltschutz- und Recyclingpapier
Diese Papiere haben als Faserrohstoff bis zu 100% Altpapier aus dem Deinking-Prozess.

Hadernhaltiges Papier
Hadern sind chemisch oder mechanisch aufgeschlossene Fasern aus Textilien natürlichen Ursprungs. Hadernfasern sind besonders lang und zäh. Sie werden deshalb für besonders hochwertige und anspruchsvolle Papiere, z. B. Banknotenpapier, eingesetzt.

9.6.3.2 Oberfläche

Naturpapier
Naturpapiere sind alle ungestrichenen Papiere unabhängig von ihrer Stoffzusammensetzung. Die Bezeichnung Naturpapier hat also nichts mit Natur und Umwelt zu tun, sondern bezieht sich auf die natürlich belassene Oberfläche des aus der Papiermaschine kommenden Papiers. Ihre Oberfläche kann aber unterschiedlich mechanisch behandelt oder geleimt sein:

- *maschinenglatt (m´gl.)*
  Die Oberfläche wurde nach dem Verlassen der Papiermaschine nicht mehr bearbeitet.
- *satiniert (sat.)*
  Die Papierbahn wurde nach der Papiermaschine in einem Kalander geglättet.
- *hochsatiniert (sc, super-calendered)*
  Das Papier wurde besonders stark geglättet und damit in seiner Struktur verdichtet.
- *oberflächengeleimt*
  Zur Verbesserung der Beschreibfähigkeit wurde die Papierbahn in der Leimpresse der Papiermaschine oberflächengeleimt. Die Staubneigung wird durch die Oberflächenleimung vermindert.

Gestrichene Papiere
Gestrichene Papiere werden nach der Art des Streichverfahrens, nach der

Papier

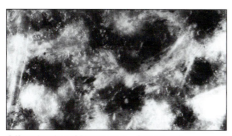
Offsetdruck auf Naturpapier (133-fach)

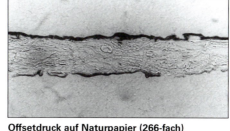
Offsetdruck auf Naturpapier (266-fach)

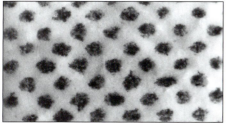
Offsetdruck auf Kunstdruckpapier (133-fach)

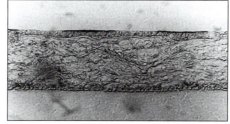
Offsetdruck auf Kunstdruckpapier (266-fach)

Strichmenge und nach der Oberfläche unterschieden:
- *Kunstdruckpapier*
  Matt oder glänzend gestrichene Papiere der höchsten Qualitätsklasse
- *Bilderdruckpapiere*
  Matt oder glänzend gestrichene Papiere, Standardqualität
- *LWC-Papiere*
  Light Weight Coated, leichtgewichtig gestrichene Papiere für den Rollendruck

9.6.3.3 Wasserzeichen

Wasserzeichen dienen in Wertpapieren der Fälschungssicherheit. Schreibpapiere werden durch Wasserzeichen aufgewertet.

Echte Wasserzeichen
Echte Wasserzeichen werden bei der Blattbildung auf dem Sieb der Papiermaschine gebildet. Über dem Sieb dreht sich eine Siebwalze, der so genannte Egoutteur. Die sich bildende Papierbahn läuft durch den Spalt zwischen Sieb und Egoutteur. Mittels eines auf dem Egoutteur angebrachten Reliefs werden Fasern verdrängt und/oder angehäuft. Die Stellen, an denen die Fasern verdrängt werden, sind dünner und somit heller als die Umgebung. Faseranhäufungen wirken dunkler.

Halbechte Wasserzeichen
Halbechte Wasserzeichen werden in der Pressenpartie der Papiermaschine geprägt. Die noch stark wasserhaltige Papierbahn wird durch eine Prägewalze, die so genannte Molette, verdichtet. Bei halbechten Wasserzeichen werden also die Papierfasern nicht unterschiedlich verteilt wie beim echten Wasserzeichen, sondern nur verdichtet.

Unechte Wasserzeichen
Unechte Wasserzeichen werden mit fetthaltiger unpigmentierter Farbe aufgedruckt. Sie erscheinen an den bedruckten Stellen transparent.

9.6.3.4 Laufrichtung

Die Laufrichtung des Papiers entsteht bei der Blattbildung auf dem Sieb der Papiermaschine. Durch die Strömung der Fasersuspension auf dem endlos umlaufenden Sieb richten sich die Fasern mehrheitlich in diese Richtung aus. Man nennt deshalb die Laufrichtung auch Maschinenrichtung. Senkrecht zur Laufrichtung liegt die Dehnrichtung. Zur Kennzeichnung der Laufrichtung werden die Bogen in Schmal- und Breitbahn unterschieden. Ob ein Bogen Schmalbahn oder Breitbahn ist, hängt von seiner Lage beim Schneiden der Papierrolle ab. Ein Bogen ist Schmalbahn, wenn die Fasern parallel zur langen Bogenseite verlaufen. Bei Breitbahn ist die Laufrichtung parallel zur kurzen Bogenseite.

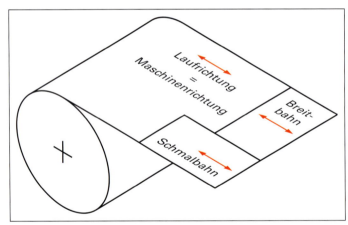

Papierrolle mit Schmal- und Breitbahnbogen

Bedeutung der Laufrichtung
Bei der Verarbeitung des Papiers muss die Laufrichtung in vielfacher Weise beachtet werden:
- Bücher lassen sich nur dann gut aufschlagen, wenn die Laufrichtung parallel zum Bund läuft.
- Beim Rillen muss die Laufrichtung parallel zur Rillung sein.
- Beim Bogendruck sollte die Laufrichtung parallel zur Zylinderachse der Druckmaschine liegen.

Kennzeichnung der Laufrichtung
Die Kennzeichnung der Schmal- oder Breitbahn erfolgt in der Praxis auf verschiedene Weise:
- Die Formatseite, die parallel zur Laufrichtung verläuft, steht hinten.
  Schmalbahn: 70 cm x 100 cm
  Breitbahn: 100 cm x 70 cm
- Die quer zur Laufrichtung verlaufende Dehnrichtung wird unterstrichen.
  Schmalbahn: <u>70 cm</u> x 100 cm
  Breitbahn: 70 cm x <u>100 cm</u>
- Die Formatseite der Laufrichtung wird mit einem M für Maschinenrichtung gekennzeichnet.
  Schmalbahn: 70 cm x 100 cm M
  Breitbahn: 70 cm M x 100 cm
- Hinter der Formatangabe steht (SB) für Schmalbahn und (BB) für Breitbahn.
  Schmalbahn: 70 cm x 100 cm (SB)
  Breitbahn: 70 cm x 100 cm (BB)

Prüfung der Laufrichtung
Auf der Papierverpackung ist die Laufrichtung meist angegeben. Dem einzelnen Bogen sehen Sie aber die Laufrichtung nicht mehr an. Sie müssen deshalb ausgepackt gelagertes Papier ggf. für die weitere Verarbeitung auf seine Laufrichtung hin überprüfen. Dazu gibt es verschiedene einfache Prüfmethoden.
- *Nagelprobe*
  Ziehen Sie die rechtwinklig zueinander stehenden Papierkanten unter Druck zwischen dem Daumennagel und der Fingerkuppe des Zeigefingers hindurch. Die entstehenden kurzen Wellen verlaufen quer zur Laufrichtung, die langen Wellen verlaufen parallel zur Laufrichtung.

Papier

Nagelprobe
Die Wellen verlaufen hier quer zur Laufrichtung

- *Rissprobe*
Reißen Sie den Bogen von beiden Seiten her ein. Der Riss verläuft parallel zur Faserrichtung, also in Laufrichtung, glatter als quer zur Faserrichtung.

Reißprobe
Der Riss verläuft parallel zur Laufrichtung

Reißprobe
Der Riss verläuft quer zur Laufrichtung

- *Streifenprobe*
Schneiden Sie einen Papierstreifen aus der langen und einen aus der kurzen Bogenseite. Kennzeichnen Sie die beiden Streifen und legen Sie sie übereinander. Halten Sie die beiden Streifen an einem Ende fest und lassen Sie frei hängen. Wenn einer der beiden Streifen sich stärker biegt, dann ist dieser Streifen Breitbahn. Biegen sich beide Streifen gleich, dann liegt die Breitbahn über der Schmalbahn und wird von dieser gestützt.

Streifenprobe
Der obere Streifen ist Schmalbahn

Streifenprobe
Der obere Streifen ist Breitbahn

9.6.3.5 Flächenmasse, Dicke und Volumen

Die Flächenmasse oder Grammatur wurde früher als Papiergewicht bzw. Quadratmetergewicht bezeichnet. Obwohl Papier als flächiger Werkstoff angesehen wird, hat es natürlich auch

719

eine dritte Dimension. Diese wird durch die Dicke oder das Papiervolumen beschrieben. Alle drei Größen werden wesentlich bestimmt durch:
- Stoffauswahl
- Stoffaufbereitung
- Stoffzusammensetzung
- Blattbildung in der Papiermaschine
- Art der Veredelung

Die unterschiedliche Dicke von Papieren mit der gleichen flächenbezogenen Masse wird als Faktor des Volumens angegeben. Die Berechnung erfolgt nach folgender Formel:

Formel zur Berechnung des Papiervolumens

Papiervolumen

Volumen = Dicke x 1000/Flächenmasse

Die flächenbezogene Masse, die Dicke und das Volumen werden mit folgenden Einheiten bezeichnet:
- Masse: g/m^2
- Dicke: mm
- Volumen: m^3/g

Papiervolumen und Papierdicke in mm

Flächenmasse in g/m^2	1-faches Volumen	1,5-faches Volumen	2-faches Volumen
45	0,045	0,0675	0,090
60	0,060	0,090	0,120
70	0,070	0,105	0,140
80	0,080	0,120	0,160
90	0,090	0,135	0,180
100	0,100	0,150	0,200
120	0,120	0,180	0,240

Papiervolumen und Papierdicke

9.6.3.6 Papiertypen nach DIN ISO 12647

Aus der großen Zahl der Druckpapiere wurden acht typische Papiere ausgewählt. Sie bilden die Grundlage für den ProzessStandard Offsetdruck des Bundesverbandes Druck und Medien e.V. Für die Basis-ICC-Profile wurden die beiden Papiertypen 1 und 2 zu einem Profil zusammengefasst.

9.6.3.7 Papiere für Inkjet- und Laserdruck

Inkjet-Papiere

Inkjet-Papiere sind oberflächenveredelt, um das Ausfließen der Tinte, den so genannten Löschblatteffekt, zu vermeiden. Einfache Papiere sind hochsatiniert und oberflächengeleimt. Hochwertige Inkjet-Papiere haben einen Spezialstrich, der die Tinte aufnimmt und sie nicht auslaufen lässt.

Für den Ausdruck von Fotos werden Fotopapiere mit mattem oder glänzendem Strich eingesetzt. Diese Papiere werden auch Glossy-Papiere genannt. Die Flächenmasse der Fotopapiere geht bis zu 290 g/m^2.

Laserpapiere

Papiere für Laserdrucker und Kopierer müssen bestimmten Anforderungen gerecht werden, die durch die besondere Art der Bildübertragung bedingt sind. Die Papiere müssen ein gleichmäßiges statisches Ladungsverhalten aufweisen, um eine gute Tonerübertragung zu ermöglichen. Gleichzeitig verhindert eine leichte Endladbarkeit das „Kleben" von Papieren und somit Doppelbogen. Die Fixiertemperaturen von teilweise über 200°C bedingen eine hohe Dimensionsstabilität und einen leichten Wärmedurchgang der Papiere. Drucker mit Duplexeinheiten zum beidseitigen Druck stellen höchste Anforderungen an die Papiere. Das Papier wird zweimal statisch aufgeladen und der Toner zweimal thermisch fixiert. Als letzte Anforderung sei hier die Staubfreiheit genannt. Schneidestaub verschmutzt die Druckeinheit und führt u. a. zu Papierstau.

9.6.4 Papier und Klima

Papier ist hygroskopisch. Hygroskopisch heißt, dass die Papierfasern ihren Feuchtigkeitsgehalt als natürliche Stoffe an das Raumklima anpassen. Wenn die Papierfeuchte, man spricht hier von Stapelfeuchte, höher ist als die relative Luftfeuchtigkeit im Raum, dann gibt das Papier Feuchtigkeit ab. Als Folge schrumpft das Papier zunächst an den Rändern, es tellert. Trockene Papiere neigen zu verstärkter statischer Aufladung. Die Folge sind Doppelbogen und Schwierigkeiten beim Papierlauf bis hin zum Papierstau im Drucker. Bei zu hoher relativer Luftfeuchtigkeit nimmt das Papier Feuchtigkeit auf. Die Folge ist Randwelligkeit mit daraus resultierenden Schwierigkeiten beim Papierlauf und passergenauen Drucken.

Wenn Papier Wasser aufgenommen und dann wieder abgegeben hat, tritt die Hysterese auf. Dies bedeutet, dass das Papier zwar wieder die ursprüngliche Feuchte, aber nicht die ursprüngliche Dimension einnimmt, da das aufgenommene Wasser in den Kapillaren verbleibt.

Relative Luftfeuchtigkeit
Die relative Luftfeuchtigkeit beschreibt das Verhältnis zwischen dem absoluten, tatsächlichen Wassergehalt und dem maximal möglichen Wassergehalt in der Luft. Die maximale Wassermenge, die die Luft aufnehmen kann, ist von der Raumtemperatur abhängig. Je kälter die Luft, desto geringer ist die maximale Feuchte. Wird eine bestimmte Temperatur unterschritten, dann kondensiert das Wasser an glatten Oberflächen. Jeder Brillenträger kennt dieses Phänomen, wenn er im Winter ein warmes Zimmer betritt und die kalte Brille die sie umgebende Luft plötzlich abkühlt. Der Taupunkt wird unterschritten, die Brille beschlägt.

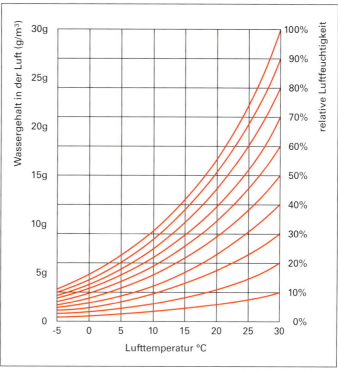

Abhängigkeit der relativen Luftfeuchtigkeit von der absoluten Luftfeuchte und der Raumtemperatur

Konditionieren
Unter Konditionieren versteht man die Anpassung des Papiers an das Raumklima. Klimastabil verpacktes Papier sollten Sie eingepackt lassen, damit eine Temperaturangleichung zwischen Papier- und Raumtemperatur, aber kein Feuchtigkeitsaustausch stattfinden kann. Lassen Sie Ihrem Papier ausreichend Zeit der Akklimatisierung und packen Sie es erst aus, wenn Papiertemperatur und Raumtemperatur sich angeglichen haben. Sie werden bessere Druckergebnisse erzielen.

Optimales Raumklima
Die besten Bedingungen für die Verarbeitung von Papier sind ein konstantes Raumklima mit einer Temperatur von ca. 20°C und einer relativen Luftfeuchtigkeit von 50% bis 55%.

721

9.6.5 Papierformate

Band I – Seite 316
3.4.1 Formate

DIN-A-Reihe

DIN-A-Reihe	
Format-bezeichnung	Papierformat
A 0	841 mm x 1189 mm
A 1	594 mm x 841 mm
A 2	420 mm x 594 mm
A 3	297 mm x 420 mm
A 4	210 mm x 297 mm
A 5	148 mm x 210 mm
A 6	105 mm x 148 mm
A 7	74 mm x 105 mm
A 8	52 mm x 74 mm
A 9	37 mm x 52 mm
A 10	26 mm x 37 mm

DIN-A-Reihe

Die DIN-Formate wurden schon 1922 eingeführt. 1925 bestimmte der Weltpostverein DIN A6 als internationale Postkartengröße.

Die Basisgröße der DIN-Reihe ist ein Rechteck mit einer Fläche von einem Quadratmeter. Die kleinere Seite des Bogens steht zur größeren Seite im Verhältnis 1 zu $\sqrt{2}$ (1,4142). Das nächst kleinere Format entsteht jeweils durch Halbieren der Längsseite des Ausgangsformats. Die Zahl gibt an, wie oft das Ausgangsformat A0 geteilt wurde. Ergänzend zur DIN-A-Reihe gibt es noch die Zusatzreihen B und C. Sie haben ein etwas größeres Format für Briefhüllen und Mappen.

Maschinenklassen

Maximales Druckformat im Bogenoffset

Maschinenklassen (Bogenoffset)	
Formatklasse	Druckformat
0	500 mm x 700 mm
I	560 mm x 830 mm
II	610 mm x 860 mm
III	640 mm x 965 mm
IIb	720 mm x 1020 mm
IV	780 mm x 1120 mm
V	890 mm x 1260 mm
VI	1000 mm x 1400 mm
VII	1100 mm x 1600 mm
X	1400 mm x 2000 mm

Maschinenklassen

Die Einteilung der Bogenoffsetmaschinen in Formatklassen erfolgt nach dem maximal bedruckbaren Papierformat.

9.6.6   Aufgaben

Papier

1 Holzschliff und Zellstoff unterscheiden

Holz ergibt je nach Aufschlussverfahren unterschiedliche Primärfasern. Erklären Sie den Unterschied zwischen
a. Holzschliff,
b. Zellstoff.

2 Holzhaltiges Papier erklären

Warum vergilbt holzhaltiges Papier?

3 Optische Aufheller in ihrer Wirkung kennen

Was bewirken optische Aufheller im Papier?

4 Blattbildung in der Papiermaschine erklären

Erklären Sie, warum die beiden Papierseiten bei der Blattbildung unterschiedliche Eigenschaften bekommen?

5 Zweiseitigkeit des Papiers kennen

Welche Seite des Papiers ist:
a. die Siebseite
b. die Filzseite

6 Papierveredelung beschreiben

Beschreiben Sie das Prinzip der beiden Papierveredelungsverfahren:
a. Streichen
b. Satinieren

7 Anforderungsprofile an Papier bewerten

Was versteht man unter:
a. Verdruckbarkeit
b. Bedruckbarkeit

8 Papiereigenschaften unterscheiden

Welche besonderen Eigenschaften haben Papiere mit der Sortenbezeichnung:
a. Naturpapier
b. maschinenglatt
c. satiniert
d. gestrichen

9 Wasserzeichen unterscheiden

Wie entsteht ein echtes Wasserzeichen im Papier?

10 Laufrichtung kennen

Erläutern Sie die Begriffe:
a. Laufrichtung
b. Schmalbahn
c. Breitbahn

11 Papiervolumen berechnen

Wie dick ist ein Papier mit einer Flächenmasse von 100 g/m^2 und 1,5-fachem Volumen?

723

9.7 Druckfarbe

9.7.1	Aufbau und Herstellung	726
9.7.2	Druckfarbentrocknung	729
9.7.3	Druckfarbeneigenschaften	730
9.7.4	Aufgaben	733

9.7.1 Aufbau und Herstellung

Die Druckfarbe ist neben der Druckkraft, dem Druckbildspeicher bzw. der Druckform und dem Bedruckstoff der vierte Druckfaktor. Als färbende Substanz bildet die Druckfarbe den optischen Kontrast, um die Informationen auf dem Bedruckstoff sichtbar zu machen.

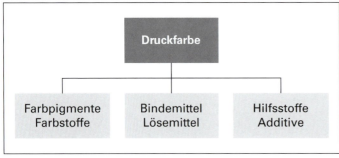

Grundbestandteile von Druckfarben

9.7.1.1 Aufbau

Farbpigmente, Farbstoffe
Farbpigmente und Farbstoffe werden auch als Farbmittel bezeichnet. Sie sind der visuell wirksame Bestandteil der Druckfarbe. Pigmente sind Farbkörper. Farbstoffe sind gelöste Substanzen, die als Druckfarbe nur noch in Tinten eingesetzt werden.

Als Farbpigmente werden für Weiß meist Titandioxid, für Schwarz Ruß und für die Buntfarben organische Pigmente eingesetzt. Metallfarben enthalten Messing-, Aluminium- oder Perlglanzpigmente. Die Pigmente haben einen Durchmesser von 1 μm bis 2 μm in flüssigen Farben und bis zu 5 μm bei Trockentoner im Digitaldruck.

Binde- und Lösemittel
Binde- und Lösemittel haben die Aufgabe, die Farbe in eine verdruckbare Form zu bringen. Nach der Farbübertragung auf den Bedruckstoff sorgt das Bindemittel dafür, dass die Farbpigmente auf dem Bedruckstoff haften bleiben. Als Bindemittel werden in den verschiedenen Druckfarben Polymerisate oder Polykondensate sowie synthetische und natürliche Harze wie z. B. Kolophonium eingesetzt.

Die in den Druckfarben als Lösemittel verwendeten Öle beeinflussen wesentlich das Trocknungsverhalten der Farben. Nichttrocknende Mineralöle werden in thermisch, physikalisch trocknenden Farben eingesetzt. Oxidativ, chemisch trocknende Farben benötigen neben den Bindemitteln trocknende Öle wie z. B. Leinöl, die fest werden.

Tiefdruck- und Flexodruckfarben beinhalten als sehr dünnflüssige Farben spezielle leicht flüchtige Lösemittel. Im Illustrationstiefdruck wird ausschließlich Toluol als Lösemittel eingesetzt. Dieses wird in den Tiefdruckereien mit einer Quote von über 95% zurückgewonnen und wiederverwendet. Im Flexo- und Verpackungstiefdruck werden vor allem Ethanol, Ethylacetat und Methoxy-/Ethoxypropanol als Lösemittel verwendet.

Eine besondere Gruppe bilden die UV-Druckfarben. Sie werden in allen konventionellen Druckverfahren für spezielle Einsatzbereiche eingesetzt. Durch ihren energiehärtenden Trocknungsmechanismus haben alle UV-Farben und -Lacke eine grundsätzlich andere Zusammensetzung als die konventionellen Farben. Die Bindemittel zur Umhüllung der Pigmente und zur Härtung der Druckfarbe werden vorwiegend auf Basis von acrylierten Polyestern, Polyethern und Polyurethanen und Epoxiverbindungen aufgebaut. Als UV-Verdünnungsmittel zur Einstellung der Konsistenz werden niedermolekulare Acrylate eingesetzt. Neben den Pigmenten, dem Binde- und Lösemittel enthält die UV-Farbe Fotoinitiatoren.

Druckfarbe

Hilfsstoffe, Additive
Durch die Zugabe spezieller Hilfsstoffe oder Additive, z. B. Trockenstoffe oder Scheuerschutzpaste, kann die Farbe bei der Herstellung noch spezifischer an die Anforderungen angepasst werden.

9.7.1.2 Herstellung

Druckfarben für konventionelle Druckverfahren
Bei der Druckfarbenherstellung müssen die Pigmente, Bindemittel und Hilfsstoffe luftfrei, fein und homogen vermischt, d. h. dispergiert werden. Dies geschieht in zwei Schritten:
- Vormischen der Bestandteile
- Dispersion auf dem Dreiwalzenstuhl oder in der Rührwerkskugelmühle

Der Dreiwalzenstuhl hat drei mit unterschiedlicher Geschwindigkeit gegeneinander laufende Stahlwalzen. Durch die Scherkräfte im Walzenspalt wird die Farbe dispergiert. Die Rührwerkskugelmühle ist ein mit Stahlkugeln gefüllter zylindrischer Behälter mit einem rasch rotierenden Rührwerk, durch den die Farbe kontinuierlich von unten nach oben gepumpt wird. Das Gewicht und die Rollbewegung der Kugeln reiben die Farbe.

Konventionelle Toner
Konventionelle Toner für digitale Drucksysteme werden in einem Schmelz-Mahl-Prozess hergestellt. Die Rohstoffe werden zunächst in einem Extruder unter Wärmezufuhr gemischt. Nach der Abkühlung wird die Masse vorgebrochen und dann zermahlen. Der so hergestellte Toner hat sehr ungleichmäßige Partikelformen. Die Pigmentgröße liegt zwischen 6 µm und 8 µm. Sie ist damit wesentlich größer als die Pigmente der konventionellen Druckfarben.

Offsetdruckfarbenherstellung
Abb.: Siegwerk

EA-Toner
EA steht für Emulsion Aggregation und beschreibt eine neue Technologie zur Tonerherstellung. Die Tonerpartikel werden in einem kontrolliert ablaufenden chemischen Prozess hergestellt. Monomere werden in einer Emulsion aus Wasser, Wachs und Latex-Polymeren schichtweise zu Tonerpartikel angelagert. Dabei sind durch die Zeit, die Temperatur und den pH-Wert die Größe und Form der Tonerpigmente steuerbar. EA-Toner sind wesentlich gleichmäßiger und damit effizienter zu übertragen. Die Partikelgröße ist mit 2 µm bis 3 µm deutlich kleiner als bei konventionellen Tonern. Da die Fixiertemperatur ebenfalls niedriger ist als in konventionellen Systemen, wird Energie gespart. Die Dimensionsstabilität des Bedruckstoffs ist ebenfalls besser gewährleistet, da der Wasserverlust geringer ist.

Band II - Seite 639
9.2.5 Elektrofotografischer Druck mit Festtoner

Band II - Seite 642
9.2.6 Elektrofotografischer Druck mit Flüssigtoner

Konventioneller Toner

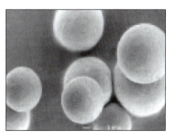

EA-Toner

727

Flüssigtoner

Flüssigtoner enthalten Tonerpartikel in einem flüssigen Bindemittel. Die Tonerpartikel sind mit 1 µm bis 2 µm Durchmesser genauso groß wie die Farbpigmente in den konventionellen Druckfarben. Dadurch ist ein gleichmäßiger lasierender, mit dem konventionellen Druck vergleichbarer Farbauftrag auch im Digitaldruck möglich.

Es werden verschiedene Flüssigtonersysteme auf dem Markt angeboten. HVT-Toner, High Viscosity Toner, von der Firma Fujitsu und die ElectroInk-Flüssigfarben von HP. Für die HP Indigo-Digitaldrucksysteme bietet die Firma HP ein Farbmischsystem an, mit dem sich nach Aussage von HP 97% des PANTONE-Farbbereichs simulieren lassen.

Tinten

Tinten für Tintenstrahldrucker werden unpigmentiert mit gelösten Farbstoffen als Farbmittel oder als Dispersionen mit Farbpigmenten hergestellt. Die eingesetzten Binde- und Lösemittel unterscheiden sich je nach Hersteller und Einsatzbereich der Drucke.

Für spezielle Anwendungen werden auch UV-Tinten angeboten. Diese trocknen durch Fotopolymerisation der Bindemittel während der Bestrahlung mit UV-Licht.

9.7.1.3 Anforderungsprofile

Es gibt nicht die gute oder die schlechte Druckfarbe. Die Qualität der Druckfarbe wird, wie bei anderen Materialien, durch das Endprodukt, z. B. Verpackung oder Zeitung, und ihr Verhalten im Produktionsprozess bestimmt. Als Bewertungskategorien gelten, wie bei der Bewertung anderer Werkstoffe, die drei klassischen Kategorien als Grundlage für die jeweiligen Anforderungsprofile.

Verdruckbarkeit/runability

Die Verdruckbarkeit beschreibt die Verarbeitung der Druckfarbe in der Druckmaschine. Dazu gehört z. B. das Verhalten der Druckfarbe im Farbkasten und Farbwerk der Druckmaschine.

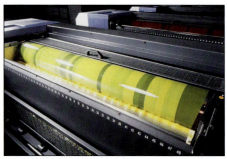

Farbkasten einer Bogenoffsetmaschine
Abb.: KBA

Bedruckbarkeit/printability

Der Begriff Bedruckbarkeit kennzeichnet die Wechselwirkung zwischen Bedruckstoff und Druckfarbe. Die optimale Bedruckbarkeit eines Bedruckstoffs im jeweiligen Druckverfahren ist das Ziel professionellen Arbeitens. Dazu müssen alle Faktoren optimal aufeinander abgestimmt sein. Von den Druckfarbenherstellern werden die verschiedensten Druckfarbensysteme angeboten, um im jeweiligen Druckverfahren ein möglichst optimales Ergebnis zu erzielen.

Verwendungszweck, Produkte

An die verschiedenen Produkte, Plakat, Lebensmittelverpackung oder CD-Booklet, werden ganz unterschiedliche Anforderungen gestellt. Dementsprechend sind die Druckfarben in ihrer Zusammensetzung genau auf das jeweilige Produkt abgestimmt.

9.7.2 Druckfarbentrocknung

Druckfarbe

Unter der Druckfarbentrocknung versteht man den Aggregatzustandswechsel von flüssig nach fest. Dazu können physikalische und/oder chemische Prozesse im Bindemittel beitragen.

9.7.2.1 Physikalische Trocknung

Die physikalischen Trocknungsmechanismen bewirken eine Veränderung des Aggregatzustandes der Druckfarbe, ohne die molekulare Struktur des Bindemittels zu verändern.

Wegschlagen
Die dünnflüssigen Bestandteile des Bindemittels dringen in die Kapillare des Bedruckstoffs ein. Die auf der Oberfläche verbleibenden Harze verankern die Farbpigmente auf dem Bedruckstoff.

Verdunsten
Die leichtflüchtigen Lösemittelbestandteile der Druckfarbe, z.B. Toluol in Tiefdruckfarben, verdunsten ohne zusätzliche Hitzeeinwirkung. Harze und Pigmente bleiben zurück.

Verdampfen
Die schwerflüchtigen hochsiedenden Mineralöle werden in speziellen Trocknungseinrichtungen, die zwischen oder nach den Druckwerken in der Druckmaschine angeordnet sind, verdampft, z.B. Heatset-Offsetfarben.

Erstarren
Die Bindemittel der Druckfarbe werden durch Hitze verflüssigt und werden nach dem Druck durch Abkühlung fest, z.B. Carbonfarben.
Auch Tonerpigmente im Digitaldruck, die durch thermische Fixierung auf dem Bedruckstoff haften, trocknen nach diesem physikalischen Prinzip.

9.7.2.2 Chemische Trocknung

Bei der chemischen Trocknung führt eine Veränderung der Molekularstruktur des Bindemittels zur Verfestigung der Druckfarbe.

Oxidative Trocknung
Die trocknenden Öle des Bindemittels, wie z.B. Leinöl, vernetzen durch Sauerstoffeinbindung. Die Trocknung verläuft langsam, ergibt aber eine festen Farbfilm.

UV-Trocknung
Die Fotoinitiatoren im Bindemittel reagieren auf die Bestrahlung des Drucks mit UV-Licht. Das aufgestrahlte UV-Licht wird von den Fotoinitiatoren absorbiert. Dadurch werden freie Radikale gebildet. Die angeregten Valenzelektronen des Fotoinitiators abstrahieren ein Wasserstoffatom aus einer Amingruppe des Acrylatharzes und führen zum Kettenwachstum der Bindemittelmoleküle. Der Prozess der Polymerisation führt zu einer vollständigen Trocknung der Farbe.

ES-Trocknung
Bei der ES-Trocknung bewirken Elektronenstrahlen die Auslösung der fotochemischen Polymerisation zur Verfestigung des Druckfarbenfilms.

9.7.2.3 Kombinationstrocknung

Die meisten Druckfarben trocknen nach einem kombinierten Mechanismus, z.B. wegschlagend-oxidativ. Die physikalische Phase erfolgt sehr schnell. Der chemische Prozess dauert länger, ergibt aber einen festeren Farbfilm. Der Zusatz von Trockenstoffen zur Druckfarbe beschleunigt die oxidative Trocknung.

9.7.3 Druckfarbeneigenschaften

Druckfarbeneigen-schaften

Abb.: Epple Druck-farben

TOPSET SERIE

Diese für besonders schnelles Wegschlagen entwickelte Farbserie bietet hervorragende Druckeigenschaften auf allen 1- bis 6-Farben-Maschinen mit verschiedenen Feuchtsystemen.

- sehr schnelles Wegschlagen (daher kein Nachkleben)
- schnelles Umschlagen der Druckbogen
- hervorragende Farb-/Wasserbalance
- sehr hohe Punktschärfe
- hohe Farbkraft
- weniger Bestäubungspuder erforderlich
- Thermostabilität (auch bei hohen Temperaturen bleibt die Viskosität gut erhalten)

Auch für 1- und 2-Farben-Maschinen bestens geeignet.

Eigenschaften:

- schnelles Umschlagen   4
- schnelle Weiterverarbeitung   3
- Scheuerfestigkeit   3
- Glanz   3
- Wegschlagen   sehr schnell
- S+W Eignung   nein
- IR-Trocknung empfehlenswert   ja
- kastenstabil   ja

5 = ausgezeichnet 4 = sehr gut 3 = gut 2 = zufriedenstellend 1 = ausreichend

	Farbnr.	Licht	Lasur	Sprit	Nitro	Alkali
Topset-Euro-Gelb	10-300 5	5	+	+	+	+
Topset-Euro-Magenta	10-300 6	5	+	+	+	-
Topset-Euro-Cyan	10-300 7	8	+	+	+	+
Topset-Schwarz	10-300 8	8	-	-	-	+
Topset-Schwarz (alle Echtheiten)	10-300 9	8	-	+	+	+

Diese technische Beschreibung soll Sie informieren und beraten - Sie entspricht unserem derzeitigen Kenntnisstand. Da der konkrete Anwendungsfall jedoch von einer Vielzahl von Faktoren abhängig ist, auf die wir keinen Einfluss haben, kann eine Garantie für den Druckausfall nicht abgeleitet werden.

PRODUKTINFORMATION

Druckfarbe

Die Hersteller von Druckfarben bieten ein reichhaltiges Sortiment für alle Druckverfahren, Bedruckstoffe und Produkte an. Technische Informationen geben Ihnen einen ersten Überblick. Ob eine bestimmte Druckfarbe aber hinsichtlich
- Verdruckbarkeit,
- Bedruckbarkeit und
- Verwendungszweck

tatsächlich geeignet ist, zeigen erst praktische Druckversuche und standardisierte Prüfungen nach DIN ISO 16519, 16524, 16537 und 19525 sowie DIN EN 20105.

9.7.3.1 Rheologie

Rheologie ist die Lehre vom Fließen. Sie beschreibt die Eigenschaften flüssiger Druckfarben, die mit dem Begriff Konsistenz zusammengefasst werden.

Viskosität
Die Viskosität ist das Maß für die innere Reibung von Flüssigkeiten:
- Hoch viskos – hohe innere Reibung – zähflüssig – pastös,
  z. B. Offset- und Siebdruckfarbe
- Niedrig viskos – geringe innere Reibung – dünnflüssig,
  z. B. Illustrationstiefdruckfarbe

Zügigkeit/Tack
Zügigkeit oder Tack beschreibt den Widerstand, den die Farbe ihrer Spaltung entgegensetzt. Eine zügige Farbe ist eine Farbe, bei deren Farbspaltung hohe Kräfte wirken (Rupfneigung).

Thixotropie
In thixotropen Flüssigkeiten wird die Viskosität durch mechanische Einflüsse, z. B. Verreiben im Farbwerk der Druckmaschine, herabgesetzt. Die Thixotropie unterstützt die Druckfarbentrocknung durch eine sofortige Viskositätserhöhung nach der Farbübertragung auf den Bedruckstoff.

Spachtelprobe zur visuellen Prüfung der Viskosität

Links: niedrig viskos
Rechts: hoch viskos

Farbspaltung im Walzenspalt

9.7.3.2 Echtheiten

Die verschiedenen physikalischen und chemischen Eigenschaften von Druckfarben werden mit dem Begriff Echtheiten zusammengefasst.

Neben der Druckfarbe hat auch der Bedruckstoff, die Farbschichtdicke und evtl. eingesetzte Druckhilfsmittel Einfluss auf die Echtheiten. Bei der Mischung von Farben hat die ermischte Farbe jeweils die geringsten Echtheiten der Ausgangsfarben.

Im Folgenden ist eine kleine Auswahl der wichtigsten Echtheiten von Druckfarben aufgeführt:

Lösemittelechtheit
Die Lösemittelechtheit von Druckfarben ist für die Weiterbearbeitung und

die spätere Verwendung des Druck-produktes von Bedeutung. Bei einer Druckveredelung durch Lackierung darf natürlich das Lösemittel des Lacks das bereits trockene Bindemittel der Druckfarbe nicht wieder anlösen. Die Pigmente dürfen unter Lösemittelein-wirkung ihre Farbigkeit nicht verändern.

Kaschierechtheit
Die Druckfarbe darf in der Kapillar-schicht zwischen Bedruckstoff und Ka-schierfolie nicht ausbluten. Sie kennen das Phänomen, wenn Tinte unter einem Klebefilmstreifen ausblutet.

Alkaliechtheit
Dispersionslacke und Dispersionskleber sind häufig leicht alkalisch. Druckfarben, die mit diesen Stoffen in Kontakt kom-men, müssen deshalb alkaliecht sein.

Migrationsechtheit
Bestimmte Weichmacher in den Druck-farbenbindemitteln, den Klebern in der Weiterverarbeitung oder den Kaschier-folien können durch Migration zu un-liebsamen Überraschungen, teilweise noch Wochen nach der Auslieferung des Druckproduktes, führen. Versichern Sie sich deshalb, dass die einzelnen Werk-stoffe aus allen Stationen des Work-flows aufeinander abgestimmt sind.

Mechanische Festigkeit
Der Druckfarbenfilm muss gegen das Scheuern bei der Verarbeitung und im Gebrauch beständig sein. Nicht scheuerfeste Farben verkratzen oft schon durch die Bewegung des darauf-folgenden Druckbogens bei der Verar-beitung.

Das Brechen des Farbfilms im Falz wird durch die Falzfestigkeit der Druck-farbe verhindert.

Lebensmittelechtheiten
Die Anforderungen an die Echtheiten der Druckfarben bei Lebensmittelver-packungen sind vielfältig und selbstver-ständlich besonders hoch. Sie reichen von Butterechtheit bis Quarkechtheit oder Speiseölechtheit.

Lichtechtheit
Die Lichtechtheit ist sicherlich die bekannteste Echtheit von Druckfarben. Sie beschreibt die Widerstandsfähigkeit einer Farbe gegen Lichteinstrahlung ohne direkte weitere Witterungseinflüs-se. Außer den Farbmitteln einer Farbe, Pigmente oder Farbstoffe, beeinflussen die Farbschichtdicke, das Bindemittel, Lackierung oder Kaschierung und nicht zuletzt der Bedruckstoff die Lichtecht-heit einer Farbe. So verändert sich der visuelle Eindruck einer Farbe auch dann, wenn das Papier vergilbt.

Lichtechtheit nach der Wollskala (WS), DIN 16525

Die Beleuchtungs-zeiten bezeichnen den Zeitraum bis eine Veränderung der Far-be visuell erkennbar wird.

Lichtechtheit von Druckfarben nach der Wollskala (WS)					
Stufen	Bewertung	Beleuchtungszeiten Sommer	Winter	Intensive Strahlung	Durchschnittliche Strahlung
WS 1	sehr gering			< 20 h	5 Tage
WS 2	gering			< 40 h	10 Tage
WS 3	mäßig	4 bis 8 Tage	2 bis 4 Wochen	< 80 h	20 Tage
WS 4	ziemlich gut	2 bis 3 Wochen	2 bis 3 Monate	< 160 h	40 Tage
WS 5	gut	3 bis 5 Wochen	4 bis 5 Monate	< 350 h	80 Tage
WS 6	sehr gut	6 bis 8 Wochen	5 bis 6 Monate	< 700 h	160 Tage
WS 7	vorzüglich	3 bis 4 Monate	7 bis 9 Monate	< 1500 h	350 Tage
WS 8	hervorragend	> 1,5 Jahre		< 3000 h	700 Tage

9.7.4 Aufgaben

Druckfarbe

1 Bestandteile der Druckfarbe kennen

Nennen Sie die Hauptbestandteile von Druckfarben für die konventionellen Druckverfahren.

2 Binde- und Lösemittel kennen

Welche Aufgaben haben die Binde- und Lösemittel in den Druckfarben?

3 Zusammensetzung der Farben beurteilen

Wovon ist die Art der Zusammensetzung der Druckfarben abhängig?

4 Hilfsstoffe kennen

a. Weshalb werden den Druckfarben noch spezielle Hilfsstoffe zugemischt?
b. Nennen Sie zwei Hilfsstoffe.

5 Herstellung von Druckfarben erklären

Warum wird die Druckfarbe bei ihrer Herstellung dispergiert?

6 Pigmentgröße von Toner kennen

Welche Pigmentgröße hat:
a. konventioneller Toner
b. EA-Toner
c. Flüssigtoner

7 Anforderungsprofile bewerten

Was versteht man unter:
a. Verdruckbarkeit
b. Bedruckbarkeit

8 Trocknungsmechanismen unterscheiden

Worin unterscheidet sich die physikalische von der chemischen Trocknung?

9 Wegschlagen beschreiben

Beschreiben Sie die Druckfarbentrocknung durch Wegschlagen.

10 Rheologie definieren

Welchen Gegenstand behandelt die Rheologie?

11 Rheologische Eigenschaften erläutern

Definieren Sie die drei rheologischen Eigenschaften von Druckfarben:
a. Viskosität
b. Zügigkeit/Tack
c. Thixotropie

12 Lichtechtheit einschätzen

a. Mit welcher Einheit wird die Lichtechtheit von Druckfarben bezeichnet?
b. Welchen Wert hat die höchste Lichtechtheit?

Webtechnologien

10.1 HTML

10.1.1	Grundlagen	738
10.1.2	Merkmale einer HTML-Datei	742
10.1.3	Meta-Tags	747
10.1.4	Text	748
10.1.5	Bild und Grafik	749
10.1.6	Tabellen	752
10.1.7	Hyperlinks	753
10.1.8	Formulare	756
10.1.9	Frames sind out	758
10.1.10	XHTML	759
10.1.11	Webbrowser	761
10.1.12	Aufgaben	762

10.1.1 Grundlagen

10.1.1.1 Was ist HTML?

Die Nutzung des Internets ist zu einer Selbstverständlichkeit geworden und aus unserem Alltag nicht mehr wegzudenken. Die Übertragung von Text-, Bild-, Sound- und Videodaten funktioniert reibungslos und fehlerfrei – sieht man einmal von eventuellen Wartezeiten ab.

Damit dies möglich wird, müssen alle Bestandteile einer Webseite nach einem weltweit gültigen Standard „codiert" werden. Diese Funktion übernimmt die vom britischen Informatiker Tim Burners-Lee im Jahr 1989 veröffentlichte *„Hypertext Markup Language"*, kurz HTML. Wenn wir „to mark up" mit „notieren" übersetzen, handelt es sich wörtlich übersetzt um eine Sprache, um Hypertext zu notieren.

Hypertext
Was aber ist Hypertext? Das Kunstwort bezeichnet die Möglichkeit, Texte mit Hilfe von Hyperlinks oder kurz Links miteinander zu verbinden. Hypertexte verlassen also die lineare Struktur gedruckter Texte und gestatten das Hin- und Herspringen innerhalb von Texten. Wie Sie wissen, können sich die verlinkten Textdateien auf jedem beliebigen Computer befinden, der mit dem Internet verbunden ist. Auf diese Weise ist ein riesiges Informationssystem mit Milliarden von Seiten entstanden – das *World Wide Web (WWW)*.

HTML-Elemente (Tags)
Die Beschreibung der einzelnen Komponenten einer Webseite wie Überschriften, Absätze, Tabellen, Bilder und Links erfolgt in HTML mit speziellen Steueranweisungen. Diese werden als Tags (sprich: Tägs) bezeichnet und besitzen die allgemeine Form:

```
<tag>Inhalt des Tags</tag>
```

Beispiele:
- `<h1>...</h1>` markiert eine Überschrift (Headline) der Größe 1.
- `<b>...</b>` kennzeichnet einen fett (bold) gesetzten Text
- `<a href="news.htm">News</a>` definiert einen Link zu „news.htm".

Wie Sie sehen, schließen Tags, von wenigen Ausnahmen einmal abgesehen, immer den Inhalt ein, auf den sie sich beziehen. Beachten Sie hierbei, dass der schließende Teil einen zusätzlichen Schrägstrich (Slash) erhalten muss.

HTML und CSS
HTML wurde 1989 zur Beschreibung und Verlinkung von Texten entwickelt. Zur damaligen Zeit wurde weder an Bilder, Grafiken, Sounds, Animationen und Videos noch an die Gestaltung von Webseiten gedacht.

Hypertext
Durch Hypertext lassen sich Informationen vernetzen. Hieraus sind gigantische Informationsnetze entstanden, z.B. Wikipedia.

HTML

Im Laufe der Zeit wurden die Computer leistungsfähiger und erhielten eine grafische Benutzeroberfläche. Hieraus ergaben sich neue Forderungen an Webseiten: Sie sollten nicht mehr nur unformatierten Text zeigen, sondern diesen typografisch ansprechend darstellen können, durch Bilder und Grafiken ergänzt.

Da HTML aber niemals zur Gestaltung von Webseiten gedacht war, wurde 1996 mit den „Cascading Style Sheets", kurz: CSS, eine Sprache geschaffen, die HTML ergänzte und die zur Formatierung und Gestaltung von Webseiten dient (siehe Kapitel 10.2).

> Beachten Sie:
> HTML beschreibt den *Inhalt*, CSS die *Form/Gestaltung* einer Website.

HTML-Dateien sind Textdateien

HTML-Dateien sind reine Textdateien, die Sie mit jedem beliebigen Texteditor erstellen können. Der Vorteil von Textdateien liegt darin, dass sie eine sehr geringe Datenmenge besitzen. Dies war vor zwanzig Jahren unerlässlich, weil die damaligen Modems nur geringe Datenmengen übertragen konnten.

Heute verfügen wir, zumindest in Deutschland, fast flächendeckend über breitbandige Internetanschlüsse, die problemlos auch Bilder, Sounds und Videos übertragen können. Letztere werden durch eine Pfadangabe mit der HTML-Textdatei verknüpft.

Andererseits wollen wir heute ortsunabhängig mit dem Handy oder Laptop ins Internet. In diesem Fall stehen wieder nur geringe Datenraten zur Verfügung, so dass Sie beim Entwurf Ihrer Webseiten auch heute noch auf geringe Datenmengen achten müssen.

10.1.1.2 HTML, XHTML, HTML5

HTML ist nicht gleich HTML. Die Sprache, wie auch die zur Darstellung der Seiten notwendigen Webbrowser, wurde stetig weiterentwickelt. Darüber hinaus wurden die Empfehlungen der WWW-Dachorganisation (W3C) von den Browserherstellern teilweise ignoriert, so dass es heute keinen einheitlichen Standard, sondern eine parallele Verbreitung mehrerer Versionen gibt. Von Bedeutung sind folgende:

HTML

Die aktuelle und gleichzeitig letzte Version von HTML ist 4.01. HTML wird nicht mehr weiterentwickelt, ist aber derzeit noch überall im Einsatz. Es bleibt abzuwarten, ob HTML5 tatsächlich zur kompletten Ablösung von HTML (und XHTML) führen wird.

XHTML

Die zunehmende Bedeutung von XML führte dazu, dass auch Webseiten XML-konform sein sollten. Aus diesem Grund wurde HTML modifiziert und in XHTML umbenannt, wobei das „X" für „extensible" (deutsch: erweiterbar) steht. Glücklicherweise unterscheidet sich XHTML nur geringfügig von HTML – Details können Sie auf Seite 760 nachlesen. Beachten Sie, dass im gesamten Kapitel konsequent die XHTML-konforme Schreibweise verwendet wird.

Die zweite Version von XHTML war bereits in Arbeit, wurde aber 2009 zugunsten von HTML5 eingestellt.

HTML5

HTML5 soll die Zukunft gehören und sowohl HTML als auch XHTML ablösen. Ob dies gelingen wird, kann zum Zeitpunkt der Drucklegung dieses Buches (Frühjahr 2011) noch nicht gesagt

Band II – Seite 767
10.2 CSS

Adobe Dreamweaver

Dreamweaver ist eine Entwicklungsumgebung zur Realisation und Verwaltung von Internetauftritten.

Als Entwickler können Sie entscheiden, ob Sie im Quellcode (oben) oder im Vorschaubereich (unten) arbeiten wollen. Gute HTML-Kenntnisse sind jedoch in jedem Fall erforderlich.

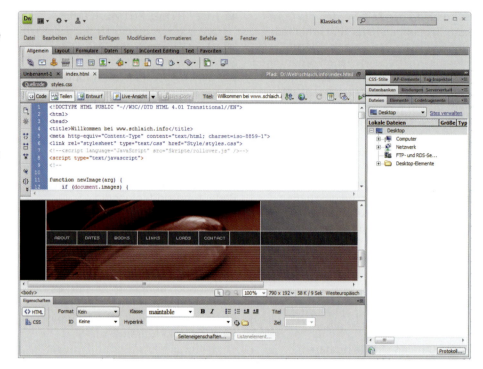

werden. Die in diesem Kapitel beschriebenen Grundlagen sind jedoch in allen Versionen gültig, so dass Sie nichts falsch machen, wenn Sie sich damit beschäftigen.

10.1.1.3 HTML-Editoren

Do you get what you see?
Die Anbieter so genannter WYSIWYG-Editoren (von „What you see is what you get!") werben damit, dass das Erstellen und Gestalten von Webseiten ohne HTML-Kenntnisse möglich ist. Der notwendige HTML-Quellcode wird durch die Software automatisch generiert. Sozusagen das Erlernen einer Sprache ohne Vokabeln pauken und Grammatik lernen zu müssen. Ist dies möglich?

Die klare Antwort heißt: Nein! Als Webdesigner/in kommen Sie ohne gute HTML-Kenntnisse nicht weit! Die Ursachen hierfür sind vielfältig:

- WYSIWYG-Editoren generieren einen mehr oder weniger guten HTML-Quellcode, der oft viel zu umständlich ist.
- Automatisch generierter HTML-Code liefert in aller Regel größere Datenmengen als selbst geschriebener und damit optimierter Code.
- Als Entwickler müssen Sie entscheiden, in welcher Version (HTML, XHTML, HTML5) Sie die Webseiten realisieren wollen.
- Webseiten werden durch die HTML-Parser der Browser unterschiedlich interpretiert und dargestellt. Hierdurch kann eine (manuelle) Anpassung an die Browser erforderlich werden.

740

HTML

Editoren für Webdesigner
Der Aufkauf der Firma Macromedia durch Adobe Systems war das Todesurteil des bei vielen Designern beliebten Programms Adobe GoLive zugunsten des WYSIWYG-Editors Dreamweaver (www.adobe.com/de/products/dreamweaver/).

Dreamweaver ist heute eine komplette Web-Entwicklungsumgebung, wobei der Designer wahlweise im HTML-Quellcode oder im Vorschaufenster der Webseite arbeiten kann. Wie bereits erwähnt, werden Sie ohne HTML-Kenntnisse früher oder später an Ihre Grenzen stoßen.

An Konkurrenzprodukten ist nicht mehr viel auf dem Markt: Microsoft versucht sich mit Microsoft Expression (www.microsoft.com/germany/expression/) gegen die Übermacht des Erzfeindes Adobe zu behaupten.

Editoren für Programmierer
Programmierer lehnen die Arbeit mit WYSIWYG-Editoren oft ab. Sie bevorzugen schlanke, textbasierte HTML-Editoren und erstellen ihre Webseiten ausschließlich im Quellcode. Hierdurch ist gewährleistet, dass genau der gewünschte HTML-Code entsteht. Außerdem geht die Seitenerstellung bei geschickter Vorgehensweise schneller.

HTML-Editoren gibt es in großer Anzahl – auch als Share- oder Freeware. Eine schöne Übersicht von Editoren für Windows, Mac und Linux finden Sie unter http://de.wikipedia.org/wiki/Liste_von_HTML-Editoren bei Wikipedia.

Empfehlenswert unter Windows ist beispielsweise der dort aufgeführte Editor Phase 5, den Sie unter http://www.phase5.info herunterladen können und der für private Nutzung sowie für Schulen kostenlos ist.

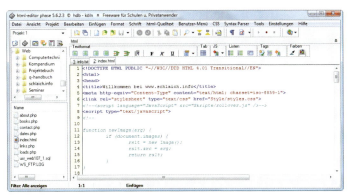

Phase 5
Für private Nutzung kostenloser HTML-Editor unter Windows

10.1.1.4 HTML-Tutorial

In diesem Kapitel erhalten Sie eine kompakte Einführung in HTML. Danach werden Sie in der Lage sein, erste eigene HTML-Seiten zu erstellen.

Solange HTML 4.01 noch Standard ist, empfehlen wir SELFHTML, auch wenn diese Website seit 2007 leider nicht mehr weiterentwickelt wird. SELFHTML ist ein hervorragendes Nachschlage- und Referenzwerk für HTML und CSS: http://de.selfhtml.org/.

Seit 2010 ist http://wiki.selfhtml.org/wiki online und führt SELFHTML in Form eines Wiki weiter. Wir wünschen dem Projekt guten Erfolg!

selfhtml wiki
führt SELFHTML seit 2010 als Wiki weiter und ist unter http://wiki.selfhtml.org zu finden.

741

10.1.2 Merkmale einer HTML-Datei

10.1.2.1 Grundgerüst

Wie im vergangenen Abschnitt erläutert, handelt es sich bei HTML um eine Seitenbeschreibungssprache, die alle Bestandteile einer Webseite mit Hilfe von Steuerelementen (Tags, ausgesprochen: Tägs) beschreibt. Zur Unterscheidung von „normalem" Text stehen Tags in spitzen Klammern < >, wobei die meisten Befehle ein Anfangs- und ein Ende-Tag benötigen. Letzteres enthält zusätzlich einen Schrägstrich (Slash):

Ein HTML-Dokument beginnt mit der etwas komplizierten Angabe des Dokumenttyps (DOCTYPE). Er liefert dem Browser Informationen über den nachfolgenden Quellcode (siehe Randbemerkung) und sollte nicht fehlen.

Der eigentliche HTML-Code beginnt mit dem <html>-Tag und endet mit dem zugehörigen End-Tag </html>. Das eigentliche Dokument besteht aus einem Dateikopf <head> und einem Dateikörper <body>:

HTML-Dokumenttyp (DOCTYPE)

Der Dokumenttyp enthält Informationen über den nachfolgenden HTML-Quellcode:
- W3C: Dachorganisation, zuständig für die Weiterentwicklung des Internets
- DTD: Document Type Definition, Struktur des HTML-Dokuments
- HTML 4.01: HTML-Versionsnummer
- Transitional: HTML-Sprachvariante
- EN: Sprache (Englisch)
- Pfadangabe zur DTD

Der rechts angegebene DOCTYPE ist Standard für HTML 4.01.

Grundgerüst einer HTML-Datei

```
<!DOCTYPE HTML PUBLIC "-//W3C//DTD HTML 4.01
Transitional//EN" "http://www.w3.org/TR/
html4/loose.dtd">

<html>
<head>
<title>Titel der Webseite</title>
<meta .../>
<meta .../>
</head>
<body>
...
</body>
</html>
```

Im Dateikopf sollte sich ein Titel <title>...</title> befinden. Der dort enthaltene Text erscheint in der Titelleiste des Browsers ❶. Sind im Browser mehrere Seiten (Tabs) geöffnet, dient der Titel zur Beschriftung des Tabs ❷. Weiterhin hilft die Titelangabe für das Auffinden der Seite durch Suchprogramme und liefert den Text bei der Verwendung eines Lesezeichens (bookmark). Ebenfalls im Dateikopf befinden sich die auf Seite 747 beschriebenen Meta-Tags.

Der Dateikörper <body> enthält alle Elemente, die im Webbrowser angezeigt werden, also Texte, Buttons, Bilder, Links.

10.1.2.2 Zeichensatz

Das Internet ist ein globales Medium. Aus dieser Internationalität folgt jedoch, dass die potenziellen Betrachter der Webseite unterschiedliche Sprachen sprechen und demzufolge Browser in ihrer Landessprache einsetzen. Beim Erstellen von Webseiten sollten Sie deshalb den verwendeten Zeichensatz in Form eines Meta-Tags angeben (siehe Seite 747). Für die westeuropäischen Sprachen ist dies der Zeichensatz Latin 1 nach ISO 8859-1. Durch Angabe des Zeichensatzes gewährleisten Sie, dass ein Browser unsere deutschen Umlaute auch außerhalb Deutschlands korrekt anzeigt.

Trotz Angabe des Zeichensatzes kann es sein, dass Sie auf Ihrer Webseite Sonderzeichen verwenden wollen. Dazu stehen Ihnen zwei Möglichkeiten zur Verfügung:
- Verwendung „benannter" Zeichen, z. B. Ä (A Umlaut) für das deutsche „Ä"
- Verwendung unicodierter Zeichen, z. B. Ä für das „Ä"

Beachten Sie, dass der Strichpunkt zur

Codierung gehört und nicht weggelassen werden darf.

Die Tabelle gibt eine Übersicht einiger wichtiger Zeichen. Die vollständige HTML-Zeichenreferenz finden Sie bei SELFHTML.

Zeichen	Bedeutung	Name	Unicode
<	kleiner als	&lt;	&#60;
>	größer als	&gt;	&#62;
	Leerzeichen		
©	Copyright	&copy;	&#169;
²	Hoch 2	&sup2;	&#178;
³	Hoch 3	&sup3;	&#179;
¼	ein Viertel	&frac14;	&#188;
½	ein Halb	&frac12;	&#189;
Ä	A Umlaut	&Auml;	&#196;
Ö	O Umlaut	&Ouml;	&#214;
Ü	U Umlaut	&Uuml;	&#220;
ß	scharfes S	&szlig;	&#223;
ä	a Umlaut	&auml;	&#228;
ö	o Umlaut	&ouml;	&#246;
ü	u Umlaut	&uuml;	&#252;
α	Alpha klein	&alpha;	&#945;
√	Wurzel	&radic;	&#8730;
≠	ungleich	&ne;	&#8800;
€	Euro	&euro;	&#8364;

10.1.2.3 Farbangaben

Beachten Sie: Die Gestaltung und damit auch Farbgestaltung von Webseiten erfolgt mit CSS und nicht mit HTML. Insofern verbietet es sich fast, in diesem Kapitel über Farben zu sprechen.

Da Sie jedoch immer wieder auf Webseiten mit Farbangaben im HTML-Code stoßen werden, muss die Möglichkeit der Farbdefinition auch an dieser Stelle erläutert werden.

Die Farbangabe bei HTML erfolgt durch das #-Zeichen, gefolgt von drei mal zwei Hexadezimalziffern für den Rot-, Grün- und Blauanteil der Farbe:

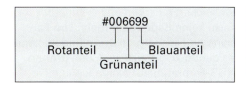

Mit einer zweistelligen Hexadezimalzahl lassen sich je Farbanteil 256 Werte von 0 bis 255 darstellen. Zusammen bildet die sechsstellige Hexadezimalzahl also den RGB-Farbraum von 256 x 256 x 256 = 16,7 Millionen Farben ab, wobei sich die jeweilige Farbe nach den Gesetzmäßigkeiten der additiven Farbmischung ergibt. Beispiele:
- Schwarz: #000000
- Weiß: #FFFFFF
- Blau: #0000FF
- Gelb: #FFFF00
- Grau: #999999

Zur verbindlichen Darstellung von Farben auf unterschiedlichen Rechnern mit unterschiedlichen Betriebssystemen wurde ursprünglich eine Auswahl von 216 Farben als „websichere" Farben definiert ❶. Um eine Farbe aus dieser Webpalette zu erhalten, dürfen nur die Hexadezimalzahlen 00, 33, 66, 99, CC oder FF verwendet werden (6 x 6 x 6 = 216 Farben) ❷. Heute haben die

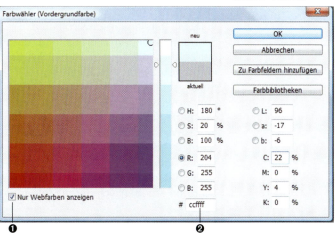

HTML

Band II – Seite 207
4.1.3 Farbmischungen

Band I – Seite 523
6.2.6 Farbgestaltung

Webfarben bei Photoshop

Photoshop ermöglicht die Reduktion des Farbraums auf 216 so genannte „websichere" Farben.

743

Band I – Seite 528
6.2.7 Bildschirmtypografie

websicheren Farben aus technischer Sicht keine Bedeutung mehr. Um Farben und Farbharmonien zu finden, kann es dennoch hilfreich sein, den großen RGB-Farbraum auf einige wenige Farben einzuschränken.

In der Tabelle sind die wichtigsten HTML-Elemente zur Verwendung von Farben aufgelistet:

Farbangaben

Hintergrundfarbe (hier: Weiß):
`<body bgcolor="#FFFFFF">`

Textfarbe (hier: Schwarz):
`<body text="#000000">`

Farbe eines Links (hier: Blau):
`<body link="#0000FF">`

Farbe eines besuchten Links (hier: Rot):
`<body vlink="#FF0000">`

Farbe eines gerade angeklickten Links (hier: Grün):
`<body alink="#00FF00">`

Kombination der Angaben:
`<body bgcolor="#FFFFFF" text="#000000" link="#0000FF" vlink="#FF0000" alink="#00FF00">`

10.1.2.4 Schriften

In HTML-Dateien lassen sich keine Schriften einbetten. Hieraus folgt, dass der Zeichensatz der gewählten Schrift im Betriebssystem installiert sein muss. Ist dies nicht der Fall, ersetzt der Webbrowser die im HTML-Dokument definierte Schrift einfach durch die im Browser voreingestellte Systemschrift ❶ – der „Worst Case" für jeden Webdesigner!

Für die Auswahl und Gestaltung von Schriften ergeben sich daraus folgende Regeln:
- Verwenden Sie für Mengen- oder Fließtext ausschließlich Systemschriften, beispielsweise die Schriften Arial, Times, Tahoma oder Verdana. Sinnvollerweise sollte eine Schrift verwendet werden, die sowohl unter Windows als auch am Mac vorhanden ist.
- Möchten Sie Schriften verwenden, die keine Systemschriften sind, z. B. für Überschriften oder Aufmachertexte, müssen diese in einem Bildverarbeitungs- oder Grafikprogramm gesetzt und als *Bilddatei* abgespeichert werden. Nachteil dieser Vorgehensweise ist, dass für jede Änderung eine neue Datei erzeugt werden muss.
- Wer auf eine größere Auswahl von Schriften für den Fließtext zurückgreifen will, kann seine Schriften mit *Flash* realisieren. Das zugehörige SWF-Dateiformat ist in der Lage, Zeichensätze einzubinden, so dass die Beschränkung auf Systemzeichensätze entfällt.
- Beachten Sie, dass Schriften am Bildschirm grundsätzlich viel schlechter lesbar sind als gedruckte Schriften. Dies schränkt die Auswahl an wählbaren Schriften stark ein.
- Da die Schriftdarstellung an Mac und Windows-PC unterschiedlich

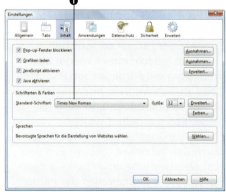

Standardschrift bei Firefox

744

ist, sollten Mac-User ihre Webseiten grundsätzlich auch unter Windows testen.

- Ausblick: Das *Web Open Font Format (WOFF)* ist ein neues Dateiformat zur Nutzung von Schriften auf Webseiten. Die Einbindung erfolgt über CSS (@font-face).

10.1.2.5 Dateinamen

Dateiendung
Damit eine HTML-Datei als solche durch einen Webbrowser erkannt wird, muss sie unter Windows und Linux die Dateiendung .htm oder .html besitzen.

> Geben Sie einer HTML-Datei die Endung .htm oder .html

Bei Mac OS werden Dateien nicht anhand ihrer Dateiendung, sondern durch spezielle Informationen im Dateikopf erkannt. Hierin liegt eine große Gefahrenquelle: Lassen Sie unter Mac OS die Dateiendung weg, funktioniert Ihre Webseite zwar wunderbar auf Ihrem Mac, unter Windows oder Linux jedoch nicht! Aus diesem Grund muss die Dateinamenerweiterung unbedingt angegeben werden.

Homepage
Eine besondere Namensgebung besitzt die Startseite (Homepage) Ihres Internetauftritts. Damit beim Aufruf der Seite im Webbrowser nicht jedes Mal ein Dateiname eingegeben werden muss, hat man sich darauf geeinigt, dass die Startseite *immer* den Namen index.htm oder index.html erhält. Webserver sind so konfiguriert, dass sie automatisch nach dieser Datei suchen. Geben Sie in Ihrem Webbrowser

beispielsweise „www.springer.de" ein, sucht der Webserver nach „index.htm" und sendet diese Datei zurück. Merken Sie sich also:

> Benennen Sie die Startseite (Homepage) immer „index.htm" oder „index.html".

Groß- und Kleinschreibung
Die meisten Webserver werden unter Linux betrieben. Im Unterschied zu Windows und Mac OS arbeitet dieses Betriebssystem „case-sensitiv", d. h., dass bei Dateinamen zwischen Groß- und Kleinschreibung unterschieden wird: „seite1.htm", „Seite1.htm" und „SEITE1.HTM" sind unterschiedliche Dateien!

> Beachten Sie die Groß- und Kleinschreibung bei der Vergabe von Dateinamen.

Um Fehler infolge doppelter Dateinamen zu vermeiden, lautet die Empfehlung: Verwenden Sie bei der Vergabe von Dateinamen grundsätzlich nur Kleinbuchstaben.

Sonderzeichen und Umlaute
Beachten Sie weiterhin, dass in Abhängigkeit vom Betriebssystem nicht alle Sonderzeichen in Dateinamen verwendet werden dürfen (z. B. Slash /, Backslash \ oder Leerzeichen).

Wir empfehlen zusätzlich, auf Umlaute zu verzichten, weil diese eine häufige Fehlerquelle darstellen, wenn die Dateien auf unterschiedlichen Betriebssystemen verwendet werden.

> Vermeiden Sie Sonderzeichen und Umlaute.

10.1.2.6 Dateien referenzieren

HTML-Dateien sind reine Textdateien. Nun würden Sie vermutlich keine Begeisterung auslösen, wenn Ihre Webseiten ausschließlich aus Text bestünden.

Um Bilder und Grafiken verwenden zu können, müssen Sie in der HTML-Datei angeben, wo sich die entsprechenden Dateien befinden. Der Fachbegriff hierfür lautet „Referenzieren von Dateien". Hierbei müssen zwei Möglichkeiten unterschieden werden:

Absolute Pfadangaben
Eine absolute Pfadangabe könnte lauten:

C:/Dokumente und Einstellungen/Schlaich/Eigene Dateien/Webseiten/Bilder/button.gif

Sie werden zugeben, dass diese Angabe unsinnig ist, da sie nur auf dem eigenen Computer funktioniert. Sobald die Dateien auf einen Webserver übertragen werden, stimmt der angegebene Pfad nicht mehr und die Grafik wird nicht gefunden.

Es gibt eine Ausnahme, bei der absolute Angaben notwendig sind: Um einen Link auf eine andere Webseite zu realisieren, muss deren (absolute) Adresse angegeben werden.

Absolute Pfadangaben dienen zur Angabe externer Adressen, z. B.:
```
http://www.springer.de
http://www.wiki.selfhtml.org
http://ftp.uni-stuttgart.de
```

Beachten Sie, dass zur vollständigen Angabe auch das Protokoll (z. B. http://) gehört. Dies ist erforderlich, weil es im Internet neben HTTP auch andere Dienste und damit Protokolle gibt.

Relative Pfadangaben
Um Dateien zu referenzieren, die zur eigenen Webseite gehören, ist die Angabe eines relativen Pfades erforderlich. Dieser ändert sich nicht, wenn Sie den Internetauftritt auf einen Webserver kopieren, da die Position der Dateien *relativ* zueinander erhalten bleibt.

Die Regeln für relative Pfade sind im Grunde sehr einfach: Um in ein Unterverzeichnis zu gelangen, geben Sie dieses mit Namen an. Es folgt, durch einen Slash (/) getrennt, die Angabe des Dateinamens. In ein übergeordnetes Verzeichnis gelangen Sie durch zwei Punkte (..), gefolgt von Slash und Dateiname.

Durch Kombination dieser Regeln können Sie in jedes beliebige Verzeichnis gelangen:

Referenzieren von Dateien

Datei befindet sich im selben Verzeichnis:
```
news.htm
button.gif
```

Datei befindet sich in einem Unterverzeichnis des aktuellen Verzeichnisses:
```
bilder/grafik.gif
sites/about.htm
```

Datei befindet sich in einem Unter-Unterverzeichnis des aktuellen Verzeichnisses:
```
bilder/grafiken/logo.gif
sites/html/about.htm
```

Datei befindet sich im übergeordneten Verzeichnis:
```
../bild.jpg
../info.htm
```

Datei befindet sich in zwei übergeordneten Verzeichnissen:
```
../../bild.jpg
../../info.htm
```

Datei befindet sich in einem übergeordneten Unterverzeichnis:
```
../bilder/bild.jpg
../styles/layout.css
```

Referenz
Beziehung, Empfehlung

10.1.3 Meta-Tags

HTML

Meta-Angaben werden im Dateikopf, also zwischen `<head>` und `</head>`, platziert. Es handelt sich dabei um unsichtbare Zusatzinformationen, die folgende Funktionen besitzen:

- Copyright-Angaben, z. B. Autor und Erstellungsdatum
- Informationen für Suchprogramme (so genannte „Spiders" oder „Robots"), die eine Aufnahme der Seite in die Datenbank von Suchmaschinen ermöglichen oder verhindern sollen, z. B. durch Angabe von Schlüsselwörtern oder einen die Seite beschreibenden Text.
- Angaben zur Behandlung der Seite durch den Webserver, z. B. Weiterleitung der Anfrage zu einer anderen Adresse
- Zusatzinformationen zur korrekten Darstellung der Seite durch den Webbrowser. Wichtig ist vor allem die Angabe des Zeichensatzes.

Die Angabe von Meta-Tags ist optional, d. h., die HTML-Datei funktioniert auch ohne Meta-Tags. Tatsächlich haben sie mittlerweile an Bedeutung verloren. Früher waren die `keywords` sowie die `description` der Site unerlässlich, um ein möglichst gutes „Ranking" in der Trefferliste der Suchmaschinen zu erzielen. Dies wurde teilweise missbraucht, indem häufig eingegebene Suchbegriffe als Schlüsselwörter verwendet wurden.

Das Ranking wird heute nach anderen Kriterien ermittelt. So wird beim Marktführer Google eine Webseite dann im Ranking weit oben platziert, wenn es viele andere Webseiten gibt, die per Link auf diese Site verweisen. Nach dem Motto: Wichtig ist, was alle wichtig finden (siehe Kapitel 10.8.5).

Band II – Seite 946
10.8.5 Suchmaschinen-
Optimierung

Wichtige Meta-Tags

Autorenangabe:
```
<meta name="author" content="Paul" />
```

Datumsangabe:
```
<meta name="date" content="2010-12-
31" />
```

Zugriff durch Suchprogramme verbieten:
```
<meta name="robots" content=
"noindex" />
```

Zugriff durch Suchprogramme gestatten:
```
<meta name="robots" content="index" />
```

Kurzbeschreibung für Suchprogramme:
```
<meta name="description" content=
"Portal für Webdesigner" />
```

Schlüsselwörter für Suchprogramme:
```
<meta name="keywords" content=
"Gestaltung,Webdesign,Layout,Design,
Mediengestalter,Medien" />
```

Angabe des HTML- bzw. Web-Editors
```
<meta name="generator"
content="Phase 5" />
```

Angabe des westeuropäischen Zeichensatzes
```
<meta http-equiv="content-type"
content="text/html;
charset=ISO-8859-1" />
```

Laden der Seite von Webserver erzwingen (nicht aus Browser-Cache):
```
<meta http-equiv="expires"
content="0" />
```

Automatische Weiterleitung, hier nach fünf Sekunden zu „www.schlaich.info":
```
<meta http-equiv="refresh" con-
tent="5; URL=http://www.schlaich.
info" />
```

```
<head>
<meta http-equiv="Content-Type" content="text/html; charset=iso-8859-1" />
<meta name="author" content="SPIEGEL ONLINE, Hamburg, Germany" />
<meta name="copyright" content="SPIEGEL ONLINE, Hamburg, Germany" />
<meta name="email" content="spiegel_online@spiegel.de" />
<meta name="robots" content="index, follow, noarchive" />
<meta name="keywords" content="SPIEGEL ONLINE, DER SPIEGEL, Nachrichten, News,Home" />
<meta name="description" content="Deutschlands führende Nachrichtenseite. Alles Wichtige aus Politik, Wirtschaft, Sport, Kultur,
Wissenschaft, Technik und mehr." />
</head>
```

Meta-Tags

Auszug aus den Meta-Tags bei Spiegel-Online

Abb.: Spiegel

747

10.1.4 Text

Als HTML erfunden wurde, waren die Ansprüche an die Gestaltung von Text noch sehr gering. Dies erklärt, weshalb HTML hierfür nur einige wenige Elemente zur Verfügung stellt. Um diesen Missstand zu beheben, wurden die „Cascading Style Sheets" (kurz: CSS) entwickelt. Sie dienen als Ergänzung zu HTML und ermöglichen die Gestaltung u. a. von Text.

Ein weiterer wichtiger Aspekt ist, dass heute eine *konsequente Trennung von Inhalt (Content) und Gestaltung (Design)* von Webseiten gefordert wird. Hieraus ergeben sich viele Vorteile, z. B. für das Erstellen dynamischer Webseiten oder für barrierefreie Webseiten, die auch behinderten Menschen einen Zugang zum Internet ermöglichen.

Aus genannten Gründen hat die Dachorganisation des Internets, das W3-Konsortium (www.w3.org), einige Tags zur Textformatierung „ausgemustert" und empfiehlt, diese nicht mehr zu verwenden. Hierzu gehört beispielsweise das `<font>`-Element zur Definition einer Schriftart.

In der Praxis heißt dies, dass Sie HTML ausschließlich zur *inhaltlichen* (semantischen) Beschreibung nutzen: Überschriften, Absätze, Tabellen, Aufzählung. Dies gilt auch für Textauszeichnungen, insbesondere für die so genannten logischen Auszeichnungen. Sie dienen nicht der Gestaltung, sondern liefern Informationen über den Inhalt. Spezielle Programme (Screenreader) werten diese Informationen aus und „erkennen" mit Hilfe dieser Tags z. B. Abkürzungen oder Zitate.

Gliederung von Text

Überschriften (headlines) von sehr groß `<h1>` bis sehr klein `<h7>`:
`<h1> … </h1>`
…
`<h7> … </h7>`

Absatz (paragraph):
`<p> … </p>`

Zeilenumbruch (break):
`<br />`

Geschütztes Leerzeichen (nonbreaking space):
` `

Physikalische Textauszeichnungen:
`<b>fett</b>`
`<i>kursiv</i>`
`<u>unterstrichen</u>`
`<s>durchgestrichen</s>`
`<sup>hochgestellt</sup>`
`<sub>tiefgestellt</sub>`

Logische Textauszeichnungen:
`<em>betont</em>`
`<strong>stark betont</strong>`
`<abbr>Abkürzung</abbr>`
`<acronym>Akronym, z.B. WWW</acronym>`
`<blockquote>Zitat</blockquote>`

Aufzählungsliste (unordered list):
`<ul>`
`<li> … </li>`
`<li> … </li>`
…
`</ul>`

Nummerierte Liste (ordered list):
`<ol>`
`<li> … </li>`
`<li> … </li>`
…
`</ol>`

Textstruktur
HTML dient nicht zur Gestaltung, sondern lediglich zur Strukturierung von Text. Seine Formatierung erfolgt ausschließlich mit CSS.

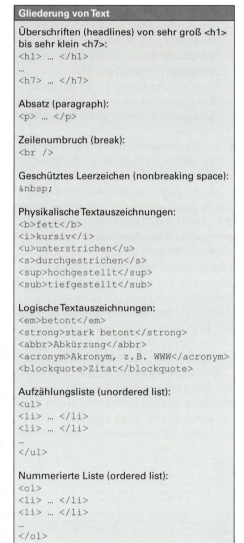

10.1.5 Bild und Grafik

HTML

10.1.5.1 Dateiformate

Bei der Verwendung von Bildern und Grafiken auf Webseiten dominieren noch immer die Standardformate GIF und JPG (JPEG). Beide Formate besitzen unterschiedliche Stärken und Schwächen, so dass die Auswahl des Dateiformats immer in Abhängigkeit vom Motiv getroffen werden muss.

Mit PNG (sprich: Ping) steht ein zu GIF und JPG alternatives Format zur Verfügung, das die Vorteile beider Formate in sich vereint. Zudem ist PNG das einzige Format, das echte Transparenz und damit freigestellte Motive ermöglicht.

Schließlich gibt es mit SVG auch ein Format für Vektorgrafiken. Wegen der mangelhaften Unterstützung durch den Internet Explorer spielt es allerdings (noch?) keine große Rolle.

GIF (Graphics Interchange Format)
Wegen der Beschränkung auf 256 Farben eignet sich das GIF-Format nicht für Halbtonvorlagen. Für Grafiken, Buttons, Logos, Strichzeichnungen oder Texte hingegen ist es das ideale Dateiformat:

- GIF-Dateien können maximal 256 Farben speichern – die zugehörige Farbtabelle können Sie frei wählen. Die besten Ergebnisse werden bei Photoshop mit „Perzeptiv" ❶ oder „Selektiv" erzielt. Bei „Perzeptiv" werden Farben gewählt, die durch unsere Augen am besten wahrgenommen werden (Perzeption: Wahrnehmung). „Selektiv" ist auch eine perzeptive Farbtabelle, wobei jedoch Webfarben und breite Farbbereiche bevorzugt werden.
- Wenn die Grafik weniger als 256 Farben enthält, empfiehlt es sich, die Farben auf die benötigte Anzahl zu reduzieren ❷. Auf diese Weise verringern Sie die Dateigröße und die damit verbundene Ladezeit ❸.
- Die Datenkompression erfolgt bei GIF verlustfrei durch den LZW-Algorithmus.
- GIF gestattet es, eine oder mehrere Farbe(n) transparent zu machen ❹. Markieren Sie hierzu die Farbe(n) in der Tabelle ❺ und klicken Sie auf das Transparenz-Icon ❻.
- Unter Dither(ing) versteht man die Simulation von Farben. Dies bedeutet, dass nicht vorhandene Farben „vorgetäuscht" werden, indem man Pixel mit ähnlichen Farben mischt. „Diffusion" ❼ ist die gewählte Dithering-Methode. Sie streut die Pixel nach einem Zufallsmuster und erzielt hiermit sehr gute Ergebnisse.
- „Interlaced" ❽ bedeutet, dass das Bild im Internet nach und nach erscheint und dabei immer schärfer wird.
- GIF ermöglicht Animationen nach dem Daumenkino-Effekt (Animated GIF). Die Art der Wiedergabe können Sie einstellen ❾.

Band II – Seite 393
6.4.2 Bilder für das Internet

GIF-Optionen bei Photoshop

Um zu den Einstellungen zu gelangen, wählen Sie *Datei > Für Web und Geräte speichern...*

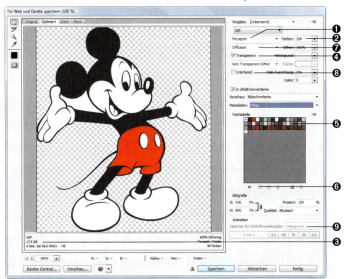

749

JPEG (Joint Photographic Experts Group)

JPEG eignet sich grundsätzlich für Bilder mit vielen Farben (Fotografien, Farbverläufe, Schatten). Trotz starker Datenreduktion bleibt eine erstaunliche Bildqualität erhalten. Bei scharfen Konturen wie bei Text oder in Grafiken zeigt das Kompressionsverfahren jedoch Schwächen und führt zu einem „Verschmieren" der Konturen. Wie oben beschrieben ist für diesen Zweck GIF oder PNG-8 zu bevorzugen.

- JPG verwendet ein Kompressionsverfahren mit dem Namen DCT. Dessen wesentliche Eigenschaft ist es, dass der Farbumfang erhalten bleibt. JPG-Dateien ermöglichen deshalb Bilder mit 16,7 Millionen Farben.
- Im Unterschied zu LZW bei GIF ist die JPG-Kompression verlustbehaftet. Die gewünschte Bildqualität kann jedoch eingestellt werden: Wahlweise können Sie sich zwischen grober ❶ und feiner ❷ Abstufung entscheiden. Je höher die Qualität desto größer ist natürlich auch die verbleibende Datenmenge bzw. Ladezeit ❸. Hier müssen Sie einen akzeptablen Kompromiss finden.
- Was bei GIF als „Interlaced" bezeichnet wird, heißt bei JPEG „Progressiv" ❹. Gemeint ist auch hier ein sukzessiver Bildaufbau von unscharf nach scharf.
- Die Option „Optimiert" ❺ erstellt laut Photoshop-Hilfe ein verbessertes Bild mit leicht reduzierter Dateigröße. Dies ist nur möglich, wenn „Progressiv" nicht gewählt wurde.
- Die Möglichkeit des Einbindens von ICC-Profilen ❻ spielt im Druck eine wichtige Rolle – im Internet bislang (noch) nicht.

PNG (Portable Network Graphic)

Obwohl PNG die Vorteile von GIF und JPEG vereint und durch die heutigen Browser unterstützt wird, konnte es sich leider kaum durchsetzen. Die Vermutung liegt nahe, dass dies vor allem an der berühmten „Macht der Gewohnheit" liegen dürfte.

PNG steht in zwei Varianten zur Verfügung:

- PNG-8 weist auf eine Farbtiefe von acht Bit, also 256 Farben, hin. Seine Eigenschaften entsprechen im Wesentlichen den Eigenschaften von GIF und werden deshalb nicht nochmals aufgelistet.
- PNG-24 speichert Bilder wie JPEG in vollem Farbumfang mit bis zu 16,7 Mio. Farben. Im Unterschied zu JPEG komprimiert PNG-24 verlustfrei, zeigt also nicht die JPEG-typischen Störungen. Außerdem besitzt PNG-24 einen Alphakanal für Transparenz, der – im Unterschied zu GIF – „echte" Transparenz ermöglicht. Diesen Vorteil erkauft man sich allerdings mit einer größeren Datenmenge.

JPEG-Optionen bei Photoshop

Um zu den Einstellungen zu gelangen, wählen Sie *Datei > Für Web und Geräte speichern...*

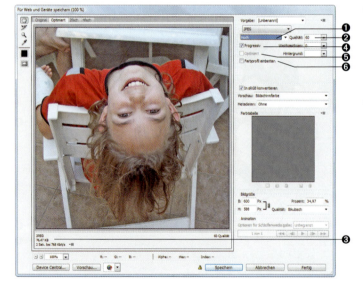

750

HTML

SVG (Scalable Vector Graphics)

SVG ist neben dem Flash-Dateiformat SWF das einzige Format, das Grafiken vektoriell speichert und nicht in Pixel konvertiert. Hieraus ergeben sich alle Vorteile von vektor- gegenüber pixelorientierten Formaten:

- SVG ist XML-konform, speichert also Grafiken als XML-Dateien ab.
- SVG-Grafiken sind skalierbar, so dass sie eine Zoomfunktion auf Webseiten ermöglichen.
- Durch das vektorbasierte Speichern ergeben sich sehr geringe Datenmengen.

Den Vorteilen steht der Nachteil gegenüber, dass SVG durch die Webbrowser nicht oder nur teilweise unterstützt wird. Eine gute Übersicht finden Sie hierzu bei www.caniuse.com.

10.1.5.2 Einbinden in HTML-Dateien

Bilder und Grafiken lassen sich in HTML-Dokumente nicht importieren, sondern werden mit diesen stets mit Hilfe des `<img>`-Tags verknüpft (referenziert). Dabei ist entscheidend, dass Sie den Pfad zur Bildquelle korrekt angeben. Lesen Sie hierzu gegebenenfalls noch einmal auf Seite 746 nach.

Durch die Angabe weiterer Eigenschaften im `<img>`-Tag können Sie festlegen, wie das referenzierte Bild angezeigt wird. Obwohl Sie das Bild durch `width` und `height` skalieren können, sollten Sie es im Bildbearbeitungsprogramm bereits in der Endgröße vorbereiten, da dies zu besserer Qualität und geringerer Datenmenge führt.

Von besonderer Bedeutung ist die Angabe eines alternativen Textes (`alt="..."`). Dieser hilft sehbehinderten oder blinden Menschen, den Inhalt einer Webseite auch ohne Bilder verstehen zu können, wenn sie ihn durch einen Screenreader vorgelesen bekommen.

Referenzieren von Bildern und Grafiken

Grafik „button.gif" im selben Verzeichnis (img = image = Bild, src = source = Quelle):
```
<img src="button.gif" />
```

Grafik „button.gif" im Unterverzeichnis „bilder":
```
<img src="bilder/button.gif" />
```

Grafik im übergeordneten Verzeichnis:
```
<img src="../button.gif" />
```

Grafik im übergeordneten Verzeichnis „bilder":
```
<img src="../bilder/button.gif" />
```

Angabe eines Alternativtextes (z. B. für Browser ohne Bildanzeige):
```
<img src="news.gif" alt="Button zu den News" />
```

Breiten- und Höhenangabe der Grafik in Pixel:
```
<img src="button.gif" width="200" height="100" />
```

Grafik links, Text umfließt die Grafik rechts:
```
<img src="bild.jpg" align="left" />
```

Grafik rechts, Text umfließt die Grafik links:
```
<img src="bild.jpg" align="right" />
```

Textausrichtung am oberen Rand der Grafik:
```
<img src="bild.jpg" align="top" />
```

Textausrichtung in der Mitte der Grafik:
```
<img src="bild.jpg" align="middle" />
```

Textausrichtung am unteren Rand der Grafik:
```
<img src="bild.jpg" align="bottom" />
```

Grafik ohne Rahmen als Link zur Datei „index.htm":
```
<a href="index.htm"><img src=
"home.gif" border="0" /></a>
```

Grafik als Link mit weiteren Angaben zur Formatierung:
```
<a href="home.htm"><img src="home.
gif" width="200" height="100" bor-
der="0" alt="Home-Button" /></a>
```

751

10.1.6 Tabellen

Was für das Layouten von Printprodukten selbstverständlich ist, stellt für Webdesigner ein Problem dar: Einen Text mehrspaltig zu setzen oder Bilder in Bildrahmen zu platzieren ist mit HMTL schlicht und ergreifend nicht möglich.

Was also tun, um das Layouten von Webseiten zu ermöglichen? Findige Webdesigner kamen auf die Idee, HTML-Tabellen für Layoutzwecke zu missbrauchen. Die Zeilen und Spalten einer Tabelle ergeben eine Art Gestaltungsraster, und in die einzelnen Tabellenzellen können Sie wahlweise Texte oder Bilder einfügen. Wird die Linienstärke der Tabelle auf „0 px" gesetzt, ist im Browser von der Tabelle nichts mehr zu erkennen.

Genannter „Trick" ist sehr beliebt und immer noch weit verbreitet. Doch halt! Tabellen sollten nur für Tabellen verwendet werden:

> Verwenden Sie Tabellen nur zur Darstellung tabellarischer Daten und missbrauchen Sie diese nicht für Layoutzwecke!

Der wesentliche Grund ist die heutige Forderung an Webseiten, dass Inhalt (Content) und Gestaltung (Design) konsequent getrennt werden sollen. Hieraus ergeben sich viele Vorteile, z.B. dass sich die Inhalte komfortabel über Datenbanken verwalten lassen. Ein weiterer Grund ist, dass Webseiten hierdurch auch für Menschen zugänglich werden, die auf einen Screenreader angewiesen sind oder eine Braille-Zeile nutzen, um den Seiteninhalt zu erfassen.

Die Gestaltung und Formatierung der Seiten erfolgt mittels CSS. Diese ermöglichen ein Layouten auch ohne Tabellen (siehe Kapitel 10.2.8).

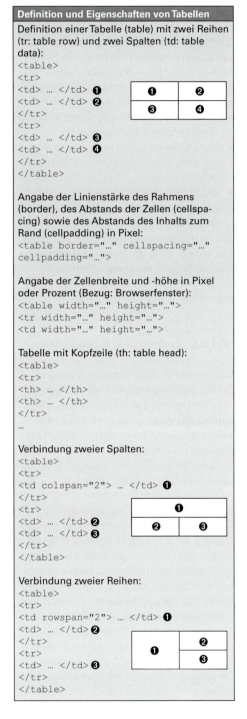

Definition und Eigenschaften von Tabellen

Definition einer Tabelle (table) mit zwei Reihen (tr: table row) und zwei Spalten (td: table data):
```
<table>
<tr>
<td> … </td> ❶
<td> … </td> ❷
</tr>
<tr>
<td> … </td> ❸
<td> … </td> ❹
</tr>
</table>
```

Angabe der Linienstärke des Rahmens (border), des Abstands der Zellen (cellspacing) sowie des Abstands des Inhalts zum Rand (cellpadding) in Pixel:
```
<table border="…" cellspacing="…" cellpadding="…">
```

Angabe der Zellenbreite und -höhe in Pixel oder Prozent (Bezug: Browserfenster):
```
<table width="…" height="…">
<tr width="…" height="…">
<td width="…" height="…">
```

Tabelle mit Kopfzeile (th: table head):
```
<table>
<tr>
<th> … </th>
<th> … </th>
</tr>
…
```

Verbindung zweier Spalten:
```
<table>
<tr>
<td colspan="2"> … </td> ❶
</tr>
<tr>
<td> … </td> ❷
<td> … </td> ❸
</tr>
</table>
```

Verbindung zweier Reihen:
```
<table>
<tr>
<td rowspan="2"> … </td> ❶
<td> … </td> ❷
</tr>
<tr>
<td> … </td> ❸
</tr>
</table>
```

10.1.7 Hyperlinks

10.1.7.1 Definition und Merkmale

Wie bereits der Name sagt, ist Hypertext der zentrale Inhalt der „Hypertext Markup Language" (HTML). Es handelt sich dabei um die Möglichkeit des Verlassens der linearen Struktur eines Textes mit Hilfe von Hyperlinks, kurz Links. Diese ermöglichen dem Nutzer, per Mausklick an eine beliebige Stelle des Dokuments oder in ein völlig anderes Dokument zu gelangen. Erfolgt diese Navigation durch das Anklicken eines Wortes, spricht man von *Hypertext*. Im Falle, dass Buttons oder andere grafische Elemente verwendet werden, ist der Begriff *Hypermedia* treffender.

Webdesign heißt immer Design eines interaktiven Produktes. Die sachlogisch sinnvolle und intuitiv erlernbare Benutzerführung durch die Seiten eines Internetauftritts ist eine anspruchsvolle konzeptionelle Aufgabe. Erfolg oder Misserfolg der Internetpräsenz hängen maßgeblich davon ab. Denn wenn der User nicht schnell zum gesuchten Ziel kommt oder sich sogar auf der Website verirrt, dann wird er diese wieder verlassen und nie mehr besuchen.

Auf die Gestaltung von Schaltflächen wird im ersten Band eingegangen, ebenso auf die Formulierung von Textlinks. An dieser Stelle kommen deshalb nur die HTML- und CSS-spezifischen Merkmale von Links zur Sprache:

- Zur Kennzeichnung eines Textlinks wird dieser standardmäßig unterstrichen und dunkelblau ausgezeichnet. Viele Webdesigner lehnen diese (unschöne) Auszeichnung ab und gestalten Textlinks mittels CSS im Sinne des Corporate Designs.
- Ein weiteres Erkennungsmerkmal eines Links ist, dass sich der Mauszeiger in einen zeigenden Finger ändert ❶, wenn der Link mit der Maus berührt wird. Auch dies ist eine Standardeinstellung, die mittels CSS geändert werden kann.
- Jeder Link besitzt vier Zustände:
  - Link noch nicht angeklickt
  - Link mit Maus berührt
  - Link wird gerade angeklickt
  - Link wurde bereits angeklickt
  Jeder Zustand kann mittels CSS unterschiedlich gestaltet werden, so dass Sie hierdurch die Benutzerführung verbessern. Beispiel: Wird ein Link im Grundzustand nicht unterstrichen, so sollte er sich beim Berühren mit der Maus verändern, z. B. indem er dann unterstrichen wird und sich farblich verändert ❷.
- Zur Information über den Link bzw. das verlinkte Ziel kann zusätzlich ein so genannter Tool-Tip eingeblendet werden ❸.

> **HTML**
>
> Band I – Seite 534
> 6.2.8 Navigationselemente

> **Benutzerführung bei Hyperlinks**
>
> Durch die Formatierung mit CSS lassen sich Links nicht mehr als Links erkennen ❶. Beim Berühren mit der Maus ändert sich jedoch der Mauszeiger und der Link wird unterstrichen und andersfarbig dargestellt.
>
> Abb.: Focus

10.1.7.2 Arten von Hyperlinks

Zur Definition eines Hyperlinks wird das `<a>`-Element benötigt. Das „a" kürzt das englische Wort „anchor" ab, was

753

Band II – Seite 132
2.3.4 Datenübertragung

so viel wie „Anker" oder „verankern" bedeutet. Der Begriff ist im übertragenen Sinn zu verstehen: Durch einen Link wird ein anderer Text mit der Textstelle verknüpft oder eben mit dieser verankert.

Für die Angabe der zu verlinkenden Zieldatei (`href` = hypertext reference) werden die drei Möglichkeiten unterschieden:
- Link auf eine externe Webseite
- Link auf eine Datei
- Link innerhalb einer Datei

Link auf externe Webseite
Um eine externe – also sich auf einem anderen Webserver befindende – HTML-Datei zu verlinken, muss die Internetadresse (URL) als *absolute Pfadangabe* angegeben werden. Beachten Sie hierbei, dass die Adresse komplett in der Form *Protokoll:// Servername/Domainname* angegeben werden muss, also z. B. http://www.springer.de.

Mit Hilfe des target-Attributs legen Sie fest, ob die Seite im selben (`_self`) oder in einem neuen (`_blank`) Browserfenster bzw. Browsertab ❶ geöffnet werden soll.

Abgesehen von der Verlinkung von HTML-Dateien können Sie im Link alternativ auch eine E-Mail-Adresse (`mailto:`) angeben. Vorausgesetzt, dass eine E-Mail-Software installiert ist, wird diese nach Anklicken des Links automatisch gestartet und die Zieladresse eingetragen.

URL (Uniform Resource Locator)
Vollständige Angabe einer verlinkten Quelle, z. B. http://www.springer.de

Browsertabs
Alle heutigen Browser bieten die Möglichkeit, mehrere Webseiten parallel zu nutzen. Für jede Site wird hierbei ein eigener Tab ❶ geöffnet.

Abb.: Springer

Hyperlinks auf externe Webseiten

Hyperlink zu externer Adresse (URL):
`<a href="http://www.springer.de">Springer-Verlag</a>`

Hyperlink zu externer Adresse in neuem Browserfenster oder -tab:
`<a href="http://www.springer.de" `**`target="_blank"`**`> Springer-Verlag</a>`

Hyperlink zu externer Adresse im selben Browserfenster:
`<a href="http://www.springer.de" `**`target="_self"`**`>Springer-Verlag</a>`

Hyperlink zu externer Adresse mit Tool-Tip:
`<a href="http://www.springer.de" `**`title="Link zu Springer"`**`>Springer</a>`

E-Mail-Link:
`<a href="mailto:paul@web.de">Paul</a>`

Hyperlink mit Grafik (ohne Rahmen):
`<a href="http://www.springer.de"><img src="bild.gif" border="0" />`

Link auf interne Datei
Ein Internetauftritt besteht im Normalfall aus mehreren HTML-Dateien. Um diese miteinander zu verlinken, muss

Hyperlinks auf Dateien

Hyperlink zur Datei „index.htm" im selben Verzeichnis:
`<a href="index.htm">Homepage</a>`

Hyperlink zur Datei „index.htm" im Unterverzeichnis „sites":
`<a href="sites/index.htm">Homepage</a>`

Hyperlink zur Datei „index.htm" im übergeordneten Verzeichnis:
`<a href="../index.htm">Homepage</a>`

Hyperlink zu einer PDF-Datei:
`<a href="info.pdf">Download</a>`

Hyperlink zur Datei „news.htm" mit Grafik (ohne Rahmen):
`<a href="news.htm"><img src="button.gif" border="0" /></a>`

HTML

immer der *relative Pfad* zur gewünschten Zieldatei angegeben werden. Die Regeln zur Pfadangabe können Sie auf Seite 746 nachlesen.

Abgesehen von der Pfadangabe unterscheiden sich die Eigenschaften von internen zu externen Hyperlinks nicht.

Alternativ zu Links auf HTML-Dateien können Sie beliebige andere Dateitypen verlinken, z. B. PDF-, Word-, PowerPoint- oder JPEG-Dateien. Diese werden dann, wenn der Browser über den notwendigen Viewer verfügt, direkt im Browser angezeigt. Alternativ ist ein lokales Speichern auf der Festplatte möglich.

Link innerhalb einer Datei

Jeder kennt das als Scrollen bezeichnete Vor- oder Zurückblättern auf HTML-Seiten mit längerem Inhalt. Scrollen ist lästig und sollte nach Möglichkeit vermieden werden. Ist dies durch Aufteilung oder Kürzung des Inhalts nicht möglich, können Sie durch Links innerhalb der Datei zumindest eine Verbesserung der Benutzerfreundlichkeit bewirken.

Mit Hilfe von dateiinternen Links kann der Benutzer beispielsweise zum Beginn eines neuen Abschnitts oder umgekehrt an den Anfang geführt werden. Wesentlicher Unterschied zu externen Links ist, dass für dateiinterne Links anstatt einer Pfadangabe ein durch das Gatterzeichen (#) eingeleiteter Name vergeben werden muss. Das Sprungziel erhält denselben Namen, jedoch ohne Gatterzeichen.

Beachten Sie, dass sich das Sprungziel auch *oberhalb* des Links befinden darf, z. B., um vom Seitenende per Mausklick an den Seitenanfang zu gelangen. Sinnvoll ist die Verwendung kleiner Pfeilgrafiken, weil diese jedem Nutzer intuitiv bekannt sind.

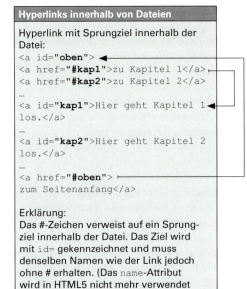

Hyperlinks innerhalb von Dateien

Hyperlink mit Sprungziel innerhalb der Datei:
```
<a id="oben">
<a href="#kap1">zu Kapitel 1</a>
<a href="#kap2">zu Kapitel 2</a>
…
<a id="kap1">Hier geht Kapitel 1 los.</a>
…
<a id="kap2">Hier geht Kapitel 2 los.</a>
…
<a href="#oben">
zum Seitenanfang</a>
```

Erklärung:
Das #-Zeichen verweist auf ein Sprungziel innerhalb der Datei. Das Ziel wird mit `id=` gekennzeichnet und muss denselben Namen wie der Link jedoch ohne # erhalten. (Das `name`-Attribut wird in HTML5 nicht mehr verwendet werden.) Sprungziele nach oben sind ebenso möglich, z. B. um wieder an den Seitenanfang zu gelangen.

Interne Hyperlinks

Rein optisch unterscheiden sich dateiinterne Links nicht von Links zu anderen Dateien ❶. Das #-Zeichen in der Statusleiste ❷ verrät jedoch, dass es sich um einen internen Link handelt.

Abb.: Selfhtml

755

10.1.8 Formulare

10.1.8.1 Aufgaben eines Formulars

Formulare sind das zentrale Element interaktiver Webseiten. Sie ermöglichen dem Nutzer, mit dem Anbieter der Website in Kontakt zu treten – ein Vorteil digitaler Medien im Vergleich zu Printmedien. Formulare lassen sich beispielsweise nutzen, um
- Begriffe in Suchmaschinen anzufragen,
- Benutzerdaten zu übertragen, z. B. Anschrift oder Bankverbindung,
- Waren in Webshops zu bestellen,
- über Gästebücher, Foren, Chats miteinander zu kommunizieren.

Während die Elemente eines Formulars in HTML geschrieben werden, erfolgt die Überprüfung der eingegebenen Daten auf Vollständigkeit normalerweise mit JavaScript (siehe Kapitel 10.4.3). Die serverseitige Auswertung der Daten kann beispielsweise mit PHP erfolgen (siehe Kapitel 10.5.4).

Eine wenig elegante, aber einfache Möglichkeit der Datenübertragung ist das Versenden per E-Mail. Dies setzt allerdings voraus, dass der Nutzer einen E-Mail-Client wie Outlook auf seinem Rechner installiert hat.

10.1.8.2 Struktur eines Formulars

Definition eines Formulars
Für die Definition eines Formulars stellt HTML das `<form>`-Tag zur Verfügung. Im Attribut `action` bestimmen Sie, wie die Verarbeitung der Formulardaten erfolgen wird. Wie erwähnt, kann es sich hierbei um eine Skriptdatei oder E-Mail-Adresse handeln. Bei der Methode (`method`) der Datenübertragung müssen Sie zwischen `get` und `post` unterscheiden:
- Bei `get` werden die Daten mit Hilfe eines Fragezeichens an den Namen der aufgerufenen Datei angehängt ❶. Bei mehreren Formularangaben werden diese über das &-Sonderzeichen ❷ miteinander verbunden. Die maximale Datenmenge ist bei dieser Methode auf etwa ein Kilobyte begrenzt.
- Für große Datenmengen steht die Methode `post` zur Verfügung. Hierbei überträgt das HTTP-Protokoll die Daten im Dateikopf, ohne dass diese für den Benutzer sichtbar sind. Die Datenmenge ist nicht begrenzt.

Definition eines Formulars

Auswertung des Formulars durch ein PHP-Skript:
```
<form name="test" action="test.php" method="get">
<!-- Hier stehen die Formular-
elemente -->
</form>
```

Auswertung des Formulars durch ein Perl-Script:
```
<form name="test" action="check.pl" method="get">
<!-- Hier stehen die Formular-
elemente -->
</form>
```

Übertragung der Formulardaten per E-Mail:
```
<form name="test"
action="mailto:paul@web.de"
method="post">
<!-- Hier stehen die Formular-
elemente -->
</form>
```

Band II – Seite 828
10.4.3 Formulare

Band II – Seite 848
10.5.4 Formularzugriff

Methode „get"
Die Formulardaten werden nach einem Fragezeichen an den Namen der aufgerufenen Datei angehängt. Mehrere Angaben werden mittels „&"-Zeichen verbunden.

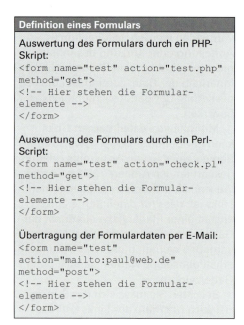

HTML

Formularelemente
Die gewünschten Elemente werden im Formularbereich `<form>`…`</form>` angegeben. Folgende Elemente stehen zur Verfügung:
- Radiobutton ❶
- Einzeiliges Textfeld ❷
- Auswahlliste (Menü) ❸
- Mehrzeiliges Textfeld ❹
- Checkbox ❺
- Reset-Button ❻
- Senden-Button ❼

Zur Auswertung des Formulars ist die Vergabe eines eindeutigen Namens (`name`) unerlässlich, da dieser im Skript als Variablennamen dient. Weitere Attribute ermöglichen die Vorgabe einer Feldgröße (`size`), die maximale Anzahl an Zeichen (`maxlength`) und die Vorbelegung des Textfeldes mit einem bestimmten Text (`value`).

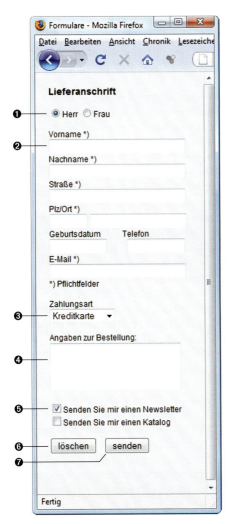

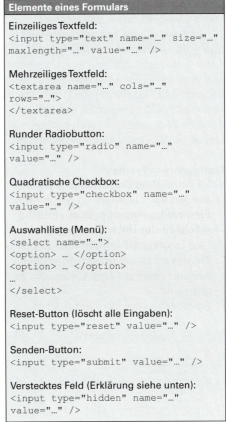

Elemente eines Formulars

Einzeiliges Textfeld:
`<input type="text" name="…" size="…" maxlength="…" value="…" />`

Mehrzeiliges Textfeld:
`<textarea name="…" cols="…" rows="…">`
`</textarea>`

Runder Radiobutton:
`<input type="radio" name="…" value="…" />`

Quadratische Checkbox:
`<input type="checkbox" name="…" value="…" />`

Auswahlliste (Menü):
`<select name="…">`
`<option> … </option>`
`<option> … </option>`
…
`</select>`

Reset-Button (löscht alle Eingaben):
`<input type="reset" value="…" />`

Senden-Button:
`<input type="submit" value="…" />`

Verstecktes Feld (Erklärung siehe unten):
`<input type="hidden" name="…" value="…" />`

Formular
Das Beispiel zeigt die typischen Elemente eine Formulars.
Die Formatierung des Formulars erfolgt mit Hilfe von CSS.

Versteckte Felder sind für den Nutzer unsichtbar und dienen der Übertragung von Informationen, ohne dass der Benutzer etwas eingeben muss. Dies könnte beispielsweise die Bestellnummer oder der Preis eines bestellten Artikels sein.

757

10.1.9 Frames sind out

Band II – Seite 854
10.5.6 Datenbankzugriff

Band II – Seite 831
10.4.4 Ajax

Grundidee von Frames

Die Grundidee von Frames besteht darin, dass beim Wechsel von einer Webseite auf die nächste nicht die gesamte Seite neu geladen werden muss, sondern lediglich der Content-Bereich, also der Bereich, in dem sich etwas ändert. Die übrigen Bereiche, z. B. Kopf- und Fußbereich oder Navigationsleiste, bleiben unverändert.

Zu Zeiten, in denen die Daten per 56-kbit-Modem durch das Internet „tröpfelten", waren Frames eine wichtige Hilfe, um die ohnehin langen Lade- und damit Wartezeiten zu verkürzen. Heute verfügen wir zumindest in Deutschland fast flächendeckend über schnelle DSL-Zugänge, die das Übertragen von Text- und Bilddaten problemlos fast ohne Verzögerung bewerkstelligen.

Nachteile von Frames

- Im Adressfeld des Browsers wird immer der Name des so genannten Framesets angezeigt. Hierdurch ist es nicht möglich, mit Lesezeichen (bookmarks) auf Unterseiten des Framesets zu verweisen oder über externe Links auf eine Unterseite zu gelangen.
- Frameseiten werden von Suchmaschinen kaum gefunden, weil Suchmaschinen den Inhalt einer Webseite analysieren. In einem Frameset stehen hierfür lediglich der Titel sowie die Meta-Angaben zur Verfügung.
- Frames können eine Barriere für Menschen mit Einschränkungen darstellen, da sie z. B. von Screenreadern nur nacheinander ausgelesen werden können.
- Auf kleinen Displays (Notebooks, Handy) lassen sich mehrere Frames aus Platzgründen kaum darstellen.

Nach reiflicher Überlegung haben wir uns aus genannten Gründen dazu entschlossen, den Abschnitt über Frames aus dem Kompendium zu entfernen.

Alternativen zu Frames

Bei der Realisation professioneller Webseiten spielen Frames heute nahezu keine Rolle mehr. Dies liegt auch daran, dass es heute eine Reihe alternativer Möglichkeiten gibt, Inhalte auszutauschen, ohne dass dies ein Neuladen der kompletten Seite erfordert. Die wichtigsten Technologien hierfür sind:

- *Dynamische Webseiten* laden den Inhalt der Seite aus einer Datenbank und fügen ihn in ein Layout ein. Der Austausch des Inhalts wird auf diese Weise möglich, ohne dass am Layout etwas geändert werden muss. Die hierfür notwendige Technik finden Sie in Kapitel 10.5.6.
- Mittels *Ajax* lassen sich Inhalte noch komfortabler aktualisieren, z. B. direkt nach Benutzereingaben, ohne dass die Seite neu geladen werden muss. Eine kleine Einführung in diese Technik lesen Sie in Kapitel 10.4.4 nach.
- Mittels *Cascading Style Sheets (CSS)* haben Sie die Möglichkeit, einzelne Inhalte einer Website in einem separaten Bereichen zu laden (siehe Screenshot links).

CSS-Layouts bei Dreamweaver

Dreamweaver bietet die Option, beim Erstellen einer neuen Datei ein Grundlayout zu wählen, das die Seite in mehrere Bereiche teilt. Ein Frameset ist hierfür nicht erforderlich.

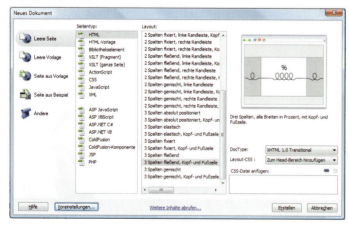

10.1.10 XHTML

HTML

10.1.10.1 XML, DTD und XSL

Bei der letzten Auflage dieses Buches haben wir vermutet, dass XHTML zur Ablösung von HTML führen wird. Heute sieht es eher so aus, dass HTML5 und nicht XHTML der Nachfolger von HTML werden wird. Dennoch spielen XML-konforme Sprachen in der Medienbranche eine große Rolle. Was aber ist XML?

Der Name XML (Extensible Markup Language) ist im Grunde irreführend, weil es sich bei XML um keine Sprache handelt. Vielmehr stellt XML ein Regelwerk dar, mit dessen Hilfe Auszeichnungssprachen definiert werden können – man spricht von einer *Metasprache*.

Um nun eine XML-basierte Sprache zu definieren, werden alle hierfür notwendigen Regeln in einer so genannten *DTD (Document Type Definition)* zusammengefasst. Nehmen Sie an, dass Sie eine DTD zur Beschreibung eines Buches definieren wollten: Sie bräuchten hierfür Elemente zur Kennzeichnung des Titels, Autors, der Kapitelüberschriften, Abschnitte, Seitenzahlen usw. Mit diesem Regelwerk könnten Sie dann Bücher beschreiben:

```
<buch>
<titel>Kompendium der Medien-
gestaltung</titel>
<autor>Böhringer, Bühler,
Schlaich
</autor>
...
<kapitel>XHTML</kapitel>
<abschnitt>XML, DTD, XSL</ab-
schnitt>
<text>
 XML gehört die Zukunft!
</text>
...
</buch>
```

Zur Anzeige von XML-basierten Dokumenten benötigen Sie umgekehrt eine Software, der dieses Regelwerk bekannt ist. Sie wird als *XML-Parser* bezeichnet und ist beispielsweise Bestandteil heutiger Webbrowser. XML-Parser dienen also zur Umsetzung und Anzeige der Daten. Im obigen Beispiel könnte der Parser also „erkennen", welche Angaben über den Autor, Titel, Überschriften, Abschnitte usw. in der Datei enthalten sind.

Das Beispiel zeigt ein wesentliches Merkmal von XML: Die DTD dient ausschließlich zur Beschreibung des Inhalts (Semantik) eines Dokumentes. Wie dieser Inhalt später dargestellt und formatiert wird, ist nicht definiert. Dies ist so gewollt, da unter Umständen noch gar nicht geklärt ist, wofür dieser Inhalt benötigt wird: für eine Webseite, ein Buch oder für ein Hörbuch auf CD?

Sie erkennen den großen Vorteil der Trennung von Inhalt und Formatierung: Daten lassen sich unabhängig vom Ausgabemedium archivieren und werden erst bei ihrer Verwendung an das jeweilige Medium angepasst. Für diese Anpassung sind Formatsprachen zuständig, deren bekannteste Vertreter *XSL (Extensible Stylesheet Language)* und – zur Formatierung von HTML-Seiten – *CSS (Cascading Style Sheets)* sind. Mittels Formatsprachen lassen sich also XML-Dokumente an das jeweilige Ausgabemedium anpassen. Mehr noch: Dieselben XML-Daten lassen sich mehrfach nutzen, indem Sie mittels Stylesheets an das jeweilige Medium angepasst werden: Von großen 30-Zoll-Monitoren bis zu kleinen Handydisplays gibt es heute einen riesigen Markt an unterschiedlichen Ausgabegeräten, die eine Anpassung der Inhalte an die Geräte erforderlich machen.

Band II – Seite 443
8.1 XML

10.1.10.2 Von HTML zu XHTML

Die XML-konforme Weiterentwicklung von HTML heißt XHTML, wobei das „X" wie bei XML für „extensible", also erweiterbar, steht. XHTML liegt in der Version 1.1 vor, die Arbeit an Version 2.0 wurde zugunsten von HTML 5 eingestellt.

Worin bestehen die Unterschiede zwischen HTML und XHTML? Glücklicherweise sind diese überschaubar und leicht zu erlernen. Wenn Sie HTML können, wird Ihnen der Umstieg auf XHTML nicht schwer fallen.

In der Tabelle sind die wichtigsten Merkmale von XHTML-Dateien zusammengefasst:

HTML und XHTML

Die Tabelle fasst die wesentlichen Unterschiede zwischen HTML und XHTML zusammen.

Merkmal	HTML	XHTML
Dateiendung	`.htm`, `.html`	`.xhtml`
Deklaration	–	`<?xml version="1.0" encoding="ISO-8859-1" ?>`
Angabe des Dokumenttyps (Beispiele)	`<!DOCTYPE HTML PUBLIC "-//W3C//DTD HTML 4.01 Transitional//EN">`	`<!DOCTYPE html PUBLIC "-//W3C//DTD XHTML 1.0 Strict//EN">`
Angabe des Namensraumes und der Sprache	`<html>`	`<html xmlns="http://www.w3.org/1999/xhtml" lang="de" xml:lang="de">`
Groß- und Kleinschreibung	zulässig ist: `<html>`, `<HTML>`, `<Html>`	konsequente Kleinschreibung: `<html>`
Schreibweise „leerer" Tags (ohne Schlusstag)	` `, `<img … >`, `<hr>`	` `, `<img … />` oder ` </br>`, `<img></img>`

Angabe von Attributen	zulässig ist:
	`<table border=0>`
	`<frame name=inhalt>`
	`<td colspan=2>`
		konsequent in Anführungszeichen:
		`<table border="0">`
		`<frame name="inhalt">`
		`<td colspan="2">`

Dateiinterne Verweise	`<a href="#kap">zum Kapitel</a>`
	…
	`<a name="kap">Kapitel</a>`
		`<a href="#kap">zum Kapitel</a>`
		…
		`<a id="kap">Kapitel</a>`

Beispiel	`<!DOCTYPE HTML PUBLIC "-//W3C//DTD HTML 4.01 Transitional//EN">`
	`<html>`
	`<head>`
	`<title>HTML-Datei</title>`
	`</head>`
	`<body>`
	`<h1>HTML</h1>`
	`<p>Viel Text...</p>`
	`<hr>`
	`</body>`
	`</html>`
		`<?xml version="1.0" encoding="ISO-8859-1" ?>`
		`<!DOCTYPE html PUBLIC "-//W3C//DTD XHTML 1.0 Strict//EN">`
		`<html xmlns="http://www.w3.org/1999/xhtml" lang="de" xml:lang="de">`
		`<head>`
		`<title>XHTML-Datei</title>`
		`</head>`
		`<body>`
		`<h1>XHTML</h1>`
		`<p>Viel Text...</p>`
		`<hr />`
		`</body>`
		`</html>`

10.1.11 Webbrowser

Zur Betrachtung eines HTML-Dokuments wird eine Software benötigt, die die HTML-Elemente aus dem Text entfernt und die enthaltenen Anweisungen ausführt. Der Vorgang wird als „Parsen" bezeichnet.

Ein Webbrowser ist eine Software, die einen HTML- bzw. XHTML-Parser zur Darstellung von HTML-Dokumenten besitzt. Das Problem besteht darin, dass die unterschiedlichen Browser auch unterschiedliche Parser einsetzen. Die Folge ist, dass ein HTML-Dokument in Abhängigkeit vom Browser anders interpretiert und dargestellt wird. Ein verbindliches Webdesign für alle Browser, Browserversionen und die unterschiedlichen Plattformen Windows, Mac und Linux ist fast unmöglich.

Auch wenn Microsofts Internet Explorer mit einem Anteil von etwa 60% noch immer Marktführer ist, musste der Konzern deutliche Einbußen zugunsten von Firefox hinnehmen, der bislang knapp ein Viertel aller Nutzer für sich gewinnen konnte. Dies liegt unter anderem daran, dass Microsoft die Bedeutung des Browsermarktes einige Jahre unterschätzt und mit der Version 6 einen mangelhaften Browser auf dem Markt gebracht hatte, der u.a. keine transparenten PNG-Bilder darstellen kann. Diese und andere Fehler brachten Webdesigner zur Verzweiflung, weil sie ihre Webseiten durch so genannte Browserweichen oder andere „Workarounds" an die unterschiedlichen Browser anpassen mussten. Ein erheblicher Kosten- und Zeitaufwand! Mittlerweile hat Microsoft aufgeholt und seit Version 7 deutlich bessere Browser auf dem Markt.

Seit 2008 ist der Suchmaschinen-Hersteller Google mit von der Partie und konnte mit seinem Browser Chrome bereits beachtliche 9% erzielen und Apples Safari (5%) überholen, der außerhalb der Apple-Gemeinde keine Rolle spielt.

Welche Konsequenz hat dies die für Entwicklung von Webseiten? Als Webdesigner müssen Sie Ihre Webseiten mit den gängigen Browsern testen. Bessere Webeditoren wie „Dreamweaver" bieten die Möglichkeit der Browsersimulation, so dass Sie sich die Installation eventuell sparen können.

Wenn Sie Ihre Webseiten am Mac realisieren, sollten Sie diese unbedingt auch auf Windows-PCs testen, da die große Mehrheit der Internetuser ein Windows-Betriebssystem besitzt.

HTML

Microsoft Internet Explorer
http://www.microsoft.com/upgrade/

Mozilla Firefox
www.mozilla.de

Google Chrome
www.google.com/chrome

Apple Safari
http://support.apple.com/downloads/

Opera
www.opera.com/download/

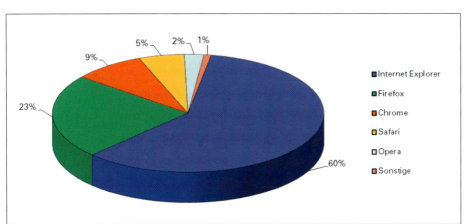

Browseranteile (Stand: 2011)

Quelle:
http://marketshare.hitslink.com

761

10.1.12 Aufgaben

1 HTML-Grundlagen kennen

Kreuzen Sie an: Wahr oder falsch?

Aussage	w	f
HTML steht für Hypertext Media Language		
Hypertext bedeutet, dass Text nicht-linear verbunden werden kann.		
Die Struktur eines Tags ist: <tag>Inhalt<tag/>		
HTML-Dateien sind reine Textdateien		
Ein WYSIWYG-Webeditor ermöglicht eine Vorschau auf die Webseiten.		
Eine HTML-Datei beginnt mit der Angabe des DOCTYPE.		
HTML-Dateien besitzen die Endung .htm oder .html		
Schriften können in HTML-Dateien eingebettet werden.		
Eine HTML-Datei besteht aus Dateikopf und Dateikörper.		
Schwarz wird mit #FFFFFF codiert.		

2 Aufbau einer HTML-Datei kennen

Notieren Sie das Grundgerüst einer HTML-Datei *ohne* Angabe des Doctypes.

3 HTML-Grundlagen kennen

a. Wo erscheint der im `<title>`-Tag eingegebene Text?
b. Wozu werden Meta-Tags benötigt?
c. Weshalb ist die Angabe des Zeichensatzes wichtig?
d. Weshalb müssen Sonderzeichen „maskiert" werden?
e. Worauf ist bei der Vergabe von Dateinamen zu achten?

4 Text strukturieren

a. Starten Sie einen Texteditor.
b. Geben Sie den Quellcode (ohne DOCTYPE) ein, um die unten dargestellte Webseite zu realisieren. (Die dargestellte Schrift entspricht der im Browser eingestellten Standardschrift.)
c. Speichern Sie die Übung unter dem Namen „text.htm" ab.
d. Öffnen Sie die Datei in einem Webbrowser und betrachten Sie das Ergebnis.
e. Nehmen Sie gegebenenfalls Korrekturen vor.

5 Farben verwenden

Die Angabe von Farben erfolgt bei HTML in der Form #RRGGBB. Geben Sie die dargestellten „websicheren" Farben an:
a. `#000000`
b. `#00FF00`
c. `#666666`
d. `#CCCCCC`
e. `#FF00FF`

HTML

6 Schriften verwenden

HTML kann keine Schriften einbinden, so dass nur die im System installierten Schriften verwendet werden können.
a. Nennen Sie drei Systemschriften für Mac und PC.
b. Welche Möglichkeiten gibt es, Nicht-Systemschriften zu verwenden?

7 Dateien korrekt benennen

a. Welche Endung muss eine HTML-Datei erhalten?
b. Kann am Mac auf die Dateiendung verzichtet werden?
c. Muss die Groß- und Kleinschreibung bei Dateinamen beachtet werden?
d. Dürfen Sonderzeichen in Dateinamen verwendet werden?
e. Wie muss die Startseite (Homepage) benannt werden?

8 Meta-Tags verwenden

a. Geben Sie drei Funktionen von Meta-Tags an.
b. Sind Meta-Tags erforderlich?
c. Nennen Sie drei Beispiele für sinnvolle Meta-Angaben.

9 Bilder/Grafiken referenzieren

Der Screenshot rechts oben zeigt die Dateistruktur einer Website.

a. Weshalb können Bilder bzw. Grafiken in die HTML-Datei nicht eingebunden werden?
b. Wie lauten die korrekten Pfadangaben im Tag `<img src="…">`, um die Grafik anzuzeigen?

- Grafik „button3.gif" in „index.htm"
- Grafik „button1.gif" in „index.htm"
- Grafik „button3.gif" in „news.htm"
- Grafik „button1.gif" in „news.htm"

10 Tabellen verwenden

Geben Sie den Quellcode an, um folgende Tabelle zu realisieren:

Hinweise:
- Die Tabelle soll eine Gesamtbreite von 80 % des Browserfensters erhalten.
- Die linke und rechte Spalte erhält

763

eine feste Breite von 50 Pixel.
- Die mittlere Spalte bleibt in der Breite variabel.

11 Bildformate für Webseiten kennen

Für Webseiten kommen derzeit überwiegend die Formate GIF, JPEG und PNG zum Einsatz.
a. Nennen Sie für jedes Format zwei Vorteile.
b. Welche/s Dateiformat/e sind zu bevorzugen, um
  - eine Strichzeichnung (S/W),
  - eine Fotografie,
  - einen Text als Grafik,
  - ein zweifarbiges Logo,
  - einen Farbverlauf,
  - ein freigestelltes Objekt

  für die Verwendung auf einer Webseite abzuspeichern?

12 Hyperlinks verwenden

Geben Sie den Quellcode an, um folgende Links zu realisieren:
a. Link zur Startseite von Amazon
b. Link zur Datei „kontakt.htm", die sich im selben Verzeichnis befindet.
c. Link zur Datei „help.htm", die sich im Unterordner „sites" befindet.
d. E-Mail-Link zu „donald@duck.de"
e. Link zur PDF-Datei „text.pdf" im Unterordner „pdf"
f. Interner Link zu „seitenende"

13 Alternativen zu Frames kennen

a. Zählen Sie die Gründe auf, die gegen die Verwendung von Frames sprechen.
b. Welche Alternativen zu Frames gibt es?

14 Formulare erstellen

Geben Sie den Quellcode des unten dargestellten Formulars an.

15 HTML und XHTML unterscheiden

XHTML ist die XML-konforme Weiterentwicklung von HMTL.

Nennen Sie vier wichtige Änderungen, die Sie bei der Umstellung auf XHTML beachten müssen.

HTML

16 Webbrowser unterscheiden

a. Nennen Sie die drei zurzeit wichtigsten Browser.
b. Begründen Sie, weshalb Sie Ihre Webseiten mit verschiedenen Browsern und Browserversionen testen müssen.

10.2 CSS

10.2.1	Grundlagen	768
10.2.2	Definition von CSS	770
10.2.3	Selektoren	773
10.2.4	Maßeinheiten	778
10.2.5	Farbangaben	780
10.2.6	Typografische Gestaltung	781
10.2.7	Hintergründe	785
10.2.8	Layouten	786
10.2.9	Anwendungsbeispiel	792
10.2.10	Aufgaben	797

10.2.1 Grundlagen

10.2.1.1 Was ist CSS?

HTML wurde ausschließlich für die Beschreibung des Inhalts einer Webseite entwickelt: Überschriften, Absätze, Tabellen, Aufzählungen, Links. Die Formatierung oder gar Gestaltung von Seiten, wie dies aus dem Printbereich bekannt ist, war zur damaligen Zeit nicht vorgesehen. Dies erklärt, weshalb HTML zur Formatierung von Text oder zum „Layouten" von Seiten nur einige primitive Möglichkeiten zur Verfügung stellt.

Wegen der zunehmenden Forderung nach Web-„Design" – also nach einer gestalterisch ansprechenden Umsetzung der Seiteninhalte – wurde HTML 1996 durch eine Formatierungssprache ergänzt. Diese Sprache mit dem Namen „Cascading Style Sheets", kurz: CSS, liegt aktuell in der Version 2.1 vor, Version 3 ist in Arbeit, wird aber teilweise bereits durch die Webbrowser unterstützt. Auf www.caniuse.com (Can I use…?) können Sie sich darüber informieren, welche Browser zur Darstellung von CSS2 bzw. CSS3 erforderlich sind.

CSS Zen Garden
Auf der Website zeigen Webdesigner, wie sich CSS zur künstlerischen Gestaltung von HTML-Seiten nutzen lassen. Alle CSS-Quellcodes können heruntergeladen werden.

www.csszengarden.com/tr/deutsch/

Mit CSS steht dem Webdesigner ein Werkzeug zur Verfügung, das ein pixelgenaues Layouten von Webseiten ermöglicht, ohne dass hierfür Layouttabellen benötigt werden. Auch Texte lassen sich nun typografisch korrekt setzen und formatieren, wie dies bislang nur im Printbereich möglich war. Doch CSS kann noch vieles mehr: Verschaffen Sie sich einen ersten Eindruck durch Besuch des „CSS Zen Gardens" (siehe Abbildungen links).

10.2.1.2 CSS versus HTML

Erklärtes Ziel des W3C ist die konsequente Trennung von Inhalt (HTML) und Design (CSS) einer Website. Hierfür sprechen folgende Argumente:
- Inhalt und Design können unabhängig voneinander erstellt und bearbeitet werden, z. B. durch Programmierer und Webdesigner.
- Inhalte können softwaregestützt ausgewertet werden, z. B. per Screenreader, der den Inhalt einer Webseite vorliest.
- Inhalte lassen sich dynamisch, z. B. per Content-Management-System, verwalten.
- Das Design kann als externe Datei abgespeichert werden und lässt sich somit auf beliebig viele HTML-Seiten anwenden.
- Für einen Inhalt können mehrere Designs erstellt werden, z. B. zur Ausgabe auf Monitoren, Handydisplays und für den Druck.
- Ein und dasselbe Design lässt sich gegebenenfalls für mehrere (XML-konforme) Sprachen verwenden.

Aus oben genannten Gründen gelten für heutiges Webdesign folgende zwei Grundforderungen:

> **Forderung 1:**
> Verwenden Sie HTML bzw. XHTML ausschließlich zur Beschreibung der Inhalte einer Webseite!

Alle Tags, die zur Gestaltung genutzt werden könnten, z. B. das `<font>`-Tag zur Definition einer Schrift, wurden als „deprecated" (missbilligt) eingestuft und dürfen nicht mehr verwendet werden. Verzichten Sie auch auf Layouttabellen und verwenden Sie eine Tabelle nur, wenn es um die Darstellung tabellarischer Daten geht.

Für die Darstellung, Gestaltung und Formatierung der mit HTML beschriebenen Inhalte gilt:

> **Forderung 2:**
> Gestalten und formatieren Sie Ihre Webseiten ausschließlich mit CSS.

Die CSS stellen Ihnen ähnliche Möglichkeiten zur Verfügung, wie Sie es von der Gestaltung im Printbereich gewohnt sind, z. B. Rahmen, Ränder, Abstände, Linien, Schriftattribute. Leider ist die Anwendung im Vergleich zum Printbereich weitaus komplizierter, weil es bislang keinen Webeditor gibt, der das Layouten und Gestalten von Webseiten *ohne* HTML- und CSS-Kenntnisse ermöglicht.

Erschwerend kommt hinzu, dass die Browser mit CSS unterschiedlich gut umgehen können. Einige ältere Browser missachten die CSS-Spezifikationen teilweise sträflich. Glücklicherweise werden die Browser diesbezüglich immer besser, so dass es nicht mehr unmöglich ist, CSS-Layouts zu erstellen, die durch die unterschiedlichen Browser identisch dargestellt werden.

10.2.2 Definition von CSS

Kaskade
Eine Kaskade ist ein mehrstufiger Wasserfall oder Brunnen.

Vielleicht haben Sie sich schon gefragt, was das „Cascading" in der Abkürzung CSS bedeutet. Eine Kaskade ist laut Duden ein mehrstufiger Wasserfall oder Brunnen. In unserem Fall besitzt das Wort eine übertragene Bedeutung und besagt, dass die Stylesheets „mehrstufig" angeordnet sein können: intern oder extern, zentral oder lokal, durch Browser, Nutzer oder Autor der Webseite definiert. Um Konflikte zu vermeiden, gibt es Regeln, nach denen diese unterschiedlichen CSS nacheinander, also „kaskadiert", ausgeführt werden.

Ein wesentliches Merkmal der Kaskadierung von CSS ist, *wo* diese definiert werden. Hierbei stehen prinzipiell drei Möglichkeiten zur Verfügung:
- Externe CSS-Definition in einer eigenen Datei
- Zentrale CSS-Definition im Dateikopf
- Lokale CSS-Definition im HTML-Element

10.2.2.1 Externe CSS-Definition

Bei der externen Definition werden alle gewünschten CSS-Selektoren, Eigenschaften und Werte in einer separaten Datei abgespeichert.

CSS-Datei erstellen
Wie bei HTML- handelt es sich auch bei CSS-Dateien um reine Textdateien, die prinzipiell mit jedem Texteditor erstellt werden können. Beachten Sie aber, dass der Dateiname zwingend die Endung .css erhalten muss.

Eine CSS-Datei besteht aus einer oder mehreren Regeln. In der Tabelle rechts sehen Sie oben den allgemeinen Aufbau einer Regel. Ein Selektor ist im einfachsten Fall ein HTML-Tag, das allerdings ohne spitze Klammer notiert wird, also z. B. `body` und nicht `<body>`.

Alle CSS-Eigenschaften, die sich auf den Selektor beziehen, werden in geschweiften Klammern { . . . } nach dem Selektor notiert. Vergessen Sie hierbei nicht, nach jeder Eigenschaft einen Doppelpunkt (:) und nach jedem Wert ein Semikolon (;) zu notieren:

Aufbau einer CSS-Regel

Allgemeine Form:
```
Selektor {
         Eigenschaft1: Wert1;
         Eigenschaft2: Wert2;
         ...
         }
```

Beispiele für CSS-Regeln:
```
body    {
         background-color: #FFFFFF;
         margin: 20px;
         }
p       {
         font-family: Arial;
         font-size: 10px;
         font-weight: bold;
         }
```

Ergänzen von Kommentaren:
```
/* Hauptüberschriften in Rot*/
h1      {
         font-family: Verdana;
         font-size: 16px;
         color: #FF0000;
         }
/*Links ohne Unterstreichung*/
a       {
         text-decoration: none;
         }
```

Die Einrückungen und Zeilenumbrüche sind nicht erforderlich und dienen lediglich der besseren Lesbarkeit. Ebenso freiwillig, aber sinnvoll sind Kommentare /* ... */ innerhalb von CSS-Dateien. Sie helfen Ihren Kollegen und sich selbst dabei, Ihre Stylesheets nachvollziehbar zu machen. Häufig ist es so, dass nach einigen Wochen oder Monaten Änderungen notwendig sind. Spätestens dann gilt: Ohne Kommentare sind Änderungen mühsam.

CSS

CSS-Datei in HTML-Datei einbinden
Damit eine externe CSS-Datei genutzt werden kann, muss sie mit der HTML-Datei verlinkt werden. Hierfür gibt es zwei Varianten, die Sie wahlweise verwenden können: `<link>`-Element oder `@import`-Direktive:

Einbinden externer CSS-Datei(en)

Einbinden der Datei „styles.css" im Dateikopf über <link>:
```
<html>
<head>
<title>Externe CSS</title>
<link rel="stylesheet" type="text/
css" href="styles.css">
</head>
...
```

Einbinden mehrerer CSS-Dateien für unterschiedliche Ausgabemedien über <link>:
```
<html>
<head>
<title>Externe CSS</title>
<link rel="stylesheet"
media="screen" href="web.css">
<link rel="stylesheet" media="print"
href="druck.css">
</head>
...
```

Einbinden einer Datei „styles.css" im Dateikopf über @import:
```
<html>
<head>
<title>Externe CSS</title>
<style type="text/css">
@import url("styles.css");
</style>
</head>
...
```

Einbinden mehrerer CSS-Dateien für unterschiedliche Ausgabemedien über @import:
```
<html>
<head>
<title>Externe CSS</title>
<style type="text/css">
@import url("web.css") screen;
@import url("druck.css") print;
</style>
</head>
...
```

Interessant ist die Möglichkeit, mehrere CSS-Dateien einzubinden, um damit den Inhalt an unterschiedliche Ausgabemedien anzupassen. Sie erkennen hier bereits einen wesentlichen Vorteil der auf Seite 769 geforderten Trennung von Inhalt und Design.

Neben den in den Beispielen genannten Medientypen `print` und `screen` gibt es eine Reihe weiterer, z. B. zur Sprachausgabe (`aural`), für Handys (`handheld`), zur Projektion (`projection`) oder für Fernseher (`tv`).

Vorteile externer CSS-Dateien
Der Hauptvorteil externer CSS-Dateien liegt darin, dass sie für beliebig viele HTML-Dokumente zur Verfügung stehen. So lässt sich mit einer einzigen CSS-Datei ein kompletter Internetauftritt formatieren oder nachträglich ändern. Dies funktioniert auch bei dynamischen, also durch Skripte automatisch generierten HTML-Seiten, da auch hier lediglich die vorhandene CSS-Datei über `<link>` oder `@import` eingebunden werden muss.

10.2.2.2 Zentrale CSS-Definition

Nehmen Sie einmal an, dass Sie Ihren Webauftritt wie oben beschrieben mit einer externen CSS-Datei formatieren. Jetzt gibt es aber möglicherweise einzelne Seiten, die Sie an einigen Stellen gerne anders formatieren würden. Natürlich könnten Sie für diese Seite eine zweite externe Datei realisieren. Einfacher ist es jedoch, die ursprüngliche externe Datei beizubehalten und in der HTML-Datei selbst die gewünschten Änderungen vorzunehmen. Hierzu lassen sich CSS-Eigenschaften auch direkt im Dateikopf angeben:

771

> **Zentrale CSS-Definition**
>
> CSS-Definition im Dateikopf:
> ```
> <html>
> <head>
> <title>Zentrale CSS</title>
> <style type="text/css">
>   body {
>         background-color: #FFFFFF;
>         margin: 20px;
>         }
>   p   {
>         font-family: Arial;
>         font-size: 12px;
>         color: blue;
>         }
> </style>
> ```

Der Inhalt einer externen CSS-Datei kann also alternativ auch direkt im Dateikopf angegeben werden.

Gemäß den Regeln zur Kaskadierung haben zentrale CSS eine höhere Priorität als externe CSS. Würde also in obigem Beispiel zusätzlich eine externe Datei verlinkt, die Absätzen (p-Selektor) eine schwarze Farbe zuordnet, dann hätte die blaue Farbe Priorität, weil sie zentral definiert wurde.

10.2.2.3 Lokale CSS-Definition

Noch mehr Flexibilität bieten CSS, die sozusagen „vor Ort" direkt im HTML-Element angegeben werden – so genannte *Inline-Styles*. Der Unterschied zu externen oder zentral definierten CSS besteht darin, dass die gewünschten CSS-Eigenschaften und -Werte mit Hilfe des `style`-Attributes direkt im HTML-Element notiert werden:

> **Lokale CSS-Definition**
>
> Allgemeine Form:
> ```
> <tag style="eigenschaft1: wert1;
> eigenschaft2: wert2;...">...</tag>
> ```
>
> Beispiele:
> ```
> <p style="font-family: Arial; color:
> #CCCCCC">Hier der Text...</p>
>
> <p>Hier steht <span
> style="color:red">roter</span>Text
> </p>
>
> <div style="background-color:
> blue">Dieser Kasten ist blau!</div>
> ```

Die Ihnen vielleicht noch unbekannten HTML-Elemente `<span>` und `<div>` haben für CSS eine sehr große Bedeutung. Bei `<span>` handelt es sich um ein so genanntes *Inline-Element*, das innerhalb anderer HTML-Elemente eingesetzt wird. Das `<div>`-*Blockelement* hingegen ersetzt andere Elemente und erzeugt einen Kasten, der mit CSS gestaltet werden kann.

Lokale CSS haben eine noch höhere Priorität als zentrale oder externe CSS, so dass sich eine dreistufige Kaskadierung ergibt (siehe Abbildung).

Kaskadierung

CSS können extern, zentral und lokal definiert werden und dabei sich widersprechende Eigenschaften enthalten: Im Beispiel ist die Textfarbe rot, blau und grün.

Die Regel lautet, dass lokale CSS vor zentralen vor externen CSS berücksichtigt werden: Die Farbe ist deshalb grün.

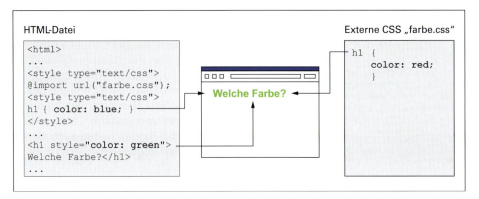

772

10.2.3 Selektoren

Auf Seite 770 haben Sie den allgemeinen Aufbau einer CSS-Regel kennengelernt:

```
Selektor {
         Eigenschaft1: Wert1;
         Eigenschaft2: Wert2;
         ...
         }
```

Der Selektor befindet sich immer vor der geschweiften Klammer und gibt das Element an, auf das sich die CSS-Eigenschaften beziehen.

Die „Cascading Style Sheets" stellen unterschiedliche Typen von Selektoren zur Verfügung, die einen flexiblen und individuellen Einsatz der Stylesheets ermöglichen:

10.2.3.1 HTML-Elemente

HTML-Elemente wie `<p>` oder `<body>` können Sie einzeln, mehrfach oder verschachtelt als Selektoren verwenden:

HTML-Elemente
Einzelne, mehrere und verschachtelte HTML-Elemente:
```
<html>
<head>
<title>HTML-Elemente</title>
<style type="text/css">
❶ body     {background-color: silver;
           font-family: Arial;}
❷ p,h2     {color: blue;}
❸ p b      {color: red;}
</style>
</head>
<body>
<h1>Überschrift 1</h1>
<h2>Überschrift 2</h2>
<p>Dies ist ein Absatz mit <b>roter
und fetter</b> Schrift.</p>
<div>Dies ist ein Absatz mit
<b>fetter</b> Schrift.</div>
</body>
</html>
```

Am obigen Beispiel lassen sich einige wichtige Grundregeln erkennen:

Vererbung ❶
CSS-Eigenschaften werden vererbt: Innere Elemente übernehmen die Eigenschaften von äußeren Elementen. So vererbt sich im Beispiel die im `<body>`-Tag definierte Schriftart Arial an alle HTML-Elemente innerhalb von `<body>`.

Aufzählung ❷
Mehreren Elementen lassen sich identische Eigenschaften zuordnen. Die Elemente müssen dabei durch Komma getrennt werden (im Beispiel: `p, h2`).

Verschachtelung ❸
Eine interessante Möglichkeit stellt die Verschachtelung von HTML-Elementen dar: `p b` (ohne Komma) bedeutet, dass `<b>` nur innerhalb von Absätzen `<p>` die Farbe rot erhält. An anderer Stelle, im Beispiel bei `<div>`, zeichnet `<b>` lediglich fett aus und nicht fett und rot.

10.2.3.2 Universalselektor

Mit Hilfe des mit * gekennzeichneten Universalselektors können Sie CSS-Eigenschaften definieren, die für *alle* HTML-Elemente gelten. Sie sparen sich hierdurch einige Schreibarbeit. Im Beispiel wird allen Elementen eine graue Hintergrundfarbe, rote Vordergrundfarbe sowie die Schriftart Arial zugewiesen. Zusätzlich können Sie einzelne Elemente anders definieren, zum Beispiel um `<h1>`-Überschriften in blauer Farbe zu erhalten. Das `<h1>`-Element hat eine höhere Priorität als der Universalselektor und überschreibt deshalb dessen Farbangabe.

Universalselektor

Universelle CSS-Eigenschaften:
```
<html>
<head>
<title>Universalselektor</title>
<style type="text/css">
* {
   background-color: gray;
   color: red;
   font-family: Arial;
   }
h1 {color: blue;
   }
...
```

10.2.3.3 Klassen

Trotz der Kombinationsmöglichkeiten reichen die wenigen HTML-Elemente zur Spezifikation von CSS-Eigenschaften nicht aus. So ist es beispielsweise mit einem einzigen `<p>`-Element nicht möglich, Absätze zu realisieren, die sich in Breite, Zeilenabstand, Schriftgröße, Randabstand oder anderen typografischen Merkmalen voneinander unterscheiden.

Der Wunsch liegt also nahe, dass eigene Selektoren definiert werden können. Die Lösung hierfür heißt Klassen. Eine Klasse wird durch einen Punkt (.) gefolgt von einem beliebigen Namen festgelegt. Der Name darf allerdings nicht mit einer Ziffer beginnen. Eine Klasse kann in jedem beliebigen HTML-Element mit Hilfe des Schlüsselworts `class` aufgerufen werden.

Klassen

Klassen für alle HTML-Elemente, Klassen für spezielle HTML-Elemente:
```
<html>
<head>
<title>Klassen</title>
<style type="text/css">
.back    {background-color: silver}
.head    {color: red;}
.text    {color: blue;}
div.text {color: green;}
</style>
</head>
<body class="back">
<h1 class="head">Rote Schrift</h1>
<h2 class="head">Immer noch rot</h2>
<p class="text">Dies ist ein Absatz in blauer Schrift.</p>
<div class="text">Dies ist ein Absatz in grüner Schrift.</div>
</body>
</html>
```

Um den Gültigkeitsbereich einer Klasse auf ein bestimmtes HTML-Element einzugrenzen, wird dieses Element vor den Punkt geschrieben. Im Beispiel formatiert die Klasse `text` Text in der Farbe Blau. Einzige Ausnahme bildet das `<div>`-Element, da hierfür die Farbe Grün vorgesehen wurde.

Die elementabhängige Definition der Klasse hat also eine höhere Priorität als die allgemeine Definition.

10.2.3.4 Individualformate

Maximale Flexibilität ermöglichen – wie der Name assoziiert – Individualformate. Sie unterscheiden sich in ihrer Definition von Klassen dadurch, dass sie nicht durch den Punkt-, sondern durch den Rauten-Operator (#) definiert werden. Der Aufruf im HTML-Element erfolgt durch das `id`-Attribut.

Individualformate

Individualformate für alle HTML-Elemente und für spezielle HTML-Elemente:
```
<html>
<head>
<title>Individualformate</title>
<style type="text/css">
#back    {background-color: silver;
          font-family: Arial}
#gelb    {color: yellow;}
#blau    {color: blue;}
#rot     {color: red;}
span#gruen {color: green;}
</style>
</head>
<body id="back">
<h1>Farben!</h1>
<div id="gruen">Wir sehen <span
id="gelb"> gelb</span>, <span
id="rot">rot</span>, <span
id="blau">blau</span>
und <span id="gruen">grün</span>!
</div>
</body>
</html>
```

Wie bei Klassen gestatten es auch Individualformate, den Gültigkeitsbereich auf ein bestimmtes HTML-Element einzuschränken. Sie erkennen dies im Beispiel daran, dass das Individualformat `gruen` nur bei `<span>` und nicht auch bei `<div>` wirksam ist.

10.2.3.5 Pseudoklassen

Pseudoklassen dienen dazu, um bei *einem* HTML-Element mehrere unterschiedliche Zustände zu definieren. Dies wird hauptsächlich beim `<a>`-Element für Hyperlinks genutzt:

- :link   unbesuchter Link
- :visited   besuchter Link
- :focus   ausgewählter Link, z. B. mit Tab-Taste
- :hover   mit Mauszeiger berührter Link
- :active   aktuell angeklickter Link

Pseudoklassen

Universelle CSS-Eigenschaften:
```
<html>
<head>
<title>Pseudoklassen</title>
<style type="text/css">
a:link    {color: blue;}
a:visited {color: yellow;}
a:focus   {color: red;}
a:hover   {color: black;}
a:active  {color: green;}
</style>
...
```

Beachten Sie, dass Sie genannte Pseudoklassen teilweise auch auf andere Elemente anwenden können.

Der Vollständigkeit halber muss erwähnt werden, dass es neben Pseudoklassen weitere Pseudoelemente gibt, auf die aber im Rahmen dieses Kompendiums nicht eingegangen werden kann.

775

10.2.3.6 Rangfolge von Selektoren

Autoren-, Benutzer- und Browser-Stylesheets

In den vergangenen Abschnitten haben Sie die Möglichkeiten kennengelernt, die Sie als Autor einer Website zur Definition von CSS-Selektoren haben. Sie werden deshalb auch als Autoren-Stylesheets bezeichnet.

Auch wenn Sie kein einziges Stylesheet definieren, zeigt jeder Browser HTML-Seiten an. Er verwendet hierzu Standardeinstellungen, die allen HTML-Elementen bestimmte Eigenschaften und Werte zuordnen.

Wie der Screenshot (Firefox) zeigt, können Sie als Benutzer des Browsers auch eigene Einstellungen vornehmen. Manche Browser gestatten sogar das Importieren eigener CSS-Dateien.

Benutzer- und Browser-Stylesheets

Der Screenshot zeigt die bei Firefox voreingestellten Stylesheets für Schriften. Sie können Sie als Benutzer Ihren Bedürfnissen anpassen.

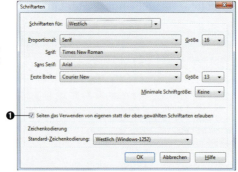

Welche Stylesheets werden nun verwendet, wenn sich die Autoren-, Benutzer- und Browser-Stylesheets widersprechen?

> Autoren- werden vor Benutzer- und diese vor Browser-Stylesheets berücksichtigt.

Keine Regel ohne Ausnahme: Wie Sie in der Abbildung erkennen, kann das standardmäßig gesetzte Häkchen ❶ auch weggeklickt werden. Dies hat seinen guten Grund: Menschen, die zum Beispiel eine Sehbehinderung haben, legen keinen Wert auf „gestylte" Webseiten, sondern wollen die Inhalte lesen können. Die Möglichkeit zur vergrößerten Anzeige der Schrift ist für Sie deshalb unerlässlich.

Technisch gesehen bedeutet das Wegklicken des Häkchens, dass die Benutzer-Stylesheets als `!important` deklariert werden. Diese Angabe ist auch bei Autoren-Stylesheets möglich:

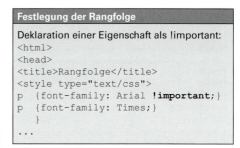

Festlegung der Rangfolge

Deklaration einer Eigenschaft als !important:
```
<html>
<head>
<title>Rangfolge</title>
<style type="text/css">
p   {font-family: Arial !important;}
p   {font-family: Times;}
    }
...
```

Im Beispiel werden Absätze durch die Zusatzangabe `!important` in der Schriftart „Arial" angezeigt. Ohne die Angabe würden sie in der „Times" angezeigt, weil diese Angabe unterhalb steht und somit die erste Schriftvorgabe überschreiben würde.

Spezifität von Selektoren

Abschließend muss geklärt werden, in welcher Reihenfolge die unterschiedlichen und sich möglicherweise widersprechende Selektoren berücksichtigt werden.

Betrachten Sie hierzu das Beispiel auf der nächsten Seite: Welche Farbe hat der Absatz, wenn als
- Universalformat weiß,
- zentrales HTML-Element blau,
- lokales `style`-Element rot,
- Klasse (`class`) grün und

776

CSS

- Individualformat (`id`) gelb zugewiesen wurde? Antwort: Der Absatz erscheint rot.

Spezifität von Selektoren

Definition unterschiedlicher und sich widersprechender Selektoren:
```
<html>
<head>
<title>Spezifität</title>
<style type="text/css">
*       {color: white;}
p       {color: blue;}
#gelb   {color: yellow;}
.gruen  {color: green;}
</style>
</head>
<body>
<h1>Welche Farbe?</h1>
<p style="color: red" id="gelb"
class="gruen">Für diesen Absatz
wurden verschiedene Selektoren definiert.</p>
</body>
</html>
```

Dies ist zunächst nicht selbstverständlich, sondern wurde von den CSS-Entwicklern festgelegt und mit dem Fachbegriff „Spezifität" bezeichnet:

Art des Selektors	A	B	C	D
Universalelement *	0	0	0	0
HTML-Elemente z. B. p, h1, a, body	0	0	0	1
Klassen und Pseudoklassen z. B. .rot, .xyz, a:hover	0	0	1	0
Individualformate z. B. #blau, #xyz	0	1	0	0
Lokale Definition über style z. B. <p style="color:red">	1	0	0	0

Die Spezifität nimmt von A nach D ab, oder anders gesagt: Die Spezifität (1,0,0,0) überschreibt (0,1,0,0), (0,1,0,0) überschreibt (0,0,1,0), usw.

Im obigen Beispiel würde der Absatz gelb angezeigt, wenn die lokale `style`-Definition fehlte, da das Individualformat dann die höchste Spezifität besitzen würde. Noch komplizierter wird es, wenn eine Kombination vorliegt:

Kombination von Selektoren

Kombination unterschiedlicher Selektoren:
```
<html>
<head>
<title>Kombiniationen</title>
<style type="text/css">
.farbe       {color: yellow;}
span.farbe   {color: green;}
#farbe       {color: blue;}
span#farbe   {color: red;}
</style>
</head>
<body style="background-color:
silver; font-family: Arial">
<h1>Welche Farbe?</h1>
<div id="farbe" class="farbe">Ein
blauer Absatz mit etwas <span
id="farbe">rot</span>.</div>
<div class="farbe">Ein gelber Absatz
mit etwas <span class="farbe">grün</span>.</div>
</body>
</html>
```

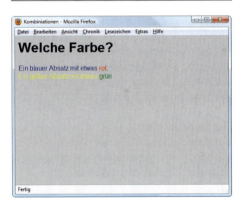

Die Spezifitäten und damit die Priorität der Stylesheets nehmen von oben nach unten zu:
- .farbe   (0,0,1,0)
- span.farbe   (0,0,1,1)
- #farbe   (0,1,0,0)
- span#farbe   (0,1,0,1)

Spezifität

Eigentümlichkeit, Besonderheit (Duden)

777

10.2.4 Maßeinheiten

Die Vielzahl unterschiedlicher Maßeinheiten bei den „Cascading Style Sheets" ist zunächst verwirrend. Wenn Sie allerdings bedenken, dass Sie mit CSS nicht nur Webseiten, sondern auch deren „Druckversion" formatieren, haben auch Längenangaben wie cm oder Inch ihre Berechtigung.

Absolute und relative Maßeinheiten
Absolute Maßeinheiten sind feste Größen mit Einheiten, die Sie aus dem Printbereich kennen: Millimeter, Zentimeter, Punkt, Pica.

Relative Maßeinheiten besitzen keine festen Größen, sondern beziehen sich immer auf eine (variable) Voreinstellung. Beispiele sind die aus der Typografie bekannten Höhenangaben der Buchstaben M oder x. Bei CSS werden diese als em bzw. ex gekennzeichnet. Die Angabe 1.5em bezeichnet also die 1,5-fache M-Höhe der im Browser eingestellten Grundschrift. Eine weitere wichtige relative Maßeinzeit ist die Prozentangabe. Sie bezieht sich auf das übergeordnete Element oder auf die Größe des Browserfensters. Bei Verkleinerung des Fensters verkleinert sich ein mittels Prozent definiertes Layout dementsprechend auch.

Kommazahlen

Beachten Sie, dass Kommazahlen mit Dezimalpunkt (.) und nicht mit Komma notiert werden müssen!

Die Qual der Wahl
Relative Angaben sind ein Alptraum für Webdesigner: Verbindliche Aussagen über das Layout einer Website sind nicht möglich. Ändert sich die Größe des Browserfensters hat dies unvorhersehbare Änderungen des kompletten Layouts zur Folge.

Relative Angaben zu Schriften verhindern jegliche typografische Gestaltungsmöglichkeiten. Sollte also grundsätzlich mit absoluten Maßen gearbeitet werden?

Die Antwort heißt: Nein. Es gibt gute Gründe für relative Angaben: Webseiten können heute auf Handys oder auf riesigen 30-Zoll-Monitoren betrachtet werden. Mit absoluten Angaben lässt sich eine Webseite nur an eine Monitorgröße *optimal* anpassen. Auf kleineren Monitoren kann die Seite dann nicht komplett angezeigt werden, so dass hässliche Scrollbalken erscheinen. Auf großen Monitoren verliert sich die Webseite auf einer riesigen Fläche.

Ein weiteres Argument für relative Angaben ist ihre Benutzerfreundlichkeit. Stellt ein Nutzer eine größere Grundschrift in seinem Browser ein, weil er dadurch besser lesen kann, dann wird er nicht begeistert sein, wenn Sie ihn durch Vorgabe einer 10-pt-Schrift zur Verwendung einer Leselupe zwingen. Für so genannte „barrierefreie Seiten" ist die Verwendung relativer Einheiten unerlässlich.

Sie müssen also von Fall zu Fall entscheiden, ob Sie – aus gestalterischer Sicht – mit absoluten oder – aus technischer und Nutzersicht – mit relativen

Absolute Maßeinheiten			Relative Maßeinheiten		
Einheit	**Bedeutung**	**Beispiel**	**Einheit**	**Bedeutung**	**Beispiel**
px	Pixel, absolute Anzahl der Bildpunkte eines Monitors	width: 100px;	px	Pixel ist (auch) relativ, da die Anzahl der Pixel von der Monitorauflösung abhängig ist.	top: 50px;
mm	Millimeter	height: 20mm;			
cm	Zentimeter	margin: 1cm;	em	M-Höhe, Bezug zur Schriftgröße	font-size: 1.2em;
pt	Punkt, entspricht 0,3528 mm	line-height: 12pt;	ex	x-Höhe, Bezug zu Kleinbuchstaben	font-size: 0.8ex;
pc	Pica, entspricht 12 pt	font-size: 1pc;	%	Prozent, Bezug zum übergeordneten Element/Browserfenster	width: 50%;
in	Inch, entspricht 2,54 cm	padding: 0.5in;			

Einheiten arbeiten. Natürlich kann auch eine Kombination aus absoluten und relativen Einheiten sinnvoll sein.

Betrachten Sie die Beispiele, um die Vor- und Nachteile der unterschiedlichen Vorgehensweise zu verstehen:

Absolute Maßangaben

Die „Postbank" arbeitet mit absoluten Maßen – das Layout bleibt unabhängig von der Fenstergröße erhalten. Bei starker Verkleinerung des Fensters geht ein Teil der Informationen verloren.

Zur Verbesserung der Benutzerfreundlichkeit kann die Schriftgröße verändert werden ❶.

Abb.: Postbank

Relative Maßangaben

Die „Bundesbank" verwendet vorwiegend relative Maße, so dass sich Layout und Text bei Verkleinerung des Fensters an die neue Größe anpassen. Die wesentlichen Informationen bleiben sichtbar.

Nachteilig ist, dass die Gestaltung beeinträchtigt wird, z. B. durch Änderung der Buttonhöhe ❷ oder durch schmale Spalten ❸.

Abb.: Bundesbank

10.2.5 Farbangaben

Band II – Seite 742
10.1.2 Merkmale einer HTML-Datei

Auf die auch bei HTML verwendete Farbdefinition wurde bereits in Kapitel 10.1.2 eingegangen:

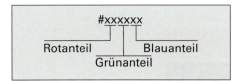

Jedes „x" repräsentiert eine Hexadezimalziffer und kann also die Werte 0,...,9, A,...,F annehmen. Im Photoshop-Farbwähler ❶ können Sie die gewünschten Farbwerte direkt ablesen.

Eine zweite Möglichkeit zur Farbangabe bei CSS erfolgt in der Form:

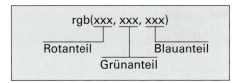

#000000	black
#808080	gray
#C0C0C0	silver
#FFFFFF	white
#FF0000	red
#00FF00	lime
#0000FF	blue
#FFFF00	yellow
#FF00FF	fuchsia
#00FFFF	aqua
#800000	maroon
#008000	green
#000080	navy
#800080	purple
#008080	teal
#808000	olive

Photoshop-Farbwähler

Die Farben können wahlweise in hexadezimaler oder dezimaler Form angegeben werden.

Die „xxx" stehen in diesem Fall für dezimale Farbwerte. Sie können wahlweise als Zahlen von 0 bis 255 oder prozentual angegeben werden. Die Zahlenwerte können Sie ebenfalls direkt im Photoshop-Farbwähler ablesen ❷.

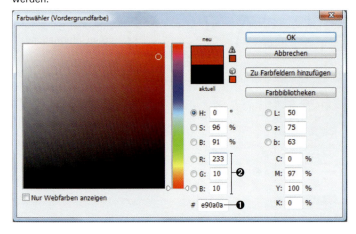

Für die oben dargestellten sechzehn Farben können Sie alternativ auch vordefinierte Namen verwenden, z. B. `color:blue; background-color:white;`

Beachten Sie, dass Farben in gedruckter Form wegen des CMYK-Farbraums anders aussehen als im RGB-Farbraum des Monitors. Die Auswahl von Farben für Webseiten kann deshalb immer nur am Bildschirm direkt erfolgen.

10.2.6 Typografische Gestaltung

CSS

Für die typografische Gestaltung von Webseiten stellen die CSS Möglichkeiten zur Verfügung, die Sie aus dem Bereich der Typografie für Printmedien kennen.

Da es aber leider noch keinen Editor gibt, der Webdesign ohne HTML- und CSS-Kenntnisse ermöglicht, bleibt Ihnen nichts anderes übrig, als sich intensiv mit diesen Themen zu beschäftigen. Das Erlernen von CSS erfordert Zeit und Übung. Was im einen Browser wunderbar funktioniert, sieht im anderen anders aus oder funktioniert gar nicht. Einmal mehr ist hier SELF-HTML eine große Hilfe, da dort zu jeder CSS-Eigenschaft notiert ist, mit welchen Browsern die gewünschte Funktion verwendet werden kann. Sie sollten sich also bei der Auswahl auf Eigenschaften begrenzen, die durch alle gängigen Browser interpretiert werden.

Dieses Kapitel hat das Ziel, Ihnen die wichtigsten CSS-Eigenschaften zusammenzufassen, ohne dabei einen Anspruch auf Vollständigkeit zu erheben. Auf Eigenschaften, die in den CSS 2.1 wegen mangelhafter Unterstützung durch die Browser wieder entfernt wurden, haben wir verzichtet.

10.2.6.1 Schrift und Schriftattribute

Beachten Sie bei der Auswahl von Schriften, dass es Systemschriften sein müssen. Andere Schriften werden automatisch durch Systemschriften ersetzt und das Layout ist dahin.

Um Schriften verwenden zu können, die keine Systemschriften sind, müssen diese in eine Grafik konvertiert werden.

Abhilfe könnte ein neues Schriftformat (WOFF) schaffen, das das Einbinden von Schriften ermöglicht. Lesen Sie hierzu Seite 531 in Band I.

Schrift und Schriftattribute

Schriftart:
```
font-family: Arial;
font-family: Verdana, sans-serif;
font-family: 'Times New Roman';
```

Hinweis:
Schriftnamen mit Leerzeichen sollten in Anführungszeichen gesetzt werden.

Schriftgröße (Einheiten siehe Seite 778):
```
font-size: 10mm;        absolute Einheit
font-size: 1.5em;       relative Einheit
```

Schriftstil:
```
font-style: normal;     normal
font-style: italic;     kursiv
font-style: oblique;    schräg
```

Schriftstärke:
```
font-weight: normal;    normal
font-weight: bold;      fett (bold)
font-weight: bolder;    extra fett
font-weight: light;     dünn
```

Kombination von Schriftangaben:
```
font: bold 12px Verdana;
font: italic 0.8cm Arial;
```

Hinweis:
Die Reihenfolge muss eingehalten werden.

Zeichenabstand:
```
letter-spacing: 0.2em;
letter-spacing: 1px;
```

Wortabstand:
```
word-spacing: 0.5em;
word-spacing: 2px;
```

Schriftfarbe (Farben Seite 780):
```
color: black;
color: #0000FF;
color: rgb(100,200,0);
color: rgb(100%,20%,10%);
```

Textauszeichnung:
```
text-decoration:none; ohne
underline;            unterstrichen
overline;             überstrichen
blink;                blinkend
line-through;         durchgestrichen
```

Band II – Seite 748
10.1.4 Text

Band I – Seite 528
6.2.7 Bildschirmtypografie

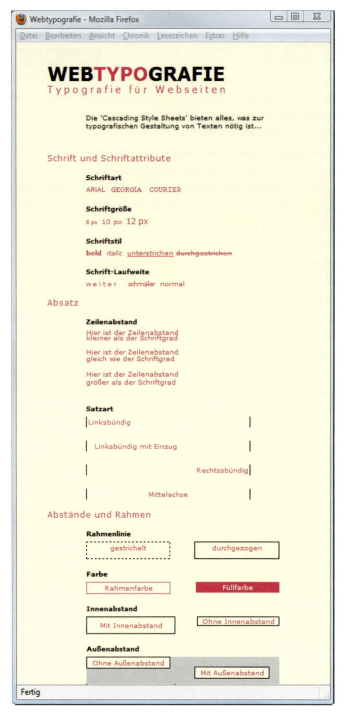

10.2.6.2 Absätze

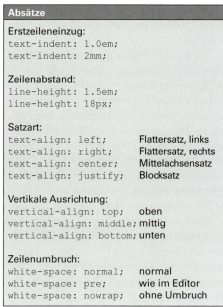

Eine interessante Erweiterung der Stylesheets ab Version 2.0 stellt die Definition des Zeilenumbruchs (`white-space`) dar: Bislang mussten im Quelltext mehrere Leerzeichen mühsam durch ` ` und Zeilenumbrüche durch `<br />` markiert werden. Durch die Option `pre` wird der Umbruch so übernommen, wie Sie ihn im Editor gestalten.

10.2.6.3 Abstände und Rahmen

Um den Umgang mit Abständen und Rahmen zu verstehen, muss zunächst das so genannte CSS-Boxmodell erläutert werden. Betrachten Sie hierzu die Abbildung auf der rechten Seite oben: Ein HTML-Blockelement, wie beispielsweise Absätze `<p>`, Überschriften `<h1>` oder das Blockelement `<div>`, können Sie sich als Kasten („Box") vorstellen:

782

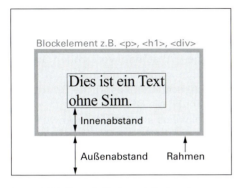

Eine CSS-Box definiert sich durch:
- Breite (`width`) und Höhe (`height`),
- Rahmenlinie (`border`),
- Außenabstand (`margin`) zum umgebenden Kasten oder dem Browserfenster,
- Innenabstand (`padding`) zum Inhalt des Elements,
- farbigem Hintergrund (`background-color`).

Abstände und Rahmen

Breite und Höhe (der Box):
```
width: 600px;         Breite
height: 200px;        Höhe
```

Außenabstände:
```
margin-top: 100px;       oben
margin-bottom: 50px;     unten
margin-left: 20%;        links
margin-right: 3.0em;     rechts
margin: 30px;            gleiche Abstände
margin: 6px 0 8px 5px;   oben, rechts,
                         unten, links
```

Innenabstände:
```
padding-top: 100px;       oben
padding-bottom: 50px;     unten
padding-left: 20%;        links
padding-right: 3.0em;     rechts
padding: 30px;            gleiche Abstände
padding: 6px 0 8px 5px;   oben, rechts,
                          unten, links
```

Hintergrundfarbe:
```
background-color: blue;
background-color: #A097FC;
```

Stärke der Rahmenlinie:
```
border-width: 3px;
```

Abstände und Rahmen (Fortsetzung)

Rahmenart:
```
border-style: none;      ohne
border-style: dotted;    gepunktet
border-style: dashed;    gestrichelt
border-style: solid;     durchgezogen
border-style: double;    doppelt
border-style: groove;    3D-Effekt
border-style: inset;     3D-Effekt
border-style: outset;    3D-Effekt
```

Rahmenfarbe:
```
border-color: silver;      farbig
border-color: transparent; durchsichtig
```

Kombinationen für Rahmen:
```
border: 3px solid black;
border: 0.5em dotted #FF0000;
```

Hinweis:
Alle Eigenschaften zur Formatierung von Rahmen können auch auf einzelne Seiten begrenzt werden:
```
border-top-              oben
border-bottom-           unten
border-left-             links
border-right-            rechts
```

Beispiele:
```
border-top-width: 3px;
border-bottom-color: blue;
```

10.2.6.4 Listen

Listen stellen ein wichtiges Element zur Gliederung von Texten dar. Unterschieden werden dabei
- *Aufzählungslisten*, `<ul>` für „unordered list", die in jeder Zeile mit einem Aufzählungszeichen beginnen,
- *nummerierte Listen*, `<ol>` für „ordered list", die mit Ziffern oder Buchstaben beginnen.

Listen können verschachtelt werden, so dass Sie beispielsweise eine Aufzählungsliste auch innerhalb einer nummerierten Liste platzieren können.

Zur ansprechenden und flexiblen Formatierung von Listen stellen die CSS folgende Eigenschaften bereit:

Listen

Aufzählungszeichen bei <ul>:
`list-style-type: none;` ohne
`list-style-type: disc;` gefüllter Kreis
`list-style-type: circle;` leerer Kreis
`list-style-type: square;` Quadrat

Nummerierung bei <ol>:
`list-style-type:`
`decimal;` arabisch: 1., 2., 3., ...
`lower-roman;` römisch klein: i., ii., iii., ...
`upper-roman;` römisch groß: I., II., III., ...
`lower-alpha;` alphabet. klein: a., b., c., ...
`upper-alpha;` alphabet. groß: A., B., C.,...

Position des Aufzählungszeichens:
`list-style-position:`
`inside;` innerhalb des Textblockes
`outside;` außerhalb des Textblockes

Eigene Grafik als Aufzählungszeichen:
`list-style-image: url(punkt.gif);`

10.2.6.5 Tabellen

Tabellen dienen, wie im HTML-Kapitel deutlich betont, nicht zum Layouten von Webseiten, sondern zur Darstellung tabellarischer Daten. Zur Gestaltung des Textes innerhalb einer Tabelle und zur Formatierung der Tabelle selbst (Rahmen, Abstände) verwenden Sie die CSS-Eigenschaften, die in den vorherigen Abschnitten besprochen wurden. Sie können die CSS auf `<table>`, `<td>` und teilweise auch auf `<tr>` anwenden.

Zusätzliche Eigenschaften, die ausschließlich zur Formatierung von Tabellen dienen, sind:

Tabellen

Zellenabstand:
`border-spacing: 10px;`

Überlagerung von Rahmen:
`border-collapse: separate;` keine
`border-collapse: collapse;` überlagert

Umgang mit leeren Zellen:
`empty-cells: show;` Anzeige
`empty-cells: hide;` keine Anzeige

Hinweis: Besser ist es, leere Zellen zu vermeiden. Platzieren Sie zumindest ein Leerzeichen (` `) in jeder Zelle.

Tabellenformatierung

Leider unterscheidet sich die Darstellung von Tabellen bei Internet Explorer (links) und Firefox (rechts) nicht unerheblich.

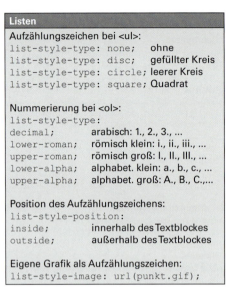

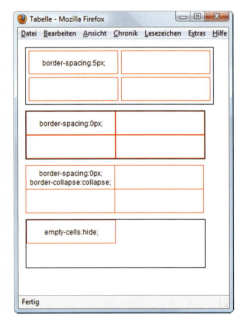

784

10.2.7 Hintergründe

Ohne weitere Angabe werden Webseiten auf weißem Hintergrund dargestellt. Diese Grundeinstellung ist alles andere als benutzerfreundlich, weil Weiß als Summe der Grundfarben Rot, Grün und Blau maximale Energie besitzt und somit eine Belastung für die Augen darstellt.

Um diesem Problem zu begegnen, haben Sie die Möglichkeit, eine
- andere Farbe als Hintergrundfarbe zu wählen oder
- eine Grafik in den Hintergrund zu legen.

Hintergründe, die im gesamten Browserfenster sichtbar sein sollen, werden für das `<body>`-Element definiert. Darüber hinaus haben Sie aber auch die Möglichkeit, andere HTML-Elemente wie `<table>` oder `<div>` mit Hintergründen zu versehen.

Hintergrundfarben
Die Möglichkeiten der CSS-Farbdefinition lesen Sie bitte auf Seite 780 nach.

Hintergrundbilder
Bei der Verwendung von Hintergrundbildern ist zu beachten, dass diese standardmäßig wiederholt werden, wenn die Bildabmessungen kleiner sind als die zu füllende Fläche. Dies führt zu einem unschönen „Tapeteneffekt".

Hintergrundfarben und -bilder

Hintergrundfarbe:
```
background-color: rgb(180,210,250);
background-color: #FEF1B4;
```

Hintergrundbild „grafik.gif":
```
background-image: url(grafik.gif);
```

Wiederholung des Hintergrundbildes:
```
background-repeat:
repeat;        Wiederholung
repeat-y;      nur vertikale Wdg.
repeat-x;      nur horizontale Wdg.
no-repeat;     keine Wiederholung
```

Scrollverhalten des Hintergrundbildes:
```
background-attachment: scroll;
background-attachment: fixed;
```

Platzieren des Hintergrundbildes (horizontaler und vertikaler Abstand von linker oberer Ecke):
```
background-position: 50px 100px;
background-position: top left;
background-position: bottom right;
background-position: center center;
```

Kombinationen für Hintergründe:
```
background: url(grafik.jpg) #FEF1B4
no-repeat top center;
```

Achten Sie bei der Vorbereitung eines Hintergrundbildes deshalb auf eine geeignete Größe und verhindern Sie die Wiederholung durch Angabe der entsprechenden CSS-Eigenschaft (siehe Tabelle).

Bildwiederholung
Über „background-repeat" lässt sich die Wiederholung von Hintergrundbildern verhindern (rechts).
Die Eigenschaft „background-position" ermöglicht das Platzieren rechts oben.

785

10.2.8 Layouten

Die „Königsdisziplin" im Umgang mit CSS ist das Erstellen kompletter Layouts. Wie im Printbereich werden hierfür Rahmen – so genannte Blockelemente – verwendet, die im zweiten Schritt mit dem gewünschten Inhalt versehen werden.

Leider ist der Umgang mit CSS-Layouts nicht einfach. Dies liegt einerseits an den vielfältigen Möglichkeiten, die Sie zum Platzieren von Blockelementen haben. Andererseits verwenden die verschiedenen Browser und Browserversionen unterschiedliche „Parser" zur Interpretation des HTML-Codes: Eine Website, die im Firefox einwandfrei dargestellt wird, kann im Internet Explorer fehlerhaft sein – oder umgekehrt. Der Internet Explorer 8 kann die Site anders darstellen als Version 6. Und zwischen Mac und Windows gibt es ohnehin immer Unterschiede …

Um gegen obige Probleme gerüstet zu sein, werden wir uns Schritt für Schritt mit den CSS-Layouts beschäftigen. Hierzu ist zunächst erforderlich, dass Sie das Boxmodell kennen:

10.2.8.1 Blockelement <div>

Das für das Layouten wichtigste Blockelement heißt `<div>`. Es erzeugt einen zunächst leeren Rahmen („Box"), der sich an beliebiger Stelle auf dem Bildschirm platzieren lässt.

Wie die Abbildung unten zeigt, wird ein `<div>`-Element durch folgende Eigenschaften definiert:
- Breite (`width`) und Höhe (`height`), z. B. in Pixel oder prozentual, bezogen auf die Fensterbreite bzw. -höhe,
- optional eine Rahmenlinie (`border`) mit einer bestimmten Breite (`border-width`),
- optional einen Außenabstand (`margin`), z. B. zum Rand des Browserfensters,
- optional einen Innenabstand (`padding`), z. B. um einen Abstand zwischen Text und Rändern zu erhalten.

Rechenbeispiel:
Breite: 300 px; Höhe: 200 px, Rahmenlinie: 5 px; Innenabstand: 10 px, Außenabstand: 20 px ergibt die Gesamtbreite:

CSS-Boxmodell

Das Boxmodell definiert, wie ein Browser mit den Angaben zu width, height, border, padding und margin umgehen soll.

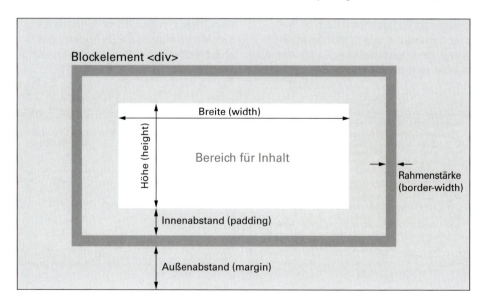

300 px + 2 · 5 px + 2 · 10 px + 2 · 20 px = 370 px und die Gesamthöhe: 200 px + 2 · 5 px + 2 · 10 px + 2 · 20 px = 270 px. Diese Größe müssen Sie beim Erstellen des Layouts berücksichtigen.

Dokumenttyp angeben
Damit Blockelemente korrekt angezeigt werden, ist die Angabe des Dokumenttyps (`DOCTYPE`) erforderlich:

CSS

Boxmodell-Fehler des IE 5.5

Da der Internet Explorers 5.5 veraltet ist, spielt der Boxmodell-Fehler heute (fast) keine Rolle mehr.

Definition von Blockelementen <div>

Breite und Höhe des Blockelements:
`<div style="width: 300px; height: 200px">...</div>`

Blockelement mit Rahmen:
`<div style="width: 300px; height: 200px; border: 5px solid red">...</div>`

Blockelement mit Außenabstand:
`<div style="width: 300px; height: 200px; margin: 20px">...</div>`

Blockelement mit Innenabstand:
`<div style="width: 300px; height: 200px; padding: 10px">...</div>`

Blockelement mit Hintergrundfarbe:
`<div style="width: 300px; height: 200px; background-color: yellow">...</div>`

Kombinationen bei Blockelementen (siehe Screenshot):
`<div style="width: 200px; height: 150px; border: 10px solid blue; margin: 20px; padding: 10px; background-color: red; color: white">...</div>`

Dokumenttyp für HTML 4.01 (Variante „Strict"):
`<!DOCTYPE HTML PUBLIC "-//W3C//DTD HTML 4.01//EN">`

Dokumenttyp für XHTML
`<!DOCTYPE html PUBLIC "-//W3C//DTD XHTML 1.1//EN">`

Dokumenttyp für HTML 5:
`<!DOCTYPE HTML>`

Nullpunkt definieren
Um zu gewährleisten, dass sich der Nullpunkt exakt im linken, oberen Eck des Browserfensters befindet, weisen Sie dem `<body>`-Element einen Außenrand von null Pixel zu:

Definieren Sie den Nullpunkt im `<body>`-Element:

`<body style="margin: 0px">`

10.2.8.2 Positionieren von Blockelementen

Nachdem im vorigen Abschnitt die Definition von `<div>`-Blöcken besprochen wurde, stellt sich nun die Frage, wie sich diese an der gewünschten Stelle im Browser platzieren lassen.

Für das Erstellen von Layouts kommen hierfür im Wesentlichen zwei Techniken in Frage: Platzieren mit `position` oder Umfließen mit `float`:

CSS-Eigenschaft „position"
Die CSS-Eigenschaft `position` stellt Ihnen folgende Möglichkeiten zum Platzieren von Blockelementen zur Verfügung:

Platzieren mit position

Ohne besondere Positionierung (default):
`position: static;`

Feste Position im Browserfenster (kein Scrollen):
`position: fixed;`

Hinweis: „fixed" wird erst ab IE 6 unterstützt!

Absolute Position innerhalb des Vorgängerelements:
`position: absolute;`

Relative Postion innerhalb des Vorgängerelements:
`position: relativ;`

Werte zur Positionierung:
`top: 20px;`	Abstand von oben
`bottom: 30px;`	Abstand von unten
`left: 30px;`	Abstand von links
`right: 50px;`	Abstand von rechts

Um die Unterschiede zwischen `fixed`, `absolute` und `relative` verstehen zu können, betrachten wir ein Beispiel mit verschachtelten Blockelementen:

Anwendungsbeispiel für position

Definition der Stylesheets:
```
<style type="text/css">
#box1    {width: 200px; height: 200px;
          position: absolute;
          top: 20px; left: 20px;
          background-color: blue;}
#box11   {width: 100px; height: 100px;
          position: fixed;
          top: 20px; left: 20px;
          background-color: gray;}
#box2    {width: 200px; height: 200px;
          position: absolute;
          top: 20px; left: 250px;
          background-color: red;}
#box21   {width: 100px; height: 100px;
          position: absolute;
          top: 20px; left: 20px;
          background-color: gray;}
#box3    {width: 200px; height: 200px;
          position: absolute;
          top: 20px; left: 480px;
          background-color: green;}
#box31   {width: 100px; height: 100px;
          position: relative;
          top: 20px; left: 20px;
          background-color:gray;}
</style>
```

Verschachtelung der Blockelemente:
```
<div id="box1">...Text...<div
id="box11">...Text...</div></div>

<div id="box2">...Text...<div
id="box21">...Text...</div></div>

<div id="box3">...Text...<div
id="box31">...Text...</div></div>
```

CSS-Eigenschaft „position"
Der Screenshot zeigt die unterschiedlichen Ergebnisse der Optionen „fixed", „absolute" und „relative" im Vergleich.

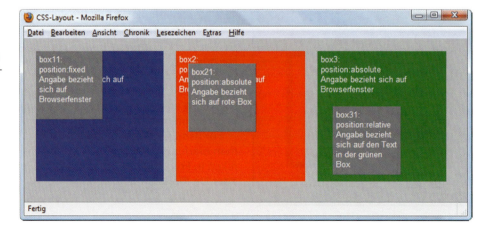

788

Positionierung bei „fixed"

Wie Sie sehen, beziehen sich die im Beispiel bei `top` und `left` angegebenen Werte des inneren Elements (box11) direkt auf das Browserfenster und überdecken somit den Text des äußeren (blauen) Elements (box1).

Beachten Sie, dass derart platzierte Rahmen nicht mitscrollen, da sie sich immer auf das Browserfenster beziehen.

Positionierung bei „absolute"

Die Bezeichnung ist irreführend, da das innere Element (box21) durchaus relativ zum äußeren Element (box2) platziert wird. Die im Beispiel bei `top` und `left` angegeben Werte beziehen sich also auf das äußere (rote) Element. Weitere Elemente, die sich im roten Element befinden, werden wie bei `fixed` überschrieben. Beim Scrollen bewegen sich absolut platzierte Blockelemente mit.

Positionierung bei „relative"

Das innere Element (box31) wird wie bei der absolute Positionierung relativ zum äußeren Element (box3) platziert. Hierbei werden allerdings weitere Elemente (hier: Text) in dieser Box berücksichtigt, so dass sich die Angaben `top` und `left` auf die Unterkante des Textes beziehen und der Text nicht überschrieben wird.

Beim Scrollen bewegen sich relativ platzierte Blockelemente natürlich ebenfalls mit.

CSS-Eigenschaft „float"

Eine Alternative zur direkten Platzierung von Blockelementen über `position` ist, dass Blockelemente von anderen Elementen umflossen werden können. Die Eigenschaft wird deshalb als `float` bezeichnet.

Umfließen mit float

Umgang mit inneren Elementen:

`float: none;`	ohne Umfluss
`float: right;`	Umfluss rechts
`float: left;`	Umfluss links

Umfließen beenden:

`clear: left;`	beendet float: left
`clear: right;`	beendet float: right
`clear: both;`	beendet Umfluss

Um die Eigenschaft zu verstehen, auch hier ein konkretes Beispiel:

Anwendungsbeispiel für float

Definition der Stylesheets

```
<style type="text/css">
#blau   {float: left;
         width: 100px; height: 150px;
         padding: 10px; color: white;
         background-color: blue;}
#rot    {float:right;
         width:100px; height: 150px;
         padding: 10px; color: white;
         background-color: red;}
#gruen  {margin-left: 120px;
         width: auto; height: 150px;
         padding: 10px; color: white;
         background-color:green;}
</style>
```

Anwendung in den Blockelementen:

```
<div id="blau">...</div>
<div id="rot">...</div>
<div id="gruen">...</div>
```

Beachten Sie, dass die Reihenfolge der Blockelemente nicht willkürlich ist: Die umfließenden Blöcke, im Beispiel `#rot` und `#blau`, müssen vor dem Element stehen, das umflossen wird, im Beispiel `#gruen`. Das Resultat ist im Screenshot auf der nächsten Seite oben dargestellt.

Hinweis: Durch die Angabe `auto` bei der Breite (`width`) des mittleren Blocks erreichen Sie, dass der Block eine variable Breite erhält und immer an die Fensterbreite angepasst wird.

CSS-Eigenschaft „float"

Bei „float" werden Blockelemente (grüner Block) wahlweise links (blauer Block) oder rechts (roter Block) umflossen.

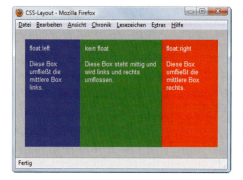

Vergleich von „position" und „float"
Bei der Betrachtung des Screenshots stellen Sie sich vielleicht die Frage, worin nun der Vorteil von float im Vergleich zu position liegt. Denn das obige Resultat kann natürlich auch mit position erzielt werden.

Der Unterschied wird erst deutlich, wenn Sie die Größe des Browserfensters variieren. Während bei position die Rahmen starr sind und die Inhalte deshalb verdeckt werden, lässt sich dies bei float durch eine variable Spaltenbreite verhindern. Bei kleinen Displays, wie bei PDAs oder Handys, geht dann zwar das Layout verloren, die Inhalte bleiben jedoch sichtbar. Die Entscheidung für die eine oder andere Eigenschaft hängt also immer davon ab, für welchen Einsatz Ihre Website gedacht ist: Muss die Site auf möglichst allen Endgeräten sichtbar sein, dann ist float die bessere Alternative. Ist die Site nur für gängige Standardmonitore gedacht, dann können Sie auch mit position arbeiten. Eventuell ist auch eine Kombination beider Varianten sinnvoll.

10.2.8.3 Darstellung des Inhalts im Blockelement

Mit der Eigenschaft overflow legen Sie fest, wie der Browser mit Inhalten umgehen soll, die im vorgesehenen Blockelement keinen Platz haben. Hierbei muss es sich nicht um Text handeln, die Einstellung wirkt sich ebenfalls auf Bilder oder andere HTML-Elemente aus.

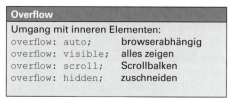

Vergleich von „position" und „float"
Links:
Bei Verkleinerung des Browserfensters verschwinden die Boxen bei absoluter Positionierung, so dass horizontales Scrollen erforderlich wird.
Mitte:
Bei „float" bleibt durch die variable Spaltenbreite der komplette Text sichtbar.
Rechts:
Optionen bei der Verwendung von „overflow".

790

CSS

10.2.8.4 Blockelement zur Anpassung an das Browserfenster

Damit eine Website sowohl auf kleinen Displays als auch auf großen Monitoren optimal dargestellt wird, ist es sinnvoll, diese an das Browserfenster anzupassen. Hierzu definieren Sie eine Box, die *sämtliche* anderen Inhalte beinhaltet:

Anpassung an das Browserfenster

Definition des zentralen Blockelements
```
<style type="text/css">
#bigbox     {width: 90%;
             max-width: 1000px;
             min-width: 500px;
             margin: 0px auto;
             overflow: hidden;}
...
</style>
```

Anwendung im <body>:
```
<body>
<div id="bigbox">...
...
...
</div>
</body>
```

Erläuterungen:
- Mit `width` definieren Sie eine relative Breite in Bezug auf das Browserfenster.
- Die Optionen `max-width` bzw. `min-width` bewirken, dass die Darstellung eine maximale Breite nicht über- bzw. minimale Breite nicht unterschreitet.
- Über `margin` definieren Sie die Ränder um die Box: Die Angabe `auto` für den linken und rechten Rand sorgt dafür, dass die Website im Browserfenster horizontal zentriert wird.
- Die Option `overflow` bewirkt wie im letzten Abschnitt beschrieben, dass der Inhalt auf die Box beschränkt bleibt.

10.2.8.5 Printlayouts

Die CSS enthalten einige Eigenschaften, die speziell für den Ausdruck von Webseiten definiert wurden. Bedauerlicherweise werden diese Eigenschaften bislang kaum durch die gängigen Browser unterstützt, so dass wir hier auf ihre Aufzählung verzichten.

Beachten Sie aber die bereits auf Seite 771 erwähnte Möglichkeit, eine zweite CSS-Datei einzubinden, die durch die `media`-Angabe spezifiziert wird und daher nur beim Ausdruck eine Rolle spielt:

Externe CSS für den Ausdruck

Einbinden mehrerer CSS-Dateien für unterschiedliche Ausgabemedien über <link>:
```
<html>
<head>
<title>Externe CSS</title>
<link rel="stylesheet"
media="screen" href="web.css">
<link rel="stylesheet" media="print"
href="druck.css">
</head>
...
```

In der externen Datei, im Beispiel oben die Datei „druck.css", können Sie Stylesheets definieren, die *ausschließlich beim Ausdruck* zur Anwendung kommen. Aufgrund der großen Unterschiede zwischen der Lesbarkeit am Monitor im Vergleich zum Druck ist eine derartige Trennung oft sinnvoll, beispielsweise in Bezug auf Schriftwahl, Schriftgröße, Zeilenabstand, Ränder, Farben usw.

Die Wirkungsweise Ihres Printlayouts können Sie auch ohne Ausdruck testen, indem Sie im Browser die Option *Datei > Druckvorschau* (Firefox) wählen.

Band II – Seite 761
10.1.11 Webbrowser

10.2.9 Anwendungsbeispiel

Band I – Seite 507
6.2 Screendesign

Zum Abschluss des Themas CSS wollen wir Ihnen ein konkretes Anwendungsbeispiel vorstellen. Die Themen der einzelnen Kapitel werden hierbei anhand eines kleinen Projektes beispielhaft umgesetzt.

Den „CSS-Freaks" unter Ihnen wird auffallen, dass die vorgestellten Lösungen an der einen oder anderen Stelle optimiert werden könnten. Da sich dieses Kapitel jedoch – wie das gesamte Kompendium – auch an Anfänger wendet, wurde auf spezielle Tricks und „Hacks" bewusst verzichtet. Diese finden Sie in großer Vielfalt im Internet.

Step 1: Layout

Entwurf und Layout einer Website sind Aufgaben der Gestalter und somit nicht Thema dieses Bandes.

An dieser Stelle gehen wir davon aus, dass das Layout bereits erstellt wurde und nun mittels CSS umgesetzt werden soll.

Im Beispiel setzen wir ein Standardlayout bestehend aus Kopfbereich (header), Navigationsbereich, Inhaltsbereich (content), Infobereich und Fußbereich (footer) um.

Layout des Anwendungsbeispiel
(nicht maßstäblich)

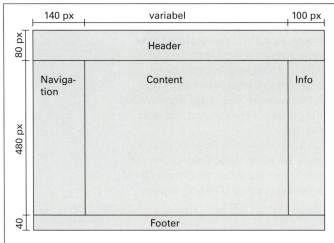

Layout

```
1   <!DOCTYPE HTML PUBLIC "-//W3C//
2   DTD HTML 4.01//EN">
3   <html>
4   <head>
5   <title>CSS-Layout</title>
6   <style type="text/css">
7   body    {margin: 0px;
8            background-color: black;
9           }
10  #bigbox {width: 100%;
11           max-width: 1000px;
12           min-width: 500px;
13           margin: 0px auto;
14           overflow: hidden;
15          }
16  #header {height: 80px;
17           background-color:silver;
18          }
19  #navi   {float: left;
20           padding-top: 50px;
21           width: 140px;
22           height: 430px;
23           background-color: blue;
24          }
25  #info   {float: right;
26           width: 100px;
27           height: 480px;
28           background-color: green;
29          }
30  #content{margin: 0px 100px 0px
31           140px;
32           padding: 20px;
33           height: 440px;
34           background-color:#FFFFB6;
35          }
36  #footer {clear: both;
37           padding: 10px;
38           height: 20px;
39           background-color: yellow;
40          }
41  </style>
42  </head>
43  
44  <body>
45  <div id="bigbox">
46  <div id="header"></div>
47  <div id="navi"></div>
48  <div id="info"></div>
49  <div id="content"></div>
50  <div id="footer"></div>
51  </div>
52  </body>
53  </html>
```

Hinweis. Die Farbangaben dienen nur zur Veranschaulichung.

Erklärungen:
- Zeile 1/2:
  Der Dokumenttyp kennzeichnet die HTML-Version 4.01.
- Zeile 7
  Die `margin`-Angabe bewirkt, dass die Website im linken oberen Eck des Browsers platziert wird.
- Zeilen 10 bis 15:
  Die Box dient als Container für den gesamten Inhalt und sorgt dafür, dass die Website im Browserfenster horizontal zentriert wird. Weiterhin wird durch `max-width` bzw. `min-width` verhindert, dass die Site bestimmte Maße über- bzw. unterschreitet.
- Zeilen 20/22 und 32/33:
  Beachten Sie, dass gemäß Boxmodell die Innenränder zur Höhe addiert werden müssen: z. B. 50 px (oberer Innenabstand) + 430 px = 480 px.
- Zeilen 19/25:
  Die `content`-Box wird vom blauen und grünen Rahmen umflossen. Beachten Sie, dass die blauen und grünen `<div>`-Elemente *vor* dem roten Element stehen müssen. Da keine Breite definiert ist, passt sich der Rahmen an die Fensterbreite an. Die Verwendung von `float` statt `position` bietet den Vorteil, dass sich die Rahmen auch bei starker Verkleinerung des Fensters nicht überlappen und Informationen verdeckt werden.
- Zeile 30/31:
  Die Ränder umgeben die rote Box. Aus diesem Grund muss für den linken bzw. rechten Rand die Breite der linken bzw. rechten Spalte angegeben werden.
- Zeile 36:
  Im „footer" wird der Umfluss mittels `clear`-Attribut aufgehoben.
- Aufgrund eines Fehlers zeigt der Internet Explorer bis zur Version 6 ei-

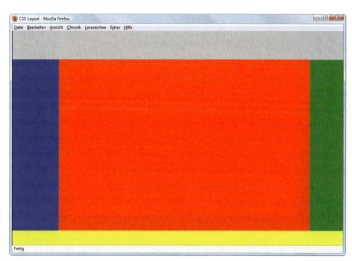

nen Abstand von 3 px zwischen dem blauen, roten und grünen Rahmen. Auf dessen Korrekturmöglichkeit wird hier nicht eingegangen.

Step 2: Hintergrundfarben und -bilder
Im zweiten Schritt weisen Sie jeder Box wahlweise eine Hintergrundfarbe oder ein Hintergrundbild zu.

Erstellen Sie alle benötigten Bilder zunächst in der im Layout angegebenen Größe in einem Bildverarbeitungsprogramm. Speichern Sie sie als GIF-, PNG- oder JPG-Datei ab – lesen Sie gegebenenfalls in Kapitel 10.1.5 ab Seite 749 nach. Speichern Sie die Bilder in einem Bilder-Ordner ab.

Lösungsvorschlag zu Step 1

Die Farben dienen nur zu Testzwecken und werden im nächsten Schritt durch andere Farben bzw. Grafiken ersetzt.

Hintergrundfarben und -bilder
```
1  ...
2  <style type="text/css">
3  ...
4  #header {height: 80px;
5          background-image:
6          url(images/header.jpg);
7  ...
8  #content{padding: 20px;
9          height: 440px;
10         background-color:#FFFFDA;
11 ...
12 </style>
```

Lösungsvorschlag zu Step 2

Erläuterungen:
- Zeile 4 bis 8:
  Die Buttons (.button) sind als <div>-Elemente realisiert. Sie erhalten eine Breite, Hintergrundfarbe und Rahmenlinie. Der negative untere Rand (margin-bottom) hat zur Folge, dass die Linien zwischen den Buttons nicht doppelt, also mit zwei Pixel Stärke, dargestellt werden.
- Zeile 9 bis 11:
  Das Pseudoelement (.button:hover) bewirkt, dass die Buttons bei Berührung mit der Maus hell hervorgehoben werden (Mouseover-Effekt).
- Die Formatierung des Textes wird im nächsten Schritt ergänzt.

Step 3: Navigationselemente
Zur Realisierung der Buttons haben Sie grundsätzlich zwei Möglichkeiten:
- Sie erstellen Ihre Navigationselemente in einem Bildverarbeitungsprogramm, speichern sie als Bilddateien ab und fügen sie in Ihrem Layout mittels img-Tag ein.
- Sie realisieren die Buttons komplett mit CSS. Wir wählen in dieser Übung diesen Weg:

Navigationselemente
```
 1  ...
 2  <style type="text/css">
 3  ...
 4  .button {width:138px;
 5          border: 1px solid #000;
 6          margin-bottom: -1px;
 7          background-color:#FFCC66;
 8          }
 9  .button:hover {
10          background-color:#FFFFB6;
11          }
12  ...
13  </style>
14  <body>
15  ...
16  <div id="navi">
17  <div class="button"><a href="#">
18  HTML</a></div>
19  <div class="button"><a href="#">
20  CSS</div></a>
21  ...
```

Step 4: Textgestaltung
Auch zur Textgestaltung werden ausschließlich Stylesheets und keine HTML-Tags verwendet.

Textgestaltung
```
 1  ...
 2  <style type="text/css">
 3  ...
 4  .head {
 5          font: 18px Verdana;
 6          color:#CC3300;
 7          padding-bottom:20px;
 8          }
 9  .text {
10          font: 12px Verdana;
11          padding: 0px 40px 10px 40px;
12          line-height:1.4;
13          color: #666666;
14          width:80%;
15          }
16  .link {
17          font:bold 11px Verdana;
18          color:#CC3300;
19          text-decoration: none;
20          width:120px;
21          padding:10px;
22          display:block;
23          }
24  .link:hover {
25          color:#000;
26          }
```

CSS

```
27  ...
28  <div class="button"><a class=
29  "link" href="#">HTML</a></div>
30  ...
31  <div id="content">
32  <h1 class="head">Cascading Style
33  Sheets (CSS)</h1>
34  <p class="text">HTML wurde 1996
35  durch eine Formatierungssprache
36  ergänzt...</p>
37  ...
38  </div>
39  ...
```

Erklärungen:
- Zeile 14:
  Die Breitenangabe 80% bewirkt, dass der Fließtext an die jeweilige Fenstergröße angepasst wird und automatisch 80 % des zur Verfügung stehenden Platzes belegt.
- Zeile 22:
  Die display-Angabe bewirkt, dass das <a>-Element als Blockelement behandelt wird und der Nutzer im gesamten Kasten und nicht nur auf den Text klicken kann.
- Zeilen 32/34:
  Sie fragen sich vielleicht, weshalb im Content-Bereich mit <h1> und <p> und nicht ausschließlich mit <div> gearbeitet werden sollte. Der Grund hierfür ist, dass der HTML-Quellcode *ohne CSS* einen Bezug zum Inhalt herstellen muss. Ein <h1>-Element kennzeichnet den nachfolgenden Text als Hauptüberschrift, <p> definiert einen Absatz usw. Für Blinde sind dies wichtige Informationen, da sie sich den Text mit Hilfe einer Software vorlesen oder in Blindenschrift darstellen lassen.

Step 5: Externe CSS-Datei
Wenn Sie mit der Gestaltung Ihrer Website zufrieden sind, sollten Sie sämtliche Stylesheets in eine externe CSS-Datei auslagern und diese Datei über das

Lösungsvorschlag zu Step 3 und 4

<link>- oder @import-Element mit der HTML-Datei verknüpfen.

Eine externe CSS-Datei bietet den Vorteil, dass sie für beliebig viele weitere HTML-Dateien verwendet werden kann. Spätere Änderungen müssen nur in einer Datei vorgenommen werden. Außerdem erreichen Sie hierdurch die geforderte Trennung von Gestaltung (CSS) und Inhalt (HTML).

Vergessen Sie bitte nicht, Ihre CSS-Datei mit ausführlichen Kommentaren zu versehen.

Auch wenn das Kommentieren lästig und zeitaufwändig ist, lohnt sich die

Kommentare
```
 1  /* Überschriften
 2     Verdana, 18pt, rot */
 3  .head {
 4       font: 18px Verdana;
 5       color:#CC3300;
 6       padding-bottom:20px;
 7       }
 8  /* Mengentext
 9     Verdana, 12 pt, grau */
10  .text {
11       font: 12px Verdana;
12       padding: 0px 40px 10px 40px;
13       line-height:1.4;
14       color: #666666;
15       width:80%
16       }
```

Mühe im Hinblick auf Lesbarkeit und Verständnis. Denken Sie daran, dass Sie die Website eventuell Monate später modifizieren müssen.

Achten Sie auch auf eine übersichtliche Darstellung Ihrer Stylesheets. Wie im Beispiel gezeigt, sollte für jede CSS-Eigenschaft eine Zeile vorgesehen werden. Einrückungen erhöhen die Übersichtlichkeit zusätzlich und werden Ihnen die Fehlersuche erleichtern.

Step 6: Tests
Während sich Printdesigner darauf verlassen können, dass ein finales Layout auch bei einer Million Drucke immer identisch ist, können Webdesigner leider keineswegs davon ausgehen, dass eine Webseite überall gleich dargestellt wird.

Ein erster Problembereich ist die nicht vorhersehbare Größe des Monitors bzw. Browserfensters: Vom Handydisplay bis zum 30"-Cinemadisplay ist heute alles möglich. Testen Sie Ihre Website deshalb, indem Sie das Browserfenster stark vergrößern bzw. stark verkleinern:

- Sind die wesentlichen Informationen immer sichtbar?
- Kann der Nutzer auf der Site navigieren oder werden Buttons verdeckt?
- Bleibt die Lesbarkeit gewährleistet oder werden die Zeilen zu lang/kurz?

Nehmen Sie notfalls Anpassungen Ihrer Stylesheets vor.

Ein zweiter Problembereich betrifft die unterschiedlichen Browser, Browserversionen und Betriebssysteme der Nutzer. Auch wenn hier in den letzten Jahren deutlich nachgebessert wurde, vor allem Microsoft stellt seit Version 7 einen stark verbesserten Browser zur Verfügung, ist das Testen Ihrer Webseiten mit den gängigen Browsern unter Windows und Mac nach wie vor sinnvoll.

Wie die Statistik in Kapitel 10.1.11 zeigt, sind derzeit der

- Microsoft Internet Explorer in den Versionen 6 oder höher,
- Mozilla Firefox ab Version 3,
- Google Chrome und
- Apple Safari

von Bedeutung. Die aktuelle Statistik zur Verbreitung von Webbrowsern und Betriebssystemen finden Sie im Internet unter http://marketshare.hitslink.com.

Flexible Fenstergröße
Links: Durch das variable Layout mit `float` funktioniert die Website auch noch bei kleinen Displays (hier: 430 x 530 px).

Rechts: Bei großen Displays (hier: 2.000 x 1.000 Pixel) wird die Site nicht beliebig vergrößert, da sich die Lesbarkeit zunehmend verschlechtern würde.

10.2.10 Aufgaben

CSS

1 Bedeutung von CSS kennen

Zählen Sie drei Gründe auf, weshalb Webseiten ausschließlich mit CSS formatiert und gestaltet werden sollen.

2 CSS definieren

a. Wie können Stylesheets definiert werden? Nennen Sie drei Möglichkeiten.
b. Nennen Sie jeweils einen Vorteil für die unter a. genannten Möglichkeiten der Definition.

3 Kaskadierung verstehen

a. Erklären Sie den Begriff „Kaskadierung" bei den Cascading Style Sheets.
b. Nennen Sie den wesentlichen Vorteil der Kaskadierung.

4 Selektoren kennen

Eine CSS-Regel besitzt folgende Struktur:

```
selektor {
  eigenschaft1: wert1;
  eigenschaft2: wert2;
  ...
}
```

a. Geben Sie vier Gruppen von Selektoren an.
b. Formulieren Sie für jede der unter a. genannten Gruppen ein Beispiel.

5 Rangfolge von Selektoren kennen

Gegeben ist folgender Quellcode:

```
<!DOCTYPE HTML PUBLIC "-//W3C//
DTD HTML4.01//EN">
<html>
<head>
<title>CSS</title>
<style type="text/css">
*            {color: red;}
.schwarz     {color: black;}
#blau        {color: blue;}
p            {color: silver;}
</style>
</head>
<body>
<p id="blau" class="schwarz">
1. Absatz</p>
<p id="blau" style="color:green">
2. Absatz</p>
<p>3. Absatz</p>
<div>4. Absatz</div>
</body>
</html>
```

In welcher Farbe werden die vier Absätze jeweils angezeigt? Mit Begründung.

6 Maßeinheiten kennen

a. Erklären Sie den Unterschied zwischen relativen und absoluten Maßeinheiten.
b. Nennen Sie zwei relative und zwei absolute Maßeinheiten.
c. Welchen Vorteil besitzen relative Maßeinheiten?

7 Farben angeben

Geben Sie die Farbe an:
a. #FF0000
b. #999999
c. #00FFFF
d. rgb(255,255,0)

797

e. `rgb(200,255,200)`
f. `rgb(0,0,100)`

8 CSS-Eigenschaften kennen

Nennen Sie die CSS-Eigenschaften:
a. Schriftart
b. Zeichenabstand
c. Schriftgröße
d. Schriftfarbe
e. Zeilenabstand
f. Textauszeichnung
g. Erstzeileneinzug
h. Satzart

9 Text formatieren

a. Erstellen Sie die im Screenshot gezeigte Webseite zunächst als reine HTML-Datei.
b. Gestalten Sie die Webseite mit Hilfe von CSS:
   - Hintergrund (body):
     Hintergrundfarbe: #EDEDED
     Randabstand: 20 px
   - Headline:
     Verdana, 14 px, fett, #0000CC
   - Absatz:
     Verdana, 11 px, schwarz
   - Tabellenzellen (außer Kopfzeile):
     Verdana, 11 px, #000000
     Hintergrundfarbe: #99CCFF,
     Innenabstand: 5 px
   - Kopfzeile der Tabelle:
     Textfarbe: Weiß
     Hintergrundfarbe: #3300CC
     Hinweis: Verwenden Sie ein Individualformat.

10 Layout erstellen

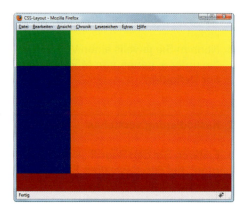

Setzen Sie das im Screenshot gezeigte Layout mit Hilfe von absolut platzierten DIV-Elementen um:

Box	Breite	Höhe
grün	150 px	100 px
gelb	450 px	100 px
blau	150 px	300 px
rot	450 px	300 px
braun	600 px	50 px

11 CSS-Layouts erstellen

Erläutern Sie den wesentlichen Vorteil von Layouts, die mit umfließenden Rahmen erstellt werden, im Vergleich zu Layouts mit absolut platzierten Rahmen.

12 CSS-Boxmodell kennen

Die Grafik rechts zeigt das CSS-Boxmodell. Geben Sie die CSS-Eigenschaften an der Box an:
a. Breite
b. Höhe
c. Hintergrundfarbe
d. Rahmenart
e. Rahmenstärke
f. Rahmenfarbe
g. Außenabstand

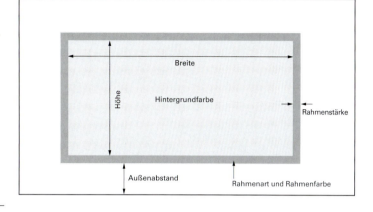

13 Website zentriert darstellen

Wie gelingt es, die Inhalte einer Webseite mittels CSS im Browserfenster zentriert darzustellen? Geben Sie den Quellcode an.

10.3 Programmieren

10.3.1	Einführung	802
10.3.2	Variable	803
10.3.3	Verzweigungen	806
10.3.4	Schleifen	808
10.3.5	Felder (Arrays)	810
10.3.6	Funktionen (Methoden)	811
10.3.7	Objektorientiere Programmierung (OOP)	813
10.3.8	Guter Programmierstil	817
10.3.9	Aufgaben	818

10.3.1 Einführung

Band II – Seite 821
10.4 JavaScript und Ajax

Band II – Seite 839
10.5 PHP

Band II – Seite 894
10.6.4 ActionScript

Warum Programmieren?

Die Zeiten, in denen man mit statischen HTML-Seiten sein Geld verdienen konnte, sind vorbei. Das Internet hat sich innerhalb weniger Jahre zu einem mächtigen Medium entwickelt, bei dem es längst nicht mehr nur um Webseiten geht. So genannte RIAs (*Rich Internet Applications*) sind Applikationen (Programme), die Sie nutzen können, ohne dass Sie diese auf Ihrem Computer installieren müssen.

Auch Webseiten werden aus technischer Sicht immer „intelligenter", denken Sie beispielsweise an die Begriffsvorschläge, die Ihnen heute jede bessere Suchfunktion bietet.

Hinter all diesen Möglichkeiten steckt jede Menge Programmierung: Java-Script, PHP, Flash, Ajax, XML, SQL, um nur einige wichtige Technologien zu nennen.

Mediengestalter oder Informatiker?

Als Mediengestalter/in fragen Sie sich vielleicht: Was soll ich denn noch alles lernen? Und Sie haben nicht ganz Unrecht! Denn die Komplexität der heutigen Medienwelt erfordert Spezialisierung und Arbeitsteilung.

Neben Mediengestalter/innen sind hier vor allem (Fach-)Informatiker/innen gefragt. Dennoch bleiben Ihnen als Mediengestalter/in mit Schwerpunkt „Digital" die Programmiersprachen nicht erspart, da heutige Projekte ohne diese Kenntnisse nicht mehr zu realisieren sind.

Wir haben versucht einen Kompromiss zu finden: Für Programmierer mögen die kommenden Abschnitte unvollständig sein – Mediendesigner werden über die viele Technik vielleicht stöhnen. In einem „Kompendium" wird es aber immer nur möglich sein, den berühmten Mittelweg zu suchen.

Welche Sprachen?

Wir führen Sie in diesem Kapitel in die Grundlagen der Programmierung ein. Diese Grundlagen sind, wie Sie sehen werden, weitgehend unabhängig von einer bestimmten Sprache. Dies bedeutet, dass Sie dieselben Strukturen in *allen* Programmiersprachen finden.

Da es in diesem Buch ausschließlich um Webapplikationen geht, zeigen wir die Grundlagen parallel an drei Sprachen auf, die im Internet eine wichtige Rolle spielen:

- JavaScript/Ajax
- PHP
- ActionScript (Flash)

Allen drei Sprachen sind eigene Kapitel (10.4, 10.5 und 10.6.4) gewidmet, in denen Sie beispielhafte Einsatzmöglichkeiten finden.

Wie kann ich üben?

Um die Beispiele nachvollziehen zu können oder eigene Skripte zu schreiben, gehen Sie folgendermaßen vor:

- *JavaScript/Ajax*
  JavaScript lässt sich in HTML-Quellcode integrieren, so dass im Grunde ein einfacher Texteditor genügt (siehe Seite 823). Komfortabler ist die Verwendung eines Webeditors wie Dreamweaver. Das Testen der Skripte erfolgt im Browser.
- *PHP*
  Auch PHP-Skripte können direkt in den HTML-Quellcode integriert werden. Um sie testen zu können, benötigen Sie allerdings einen Webserver mit PHP-Interpreter (siehe Seite 842).
- *ActionScript*
  ActionScript ist Bestandteil von Flash (bzw. Flex), so dass Sie hierfür eine Entwicklungsumgebung benötigen. In Flash/Flex können Sie Ihre Skripte schreiben und testen (siehe Seite 894).

10.3.2 Variable

10.3.2.1 Merkmale

Ein gemeinsames Merkmal aller Programmiersprachen ist es, dass sie zur Datenverarbeitung dienen. Hierzu ist es notwendig, Daten während der Ausführung des Programms im Arbeitsspeicher zu speichern. Speicherplätze für Daten werden als Variable bezeichnet. Die Bezeichnung leitet sich von variabel, veränderlich, ab und meint, dass der Inhalt des Speicherplatzes verändert werden kann.

Sie können sich Variable als Verpackung vorstellen:

- Verpackungen werden mit Etiketten versehen, um den gewünschten Inhalt zu kennzeichnen.
- Jede Verpackung besitzt einen bestimmten Inhalt, z. B. Zahnpasta, Joghurt oder Schokolade.
- Eine Verpackung kann gefüllt oder geleert werden.

Übertragen auf Variable ergeben sich folgende drei Merkmale einer Variablen:
- Eine Variable benötigt einen eindeutigen *Namen*.
- Jede Variable besitzt einen bestimmten *Datentyp*, z. B. ganze Zahlen, Kommazahlen oder Text.
- Einer Variablen wird ein *Wert* zugeordnet (Wertzuweisung). Dieser Wert kann während der Ausführung des Programms beliebig oft geändert werden.

10.3.2.2 Variablennamen

Eine Variable wird durch ihren Namen gekennzeichnet. In der Tabelle unten ist aufgeführt, wie Sie Variable in den unterschiedlichen Sprachen benennen dürfen bzw. müssen. Achten Sie darauf, dass Sie stets eindeutige Namen vergeben.

Geben Sie Ihren Variablen „sprechende" Namen, aus denen sich die Bedeutung der Variablen ableiten lässt: Unter „v1" bzw. „$v1" kann sich niemand etwas vorstellen, während Sie bei „postleitzahl" bzw. „$postleitzahl" den Sinn der Variablen sofort erkennen. Hierdurch verbessert sich die Lesbarkeit Ihrer Programme.

Variable

Variable können Sie mit Verpackungen vergleichen: Jede Verpackung hat einen eindeutigen Namen und einen bestimmten Inhalt, der verändert werden kann.

JavaScript	PHP	ActionScript

Namen für Variable:
• Buchstaben und Ziffern (Erstes Zeichen muss Buchstabe sein.)
• Keine Umlaute, Leerzeichen, Sonderzeichen
• Unterscheidung zwischen Groß- und Kleinschreibung
 	
Korrekte Namen:
`meinName, preis, ort`
 	
Falsche Namen:
`Straße, 1a, Bestell-Nr`
	Namen für Variable:
	• Erstes Zeichen: $
	• Buchstaben und Ziffern
	• Keine Umlaute, Leerzeichen, Sonderzeichen
	• Unterscheidung zwischen Groß- und Kleinschreibung
	
	Korrekte Namen:
	`$meinName, $preis, $ort`
	
	Falsche Namen:
	`$Straße, $1a, ort`
		Namen für Variable:
		• Buchstaben und Ziffern (Erstes Zeichen muss Buchstabe sein.)
		• Keine Umlaute, Leerzeichen, Sonderzeichen
		• Unterscheidung zwischen Groß- und Kleinschreibung
		
		Korrekte Namen:
		`meinName, preis, ort`
		
		Falsche Namen:
		`Straße, 1a, Bestell-Nr`

Variablennamen

PHP unterscheidet sich wesentlich, weil jeder Name mit $ beginnen muss.

10.3.2.3 Datentypen

Kommen wir noch einmal auf das Bild von den Verpackungen zurück: Wenn Sie einmal versuchen, einen Schokoriegel in eine Zahnpastatube zu bekommen, dann werden Sie hierbei schnell an Ihre Grenzen stoßen.

Bei Variablen verhält es sich gleich: Jeder Variablen wird ein bestimmter Datentyp zugeordnet und darf nur mit diesem Typ „gefüllt" werden.

Die wichtigsten (einfachen) Datentypen sind:

Dezimalzahlen (Gleitkommazahlen)
Beachten Sie, dass bei den meisten Programmiersprachen statt eines Kommas zur Abtrennung der Nachkommastellen ein Punkt (.) verwendet werden muss.

Ganze Zahlen
Auch wenn Dezimalzahlen im Prinzip auch die ganzen Zahlen einschließen, ist die Verwendung spezieller Variablen für ganze Zahlen sinnvoll, weil hierdurch Speicherplatz und Rechenzeit eingespart werden.

Text (Zeichenketten)
Bei Text kann es sich um einen einzelnen Buchstaben oder um eine Zeichenkette (`string`) handeln. Beachten Sie, dass Texte in Anführungszeichen stehen müssen. Auch Ziffernfolgen wie "1234" können auf diese Weise als Text gekennzeichnet werden.

Wahrheitswert
Im Alltag machen wir ständig Aussagen, die entweder wahr oder falsch sind: Die Sonne scheint. Es ist fünf Uhr. Ich habe Hunger. Derartige Aussagen müssen auch beim Programmieren ständig ausgewertet werden: Der Button wurde angeklickt. Ein Formularfeld wurde ausgefüllt. Für diese Fälle genügen Variable, die genau zwei Zustände, nämlich wahr (true) oder falsch (false), kennen. Sie werden zu Ehren des Mathematikers George Boole als boolesche Variable bezeichnet.

Neben den aufgeführten einfachen Datentypen gibt es komplexe Datentypen wie Felder, Listen und Objekte, auf die wir an dieser Stelle (noch) nicht eingehen.

10.3.2.4 Variablendeklaration

Um eine Variable verwenden zu können, muss diese „deklariert" werden. Dies bedeutet nichts anderes, als dass sie dem Programm bekanntgemacht wird. Bei Java- und ActionScript dient hierzu das Schlüsselwort `var`, bei PHP

Variablendeklaration

Bei ActionScript muss der Datentyp mit angegeben werden. Durch diese Typisierung werden Laufzeitfehler vermieden.

JavaScript	PHP	ActionScript
Deklaration: `var name = wert;`	Deklaration: `name = wert;`	Deklaration: `var name:typ = wert;`

Beispiele:
`var groesse = 1.75;`
`var alter = 25;`
`var ort = "Berlin";`
`var student = true;`
	Beispiele:
	`$groesse = 1.75;`
	`$alter = 25;`
	`$ort = "Berlin";`
	`$student = true;`
		Beispiele:
		`var groesse:Number = 1.75;`
		`var alter:int = 25;`
		`var ort:String = "Berlin";`
		`var student:Boolean = true;`

Änderung des Wertes:
`groesse = 1.50;`
`alter = 18;`
	Änderung des Wertes:
	`groesse = 1.50;`
	`alter = 18;`
		Änderung des Wertes:
		`groesse = 1.50;`
		`alter = 18;`

Programmieren

ist hierfür kein spezieller Befehl vorgesehen.

Wenn Sie die Tabelle auf der vorherigen Seite unten betrachten, dann fällt auf, dass bei der Deklaration der *Datentyp nur bei ActionScript* mit angegeben wird:

- Dezimalzahlen: `Number`
- Ganze Zahlen: `int`
- Zeichenketten: `String`
- Wahrheitswert: `Boolean`

Auch wenn Ihnen dies auf den ersten Blick umständlich erscheint, ist diese so genannte *Typisierung* eine sinnvolle Sache, weil sie die Fehleranfälligkeit von Programmen deutlich verringert. (Man spricht bei PHP und JavaScript von schwacher und bei ActionScript von starker Typisierung.)

10.3.2.5 Wertzuweisung

Nach ihrer Deklaration braucht die Variable einen Wert – leere Verpackungen machen keinen Sinn. Die Wertzuweisung erfolgt in allen drei Sprachen mit Hilfe des Gleichheitszeichens (=) gefolgt vom gewünschten Wert.

Beachten Sie die im vorherigen Abschnitt genannten Regeln: Texte werden in Anführungszeichen gesetzt, Nachkommastellen durch Punkt und nicht durch Komma gekennzeichnet. Jede Anweisung muss mit einem Semikolon (;) abgeschlossen werden[1].

10.3.2.6 Operatoren

Operatoren sind Ihnen aus der Mathematik bekannt: +, -, *, /. Da wir es beim Programmieren aber nicht nur mit Zahlen zu tun haben, sind hier weitere Operatoren notwendig, die beispielsweise das Vergleichen oder Verknüpfen von

Mathematische Operatoren

Operator	Bedeutung	Beispiel	Resultat
=	Zuweisung	`erg = 5;`	5
+	Addition	`erg = 10 + 5;`	15
++	Inkrement (+1)	`erg = 1; erg++;`	2
–	Subtraktion	`erg = 10 - 5;`	5
– –	Dekrement (-1)	`erg = 1; erg--;`	0
*	Multiplikation	`erg = 10 * 5;`	50
/	Division	`erg = 10 / 5;`	2
%	Teilerrest	`erg = 10 % 5;`	0

Vergleichsoperatoren

Operator	Bedeutung	Beispiel
==	Gleichheit	`if (a == 5) ...`
!=	Ungleichheit	`if (a != 5) ...`
>	Größer als	`if (a > 5) ...`
<	Kleiner als	`if (a < 5) ...`

Logische Operatoren

Operator	Bedeutung	Beispiel
&&	Und	`if (a>5 && b<0) ...`
||	Oder	`if (a<10||b>10) ...`
!	Nicht	`if (!a) ...`

Stringoperator

Operator	Bedeutung	Beispiel
+	Verkettung bei JS und AS	`gruss = "Hallo "+"Silke";`
.	Verkettung bei PHP	`$gruss = "Hallo "."Silke";`

Texten ermöglichen. Da ein Programm von oben nach unten durchlaufen wird, gilt bei mehrmaliger Wertzuweisung immer der als letztes zugewiesene Wert. Beispiel:

Operatoren

Die Liste ist nicht vollständig, es gibt in den einzelnen Sprachen weitere Operatoren.

Beispiel (ActionScript)	Wert
1 `var zahl:int = 5;`	5
2 `zahl = 15;`	15
3 `zahl++;`	16
4 `zahl = zahl + 10;`	26

Zeile 4 des Beispiels ist folgendermaßen zu verstehen: Der neue Wert 26 ergibt sich, indem zum alten Wert (rechts des Zuweisungsoperators) 10 addiert wird. Der Zuweisungsoperator hat also nichts mit dem Gleichheitszeichen zu tun, das Sie aus der Mathematik kennen.

1 Bei JavaScript können Anweisungen auch ohne Strichpunkt beendet werden. Dennoch ist es sinnvoll, hier einheitlich zu verfahren.

805

10.3.3 Verzweigungen

10.3.3.1 If-Verzweigung

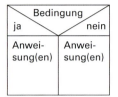

if ... then ... else
Die grafische Darstellung wird als Struktogramm bezeichnet und hilft beim Programmentwurf.

In unserem Alltag treffen wir täglich unzählige Entscheidungen: Ins Schwimmbad oder ein Buch lesen? Aufstehen oder ausschlafen? Einkaufen oder faulenzen? Um uns die Entscheidung zu erleichtern, prüfen wir Bedingungen: Ist es warm genug für das Schwimmbad? Muss ich zur Arbeit/Schule gehen? Ist der Kühlschrank leer?

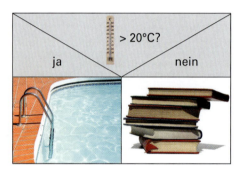

Das Ergebnis dieser Prüfung hilft uns bei der Entscheidungsfindung:
- *Wenn* es warm genug ist, *dann* gehe ich ins Schwimmbad, *sonst* lese ich ein Buch.
- *Wenn* ich zur Arbeit/in die Schule muss, *dann* stehe ich auf, *sonst* schlafe ich aus.
- *Wenn* der Kühlschrank leer ist, *dann* gehe ich einkaufen, *sonst* werde ich faulenzen.

Sie erkennen, dass allen Beispielen die Struktur *wenn ... dann ... sonst* gemeinsam ist. Die Übersetzung ins Englische führt uns von der Alltags- zur Programmiersprache: `if ... then ... else`.

Wie Sie der Tabelle entnehmen, ist die Definition der Verzweigung mit `if` in allen drei Sprachen identisch. Der Begriff „Verzweigung" kommt daher, dass das Programm in Abhängigkeit von der Bedingung (in der runden Klammer) *entweder* die Anweisungen im `if`-Zweig *oder* die Anweisungen im `else`-Zweig ausführt. Sie können sich dies bildlich wie eine Astgabelung mit zwei Zweigen vorstellen. Auch wenn die Zeilen alle untereinander stehen: Ein Programmteil – entweder die `if`- oder die `else`-Anweisung – wird immer übersprungen.

Zur Formulierung der Bedingung werden die im vorherigen Abschnitt de-

if-Verzweigung
Die Notation ist in allen drei Sprachen identisch.
Die geschweiften Klammern können entfallen, wenn nach if bzw. else lediglich eine Anweisung steht.

JavaScript	PHP	ActionScript

Allgemeine Definition:
`if (Bedingung) {`
`Anweisung(en);`
`} else {`
`Anweisung(en);`
`}`
	Allgemeine Definition:
	`if (Bedingung) {`
	`Anweisung(en);`
	`} else {`
	`Anweisung(en);`
	`}`
		Allgemeine Definition:
		`if (Bedingung) {`
		`Anweisung(en);`
		`} else {`
		`Anweisung(en);`
		`}`

Beispiel:
`<script>`
`var alter = window.`
`prompt("Dein Alter:");`
`if (alter < 18) {`
`document.write("Du bist nicht volljährig!");`
`} else {`
`document.write("Willkommen bei den Erwachsenen!");}`
`</script>`
	Beispiel:
	`<?php`
	`if ($geschlecht == "m") {`
	`$anrede = "Sehr geehrter Herr";`
	`} else {`
	`$anrede = "Sehr geehrte Frau";`
	`}`
	`echo $anrede;`
	`?>`
		Beispiel:
		`var temp: int = 10;`
		`var wetter: String = "";`
		`if (temp > 20) {`
		`wetter = "Es ist warm!";`
		`} else {`
		`wetter = "Es ist kalt!";`
		`}`
		`trace(wetter);`

806

finierten Vergleichsoperatoren benötigt. Beachten Sie, dass bei der Prüfung auf Gleichheit das doppelte Gleichheitszeichen (==) verwendet werden muss, da es sich andernfalls um eine Wertzuweisung handelt!

Ein zulässiger Sonderfall ist, dass es gar keinen else-Zweig gibt:

if-Verzweigung ohne else

`if (Bedingung) {`
`   Anweisung(en);`
`}`

Ist die Bedingung erfüllt, werden die Anweisungen des if-Zweiges ausgeführt. Im anderen Fall werden diese Anweisungen übersprungen, und das Programm wird nach der geschweiften Klammer fortgesetzt.

10.3.3.2 Switch-Verzweigung

Manchmal ist es notwendig, mehr als zwei Fälle zu unterscheiden. Denken Sie beispielsweise an die Unterscheidung von Schulnoten, Wochentagen oder Monaten.

Zu diesem Zweck stellen alle drei Sprachen die switch-Verzweigung zur Verfügung, die eine Unterscheidung von beliebig vielen Fällen (cases) gestattet. Darüber hinaus kann eine default-Anweisung definiert werden, die immer dann ausgeführt wird, wenn der Wert der Variablen zu keinem der Fälle passt, z. B. bei fehlerhaften Benutzereingaben.

Der break-Befehl sorgt dafür, dass die switch-Verzweigung beendet und das Programm unterhalb der Anweisung fortgesetzt wird.

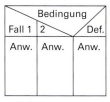

switch

Mit switch können beliebig viele Fälle unterschieden werden. Trifft kein Fall zu, wird default ausgeführt.

JavaScript	PHP	ActionScript

Allgemeine Definition:
`switch (Variable) {`
`case wert1:`
`    Anweisung;`
`    break;`
`case wert2:`
`    Anweisung;`
`    break;`
`...`
`default:`
`    Anweisung;`
`}`
 	
Beispiel:
`<script>`
`var tag = 1;`
`switch (tag) {`
`case 1:  alert("Mo");`
`         break;`
`case 2:  alert("Di");`
`         break;`
`case 3:  alert("Mi");`
`         break;`
`...`
`default: alert("Kein`
`         Wochentag");`
`}`
`</script>`
	Allgemeine Definition:
	`switch (Variable) {`
	`case wert1:`
	`    Anweisung;`
	`    break;`
	`case wert2:`
	`    Anweisung;`
	`    break;`
	`...`
	`default:`
	`    Anweisung;`
	`}`
	
	Beispiel:
	`<?php`
	`$monat = 2;`
	`switch ($monat) {`
	`case 1:  echo "Januar";`
	`         break;`
	`case 2:  echo "Februar";`
	`         break;`
	`case 3:  echo "März";`
	`         break;`
	`...`
	`default: echo "Kein`
	`         Monat";`
	`}`
	`?>`
		Allgemeine Definition:
		`switch (Variable) {`
		`case wert1:`
		`    Anweisung;`
		`    break;`
		`case wert2:`
		`    Anweisung;`
		`    break;`
		`...`
		`default:`
		`    Anweisung;`
		`}`
		
		Beispiel:
		`var note:int = 1;`
		`switch (note) {`
		`case 1:  trace("Super!");`
		`         break;`
		`case 2:  trace("Ok!");`
		`         break;`
		`case 3:  trace("Na ja!");`
		`         break;`
		`...`
		`default: trace("Keine`
		`         Note");`
		`}`

switch-Verzweigung

Im Unterschied zu if ermöglicht switch die Differenzierung nach mehr als zwei Fällen.

10.3.4 Schleifen

10.3.4.1 For-Schleife

for
Die for-Schleife wird wiederholt, bis die vorgegebene Anzahl erreicht ist.

Im Alltag kommt es immer wieder vor, dass wir bestimmte Tätigkeiten mehrfach wiederholen. Angenommen, Sie nehmen sich vor, im Stadion einen 10-km-Lauf zu absolvieren. (Es soll ja Menschen geben, die sich dies antun.)

Bei einer Rundenlänge von 400 Metern müssen Sie 25 Runden drehen, um die 10 Kilometer zu meistern. Nach jeder Runde erhöhen Sie im Kopf einen Zähler um 1. Nach 25 Runden verlassen Sie die Bahn – erschöpft, aber glücklich.

Das Beispiel gibt die Struktur einer Zählschleife wieder, die in den meisten Programmiersprachen als `for`-Schleife definiert ist.

Im Kopfteil der `for`-Schleife sind drei Angaben notwendig:
- Startwert (Zähler wird auf 0 gesetzt)
- Abbruchbedingung (Zähler gleich 25?)
- Zählschritt (Zähler wird um eins erhöht)

Solange die Abbruchbedingung noch nicht erfüllt ist, werden die Anweisungen in der `for`-Schleife ausgeführt. Ist die Bedingung erfüllt, wird das Programm unterhalb der `for`-Schleife fortgesetzt.

Als Zählvariablen werden beim Programmieren üblicherweise die Variablen `i` und `j` verwendet. Wenn Sie das Beispiel zu ActionScript studieren, erkennen Sie, dass nicht nur aufwärts, sondern auch abwärts gezählt werden kann (`i--`). Wie das Beispiel bei JavaScript zeigt, muss der Zählschritt nicht 1 sein.

Abschließend sei erwähnt, dass es Sonderformen `for...in` (ActionScript) bzw. `foreach` (PHP) gibt, auf die an dieser Stelle nicht eingegangen wird.

for-Schleife
Die Notation ist in allen drei Sprachen identisch.

JavaScript	PHP	ActionScript

Allgemeine Definition:
`for (Startwert; Bedingung; Zählschritt) {`
`Anweisung(en);`
`}`
	Allgemeine Definition:
	`for (Startwert; Bedingung; Zählschritt) {`
	`Anweisung(en);`
	`}`
		Allgemeine Definition:
		`for (Startwert; Bedingung; Zählschritt) {`
		`Anweisung(en);`
		`}`

Beispiel:
`<script>`
`var grenze = window.prompt("Zahl:");`
`for (var i=0; i<grenze; i=i+2) {`
`document.writeln(i);`
`}`
`</script>`
	Beispiel:
	`<?php`
	`echo "<table>";`
	`for ($i=1; $i<=100; $i++) {`
	`echo "<tr><td>$i. Zeile</td></tr>";}`
	`echo "</table>";`
	`?>`
		Beispiel:
		`trace("Countdown:")`
		`for (var i:int = 10; i >= 0; i--) {`
		`trace(i);`
		`}`

Ergebnis: Ausgabe aller geraden Zahlen von 0 bis zur Grenze.	Ergebnis: Tabelle mit 100 Zeilen	Ergebnis: Abwärtszähler von 10 bis 0

10.3.4.2 While-Schleife

Nicht immer ist im Voraus bekannt, wie oft eine Schleife durchlaufen werden muss: Wenn Sie auf dem Wochenmarkt Äpfel kaufen, dann wird der Verkäufer so lange weitere Äpfel auf die Waage legen, bis das gewünschte Gewicht erreicht ist.

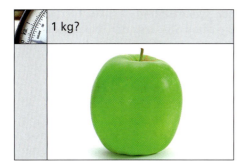

Für Wiederholungen, die von der Erfüllung einer Bedingung abhängen, ist in den Programmiersprachen die while-Schleife vorgesehen. Die Anweisungen innerhalb der Schleife werden so oft wiederholt, bis die im Kopf formulierte Bedingung nicht mehr erfüllt ist.

Ein häufiger Programmierfehler ist, dass Bedingungen definiert werden, die nicht erfüllbar sind. Man spricht in diesem Fall von einer Endlosschleife.

10.3.4.3 Do-while-Schleife

Eine Variante der while-Schleife ist die do-while-Schleife:

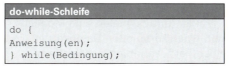

Wie Sie sehen, besteht der Unterschied darin, dass die Bedingung erst am Ende der Schleife überprüft wird. Die Anweisungen innerhalb der Schleife werden also immer mindestens einmal ausgeführt.

Man spricht bei do...while auch von einer fußgesteuerten Schleife im Unterschied zur kopfgesteuerten while-Schleife.

while

Die while-Schleife endet, wenn die Bedingung im Kopf nicht mehr erfüllt ist.

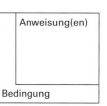

do...while

Die do-while-Schleife wird ausgeführt, so lange die Bedingung im Fuß erfüllt ist.

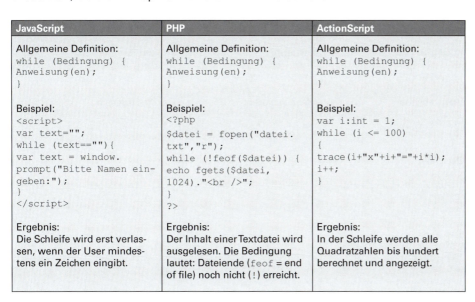

while-Verzweigung

Die Notation ist in allen drei Sprachen identisch.

Da die Bedingung zu Beginn überprüft wird, spricht man von einer kopfgesteuerten Schleife.

10.3.5 Felder (Arrays)

Bislang hatten wir es immer mit einfachen Variablen zu tun, die *einen* Namen, *einen* Typ und *einen* Wert besitzen. Denken Sie an die Analogie zur Verpackung.

Nun gibt es jedoch häufig Daten, die miteinander in Verbindung stehen. Diese Daten möchte man zu einer Einheit zusammenfassen. Ein Beispiel ist Ihre Adresskartei, bei der Vorname, Name, Straße, Hausnummer, Postleitzahl und Ort eine Einheit bilden – ein so genannter *Datensatz*.

Felder (arrays) bieten eine Möglichkeit, einen kompletten Datensatz in einer (Feld-)Variablen zu speichern.

Felder definieren
Bei der Definition von Feldern unterscheiden sich die drei Sprachen erheblich: Bei Java- und ActionScript wird der `new`-Konstruktor verwendet, der bei allen objektorientierten Sprachen zur Definition von Objekten dient.

Werte zuweisen
Da ein Feld mehrere Daten aufnimmt, müssen Sie festlegen, was Sie wo speichern wollen. Dies geschieht mit Hilfe eines Feldindex, einer ganzen Zahl, wobei immer mit der Null begonnen wird. Der erste Eintrag ist also `($)name[0]`, der zweite Eintrag `($)name[1]` usw. Beachten Sie, dass der Feldindex in eckigen Klammern angegeben wird.

Werte auslesen
Um einen einzelnen Wert auszulesen, verwenden Sie einen Feldindex wie oben beschrieben.

Da ein Feld häufig komplett ausgelesen wird, stellen die Sprachen hierfür spezielle Varianten der `for`-Schleifen zur Verfügung.

Band II – Seite 155
2.4.2 Datenerfassung

Felder (Arrays)

In Feldern werden ganze Datensätze abgespeichert.

Die Definition von Feldvariablen unterscheidet sich in den drei Sprachen deutlich. Beachten Sie auch, dass die Groß- und Kleinschreibung eingehalten werden muss.

JavaScript	PHP	ActionScript
Allgemeine Definition: `var name = new Array();`	Allgemeine Definition: `$name = array();`	Allgemeine Definition: `var name:Array=new Array();`

Werte zuweisen:
`name[0] = wert1;`
`name[1] = wert2;`
	Werte zuweisen:
	`$name[0] = wert1;`
	`$name[1] = wert2;`
		Werte zuweisen:
		`name[0] = wert1;`
		`name[1] = wert2;`

Kurzform: `name = array(wert1, wert2,wert3,...)`	Kurzform: `$name = array(wert1, wert2,wert3,...)`	Kurzform: `name = array(wert1, wert2,wert3,...)`

Werte auslesen:
`for (index in name) {`
`Anweisung(en);`
`}`
	Werte auslesen:
	`foreach ($name as $element{`
	`Anweisung(en);`
	`}`
		Werte auslesen:
		`for each (var index in name) {`
		`Anweisung(en);`
		`}`

Beispiel: `<script>` `var monate = new Array` `("Jan","Feb","Mrz",` `...);` `for (var i in monate) {` `document.write(mona-` `te[i]+" ");` `}` `</script>`	Beispiel: `<?php` `$wochentage =` `array("Mo", "Di",...);` `foreach ($wochentage as $element) {` `echo $element." ";` `}` `?>`	Beispiel: `var adresse:Array = new` `Array("Paul","Maier",` `"Hauptstraße",12,...);` `for each (var i in adres-` `se) {` `trace(i);` `}`

810

10.3.6 Funktionen (Methoden)

Programmieren

Können Sie sich ein Leben ohne Kaffee-, Wasch- oder Geschirrspülmaschine vorstellen? Fragen Sie einmal Ihre Eltern oder Großeltern, wie mühsam das Leben ohne diese nützlichen Helferlein war.

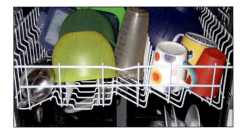

Wir haben uns alle an den Komfort gewöhnt, Maschinen dort einzusetzen, wo *immer wiederkehrende* Arbeiten im Alltag zu erledigen sind.

Funktionen, bei objektorientierten Sprachen als Methoden bezeichnet, sind die „Maschinen" der Programmiersprachen: Einmal definiert können sie beliebig oft verwendet werden. Sie nehmen uns hierdurch jede Menge Programmierarbeit ab.

Jede Programmiersprache stellt uns zahlreiche Funktionen zur Verfügung, die wir nutzen können, ohne dass wir uns um deren Definition zu kümmern brauchen. Vergleichbar mit der Waschmaschine, deren Innenleben Sie ja auch nicht verstehen müssen, um sie zu benutzen. Beispiele hierfür sind die `trace`-Funktion bei ActionScript zur Anzeige von Daten im Ausgabefenster oder die `alert`-Funktion bei JavaScript-zur Ausgabe eines Warnmeldung. Jede Programmiersprache stellt Hunderte von Funktionen bzw. Methoden zur Verfügung. Wenn Sie eine bestimmte Funktion benötigen, sollten Sie deshalb zunächst einmal im Referenzhandbuch der Sprache nachsehen, ob es die gesuchte Funktion vielleicht schon gibt.

Falls nicht, besteht die Möglichkeit, eigene Funktionen zu definieren.

10.3.6.1 Funktionen definieren

Die Definition von Funktionen ist in allen drei Sprachen identisch: Auf das Schlüsselwort `function` folgt ein eindeutiger Name. Der Name sollte die Funktion möglichst gut verständlich beschreiben. Hierzu ist üblich, Funkti-

JavaScript	PHP	ActionScript

Allgemeine Definition:
`function name(){`
`Anweisungen;`
`}`
 	
Funktionsaufruf:
`name();`
 	
Beispiel:
`<script>`
`function druckeSeite(){`
`window.print()`
`}`
`<a href="JavaScript:`
`druckeSeite()">Drucken`
`</a>`
`</script>`
	Allgemeine Definition:
	`function name(){`
	`Anweisungen;`
	`}`
	
	Funktionsaufruf:
	`name();`
	
	Beispiel:
	`<?php`
	`function leseDatei(){`
	`$datei = fopen("datei.`
	`txt","r");`
	`while (!feof($datei)) {`
	`echo fgets($datei,1024);`
	`}}`
	`leseDatei();`
	`?>`
		Allgemeine Definition:
		`function name(){`
		`Anweisungen;`
		`}`
		
		Funktionsaufruf:
		`name();`
		
		Beispiel:
		`function zumAnfang(){`
		`gotoAndStop(1);`
		`}`
		`zumAnfang();`

Definition und Aufruf einer Funktion

Neben der Möglichkeit, Funktionen selbst zu definieren, stellt jede Programmiersprache vordefinierte Funktionen (Methoden) zur Verfügung.

811

onsnamen mit einem Kleinbuchstaben zu beginnen und alle weiteren Wörter groß zu schreiben: `druckeSeite()`, `leseDatei()`, `zurHomepage()`. Die runden Klammern dürfen nicht fehlen (siehe nächster Abschnitt).

Der Aufruf der Funktion erfolgt über ihren Namen (mit Klammern), das Schlüsselwort `function` entfällt. Einmal definiert, kann eine Funktion beliebig oft aufgerufen werden.

10.3.6.2 Funktionen mit Parametern

Zurück zur Analogie zu unseren Haushaltsgeräten: Bisher haben wir Geräte (Funktionen) kennengelernt, die bei Bedarf (Funktionsaufruf) ein festes Programm durchführen. Moderne Geräte können mehr: Über ein Bedienfeld kann der Nutzer entscheiden, welches Ergebnis er haben möchte: bei einem Kaffeeautomaten z. B. Kaffee, Espresso oder Cappuccino. Übertragen auf Funktionen bedeutet dies, dass Sie der Funktion Werte übergeben können und/oder einen Wert zurückbekommen.

Die Übergabe eines oder mehrerer Werte, die auch als *Parameter* bezeichnet werden, erfolgt in den runden Klammern nach dem Funktionsnamen. Bei mehreren Parametern werden diese durch Komma getrennt.

Soll ein Ergebnis außerhalb der Funktion zur Verfügung stehen, kann es über `return` zurückgegeben werden.

Besonderheiten bei ActionScript

Bereits im Abschnitt über die Variable hatten wir darauf hingewiesen, dass bei ActionScript der Datentyp einer Variablen immer angegeben werden muss. Dies gilt auch für die Verwendung von Variablen in Funktionen: *Innerhalb* der runden Klammer werden die Eingabewerte mit Datentyp aufgezählt. *Nach* der runden Klammer wird – falls benötigt – der Datentyp des Rückgabewerts angegeben. Ohne Rückgabewert wird häufig der Datentyp `void` angeben, der für „undefiniert" steht.

Funktionen mit Parametern

An Funktionen können Werte übergeben werden – umgekehrt können Funktionen Ergebnisse zurückgeben.

JavaScript	PHP	ActionScript

Allgemeine Definition:
`function name(para1,...)`
`{`
`Anweisungen;`
`}`
	Allgemeine Definition:
	`function name(para1,...)`
	`{`
	`Anweisungen;`
	`}`
		Allgemeine Definition:
		`function name(para1:`
		`typ1,...):typ{`
		`Anweisungen;`
		`}`

Funktionsaufruf: `name(wert1,...);`	Funktionsaufruf: `name(wert1,...);`	Funktionsaufruf: `name();`

Beispiel:
`<script>`
`function fitForFun(gew){`
`if (gew > 100) {`
`var r="Bitte abspecken!";`
`}`
`else {`
`var r ="Gewicht ok!";}`
`return r;`
`}`
`window.alert(fitFor-`
`Fun(30));`
`</script>`
	Beispiel:
	`<?php`
	`function`
	`tabelle($zeilen){`
	`echo "<table>";`
	`for ($i=0; $i<=$zeilen;`
	`$i++){`
	`echo "<tr><td>Zeile $i</`
	`td></tr>";}`
	`echo "</table>";`
	`}`
	`tabelle(10);`
	`?>`
		Beispiel:
		`function`
		`meinAlter(diesJahr:int,`
		`gebJahr:int):int{`
		`var alter:int = diesJahr-`
		`gebJahr;`
		`return alter;`
		`}`
		`trace(meinAlter(2012,1989`
		`));`

10.3.7 Objektorientiere Programmierung (OOP)

Programmieren

Bereits mehrfach wurde der Begriff „objektorientierte" Programmierung verwendet. Dahinter verbirgt sich ein Konzept, auf dem alle modernen Programmiersprachen basieren.

Auch wenn wir unmöglich den Anspruch stellen können, das Konzept der objektorientierten Programmierung (OOP) in wenigen Sätzen zu beschreiben, so wollen wir Ihnen einige Grundideen erklären. Dies ist vor allem darin begründet, dass Sie den Strukturen der Objektorientierung auch bei JavaScript, PHP und ActionScript ständig begegnen und deshalb die zugehörigen Begriffe sowie Schreibweisen (vor allem die Punktnotation) kennen müssen.

10.3.7.1 Was sind Objekte?

Sie sind Besitzer zahlreicher Objekte: Kleidung, Fahrrad, Uhr, Bücher, CDs, Auto, Schuhe, Geschirr, Computer, Möbel, Handy,... Man könnte sagen: Sie besitzen lauter Objekte.

Merkmale von Objekten
Obwohl sich die einzelnen Objekte deutlich voneinander unterscheiden, besitzen sie doch Gemeinsamkeiten:
- Jedes Objekt hat einen eindeutigen *Namen*. Betrachten wir Ihre Hosen-Objekte: Vielleicht haben Sie Jeans-, Cord-, Stoffhosen. Vielleicht haben Sie mehrere Jeans, die Sie zur Unterscheidung als gelbe Jeans, Röhrenjeans, Lieblingsjeans bezeichnen.
- Jedes Objekt hat *Eigenschaften (Attribute)*, die es charakterisiert: Ein Jeanshosen-Objekt hat z. B. die Eigenschaften Marke, Größe, Farbe, Schnitt, Preis.
- Jedes Objekt können Sie in typischer Weise nutzen: Ein Jeanshosen-Objekt können Sie tragen, waschen, umfär-

ben, kürzen, wegwerfen. Die Möglichkeiten, die ein Objekt zur Nutzung bietet, werden als *Methoden* bezeichnet.

Das objektorientierte Konzept hat sich deshalb durchgesetzt, weil sich obige Betrachtungen leicht auf Programmiersprachen übertragen lassen:

Wie im Alltag gilt auch bei der OOP, dass alle Elemente der Sprache als Objekte betrachtet werden: Texte (Strings), Sounds, Videos, Buttons, Felder, ...

Jedes Objekt ist dadurch gekennzeichnet, dass es
- einen *Namen* hat,
- bestimmte *Eigenschaften* hat und
- über *Methoden* beeinflusst werden kann.

10.3.7.2 Objekte und Klassen

Um ein Jeanshosen-Objekt nutzen zu können, haben Sie zwei Möglichkeiten: kaufen oder selbst nähen. Wofür entscheiden Sie sich?

Wenn Sie nicht nähen können, werden Sie froh sein, dass es Jeanshosen auch zu kaufen gibt. Und selbst wenn Sie noch nie eine Jeanshose besessen haben, profitieren Sie von Ihrem Wissen über Jeanshosen: Sie *wissen* nämlich, dass *alle* Jeanshosen bestimmte

Objekt meineJeans
Das Objekt hat charakteristische Eigenschaften wie Marke, Größe, Preis.
Jedem Objekt sind Methoden zugeordnet, die Sie nutzen können: tragen, waschen, färben, kürzen.

Klasse Jeanshose

In einer Klasse werden die Eigenschaften und Methoden festgelegt, die Objekte der Klasse erhalten sollen.

Eigenschaften haben und für bestimmte Zwecke nutzbar sind. Man spricht hierbei von der *Klasse* der Jeanshosen.

Eine Klasse ist eine abstrakte, nicht reale Struktur. Sie können eine Jeanshose erst benutzen, wenn Sie durch den Kauf einer Hose ein Jeanshosen-Objekt erzeugen. Dieses Objekt besitzt die Eigenschaften und Methoden der Klasse.

Merkmale und Vorteile von Klassen
- Jede Klasse besitzt bestimmte *Eigenschaften* und stellt *Methoden* zur Verfügung.
- Aus einer Klasse können beliebig viele Objekte erzeugt werden. Jedes Objekt erhält die Eigenschaften und Methoden seiner Klasse.
- Öffentlich zugängliche Klassen (`public class`) kann jeder Programmierer frei nutzen (= Jeans kaufen).
- Jeder Programmierer kann eigene Klassen schreiben (= Jeans nähen).
- Eigene Klassen können Eigenschaften und Methoden von (Basis-) Klassen erben.
- Zusammengehörige Klassen lassen sich zu Paketen (`packages`) zusammenfassen (= Klamottengeschäft!).

10.3.7.3 Punktnotation

Nachdem wir nun die Grundideen von Objekten und Klassen kennengelernt haben, stellt sich die Frage, wie sich diese möglichst kompakt in einer Programmiersprache umsetzen lassen.

Objekt erzeugen

Zur Erzeugung eines Objekts aus einer Klasse wird ein so genannter *Konstruktor* benötigt. Es handelt sich dabei um eine spezielle Methode, die denselben Namen hat wie ihre zugehörige Klasse. Der Aufruf dieser Methode erfolgt über das Schlüsselwort `new`. Leider ist die Schreibweise in den Sprachen uneinheitlich (vgl. Tabelle rechte Seite).

Nehmen wir an, dass es eine Klasse `Jeanshosen` gibt, dann würde ein Objekt dieser Klasse (bei ActionScript) erzeugt durch:

Erzeugung eines Objektes (bei ActionScript)
```
var meineJeans: Jeanshose = new Jeanshose();
```

Erläuterungen:
- Bedeutung der einzelnen Elemente:
  `meineJeans`: Name des Objekts
  `Jeanshose`: Klassenname
  `Jeanshose()`: Konstruktor
- Beachten Sie, dass Klassennamen immer groß- und Objektnamen kleingeschrieben werden!

Abfrage von Eigenschaften

Nachdem wir nun ein Objekt `meineJeans` erzeugt haben, wollen wir dessen Eigenschaften kennenlernen. Eigenschaften der Jeanshosen-Klasse könnten sein: `laenge`, `marke`, `farbe`. Um eine Eigenschaft abzufragen, wird diese, durch einen Punkt (.) getrennt, an den Objektnamen angehängt. Dies wird als *Punktnotation* bezeichnet.

814

Programmieren

Abfrage von Eigenschaften (bei ActionScript)

```
trace(meineJeans.laenge);
trace(meineJeans.marke);
trace(meineJeans.farbe);
```

Erläuterung:
`trace();` bewirkt die Anzeige des Ergebnisses im Ausgabefenster von Flash. Bei PHP ist eine Bildschirmausgabe mit `echo();` möglich, bei JavaScript mit `document.write();`.

Anwendung von Methoden
Der Zugriff auf Methoden erfolgt auf gleiche Weise wie das Abfragen von Eigenschaften. Methoden der Jeansklasse könnten sein: `aendereFarbe()`,

`kuerzeHose()`, `wascheHose()`. Im Unterschied zu den Eigenschaften verändern Methoden Ihr Jeanshosen-Objekt.

Anwendung von Methoden (bei ActionScript)

```
meineJeans.wascheHose();
meineJeans.aendereFarbe("gelb");
meineJeans.kuerzeHose(5);
```

Erläuterungen:
- Beim Aufruf einer Methode können Parameter erforderlich sein, z. B. die gewünschte Farbe oder die zu kürzende Länge in Zentimetern. Parameter werden in der Klammer übergeben.
- Umgekehrt kann eine Methode ein

JavaScript	PHP	ActionScript
Objekt erzeugen: **var objekt = new Klasse();**	Objekt erzeugen: **$objekt = new Klasse();**	Objekt erzeugen: **var objekt:Klasse = new Klasse();**
Eigenschaft zuweisen: `objekt.eigenschaft = Wert;`	Eigenschaft zuweisen: `$objekt -> eigenschaft = Wert;`	Eigenschaft zuweisen: `objekt.eigenschaft = Wert;`
Methode aufrufen: `objekt.methode();`	Methode aufrufen: `$objekt -> methode();`	Methode aufrufen: `objekt.methode();`

Beispiel:
`<script>`
`var datum = new Date();`
`var tag = datum.get-`
`Date();`
`var monat = datum.get-`
`Month()+1;`
`var jahr = datum.get-`
`FullYear();`
`documentwrite(tag+"."+`
`monat+"."+jahr);`
`</script>`
	Beispiel:
	`<?php`
	`class Jeanshose {`
	` var $Farbe;`
	` function Jeanshose(){`
	` $this -> Farbe="blau";`
	` }`
	` function setFarbe($neu){`
	` $this -> Farbe = $neu;`
	` }`
	`}`
	`$myJeans = new Jeanshose;`
	`echo $myJeans -> Farbe;`
	`$myJeans -> setFarbe`
	`("rot");`
	`echo $myJeans -> Farbe;`
	`?>`
		Beispiel:
		`var myText:TextField =`
		`new TextField();`
		`myText.x = 200;`
		`myText.y = 200;`
		`myText.width = 200;`
		`myText.border = true;`
		`myText.text = "Hallo";`
		`addChild(myText);`

Erklärung: Das Skript erzeugt ein Datums-Objekt, danach werden drei Methoden zur Abfrage des Tages, Monats und Jahres aufgerufen und das Ergebnis ausgegeben. (Beim Monat muss „1" addiert werden, weil der Januar die „0" hat.)	Erklärung: Leider hält sich PHP nicht an die Punktnotation, stattdessen wird ein Pfeil -> verwendet.	Erklärung: Das Beispiel erzeugt ein Textfeld als Objekt der TextField-Klasse. Die Eigenschaften definieren die XY-Position, die Breite, den Rahmen und Inhalt des Textfeldes. Die Methode `addChild()` sorgt dafür, dass das Textfeld auf der Bühne angezeigt wird.

Objekte, deren Eigenschaften und Methoden

PHP hält sich leider nicht an die Punktnotation zur Verknüpfung von Objekten mit Eigenschaften bzw. Methoden. Auch die Klassendefinition bei PHP ist unüblich und wird nicht näher besprochen.

Die Beispiele aus Java- und Action-Script verwenden die vordefinierten Klassen `Date` bzw. `TextField`. Eine eigene Klassendefinition kann deshalb entfallen.

815

Ergebnis zurückliefern. Der Aufruf der Methode `kuerzeHose(5)` hätte zur Folge, dass die aktuelle Länge (`meineJeans.laenge`) um fünf Zentimeter kürzer wäre.

Klassenbibliothek von ActionScript

Zusammengehörige Klassen werden in Paketen zusammengefasst. Die Methoden und Eigenschaften jeder Klasse sind ausführlich dokumentiert.

10.3.7.4 Klassenbibliotheken

Das Programmieren eigener Klassen erfordert viel Erfahrung. Außerdem wäre es unsinnig, wenn oft benötigte Klassen immer wieder neu program-

miert würden. Vor allem für Java- und ActionScript gibt es deshalb bereits ein riesiges Angebot an öffentlichen Klassen, die in einer *Klassenbibliothek* zugesammengefasst sind.

Bevor Sie sich also an das Programmieren eigener Klassen machen, sollten Sie im Referenzhandbuch der jeweiligen Sprache recherchieren, ob es bereits eine Klasse für Ihren Zweck gibt.

Zur Strukturierung werden Klassen, die sich mit demselben Thema beschäftigen, zu *Paketen* zusammengefasst.

Beispiel: Sie suchen in ActionScript eine Möglichkeit, die Schriftart eines Textes abzufragen. Hierzu empfiehlt sich folgende Vorgehensweise:

- Laden Sie das Referenzhandbuch, für Flash 10.0 ist dies: http://help.adobe.com/de_DE/Flash Platform/reference/actionscript/3/ (Hinweis: Die Adresse ist möglicherweise nicht mehr aktuell – durch entsprechende Begriffe in einer Suchmaschine werden Sie aber schnell fündig.)
- Suchen Sie nach einem passenden Paket ❶, hier: `flash.text` ❷.
- Suchen Sie nach einer geeigneten Klasse, hier: `Font` ❸.
- Suchen Sie nach der passenden Eigenschaft, hier: `fontName` ❹. Zusätzlich zur Erklärung der Funktion finden Sie bei den Eigenschaften Informationen über den Datentyp, hier: `String`.
- Bei Methoden (Funktionen) ❺ werden die in der Klammer zu übergebenden Parameter beschrieben. Der Datentyp nach der Klammer gibt den Datentyp der Methode selbst an. Ein besonderer, bislang noch nicht erwähnter Datentyp ist `void` ❻. Er besagt, dass die Methode keinen Wert zurückliefert.

816

10.3.8 Guter Programmierstil

Programmieren

„Ordnung ist das halbe Leben", lautet ein altkluger Spruch. Beim Programmieren bewahrheitet er sich, denn Fehler, und sei es nur eine fehlende Klammer, werden nicht toleriert. Gewöhnen Sie sich deshalb von Anfang an einen Programmstil an, der Ihre Programme lesbar macht und Leichtsinnsfehler vermeidet.

10.3.8.1 Formatierung

Gewöhnen Sie sich eine übersichtliche und durchgängige Formatierung Ihrer Programme an.

```
Formatierung
<script text="text/JavaScript">
function fitForFun(g){
    if (g > 80) {
        var r = "Sie sollten abspecken!";
    }
    else {
        if (g > 40) {
            var r = "Super, weiter so!";
        }
        else {
            var r = "Essen Sie mehr!";
        }
    }
    return r;
}
...
</script>
```

Im Beispiel sind jeweils zusammengehörende Programmteile eingerückt. Auf diese Weise lässt sich gut erkennen, welche Klammern zu welchen Programmsequenzen gehören.

10.3.8.2 Kommentare

Machen Sie sich die Mühe und kommentieren Sie Ihre Programme. Diese sind für die Programmausführung nicht erforderlich, helfen Ihnen aber dabei,

Ihr Programm auch noch einige Monate später nachvollziehen zu können. Kommentare sind umso wichtiger, wenn Sie ein Projekt im Team bearbeiten.

Gute Editoren bieten zusätzlich ein so genanntes Syntax-Highlighting an, wobei der kompliziert klingende Begriff nichts anderes als die farbige Hervorhebung bedeutet.

```
Kommentare
Einzeiliger Kommentar:
//Hier ein Kommentar
var name:String;  //Kommentar

Mehrzeiliger Kommentar:
/* Dieser Kommentar geht über
mehrere Zeilen */
```

10.3.8.3 Sprechende Namen

Benennen Sie Ihre Variablen und Funktionen bzw. Methoden so, dass Sie bereits anhand des Namens auf deren Bedeutung schließen können:

- `var meinName:String;`
- `var xPosition:int;`
- `function schreibeDatei(...)`
- `function addiereZahlen(...)`

Es ist zwar keine Vorschrift, aber Konvention, dass Variable und Funktionen mit einem Kleinbuchstaben beginnen und alle weiteren Wortbestandteile groß geschrieben werden. An diese Regel halten sich auch bereits vordefinierte Funktionen. Beispiele aus der Klasse `TextField` bei ActionScript:

- `replaceText(...)`
- `getLineLength(...)`
- `setTextFormat(...)`

Hinweis: Die Definition von `get`- und `set`-Methoden ist bei allen objektorientierten Sprachen üblich. Bereits aus dem Namen lässt sich der Sinn der Methode ableiten.

817

10.3.9 Aufgaben

1 Merkmale einer Variablen kennen

a. Erklären Sie, wozu Variable benötigt werden.
b. Zählen Sie die drei Merkmale einer Variablen auf.
c. Nennen Sie mögliche Datentypen einer Variablen.

2 Variablenamen vergeben

Variable sollen „sprechende Namen" erhalten.

a. Erklären Sie den Ausdruck.
b. Welche Zeichen dürfen in Variablennamen *nicht* vorkommen?
c. Welche besondere Einschränkung gilt bei PHP?
d. Wird zwischen Groß- und Kleinschreibung unterschieden?

3 Wertzuweisung verstehen

Gegeben ist folgender Ausschnitt aus einem JavaScript:
```
1  var zahl = 0;
2  zahl = 5;
3  zahl = zahl + 3;
4  zahl++;
```

a. Geben Sie den Wert der Variablen in den Zeilen 1 bis 4 an.
b. Worin besteht der Unterschied zwischen = und ==?

4 if-Verzweigung verstehen

Gegeben ist folgender Ausschnitt aus einem ActionScript:
```
1  if(zahl2 != 0) {
2  var resultat = zahl1/zahl2;
3  trace(resultat);
```

```
4  } else {
   trace ("Division unmöglich")
5  }
```

Welche Ausgabe erfolgt?

a. zahl1 = 10, zahl2 = 2
b. zahl1 = 2, zahl2 = 10
c. zahl1 = 10, zahl2 = 0
d. zahl1 = 0, zahl2 = 5

5 Zählschleife anwenden

Schreiben Sie ein PHP-Skript, das untereinander alle ungerade Zahlen von 1 bis 99 ausgibt.

6 Schleifen verstehen

Gegeben sind zwei Varianten eines ActionScript:

Variante 1:
```
1  var zahl:int = 10;
2  while (zahl>0) {
3  zahl--;
4  trace(zahl);
5  }
```

Variante 2:
```
1  var zahl:int = 10;
2  while (zahl>0) {
3  trace(zahl);
4  zahl--;
5  }
```

a. Geben Sie an, welche Werte bei den beiden Varianten ausgegeben werden.
b. Ändern Sie Variante 2 so ab, dass von 10 bis 0 gezählt wird.

Programmieren

7 Array (Feld) kennen

Wozu dienen Arrays? Geben Sie Anwendungsbeispiele.

8 Funktionen programmieren

a. Schreiben Sie eine Funktion `tabelle()` in PHP, die eine Tabelle erzeugt. Die Anzahl an Zeilen soll beim Funktionsaufruf als Parameter übergeben werden, z. B. `tabelle(10);`
Hinweis: Verwenden Sie ein `for`-Schleife in der Funktion.
b. Erweitern Sie die Funktion, dass beim Funktionsaufruf Zeilen- *und* Spaltenzahl übergeben werden, z. B. `tabelle(10,5)`.

9 Klassen und Objekte unterscheiden

a. Erklären Sie den Unterschied zwischen Klasse und Objekt an einem Beispiel.
b. Welchen Vorteil bietet diese Unterscheidung?

10 „Gute" Programme schreiben

Durch welche Maßnahmen stellen Sie sicher, dass Ihre Programme lesbar und nachvollziehbar sind.

10.4 JavaScript und Ajax

10.4.1	Einführung	822
10.4.2	Fenster	825
10.4.3	Formulare	828
10.4.4	Ajax	831
10.4.5	Aufgaben	837

10.4.1 Einführung

10.4.1.1 Was ist JavaScript?

JavaScript wurde 1995 von der Firma Netscape entwickelt und mit dem Browser „Netscape Navigator" auf den Markt gebracht. Sehr schnell erkannte Microsoft die große Bedeutung dieser Technologie und entwickelte unter dem Namen JScript eine sehr ähnliche Sprache für den Internet Explorer – der „Browser-Krieg" entbrannte.

Heute spielt Netscape bei den Browsern (fast) keine Rolle mehr, und Mozilla Firefox ist nach dem Internet Explorer die Nummer zwei geworden. Nach wie vor besitzt jeder Browser seinen eigenen JavaScript-Interpreter, so dass bestimmte Funktionen im Internet Explorer anders gelöst werden müssen als bei Mozilla. Für die in diesem Kapitel besprochenen Grundlagen gilt dies nicht, sie funktionieren mit allen Browsern unter Windows und Mac OS.

Bei JavaScript handelt es sich um eine clientseitige Programmiersprache, auch als Skriptsprache bezeichnet. „Clientseitig" heißt, dass ein JavaScript direkt im Browser ausgeführt wird, ohne dass hierfür eine Internetverbindung notwendig ist. Der Browser besitzt hierzu einen so genannten Interpreter, der den Quellcode „versteht" und die Befehle ausführt. Hierdurch ergibt sich der große Vorteil, dass JavaScript unabhängig von einer (vielleicht langsamen) Internetverbindung ausgeführt wird. Beispiel: Mittels JavaScript können Sie überprüfen, ob ein Formular vollständig ausgeführt wird. Erst wenn alle Daten eingegeben wurden, erfolgt die Datenübertragung zum Webserver.

Im Unterschied zur clientseitigen Sprache JavaScript gibt es auch serverseitige Sprachen wie PHP. In diesem Fall ist ein Webserver notwendig, um ein Programm ausführen zu können. Die eingegebenen Formulardaten des obigen Beispiels könnten hiermit in eine Datenbank eingetragen werden. Abschließend hier noch der Hinweis, dass JavaScript abgesehen vom Namen nichts mit der Programmiersprache Java zu tun hat.

10.4.1.2 JavaScript: Pro und Contra

Dürfen Webseiten JavaScript enthalten? Die Meinungen darüber gehen auseinander:

Für JavaScript spricht, dass sich (Zusatz-)Funktionen realisieren lassen, die die Benutzung von Webseiten komfortabler oder sicherer machen, z. B. die

Ausführung von JavaScript

JavaScript wird in HTML eingefügt und durch den Browser ausgeführt.

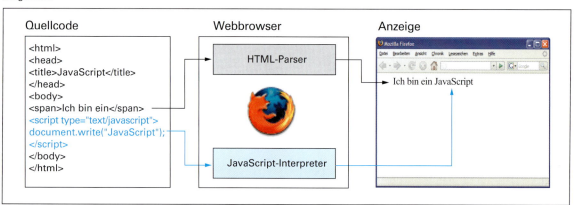

JavaScript und Ajax

Prüfung von Formularen auf Vollständigkeit oder die Verschlüsselung von E-Mail-Adressen.

Ajax (Asynchronous JavaScript and XML), eine auf JavaScript basierende Technologie, bietet die Möglichkeit, die Inhalte von Webseiten zu ändern, ohne dass hierfür die Seite neu geladen werden muss. Hieraus ergibt sich ein enormes Potenzial für Internetanwendungen (siehe Kapitel 10.4.4).

Gegen JavaScript könnte sprechen, dass JavaScript im Browser deaktiviert werden kann ❶ oder durch die getroffenen Sicherheitseinstellungen zumindest stark eingeschränkt ist. Eine Website, die JavaScript z. B. zur Navigation benötigt, funktioniert dann nicht.

Warum lässt sich JavaScript deaktivieren? Der Grund hierfür ist, dass die Skriptsprache leider auch missbraucht werden kann, um Sicherheitslücken im Browser zu nutzen und Schaden auf dem Rechner anzurichten. Dies wurde und wird immer wieder ausgenutzt, so dass viele Firmen oder auch Privatleute auf JavaScript verzichten.

Welches Fazit lässt sich ziehen? Nach Meinung des Autors überwiegen die Vorteile klar die potenziellen Risiken. Vor allem Ajax bietet fast revolutionäre Möglichkeiten. Eine Website sollte aber immer auch ohne JavaScript nutzbar sein, so dass der Nutzer entscheiden kann, ob er sie mit oder ohne JavaScript betrachten möchte.

10.4.1.3 JavaScript einbinden

JavaScript in der HTML-Datei
Wenn Sie bereits HTML-Kenntnisse haben, können Sie sofort loslegen, denn JavaScript können Sie wahlweise im `<body>` oder `<head>` einer HTML-Datei einbinden:

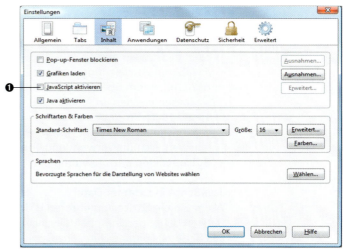

Einbinden von JavaScript in HTML

```
1  <!DOCTYPE HTML PUBLIC "-//W3C//
2  DTD HTML 4.01 Transitional//EN">
3  <html>
4  <head>
5  <title>Ich lerne JavaScript
6  </title>
7  <script type="text/JavaScript">
8  document.write("Hallo Welt!");
9  </script>
10 <noscript>
11 Bitte aktivieren Sie JavaScript!
12 </noscript>
13 </head>
14 <body>
15 ...
16 </body>
17 </html>
```

Webbrowser
Da JavaScript in allen Browsern deaktiviert werden kann, muss eine Website auch dann noch funktionieren, wenn der Nutzer die Verwendung von JavaScript sperrt.

Erläuterungen:
- Zeilen 7 bis 9:
  Zur Kennzeichnung eines JavaScripts wird dieses durch das `<script>`-Tag umschlossen. Das Skript funktioniert auch ohne Angabe des MIME-Typs (`type`), dennoch sollte der Typ mit angegeben werden.
- Zeilen 10 bis 12:
  Die `<noscript>`-Angabe wird angezeigt, wenn JavaScript deaktiviert wurde.

823

- Zeile 8:
  Die Anweisung `document.write()` gibt den in der Klammer befindlichen Text im Browser aus.
- JavaScript-Anweisungen *müssen nicht* mit einem Strichpunkt (;) abgeschlossen werden. In Anlehnung an viele andere Programmiersprachen wie Java oder PHP ist es empfehlenswert, sich die Verwendung von Strichpunkten anzugewöhnen.

JavaScript in externer Datei
Wenn Sie ein Skript in mehreren HTML-Dateien benötigen, empfiehlt es sich, das Skript als eigene Datei abzuspeichern und in der HTML-Datei lediglich den Pfad zur Datei anzugeben:

```
JavaScript in externer Datei
 1  <!DOCTYPE HTML PUBLIC "-//W3C//
 2  DTD HTML 4.01 Transitional//EN">
 3  <html>
 4  <head>
 5  <title>Ich lerne JavaScript</
 6  title>
 7  <script type="text/JavaScript"
 8  src="extern.js" />
 9  </head>
10  ...
```

Erläuterungen:
- Externe Skripte müssen die *Dateiendung .js* erhalten.
- Interne und externe Skripte dürfen kombiniert werden.

JavaScript im Link
Manchmal ist es gewollt, dass ein JavaScript erst ausgeführt wird, wenn der Nutzer auf einen Link klickt.

```
JavaScript als Textlink
1  ...
2  <a href="JavaScript:window.
3  alert('Hallo!');">Gruss</a>
4  ...
```

Erläuterungen:
- Der Link verweist nicht auf eine andere Webseite oder Datei, sondern auf ein JavaScript.
- Der Befehl `window.alert()` erzeugt ein Meldungsfenster (siehe nächstes Kapitel).
- Zur Unterscheidung zwischen einer Anweisung und Text müssen unterschiedliche Anführungszeichen (" bzw. ') verwendet werden.

JavaScript auf Button
Alternativ zu einem Textlink kann ein JavaScript auch durch Anklicken eines Buttons aufgerufen werden.

```
JavaScript auf Button
1  ...
2  <img src="button.gif"
3  onclick="window.print();" />
4  ...
```

Erläuterungen:
- Bei `onclick` handelt es sich um einen so genannten Event-Handler. Der „Event" (= Ereignis) ist in diesem Fall ein Mausklick auf das Bild, der die Ausführung des Skripts auslöst. Die Sicherheitseinstellungen, vor allem

des Internet Explorers, schränken die Ausführung von JavaScript stark ein. Klicken Sie auf den hellgelben Balken ❶ und wählen Sie „Geblockte Inhalte" zulassen, um Ihr Skript dennoch testen zu können.

824

10.4.2 Fenster

JavaScript und Ajax

Nicht ohne Grund erhielten die grafischen Betriebssysteme des Software-Giganten Microsoft den Namen Windows (95, 98, 2000, NT, XP, Vista, 7).

Denn Fenster sind die Grundelemente aller grafischen Betriebssysteme, natürlich auch bei Mac OS oder Linux. Programme, Dateien, Webseiten, Meldungen – alles spielt sich in Fenstern ab. So ist es nicht verwunderlich, dass der Umgang mit Fenstern, bei JavaScript als *window-Objekt* bezeichnet, das zentrale Thema dieser Sprache ist.

Im Folgenden werden wir lediglich einen kleinen Teil der Möglichkeiten besprechen, die das `window`-Objekt bietet.

10.4.2.1 Modale Fenster

In Abhängigkeit von ihrer Funktion werden bei JavaScript drei Arten von (modalen) Fenstern unterschieden. Es sind Fenster, die eine
- (Warn-)Meldung ausgeben,
- Bestätigung oder
- Eingabe erfordern.

```
Modale Fenster

(Warn-)Meldungs-Fenster:
window.alert("Vielen Dank für Ihre
Bestellung");

Bestätigungs-Fenster:
window.confirm("Wollen Sie diese Da-
tei downloaden?");

Eingabe-Fenster:
window.prompt("Bitte geben Sie Ihren
Namen ein:");
```

Die angezeigten Fenster unterscheiden sich optisch in Abhängigkeit vom Betriebssystem und dem verwendeten Browser, ihre Funktion ist jedoch immer gleich. Ein gemeinsames Merkmal aller modalen Fenster ist, dass das aufrufen-

de Fenster gesperrt ist, bis der Nutzer das modale Fenster mit „OK" oder „Abbrechen" schließt. Deshalb die Bitte:

```
Verärgern Sie den Nutzer nicht,
indem Sie ihn unnötige Fenster
bestätigen lassen!
```

Verwenden Sie modale Fenster nur, wenn es einen wichtigen Grund dafür gibt! Dies könnte sein, den Nutzer auf die Gefahren eines Downloads oder auf das Fehlen einer für eine Bestellung benötigten Angabe hinzuweisen.

Im Falle der einfachen Meldung bestätigt der Nutzer mit „OK" und der Fall ist erledigt. Bei einer Bestätigung oder Eingabe hat er die Wahl: „OK" oder „Abbrechen"? Also muss mit JavaScript eine Auswertung der Eingabemöglichkeiten erfolgen:

```
Modale Fenster: Auswertung der Eingabe

Bestätigungs-Fenster:
<a href="info.pdf" onclick="return
window.confirm('PDF downloaden?')">
Informationen</a>

Eingabe-Fenster:
<script type="text/JavaScript">
var name = window.prompt("Bitte ge-
ben Sie Ihren Namen ein:");
if (name) {
document.write("Hallo "+name);
}
</script>
```

Modale Fenster
Oben:
Safari, Firefox bei Mac OS
Unten:
Internet Explorer, Firefox bei Windows

825

Erläuterungen:
- Wird bei `window.confirm()` auf den OK-Button geklickt, so wird die Anweisung `true`, bei Klick auf „Abbrechen" `false`. Der Trick ist nun folgender: Der Hyperlink wird nur verfolgt, wenn der Event-Handler `onclick = "return true"` ist. Dies ist genau dann der Fall, wenn der OK-Button betätigt wurde.
- Im Falle von `window.prompt()` wird *null* (= leerer Wert) zurückgegeben, wenn der Nutzer auf „Abbrechen" klickt. In der `if`-Anweisung wird dies abgefragt. Es handelt sich hier um eine Kurzschreibweise für: Wenn `name` einen Wert hat, dann ... Alternativ, aber etwas umständlich ist die Schreibweise `if (name != null)` möglich: Wenn `name` *nicht* null ist, dann ...

10.4.2.2 Fenster öffnen

Auch HTML bietet die Möglichkeit, eine verlinkte Datei in einem neuen Fenster bzw. Browsertab (`target=_blank`) zu öffnen. Mit JavaScript können Sie darüber hinaus Aussehen und Platzierung des Fensters beeinflussen. Auch hierbei ist wieder Vorsicht angebracht:

> Popup-Fenster sind nervig! Nutzer wollen die Kontrolle über „ihre" Fenster haben!

Nichts ist ärgerlicher, als wenn eine Website die Größe und/oder Position des Browserfensters ändert.

Dennoch gibt es natürlich auch sinnvolle Anwendungen: So kann es berechtigt ein, eine verlinkte Unterseite in einem verkleinerten Fenster zu öffnen, damit der Nutzer beide Fenster sieht.

Handelt es sich dabei um ein reines Informationsfenster, dann kann die Menüleiste auch ausgeblendet werden.

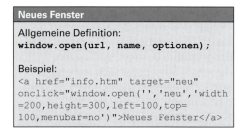

Erläuterungen:
- Die `url` bezeichnet die Adresse der Datei, die im neuen Fenster geöffnet werden soll. Im Beispiel entfällt die Angabe, weil die `url` bereits bei `href` steht.
- Die `target`-Angabe bezeichnet den Namen des Fensters (`neu`). Bei `window.open()` muss dieser Name an zweiter Stelle angegeben werden.
- Die aufgezählten Optionen bestimmen Position und Aussehen des Fensters. Sie sollten *ohne Leerzeichen* aufgezählt werden.
- Übrigens: Popup-Blocker verhindern das Öffnen eines Fensters *nicht*,

JavaScript und Ajax

wenn dies auf Wunsch des Nutzers erfolgt (`onclick`), sondern nur das automatische Öffnen mittels `onload`-Event im `<body>`.
Die Tabelle fasst einige Möglichkeiten zusammen. Beachten Sie, dass die Optionen bei eingeschränkten Browsereinstellungen teilweise nicht funktionieren.

Option	Bedeutung	Wert
height	Fensterhöhe	Pixel
width	Fensterbreite	Pixel
top	Abstand vom oberen Bildschirmrand	Pixel
left	Abstand vom linken Bildschirmrand	Pixel
menubar	Menüleiste ❶	yes/no
scrollbars	Scrollbalken ❷	yes/no
status	Statuszeile ❸	yes/no
resizable	Veränderliche Fenstergröße	yes/no
toolbar	Werkzeugleiste ❹	yes/no

Merkmale eines Fensters

10.4.2.3 Fenster schließen

Ein Fenster per JavaScript schließen zu können ist im Grunde unnötig, weil diese Funktion jedes Fenster in der Titelleiste ❺ besitzt. Dennoch kann es sinnvoll sein, dass sich die gesamte Navigation innerhalb des Fensters befindet, um dem (ungeübten) Nutzer hierdurch etwas mehr Komfort zu bieten.

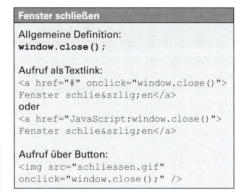

Fenster schließen

Allgemeine Definition:
`window.close();`

Aufruf als Textlink:
`<a href="#" onclick="window.close()">`
`Fenster schlie&szlig;en</a>`
oder
`<a href="JavaScript:window.close()">`
`Fenster schlie&szlig;en</a>`

Aufruf über Button:
`<img src="schliessen.gif"`
`onclick="window.close();" />`

Erläuterung:
- Die Angabe `href="#"` bewirkt, dass der Link zu keinem Dateiaufruf führt.

10.4.2.4 Fensterinhalt drucken

Die Option des Druckens stellt jeder Browser im Menü „Datei" zur Verfügung. Anwenderfreundlicher ist es jedoch, wenn Sie eine für den Ausdruck mittels CSS formatierte Version Ihrer Webseite zur Verfügung stellen, die sich mit Hilfe eines Druck-Buttons oder -Links ausdrucken lässt.

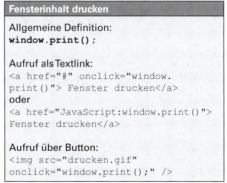

Fensterinhalt drucken

Allgemeine Definition:
`window.print();`

Aufruf als Textlink:
`<a href="#" onclick="window.`
`print()"> Fenster drucken</a>`
oder
`<a href="JavaScript:window.print()">`
`Fenster drucken</a>`

Aufruf über Button:
`<img src="drucken.gif"`
`onclick="window.print();" />`

827

10.4.3 Formulare

Band II – Seite 756
10.1.8 Formulare

Formulare auf Vollständigkeit zu überprüfen, gehört zu den wichtigsten JavaScript-Anwendungen. Der Vorteil gegenüber einer serverseitigen Überprüfung ist, dass unvollständige Daten erst gar nicht an den Server geschickt werden. Hierdurch verhindert der Anbieter Fehler in seiner Datenbank.

10.4.3.1 Formularzugriff

Formulare enthalten Pflichtfelder, die ausgefüllt werden müssen, sowie Zusatzfelder, mit denen versucht wird, Informationen über den Nutzer zu sammeln. Wer nicht genau liest, gibt mehr von sich preis als unbedingt nötig.

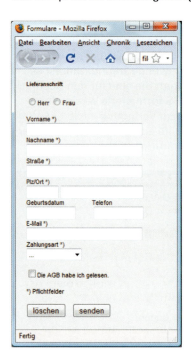

Mittels JavaScript soll nun überprüft werden, ob alle Pflichtfelder ausgefüllt wurden. Andernfalls erfolgt eine Aufforderung, dies zu tun.

Formularzugriff

Quellcode des Formulars ohne CSS:
```
 1  <form name="anschrift" action=
 2  "bestellung.php" method="get"
 3  onsubmit="return check()">
 4
 5  <input type="radio"
 6  name="anrede" value="Herr">Herr
 7  <input type="radio" name="anrede"
 8  value="Frau">Frau<br />
 9
10  <span>Vorname *)</span><br />
11  <input type="text" name="vname"
12  size="30"><br />
13  <span>Nachname *)</span><br />
14  <input type="text" name="nname"
15  size="30"><br />
16  ...
17  <span>Zahlungsart *)</span><br />
18  <select name="zahlung">
19  <option>...</option>
20  <option>Kreditkarte</option>
21  <option>Nachnahme</option>
22  <option>Rechnung</option>
23  </select><br />
24
25  <input type="checkbox"
26  name="agb"/> Die AGB habe ich
27  gelesen.<br />
28  <span>*)Pflichtfelder</span><br />
29
30  <input type="reset"
31  value="l&ouml;schen"> 
32  <input name="abschicken"
33  type="submit" value="senden">
34  </form>
```

Erläuterungen:
- Zeile 3:
  Der Event-Handler `onsubmit` wird aktiv, wenn der Nutzer auf den Senden-Button klickt. Es wird eine selbst definierte Funktion `check()` aufgerufen, die Sie im Laufe dieses Kapitels kennenlernen. Die Weiterleitung der Formulardaten mittels `action` erfolgt erst dann, wenn `check()` den Wert `true` zurückgibt.
- Die HTML-Struktur des Formulars wird an dieser Stelle nicht besprochen. Lesen Sie hierzu bitte Kapitel 10.1.8.

JavaScript und Ajax

10.4.3.2 Textfelder

Im ersten Schritt wird überprüft, ob ein Eintrag in ein bestimmtes Textfeld erfolgt ist. Hierzu wird das Formular wie auch das Textfeld über das `name`-Attribut angesprochen:

```
Textfelder
     Prüfung, ob Textfeld leer ist:
1    <script type="text/JavaScript">
2    function check() {
3      var f = document.anschrift;
4      if (f.vname.value == "") {
5      window.alert("Bitte Vorname
6      eingeben!");
7      return false;
8      }
9    return true;
10   }
11   </script>
```

Erläuterungen:

- Auf das Formular mit dem Namen `anschrift` (siehe Quellcode der linken Seite) wird mit `document.anschrift` zugegriffen. (Für Experten: Der Zugriff ist auch über `document.forms[0]` möglich.) Die Variable `f` dient zur Abkürzung. Um ein bestimmtes Formular*feld* anzusprechen, wird dessen Name (`name`) einfach angehängt: `f.vname`. Schließlich soll der Inhalt (`value`) dieses Feldes überprüft werden, so dass diese Eigenschaft erneut angehängt wird: `f.vname.value`. Diese Punktnotation ist bei objektorientierten Programmiersprachen üblich.
- Zeile 4:
  Die `if`-Anweisung prüft, ob mindestens ein Zeichen eingegeben wurde, und zeigt andernfalls ein Fenster mit einer Fehlermeldung. Danach wird der Wert `false` zurückgegeben, so dass das Senden abgebrochen wird.
- Natürlich kann das Skript nicht prüfen, ob auch tatsächlich ein korrekter

Name eingegeben wurde. Eine Erweiterung des Skripts wäre die Prüfung, ob mindestens zwei Buchstaben eingegeben wurden, wenn man „Ed" als kürzesten Vorname akzeptiert. Die Bedingung der `if`-Anweisung müssen Sie dann einfach in `f.vname.length < 2` ändern.

10.4.3.3 Radiobuttons

Die Radiobuttons zur Auswahl des Geschlechts besitzen beide den Namen `anrede`. Ihr Zustand, also angeklickt (`checked`) oder nicht, wird im Array `anrede[]` gespeichert (siehe Seite 810):

```
Radiobuttons
     Prüfung, ob Radiobutton angeklickt
     wurde:
1    <script type="text/JavaScript">
2    function check() {
3      var f = document.anschrift;
4      if (!f.anrede[0].checked &&
5      !f.anrede[1].checked) {
6      window.alert("Bitte Anrede
7      wählen!");
8      return false;
9      }
10   return true;
11   }
12   </script>
```

Erläuterungen:

- Zeilen 4 und 5:
  Die Bedingung der `if`-Anweisung muss erklärt werden: Bei `!f.anrede[0].checked` dient der `!`-Operator zur Verneinung, also: Radiobutton `[0]` wurde *nicht* angeklickt. Die Warnmeldung soll jedoch nur erfolgen, wenn der erste `[0]` *und* der zweite `[1]` Radiobutton nicht angeklickt wurden. Dies wird durch den `&&`-Operator realisiert, der für die logische Und-Verknüpfung steht.

829

10.4.3.4 Auswahllisten

Die Elemente einer Auswahlliste werden wie bei den Radiobuttons in einem Array (`options[]`) gespeichert. Wenn der oberste Eintrag `[0]` der Liste aktiv (`selected`) ist, bedeutet dies, dass keine Auswahl getroffen wurde.

Auswahllisten

Prüfung, ob Auswahl getroffen wurde:

```
1  <script type="text/JavaScript">
2  function check() {
3    var f = document.anschrift;
4    if (f.zahlung.options[0].
5    selected) {
6    window.alert("Bitte Zahlungsart
7    wählen!");
8    return false;
9    }
10 return true;
11 }
12 </script>
```

10.4.3.5 Checkboxen

Aus rechtlichen Gründen muss ein Kunde bestätigen, dass er die „Allgemeinen Geschäftsbedingungen (AGB)" gelesen hat.

Eine Checkbox wird überprüft, indem sie mit ihrem Namen (`name`) angesprochen und auf `checked` getestet wird:

Checkboxen

Prüfung, ob Checkbox angeklickt wurde:

```
1  <script type="text/JavaScript">
2  function check() {
3    var f = document.anschrift;
4    if (!f.agb.checked) {
5    window.alert("Bitte AGB
6    bestätigen!");
7    return false;
8    }
9  return true;
10 }
11 </script>
12
```

10.4.3.6 Zusammenfassung

Als Zusammenfassung der letzten Abschnitte ergibt sich folgende Funktion `check()`, mit der sich alle Formularfelder überprüfen lassen:

Formularprüfung

Prüfung aller Pflichtfelder:

```
1  <script type="text/JavaScript">
2  function check() {
3    var f = document.anschrift;
4    if (f.vname.value == "") {
5    window.alert("Bitte Vorname
6    eingeben!");
7    return false;
8    }
9    // Hier die weiteren Textfelder
10   ...
11   if (!f.anrede[0].checked &&
12   !f.anrede[1].checked) {
13   window.alert("Bitte Anrede
14   wählen!");
15   return false;
16   }
17   if (f.zahlung.options[0].
18   selected) {
19   window.alert("Bitte Zahlungsart
20   wählen!");
21   return false;
22   }
23   if (!f.agb.checked) {
24   window.alert("Bitte AGB
25   bestätigen!");
26   return false;
27   }
28
29 return true;
30 }
31 </script>
32 <form name="anschrift" ...
33 onsubmit= "return check()">
   ...
```

Erweiterungen:
- Prüfung, ob im E-Mail-Feld das @-Zeichen verwendet wurde (Eigenschaft: `charAt(x)`).
- Ein einziges `alert`-Fenster, das alle fehlenden Angaben auflistet. Die Fehlermeldungen müssen hierzu zu einem String verbunden werden.

10.4.4   Ajax

JavaScript und Ajax

10.4.4.1   Was ist Ajax?

Seit einigen Jahren geistert ein Begriff durch die Fachpresse: Ajax. Nun
ist zwar der Begriff (relativ) neu, die
zugehörige Technik aber seit gut zehn
Jahren bekannt. Da zeigt sich, was ein
Marketingbegriff bewirken kann!

Ajax steht für *„Asynchronous Java-
Script and XML"*, und um den Begriff
verstehen zu können, betrachten wir
zunächst den Ablauf einer „klassischen"
Anfrage, der auf der nächsten Seite
auch grafisch dargestellt ist:

Klassische Webanwendungen
Zur Kommunikation zwischen dem Nutzer einer Website und deren Anbieter
dienen in der Regel Formulare. In diese
trägt der Nutzer Daten ein und schickt
sie durch Anklicken eines Senden-
Buttons ab. Das Protokoll, das für die
Übertragung zuständig ist, heißt HTTP
(Hypertext Transfer Protocol).

Serverseitig werden die Formulardaten mit Hilfe einer Skriptsprache
wie z. B. PHP ausgewertet, bei Bedarf
werden die erforderlichen Daten aus
einer Datenbank oder Datei ausgelesen.
Schließlich sorgt das Skript dafür, dass
die neuen Daten in eine HTML-Seite
„verpackt" und per HTTP an den Client
zurückgeschickt werden. Bei einer neu-
en Anfrage wiederholt sich der Vorgang.

Sie erkennen den Nachteil dieser
Technologie: Bei langsamer Verbindung zwischen Client und Server wird
der Datentransfer für den Nutzer zum
Geduldsspiel. Doch auch bei den heute
oft schnellen Verbindungen wird die
Kommunikation schnell nervig, weil
der Nutzer bei jeder neuen Anfrage auf
einen Button klicken muss. Sie kennen
dies vielleicht von Webshops. An dieser
Stelle kommt Ajax ins Spiel.

Webanwendungen mit Ajax
Ajax nutzt die Fähigkeiten eines speziellen JavaScript-Objekts mit dem
komplizierten Namen *XMLHttpRequest*.
Dieses ist in der Lage, mit einem Webserver asynchron, also *unabhängig von
Benutzereingaben*, zu kommunizieren.

Im Detail läuft die Kommunikation
zwischen Client und Server folgendermaßen ab: Sobald der Nutzer
Daten eingibt, und hier genügt bereits
ein einzelnes Zeichen, beginnt das
JavaScript-Objekt die Kommunikation
mit dem Webserver. Serverseitig wird
auch in diesem Fall ein Skript benötigt, das die Anfrage auswertet und die
Daten aus einer Datenbank oder Datei
holt. Ein wesentlicher Unterschied
besteht jedoch darin, dass der Server
lediglich die angeforderten Daten und
keine kompletten Seiten zurückschicken
muss. Der Vorgang geht also deutlich
schneller, denn für das Einfügen der
Daten auf der Webseite des Nutzers
sorgt JavaScript vor Ort.

Ein weiterer Unterschied ist, dass der
Nutzer die Kommunikation fortsetzen
kann, *während* die Kommunikation mit
dem Server stattfindet. Diese Form der
Kommunikation wird als asynchron
bezeichnet. Ist die Verbindung schnell
genug, merkt der Nutzer nicht einmal,
dass er mit einem Webserver kommu-
niziert!

Bleibt noch zu klären, was das Ganze
mit XML zu tun hat? Die Wahrheit ist,
dass XML gar nicht unbedingt notwendig ist. Wie der Name sagt, war das
XMLHttpRequest-Objekt zwar ursprünglich für den Transfer von XML-Daten gedacht, kann aber ebenso für Text- oder
HTML-Daten verwendet werden.

Fazit: Ajax ist keine neue Technologie,
sondern JavaScript, das in der Lage ist,
asynchron auf Webserver zuzugreifen.

831

Klassische dynamische Anfrage vs. Anfrage mit Ajax

Der wesentliche Unterschied besteht darin, dass die Kommunikation mit dem Server bei Ajax asynchron erfolgt. Dies heißt, dass der Nutzer bereits *während* des Datenaustauschs mit dem Server neue Eingaben machen kann und nicht warten muss.

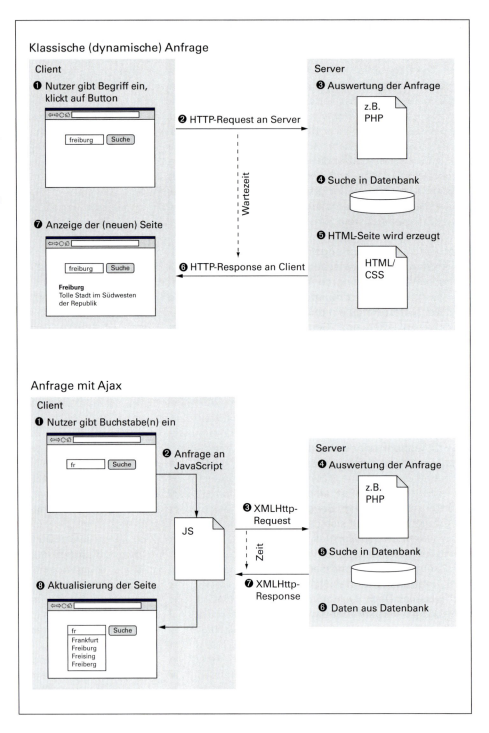

JavaScript und Ajax

Beispiele für Ajax-Anwendungen
Bevor wir uns an eigene kleine Ajax-Anwendungen „wagen", möchten wir Ihnen an einigen Praxisbeispielen das große Potenzial von Ajax verdeutlichen:
- Mittlerweile ist es bei Suchfunktionen aller großen Anbieter Standard, dass dem Nutzer bereits nach Eingabe der ersten Buchstaben Begriffe vorgeschlagen werden, nach denen möglicherweise gesucht wird. Beispiele sind Google, Deutsche Bahn oder Amazon ❶.
- Bei Google Maps ❷ beeindrucken die interaktiven Landkarten, die Sie per Maus verschieben, vergrößern oder verkleinern können. Nur bei einer langsamen Verbindung merken Sie, dass die Bilder nach und nach nachgeladen werden.
- Noch einen Schritt weiter geht das Open-Source-Projekt „eyeos" ❸ (www.eyeos.org). Es handelt sich dabei um ein komplett webbasiertes Betriebssystem, das Ihnen neben Grundfunktionen eines jeden Betriebssystems (Dateiverwaltung, Papierkorb usw.) auch bereits alle wichtigen Office-Applikationen zur Verfügung stellt. So ermöglicht das Textverarbeitungsprogramm beispielsweise „Drag & Drop", also das Kopieren und Einfügen von Text über eine Zwischenablage.

Die Beispiele zeigen, dass wir heute (zumindest technisch) in der Lage sind, ein Gerät mit Internetanschluss als vollwertigen Computer zu nutzen. Die benötigte Software (einschließlich Betriebssystem) lässt sich als Webanwendung, auch als *RIA (Rich Internet Application)* bezeichnet, realisieren.

Dennoch drängt sich die Frage auf, ob dies aus Anwendersicht überhaupt erstrebenswert ist. Denn wer persönliche Daten oder Dateien ins Internet stellt, muss damit rechnen, dass sich jemand unerlaubten Zugriff darauf verschafft. Alle Begeisterung für technologische Neuerungen darf uns nicht blind machen für Fragen des Datenschutzes!

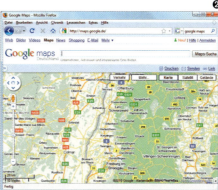

Anwendungsbeispiele für Ajax
Abb.: Amazon, Google Maps, eyeos

Band II – Seite 840
10.5.1 Einführung

Band II – Seite 848
10.5.4 Formularzugriff

10.4.4.2 Einfache Ajax-Anwendungen

Voraussetzungen

In diesem Abschnitt stellen wir Ihnen zwei einfache Ajax-Anwendungen vor. Um diese nachvollziehen zu können, brauchen Sie neben Grundkenntnissen in PHP (v. a. Dateizugriff) einen lokal installierten Webserver, dessen Installation in Kapitel 10.5.1 beschrieben ist.

Beispiel 1: Zugriff auf HTML-Datei

ajax1.html
1 `<!DOCTYPE ...>`
2 `<html>`
3 `<head>`
4 `<title>Ajaxbeispiel 1</title>`
5 `</head>`
6 `<script type="text/javascript">`
7 `var anfrage = null;`
8 `function ajaxtest() {`
9 `anfrage = new XMLHttpRequest();`
10 `if (anfrage != null) {`
11 `anfrage.open("GET",`
12 `"datei.html", true);`
13 `anfrage.onreadystatechange =`
14 `ausgabe;`
15 `anfrage.send(null);`
16 `}`
17 `function ausgabe() {`
18 `if (anfrage.readyState == 4) {`
19 `document.getElementById("text").`
20 `innerHTML=anfrage.responseText;`
21 `}`
22 `}`
23 `}`
24 `</script>`
25
26 `<body>`
27 `<div id="text">Normaler HTML-`
28 `Text!</div>`
29 `<a href="JavaScript:ajaxtest()">`
30 `Ajax</a>`
31 `<a href="ajax1.html">Back</a>`
32 `</body>`
33 `</html>`

Dateizugriff über Ajax

Der Nutzer merkt keinen Unterschied, ob ein Text direkt in einer HTML-Datei steht (links) oder per Ajax aus einer Textdatei gelesen wird (rechts).

Das Beispiel zeigt den Inhalt einer HTML-Datei mittels Ajax im Browser an. Natürlich wäre für diese Anwendung kein Ajax notwendig, das Beispiel dient lediglich zur Verdeutlichung der Funktionsweise einer Ajax-Anwendung.

Das Listing der Datei „ajax1.html" sehen Sie im Kasten rechts dargestellt. Im Kern besteht es aus den beiden JavaScript-Funktionen `ajaxtest` und `ausgabe`, die wir Schritt für Schritt erläutern:

Erläuterungen
- Zeile 9:
  Im ersten Schritt wird ein neues `XMLHttpRequest`-Objekt erzeugt, da dieses für die asynchrone Kommunikation mit dem Webserver zuständig ist. Hierfür dient, wie in objektorientierten Sprachen üblich, der Konstruktor `new`. Das Objekt erhält in unserem Beispiel den Namen `anfrage`.
  Hinweis: XMLHttpRequest erfordert Mozilla Firefox, Opera, Safari oder den Internet Explorer ab Version 7.
- Zeile 10:
  Die `if`-Anweisung wird ausgeführt, wenn `anfrage` einen Wert besitzt (`!=` steht für nicht und `null` für „ohne Wert").
- Zeile 11/12:
  Die Methode `open` stellt die Verbindung zum Server her und benötigt hierfür drei Angaben:
  `GET` gibt die Art der Datenübertragung an (im Unterschied zu POST, wie in Kapitel 10.5.4 beschrieben). Der zweite Parameter gibt die Zieldatei

JavaScript und Ajax

an, in unserem Beispiel eine einfache HTML-Datei namens „datei.html". Die Angabe `true` bewirkt die asynchrone Datenübertragung (`false` wäre eine synchrone Übertragung).
- Zeile 13/14:
  Die Methode `onreadystatechange` überwacht den Status der Anfrage, wobei bei jedem Aufruf die Funktion `ausgabe` aufgerufen wird.
- Zeile 15:
  Die Methode `send` schickt die Anfrage ohne weitere Parameter (`null`) ab.
- Zeile 18:
  Die Eigenschaft `readyState` zeigt den aktuellen Zustand der Anfrage in Form einer ganzen Zahl an:
  0: nicht initialisiert
  1: wird geladen
  2: fertig geladen
  3: wartet
  4: vollständig
  Die Bedingung ist also immer dann erfüllt, wenn Zustand 4 erreicht ist.
- Zeile 19/20:
  Die Eigenschaft `responseText` bewirkt, dass das Ergebnis der Anfrage als Text zurückgeliefert wird. (Im Unterschied hierzu liefert `responseXML` die Daten in XML-Schreibweise.) Der Text wird durch `innerHTML` als HTML-Text interpretiert (vorhandene Tags werden entfernt) und durch `getElementById("text")` in das Tag mit der `id="text"` (Zeile 27) eingetragen.
- Zeilen 26 bis 32:
  Im `<body>` befinden sich lediglich eine Textzeile sowie zwei Links. Der erste Link ruft das JavaScript auf, das den Austausch des Textes bewirkt. Der zweite Link lädt die Datei neu und bewirkt hierdurch das Anzeigen des ursprünglichen Texts.

Abschließend benötigen Sie noch die Datei „datei.html", die den auszutauschenden Text enthält. Sie muss sich im selben Webserver-Verzeichnis wie die Datei „ajax1.html" befinden.

Beispiel 2: Zugriff auf Textdatei

Im zweiten Beispiel realisieren wir eine typische Ajax-Anwendung: In einem Suchfeld genügt bereits die Eingabe eines Buchstabens, um aus einer Textdatei Lösungsvorschläge zu liefern. Je mehr Buchstaben eingegeben werden, umso stärker wird die Suche eingegrenzt – ein „Senden"-Button ist nicht notwendig.

Zur Realisation beginnen Sie mit einer Textdatei „tiere.txt", in der Sie zeilenweise einige Tiere aufzählen. Beachten Sie, dass Umlaute maskiert werden müssen, z. B. ä statt „ä".

Das komplette Listing der Datei „ajax2.html" finden Sie auf der nächsten Seite. Sie werden feststellen, dass es mit dem Listing aus dem ersten Beispiel erfreulicherweise fast übereinstimmt. Aus diesem Grund gehen wir nur auf die wenigen Änderungen ein:

835

ajax2.html

```
1   <!DOCTYPE ...>
2   <html>
3   <head>
4   <title>Ajaxbeispiel 2</title>
5   </head>
6   <script type="text/javascript">
7   var anfrage = null;
8   function ajaxtest(zeichen) {
9    anfrage = new XMLHttpRequest();
10   if (anfrage != null) {
11   anfrage.open("GET", "glossar.
12   php?q="+zeichen, true);
13   anfrage.onreadystatechange =
14   ausgabe;
15   anfrage.send(null);
16   }
17   function ausgabe() {
18   if (anfrage.readyState == 4) {
19   document.getElementById("text").
20   innerHTML=anfrage.responseText;
21   }
22   }
23   }
24   </script>
25
26   <body>
27   <h3>Kleines Tierlexikon</h3>
28   <form>
29   Ihre Wahl: <input type="text"
30   onkeyup="ajaxtest(this.value)"/>
31   </form>
32   <div id="text"></div>
33   </body>
34   </html>
```

Erläuterungen:

- Zeile 8/30:
  Beim Funktionsaufruf wird ein Parameter „zeichen" übergeben, der aus dem Textfeld des Formulars stammt und von dort mit `this.value` übergeben wird.
- Zeile 11/12:
  Das XMLHttpResponse-Objekt `anfrage` ruft nun die PHP-Datei „glossar.php" auf. An den Dateinamen wird, wie bei der Methode GET üblich, der Parameter `zeichen` angehängt. Wird beispielsweise „A" eingetippt, dann lautet die Anfrage: `glossar.php?q="A"`.

Zur Auswertung der Anfrage dient die Datei „glossar.php":

glossar.php

```
1   <?php
2   $suche = $_GET["q"];
3   if ($suche != "") {
4    $datei = fopen("tiere.txt","r");
5    while (!feof($datei)) {
6    $zeile = fgets($datei,100);
7    if ($suche == substr($zeile,
8    0, strlen($suche)))
9    echo "<p>$zeile</p>";
10   }
11   }
12   ?>
```

Erläuterungen:

- Zeile 2:
  Der Wert, z. B. ein „A", wird in die Variable `$suche` eingetragen.
- Zeile 3:
  Die `if`-Anweisung wird nur ausgeführt, wenn `$suche` einen Wert hat.
- Zeilen 4 bis 6:
  Die Textdatei „tiere.txt" wird zum Lesen geöffnet und danach Zeile für Zeile bis zum Dateiende (`feof` = End of File) ausgelesen.
- Zeile 7 bis 9:
  Die `if`-Anweisung vergleicht den Wert von `$suche` mit einem Teiltext der jeweiligen Zeile. Dabei gibt `0` die Position (Zeilenanfang) und `strlen` die Länge des Teiltextes an. Beispiel: Wird ein „A" übergeben, ist `strlen` 1, so dass verglichen wird, ob der erste Buchstabe der Zeile ein „a" ist. Wenn ja, wird die Zeile ausgegeben.

Für Experten: Im obigen Beispiel wird *kein* Text ausgegeben, wenn ein „a" eingegeben wird. Zur Umwandlung von Klein- in Großbuchstaben dient folgender Code:

```
$erster = strtoupper(substr($su-
che,0,1));
$suche = $erster.substr($suche,
1,strlen($suche)-1);
```

10.4.5 Aufgaben

JavaScript und Ajax

1 Die Funktion von JavaScript kennen

a. Erklären Sie die Aussage: JavaScript ist eine *clientseitige* Sprache.
b. Nennen Sie zwei Anwendungsbeispiele für ein JavaScript.
c. Welches Argument spricht gegen die Verwendung von JavaScript?

2 JavaScript einbinden

Nennen Sie zwei Möglichkeiten, um ein JavaScript in den HTML-Quellcode einzubinden.

3 Variable verwenden

Gegeben ist folgendes JavaScript:
```
1 <script type="text/Java-
  Script">
2 var a = 20;
3 var b = 5;
4 var erg = a ? b;
5 document.write(erg);
6 </script>
```

Ergänzen Sie in Zeile 4 den Operator, so dass Zeile 5 folgende Ergebnisse liefert:
a. `25`
b. `100`
c. `false`
d. `true`

4 Modale Fenster anwenden

Schreiben Sie ein JavaScript, das
a. mittels Eingabefenster zuerst die Körpergröße in m und danach das Körpergewicht in kg abfragt,
b. den Body-Mass-Index (BMI) nach der Formel BMI = Gewicht / Größe^2 berechnet,
c. den BMI in einem Fenster ausgibt.

5 Neue Fenster erzeugen

Gegeben ist folgender HTML-Link:
`<a href="#" target="fenster" onclick="...">Neues Fenster</a>`

Ergänzen Sie den JavaScript-Code, so dass das Fenster folgende Eigenschaften erhält:
- Breite: 400 px
- Höhe: 300 px
- Oberer Abstand: 100 px
- Linker Abstand: 200 px

Hinweis: Statt eines leeren Links (#) können Sie auch ein Bild anzeigen.

6 Formulareingaben prüfen

a. Realisieren Sie das rechts dargestellte Formular in HTML. Sehen Sie folgende Pizza-Größen vor:
   - Mini (15 cm)
   - Maxi (30 cm)
   - Party (45 cm)
b. Geben Sie mit Hilfe eines JavaScripts eine Fehlermeldung aus, wenn keine Größe und/oder keine Zutaten ausgewählt werden.

7 Formulareingaben auswerten

Realisieren Sie das rechts dargestellte Formular. Nach Anklicken des Buttons berechnet ein JavaScript den durchschnittlichen Benzinverbrauch auf 100 Kilometer und zeigt das Ergebnis in einem Fenster an.

8 Einsatz von Ajax verstehen

Erklären Sie den Unterschied zwischen einer „normalen" Serveranfrage und einer Anfrage über Ajax.

837

10.5 PHP

10.5.1	Einführung	840
10.5.2	Datum und Uhrzeit	845
10.5.3	Dateizugriff	846
10.5.4	Formularzugriff	848
10.5.5	Textverarbeitung	852
10.5.6	Datenbankzugriff	854
10.5.7	Aufgaben	866

10.5.1 Einführung

10.5.1.1 Statische und dynamische Webseiten

Bevor wir zum eigentlichen Thema „PHP" kommen, wollen wir die prinzipiellen Möglichkeiten des Zugriffs auf einen Webserver mit Hilfe von HTTP (Hypertext Transfer Protocol) betrachten.

Statischer Zugriff

Beim statischen Zugriff gibt der Nutzer in der Adressleiste seines Browsers eine Zieladresse ein, oder er klickt auf einen vorhandenen Textlink oder Button (siehe Grafik).

Hierdurch wird eine Anfrage (*HTTP-Request*) an den zur Zieladresse gehörenden Webserver gestellt und nach der angefragten Datei gesucht. Ist diese vorhanden, wird die HTML-Datei ebenfalls über HTTP an den Client übersandt (*HTTP-Response*) und durch den Webbrowser angezeigt.

Sie erkennen den Nachteil dieser Methode: Für jede angefragte Seite muss eine eigene HTML-Datei vorhanden sein, bei größeren Webauftritten ergeben sich somit Hunderte von Dateien. Stellen Sie sich den Aufwand vor, um diesen Webauftritt zu pflegen oder gar zu erneuern!

Fazit: Statische Webseiten eignen sich allenfalls für kleine Internetauftritte.

Dynamischer Zugriff

Bei einem dynamischen Zugriff auf einen Webserver wird keine Datei angefragt, sondern ein bestimmter Inhalt. Die Anfrage des Nutzers kann beispielsweise über ein Eingabefeld erfolgen, denkbar sind aber ebenso Textlinks oder Buttons.

Im Unterschied zum statischen Zugriff bewirkt der HTTP-Request nicht die Suche einer Datei, sondern den Aufruf eines Skripts, das durch einen Interpreter ausgeführt wird. Dabei *kann* es sich um PHP handeln, es sind aber auch andere Skriptsprachen möglich.

Das PHP-Skript wertet die Anfrage des Nutzers nach einem bestimmten Inhalt aus, z. B. indem es eine Suchanfrage an eine Datenbank sendet. Alternativ ist auch der Zugriff auf Dateien möglich. Im nächsten Schritt müssen die Ergebnisse der Suchanfrage in HTML-Code umgesetzt werden, da der Webbrowser des Clients kein PHP „versteht".

Die Rückgabe des Ergebnisses an den Client via HTTP erfolgt wie bei der statischen Anfrage als HTML-Code, so dass der Nutzer nichts vom dynamischen Prozess bemerkt, den seine Anfrage ausgelöst hat.

Der wesentliche Vorteil dieser Vorgehensweise ist offensichtlich: Der Internetauftritt besteht aus *einer* zentralen (Layout-)Datei, in die die Inhalte erst auf Anfrage eingefügt werden. Alle Inhalte werden in einer Datenbank verwaltet, die unabhängig vom Internetauftritt gepflegt werden kann. Besonders anwenderfreundlich ist hierbei die Verwendung eines Content-Management-Systems, wie wir es Ihnen in Kapitel 10.7 am Beispiel vom „Joomla" vorstellen.

10.5.1.2 Webtechnologien

Wie Sie in der Grafik sehen, ist zur Erstellung dynamischer Seiten erheblich mehr Know-how erforderlich als für statischen Seiten. Sie benötigen
- eine Skriptsprache zur Auswertung der Anfrage,
- einen (lokal installierten) Webserver als Testumgebung und
- ein Datenbankmanagementsystem (DBMS) für Ihre Datenbanken.

PHP

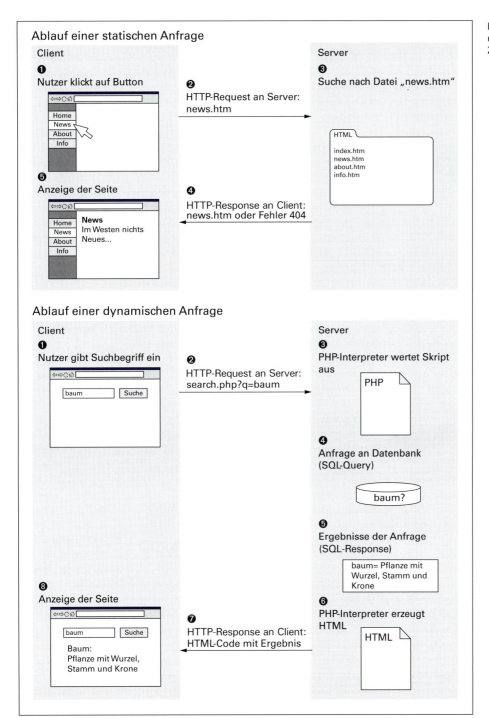

Prinzip des statischen und dynamischen Zugriffs auf Webserver

841

Wenn Sie im Internet recherchieren, dann werden Sie feststellen, dass es mittlerweile zahlreiche Lösungen zur Entwicklung dynamischer Webseiten gibt. Wegen ihrer hohen Verbreitung beschäftigen wir uns in diesem Kapitel mit folgenden Technologien:

PHP (Hypertext Preprocessor)
Die 1994 entwickelte Skriptsprache PHP erfreut sich zunehmender Beliebtheit und steht kostenlos zur Verfügung. Die aktuelle Version ist PHP 5, Version 6 ist in Arbeit. Da zur Ausführung eines PHP-Skripts ein Interpreter notwendig ist, muss zu Testzwecken ein geeigneter Webserver lokal auf dem eigenen Rechner installiert werden (siehe nächster Abschnitt). Die meisten Webhoster bieten PHP (und MySQL) zur Nutzung an, so dass Sie Ihre dynamischen Webseiten auch „online" stellen können.

Apache
Auch wenn der Name und das Logo diese Assoziation wecken – Apache hat nichts mit Indianern zu tun, sondern bezeichnet den meistgenutzten Webserver. Der eigenartige Name steht für „a patchy server", weil es sich um den mit Hilfe von Patches (Softwareupdates) weiterentwickelten NCSA-Server (National Center for Supercomputing) handelt.

Apache-Server bieten eine Reihe von Vorteilen:
- Der Server ist firmenunabhängig und kostenlos im Internet verfügbar (siehe nächster Abschnitt).
- Apache-Server sind weit verbreitet und stehen für viele Betriebssysteme (Windows, OS/2, Linux, Mac OS X) zur Verfügung.
- Apache besitzt ein modulares Konzept mit einer hohen Performance bei geringen Hardwareanforderungen.

MySQL
Bei MySQL handelt es sich um ein frei verfügbares Datenbankmanagementsystem (DBMS), das zur Verwaltung von Datenbanken auf einem Webserver dient. Es wurde von der schwedischen Firma MySQL AB entwickelt, gehört aber seit Januar 2010 dem Datenbankspezialisten Oracle.

Die Gründe für die hohe Verbreitung von MySQL sind:
- Gute „Performance" auch bei großen Datenbanken mit mehreren Millionen Datensätzen.
- Kostenlose Verfügbarkeit
- Plattformunabhängigkeit: MySQL steht für alle gängigen Betriebssysteme zur Verfügung (siehe nächster Abschnitt).
- Vielfache Möglichkeiten des Datenzugriffs mittels Skriptsprachen wie PHP oder Perl.

10.5.1.3 XAMPP

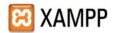

Haben Sie das Gefühl, mit all den Technologien überfordert zu sein? Glücklicherweise gibt es hilfsbereite Menschen, die uns einen „sanften" Zugang zur Technik ermöglichen. Die „Apachefreunde" haben alle benötigten Webtechnologien zu einem Paket verschnürt und bieten dieses zum Download an: www.apachefriends.org. Die Abkürzung XAMPP setzt sich zusammen aus:

PHP

X Platzhalter für das Betriebssystem: Windows-Server werden als WAMPP, Linux-Server als LAMPP und Mac-Server als MAMPP bezeichnet. Alle Versionen sind auf obiger Website zu finden.
A steht für den Apache-Webserver.
M bezeichnet das Datenbankmanagementsystem MySQL.
P steht für die Skriptsprache PHP.
P steht für Perl, eine weitere Skriptsprache, die alternativ zu PHP verwendet werden kann.

Der große Vorteil des XAMPP besteht darin, dass Sie nach dessen Installation einen eigenen Webserver auf Ihrem Rechner zur Verfügung haben. Dieser eignet sich ideal zum Erlernen von PHP und zum Experimentieren mit dynamischen Webseiten.

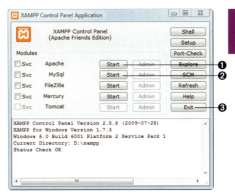

Band II – Seite 928
10.7.10 Lokale Entwicklungsumgebungen

Installation des XAMPP

Die Installation des XAMPP ist denkbar einfach. Die folgende Beschreibung bezieht sich auf die Windows-Version.
- Laden Sie den XAMPP von der oben angegebenen Website herunter. Wahlweise können Sie eine selbstentpackende EXE-Version oder eine ZIP-Version laden, die Sie nach dem Download noch entpacken müssen.
- Der XAMPP kann in jedem beliebigen Verzeichnis, sogar auf USB-Stick oder externer Festplatte, installiert werden.

Nutzung des XAMPP

- Nach der Installation starten Sie zunächst das Kontrollfenster durch Doppelklick auf die Datei *xampp-control.exe*.
- Durch Anklicken des Start-Buttons lässt sich der Apache-Server ❶ starten. Wenn Sie mit Datenbanken arbeiten, benötigen Sie zusätzlich den MySQL-Server ❷. Das „Control Panel" darf während der Sitzung am Server nicht geschlossen werden. Zum Beenden der Sitzung sollten Sie den Server über den Exit-Button herunterfahren ❸.
- Starten Sie nun einen Webbrowser und geben Sie *localhost* ein – die Begrüßungsseite erscheint: Hier können Sie sich über die vielen Optionen des Servers informieren und einige PHP-Demoprogramme testen. Beachten Sie bitte auch die Sicherheitshinweise!
- Das Arbeitsverzeichnis des Servers heißt *htdocs*. In diesem Verzeichnis können Sie Unterverzeichnisse erstellen, z. B. *php-test*. Das (noch leere) Verzeichnis lässt sich im Browser durch Eingabe von *localhost/php-test* aufrufen.

Die Vorbereitung für die Durchführung des PHP-Kapitels sind nun abgeschlossen. Um PHP-Dateien testen zu können, speichern Sie diese im Unterverzeichnis *php-test* ab. Durch Anklicken der gewünschten Datei wird diese ausgeführt, wenn der Webserver gestartet ist.

Beachten Sie, dass HTML-Dateien, die ein PHP-Skript enthalten, die Dateiendung *.php* (statt .htm) erhalten müssen. Anhand dieser Endung erkennt der Server, dass es sich um PHP-Code handelt, und startet den PHP-Interpreter.

843

10.5.1.4 PHP einbinden

Wie JavaScript kann auch PHP direkt in den HTML-Quellcode eingebunden werden:

PHP in der HTML-Datei

```
1  <!DOCTYPE HTML PUBLIC "-//W3C//
2  DTD HTML 4.01 Transitional//EN">
3  <html>
4  <head>
5  <title>Ich lerne PHP</title>
6  </head>
7  <body>
8  <?php
9    echo "Hallo Welt! Dies ist
10   mein erstes PHP-Skript.";
11 ?>
12 </body>
13 </html>
```

Erläuterungen:
- Zeile 8 und 11:
  Ein PHP-Skript beginnt mit `<?php` und endet mit `?>`. In einer HTML-Datei können sich beliebig viele Skripte befinden.
- Zeile 9/10:
  Die Anweisung `echo` bewirkt die Anzeige des Textes in Anführungszeichen im Browser. Alternativ zu `echo` kann `print()` benutzt werden. Jede PHP-Anweisung *muss* mit einem Strichpunkt (;) abgeschlossen werden.
- Wichtig: Enthält die HTML-Datei ein PHP-Skript, so muss ihr Dateiname die Endung .php erhalten.

10.5.1.5 Textausgabe und -formatierung

Wie oben erläutert, erfolgt die Anzeige von Text auf dem Bildschirm mit Hilfe von `echo` oder `print()`. Zur Formatierung des Textes innerhalb des PHP-Skripts verwenden Sie HTML und Cascading Style Sheets (CSS):

Textformatierung mit CSS

```
    ...
1   <style>
2   *  {font-family: Georgia;}
3   h2 {font-size: 15px;}
4   p  {font-size: 12px;}
5   </style>
6   ...
7   <?php
8     $text="cooles";
9     echo "<h2>Hallo Welt!</h2>
10    <p>Dies ist mein \"erstes\"
11    <span style='color:red'>$text
12    </span> PHP-Skript.
13    </p>";
14  ?>
15  ...
```

Erläuterungen:
- Zeile 8/11:
  Die `echo`-Anweisung ermöglicht es, Text und Variable zu mischen. Alternativ kann zur Verkettung der Punktoperator verwendet werden:
  `echo "Ein ".$text." Auto!";`
  (Nähere Informationen zu Variablen finden Sie in Kapitel 10.3.2).
- Zeile 11:
  Beachten Sie, dass zur Unterscheidung der Anführungszeichen bei CSS das Hochkomma (') verwendet wird.
- Zeile 10:
  Wenn Anführungszeichen im Text benötigt werden, müssen diese im Quellcode durch einen Backslash (\) gekennzeichnet werden.

10.5.2 Datum und Uhrzeit

PHP

Mit Hilfe der `date`-Funktion lassen sich Datum und/oder Uhrzeit des Webservers abfragen:

Zeitstempel lässt sich mit dem Befehl `time()` abfragen und mit einem anderen Zeitstempel vergleichen:

Band II – Seite 806
10.3.3 Verzweigungen

Datum und Uhrzeit

Ausgabe von Datum und Uhrzeit:
```
<?php
  echo "Datum: ".date("d.m.Y");
  echo "<br />";
  echo "Uhrzeit: ".date("H:i:s");
?>
```

Mögliche Parameter:
G   Stundenzahl (0 bis 23)
H   Stundenzahl zweistellig (00 bis 23)
i   Minutenzahl (00 bis 59)
d   Tageszahl zweistellig (01 bis 31)
j   Tageszahl einstellig (1 bis 31)
m   Monatszahl zweistellig (01 bis 12)
n   Monatszahl (1 bis 12)
s   Sekundenzahl (00 bis 59)
W   Wochennummer (1 bis 52)
y   Jahreszahl zweistellig z. B. 11
Y   Jahreszahl vierstellig z. B. 2011
z   Aktueller Tag (1 bis 365)

Erläuterung
Die Parameter dürfen innerhalb der Klammer beliebig kombiniert und durch Satz- oder Leerzeichen verbunden werden.

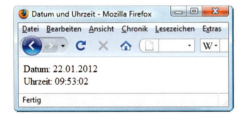

Die Datumsfunktion kann beispielsweise dazu benutzt werden, um zu überprüfen, ob Termine noch aktuell sind und nur in diesem Fall angezeigt werden sollen.

Um Daten miteinander vergleichen zu können, wurde das Datum 01.01.1970 als Stunde null definiert und seither die Sekunden gezählt. Dieser so genannte

Datum/Uhrzeit vergleichen

Zeitstempel (Sekunden seit 01.01.1970):
`time();`

Zeitstempel eines bestimmtes Datums:
`mktime ($stunde,$minute,$sekunde, $monat,$tag,$jahr);`

Beispiel:
```
 1  <?php
 2    //Aktueller Zeitstempel
 3    $heute = time();
 4    //Eigener Zeitstempel
 5    $tag = 30;
 6    $monat = 11;
 7    $jahr = 2012;
 8    $termin = mktime(0,0,0,$monat,
 9    $tag,$jahr);
10    //Vergleich der Zeitstempel
11    if ($termin > $heute)
12      echo "Ihr Termin ist am
13      $tag.$monat.$jahr";
14    else
15      echo "Termin vorbei!";
16  ?>
```

Erläuterungen:
- Zeile 8/9:
  `mktime()` setzt den Zeitstempel auf ein beliebiges Datum. Beachten Sie, dass die Angabe des Jahres vierstellig und dass zuerst der Monat und dann der Tag angegeben wird.
- Zeile 11 bis 15:
  Durch Vergleich der Zeitstempel wird sichergestellt, dass auf der Webseite nur aktuelle Termine angezeigt werden.

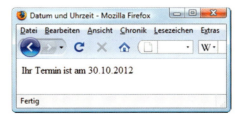

845

10.5.3 Dateizugriff

Band II – Seite 808
10.3.4 Schleifen

Um die Inhalte einer Webseite dynamisch verwalten zu können, ist nicht unbedingt eine Datenbank notwendig. In vielen Fällen genügt die Möglichkeit des Zugriffs auf Text- oder CSV-Dateien. Mit ihrer Hilfe wird der Austausch oder die Aktualisierung der Inhalte einer Webseite realisierbar. Umgekehrt lassen sich Informationen der Anwender in Dateien abspeichern und verwalten, z. B. die Anzahl der Besucher einer Website oder Gästebuch-Einträge.

10.5.3.1 Textdateien

Der Zugriff auf eine Datei (`file`) erfolgt immer nach demselben Schema:
- Datei zum Lesen und/oder Schreiben öffnen
- Inhalt lesen (`read`), überschreiben (`write`) oder Text anfügen (`append`)
- Datei schließen

Der zugehörige PHP-Code lautet:

Dateizugriff

Datei öffnen:
`$datei = fopen("test.txt","r");`

Parameter:
r	Lesezugriff, Datei muss existieren
r+	Lese- und Schreibzugriff
w	Schreibzugriff, Inhalt wird überschrieben, Datei wird erstellt, wenn sie nicht existiert
w+	Lese- und Schreibzugriff, Inhalt wird überschrieben
a	Schreibzugriff, Daten werden angehängt
a+	Lese- und Schreibzugriff, Daten werden angehängt (append)

Zeile aus Datei lesen (Die Zahl gibt die max. Anzahl an Zeichen an):
`$zeile = fgets($datei,1000);`

Zeile in Datei schreiben:
`$fputs($datei,"Mein Text!");`

Datei schließen:
`fclose($datei);`

Das Beispiel realisiert einen Counter:

Beispiel: Counter

```php
1   <?php
2   //Aktuellen Wert lesen
3   $count = fopen("counter.txt","r");
4   $aktuell = fgets($count, 100);
5   echo "Besucher: $aktuell";
6   fclose($count);
7   //Zähler erhöhen
8   $aktuell++;
9   //Neuen Wert schreiben
10  $count = fopen("counter.txt","w");
11  fputs($count, $aktuell);
12  fclose($count);
13  ?>
```

Erläuterungen:
- Zeile 3:
  Der Lesezugriff (`r`) funktioniert nur, wenn die Textdatei existiert. Erstellen Sie im Verzeichnis der PHP-Datei eine Textdatei `counter.txt` und tragen Sie einen beliebigen Startwert ein.
- Zeile 8:
  Die Kurzschreibweise `$aktuell++;` erhöht den Wert der Zählvariablen um eins. Alternative Schreibweise:
  `$aktuell = $aktuell + 1;`

Gesamte Datei auslesen
Um den gesamten Inhalt einer Datei auszulesen, gibt es zwei Möglichkeiten:

Datei komplett auslesen

Inhalt mit Schleife auslesen:
```php
1   <?php
2   $datei = fopen("test1.txt","r");
3   while (!feof($datei)){
4     echo fgets($datei,1000);
5     echo "<br />";
6   }
7   fclose($datei);
8   ?>
```

Inhalt mit Befehl auslesen:
```php
9   <?php
10  echo file_get_contents("test2.
11  txt");
12  ?>
```

846

PHP

Erläuterungen:
- Zeile 3:
  Die Bedingung `!feof()` bedeutet, dass die Schleife wiederholt wird, so lange das Dateiende (`eof` = end of file) noch *nicht* (`!`) erreicht ist.
- Zeile 10/11:
  Nachteil dieser Variante ist, dass Zeilenumbrüche (Zeile 5) nicht möglich sind. Da Text als HTML-Code interpretiert wird, können sie jedoch direkt in der Textdatei eingetragen werden.

10.5.3.2 CSV-Dateien

CSV-Dateien stellen das Bindeglied zwischen Textdateien und Datenbanken dar, die alle Daten in Tabellen speichern.

CSV steht für *Comma Separated Values* oder auch *Character Separated Values*, weil die Daten innerhalb einer Zeile durch ein bestimmtes Zeichen (Komma oder Strichpunkt) voneinander getrennt sind.

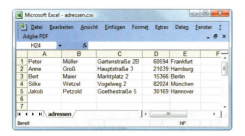

Vorgehensweise:
- Erstellen Sie die obige Adresstabelle in Excel oder Calc und wählen Sie die Option: *Datei > Speichern unter*. Wählen Sie den Dateityp „CSV-Datei" aus.
- Öffnen Sie die Datei in einem Texteditor: Die nun vorliegende Datenstruktur kann in PHP mit Hilfe von Feldern (Arrays) ausgelesen und verarbeitet werden.

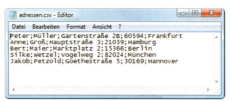

Zugriff auf CSV-Dateien

Datei öffnen:
`$datei = fopen("adressen.csv","r");`

Zeile (Datensatz) in Array speichern:
`$anschrift = fgetcsv($datei,100,";");`

Daten ausgeben:
```
echo $anschrift[0];   //Vorname
echo $anschrift[1];   //Nachname
...
```
Beispiel:
```
 1  <?php
 2  $datei = fopen("adressen.
 3  csv","r");
 4  echo "<h3>Adressenliste</h3>";
 5  echo "<table width='400'>";
 6  while (!feof($datei)){
 7    $anschrift =
 8    fgetcsv($datei,1000,";");
 9    echo "<tr><td>$anschrift[0]</td>
10    <td>$anschrift[1]<td>
11    <td>$anschrift[2]<td>
12    <td>$anschrift[3]<td>
13    <td>$anschrift[4]</td></tr>";
14  }
15  echo "</table>";
16  fclose($datei);
17  ?>
```

Band II – Seite 810
10.3.5 Felder (Arrays)

Erläuterungen:
- Zeile 8:
  `fgetcsv(...)` speichert jede Zeile in einem Feld oder Array (siehe auch Kapitel 10.3.5). Das Satzzeichen (hier: Strichpunkt) gibt an, wie die Daten voneinander getrennt sind. Es darf in den Daten selbst *nicht* vorkommen.
- Zeilen 9 bis 13:
  Der Zugriff auf das Array erfolgt über den Zahlenindex `[…]`. Beachten Sie, dass mit `[0]` begonnen wird – in diesem Fall ist dies der Vorname.

847

10.5.4 Formularzugriff

Band II – Seite 756
10.1.8 Formulare

Band II – Seite 828
10.4.3 Formulare

Mit Hilfe von Formularen werden Informationen des Benutzers an den Webserver übertragen, um dort ausgewertet zu werden. Sie stellen das zentrale Element interaktiver und dynamischer Seiten dar. Anwendungsbeispiele sind:
- Anfragen in Suchmaschinen
- Übertragen von Benutzerdaten z. B. Benutzername, Passwort
- Bestellen von Waren im Webshop
- Benutzerführung über Menüs

Während die Elemente eines Formulars in *HTML* geschrieben, mit *CSS* formatiert und mit *JavaScript* auf Vollständigkeit überprüft werden, dient PHP zur serverseitigen Auswertung der Formulardaten.

10.5.4.1 Datenübertragung

Für die Weiterleitung der durch den Nutzer eingegebenen Formulardaten an den Server gibt es zwei Methoden:

Methode get
Bei `get` werden die Formulardaten an die aufgerufene URL mittels „?" angehängt ❶. Handelt es sich um mehrere Daten, werden diese mit dem &-Zeichen miteinander verbunden ❷. Sie können diese in der Adresszeile des Browsers sehen. Die Datenmenge ist auf wenige Kilobyte begrenzt, was aber für Formulare ausreicht.

Methode post
Wer große Datenmengen übertragen muss oder verhindern will, dass die Daten sichtbar sind, kann auf die Methode `post` zurückgreifen. Hierbei werden die Daten durch das HTTP-Protokoll für den Nutzer unsichtbar übertragen.

In PHP muss die Methode (`method`) im `<form>`-Tag angegeben werden. Die zweite Angabe (`action`) betrifft die Datei, die zur Auswertung des Skripts aufgerufen werden soll:

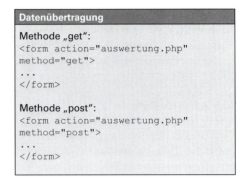

Datenübertragung

Methode „get":
```
<form action="auswertung.php"
method="get">
...
</form>
```

Methode „post":
```
<form action="auswertung.php"
method="post">
...
</form>
```

Erläuterung:
Wird auf den Senden-Button des Formulars geklickt, werden die Daten mit der gewählten Methode an den Server übertragen und die Datei `auswertung.php` aufgerufen.

10.5.4.2 Datenverarbeitung

Wie lassen sich die an den Server übertragenen Informationen auswerten?

Für diesen Zweck kommt das `name`-Attribut ins Spiel, das bei der Definition der Formularfelder angegeben wird.

Alle übertragenen Daten werden in ein globales Array namens `$_GET[...]` bzw. `$_POST[...]` eingetragen – in Abhängigkeit von der gewählten Übertragungsmethode. Der Zugriff auf einen bestimmten Inhalt erfolgt nun, indem

Datenübertragung über get

PHP

der Name (`name`) des Formularfeldes als Index im Array angegeben wird.

Im Folgenden zeigen wir Ihnen den Datenzugriff auf die unterschiedlichen Typen an Formularfeldern. Dabei ist zur Verdeutlichung jeweils der HTML-Code des Formulars sowie der PHP-Code zur Auswertung angegeben. Beachten Sie, dass diese üblicherweise in unterschiedlichen Dateien stehen.

Die Angaben beziehen sich auf die Methode `get`, für die Methode `post` ersetzen Sie einfach `get` durch `post`.

Band II – Seite 806
10.3.3 Verzweigungen

Textfelder
Der Zugriff auf Textfelder ist einfach:

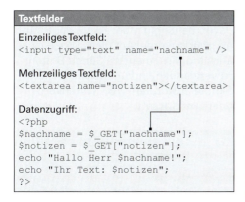

Textfelder

Einzeiliges Textfeld:
```
<input type="text" name="nachname" />
```

Mehrzeiliges Textfeld:
```
<textarea name="notizen"></textarea>
```

Datenzugriff:
```
<?php
$nachname = $_GET["nachname"];
$notizen = $_GET["notizen"];
echo "Hallo Herr $nachname!";
echo "Ihr Text: $notizen";
?>
```

Erläuterung:
Aus Gründen der Übersicht empfiehlt es sich, die Daten aus dem Array zunächst einer gewöhnlichen Variablen zuzuweisen. Diese kann zur Bildschirmausgabe mit Text kombiniert werden.

Radiobuttons
Radiobuttons bieten dem Nutzer eine Auswahl aus mehreren Alternativen. Hierbei ist es wichtig, dass alle zusammengehörigen Buttons *denselben* Namen (`name`) zugewiesen bekommen.

Zur Auswertung wird eine `if`-Anweisung verwendet, bei mehr als zwei Möglichkeiten eine `switch`-Anweisung.

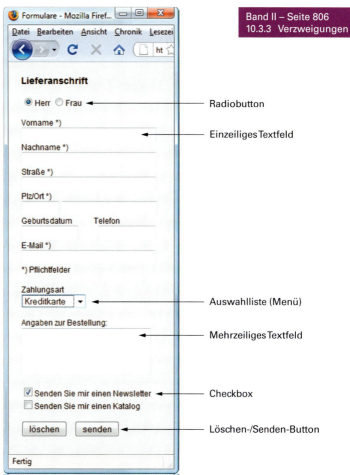

Radiobuttons

Runder Radiobutton:
```
<input type="radio" name="anrede" value="Herr" />
<input type="radio" name="anrede" value="Frau" />
```

Datenzugriff:
```
<?php
$anrede = $_GET["anrede"];
if ($anrede == "Herr"){
  echo "Sehr geehrter Herr";
  } else {
  echo "Sehr geehrte Frau";
}
?>
```

849

Auswahlliste (Menü)

Der Zugriff auf eine Auswahlliste erfolgt wie beim Textfeld:

Textfelder

Auswahlliste (Menü):
```
<select name="zahlung">
<option>Kreditkarte</option>
<option>Nachnahme</option>
<option>Rechnung</option>
</select>
```

Datenzugriff:
```php
<?php
$zahlung = $_GET["zahlung"];
echo "Zahlungsart: $zahlung";
?>
```

Checkbox

Quadratische Checkboxen unterscheiden sich von den runden Radiobuttons dadurch, dass der Nutzer mehrere Optionen anklicken kann. Aus diesem Grund müssen Sie für jede Checkbox einen eigenen Namen vergeben:

Checkbox

Quadratische Checkbox:
```
<input type="checkbox" name="news-
letter" />
<input type="checkbox" name="kata-
log" />
```

Datenzugriff:
```php
<?php
$newsletter = $_GET["newsletter"];
$katalog = $_GET["katalog"];
if ($newsletter || $katalog) {
  echo "Sie erhalten:<br />";
  if ($newsletter)
    echo "Newsletter <br />";
  if ($katalog) echo "Katalog";
}
?>
```

Erläuterung:
Die Auswertung der Checkboxen erfolgt mit Hilfe von (verschachtelten) `if`-Anweisungen. Die Ausgabe des Textes erfolgt im Falle, dass die Checkbox „Newsletter" *und/oder* die Checkbox

„Katalog" angeklickt wurde (Oder-Operator: || siehe Seite 805).

Versteckte Formularfelder

Versteckte Formularfelder (`type ="hidden"`) sind, wie der Name sagt, für den Nutzer unsichtbar. Sie werden verwendet, um Informationen zu übertragen, die der Nutzer nicht aktiv in ein Formularfeld eingetragen hat, z. B. die Bestellnummer oder Preis eines Artikels.

Senden-Button

Auch der Senden-Button kann mit einem Namen versehen werden. Hierdurch können Sie die Ausführung eines Skripts mittels `if`-Anweisung davon abhängig machen, ob der Button angeklickt wurde. Auf diese Weise ist es auch möglich, mehrere Sende-Buttons zu verwenden und unterschiedliche Skripte aufzurufen, z. B. „Warenkorb" oder „zur Kasse".

Senden-Button

Senden-Button:
```
<input type="submit" name="los1"
value="Kasse" />
<input type="submit" name="los2"
value="Warenkorb" />
```

Datenzugriff:
```php
<?php
$los1 = $_GET["los1"];
$los2 = $_GET["los2"];
if ($los1) {
  ...
}
if ($los2) {
  ...
}
?>
```

Erläuterung:
Je nachdem, ob auf den Button mit dem Namen `los1` oder `los2` geklickt wurde, wird die obere oder die untere `if`-Anweisung ausgeführt.

PHP

Zusammenfassung

Nachdem die Auswertung der einzelnen Formularfelder vorgestellt wurde, abschließend ein komplettes Skript, das folgende Rückmeldung an den Nutzer liefert:

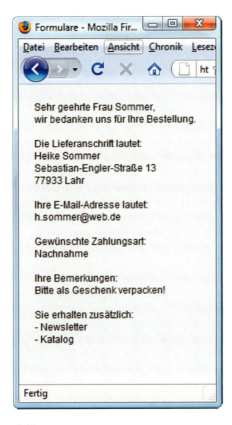

Erläuterungen:
- Zeilen 4 bis 17:
  Die Übertragung der Daten aus dem `$_GET`-Array in „normale" Variablen ist nicht zwingend erforderlich, führt aber zu einer verbesserten Lesbarkeit des Quellcodes.
- Wünschen Sie eine (unsichtbare) Datenübertragung mit `post`, dann müssen Sie lediglich `$_GET` in `$_POST` ändern.

Beispiel eines Formularzugriffs

```php
<?php

//Formulardaten in Variable
$bestellung= $_GET['bestellung'];
$los = $_GET['los'];
$anrede = $_GET['anrede'];
$nname = $_GET['nname'];
$vname = $_GET['vname'];
$str = $_GET['str'];
$plz = $_GET['plz'];
$ort = $_GET['ort'];
$mail = $_GET['mail'];
$telefon = $_GET['telefon'];
$zahlung = $_GET['zahlung'];
$notizen = $_GET['notizen'];
$newsletter= $_GET['newsletter'];
$katalog = $_GET['katalog'];

//Auswertung der Anrede
if ($anrede=="Herr"){
   $an ="Sehr geehrter Herr " ;
}
else {
   $an ="Sehr geehrte Frau " ;
}

//Textausgabe
echo "$an $nname,<br />
wir bedanken uns für Ihre
Bestellung.<br /><br />
Die Lieferanschrift lautet:
<br />
$vname $nname<br />
$str<br />
$plz $ort<br /><br />
Ihre E-Mail-Adresse lautet:
<br />$mail<br /><br />

//Auswertung Menü
Gewünschte Zahlungsart:<br />
$zahlung<br /><br />
Ihre Bemerkungen:<br />
$notizen<br /><br />";

//Auswertung der Checkboxen
if ($newsletter || $katalog) {
   echo "Sie erhalten
   zus&auml;tzlich: <br />";
   if ($newsletter)
      echo "- Newsletter <br />";
   if ($katalog)
      echo "- Katalog";
}
?>
```

851

10.5.5 Textverarbeitung

Leider verhalten sich Nutzer beim Ausfüllen von Formularen nicht immer so, wie wir dies zur automatisierten Auswertung und Datenverarbeitung benötigen. So könnten beispielsweise
- Leerzeichen,
- Klein- statt Großbuchstaben,
- Umlaute,
- Rechtschreibfehler oder
- unvollständige Angaben

zu fehlerhaften Einträgen in der Datenbank führen.

Natürlich können Sie mit PHP nicht sämtliche Fehler verhindern, insbesondere falsche Angaben, aber Sie können die Daten auf Plausibilität überprüfen und gegebenenfalls Korrekturen vornehmen. Bitte beachten Sie auch, dass wir Ihnen nur einen kleinen Einblick in die vielfältigen Möglichkeiten der Datenmanipulation bieten können.

10.5.5.1 Groß- und Kleinschreibung

Vornamen, Nachnamen, Straßen- und Ortsangaben werden groß geschrieben. Im SMS- und E-Mail-Zeitalter haben sich viele einen schlampigen Schreibstil angewöhnt, bei dem sie alles klein schreiben.

Mit Hilfe von PHP wollen wir erreichen, dass ein Name mit einem Großbuchstaben beginnt und danach Kleinbuchstaben folgen. Zu diesem Zweck benötigen wir drei String-Funktionen:
- `strtoupper` wandelt Klein- in Großbuchstaben.
- `strtolower` wandelt Groß- in Kleinbuchstaben.
- `substr` ermöglicht es, einem Text (String) an beliebiger Stelle einen Teiltext zu entnehmen. In diesem Fall benötigen wir den ersten Buchstaben.

Klein- und Großbuchstaben

```php
1  <?php
2  $nachname = "pETer";
3  $nachname = strtolower($nachname);
4  $first = substr($nachname,0,1);
5  $first = strtoupper($first);
6  $rest = substr($nachname,1);
7  $nachname = $first.$rest;
8  echo $nachname;
9  ?>
```

Erläuterungen:
- Zeile 3:
  Alle Zeichen werden in Kleinbuchstaben umgewandelt.
- Zeile 4:
  Mit Hilfe von `substr` wird der erste Buchstabe ermittelt. Die erste Zahl in der Klammer (0) gibt die Position des Zeichens an, wobei man wie üblich mit der Null zu zählen beginnt. Die zweite Zahl in der Klammer (1) gibt die Länge des Teilstrings an, in diesem Fall also genau ein Zeichen.
- Zeile 5:
  Der erste Buchstaben wird in einen Großbuchstaben umgewandelt.
- Zeile 6:
  Um den in `$first` gespeicherten ersten Buchstaben wieder mit dem Rest des Wortes zu verbinden, müssen Sie diesen Rest mit `substr` ermitteln. In diesem Fall beginnt der Teilstring mit dem zweiten Buchstaben. Da die zweite Angabe in der Klammer fehlt, werden *alle* restlichen Zeichen genommen.

Durch Verschachtelung der Befehle können Sie die obige Funktion deutlich kürzer programmieren:

```php
echo strtoupper(substr($nachname,
0,1)).strtolower(substr($nachna-
me,1));
```

Die Lesbarkeit des Quellcodes leidet bei dieser Kurzschreibweise stark, so dass fraglich ist, ob Sie nicht lieber einige zusätzliche Zeilen mehr schreiben.

PHP

10.5.5.2 Leerzeichen

Sehr leicht kann es passieren, dass ein Nutzer in einem Formular unnötige Leerzeichen einfügt. Was für uns Menschen kein Problem darstellt, hätte beim Eintragen in eine Datenbank die Folge, dass der Begriff bei der alphabetischen Suche nicht mehr gefunden würde.

Das PHP-Skript hat die Funktion, überflüssige Leerzeichen zu entfernen:

Leerzeichen entfernen
```
1  <?php
2  $nachname = "   Heike   ";
3  echo trim($nachname);
4  ?>
```

Erläuterung:
Der `trim`-Befehl entfernt *alle* Leerzeichen, sowohl vor als auch nach einem Begriff.

10.5.5.3 Sonderzeichen

Das Internet ist ein global verfügbares Medium. Aus diesem Grund müssen landesspezifische Zeichen, im Deutschen beispielsweise ä, ö, ü und ß, in HTML „maskiert" werden: ä, ö, ü, ß (siehe Seite 742).

Wenn nun Herr Müller ein Formular ausfüllt, dann wird er als Name Müller und wohl kaum Müller eingeben wollen. Die PHP-Funktion `htmlentities` übernimmt die Maskierung der Sonderzeichen:

Sonderzeichen maskieren
```
1  <?php
2  $nachname = "Müller";
3  echo htmlentities($nachname);
4  ?>
```

Erläuterungen:
- Damit die Umwandlung funktioniert, muss der Zeichensatz „ISO-8859-1" als Meta-Tag angegeben werden ❶.
- Da Browser in Deutschland die Sonderzeichen auch ohne Konvertierung korrekt anzeigen, sehen Sie die Umwandlung erst im Quellcode ❷:

Band II – Seite 742
10.1.2 Merkmale einer HTML-Datei

10.5.5.4 HTML-Tags

Bevor HTML-formatierter Text in eine Datei oder Datenbank eingetragen wird, müssen die Tags (wieder) aus dem Text entfernt werden. Auch für diesen Zweck stellt PHP eine Funktion zur Verfügung:

HTML-Tags entfernen
```
1  <?php
2  $text = "<h1>Headline</h1>
3  <p>Hier noch <i>mehr</i>
4  Text</p>";
5  echo strip_tags($text);
6  ?>
```

Erläuterung:
Die Funktion `strip_tags` bewirkt, dass sämtliche HTML-Tags entfernt werden. Im Browser wird der Text deshalb unformatiert dargestellt.

853

10.5.6 Datenbankzugriff

Band II – Seite 153
2.4 Datenbanken

Datenbanken stellen die wichtigsten Komponenten dynamischer Webseiten dar. Sie ermöglichen die strukturierte und komfortable Verwaltung großer Datenmengen. Ohne Datenbank wäre das Internet in seiner heutigen Form undenkbar.

Um mit Datenbanken arbeiten zu können, benötigen Sie zusätzlich zu einem Webserver ein Datenbankmanagementsystem. Beides steht Ihnen mit dem XAMPP-Paket zur Verfügung.

Hinweis: Auf die Struktur und Merkmale von Datenbanken gehen wir an dieser Stelle nicht ein, lesen Sie hierzu bitte Kapitel 2.4.

10.5.6.1 Datenbank mit phpMyAdmin erstellen

Zur Erstellung von Datenbanken dient die Abfragesprache SQL (Structured Query Language). Etwas komfortabler und ohne, dass Sie hierfür SQL-Kenntnisse brauchen, geht dies mit Hilfe der Software *phpMyAdmin*. Sie ist im XAMPP-Paket enthalten und stellt Ihnen eine grafische Benutzeroberfläche zur Verwaltung von Datenbanken bereit.

Aufgabenstellung
Im Folgenden erstellen Sie eine dynamische Website zur Verwaltung Ihrer DVD-Sammlung. Im ersten Schritt wird mit Hilfe von phpMyAdmin eine Datenbank erstellt, in der Sie alle gewünschten Informationen eintragen. Danach programmieren Sie eine Weboberfläche für den Zugriff auf die Datenbank.

Web- und MySQL-Server starten
Starten Sie den Apache- sowie den MySQL-Server des XAMPP-Pakets (siehe Seite 842).

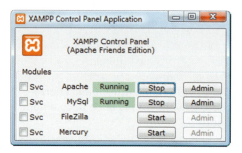

phpMyAdmin starten
Starten Sie phpMyAdmin durch Eingabe von: http://localhost/phpMyAdmin im Webbrowser. Melden Sie sich als Benutzer „root" am Datenbankserver an. Ein Passwort ist nur erforderlich, wenn Sie bei der Installation von XAMPP eines vergeben haben.

Der Screenshot links unten zeigt die Benutzeroberfläche von phpMyAdmin. In der linken Spalte finden Sie die bereits vorhandenen Datenbanken ❶, die Sie durch Anklicken auswählen und bearbeiten können.

Datenbank erzeugen
Erstellen Sie eine neue Datenbank „dvd_archiv" durch Eingabe des Namens im vorgesehenen Eingabefeld ❷ und Anklicken des Buttons „Anlegen" ❸.

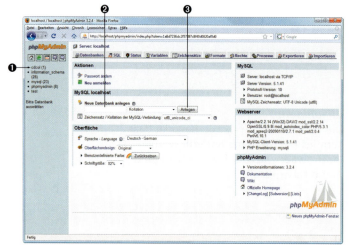

854

PHP

Tabelle erzeugen

Die DVD-Datenbank soll folgende Informationen über Ihre Filme enthalten:
- Eindeutige Kennnummer (dvd_id)
- Filmtitel (dvd_titel)
- Erscheinungsjahr (dvd_jahr)
- Filmdauer in Minuten (dvd_min)
- Genre des Films (dvd_genre), z. B. Science Fiction, Komödie, Action,...
- Altersfreigabe durch FSK (dvd_fsk)
- Bild des DVD-Covers (dvd_cover)

Erzeugen Sie eine Tabelle meine_dvd mit sieben Datenfeldern. Erschrecken Sie nicht über die vielen Eingabefelder – die meisten davon bleiben leer.

- Geben Sie in der linken Spalte ❶ die Feldnamen (siehe oben) ein.
- Die zweite Spalte ❷ dient zur Festlegung des Datentyps. Bei dvd_id und dvd_min handelt es sich um ganze Zahlen (INT), während dvd_jahr eine vierstellige Zahl vom Datentyp YEAR sein sollte. Alle weiteren Felder sind Zeichenketten (Texte) variabler Länge (VARCHAR).
- In der dritten Spalte ❸ *muss* bei allen Feldern vom Typ VARCHAR die maximale Anzahl an Zeichen angegeben werden.
- Scrollen Sie nach rechts und vergeben Sie in der obersten Zeile unter „Index" ❹ einen Primärschlüssel (PRIMARY). Mit ihm legen Sie fest, dass dvd_id zur eindeutigen Identifikation eines Datensatzes dienen soll.
- Setzen Sie rechts davon das Häkchen bei „A_I" ❺. Der Eintrag (auto_increment) bewirkt, dass dvd_id automatisch erhöht wird und somit doppelte Zahlen ausgeschlossen sind.
- Speichern Sie Ihre Eingaben durch Anklicken des Buttons ❻.

Datensätze eingeben

Die Eingabe von Datensätzen erfordert nun etwas Fleißarbeit:

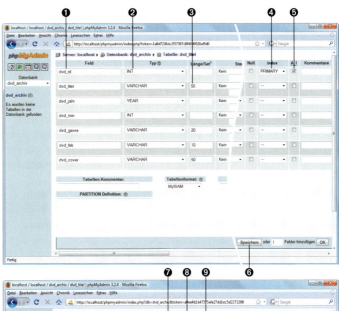

- Klicken Sie auf die Registerkarte „Einfügen" ❼.
- Wie oben besprochen wird der Wert für „id" automatisch vergeben – das Feld bleibt leer ❽.
- Geben Sie unter dvd_cover den Namen der JPG-Datei ❾ ein, die später das DVD-Cover zeigen soll. Die Bilder selbst werden nicht in der Datenbank gespeichert, da dies die Datenmenge deutlich erhöhen und sich damit die Performance verschlechtern würde.
- Bestätigen Sie Ihre Eingaben mit OK.
- Geben Sie mindestens zehn Datensätze ein, damit Sie später auch etwas für die Auswertung haben.

855

10.5.6.2 Datensätze auslesen

Zur Vorbereitung dieses Kapitels legen Sie einen Bilder-Ordner an, in dem Sie die DVD-Cover als JPG in der Größe 100 x 150 Pixel abspeichern.

Hinweis: Für Übungszwecke können Sie vorhandene Dateien aus dem Internet verwenden. Beachten Sie aber, dass Sie diese nicht selbst ins Internet stellen dürfen, da Sie das Verwertungsrecht an den Bildern nicht besitzen.

Das Skript für den Zugriff auf eine Datenbank wirkt auf den ersten Blick abschreckend, wir werden es jedoch Schritt für Schritt besprechen:

Verbindung zum MySQL-Server

Zeilen 3 bis 6: Zur Verbindung mit einem Datenbank-Server dient der Befehl `mysql_connect()`. Er erfordert drei Parameter:

- Adresse des Servers, hier `localhost`
- Benutzername, hier `root` (Standardeinstellung)
- Passwort, hier ohne Passwort

Beachten Sie, dass obige Einstellungen natürlich wenig sinnvoll sind, wenn Sie mit der Datenbank ins Internet gehen. Mit Hilfe von phpMyAdmin müssen Sie in diesem Fall Ihre Datenbank mit einem Benutzernamen und Passwort vor unerlaubtem Zugriff schützen.

Die Option `die` ist nicht erforderlich, aber nützlich, da Sie eine entsprechende Fehlermeldung angezeigt bekommen, wenn die Verbindung zum Server nicht funktioniert.

Datenbank wählen

Zeilen 9 bis 12: Ein Datenbank-Server kann mehrere Datenbanken enthalten, so dass Sie im nächsten Schritt mittels `mysql_select_db()` die gewünschte Datenbank auswählen müssen.

Beispiel eines Datenbankzugriffs

```
1   <?php
2   //Verbindung zum DB-Server
3   $datenbank = mysql_connect
4   ("localhost","root","")
5   or die("Keine Verbindung zum
6   MYSQL-Server...");
7
8   //Datenbank auswählen
9   mysql_select_db("dvd_archiv",
10  $datenbank)
11  or die ("Konnte Datenbank nicht
12  finden...");
13
14  //SQL-Zugriff auf Datensätze
15  $tabelle = "meine_dvd";
16  $result = mysql_query("SELECT *
17  FROM $tabelle ORDER BY dvd_ti-
18  tel")or die("Fehler: ".mysql_er-
19  ror());
20
21  /* Datensätze in einer Tabelle
22  ausgeben*/
23  echo "<h3>Mein DVD-Archiv</h3>";
24  echo "<table>";
25
26  /*While-Schleife liest Tabelle
27  komplett aus*/
28  while($reihe = mysql_fetch_
29  array($result)){
30      $cover =
31      "bilder/".$reihe['dvd_cover'];
32      $titel = $reihe['dvd_titel'];
33      $jahr = "Erscheinungsjahr: "
34      .$reihe['dvd_jahr'];
35      $laenge = "Dauer: "
36      .$reihe['dvd_min']." min";
37      $genre = "Kategorie: "
38      .$reihe['dvd_genre'];
39      $fsk = "Altersbegrenzung: "
40      .$reihe['dvd_fsk'];
41      echo "<tr><td width='100'
42      height='150'>
43      <img src='$cover' /></td>";
44
45      echo "<td width='200'
46      height='150'>
47      <strong>$titel</strong><br />
48      <br />$jahr<br />$laenge<br />
49      $genre<br />$fsk</td></tr>";
50  } //Ende der while-Schleife
51
52  echo "</table>";
53
54  // Verbindung zur Server beenden
55  mysql_close($datenbank);
56  ?>
```

PHP

SQL-Abfrage für Datenzugriff
Für Abfragen (engl.: query) in einer Datenbank dient die Abfragesprache SQL (Structured Query Language). Wenn Sie mit phpMyAdmin arbeiten, sehen Sie bei jeder Aktion den zugehörigen SQL-Befehl:

```
SELECT *
FROM `meine_dvd`
ORDER BY `meine_dvd`.`dvd_titel` ASC
LIMIT 0 , 30
```

Zeilen 15 bis 19: Für den automatisierten Datenbankzugriff mit PHP muss die gewünschte SQL-Anweisung im Befehl `mysql_query()` angegeben werden. Im Beispielskript lautet die SQL-Anweisung `SELECT * FROM $tabelle ORDER BY dvd_titel`. Die Anweisung ist fast selbsterklärend: Wähle *alle* (*) Datensätze der Tabelle und ordne sie alphabetisch nach ihrem Titel.

Anzeige der Datensätze
Zeilen 28 bis 50: Die SQL-Anweisung wird in die Variable `$result` gespeichert. Für die Übertragung der Daten aus der Datenbank sorgt `mysql_fetch_array($result)`. Er trägt die Daten eines Datensatzes (also einer Tabellenzeile) in ein Array `$reihe` ein. Der Zugriff auf die einzelnen Datenfelder erfolgt entweder durch Angabe der Spaltennummer, z. B. `$reihe[1]` oder durch Angabe des Feldnamens, z. B. `$reihe['dvd-titel']`.

Um *alle* Datensätze anzuzeigen, wird eine `while`-Schleife verwendet. Ihre Bedingung ist so lange erfüllt, bis alle Datensätze ausgelesen wurden.

Zur Anzeige werden die Inhalte des Arrays `$reihe[]` zunächst in Textvariable übertragen. Diese werden im zweiten Schritt in einer Tabellenzeile ausgegeben. Eine Besonderheit stellt die Variable `$cover` dar, da sie den Pfad zu den DVD-Cover-Dateien speichert, die sich im Bilder-Ordner befinden Die Anzeige erfolgt über das `<img>`-Tag.

Die Formatierung der Tabelle erfolgt mit CSS und ist im Quellcode nicht angegeben.

Verbindung zum Server beenden
Zeile 55: Eine geöffnete Verbindung zu einem Datenbank-Server sollte wieder beendet werden: `mysql_close()`.

Band II – Seite 166
2.4.4 SQL

Darstellung der Datensätze auf einer Webseite
Abb.: Amazon

857

10.5.6.3 Datensätze filtern

Wenn Sie das Datenbank-Kapitel bis an diese Stelle durchgearbeitet haben, dann stellen Sie sich vielleicht die Frage, welchen Vorteil die Verwendung einer Datenbank im Vergleich zu CSV-Dateien bringt. In der Tat kann die Ausgabe von Datensätzen alternativ über einen Dateizugriff erfolgen.

Ein großer Vorteil von Datenbanken besteht darin, dass der Nutzer beliebige Anfragen an die Datenbank stellen kann und damit nur die gesuchten Daten angezeigt bekommt. Um dies zu demonstrieren, erstellen wir ein Web-Interface, das es dem Nutzer gestattet, die Datensätze nach bestimmten Kriterien zu filtern.

Formular erstellen
Im ersten Schritt erstellen Sie das Formular, mit dem die DVD-Suche nach bestimmten Kriterien ermöglicht wird. Lesen Sie hierzu bitte Kapitel 10.1.8.

Im Screenshot unten sehen Sie ein Formular, das die Suche nach
- Filmtitel (oder Anfangsbuchstaben),
- Genre des Films und
- Altersbegrenzung (FSK)

ermöglicht.

Listing des Formulars
```
1  <form name="dvd-archiv"
2  action="result.php" method="get">
3
4  <span>nach Titel:</span>
5  <input type="text" name="titel"
6  size="30"><br /><br />
7
8  <span>nach Genre:</span>
9  <select name="genre">
10 <option>---</option>
11 <option>Science Fiction</option>
12 <option>Animation</option>
13 <option>Action</option>
14 <option>Komödie</option>
15 </select><br /><br />
16
17 <span>nach FSK:</span>
18 <select name="fsk">
19 <option>---</option>
20 <option>Ohne</option>
21 <option>6</option>
22 <option>12</option>
23 <option>16</option>
24 <option>18</option>
25 </select><br /><br />
26
27 <input type="reset" value=
28 "L&ouml;schen">  
29 <input type="submit" name="los"
30 value="Suchen">
31 </form>
```

Erläuterungen:
Zeilen 11/14 und 20/24:
Damit die Optionen der Auswahlmenüs mit den Einträgen der Datenbank verglichen werden können, müssen Sie auf identische Schreibweise achten. Beispiel: Schreiben Sie im Formular „Komödien" wird der Zugriff auf die Datenbank keine Ergebnisse bringen, da dort die Kategorie als „Komödie" bezeichnet wurde.

Datenbankzugriff
Nach Anklicken des Suchen-Buttons werden die eingegebenen Daten mittels Methode „get" an die Datei „result.php" übertragen. Sie liefern die Filterkriterien für den Zugriff auf die Datenbank.

PHP

Im Folgenden stellen wir nur den Teil des Skripts vor, der im Vergleich zum letzten Abschnitt geändert werden muss.

Beispiel eines Datenbankzugriffs mit Filter

```
1  <?php
2  $film = $_GET["titel"];
3  if ($film == "") $film = "%";
4  $genre = $_GET['genre'];
5  if ($genre =="---") $genre = "%";
6  $fsk = $_GET['fsk'];
7  if ($fsk == "---") $fsk = "%";?>
8
9  //Verbindung zum DB-Server
10 ...
11 // DB auswählen
12 ...
13
14 //Datensätze auslesen
15 $tabelle = "meine_dvd";
16 $result = mysql_query("SELECT
17 * FROM $tabelle WHERE (dvd_ti-
18 tel LIKE '$film%' AND dvd_genre
19 LIKE '$genre' AND dvd_fsk LIKE
20 '$fsk') ORDER BY dvd_titel")
21 or die("Fehler: ".mysql_er-
22 ror());
23
24 //Datensätze in Tabelle ausgeben
25 ...
26 if ($titel=="") echo "Kein Ein-
27 trag!";
28
29 //Verbindung zum Server beenden
30 ...
31 <?
```

Formular für Suchkriterien ...

... und Anzeige der Ergebnisse

Erläuterungen:
- Zeilen 2 bis 7:
  Zunächst werden die Formulardaten aus dem $_GET-Array in Textvariablen gespeichert. Im nächsten Schritt überprüft eine if-Anweisung, ob überhaupt ein Eintrag gemacht bzw. ein Menüpunkt gewählt wurde. Ist dies nicht der Fall, wird die Variable auf % gesetzt. Der Platzhalter steht für „ohne Einschränkung".
- Zeilen 16 bis 22:
  Der SQL-Befehl für den Datenbankzugriff wurde um die WHERE-LIKE-Klausel erweitert: Sie enthält die Filterkriterien, die über AND miteinander verbunden sind.
- Zeile 18:
  Als aufmerksame/r Leser/in ist Ihnen das %-Zeichen nach $film aufgefallen. Durch diesen Trick wird es möglich, dass nicht der gesamte Filmtitel eingegeben werden muss, sondern beispielsweise ein Anfangsbuchstabe genügt. Das „%" steht stellvertretend für weitere Zeichen.
- Zeile 26/27:
  Falls kein Film (Variable: $titel) gefunden wird, erfolgt die Ausgabe „Kein Eintrag!".

859

10.5.6.4 Datensätze hinzufügen

Die Eingabe der Datensätze in die DVD-Datenbank erfolgte bislang relativ umständlich mit Hilfe von phpMyAdmin (siehe Seite 854).

In diesem Abschnitt erstellen Sie ein Web-Interface zur Eingabe neuer Datensätze in die Datenbank:

Formular erstellen

Das HTML-Formular zur Eingabe neuer Datensätze ist im Screenshot dargestellt:

Listing des Formulars

```
1  <form name="dvd-archiv" action=
2  "insert.php" method="post">
3
4  <span>Titel:</span>
5  <input type="text" name="titel"
6  size="30"><br /><br />
7
8  <span>Jahr:</span>
9  <input type="text" name="jahr"
10 maxlength="4" size="2">
11 (JJJJ)<br /><br />
12
13 <span>Dauer:</span>
14 <input type="text" name="dauer"
15 maxlength="3" size="2"> (min)
16 <br /><br />
17
18 <span>Genre:</span>
19 <select name="genre">
20 <option>Alle</option>
21 <option>Science Fiction</option>
22 <option>Animation</option>
23 <option>Action</option>
24 <option>Komödie</option>
25 </select><br /><br />
26
27 <span>FSK: </span>
28 <input type="radio"
29 name="fsk" value="Ohne"
30 checked="checked">Ohne<br />
31 <input type="radio" name="fsk"
32 value="6" >6 Jahre<br />
33 <input type="radio" name="fsk"
34 value="12" >12 Jahre<br />
35 <input type="radio" name="fsk"
36 value="16" >16 Jahre<br />
37 <input type="radio" name="fsk"
38 value="18" >18 Jahre<br /><br />
39
40 <span>Cover-Datei:</span>
41 <input name="cover" type="text">
42 <br /><br />
43 <input  type="reset"
44 value="L&ouml;schen">
45 <input type="submit" name="los"
46 value="Eintragen">
47 </form>
```

Der Name der Bilddatei muss in diesem Formular noch manuell eingegeben und die Bilddatei per FTP hochgeladen werden – im nächsten Abschnitt behandeln wir das automatische Hochladen von Bildern.

Datensatz in Datenbank eintragen

Wie Sie am Formulareintrag action erkennen (Zeile 2), werden die Daten in diesem Fall nicht mit get, sondern mit post übertragen. Der Unterschied besteht darin, dass die Daten bei get an die URL angehängt, während die Daten bei `post` in einem Block durch das HTTP-Protokoll übertragen werden. Die Datenmenge unterliegt bei `post` keiner Einschränkung hinsichtlich Datentyp und -menge.

Da in diesem Beispiel nur kurze Texte übertragen werden, könnte dies alternativ mit `get` geschehen. Im nächsten Abschnitt erweitern wir das Skript, um auch Bilddaten hochladen zu können, und wenden deshalb bereits jetzt die Methode `post` an.

In der Tabelle finden Sie das Listing zur Eintragung eines neuen Datensatzes in die Datenbank:

```
Eintrag eines neuen Datensatzes
 1  <?php
 2  $titel = $_POST['titel'];
 3  $jahr = $_POST['jahr'];
 4  $dauer = $_POST['dauer'];
 5  $genre = $_POST['genre'];
 6  $fsk = $_POST['fsk'];
 7  $cover = $_POST['cover'];
 8
 9  // Verbindung zum DB-Server
10  ...
11  // Datenbank auswählen
12  ...
13
14  // Datensatz einfügen
15  $tabelle = "meine_dvd";
16  $einfuegen = "INSERT INTO $ta-
17  belle (dvd_id, dvd_titel, dvd_
18  jahr, dvd_min, dvd_genre, dvd_
19  fsk, dvd_cover) VALUES
20  ('','$titel','$jahr','$dauer',
21  '$genre', '$fsk', '$cover')";
22  mysql_query($einfuegen) or die
23  ("Fehler: ".mysql_error());
24
25  echo "Neue DVD eingefügt!";
26
27  // Verbindung zum Server beenden
28  mysql_close($datenbank);
29  ?>
```

Erläuterungen:
- Zeilen 2 bis 7:
  Die mit dem globalen Array $_POST

übertragenen Daten werden in „normale" Variable übertragen.
- Zeilen 9 bis 12:
  Im Listing fehlen die Skriptzeilen zur Verbindung mit dem Datenbank-Server und zur Auswahl der Datenbank. Diese entnehmen Sie bitte dem Skript auf Seite 856.
- Zeilen 15 bis 23:
  Der SQL-Befehl für den Eintrag von Daten(sätzen) in eine Tabelle lautet `INSERT INTO`. Zunächst müssen Sie angegeben, *wohin* die Daten geschrieben werden sollen, danach folgen die Werte (`VALUES`). Beachten Sie, dass für `DVD_ID` kein Wert angegeben wird (`''`), da die Kennnummer durch die Datenbank vergeben und automatisch hochgezählt wird.

Mit diesem Skript wird zwar der *Name* der Bilddatei in die Datenbank eingetragen, die Datei selbst muss aber manuell, z. B. per FTP, in das Bildverzeichnis hochgeladen werden. Im nächsten Abschnitt nehmen wir deshalb eine Erweiterung vor, um die zum Film gehörende Bilddatei mit dem Cover auswählen und per HTTP auf den Server uploaden zu können:

10.5.6.5 Dateien uploaden

Vorweg eine Sicherheitswarnung: Es ist nicht ohne Risiko, dem Nutzer das Uploaden von Dateien zu gestatten, denn statt harmloser Bilddaten könnte die Datei auch ausführbaren Code enthalten. Sorgen Sie deshalb in jedem Fall dafür, dass sich ein Nutzer durch Benutzername und Passwort identifizieren muss, bevor Sie ihm derartige Möglichkeiten eröffnen.

Für lokale Tests der Upload-Funktion gelten die oben beschriebenen Sicherheitsbedenken natürlich nicht.

Schreibrecht
Um Dateien in ein hierfür vorgesehenes Verzeichnis hochladen zu können, benötigen Sie das Schreibrecht auf dieses Verzeichnis.

Wenn Sie mit lokalem Webserver an Ihrem „Mac" oder Windows-PC arbeiten, ist der Schreibzugriff auf Verzeichnisse gestattet, andernfalls können Sie dies in den Dateieigenschaften einstellen.

Listing des Formulars

```
1  <form enctype="multipart/form-
2  data" name="dvd-archiv"
3  action="insert.php" method
4  ="post">
5  ...
6  <span>Cover-Datei:</span>
7  <input name="cover" type="file">
8  <br /><br />
9  ...
10 </form>
```

Dateieigenschaften
Jeder Datei kann ein Lese-, Schreib- und Ausführungsrecht zugeordnet werden.

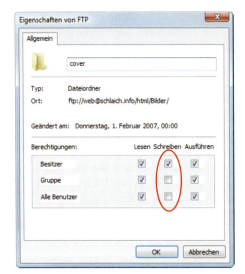

Im Internet kommen häufig Webserver zum Einsatz, die Linux oder UNIX-Systeme verwenden. Zur Überprüfung, ob Sie Schreibrecht auf ein Verzeichnis haben, melden Sie sich, z. B. per FTP, am Server an. Durch Rechtsklick auf das gewünschte Verzeichnis, können Sie unter „Eigenschaften" die getroffenen Einstellungen abfragen bzw. ändern.

Erweiterung des Formulars
Nehmen Sie im Formular zur Eingabe einer neuen DVD zwei Änderungen vor:
- Tauschen Sie das Textfeld zur Eingabe des Namens der Bilddatei durch ein Formularfeld des Typs `file` aus. Im Formular erscheint nun ein Button

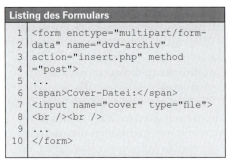

„Durchsuchen", der den Zugriff auf das Dateisystem Ihres Computers ermöglicht:

- Die zweite Änderung betrifft die Angabe des so genannten `enctype` in Zeile 1. Sie bewirkt, dass beim Upload der Dateiinhalt und nicht bloß der Dateiname übertragen wird. Bereits im letzten Abschnitt hatten wir erwähnt, dass die Übertragungsmethode `post` sein muss, wenn neben den Formulardaten auch eine Datei übertragen werden soll.

Datensatz in Datenbank eintragen
Am Skript zum Eintragen des neuen Datensatzes in die Datenbanken müssen Sie nur an zwei Stellen eine Ergänzung vornehmen (siehe Listing).

Erläuterungen:
- Zeile 7/8:
  In der globalen Variablen `$_FILES` werden Informationen über die zu übertragende Datei abgespeichert. In der ersten eckigen Klammer muss der Name des zugehörigen Formularfeldes angegeben werden. In der zweiten Klammer wird die gewünschte Information abgefragt, in diesem Fall der Dateiname

862

PHP

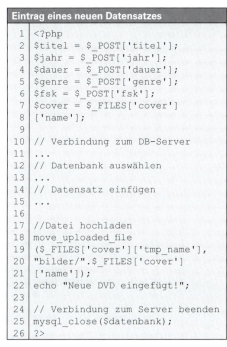

```
1  <?php
2  $titel = $_POST['titel'];
3  $jahr = $_POST['jahr'];
4  $dauer = $_POST['dauer'];
5  $genre = $_POST['genre'];
6  $fsk = $_POST['fsk'];
7  $cover = $_FILES['cover']
8  ['name'];
9
10 // Verbindung zum DB-Server
11 ...
12 // Datenbank auswählen
13 ...
14 // Datensatz einfügen
15 ...
16
17 //Datei hochladen
18 move_uploaded_file
19 ($_FILES['cover']['tmp_name'],
20 "bilder/".$_FILES['cover']
21 ['name']);
22 echo "Neue DVD eingefügt!";
23
24 // Verbindung zum Server beenden
25 mysql_close($datenbank);
26 ?>
```

Formular zur Erfassung einer neuen DVD...

... und Anzeige der Ergebnisse

['name'], da wir ihn für den Eintrag in der Datenbank brauchen. Alternativ könnten Sie abfragen:
['type']: Mime-Typ der Datei
['size']: Dateigröße
['tmp_name']: Temporärer Dateiname, den der Server nach dem Upload vergibt. Die Informationen, insbesondere ['type'], können dazu genutzt werden, um den Upload unerwünschter Dateitypen zu erschweren.
- Zeile 18 bis 21:
Der Befehl move_uploaded_file() dient dazu, die auf dem Server noch temporär abgespeicherte Datei unter ihrem richtigen Namen in das gewünschte Verzeichnis zu kopieren.
Das Skript bewirkt also einerseits den Eintrag des Dateinamens in die Datenbank und sorgt weiterhin dafür, dass die Bilddatei mit dem DVD-Cover ins Bilderverzeichnis hochgeladen wird.

863

10.5.6.6 Datensätze löschen

Zur Vervollständigung unseres DVD-Archivs soll nun noch die Möglichkeit bestehen, DVD-Einträge aus der Datenbank zu löschen.

Hierzu werden alle in der Datenbank erfassten Titel ausgelesen, angezeigt und durch einen Löschen-Button ergänzt:

Löschen eines Datensatzes

```
1  <?php
2
3  //Verbindung zum DB-Server
4  ...
5  //Datenbank auswählen
6  ...
7  //SQL-Zugriff auf Datensätze
8  ...
9
10 //Titel anzeigen
11 echo "<table>";
12 while($reihe = mysql_fetch_
13 array($result)){
14   $id = $reihe['dvd_id'];
15   $titel = $reihe['dvd_titel'];
16   echo "<tr><td width='200'>
17   $titel</td><td>
18   <form action='".$_SERVER
19   ['$PHP_SELF']."' method='post'>
20   <input type='hidden'
21   name ='id' value='$id'>
22   <input type='submit' name=
23   'loeschen' value='Löschen'>
24   </form></td></tr>";
25 }
26 echo "</table>";
27
28 //Datensatz löschen
29 $loeschen = $_POST[loeschen];
30 $id = $_POST[id];
31 if (isset($loeschen)) {
32   $tabelle = "meine_dvd";
33   $loeschen = "DELETE FROM
34   $tabelle WHERE dvd_id = $id";
35   mysql_query($loeschen) or die
36   ("Fehler: ".mysql_error());
37   echo "Eintrag gelöscht";
38 }
39
40 // Verbindung Server beenden
41 mysql_close($datenbank);
42 ?>
```

Erläuterungen:
- Zeilen 3 bis 8:
  Die Skriptzeilen entnehmen Sie bitte dem Listing auf Seite 856.
- Zeilen 14/15:
  Aus jedem Datensatz der Datenbank werden der Titel (`dvd_titel`) sowie die Kennnummer (`dvd_id`) des Films entnommen. Während der Titel angezeigt wird, liefert die Kennnummer die Information, *welcher* Film gelöscht werden soll. (Ein Filmtitel könnte doppelt vorkommen.)
- Zeile 18 bis 20:
  Bislang hatte das Anklicken des Senden-Buttons in einem Formular immer den Aufruf einer unter `action` definierten Datei zur Folge. In diesem Beispiel sehen Sie eine Möglichkeit, in der aktuellen Datei zu verbleiben und das PHP-Skript in dieser Datei fortzusetzen. Hierfür sorgt die globale Variable `$_SERVER['$PHP_`

PHP

Band II – Seite 166
2.4.4   SQL

`SELF']`, die über die Punktnotation mit der `echo`-Anweisung verknüpft wird. Beachten Sie, dass zur korrekten Schreibweise die einfachen (`action`) und doppelten (`echo`) Anführungszeichen notwendig sind.

- Zeilen 20/21:
  Die Kennzeichnung des Films (`$id`) wird in einem versteckten Feld gesendet (`hidden`). Der Nutzer bemerkt hiervon nichts.

- Zeilen 31 bis 38:
  Die `if`-Anweisung wird ausgeführt, wenn die Variable `$loeschen` einen Wert besitzt (`isset`). Dies ist genau dann der Fall, wenn auf einen der Löschen-Buttons geklickt wird.

- Der SQL-Befehl `DELETE FROM...` `WHERE` löscht den Datensatz mit der in `$id` übergebenen Kennnummer. Um die Änderung sehen zu können, müssen Sie die Seite neu laden (Reload-Button).

10.5.6.7   Übersicht der SQL-Befehle

Die Tabelle fasst einige wichtige SQL-Befehle zusammen, die Sie im Zusammenhang mit `mysql_query()` zur Manipulation der Datensätze einer Datenbank benötigen. Bis auf `UPDATE` haben Sie alle Befehle in den vorherigen Abschnitten kennengelernt.

Verzichtet haben wir an dieser Stelle auf die Möglichkeit, dass Sie mit SQL auch neue Tabellen (`CREATE TABLE`) und sogar ganze Datenbanken generieren (`CREATE DATABASE`) können.

SQL-Befehle

Alle Datensätze auswählen:
```
SELECT * FROM tabelle
```

Alle Datensätze auswählen und sortieren:
```
SELECT * FROM tabelle ORDER BY feld
```

Datensätze filtern:
```
SELECT * FROM tabelle WHERE feld
LIKE wert
```

Neuen Datensatz einfügen:
```
INSERT INTO tabelle (feld1, feld2,
feld3,...) VALUES (wert1, wert2,
wert3,...)
```

Datensatz ändern:
```
UPDATE tabelle SET feld1 = wert1
WHERE bedingung
```

Datensatz löschen
```
DELETE FROM tabelle WHERE bedingung
```

Hinweise:
Die Befehle sind in allgemeiner Schreibweise notiert. Zur Unterscheidung wurden SQL-Befehle groß- und Namen bzw. Werte kleingeschrieben. Es bedeuten:

`tabelle`   Name der Tabelle, z.B.
            `meine_DVD`

`feld`   Name einer Tabellenspalte, z.B.
            `dvd_titel, dvd_id`

`wert`   Zahlen müssen ohne, Texte mit Hochkomma notiert werden, z.B.
            `2009, 'Avatar'`

`bedingung` Festlegung der Bedingung für das Ändern oder Löschen von Datensätzen, z.B.
            `dvd_id = 10,`
            `dvd_titel = 'Avatar'`
            Vorsicht: Ohne Bedingung werden alle Datensätze geändert bzw. gelöscht!

10.5.7 Aufgaben

1 Statische und dynamische Webseiten unterscheiden

Erklären Sie den Unterschied zwischen statischen und dynamischen Webseiten.

2 Ablauf dynamischer Anfragen kennen

Bringen Sie den Ablauf einer dynamischen Suchanfrage in die richtige Reihenfolge:
- Anzeige der Seite beim Client
- Eingabe eines Suchbegriffs
- SQL-Anfrage an Datenbank
- HTTP-Request an Webserver
- PHP-Interpreter erzeugt HTML
- Suchergebnis aus Datenbank
- HTTP-Response an Client
- PHP-Interpreter wertet Anfrage aus

3 Webtechnologien kennen

Erklären Sie in einem Satz die wesentliche Funktion von:
a. JavaScript
b. PHP
c. MySQL
d. Apache
e. XAMPP

4 Variable kennen

a. Erklären Sie die Funktion von Variablen.
b. Welche der genannten Variablennamen sind unzulässig? Begründung.
   - `$Nachname`
   - `Wohnort`
   - `$E-Mail`
   - `&plz`
   - `$1a`
   - `$Maße`

5 Variable anwenden

Gegeben ist folgendes PHP-Skript:
```
<?php
$vokal = "a";
...
?>
```

Ergänzen Sie das Skript, so dass in Abhängigkeit vom Wert der Variablen `$vokal` der Text ausgegeben wird:
Dra Chanasan mat dam Kantrabass, saßan aaf dar Straßa and arzahltan sach was.

6 Datum und Uhrzeit verwenden

Schreiben Sie ein PHP-Skript zur Ausgabe des aktuellen Datums sowie der aktuellen Uhrzeit, z. B.:
Heute ist der 28.10.2011, aktuell ist es 8.36 Uhr.

7 Formulare auswerten

a. Realisieren Sie das obige HTML-Formular und speichern Sie die Datei unter „quiz.html" ab.
b. Schreiben Sie eine PHP-Datei „aus-

866

wertung.php", die die eingegebenen Namen und den Text: *Deine Antwort ist falsch (bzw. richtig)* anzeigt.

8 Formulare auswerten

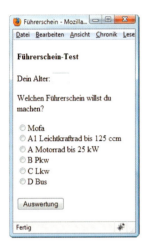

a. Realisieren Sie das obige HTML-Formular „fahrerlaubnis.html".
b. Schreiben Sie eine PHP-Datei „testen.php", die in Abhängigkeit vom Alter die Meldung ausgibt: *Für diesen Führerschein bist du noch zu jung!* oder *Diesen Führerschein kannst du machen!*
Hinweis: Mofa mit 15, A1 mit 16, A und B mit 18, C bei nicht-gewerblicher Nutzung mit 18 und D mit 21 Jahren. (Hinweis: Die Liste ist nicht vollständig.)

9 Textdatei lesen

a. Erzeugen Sie eine Textdatei „demo.txt" und tragen Sie in diese Datei einen mehrzeiligen Text ein.
b. Schreiben Sie ein PHP-Skript, das die Textdatei mittels `while`-Schleife ausliest und anzeigt.

10 CSV-Datei auslesen

a. Erstellen in Excel oder Calc eine Tabelle mit oben dargestelltem Inhalt. Speichern Sie die Tabelle als CSV-Datei mit dem Namen „artikel.csv" ab.
b. Lesen Sie CSV-Datei mittels PHP aus und geben Sie die Daten in tabellarischer Form aus.

11 Vorteile von Datenbanken kennen

a. Zählen Sie drei Vorteile auf, die eine Datenbank im Vergleich zu Text- bzw. CSV-Dateien bietet.
b. Wie lautet die Zugriffssprache auf Datenbanken?

12 SQL-Befehle kennen

Gegeben ist die Tabelle „Sportartikel" (siehe Screenshot oben). Geben Sie die SQL-Befehle an, um
a. alle Datensätze auszugeben,
b. den Datensatz mit der Best-Nr. 800101 auszugeben,
c. alle Datensätze auszugeben und nach Preis zu sortieren,
d. den Datensatz mit der Best-Nr. 800105 zu löschen.

10.6 Flash und ActionScript

10.6.1	Einführung	870
10.6.2	Flash-Filme erstellen	872
10.6.3	Animationstechniken	885
10.6.4	ActionScript	894
10.6.5	Aufgaben	909

10.6.1 Einführung

10.6.1.1 Was ist Flash?

Im Jahr 2005 wurde Macromedia Flash von Adobe übernommen und in die „Creative Suite" integriert. Mit diesem genialen Coup ist es Adobe gelungen, seinen Einfluss im rasant wachsenden Web- und Multimedia-Sektor massiv auszubauen.

Anwendungen
Während Flash in seinen Anfängen vorwiegend durch Animationen im Internet begeisterte, stellt Adobe Flash heute eine komplette Entwicklungsumgebung für interaktive multimediale Anwendungen im Online- und Offline-Bereich dar. Die integrierte Programmiersprache ActionScript 3 ermöglicht die Realisation komplexer Anwendungen bis hin zur Spieleprogrammierung.

Typische Einsatzgebiete für Flash-Applikationen sind:
- Interaktive Benutzeroberflächen für Online- und Offline-Anwendungen z. B. für Webseiten, Mobiltelefone, Multimedia-CDs oder -DVDs,

Flash-Video (im doppelten Sinn) auf YouTube

- Animationstechniken – mittlerweile sind auch 3D-Animationen mit inverser Kinematik realisierbar,
- Multimedia-Anwendungen – vor allem beim Video-Streaming ist Flash derzeit Marktführer,
- Rich Internet Applications (RIAs), also Software, die ohne Installation direkt via Internet genutzt werden kann, z. B. Computerspiele, Navigations-, E-Learning-Systeme.

Flash-Spiele
Auch Spieleklassiker wie Pac-Man aus dem Jahr 1980 wurden mittlerweile in Flash programmiert und stehen damit auch der jüngeren Generation zur Verfügung.

Flash-Player
Flash-Kritiker führen an, dass es sich bei Flash um keinen offenen Standard wie HTML oder CSS handelt, sondern um eine „unfreie", so genannte *proprietäre* Technologie.

Dies bedeutet, dass ein spezieller Player benötigt wird, um Flash-Filme im Webbrowser betrachten zu können. Den Flash-Player können Sie als Plug-in in alle gängigen Webbrowser integrieren oder als separate Software auf allen Betriebssystemen verwenden. Der Download des Flash-Players bei Adobe ist kostenlos: http://get.adobe.com/de/flashplayer/.

Flash und ActionScript

10.6.1.2 Entwicklungsumgebung

Wenn Sie mit Adobe-Produkten wie Photoshop, Illustrator oder InDesign vertraut sind, werden Sie sich auf der Flash-Benutzeroberfläche schnell zurechtfinden, da diese an genannte Produkte angepasst wurde.

Das Grundlayout Ihrer Benutzeroberfläche, im Screenshot „Basis", stellen Sie in der oberen Menüleiste ein ❶. Wie bei Photoshop und Illustrator finden Sie die Werkzeuge zur Erstellung und Bearbeitung von Objekten ❷ standardmäßig am linken Rand.

Die weiße Fläche in der Mitte heißt „Bühne" ❸ und ist der eigentliche Ort des Geschehens. Alle Objekte, die sich auf der Bühne befinden, sind im Flash-Film sichtbar: Grafiken, Animationen, Texte, Videos, Buttons. Objekte im grauen Bereich außerhalb der Bühne sind zwar in der Entwicklungsumgebung sichtbar, im Flash-Film jedoch nicht. Über die Zoomfunktion ❹ können Sie die Darstellung der Bühne vergrößern oder verkleinern.

Die Zeitleiste ❺ ermöglicht Ihnen, den zeitlichen Ablauf Ihres Films zu steuern. Beim Abspielen bewegt sich der rote Abspielkopf ❻ von links nach rechts über die Zeitleiste. Nur die Objekte, die sich im weißen Kästchen *unter* dem Abspielkopf befinden, werden dargestellt. Sie können die Zeitleiste mit einer Filmrolle vergleichen, die abgespult und durch einen Projektor bewegt wird. Der Unterschied ist, dass bei Flash der Film feststeht und sich dafür der Abspielkopf bewegt.

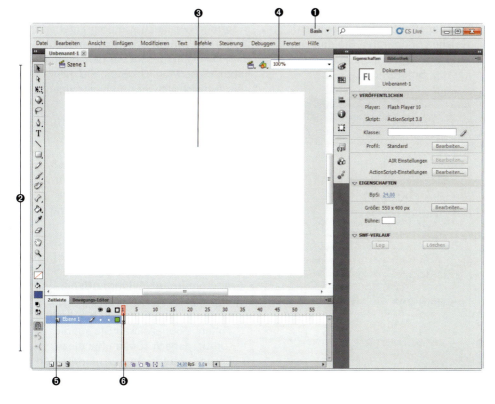

Flash-Entwicklungsumgebung (CS5)

Die Benutzeroberfläche wurde an die anderen Produkte der Adobe Creative Suite angepasst.

871

10.6.2 Flash-Filme erstellen

10.6.2.1 Voreinstellungen

Beginnen Sie Ihr Flash-Projekt stets mit folgenden Voreinstellungen:
- Bühnengröße (= Filmgröße)
- Bildrate (= Abspielgeschwindigkeit)
- Bühnenfarbe
- Hilfslinien und Raster

Making of ...
- Die Bildrate ❶, also die Anzahl der Bilder pro Sekunde [BpS], spielt bei Animationen eine wichtige Rolle. Ist sie zu niedrig, „ruckelt" die Animation. Ist sie zu hoch, kommt der Prozessor nicht mit und der Film stockt. Die Grundeinstellung von 24 BpS ist fürs Erste ein guter Wert (unser PAL-Fernsehen zeigt 25 Bps).
- Die Größe Ihres Flash-Films bestimmen Sie über die Bühnengröße (Breite x Höhe) in Pixel ❷. Die Einstellung hängt maßgeblich davon ab, auf welchen Endgeräten Sie den Film abspielen wollen: Beamer, Monitor, Laptop, Smartphone,...

- Falls Sie keinen eigenen Hintergrund importieren, können Sie die Hintergrundfarbe der Bühne ❸ vorgeben.
- Wie bei Photoshop und Illustrator können Sie im Menü *Ansicht > Lineale* ein horizontales und vertikales Lineal einblenden, aus dem sich mit gedrückter Maustaste Hilfslinien auf die Bühne ziehen lassen.
- Ein Gestaltungsraster lässt sich unter *Ansicht > Raster* einstellen und einblenden. Ebenfalls im Menü *Ansicht* legen Sie unter *Ausrichten* fest, wie Objekte an Hilfslinien bzw. am Raster ausgerichtet werden sollen.

10.6.2.2 Grafiken

Die Flash-Philosophie beim Zeichnen unterscheidet sich in einigen Punkten grundlegend von anderen Grafikprogrammen wie Illustrator oder Freehand! Nach zehn Jahren Unterrichtserfahrung mit Flash kann gesagt werden: Einige lieben diese Möglichkeiten, die meisten aber tun sich schwer und bevorzugen das Importieren fertiger Grafiken.

Zeichnungsobjekte
Flash arbeitet, wie alle Grafikprogramme, vektororientiert. Der Unterschied besteht darin, dass Flash bei Zeichnungsobjekten eine getrennte Bearbeitung von Kontur und Füllung ermöglicht.

Making of ...
- Zeichnen Sie ein beliebiges Objekt mit Kontur und Füllung, z. B. ein Rechteck.
- Wenn Sie *nur die Kontur* bearbeiten wollen: Doppelklicken Sie auf die Kontur, danach können Sie diese löschen, verschieben, umfärben oder die Strichstärke ändern ❶.

Eigenschaften des Films

Das Fenster passt sich dem Kontext an, d. h., dass es sich in Abhängigkeit vom angeklickten Objekt ändert.
Klicken Sie auf die Bühne, um die Eigenschaften für den Film vornehmen zu können.

872

Flash und ActionScript

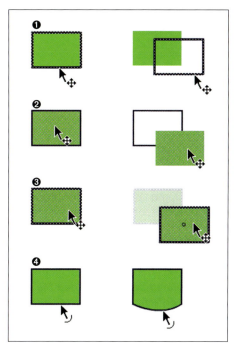

- Um *nur die Füllung* bearbeiten zu können, klicken Sie einmal auf die Füllung ❷.
- Die *Kombination von Kontur und Füllung* erhalten Sie durch Doppelklick auf die Füllung ❸.
- Flash ermöglicht sogar die direkte *Veränderung der Form* eines Objekts: Berühren Sie die Kontur hierzu mit der Maus (Mauszeiger ändert sich) und ziehen Sie die Teilkontur danach mit gedrückter Maustaste ❹.

Überlagerung von Objekten
Sehr gewöhnungsbedürftig ist, dass Flash sich überlappende Formen (ohne Vorwarnung) zu einem gemeinsamen Objekt verbindet: Wenn Sie nachträglich ein Teilobjekt verschieben (im Screenshot der grüne Kreis), wird der überlappende Teil aus dem unteren Objekt ausgeschnitten.

Vermutlich haben sich zahllose Entwickler über diese Eigenart beschwert, so dass Flash seit CS4 die Möglichkeit bietet, diesen Modus zu deaktivieren und auf „Objektzeichnung" umzustellen ❺. Kontur und Füllung eines Objekts bilden nun eine zusammenhängende Form. Sie erkennen dies an einer dünnen blauen Linie, die das Objekt in diesem Modus umschließt.

Zeichenwerkzeuge
Die Zeichenwerkzeuge Stift ❻, Freihand ❼, Pinsel ❽ und Radiergummi ❾ entsprechen in ihrer Funktion den Zeichenwerkzeugen in Illustrator und Photoshop und werden hier nicht besprochen. Ein neues Werkzeug ist das Tintenfass ❿, das nicht mit dem Fülleimer verwechselt werden darf:
- Das Tintenfass dient dazu, die Kontur eines Objekts mit der gewählten Konturfarbe zu versehen.
- Der Fülleimer dient dazu, die Füllung eines Objekts mit der gewählten Füllfarbe zu füllen.

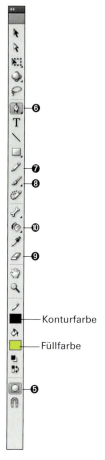

Eigenschaften einer Form

Neben der Kontur- und Füllfarbe lassen sich die Strichstärke und Art der Kontur einstellen.

873

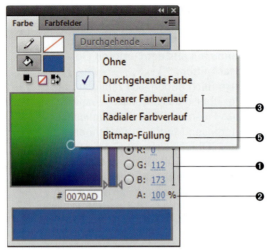

Farbeinstellungen

Unter „Bitmap-Füllung" können Sie beliebige Texturen importieren.

Farben
Die Kontur- bzw. Füllfarbe Ihrer Zeichnungsobjekte können Sie wahlweise in der Werkzeugleiste oder in den „Eigenschaften" einstellen (siehe Screenshots auf vorheriger Seite). Darüber hinaus lässt sich die Farbpalette im Menü *Fenster > Farbe* aufrufen, die folgende Einstellungsmöglichkeiten bietet:
- Farbangaben als RGB-Werte ❶
- Transparenz über Alphakanal ❷
- Linearer und radialer Farbverlauf ❸
  Hinweis: Zur Bearbeitung von Farbverläufen steht in der Werkzeugleiste hinter dem Frei-Transformieren-Werkzeug ❹ ein weiteres Werkzeug zur Verfügung.
- Importieren von Texturen ❺

Auswahlwerkzeuge
Auswahl, Unterauswahl, Lasso und Zauberstab sind Standardwerkzeuge, die in allen Adobe-Programmen vorkommen. Wir gehen deshalb nicht näher auf sie ein. Einmal ausgewählte Objekte können Sie
- an anderen Objekten ausrichten ❻,
- drehen und neigen ❼,
- skalieren ❽,
- verzerren ❾,
- umhüllen ❿, d.h. die äußere Kontur verändern.

Bilder/Grafiken importieren
Vielleicht sind Sie mittlerweile ein Fan der Flash-Grafik geworden. Wenn nicht, dann bietet das Programm im Menü *Datei > Importieren > In Bühne importieren* die Möglichkeit, externe Bild- und Grafikdateien zu importieren. Seit CS3 sind folgende Formate importierbar:
- Pixel-Bilder: BMP, GIF, JPG, PNG und TIF
- Illustrator-Dateien: AI
- Photoshop-Dateien: PSD

Wenn Sie in Illustrator oder Photoshop mit Ebenen gearbeitet haben, können Sie auswählen, welche Ebenen Sie importieren möchten. Weiterhin kann Flash die importierten Ebenen in Flash-Ebenen konvertieren. Hieraus ergibt sich die elegante Möglichkeit, komplette Screendesigns in Flash zu übertragen.

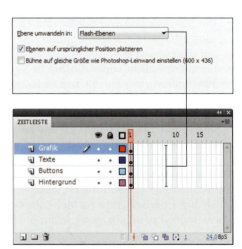

Ebenen in der Zeitleiste

Beim Importieren von Dateien aus Illustrator oder Photoshop lassen sich Ebenen in Flash-Ebenen umwandeln.

874

Flash und ActionScript

10.6.2.3 Text

In Bezug auf Text bestehen zwischen Flash CS5 und älteren Versionen große Unterschiede: Mit dem so genannten TLF-Text ❶ (Text Layer Framework) stehen in CS5 erstmalig Optionen wie mehrspaltiger Satz oder verkettete Textfelder zur Verfügung, die ein Layouten (fast) wie in InDesign ermöglichen.

Texterfassung
Alle unveränderlichen (statischen) Texte Ihres Flash-Projekts lassen sich direkt in Flash erstellen:

Making of ...
- Wählen Sie das Textwerkzeug ❷ der Werkzeugleiste aus.
- Zur Texteingabe haben Sie zwei Möglichkeiten:
  – Klicken Sie an einer beliebigen Stelle auf die Bühne und beginnen Sie direkt mit der Texteingabe. Diese Methode eignet sich für kurze Texte.
  – Klicken Sie mit gedrückter Maustaste auf die Bühne und ziehen Sie ein Textfeld in der gewünschten Größe auf. Geben Sie danach den Text ein.
- Die Größe des Textfeldes können Sie nachträglich verändern, indem Sie es an kleinen Quadraten ❸ mit gedrückter Maustaste ziehen.
- Zur Formatierung des Textes stehen Ihnen unter den Eigenschaften rechts mit den Paletten „Zeichen" ❹ und „Absatz" ❺ die in der Textverarbeitung üblichen Optionen zur Verfügung. Über „Anti-Alias" ❻ legen Sie fest, ob und wie der Text geglättet dargestellt werden soll.
- Neu eingeführt wurde bei CS5 die Palette „Container und Fluss" ❼, die beispielsweise ein mehrspaltiges Setzen und ein vertikales Ausrichten des Textes ermöglicht.

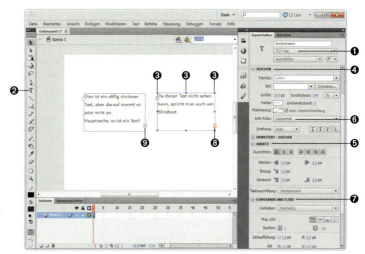

Textfelder verketten (seit CS5)
TLF-Text bietet Ihnen die Möglichkeit, Textfelder miteinander zu verketten. Die Textrahmen dürfen sich hierbei sogar auf unterschiedlichen Bildern befinden.

Making of ...
- Wenn ein Text nicht in den Textrahmen passt (Übersatztext), erkennen Sie dies am roten Quadrat rechts unten ❽.
- Klicken Sie auf dieses Quadrat und ziehen Sie mit gedrückter Maustaste an der gewünschten Stelle ein neues Textfeld auf.
- Leere Textfelder lassen sich verketten, indem Sie zunächst auf das blaue Quadrat des ersten und danach des zweiten Textfelds klicken ❾.

Klassische Textfelder (CS4 und älter)
Bei älteren Flash-Versionen müssen Sie drei Arten von Text unterscheiden:
- *Statischer Text* dient zur Erfassung von unveränderlichem Text. Die gewählte(n) Schrift(en) werden in die Flash-Datei integriert.
- *Dynamischer Text* kann mit Hilfe von ActionScript verändert werden. Der

Eingabe und Formatierung von Text

Mit Flash CS5 wurde eine neue Text-Engine eingeführt, die wesentlich mehr Möglichkeiten zur Textbearbeitung bietet.

875

Text kann beispielsweise aus einer Datei oder Datenbank ausgelesen und in das Textfeld eingefügt werden.
- *Eingabetext* kann durch den Benutzer verändert werden. Ein typisches Anwendungsbeispiel hierfür sind Formulare.

Beachten Sie, dass Schriften bei dynamischem Text und Eingabetext nicht automatisch eingebettet werden. Sie müssen unter „Zeichen" angeben, welche Zeichensätze Sie einbetten möchten.

10.6.2.4 Symbole, Instanzen, Bibliothek

Bisher haben Sie das Erstellen oder Importieren von Grafiken sowie die Erfassung von Texten kennengelernt. Um diese zu jeder Zeit in Ihrem Film verwenden zu können, ist es sinnvoll, diese an zentraler Stelle zu hinterlegen – Flash stellt Ihnen hierfür eine *Bibliothek* zur Verfügung.

Um die Grafiken und Texte Ihres Films in der Bibliothek speichern zu können, müssen diese in *Symbole* umgewandelt (konvertiert) werden. Dies mag Ihnen umständlich vorkommen, ist aber sinnvoll.

Symbole erstellen

Bei Internet-Applikationen geht es immer auch darum, durch geringe Datenmengen kurze Ladezeiten zu erhalten. Dies spielt insbesondere bei Grafiken, Sounds und Videos eine wichtige Rolle.

Die Idee besteht nun darin, dass ein Objekt einmalig (als Symbol) gespeichert wird, aber beliebig oft verwendet werden kann. Flash unterscheidet hierbei drei Typen von Symbolen:
- *Movieclip-Symbole* ❶ benötigen Sie

immer dann, wenn Sie Animationen erstellen wollen. Sie erhalten eine eigene Zeitleiste.
- *Schaltflächen-Symbole* ❷ dienen, wie der Name sagt, zur Erstellung von Buttons oder anderer anklickbarer Elemente.
- *Grafik-Symbole* ❸ werden für alle statischen Elemente Ihres Films verwendet, z.B. Hintergründe, Grafiken. Animationen sind zwar auch hier möglich, jedoch wesentlich unflexibler.

Making of ...
- Wählen Sie das Auswahlwerkzeug.
- Markieren Sie das Objekt, aus dem Sie ein Symbol erstellen wollen: Bei Text durch Anklicken des Textrahmens, bei einer Grafik durch Umrahmung der Grafik mit gedrückter linker Maustaste. (Alternativ können Sie das Lasso-Werkzeug verwenden, das Sie von Photoshop kennen.)
- Wählen Sie *Modifizieren > In Symbol konvertieren* oder machen Sie einen Rechtsklick und wählen Sie *In Symbol konvertieren...*
- Geben Sie Ihrem Symbol einen aussagekräftigen Namen ❹.
- Wählen Sie den Symboltyp, z. B. Movieclip ❶, und bestätigen Sie mit „OK". Das in ein Symbol konvertierte Text- oder Grafikobjekt wird durch einen dunkelblauen Rahmen gekennzeichnet.
- Klicken Sie auf den Reiter „Bibliothek": Das neue Symbol taucht in der Bibliothek auf.

Flash und ActionScript

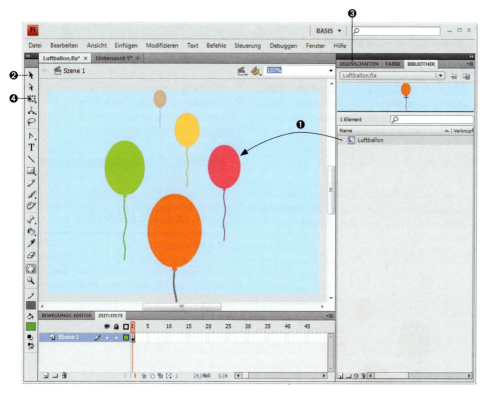

Symbole und Instanzen

Um ein Objekt, z. B. Text oder Grafik, steuerbar zu machen, muss es in ein Symbol konvertiert werden. Danach steht es in der Bibliothek zur Verfügung.

Instanzen sind Kopien des Symbols auf der Bühne. Wie zu sehen ist, können sich Instanzen z. B. in Farbe und Größe vom Original unterscheiden.

Instanzen erzeugen
Jedes Symbol der Bibliothek kann im Flash-Film beliebig oft eingesetzt werden. Die Verwendung eines Symbols auf der Bühne wird als Symbolinstanz oder kurz Instanz bezeichnet.

Making of ...
- Ziehen Sie ein Symbol mit gedrückter Maustaste auf die Bühne ❶.
- Wiederholen Sie den Vorgang, um weitere Instanzen zu erzeugen.
- Jede Instanz kann nun individuell in Form und Aussehen verändert werden: Klicken Sie hierzu die gewünschte Instanz mit dem Auswahlwerkzeug ❷ an.
- Änderungen der Farbe, Helligkeit oder Durchsichtigkeit (Alpha) nehmen Sie in den Eigenschaften ❸ unter „Farbeffekt" vor.
- Wählen Sie das Frei-Transformieren-Werkzeug ❹, um die Größe zu ändern oder um die Instanz zu drehen.

Beachten Sie: Änderungen einer Instanz beeinflussen das Symbol nicht.

Symbole ändern
Vorsicht: Wenn Sie ein Symbol nachträglich ändern, wirken sich diese Änderungen auf *alle* Instanzen aus!

Making of ...
- Um in den Bearbeitungsmodus eines Symbols zu gelangen, *doppelklicken* Sie wahlweise auf eine (beliebige) Symbolinstanz oder auf das Symbol in der Bibliothek. Am oberen Bühnenrand wird angezeigt, dass Sie sich nun im Symbol befinden ❺.

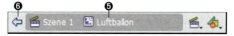

877

- Zur Bearbeitung des Symbols stehen Ihnen nun wieder alle Werkzeuge zur Verfügung.
- Verwirrend ist, dass Sie auch im Bearbeitungsmodus eines Symbols eine Zeitleiste sehen: Diese hat nichts mit der Hauptzeitleiste Ihres Films zu tun, sondern gehört zum Symbol. Sie können Sie beispielsweise dazu nutzen, um im Symbol mit mehreren Ebenen zu arbeiten.
- Um das Symbol zu verlassen, klicken Sie auf den blauen Pfeil oberhalb der Bühne ❺. Sie sehen, dass sich die Änderungen Ihres Symbols auf alle Instanzen auswirken.

Fenster ❶ und wählen „Duplizieren".
- Geben Sie der Kopie einen aussagekräftigen Namen ❷.
- Doppelklicken Sie auf das duplizierte Symbol, um es zu verändern.
- Verlassen Sie den Bearbeitungsmodus durch Anklicken des blauen Pfeils oberhalb der Bühne.

Symbol ändern

Änderungen des Symbols wirken sich auf alle Instanzen des Symbols aus.

Symbol duplizieren

Rechts oben: Werden Symbole benötigt, die sich nur geringfügig unterscheiden, können diese schnell durch Duplizieren und Ändern eines Symbols erstellt werden.

Rechts unten: Platzierung der Schaltflächen-Symbole auf der Bühne

Schaltflächen

Die Programmierung von Schaltflächen finden Sie auf Seite 881.

Symbol duplizieren

Vor allem bei Schaltflächen-Symbolen kommt es oft vor, dass Sie diese mehrfach benötigen, aber unterschiedlich beschriften möchten. Mit Instanzen ist dies nicht möglich. Es bietet sich jedoch an, ein bereits erstelltes Symbol zu vervielfältigen und danach die Kopie zu ändern.

Making of ...

- Um ein Symbol zu duplizieren, machen Sie in der Bibliothek einen Rechtsklick auf das Symbol und wählen „Duplizieren". Alternativ klicken Sie auf die etwas versteckte Schaltfläche oben rechts im Bibliothek-

878

Flash und ActionScript

10.6.2.5 Zeitleiste

Die Zeitleiste ist die Steuerzentrale Ihrer Flash-Applikation: In der Zeitleiste legen Sie fest, *welche* Objekte *wann* und *wie lange* sichtbar sein sollen.

Der Umgang mit der Zeitleiste ist gewöhnungsbedürftig. Wir versuchen deshalb zunächst, den Aufbau und das Prinzip der Zeitleiste zu verstehen.

Vertikal: Ebenen
Die Ebenentechnik ist Ihnen aus anderen Programmen wie Photoshop, Illustrator oder InDesign bekannt. Ebenen ermöglichen die strukturierte Anordnung von Objekten, wobei obere Ebenen untere Ebenen überdecken. Bei Flash sollten Sie grundsätzlich mit Ebenen arbeiten und für den Hintergrund, Bilder, Texte, Animationen und Skripte immer eigene Ebenen verwenden.

Making of ...
- Durch Anklicken des Blatt-Icons ❶ werden neue Ebenen erzeugt. Diese sollten Sie durch Anklicken des Namens sinnvoll umbenennen. Die gerade aktive Ebene erkennen Sie am Stift-Icon ❷.
- Die aktive Ebene können Sie mit gedrückter Maustaste nach oben oder unten verschieben.
- Um eine markierte Ebene zu löschen, klicken Sie auf das Papierkorb-Icon ❸.
- Klicken Sie in der jeweiligen Ebene auf den Punkt unter dem Auge-Icon ❹, um die Ebene auszublenden.
- Um ein wesentliches Verschieben oder Löschen der Elemente zu verhindern, ist es sinnvoll, fertig bearbeitete Ebenen zu sperren (Schloss-Icon ❺).

Horizontal: Zeitachse
Beim Abspielen des Flash-Films läuft der rote Abspielkopf ❻ von Bild 1 nach rechts, wobei die eingestellte Anzahl an Bildern pro Sekunde ❼ seine Geschwindigkeit bestimmt. Die Einstellung 10 BpS besagt, dass der Abspielkopf nach einer Sekunde in Bild 10 angelangt ist, nach zwei Sekunden in Bild 20 usw.

Wenn Sie also eine Diashow realisieren und alle zehn Bilder ein neues Dia platzieren, so wird jedes Bild eine Sekunde lang angezeigt. Zum selben Ergebnis kommen Sie, wenn Sie die Dias in Bild 1, 2, 3,... platzieren und die Abspielgeschwindigkeit auf 1 BpS umstellen.

Schlüsselbilder
Wie gelangen Ihre Objekte in die Zeitleiste? Das Ziehen der Symbole von der Bibliothek direkt in die Zeitleiste funktioniert nicht. Das Platzieren erfolgt immer indirekt über die Bühne: Alle Objekte, die sich auf der Bühne befinden, werden automatisch in der ausgewählten Ebene der Zeitleiste platziert, wenn sich dort ein Schlüsselbild befindet.

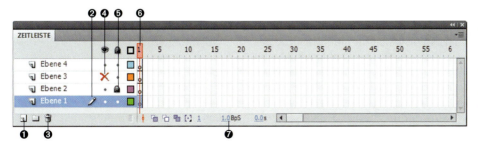

Zeitleiste
Die Zeitleiste enthält vertikal alle Objekte, die *gleichzeitig* zu sehen sind, und horizontal die Objekte, die *nacheinander* zu sehen sind.

879

Schlüsselbilder

Symbolik der Schlüsselbilder:
- Schwarzer Kreis: Schlüsselbild mit Inhalt
- Weißer Kreis: Leeres Schlüsselbild
- Weißes Rechteck: Ende des Schlüsselbilds

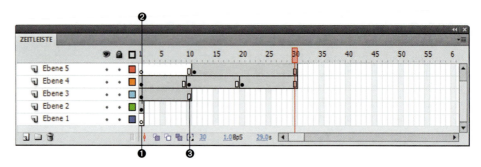

Making of ...
- Leeres Schlüsselbild (im Screenshot Ebene 1): Wenn Sie eine neue Ebene erzeugen, enthält diese immer ein leeres Schlüsselbild in Bild 1 ❶. Leere Schlüsselbilder werden durch einen *weißen Kreis* symbolisiert.
- Schlüsselbild mit Inhalt (im Screenshot Ebene 2): Wählen Sie die gewünschte Ebene durch Anklicken aus. Danach können Sie Symbole aus der Bibliothek auf die Bühne ziehen. Ein Schlüsselbild mit Inhalt ❷ wird durch einen *schwarzen Kreis* dargestellt.
- Schlüsselbild über mehrere Bilder (im Screenshot Ebene 3): Um den Inhalt eines Schlüsselbilds über mehrere Bilder anzuzeigen, können Sie das Schlüsselbild verlängern: Klicken Sie hierzu in das Kästchen, an dem das Schlüsselbild enden soll, im Screenshot Bild 10. Wählen Sie *Einfügen > Zeitleiste > Bild* oder Rechtsklick *Bild einfügen*. Das Ende des Schlüsselbilds wird durch ein *weißes Rechteck* gekennzeichnet ❸.
- Mehrere Schlüsselbilder (im Screenshot Ebene 4): Sie sehen eine Folge von drei Schlüsselbildern, wie sie beispielsweise für eine Diashow benötigt würde. Um Schlüsselbilder zu erzeugen, klicken Sie ins gewünschte Kästchen, z. B. in Bild 10, und wählen Sie *Einfügen > Zeitleiste > Schlüsselbild* oder Rechtsklick *Schlüsselbild einfügen*.
- Schlüsselbilder mit und ohne Inhalt (im Screenshot Ebene 5): Von Bild 1 bis 10 ist die Ebene leer, das weiß dargestellte Schlüsselbild ist leer. Von Bild 11 bis 30 befindet sich ein Schlüsselbild mit Inhalt.
- Nicht benötigte Bilder oder Schlüsselbilder können Sie löschen, indem Sie diese markieren und nach Rechtsklick *Bilder entfernen* wählen.
- Sie können Ihren Film jederzeit testen: *Steuerung > Film testen* oder Strg- und Return-Taste.

Zeitleiste von Symbolen

Ein Flash-Film besitzt nicht nur eine (Haupt-)Zeitleiste, jedem Symbol ist eine eigene Zeitleiste zugeordnet. Sie gelangen zu dieser Zeitleiste, indem Sie durch Doppelklick auf das Symbol in den Bearbeitungsmodus des Symbols wechseln.

Handelt es sich um ein *Grafik- oder Movieclip-Symbol*, so unterscheidet sich die Zeitleiste nicht von der Zeitleiste des Films. Sie können sie dafür verwenden, um
- in Symbolen mit Ebenen zu arbeiten,
- Symbole mit eigenen Animationen zu versehen.

Schaltflächen-Symbole besitzen eine andere Zeitleiste. Dies hat den Grund, dass eine Schaltfläche ein interaktives Element ist, das auf Benutzerverhalten (auch optisch) reagieren sollte.

Flash und ActionScript

Vier Zustände einer Schaltfläche

Making of ...
- Erstellen Sie ein neues Symbol des Typs „Schaltfläche" im Menü *Einfügen > Neues Symbol...* oder doppelklicken Sie – falls vorhanden – auf eine bereits bestehende Schaltfläche. Die Zeitleiste zeigt vier Zustände:
- Grundzustand ❶
Legen Sie in diesem Schlüsselbild fest, wie die Schaltfläche im Ruhezustand aussehen soll.
- Zustand „Darüber" ❷
Der Zustand ist aktiv, wenn sich der Mauszeiger auf der Schaltfläche befindet. Erstellen Sie ein Schlüsselbild: *Einfügen > Zeitleiste > Schlüsselbild*. Ändern Sie das Aussehen der Schaltfläche wie gewünscht.
- Zustand „Gedrückt" ❸
Der Zustand ist aktiv, wenn der Nutzer die Maustaste gedrückt hält. Erstellen Sie ein Schlüsselbild: *Einfügen > Zeitleiste > Schlüsselbild*. Ändern Sie das Aussehen der Schaltfläche wie gewünscht.
- Zustand „Aktiv" ❹
Mit diesem Schlüsselbild können Sie den anklickbaren Bereich definieren. Beispiel: Sie verwenden als Schaltfläche Text in geringer Schriftgröße. Damit der Nutzer nicht „zielen" muss, um den Text anzuklicken, vergrößern Sie den anklickbaren Bereich, indem Sie ein Rechteck zeichnen, das größer ist als das Textfeld. Wichtig: Der aktive Bereich ist für den Nutzer *unsichtbar*! Es handelt sich lediglich um eine Maske, die den anklickbaren Bereich definiert.

10.6.2.6 Sound und Video importieren

Sounds und/oder Videos lassen sich auf einfache Weise in Ihren Flash-Film integrieren, indem sie in die Bibliothek importiert und im gewünschten Schlüsselbild auf der Bühne platziert werden.

Sound
Flash bietet die Möglichkeit, folgende Audioformate zu importieren:
- WAV: Sounddateien ohne Qualitätsverlust, aber mit großer Datenmenge
- AIF(F): Sounddateien ohne Qualitätsverlust, aber mit großer Datenmenge
- MP3: Sounddateien mit Qualitätsverlust, der aber ab einer Datenrate von 128 kbit/s vernachlässigbar ist.

Grundsätzlich gilt: Importieren Sie Sound möglichst unkomprimiert, weil die Einstellung der Soundqualität in Flash vorgenommen wird.

Making of ...
- Wählen Sie *Datei > Importieren > In Bibliothek importieren*, um einen oder mehrere Sounds in Ihren Flash-Film zu importieren.
- Die Einstellung der Soundqualität und damit der Datenmenge und Ladezeit können Sie wahlweise an zwei Orten vornehmen:
a) Einstellung für alle Sounds: *Datei > Einstellungen für Veröffentlichung > Flash*. Unter „Audio-Ereignis" ❺ muss der Sound vollständig geladen sein, bevor der Abspielvorgang beginnen kann. Längere Sounds sollten deshalb als „Audio-Stream" ❻ realisiert werden, da hier der Abspielvorgang beginnt, sobald ein

Globale Einstellung der Soundqualität

Band II – Seite 960
11.1.4 Audioformate

Band II – Seite 992
11.2.4 Videoformate

881

Individuelle Einstellung der Soundqualität

Alternativ zur globalen Einstellung für alle Sounds können Sie die Soundqualität auch für jeden Sound separat einstellen.

Teil des Sounds geladen ist. Zur Audiokompression empfiehlt sich das MP3-Verfahren ❶. Eine Bitrate von 128 kbit/s ❷ entspricht nahezu der Qualität einer Audio-CD. In vielen Fällen, z. B. bei Sprache, kann eine geringere Rate gewählt werden.
b) Individuelle Einstellung für jeden Sound: Rechtsklicken Sie auf den Sound in der Bibliothek und wählen Sie „Eigenschaften".
- Erzeugen Sie in der Zeitleiste eine neue Ebene für die Sounds und fügen Sie dort ein Schlüsselbild ein, wo der Sound beginnen soll.
- Ziehen Sie den gewünschten Sound aus der Bibliothek auf die Bühne.
- Wählen Sie unter „Eigenschaften" die „Synchronisation" ❸:
Stream: Sound wird abgespielt, sobald der Anfang heruntergeladen ist. Er endet, wenn das Schlüsselbild verlassen wird.
Ereignis: Sound wird erst abgespielt, wenn er vollständig geladen ist. Er endet nicht mit dem Schlüsselbild, sondern wird komplett abgespielt.
Starten: Wie „Ereignis", der Sound wird allerdings nicht erneut gestartet, wenn er schon läuft.
Stopp: Der Abspielvorgang wird gestoppt.
- Unter „Effekt" ❹ können Sie den Sound manipulieren, z. B. ein- und ausblenden.

Video

Flash-Video (Abb.: WDR)

Eigenschaften eines Sounds

Stellen Sie hier ein, wann bzw. wie der Sound abgespielt werden soll.

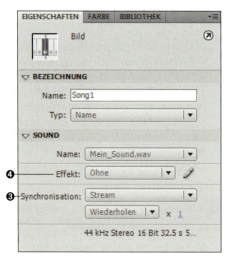

Um Videos importieren zu können, sollten diese in einem der beiden Videoformate des Flash-Players vorliegen: FLV oder F4V, wobei F4V das neuere der beiden Formate ist und bessere Qualität liefert. Zur Konvertierung stellt Ihnen Adobe den *Adobe Media Encoder* zur Verfügung, der als eigenes Programm installiert wird. Neben der Konvertierung bietet das Programm einige Bearbeitungsmöglichkeiten, z. B. zur Änderung des Formats oder Setzen von Cue-Points zur Auswahl einer bestimmten Sequenz.

Flash und ActionScript

Zur Betrachtung von Flash-Video eignet sich neben dem Adobe Media Player der ebenfalls kostenlose VLC Media Player, den Sie unter http://www.videolan.org für Windows, Mac und Linux herunterladen können.

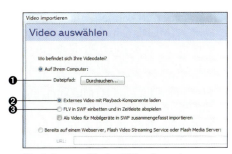

Einstellungen für den Video-Import

Making of ...
- Um ein Video zu importieren, wählen Sie *Datei > Importieren > Video importieren...* Flash startet einen Assistenten zur Integration des Videos.
- Wählen Sie die gewünschte Videodatei aus ❶.
- Die Option „Externes Video mit Playback-Komponente laden" ❷ ermöglicht die Ergänzung einer Steuereinheit für das Video, ohne dass Sie hierfür die Programmiersprache ActionScript benötigen.
- Wählen Sie die Option „FLV in SWF einbetten und in der Zeitleiste abspielen" ❸, wenn Sie eigene Schaltflächen zur Steuerung des Videos verwenden und diese programmieren möchten. (Hierauf gehen wir in diesem Kapitel nicht ein.)
- Im nächsten Schritt suchen Sie sich eine der vorgegebenen Komponenten zur Steuerung des Videos aus und wählen eine Farbe.
- Das Video wird samt Playback-Komponente in die Bibliothek eingefügt und kann im Flash-Film verwendet werden.

- Wichtiger Hinweis: Beim Veröffentlichen (siehe nächster Abschnitt) wird die Playback-Komponente in einer separaten SWF-Datei ausgelagert. Diese muss zusammen mit der SWF-Datei Ihres Films auf den Webserver hochgeladen werden!

10.6.2.7 Film veröffentlichen

Flash-Player
Die Bezeichnung ist verwirrend: Veröffentlichung heißt hier nicht, dass Ihre Flash-Applikation einem breiten Publikum vorgestellt wird oder ins Internet gestellt wird.

Unter Veröffentlichung versteht Flash, den Film ohne Flash-Entwicklungsumgebung abspielbar zu machen. Ganz ohne Zusatzsoftware geht es leider nicht: Zum Abspielen von Flash-

Filmen wird der kostenlose Flash-Player benötigt, der wahlweise als eigenes Programm oder als Browser-Plug-in

(Shockwave) Flash-Plug-in bei Firefox

Ohne die Installation des Plug-ins lassen sich Flash-Filme im Browser nicht abspielen.

Verfügbarkeit des Flash-Plug-ins

Die Tabelle zeigt, für welche Betriebssysteme und Browser das Plug-in verfügbar ist.

System	Windows	Mac OS	Linux
Betriebssystem	2000, 2003, XP Vista 7	X ab 10.1	alle
Browser	Internet Explorer Firefox Safari Opera	Safari Firefox Opera	Firefox Mozilla SeaMonkey

883

installiert werden muss: http://get.adobe.com/de/flashplayer/.

Der Flash-Player steht für alle aktuellen Betriebssysteme und Browser zur Verfügung (vgl. Tabelle auf vorherigen Seite).

Making of ...
- Speichern Sie die finale Version Ihres Flash-Films ab (Dateiendung: .fla).
- Wählen Sie *Datei > Einstellungen für Veröffentlichungen...*
- *Flash (.swf)* ❶
Standardformat für Flash-Filme, das im Flash-Player oder Browser mit Flash-Plug-in abgespielt werden kann. Unter „Flash" ❷ können Sie weitere Einstellungen vornehmen, z.B. Qualität der Bilder und Sounds oder die Version des Flash-Players. Flash-Filme sind abwärtskompatibel, das heißt, dass die Einstellung „Flash Player 8" auch Version 9 und neuer einschließt. Beachten Sie aber, dass ActionScript 3 mindestens Version 9 erfordert!
- *HTML (.html)* ❸
Um Ihren Flash-Film im Internet betrachten zu können, muss er in eine HTML-Datei integriert werden. Zusätzlich wird die SWF-Datei benötigt – beide Dateien müssen auf den Webserver hochgeladen werden. Flash erzeugt eine HTML-Datei, die die Flash-Datei mittels JavaScript einbindet. Nutzer, die JavaScript deaktiviert haben, können den Film also nicht betrachten. Wer auch diese Nutzer erreichen will, muss zusätzlich eine flashfreie Site zur Verfügung stellen. Unter „HTML" ❹ können Sie Einstellung bzgl. der Darstellung des Flash-Films im Browser treffen.
- *Windows-* ❺ *bzw. Mac-Projektor* ❻
Um Flash-Filme ohne Browser und ohne zusätzlich installierten Flash-Player betrachten zu können, lassen sich für Windows bzw. Mac OS ausführbare Dateien generieren. Der zur Betrachtung benötigte Flash-Player wird dabei direkt in die Datei integriert. Diese Variante bietet sich beispielsweise an, wenn Sie Ihr Produkt per CD oder DVD vertreiben möchten.
- Wenn alle Einstellungen getroffen sind, können Sie die gewählten Dateien durch Anklicken des Buttons „Veröffentlichen" ❼ generieren lassen. Alternativ ist dies im Menü *Datei > Veröffentlichen* möglich.
- Ohne näher darauf einzugehen, möchten wir darauf hinweisen, dass unter *Datei > Export* das Umwandeln des Flash-Films in Bild- oder Videoformate möglich ist.

884

10.6.3 Animationstechniken

Flash und ActionScript

Der große Erfolg von Flash ist nicht zuletzt auf die umfangreichen Animationsmöglichkeiten zurückzuführen, die Ihnen dieses Programm bietet. Wir stellen in diesem Kapitel die grundlegenden Techniken vor – danach sind Ihrer Kreativität keine Grenzen gesetzt.

10.6.3.1 Bild-für-Bild-Animation

Wie der Name sagt, wird für eine Bild-für-Bild-Animation für jede Phase der Animation ein Bild benötigt. Diese werden nacheinander angeordnet und wie bei einem Daumenkino abgespielt.

Making of ...
- Erstellen Sie in Photoshop oder Illustrator die Bilder (Ampelphasen) für die Animation. Verwenden Sie für jede Phase eine eigene Ebene.
- Importieren Sie die Datei in die Flash-Bibliothek: *Datei > Importieren > In Bibliothek importieren*.

Import einer Photoshop-Datei

- Platzieren Sie das Bild für die Rotphase im Schlüsselbild in Bild 1.

- Stellen Sie die Bild- oder Framerate ❶ der Animation ein (Bps = Bilder pro Sekunde). Aus der Bildrate und der gewünschten Dauer der Phase lässt sich berechnen, in welchem Bild das nächste Schlüsselbild platziert werden muss:

Bilder – Bildrate – Abspielzeit

$$f = t \cdot fps$$

f: Anzahl an Frames/Bilder
t: Abspielzeit in Sekunden [s]
fps: Frame-/Bildrate [Bps]

Beispiel: Phase 1 soll fünf Sekunden lang sichtbar sein. Die Bildrate wird auf 1 Bps gestellt. Die Phase dauert $f = 5\ s \cdot 1\ Bps = 5$ Bilder, das nächste Schlüsselbild muss also in Bild 6 platziert werden ❷.
- Platzieren Sie die weiteren Schlüsselbilder und tauschen Sie die Bildteile aus, die sich verändern sollen.
- Testen Sie Ihren Film: *Steuerung > Film testen*.

Band I – Seite 385
4.3 Animation

Bild-für-Bild-Animation
Bei dieser aufwändigsten Animationsart benötigen Sie für jede Phase der Animation ein eigenes Bild.

Zusammenhang Bildrate – Abspielzeit

Zeitleiste
Eine Vorschau auf den Inhalt der Schlüsselbilder erhalten Sie durch Anklicken der Schaltfläche oben rechts ❸.

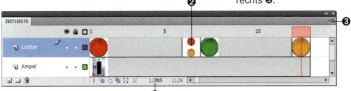

885

10.6.3.2 Bewegungs-Tween

Zeitleiste mit Bewegungs-Tween

Sie erkennen den Tween an der hellblauen Farbe und am Icon vor dem Ebenennamen.

Bewegungs-Tween

Bei dieser Animation bewegt sich das Animationsobjekt entlang eines Pfades – alle Zwischenbilder werden berechnet.

Bild-für-Bild-Animationen sind sehr aufwändig, da für jede Phase der Bewegung einzelne Bilder benötigt werden.

Die grundsätzliche Idee des „Tweenings" besteht darin, das zu animierende Objekt lediglich in eine Startposition zu bringen und die gewünschte Bewegung mit Hilfe einer Linie vorzudefinieren. Die Animation entsteht dadurch, dass der Computer sämtliche Zwischenbilder beim Abspielen berechnet. Der Begriff „Tweening" leitet sich vom Englischen „between" (dazwischen) ab.

Adobe hat mit Flash CS4 eine neue Technik zur Erstellung von Bewegungs-Tweens eingeführt, die wir Ihnen in diesem Abschnitt vorstellen. Ältere Flash-Nutzer kennen eine andere Vorgehensweise, die seit CS4 als „Klassisches Tween" bezeichnet wird. Wir empfehlen Ihnen, sich die neue Vorgehensweise anzusehen, weil sie einfacher ist und mehr Möglichkeiten bietet als die „klassische" Variante.

Making of ...
- Erstellen Sie das oder die zu animierenden Objekt(e) in Flash oder importieren Sie sie als externe Dateien in die Bibliothek.
- Platzieren Sie alle Objekte einschließlich Hintergrund auf der Bühne.
- Konvertieren Sie alle Objekte, die Sie animieren wollen, in Movieclip-Symbole: *Modifizieren > In Symbol konvertieren*. Im Beispiel sind dies die Billardkugeln und der Queue.
- Klicken Sie auf das Symbol, das Sie animieren wollen. Wählen Sie *Modifizieren > Bewegungs-Tween*. (Alternative: Rechtsklick auf das Symbol und *Bewegungs-Tween erstellen*).
- Die Zeitleiste ändert sich nun folgendermaßen: Flash kopiert das zu animierende Symbol in eine neue Tween-Ebene. Sie erkennen diese am Icon ❶ und sollten die Ebene sinnvoll benennen. Außerdem wird das Schlüsselbild um die in der Bildrate ❷ eingestellte Anzahl Bilder verlängert und hellblau hinterlegt.
- Die Dauer der Animation beträgt aktuell eine Sekunde, da die Anzahl der Bilder der Bildrate entspricht, im Beispiel sind dies 24 Bilder. Um die Animation zu verlängern, ziehen

Flash und ActionScript

Sie das letzte Bild mit gedrückter Maustaste nach rechts. Der Cursor ändert sich in einen Doppelpfeil ❸.
- Um den Hintergrund während der Animation immer zu sehen, müssen Sie das Schlüsselbild auch in dieser Ebene verlängern ❹: Klicken Sie hierzu in das Bild unterhalb des letzten Bildes der Animation und wählen Sie *Einfügen > Zeitleiste > Bild* (oder: Taste F5).
- Im nächsten Schritt erstellen Sie die gewünschte Bewegung: Bewegen Sie den roten Abspielkopf auf Bild 1. Verschieben Sie dann das Animationsobjekt (im Beispiel die Kugel) an die gewünschte Startposition.
- Bewegen Sie den Abspielkopf nun auf das letzte Bild der Animation. Verschieben Sie das Animationsobjekt an die gewünschte Endposition. Auf der Bühne wird der Animationspfad sichtbar ❺. Er zeigt die Bewegung an, wobei jeder Punkt ein Bild symbolisiert.
- Testen Sie Ihren Film: *Steuerung > Film testen* (oder Strg + Return).
- Um die Richtung der Bewegung zu ändern ❻, bewegen Sie den Abspielkopf auf das gewünschte Bild (im Beispiel Bild 13). Verschieben Sie mit gedrückter Maustaste das Animationsobjekt (nicht die Linie!) auf der Bühne, es entsteht eine Ecke. In der Zeitleiste wird ein so genanntes Eigenschaften-Schlüsselbild ❼ eingefügt, symbolisiert durch eine kleine Raute.
- Sie wählen ein Eigenschaften-Schlüsselbild aus, indem Sie es *mit gedrückter Strg-Taste* anklicken. Danach lässt es sich in der Zeitleiste nach links oder rechts verschieben. Über *Modifizieren > Zeitleiste > Schlüsselbild löschen* (oder: Shift + F6) kann es gelöscht werden.

Animationspfade bearbeiten
Bisher haben Sie die Vorgehensweise zur Erstellung linearer Bewegungen kennengelernt. Im nächsten Schritt lernen Sie, wie eine Animation entlang einer beliebigen Kurve erfolgen kann.

Making of ...
- Erstellen Sie ein Bewegungs-Tween, wie im letzten Abschnitt beschrieben.
- Um aus der geradlinigen Bewegung eine Kurve zu machen, ziehen Sie den Pfad mit gedrückter Maustaste.
- Zur exakten Bearbeitung des Bewegungsablaufs können die Schlüsselbilder mit dem Unterauswahl-Werkzeug (weißer Pfeil) angeklickt werden. Danach erhalten Sie die im Screenshot gezeigten Anfasser ❽, die sich beliebig verschieben lassen.
- Wählen Sie das Auswahlwerkzeug (schwarzer Pfeil) und klicken Sie auf den Pfad, um den Animationspfad als Ganzes zu verschieben.
- Eine alternative Vorgehensweise zur Erstellung eines Animationspfads ist folgende: Zeichnen Sie den

Animationspfade
Bei Animationspfaden handelt es sich um Bézierkurven, die Sie von Photoshop und Illustrator kennen.

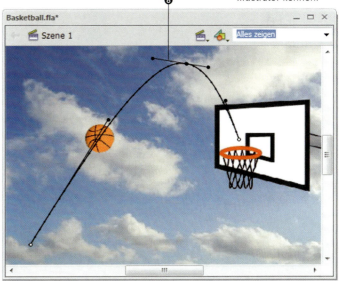

Animation bearbeiten

Die Schlüsselbilder einer Animation können unter anderem in Größe, Farbe und Transparenz verändert werden.

Zwischen den Schlüsselbildern kann das animierte Objekte gedreht, beschleunigt oder abgebremst werden.

gewünschten Pfad mit Hilfe eines Zeichenwerkzeugs in einer eigenen Ebene. Kopieren Sie den Pfad in die Tween-Ebene und löschen Sie die Hilfsebene.
- Seit CS4 stellt Flash einen zusätzlichen Bewegungs-Editor zur Verfügung, der weitere Möglichkeiten zur Beeinflussung einer Animation bietet (*Fenster > Bewegungs-Editor*). Wir gehen hierauf nicht näher ein.

Schlüsselbilder bearbeiten
Neben der Bewegung entlang eines Animationspfads ermöglichen Bewegungs-Tweens auch die Änderung weiterer Eigenschaften wie die Größe oder Farbe des Animationsobjekts.

Making of ...
- Erstellen Sie ein Bewegungs-Tween, bei dem sich ein Objekt von vorne nach hinten bewegt (vgl. Screenshot).
- Klicken Sie den Bewegungs-Tween in der Zeitleiste an. Im Eigenschaften-Fenster können Sie das Objekt im Uhrzeigersinn (UZS) oder Gegenuhrzeigersinn drehen ❶ sowie beschleunigen (negative Zahlen) oder abbremsen (positive Zahlen) lassen ❷.

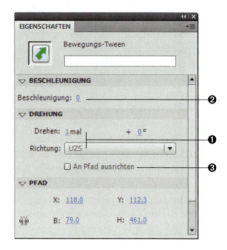

- Die Option „An Pfad ausrichten" ❸ sorgt dafür, dass sich das Animationsobjekt automatisch in Pfadrichtung mitdreht. Vergleichen Sie hierzu die Abbildung auf der nächsten Seite.
- Im nächsten Schritt sollen die Eigenschaften des Animationsobjekts verändert werden: Platzieren Sie hierzu den Abspielkopf zunächst auf dem gewünschten Schlüsselbild und klicken Sie danach auf das Objekt, so dass der hellblaue Rahmen um das Objekt sichtbar wird.
- Das Eigenschaften-Fenster zeigt nun nicht mehr die Eigenschaften des Pfades, sondern die des Objekts: *Größe*: Änderung der Breite und/

Flash und ActionScript

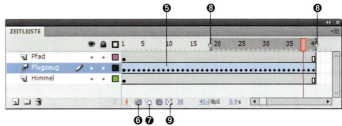

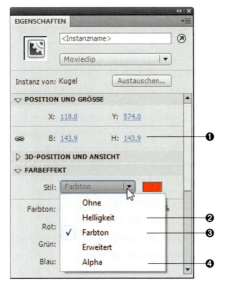

oder Höhe ❶. Ein sich nach hinten bewegendes Objekt wird kleiner. Alternativ können Sie Größenänderungen auch mit dem Frei-Transformieren-Werkzeug vornehmen. *Farbeffekt*: Hier können Sie die Helligkeit ❷, Farbe ❸ sowie die Transparenz (Alpha) ❹ des Objekts verändern. Ein sich entfernendes Objekt kann so im Hintergrund verschwinden.

Zwiebelschalen
Um sich einen Überblick über den Verlauf einer Animation zu verschaffen, können Sie sich mehrere halbtransparente Bilder vor und nach der aktuellen Position des Abspielkopfes anzeigen lassen. Dies wird als Zwiebelschalen-Effekt bezeichnet, weil das Innere der Zwiebel von vielen einzelnen Schalen umgeben ist.

Making of ...
- Erstellen Sie einen Bewegungs-Tween. Im gezeigten Beispiel wurde die Eigenschaft „An Pfad ausrichten"

aktiviert, so dass sich das Flugzeug automatisch mit dem Pfad dreht. In der Zeitleiste befindet sich bei dieser Einstellung in *jedem* Bild ein rautenförmiges Eigenschaften-Schlüsselbild ❺.

- Aktivieren Sie die „Zwiebelschalen" durch Anklicken des Icons ❻. Alternativ lassen sich auch lediglich die Konturen anzeigen ❼.
- Die Anzahl der angezeigten Bilder vor und nach dem aktuellen Bild wählen Sie durch Ziehen der kreisförmigen Anfasser in der Zahlenleiste nach links oder rechts ❽. Eine zweite Möglichkeit hierfür ergibt sich durch Anklicken des Icons ❾.

Zwiebelschalen
Mit Hilfe dieser Einstellung können Sie den Bewegungsablauf nachvollziehen.

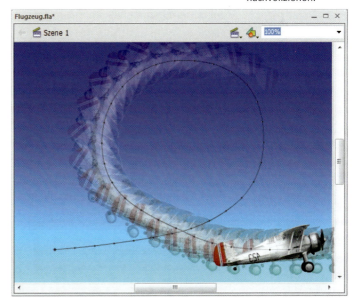

889

10.6.3.3 Form-Tween

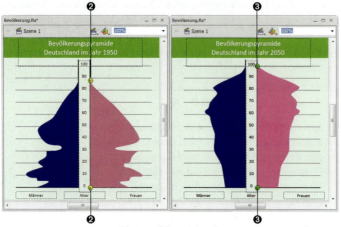

Form-Tween
Ein Form-Tween ermöglicht Übergänge von einer Grafik (links) in eine andere Grafik (rechts).

Unter „Morphing" versteht man eine Animationstechnik, bei der sich ein Bild in ein anderes Bild umwandelt. Sie kennen diese Effekte aus neueren Spielfilmen.

Flash ist keine Morphing-Software und spricht deshalb bescheidener von Form-Tweening. Beachten Sie, dass nur einfache Formen zu einem brauchbaren Ergebnis führen – die Umwandlung komplexer Grafiken oder gar von Fotos funktioniert nicht!

Making of ...
- Erstellen Sie ein erstes grafisches Objekt im ersten Schlüsselbild. Im Beispiel ist dies die Bevölkerungspyramide im Jahr 1950. Wandeln Sie das Objekt *nicht* in ein Symbol um – Form-Tweens funktionieren nur mit grafischen Formen.
- Fügen Sie in der Zeitleiste in einem zweiten Bild ein leeres Schlüsselbild ein. Erstellen Sie nun die Grafik, in die sich die erste Grafik umwandeln soll, im Beispiel die Bevölkerungspyramide im Jahr 2050.
- Klicken Sie mit der rechten Maustaste zwischen die beiden Schlüsselbilder und wählen Sie „Form-Tween erstellen". Das Form-Tween wird in grüner Farbe dargestellt und durch einen schwarzen Pfeil gekennzeichnet ❶. Die Animation lässt sich durch Bewegen des Abspielkopfes testen.
- Mit Hilfe von Formmarken bestimmen Sie, wie einzelne Punkte in der Start- und Zielgrafik ineinander überführt werden:
- Klicken Sie in Schlüsselbild 1 und wählen Sie *Modifizieren > Form > Formmarken einfügen*. Ziehen Sie die Formmarke(n) ❷ an markante Stellen, z. B. in die Ecken.
- Klicken Sie dann ins Schlüsselbild mit der Zielgrafik und platzieren Sie auch dort die Formmarke(n) ❸. Richtig platzierte Formmarken erscheinen in der Startgrafik gelb und in der Zielgrafik grün.

Zeitleiste mit Form-Tween
Zur Unterscheidung von Bewegungs-Tweens werden Form-Tweens grün dargestellt.

10.6.3.4 Masken

Animationen lassen sich auch indirekt erzeugen, indem das zu animierende Objekt mit Hilfe einer Maske ganz oder teilweise überdeckt wird. Durch Änderung der Maske, z. B. Verformung oder Bewegung, entsteht der Eindruck, dass das sichtbare Objekt verändert wird.

Im Beispiel soll eine Schrift mittels Maske nach und nach aufgedeckt werden, so dass der Betrachter den Eindruck bekommt, dass die Schrift geschrieben wird.

Making of ...
- Erstellen Sie einen kurzen Text z. B. in einer Schreibschrift.

890

Flash und ActionScript

Zeitleiste mit Maske
Im Beispiel links wird der Text scheinbar geschrieben. Tatsächlich wird er nach und nach durch eine unsichtbare Maske aufgedeckt.

- Erzeugen Sie eine neue Ebene oberhalb der Ebene mit dem Text.
- Rechtsklicken Sie auf die Ebene und wählen Sie die Option „Maske". Sie erkennen die Maskenebene am geänderten Icon ❶.
- Die Maskenebene überdeckt die darunter liegende Ebene komplett. Wenn Sie, beispielsweise mit dem Pinsel-Werkzeug, auf dieser Ebene zeichnen, wird die Maske an dieser Stelle durchsichtig. Gehen Sie folgendermaßen vor, um die Schrift nach und nach aufzudecken:
- Erzeugen Sie ein Schlüsselbild (*Einfügen > Zeitleiste > Schlüsselbild* oder Taste F6) in Bild 2 der Maske ❷. Übermalen Sie mit dem Pinsel einen Teil des ersten Buchstabens und zwar so, wie Sie den Buchstaben von Hand schreiben würden.
- Drücken Sie die Taste F6 für das nächste Schlüsselbild und malen Sie einen weiteren Teil des Buchstabens.
- Wiederholen Sie den Vorgang für den gesamten Text.
- Um die Animation zu testen, können Sie auf die Ebene mit dem Text rechtsklicken und „Maskierung zeigen". Die Ebenen werden dann gesperrt und die Animation kann durch Bewegen des Abspielkopfes getestet werden. Zur weiteren Bearbeitung müssen Sie die Ebene durch Anklicken des Schloss-Icons wieder entsperren.

10.6.3.5 Inverse Kinematik

Seit CS4 bietet Flash eine neue Animationstechnik, die vor allem im Bereich der 3D-Animation zum Einsatz kommt und als *inverse Kinematik* bezeichnet wird. Der Begriff entstammt der Robotik und bedeutet, dass ein Roboter in die gewünschte Endposition (Pose) gebracht wird. Aus dieser Position ergeben sich umkehrt (invers) die benötigten Winkel aller Gelenke, so dass er die Bewegung zukünftig ausführen kann.

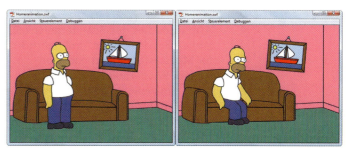

Inverse Kinematik
Inverse Kinematik ermöglicht natürliche Bewegungsabläufe, z. B., um Trickfiguren zu animieren.

Abb.: Simpsons

Auch bei Flash-Objekten, wie z. B. einer Zeichentrickfigur, lassen sich Gelenke definieren, die über „Bones" (dt.: Knochen) miteinander verbunden sind. Auf diese Weise können Sie Animationen erstellen, die sonst nur durch Bild-für-Bild-Animationen realisierbar sind.

891

Inverse Kinematik

Dem Animationsobjekt lassen sich Knochen (bones) und Gelenke zuordnen, z. B. Schulter-, Ellbogen- und Handgelenk.

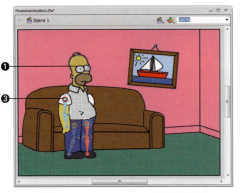

Making of ...
- Zeichnen oder importieren Sie das zu animierende Objekt. Zum Testen der inversen Kinematik ist es empfehlenswert, mit einem sehr einfachen Objekt zu beginnen, z. B. mit einem Balken.
- Damit eine Grafik mit Bones versehen werden kann, muss sie als Form vorliegen. Importierte Objekte oder bereits erstellte Symbole müssen zunächst über *Modifizieren > Teilen* in Formen umgewandelt werden. Das Objekt erscheint dann punktiert ❶.
- Wählen Sie das Bone-Werkzeug ❷. Beginnen Sie mit dem Gelenk, das eine feste Position besitzt: Bei einem Arm wäre dies das Schultergelenk ❸. Ziehen Sie den „Bone" mit gedrückter Maustaste bis zum nächsten Gelenk. Wiederholen Sie den Vorgang, um weitere Gelenke einzufügen. Flash erzeugt automatisch eine Posenebene ❹ und fügt das „Skelett" in diese Ebene. Die ursprüngliche Ebene können Sie löschen.
- Testen Sie die inverse Kinematik, indem Sie das Auswahlwerkzeug wählen ❺. Die einzelnen Bones können Sie nun anklicken und bewegen.
- Wählen Sie das Unterauswahl-Werkzeug ❻, um die Position der Gelenke nachträglich zu verschieben.
- Das Frei-Transformieren-Werkzeug ❼ ermöglicht das Verschieben der kompletten Form.
- Eine Animation erhalten Sie, indem Sie in der Zeitleiste einen Rechtsklick auf ein neues Bild der Posenebene machen und „Pose einfügen" wählen ❽. Danach bringen Sie die Bones und Gelenke in die gewünschte Position.
- Bei komplexeren Objekten wie z.B. Homer Simpson muss mit mehreren Posenebenen gearbeitet werden. Im Beispiel sehen Sie fünf Ebenen für die Beine, Arme sowie den Körper.
- Im Eigenschaften-Fenster können Sie für jedes Gelenk Einstellungen treffen, um anatomisch unmögliche Bewegungen zu verhindern.

Der Umgang mit der inversen Kinematik erfordert einige Übung!

10.6.3.6 Verschachtelte Animationen

Bislang haben wir unsere Animationen in der (Haupt-)Zeitleiste des Films erstellt. Bei größeren Projekten würde durch die vielen Ebenen schnell die Übersichtlichkeit verloren gehen.

In diesem Abschnitt beschäftigen wir uns deshalb mit *Animationen in Movieclip-Symbolen*. Dabei haben Sie die Möglichkeit, in einem Symbol wieder ein Symbol zu erstellen und dieses wiederum zu animieren. Animationen lassen sich auf diese Weise beliebig ineinander verschachteln. Das Beispiel zeigt einen Hubschrauber, der sich von

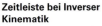

Zeitleiste bei Inverser Kinematik

892

Flash und ActionScript

rechts nach links über den Hintergrund bewegt (äußere Animation). Die innere Animation simuliert die Drehung der Rotorblätter.

Making of ...
- Erstellen Sie das Animationsobjekt oder importieren Sie eine externe Datei.
- Konvertieren Sie das gesamte Objekt in ein Movieclip-Symbol: *Modifizieren > In Symbol konvertieren* oder Taste F8.
- Doppelklicken Sie auf das Symbol: Sie befinden sich nun im Symbol ❶, die Zeitleiste gehört zum Symbol.
- Erstellen Sie ein Bewegungs-Tween ❷, so dass sich das Objekt über die Bühne bewegt: Beachten Sie, dass Sie hierfür das Objekt in ein (inneres) Symbol umwandeln müssen.

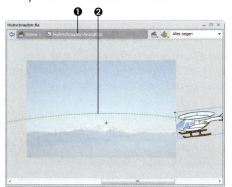

- Für die innere Animation doppelklicken Sie auf das Symbol. Hierdurch gelangen Sie in das Symbol ❸ und erhalten wieder eine neue Zeitleiste.
- Nehmen Sie nun die gewünschte innere Animation vor. Im Beispiel wurde die Drehung der Hubschrauber-Rotoren mit Hilfe einer Bild-für-Bild-Animation ❹ realisiert.
- Kehren Sie durch Anklicken des blauen Pfeils ❺ zur Hauptzeitleiste zurück.

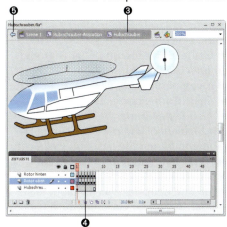

- Testen Sie Ihren Film: Die Animation wird abgespielt, obwohl sich in der Hauptzeitleiste nur ein Schlüsselbild befindet.
- Da die Animation an das Symbol gebunden ist, können Sie sie beliebig oft aus der Bibliothek auf die Bühne ziehen.

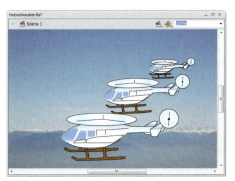

Verschachtelte Animation

Die Animation des Hubschraubers besteht aus der Vorwärtsbewegung des Hubschraubers und der Drehung der Rotoren.

Innere Animation

Jedes Symbol besitzt eine eigene Zeitleiste, die sich für das Erstellen von Animationen nutzen lässt.

Animation in Symbolen

Wenn Sie die Animation im Symbol erstellen, kann sie in beliebig vielen Instanzen verwendet werden.

893

10.6.4 ActionScript

Band II – Seite 801
10.3 Programmieren

10.6.4.1 Einführung

Wozu brauchen Sie ActionScript?

Wenn Sie das Flash-Kapitel bis hierher durchgearbeitet haben, dann können Sie nun bereits Flash-Filme erstellen, die Texte, Bilder, Sound, Videos und Animationen enthalten. Damit haben Sie die Grenze dessen erreicht, was *ohne Programmierung* möglich ist.

Wichtige Anwendungen, die Grundkenntnisse in der Flash-eigenen Programmiersprache ActionScript erfordern, sind:
- Zeitleistensteuerung über Buttons oder die Tastatur
- Dynamische, d.h. veränderbare Texte
- Zugriff auf externe Bilder
- Soundsteuerung

Als Mediengestalter/in oder Grafik-Designer/in fragen Sie sich nun vielleicht: Ist Programmieren nicht Sache der Informatiker?

Ja und nein. Ja, weil es kaum leistbar ist, dass gute Gestalter auch gleichzeitig gute Programmierer sein können. Wenn Sie beides schaffen: herzlichen Glückwunsch!

Nein, weil Sie auch als Mediengestalter oder Grafik-Designer ein Verständnis für das Programmieren entwickeln müssen. *Webanwendungen ohne Programmierung sind heute nicht mehr vorstellbar.* Abgesehen davon ist es peinlich, wenn Sie wegen jedem Miniskript zu einem Informatiker rennen müssen. Aus diesem Grund bieten wir Ihnen einen *ersten Einstieg* in Action-Script an.

Welche ActionScript-Version?

ActionScript liegt seit 2006 in der Version 3 vor. Obwohl die Entwicklungsumgebung derzeit noch Skripte in Version 1 oder 2 unterstützt, beschränken wir uns auf die neue Version.

Wenn Sie bereits mit einer Vorgängerversion gearbeitet haben, dann müssen Sie (leider) umlernen: Action-Script 3 wurde komplett überarbeitet und zu einer vollwertigen objektorientierten Sprache umgebaut (vergleiche hierzu Kapitel 10.3.7 ab Seite 813).

Beachten Sie, dass ActionScript 3 den *Flash-Player 9* oder höher voraussetzt. Nach der Verbreitungsstatistik von Adobe können Sie aber davon ausgehen, dass fast hundert Prozent aller Nutzer diese Voraussetzung erfüllen.

Wie lernen Sie ActionScript?

Die grundlegenden Strukturen und Funktionen sind bei allen Programmiersprachen gleich. Aus diesem Grund haben wir diese in einem eigenen Kapitel (10.3 Programmieren) zusammengefasst:
- Wenn Sie noch nie programmiert haben, empfehlen wir Ihnen, zunächst Kapitel 10.3 durchzuarbeiten. Die dort beschriebenen Grundlagen setzen wir in den folgenden Abschnitten voraus.
- Wenn Sie bereits wissen, was eine Variable, Verzweigung, Schleife oder Funktion ist und die Punktnotation objektorientierter Sprachen kennen, sind Sie in diesem Kapitel richtig. Legen wir also los!

10.6.4.2 ActionScript erstellen

An einem sehr einfachen Beispiel zeigen wir Ihnen die Vorgehensweise, um ein ActionScript zu erstellen.

Making of …
- Öffnen Sie einen leeren Film und achten Sie darauf, dass die Version ActionScript 3.0 ausgewählt ist.

Flash und ActionScript

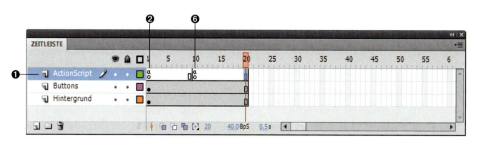

Zeitleiste mit Action-Script

Ein ActionScript in einem Bild der Zeitleiste erkennen Sie am Alpha-Symbol.

- Erstellen Sie eine neue Ebene, die nur für Skripte genutzt wird ❶. Dies ist zwar nicht zwingend erforderlich, erhöht aber die Übersicht in Ihrer Zeitleiste.
- Ein ActionScript gehört immer zu einem Schlüsselbild der Zeitleiste. Sie erkennen dies am Alpha-Symbol ❷, das im Bild angezeigt wird, wenn sich dort ein Skript befindet.
- Öffnen Sie über *Fenster > Aktionen* oder durch Betätigung der Taste F9 den ActionScript-Editor – er ist die „Zentrale" Ihrer Programmierung.
- Zur Eingabe von Anweisungen gibt es zwei Möglichkeiten: Entweder Sie suchen die Anweisung in der Bibliothek links ❸ und doppelklicken darauf, oder Sie tippen den Befehl von Hand in den Editor ❹. Letzteres geht bei kurzen Skripten schneller!
- Schreiben Sie ein erstes Skript wie im Screenshot dargestellt. Es besteht lediglich aus dem trace-Befehl, der beim Abspielen des Films zu einer Meldung im Ausgabefenster führt. Schließen Sie jede Skriptzeile mit einem Strichpunkt (;) ab.
- Öffnen Sie das Ausgabe-Fenster: *Fenster > Ausgabe*.
- Spielen Sie Ihren Film ab: *Steuerung > Film testen*. Im Ausgabefenster erscheint der Text der trace-Anweisung ❺. Sie werden sich vielleicht fragen, was diese Ausgabe soll, da sich auf der Bühne nichts verändert. Die trace-Anweisung ist jedoch für das Programmieren eine wichtige Hilfe, da Sie sich beispielsweise jederzeit die aktuellen Werte von Variablen ausgeben lassen können.
- Fügen Sie ein weiteres Schlüsselbild ein ❻ und erstellen Sie eine trace-Anweisung mit anderem Text. Beim Abspielen des Films können Sie im Ausgabefenster verfolgen, dass die Texte nacheinander ausgegeben werden.

Ausgabefenster

Die Ausgabe weist Sie auf Fehler im Skript hin oder lässt sich mit der trace-Anweisung zur Anzeige von Werten nutzen

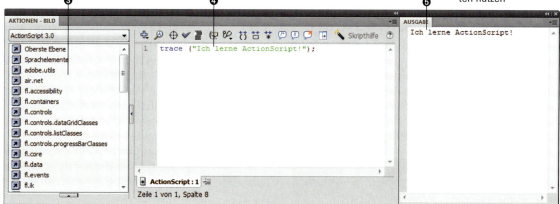

895

10.6.4.3 Zeitleiste steuern

Ohne Steuerung durch ein Skript läuft ein Flash-Film automatisch von Anfang bis Ende ab und, soweit nichts anderes eingestellt, wiederholt sich dann.

Im diesem Kapitel lernen Sie, wie Buttons programmiert werden müssen, damit ein Hin- und Herspringen in verschiedene Bilder der Zeitleiste möglich wird. Als Beispiel realisieren wir eine Diashow:

Zeitleistensteuerung
Durch die Programmierung der Buttons lässt sich eine Diashow realisieren.

❷

Making of ...
- Erstellen Sie einen neuen Film, wählen Sie die Option ActionScript 3.0 aus.
- Bereiten Sie in Photoshop einige Bilder in passender Größe vor und importieren Sie diese in die Flash-Bibliothek.
- Platzieren Sie die Bilder nacheinander in Bild 1, 2, 3, 4, 5,... der Zeitleiste ❶.
- Fertigen Sie vier Buttons (Vor, Zurück, Ende, Anfang) an ❷. Konvertieren Sie diese in Schaltflächen-Symbole, wie auf Seite 876 beschrieben. Alternative: Unter *Fenster > Allgemeine Bibliotheken > Schaltflächen* stellt Ihnen Flash eine Auswahl fertiger Buttons zur Verfügung.
- Erstellen Sie eine neue Ebene für die Buttons ❸ und platzieren Sie die Buttons an der gewünschten Position auf der Bühne ❷.
- Um Schaltflächen per Skript ansprechen zu können, muss ihnen ein eindeutiger Instanzname gegeben werden. Wichtig: Der Instanzname hat *nichts* mit dem Namen des Schaltflächen-Symbols in der Bibliothek zu tun! Klicken Sie die Schaltflächen-Instanz auf der Bühne an und geben Sie ihr in den Eigenschaften

einen eindeutigen Namen ❹, z. B. vor, zurueck, anfang, ende. Umlaute, Leer- und Sonderzeichen sind nicht gestattet!
- Erstellen Sie eine neue Ebene für das ActionScript ❺. Fügen Sie Ihr ActionScript in Bild 1 dieser Ebene ein.
- Das vollständige Skript zur Steuerung der vier Buttons finden Sie auf der nächsten Seite dargestellt. Erschrecken Sie nicht: Wir werden das Skript in seine Bestandteile zerlegen und Schritt für Schritt durchgehen.

❶

❺
❸

Flash und ActionScript

```
Zeitleistensteuerung
 1  stop();
 2
 3  vor.addEventListener
 4  (MouseEvent.CLICK,naechstesBild);
 5  function naechstesBild(event:
 6  MouseEvent):void {
 7      this.nextFrame();
 8  }
 9
10  zurueck.addEventListener
11  (MouseEvent.CLICK,vorherigesBild);
12  function vorherigesBild(event:
13  MouseEvent):void {
14      this.prevFrame();
15  }
16
17  ende.addEventListener
18  (MouseEvent.CLICK,zumEnde);
19  function zumEnde(event:
20  MouseEvent):void {
21      this.gotoAndStop(10);
22  }
23
24  anfang.addEventListener
25  (MouseEvent.CLICK,zumAnfang);
26  function zumAnfang(event:
27  MouseEvent):void {
28      this.gotoAndStop(1);
29  }
```

Erläuterungen:
- Zeile 1:
  Der `stop`-Befehl bewirkt, dass der Film in Bild 1 angehalten wird und nicht automatisch abläuft.
- Zeilen 3/4:
  Dem Vor-Button haben wir bereits den Instanznamen `vor` gegeben. An diesen Namen fügen wir, durch einen Punkt getrennt, einen so genannten *Event-Listener* an. Wie der Name sagt, wartet bzw. hört (listen) der Button nun auf ein Ereignis (event). Die runde Klammer gehört zum Event-Listener dazu und liefert zwei Informationen: Der erste Parameter bewirkt, dass auf ein Maus-Ereignis (`MouseEvent`) gewartet wird, genauer gesagt auf ein Mausklick (`CLICK`). Der zweite Parameter gibt den Namen der so genannten Ereignisprozedur an, die nach Eintreffen des Maus-Ereignisses aufgerufen wird. Der Name (hier: `naechstesBild`) ist frei wählbar – Umlaute und Sonderzeichen sind jedoch nicht gestattet.
- Zeilen 5 bis 8:
  Die Zeilen definieren die oben erwähnte Ereignisprozedur `naechstesBild`. Es handelt sich dabei um eine Funktion (`function`), der in der Klammer der Parameter `MouseEvent` übergeben wird, die aber keinen Wert (`void`) zurückliefert. (Klingt kompliziert – einfach abschreiben und weiter!) Entscheidend ist nämlich, was Sie zwischen die geschweiften Klammern `{ }` eintragen: Zeile 7 bewirkt, dass sich der Abspielkopf um genau ein Bild weiterbewegt. Dies ist also die eigentliche Funktion des Buttons.
- Zeilen 10 bis 15:
  Sie erkennen, dass diese Zeilen den Zurück-Button realisieren. Ändern Sie im Vergleich zum Vor-Button:
  - den Instanznamen in `zurueck`,
  - den Prozedurnamen in `vorherigesBild`,
  - die Steueranweisung von `nextFrame()` in `prevFrame()`, wobei `prev` für previous (vorherig) steht.
- Zeilen 17 bis 22:
  Im Skript zur Programmierung des Zum-Ende-Buttons verwenden wir die Anweisung `gotoAndStop(10)`. Sie bewirkt, dass der Abspielkopf in Bild 10 springt und dort stoppt.
- Wie Sie sehen, ist den Anweisungen das Schlüsselwort `this` vorangestellt. Hierdurch wird erreicht, dass sich die Anweisung auf *diese* Zeitleiste bezieht und nicht auf die Zeitleiste eines Movieclips.

10.6.4.4 Dynamischer Text

Das manuelle Einfügen von Texten in Flash-Textfelder ist nur bei sehr geringer Textmenge sinnvoll. Abgesehen vom hohen Aufwand besteht der Nachteil, dass die SWF-Datei bei jeder Textänderung neu erstellt werden muss.

Die Idee liegt nahe, Texte in externen Dateien oder einer Datenbank zu speichern und sie bei Bedarf an der gewünschten Stelle zu platzieren. Auf diese Weise können sie jederzeit bearbeitet werden, ohne dass der Nutzer etwas von Flash verstehen muss.

Externe Textdatei laden

In dieser Übung erstellen wir einen Text in einer Textdatei, um ihn im Anschluss in ein Flash-Textfeld zu laden.

Dynamischer Text

Um Text mit ActionScript zu steuern, muss dieser „dynamisch" sein ❷.

Dynamischer Text kann z. B. aus einer Datei geladen oder vom Nutzer eingegeben werden.

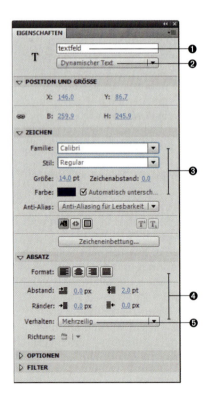

Making of …

- Starten Sie einen Texteditor wie Notepad und geben Sie einen kurzen Text ein. (Verwenden Sie kein Textverarbeitungsprogramm wie Word, weil in Worddateien viele Zusatzinformationen gespeichert werden.)
- Speichern Sie den Text ab, z. B. „textdatei.txt".
- Starten Sie Flash und ziehen Sie auf der Bühne ein Textfeld auf.
- Vergeben Sie der Textfeld-Instanz einen eindeutigen Namen ❶ für den Textzugriff per ActionScript.
- Stellen Sie die Option „Dynamischer Text" ❷ ein.
- Wählen Sie die gewünschten Eigenschaften des Textfelds:
  - Schriftart, -größe, -farbe ❸
  - Satzart, Abstände, Ränder ❹
  - Mehrzeiliger Text ❺
- Geben Sie in Bild 1 der Zeitleiste folgendes ActionScript ein – achten Sie auf Groß- und Kleinschreibung:

Zugriff auf Textdatei

```
1  var meineDatei:URLRequest = new
2  URLRequest("textdatei.txt");
3
4  var meinText:URLLoader = new
5  URLLoader;
6  meinText.load(meineDatei);
7
8  meinText.addEventListener(Event.
9  COMPLETE, zeigeText);
10
11 function zeigeText(e:Event):void{
12   var inhalt:String =
13   e.target.data;
14   this.textfeld.text = inhalt;
15 }
```

Erläuterungen:
- Zeile 1/2:
  Die Schreibweise ist für objektorientierte Sprachen typisch (siehe Seite 813) – für Anfänger sind es die berühmten „böhmischen Dörfer".

Flash und ActionScript

Wichtig ist jedoch die Funktion: Sie benötigen ein Objekt der Klasse `URLRequest`. Eine `URL` (Uniform Resource Locator) ist z.B. eine Internetadresse, in unserem Fall ist es ein Dateiname. Ein `Request` ist eine Anforderung. Zusammen fordert das Objekt also eine Textdatei an. Es erhält einen frei wählbaren Namen, im Beispiel `meineDatei`.

* Zeile 4 bis 6:
  Sie benötigen ein weiteres Objekt, dieses Mal jedoch von der Klasse `URLLoader`. Dieses bewirkt, dass die angeforderte Datei auch tatsächlich geladen werden kann. Der Ladevorgang findet in Zeile 6 statt.
* Zeile 8/9:
  Den Event-Listener kennen Sie bereits aus dem letzten Abschnitt: Er wartet auf das Eintreten eines Ereignisses und ruft danach eine Prozedur auf. Wie der Name andeutet, tritt das Ereignis ein, wenn die Datei komplett (`COMPLETE`) geladen ist.
* Zeilen 11 bis 15:
  In der Ereignisprozedur wird eine Textvariable (`String`) mit dem Namen `inhalt` definiert. Ihr wird der Inhalt der Textdatei über `e.target.data` zugewiesen. Zeile 14 bewirkt schließlich, dass der Inhalt der Variablen im Textfeld angezeigt wird. Dabei ist `textfeld` der Instanzname, der dem dynamischen Textfeld zugewiesen wurde ❶.
* Beim Testen des Films müsste der Text im Textfeld auf der Bühne angezeigt werden. Geschafft?!

Nun werden Sie zurecht sagen, dass dies alles furchtbar umständlich ist. Die Verwendung von Klassen und Objekten bietet jedoch viele Vorteile: So können Sie auf Eigenschaften und Methoden einer Klasse zugreifen, ohne sich um deren Programmierung zu kümmern.

Textfeld erzeugen und formatieren
Im letzten Beispiel musste das Textfeld manuell erstellt und die Schrift ebenfalls von Hand formatiert werden. Eine elegantere Lösung ist es, Textfelder per ActionScript zu erzeugen.

Making of ...
* Öffnen Sie eine neue Flash-Datei mit ActionScript 3 und geben Sie in Bild 1 folgendes Skript ein:

Textfeld erzeugen, Text formatieren

```
 1  //Text formatieren
 2  var format:TextFormat = new
 3  TextFormat;
 4  format.font = „Georgia";
 5  format.size = 14;
 6  format.color = 0xCCCCCC;
 7
 8  //Textfeld erzeugen
 9  var textfeld:TextField = new
10  TextField();
11  textfeld.x = 25;
12  textfeld.y = 150;
13  textfeld.width = 200;
14  textfeld.multiline = true;
15  textfeld.wordWrap = true;
16  textfeld.defaultTextFormat =
17  format;
18  this.addChild(textfeld);
19
20  //Text eingeben
21  this.textfeld.text="Hier mein
22  Text";
```

Erläuterungen:
* Zeilen 2/3:
  Ein Objekt der Klasse `TextFormat` mit dem (frei wählbaren) Namen `format` wird erzeugt.
* Zeilen 4 bis 6:
  Dem Objekt werden drei Eigenschaften zugeordnet: Schriftart, -größe, -farbe.
  Tipp: Die Klasse `TextFormat` besitzt noch zahlreiche weitere Eigenschaften. Um sich diese anzeigen zu lassen, suchen Sie im Skriptfenster links unter „Index" die Klasse, machen

899

Hilfe zu ActionScript

Zu jedem der zahllosen Befehle können Sie sich über das Internet Hilfe anzeigen lassen.

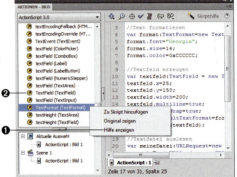

einen Rechtsklick auf den Begriff und wählen „Hilfe anzeigen" ❶.
- Zeilen 9/10:
Erzeugen Sie ein Objekt der Klasse `TextField` und vergeben Sie dem Objekt einen eindeutigen Namen, im Beispiel `textfeld`.
- Zeilen 11 bis 17:
Dem Textfeld-Objekt werden folgende Eigenschaften zugeordnet: xy-Position auf der Bühne, gemessen von der linken oberen Ecke, Breite des Textfeldes (`width`), mehrzeilig (`multiline`), Zeilenumbruch (`wordwrap`). Die letzte Zeile weist dem Textfeld die Eigenschaften des Objekts `format` zu, das wir eben programmiert haben. Weitere Eigenschaften von Textfeldern können Sie über die Hilfe abrufen ❷.
- Zeile 18:
Erst diese Zeile sorgt dafür, dass das Textfeld auch tatsächlich auf der Bühne sichtbar wird.
Tipp: Um das Textfeld wieder zu entfernen, geben Sie folgende Zeile ein: `this.removeChild(textfeld);`
- Zeilen 21/22:
In das leere Textfeld wird der gewünschte Text eingetragen. Sie können diese Zeile in weitere Bilder kopieren und brauchen nur den (Text-)Inhalt zu ändern. Auf diese Weise verändert sich der angezeigte Text in Abhängigkeit von der Position des Abspielkopfes.
- Alternativ zur manuellen Eingabe des Textes können Sie auch das Skript aus dem letzten Abschnitt einfügen, so dass der Text wieder aus einer Textdatei gelesen wird.

10.6.4.5 Bilder laden

Ein Flash-Film mit vielen Bildern würde bei einer schlechten Internetverbindung zu langen Ladezeiten führen. In diesem Fall ist es sinnvoll, die Bilder in externen Dateien zu belassen und erst bei Anfrage zu laden.

In dieser Übung erstellen wir einen Film, der eine Bildergalerie als kleine Vorschaubilder (Thumbnails) zeigt. Die großen Bilddateien liegen als externe Dateien vor und werden erst geladen, wenn der Nutzer das Thumbnail mit der Maus berührt.

Making of ...
- Öffnen Sie eine neue Flash-Datei – im Screenshot rechts oben hat die Bühne eine Größe von 660 x 310 Pixel.
- Bereiten Sie Ihre Bilder in Photoshop vor und speichern Sie sie in zwei Varianten ab:
  - Thumbnail, im Beispiel 90 x 90 px
  - Hohe Auflösung, im Beispiel 340 x 290 px
- Importieren Sie *nur* die Thumbnails und platzieren Sie diese auf der Bühne.
- Konvertieren Sie die Thumbnails in Schaltflächen. Geben Sie den Symbolen einen eindeutigen Instanznamen, z.B. bild1, bild2 usw.
- Erstellen Sie eine neue Ebene und geben Sie folgendes ActionScript ein:

Flash und ActionScript

Zugriff auf externe Bilder
```
1  stop();
2  bild1.addEventListener(Mouse-
3  Event.MOUSE_OVER, ladeBild1);
4  function ladeBild1(e:Mouse-
5  Event):void{
6    var meinBild:URLRequest =
7    new URLRequest("Bild1.jpg");
8    var ladeBild:Loader =
9    new Loader;
10   ladeBild.load(meinBild);
11   ladeBild.x = 310;
12   ladeBild.y = 10;
13   this.addChild(ladeBild);
14 }
```

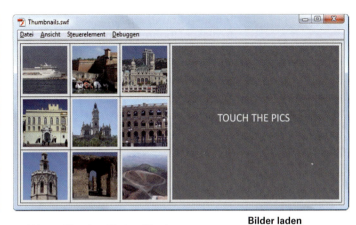

Erläuterungen:
- Zeile 1:
  Der Abspielkopf wird in Bild 1 des Films angehalten.
- Zeilen 2/3:
  An die Instanz des ersten Bildes wird ein Event-Listener angebracht. Diese Vorgehensweise haben Sie bereits bei der Zeitleistensteuerung kennen gelernt. Ein Event-Listener sorgt dafür, dass eine Aktion ausgelöst wird, sobald ein Ereignis eintritt. Wie Sie sehen, wird in diesem Fall auf das Ereignis MOUSE_OVER gewartet: Es tritt ein, wenn der Mauszeiger die Symbolinstanz berührt – ein Mausklick (CLICK) ist nicht erforderlich. Die durch dieses Ereignis aufgerufene Prozedur heißt ladeBild1.
- Zeilen 4 bis 14:
  Wie beim Laden einer externen Textdatei wird zunächst ein Objekt meinBild der Klasse URLRequest benötigt, das den Dateinamen (hier: Bild1.jpg) erhält. Das Laden des Bildes ermöglicht ein Objekt lade-Bild der Loader-Klasse. Nach dem Ladevorgang müssen Sie dem Bild die xy-Koordinaten der linken oberen Ecke mitteilen. Das Platzieren des Bildes auf der Bühne erfolgt schließlich in Zeile 13.

- Wenn Sie das Skript für das erste Bild erstellt und getestet haben, lässt es sich für die weiteren Bilder durch „Copy & Paste" zügig erweitern: Kopieren Sie die Zeilen 2 bis 14 und fügen Sie die Zeilen mehrfach ein. Ändern Sie danach lediglich die Nummerierung: bild2, lade-Bild2, Bild2.jpg.

10.6.4.6 Sound steuern

Durch die mittlerweile große Verbreitung von schnellen Internetzugängen ist die Verwendung von Sound (und Video) in Flash-Filmen aus technischer Sicht kein Problem mehr. (Lesen Sie die grundlegenden Informationen über Sound gegebenenfalls nochmals auf Seite 881 nach.)

Für den Einsatz von Sound haben Sie grundsätzlich zwei Möglichkeiten:
- Kurze Sounds können Sie in die Bibliothek Ihres Flash-Films importieren und direkt per ActionScript steuern.
- Bei längeren Sounds empfiehlt es sich, diese in externen Dateien zu belassen und erst bei Bedarf zu laden. Hierdurch reduziert sich die Datenmenge Ihres Flash-Films.

Bilder laden
Im Beispiel werden die großen Bilder erst geladen, wenn der Nutzer das Vorschaubild mit der Maus berührt.

901

Internen Sound steuern

In dieser Übung steuern Sie einen Sound, der in den Flash-Film integriert ist.

Soundsteuerung

Damit ein Sound über ActionScript gesteuert werden kann, müssen Sie in den Eigenschaften entsprechende Einstellungen treffen.

Rechts sehen Sie typische Buttons, die das Abspielen und Stoppen ermöglichen.

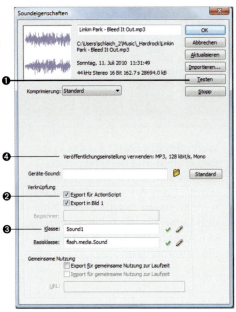

Making of ...
- Öffnen Sie einen neuen Flash-Film.
- Importieren Sie einen Sound im WAV-, AIF- oder MP3-Format in die Bibliothek.
- Rechtsklicken Sie auf den Sound und nehmen Sie in den *Eigenschaften* folgende Einstellungen vor:
- Testen Sie, ob der Sound abspielbar ist ❶. (MP3s in sehr hoher Qualität, beispielsweise 256 kbit/s, lassen sich nicht abspielen.)
- Setzen Sie das Häkchen bei „Export für ActionScript" ❷.
- Vergeben Sie der Soundklasse einen eindeutigen Namen ❸, z. B. Sound1. Diese Klasse wird beim Erstellen der SWF-Datei generiert.
- Die Veröffentlichungseinstellungen ❹ lassen sich im Menü *Datei > Einstellungen für Veröffentlichungen > Flash* vornehmen. Sie gelten für alle Sounds in Ihrem Flash-Film. Eine Datenrate von 128 kbit/s entspricht nahezu der Qualität einer Audio-CD.
- Erstellen Sie drei Buttons für die Play-, Pause- und Stop-Funktion oder wählen Sie diese aus der allgemeinen Bibliothek aus (*Fenster > Allgemeine Bibliotheken > Schaltflächen*). Wichtig: Geben Sie den Buttons in den Eigenschaften einen eindeutigen Namen, z. B. playbutton, pausebutton, stopbutton.

- Testen Sie zunächst ein einfaches Skript für den Play- und Stop-Button:

Play- und Stop-Funktion I

```
1  var meinSound: Sound1 = new
2  Sound1();
3  var meinKanal: SoundChannel =
4  new SoundChannel();
5
6  playbutton.addEventListener
7  (MouseEvent.CLICK, soundStart);
8  function soundStart
9  (e:MouseEvent):void{
10     meinKanal = meinSound.play();
11 }
12 stopbutton.addEventListener
13 (MouseEvent.CLICK, soundStop);
14 function soundStop
15 (e:MouseEvent):void{
16     meinKanal.stop();
17 }
```

Erläuterungen:
- Zeile 1/2:
  Zunächst wird ein Objekt `meinSound` der Klasse `Sound1` geschaffen, die wir gerade neu definiert haben ❸.

Flash und ActionScript

- Zeile 3/4:
  Flash gestattet es, mehrere Sounds gleichzeitig abzuspielen. Deshalb muss jedem Sound ein Objekt der Klasse `SoundChannel` zugeordnet werden.
- Zeilen 6 bis 11:
  Skript des Play-Buttons: Bei Eintreten des Ereignisses (`CLICK`) wird der dem Kanal zugeordnete Sound gestartet.
- Zeilen 12 bis 17:
  Skript des Stop-Buttons: Bei Eintreten des Ereignisses (`CLICK`) wird der dem Kanal zugeordnete Sound beendet.

Beim Testen stellen Sie fest, dass der Sound durch *mehrmaliges* Anklicken des Play-Buttons mehrmals gestartet wird und sich dann nicht mehr stoppen lässt. Diesen Fehler beheben wir, indem wir mittels Variable prüfen, ob der Sound bereits läuft:

Play- und Stop-Funktion II

```
1   ...
5   var spiele:Boolean = false;
6
7   playbutton.addEventListener
8   (MouseEvent.CLICK, soundStart);
9   function soundStart
10  (e:MouseEvent):void{
11    if (!spiele) {
12    meinKanal = meinSound.play(0);
13    spiele = true;
14    }
15  }
16  stopbutton.addEventListener
17  (MouseEvent.CLICK, soundStop);
18  function soundStop
19  (e:MouseEvent):void{
20    meinKanal.stop();
21    spiele = false;
22  }
```

Erläuterungen:
- Zeile 1 bis 4 bleibt unverändert.
- Zeile 5:
  Die Variable `spiele` vom Typ `Boo-`

`lean` kann nur zwei Werte, `true` oder `false`, annehmen. Zu Beginn wird sie auf `false` gesetzt, weil der Sound noch nicht gespielt wird.
- Zeile 11 bis 13:
  Das Abspielen des Sounds ist nun an die Bedingung geknüpft, dass die Variable `spiele` nicht (!) `true` ist. Nachdem der Sound gestartet wurde, wird `spiele` auf `true` gesetzt. Beim erneuten Anklicken ist die Bedingung nicht mehr erfüllt und der Sound kann kein zweites Mal gestartet werden.
- Zeile 21:
  Nach dem Stoppen des Sounds wird `spiele` wieder zu `false`, so dass ein erneutes Starten möglich wird.

Im letzten Schritt erweitern wir das Skript um den Pause-Button:

Start-, Stop-, Pause-Funktion

```
1   ...
5   var spiele:Boolean = false;
6   var pos:int = 0;
7
8   playbutton.addEventListener
9   (MouseEvent.CLICK, soundStart);
10  function soundStart
11  (e:MouseEvent):void{
12    if (!spiele) {
13    meinKanal = meinSound.play(pos);
14    spiele = true;
15    }
16  }
17  stopbutton.addEventListener
18  (MouseEvent.CLICK, soundStop);
19  function soundStop
20  (e:MouseEvent):void{
21    meinKanal.stop();
22    spiele = false;
23    pos = 0;
24  }
25  pausebutton.addEventListener
26  (MouseEvent.CLICK, soundPause);
27  function soundPause
28  (e:MouseEvent):void{
29    pos = meinKanal.position;
30    meinKanal.stop();
31    spiele = false;
32  }
```

Erläuterungen:
- Zeile 6:
  Für den Pause-Button muss die aktuelle Position im Sound gespeichert werden. Hierzu dient die Variable `pos` vom Datentyp `int` (Ganze Zahl). Ihr Startwert beträgt 0 (Sekunden).
- Zeile 25 bis 32:
  Durch Betätigung des Pause-Buttons ändert sich der Wert von `pos` auf die gerade aktuelle Position im Sound. Danach wird der Soundkanal gestoppt.
- Zeile 13:
  Die Angabe des Parameters `pos` in der Klammer bewirkt, dass der Sound bei dieser Position gestartet wird. Wurde zuvor der Pause-Button betätigt, wird der Sound also ab der aktuellen Stelle fortgesetzt.
- Zeile 23:
  Bei Betätigung des Stop-Buttons wird `pos` auf 0 gesetzt, so dass der Sound bei erneutem Abspielen wieder von Anfang an gestartet wird.

Externen Sound steuern

Wenn Sie mehrere Sounds verwenden, empfiehlt es sich, diese in externen Dateien zu belassen. Der Vorteil dabei ist, dass die SWF-Datei klein bleibt und schnell geladen wird. Der oder die Sounddateien werden erst bei Bedarf (nach-)geladen.

Das im vorherigen Abschnitt erarbeitete Skript muss lediglich an einer Stelle verändert werden, um das Abspielen eines externen Sounds zu ermöglichen.

Making of …
- Verwenden Sie Ihre Flash-Datei aus dem vorherigen Abschnitt.
- Löschen Sie den importierten Sound aus der Bibliothek und fügen Sie stattdessen eine Sounddatei in dasselbe Verzeichnis der Flash-Datei.

- Ändern Sie die ersten Zeilen des ActionScripts folgendermaßen:

```
Steuerung einer externen Sounddatei
1  var meineDatei: URLRequest = new
2  URLRequest("Sound1.mp3");
3
4  var meinSound: Sound = new
5  Sound(meineDatei);
6
7  ...
```

Erläuterungen:
- Wie bei externen Text- oder Bilddateien benötigen Sie auch für externen Sound ein Objekt der Klasse `URLRequest`, dem der Dateiname mitgeteilt wird.
- Im Unterschied zu einem importierten Sound, für den Sie eine eigene Soundklasse (`Sound1`) definiert haben, müssen Sie bei externen Sounds die vordefinierte Klasse `Sound` verwenden. Dieser Klasse wird in Klammern der Name des `URLRequest`-Objekts (`meineDatei`) übergeben.
- Das übrige Skript unterscheidet sich nicht vom Vorherigen, so dass die Steuerung des externen Sounds nun bereits funktioniert.

10.6.4.7 Animationen programmieren

In Kapitel 10.5 haben Sie einige Möglichkeiten kennengelernt, wie Sie in Flash Animationen *ohne* ActionScript erstellen können. Wozu also Animationen mit ActionScript?

Die Vorteile der Programmierung von Animationen bestehen darin, dass
- sich Animationen exakt(er) steuern lassen, wenn Sie deren Parameter numerisch vorgeben,
- Sie letztlich Zeit und Arbeit sparen, wenn Sie Animationen mehrfach

Flash und ActionScript

benötigen und hierfür lediglich ein Skript kopieren müssen,
- die Zeitleiste „aufgeräumt" ist und damit übersichtlich bleibt,
- viele Funktionalitäten, z. B. die Bewegung von Objekten mit der Maus, *ohne* ActionScript nicht möglich sind.

Die Animationsmöglichkeiten per ActionScript sind praktisch grenzenlos. Wir zeigen hier lediglich einen kleinen Einblick in diese Möglichkeiten.

Lineare Bewegungen

In dieser Übung bewegt sich ein Ballon von links unten nach rechts oben über die Bühne, verkleinert sich hierbei und wird am Ende unsichtbar.

Making of ...

- Erstellen Sie das zu animierende Objekt in Flash oder importieren Sie es aus einer Grafiksoftware in die Bibliothek.
- Konvertieren Sie das Objekt in ein Movieclip-Symbol. Legen Sie hierbei den Bezugspunkt (Registrierung) des Objekts fest ❶. Die Registrierung erkennen Sie im Symbol als kleines schwarzes Kreuz.

- Platzieren Sie die Symbolinstanz an einer beliebigen Stelle auf der Bühne und vergeben Sie ihr in den *Eigenschaften* einen eindeutigen Namen ohne Umlaute und Sonderzeichen, z. B. ballon – er wird für das ActionScript benötigt.
- Bevor wir uns mit dem Skript beschäftigen, werfen wir einen Blick auf das Koordinatensystem von Flash:

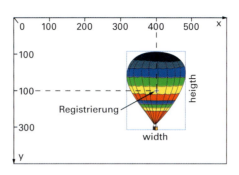

Koordinatensystem der Bühne

Im Unterschied zur Mathematik ist der Nullpunkt bei Flash links oben.

In der Informatik ist es üblich, dass sich der Nullpunkt links oben befindet und die y-Achse nach unten zeigt. In der Grafik besitzt das Objekt also die Koordinaten x = 400 (Pixel) und y = 100 (Pixel). Mit diesem Vorwissen ist es relativ einfach, die gewünschte Bewegung zu programmieren:

Lineare Bewegung

```
1  //Startwerte
2  ballon.x = 100;
3  ballon.y = 600;
4  ballon.width = 320;
5  ballon.height = 414;
6  ballon.alpha = 1;
7
8  //Animation
9  ballon.addEventListener(Event.
10 ENTER_FRAME, bewegeBallon);
11 function
12 bewegeBallon(e:Event):void {
13    e.target.x += 1;
14    e.target.y -= 2;
15    e.target.scaleX -= 0.006;
16    e.target.scaleY -= 0.006;
17    if (e.target.y < 150)
18       e.target.alpha -= 0.005;
19 }
```

Erläuterungen:
- Zeilen 1 bis 6:
  Der Ballon wird auf die gewünschten Startwerte (Position, Größe) gesetzt: Der y-Wert befindet sich außerhalb der Bühne, damit der Ballon zu Beginn nicht sichtbar ist. Die Eigenschaft `alpha` definiert die Durchsich-

905

Animationen per ActionScript

Der Vorteil der Programmierung besteht darin, dass Sie die Animation sehr leicht modifizieren und auf andere Objekte übertragen können.

tigkeit zwischen 0 (unsichtbar) und 1 (sichtbar).
- Zeile 9/10:
Wie schon oft, benötigen wir auch hier wieder einen Event-Listener. In diesem Fall wird das Event ENTER_FRAME, also „Betreten des Bildes", geprüft. Obwohl der Abspielkopf auf Bild 1 scheinbar steht, wird dieses Ereignis ständig wiederholt. Warum? Flash überprüft ständig, ob irgendwelche Ereignisse eintreten. Hierzu verlässt der Abspielkopf das Bild (EXIT_FRAME), um es gleich darauf wieder zu betreten (ENTER_FRAME). (Sie könnten im Skript also auch EXIT_FRAME verwenden.) Die Anzahl an Wiederholungen ergibt sich aus der eingestellten Bildrate (BpS).
- Bilder 11 bis 19:
In der Ereignisprozedur bestimmen Sie, was sich bei jeder Wiederholung ändern soll. Zunächst wird die Position verändert: Die Kurzschreibweise += bzw. -= bewirkt, dass die x- bzw. y-Koordinate um die angegebene Anzahl an Pixel erhöht bzw. verringert wird. Im Beispiel bewegt sich der Ballon pro Wiederholung 2 Pixel nach oben und 1 Pixel nach rechts. Über scaleX bzw. scaleY lässt sich das Objekt skalieren, wobei die 1 für 100 % steht. Im Beispiel verkleinert sich der Ballon pro Wiederholung um 0.6 %. Die letzte Anweisung ändert die Transparenz um 0,5 % pro Wiederholung. Die if-Anweisung sorgt dafür, dass dies erst geschieht, wenn der Ballon die y-Koordinate 150 unterschritten hat – also gegen Ende der Bewegung.
- Wenn Sie mit der Animation zufrieden sind, lässt sie sich durch Duplizieren und Verändern des Skripts sehr einfach auf weitere Objekte übertragen.

Verwendung des Timers

Eine zweite Möglichkeit, Objekte zu bewegen, zu drehen oder zu transformieren, ist die Verwendung der flasheigenen Timer-Klasse.

Weil ein Timer ja immer mit Zeit zu tun hat, setzen wir ihn in der nächsten Übung zur Realisation einer Uhr ein. (Sinnvoller wäre es, die Systemzeit abzufragen, aber hier geht es um Animationen.)

Making of ...
- Erstellen Sie in Flash oder einer Grafiksoftware die Uhr ohne Zeiger.
- Erstellen Sie einen Sekunden-, Minuten- und Stundenzeiger in Flash und konvertieren Sie die Zeiger in Movieclip-Symbole.
- Doppelklicken Sie nacheinander auf die Symbole, um diese bearbeiten zu können. Verschieben Sie die Grafik so, dass sich die Registrierung (schwarzes Kreuz) am späteren Drehpunkt des Zeigers befindet.

Flash und ActionScript

- Platzieren Sie die drei Zeiger auf der Uhr und vergeben Sie den Symbolinstanzen in den *Eigenschaften* eindeutige Namen.
- Geben Sie in einer neuen Ebene folgendes Skript ein:

Verwendung des Timers

```
1  var sekunden: Timer = new
2  Timer(1000);
3  sekunden.addEventListener
4  (TimerEvent.TIMER, zeigeSek);
5  sekunden.start();
6  function
7  zeigeSek (e:TimerEvent):void {
8     sekundenzeiger.rotation +=6;
9  }
10 var minuten: Timer = new
11 Timer(60000);
12 minuten.addEventListener
13 (TimerEvent.TIMER, zeigeMin);
14 minuten.start();
15 function
16 zeigeMin(e:TimerEvent):void {
17    minutenzeiger.rotation +=6;
18 }
19 var stunden:Timer = new
20 Timer(120000);
21 stunden.addEventListener
22 (TimerEvent.TIMER, zeigeStd);
23 stunden.start();
24 function
25 zeigeStd(e:TimerEvent):void {
26    stundenzeiger.rotation +=1;
27 }
```

Erläuterungen:
- Zeilen 1/2, 10/11, 19/20:
Für die drei Zeiger werden drei Objekte der Klasse `Timer` benötigt. Jedem Objekt wird als Parameter eine Zeit in Millisekunden übergeben: 1.000 ms = 1 s für den Sekundenzeiger; 60.000 ms = 60 s = 1 min für den Minutenzeiger; 120.000 ms = 120 s für den Stundenzeiger (Erklärung siehe unten).
- Zeilen 3/4:
An die Timer-Objekte wird ein EventListener angebracht. Dieser ruft die Funktion `zeigeSek` nach Ablauf der eingestellten Zeit (hier: 1 s) auf. Danach wiederholt sich der Vorgang.
- Zeilen 6 bis 9:
Die Ereignisprozedur dreht den Sekundenzeiger pro Aufruf um 6°. Da der Aufruf jede Sekunde erfolgt, dreht er sich in einer Minute um 60 x 6° = 360°, also eine volle Umdrehung.
- Zeile 24 bis 26:
Der Stundenzeiger dreht sich alle *zwei* Minuten um 1°. Dies ergibt in einer Stunde eine Drehung um 30 x 1° = 30°, so dass er dann auf dem nächsten Teilstrich ist.

Momentan werden die Timer immer wieder (endlos) neu gestartet. Wenn Sie den Timer z. B. für Realisation einer Stoppuhr nutzen wollen, geben Sie in der Klammer als zweiten Parameter die gewünschte Anzahl an Wiederholungen an. So würde bei

```
var sekunden: Timer = new
Timer(1000,60);
```

der Sekundenzeiger nach einer Umdrehung stoppen.

Alternativ haben Sie auch die Möglichkeit, den Timer per Anweisung zu stoppen:

```
sekunden.stop();
```

Rotation per ActionScript

Auch Drehbewegungen lassen sich programmieren, so dass Sie mit wenigen Zeilen eine funktionsfähige Uhr realisieren können.

907

Objekte mit der Maus bewegen

Zum Schluss möchten wir an einem Beispiel zeigen, dass Objekte mit Hilfe eines Skripts beweglich gemacht und durch den Nutzer verschoben werden können.

Als Beispiel realisieren Sie in dieser Übung das bekannte Logikspiel „Türme von Hanoi" (Spielregeln siehe Wikipedia).

Making of …
- Erstellen Sie die Spielsteine direkt in Flash oder in einer Grafiksoftware.
- Konvertieren Sie die Spielsteine in Movieclip-Symbole und platzieren Sie diese (als Turm) auf der Bühne.
- Vergeben Sie jeder Instanz in den *Eigenschaften* einen eindeutigen Namen.
- Geben Sie in einer neuen Ebene das ActionScript für den ersten Stein ein.

Erläuterungen:
- Zeile 2/3:
  Der Event-Listener des braunen Steins wartet auf das Ereignis MOUSE_DOWN, also die gedrückte Maustaste.

Bewegen von Objekten mit der Maus

```
1  //Skript für braunen Stein
2  braun.addEventListener(Mouse-
3  Event.MOUSE_DOWN, startBraun);
4  function
5  startBraun(e:MouseEvent):void {
6      braun.addEventListener(Mouse-
7      Event.MOUSE_MOVE, zieheBraun);
8  }
9
10 braun.addEventListener(Mouse-
11 Event.MOUSE_UP, stopBraun);
12 function
13 stopBraun(e:MouseEvent):void {
14     braun.removeEventListener
15     (MouseEvent.MOUSE_MOVE,
16     zieheBraun);
17 }
18
19 function
20 zieheBraun(e:MouseEvent):void{
21     braun.x = mouseX;
22     braun.y = mouseY;
23     e.updateAfterEvent();
24 }
```

- Zeile 4 bis 8:
  Die aufgerufene Prozedur startBraun versieht den Stein mit einem neuen Listener, der nun aber auf MOUSE_MOVE, also Mausbewegung, reagiert und die Prozedur zieheBraun aufruft.
- Zeile 19 bis 24:
  Die Prozedur platziert den Stein auf den Koordinaten der Maus. Bei Bewegung der Maus mit gedrückter Taste wird der Stein mitbewegt.
- Zeile 10 bis 17:
  Der dritte Listener wartet auf das Ereignis MOUSE_UP, also das Loslassen der Maustaste. Die aufgerufene Prozedur entfernt (remove) den MOUSE_MOVE-Listener, so dass der Stein nicht mehr bewegt werden kann.
- Für die weiteren Spielsteine brauchen Sie das obige Skript lediglich zu kopieren und die Farben zu ändern. Nun müssen Sie das Rätsel um die „Türme von Hanoi" nur noch lösen …!

Objekte bewegen per ActionScript

Bei den „Türmen von Hanoi" lassen sich die Spielsteine mit Hilfe der Maus verschieben.

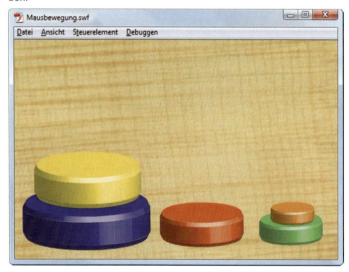

908

10.6.5 Aufgaben

Flash und ActionScript

1 Merkmale von Flash kennen

a. Nennen Sie Argumente, die für die Verwendung von Flash auf Webseiten sprechen.
b. Nennen Sie mögliche Gegenargumente.

2 Fachbegriffe zu Flash kennen

Erläutern Sie folgende Begriffe:
a. Zeitleiste
b. Symbol
c. Instanz
d. Bühne

3 Symbole unterscheiden

Bei Flash werden drei Arten von Symbolen unterschieden. Nennen Sie die Verwendung von:
a. Movieclip
b. Schaltfläche
c. Grafik

4 Schaltflächen-Symbole kennen

Die Zeitleiste einer Schaltfläche kennt vier Zustände:

Erklären Sie die vier Zustände.

5 Animationstechniken unterscheiden

Zählen Sie Animationstechniken auf, die mit Flash realisierbar sind.

6 Animationen erstellen

Erstellen Sie in Flash folgende einfache Tweenings:
- Lauftext
- Ball bewegt sich auf und ab
- Wagenrad dreht sich
- Luftballon steigt auf, wird kleiner und unsichtbar

7 Verschachtelte Animation erstellen

Realisieren Sie eine „Seifenkiste", die sich mit drehenden Rädern bewegt.

8 ActionScript-Befehle verstehen

Gegeben sind drei Zeilen eines Action-Scripts:
```
1 stop();
2 button1.addEventListener
3 (MouseEvent.CLICK,aktion);
```

a. Erklären Sie die Funktion des Skriptes.
b. Erweitern Sie das Skript, so dass sich der Abspielkopf bei Mausklick auf `button1` zu Bild 15 bewegt und stoppt.
c. Erweitern Sie das Skript, so dass sich der Abspielkopf bei Mausklick auf einen zweiten Button (`button2`) zu Bild 1 bewegt und stoppt.

9 Flash-Filme veröffentlichen

Welche Dateien müssen erzeugt werden, um einen Flash-Film
a. im Internet,
b. browserunabhängig auf einem Windows-PC,
c. browserunabhängig auf einem Mac
betrachten zu können?

10.7 Content Management

10.7.1	Grundbegriffe	912
10.7.2	Kurzes Briefing einer Beispielsite	915
10.7.3	Anmeldung und Nutzerverwaltung	916
10.7.4	Kategorien und Beiträge	917
10.7.5	Menüs	920
10.7.6	Templates	921
10.7.7	Module, Plug-in und Erweiterungen	923
10.7.8	Kontaktformular	925
10.7.9	Downloadbereich	926
10.7.10	Lokale Entwicklungsumgebungen	928
10.7.11	Umzug auf einen Webserver	931
10.7.12	Aufgaben	934

10.7.1 Grundbegriffe

Band II – Seite 737
10.1 HTML

Band II – Seite 767
10.2 CSS

Band II – Seite 839
10.5 PHP

10.7.1.1 Content-Management-System

In allen Medien, egal ob Print- oder Digitalmedien, publizieren Sie Inhalte. Die Gesamtheit dieser Inhalte wird in der digitalen Medienproduktion mit dem Begriff Content bezeichnet. Selbstverständlich haben Sie schon immer Content erstellt, bearbeitet, verwaltet und in den Workflow der Medienproduktion integriert. Das Besondere an einem Content-Management-System, CMS, ist nun, dass Sie alle diese Aufgaben mit Hilfe eines integrierten Softwarepakets, eben dem CMS, ausführen können. Importfunktionen erlauben die Datenübernahme in das Content-Management-System. In das System integrierte WYSIWYG-Editoren erleichtern Ihnen die Erstellung und Bearbeitung der Inhalte. Zur Gestaltung des Layouts der einzelnen Seiten werden Templates eingesetzt. Diese Templates werden z. B. über CSS-Dateien formatiert.

Alle auf dem Markt befindlichen CMS ermöglichen durch die Installation zusätzlicher Plug-ins und Module die individuelle Anpassung des Funktionsumfangs. So können Sie z. B. Gästebücher, Wikis, Bildergalerien oder komplexe Dokumentenverwaltungen für einen eigenen Downloadbereich Ihrer Website integrieren.

10.7.1.2 Database Publishing – Content-Management-System

In der modernen crossmedialen Produktion können Sie selbstverständlich Inhalte aus einer Datenbank sowohl für die Printmedienproduktion wie auch für die Produktion von Digitalmedien verwenden. Das Einpflegen der Daten in die Datenbank sowie die Organisation und Bereitstellung der Inhalte erfolgt medienneutral. Erst in der Medienproduktion ergeben sich verfahrensbedingte Unterschiede.

In der Printmedienproduktion heißt die datenbankgestützte Medienproduktion Database Publishing. Sie unterscheidet sich von der datenbankgestützten Produktion von Internetseiten durch ein Content-Management-System. In der Printmedienproduktion werden die Inhalte während der Produktion aus der Datenbank in den Workflow zugespielt und dort integriert. Danach ist das Printmedium verfahrensbedingt statisch. Seine Inhalte sind in den konventionellen Druckverfahren ab dem Produktionsschritt der Druckformherstellung bzw. im Digitaldruck ab der Bebilderung nicht mehr veränderbar.

Bei der Publikation von Internetseiten mit Hilfe eines Content-Management-Systems wird die Internetseite mit all ihren Inhalten erst zum Zeitpunkt des Aufrufs durch den Nutzer auf dem Webserver generiert und an den Client geschickt.

10.7.1.3 Clientseitige Systeme

Clientseitige Systeme zum Content Management sind Webeditoren wie z. B. Dreamweaver, die die Verwaltung einer Seite erlauben. Durch die Verwendung von Template-Dateien und die Definition bearbeitbarer Bereiche lässt sich eine einheitliche Gestaltung und eine einfache Rechteverwaltung umsetzen.

Die Seiten werden lokal auf einem Rechner erstellt und dann über einen FTP-Zugang auf den Webserver übertragen. Nachteile dieser Systeme sind, dass die Arbeit nur auf dem lokalen Rechner erfolgen kann. Auch die Umsetzung komplexer Workflows durch Arbeitsgruppen ist ebenso wie die

Arbeit verschiedener Redakteure und Autoren an der Website schwierig. Eine differenzierte Rechte- und Nutzerverwaltung ist nicht oder nur eingeschränkt zu realisieren.

10.7.1.4 Serverseitige Systeme

Serverseitige Content-Management-Systeme benötigen grundsätzlich keine Software oder bestimmte Einstellungen des Browsers auf dem Client. Die komplette Installation des CMS befindet sich auf dem Webserver. Sie können deshalb dort nach der Anmeldung mit Nutzername und Passwort sämtliche Arbeiten und die vollständige Administration von jedem Rechner mit Internetzugang aus durchführen.

Spezielle Funktionen des CMS, wie z. B. Formulare, setzen allerdings voraus, dass auf dem Nutzerrechner JavaScript aktiv ist. Auch verschiedene Menütypen funktionieren nur bei aktiviertem JavaScript im Browser des Nutzers Ihres Webauftritts. Sie müssen deshalb die Navigation Ihrer Seite so gestalten, dass der Nutzer auch mit inaktivem JavaScript navigieren kann. Die erweiterte Funktionalität der Seite steht dann zwar nicht zur Verfügung, aber zumindest der Content wird angezeigt.

10.7.1.5 Nutzen eines CMS

Der Einsatz eines Content-Management-Systems bietet viele Vorteile gegenüber herkömmlich programmierten Webseiten. Der Aufwand bei der Installation und Konfiguration wird mehr als wettgemacht.

- Mehrere Redakteure können den Content ohne Programmierkenntnisse pflegen.

- Kurzfristige Aktualisierung des Contents ist möglich.
- Die strikte Trennung in Frontend und Backend erleichtert die Administration und erhöht die Datensicherheit.
- Klare Rechtezuweisung erfolgt durch detaillierte Nutzerverwaltung.
- Strikte Trennung von Inhalt, Struktur und Layout ermöglicht z. B. die einfache Änderungen der Gestaltung oder mehrsprachige Seiten.
- Administration kann plattformunabhängig im Browser auf jedem Rechner durchgeführt werden, selbstverständlich nur nach der passwortgeschützten Anmeldung.
- Einfache Suchfunktion durch die Anbindung an die Datenbank.
- Einfache Erweiterung ist durch die zusätzliche Installation verschiedener Module oder Plug-ins möglich.
- Zeitliche Steuerung der Publikation, so genanntes Content Lifecycle Management, ist machbar.
- Freigabe oder Sperrung der Publikation der Inhalte erfolgt durch autorisierte Personen.

10.7.1.6 Prinzip eines CMS

Client – Server

Wie bei jedem Seitenaufruf gibt der Nutzer einfach in der Adresszeile seines Browsers die gewünschte Internetadresse ein. Ob die dazugehörige Website herkömmlich programmiert wurde oder dynamisch über ein CMS erstellt wird, ist völlig belanglos. Für den Nutzer ist kein Unterschied zu merken.

Die Anfrage geht also an den Webserver. Dort wird sie entgegengenommen und verarbeitet.

Zunächst wird überprüft, ob der Nutzer die zur Abfrage notwendigen Rechte besitzt.

Falls der Nutzer die Berechtigung hat, holt das CMS die gesuchten Inhalte aus der Datenbank. Wenn die Berechtigung nicht vorliegt, dann wird eine entsprechende Meldung im Browser angezeigt. Die Struktur und Layoutdaten werden aus den entsprechenden Unterverzeichnissen des Verzeichnisses *htdocs* ausgelesen. Der Verzeichnisname *htdocs* steht für HyperText Documents. Der Ordner enthält alle Dateien und Skripte, die zur Generierung der Website notwendig sind.

Anschließend wird aus den drei Komponenten Content, Struktur und Layout eine HTML-Seite erstellt und vom Webserver an den Browser des Clients zurückgeschickt.

Das Backend ist der Bereich des Administrators der Seite.

Sie werden das Frontend und das Backend eines Content-Management-Systems in diesem Kapitel noch näher kennenlernen.

10.7.1.7 Klassifizierung der CMS

Die Einteilung der verschiedenen Content-Management-Systeme kann nach unterschiedlichen Kriterien erfolgen.

Ein Kriterium ist die Lizenz, der das CMS unterliegt. Viele Systeme sind Open-Source-Software und unterliegen der GPL. Sie sind dadurch grundsätzlich kostenlos, sind Teil einer meist großen weltweiten Community mit zahlreichen Foren usw. Beispiele für weitverbreitete erfolgreiche CMS sind TYPO3, www.typo3.de und Joomla!, www.joomla.de. Es gibt aber auch eine ganze Reihe von Systemen mit kommerzieller Lizenz. Dies sind vor allem sehr komplexe Systeme mit integrierten Workflow-Systemen wie z. B. Red Dot, www.reddot.de.

Die zweite Klassifizierung erfolgt nach dem Funktionsumfang und der Komplexität des CMS. Man unterscheidet dabei zwei Typen: die WCMS, Web-Content-Management-Systeme, wie TYPO3 und Joomla!, und die meist kommerziellen Highend-Systeme, die so genannten ECM, Enterprise-Content-Management-Systeme, wie Red Dot.

Das dritte Kriterium zur Einteilung der Content-Management-Systeme ist deren Technologie. Die meisten Systeme arbeiten mit der Skriptsprache PHP und der Datenbanktechnologie MySQL. Andere Systeme sind Java-, Perl- oder Python-basiert. Ein weiterer Typus sind die ASP.NET-basierten Systeme für Microsoft-Server.

Funktionsschema eines Content-Management-Systems

Frontend – Backend
Jedes CMS unterteilt sich in die zwei Bereiche Frontend und Backend. Beide Bereiche können Sie direkt im Browser auf jedem Rechner mit Internetzugang aufrufen.

Das Frontend ist der Bereich Ihrer Website, den Sie im Internet veröffentlichen. Angemeldete berechtigte Nutzer können im Frontend direkt Inhalte erstellen oder editieren.

10.7.2 Kurzes Briefing einer Beispielsite

Wir möchten Ihnen mit einer kleinen Beispielwebsite den Aufbau und die Struktur einer mit einem Content-Management-System erstellten Website vorstellen. Unsere Beispielwebsite enthält typische Elemente, Inhaltsbereiche und Berechtigungen sowie Erweiterungen wie z.B. ein Kontaktformular und einen Downloadbereich. Die Umsetzung erfolgt in dem weitverbreiteten CMS Joomla!. Menüs und Begriffe sind zwar softwarespezifisch, da die Arbeitsweise aller Systeme aber ähnlich ist, können Sie die Grundlagen sehr leicht auf andere CMS übertragen.

10.7.2.1 Siteelemente

Zugriffsbereiche bzw. -ebenen im Frontend
- Öffentlicher Bereich, für alle Nutzer der Website
- Bereich nur für registrierte und angemeldete Benutzer
- Bereich für spezielle Benutzer oder Benutzergruppen

Layout
- Einheitliches Layout für die gesamte Site
- Spezifisches Farbschema für verschiedene Inhaltsbereiche

Navigation
- Einheitliche Navigation für die gesamte Site
- Gliederung in verschiedene Menüs

Nutzerverwaltung für Redakteure
- Dezidierte Rechteverwaltung für das Backend
- Spezifische Zuordnung der Zugriffsrechte für Redakteure auf Inhalte

10.7.2.2 Inhalte

Inhalte, Content
- Gliederung der Inhalte durch Zuordnung in Kategorien
- Einsatz von Erweiterungen wie z.B. Kontaktformular und Downloadbereich
- Einbindung externer Links

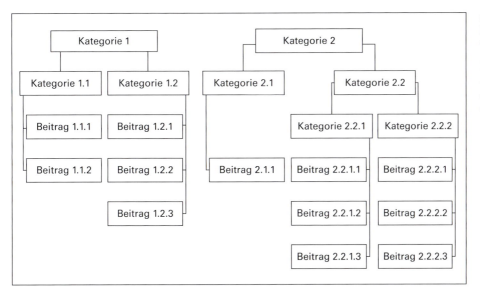

Strukturierung in Kategorien und zugeordnete Beiträge

Die allgemeine Darstellung kann natürlich im CMS durch sprechende Namen ersetzt werden.

10.7.3 Anmeldung und Nutzerverwaltung

10.7.3.1 Anmeldung

Die Erstellung und Pflege eines Webauftritts mit einem Content-Management-System umfasst immer auch die Organisation eines mehr oder weniger detaillierten Nutzer- und Rechtemanagements. Außer für die Rechteebene *public*, die Ebene für alle Internetnutzer, müssen Sie sich immer mit Ihrem Nutzernamen und Passwort anmelden, um Zugriff auf bestimmte Bereiche im Frontend oder im Backend der Website zu erhalten.

Login-Modul im Frontend

Je nach Rechteebene erhält der Nutzer nach seiner Anmeldung Zugriff auf bestimmte Bereiche des Frontends der Website.

Login-Modul im Backend

Je nach Rechteebene erhält der Nutzer nach der Anmeldung Zugriff auf bestimmte Bereiche des Backends der Website.

10.7.3.2 Rechteabstufung

Nach erfolgreicher Anmeldung befinden Sie sich im Kontrollzentrum mit allen wichtigen Bereichen des CMS. Im Kontrollzentrum können Sie mit dem Icon *User Manager* das Dialogfeld zum Hinzufügen neuer Nutzer öffnen. Neben Nutzernamen und Passwort definieren Sie hier die Nutzerrechte dieses Nutzers.

Grundsätzlich gilt bei der Rechtehierarchie immer das Prinzip, dass eine höhere Stufe immer alle Rechte der darunterliegenden Rechtestufen mit umfasst. Zusätzlich können Sie eigene Nutzergruppen mit einer eigenen Rechteebene festlegen. Dies lässt sich so feingliedrig einstellen, dass z.B. der Zugriff auf einen bestimmten Artikel im Frontend nur einem einzigen Nutzer möglich ist.

916

10.7.4 Kategorien und Beiträge

10.7.4.1 Kategorien

Content Management bedeutet immer auch die Strukturierung und Verwaltung von Inhalten. Bevor Sie mit dem Erstellen von Inhalten beginnen, müssen Sie deshalb die Strukturierung und Hierarchisierung des Inhalts Ihrer Website durchführen. Das Ergebnis dieser Arbeit übertragen Sie dann im Backend des CMS und erstellen dort die entsprechenden Kategorien und Unterkategorien. In Joomla! sind ab der Version 1.6 eine beliebige Hierarchisierung und Verschachtelung von Kategorien möglich.

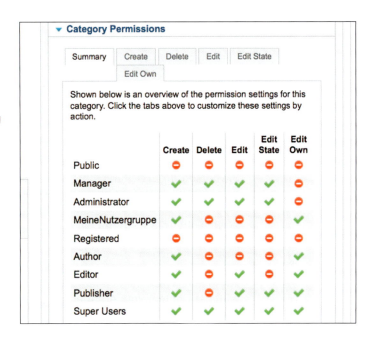

Parameter
Bei der Erstellung einer Kategorie definieren Sie als wesentliche Parameter die Hierachieebene und die Zugriffsebene. In unserem Beispiel sehen Sie die schon bestehenden Kategorien. Die beiden Kategorien *Baerensee* und *Alb* sind Unterkategorien der Kategorie *Indian Summer*.

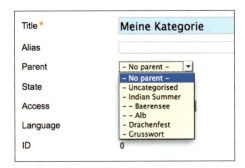

Rechte
Bei der Erstellung einer Kategorie definieren Sie, welche Zugriffs- und Bearbeitungsrechte eine bestimmte Nutzergruppe in dieser Kategorie hat. Die Rechte vererben sich automatisch auf alle Unterkategorien und zugeordneten Beiträge.

10.7.4.2 Beiträge

Beiträge werden im Article Manager verwaltet. Die Erstellung und Gestaltung des Contents im CMS oder in einem WYSIWYG-Webeditor unterscheidet sich nicht wesentlich.

Zeitsteuerung – Content Lifecycle Management
Sie können durch zwei einfache Datumseingaben den Zeitpunkt und die Zeitdauer der Publikation eines Beitrags im Frontend steuern. Die Ausführung übernimmt das CMS automatisch. Der Beitrag bleibt natürlich auch nach dem

917

Ende der Veröffentlichung im CMS. Der Beitrag wird lediglich im Article Manager von *publish* auf *unpublish* gestellt.

Rechte
Bei der Erstellung eines Beitrags legen Sie analog zur Erstellung einer Kategorie fest, welche Zugriffs- und Bearbeitungsrechte eine bestimmte Nutzergruppe auf diesen Beitrag hat.

Beiträge freigeben
Der redaktionelle Workflow ist häufig zweigeteilt. Nach dem Vieraugenprinzip wird der Content vom Autor erstellt, von einer zweiten Person überprüft und dann zur Publikation freigegeben oder zur Korrektur zurückgegeben. Dies dient der Sicherheit, da freigegebene Beiträge ja grundsätzlich sofort im Frontend sichtbar sind.

In der Rechtevergabe der Nutzerverwaltung können Sie festlegen, ob ein Redakteur seine eigenen Beiträge direkt publizieren kann oder ob die Beiträge zunächst *unpublish* sind und von einer Person einer höheren Rechteebene dann *publish* gestellt werden müssen.

Vieraugenprinzip
Der Redakteur erstellt den Beitrag, ein anderer Mitarbeiter gibt den Beitrag frei.

Zugriffsebenen
Bei der Erstellung eines Beitrags müssen Sie die Zugriffsebene festlegen.
- *Public*
  Die Inhalte der Zugriffsebene *Public* ist für alle Nutzer der Website sichtbar. Der Zugriff ist für jeden Nutzer nach Aufruf der Seite im Browser auch ohne Registrierung möglich.
- *Registered*
  Nur angemeldete Nutzer ab der Zugriffsebene *Registered* sehen den so klassifizierten Inhalt.
- *Special*
  Der Inhalt mit der Zugriffsebene *Special* ist erst für angemeldete Nutzer ab der Ebene *Autor* sichtbar.
- *Eigene Rechteebene*
  Freie konfigurier- und zuordenbare Nutzerrechte. Es könne beliebig viele eigene Rechteebenen erstellt werden.

Anzeigen und Funktionen
Im CMS können Sie für jeden Beitrag oder global für Ihre Site spezifische Einstellungen treffen. Sie entscheiden, ob der Autor der Seite oder z. B. das Erstellungsdatum automatisch angezeigt wird. Die automatische Generierung der Druckansicht oder die Versendung des Contents als E-Mail sind weitere Features, die Content-Management-Systeme bieten.

Content Management

Verwaltung der Beiträge
Die Beiträge stehen, wie alle Inhalte des CMS, in der zugehörigen Datenbank. Die Verwaltung erfolgt im Backend im Article Manager. Die Benennung und Zuordnung zu den Kategorien und Zugriffsebenen wird nicht durch das CMS vorgegeben, sondern muss vom Autor bei der Erstellung des jeweiligen Beitrags festgelegt werden. Natürlich können alle Parameter nachträglich jederzeit geändert werden.

Sie können dort auch mit dem Karteireiter *Categories* direkt auf die Verwaltung der Kategorien schalten.

Auf der Karteikarte *Featured Articles* werden die Beiträge, die auf der Startseite einer Website angezeigt werden, verwaltet. Im *Article Manager: Articles* wird diese Eigenschaft durch *Featured* gekennzeichnet.

Gesperrte Beiträge, *Unpublish*, werden im Frontend nicht angezeigt. Die Reihenfolge *Ordering* regelt die Navigation mit *vor* und *zurück* bei Beiträgen der gleichen Kategorie. Das Löschen eines Beitrags mit *Trash* ist leider nicht widerrufbar.

Durch Anklicken des Beitragnamens in der Tabelle öffnet sich der Beitrag im Editor und kann dort bearbeitet werden.

Datenbank einer CMS-Website

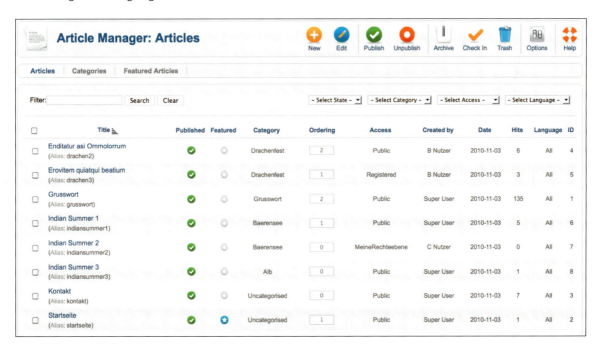

919

10.7.5 Menüs

Die Erstellung von Menüs und Menüpunkten ist in allen Content-Management-Systemen einfach zu realisieren. In Joomla! finden Sie die entsprechenden Funktionen im *Menu Manager* des *Control Panels*.

10.7.5.1 Menüs erstellen

Mit einem Klick auf die Schaltfläche *New* im *Menu Manager* können Sie ein neues Menü erstellen. Das Menü wird im *Menu Manager* gelistet. Beachten Sie, dass jedes Menü auch als Modul unter Menü *Extensions > Modul Manager* gespeichert sein muss.

10.7.5.2 Menüpunkttypen

In Joomla! unterscheiden wir verschiedene Arten der Verknüpfung in Menüs. Sie müssen neben der Einstellung der Parameter wie z.B. der Zugriffsebene den passenden Typ für Ihre Menüverknüpfung aus der Liste *Menu Item Type* auswählen.

Durch Klicken auf den Menünamen kommen Sie zu der Einstellung *Menu Items* zur Erstellung und Bearbeitung der Menüpunkte.

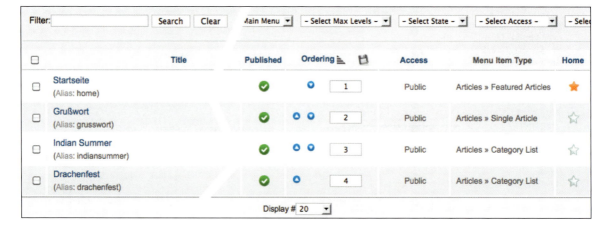

10.7.6 Templates

In CMS-basierten Websites sind Inhalte, Struktur und Design grundsätzlich voneinander getrennt. Die Darstellung der Website im Browser und die Verknüpfung der verschiedenen Komponenten der Website wird von so genannten Templates bestimmt. Templates setzen sich aus mehreren CSS-, HTML- und PHP-Dateien zusammen. Die CSS-Dateien dienen zur Abbildung des Designs, die HTML- und PHP-Dateien zur Umsetzung der Funktionalität.

Template-Ordner

Darstellung zweier Seiten einer Website im Browser

Das unterschiedliche Layout des Inhalts und die Farbbalken werden durch Template-Wechsel gesteuert

10.7.6.1 Templates verwalten

Es gibt verschiedene Wege, Templates für Ihre Website zu erhalten. Bei der Installation von Joomla! werden automatisch eine Reihe von Templates installiert, im Netz gibt es weitere unzählige Templates zum Download, beachten Sie dabei die jeweiligen Lizenzbedingungen oder Sie erstellen Ihr Template selbst.

Neue Templates installieren Sie als zip-Archiv unter Menü *Extensions > Extensions Manager*. Die Verwaltung wird in Joomla! vom *Template Manager* übernommen. Sie finden ihn unter Menü *Extensions > Template Manager*.

10.7.6.2 Templates modifizieren

Sie können die Templates direkt verwenden oder die verschiedenen Dateien nach Ihren Gestaltungsvorstellungen anpassen. In unserer Beispielwebsite haben wir als Basis das Template *Beez* von Angie Radtke, http://www.der-auftritt.de, verwendet und verschiedene Elemente modifiziert.

Über das Add-on Firebug in Firefox können Sie den Aufbau einer Website im Browser sehr einfach analysieren und dann die jeweiligen Teile bearbeiten, wie z.B. das Titelbild austauschen oder die Schriftdarstellung im Browser in der CSS-Datei verändern.

Es ist auch die Verwendung verschiedener Templates möglich. Dazu definieren Sie ein Template als *Default*. Das bedeutet, dass dieses Template beim Aufruf der Website im Browser geladen wird. Nun können Sie auf jeden Link im Menü und die damit verknüpften Beiträge ein eigenes Template legen. Im *Template Manager* wird dies in der Spalte *Assigned* angezeigt. Wir haben diese Technik angewandt, um die wechselnden Farbbalken im großen Titelbild und die unterschiedlichen Layouts im Inhaltsbereich umzusetzen. Erstellen Sie für ein weiteres Template aus dem Ordner des bearbeiteten Templates ein zip-Archiv. Installieren Sie anschließend dieses Archiv über Menü *Extensions > Extensions Manager* neu.

Websiteanalyse mit Firebug

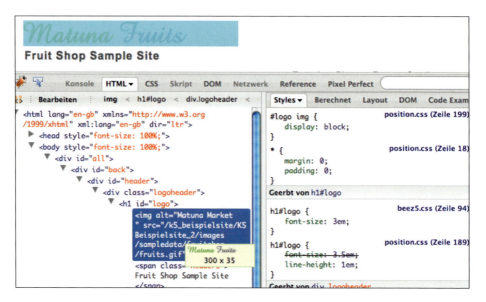

10.7.7 Module, Plug-in und Erweiterungen

Content Management

10.7.7.1 Module

Module sind Teile des Content-Management-Systems mit einer bestimmten Aufgabenstellung. So sind z.B. alle Menüs Module in Joomla!. Verwaltet werden die Module unter Menü *Extensions > Module Manager*.

Das Besondere an einem Modul im Gegensatz zu einem Plug-in ist, dass das Modul über die Datei *index.php* im Ordner des gewählten Templates mit der in den CSS-Dateien festgelegten Position auf dem Screen verknüpft ist. Die Namen der Modulpositionen definieren Sie in der Datei *templateDetails.xml*, die sich ebenfalls im Ordner des jeweiligen Templates befindet.

In Joomla! sind eine Reihe von Modulen standardmäßig installiert. Wählen Sie das Modul unter *New* aus der Liste.

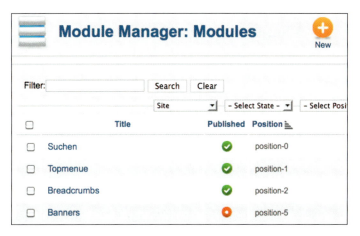

```
index.php (Ausschnitt)
148  <div id="breadcrumbs">
149  <jdoc:include type="modules"
150  name="position-2" />
151  </div>
```

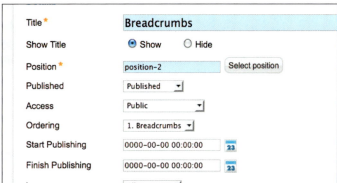

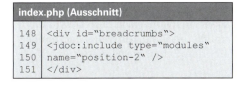

Websiteanalyse mit Firebug

Position und Inhalt des Moduls in der index.php sowie die damit verknüpften CSS-Dateien

923

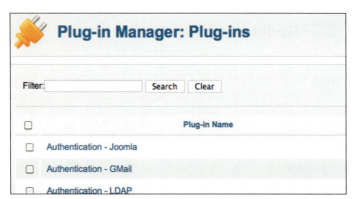

10.7.7.2 Plug-in

Plug-ins sind wie die Module Teile des Content-Management-Systems, die eine bestimmte Aufgabe im System erfüllen. Plug-ins arbeiten im Hintergrund des Systems, d.h., sie haben anders als die Module keine Position auf dem Screen der Website. Die Verwaltung der Plug-ins finden Sie im Menü *Extensions > Plug-in Manager*.

10.7.7.3 Erweiterungen

Auf der www.joomla.org werden mittlerweile über 6000 Erweiterungen als Modul oder Plug-in zum kostenlosen Download angeboten. Das Angebot reicht vom einfachen Kontaktformularmodul und Downloadkomponenten für strukturierten Dateidownload bis zum komplexen Shopsystem, meist in mehrfacher Auswahl. Nach dem Download installieren Sie die Erweiterung einfach über den *Extension Manager*.

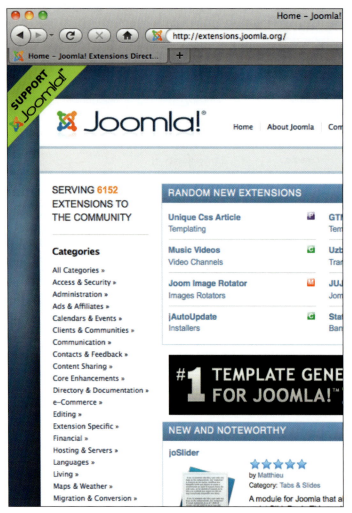

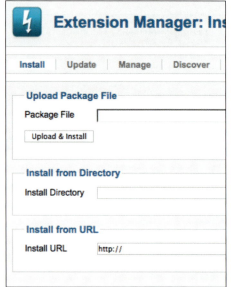

10.7.8 Kontaktformular

Content Management

Exemplarisch für die verschiedenen Kontakt- oder Mailformulare möchten wir Ihnen Mad4Joomla Mailforms von mad4media vorstellen. Wie schon beschrieben, laden Sie die Erweiterung als zip-Archiv von www.joomla.org auf Ihren Rechner und installieren sie direkt im *Extension Manager* Ihres Backends. Sie gelangen über Menü *Components > mad4Joomla* zum Backend des Formulars.

Making of ...
Wir unterscheiden in Mad4Joomla Mailforms zwischen Vorlage und Formular. Das Anfertigen einer Vorlage hat den Vorteil, dass sie aus einer Vorlage mehrere Formulare erstellen können. Dies ist dann sinnvoll, wenn z.B. mehrere Mitarbeiter über ein gleich aussehendes Kontaktformular direkt über Ihren jeweiligen E-Mail-Account kontaktiert werden sollen.

und einzelne Feldeigenschaften editieren.
Die Erstellung und Formatierung der Formularelemente ist in allen Formulareditoren denkbar einfach. Typ, Aussehen und Position eines Elements im fertigen Formular können Sie einfach „zusammenklicken".

- *Schritt 3*
  Erstellen Sie aus der Formularvorlage eine oder mehrere Formulare. Konfigurieren bzw. personalisieren Sie die Formulare.

- *Schritt 4*
  Verlinken Sie das Formular mit einem Menüpunkt damit der Nutzer im Frontend darauf zugreifen kann. Durch eine dezidierte Rechtevergabe beim Verlinken können Sie den Nutzerkreis des Formulars beschränken. Ein integriertes Captcha generiert bei jedem Aufruf des Formulars automatisch einen neuen Sicherheitscode.

- *Schritt 1*
  Vergeben Sie zunächst den Namen der Vorlage.

- *Schritt 2*
  Erstellen Sie alle notwendigen Formularelemente. Sie können natürlich die Reihenfolge später verändern

925

10.7.9 Downloadbereich

Downloadkomponenten ermöglichen eine detaillierte Ordnerstruktur mit abgestuften Up- und Downloadberechtigungen. Analog zur Nutzerverwaltung im Backend Ihrer Website können Sie im Backend des Downloadbereichs einzelnen Nutzern oder Nutzergruppen dezidiert Berechtigungen zuweisen.

ist es möglich, Ordner beliebig zu verschachteln. Die Rechtezuweisung tätigen Sie direkt bei der Erstellung eines Ordners.

Änderungen der Texte im Frontend müssen Sie in der Sprachdatei Ihrer Installation auf dem Server vornehmen: *IhreInstallation > componente > com_remository > language > english.php*

Making of ...
- *Schritt 1*
  Erstellen Sie unter *Manage groups* Nutzergruppen. Es stehen alle im Backend gelisteten Nutzer bereit. Natürlich kann eine Gruppe auch nur ein Mitglied haben.

- *Schritt 2*
  Nach der Nutzerverwaltung können Sie jetzt die Ordnerstruktur unter *Manage containers* erstellen. Dabei

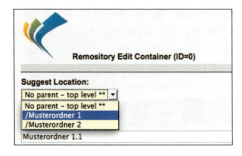

- *Schritt 3*
  Verlinken Sie den Downloadbereich mit einem Menüpunkt, damit der Nutzer im Frontend darauf zugreifen kann.

- *Schritt 4*
  Laden Sie Dateien in die jeweiligen Ordner. Dies können Sie entweder

Content Management

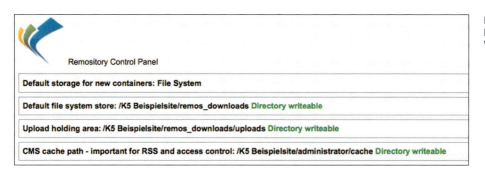

Notwendige Schreib-Leserechte auf dem Webserver

über *Manage files* im Backend oder direkt im Frontend machen.

- *Schritt 5*
  Konfigurieren Sie den Downloadbereich im Backend.
  Die wichtigste Einstellung treffen Sie unter *Remository - Config > Choices > Use_Database*. Stellen Sie den Wert dort auf *No*. Damit werden die Daten nicht mehr in der Datenbank, sondern im Dateisystem gespeichert. Die Datenbank enthält nur noch die Verweise auf die Ordner und Dateien. Dadurch werden die Datenbankabfragen wesentlich beschleunigt und Ihr CMS bleibt schlank und schnell. Weitere Konfigurationseinstellungen sind z.B. Festlegen der Dateiformate, die in den Downloadbereich bereitgestellt werden können, oder die Anzeige der Metadaten wie Autor oder Bereitstellungsdatum einer Datei.

Schreib- und Leserechte
Bei der Auswahl bzw. Konfiguration Ihres Webspace müssen Sie darauf achten, dass Sie die vollen Schreib- und Leserechte für alle Verzeichnisse Ihrer Joomla!-Installation besitzen. Ansonsten können Sie keine Dateien über die Downloadkomponente hochladen und damit den Nutzern Ihrer Website zum Download anbieten.

927

10.7.10 Lokale Entwicklungsumgebungen

Lokale Entwicklungsumgebungen sind Softwarepakete auf Ihrem Arbeitsplatzrechner zur Entwicklung von datenbankgestützten Webanwendungen. Neben der Entwicklung und dem Aufbau eines Content-Management-Systems können Sie die Entwicklungsumgebung auch zur lokalen Arbeit mit E-Learning-Plattformen wie z. B. Moodle nutzen. Für die Arbeit mit Joomla!, TYPO3 oder Moodle brauchen Sie ein Paket, das einen Apache-Server, eine MySQL-Datenbank und PHP umfasst. Die beiden bekanntesten Open-Source-Systeme sind für die Betriebssysteme Mac OS X MAMP und für Windows und Linux XAMPP.

10.7.10.1 MAMP

MAMP ist das Akronym für Macintosh, Apache, MySQL und PHP. Sie können das Softwarepaket bei www.mamp.info kostenlos herunterladen. Die Installation ist denkbar einfach.

- Ziehen Sie nach dem Entpacken einfach den MAMP-Ordner in Ihren Programmeordner auf der Festplatte.

- Starten Sie MAMP mit einem Doppelklick. Alles Weitere geht automatisch.
- Im Startfenster von MAMP haben Sie Zugriff auf alle Komponenten und Tools der lokalen Entwicklungsumgebung.
- Die Konfiguration und Steuerung von MAMP können Sie im Kontrollfenster vornehmen.

Content Management

10.7.10.2 XAMPP

In XAMPP steht das X als Platzhalter für das Betriebssystem, die weiteren Buchstaben sind das Akronym für Apache, MySQL, PHP und Perl.

Sie können das Programmpaket von www.apachefriends.org kostenlos herunterladen. Es werden dort verschiedene Pakete angeboten. Wir empfehlen die Installer-Version. Sie installiert nach dem Entpacken XAMPP in gewohnter Weise mit der üblichen Installationsroutine.

Zur Installation unter Vista gibt Apache Friends folgenden Hinweis auf der Homepage (9/07): „Vista Empfehlung: Aufgrund fehlender Schreibrechte der Vista Standardinstallation für das Verzeichnis c:\program files (c:\Programme) empfehlen wir XAMPP in einem alternativen Verzeichnis (c:\xampp oder c:\meinverzeichnis\xampp) zu etablieren. Weitere XAMPP Probleme mit Vista? Bitte vergleicht hierzu auch unser neuer FAQ Titel zum Thema: Vista Probleme." Bei der Installation unter Windows XP müssen Sie keine Besonderheiten beachten. Starten Sie und folgen sie dann den Anweisungen der Installationsroutine.

Nach der erfolgreichen Installation öffnet sich im Browser das XAMPP-Startfenster. Von dort aus haben Sie Zugriff auf alle Komponenten und Tools von XAMPP wie z. B. phpMyAdmin zur Konfiguration der MySQL-Datenbank. Die Konfiguration und Steuerung von XAMPP selbst führen Sie im *XAMPP Control Panel* aus.

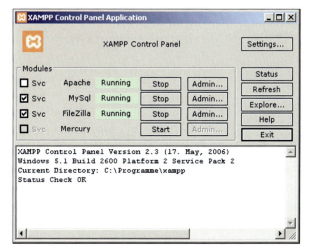

929

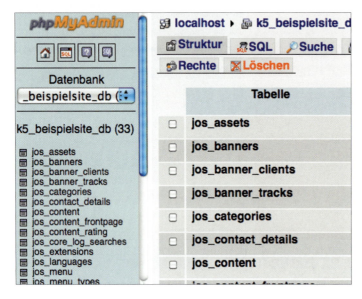

10.7.10.3 HTDOCS und MYSQL

Im Ordner MAMP auf dem Mac und im Ordner XAMPP auf dem PC befinden sich jeweils die beiden Ordner *htdocs* und *mysql*.
- Legen Sie den Ordner mit Ihrem Content-Management-System oder Ihrem Moodle in den Ordner *htdocs*.
- Starten Sie MAMP bzw. XAMPP.
- Öffnen Sie dann den Browser und geben Sie in der Adresszeile am PC http://localhost und am Mac http://localhost:8888 ein.
- Beim ersten Start öffnen Sie den Ordner des CMS und folgen den Installationsanweisungen. Bei allen weiteren Aufrufen in der Adresszeile kommen Sie zum installierten System und können dieses direkt im Browser auf Ihrem Rechner bearbeiten. Wir empfehlen, dass Sie in einem Tab das Frontend und in einem zweiten Tab das Backend öffnen. Sie können dadurch die Wirkung Ihrer Arbeit sofort überprüfen.
- Bei der Installation wird im Ordner *mysql* automatisch eine Datenbank angelegt, in der alle Einstellungen und Inhalte Ihres CMS gespeichert werden.

10.7.11 Umzug auf einen Webserver

Content Management

Nachdem Sie Ihr Content-Management-System in der lokalen Entwicklungsumgebung, MAMP oder XAMPP, erstellt haben, müssen Sie als letzten Schritt jetzt noch auf einen *echten* Webserver umziehen, damit der Zugriff über das Internet auf Ihre Seite erfolgen kann. Sollten Sie nur lokal umziehen wollen, dann gehen Sie grundsätzlich gleich vor.

10.7.11.1 CMS-Installation

Bei der Wahl Ihres Webhosters müssen Sie sicherstellen, dass dieser auch das CMS Ihrer Wahl unterstützt. Die meisten Provider bieten für das Hosting von CMS zwei verschiedene Modelle an:
- Das CMS ist schon installiert und Sie müssen nur die Daten hochladen.
- Sie müssen Ihr CMS selbst in Ihrem Webspace installieren und dann anschließend die Daten hochladen.

Die erste Option bietet den Vorteil, dass Sie sich i. d. R. nicht um die Pflege und um Updates des CMS kümmern müssen. Ihre ganze Aufmerksamkeit gilt damit der Konfiguration, der Nutzerverwaltung und dem Content.

10.7.11.2 Datenbankexport/-import

Ihr Webhoster bietet im Rahmen des Hosting-Pakets eine oder mehrere Datenbanken an. Der Datenbankname und oft auch das -passwort werden dabei meist vorgegeben. Sie können beim Umzug also keine neue Datenbank erstellen oder mit der ganzen Datenbank umziehen, sondern Sie müssen aus der Datenbank in MAMP oder XAMPP die Tabellen exportieren und dann in die Datenbank beim Webhoster importieren. Der Export und der Import erfolgt über phpMyAdmin.

Datenbankexport mit phpMyAdmin

931

Datenbankimport mit phpMyAdmin

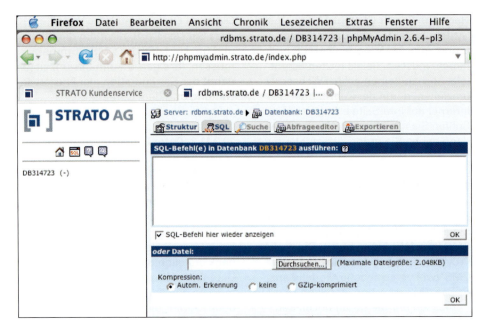

10.7.11.3 HTDOCS

Wir haben Tabellen der CMS-Datenbank in die Datenbank beim Webhoster importiert. Der nächste Schritt besteht nun darin, alle Dateien des CMS-Ordners aus htdocs auf den Webspace hochzuladen. Bei den meisten Webhostern können Sie die Daten mit einem FTP-Programm hochladen. Mehr darüber erfahren Sie im folgenden Kapitel.

Nur wenn Sie die Dateien ohne den umfassenden CMS-Ordner in das Startverzeichnis Ihres Webspace hochladen, wird nach der Eingabe der Internetadresse, *www.beispielsite.de*, in das Adressfeld des Browsers die Datei *index.php* direkt aufgerufen. Ansonsten muss der Nutzer im Adressfeld des Browsers die Internetadresse mit einem nachfolgenden Schrägstrich und dem Ordnernamen eingeben, *www.beispielsite.de/cms*.

10.7.11.4 configuration.php

Vor dem Onlinestellen Ihrer Seite müssen Sie noch ein paar kleine Anpassungen an der Datei *configuration.php* vornehmen:
- *Zeile 16*
  Hostname Ihres Webhosters
- *Zeile 17 und 18*
  Die Daten, die Sie von Ihrem Webhoster bekommen haben
- *Zeile 19*
  Name der neuen Datenbank
- *Zeile 50*
  Hostname Ihres Webhosters
- *Zeilen 65 bis 70*
  Neue Pfadangaben

Die Modifikation von *configuration.php* ist ein Joomla!-spezifischer Vorgang. Die Anpassung an die neue Datenbank und die Pfadstruktur des Startverzeichnisses ist aber grundsätzlich bei allen Systemen notwendig. Die Spezifikationen finden Sie in der Dokumentation bzw. Hilfe Ihres CMS.

Content Management

configuration.php

```php
 1  <?php
 2  class JConfig {
 3  public $offline = ‚0';
 4  public $offline_message = ‚This
 5  site is down for maintenance.<br
 6  /> Please check back again
 7  soon.';
 8  public $sitename = ‚K5 Beispiel-
 9  site';
10  public $editor = ‚tinymce';
11  public $list_limit = ‚20';
12  public $access = ‚1';
13  public $debug = ‚0';
14  public $debug_lang = ‚0';
15  public $dbtype = ‚mysql';
16  public $host = ‚localhost';
17  public $user = ‚root';
18  public $password = ‚root';
19  public $db = ‚k5_beispielsite_
20  db';
21  public $dbprefix = ‚jos_';
22  public $live_site = ‚';
23  public $secret = ‚QlcoUdL8C-
24  0Va8hmQ';
25  public $gzip = ‚0';
26  public $error_reporting = ‚-1';
27  public $helpurl = ‚http://
28  help.joomla.org/pro-
29  xy/index.php?option=com_
30  help&amp;keyref=Help{major}
31  {minor}:{keyref}';
32  public $xmlrpc_server = ‚0';
33  public $ftp_host = ‚127.0.0.1';
34  public $ftp_port = ‚21';
35  public $ftp_user = ‚';
36  public $ftp_pass = ‚';
37  public $ftp_root = ‚';
38  public $ftp_enable = ‚0';
39  public $offset = ‚UTC';
40  public $offset_user = ‚UTC';
41  public $mailer = ‚mail';
```

configuration.php (Fortsetzung)

```php
42  public $mailfrom = ‚a@b.cd';
43  public $fromname = ‚K5 Beispiel-
44  site';
45  public $sendmail = ‚/usr/sbin/
46  sendmail';
47  public $smtpauth = ‚0';
48  public $smtpuser = ‚';
49  public $smtppass = ‚';
50  public $smtphost = ‚localhost';
51  public $smtpsecure = ‚none';
52  public $smtpport = ‚25';
53  public $caching = ‚0';
54  public $cache_handler = ‚file';
55  public $cachetime = ‚15';
56  public $MetaDesc = ‚';
57  public $MetaKeys = ‚';
58  public $MetaTitle = ‚1';
59  public $MetaAuthor = ‚1';
60  public $sef = ‚1';
61  public $sef_rewrite = ‚0';
62  public $sef_suffix = ‚0';
63  public $unicodeslugs = ‚0';
64  public $feed_limit = ‚10';
65  public $log_path = ‚/Applica-
66  tions/MAMP/htdocs/K5 Beispiel-
67  site/logs';
68  public $tmp_path = ‚/Applica-
69  tions/MAMP/htdocs/K5 Beispiel-
70  site/tmp';
71  public $lifetime = ‚15';
72  public $session_handler = ‚da-
73  tabase';
74  }
75  ?>
```

10.7.12 Aufgaben

1 CMS kennen

Für was steht die Abkürzung CMS?

2 CMS für Digitalmedien und Printmedien unterscheiden

Wie heißt die datenbankgestützte Medienproduktion im Printmedien-Workflow?

3 Clientseitig – serverseitig unterscheiden

Wodurch unterscheiden sich:
a. clientseitige
b. serverseitige Systeme

4 Vorteile von Content-Management-Systemen kennen

Nennen Sie fünf Gründe, die für den Einsatz eines Content-Management-Systems sprechen.

5 Arbeitweise eines Content-Management-Systems beschreiben

Beschreiben Sie die prinzipielle Arbeitsweise eines Content-Management-Systems.

6 ECM kennen

Welche Bedeutung hat die Abkürzung ECM?

7 Statische und dynamische Webseiten unterscheiden

Erklären Sie die folgenden Begriffe:
a. Statische Webseiten
b. Dynamische Webseiten

8 Content Lifecycle Management festlegen

a. Was versteht man unter Content Lifecycle Management?
b. Welche Zeitparameter lassen sich im unten abgebildeten Dialogfeld des Backends einstellen?

9 Beiträge verwalten

Wo werden die Beiträge, die mit dem Content-Management-System verwaltet und publiziert werden, gespeichert?

10 Templates erläutern

Was versteht man in Content-Management-Systemen unter Templates?

934

Content Management

11 Templates und CSS bearbeiten

Welche Rolle spielen CSS-Dateien im Zusammenhang mit Templates?

12 index.php erläutern

Welche Funktion bzw. Aufgabe hat die Datei „index.php" im CMS?

13 index.php erläutern

Warum ist die Datei aus Aufgabe 12 eine PHP-Datei und keine HTML-Datei?

14 Nutzerverwaltung organisieren

Warum gibt es im Content-Management-System eine Nutzerverwaltung?

15 Zugriffsebenen festlegen

Worin unterscheiden sich die Zugriffsebenen:
a. Öffentlich
b. Registriert

16 Entwicklungsumgebung erläutern

Was versteht man unter einer lokalen Entwicklungsumgebung?

17 Entwicklungsumgebung unterscheiden

Nennen Sie die gebräuchlichsten lokalen Entwicklungsumgebungen für:
a. Windows
b. Mac OS

18 Datenbank exportieren

Mit welchem Programm exportieren Sie Ihre lokale Datenbank?

19 Datenbank importieren

Mit welchem Programm importieren Sie Ihre lokale Datenbank in die Datenbank auf dem externen Webserver?

20 htdocs administrieren

Welche Dateien liegen im Ordner htdocs?

21 Daten auf den Server laden

Mit welchem Protokoll laden Sie die Dateien Ihres lokal entwickelten Content-Management-Systems auf den Webserver hoch?

10.8 Online

10.8.1	Domain-Name	938
10.8.2	Rechtliche Aspekte	940
10.8.3	Testing	942
10.8.4	Webhosting	945
10.8.5	Suchmaschinen-Optimierung	946
10.8.6	Aufgaben	947

10.8.1 Domain-Name

Band II – Seite 132
2.3.4 Datenübertragung

Wenn Sie einen Internetauftritt mit einer Firma vergleichen, dann ist der Domain-Name das Firmenschild. Er repräsentiert die Firma „nach außen". Der Name sollte deshalb eindeutig und einprägsam sein. Denn im Internet ist die Gefahr groß, dass ein User versehentlich oder absichtlich zur Konkurrenz wechselt.

10.8.1.1 Struktur des Domain-Namens

Domain-Namen sind nach einem festen Schema aufgebaut und bestehen mindestens aus zwei, manchmal aus drei oder mehr Teilen:

Struktur von Domain-Namen

(Subdomain.)SLD.TLD

mit:
> TLD: Top-Level-Domain
> SLD: Second-Level-Domain

Beispiele:
> schlaich.info
> de.selfhtml.org
> springer.de

Top-Level-Domain
Die in Deutschland wichtigste TLD ist die länderspezifische Kennung „de". Allerdings sind bereits sehr viele Domain-Namen mit „de" reserviert, so dass Sie möglicherweise auf eine Alternative ausweichen müssen. Die Tabelle listet

Top-Level-Domains (Auswahl)	
de	Deutschland
com	commercial (Unternehmen)
info	information (Information)
name	name (Privatpersonen)
org	organization (Vereine, Organisationen)

einige wichtige TLDs auf, weitere Möglichkeiten finden Sie auf Seite 134.

Second-Level-Domain
Die Wahl einer SLD treffen Sie selbst bzw. Ihr Kunde. Hierbei gelten folgende Einschränkungen:
- Der Domain-Name darf noch nicht registriert sein. Lesen Sie weiter unten, wie Sie dies prüfen können.
- Die Verwendung von geschützten (Marken-)Namen ist unzulässig.
- Umlaute (ä, ö, ü) sind zulässig, werden aber durch ältere Browser nicht unterstützt.
- Einige Sonderzeichen wie Leerzeichen, Backslash (\) oder Slash (/) sind verboten.

Subdomains
Bei großen Internetauftritten ist eine weitere Untergliederung sinnvoll. So lassen sich Subdomains beispielsweise dazu nutzen, um mehrsprachige Seiten zu realisieren:
- de.wikipedia.org
- fr.wikipedia.org
- en.wikipedia.org

Subdomains müssen normalerweise nicht speziell registriert werden, sondern werden „im Paket" mit SLD und TLD erworben.

Domain Name System
Nun wissen Sie wahrscheinlich, dass zur eindeutigen Identifikation eines Rechners im Internet nicht der Domain-Name, sondern die IP-Adresse benötigt wird. Damit dies möglich wird, gibt es zahlreiche *Nameserver* im Internet, die sich um die Umsetzung der Domain-Namen in IP-Adressen kümmern. Der Vorgang ist mit dem Nachschlagen von Telefonnummern in einem Telefonbuch vergleichbar, nur dass wir uns glücklicherweise nicht darum kümmern müssen.

938

Online

10.8.1.2 Domain-Registrierung

Domain-Name prüfen
Da jeder Domain-Name weltweit einmalig sein muss, gibt es Organisationen namens NIC (Network Information Center), bei denen jeder Domain-Name registriert wird.

Für die in Deutschland wichtigste TLD „de" ist die DENIC (www.denic.de) zuständig. Auf der angegebenen Website können Sie mittels whois-Abfrage ❶ (von „Who is?" – „Wer ist?") feststellen, ob ein de-Domain-Name noch verfügbar ist, oder wer sich diesen bereits „unter den Nagel gerissen" hat ❷.

Eine zweite, international wichtige Organisation ist die ICANN (www.internic.org). Hier können Sie prüfen, ob der gewünschte Domain-Name z. B. mit .com, .info, .name, .org möglich ist ❸.

Domain-Name registrieren
Ein Domain-Name kann nicht gekauft werden. Sie können ihn lediglich für sich registrieren und zahlen dafür eine jährliche Nutzungsgebühr. Für die Registrierung stehen zwei Möglichkeiten zur Verfügung:
- Die Registrierung erfolgt direkt bei der zuständigen Organisation z. B. bei der DENIC.
- Privatpersonen, Vereine und oft auch Firmen nutzen für den Internetzugang die Dienste eines Internet-Service-Providers (ISP). Dieser kümmert sich um das „Hosten" der Website und die Registrierung des Domain-Namens (siehe Seite 945).

Whois-Abfrage bei InterNIC

Hier können Sie überprüfen, ob ein Domain-Name für die angegebenen TLDs noch verfügbar ist. Für .de ist die deutsche DENIC zuständig (siehe unten).

www.internic.com

DENIC

Domain-Namen können bei der DENIC für derzeit 58,– Euro auch direkt registriert werden.

Üblicherweise übernimmt dies jedoch ein Service-Provider, der sich auch um das „Hosten" Ihrer Website kümmert.

www.denic.de

939

10.8.2 Rechtliche Aspekte

Band I – Seite 735
9.1 Urheberrecht

Band I – Seite 763
9.2 Internetrecht

Band I – Seite 785
9.3 Musikverwendung

Das Internet ist öffentlich! Aus rechtlicher Sicht macht es einen großen Unterschied, ob Sie sich im Privatbereich, im Klassenzimmer, in einer Firma oder eben in der Öffentlichkeit befinden.

Das Thema Medien- und speziell Internetrecht ist so wichtig geworden, dass wir ihm in Band I ein Hauptkapitel gewidmet haben. An dieser Stelle sind deshalb nur nochmals die wichtigsten Aspekte zusammengefasst:

10.8.2.1 Urheberrecht

Das Urheberrecht schützt den (geistigen) Urheber vor einer unrechtmäßigen Verwendung seiner Arbeit.

Wenn Sie als Webdesigner tätig sind, werden Sie selbst zum Urheber und haben einen rechtlichen Anspruch auf den Schutz Ihrer Ideen.

Umgekehrt ist die Verwendung urheberrechtlich geschützter Werke auf einer Website unzulässig und kann den Betreiber hohe Strafen kosten. Urheberrechtlich geschützt sind insbesondere:
- Fotos, Grafiken, Illustrationen, Logos
- Musik, auch in Ausschnitten
- Videoclips
- Animationen
- Texte

Um das Urheberrecht nicht zu verletzen, stehen Ihnen zwei Möglichkeiten zur Verfügung: Sie erstellen alle auf einer Website dargestellten Inhalte selbst und werden hierdurch selbst zum Urheber oder Sie erwerben ein Verwertungsrecht:

Bilder
- Im Internet existieren zahlreiche Bilddatenbanken, die teilweise eine lizenzfreie Nutzung des verfügbaren Bildmaterials ermöglichen. Beispiele für lizenzfreie Bilddatenbanken:

www.aboutpixel.de
www.photocase.com
www.pixelquelle.de
www.clipartsalbum.com
www.sxc.hu

- Beachten Sie, dass selbst fotografierte Bilder *nicht* ins Internet gestellt werden dürfen, wenn sie Einzelpersonen darstellen (Recht am eigenen Bild). Eine Ausnahme gilt für „Personen der Zeitgeschichte", also beispielsweise bekannte Politiker oder Künstler.
- Eine Urheberrechtsverletzung liegt auch vor, wenn Sie eine Aufnahme zwar selbst erstellen, aber ein urheberrechtlich geschütztes Objekt fotografieren, z.B. ein Plakat oder Poster.

Musik
Um die Urheberrechte von Musikern kümmert sich die „Gesellschaft für musikalische Aufführungs- und mechanische Vervielfältigungsrechte", kurz GEMA.

Wie bei Bildern gilt aber auch für Musik, dass sich im Internet GEMA-freie Sounds finden lassen.

Text
Texte anderer dürfen Sie in geringem Umfang nutzen, müssen diese dann aber durch Anführungszeichen als Zitat kennzeichnen und die Quelle angeben: „Dies ist ein Zitat aus einem fremden Text, aber als solches gekennzeichnet." (Schlaich 2011)

10.8.2.2 Impressum

Ein Impressum erteilt Auskunft über den Betreiber einer Website. Bei allen kommerziell genutzten Websites besteht eine Impressumspflicht. Ob auch für rein privat genutzte Seiten diese Pflicht besteht, ist rechtlich nicht eindeutig geklärt. Wir empfehlen Ihnen jedoch, auch auf privaten Seiten ein Impressum anzugeben.

Das Beispiel zeigt ein Musterimpressum einer kommerziell genutzten Website:

Musterimpressum

Medialand Tübingen
Wilhelmstraße 12
72074 Tübingen

Telefon: 07071/458211
Telefax: 07071/45822
E-Mail: info@Medialand.com
Internet: www.medialand-Tue.com

Vertretungsberechtigter Vorstand:
Hanspeter Krause, Roland Neumann (Vorsitzender), Paul Paulsen
Registergericht: Amtsgericht Tübingen
Registernummer: VR 2004-145

Inhaltlich Verantwortlicher nach §10 Absatz 3 MDStV: Heinz Mayer (Anschrift wie oben)

Das Impressum darf nicht auf der letzten Unterseite eines Internetauftritts versteckt werden, sondern muss gut auffindbar sein.

Tipp: Leider „geistern" zahllose, als Webcrawler bezeichnete Programme durchs Internet, um Adressen und E-Mail-Adressen zu sammeln. Aus diesem Grund empfehlen wir, ein Impressum nicht als Text, sondern als GIF-Grafik ins Netz zu stellen. Ein Programm kann in diesem Fall die gesuchten Informationen nicht auslesen.

10.8.2.3 Haftungsausschluss

Grundsätzlich gilt: Jeder ist für die Inhalte auf seiner Website haftbar. Strafbar macht sich beispielsweise, wer
- pornografisches Material,
- verfassungsfeindliches Material,
- urheberrechtlich geschütztes Material,
- falsche Behauptungen oder Lügen,
- Betriebsgeheimnisse,
- personenbezogene Informationen

veröffentlicht. Soweit dürfte der Fall klar sein. Komplizierter wird es, wenn Links zu Seiten mit strafbaren Inhalten führen. Hiervon können Sie sich mit einem so genannten Disclaimer distanzieren:

Disclaimer (Beispiel)

Trotz sorgfältiger inhaltlicher Kontrolle übernehme/n ich/wir keine Haftung für die Inhalte externer Links. Für den Inhalt der verlinkten Seiten sind ausschließlich deren Betreiber verantwortlich.

Natürlich darf ein Disclaimer nicht als „Freibrief" verstanden werden, mit dem Links aller Art zulässig sind.

Impressum bei Mercedes Benz
Abb.: Mercedes-Benz

10.8.3 Testing

Bevor Sie eine Website „online" stellen, sollten Sie diese ausgiebig testen. Fehler im laufenden Betrieb sind peinlich.

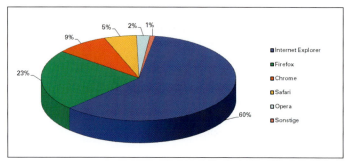

Browseranteile (Stand: 2011)

Quelle:
http://marketshare.hitslink.com

10.8.3.1 Browserkompatibilität

Obwohl sich die Dachorganisation des Internets (W3C) um Standardisierung bemüht, gelingt dies nach dem Motto: „Viele Köche verderben den Brei!" nicht komplett. Das Hauptproblem stellen die diversen Browser und Browserversionen dar. Sie setzen den Quellcode unterschiedlich um und enthalten außerdem Fehler (Bugs). Mittlerweile hat sich die Situation deutlich entschärft, vor allem Microsoft hat seit Version 7 deutlich verbesserte Browser auf dem Markt.

Die Grafik links zeigt eine Browserstatistik (Stand: 2011). Wie bei allen Statistiken ist Vorsicht geboten, es gibt andere Statistiken, die Mozilla Firefox bereits auf Platz 1 sein.

Sie haben keine andere Wahl, als Ihre Website mit allen gängigen Browsern und Browserversionen zu testen. Andernfalls müssen Sie bald mit verärgerten Anrufen Ihres Kunden rechnen.

Dummerweise können Sie auf einem Rechner zu Testzwecken nicht mehrere Versionen des Internet Explorers installieren. Es empfiehlt sich deshalb entweder mit mehreren Rechnern zu arbeiten oder auf einem Rechner mehrere virtuelle Maschinen zu installieren.

Einige Webeditoren ermöglichen einen Test auf Browserkompatibilität. Der Screenshot zeigt Adobe Dreamweaver, bei dem sich die gewünschten Versionen einstellen lassen ❶, die Seite überprüfen lässt ❷ und ein Bericht über eventuell auftretende Probleme angezeigt wird ❸. Zusätzlich sollten Sie die Seiten aber immer auch mit den jeweiligen Browsern testen.

Eine interessantes Feature bietet die Website www.caniuse.com („Can I use…?"). Sie gibt darüber Auskunft, wie die unterschiedlichen Webtechnologien (z. B. CSS3, HTML5) durch die Browser unterstützt werden.

Bedenken Sie, dass die Computerwelt außerhalb der Medienbranche eine Windows-Welt ist, auch Linux ist im Kommen. Eine Website muss also zwingend auf mehreren Betriebssystemen getestet werden: Windows XP, Windows Vista, Windows 7, Mac OS X und Linux.

Browserkompatibilität bei Dreamweaver

Online

10.8.3.2 Validität

Wie erwähnt kümmert sich die Dachorganisation W3C um eine Standardisierung des Internets. Für Sprachen wie HTML, XHTML oder XML existieren deshalb genaue Sprachregeln, die in Dokumenttyp-Definitionen (DTD) zusammengefasst werden.

Wie Sie auf Seite 742 nachlesen können, beginnt eine HTML-Datei stets mit der Angabe des verwendeten Dokumenttyps (DOCTYPE), z. B.:

Dokumenttyp-Definition

```
<!DOCTYPE HTML PUBLIC "-//
W3C//DTD HTML 4.01 Transitio-
nal//EN">
```

Auf die unterschiedlichen Definitionen gehen wir hier nicht ein, sie können bei SELFHTML (http://de.selfhtml.org) nachgelesen werden.

Die Einhaltung der im Dokumenttyp zusammengefassten Regeln können Sie im Internet überprüfen (validieren) lassen: Unter http://validator.w3.org geben Sie wahlweise eine Internetadresse (URL) oder eine lokale Datei an, die dann validiert wird. Die Rückmeldungen sind sehr aufschlussreich und helfen nicht nur dabei, Fehler zu finden, sondern auch, „gutes" HTML zu erstellen.

Wenn Ihre Seite „valide" ist, dürfen Sie sie nach Wunsch sogar mit einem W3C-Logo zertifizieren (Quelle: www.w3.org/QA/Tools/Icons).

Logos einer validen Website

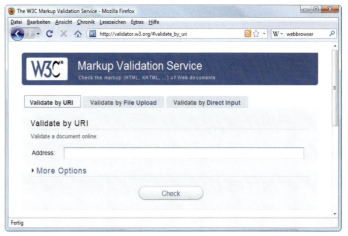

10.8.3.3 Upload

Bevor eine Website öffentlich wird, muss sie auch im Internet ausführlich getestet werden. Wer keinen eigenen Webserver im Internet betreibt, muss die Dienste eines Internet-Service-Providers in Anspruch nehmen und sämtliche Dateien auf einen gemieteten Webserver hochladen (Upload). Beachten Sie hierbei:

- Webserver werden häufig unter Linux betrieben. Im Unterschied zu Windows und Mac OS arbeitet Linux „case-sensitiv" und unterscheidet zwischen Groß- und Kleinschreibung: index.htm, Index.htm und INDEX.htm sind unter Linux drei *unterschiedliche* Dateien! Es kann also passieren, dass ein Link unter Windows/Mac OS funktioniert und nach dem Upload nicht mehr.
- Eine weitere Fehlerquelle sind Umlaute oder Sonderzeichen in Dateinamen.
- Beachten Sie, dass *sämtliche* Dateien des Projekts hochgeladen werden müssen, also neben HTML- beispielsweise auch GIF-, JPG-, PNG-, CSS-,

Validität

Im Web können Sie die „Gültigkeit" Ihrer Websites prüfen und zertifizieren.

http://validator.w3.org

943

Band II – Seite 911
10.7 Content Management

Band II – Seite 136
2.3.5 Internetzugang

JS-, PHP- und SWF-Dateien.

- Etwas komplizierter ist der „Umzug" von Datenbanken, wie sie beispielsweise bei Content-Management-Systemen benutzt werden. Informationen hierzu finden Sie in Kapitel 10.7 ab Seite 911.

FTP

Der Upload ins Internet erfolgt in der Regel über das File Transfer Protocol (FTP) oder, falls eine gesicherte Übertragung gewünscht wird, über SFTP (mit „s" für secure).

FTP-Programme stehen, teilweise kostenlos, im Internet zum Download zur Verfügung. Bessere Webeditoren wie Adobe Dreamweaver integrieren bereits einen FTP-Client, so dass Sie keine zusätzliche Software benötigen.

Für den Upload von Dateien sind drei Informationen erforderlich, die Sie von Ihrem Provider mitgeteilt bekommen:

- Name des Webservers ❶
- Benutzername ❷
- Kennwort ❸

FTP-Client

Über FTP (File Transfer Protocol) lassen sich die fertigen Webseiten auf den Webserver hochladen (Upload).

Online testen

Erst wenn Ihr Projekt im Internet steht, können Sie unter Live-Bedingungen

testen. Beantworten Sie folgende Fragen:

- Sind alle Seiten vorhanden?
- Werden alle Bilder geladen?
- Funktionieren alle Links?
- Funktioniert – falls vorhanden – JavaScript, PHP, Flash oder andere Technologien?

Ladezeiten

Schnelle DSL-Zugänge sind auf dem Vormarsch und haben ISDN fast schon komplett abgelöst. Dennoch gibt es auch in Deutschland (noch) Gegenden, die über langsame Internetanbindungen verfügen (siehe Seite 139).

Im kommerziellen Bereich kann es sich eine Firma nicht leisten, einen Teil der potenziellen Kunden zu verlieren, weil diese die Website nicht nutzen können. Zum Testing der Seite gehört deshalb auch, diese mit einem langsamen Zugang zu betrachten und folgende Fragen zu klären:

- Erfolgt der Seitenaufbau in akzeptabler Zeit?
- Muss die Datenmenge v. a. der Bilder reduziert werden?
- Funktioniert die Seite ohne Flash?
- Können Flash-Sequenzen übersprungen werden (Skip-Intro)?

In puncto Ladezeit können Sie von den großen Internetportalen lernen: EBay, Amazon oder Google stellen eine minimale Anforderung an Hardware und Internetzugang. Dies wird vor allem dadurch erreicht, dass mit Bildern und Grafiken sehr sparsam umgegangen wird. Unstrittig ist, dass dies ein Stück weit auf Kosten des Designs geht. Dennoch: Der durchschlagende Erfolg dieser Projekte bestätigt, dass hier alles richtig gemacht wird und der Leitsatz „form follows function" (frei übersetzt: Das Design hat sich der Funktion unterzuordnen) hier seine Berechtigung hat.

944

10.8.4 Webhosting

Online

10.8.4.1 Internet-Service-Provider

Seien Sie unser Gast! Rechner, die rund um die Uhr mit dem Internet verbunden sind, werden als Hosts (dt.: Gastgeber) bezeichnet.

Auf die Dienstleistung „Internet-zugang" haben sich mittlerweile viele Firmen spezialisiert, die als Internet-Service-Provider (kurz: Provider) bezeichnet werden. Die Aufgabe von Providern besteht im Wesentlichen darin, die Webseiten anderer zu „hosten". Ein ziemlich dämlicher Begriff, denn das Verb „gastgeben" gibt es ja schließlich auch nicht. Gemeint ist damit, dass die Kunden zu Gast bei Ihrem Provider sind und dieser als Gastgeber eine ständige Internetanbindung bietet.

Je nach Größe Ihres Internetauftritts gibt es hierfür mehrere Varianten:

- *Webspace*
  Für kleinere Webauftritte reicht es aus, einige Megabyte an Speicherplatz zu mieten. Der Hostrechner beherbergt in diesem Fall die Webseiten vieler Kunden.
- *Virtueller Server*
  Eine Zwischenlösung zwischen Webspace und eigenem Server stellen virtuelle Server dar. Der Webserver wird hierbei rein softwaremäßig betrieben, ist aber als logisch geschlossene Einheit zu sehen. Dem Kunde stehen damit auch Dienste zur Verfügung, die Zugriffe ins Betriebssystem erfordern.
- *Dedicated Server*
  Große Firmen benötigen eigene Server im Internet. Diese können bei Providern gemietet werden und werden als „Dedicated Server" bezeichnet. Der Begriff kommt von „to dedicate" (dt.: widmen) und meint also Server, die ausschließlich *einem* Kunden zur Verfügung gestellt

werden. Bei Bedarf können mehrere Server gemietet und zu einem Rechenzentrum verbunden werden.

10.8.4.2 Webhosting-Angebote

Die Zahl an Providern ist riesig – allein in Deutschland gibt es Hunderte!

Glücklicherweise gibt es, wie so oft, Hilfe aus dem Internet: Unter www.webhostlist.de oder www.web-hosting-test.de finden Sie gute Übersichten der wichtigsten Provider sowie deren aktuelle Angebote. Im Vorfeld sollten Sie folgende Fragen klären:

Checkliste „Webhosting"

- Wie viel Speicherplatz in MB benötigen Sie für den Internetauftritt? Genügt Webspace oder brauchen Sie einen Server?

- Welches Transfervolumen in GB/Monat wird erwartet? Diese Frage ist sehr schwer abzuschätzen. Rechenbeispiel: 150 KB x 10.000 Nutzer/Monat = 1,4 GB/Monat

- Benötigen Sie einen oder mehrere Domain-Namen? (.de, .info, .com, .name) Benötigen Sie Subdomains?

- Wie viele E-Mail-Postfächer benötigen Sie?

- Setzen Sie Skriptsprachen ein? (Perl, PHP, ASP, CGI, .NET, ...)

- Verwenden Sie Datenbanken, wenn ja, welche? (MySQL, MS Access, ODBC, ...)

- Verwenden Sie ein Content-Management-System? Kann es auf den Server „portiert" werden?

- Benötigen Sie besondere Dienstleistungen wie Audio- oder Video-Streaming, sichere Verbindung (SSL), Zugriffsstatistiken?

- Wünschen Sie technischen Support? Wie teuer ist der Support? – Bedenken Sie: Support kostet Geld, spart aber Zeit und Nerven!

10.8.5 Suchmaschinen-Optimierung

Suchmaschinen-Statistik (Stand: 2011)

85 %	Google
6 %	Yahoo
3,3 %	Bing
3,4 %	Baidu (China)

Quelle:
http://marketshare.hitslink.com

PageRank
Der Algorithmus zur Erstellung des „Rankings" ist das große Firmengeheimnis von Google.

www.google.de

Suchmaschine = Google? Mit einem Marktanteil von knapp 85% (siehe Statistik links) ist obige Gleichung tatsächlich fast gültig.

Wenn Sie sich also fragen, wie Sie einer Website einen möglichst vorderen Platz im Ranking von Suchmaschinen verschaffen, müssen Sie sich hauptsächlich damit beschäftigen, wie dieses Ranking bei *Google* funktioniert.

Nun ist diese Frage nicht leicht zu beantworten, weil die Algorithmen zur Indizierung und Ermittlung des Rankings bei Google so geheim sind wie die Coca-Cola-Rezeptur.

Auf Suchmaschinen-Optimierung (SEO = Search Engine Optimization) haben sich mittlerweile einige Firmen spezialisiert. Hier nur einige Tipps:

Semantische Optimierung
Im ersten Schritt müssen Sie überlegen, welche Suchbegriffe (Keywords) potenzielle Interessenten eingeben würden, um nach Ihrer Website zu suchen. Unter www.ranking-check.de können Sie testen, wie oft ein bestimmter Suchbegriff tatsächlich benutzt wird.

Damit diese Begriffe durch Suchprogramme auch gefunden und in die Datenbank aufgenommen werden, sollten sie auf den Webseiten möglichst oft vorkommen, v. a. im Titel (`<title>`), in Überschriften (`<h1>`, `<h2>`, ...) und im Text. Suchprogramme prüfen nicht nur, ob die Begriffe *irgendwo* vorkommen, sondern auch, welche Priorität diese besitzen. So hat eine `<h1>`-Überschrift eine höhere Priorität als eine `<h2>`-Überschrift.

Titel
Einen besonderen Stellenwert besitzt der Titel (`<title>`) der Website, da dieser in der Ergebnisliste angezeigt wird und den Link zur Webseite beinhaltet.

PageRank
Entscheidend für die Platzierung bei Google ist der PageRank-Algorithmus, der von den Google-Gründern Larry Page und Sergey Brin entwickelt wurde.

Demnach besitzt eine Webseite einen hohen Stellenwert (PageRank), wenn
- viele andere Seiten einen Link auf diese Website enthalten und
- diese Seiten selbst einen hohen PageRank besitzen und
- die Webseite viele Seiten verlinkt.

Das Motto lautet also: Wichtig ist, was andere wichtig finden. Noch wichtiger ist dies, wenn die anderen selbst wichtig sind.

Meta-Tags
Metainformationen spielen für Suchmaschinen keine große Rolle mehr.

Frames
Seiten mit Frames sind problematisch, weil die wichtige Startseite keinen Inhalt besitzt, sondern das Frameset definiert.

Flash
Flash-Intros oder komplette Flash-Seiten sind in puncto Suchmaschinen ebenfalls problematisch, weil sie in kompakter Form (als SWF-Datei) in HTML eingebettet werden und damit durch Suchprogramme nicht ausgewertet werden können.

Bilder, Buttons
Grafische Inhalte werden durch Suchprogramme nicht analysiert. Bei der Verwendung von Bildern oder Buttons ist es daher notwendig, einen aussagekräftigen `alt`-Text mit anzugeben. Beispiel:

```
<img src="webdesign.htm"
alt="webdesign, web-design,
webgestaltung, design">
```

10.8.6 Aufgaben

1 Zulässige Domain-Namen kennen

Gegeben sind folgende Domain-Namen:
- design-mueller.de
- web_design.com
- grafik/design.de
- günter.webdesign.info
- 1a-design.de
- paul%design.net
- designagentur.de
- design.web
- web-deseign.info

a. Nennen Sie die unzulässigen Namen.
b. Nennen Sie zulässige, aber ungünstige Namen.

2 Möglichkeiten der Domain-Registrierung kennen

Nennen Sie zwei Möglichkeiten, um einen Domain-Namen registrieren zu lassen.

3 Urheberrecht beachten

a. Wen schützt das Urheberrecht?
b. Welche Inhalte einer Website können urheberrechtlich geschützt sein?

4 Impressum kennen

Zählen Sie fünf Bestandteile eines Impressums auf.

5 Disclaimer kennen

a. Wozu dient ein Disclaimer?
b. Nennen Sie Inhalte fremder Seiten, auf die nicht verlinkt werden darf.

6 Websites testen

a. Begründen Sie, weshalb Webseiten mit unterschiedlichen Browsern getestet werden müssen.
b. Zählen Sie die derzeit drei wichtigsten Browser auf.

7 Validität kennen

Auf manchen Webseiten finden Sie dieses Logo:

Was kennzeichnet das Logo?

8 Dateinamen beachten

a. Erklären Sie, weshalb die Groß- und Kleinschreibung von Dateinamen auf Webservern eine Rolle spielt.
b. Beschreiben Sie eine mögliche Folge, wenn Punkt a. nicht beachtet wird.

9 Webhoster wählen

Zählen Sie fünf Fragen auf, die Sie sich bei der Auswahl eines Webhosters stellen.

10 Suchmaschinen-Ranking verbessern

Nennen Sie drei mögliche Maßnahmen, um die Platzierung (Ranking) einer Website in Suchmaschinen zu verbessern.

Audiovisuelle Medien

11.1 Audiotechnik

11.1.1	Physiologie des Hörens	952
11.1.2	Grundbegriffe	953
11.1.3	Digitale Audiotechnik	956
11.1.4	Audioformate	960
11.1.5	Audiohardware	963
11.1.6	Soundbearbeitung	970
11.1.7	MIDI	974
11.1.8	Aufgaben	975

11.1.1 Physiologie des Hörens

Wenn Sie einen Stein in einen See werfen, dann werden Wassermoleküle in Schwingung versetzt und diese Schwingung breitet sich wellenförmig in alle Richtungen aus.

Bei Schall handelt es sich um einen vergleichbaren Vorgang: Auch hier werden Materieteilchen, z. B. Luftmoleküle, in Schwingung versetzt und die hierdurch entstehende Bewegung breitet sich in Form von Schallwellen aus.

Das menschliche Ohr dient uns als Schallempfänger. Die ankommenden Schallwellen gelangen über den äußeren Gehörgang zum Trommelfell. Dabei handelt es sich um eine dünne und sehr empfindliche Membran, die durch den Schalldruck in Schwingung versetzt wird. Diese Schwingung wird im Mittelohr über die drei Gehörknöchel Hammer, Amboss und Steigbügel an das Innenohr weitergeleitet. Da das Trommelfell etwa 16-mal größer ist als der Steigbügel und die Gehörknöchel zusätzlich eine Hebelwirkung erzielen, führt die Übertragung des Schalls vom Außen- zum Innenohr insgesamt zur Verstärkung des Schalldruckes um etwa Faktor 60.

Das eigentliche Organ der Hörempfindung ist die Schnecke im Innenohr. Sie enthält härchenförmige Sinneszellen, die durch den Schalldruck verbogen werden und diese Information über den Schneckennerv an das Gehirn weiterleiten. Dabei ermittelt das Gehirn:

- *Lautstärke* über die Anzahl an erregten Sinneszellen: Je mehr Sinneszellen bewegt werden, umso lauter empfinden wir den Schall.
- *Tonhöhe* über den Ort der Sinneszellen: Tiefe Frequenzen werden im äußeren, hohe Frequenzen im inneren Teil der Schnecke registriert.
- *Schallrichtung* aus der zeitlichen Verzögerung zwischen dem linken und rechten Ohr (räumliches Hörempfinden).

Äußeres Ohr, Mittelohr und Innenohr

Abb.: Der Körper des Menschen, dtv

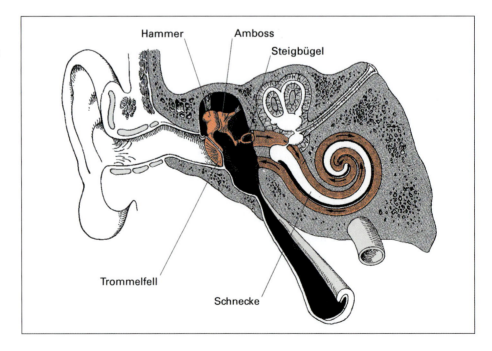

11.1.2 Grundbegriffe

Audiotechnik

11.1.2.1 Ton, Tonhöhe und Tonstärke

Ob Sprache, Musik oder Geräusche: Jegliche Art von Sound kann in (Grund- und Ober-)Töne zerlegt werden. Sie bilden also sozusagen die Grundbausteine aller Sounds.

Bei einem Ton handelt es sich um eine rein sinusförmige Schwingung. Töne kommen in der Natur nicht vor, können aber elektronisch erzeugt werden. Sie klingen demzufolge künstlich, wie jeder am Beispiel des Freizeichens beim Telefonieren bestätigen wird. Ein Ton ist durch folgende Kennwerte charakterisiert:

Die Dauer einer vollständigen Schwingung wird als *Periodendauer T* bezeichnet. Einheit der Periodendauer ist die Sekunde [s].

Wesentlich wichtiger in der Audiotechnik ist der als *Frequenz f* bezeichnete Kehrwert der Periodendauer. Zu Ehren des Physikers Heinrich Hertz erhielt die Frequenz die Einheit Hertz [Hz]. Die Angabe 440 Hz besagt, dass 440 Schwingungen pro Sekunde stattfinden. (Es handelt sich bei dieser Frequenz um den Kammerton a', auf den international Musikinstrumente gestimmt werden.)

Die Frequenz ist das Maß für die Tonhöhe. Je höher die Frequenz ist, umso höher ist unsere Hörempfindung und umgekehrt. Wir Menschen hören Frequenzen von etwa 20 Hz bis maximal 20.000 Hz (20 kHz). Mit zunehmendem Alter sinkt die obere Hörgrenze ab, so dass ältere Menschen eventuell bereits einen Ton von 10 kHz nicht mehr hören können.

Unterhalb des Hörbereichs bei Frequenzen unter 20 Hz liegt der Bereich des *Infraschalls*, oberhalb von 20 kHz der des *Ultraschalls*. Es ist bekannt, dass Tierohren für andere Frequenzbereiche optimiert sind. Fledermäuse beispielsweise navigieren mit Hilfe von Ultraschall.

Die maximale Höhe einer Schwingung wird als *Amplitude û* bezeichnet. Sie repräsentiert die Stärke des Tones, das heißt, je größer die Amplitude eines Tones ist, desto lauter wird er gehört. Wie im nächsten Abschnitt erläutert wird, besteht kein linearer Zusammenhang zwischen Amplitude und Hörempfinden. Doppelte Amplitude heißt also nicht doppelt so laut.

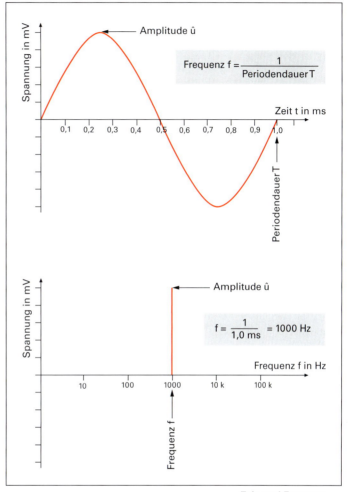

Zeit- und Frequenzverhalten eines Tones

Ein Ton besteht aus einer sinusförmigen Schwingung. Seine Frequenz bestimmt die Tonhöhe, seine Amplitude die Tonstärke.

11.1.2.2 Pegel

Unser Ohr besitzt die geniale Eigenschaft, Schallleistungen über einen sehr großen Amplitudenbereich wahrnehmen zu können. Das *Weber-Fechner-Gesetz* sagt aus, dass wir den Lautstärkeunterschied zwischen einer und zwei Mücken (subjektiv) ebenso stark empfinden wie den Lautstärkeunterschied zwischen ein und zwei Düsenjets.

Mathematisch heißt dies, dass unser Ohr nicht linear, sondern logarithmisch funktioniert. Betrachten Sie hierzu die logarithmische Skala: Durch die logarithmische Teilung kann ein viel größerer Zahlenbereich dargestellt werden als durch eine lineare Skala. Der große Bereich von sehr leise bis sehr laut kann deshalb nur mit einer logarithmischen Achsenteilung dargestellt werden, mit einer linearen Skala nicht.

Die logarithmische Achsenteilung wird in der Audiotechnik als *Pegel a* bezeichnet. Pegel werden in der Einheit Dezibel [dB] angegeben:

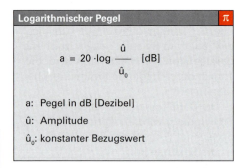

Logarithmischer Pegel

$$a = 20 \cdot \log \frac{\hat{u}}{\hat{u}_0} \quad [\text{dB}]$$

a: Pegel in dB [Dezibel]
$\hat{u}$: Amplitude
$\hat{u}_0$: konstanter Bezugswert

Die Verwendung eines konstanten Bezugswertes $\hat{u}_0$ ist ein „Trick", um nicht mit absoluten Werten rechnen zu müssen. Beispiel: Bei einer Halbierung der Amplitude gilt $\hat{u} = 0{,}5 \cdot \hat{u}_0$ oder $\hat{u}/\hat{u}_0 = 0{,}5$. Dies entspricht einem Pegel von $a = 20 \cdot \log (0{,}5) = -6$ dB. Eine Verdopplung der Amplitude ergibt $a = 20 \cdot \log (2) = 6$ dB. Sie erkennen, dass negative Pegel die Lautstärke reduzieren, positive Pegel die Lautstärke erhöhen.

Üblicherweise werden Pegelanzeigen an Verstärkern, Mischpulten oder in Audiosoftware ausschließlich durch negative Werte dargestellt, so dass hier 0 dB der Aussteuergrenze entspricht (siehe Abbildung links oben).

Um physikalisch korrekt zu sein: Der Pegel stimmt nicht exakt mit der Lautstärke überein. Diese wird zwar ebenfalls logarithmisch angegeben, stellt aber ein Maß für die *subjektive* Schallempfindung dar und besitzt die Einheit Phon.

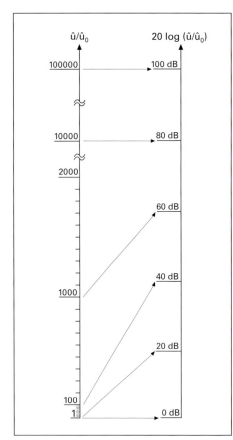

Pegelanzeige einer Audiosoftware in dB

Der Maximalwert 0 dB ist die Aussteuergrenze. Die Abnahme um − 6 dB entspricht einer Halbierung der Amplitude.

Lineare und logarithmische Skala

Mit Hilfe der logarithmischen Achsenteilung (rechts) lassen sich sehr große Zahlenbereiche darstellen. Sie wird für Pegelanzeigen in der Audiotechnik genutzt.

954

Audiotechnik

11.1.2.3 Ton, Klang und Geräusch

Ton
Töne sind reine Sinusschwingungen, die unnatürlich und ungewohnt klingen.

Klang
Ein Klang entsteht dadurch, dass einem Grundton mit einer Frequenz f weitere sinusförmige Schwingungen überlagert werden. Sind die Frequenzen dieser Obertöne ganzzahlige Vielfache, z. B. 2·f, 3·f, 4·f, ..., der Frequenz des Grundtones, spricht man von einem *harmonischen Klang*. Die Amplituden der Obertöne nehmen hierbei mit zunehmender Frequenz immer weiter ab.

Musikinstrumente und auch menschliche Stimmen besitzen charakteristische *Obertonreihen*. Man spricht in diesem Zusammenhang auch von der *Klangfarbe* des Instruments oder der Stimme. Der Screenshot zeigt die Obertonreihe eines Klaviers:

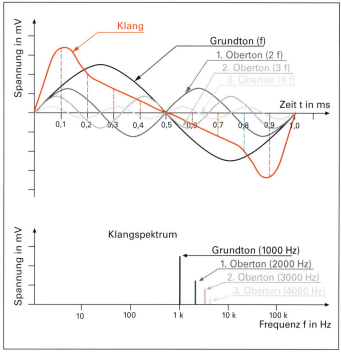

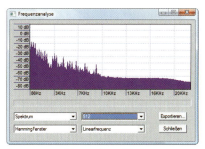

Frequenzspektrum eines Klaviers

Unsere Ohren bzw. unser Gehirn kann unterschiedliche Klangfarben sehr gut unterscheiden. So genügt selbst die schlechte Klangqualität des Telefons, um die Stimme des Gesprächspartners zu identifizieren. Menschen mit extrem gutem Gehör können Obertöne bis zu 200 kHz in Klängen identifizieren. Zum Vergleich: Einzelne Töne können wir bis maximal 20 kHz hören.

Geräusch
Geräusche entstehen durch Überlagerung nichtperiodischer Druckschwankungen unterschiedlicher Frequenzen. Es ergibt sich ein *Frequenzgemisch* ohne erkennbare Ordnung. Beispiele hierfür sind plätscherndes Wasser, Schritte, Blätter im Wind oder das Knallen einer Tür.

Für die Audiotechnik wichtig ist ein als *Weißes Rauschen* bezeichnetes Geräusch, bei dem alle Frequenzen des Hörbereichs mit gleicher Amplitude vorkommen (siehe kleine Abbildung). Weißes Rauschen dient zur Untersuchung der Qualität von Audiokomponenten wie Verstärker oder Mikrofone. Hierzu wird Weißes Rauschen auf den Eingang des Geräts gegeben und untersucht, welche Frequenzen am Ausgang ankommen.

Zeit- und Frequenzverhalten eines (sehr einfachen) Klanges

Die rote Kurve ergibt sich durch Addition der vier Töne zu jedem Zeitpunkt.

Natürliche Klänge (Stimmen, Instrumente) besitzen sehr komplexe Obertonreihen und verleihen dem Klang hierdurch seine charakteristische Klangfarbe.

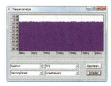

Frequenzspektrum des Weißen Rauschens

955

11.1.3 Digitale Audiotechnik

11.1.3.1 Analog- versus Digitaltechnik

Vor fast dreißig Jahren hat die Digitalisierung im Audiobereich ihren Siegeszug angetreten. Bevor die CD-ROM im Computer eingesetzt wurde, erschien Anfang der 80er Jahre die Audio-CD mit zugehörigem CD-Player auf dem Markt. Innerhalb kurzer Zeit wurden Schallplatten und Musikkassetten weitgehend vom Markt verdrängt, der Verkauf von CDs hat der Musikindustrie einen Milliardenumsatz beschert. Heute ist es das Internet, das ein ernst zu nehmender Konkurrent der Audio-CD bzw. -DVD geworden ist. Die Entwicklung geeigneter Verfahren zur Datenreduktion – allen voran MP3 – hat die Übertragung von Musikaufnahmen in hoher Qualität über dieses Medium möglich gemacht. Das Geschäft mit iPod und Co. boomt ...

Durch die Entwicklung von hochwertigen Soundkarten wurde die professionelle Aufzeichnung von Sound am PC oder Mac möglich gemacht. Bei diesem *Hard-Disc-Recording* wird der vom Mischpult gelieferte Sound direkt auf Festplatte (Hard-Disc) gespeichert. Alternativ zur Aufzeichnung auf Festplatte kommen im Studio DAT-Recorder (Digital Audio Tape) und digitale Bandmaschinen zum Einsatz. Letztere ermöglichen es, die Bestandteile eines Songs, z. B. Stimme, Schlagzeug, Leadgitarre, Bass, nacheinander einzuspielen. Die Bänder sind hierfür in 8, 16 oder mehr parallele Spuren unterteilt.

Abb.: Apple (iPhone)

Alle digitalen Verfahren liefern qualitativ hochwertiges Soundmaterial und sind – wie die Tabelle zeigt – der konventionellen analogen Aufzeichnung in vielen Punkten haushoch überlegen:

Kennwert	Analoge Aufzeichnung	Digitale Aufzeichnung
Medium	Tonband	Festplatte (HD), DAT
Klirrfaktor	0,3%	0,01%
Dynamik	60 dB	z. B. 100 dB
Frequenzgang	20 kHz ± 2 dB	20 kHz ± 0,5 dB
Laufzeit	120 min	beliebig
Abnutzung	ja	nein
Kopierverlust	ja	nein
Empfindlichkeit	hoch	gering
Zugriffszeit	hoch	gering bei HD

Der *Klirrfaktor* ist ein Maß für die Verzerrung eines Signals. Der *Dynamikbereich* gibt den Abstand zwischen lautestem und leisestem Signal an. Der *Frequenzgang* definiert die speicherbaren Frequenzen mit Toleranzbereich. Plus bzw. minus zwei Dezibel bedeutet dabei, dass das Signal bei der Aufzeichnung um zwei Dezibel verstärkt bzw. gedämpft werden kann.

Trotz aller technischen Argumente gibt es immer noch viele Menschen, die den warmen und brillanten Klang einer Schallplatte bevorzugen, selbst wenn jeder kleine Kratzer auf der Platte hörbar ist. Dies liegt nicht nur an subjektiven nostalgischen Gefühlen, sondern auch daran, dass durch die Digitalisierung zwangsläufig alle Obertöne ab einer gewissen Frequenz verloren gehen. Da Obertöne, wie im vorherigen Abschnitt beschrieben, weit über die Hörgrenze hinaus in einem Klang hörbar sind, verändern die fehlenden Frequenzen das Klangbild tatsächlich. Auf einen iPlattenspieler werden wir wohl dennoch vergeblich warten ;-).

11.1.3.2 Digitale Kennwerte

Abtastfrequenz (Samplingrate)
Im ersten Schritt der Analog-digital-Wandlung muss das analoge Signal in regelmäßigen Abständen gemessen werden. Dieser Vorgang wird als *Abtastung (Sampling)* bezeichnet, die Frequenz, mit der das analoge Signal abgetastet wird, demzufolge als Abtastfrequenz. Nun stellt sich die Frage, wie hoch die Abtastfrequenz gewählt werden muss?

Eine Antwort darauf gibt der Mathematiker Shannon mit dem nach ihm benannten Abtasttheorem: Die Abtastfrequenz f_A muss mindestens doppelt so hoch sein wie die maximal im Analogsignal vorkommende Signalfrequenz f_{Smax}.

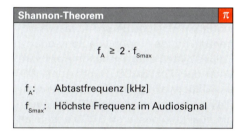

Shannon-Theorem

$$f_A \geq 2 \cdot f_{Smax}$$

f_A: Abtastfrequenz [kHz]
f_{Smax}: Höchste Frequenz im Audiosignal

Der Hörbereich des Menschen endet bei etwa 20 kHz. Zur Abtastung einer Frequenz von 20 kHz muss die Abtastfrequenz (Samplingrate) mindestens doppelt so hoch, also 40 kHz, gewählt werden. Technische Abtastfrequenzen sind:
- 192 kHz   sehr hohe Qualität, Studioeinsatz, DVD-Audio
- 96 kHz   hohe Qualität, Studioeinsatz, DVD-Audio
- 44,1 kHz hohe Qualität, Audio-CD, Multimedia-CD
- 22,05 kHz mittlere Qualität, für Multimedia evtl. ausreichend

Eine Abtastung mit zu geringer Abtastfrequenz führt zum so genannten *Aliasing-Fehler*. Dieser macht sich beim Abhören dadurch bemerkbar, dass der Sound an Brillanz und Klarheit verliert und dumpfer klingt.

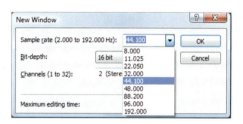

Doch selbst Audio-CDs, die mit einer Abtastfrequenz von 44,1 kHz gesampelt werden, besitzen eine schlechtere Qualität als das analoge Original. Ursache ist, dass sich beim Abtastvorgang die Obertöne über 22 kHz störend auf das Abtastsignal auswirken. Zur Erfassung von Obertönen bis 100 kHz wäre nach Shannon eine Abtastfrequenz von 200 kHz notwendig!

Als Gegenmaßnahme des Aliasing-Fehlers kommen wie im Bildbereich Anti-Aliasing-Filter zum Einsatz. Dennoch gibt es wie erwähnt auch heute noch Puristen, die aus Gründen der besseren Klangqualität und des wärmeren Klanges auf Schallplatten zurückgreifen.

Abtasttiefe (Auflösung)
Nach der Abtastung muss das immer noch analoge Abtastsignal im zweiten Schritt digitalisiert und mit einem binären Code versehen werden. Wie in Kapitel 1.1.1 erläutert, wird die Qualität des digitalen Signals durch die Anzahl an binären Stufen bestimmt. Sie wird in Bit angegeben, wobei n Bit 2^n Stufen ermöglichen: Bei einer Datenmenge von 8 Bit (= 1 Byte) sind demnach 2^8 = 256 Stufen möglich, bei 16 Bit sind es bereits 2^{16} = 65.536 Stufen. In der Bild-

---

Band II – Seite 4
1.1.1 Analoge und digitale Daten

Abtastfrequenz
Je höher die Abtastfrequenz, umso höher wird die Datenmenge (siehe Seite 958).
Die Abtastfrequenz von 44.100 Hz entspricht Audio-CD-Qualität.

Abb.: Sound Forge Pro

Shannon oder Nyquist?
In der Literatur wird das für die digitale Signalverarbeitung enorm wichtige Abtasttheorem auch oft in Verbindung mit dem Physiker Nyquist genannt.

verarbeitung bestimmt dieser Kennwert die Anzahl an möglichen Farben eines Pixels und wird als Farb- oder Datentiefe bezeichnet. In der Audiotechnik bestimmt die Stufenzahl das Frequenzverhalten des digitalen Audiosignals und wird *Abtasttiefe* genannt. Grundsätzlich gilt: Je höher die Abtasttiefe gewählt wird, umso besser wird die Qualität des digitalisierten Sounds. Allerdings hören auch Audioprofis kaum noch Unterschiede zwischen 16 und 24 Bit, so dass noch höhere Werte nicht erforderlich sind. In der Audiotechnik spielen folgende Abtasttiefen eine Rolle:
- 24 Bit (16,7 Mio. Stufen) sehr hohe Qualität, Studioeinsatz, Audio-DVD
- 16 Bit (65.536 Stufen) hohe Qualität, Audio-CD, Multimedia-CD

Der durch die Stufenbildung grundsätzlich entstehende Fehler wird *Quantisierungsfehler* genannt. Bei einer Quantisierung mit 8 Bit ist dieser Fehler als deutliches Rauschen zu hören. Zur Minimierung des Quantisierungsfehlers kann bei der Wiedergabe der Trick angewandt werden, bei der Interpolation zusätzliche (Zwischen-)Stufen zu errechnen. Diese Technik wird als *Oversampling* bezeichnet.

Kanalanzahl

Während Audio-CDs mit zwei Kanälen (Stereo) auskommen, lässt sich durch Ergänzung weiterer Kanäle eine deutliche Verbesserung des Raumklangs erzielen (siehe Seite 968).

Abb.: Sound Forge Pro

Abtasttiefe

Je höher die Abtasttiefe, umso höher wird die Datenmenge. Die Abtastfrequenz von 16 Bit entspricht Audio-CD-Qualität.

Abb.: Sound Forge Pro

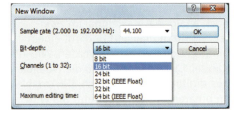

Kanalanzahl

Der dritte Kennwert, den Sie bei der Erstellung digitalen Sounds wählen müssen, ist die gewünschte Anzahl an Kanälen. Heutige Hardware ist so leistungsfähig, dass Sie mehrere Kanäle parallel aufzeichnen können.

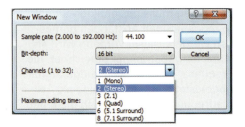

SACD (Super-Audio-CD)

Neben dem oben beschriebenen Verfahren zur Umsetzung analoger Signale in binäre Daten, das als *PCM (Puls Code Modulation)* bezeichnet wird, gibt es eine klanglich bessere Alternative: *DSD (Direct Stream Digital)*. Hierbei werden bei der Abtastung immer nur die Änderungen zum Vorwert erfasst, wofür ein einziges Bit pro Abtastwert genügt. Einige Firmen wie Sony oder Philips bieten entsprechende Hardware unter dem Titel SACD (Super-Audio-CD) an. Mittlerweile gibt es auch Universal-Player, die sowohl Audio-CDs als auch die qualitativ besseren SACD abspielen können.

11.1.3.3 Audiodaten

Wie viel Sound passt auf eine CD? Wie groß darf der Datenstrom sein, damit er via Internet übertragbar ist?

Um diese Fragen beantworten zu können, müssen Sie sich mit der Formel zur Berechnung der Datenmenge von Sound beschäftigen. Drei der vier Parameter haben Sie im letzten Abschnitt bereits kennengelernt:
- Abtastfrequenz
- Abtasttiefe
- Kanalanzahl

Audiotechnik

Als vierter Parameter kommt noch die Aufnahmezeit hinzu:

Datenmenge einer Audiodatei π

$$D = \frac{A \cdot f_A \cdot Z \cdot t}{8 \cdot 1024 \cdot 1024} \; [MB]$$

A: Auflösung in [Bit]
f_A: Abtastfrequenz in [Hz] = [s^{-1}]
Z: Anzahl an Kanälen (ohne Einheit)
t: Aufnahmezeit in [s]

Beispiel: Einminütige Aufnahme in CD-Qualität (16 Bit, 44.100 Hz, Stereo):

$$D = \frac{16 \cdot 44.100 \cdot 2 \cdot 60}{8 \cdot 1024 \cdot 1024} = 10,1 \; MB$$

Auf eine herkömmliche CD-R mit 700 MB passen also etwa 70 Minuten Sound.

Für die als *Streaming* bezeichnete Liveübertragung von Sound im Internet ist die absolute Datenmenge unerheblich. Für diesen Zweck interessiert der Datenstrom d, der oft – wie im Englischen – als Bitrate bezeichnet wird. Er gibt die *pro Sekunde* anfallende Datenmenge an und besitzt meistens die Einheit Kilobit/Sekunde [kBit/s]:

Datenstrom (Bitrate) einer Audiodatei π

$$d = \frac{A \cdot f_A \cdot Z}{1000^{*)}} \; [kBit/s]$$

A: Auflösung in [Bit] = [b]
f_A: Abtastfrequenz in [Hz] = [s^{-1}]
Z: Anzahl an Kanälen (ohne Einheit)

*) Datenströme werden üblicherweise mit k = 1000 und nicht K = 1024 angegeben.

Hinweis: Die uneinheitliche Verwendung der Vielfachen „K" (Kilo) und „M" (Mega) ist sehr ärgerlich, aber leider nicht zu ändern. Wir verwenden in diesem Buch ein kleines „k" für 1.000 und ein großes „K" für 1.024. Lesen Sie hierzu auch Kapitel 1.1.4.

Beispiel: Datenstrom einer Audio-CD:

$$d = \frac{16 \cdot 44.100 \cdot 2}{1.000} = 1.411 \; kBit/s$$

Das Beispiel zeigt, dass für das Streaming einer Audio-CD mindestens ein DSL-Anschluss mit 2.000 kBit/s erforderlich wäre. Dies kann heute noch nicht vorausgesetzt werden, da es immer noch ISDN-Internetzugänge (64 kBit/s) gibt.

Zur Reduktion der Datenmenge kommen aus diesem Grund Kompressionsverfahren zum Einsatz, allen voran MP3.

Band II – Seite 10
1.1.4 Datenformate

Datenströme im Vergleich

Die Grafik zeigt, dass zur Datenübertragung eine starke Datenreduktion erforderlich ist.

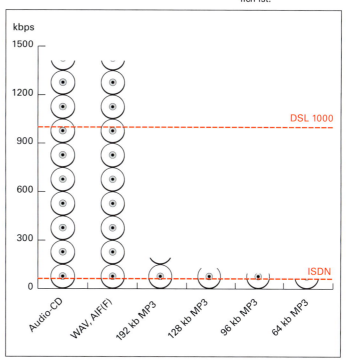

959

11.1.4 Audioformate

11.1.4.1 Audioformate ohne Qualitätsverlust

```
ATRAC Audio (*.aa3)
Audio Interchange File Format (AIFF) (*.aif)
Dialogic VOX ADPCM (*.vox)
Dolby Digital AC-3 Pro (*.ac3)
Dolby Digital AC-3 Studio (*.ac3)
FLAC Audio (*.flac)
Intervoice (*.ivc)
LPEC Audio (*.mev)
MainConcept AVC/AAC (*.mp4)
MainConcept MPEG-1 (*.mpg)
MainConcept MPEG-2 (*.mpg;*.m2v;*.m2t;*.mpe)
MP3 Audio (*.mp3)
NeXT/Sun (Java) (*.au)
OggVorbis (*.ogg)
QuickTime 7 (*.mov)
Raw Audio (*.raw)
RealMedia 9 (*.rm)
Scott Studios Wave (*.wav)
Sony AVC (*.mp4;*.m2ts;*.avc)
Sony MXF (*.mxf)
Sony Perfect Clarity Audio (*.pca)
Sony Wave64 (*.w64)
Sound Designer 1 (*.dig)
Video for Windows (*.avi)
Wave (Microsoft) (*.wav)
Windows Media Audio V11 (*.wma)
Windows Media Video V11 (*.wmv)
```

Audioformate

Wie bei den Dateiformaten für Bilder haben Sie auch bei Sounds die Qual der Wahl.

Zur Bearbeitung von Sound gilt – wie bei der Bildbearbeitung auch –, dass dieser in maximaler Qualität vorliegen sollte. Eine eventuell notwendige Kompression erfolgt erst beim Exportieren in das gewünschte Endformat. Bei der Auswahl eines Dateiformats muss dabei ein Kompromiss zwischen noch akzeptabler Soundqualität und zulässiger Datenmenge gefunden werden.

Im Unterschied zu Bildern können im Bereich der verlustfreien Datenkompression nur eingeschränkt Daten reduziert werden. Dies liegt daran, dass ein Audiosignal eine scheinbar zufällige Struktur besitzt. Sich wiederholende Muster wie bei Bildern gibt es nicht. Die erreichbare Datenreduktion *ohne Qualitätsverlust* beträgt maximal 75%, so dass von den im vorherigen Abschnitt berechneten 1.411,2 kBit/s immer noch 352,8 kBit/s verbleiben. Dies ist für lokale Anwendungen akzeptabel, für das Internet ist diese Datenrate (noch) zu hoch. Im Rahmen dieses Buches wird deshalb auf verlustfreie Kompressionsverfahren nicht näher eingegangen.

Zur *unkomprimierten* und damit verlustfreien Archivierung von Sounds werden vorwiegend folgende zwei Formate eingesetzt:

WAV (Wave)
Das ursprünglich aus der Windows-Welt stammende WAV-Format dient mittlerweile als plattformübergreifendes Standardformat für Windows und Mac.

Werden Sounds im WAV-Format unkomprimiert gespeichert, benötigen Sie die im vorherigen Abschnitt berechneten 10,1 MB pro Minute Sound in CD-Qualität. Alternativ bieten die Audioeditoren die Möglichkeit einer verlustfreien

Kompression im WAV-Format, z. B. nach dem ADPCM-Verfahren.

AIF(F) (Audio Interchange File Format)
Das AIF(F)-Format war – wie der Name sagt – von Anfang an für den Austausch von Sounddaten zwischen unterschiedlichen Computerplattformen und Programmen gedacht. Es ist heute ein vor allem auf Apple-Rechnern häufig verwendetes Format.

Die Sounddaten werden ohne Kompression und damit verlustfrei abgespeichert. Die Datenmenge entspricht bei gleichen Parametern der Datenmenge von WAV-Sounds. Beide Formate eignen sich damit nur bedingt zum Einsatz in multimedialen Produktionen.

11.1.4.2 Audioformate mit Qualitätsverlust

Maskierung
Die grundlegende Idee bei der Kompression von Sounddaten ist einfach: Das Ticken eines Weckers wird so lange gehört, bis der Wecker klingelt. Das lautere Geräusch des Klingelns „maskiert" die Frequenzen des Tick-Geräusches. Daraus folgt: Alle Anteile eines Sounds, die wegen dieser Maskierung ohnehin nicht wahrgenommen werden, können bei der Kompression entfernt werden. Was in der Theorie einfach klingt, erweist sich in der Praxis als sehr komplex: Nur durch umfangreiche Testreihen kann ermittelt werden, welche Frequenzen durch unser Gehirn beim Hörvorgang maskiert werden. Aus den Testergebnissen wird ein so genanntes *„Psychoakustisches Modell"* gebildet. Dieses Modell simuliert sozusagen das menschliche Gehör. Allen voran ist hierbei die Pionierarbeit am Fraunhofer-Institut zu erwähnen,

960

Audiotechnik

Band II – Seite 1002
11.2.7 AV-Streaming

das mit seinem „MPEG Layer-3" (kurz: MP3) ein weltweit erfolgreiches Format entwickelt hat.

Progressive Download und Streaming
Im Internet möchte man Sounds abspielen können, ohne sie vorher komplett downloaden zu müssen. Wenn die Sounddatei bereits auf dem Server vorhanden ist, spricht man hierbei von *Progressive Download*. Im anderen Fall, bei dem die Daten „live" im Moment des Übertragens entstehen, ist von Streaming die Rede.

Um Daten auf die oben beschriebene Weise übertragbar zu machen, müssen sie in einer anderen Form gespeichert werden. Ein wesentlicher Parameter ist hierbei die Bitrate, also die pro Sekunde anfallende Datenmenge.

Bitrate
Es gibt drei Möglichkeiten, wie die Bitrate eingestellt werden kann:
- Bei *CBR (Constant Bit Rate)* bleibt der Datenstrom immer gleich, was zur Übertragung vorteilhaft ist. Da sich das Signal aber ständig ändert, wirkt sich eine feste Datenrate nachteilig auf die Qualität aus. CBR hat deshalb an Bedeutung verloren.
- Die *VBR (Variable Bit Rate)* führt zu dem qualitativ besten Ergebnis, kann aber bei schlechter Internetanbindung zu Übertragungsproblemen führen.
- *ABR (Average Bit Rate)* stellt einen Kompromiss zwischen CBR und VBR dar, indem eine durchschnittliche Bitrate vorgegeben werden kann.

MP3 (MPEG Layer-3)
Bei MP3 handelt es sich ursprünglich um den Audioanteil des MPEG-Kompressionsverfahrens für Videos, das von der Fraunhofer-Gesellschaft entwickelt wurde. Der Algorithmus war derart erfolgreich, dass er sich zum Standardformat der Musikbranche etablieren konnte. Dies gilt bis heute, obwohl es mittlerweile bessere Formate gibt (vgl. nächste Seite).

Neben der oben beschriebenen Maskierung nicht hörbarer Frequenzen, ermöglicht MP3 u.a. Joint Stereo ❶, ein Verfahren, das nur die Unterschiede zwischen dem linken und rechten Kanal speichert.

Wird ein MP3 mit konstanter Bitrate (CBR) erzeugt, geben Sie die gewünschte Bitrate vor:
- > 192 kBit/s: entspricht CD-Qualität
- 128 kBit/s: nahezu CD-Qualität
- 96 kBit/s: leicht unter CD-Qualität
- < 64 kBit/s: unter CD-Qualität

Die größte Verbreitung besitzen MP3s mit 128 kBit/s, da sie einen Kompromiss aus hoher Qualität und geringer Datenmenge bieten.

Im Unterschied dazu wählen Sie bei der Encodierung mit variabler Bitrate (VBR) die gewünschte Qualität ❷. Je

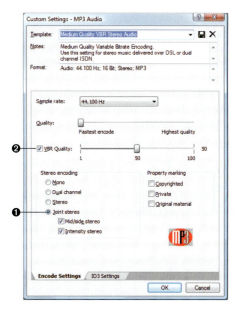

MP3-Settings

Eine variable Bitrate (VBR) ❷ liefert ein qualitativ besseres Ergebnis als eine konstante Bitrate (CBR).

Die Option „Joint stereo" besagt, dass lediglich die Unterschiede zwischen linkem und rechtem Kanal gespeichert werden ❶.

Abb.: Sound Forge Pro

961

höher die Qualität, umso höher wird der Datenstrom.

Der zum Erzeugen von MP3s notwendige Encoder steht in mehreren Varianten zur Verfügung: Während die Version der Fraunhofer-Gesellschaft lizenzpflichtig ist, empfiehlt sich die Verwendung des kostenlosen Open-Source-Encoders LAME (http://lame.sourceforge.net). Der Encoder kann allerdings nicht für sich alleine genutzt werden, sondern muss in einen Audioeditor eingebunden werden.

In MP3-Dateien lassen sich Zusatzinformationen, z. B. Interpret, Titel, Album, als so genannte *ID3-Tags* abspeichern und im MP3-Player anzeigen.

Zur Wiedergabe von MP3-Dateien ist ein (kostenloser) Softwareplayer erforderlich. Beispiele hierfür sind der VLC Media Player, Windows Media Player oder iTunes von Apple.

AAC (Advanced Audio EnCoding)
Bei AAC wurde versucht, die Schwächen des MP3-Verfahrens zu korrigieren. Vor allem bei niedrigen Bitraten werden etwas bessere Ergebnisse erzielt als bei MP3. Weitere Merkmale sind die Möglichkeit des Kopierschutzes mittels DRM sowie die Unterstützung von Surround-Sound bis zu 48 Kanälen.

AAC ist das Standardformat von Apple (iPod, iTunes), wird von vielen Handys unterstützt und kommt auch bei Nintendos Wii zum Einsatz.

WMA (Windows Media Audio)
WMA ist der Audioanteil der „Windows Media Technology", die auch die Kompression von Videos (WMV) ermöglicht und die zusammen mit dem Betriebssystem Windows geliefert wird.

WMA liefert wie AAC eine verbesserte Klangqualität bei Datenraten um 64 kBit/s, weshalb das Format für Streaming interessant ist. Ebenfalls wie bei AAC ist DRM möglich.

RA (RealAudio)
Die Firma RealNetworks leistete Pionierarbeit beim Streaming. Zur Wiedergabe ist die Installation des RealPlayers notwendig, der kostenlos für alle Plattformen (Windows, Mac, Linux) zur Verfügung steht. Heute hat RA stark an Bedeutung verloren, weil sich beim Streaming v. a. Flash und die Windows Media Technology durchgesetzt haben.

OGG (Ogg Vorbis)
Als Open-Source-Projekt ist Ogg Vorbis frei von Einschränkungen und DRM. Qualitativ kommt es an AAC heran, was das Format zu einer interessanten Alternative werden lässt.

11.1.4.3 Digital Rights Management

Digital Rights Management (DRM) war eine Reaktion der Musikindustrie auf den jahrelangen Urheberrechtsmissbrauch zum Beispiel durch Musiktauschbörsen im Internet.

DRM-fähige Dateiformate wie AAC oder WMA können hierbei mit einem digitalen „Wasserzeichen" versehen werden, das die Nutzungsrechte enthält. Die Dateien wurden hierdurch an einen bestimmten Software-Player (z. B. Windows Media Player) oder Hardware-Player (z. B. iPod) gebunden und konnten, zumindest legal, weder kopiert noch in ein anderes Format konvertiert werden. Für den Zugriff und die Nutzung der Datei musste ein Lizenzschlüssel käuflich erworben werden.

Zum Glück für die Nutzer konnte sich DRM bei Audio im Unterschied zu Video nicht durchsetzen. Allen voran beendete Apple 2007 sein DRM-Konzept.

11.1.5 Audiohardware

11.1.5.1 Homerecording

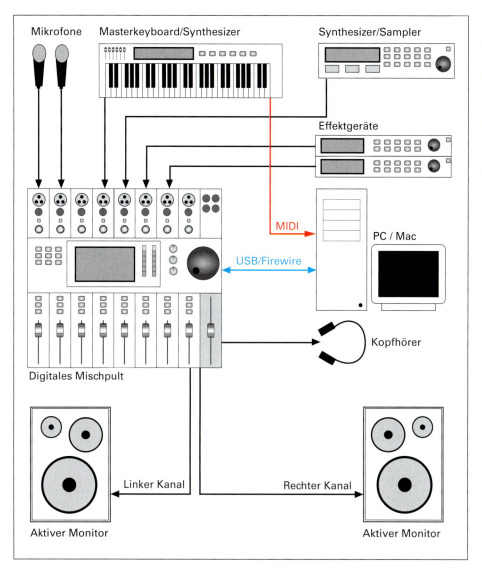

Beispielkonfiguration eines Homerecording-Studios

Auf das Mischpult kann verzichtet werden, wenn nur wenige Eingänge benötigt werden, z.B. für Podcast-Aufnahmen. Die Komponenten werden dann direkt an das Audio-Interface (Soundkarte) angeschlossen.

Wenn Sie während einer spannenden Szene eines Films den Ton abstellen, wissen Sie um dessen dramaturgische Bedeutung. Neben Kamera- und Lichtführung stellt die Vertonung einer Filmproduktion eine der wesentlichen Herausforderungen dar.

Im Bereich der Multimedia-Produktionen wird „Sound" oft stiefmütterlich behandelt, was sicher daran liegt, dass die Produktionsfirmen in der Regel im grafischen Bereich angesiedelt sind. Dennoch können Sie durch die Auswahl des Sounds wesentlich zum Erfolg oder

963

Misserfolg eines multimedialen Produktes beitragen. Bei größeren Produktionen wird daher eine Nachvertonung in einem Tonstudio durchgeführt, da nur dort das benötigte Equipment und vor allem das Know-how vorhanden sind.

Die große Leistungsfähigkeit heutiger Computer hat es möglich gemacht, dass Sie bereits mit relativ geringem Budget Tonaufnahmen in hoher Qualität erzielen können. Man spricht hierbei von *Homerecording*.

Die Abbildung auf der vorigen Seite zeigt die wichtigsten Komponenten eines Homerecording-Studios, das für wenige Tausend Euro eingerichtet werden kann und das eine Soundproduktion in semiprofessioneller Qualität ermöglicht.

Das Herzstück des Studios bildet der PC oder Mac, der mit einer Sequenzer-Software zum Abmischen der Kanäle ausgestattet sein muss (siehe Seite 970). Achten Sie bei der Hardwareaustattung vor allem auf:

- einen möglichst schnellen Prozessor, z.B. Intel Core 2 Duo,
- mehrere Gigabyte Arbeitsspeicher,
- eine große und schnelle Festplatte von mindestens 1 TB,
- eine bessere Soundkarte (falls kein Mischpult verwendet wird).

11.1.5.2 Mischpult

Ein Mischpult benötigen Sie, wenn Sie viele Kanäle gleichzeitig aufnehmen wollen, beispielsweise um Aufnahmen einer Band mit Schlagzeug, Gitarren und Gesang zu machen oder um einen Chor mit mehreren Mikrofonen aufzunehmen.

Um lediglich eine Stimme aufzunehmen, z. B. zur Podcast-Produktion, ist ein Mischpult nicht erforderlich. Für diesen Zweck reicht eine Soundkarte mit Mikrofon-Eingängen aus.

Bei Mischpulten wird zwischen digitalen und analogen Geräten unterschieden. Der Trend geht in Richtung digitale Pulte, bei denen die analogen Eingangssignale im Mischpult digitalisiert werden und danach über USB oder Firewire an den Computer weitergeleitet werden können. Da digitale den analogen Signalen in den meisten Kennwerten überlegen sind (siehe Seite 956), ist eine möglichst frühe Digitalisierung und digitale Weiterverarbeitung des Sounds sinnvoll.

Auf den ersten Blick wirken die vielen Knöpfe und Regler eines (analogen oder digitalen) Mischpultes verwirrend. Bei genauerem Hinsehen zeigt sich, dass jedes Mischpult modular aufgebaut ist und aus 8, 16, 32 oder mehr identischen Kanälen besteht.

Die typischen Komponenten eines Kanals (siehe Grafik rechts) kommen im Folgenden kurz zur Sprache:

Digitales Mischpult
Modell:
Yamaha 01V/96 V2

Abb.: Thomann

Audiotechnik

Eingänge (Inputs) ❶
Mikrofone müssen in der Regel an niederohmige XLR-Buchsen angeschlossen werden. Für elektronische Instrumente oder Bandmaschinen stehen hochohmige Line-Eingänge für Klinkenstecker zur Verfügung (siehe Abb. auf der nächsten Seite).

Eingangsverstärker (Input Gain) ❷
Mit Hilfe des Gain-Reglers ist eine individuelle Vorverstärkung jedes Kanals möglich. Da ein Mikrofon ein deutlich schwächeres Eingangssignal liefert als beispielsweise ein Keyboard, ist eine unterschiedliche Vorverstärkung notwendig. Die Stellung der Schieberegler (Fader) kann dann für alle Kanäle auf gleicher Position bleiben.

Klangregelung (Equalizer) ❸
Zur Klangregelung stehen bei analogen Mischpulten zwei, drei oder mehr Drehknöpfe zur Anhebung oder Absenkung des Klanges innerhalb bestimmter Frequenzbereiche zur Verfügung. Als Höhen (High) werden dabei Frequenzen oberhalb von 10 bis 12 kHz und als Tiefen (Low) Frequenzen unterhalb von 50 bis 100 Hz bezeichnet.

Effektwege (Effect Sends) ❹
Größere Mischpulte bieten die Möglichkeit, jeden Kanal an ein oder mehrere Effektgeräte wie Hallgerät, Kompressor oder Expander anzuschließen. Mit dem zugehörigen Drehknopf wird eingestellt, welcher Anteil des Signals zum Effektgerät geführt wird.

Monitorwege (Foldback) ❺
Monitore sind Lautsprecher auf der Bühne, über die Musiker ihre eigene Musik mithören können. Der Monitor-Send-Regler bestimmt, welcher Signalanteil zur Monitoranlage geführt wird.

Panoramaregler (Pan-Pot) ❻
Mit diesem Regler wird festgelegt, wie Mono-Signale z. B. von Mikrofonen auf die beiden Stereo-Ausgänge verteilt werden sollen. Wird der Pan-Pot nach links gedreht, so erscheint das Signal auf dem linken Kanal, nach rechts nur auf dem rechten Kanal. In Mittelstellung wird das Signal gleichmäßig verteilt.

Stummschaltung (Mute) ❼
Der Schalter ermöglicht die Ein- und Ausschaltung des gesamten Kanals.

Vorhören (Pre Fader Listening) ❽
Vor allem bei Liveauftritten ist es unerlässlich, dass der Tonmischer die Möglichkeit hat, einen Kanal über Kopfhörer anzuhören, ohne ihn mit Hilfe des Faders zuvor auf den Ausgang geben zu müssen.

Schieberegler (Fader) ❾
Durch die Stellung des Faders wird die Lautstärke festgelegt, mit der das Signal an die beiden Masterkanäle übergeben wird.

11.1.5.3 Studiomikrofone

Mikrofone werden auch als elektroakustische Wandler bezeichnet. Funktionell sind sie mit unserem Ohr vergleichbar, da sie ebenfalls zur Umsetzung von mechanischen Luftschwingungen in elektrische Signale dienen. Qualität hat dabei ihren Preis: Für ein High-End-Mikrofon müssen Sie mehrere Tausend Euro veranschlagen. Dennoch gibt es auch gute Mikrofone in der Preislage um hundert Euro.

Im Studio kommen vorwiegend *Kondensator-Mikrofone* zum Einsatz, während auf der Bühne robustere und preisgünstigere dynamische Mikro-

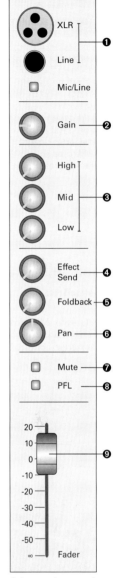

Schema eines analogen Mischpultkanals

965

Richtcharakteristik

Die Richtcharakteristik gibt die räumliche Empfindlichkeit des Mikrofons an. Sie stellt ein wichtiges Kriterium für die Einsatzmöglichkeiten des Mikrofons dar.

Links sehen Sie ein Mikrofon mit Kugel-Charakteristik, rechts ein Mikrofon mit Nieren-Charakteristik.

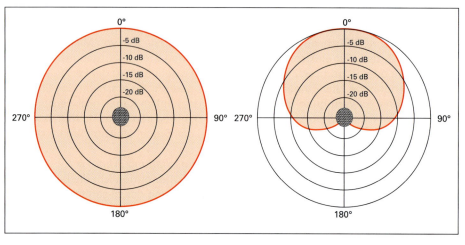

Studiomikrofon

Großmembran-Kondensator-Mikrofon mit umschaltbarer Richtcharakteristik. Der Preis liegt bei etwa 140 Euro. Modell: t.bone SC 100

Abb.: Thomann

fone eingesetzt werden. Ein weiteres Merkmal eines Mikrofons ist seine *Richtcharakteristik*: Sie definiert seine Empfindlichkeit in Abhängigkeit vom Einfallswinkel des Schalls. So nimmt beispielsweise ein Mikrofon mit Kugel-Charakteristik den Schall aus allen Richtungen gleich gut auf, während bei Nieren-Charakteristik eine deutliche Winkelabhängigkeit besteht. Die Grafiken zeigen die hierfür typischen Diagramme. Bei besseren Mikrofonen können Sie die gewünschte Richtcharakteristik wählen. Weitere Qualitätskriterien eines Mikrofons sind ein möglichst linearer Frequenzgang und eine hohe Eingangsempfindlichkeit.

Mikrofone liefern grundsätzlich sehr schwache Signale, die in jedem Fall (vor-)verstärkt werden müssen. Die klanglich besten Ergebnisse liefern spezielle Mikrofon-Vorverstärker (PreAmps).

11.1.5.4 Audio-Interface

Die kostengünstigere Alternative zu einem digitalen Mischpult ist der Einsatz eines mehrkanaligen Audio-Interface, an das Sie ein oder mehrere Mikrofone und/oder Instrumente direkt anschließen können. Im Unterschied zu einfachen Soundchips, wie sie in jedem PC stecken, besitzen Audio-Interfaces hochwertige Analog-digital-Wandler zur Erzeugung des digitalen Datenstroms. Die im Studio üblichen Kennwerte zur Digitalisierung von Sound sind eine
- Abtastfrequenz von 96 kHz und
- Abtasttiefe von 24 Bit.

Wenn Sie mit ein bis zwei Mikrofonen auskommen, reicht eine in den PC/Mac einbaubare Karte aus. Für größere Arrangements empfiehlt sich ein Audio-Interface in einem externen Rack, das mehr Anschlussmöglichkeiten bietet und sich wesentlich besser verkabeln lässt.

Audiotechnik

Audio-Interface

Die Abbildung zeigt die vielfältigen Anschlussmöglichkeiten des externen Audio-Interface Terratec DMX6FireUSB, so dass dieses ein kleines Mischpult ersetzen kann. Der Preis liegt bei ca. 250 Euro.

Abb.: Terratec

Zu den analogen (Mikrofon-)Eingängen kommen bei besseren Audio-Interfaces in der Regel noch digitale Eingänge (S/PDIF-Anschluss) zur direkten Übernahme digitaler Signale z. B. von CD-Player oder Effektgeräten sowie MIDI-Ein- und Ausgänge hinzu.

Der Anschluss externer Geräte erfolgt bei internen Karten mit Cinch- oder 3,5-mm-Klinkensteckern direkt am Slotblech der Karte. Bei externen Racks kommen die in der Musikbranche üblichen 6,3-mm-Klinken- bzw. XLR-Stecker zum Einsatz.

11.1.5.5 Studiomonitore

Das letzte Kettenglied der Soundproduktion bilden die Abhör-Lautsprecher, im Fachbegriff als Monitore bezeichnet. Für Studiomonitore gilt das eingangs über Mikrofone Gesagte: Qualität hat ihren Preis. Sehr gute Lautsprecher sind auch sehr teuer!

Lautsprecher dienen zur Umwandlung des elektrischen Signals in mechanische Schallwellen, besitzen also das umgekehrte Funktionsprinzip eines

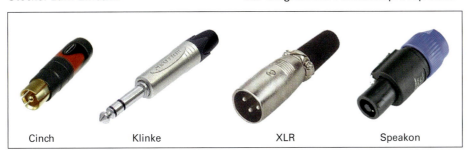

Steckverbindungen

Abb.: Thomann

967

Studiomonitore

Aktive 2-Wege-Monitore mit Subwoofer

Abb.: Thomann

Dolby Digital

Die Grafik zeigt die Aufstellung der Lautsprecher bei Dolby Digital 5.1, 6.1 und 7.1.

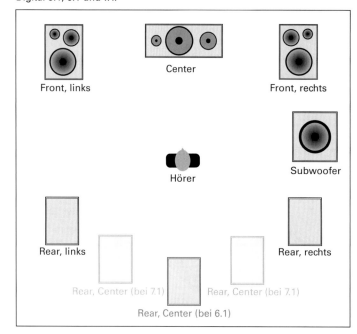

Mikrofons. Die Schallwellen werden durch eine Membran erzeugt, die in Schwingung versetzt wird. Für die Erzeugung tiefer Frequenzen (Tieftöner) muss diese Membran einen größeren Durchmesser besitzen als bei mittleren (Mitteltöner) und hohen Frequenzen (Hochtöner). Für sehr tiefe Frequenzen bis etwa 100 Hz werden spezielle Subwoofer verwendet.

Für das Studio kommen so genannte *Nahfeld-Monitore* zum Einsatz. Diese werden in unmittelbarer Nähe zum Hörer platziert, damit dieser ausschließlich den Schall hört, der direkt aus dem Monitor kommt. Schallreflexionen von der Decke und den Wänden sollen auf diese Weise möglichst nicht wahrgenommen werden.

Wenn es sich bei Studiomonitoren um *aktive Monitore* handelt, kann auf einen weiteren Verstärker (Endstufe) verzichtet werden, da die Verstärkung in den Monitoren selbst erfolgt. Je weniger Kabel, Stecker und Geräte Sie in Ihrem Workflow haben, umso besser ist es.

11.1.5.6 Surround-Sound

Um dem Zuhörer ein Richtungshören zu ermöglichen, sind mindestens zwei Kanäle (Stereo) und somit auch zwei Lautsprecher notwendig. Echter Raumklang (Surround-Sound) wird allerdings erst möglich, wenn weitere Kanäle hinzu genommen werden:

Die größte Bedeutung besitzt derzeit *AC-3* (Audio Coding Nr. 3), auch als *Dolby Digital* bezeichnet (siehe Kapitel 11.2.8). AC-3 arbeitet mit sechs, sieben oder acht Kanälen, wobei jeweils ein Kanal ausschließlich für Bässe von 20 Hz bis 120 Hz zuständig ist. Um diese tiefen Frequenzen mit entsprechendem Druck erzeugen zu können, wird hierfür ein spezieller Lautsprecher (Subwoofer) eingesetzt.

AC-3-Systeme werden nach der Anzahl ihrer Kanäle mit 5.1, 6.1 bzw. 7.1 gekennzeichnet, wobei die „1" jeweils für den Subwoofer-Kanal steht. Für die übrigen Kanäle werden entsprechend vier, fünf bzw. sechs weitere Lautsprecher benötigt. Der Center-Lautsprecher ist im Wesentlichen für Sprache zuständig, Musik kommt vorwiegend aus den beiden Front-Lautsprechern. Die weiter hinten im Raum platzierten Rear-Lautsprecher sorgen für Raumklang und

Audiotechnik

ermöglichen tolle Effekte. Ob Sie davon zwei, drei oder gar vier benötigen, müssen Sie selbst entscheiden.

Die Positionierung des Subwoofers ist beliebig, da sich Bässe in alle Richtungen im Raum ausbreiten.

11.1.5.7 Aufbau der Hardware

Ein Homerecording-Studio, das Aufnahmen in guter Qualität ermöglicht, lässt sich mit relativ geringem Aufwand einrichten.

Insbesondere für Sprachaufnahmen wird ein schalltoter Bereich benötigt: Trennen Sie hierfür einen etwa zwei bis vier Quadratmeter großen Bereich z.B. durch Holz- oder Gipskartonplatten ab. Die Tür sollte doppelwandig sein und gut abgedichtet werden. Um Sichtkontakt zwischen Sprecher und Tontechniker zu ermöglichen, befindet sich in der Vorderwand der Kabine ein aus zwei Glasplatten bestehendes Fenster. Durch Schrägstellung sowie unterschiedlichem oberen und unteren Abstand der Scheiben voneinander verhindern Sie „stehende" Schallwellen zwischen den Scheiben und störende Spiegelungen.

Auch wenn kein Laut von außen in die Kabine dringt, so ist sie für Aufnahmen akustisch zu „hart". Dies bedeutet, dass Schallreflexionen von den Wänden die Aufnahme negativ beeinflussen würden. Eine Aufnahme soll möglichst „trocken" erfolgen. Bei der späteren Bearbeitung können Sie dann nach Belieben Hall oder Echo hinzufügen.

Um aus den harten Wänden akustisch weiche Wände zu machen, ist es erforderlich, diese mit einem schallabsorbierenden Material auszukleiden. Hierfür gibt es spezielle Akustikplatten, eventuell reichen auch Schaumstoffplatten (Verpackungsmaterial) oder

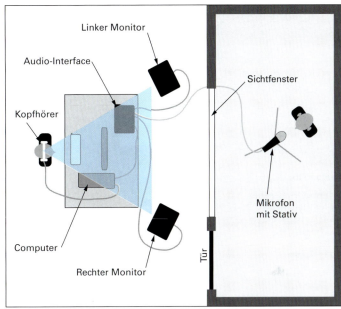

Lochplatten mit Hinterfüllung aus Filz- oder Schaumstoff aus. Auf dem Boden sollte ein Teppichboden verlegt werden, mit dem auch Tisch und Tür beklebt werden können.

Beim Aufbau der Hardware ist zu beachten, dass die Monitore in Ohrhöhe platziert und in Richtung des Hörers gedreht werden, so dass sich zwischen Hörer und Monitoren ein gleichseitiges Dreieck ergibt.

Bei der Aufstellung des Mikrofons muss – falls keine Sprecherkabine vorhanden ist – unbedingt darauf geachtet werden, dass keine Rückkopplung zu den Monitoren entstehen kann. Platzieren Sie Mikrofone grundsätzlich *hinter* den Monitoren. Rückkopplungen äußern sich in Form eines schrillen Pfeiftones, der die Lautsprechermembran oder, im schlimmsten Fall, das Trommelfell zerstören kann. Arbeiten Sie während der Aufnahme deshalb bevorzugt mit Kopfhörer.

Homerecording-Studio

Für Sprachaufnahmen sollte ein schallisolierter Bereich (Sprecherkabine) zur Verfügung stehen.

Die Studiomonitore sollten so platziert werden, dass sich zusammen mit dem Tontechniker ein gleichseitiges Dreieck ergibt.

11.1.6 Soundbearbeitung

Audioeditor

Eine weit verbreitete professionelle Software ist Logic Studio von Apple.

Abb.: Apple

11.1.6.1 Audioeditoren

Zur Aufnahme und Bearbeitung von Sound gibt es eine Vielzahl von guten Programmen, teilweise als Freeware.

Dass ein kostenloses Programm auch leistungsfähig sein kann, beweist *Audacity*. Die Software steht für Windows und Mac OS X zur Verfügung und ermöglicht das Aufnehmen mehrerer Tonspuren. Zur Bearbeitung stehen zahlreiche Filter zur Verfügung. Fertige Sounds können als WAV-, MP3- oder OGG-Dateien exportiert werden.

Natürlich kann eine Freeware nicht den Funktionsumfang kommerzieller Produkte bieten. Im Profibereich konkurrieren im Wesentlichen Cubase (Steinberg) mit Logic (Apple). Auch Adobe ist seit CS5 mit einer neuen Software namens Soundbooth mit von der Partie.

Ein gemeinsamer Standard, wie wir es aus dem grafischen Bereich gewohnt sind, gibt es im Bereich der Audioeditoren leider nicht. In der Tabelle unten finden Sie eine Zusammenstellung wichtiger Audioeditoren.

11.1.6.2 Aufnahme

Aufnahmeparameter

Vor der Durchführung einer Aufnahme müssen die Aufnahmeparameter ausgewählt und eingestellt werden. Grundsätzlich gilt, was auch beim Scannen gilt: Nehmen Sie in hoher Qualität auf und reduzieren Sie die Datenmenge am Ende der Bearbeitung auf das benötigte Enddateiformat.

Audioeditoren

Die Preise sind nur als Anhaltspunkt zu verstehen, da sie sich natürlich ändern können.

Name	Anbieter	Mac	Win	Web	Preis (ca.)
Cubase	Steinberg	•	•	www.steinberg.net/de/products/cubase/	600,– €
Logic Studio	Apple	•		www.apple.com/logicstudio/	500,– €
Sound Forge Pro	Sony		•	www.sonycreativesoftware.com/soundforge/	350,– €
Soundbooth	Adobe	•	•	www.adobe.com/products/soundbooth/	300,– €
Audacity	Open Source	•	•	http://audacity.sourceforge.net	kostenlos

Audiotechnik

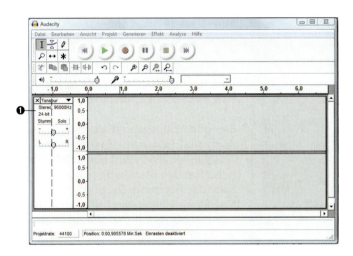 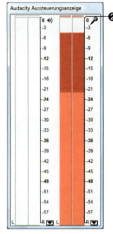

Aufnahmeparameter und Aussteuerung bei Audacity

Vor einer Aufnahme müssen die Abtastfrequenz und Abtasttiefe eingestellt werden ❶.
Das Eingangssignal muss so eingepegelt werden, dass es nicht zum Abschneiden (Clipping) von Werten kommt ❷.

Abb.: Audacity

Making of ...
- Wählen Sie die gewünschten Aufnahmeparameter ❶. Bei Audacity lassen sich die Aufnahmeparameter unter *Bearbeiten > Einstellungen... > Qualität* einstellen:
  - Abtastfrequenz (Samplingrate) z. B. 96 kHz
  - Abtasttiefe z. B. 24 Bit
  - Kanalanzahl z. B. Stereo
  (Die Bedeutung der Parameter finden Sie ab Seite 957.)
- Stellen Sie den Aufnahmepegel ein: Dies kann – falls vorhanden – am Mischpult oder softwaremäßig am Eingang der Soundkarte erfolgen. Grundsätzlich gilt, dass der Pegel so nahe wie möglich an der Aussteuergrenze von 0 dB liegen sollte, um den Abstand zwischen Signal und (unvermeidlichem) Rauschen so groß wie möglich zu machen. Achten Sie aber darauf, dass die Aufnahme nicht übersteuert wird, da es sonst zum Abschneiden (Clipping) der Abtastwerte kommt. Bei Audacity wird dies durch einen roten Balken angezeigt ❷. Diese Aufnahmefehler sind deutlich hörbar.

11.1.6.3 Mastering

Ähnlich wie bei der Bildbearbeitung sind auch die Möglichkeiten zur digitalen Nachbearbeitung fast grenzenlos. Wir stellen Ihnen hier lediglich eine kleine Auswahl wichtiger Features vor:

Schneiden

Das Schneiden von Sound gehört sicherlich zu den wichtigsten Aufgaben der Soundbearbeitung. Ziele könnten sein,
- eine Aufnahme auf eine gewünschte Länge zu reduzieren,
- Teile einer Aufnahme in eine andere Tonspur zu kopieren oder
- Störanteile einer Aufnahme zu löschen.

Die Arbeit mit den „Werkzeugen" Ausschneiden (Cut), Kopieren (Copy) und Einfügen (Paste) erfolgt über die Zwischenablage wie bei der Text- oder Bildbearbeitung: Den gewünschten Bereich markieren, danach ausschneiden oder kopieren und an der gewünschten Stelle in derselben oder einer anderen Tonspur einfügen.

Filter und Effekte bei Audacity

Die dargestellten und beschriebenen Effekte finden Sie auch bei anderen Audioeditoren.

Mischen

Beim Mischen werden mehrere Tonspuren aufeinander abgestimmt. Dies kann beispielsweise notwendig sein, um eine Sprecherstimme mit Hintergrundmusik zu hinterlegen oder um mehrere einzeln aufgenommene Instrumente zu einem Gesamtklang zu kombinieren.

Normalisieren ❶

Wenn im Vorfeld richtig ausgepegelt wird, kommt es bei der Aufnahme nicht zum „Clipping" von Abtastwerten. Andererseits wird dann aber das Spektrum an zulässigen Werten möglicherweise nicht voll ausgenutzt. Diesen Nachteil behebt die Normalisieren-Funktion (Normalize) des Audioeditors: Die Software sucht den größten Pegel der Aufnahme und verstärkt danach alle Pegel so, dass der maximale Wert an der Aussteuergrenze liegt. Hierdurch erhält man also die gerade noch zulässige Verstärkung, ohne dass es zum Clipping kommt. Die Normalisieren-Funktion sollte grundsätzlich auf alle Sounds einer Produktion angewandt werden. Dies führt dazu, dass die Sounds bei der Wiedergabe eine einheitliche Lautstärke besitzen.

Ein- und Ausblenden (Faden) ❷

Auch das Einblenden (Fade-in) oder Ausblenden (Fade-out) eines Sounds gehört zu den Standardfunktionen der Soundbearbeitung. Dabei wird der Soundpegel im ersten Fall sukzessive von null bis zur normalisierten Lautstärke angehoben und im zweiten Fall auf null reduziert. Diese Technik wird verwendet, um
- die Länge eines Sounds anzupassen,
- einen „weichen" Übergang zweier Sounds zu erzielen (Crossfade mix),
- eine Soundschleife zu realisieren, wenn ein „Loopen" nicht möglich ist.

Klangregelung (Equalizer) ❸

Mit Hilfe eines Equalizers lassen sich gezielt Frequenzveränderungen vornehmen. Das Frequenzspektrum der Aufnahme wird hierzu in „Frequenzbänder" unterteilt, die individuell verstärkt oder abgeschwächt werden können. So lassen sich beispielsweise tiefe Frequenzen (Bässe) verstärken und hohe Frequenzen (Höhen) absenken. Diese Regelmöglichkeit kennen Sie von der Stereoanlage. Alternativ kann auch gezielt nach Störfrequenzen (Rauschen, Pfeifton, S-Laute in Sprachaufnahmen) gesucht werden, um diese aus dem Gesamtsignal zu filtern.

Tonhöhenänderung (Pitching) ❹

Wer schon einmal auf einem Synthesizer gespielt hat, kennt den dort vorhandenen Pitch-Bend-Regler zur manuellen Tonhöhenänderung. Auch elektrische Gitarren besitzen oft einen Pitch-Hebel,

972

Audiotechnik

um das „Ziehen" von Akkorden nach unten oder oben zu ermöglichen.

Mit Hilfe des Pitchreglers lässt sich die Tonhöhe einer Aufnahme in beiden Richtungen verändern, also erhöhen oder absenken. Ersteres führt bei Sprache zu der bekannten „Micky-Maus-Stimme" und Letzteres zu einer tiefen und unnatürlichen „Roboterstimme". In Maßen eingesetzt kann der Filter jedoch durchaus zu einer Verbesserung des Klangbildes beitragen. Weiterhin wird der Filter dazu verwendet, unterschiedliche Tonhöhen von Sounds aneinander anzupassen. Die Funktion entspricht dann dem Stimmen von Instrumenten.

Tempoänderung (Time compress / Time expand) ❺

Oft kommt es vor, dass zur Nachvertonung einer Multimedia-Produktion oder eines Videos die Länge des Sounds nicht mit der Filmdauer übereinstimmt. Abhilfe bietet hier die Möglichkeit, die Dauer des Sounds zu verändern, ohne dass hiervon die Tonhöhe betroffen ist. Im Unterschied zum Pitching verändert sich der Sound klanglich also nicht. Die Software verlängert bzw. verkürzt lediglich die Tonabstände.

Hall (Reverb) ❻

Hall simuliert die Schallreflexionen innerhalb eines Raumes. Hierbei kann der gewünschte Raum ausgewählt werden, zum Beispiel eine Halle oder Kirche.

Echo ❼

Ein Echo hat jeder schon einmal bei einer Bergwanderung erlebt. Auch beim elektronisch hinzugefügten Echo handelt es sich um eine zeitlich verzögerte Wiederholung des Originals. Verzögerungszeit, Anzahl und Pegel der Wiederholung lassen sich hierbei vorgeben.

Rauschunterdrückung (Noise Gate) ❽

Bei Sprachaufnahmen ist es trotz großer Sorgfalt nicht immer vermeidbar, dass Rauschen (Noise) mit aufgenommen wird. Zur Reduktion dieses Rauschens gibt es Filter zur Rauschunterdrückung. Hierzu muss eine Schwelle in dB vorgegeben werden, unterhalb der ausgefiltert wird. Wenn beispielsweise ein Rauschsignal bei -45 dB liegt, dann muss diese Schwelle knapp oberhalb von -45 dB eingestellt werden.

Lautstärkenänderung (Volume) ❾

Die Lautstärkenänderung – Verstärkung oder Dämpfung – ist zum Abmischen mehrerer Tonspuren unerlässlich.

Kompressor ❿

Ein Kompressor kann dazu verwendet werden, um leise Passagen anzuheben, ohne dass dabei lautere Passagen zu sehr in den Vordergrund treten.

Schleifen (Loops)

Multimediale Produkte sind in der Regel interaktiv. Für die Nachvertonung bedeutet dies, dass die benötigte Länge eines Sounds nicht vorherbestimmt werden kann, da die Verweildauer auf einem bestimmten Screen vom Benutzer abhängig ist. Um dieses Problem zu umgehen, müssen Anfang und Ende eines Sounds aufeinander abgestimmt werden, so dass der Sound später als Schleife (Loop) abgespielt werden kann. Es leuchtet ein, dass das Loopen eines Sounds nicht generell möglich ist. Oft passen Anfang und Ende vom Rhythmus, der Melodie und dem Takt nicht zusammen.

Abhilfe schaffen hier CDs, die Soundloops enthalten. Aus diesen lassen sich mit etwas Geschick neue Sounds „sampeln", für die dann auch keine GEMA-Gebühr bezahlt werden muss.

11.1.7 MIDI

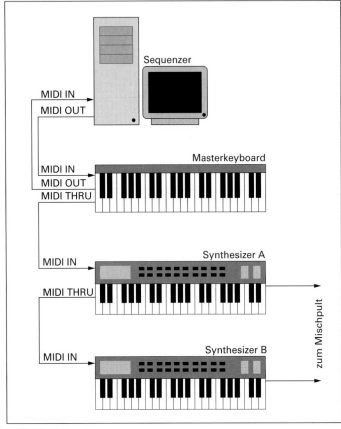

MIDI (Musical Instrument Digital Interface)

Das Masterkeyboard dient einerseits zum Einspielen der Soundsequenzen in die Sequenzer-Software des PCs, andererseits zur Weitergabe der Daten vom PC an die beiden Synthesizer. Die MIDI-Kette kann auf bis zu 16 Instrumente erweitert werden.

In einem Kapitel über Soundproduktion darf ein kleiner Exkurs zum Thema MIDI (Musical Instrument Digital Interface) nicht fehlen. Es handelt sich dabei um eine 1983 definierte und standardisierte Schnittstelle zur Steuerung elektronischer Musikinstrumente. Entscheidend dabei ist, dass MIDI keine Sounddaten überträgt, sondern lediglich Steuerinformationen wie zum Beispiel Tonhöhe, Tondauer, Tastendruck und Lautstärke. Diese Daten benötigen wesentlich weniger Speicherplatz als Audiodaten und eignen sich deshalb ideal zur Datenübertragung. Bis zu 16 MIDI-Instrumente oder -Geräte lassen sich zu einer „Kette" verbinden. Jedes Instrument bekommt einen MIDI-Kanal zugeteilt, so dass beim Abspielen einer MIDI-Komposition vom Computer jeder Synthesizer die ihm zugeordneten Daten erhält. Damit Synthesizer unterschiedlicher Hersteller austauschbar sind, definiert eine „General MIDI" genannte Norm Programmnummern für 128 Instrumente. Programmnummer 001 ist somit bei allen MIDI-Synthesizern das Akustische Piano, 041 die Violine, 057 die Trompete usw.

Zur Verbindung von MIDI-Instrumenten dienen Kabel mit fünfpoligen DIN-Steckern. Dabei werden drei Anschlüsse unterschieden:
- MIDI IN: Eingang zum Empfangen von MIDI-Daten
- MIDI OUT: Ausgang zum Senden von MIDI-Daten
- MIDI THRU: Weiterleitung der MIDI-IN-Daten an weitere MIDI-Geräte

An einen Computer können die MIDI-Instrumente mittels Adapterkabel an den Joystick-Anschluss (Gameport) der Soundkarte angeschlossen werden. Professionelle Lösungen setzen spezielle MIDI-Interface-Karten ein.

Die Software zum Arrangement von MIDI-Songs wird als Sequenzer bezeichnet. Über verschiedene Spuren lassen sich die benötigten Instrumente nacheinander einspielen und editieren. Ein Song kann somit Stück für Stück „zusammengebaut" werden. Beispielsweise könnte er mit einer Bass-Linie beginnen und das Schlagzeug im Anschluss ergänzt werden. Später lässt sich über Mikrofon und Mischpult eine Gesangsspur einspielen und -mischen. Gerade die Kombination von Audio- und MIDI-Spuren eröffnet dem Komponisten nahezu unbegrenzte Möglichkeiten.

11.1.8 Aufgaben

Audiotechnik

1 Grundbegriffe der Audiotechnik kennen

Kreuzen Sie an: Wahr oder falsch?

Aussage	w	f
Die Frequenz ist ein Maß für die Höhe eines Tones.		
Der Hörbereich des Menschen liegt zwischen 20 Hz und 20 kHz.		
Der Frequenzbereich unterhalb von 20 Hz wird als Ultraschall bezeichnet.		
Ein hoher Ton besitzt eine niedere Frequenz, ein tiefer Ton eine hohe Frequenz.		
Die Amplitude einer Schwingung ist ein Maß für die Stärke des Tones.		
Unser Ohr bzw. Gehirn „arbeitet" logarithmisch.		
Klänge bestehen aus einem Grundton plus Obertönen.		
Obertöne über 20 kHz werden nicht wahrgenommen.		
Ein Klang besteht immer aus einem Frequenzgemisch.		
Die drei Gehörknöchel heißen Meisel, Amboss und Steigbügel.		

2 Ton, Klang, Geräusch unterscheiden

Erklären Sie die Begriffe:
a. Ton
b. Klang
c. Geräusch

3 Logarithmische Pegel verstehen

a. Erklären Sie den Aufbau einer logarithmischen Skala.
b. Begründen Sie, weshalb in der Audiotechnik logarithmische Pegel verwendet werden.
c. In welcher Einheit werden Pegel angegeben.

4 Shannon-Theorem kennen

a. Nennen Sie das Shannon-Theorem.
b. Wie hoch muss nach Shannon ein Audiosignal abgetastet werden, wenn der Hörbereich bei 20 kHz endet?
c. Weshalb ergibt sich bei Beachtung des Shannon-Theorems dennoch ein Qualitätsverlust?

5 Kennwerte digitalen Sounds verstehen

Bei der Digitalisierung von Sound spielen die Kennwerte Abtastfrequenz (Samplingrate) und Abtasttiefe (Auflösung) eine zentrale Rolle.
a. Wie ist die Abtastfrequenz definiert und welche Einheit besitzt sie?
b. Wie hoch muss die Abtastfrequenz nach dem Shannon-Theorem mindestens gewählt werden?
c. Wie ist die Abtasttiefe definiert und welche Einheit besitzt sie?
d. Nennen Sie für beide Kennwerte jeweils zwei typische Werte.

6 Datenmenge von Sound berechnen

Eine analoge Musikaufnahme wird mit folgenden technischen Parametern digitalisiert:
- Abtastfrequenz: 44,1 kHz
- Auflösung: 16 Bit
- Kanalzahl: 2 (Stereo)

a. Berechnen Sie die Datenmenge in Megabyte einer 30-minütigen Aufnahme.
b. Berechnen Sie, wie viele Minuten Sound in obiger Qualität auf eine CD mit 700 MB passen.

7 Datenstrom von Sound berechnen

Ein vierminütiger Sound besitzt eine Datenmenge von 3,78 MB.

a. Berechnen Sie den Datenstrom in Kilobit/s. (Rechnen Sie k = 1.000)
b. Ist die Live-Übertragung (Streaming) des Sounds über zwei ISDN-Kanäle (mit je 64 Kilobit/s) möglich?

8 Audioformate kennen

a. Nennen Sie zwei Audioformate, die Sound *ohne* Qualitätsverlust speichern.
b. Nennen Sie zwei Audioformate, die Sound *mit* Qualitätsverlust speichern.

9 MP3-Setting kennen

Erklären Sie die MP3-Fachbegriffe:
a. VBR
b. ID3-Tags
c. Joint Stereo

10 DRM kennen

Erklären Sie die Abkürzung DRM.

11 Steckerbezeichnungen kennen

a. Nennen Sie die Bezeichnungen der abgebildeten Steckverbindungen.
b. Nennen Sie ein Anschlussbeispiel.

12 Komponenten für Homerecording kennen

Zählen Sie die wichtigsten Hardwarekomponenten für das Homerecording auf.

13 Sound aufnehmen

a. Nennen Sie die drei Aufnahmeparameter, die Sie vor der Aufnahme im Audioeditor einstellen müssen.
b. Wie muss der Pegel eingestellt werden?

14 Dolby Digital kennen

Bei Dolby Digital werden verschiedene Standards unterschieden: 5.1, 6.1, 7.1.
a. Wie viele Lautsprecher benötigen Sie jeweils?
b. Wie müssen die Lautsprecher aufgestellt werden?

15 Rückkopplung vermeiden

a. Erklären Sie den Begriff „Rückkopplung" bei Aufnahmen mit Mikrofon.
b. Wie können Rückkopplungen vermieden werden?

16 Sound nachbearbeiten

Erklären Sie die genannten Möglichkeiten der Soundbearbeitung:
a. Normalisieren
b. Schneiden
c. Loopen
d. Faden
e. Pitching

11.2 Videotechnik

11.2.1	Grundlagen der Fernsehtechnik	980
11.2.2	Analoge und digitale Videosignale	984
11.2.3	Videokompression	988
11.2.4	Videoformate	992
11.2.5	Videohardware	995
11.2.6	Postproduktion	999
11.2.7	AV-Streaming	1002
11.2.8	Tonsysteme	1004
11.2.9	Aufgaben	1006

11.2.1 Grundlagen der Fernsehtechnik

Fernsehnostalgie aus dem Jahr 1958

11.2.1.1 Interlace-Verfahren

Technisch betrachtet ist Fernsehen „uralt". In den fünziger Jahren war die Übertragung bewegter Bilder eine Herausforderung und erforderte Kompromisse hinsichtlich der Qualität.

So stellt das Interlace-Verfahren oder Zeilensprungverfahren einen „Trick" dar, mit dem unsere Augen überlistet werden: Damit ein Fernsehbild (einigermaßen) flimmerfrei dargestellt wird, müssen 50 Bilder pro Sekunde gezeigt werden – die Bildwiederholfrequenz muss also 50 Hz betragen. Diese hohe Bildwiederholfrequenz war zur damaligen Zeit nicht möglich. Der Trick besteht nun darin, statt 50 Vollbilder lediglich 50 Halbbilder zu übertragen. Das erste Halbbild überträgt dabei nur die ungeradzahligen Zeilen 1, 3, 5, 7, 9 usw., das zweite Halbbild überträgt die geradzahligen Zeilen 2, 4, 6, 8, 10, 12 usw. des Bildes.

Für das westeuropäische PAL-Fernsehen bedeutet dies konkret, statt 576 Zeilen pro Bild nur 288 Zeilen zu senden.

Das Fernsehbild besteht also tatsächlich (nur) aus 25 Vollbildern pro Sekunde. Durch die Trägheit des Auges und das Nachleuchten des Bildes handelt es sich scheinbar um ein 50-Hz-Bild. Die Abkürzung hierfür lautet 50i (i steht für interlaced).

Computermonitore arbeiten im Unterschied zum Fernseher ausschließlich mit Vollbildern – man spricht hier vom „Progressive Mode" (Abkürzung: p)

Es leuchtet ein, dass die Darstellung von Videos im Interlaced Mode auf Computermonitoren nicht so ohne Weiteres funktioniert. Ein *Deinterlacer* muss die Halbbilder zu Vollbilder zusammensetzen und an die Bildrate des Monitors anpassen. Der umgekehrte Vorgang, also Vollbilder des Monitors auf dem Fernseher darzustellen, ist relativ einfach, da hierbei nur Zeilen weggelassen werden müssen.

Schematische Darstellung des Interlace-Verfahrens

Ein Fernseher zeigt nur scheinbar ganze Bilder, tatsächlich werden in schneller Folge Halbbilder wiedergegeben.

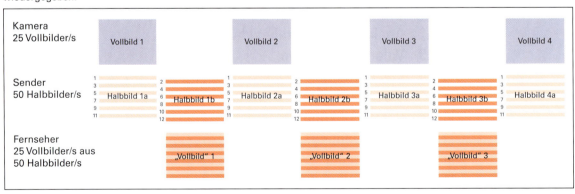

980

11.2.1.2 Fernsehnormen

Wie Sie vermutlich wissen, gibt es, im Unterschied zu Computermonitoren, beim Fernsehen bisher keine weltweit gültige Norm. Dies könnte sich ändern, wenn sich die Industrie bei HDTV auf einen Standard verständigt.

NTSC (525/60)
Die Fernsehübertragungsnorm wurde 1953 in den USA und Kanada vom „National Television System Committee" eingeführt. Dieses in den USA neben HDTV immer noch gebräuchliche System verwendet 525 Bildzeilen, wovon allerdings lediglich 480 Zeilen sichtbar sind. Das Bild wird in 60 Halbbildern (60i) übertragen, was einer Bildwiederholfrequenz von 30 Hz entspricht.

Um bei uns NTSC betrachten zu können, ist ein Multinorm-Fernseher erforderlich. Reine PAL-Fernseher, wie in Westeuropa üblich, können den NTSC-Farbträger nicht erkennen und zeigen nur Schwarzweißbilder.

PAL (625/50)
NTSC besitzt vor allem im wichtigen Bereich der Hauttöne farbliche Schwächen. Wegen dieser Farbübertragungsfehler erfolgte in Europa eine Modifikation des Systems. 1962 wurde das PAL-System (Phase Alternation Line) in Westeuropa – außer Frankreich – eingeführt.

PAL verwendet 625 Bildzeilen, davon sind 576 sichtbar. Die restlichen Zeilen werden zur Übertragung von Zusatzinformationen, z. B. für Videotext, genutzt. Das Bild wird in 50 Halbbildern (50i) übertragen, was eine Bildwiederholfrequenz von 25 Hz ergibt.

PALplus
PALplus wurde 1995 eingeführt und stellt eine Weiterentwicklung der PAL-Fernsehnorm dar. Wesentliches Merkmal ist die Umstellung auf das 16:9-Bildformat, außerdem wurden Farbstörungen reduziert. PALplus ist kompatibel zu PAL und kann deshalb auch auf 4:3-Fernsehern empfangen werden.

SECAM
In Frankreich wurde ab 1957 das SECAM-Verfahren (Séquentielle à mémoire) verwendet. Die technischen Parameter von SECAM entsprechen weitgehend der PAL-Norm. Dieses Verfahren weist vor allem bei extremen und schnellen Farbwechseln deutliche Flimmereffekte auf.

Band II – Seite 73
2.1.7 Monitor

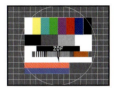

Farbtestbild

www.tv-testbild.com

Merkmal	NTSC	PAL	SECAM	HDTV	XGA
Bildformat	4:3	4:3*)	4:3	16:9	4:3
Zeilenzahl gesamt/sichtbar	525/480	625/576	625/580	1.050, 1.080, 1.125, 1.250	768
Bildwiederholfrequenz (Framerate) in Hz	60i	50i	50i	50i, 60i 24p, 25p, 30p	divers z. B. 60p
Zeilenfrequenz in Hz	15.750	15.625	15.625	divers	divers
Interlace-Verfahren	ja	ja	ja	wahlweise	nein
Digitale Auflösung in px	720 x 480i	720 x 576i	720 x 576i	1.280 x 720p 1.920 x 1.080i (u.a.)	1.024 x 768p
Einsatz	USA	Westeuropa	Frankreich, Osteuropa	global	global

Fernsehnormen

Beachten Sie, dass es sich bei XGA um keine Fernsehnorm handelt. Das im Computerbereich gebräuchliche Format wurde zum Vergleich in die Tabelle aufgenommen.

*) PALplus verwendet das 16:9-Bildformat.

981

HDTV
Die Ablösung von PAL und NTSC erfolgt zunehmend durch das hochauflösende Fernsehen HDTV (High Definition Television). Dessen wichtigste Merkmale sind einerseits die Erhöhung der Zeilenzahl von 720 auf 1.080 und andererseits die Änderung des Seitenverhältnisses von 4:3 bei PAL und NTSC auf 16:9 bei HDTV.

In Deutschland senden ARD und ZDF seit Februar 2010 überwiegend in HDTV. Darüber hinaus bieten die Privatsendergruppen RTL und ProSiebenSat.1 unter dem Label HD+ kostenpflichtiges HDTV über den Satelliten Astra an. Zur Entschlüsselung muss ein spezieller Receiver erworben werden. Es bleibt abzuwarten, ob die Bereitschaft da ist, für bessere Qualität Geld zu bezahlen.

11.2.1.3 Bildformate

Das Bildformat beschreibt das Seitenverhältnis Breite zu Höhe. Hierbei werden folgende Formate unterschieden:

4:3
Sowohl bei PAL als auch bei NTSC beträgt das Bildverhältnis 4:3. Dividiert man 4 durch 3 ergibt sich 1,33. Dies besagt, dass das Bild ein Seitenverhältnis von 1,33:1 (Breite : Höhe) besitzt.

16:9
Bei HDTV und PALplus wurde das Bild verbreitert: 16:9 entspricht einem Seitenverhältnis von 1,78:1. Dies kommt den physikalischen Eigenschaften des Auges näher, da unser horizontaler Sichtbereich fast 180° beträgt, vertikal hingegen lediglich 30°. Es ist also sinnvoll, ein Bild deutlich breiter als hoch zu machen.

Cinemascope
Kinofilme werden im Cinemascope-Format produziert. Dieses verwendet ein Seitenverhältnis von 2,35:1. Den physikalischen Eigenschaften des Auges wird hierbei also noch besser Rechnung getragen als bei 16:9.

Bildformate im Vergleich

Die Abbildungen zeigen von oben nach unten die Bildformate:
- 4:3 (12:9)
- 16:9
- Cinemascope (21:9)

Abb.: Tagesschau

982

Videotechnik

11.2.1.4 Bilddarstellung

4:3-Fernseher

Die unterschiedlichen Bildformate führen zu Problemen bei der Darstellung des Bildes durch einen 4:3-Fernseher. Da diese Geräte ein festes Seitenverhältnis besitzen, muss eine Anpassung des gesendeten Bildformats an das Format des Fernsehers erfolgen. Hierbei stehen grundsätzlich drei Möglichkeiten zur Verfügung:

- *Letterbox-Verfahren*
  Das Verfahren hat seinen Namen daher, dass der Betrachter einen Bildausschnitt sieht, der dem Blick durch einen Briefkastenschlitz ähnelt: Oben und unten sind schwarze Balken sichtbar. Auf diese Weise gelingt es, das 16:9- oder Cinemascope-Format in voller Breite auf einem 4:3-Fernseher darzustellen.
- *16:9 anamorphotisch*
  Die Alternative zur Letterbox ist die Anpassung des 16:9-Bildes durch Streckung in vertikaler Richtung. Ein derartiges 16:9-Bild im 4:3-Format wird als „anamorphotisch" bezeichnet. Hierdurch entfallen die schwarzen Balken, allerdings wird das Bild verzerrt – Gesichter werden als „Eierköpfe" dargestellt.
- *16:9-Umschaltung*
  Alle neueren Fernseher besitzen eine 16:9-Umschaltung: Um die vertikale Verzerrung auszugleichen, wird das Bild auch in horizontaler Richtung gestreckt. Der Nachteil ist, dass zur Darstellung im 4:3-Format links und rechts ein Teil des Bildes abgeschnitten wird.

16:9-Fernseher

Die meisten neueren Fernseher besitzen das 16:9-Format. Um auf diesen Geräten 4:3-Bilder darstellen zu können,

gibt es wiederum zwei Möglichkeiten:
- Anpassung der Höhe:
  Links und rechts sind schwarze Streifen sichtbar.
- Anpassung der Breite:
  Oben und unten müssen Bildbereiche abgeschnitten werden, da es sonst zu einer verzerrten Darstellung des Bildes kommt.

Letterbox

Bei der Darstellung eines 16:9- oder Cinemascope-Formats auf einem 4:3-Fernseher in voller Breite sind oben und unten schwarze Balken sichtbar.

16:9 anamorphotisch

Durch vertikale Streckung des Bildes wird das Format an das 4:3-Bildverhältnis angepasst – aus Kreisen werden „Eier".

16:9-Umschaltung

Das Bild wird horizontal gestreckt, so dass die vertikale Verzerrung ausgeglichen wird. Der Preis hierfür ist, dass links und rechts ein Teil des Bildes abgeschnitten wird.

11.2.2 Analoge und digitale Videosignale

11.2.2.1 Analoge Videosignale

Vermutlich kann dieser Abschnitt in einer der nächsten Auflagen des Kompendiums entfallen, weil es keine analoge Videotechnik mehr gibt. Derzeit jedoch werden die meisten Fernsehsender (auch) analog übertragen.

YUV (YCbCr)

Computermonitore arbeiten bekanntlich mit den drei Farbsignalen Rot, Grün und Blau, kurz RGB. Die Helligkeit des Bildes ist in den drei Farbsignalen enthalten. In der Fernseh- und Videotechnik war und ist es wünschenswert, das Helligkeitssignal als separates Signal zur Verfügung zu haben.

Die Helligkeit Y lässt sich aus den drei Farbsignalen nach obiger Formel errechnen: Wie Sie rechts sehen, trägt Grün mit knapp 60% den höchsten Anteil zur Helligkeit bei, die Farbe Blau besitzt mit 11% den niedrigsten Anteil.

Zur Beschreibung der Farbanteile werden aus dem RGB-Signal zwei Farbdifferenzsignale U und V gebildet.

Bei YUV handelt es sich also um eine Transformation von RGB in ein Signal, das sich aus einem Helligkeits- und zwei Farbanteilen zusammensetzt. Wegen seiner drei Anteile ist es nicht sendefähig, sondern der professionellen Bearbeitung im Studio vorbehalten.

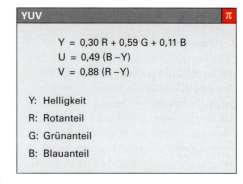

YUV

$$Y = 0{,}30\,R + 0{,}59\,G + 0{,}11\,B$$
$$U = 0{,}49\,(B - Y)$$
$$V = 0{,}88\,(R - Y)$$

Y: Helligkeit
R: Rotanteil
G: Grünanteil
B: Blauanteil

Y/C (S-Video)

Durch Zusammenfassung der Farbsignale U und V zu einem gemeinsamen Signal C lässt sich eine der drei Leitungen einsparen.

Y/C kam vorzugsweise im Bereich der semiprofessionellen Videoproduktion zum Einsatz. Noch vor einigen Jahren spielten (analoge) S-VHS- oder Hi-8-Kameras eine wichtige Rolle.

Durch die explosionsartige Verbreitung der digitalen Videotechnik hat Y/C heute weitgehend an Bedeutung verloren.

FBAS Composite

FBAS steht für „Farbe Bild Austast Synchron" und stellt bis heute die Signalform des analogen Fernsehens dar. Helligkeit und Farbe werden hierbei zu einem einzigen Signal zusammengefasst und sind damit über einen einzigen Kanal sendefähig. Es leuchtet ein, dass die Qualität gegenüber YUV deutlich geringer ist.

Zur Wiedergabe des FBAS-Signals muss der Fernseher über Filter die RGB-Anteile des FBAS-Signals ermitteln, was nicht vollständig gelingt. Sie kennen Bildstörungen, die beispielsweise bei Personen mit karierter Kleidung sichtbar werden. Dieser Fehler wird als Cross Color bezeichnet.

Analoge Videosignale
Die Videosignale VHS, Hi-8 und S-VHS haben an Bedeutung verloren.

Norm	Aufbau	Leitungen	Anwendungen
RGB	R: Rot G: Grün B: Blau	3	Computermonitor
YUV	Y: Helligkeit U: Farbdifferenz V: Farbdifferenz	3	Profibereich: Betacam, Betacam SP
Y/C	Y: Helligkeit C: Farbe	2	Amateurbereich: Hi-8, S-VHS
FBAS	Farbe und Helligkeit als Summensignal	1	Fernsehen, VHS

Videotechnik

11.2.2.2 Digitalisierung

Zur Digitalisierung eines Fernseh- oder Videosignals wird das Signal mit der höchsten Qualität herangezogen. Wie im vorherigen Abschnitt erläutert, ist dies YUV, das in digitaler Form als YCbCr bezeichnet wird.

Die Überführung des Analogsignals in ein digitales Signal erfolgt wie bei Audiosignalen in zwei Schritten:

Abtastung (Sampling)

Die Abtastung (Sampling) des Analogsignals erfolgt mit 13,5 MHz. Diese Frequenz ist wesentlich höher als die zur Abtastung von Sound erforderlichen 44,1 kHz. Der Grund hierfür ist, dass Bilder wesentlich mehr Informationen enthalten als Sound.

Quantisierung

Die Quantisierung entspricht der Farbtiefe der Bilder, so dass sich bei 8 Bit pro Kanal insgesamt 24 Bit ergeben. Da dieser Wert zu riesigen Datenmengen führt, wendet man ein Verfahren an, das als Color-Subsampling bezeichnet wird.

11.2.2.3 Color-Subsampling

Werfen Sie zunächst einen Blick auf die Abbildung rechts. Sie illustriert, dass eine Farbreduktion ohne sichtbaren Qualitätsverlust möglich ist: Die beiden Farbanteile zeigen im Vergleich zum Helligkeitsanteil keine Details und wenig Kontrast. Der Verzicht auf Farbe ist also weniger „schmerzlich" als der Verzicht auf Helligkeit. Bei der Digitalisierung werden deshalb mehrere Farbpixel zusammengefasst und es wird jeweils nur ein Farbwert gespeichert. Hierbei werden im Wesentlichen drei Möglichkeiten unterschieden:

4:4:4

Bei der Digitalisierung *ohne Color-Subsampling* nach dem 4:4:4-Verfahren werden die drei Signale Y, Cb und Cr

Band II – Seite 4
1.1.1 Analoge und digitale Daten

YCbCr

Von oben nach unten:
- Original
- Helligkeitsanteil Y
- Farbanteil Cb
- Farbanteil Cr

985

Color-Subsampling

Beim Digitalisieren von Video wird auf Farbinformation verzichtet, um hierdurch die Datenmenge zu reduzieren.

mit der gleichen Abtastfrequenz von 13,5 MHz digitalisiert. Es ergibt sich hierdurch die beste Bildqualität, allerdings auch die höchste Farbtiefe 24 Bit/Pixel.

4:2:2
Zur Reduktion der Datenmenge werden bei diesem Verfahren die beiden Farbanteile Cb und Cr lediglich mit der halben Abtastfrequenz abgetastet (Color-Subsampling). Dabei werden für jeweils vier Pixel zwar alle vier Helligkeitswerte, aber lediglich zwei Farbwerte gespeichert. Die Farbtiefe reduziert sich hierdurch auf 8 + 4 + 4 = 16 Bit/Pixel, verringert sich also um 33%.

4:2:0
Eine noch stärkere Reduktion der Farbinformationen stellt das beim DV-Format verwendete 4:2:0-Verfahren dar. Hierbei werden von vier Pixel alle vier Helligkeitsinformationen, aber lediglich eine Farbinformation gespeichert. Die Farbtiefe beträgt 8 + 4 + 0 = 12 Bit/Pixel, also 50% von 4:4:4.

In der Tabelle sehen Sie, wie Color-Subsampling bei den verschiedenen Videostandards zum Einsatz kommt.

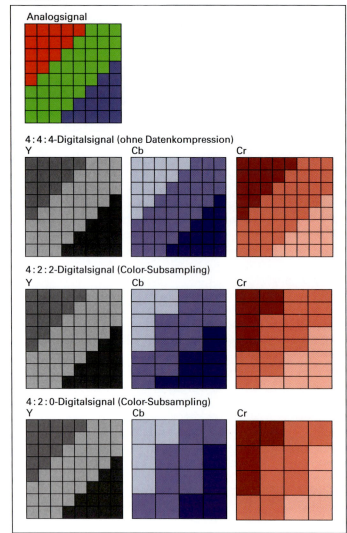

Norm	Digital.	Einsatzbereich
Digital Betacam IMX HDCAM	4:2:2	Film- und Fernsehproduktion
DVCPRO XDCAM	4:1:1	Professionelles Video
DVCAM DV, miniDV HDV AVCHD	4:2:0	Consumer und semiprofessionelles Video
PAL		Digitalfernsehen

11.2.2.4 Videodaten

Trotz des oben beschriebenen Verfahrens ergeben sich bei der Digitalisierung von Fernsehen oder Video riesige Datenmengen. Dies liegt vor allem daran, dass in jeder Sekunde z.B. 25 Bilder entstehen, die digitalisiert werden müssen.

Videotechnik

Datenmenge bei Video (unkomprimiert)   π

$$D = \frac{B \cdot H \cdot f_v \cdot F \cdot t}{8 \cdot 1024 \cdot 1024} \ [MB]$$

B: Bildbreite in Pixel

H: Bildhöhe in Pixel

f_v: Bildrate in $[Hz] = [s^{-1}]$

F: Farbtiefe [Bit]

t: Aufnahmezeit in [s]

Beispiel: Datenmenge eines einminütigen Videos in PAL-Auflösung (720 px · 576 px, 25 Hz) bei 12 Bit (4:2:0):

$$D = \frac{720 \cdot 576 \cdot 25 \cdot 12 \cdot 60}{8 \cdot 1024 \cdot 1024} = 890 \ MB$$

Auf eine DVD mit 4,7 GB würden also nur etwa 5 Minuten Video passen, den Sound noch gar nicht berücksichtigt. Sie erkennen an diesem Beispiel, wie wichtig eine effiziente Datenkompression ist.

Für die Wiedergabe des Videosignals von DVD oder Blu-ray Disc oder erst recht für die Videoübertragung im Internet ist die Angabe des Datenstroms (Bitrate), also die anfallende Datenmenge pro Sekunde, von größerer Bedeutung:

Datenstrom bei Video (unkomprimiert)   π

$$d = \frac{B \cdot H \cdot f_v \cdot F}{1.000.000^{*)}} \ [MBit/s]$$

B: Bildbreite in Pixel

H: Bildhöhe in Pixel

f_v: Bildrate in $[Hz] = [s^{-1}]$

F: Farbtiefe [Bit]

*) Datenströme werden üblicherweise mit M = 1.000.000 angegeben.

Beispiel: Datenstrom des 4:2:0-PAL-Videos:

$$d = \frac{720 \cdot 576 \cdot 25 \cdot 12}{1.000.000} = 124 \ MBit/s$$

Selbst mit einem sehr schnellen 100-MBit-DSL-Anschluss könnten Sie dieses Videos nicht betrachten!

Wie stark muss die Videokompression sein? Um diese Frage zu beantworten, rechnen wir einfach einmal rückwärts: Wenn ein Spielfilm mit 90 Minuten Länge auf eine DVD mit etwa 5 GB passen soll, dann ergibt sich hierfür ein Audio-Video-Datenstrom von:

$$d = \frac{5 \cdot 1.024 \cdot 8}{90 \cdot 60} = 7{,}6 \ MBit/s$$

Das im obigen Beispiel betrachtete PAL-Video muss also von 124 auf 7,6 MBit/s reduziert werden, was einer Reduktion von immerhin 16 : 1 entspricht. Das hierfür verwendete Verfahren heißt *MPEG*.

Für das Live-Senden von Video über das Internet (Streaming) sind die Anforderungen an die Kompression noch weitaus größer: Um die 124 MBit/s eines PAL-Videos übertragen zu können, müssen sie auf einen Stream von beispielsweise 1 MBit/s reduziert werden. Dies entspricht einer Reduktion von etwa 124 : 1! Sie können sich vorstellen, dass große Anstrengungen notwendig waren, um dieses ehrgeizige Ziel zu erreichen. Heute hat man mit *MPEG-4* und *H.264* gute Lösungen gefunden.

Wir werden uns im nächsten Kapitel das grundlegende Konzept der oben erwähnten Verfahren ansehen, ohne auf die komplizierte Mathematik einzugehen, die sich hinter diesen Verfahren verbirgt.

11.2.3 Videokompression

```
Animation
Apple Pixlet Video
Apple VC H.263
BMP
Cinepak
Component Video
DV – PAL
DV/DVCPRO – NTSC
DVCPRO – PAL
DVCPRO50 – NTSC
DVCPRO50 – PAL
Foto – JPEG
Grafiken
H.261
H.263
✓ H.264
JPEG 2000
Keine
Motion JPEG A
Motion JPEG B
MPEG-4 Video
Planar RGB
PNG
Sorenson Video
Sorenson Video 3
TGA
TIFF
Video
```

Codec-Auswahl für QuickTime

11.2.3.1 Einführung

Internet und mobile Geräte wie iPod oder iPad spielen für die AV-Medien eine immer größere Rolle. Aufgrund der begrenzten Kapazitäten zur Datenübertragung, v.a. bei Handys, ist eine effiziente Datenkompression von Audio und Video in den letzten Jahren ein zentrales Thema gewesen. Hierbei erfolgt die Datenkompression in drei Stufen:

- Bereits bei der *Digitalisierung* des Analogsignals während der Aufnahme erfolgt eine Datenreduktion um 50% durch Color-Subsampling.
- Beim *Abspeichern* der digitalen Daten auf Band, miniDVD oder Festplatte erfolgt eine hardwareseitige Kompression mit MPEG-2 oder -4. Die verbleibende Datenrate beträgt üblicherweise zwischen 5 und 25 MBit/s.
- Nach der Bearbeitung des Digitalvideos im Videoeditor erfolgt die *Ausgabe ins Endformat*, also z.B. für DVD, Blu-ray Disc, PC/Mac, Handy, iPod, iPad oder Fernsehen. Die Qualität und damit der Datenstrom (Bitrate) müssen dabei so weit reduziert werden, dass eine Übertragung durch das jeweilige Medium möglich wird.

Die ersten beiden Stufen hängen von der eingesetzten Hardware ab. Für die letzte Stufe müssen Sie als Videoproduzent einen so genannten *Codec* wählen.

Codecs wichtiger Videonormen

11.2.3.2 Video-Codecs

Das Kunstwort Codec setzt sich aus Compression und Decompression zusammen. Gemeint ist ein Verfahren, das die Datenmenge beim Speichern verringert, also komprimiert, und beim Abspielen wieder entpackt, also dekomprimiert.

Die Soft- oder Hardware zum Komprimieren wird entsprechend als *Encoder* bezeichnet, während Soft- oder Hardware zum Abspielen den entsprechenden *Decoder* enthält. Letzterem muss es gelingen, das Video in Echtzeit zu decodieren, also typischerweise mit 25 Bildern pro Sekunde.

Das Angebot an Video-Codecs ist groß und verwirrend. Die Entscheidung für einen Codec hängt dabei von mehreren Faktoren ab:

- Welche Größe (Breite x Höhe) soll das Video erhalten?
- Welche Bitrate muss erzielt werden?
- Ist Video-Streaming erforderlich?
- Welches Dateiformat wird benötigt? (Der Screenshot links zeigt beispielsweise mögliche Codecs für Quick-Time-Dateien.)
- Sind Lizenzzahlungen notwendig, um das Video zu encodieren?
- Welche Software (Decoder) benötigt der Nutzer, um das Video betrachten zu können?

11.2.3.3 Verlustfreie oder verlustbehaftete Kompression

Verlustfreie oder *Non-Lossy-Kompressionsverfahren* erhalten die Originaldaten der Bilder bzw. Filme und stellen sicher, dass die Bilder vor und nach der Kompression qualitativ gleich sind. Die meisten verlustfreien Verfahren verwenden eine Lauflängencodierung. Hierbei

Standard	Digitalisierung	Codec	Datenrate
Digital Betacam	4 : 2 : 2	JPEG	126 MBit/s
IMX	4 : 2 : 2	MPEG-2[*]	50 MBit/s
DVCPRO	4 : 1 : 1	JPEG	25 MBit/s
DVCAM	4 : 2 : 0	JPEG	25 MBit/s
HDV	4 : 2 : 0	MPEG-2[*]	25 MBit/s
DV	4 : 2 : 0	MPEG-2[*]	25 MBit/s
AVCHD	4 : 2 : 0	MPEG-4/H.264	6 – 24 MBit/s

[*] Modifiziertes Verfahren, das framegenaues Schneiden ermöglicht

988

Videotechnik

werden fortlaufende Bereiche gleicher Farbe entfernt. Allerdings reichen diese Maßnahmen alleine nicht aus, um die Datenmenge deutlich zu reduzieren.

Verlustbehaftete oder *Lossy-Kompressionsverfahren* entfernen Bildinformationen, die dem Betrachter nicht oder kaum auffallen. Diese Methode bewahrt die Originaldaten nicht – Bildinformationen gehen verloren und können auch nicht wieder hergestellt werden.

Räumliche oder zeitliche Kompression

Bei der räumlichen Kompression findet die Datenreduktion innerhalb der einzelnen Frames des Videos statt und wird deshalb auch als *Intraframe-Kompression* bezeichnet. Ein wichtiges Kompressionsverfahren ist das aus der Bildverarbeitung bekannte JPEG-Verfahren.

Bei der zeitlichen Kompression werden Daten durch Vergleich der einzelnen Frames entfernt – es wird deshalb auch als *Interframe-Kompression* bezeichnet. Das Prinzip hierbei ist, dass sich von Bild zu Bild nur kleine Bereiche im Bild verändern – denken Sie an eine gefilmte Landschaft. Es werden also große Datenmengen gespart, wenn von Bild zu Bild lediglich die wenigen Änderungen gespeichert werden. Wichtigstes Verfahren ist hierbei MPEG.

Hardware- oder Software-Kompression

Die Kompression von Videodaten kann sowohl software- als auch hardwaremäßig erfolgen.

Die Verwendung einer Kompressionshardware bietet den Vorteil, dass der Kompressionsvorgang deutlich effizienter erfolgt und damit Rechenzeit gespart wird. Wer häufig mit Videoschnitt zu tun hat, wird dies schätzen. Videoschnitt-Hardware wird in Form von Karten oder als externe Geräte angeboten, die über USB oder Firewire mit dem PC verbunden werden. Letzteres ist für die Verwendung mit Laptops interessant. Beispiele für Hersteller sind:
- Avid (www.avid.de)
- Matrox (www.matrox.com)
- Enciris (www.enciris.com)
- Grass Valley (www.grassvalley.com)

Auflösung, Framerate, Farbtiefe

Bei Video für mobile Endgeräte oder das Internet kommen weitere Methoden der Datenreduktion zum Einsatz:
- Auflösung
  Wird die Bildbreite und -höhe jeweils halbiert, verringert sich die Auflösung eines PAL-Videos z. B. auf 360 x 288 Pixel und die Datenmenge reduziert sich bereits um 75%.
- Framerate
  Wenn ein Video keine schnellen Bewegungen enthält, z. B. bei Landschaftsaufnahmen, kann eventuell die Framerate reduziert werden. Durch Reduktion der Framerate von 25 auf 15 fps ergibt sich eine Einsparung der Datenmenge um 40%.
- Farbtiefe
  Auch durch Reduktion der Farbtiefe lassen sich große Datenmengen einsparen: Die Verringerung von 12 auf 8 Bit reduziert die Datenmenge um 33%.

Videoencoderkarte

Modell: Matrox CompressHD

Abb.: Matrox

11.2.3.4 MPEG

Leider wird die Bezeichnung MPEG in mehrfacher Weise verwendet:
- Motion Picture Experts Group, also eine Expertengruppe, die sich mit der Kompression von AV-Daten beschäftigt.
- Containerformat für AV-Dateien: Wichtigste Standards sind MPEG-2 und MPEG-4 (siehe Seite 993)
- Video-Codec

Wir beschäftigen uns in diesem Abschnitt mit MPEG als Codec: Die grundlegende Idee hierbei ist, dass sich bei einem Videoclip von Bild zu Bild nicht sämtliche Bildinformationen, sondern nur Teile des Bildes verändern. In der gezeigten Bildfolge eines fahrenden Autos können Sie dies nachvollziehen. Die Idee ist also naheliegend, nur die Teile eines Bildes abzuspeichern, die sich auch tatsächlich ändern. Bei MPEG werden hierfür drei Arten von Bildern (Frames) unterschieden:

I-, P- und B-Frames
- *I-Frame (Intraframe)*
  Bei I-Frames werden alle Informationen des Bildes gespeichert. Als Kompressionsverfahren kommt dabei das JPEG-Verfahren zum Einsatz, das mathematisch auf der DCT basiert (vgl. Kapitel 6.4.3). Typischerweise werden zwei I-Frames pro Sekunde gespeichert.
- *P-Frame (Predicted Frame)*
  Bei diesen Frames werden nur Bildinhalte gespeichert, die sich im Vergleich zum vorherigen P- oder I-Frame geändert haben. Bei einer Bewegung werden nicht die Bildinhalte selbst, sondern Bewegungsvektoren gespeichert, aus denen sich die Verschiebung/Veränderung des Bildes errechnen lassen.
- *B-Frame (Bidirectional Predicted Frame)*
  Bei B-Frames werden noch weniger Bildinformationen gespeichert. Zur Darstellung des Bildes wird das vorherige und nachfolgende P- oder I-Frame herangezogen. Es handelt sich also um eine rechnerische Interpolation des Bildes.

GOP (Group of Picture)
Die Abfolge von I-, P- und B-Frames ist nicht zwingend festgelegt. Alle Frames vom I-Frame bis zum nächsten I-Frame werden als *GOP (Group of Picture)* bezeichnet. Eine typische Sequenz ist:

> Group of Picture (GOP):
> I – B – B – P – B – B – P – B – B – P –
> B – B (– I – B – B – P –...)

Um einen flexiblen Einsatz zu ermöglichen, wurden für MPEG(-2) verschiedene Level definiert. Die Tabelle rechts oben zeigt einen kleinen Ausschnitt:

MPEG-Encodierung

Oben: Bildfolge ohne Kompression

Unten: Alle grau markierten Bereiche werden nicht gespeichert, da sich im Vergleich zum vorherigen Bild nichts geändert hat.

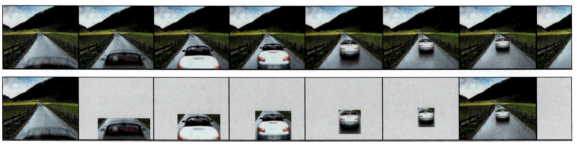

Videotechnik

Level	Bitrate	Auflösung (Bsp)	Bildrate
LL	4 MBit/s	352 · 288 px	30 fps
ML	15 MBit/s	720 · 576 px	30 fps
HL	80 MBit/s	1.920 · 1.080 px	30 fps

Quelle: de.wikipedia.org/wiki/MPEG-2

MPEG-komprimierte Videos besitzen einen Nachteil: Da nur die I-Frames die gesamte Bildinformation speichern, können MPEG-Videos nur in diesen Frames geschnitten werden. Dies ist in vielen Fällen zu ungenau.

Sowohl DV- als auch professionelle Formate wie IMX arbeiten deshalb mit einem modifizierten MPEG-Verfahren, das einen Zugriff auf jedes einzelne Frame ermöglicht.

11.2.3.5 H.264

H.264 ist momentan „State of the Art"! Der Codec wurde ursprünglich von der Fernmeldeunion (ITU) entwickelt, die sich schließlich mit dem MPEG-Konsortium zusammenschloss und H.264 als Teil 10 in MPEG-4 integrierten.

Das Grundprinzip von H.264 ist nicht neu, sondern entspricht dem MPEG-Verfahren. An vielen Stellen wurden jedoch technische Verbesserungen vorgenommen, mit denen wir Sie hier nicht langweilen wollen. Wie bei MPEG-2 gibt es auch bei H.264 verschiedene Profile und Level.

Level	Bitrate	Auflösung (Bsp)	Bildrate
1	64 kBit/s	176 · 144 px	15 fps
2	2 MBit/s	352 · 288 px	30 fps
3	10 MBit/s	720 · 576 px	25 fps
4	20 MBit/s	1.920 · 1.080 px	30 fps
5	135 MBit/s	2.560 · 1.920 px	30,7 fps

Quelle: de.wikipedia.org/wiki/H.264

Wie Sie sehen, ist der Codec für alle Anwendungen vom kleinen Handy-Display bis hin zu Full-HD (1.920 px · 1.080 px) oder sogar noch größer spezifiziert.

Ein Vergleich mit der Tabelle der MPEG-Levels zeigt den großen Fortschritt, der mit H.264 erzielt wurde: Während für die Full-HD-Auflösung (1.920 · 1.080 px) bei MPEG-2 noch 80 MBit/s notwendig sind, genügen für diese Auflösung bei H.264 bereits 20 MBit/s. Es ist den Entwicklern damit gelungen, die Bitrate um 75 % zu reduzieren. Hierdurch kann nun auch im Internet hochauflösendes Video gezeigt werden.

Immer mehr Anbieter setzen den Algorithmus erfolgreich ein, z.B.:
- Apple QuickTime
- Portables Video, z.B. iPod, iPad
- Adobe Flash, z.B. auf YouTube
- HDTV für Blu-ray Disc
- Digitales HD-Fernsehen

Einzig und allein Microsoft hält bislang mit seinem Windows Media Encoder dagegen.

11.2.3.6 DivX

Der DivX-Codec ist dafür bekannt, dass sehr gute Qualität bei geringer Datenmenge erzielt wird. So lässt sich der Inhalt einer DVD-Video mittels DivX auf CD unterbringen – in guter Qualität.

Vergleichbar mit QuickTime ist DivX heute ein komplettes Softwarepaket, das neben dem Codec ein eigenes Containerformat (DIVX) und einen eigenen Player beinhaltet. Das Paket kann kostenlos unter www.divx.com für Mac OS und Windows heruntergeladen werden. Lediglich für eine erweiterte Version DivX Pro des Encoders muss wie bei QuickTime eine Lizenzgebühr von derzeit etwa acht Euro gezahlt werden.

991

11.2.4 Videoformate

11.2.4.1 Containerformate

Containerformat
Bei Videodateien handelt es sich um Containerformate. Sie sind in der Lage, unterschiedliche Datentypen in eine Datei zu integrieren.

Band II – Seite 960
11.1.4 Audioformate

Wie die Grafik links zeigt, enthalten Videodateien nicht nur Videodaten, sondern Audiodaten für den Ton, der auch mehrsprachig sein kann, und Metadaten wie z.B. Untertitel oder Streaming-Informationen. Aus diesem Grund spricht man hierbei auch von Containerformaten. Auch bei PDF handelt es sich um ein Containerformat, da es Texte, Bilder, Schriften und andere Daten integriert.

Ein großes Problem in der Videotechnik ergibt sich aus der Tatsache, dass die Container verschiedene Audio- und Video-Codecs integrieren können. So kann es sein, dass sich bei zwei Videodateien mit identischer Dateiendung, z.B. MOV, eine nicht abspielen lässt. Ursache: Der benötigte Decoder fehlt dem Player.

Bei der Videoproduktion kommt es also nicht nur darauf an, in welchem Dateiformat Sie Ihre Videos produzieren, sondern immer auch, welche Codecs Sie einsetzen.

Die zurzeit wichtigsten Containerformate stellen wir kurz vor.

Video-Encoding   Abb.: Apple

sondern um ein Multimedia-Framework, dessen bekanntester Bestandteil der kostenlose QuickTime-Player ist.

Um mittels Player Videos encodieren zu können, müssen Sie allerdings für eine Lizenzgebühr von derzeit 30 Euro die Pro-Version erwerben. QuickTime unterstützt dabei eine große Anzahl an Video- und Audio-Codecs, wobei H.264 momentan mit Abstand die größte Bedeutung hat.

QuickTime ist streamingfähig und damit auch für mobile Endgeräte und das Internet von Bedeutung. Für den Webbrowser ist ein Plug-in erforderlich.

11.2.4.2 QuickTime

Steckbrief	
Extension	MOV, QT
Video	DV, H.264, DivX, WMV (Plug-in), u.a.
Audio	MP3, AAC
Web	www.apple.com/de/quicktime/
Lizenz	Player kostenlos PRO-Version 30,- €

QuickTime stammt von Apple, steht aber seit langem auch der Windowswelt zur Verfügung. Bei QuickTime handelt es sich nicht bloß um ein Dateiformat,

11.2.4.3 Windows Media

Steckbrief	
Extension	ASF, WMV, (WMA)
Video	WMV
Audio	WMA
Web	www.microsoft.com/windows/windowsmedia/
Lizenz	Player und Encoder kostenlos

Bei Windows Media handelt es sich wie bei QuickTime um ein komplettes Multimedia-Konzept, dessen Videoanteil WMV und Audioanteil WMA heißt.

992

Videotechnik

Zum Abspielen der Video- oder Audiodateien stellt Microsoft den Windows Media Player zur Verfügung. Alternativ können WMV- oder WMA-Files mittels Plug-in auch direkt im Browser angesehen werden. Im Unterschied zu QuickTime ist auch der zugehörige Windows Media Encoder kostenlos. Dennoch hat die Konkurrenz durch den erfolgreichen H.264-Codec derzeit die Nase vorn.

Für den umkämpften Markt des Video-Streamings hat Microsoft ein proprietäres (unfreies) Containerformat namens ASF (Advanced Systems Format) entwickelt, das WMV- und WMA-Dateien einbetten kann.

11.2.4.4 MPEG

Wie im letzten Abschnitt erläutert, ist MPEG sowohl der Name eines Containerformats als auch der Name eines Codecs. Leider ist es noch komplizierter, weil MPEG verschiedene Standards definiert hat, von denen MPEG-2 und MPEG-4 die größte Bedeutung besitzen.

MPEG-2

Steckbrief	
Extension	MPEG, MPG u.a.
Video	MPEG
Audio	MP3, AAC, AC-3
Web	www.mpeg.org
Lizenz	wird mit Videoeditor erworben

MPEG-2 wurde bereits 1994 eingeführt und ist mittlerweile etwas in die Jahre gekommen. Dennoch ist das Format auch heute noch von Bedeutung, weil DVD-Videos nach diesem Standard produziert werden.

Der Container ist in zehn Teile (Parts) gegliedert, wobei in Part 2 der Video-Codec und in Part 3 der Audio-Codec definiert ist. Letzterer war so gut, dass er als „MP3" zum eigenen Dateiformat für Sound wurde und bis heute wichtigster Audiostandard ist.

MPEG-4

Steckbrief	
Extension	MP4
Video	H.264, DivX u.a.
Audio	MP3, AAC, AC-3
Web	www.mpeg.org
Lizenz	wird mit Videoeditor erworben

MPEG-4 besteht nicht nur aus 10, sondern gleich aus 25 Parts. Das Containerformat entspricht dabei weitgehend der QuickTime-Technologie.

Wie im Abschnitt über die Video-Codecs erläutert, ist H.264 zumindest momentan (Stand: 2011) eines der besten Verfahren zur Videokompression, so dass MP4 in der nächsten Zeit weiterhin eine zentrale Rolle spielen dürfte.

11.2.4.5 Flash-Video

Steckbrief	
Extension	FLV, F4V
Video	VP6, H.264, u.a.
Audio	MP3, AAC
Web	www.adobe.com/products/flash-player/
Lizenz	wird mit Flash erworben

Im Internet kommt man derzeit an Flash kaum vorbei. Allein die großen Videoportale YouTube und MyVideo haben zu einer rasanten Verbreitung von Flash-Videos geführt, obwohl die Browser hierfür ein Flash-Plug-in benötigen.

Flash bietet einen eigenen kostenlosen Player an, wobei Flash-Videos auch mit anderen Playern wie dem VLC oder Windows Media Player abspielbar sind. Alleine Apple weigert sich bislang, iPod und Co. das Abspielen von Flash-Video beizubringen. Allerdings gibt es Konverter, die diese Aufgabe erledigen.

11.2.4.6 RealMedia

Steckbrief	
Extension	RM, RV, RA
Video	RV40 u.a.
Audio	RAAC, RACP
Web	www.realnetworks.com
Lizenz	Player kostenlos

RealNetworks gehörte zu den Pionieren beim Internet-Streaming und war damit sehr erfolgreich. Heute kämpft die Firma um Marktanteile – die Konkurrenz ist mit Flash und QuickTime groß.

Wie bei QuickTime und Windows Media stellt auch RealMedia einen kostenlosen Player (RealPlayer) zur Verfügung, der es beispielsweise ermöglicht, YouTube-Videos downzuloaden und lokal abzuspeichern. Durch den Kauf einer erweiterten Version (RealPlayer SP Plus) lassen sich Videos umkonvertieren und danach z. B. auf DVD brennen oder auf mobile Endgeräte übertragen.

11.2.4.7 DVD-Video (VOB)

Vielleicht wird die DVD-Sammlung das gleiche Schicksal erleiden wie einst die Audio-CD-Sammlung, die immer häufiger durch MP3s ersetzt wird. Durch bessere Codecs und höhere Bandbreiten könnte Video-on-Demand ein interessantes Geschäftsmodell werden.

Momentan jedoch spielen Videos auf DVD bzw. Blu-ray Disc noch eine Rolle. Wenn Sie einmal eine DVD im Explorer betrachten, dann finden Sie dort zwei Ordner, *Audio_TS und Video_TS*, wobei Audio-TS meistens leer ist, da er nur für DVD-Audios benötigt wird.

In Video_TS finden Sie drei Arten von Dateien:

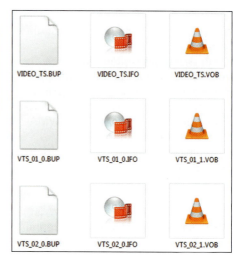

VOB-Datei
Bei VOB-Dateien (Video Objects) handelt es sich um ein Containerformat für den MPEG-2-codierten Videodatenstrom einschließlich Ton, der auf DVD-Video wahlweise mit AAC, Dolby Digital oder DTS codiert ist. Sie besitzen eine Größe von bis zu einem GB.

IFO-Datei
In den IFO-Dateien sind die Informationen über die Struktur der DVD (Menü, Titel, Kapitel) enthalten.

BUP-Datei
BUP-Dateien sind Kopien (Backup) der IFO-Dateien.

Abbildung rechts:

Dateistruktur von DVD-Video

Die Video- und Audiodaten werden in VOB-Dateien gespeichert, die eine Größe von bis zu einem GB besitzen.

994

11.2.5 Videohardware

Videotechnik

Die digitale Videoproduktion beginnt mit der Aufnahme. Auch wenn es derzeit „in" ist, mit dem Handy zu filmen, so hat dies mit qualitativ hochwertiger Videoproduktion nichts zu tun. Letztere setzt den Einsatz eines Camcorders voraus.

11.2.5.1 Camcorder

Klein, leicht, günstig – Camcorder, also eine Kombination aus *Cam*era und Re*corder*, haben den Markt erobert.

Auch wenn die Produkte nicht an die „Profigeräte" herankommen, bieten sie eine erstaunliche Qualität. Und da es in diesem Buch nicht um Film- und Fernsehproduktion, sondern um Internet und Multimedia geht, dürfte diese Qualität auch oftmals ausreichen. Insbesondere für die Verwendung im Internet muss derzeit bei Video eine geringe Auflösung und Datenrate vorausgesetzt werden. Andernfalls ist eine Betrachtung in Echtzeit nicht möglich.

Der Camcorder-Markt ist groß, und Sie haben wie so oft die Qual der (Aus-)Wahl. Derzeit gibt es überwiegend drei Systeme, deren Merkmale in der Tabelle rechts oben zusammengefasst sind. Die wichtigsten Kriterien zur Entscheidung für ein bestimmtes Modell sind:

- *Bildformat*
  PAL oder HDTV? Bislang ist AVCHD (Advanced Video Codec High Definition) das einzige Format, welches das volle HDTV-Format unterstützt, während DV „nur" im PAL-Format abspeichern kann. Bedenken Sie aber, dass das Berechnen (Encodieren) der Videos umso länger dauert, je höher die Auflösung ist. HD-Video ist nur dann sinnvoll, wenn es auch im vollen Format ausgegeben wird.

Merkmal	DV	HDV	AVCHD
Bildformat in px	720 · 576 (PAL)	1.280 · 720 1.440 · 1.080	720 · 576 (PAL) 1.280 · 720 1.920 · 1.080
Bildwiederholung (i = interlaced, p = progressive)	25p, 50i	25p, 50p, 50i	25p, 50p, 50i
Datenkompression	MPEG-2 (modifiziert)	MPEG-2 (modifiziert)	H.264/MPEG-4
Datenstrom (Bitrate)	25 MBit/s	25 MBit/s	divers z.B. 6, 13, 24 MBit/s
Aufnahmemedien (Auswahl)	DV-Band MiniDV-Band CF-Karte	HDV-Band MiniDV-Band CF-Karte	SD-Karte Memory-Stick MiniDVD Festplatte

- *Speichermedium*
  Bänder oder Dateien? Die Wahl des Speichermediums ist einerseits eine Kostenfrage und begrenzt andererseits die maximale Aufnahmedauer.
- *Datenstrom (Bitrate)*
  Multiplizieren Sie den Datenstrom mit der Aufnahmedauer, um die Datenmenge zu erhalten: Bei DV ergeben sich etwa 11 GB pro Stunde.
- *Größe und Gewicht*
  Je kleiner und leichter, umso handlicher ist ein Camcorder. Was für das Urlaubsvideo von Interesse ist, spielt in der professionellen Videoproduktion keine Rolle. Hier

Camcorder-Systeme
Derzeit konkurrieren drei Systeme: DV, HDV und AVCHD.

AVCHD-Camcorder
Modell: Sony NEX-VG10E

Abb.: Sony

Band I – Seite 373
4.2 Filmgestaltung

Stativ

Ein gutes Stativ kostet mindestens so viel wie die Kamera, ist aber für professionelle Aufnahmen unerlässlich.

Abb.: Sachtler

sind größere Kameras, die ruhig in der Hand oder besser: auf der Schulter liegen, zu bevorzugen. Um Verwackler zu vermeiden, sollten Sie mit optischem Bildstabilisator (OIS) oder Stativ filmen.
- *Anschlüsse*
  Die Verbindung des Camcorders mit dem Computer erfolgt wahlweise über iLink (Firewire) oder USB. Bessere Kameras haben zusätzlich eine hochwertige HDMI-Schnittstelle, über die sie z. B. an einen HDMI-fähigen Recorder oder Fernseher angeschlossen werden können.
- *Mikrofon*
  Zur Tonaufnahme besitzen alle Camcorder eingebaute Mikrofone. Eine bessere Tonqualität kann allerdings erzielt werden, wenn Sie ein externes Mikrofon verwenden, das näher am Ort des Geschehens platziert wird.
- *Blende und Verschlusszeit*
  Achten Sie darauf, dass Blende und Verschluss manuell einstellbar sind.
- *Autofocus*
  Der Autofocus sollte deaktiviert werden können, weil er bei Kameraschwenks oder -fahrten nicht immer schnell genug ist.
- *Akku*
  Für den „Außendreh" ist ein langlebiger Akku erforderlich, außerdem sollten Sie immer einen Ersatz-Akku in der Tasche haben.
  - *Anzahl*
    Mit *einem* Camcorder werden Sie relativ schnell an Ihre Grenzen stoßen. Nehmen Sie an, dass ein Interview gefilmt werden soll: Um den Moderator, die interviewte Person und vielleicht noch beide zusammen zu filmen, benötigen Sie be-

reits drei Kameras. Bevor viel Geld in eine sehr gute Kamera investiert wird, wäre also zu überlegen, ob für das gleiche Budget nicht besser zwei oder drei etwas einfachere Modelle erworben werden.

11.2.5.2 Beleuchtung

Es werde Licht! Leicht gesagt – nicht so leicht getan. Ein gut gesetztes Licht ist daran erkennbar, dass die Lichtsituation vom Betrachter als logisch und natürlich empfunden wird. Darüber hinaus wird Licht dazu eingesetzt, um Stimmungen zu erzeugen und damit zur Dramaturgie beizutragen.

Drei-Punkt-Ausleuchtung

Zur Beleuchtung einer Szene in Räumen werden standardmäßig drei Leuchten benötigt:
- Das *Führungslicht (Key Light)* ist die stärkste Lichtquelle und wird seitlich neben der Kamera platziert. Die Beleuchtung erfolgt von schräg oben, so dass sich ein realistisch wirkender Schattenwurf wie bei einer Deckenbeleuchtung ergibt. Als Führungslicht kann auch ein Fenster dienen.
- Zur *Aufhellung (Fill Light)* dient

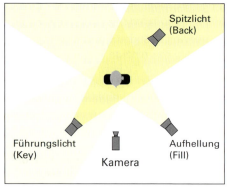

Drei-Punkt-Ausleuchtung

häufig indirektes Licht, das z.B. durch eine Styroporplatte reflektiert wird. Es befindet sich im 90°-Winkel zum Führungslicht. Die Funktion dieses „weichen" Lichtes ist die Reduktion der Schatten und Aufhellung der durch das Führungslicht wenig beleuchteten Bereiche.
- Als dritte Leuchte kommt ein *Spitzlicht (Back Light)* zum Einsatz, das hinten oben gesetzt wird. Es dient dazu, den Kontrast zwischen Vorder- und Hintergrund zu erhöhen und dadurch dem Bild mehr Tiefe und Plastizität zu geben.

Vier-Punkt-Ausleuchtung
Von einer *Vier-Punkt-Ausleuchtung* spricht man, wenn eine vierte Leuchte zur Aufhellung des Hintergrundes verwendet wird.

Weißabgleich
Die Farbigkeit von Licht wird durch die *Farbtemperatur* beschrieben. Sie wird in Kelvin [K] gemessen. Hohe Farbtemperaturen lassen das Licht bläulich wirken, niedrige führen zu gelblichem und rötlichem Licht:
- 15.000 K: Blauer Himmel
- 6.000 K: Mittagssonne
- 5.000 K: Morgen-/Abendsonne
- 4.000 K: Leuchtstofflampe
- 2.800 K: Glühlampe
- 1.500 K: Kerze

Unser Auge kann sich an diese großen Unterschiede rasch anpassen – eine Kamera kann dies nicht.

Durch einen Weißabgleich müssen Sie die Kamera auf die Lichtsituation einstellen. Dies kann automatisch erfolgen, indem die Kamera den hellsten Punkt im Raum sucht, oder manuell, indem man z.B. ein weißes Papier vor die Kamera hält und dann den Weißabgleich durchführt. Ohne Weißabgleich wird die Aufnahme farbstichig. Über die Kombination von Blende und Verschluss bestimmen Sie schließlich, wie viel Licht bei der Aufnahme in die Kamera kommt.

Filmleuchte

Abb.: Sachtler

Außenaufnahmen
Aufnahmen im Freien sind wesentlich schlechter planbar, weil sich das Wetter nicht beeinflussen lässt.

Für konstante Lichtverhältnisse sorgt ein bewölkter Himmel. Sonne führt vor allem in den Mittagsstunden zu harten Schatten mit fast senkrechtem Verlauf. Besser ist es, die Morgen- oder Abendsonne zu nutzen, da die Kontraste geringer und Schatten weicher werden. Wie in Räumen werden Styroporplatten zur Aufhellung verwendet.

Bei längeren Aufnahmen empfiehlt es sich wenn möglich, in Richtung Norden zu filmen, weil sich dann der Sonnenstand und damit die Veränderung der Schatten nicht so stark auswirken.

11.2.5.3 Ton

Neben dem Licht ist auch der Ton ein wichtiges Gestaltungsmittel des Films. Dies wird Ihnen bewusst, wenn Sie einmal während eines Spielfilms den Ton abstellen.

Grundsätzlich wird zwischen *On- und Off-Ton* unterschieden: Von On-Ton ist die Rede, wenn die Tonquelle im Bild zu sehen ist, also z. B. Sprache bei einem Interview. Beim Off-Ton ist die Quelle nicht zu sehen, der Ton kommt aus dem „Off", z. B. der Kommentar zum Bild.

Eine weitere Unterscheidung betrifft die unterschiedlichen Arten des Tons:
- Sprache
- Musik
- Atmo (Atmosphäre)
- Effektgeräusche

Sprache
Alle Camcorder enthalten auch ein Mikrofon, so dass parallel zum Bild immer auch der Ton aufgezeichnet wird. Was bei Nahaufnahmen gut gelingen mag, stellt für Aufnahmen aus größerer Entfernung (Totale, Halbtotale) ein Problem dar: Das Kameramikrofon nimmt zu viele Geräusche aus der direkten Umgebung auf, so dass der Ton nicht zum Bild passt.

Abhilfe schaffen ein oder mehrere externe Mikrofone, die in unmittelbarer Nähe platziert werden. Dies kann entweder mit Hilfe einer so genannten *Tonangel* erfolgen, die ein Assistent über die Akteure hält, oder die Akteure arbeiten mit ansteckbaren Mikrofonen (Knopf- oder Lavaliermikrofon).

Neben der Größe und Bauart (dynamisches oder Kondensatormikrofon) spielt vor allem seine Richtcharakteristik eine Rolle, also die Abhängigkeit der Schallaufnahme von der Richtung (siehe Seite 966).

Musik
Musik erzeugt Stimmungen: fröhlich – traurig, ruhig – hektisch, hell – düster. Sounddesigner, Komponisten und Musiker sind hierfür zuständig, und so manche Filmmusik wurde erfolgreicher als der Film selbst.

Im Videobereich kommt der Musik keine so große Bedeutung zu wie beim Spielfilm. Dennoch ist es sinnvoll, Bilder mit einer passenden Musik zu unterlegen, um dadurch die Bildwirkung zu steigern. Beachten Sie aber, dass zur Musikverwendung die Rechte eingeholt bzw. eingekauft werden müssen. Zuständig hierfür ist die GEMA (www.gema.de).

Atmo
Der Atmo-Ton umfasst alle Geräusche, die zur gefilmten Szene gehören. Führen Sie beispielsweise ein Interview in einer Fußgängerzone durch, so erwartet der Betrachter unbewusst die typischen Geräusche einer Fußgängerzone: Schritte, Gespräche, Fahrradklingeln usw. Es ist sinnvoll, den Atmo-Ton mit einem separaten Mikrofon aufzunehmen, weil er dann später in einer eigenen Spur mit der Sprachaufnahme abgemischt werden kann.

Effektgeräusche
Wenn Sie beim Schneiden Ihres Videos feststellen, dass das eine oder andere Geräusch im Atmo-Ton fehlt oder zu schwach ist, dann muss es nachträglich ergänzt werden. Falls die Tonaufnahme am Original-Drehort nicht (mehr) möglich ist, können Sie notfalls auf Archive zurückgreifen, die gesampelte Geräusche zum Download anbieten, z. B. www.hoerspielbox.de. Wie bei der Verwendung von Musik müssen Sie auch hier wieder die Nutzungsrechte beachten.

Lavaliermikrofon

Knopf- oder Lavaliermikrofone sind so klein, dass sie sich in der Kleidung verbergen lassen.

Abb.: Sennheiser

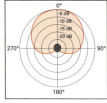

Richtcharakteristik

Mikrofone mit Nierencharakteristik eignen sich z.B. für Interviews, da sie den Schall bevorzugt von vorne aufnehmen.

998

11.2.6 Postproduktion

11.2.6.1 Videoeditoren

Ist die Aufnahme endlich „im Kasten", beginnt die Postproduktion Ihres Videos: Schnitt, Nachvertonung, Titel, Rendering,…

Nicht zuletzt wegen der großen Anzahl an Amateurfilmern und der immer besser und billiger werdenden Hardware steht Ihnen auch bei den Videoeditoren eine große Auswahl von Freeware bis zu teuren Profiprogrammen zur Verfügung.

Für Anfänger ist es durchaus empfehlenswert, erste Gehversuche mit kostenloser Software wie beispielsweise iMovie von Apple oder Movie Maker von Microsoft zu machen, bevor Geld in eine Software investiert wird.

Die Tabelle unten gibt Ihnen einen Überblick über einige wichtige Videoeditoren. Während die ersten drei Programme schon wegen des hohen Preises dem Profibereich vorbehalten sind, lassen sich auch mit Editoren im Bereich um die hundert Euro oder sogar mit Freeware gute Ergebnisse erzielen.

11.2.6.2 Videoschnitt

Videoschnitt, man spricht auch von *Filmmontage*, ist eine große Kunst und erfordert viel Erfahrung und Übung. Der Begriff des Schneidens kommt aus der analogen Filmtechnik, bei der der *Cutter* die Zelluloid-Filme tatsächlich mit der Schere schneiden und in der gewünschten Reihenfolge aneinander kleben musste. Heute findet Videoschnitt in digitaler Form am Computer statt.

Das Grundprinzip des digitalen Videoschnitts ist bei allen Programmen gleich.

Making of …
- Die mittels Camcorder aufgezeichneten Szenen werden über iLink (Firewire) oder USB-Schnittstelle in den Computer übertragen und in den Videoeditor importiert. Die meisten Programme besitzen eine automatische Szenenerkennung ❶, die jede

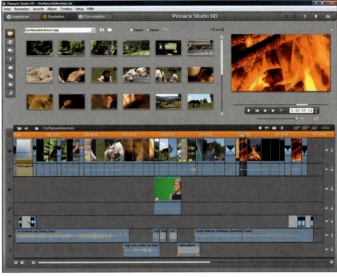

Videoeditor

Videoeditoren ermöglichen eine digitale Nachbearbeitung des aufgenommenen Filmmaterials.

Abb.: Pinnacle Studio HD

Szenenerkennung

Übersicht wichtiger Videoeditoren

Name	Anbieter	Mac	Win	Web	Preis (ca.)
Avid Media Composer	Avid	•	•	www.avid.de	2.400,– €
Adobe Premiere Pro	Adobe	•	•	www.adobe.com/products/premiere/	1.000,– €
Final Cut Pro	Apple	•		www.apple.com/de/finalcutstudio/finalcutpro/	1.000,– €
Final Cut Express	Apple	•		www.apple.com/de/finalcutexpress/	200,– €
Pinnacle Studio	Pinnacle		•	www.pinnaclesys.com	60 – 130,– €
Adobe Premiere Elements	Adobe	•	•	www.adobe.com/products/premiereel	80 – 100,– €
iMovie (iLife)	Apple	•		www.apple.com/ilife/imovie/	kostenlos
Windows Live Movie Maker	Microsoft		•	explore.live.com/windows-live-movie-maker	kostenlos

Trimmen
Die Dauer einer Einstellung wird durch Setzen eines In- und Out-Points definiert. Der Timecode ermöglicht framegenaues Schneiden.

Szene als eigenen Clip ablegt.
- Im nächsten Schritt muss das oft umfangreiche Videomaterial gesichtet werden. Meistens werden Einstellungen mehrfach gedreht, so dass ein Mehrfaches an Rohmaterial vorliegt, als für das Video benötigt wird.
- Die ausgewählten Clips werden nun in der gewünschten Reihenfolge in einer Videospur platziert und grob auf die richtige Länge gebracht. Was aber ist die richtige Länge? Hierzu ein Zitat von Walter Murch, der mit drei Oskars für seine Film- und Tonschnitte ausgezeichnet wurde: „*Das Wesentliche ist dabei […], darauf zu achten, wann eine Einstellung uninteressant wird. Es gibt keinen anderen Grund, eine Einstellung mit einem Schnitt zu beenden.*" [Walter Murch im Gespräch mit Jan Schütte, 2004]
- Der Feinschnitt wird als *Trimmen* bezeichnet. Die gewünschte Dauer ❶ wird durch Platzieren eines In- ❷ und Out-Points ❸ festgelegt. Um bildgenaues Schneiden zu ermöglichen, wird zur Angabe der Clipdauer der so genannte *Timecode* verwendet (siehe nächster Abschnitt).
- Werden die einzelnen Clips lückenlos aneinandergefügt, spricht man von einem „harten" Schnitt. Bei gut geschnittenen Filmen wird dieser durch den Zuschauer nicht wahrgenommen.
- Soll ein Handlungsstrang bewusst unterbrochen werden, können Sie zwei Einstellungen auch mittels Überblendung verbinden. Ein Beispiel wäre, eine Einstellung abzublenden (Bild wird schwarz), um die nächste Einstellung einzublenden. Vermeiden Sie jedoch digitale Spielereien, bei denen sich Bilder auflösen oder davonfliegen. Dies lenkt den Zuschauer unnötig ab und hat nichts mit professionellem Schnitt zu tun.
- Zur Vertonung Ihres Videos stehen neben der Spur, die den Originalton des Videos enthält, weitere Audiospuren bereit, in denen Sie gewünschte Sounds wie Off-Kommentare, Musik oder Effektsounds platzieren können. Mit Hilfe eines Kopfhörers wird das Abmischen der verschiedenen Sounds vorgenommen.

Parameter für das Rendering von Video

Video
- Ausgabemedium
  Datei, DVD, Blu-ray, Internetstream, DV-Band (Archiv)
- Auflösung
  z.B. 640 360 px (iPod-kompatibel),
  720 · 576 px (PAL),
  1.280 · 720 px (HD),
  1.920 · 1.080 px (HD)
- Framerate z.B. 25 fps (Bilder/Sekunde)
- Codec
  z.B. MJPEG, MPEG-2, MPEG-4 /H.264,
- Dateiformat z.B.
  WMV, MOV, AVI

Audio
- Codec
  z.B. MP3, PCM (ohne Kompression), AAC
- Kanäle
  Stereo, Dolby Digital 5.1

Videotechnik

- Alle benötigten Texte, z. B. Titel, Abspann, können Sie direkt im Titeleditor erstellen, an der gewünschten Stelle einfügen und nach Wunsch animieren, z. B., um den im Abspann üblichen Rolltext von unten nach oben zu erhalten.
- Nach Fertigstellung Ihres Projekts muss das Video „gerendert" werden. Hierbei werden die Videospur, Audiospuren, Titel, Überblendungen und Effekte in einer Datei gespeichert. Der Vorgang ist rechenintensiv und kann trotz leistungsfähiger Hardware lange dauern. Die Parameter des Renderings müssen Sie wählen (siehe Tabelle links unten).

11.2.6.3 Timecode

Um die Synchronisation der verschiedenen Video- und Audiospuren zu ermöglichen, ist eine exakte Steuerung des zeitlichen Ablaufs eines Videos notwendig. Um dies zu gewährleisten, wurde ein Zeitstandard namens SMPTE-Timecode (Society of Motion Picture and Television Engineers) geschaffen. Hierbei wird jedem Einzelbild (Frame) des Videos eine exakt definierte

SMPTE-Timecode
Stunde : Minute : Sekunde : Frame

Zeit zugeordnet:
Die Angabe 0:02:40:16 besagt, dass sich der Abspielkopf an der Position 0 Stunden, 2 Minuten, 40 Sekunden im 16. Frame befindet.

Die kleinste Zeiteinheit eines Videos ist der einzelne Frame. Handelt es um ein PAL-Video mit 25 Vollbildern pro Sekunde, so besitzt das Einzelbild eine Dauer von 1/25 oder 0,04 Sekunden.

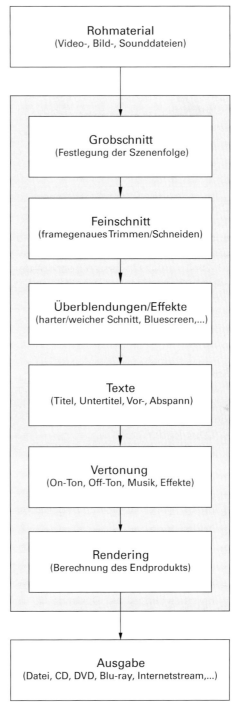

Schematischer Ablauf der Postproduktion

1001

11.2.7 AV-Streaming

Prinzipdarstellung des Streamings

Abb.: ARD, Sony, Dell

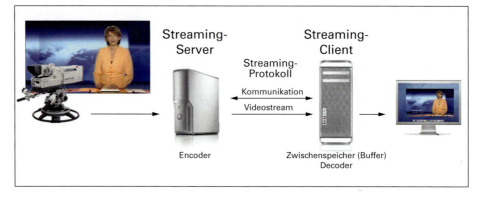

Der Kauf des Videoportals YouTube für 1,65 Milliarden (!) Dollar durch Google dürfte der beste Beweis dafür sein, wie wichtig Video im Internet geworden ist. Breitbandanschlüsse mit mehreren Megabit/s machen dies möglich, und so ist es nur eine Frage der Zeit, bis wir Video und Fernsehen nur noch in HD-Auflösung via Internet betrachten werden.

Streaming oder Download?
Für das Betrachten von Videos aus dem Internet stehen prinzipiell drei Möglichkeiten zur Verfügung:
- *Download:*
  Der Nutzer lädt die Video- oder Audiodatei komplett herunter und spielt sie dann in seinem Player ab. Der Nachteil ist, dass er warten muss, bis der Download abgeschlossen ist.
- *Progressive Download (On-Demand-Streaming):*
  Die Idee besteht darin, mit dem Abspielen der Audio- oder Videodaten bereits während des Downloads zu beginnen. Voraussetzung ist, dass der Download dem Abspielen einige Sekunden voraus ist. Wenn der Nutzer mit einem Schieberegler nach vorne „spult", dann beginnt das Abspielen an dieser Stelle.
- *(Live-)Streaming:*
  Der Begriff Streaming im engeren Sinne bezeichnet das Übertragen und Abspielen des AV-Datenstroms in Echtzeit, also live. Aufgrund des hohen technischen Aufwands ergibt sich allerdings ein Zeitversatz von wenigen Sekunden. Wer also Fußball über das Internet *schaut* und den Fernseher des Nachbarn *hört*, wird von einem Tor erfahren, bevor er es sieht... ;-)

Technisches Prinzip
Im ersten Schritt fragt der Client einen Datenstrom an. Für die Kommunikation mit dem Server gibt es spezielle Protokolle wie RTSP (Real-Time Streaming Protocol). Der Server reagiert und tauscht die zur Übertragung benötigten Informationen aus.

Die ersten Sekunden des eigentlichen AV-Datenstroms werden als Puffer (Buffer) im Arbeitsspeicher des Clients gespeichert, damit es beim Abspielen zu keinen Unterbrechungen kommt. Im Unterschied zum Download werden jedoch keine Daten auf der Festplatte gespeichert.

Durch fortlaufende Kommunikation zwischen Server und Client lässt sich die Bitrate optimieren. Auf diese Weise können Videostreams in verschiedenen

Videotechnik

Auflösungen und Qualitätsstufen zur Verfügung gestellt werden.

Um Streaming auch noch zu bewältigen, wenn Tausende von Nutzern gleichzeitig zugreifen, können sich mehrere Server zu einer so genannten Wolke (Cloud) zusammenschließen und die Streams unter sich aufteilen.

Der entscheidende Parameter für die Übertragungsrate der Verbindung zwischen Sender und Empfänger ist die Datenrate. Durch die starke Verbreitung der DSL-Technik mit 6, 16, 32 oder 50 MBit/s ist Streaming in PAL- oder sogar Full-HD-Auflösung möglich geworden. Zum Vergleich: DVD-Videos benötigen eine Bitrate von etwa 10 MBit/s. Um möglichst vielen Usern gerecht zu werden, bieten viele Portale, z. B. YouTube, die Videos in verschiedenen Qualitäten an.

Streaming-Technologien
Derzeit sind es im Wesentlichen vier Firmen, die um Marktanteile im wichtigen Streaming-Sektor kämpfen:
- QuickTime (Apple)
- Flash Video Streaming (Adobe)
- RealVideo (RealNetworks)
- Windows Media Video (Microsoft)

Über die zugehörigen Formate finden Sie Informationen ab Seite 992.

Zum Abspielen eines Videostreams ist der zur jeweiligen Technologie gehörende Player – also QuickTime, Real oder Windows Media oder Flash Player – erforderlich. Diese Player stehen wahlweise als Browser-Plug-in oder als externe Player zur Verfügung und können kostenlos im Internet heruntergeladen werden.

Anwendungen
Abschließend einige Anwendungsmöglichkeiten von Streaming bzw. Progressive Download:

Auflösung
YouTube-Videos werden in unterschiedlicher Auflösung angeboten. Die Zahlen geben die Zeilenzahl bzw. Höhe in Pixel an.

Abb.: YouTube (Trailer zu Avatar)

- *Videoportale*
  YouTube (www.youtube.com), MyVideo (www.myvideo.de) und Clipfish (www.clipfish.de) sind Beispiele für Videoportale, auf denen jeder seine Videos einstellen kann.
- *Live-Streaming*
  Mittlerweile gibt es bereits eine große Anzahl von Sendern, die live und kostenlos über das Internet senden, z. B. die ARD Tagesschau, n-tv, N24 oder die ZDF Mediathek. Durch Laptops und Handys wird Fernsehen hierdurch mobil.
- *Video-on-Demand (VoD)*
  Bei Maxdome, Videoload u. a. können Sie gegen Gebühr Kinofilme und TV-Produktionen über das Internet betrachten oder downloaden. Umfassende Informationen finden Sie unter www.video-on-demand.info.
- *Streaming im Intranet*
  Über das Intranet von Firmen und Hochschulen lassen sich Videokonferenzen, Schulungen, Vorlesungen oder Präsentationen durchführen.
- *Bildtelefonie*
  Eine Webcam macht den Computer zum Bildtelefon. Ein weit verbreiteter Anbieter ist Skype (www.skype.de).

11.2.8 Tonsysteme

Kein Video ohne Ton! Während ein „guter Ton" früher eher von untergeordneter Bedeutung war, spielt eine möglichst realistisch und räumlich klingende Vertonung heute eine immer größere Rolle. Die wachsende Anzahl an Mehrkanalanlagen im Wohnzimmer ist ein Beleg dafür.

In diesem Kapitel kommen die wichtigsten Tonformate und -standards zur Sprache. Dabei werden die in Kapitel 11.1.3 besprochenen Grundlagen der digitalen Audiotechnik vorausgesetzt. Lesen Sie gegebenenfalls zunächst die dort besprochenen „Basics" nach.

11.2.8.1 Tonformate

Eine entscheidende Rolle für eine möglichst räumlich klingende Wiedergabe des Tons ist die Anzahl der verwendeten Kanäle. Diese werden in folgender Form angegeben:

> **x.y**
> x: regulärer Kanal 20 Hz bis 20 kHz
> y: Subwoofer-Kanal 20 Hz bis 120 Hz

Wie der Frequenzbereich zeigt, dient ein „Subwoofer" ausschließlich zur Verstärkung der tiefen Frequenzen.

Heutige Tonstandards arbeiten mit bis zu acht Kanälen (7.1). Um einen Raumklang zu erzeugen, müssen die Lautsprecher an der richtigen Stelle aufgestellt werden. Unterschieden werden hierbei:
- Front-Lautsprecher
  vorne links, vorne rechts und vorne mittig (Center)
- Rear-Lautsprecher
  hinten links, hinten rechts und hinten mittig (zwei mittige Lautsprecher bei 7.1)
- Subwoofer
  kann beliebig platziert werden, da sich Bässe in alle Richtungen ausbreiten.

Durch Kombination der genannten Lautsprecher ergeben sich diverse Variationsmöglichkeiten:

1.0 (Mono)

Ein Monosignal besitzt lediglich einen Kanal und benötigt zur Wiedergabe deshalb auch nur einen Lautsprecher. Häufig werden Monosignale jedoch über zwei Lautsprecher wiedergegeben, wobei jeder Lautsprecher das identische Signal liefert. Auch eine Übertragung mittels Dolby Digital 1.0 ist denkbar.

2.0 (Stereo)

Das von der Audio-CD vertraute Stereosignal arbeitet mit zwei Kanälen, so dass zur Wiedergabe zwei Lautsprecher verwendet werden.
Beachten Sie, dass im Videobereich auch Dolby-Surround-Signale stereokompatibel sind.

4.0 (Dolby Surround)

Das schon ältere Dolby-Surround-Format verwendet vier Kanäle: Front links, rechts und Center sowie Rear Center. Es basiert – wie oben erwähnt – auf einem Stereosignal und ist deshalb zu diesem kompatibel. Heute hat Dolby Surround an Bedeutung verloren.

5.1

Das bei DVDs am häufigsten verwendete Tonaufzeichnungsverfahren ist 5.1 mit fünf regulären Kanälen und einem Subwoofer-Kanal für die Bässe.

11.2.8.2 Tonstandards

Die im vorherigen Abschnitt beschriebenen Tonformate werden im Wesentlichen durch die Anzahl an Kanälen bestimmt. In Tonstandards hingegen werden zusätzlich die technischen Merkmale eines Tonformats wie Bitrate, Auflösung und Abtastfrequenz spezifiziert.

Verwirrend ist, dass ein Tonformat auch gleichzeitig als Tonstandard definiert sein kann, beispielsweise Dolby Surround.

Dolby Surround

Bei Dolby Surround handelt es sich wie erwähnt um ein Stereosignal, das um zwei Kanäle, Front Center und Rear Center erweitert wurde.

Zu den ersten Filmen in diesem Format gehört die „Star Wars"-Trilogie. Heute hat Dolby Surround wegen der großen Verbreitung von Dolby Digital stark an Bedeutung verloren.

Dolby Digital (AC-3)

Dolby Digital 5.1 besitzt derzeit die größte Verbreitung auf DVDs. Beachten Sie aber, dass unter dem Begriff „Dolby Digital" auch andere Tonformate zusammengefasst werden. Beispiele sind Dolby Digital 1.0 und 2.0. Unter dem Namen Dolby Digital EX gibt es die Varianten 6.1 (ein Rear Center) und 7.1 (zwei Rear Center). Zur Wiedergabe eines Dolby-Digital-Sounds wird ein Decoder benötigt.

Das zugehörige Kompressionsverfahren heißt AC-3 (Audio Coding Nr. 3). Dolby Digital 5.1 arbeitet mit einer typischen Datenrate von 384 oder 448 kBit/s. Die Auflösung beträgt 24 Bit, die Abtastfrequenz 48 kHz.

Der Nachfolger für das hochauflösende Fernsehen HDTV heißt Dolby TrueHD.

DTS

Das Digital Theater System wurde – wie der Name sagt – als Kinostandard entwickelt. Erster DTS-vertonter Film war Steven Spielbergs „Jurassic Park" im Jahr 1993. Mittlerweile ist es aber auch im Heimkinobereich erhältlich.

DTS ist wie Dolby Digital ein Mehrkanalformat, das bis zu acht Kanäle enthalten kann. Meist kommt das 5.1-Format zum Einsatz.

Die Datenrate von DTS ist mit 768 oder 1536 kBit/s deutlich höher als bei Dolby Digital. Hierdurch ist eine bessere Tonqualität möglich, allerdings nimmt der Speicherplatzbedarf zu.

THX

Die Abkürzung THX stammt von Tomlinson Holman Experiment, dem damaligen technischen Leiter von Lucasfilm. THX ist kein eigener Tonstandard, sondern ein Qualitätszertifikat für das Tonwiedergabesystem im Kino. Hierbei spielt neben der „Hardware" wie Lautsprecher, Verstärker und Projektor auch die Akustik des Kinosaals eine Rolle. George Lucas wollte erreichen, dass (seine) Filme in allen Kinos auch klanglich vergleichbar sind.

11.2.9 Aufgaben

1 Bildaufbau bei Fernseher und Monitor unterscheiden

Erläutern Sie den Unterschied zwischen dem Bildaufbau beim Fernseher im Vergleich zum Computermonitor.

2 Fernsehnormen kennen

Nennen Sie die Fernsehnorm in:
a. Deutschland
b. Frankreich
c. USA

3 PAL-Fernsehnorm kennen

Geben Sie die Kennwerte der PAL-Fernsehnorm an:
a. Bildwiederholfrequenz in Hz
b. Bildformat (Bildverhältnis)
c. Bildauflösung in Pixel

4 Bilddarstellung am Fernseher kennen

Ein Film im 16:9-Format wird mit einem 4:3-Fernseher betrachtet.

Wie wird der Film dargestellt, wenn er
a. im Letterbox-Verfahren,
b. anamorphotisch,
c. mit 16:9-Umschaltung betrachtet wird?

5 Videosignal verstehen

Erklären Sie, weshalb es sinnvoll ist, Farbe und Helligkeit bei Videosignalen zu trennen.

6 Videodigitalisierung verstehen

a. Erklären Sie den Begriff „Color-Subsampling".
b. Geben Sie an, wie viel Prozent der ursprünglichen Datenmenge nach dem Color-Subsampling verbleiben:
- 4:2:2
- 4:1:1

7 Kennwerte eines Camcorders nennen

Zählen Sie fünf Merkmale eines Camcorders auf.

8 Drei-Punkt-Ausleuchtung kennen

a. Wie heißen die Leuchten einer Drei-Punkt-Ausleuchtung?
b. Wie werden die Leuchten platziert?

9 Grundbegriffe des Videoschnitts kennen

Bringen Sie die Tätigkeiten in die richtige Reihenfolge:
- Film rendern
- Aufnahmen von Camcorder in PC überspielen
- Film nachvertonen
- Szenenfolge festlegen (Grobschnitt)
- Film auf Datenträger überspielen
- Titel, Vor- und Abspann ergänzen
- Feinschnitt vornehmen
- Überblendungen/Effekte hinzufügen

10 Timecode kennen

a. Erklären Sie die Angabe 00:12:41:15 des SMPTE-Timecodes.

Videotechnik

b. Wie lange dauert ein Einzelbild (Frame) bei PAL?

11 Datenmenge berechnen

Eine DV-Kamera zeichnet mit einer konstanten Datenrate von 25 MBit/s (= 25.000.000 Bit/s) auf.

Berechnen Sie die unkomprimierte Datenmenge in GB eines 30-minütigen Videos.

12 Datenstrom berechnen

Ein Film soll für das Internet streamingfähig gemacht werden.
Format: 360 x 288 Pixel
Bildrate: 25 Bilder/s
Farbtiefe: 16 Pixel
a. Berechnen Sie den Datenstrom in kBit/s des unkomprimierten Videos.
b. Um welchen Faktor x : 1 muss der Datenstrom reduziert werden, damit ein Nutzer mit einem DSL-1000-Anschluss den Film „live" betrachten kann?
   (Hinweis: DSL-1000 besitzt eine Datenrate von maximal 1000 kBit/s)

13 Fachbegriffe der Videokompression erklären

Erläutern Sie folgende Fachbegriffe:
a. Video-Codec
b. Framerate
c. Color-Subsampling
d. Datenstrom (Bitrate)
e. Containerformat

14 Containerformate kennen

Nennen Sie drei wichtige Containerformate für Video und geben Sie die unter Windows notwendigen Datenendungen an.

15 Verfahren der Videokompression kennen

a. Erklären Sie den Unterschied zwischen räumlicher und zeitlicher Kompression.
b. Nennen Sie jeweils ein Verfahren.

16 MPEG-Kompression erklären

Erklären Sie die Bedeutung folgender Frames:
a. I-Frame
b. P-Frame
c. B-Frame

17 Videoübertragung im Internet kennen

a. Erklären Sie den Unterschied zwischen „Streaming" und „Progressive Download".
b. Nennen Sie für beide Verfahren ein Anwendungsbeispiel.

18 Tonformate kennen

Eine Video-DVD liefert den Ton im Format Dolby Digital 5.1.
a. Wie viele Lautsprecher benötigen Sie?
b. Wie müssen die Lautsprecher platziert werden?

Anhang

12.1 Formelsammlung

12.1.1   Formeln im Band „Konzeption und Gestaltung" 1012
12.2.2   Formeln im Band „Produktion und Technik" 1013

12.1.1 Formeln im Band „Konzeption und Gestaltung"

3.3 Seitengestaltung

Seite 311

Manuskriptberechnung

$$D_S = \frac{M_S \cdot M_Z \cdot M_B}{D_Z \cdot D_B}$$

- M: immer Manuskriptangaben
- M_S: Manuskriptseiten
- M_Z: Zeilenzahl/Manuskriptseite
- M_B: Buchstabenzahl/Manuskriptzeile
- D: immer Druckangaben
- D_Z: Zeilenzahl/Druckseite
- D_B: Buchstabenzahl/Druckzeile
- D_S: Druckseiten

4.3 Animation

Seite 396

Abspielzeit einer Bild-für-Bild-Animation

$$t = f \cdot tpf \quad [s]$$

- t: Abspielzeit in [s]
- f: Anzahl der Frames
- tpf: Abspielzeit pro Frame

Seite 396

Abspielzeit einer Zeitleisten-Animation

$$t = \frac{f}{fps} \quad [s]$$

- t: Abspielzeit in [s]
- f: Anzahl der Frames
- fps: Framerate

12.1.2 Formeln im Band „Produktion und Technik"

1.1 Digitale Daten

Seite 6

binär → dezimal

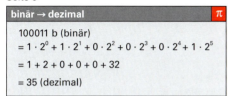

Seite 6

dezimal → binär

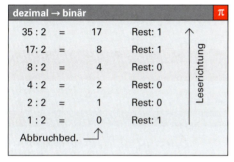

Seite 7

hexadezimal → dezimal

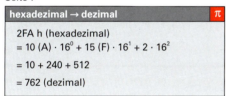

Seite 7

dezimal → hexadezimal

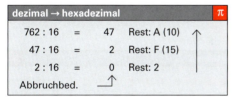

Seite 7

hexadezimal → binär

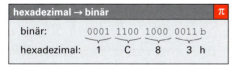

3.1 Allgemeine Optik

Seite 178

Berechnung der Lichtgeschwindigkeit

$$c = f \times \lambda$$

Seite 183

Fotometrisches Entfernungsgesetz

$$r_1^2 : r_2^2 = A_1 : A_2$$

r_1: Entfernung 1 Lichtquelle – Fläche
r_2: Entfernung 2 Lichtquelle – Fläche
A_1: Beleuchtete Fläche 1
A_2: Beleuchtete Fläche 2

Seite 185

Opazität O (Lichtundurchlässigkeit)

$$O = \frac{I_0}{I_1} = \frac{1}{T} = 10^D$$

O: Opazität
I_0: auftreffende Lichtintensität
I_1: durchgelassene Lichtintensität
T: Transparenz
D: Dichte

Seite 185

Transparenz T (Lichtdurchlässigkeit)

$$T = \frac{I_1}{I_0} = \frac{1}{O}$$

T: Transparenz
I_0: auftreffende Lichtintensität
I_1: durchgelassene Lichtintensität
O: Opazität

Seite 185

Dichte D π

$$D = 10^O$$

D: Dichte
O: Opazität

3.1 Allgemeine Optik

Seite 186

Murray-Davies-Formel π

$$F = \frac{10^{-DB} - 10^{-DR}}{10^{-DB} - 10^{-DV}} = \frac{R_B - R_R}{R_B - R_V}$$

Bedruckstoff: D_B: Farbdichte
R_B: Remission
Rasterfläche: D_R: Farbdichte
R_R: Remission
Vollton: D_V: Farbdichte
R_V: Remission

Seite 186

Murray-Davies-Formel korrigiert durch den Yule-Nielsen-Faktor π

$$F = \frac{1 - 10^{-DR/n}}{1 - 10^{-DV/n}}$$

3.2 Fotografische Optik

Seite 196

Relative Öffnung – Blendenzahl π

$$k = \frac{d}{f}$$

k: Blendenzahl
f: Brennweite [mm]
d: Objektivdurchmesser [mm]

4.1 Farbsysteme

Seite 215

Farbabstand π

$$\Delta E^* = \sqrt{(\Delta L^*)^2 + (\Delta a^*)^2 + (\Delta b^*)^2}$$

ΔE^*: Farbabstand
ΔL^*: Differenz L*
Δa^*: Differenz a*
Δb^*: Differenz b*

Seite 215

Differenz π

$$\text{Differenzwert} = \text{Wert}_{Probe} - \text{Wert}_{Bezug}$$

Seite 220

Farbreiz π

$$\varphi = S(\lambda) \times \beta(\lambda)$$

φ: Farbreiz
$S(\lambda)$: Emissionsfunktion
$\beta(\lambda)$: Transmissions-/Remissionsfunktion

Formelsammlung

6.2 Bildbearbeitung

Seite 326, 388

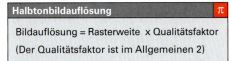

Halbtonbildauflösung

Bildauflösung = Rasterweite x Qualitätsfaktor
(Der Qualitätsfaktor ist im Allgemeinen 2)

Seite 327, 349, 358

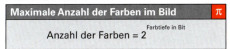

Maximale Anzahl der Farben im Bild

Anzahl der Farben = $2^{\text{Farbtiefe in Bit}}$

6.3 Grafikerstellung

Seite 358

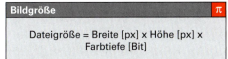

Bildgröße

Dateigröße = Breite [px] x Höhe [px] x Farbtiefe [Bit]

Seite 359

Bildauflösung

Bildauflösung = Anzahl Pixel/Streckeneinheit

6.4 Bild- und Grafikausgabe

Seite 388

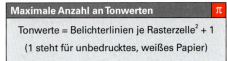

Maximale Anzahl an Tonwerten

Tonwerte = Belichterlinien je Rasterzelle^2 + 1
(1 steht für unbedrucktes, weißes Papier)

Seite 388

Anzahl der Tonwerte (5% bis 95%)

1% = 256 Dots/100% = 2,56 Dots
5% = 2,56 Dots x 5 = 12,8 ≈ 13 Dots
256 − 26 = **230 Tonwerte**

9.1 Konventionelle Drucktechnik

Seite 619

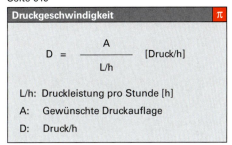

Druckgeschwindigkeit

$$D = \frac{A}{L/h} \quad [\text{Druck/h}]$$

L/h: Druckleistung pro Stunde [h]
A: Gewünschte Druckauflage
D: Druck/h

Seite 619

Zylinderumfang

$$U = D \times \pi$$

U: Umfang (hier Druckzylinderumfang)
D: Durchmesser (m)
π: Kreiszahl Pi (3,1415)

9.6 Papier

Seite 720

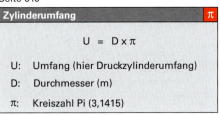

Papiervolumen

$$\text{Volumen} = \frac{\text{Dicke} \times 1.000}{\text{Flächenmasse}}$$

10.6 Flash und ActionScript

Seite 885

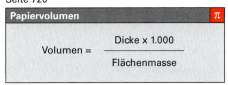

Bilder – Bildrate – Abspielzeit

$$f = t \cdot fps$$

f: Anzahl an Frames/Bilder
t: Abspielzeit in Sekunden [s]
fps: Frame-/Bildrate [Bps]

1015

11.1 Audiotechnik

Seite 954

Logarithmischer Pegel

$$a = 20 \cdot \log \frac{\hat{u}}{\hat{u}_0} \quad [dB]$$

a: Pegel in dB [Dezibel]
$\hat{u}$: Amplitude
$\hat{u}_0$: konstanter Bezugswert

Seite 957

Shannon-Theorem

$$f_A \geq 2 \cdot f_{Smax}$$

f_A: Abtastfrequenz [kHz]
f_{Smax}: Höchste Frequenz im Audiosignal

Seite 959

Datenmenge einer Audiodatei

$$D = \frac{A \cdot f_A \cdot Z \cdot t}{8 \cdot 1024 \cdot 1024} \quad [MB]$$

A: Auflösung in [Bit]
f_A: Abtastfrequenz in [Hz] = [s^{-1}]
Z: Anzahl an Kanälen (ohne Einheit)
t: Aufnahmezeit in [s]

Seite 959

Datenstrom (Bitrate) einer Audiodatei

$$d = \frac{A \cdot f_A \cdot Z}{1000^{*)}} \quad [kBit/s]$$

A: Auflösung in [Bit] = [b]
f_A: Abtastfrequenz in [Hz] = [s^{-1}]
Z: Anzahl an Kanälen (ohne Einheit)
*) Datenströme werden üblicherweise mit k = 1000 und nicht K = 1024 angegeben.

11.2 Videotechnik

Seite 984

YUV

$$Y = 0{,}30\,R + 0{,}59\,G + 0{,}11\,B$$
$$U = 0{,}49\,(B - Y)$$
$$V = 0{,}88\,(R - Y)$$

Y: Helligkeit
R: Rotanteil
G: Grünanteil
B: Blauanteil

Seite 987

Datenmenge bei Video (unkomprimiert)

$$D = \frac{B \cdot H \cdot f_V \cdot F \cdot t}{8 \cdot 1024 \cdot 1024} \quad [MB]$$

B: Bildbreite in Pixel
H: Bildhöhe in Pixel
f_V: Bildrate in [Hz] = [s^{-1}]
F: Farbtiefe [Bit]
t: Aufnahmezeit in [s]

Seite 987

Datenstrom bei Video (unkomprimiert)

$$d = \frac{B \cdot H \cdot f_V \cdot F}{1.000.000^{*)}} \quad [MBit/s]$$

B: Bildbreite in Pixel
H: Bildhöhe in Pixel
f_V: Bildrate in [Hz] = [s^{-1}]
F: Farbtiefe [Bit]
*) Datenströme werden üblicherweise mit M = 1.000.000 angegeben.

12.2 Lösungen

12.2.1	1 Medientechnik	1020
12.2.2	2 Informationstechnik	1023
12.2.3	3 Optik	1033
12.2.4	4 Farbe	1037
12.2.5	5 Digitalfotografie	1042
12.2.6	6 Bildverarbeitung	1046
12.2.7	7 PDF	1053
12.2.8	8 Database Publishing	1057
12.2.9	9 Drucktechnik	1063
12.2.10	10 Webtechnologien	1075
12.2.11	11 Audiovisuelle Medien	1094

12.2.1 1 Medientechnik

1.1 Digitale Daten

1 Analog-digital-Wandlung beschreiben

1. Schritt:
Abtastung des analogen Signals zu festen Zeiten.
Kennwert: Abtastfrequenz in Hertz [Hz]

2. Schritt:
Quantisierung des Abtastsignals durch Zuordnung jedes analogen Abtastwerts zu einer digitalen „Stufe".
Kennwert: Stufenzahl in Bit [b]

2 Die binäre Arbeitsweise eines Computers verstehen

Computer arbeiten mit Hilfe elektronischer Schalter. Diese können genau zwei Schaltzustände – Ein oder Aus – annehmen. Jedem Zustand wird eine Ziffer zugeordnet, z. B. „0" für Aus und „1" für Ein. Die Binärtechnik verwendet deshalb ein Zahlensystem mit genau diesen beiden Ziffern.

3 Binäre in dezimale Zahlen umwandeln

a. 1000 b
$= 1 \cdot 2^3 = 8$
b. 1111 1111 b
$= 1 \cdot 2^0 + 1 \cdot 2^1 + 1 \cdot 2^2 + 1 \cdot 2^3 + 1 \cdot 2^4$
$+ 1 \cdot 2^5 + 1 \cdot 2^6 + 1 \cdot 2^7$
$= 1 + 2 + 4 + 8 + 16 + 32 + 64 + 128$
$= 255$
c. 1000 0000 0000 0000 b
$= 1 \cdot 2^{15} = 32.768$

4 Dezimale in binäre Zahlen umwandeln

a. $64 = 2^6 = 100\ 0000$ b
b. 255
$= 2^0 + 2^1 + 2^2 + 2^3 + 2^4 + 2^5 + 2^6 + 2^7$
$= 1111\ 1111$ b
c. $256 = 2^8 = 1\ 0000\ 0000$ b

5 Binäre in hexadezimale Zahlen umwandeln

a. 1100 0001 1111 0000 b
   C   1   F   0   = C1F0 h
b. 1111 1010 0010 0100 b
   F   A   2   4   = FA24 h

6 Hexadezimale in binäre Zahlen umwandeln

a. ABCD h
1010 1011 1100 1101 b
b. 1234 h
(000)1 0010 0011 0100 b

7 Zeichen im ASCII angeben

a. 101 0000 b
b. 011 1111 b

8 Zeichencodes kennen

a. 127
b. 256
c. $2^{32} = 4{,}29$ Mrd.

9 Mit Datenformaten rechnen

a. 41.943.040 Bit = 5.242.880 Byte
≈ 5.243 KB = 5,24 MB

1020

41.943.040 Bit = 5.242.880 Byte
= 5.120 KiB = 5 MiB
b. 8.000.000 Bit = 1.000.000 Byte
= 1.000 KB = 1 MB
8.000.000 Bit = 1.000.000 Byte
= 976,5 KiB = 0,95 MiB

Hinweis:
Wegen der geringen Verbreitung der
Einheiten KiB und MiB verwenden wir
im Kompendium die Einheiten KB und
MB und rechnen trotzdem mit Faktor
1.024!

---

10 Mit Datenformaten rechnen

a. 1 TB = 10^{12} Byte = 10^{12} Buchstaben
b. 80 x 50 x 200 = 800.000 Buchstaben
   pro Buch
   10^{12} / 800.000 = 1.250.000

Auf der Platte haben (theoretisch) 1,25
Millionen Bücher Platz!

1.2 Schrifttechnologie

**1 Unterschiede zwischen Bitmap-
und Outline-Fonts beschreiben**

Bitmap-Fonts speichern alle Pixel der
Schrift, während bei Outline-Fonts
lediglich eine mathematische Beschreibung der Schriftkontur (Outline) gespeichert wird.

---

2 Nachteil von Bitmap-Fonts kennen

Bitmap-Fonts sind nicht skalierbar: Für
jede Schriftgröße muss ein eigener
Zeichensatz vorliegen.

**3 Maßnahmen zur Verbesserung
der Schriftdarstellung kennen**

a. Hinting: Vereinheitlichung der Schriftdarstellung, z. B. gleiche Strichstärken
   Anti-Aliasing: Kantenglättung
b. Kerning: Unterschneiden zum optischen Ausgleich der Buchstabenabstände

---

**4 Anwendung von manuellem
Kerning kennen**

a. „Manuelles Kerning" bezeichnet die
   Veränderung des Abstandes zwi-
   schen (zwei) Buchstaben mit dem
   Ziel der optischen Verbesserung
   des Schriftbildes. Der gewünschte
   Kerningwert muss als Bruchteil eines
   „Gevierts" angegeben werden.
b. Überschriften, Versaliensatz

---

5 Fontformate kennen

- Type-1-Fonts (PostScript-Fonts)
- TrueType-Fonts
- OpenType-Fonts

**6 Schriftverwaltung unter Mac OS X
kennen**

a. Mac OS X bietet ein Konzept zur
   flexiblen Verwendung von Schriften.
   Diese stehen je nach Speicherort
   – nur einem einzelnen Nutzer,
   – allen Nutzern des Computers,
   – allen Nutzern im Computernetz
   zur Verfügung.
b. Die Gefahr mehrerer Verzeichnisse
   besteht darin, dass die gewünschten
   Schriften nicht verwendet werden.
   Die Nutzer müssen exakt darauf achten, wo sie welche Schriften ablegen.

7 Funktionen von Schriftverwaltungssoftware kennen

- Eine Schriftverwaltungssoftware bietet einen guten Überblick über alle im System verfügbaren Schriften.
- Schriften können per Mausklick aktiviert oder deaktiviert werden. Dies schont den Arbeitsspeicher.
- Für Projekte können Verzeichnisse angelegt werden, denen alle benötigten Schriften zugeordnet werden.
- Die Software entkennt doppelte oder auch defekte Zeichensätze.
- Gute Programme sind in der Lage, defekte Zeichensätze zu reparieren.

8 Schriften unter Windows und Mac

Die verwendeten Schriften müssen sowohl für Windows als auch für Mac OS vorliegen bzw. erworben werden.
Auch wenn die gleiche Schrift verwendet wird, können Schriftbild und Satz geringfügige Unterschiede aufweisen.

1.3 Dateiformate

---

1 Dateiformate zuordnen

a. Textdatei: TXT, RTF
b. Sounddatei: WAV, MP3, AIF
c. Bilddatei: PSD, JPG, TIF, BMP, GIF
d. Videodatei: MOV, FLV

---

2 Bild-/Grafikformate unterscheiden

a. JPG, GIF, PNG
b. TIF, EPS, (PSD, AI)
c. PSD, AI, CDR (Corel Draw)

---

3 Programmabhängige Formate von Austauschformaten unterscheiden

a. INDD: Adobe InDesign
b. EPS: –
c. PSD: Adobe Photoshop
d. FLA: Adobe Flash
e. HTML: –
f. DOC(X): Microsoft Word
g. TIF: –

---

4 Skriptsprachen für Webseiten kennen

Skriptsprachen: PHP, Perl

---

5 Dateiformate im Workflow kennen

a. RAW: Aufnahme Digitalkamera
   TIF: Bildbearbeitung
   INDD: Platzieren in InDesign
   PDF: Ausgabe zur Belichtung
b. AI: Grafikerstellung (Illustrator)
   GIF: Export als GIF-Datei
   HTML: Verknüpfung mit Webseite

---

6 Dateiformate für Webseiten kennen

a. Foto: JPG, PNG-24
b. Zweifarbiges Logo: GIF, PNG-8
c. Cascading Stylesheets: CSS
d. Flash-Film: SWF
e. Text als Grafik: GIF, PNG-8
f. PHP-Datei: PHP/PHP5
g. JavaScript-Datei: JS

---

7 Unterschiede der Dateiformate in Bezug auf das Betriebssystem kennen

Betriebssystem	a.	b.	c.	d.
Windows	x			x
Mac OS			x	
Linux		x		

12.2.2 2 Informationstechnik

Lösungen

2.1   Hardware

1 Hardwarekomponenten zuordnen

a. Peripheriegeräte:
Tastatur, Drucker, Digitalkamera
b. Teil des Mikrocomputers:
Mikroprozessor, RAM, USB, PCIe,
Cache, BIOS
c. Externe Speicher:
Festplatte, DVD, Blu-ray Disc

2 Schnittstellen kennen

a. ❶ USB
  ❷ Firewire
  ❸ Optischer Audioein-/ausgang
  ❹ Analoger Audioein-/ausgang
  ❺ LAN-Anschluss (RJ45)
b. ❶ Drucker, Scanner, Kamera
  ❷ Camcorder
  ❸ Verstärker, Lautsprecher,
     Mikrofon
  ❹ Verstärker, Lautsprecher,
     Mikrofon
  ❺ Switch

3 Funktion des Mikroprozessors erklären

a. ALU (Arithmetic Logic Unit)
Rechenwerk zur Ausführung elementarer Operationen wie Additionen
b. Cache
Schneller Zwischenspeicher zwischen RAM und Register. Er dient zur Bereithaltung der Daten, die als Nächstes vom Mikroprozessor benötigt werden.
c. Register
Speicherplätze des Mikroprozessors zur Aufnahme der aktuellen Befehle

bzw. Operanden
d. Datenbus
Parallele Anschlussleitungen zur Verbindung des Mikroprozessors mit dem Hauptspeicher (RAM)

4 Speicherhierarchie verstehen

a. Streamer – Blu-ray Disc – Festplatte – RAM – Cache – Register
b. Streamer – Festplatte – Blu-ray Disc – RAM – Cache – Register
c. Festplatte, Streamer, Blu-ray Disc
d. RAM, Register, Cache

5 Komponenten des Mainboards kennen

- Steckplätze
Aufnahme von zusätzlichen Karten, z. B. Grafik- oder Soundkarten
- BIOS
Programmierbarer Baustein, der den Bootvorgang des Rechners ermöglicht.
- Chipsatz (North- und Southbridge)
Bauelemente zur Steuerung des Datenflusses auf der Hauptplatine, insbesondere zwischen Prozessor, Speicher und den Schnittstellen.
- Schnittstellen
Verbindungsstellen für den Anschluss externer Geräte
- Speicherbänke
Steckplätze für den Arbeitsspeicher (RAM)
- Controller
Bauelemente zur Steuerung der Kommunikation mit externen Geräten z. B. Festplattencontroller, Mauscontroller
- CPU-Sockel
Steckplatz zum Einsetzen des Mikroprozessors

1023

6 DVI-Schnittstelle kennen

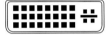 

Die DVI-Schnittstelle links (DVI-I) ermöglicht den digitalen oder analogen Anschluss eines Monitors oder Beamers. An die DVI-Schnittstelle rechts (DVI-D) können nur digital ansteuerbare Monitore angeschlossen werden.

7 Speicherverfahren unterscheiden

Magnetische Speicher
- Sehr große Datenmengen
- Sehr geringe Kosten/MB

Optische Speicher
- Relativ unempfindlich gegenüber Störeinflüssen (Magnete, Wärme)
- Relativ geringe Kosten/MB
- Als Nur-Lese- und Schreib-Lese-Speicher verwendbar

Elektronische Speicher
- Sehr schneller Zugriff
- Lautlos, da keine mechanischen Teile Sehr kompakte Bauform

8 Blu-ray Disc und DVD vergleichen

Gemeinsamkeiten:
- Optische Speichermedien
- Scheiben mit 12 cm Durchmesser
- Schreiben/Lesen mit Laserdiode
- Einlagig oder zweilagig erhältlich
- Als -ROM, -R und -RE (bzw. -RW) erhältlich

Unterschiede:
- Datenmenge:
  Blu-ray Disc speichert einlagig 25 GB, zweilagig 50 GB,
  DVD speichert einlagig 4,7 GB, zweilagig 8,5 GB.
- Geschwindigkeit:
  „1x" bedeutet bei Blu-ray Disc 4,5 MB/s, bei DVD 1,1 MB/s

9 Funktionsprinzip von Flachbildschirmen beschreiben

Das Funktionsprinzip eines TFT-Monitors besteht darin, dass organische Materialien (Flüssigkristalle) durch Anlegen eines elektrischen Feldes ihre Lage verändern und dabei lichtdurchlässig werden. Über Farbfilter lassen sich die drei Grundfarben Rot, Grün und Blau erzeugen.

10 Monitorauflösungen kennen

a. Logische Auflösung
   Anzahl an Bildpunkten in horizontaler und vertikaler Richtung z. B. 1.440 x 900 Pixel
b. Physikalische Auflösung
   Anzahl an Bildpunkten bezogen auf die Längeneinheit Inch z. B. 96 ppi

11 RAID-System zur Datensicherung kennen

a. RAID Level 0
   Aufteilung der Daten auf mehrere Platten, keine Erhöhung der Datensicherheit
b. RAID Level 1
   Doppelte Datenspeicherung auf mehreren Platten (Mirroring)
c. RAID Level 5
   Aufteilung der Daten auf mindestens drei Platten mit der Möglichkeit, alle Daten trotz Ausfall einer Platte zu rekonstruieren.

> Lösungen

12 Leistungsmerkmale einer Grafikkarte kennen

- Schneller Grafikprozessor
- Großer Grafikspeicher

13 Datenmenge berechnen

1.920 x 1.200 x 3 Byte/Pixel
= 6.912.000 Byte = 6.750 KB = 6,59 MB
(Exakter müsste es MiB heißen, siehe Seite 11)

14 Druckertypen vergleichen

a. Tintenstrahldrucker
   Sehr gute Farbwiedergabe
   Geringe Anschaffungskosten
   Keine Emissionen
b. Laserdrucker
   Hohe Geschwindigkeit
   Geringe Anschaffungskosten
   Geringe Verbrauchskosten
c. Nadeldrucker
   Bedrucken von Endloslisten
   Durchschläge
   Sehr robust
d. Thermodrucker
   Drucken echter Halbtöne
   Bedrucken von Etiketten, Aufkleber
   Kassenbons möglich

15 Wichtige Tastenkombinationen kennen

a. Strg + A bzw. cmd + A
b. Strg + X bzw. cmd + X
c. Strg + C bzw. cmd + C
d. Strg + V bzw. cmd + V
e. Strg + S bzw. cmd + S
f. Strg + P bzw. cmd + P

16 Monitorgröße berechnen

a. $19 \cdot 2,54$ cm = 48,25 cm
b. Ansatz mit Pythagoras:
   $(16\ a)^2 + (10\ a)^2 = 48,25^2$ cm^2
   $256\ a^2 + 100\ a^2 = 2328,1$ cm^2
   $356\ a^2 = 2328,1$ cm^2
   $a^2 = 6,539$ cm^2
   $a = 2,56$ cm
   Breite: 16 x 2,56 cm = 40,9 cm
   Höhe: 10 x 2,56 cm = 25,6 cm

17 Abkürzungen kennen

a. UDF – Universal Disc Format: Dateisystem für optische Datenträger
b. RAID – Redundant Array of Independent Disks: Konzept zur Datensicherung
c. BIOS – Basic Input Output System: Digitaler Baustein auf dem Mainboard, der das Booten des Computers ermöglicht.
d. GPU – Graphic Processor Unit: Prozessor auf Grafikkarte

2.2 Netzwerktechnik

1 Einsatzmöglichkeiten von Datennetzen beschreiben

- Gemeinsamer Zugriff auf Peripherie
- Gemeinsamer Zugriff auf Dateien
- Gemeinsamer Zugriff auf Programme – die Installation muss nur auf einem Rechner erfolgen
- Kommunikation untereinander z.B. via E-Mail
- Zentraler Internetzugang
- Gute Möglichkeiten der Datensicherung z.B. über ein RAID-System

1025

2 Netzwerktopologien vergleichen

Vorteile der Stern-Topologie:
- Flexible Netzstruktur, da neue Rechner per Stecker integriert werden.
- Gute Erweiterungsmöglichkeiten durch Hinzufügen eines weiteren Switches
- Kollisionsfreies Netz durch Switch-Technologie
- Kostengünstiges Netz
- Hoher Datentransfer durch 1-GBit- oder sogar 10-GBit-Technik
- Ein Sternnetz kann auch als logisches Ringnetz betrieben werden.

3 Netzwerkarchitekturen vergleichen

	Peer-to-Peer	Client-Server
a.	Installation und Administration relativ einfach, da keine Kenntnisse über Server notwendig sind.	Installation und Administration erfordern Fachkenntnisse. Sind diese vorhanden, bietet die Verwaltung des Netzes bessere Möglichkeiten als bei Peer-to-Peer.
b.	Datenhandling umständlich, da die Daten auf viele Rechner verteilt sind.	Datenhandling einfach, da die Daten zentral verwaltet werden.
c.	Benutzerverwaltung ist nicht möglich, da diese zentral erfolgen muss.	Benutzerverwaltung mit Zuteilung von Zugriffsrechten zentral steuerbar.
d.	Backups umständlich, da sie von jedem Arbeitsplatz gemacht werden müssen.	Backups einfach, da Daten zentral gespeichert sind.

4 Netzwerkkomponenten wählen

a. Switch
b. Router
c. WLAN-Adapter am Laptop und WLAN-Access-Point
d. Netzwerkadapter

5 Netzwerk planen

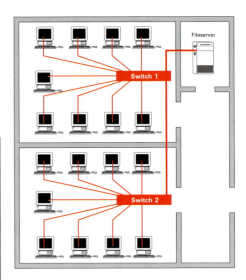

- Die Integration der Rechner innerhalb eines Raumes erfolgt mit Hilfe von Switches. Diese arbeiten kollisionsfrei. Das Hinzufügen oder Entfernen von Rechnern ist möglich.
- Für jeden Raum ist ein separater Switch vorzusehen. Dies hat den Vorteil, dass ein Raum auch genutzt werden kann, falls ein Switch ausfällt. Außerdem wird hierdurch der Verkabelungsaufwand geringer.
- Für die Verbindung der Switches zum Fileserver sollte eine schnelle Leitung (GBit) als Backbone genutzt werden, da hier der größte Datentransfer zu erwarten ist.

6 IP-Adressen kennen

a. Eine IPv4-Adresse besteht aus 4 x 8 Bit. In dezimaler Schreibweise ergibt sich: xxx.xxx.xxx.xxx (mit x aus: 0,...,9)
b. 4 x 8 Bit = 32 Bit
2^{32} = 4,29 Mrd. Adressen
c. Große Adressbereiche sind reserviert oder bereits vergeben. Außerdem steigt der Bedarf an IP-Adressen ständig an, weil immer mehr Geräte am Internet partizipieren z. B. Laptops, Mobiltelefone.

7 IP- und MAC-Adresen unterscheiden

MAC-Adressen sind hardwaremäßig festgelegt und damit unveränderlich. IP-Adressen hingegen können dynamisch zugeteilt werden, z. B. wenn Sie sich mit einem Computer am Netz anmelden. Nach Abschalten des Computers wird die IP-Adresse wieder frei. Auf diese Weise wird die Administration von Netzen wesentlich flexibler.

8 Referenzmodelle kennen

a. Durch Referenzmodelle lassen sich komplexe Zusammenhänge in kleinere, überschaubare Einheiten (Schichten) zerlegen. Für jede dieser Schichten lassen sich Regeln (Protokolle) definieren, nach denen die Informationen zu verarbeiten sind. Die Kenntnis des Gesamtsystems ist nicht erforderlich.
b. Ein Protokoll ist ein Regelwerk, das festlegt, wie die Daten innerhalb einer Schicht verändert und wie sie an die nächste Schicht weitergegeben werden.

c. Das OSI-Referenzmodell besitzt 7 Schichten.
Das TCP/IP-Referenzmodell kommt mit 4 Schichten aus.

9 TCP/IP-Referenzmodell kennen

Schicht	Geräte	Protokolle
1	Netzwerkadapter, Switch	Ethernet
2	Router	IP
3	–	TCP
4	Gateway	HTTP, DHCP

10 Netzwerkadressierung verstehen

a. Die Netz-ID kennzeichnet das Netzwerk, die Host-ID dient zur Identifikation des einzelnen Rechners in diesem Netz.
b. Die Subnetzmaske ermöglicht das Erkennen des Netz- und Host-Teils einer IP-Adresse.
c. Die Zahl 20 nach der IP-Adresse gibt die Anzahl an „Einsen" der Subnetzmaske an:
11111111.11111111.11110000.00000000
oder dezimal: 255.255. 240.0

11 Netzwerkadressierung verstehen

IP-Adresse: 192.168.178.248 / 29
a. Subnetzmaske:
11111111.11111111.11111111.11111000
bzw. 255.255.255.248
b. $2^3 - 2 = 8 - 2 = 6$
Rechner von 192.168.178.249 bis 192.168.178.254
c. 192.168.178.255

12 Netzwerkdienste/-protokolle kennen

a. DHCP
Flexible (dynamische) Zuweisung von IP-Adressen
b. NAT
Umsetzung der nach außen sichtbaren IP-Adresse des Routers in die IP-Adresse des lokalen Netzes
c. ARP
Umsetzung von IP- in MAC-Adressen
d. Proxy
Dienst zur Kontrolle des Datenverkehrs zwischen lokalem Netz und Internet

---

2.3 Internet

---

1 Internetdienste kennen

- WWW (World Wide Web): Hypertextbasiertes Informationssystem
- E-Mail: Elektronische Post
- FTP (File Transfer Protocol): Datenübertragung (Down-/Upload)
- IRC (Internet Relay Chat): „Live"-Kommunikation
- SSH: Secure Shell Verschlüsselte Datenübertragung
- VoIP (Voice over IP): Internettelefonie

---

2 Aufgaben der Internetprotokolle kennen

a. Funktionen von IP
- Zerlegung der Daten in kleinere Einheiten
- Adressierung der Datenpakete (IP-Adresse)

b. Funktionen von TCP
- Verbindungsaufbau
- Datenübertragung in Segmenten
- Fehlerprüfung und -korrektur
- Verbindungsabbau

---

3 Aufbau einer URL kennen

a. Top-Level-Domain: de
b. Protokoll: http
c. Dateiname: index.html
d. Second-Level-Domain: springer
e. Servername (Dienst):   www

---

4 Domain-Namen kennen

Seit 2004 sind Domain-Namen mit Umlauten zulässig und können durch heutige Browser auch umgesetzt werden. Der Kunde muss jedoch darauf hingewiesen werden, dass ältere Browser, z. B. IE 6.0, diese Domain-Namen nicht auflösen können.

---

5 Domain-Namen registrieren

a. DENIC für .de
InterNIC für .com, .info, .org, u. a.
b. Die Registrierung übernimmt der Internet-Provider, bei dem die Website gehostet wird. Bei DENIC kann ein gewünschter Domain-Name auch direkt registriert werden.

---

6 Mit Datenübertragungsraten rechnen

10 MB = 10.240 KB = 10.485.760 Byte = 83.886.080 Bit
Hinweis: Datenraten werden üblicherweise mit k = 1.000 (statt: 1.024) angegeben!
a. 64 kbps = 64.000 Bit/s

83.886.080 Bit/64.000 Bit/s = 1310,7 s
b. 16.000 kbps = 16.000.000 Bit/s
83.886.080 Bit/16.000.000 Bit/s ≈ 5,2 s

7 DSL kennen

a. ADSL: Asymmetrische Übertragung, Datenrate für Download und Upload unterscheiden sich.
b. SDSL: Symmetrische Übertragung, Datenrate für Download und Upload sind identisch.
c. VDSL(2): Übertragung mit hoher Datenrate bis 200 MBit/s

8 Schädlingsarten kennen

a. Virus: Kleine Programme, die sich an ein anderes Programm anhängen und die durch Doppelklick aktiviert werden.
b. Trojaner: Programme, die scheinbar nützlich sind, im Hintergrund aber schädliche Funktionen besitzen.
c. Wurm: Kleine ausführbare Programme, die sich bevorzugt über E-Mail-Attachments verbreiten und durch Doppelklick aktiv werden.
d. Spyware: Software zum Ausspionieren des Nutzerverhaltens

9 Maßnahmen gegen Angriffe aus dem Internet treffen

Siehe Checkliste auf Seite 150.

10 Web 2.0 kennen

a. Web 2.0: Angebote im Internet, an denen sich die Nutzer aktiv beteiligen.
b. Blogs, Community, Wiki, Podcast, Videocast, Feed

11 Web 3.0 kennen

Die Zielsetzung des „Semantic Web" ist, die Bedeutung des Inhalts von Webseiten durch Computer erschließen zu lassen. Sollte dies möglich werden, könnten beispielsweise Suchanfragen wesentlich exaktere Ergebnisse liefern.

2.4 Datenbanken

1 Datenbank-Fachbegriffe kennen

a. Fachbegriffe:
- Datensatz: Tabellenzeile
- Datenfeld: Tabellenzelle
- Attribut: Tabellenspalte, durch einen Feldnamen wie ANr, Datum gekennzeichnet
- Schlüssel: einmalig vergebene und damit eindeutige Auftragsnummer
- Feldname: Bezeichnung von Attributen
b. Datentypen:
- Text (Kunde, Produkt)
- Datum
- Ganze Zahlen (ANr, Menge)

2 Anforderungen an Datenbanken kennen

a. Datenkonsistenz
heißt, dass ein Datensatz eindeutig identifizierbar sein muss. Damit dies möglich ist, wird ihm ein Schlüssel zugeordnet.
b. Redundanzfreiheit
heißt, dass alle Daten eines Datensatzes nur ein einziges Mal gespeichert werden.

1029

3 Datenbank normalisieren

a. Datenbank ist nicht *konsistent*:
Durch die unterschiedliche Eingabe des Namens ist keine eindeutige Zuordnung möglich. Auch Sortieren, z. B. nach Nachnamen, ist durch die Kombination von Vor- und Nachname unmöglich.
Datenbank ist nicht *redundanzfrei*:
Identische Telefonnummern und Mailadressen müssen mehrfach eingegeben werden.

b. „Atomarisieren" der Datenbank, so dass in jedem Datenfeld genau ein Eintrag steht:

Vorname	Nachname	Abteilung	Telefon	E-Mail
Bernd	Müller	Geschäftsltg.	1701-0	info@media.de
Stefan	Schwarz	Vertrieb	1701-10	vertrieb@media.de
Petra	Maier	Vertrieb	1701-10	vertrieb@media.de
Bernd	Stöckle	Produktion	1701-11	produktion@media.de
Bert	Maier	Produktion	1701-11	produktion@media.de
Beate	Klinger	Kunden	1701-12	kunden@media.de

c. Aufteilung der Datenbank in zwei Tabellen, die über Schlüssel miteinander verbunden sind:

Mit-Nr	Vorname	Nachname	Abt-Nr
1	Bernd	Müller	1
2	Stefan	Schwarz	2
3	Petra	Maier	2
4	Bernd	Stöckle	3
5	Bert	Maier	3
6	Beate	Klinger	4

Abt-Nr	Abt-Nr	Telefon	E-Mail
1	Geschäftsltg.	1701-0	info@media.de
2	Vertrieb	1701-10	vertrieb@media.de
3	Produktion	1701-11	produktion@media.de
4	Kunden	1701-12	kunden@media.de

4 ER-Modell kennen

a. Das ER-Modell ermöglicht den systematischen Datenbankentwurf mit Hilfe einer grafischen Darstellung.

b. *1:1-Beziehung: Mensch – Fingerabdruck*
Ein Mensch besitzt genau einen Fingerabdruck. Ein Fingerabdruck gehört zu genau einem Menschen.
1:n-Beziehung: Vater – Kind
Jedes Kind besitzt genau einen Vater. Ein Vater kann ein oder mehrere Kinder haben.
m:n-Beziehung: Fahrer – Autos
Ein Fahrer kann mehrere Autos fahren. Ein Auto kann von mehreren Fahrern benutzt werden.

c. m:n-Beziehungen sind mehrdeutig: Sie ermöglichen keine eindeutige Zuordnung von Attributen und müssen deshalb durch Einfügen einer weiteren Tabelle in zwei 1:n-Beziehungen aufgelöst werden.

5 Datenbank-Fachbegriffe kennen

a. SQL:
Standardisierte Abfragesprache, die das Erstellen von Datenbanken sowie das Eingeben, Ändern, Löschen und strukturierte Abfragen von Datensätzen ermöglicht.

b. ODBC:
Softwareschnittstelle, die den Zugriff auf Datenbanken unterschiedlichen Typs ermöglicht.

c. DBMS (Datenbankmanagementsystem): Software zur Organisation und Verwaltung von Datenbanken, z. B. Microsoft Access, MySQL.

6 ER-Modell anwenden

Die Grafik zeigt einen Lösungsvorschlag, andere Lösungen sind möglich.

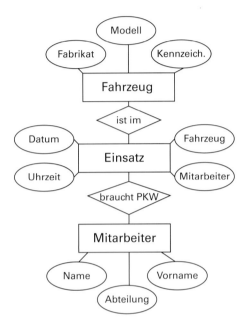

7 SQL-Befehle anwenden

a. SELECT *
   FROM kunden;
b. SELECT *
   FROM kunden
   ORDER BY „Ort";
c. SELECT *
   FROM kunden
   WHERE Name="Eberle";
d. INSERT INTO kunden
   (Name, Vorname, Strasse, Plz, Ort, Telefon)
   VALUES („Schmitt", „Isabel", „Mattweg 12", „77933", „Lahr", „07821 335566");
   Hinweis: Angenommen wurde, dass es sich bei sämtlichen Attributen um Text handelt und dass die Kundennummer automatisch erstellt wird.
e. UPDATE kunden
   SET Telefon ="07621 98877"
   WHERE KNr = 4;
f. DELETE FROM kunden
   WHERE KNr = 2;

Hinweis:
Die SQL-Befehle sind zur besseren Lesbarkeit auf mehrere Zeilen verteilt. Sie können auch in eine Zeile geschrieben werden.

8 Referenzielle Integrität kennen

Referenzielle Integrität stellt sicher, dass Beziehungen zwischen Tabellen nicht zu Widersprüchen oder Fehlern führen. Beispiel: Das Löschen eines Kunden aus einer Kundentabelle ist nicht möglich, wenn dieser mit einer Auftragstabelle verbunden ist.

9 Datenbank normalisieren

a. Die Datenbank ist nicht konsistent: Bei „Eberle" handelt es sich um zwei unterschiedliche Kunden. Auch durch die Mehrfachnennung von Produkten in einer Datenzelle ist keine eindeutige Zuordnung möglich.
Die Datenbank ist nicht redundanzfrei: Die Anschrift der Kunden muss in jedem Datensatz angegeben werden. Bei einer Adressänderung müssten sämtliche Datensätze geändert werden.
b. Zur Normalisierung muss die Datenbank auf drei Tabellen „artikel", „kunden" und „auftraege" aufgeteilt werden.

1031

artikel

Art-Nr.	Produkt
1	Ski
2	Schlittschuhe
3	Laufschuhe
4	Stöcke
5	Tennisschläger
6	Trikot
7	Golfschläger
8	Tennisschuhe

auftraege

Auf-Nr.	Datum	Kd-Nr.	Art-Nr.
1	01.01.11	1	1
1	01.01.11	1	4
2	11.01.11	2	2
3	12.02.11	3	3
3	12.02.11	3	6
4	13.02.11	4	5
5	14.05.11	5	5
6	21.05.11	2	1
7	26.05.11	3	7
7	26.05.11	3	6

kunden

Kd-Nr.	Kunde	Strasse	Plz	Ort
1	Schulz	Hauptstraße 13	77960	Seelbach
2	Müller	Mühlgasse 1	77933	Lahr
3	Dreher	Gartenstraße 15	76133	Karlsruhe
4	Eberle	Mozartstraße 11	79540	Lörrach
5	Eberle	Vogelsang 12	79104	Freiburg
6	Wagner	Rennweg 2	79104	Freiburg

Hinweise:
- In der Kunden- und Artikeltabelle können weitere Datensätze aufgenommen werden, ohne dass sich ein Widerspruch ergibt (siehe Beispiele).
- Für jeden Auftrag wird *eine* Auftragsnummer vergeben. Diese ist nicht eindeutig, wenn mehrere Artikel bestellt werden. Eindeutigkeit ergibt sich aus dem zusammengesetzten Schlüssel aus Auf-Nr *und* Art-Nr. Datum und Kd-Nr. sind von diesem Schlüssel funktional abhängig. Damit ist die Bedingung der 3. Normalform erfüllt.

12.2.3 3 Optik

3.1 Allgemeine Optik

1 Kenngrößen einer Welle definieren

a. Periode: Zeitdauer, nach der sich der Schwingungsvorgang wiederholt.
b. Wellenlänge λ (m): Abstand zweier Perioden, Kenngröße für die Farbigkeit des Lichts
c. Frequenz f (Hz): Kehrwert der Periode, Schwingungen pro Sekunde
d. Amplitude: Auslenkung der Welle, Kenngröße für die Helligkeit des Lichts

2 Lichtgeschwindigkeit erläutern

a. 300.000 km/s
b. Der Zusammenhang ist in der Formel $c = f \times \lambda$ dargestellt.

3 Spektralbereich des Lichts kennen

380 nm bis 760 nm

4 Polarisiertes Licht erklären

a. Die Wellen unpolarisierten Lichts schwingen in allen Winkeln zur Ausbreitungsrichtung. Polarisiertes Licht schwingt nur in einer Ebene.
b. Densitometer zur Druckfarbenmessung

5 Reflexionsgesetz kennen

Der Einfallswinkel ist gleich dem Reflexions- oder Ausfallswinkel.

6 Totalreflexion erläutern

a. Totalreflexion heißt, dass ein Lichtstrahl, der unter einem bestimmten Winkel auf die Grenzfläche eines Mediums trifft, sein Medium nicht verlassen kann.
b. Glasfaserkabel

7 Dispersion des Lichts kennen

Die Brechzahl n ist für Licht verschiedener Wellenlängen unterschiedlich hoch. Da n_{Blau} größer als n_{Rot} ist, wird das blaue Licht an jeder Grenzfläche stärker gebrochen als das rote Licht.

8 Grundgrößen der Lichttechnik definieren

a. Lichtstärke I (cd, Candela): Die Lichtstärke ist eine der sieben Basis-SI-Einheiten. Sie beschreibt die von einer Lichtquelle emittierte fotometrische Strahlstärke bzw. Lichtenergie.
b. Beleuchtungsstärke E (lx, Lux): Die Beleuchtungsstärke ist die Lichtenergie, die auf eine Fläche auftrifft.
c. Belichtung H (lxs, Luxsekunden): Die Belichtung ist das Produkt aus Beleuchtungsstärke und Zeit. Aus ihr resultiert die fotochemische oder fotoelektrische Wirkung z. B. bei der Bilddatenerfassung in der Fotografie.

9 Fotometrisches Entfernungsgesetz kennen

Die Beleuchtungsstärke verhält sich umgekehrt proportional dem Quadrat der Entfernung zwischen Lichtquelle und Empfängerfläche. Oder anders ausgedrückt: Die Beleuchtungsstärke ändert sich im Quadrat der Entfernung.

10 Beleuchtungsstärke berechnen

$r_1^2/r_2^2 = E_2/E_1$
$E_2 = (r_1^2 \times E1)/r_2^2$
$E_2 = (4\ m^2 \times 1000\ lx)/16\ m^2$
$E_2 = 250\ lx$

11 Densitometrie anwenden

a. In der Densitometrie wird die optische Dichte D von Vorlagen, Drucken und fotografischen Materialien gemessen.
b. Bei der densitometrischen Messung von Halbtonvorlagen, z. B. Dias oder Fotos, muss zunächst das Densitometer kalibriert werden. Dies geschieht durch eine erste Messung ohne Probe. I_1 wird damit gleich I_0 und somit zu 100% gesetzt. Bei der folgenden Messung auf der Bildstelle wird die durch die optische Dichte reduzierte I_1 gemessen. Die anschließende Berechnung im Densitometer ergibt die Bilddichte D.

12 Raster berechnen

$O = I_0/I_1,\ D = \log O$

a. $O = 100\%/75\%$
   $O = 1{,}33$
   $D = \log 1{,}33$
   $D = 0{,}125$

b. $O = 100\%/50\%$
   $O = 2$
   $D = \log 2$
   $D = 0{,}3$

c. $O = 100\%/5\%$
   $O = 20$
   $D = \log 20$
   $D = 1{,}3$

3.2 Fotografische Optik

1 Camera obscura erläutern

Die Camera obscura ist ein abgedunkelter Raum oder Kasten mit einem kleinen Loch in der Wand. Durch dieses Loch fällt Licht auf die gegenüberliegende Wand und bildet dort ein auf dem Kopf stehendes Bild der Welt draußen ab. Die Abbildung in der Camera obscura ist sehr lichtschwach. Vergrößert man die Öffnung, um mehr Licht in den Raum zu lassen, dann wird die Abbildung unscharf.

2 Linsenformen erkennen

a. Sammellinsen sind konvexe Linsen.
b. Zerstreuungslinsen sind konkave Linsen.

3 Linsenformen visualisieren

a. Sammellinsen

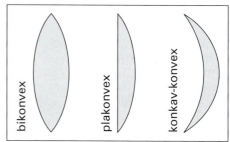

b. Zerstreuungslinsen

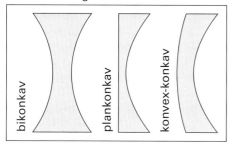

4 Linsenbezeichnung kennen

Bei der Bezeichnung der Linse wird die bestimmende Eigenschaft nach hinten gestellt. Eine konkav-konvexe Linse ist demnach eine Sammellinse mit einem kleineren konvexen und einem größeren konkaven Radius.

5 Linsenfehler erläutern

a. Chromatische Aberration: Eine Linse dispergiert das auftreffende Licht wie ein Prisma. Das kurzwellige Licht wird stärker gebrochen als das langwellige Licht. Daraus ergeben sich verschiedene Brennpunkte der einzelnen Lichtfarben auf der optischen Achse der Linse. In der Abbildung zeigt sich dieser Effekt als Unschärfe und farbige Säume.
b. Sphärische Aberration: Fehler in der exakten Geometrie der Linsenform führen zu unterschiedlichen Brennpunkten der Linsensegmente. Daraus entsteht, ähnlich wie bei der chromatischen Aberration, eine unscharfe Abbildung.
c. Distorsion: Bei der Verzeichnung wird das Motiv nicht über das gesamte Bildfeld geometrisch gleichförmig abgebildet. Die Verzeichnung tritt bei allen nicht symmetrisch aufgebauten Objektiven auf.

6 Bild konstruieren

a. Vorlage y
b. Reproduktion y´

7 Brennweite definieren

Die Brennweite f ist der Abstand des Brennpunkts F vom Hauptpunkt H.

8 Gegenstands- und Bildweite definieren

a. Die Gegenstandsweite a ist der Abstand zwischen Objekt y und dem Hauptpunkt.
b. Die Bildweite a´ ist die Entfernung des bildseitigen Hauptpunkts zum Bild y´.

9 Abbildungsmaßstab berechnen

v = y´/y = a´/a

10 Bildwinkel und Blende erläutern

a. Der Bildwinkel ist der Winkel, unter dem eine Kamera das aufgenommene Motiv sieht.
b. Die Blende ist die verstellbare Öffnung des Objektivs, durch die Licht auf die Bildebene fällt.

11 Schärfentiefe kenne

Der Schärfebereich, den der Betrachter vor und hinter der scharfgestellten Einstellungsebene noch als scharf wahrnimmt, wird als Schärfentiefe bezeichnet.

12 Schärfentiefe einsetzen

a. Die Schärfentiefe ist von der Brennweite, der Blende und der Entfernung zum Aufnahmeobjekt abhängig.
b. Grundsätzlich gilt, wenn immer nur ein Faktor variiert wird:
   - Blende: Je kleiner die Blendenöffnung, desto größer ist die Schärfentiefe.
   - Brennweite: Je kürzer die Brennweite, desto größer ist die Schärfentiefe.
   - Aufnahmeabstand: Je kürzer der Aufnahmeabstand, desto geringer ist die Schärfentiefe.

12.2.4 4 Farbe

Lösungen

4.1 Farbsysteme

1 Farbensehen erläutern

Die Netzhaut des Auges enthält die Fotorezeptoren (Stäbchen und Zapfen). Die Rezeptoren wandeln als Messfühler den Lichtreiz in Erregung um.
Nur die Zapfen sind farbtüchtig. Es gibt drei verschiedene Zapfentypen, die je für Rot, Grün oder Blau empfindlich sind. Jede Farbe wird durch ein für sie typisches Erregungsverhältnis dieser drei Rezeptorentypen bestimmt.

2 Farbvalenz definieren

Die Farbvalenz ist die Bewertung eines Farbreizes durch die drei Empfindlichkeitsfunktionen des Auges.

3 Farbmetrik erläutern

Die Farbmetrik entwickelt Systeme zur quantitativen Erfassung und Kennzeichnung der Farbeindrücke (Farbvalenzen). Das menschliche Farbensehen wird dadurch messtechnisch erfassbar.

4 Additive Farbmischung kennen

a. Die additiven Grundfarben sind Rot, Grün und Blau.
b. Rot, Grün und Blau entsprechen den Empfindlichkeiten der drei Zapfentypen im menschlichen Auge. Die additive Farbmischung heißt deshalb auch physiologische Farbmischung.

5 Subtraktive Farbmischung kennen

a. Die subtraktiven Grundfarben sind Cyan, Magenta und Gelb.
b. Da die Mischung der Körperfarben unabhängig vom Farbensehen erfolgt, heißt diese Farbmischung auch physikalische Farbmischung.

6 Farbmischung im Druck erklären

Die autotypische Farbmischung vereinigt die additive und die subtraktive Farbmischung. Voraussetzung ist allerdings, dass die Größe der gedruckten Farbflächen unterhalb des Auflösungsvermögens des menschlichen Auges liegt und die Druckfarben lasierend sind. Das remittierte Licht der nebeneinanderliegenden Farbflächen mischt sich dann additiv im Auge (physiologisch), die übereinander gedruckten Flächenelemente mischen sich subtraktiv auf dem Bedruckstoff (physikalisch).

7 Komplementärfarbe definieren

Komplementärfarben sind Farbenpaare, die in einer besonderen Beziehung zueinander stehen:
• Komplementärfarben liegen sich im Farbkreis gegenüber.
• Komplementärfarben ergänzen sich zu Unbunt (Komplement: lat. Ergänzung).
• Komplementärfarbe zu einer Grundfarbe ist immer die Mischfarbe der beiden anderen Grundfarben.

8 Weiß mit Farbwerten bestimmen

a. R 255, G 255, B 255
b. C 0, M 0, Y 0, K 0

1037

9 Farbortbestimmung im Normvalenz-system kennen

- Farbton T: Lage auf der Außenlinie
- Sättigung S: Entfernung von der Außenlinie
- Helligkeit Y: Ebene im Farbkörper

10 Unbuntpunkt im Normvalenz-system festlegen

Die Koordinaten des Unbuntpunktes E sind x = y = z = 0,33.

11 Farbortbestimmung im CIELAB-System kennen

- Helligkeit L* (Luminanz): Ebene im Farbkörper
- Sättigung C* (Chroma): Entfernung vom Unbuntpunkt
- Farbton H* (Hue): Richtung vom Unbuntpunkt

12 Farbabstand kennen

Der Farbabstand ΔE^* ist die Strecke zwischen zwei Farborten im CIELAB-Farbraum.

13 Farbtemperatur einordnen

Die Strahlungsverteilung der Emission einer Lichtquelle wird mit der Farbtemperatur gekennzeichnet.

14 Metamerie erklären

Unbedingt-gleiche Farben sind Farben mit identischen Spektralfunktionen. Unbedingt-gleiche Farben sind unab-hängig von der Beleuchtung visuell nie unterscheidbar.

4.2 Color Management

1 Color-Management-System beschreiben

In einem CMS werden die einzelnen Systemkomponenten des Farbwork-flows von der Bilddatenerfassung über die Farbverarbeitung bis hin zur Aus-gabe in einem einheitlichen Standard erfasst, kontrolliert und abgestimmt.

2 ICC kennen

Das ICC, International Color Consor-tium, ist ein Zusammenschluss führen-der Soft- und Hardwarehersteller unter der Federführung der Fogra, das die allgemeinen Regelungen für das Color Management festgelegt hat.

3 Digitalkamera profilieren

Die Beleuchtung beeinflusst die Farbig-keit des Motivs und damit der Aufnah-me. Verschiedene Beleuchtungssitua-tionen mit unterschiedlicher Lichtart bedingen deshalb einen speziellen Weißabgleich und eigene Profilierung.

4 Scanner profilieren

a. Testvorlage scannen
   ICC-Scannerprofil berechnen
   ICC-Profil speichern
   ICC-Profil einbinden

Lösungen

b. Die Farbcharakteristik und Dichteumfänge der Vorlagen unterscheiden sich nach Hersteller, aber auch nach Aufsicht oder Durchsicht.

5 Monitor profilieren

- Der Monitor soll wenigstens eine halbe Stunde in Betrieb sein.
- Kontrast und Helligkeit müssen auf die Basiswerte eingestellt sein.
- Die Monitorwerte dürfen nach der Messung und anschließender Profilierung nicht mehr verändert werden.
- Bildschirmschoner und Energiesparmodus müssen deaktiviert sein.

6 Roof oder Druck profilieren

- Ausdrucken der Testform
- Farbmetrisches Ausmessen des Testdrucks
- Generieren des ICC-Profils
- Speichern des Profils

7 Separationseinstellungen im ICC-Profil kennen

Die Separation erfolgt im CM-Workflow durch die Farbraumtransformation vom RGB-Farbraum in den CMYK-Ausgabefarbraum. Die Separation muss deshalb im Profil festgelegt sein.

8 ECI kennen

ECI, European Color Initiative, neben dem ICC die Organisation zur Definition der CM-Richtlinien.

9 ECI-Standardprofile erläutern

a. Papiertyp 1 und 2, Bilderdruck, matt oder glänzend gestrichen, Bogenoffset
b. Papiertyp 3, LWC, glänzend gestrichen, Rollenoffset
c. Papiertyp 4, Naturpapier, ungestrichen weiß, Bogenoffset
d. Papiertyp 5, Naturpapier, ungestrichen leicht gelblich, Bogenoffset
e. Papiertyp SC, satiniert, Rollenoffset

10 Arbeitsfarbraum erklären

Der Arbeitsfarbraum ist der Farbraum, in dem die Bearbeitung von Bildern, z.B. Ton- und Farbwertretuschen, vorgenommen wird.

11 Kenngrößen eines Arbeitsfarbraums nennen

- Der Arbeitsfarbraum umfasst alle Prozessfarbräume.
- Der Arbeitsfarbraum ist nicht wesentlich größer als der größte Druckfarbraum, um möglichst wenig Farben zu verlieren.
- Die Farbwerte der Primärfarben sind definiert.
- Der Gammawert ist festgelegt.
- Der Weißpunkt entspricht der Norm von D50, 5000K.
- Der Arbeitsfarbraum ist geräte- und prozessunabhängig.
- Die Beziehung der Primärfarben ist linear, d.h., gleiche Farbwerte ergeben ein neutrales Grau.
- Der Farbraum ist gleichabständig, d.h., geometrische und visuelle Farbabstände entsprechen sich.

1039

12 PCS erläutern

PCS, Profile Connection Space, ist der prozessunabhängige Farbraum, in dem das Gamut-Mapping stattfindet.

13 CMM erläutern

a. Color Matching Modul
b. Das Color Matching Modul ist als Teil des Betriebssystems die Software auf Ihrem Computer, mit der das Gamut-Mapping durchgeführt wird.

14 Rendering Intent kennen

a. Das Rendering Intent ist der Umrechnungsalgorithmus der Farbraumtransformation.
b. • perzeptiv bzw. perceptual, fotografisch, wahrnehmungsorientiert
   • Sättigung bzw. saturation
   • relativ farbmetrisch, relative colorimetric
   • absolut farbmetrisch bzw. absolute colorimetric

15 Rendering Intent wählen

a. perzeptiv oder relativ farbmetrisch
b. absolut farbmetrisch

16 Bildschirmhintergrundbild auswählen

Ein neutralgraues Bildschirmhintergrundbild dient der visuellen Kontrolle der Farbbalance des Monitors.

17 Mittleres Grau mit Farbwerten festlegen

R = G = B = 127

18 Ugra/Fogra-Medienkeil erklären

a. Der Ugra/Fogra-Medienkeil ist ein digitales Kontrollmittel, das zusammen mit der Seite ausgegeben wird. Er dient zur Kontrolle der Farbverbindlichkeit von Proof und Druck.
b. ISO 12642 und ISO 12647

19 Ugra/Fogra-Medienkeil erklären

a. Primärfarben in den Abstufungen 100, 70 und 40
b. Sekundärfarben in den Abstufungen 200, 140 und 80

20 Graubalance überprüfen

Mit den Vergleichsfeldern K und CMY auf der rechten Seite.

21 Farbmanagement-Richtlinien erklären

Die Farbmanagement-Richtlinien bestimmen, wie das Programm, z. B. Photoshop, bei fehlerhaften, fehlenden oder von Ihrer Arbeitsfarbraumeinstellung abweichenden Profilen reagiert.

Lösungen

22 Konvertierungsoptionen kennen

a. Bei Modul legen Sie das CMM, Color Matching Modul, fest, mit dem das Gamut-Mapping durchgeführt wird.
b. Die Priorität bestimmt das Rendering Intent der Konvertierung.

23 Altona Test Suite kennen

- Altona-Measure-Testform
- Altona-Visual-Testform
- Altona-Technical-Testform

24 Altona Test Suite kennen

Die Altona-Measure-Testform enthält Kontrollelemente zur densitometrischen und farbmetrischen Überprüfung von Proofern, digitalen und konventionellen Drucksystemen. Die Datei der Testform entspricht den PDF-1.3-Spezifikationen ohne Anpassung an spezielle Druckbedingungen.

Die Altona-Visual-Testform ist eine PDF/X-3-Datei. Sie dient der visuellen Überprüfung. Neben den üblichen Druck-Kontrollelementen enthält die Altona-Visual-Testform noch spezielle Elemente zur Überprüfung des geräteunabhängigen CIELAB- und RGB-Farbraums im Color Management.

Die Altona-Technical-Testform dient zur Überprüfung des Überdruckens und der Zeichensatzcodierung in PostScript-RIPs.

25 Altona Test Suite kennen

Ja, mit der Altona-Visual-Testform kann die visuelle Wirkung des Drucks überprüft werden.

1041

12.2.5 5 Digitalfotografie

5.1 Kameratechnik

1 Digitalkameratypen einteilen

- Kompaktkamera
- Bridgekamera
- Spiegelreflexkamera

2 Suchersysteme kennen

- LCD-Display
- LCD-Sucher
- Messsucher
- Spiegelreflexsucher

3 LCD-Display beurteilen

Ein Vorteil ist, dass Sie das Bild vor der Aufnahme sehen. Bei starker Sonneneinstrahlung ist allerdings die Darstellung nur schlecht zu erkennen. Ein weiterer Nachteil ist die relativ lange Auslöseverzögerung.

4 Spiegelreflexkamera kennen

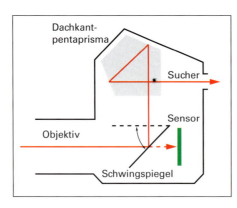

5 Live-View-Funktion erklären

Sie sehen vor der Aufnahme das Bild auf dem Display der Kamera.

6 Live-View-Funktion erläutern

Ein Vorteil ist, dass Sie das Bild vor der Aufnahme sehen. Bei starker Sonneneinstrahlung ist allerdings die Darstellung nur schlecht zu erkennen. Ein weiterer Nachteil ist die relativ lange Auslöseverzögerung.

7 Auslöseverzögerung bewerten

Die Signalverarbeitung zur Darstellung auf dem Display dauert einige Zeit. Dementsprechend verzögert sich die Aufnahme.

8 DSLR kennen

Digital Single Lens Reflex oder auf Deutsch: Digitale Spiegelreflexkamera

9 Objektive beurteilen

Beim Objektivwechsel gelangt Staub in die Kamera, der auch den Chip verunreinigen kann. Es werden deshalb Sensorreinigungstechniken eingesetzt.

10 Pixelzahl berechnen

2048 Pixel x 1536 Pixel / 1000000
= 3,1 Megapixel

Lösungen

11 Bayer-Matrix erläutern

Entsprechend den Empfindlichkeitseigenschaften des menschlichen Auges
sind 50% der Sensoren mit einer
grünen, 25% mit einer roten und die
restlichen 25% mit einer blauen Filterschicht belegt. Die blauen Sensorelemente erfassen den Blauanteil, die
grünen den Grünanteil und die roten
den Rotanteil der Bildinformation.

12 Sensorchiparten kennen

- CCD-Chip
- CMOS-Chip

13 Bildstabilisator kennen

Bildstabilisatoren dienen dazu, bei
längeren Belichtungszeiten oder Aufnahmen mit langen schweren Teleobjektiven auch ohne Stativ eine verwacklungsfreie Aufnahme zu erzielen.

14 Bildstabilisatortypen kennen

- Optische Stabilisatoren
- Elektronische Stabilisatoren

15 Prinzip der Belichtungsmessung kennen

- Matrixmessung
- Mittenbetonte Messung
- Spotmessung

16 Bilddateiformate vergleichen

a. JPEG, RAW, TIFF
b. Nein

17 Bilddateiformat kennen

JPEG

18 ISO kennen

International Organisation for Standardisation

19 ISO-Einstellung erklären

Allgemeinempfindlichkeit

20 ISO-Wert einordnen

ISO 100

21 Speicherkarten kennen

- CompactFlash-Karte
- SD Memory Card
- Multimedia-Card
- Microdrive

5.2 Bildtechnik

1 Auflösung und Farbtiefe erklären

a. Auflösung ist die Anzahl der Pixel
   pro Streckeneinheit.
b. Farbtiefe oder Datentiefe bezeichnet
   die Anzahl der Tonwerte pro Pixel.

2 Artefakte erkennen

Mit dem Begriff Artefakte werden die Bildfehler bezeichnet, die durch die verlustbehaftete Komprimierung im JPEG-Format entstehen.

3 Störungen und Fehler in digitalen Bildern erläutern

a. Rauschen: Elektronische Verstärker rauschen umso stärker, je geringer das zu verstärkende Signal ist. Das so genannte Verstärkerrauschen ist deshalb in den dunklen Bildbereichen am größten. Wenn Sie an der Digitalkamera eine höhere Lichtempfindlichkeit einstellen, dann verstärkt sich das Rauschen hin zu den Mitteltönen. Der Grund liegt darin, dass ja nicht die physikalische Empfindlichkeit des Sensorelements, sondern nur die Verstärkerleistung erhöht wurde.
Bei Langzeitbelichtungen kommt zusätzlich noch das thermische Rauschen hinzu. Durch die Erwärmung des Chips füllen sich die Potenziale der einzelnen Sensorelemente nicht gleichförmig.
Die verschiedenen Wellenlängen des Lichts haben einen unterschiedlichen Energiegehalt. Deshalb ist das Rauschen im Blaukanal am stärksten. Rauschen tritt vor allem bei kleinen dicht gepackten Chips auf. Je größer der Chip und umso weiter der Mittelpunktabstand der einzelnen Sensorelemente ist, desto geringer ist das Rauschen.
b. Blooming: Mit dem Begriff Blooming wird beschrieben, dass Elektronen von einem CCD-Element auf ein benachbartes überlaufen. Da dies meist bei vollem Potenzial geschieht, wirkt sich dieser Effekt in den hellen Bildbereichen aus.
c. Farbsäume entstehen durch die Interpolation und Zuordnung der drei Farbsignale zu einem Pixel.

4 Moiré erläutern

Ein Moiré entsteht durch die Interferenz zwischen einer Motivstruktur und der Anordnungsstruktur der Elemente des Bildsensors.

5 Anzahl der Farben berechnen

Im RGB-Modus mit 24 Bit Farbtiefe (8 Bit x 3 Kanäle) kann jede der 256 Stufen eines Kanals mit jeder Stufe der anderen Kanäle kombiniert werden. Daraus ergeben sich 256 x 256 x 256 = 16.777.216 Farben.

6 Anzahl der Bits berechnen

8 Bit

7 Weißabgleich durchführen

Die Aufnahme hat einen Farbstich, d. h., Rot, Grün und Blau befinden sich nicht im Gleichgewicht.

8 EXIF kennen

Zusätzlich zu den reinen Bilddaten sind im EXIF noch Informationen über die Kamera, Kameraeinstellungen usw. gespeichert.

Lösungen

9 Dateiformate vergleichen

JPEG-Bilder sind im RGB-Modus. RAW-Bilder enthalten die reinen Sensorfarbdaten. JPEG-Bilder sind verlustbehaftet, RAW-Bilder verlustfrei komprimiert.

10 JPEG kennen

JPEG ist die Abkürzung von Joint Photographic Experts Group. Das von dieser Organisation entwickelte Dateiformat und das damit verbundene Kompressionsverfahren wird von allen Digitalkameras unterstützt.

11 RAW kennen

RAW ist keine Abkürzung, sondern steht für roh und unbearbeitet (engl. raw = roh).

12 Geometrische Bildgröße berechnen

2560 Pixel / 240 Pixel/Zoll x 25,4 mm/Zoll = 270,93 mm
1920 Pixel / 240 Pixel/Zoll x 25,4 mm/Zoll = 203,2 mm
Bildbreite: 270,93 mm
Bildhöhe 203,2 mm

13 Farbenzahl berechnen

16 Bit = 2^{16} = 65.536 Farben/Kanal

12.2.6 6 Bildverarbeitung

6.1 Scannen

1 Halbton- und Strichvorlagen unterscheiden

a. Halbtonvorlagen bestehen aus abgestuften oder verlaufenden Ton- bzw. Farbwerten.
b. Strichvorlagen enthalten nur Volltöne, d. h. keine abgestuften Tonwerte.

2 Gerasterte Vorlagen scannen

Gerasterte Vorlagen sind Drucke oder Rasterfilme, die als Halbtondateien redigitalisiert werden. Dazu muss man das Druckraster beim Scannen oder im Bildverarbeitungsprogramm entfernen, um ein Moiré im erneuten Druck zu verhindern.

3 Fachbegriffe zur technischen Bildanalyse erläutern

a. Tonwert: Helligkeitswert im Bild
b. Kontrast: Visuelle Differenz zwischen hellen und dunklen Bildstellen
c. Gradation: Tonwertabstufung und Bildcharakteristik
d. Farbwert: Farbigkeit einer Bildstelle, definiert als Anteile der Prozessfarben

4 Pixel definieren

Pixel ist ein Kunstwort, zusammengesetzt aus den beiden englischen Wörtern „picture" und „element". Ein Pixel beschreibt die kleinste Flächeneinheit eines digitalisierten Bildes. Die Größe der Pixel ist von der gewählten Auflösung abhängig.

5 Auflösung beurteilen

a. Mit dem Begriff optische Auflösung wird beschrieben, dass jede Bildstelle von einem Fotoelement des Scanners erfasst und einem Pixel zugeordnet wird.
b. Die interpolierte Auflösung ist das Ergebnis einer zusätzlichen Bildberechnung nach der Bilddatenerfassung durch die Fotoelemente.

6 Farbtrennung erläutern

Rot, Grün und Blau

7 Bildsensor kennen

CCD-Zeile

8 Vorschau- und Feinscan durchführen

a. Der Vorschauscan oder Prescan erfolgt nach dem Einlegen der Vorlage in den Scanner mit geringer Auflösung. Er dient zur automatischen Bildanalyse und ermöglicht die Auswahl des Bildausschnitts und die Einstellungen der Bildparameter.
b. Der Feinscan erfolgt entsprechend den Einstellungen nach dem Vorschauscan mit hoher Auflösung.

9 Scaneinstellungen treffen

- Gradations- und Tonwertkorrektur
- Farbstichausgleich
- Schärfekorrektur
- Festlegen des Lichter- und Tiefenpunkts
- Bildausschnitt
- Auflösung
- Abbildungsmaßstab

Lösungen

10 Schwellenwert festlegen

Da ein Strichscan als binäres System nur Schwarz oder Weiß enthält, wird über die Schwellen- bzw. Schwellwerteinstellung festgelegt, ob ein Pixel schwarz oder weiß gescannt wird. Der Schwellenwert wird entsprechend der Charakteristik der Vorlage eingestellt.

11 Auflösung erläutern

Halbtonbilder werden, im Gegensatz zu Strichbildern, bei der Bilddatenausgabe gerastert. Durch diese zusätzliche Konvertierung der Bildpixel in Rasterelemente ist eine geringere Auflösung ausreichend.

12 Auflösung festlegen

- Abbildungsmaßstab
- Rasterweite

13 Auflösung festlegen

Bei hochauflösenden Ausgabegeräten sollte man als Eingabeauflösung einen ganzzahligen Teil der Ausgabeauflösung einstellen.

6.2 Bildbearbeitung

1 Einheiten zur Bezeichnung der Bildauflösung kennen

a. Pixel/Inch, ppi
b. Pixel/Zentimeter, px/cm, ppcm

2 Qualitätsfaktor berechnen

a. Der Qualitätsfaktor ist QF = 2.
b. 70 L/cm x 2 px/L = 140 px/cm

3 Bildergröße festlegen

Jedes Bildpixel wird durch ein Monitorpixel dargestellt. Das Verhältnis ist deshalb 1 : 1.

4 Datentiefe, Farbtiefe erklären

Die Datentiefe oder Farbtiefe bezeichnet die Anzahl der Bits pro Pixel eines digitalen Bildes.

5 Farbmodus erläutern

Die Definition der Farben durch die Farbwerte, z. B. RGB oder CMYK.

6 RGB-Farbwerte erklären

Durch die Farbwerte in den drei Farbkanälen Rot, Grün und Blau.

7 Beschneidungspfad erstellen

a. Der Beschneidungspfad ist eine besondere Form eines Vektorobjekts. Dabei dient der Pfad zur geometrischen, nicht rechtwinkligen Freistellung eines Bildmotivs.
b. Bei der Positionierung im Layoutprogramm und bei der Belichtung werden alle Bildbereiche außerhalb des Pfades ausgeblendet.

1047

8 Beschneidungspfad abspeichern

TIFF, EPS oder PSD

9 Bilddaten übernehmen

- Dateiformat
- Bildgröße
- Auflösung
- Farbprofil
- Farbmodus
- Alphakanäle

10 Histogramm kennen

Die statistische Verteilung der Tonwerte eines Bildes wird durch das Histogramm visualisiert.

11 Bild durch Histogramm analysieren

Das Bild hat keine Tiefen. Der Tonwertumfang geht nur von den Lichtern bis zu den Dreivierteltönen.

12 Gradationskorrektur druchführen

Die übrigen Tonwertbereiche verflachen, d. h., sie verlieren an Kontrast und Zeichnung.

13 Gradationskurve beurteilen

Die Gradationskurve verläuft bei einer proportionalen Tonwertübertragung bzw. -korrektur geradlinig.

14 Gradationskorrektur beurteilen

Die Korrektur der Gradationskurve führt zur Tonwertverdichtung von den Lichtern über die Vierteltönen bis zu den Mitteltönen. Von den Mitteltönen über die Dreivierteltöne bis zu den Tiefen werden die Tonwerte gespreizt. Das Bild wird insgesamt heller.

15 Scharf- und Weichzeichnen anwenden

a. Scharfzeichnen: Der Kontrast benachbarter Pixel wird erhöht.
b. Weichzeichnen: Der Kontrast benachbarter Pixel wird verringert.

16 Bildschirmhintergrund festlegen

Ein neutraler mittelgrauer Hintergrund ohne Muster

17 Farbkorrekturen in LAB machen

Der Farbton ändert sich, wenn man sich bei gleichbleibendem Radius im Kreis bewegt. Die Sättigung ändert sich bei gleichbleibendem Farbwinkel durch die Veränderung des Radius. Nach innen nimmt die Sättigung im Farbkreis ab, nach außen hin zu. In der Mitte des Farbraums liegt also die Unbuntachse, unten Schwarz und oben Weiß, dazwischen alle Grautöne. Die dritte Dimension wird durch die Helligkeit beschrieben. Wenn man die Helligkeit verändert, dann bewegt man sich im Farbraum nach oben, die Farbe wird heller, oder nach unten, sie wird dunkler.

18 Retuschewerkzeuge einsetzen

a. Der Kopierstempel ist das klassische Werkzeug, um Bildstellen zu kopieren und parallel an eine andere Stelle zu übertragen.
b. Der Reparaturpinsel erhält die Zeichnung und Helligkeit an der retuschierten Bildstelle.
c. Mit dem Bereichsreparatur-Pinsel erhält man bei der Retusche ebenfalls die Zeichnung und Helligkeit des retuschierten Bildbereichs. Man muss aber, anders als bei Kopierstempel und Reparaturpinsel, vorher keine Aufnahmestelle definieren. Das Werkzeug übernimmt automatisch Pixel aus der Umgebung des Retuschebereichs und ersetzt damit die zu retuschierenden Pixel.
d. Mit dem Ausbessern-Werkzeug kann man größere Bildbereiche klonen. Bei der Korrekturberechnung werden, wie beim Reparaturpinsel, Zeichnung und Helligkeit des retuschierten Bereichs erhalten.

19 Composing durchführen

Grundsätzlich müssen bei jedem Composing folgende Bildparameter beachtet werden:
• Schärfe
• Farbcharakter
• Licht und Schatten
• Perspektive
• Größenverhältnisse
• Proportionen

20 Bildgrößenänderung einstellen

• Breite und Höhe
• Auflösung
• Seitenverhältnis, Proportionen

21 Auflösung berechnen

60 L/cm x QF2 x 3 = 360 dpcm x 2,5 = 900 dpi

6.3 Grafikerstellung

1 Fotografie und Grafik unterscheiden

Eine Grafik ist nicht wie eine Fotografie ein direktes Abbild der Welt, sondern eine von Grafikern erstellte Darstellung eines Objekts oder eines Sachverhalts.

2 Kriterien zur Einteilung von Grafiken kennen

Die Einteilung der Grafiken erfolgt nach unterschiedlichen Kriterien:
• Pixel- oder Vektorgrafik
• Dimension, 2D oder 3D
• Dateiformat
• Print- oder Webgrafiken
• Bildaussage und Verwendungszweck, z.B. Icon, Infografik
• Statisch oder animiert

3 Technischen Aufbau von Pixelgrafiken kennen

Pixelgrafiken sind wie digitale Fotografien oder Scans aus einzelnen Bildelementen (Pixel) zusammengesetzt.

1049

4 Formel zur Berechnung der Dateigröße kennen

5 Formel zur Berechnung der geometrischen Bildauflösung kennen

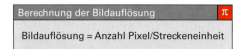

6 Bildgröße und Auflösung von Vektorgrafiken verändern

Vektorgrafiken sind durch die mathematische Beschreibung der Kurven und Attribute auflösungsunabhängig. Sie können deshalb grundsätzlich ohne technischen Qualitätsverlust skaliert werden. Die Darstellungsqualität feiner Strukturen oder Proportionen müssen wir davon unabhängig natürlich bei einer Größenänderung immer beachten.

7 Vektorgrafiken für das Internet speichern

Für die Ausgabe von Vektorgrafiken im Internet stehen die Vektordateiformate SVG und SWF zur Verfügung.

8 Code für SVG-Grafiken erstellen

SVG-Grafiken werden durch XML-Code erzeugt.

9 Editor-Kamera und Szenen-Kamera unterscheiden

In der 3D-Grafik blicken wir durch eine Kamera auf den Arbeitsbereich im Raum. Diese so genannte Editor-Kamera ist nicht die Kamera, die wir im Screen sehen. Eigentlich logisch, da wir ja die Kamera, durch die wir schauen, nicht gleichzeitig als Objekt sehen können. Die Kamera im Screen ist Teil der dargestellten Szene und kann beim Rendern als Kamera eingesetzt werden.

10 Einstellungsparameter der Szenen-Kamera nennen

- Position
- Bildausschnitt
- Brennweite
- Animation

11 Den Begriff Textur definieren

Texturen sind Bitmaps, die auf die Oberfläche eines Objekts gemapt werden.

12 Den Begriff Drahtgittermodell definieren

Durch das Aneinanderfügen von Flächen bildet sich der Körper. Die Darstellung, bei der man nur die Punkte, Kanten und Flächen der Polygone sieht, nennt man Drahtgittermodell, englisch mesh oder wireframe.

Lösungen

6.4 Bild- und Grafikausgabe

1 Farbseparation erläutern

Unter Farbseparation versteht man die Umrechnung der digitalen Bilddaten aus einem gegebenen Farbraum, z.B. RGB, in den CMYK-Farbraum des Mehrfarbendrucks.

2 Farbseparationsarten unterscheiden

a. UCR, Under Color Removal, Buntaufbau
b. GCR, Gray Component Replacement, Unbuntaufbau
c. DCS, Desktop Color Separations, ermöglicht das Speichern einer Farbseparation von CMYK- oder Mehrkanaldateien.

3 In-RIP-Separation durchführen

Bei der In-RIP-Separation wird die Bilddatei nicht im Bildverarbeitungsprogramm, sondern erst im Raster Image Processor (RIP) separiert. Die Separation erfolgt entweder durch UCR- bzw. GCR-Einstellungen in der RIP-Software oder über ICC-Profile.

4 Überfüllung durchführen

Die Prozessfarben eines Bildes werden in den konventionellen Druckverfahren, wie Offset- oder Tiefdruck, von einzelnen Druckformen nacheinander auf den Bedruckstoff übertragen. Nebeneinanderliegende Farbflächen müssen deshalb über- bzw. unterfüllt sein, damit keine Blitzer, d.h. weiße Kanten, entstehen.

5 Echte und unechte Halbtöne kennen

a. Bei echten Halbtönen variiert die Farbschichtdicke zur Darstellung verschiedener Helligkeiten.
b. Bei unechten Halbtönen variiert nicht die Farbschichtdicke zur Darstellung verschiedener Helligkeiten, sondern nur die Fläche oder die Zahl der Rasterelemente.

6 AM- und FM-Rasterung erläutern

a. AM heißt amplitudenmoduliert. Alle AM-Rasterungen sind durch die folgenden drei Merkmale gekennzeichnet: Die Mittelpunkte der Rasterelemente sind immer gleichabständig. Die Fläche der Rasterelemente variiert je nach Tonwert. Die Farbschichtdicke ist grundsätzlich in allen Tonwerten gleich.
b. Die frequenzmodulierte Rasterung (FM) stellt unterschiedliche Tonwerte ebenfalls durch die Flächendeckung dar. Es wird dabei aber nicht die Größe eines Rasterpunktes variiert, sondern die Zahl der Rasterpunkte, also die Frequenz der Punkte (Dots) im Basisquadrat.

7 Hybridrasterung erklären

Die Hybridrasterung vereinigt die Prinzipien der amplitudenmodulierten Rasterung mit denen der frequenzmodulierten Rasterung.

Grundlage der Hybridrasterung ist die konventionelle amplitudenmodulierte Rasterung. In den Lichtern und in den Tiefen des Druckbildes wechselt das Verfahren dann zur frequenzmodulierten Rasterung. Jeder Druckprozess hat eine minimale Punktgröße, die noch stabil gedruckt werden kann. Diese Punktgröße, die in den Lichtern noch druckt und in den Tiefen noch offen bleibt, ist die Grenzgröße für AM und FM. Um hellere Tonwerte drucken zu können, wird dieser kleinste Punkt nicht noch weiter verkleinert, sondern die Zahl der Rasterpunkte wird verringert. Dadurch verkleinert sich der Anteil der bedruckten Fläche, die Lichter werden heller. In den Tiefen des Bildes wird dieses Prinzip umgekehrt. Es werden also offene Punkte geschlossen und somit ein höherer Prozentwert erreicht. Im Bereich der Mitteltöne wird konventionell amplitudenmoduliert gerastert.

8 Rasterwinkelung im Farbdruck festlegen

Bei Rastern mit Hauptachse muss die Winkeldifferenz zwischen Cyan, Magenta und Schwarz 60° betragen. Gelb muss einen Abstand von 15° zur nächsten Farbe haben. Die Winkelung der zeichnenden, dominanten Farbe sollte 45° oder 135° betragen, z. B. C 75°, M 45°, Y 0°, K 15°.

9 Bilddateiformate im Internet kennen

GIF, JPEG und PNG

10 Bilddateiformate im Internet auswählen

a. GIF und PNG
b. JPEG und PNG

11 Komprimierungsverfahren kennen

a. Verlustbehaftet, z. B. JPEG
b. Verlustfrei, z. B. LZW

12 LZW kennen

LZW steht für die Anfangsbuchstaben der Nachnamen der drei Entwickler dieses Komprimierungsverfahrens, Lempel, Ziv und Welch.

13 Lauflängencodierung erklären

RLE, Run Length Coding oder auf Deutsch die Lauflängencodierung, ist das einfachste verlustfreie Kompressionsverfahren. Bei der Lauflängencodierung wird nicht jedes einzelne Pixel gespeichert, sondern gleichfarbige Pixel in einer Bildzeile werden zusammengefasst. Es wird lediglich die Anzahl der Pixel und deren gemeinsamer Farbwert gespeichert.

12.2.7 7 PDF

Lösungen

7.1 PDF-Erstellung

1 PDF kennen

Portable Document Format

2 Acrobat-Familie vorstellene

a. Der Acrobat Reader erlaubt nur die Betrachtung und meist auch den Ausdruck von PDF-Dokumenten.
b. Mit dem Acrobat können PDF-Dokumente bearbeitet, editiert und z. B. Zugriffsrechte vergeben werden.
c. Der Distiller ist das professionelle Programm zur Erstellung von PDF-Dokumenten aus PostScript-Dateien. Die vielfältigen Einstellungsoptionen ermöglichen eine auf den jeweiligen Anwendungsbereich optimierte Konvertierung.

3 Neues PDF erstellen

Unter Menü *Datei > PDF erstellen* kann man ein neues leeres Dokument erstellen. Grundsätzlich ist Acrobat aber ein Programm zur Bearbeitung bestehender Dateien.

4 PostScript kennen

- Geometrische Basiselemente
- Schrift
- Pixelbilder

5 PostScript kennen

- PostScript ist eine Programmier- bzw. Seitenbeschreibungssprache.

- Die Dateistruktur ist unabhängig von Ausgabegerät, Auflösung und Betriebssystem.
- In PostScript gibt es verschiedene Dialekte und Strukturen.
- Es werden keine sichtbaren Dateiinhalte erzeugt.
- Die Dateien selbst können nicht editiert werden, sondern nur der PostScript-Code.

6 RIP-Vorgang beschreiben

a. Die PostScript-Datei wird analysiert. Kontrollstrukturen, Angaben über Transparenzen oder Verläufe werden zu Anweisungen für die Erstellung der Display-Liste.
b. Die PostScript-Programmanweisungen werden in ein objektorientiertes Datenformat umgerechnet.
c. Beim Rendern wird aus der Display-Liste eine Bytemap erstellt. Alle Objekte der Seite werden in Pixel umgewandelt. Dabei wird die Pixelgröße an die spätere Ausgabeauflösung angepasst.
d. Die Bytemap wird in diesem letzten Schritt in eine Bitmap umgerechnet. Aus den Halbtonpixeln werden entsprechend der gewählten Rasterkonfiguration frequenz- oder amplitudenmodulierte Rasterpunkte.

7 PDF-Rahmen kennen

- Endformat-Rahmen (Trim-Box)
- Anschnitt-Rahmen (Bleed-Box)
- Objekt-Rahmen (Art-Box)
- Beschnitt-Rahmen (Crop-Box)

8 PDF-Rahmen unterscheiden

Der Anschnitt-Rahmen liegt zwischen Endformat-Rahmen und Medien-Rahmen. Er definiert bei angeschnittenen randabfallenden Elementen den Anschnitt. Beim Ausdruck einer DIN-A5-Seite auf einem A4-Drucker wäre also der Medien-Rahmen DIN A4 und der Endformat-Rahmen DIN A5. Der Anschnitt-Rahmen wäre an allen vier Seiten 3 mm größer als DIN A5. Alle Hilfszeichen wie z. B. Passkreuze liegen außerhalb des Anschnitt-Rahmens im Medien-Rahmen.

9 PDF/X-3 erläutern

Eine PDF/X-3-Datei ist eine normale PDF-Datei, die aber bestimmten Vorgaben entspricht. Das X steht für eXchange = Austausch. Die standardisierte Erstellung soll den problemlosen Austausch der PDF-Dateien zwischen den Stationen des Workflows garantieren.

10 PDF/X-3 kennen

PDF-/X-3 wurde gemeinsam von der ECI, European Color Initiative, und dem bvdm, Bundesverband Druck und Medien, entwickelt.

11 PDF/X-3-Vorgaben benennen

- PDF-Version 1.3
- Die PDF/X-3-Datei muss alle benötigten Ressourcen enthalten. Sie darf nicht auf die Ressourcen des Rechners zurückgreifen.
- Die Bildauflösung muss für die Ausgabe ausreichend hoch sein.
- LZW-Komprimierung ist nicht zulässig.

- Transferfunktionen dürfen nicht enthalten sein.
- Die Seitenboxen müssen definiert sein.
- Rastereinstellungen sind erlaubt, aber nicht zwingend.
- Es muss ein Output-Intent definiert sein.
- RGB-Farben nur mit Farbprofil
- Der Überfüllungsschlüssel muss gesetzt sein.
- Kommentare sind nur außerhalb des Anschnitt-Rahmens zulässig.
- Die Datei darf keine Transparenzen enthalten.
- Schriften müssen eingebettet sein.
- Keine OPI-Kommentare, die Bilder müssen in der Datei sein.
- JavaScript, Hyperlinks usw. sind nicht zulässig.
- Nur Composite, keine vorseparierten Dateien
- Verschlüsselung ist unzulässig.
- Die Namenskonvention sollte „name_x3.pdf" sein.

12 Distiller-Settings einstellen

a. Settings sind Voreinstellungen zur Erzeugung spezieller PDF-Dateien.
b. Menü *Voreinstellungen> Adobe PDF-Einstellungen bearbeiten...*

13 Schrift im Distiller einstellen

Wenn sich eine Schrift nicht einbetten lässt, erhalten Sie mit dieser Option trotzdem ein PDF.

14 Papierformat im Distiller einstellen

508 cm x 508 cm

15 Überwachte Ordner einrichten

Mit überwachten Ordnern kann die PDF-Erstellung automatisiert werden. Jeder In-Ordner erhält ein eigenes Setting. Nach dem Distillern wird die PDF-Datei automatisch in den zugehörigen Out-Ordner gelegt.

16 Bilder-Neuberechnung festlegen

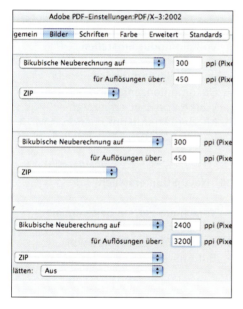

17 PDF/X-3-Kompatibilitätsbericht beurteilen

Nach der PDF-Konvertierung zeigt der Distiller, ob die Konvertierung gelungen ist und sie dem PDF/X-3-Standard entspricht. Der Bericht enthält auch alle Hinweise auf Fehler, die auf dieser Basis dann korrigiert werden können.

18 PDF/X-3-Kompatibilität einstellen

„Auftrag abbrechen" garantiert, dass nur eine PDF/X-3-Datei distilliert wird. Wenn Sie die Option auf „Fortfahren" stellen, dann wird die PDF-Datei trotzdem erstellt und Sie können anschließend im Protokoll nachlesen, warum die Datei keine PDF/X-3-Datei ist, und ggf. Abhilfe schaffen.

7.2 PDF-Bearbeitung

1 Preflight erläutern

Preflight ist die Überprüfung der Datei auf Fehler, die bei der Generierung entstanden sind oder schon aus den vorherigen Applikationen mitgebracht wurden.

2 Überdrucken einstellen

Überdrucken bedeutet, dass bei zwei übereinanderliegenden Objekten das untere bei der Belichtung nicht im überlappenden Bereich entfernt wird, sondern auf der entsprechenden Druckform druckt.

3 Druckfarbenverwaltung erläutern

Das Dialogfeld zeigt das Ausgabeprofil und die Druckfarben der Datei einschließlich Sonderfarben. Mit den Optionen „Schwarze Druckfarbe simulieren" und „Papierfarbe simulieren" kann man sich auf dem kalibrierten und profilierten Monitor einen Softproof anzeigen lassen. Die Informationen über die Separation und die Papierfarbe wird von Acrobat dem ausgewählten ICC-Profil entnommen. Über den Button „Druckfarbenverwaltung" kommt man zur detaillierteren Anzeige der Druckfarbenliste. Dort bekommt man auch Informationen über die Farbdichte und kann die Dichtewerte bei Bedarf modifizieren. Die Option „Alle Volltonfarben in CMYK-Farben konvertieren" separiert alle Sonderfarben. Es drucken dann nur noch die vier Skalenfarben Cyan, Magenta, Gelb und Schwarz.

4 Sonderfarben konvertieren

Ja

5 Überfüllen einstellen

Ja

6 Überfüllen erläutern

a. Überfüllen ist notwendig, um bei Passerdifferenzen im Mehrfarbendruck die Blitzer zu verhindern.
b. Die Überfüllungsoption „Neutrale Dichte" analysiert die Farbdichte der einzelnen Druckfarben und überfüllt dann nach dem Grundsatz „hell unter dunkel", d. h., die Farbfläche mit der höheren Dichte wird von der angrenzenden Farbfläche mit der geringeren Dichte überfüllt.

7 Haarlinien korrigieren

a. Eine Haarlinie ist definiert als die dünnste auf einem Ausgabegerät technisch mögliche Linie.
b. Ein hochauflösender Belichter produ-

ziert eine so hochfeine Linie, die nicht mehr stabil verarbeitbar wäre.

8 Texte bearbeiten

a. TouchUp-Textwerkzeug
b. Schriftgröße
Schriftfarbe
Abstände
Grundlinienversatz
Geringe inhaltliche Textänderungen

9 Vollbildmodus einstellen

a. Im Vollbildmodus wird nur die Dokumentenseite ohne Acrobat-Werkzeuge usw. angezeigt.
b. Mit der Tastaturkombination „CMD + L" bzw. „STRG + L"

10 Navigation erstellen

- Vorschaubilder im Seitenfenster
- Lesezeichen
- Verknüpfungen/Hyperlinks
- Buttons

11 Formulare konzipieren

- Textfeld
- Schaltfläche
- Optionsfeld
- Kontrollkästchen
- Listenfeld

12.2.8 8 Database Publishing

Lösungen

8.1 XML

1 XML – Begriffserklärung

XML bedeutet „Extensible Markup Language".

2 XML – Sprachfamilie

XML 1.0, XML Namespace, XML-Informations-Set (Info-Set).
XSL mit XML Path Language (XPath), XSL Transformation (XSLT) , XSL Formatting Objects, XLink, XPointer.

3 XML-Editor – Erklären Sie

Ein XML-Editor ist ein Computerprogramm zum Editieren von XML-Dokumenten. Neben der bei normalen Texteditoren möglichen Eingabe von Klartext haben XML-Editoren besondere Fähigkeiten, die den Benutzer bei der Eingabe von XML-Daten unterstützen. Vor allem der korrekte Aufbau eines XML-Dokuments, die dazugehörige DTD oder das XML-Schema werden überprüft.

4 XML-Eigenschaften beschreiben

XML ist die strukturierte Beschreibung von Inhalten. Eine XML-Datei enthält keinerlei Information darüber, wie sie typografisch dargestellt werden soll. Dadurch kann eine XML-Datei für die unterschiedlichsten Medien ohne großen Aufwand aufbereitet und dargestellt werden.

5 XML-Prolog – Erklären Sie

Prolog: <?xml version="1.0"?>

6 XML-Tags – Erklären Sie

- Das Tag muss in Kleinbuchstaben geschrieben werden.
- Das Tag wird durch ein Fragezeichen eingeleitet und durch ein Fragezeichen beendet.
- Das Attribut version="1.0" legt die Version des XML-Codes definitiv fest.
- Das Ende einer XML-Seite wird nicht durch ein End-Tag abgeschlossen. Das gibt es, anders als bei HTML, nicht.

7 Merkmale beschreiben

Der Unterschied zwischen einem wohlgeformten und einem gültigen XML-Dokument ist auf Seite 448 dargestellt.

8 DB-Merkmale beschreiben

Elementcontainer für Datenbank:

```
<Kontakt>
 <Nachname>Mayer</Nachname>
 <Vorname>Heinz Otto</Vorname>
 <Beruf>Mediengestalter</Beruf>
 <Strasse>Springer Straße 2</Strasse>
 <PLZ>27254</PLZ>
 <Ort>Heidelburg</Ort>
 <Telefon>04321-09876</Telefon>
</Kontakt>
```

Siehe auch Seite 450ff.

9 XML-Datei in Layoutprogramm erstellen, exportieren/importieren

Zur Bearbeitung dieser Aufgabe benötigen Sie ein Layoutprogramm. Erstel-

1057

len Sie Ihre persönliche Visitenkarte in einem Layoutprogramm und erzeugen Sie daraus durch den XML-Export eine XML-Datei. Ändern Sie alle personenbezogenen Daten dieser XML-Datei und importieren Sie diese in Ihr Layout entsprechend den Vorgaben in Kapitel 8.1.3 Seite 454ff. Bei Problemen verwenden Sie bitte die Programmhilfe.

10 Bildimport/-export beschreiben

Zur Bearbeitung dieser Aufgabe benötigen Sie ein Layoutprogramm. Versuchen Sie den Ablauf des Bildimports/-exports mit eigenen Bildern entsprechend den Vorgaben in Kapitel 8.1.4 Seite 463ff nachzustellen. Bei Problemen verwenden Sie bitte die Programmhilfe.

11 Katalogerstellung durchführen

Für die Durchführung dieser Aufgabe benötigen Sie folgende Programme:
a. XAMP oder
b. MAMP
c. XML-Editor
d. Layoutprogramm
Die Programme für die Punkte a) bis c) sind als Open-Source-Software erhältlich und können kostenlos installiert werden. Bei Problemen verwenden Sie bitte die verschiedenen insgesamt guten Programmhilfen.

8.2 Web-to-Print

1 Fachbegriff definieren

Web-to-Print ist eine Prozesskette, die die Erzeugung von Druckvorlagen mittels Internet-Server durchführt. Dabei müssen neben den gestalterischen und technischen Abläufen auch alle notwendigen kaufmännischen Prozesse abgewickelt werden, die für die Lieferung und Bezahlung erforderlich sind.

2 Auftragsstruktur beschreiben

Folgende WtP-Drucksachen:
- Standardisierte Werbedrucksachen
- Bürokommunikationsdrucksachen
- Personalisierte Drucksachen
- Handbücher
- Technische Dokumentationen
- Kataloge, Bücher, Fotobücher
- Direct Mailings
- Gebrauchsartikel (z. B. T-Shirts, ...)

3 Web-to-Print-Template erklären

Bei diesen Mustervorlagen-Dateien werden einzelne variable Elemente mit Rechten und Eigenschaften ausgestattet, damit diese nach dem Aufruf durch den Nutzer individuell modifiziert werden können. Eine Designänderung ist in der Regel nicht möglich, der Internetnutzer befüllt die Templates.

4 Prozessabläufe skizzieren und beschreiben

Skizze und Beschreibung zur Lösung finden Sie auf Seite 481ff.

Lösungen

5 Fachbegriffe erklären

Closed Shop – der Online-Shop wird durch ein Kennwort geschützt. Ein offener Online-Shop kann ohne Identifizierung vom Endanwender betreten und genutzt werden.

6 Prozessabläufe skizzieren und beschreiben

Skizze und Beschreibung zur Lösung finden Sie auf Seite 481.

7 Web-to-Print-Shop besuchen

Web-to-Print-Shop „googeln".

8 Aufruf des Bezahlsystems benennen

Mit dem Button „AGB akzeptieren" wird üblicherweise das Bezahlsystem eines Shops aufgerufen.

9 InDesign-Server-Konzept beschreiben

InDesign Server ist eine Technologieplattform, die es erlaubt, die grafischen Möglichkeiten von InDesign auf eine Serverumgebung so anzupassen, dass automatisierte Prozesse aus dem Web gesteuert werden können. Über die Programmierschnittstelle „Run-Script" können Eigenanwendungen oder fertige Lösungen wie Web-to-Print angebunden werden.

10 Informieren über iBrams

Siehe: www.ibrams.de

8.3 Personalisierung

1 1:1-Marketing beschreiben

1:1-Marketing, auch als One-to-one-Marketing bezeichnet, bedeutet, dass die Marketingaktivitäten eines Unternehmens ganz individuell auf jeden Kunden maßgeschneidert werden. Dazu wird der variable Datendruck genutzt, der mit Digitaldruckmaschinen durchgeführt werden kann.

2 Responsequote erklären

Responsequote ist die Reaktions- und Antworthäufigkeit und wird auch als prozentuale Rücklaufquote bei Marketingaktionen bezeichnet.

3 Responsequote erklären

Eine hohe Responsequote ist von folgenden Faktoren abhängig:
- Adressqualität der Datenbank, also Fehlerfreiheit der Datensätze
- Grafische Gestaltung
- Zielgruppengenaue Datenbankauswahl
- Textgestaltung
- Zielgruppenansprache
- Attraktivität und Anmutung des Angebotes
- Geeignete Bildauswahl und -aufbereitung
- Preis des Angebotes

4 Personalisierung beschreiben

Personalisierung bedeutet den Austausch von Textfeldern mit variablen, in

1059

der Regel personenbezogenen Adress-daten in einem Serienbrief.

5 Variablen Datendruck beschreiben

Variabler Datendruck tauscht innerhalb eines Dokumentes Text- und Bilddaten in entsprechenden Text- und Bildrahmen aus. Dazu ist eine höherwertige Software erforderlich, die über die reine Textverarbeitung hinausgeht.

6 Datenbankanforderung definieren

Die Datenbank muss der ersten Nor-malform entsprechen, damit die Daten gut strukturiert aus den einzelnen Fel-dern herausgelesen werden können. Die Abbildung „Excel-Datentabelle 2" auf Seite 495 zeigt Ihnen eine solche Tabelle.

7 Personalisierung durchführen

Die Aufgabe ist nur mit den Program-men „MS Word" oder dem „OpenOffice Writer" zu lösen.

8 Variable Drucksachen gestalten und planen

- Datenbank normalisieren
- Bildordner mit Bildern anlegen. Alle Bilder sind technisch gleichartig aufzubereiten hinsichtlich Auflösung, Breite x Höhe, Namensstruktur usw.
- Für alle Bilder sind die Positionie-rungsvorgaben festzulegen.
- Masterdokument mit den variablen Text- und Bildfeldern planen. Dabei sind Bild- und Textanforderungen zu beachten.

9 Datenbanknormalisierung für die erste Normalform beschreiben

Eine Tabelle befindet sich dann in der ersten Normalform, wenn jedes Daten-feld nur einen Eintrag enthält.

10 Textfeldanforderungen beschreiben

a. Der Text ist unvollständig, es fehlen zum Textende hin Buchstaben.
b. Das Textfeld muss auf die maximale Buchstabenanzahl eines Auftrages vergrößert oder die Textmenge für das Feld muss reduziert werden. In der Eingabemaske eines Datenbank-systems kann die maximale Buchsta-benmenge für ein Textfeld definiert werden. Dies muss eventuell ange-passt werden.

8.4 eBooks

1 Grundlegende Fachbegriffe erklären

ePaper, eInk, Fiction-Book oder eBook stehen für einen längerfristigen Ent-wicklungsprozess, der zu elektronischen Lesegeräten mit unterschiedlichen technischen Gegebenheiten geführt hat, die teilweise noch nicht so komfortabel sind, dass das Lesen größerer Text-mengen den Endverbrauchern wirklich Lesevergnügen bereitet.

2 Dateiformate für eBooks kennen

Die beiden wichtigsten Formate sind das „PDF-Format" und das „ePub-Format".

Lösungen

3 Vorteile von Dateiformaten kennen

Das PDF-Format wird überwiegend als Fachbuchformat für den PC betrachtet, da dieses Format bei der Darstellung komplexer Bilder und Grafiken besonders vorteilhaft ist. Das Erstellen des Formates ist Allgemeingut und kann von vielen Herstellern aufbereitet werden. Das Format ist weltweit üblich, die dazu notwendigen Reader lassen sich problemlos installieren.

4 Nachteile von Dateiformaten kennen

Eine Reihe von Lesegeräten kann PDF-Daten nicht darstellen, sondern nur eigene oder andere Formate. Dies schränkt die Nutzung von PDF-Dokumenten für eine Reihe von Lesegeräten ein.

5 Vorteile von Dateiformaten kennen

Das ePUB-Format wurde 2007 entwickelt und wird von einer Vielzahl von Verlagen, Lesegeräte- und Softwareherstellern unterstützt. Das Format (.epub) basiert auf dem Standard XML und ist als offene Spezifikation des International Digital Publishing Forum erhältlich.

eBooks im ePUB-Format können unter anderem mit der kostenlos erhältlichen Software Adobe Digital Editions auf PC und Mac gelesen werden.

6 Probleme des Kopierschutzes für eBooks beschreiben

Viele eBooks oder ePaper sind nicht frei erhältlich, sondern werden als Leseprodukt verkauft oder verliehen. Daher spielt der Kopierschutz und die damit verbundene Problematik des digitalen Rechtemanagements eine bedeutende Rolle. Hierfür gibt es bekannte DRM-Modelle. So ist z.B. das Digital-Rights-Management-System (DRM) von Apple ein leistungsfähiges, im Musikmarkt bewährtes DRM-System, das in ähnlicher Form bei eBooks genutzt wird. Digital Rights Management hat als Aufgabe, Rechte an einem eBook zu definieren und sie für jeden an- bzw. verwendbar zu machen, d.h., ein mit DRM versehenes eBook kann Rechte gewähren wie z.B. das Kopieren auf einen anderen Rechner oder das Drucken bestimmter Seiten. Viele Leser betrachten DRM-Systeme als Einschränkung ihres Nutzungsrechtes an einem erworbenen Produkt. Hier werden sicherlich noch Veränderungen auf die Nutzer zukommen.

7 Aktuelle Angebotssituation für eBooks kennen

Eine Internetrecherche gibt Ihnen einen aktuellen Überblick über den eBook-Markt.

8 Onlineplattformen für eBooks in Deutschland beschreiben

Eine beispielhafte Auswahl:
- www.ciando.com
- www.thalia.de
- www.e-book-handel.de
- www.bol.de
- www.amazon.de

9 Software zur Herstellung von eBooks kennen

Adobe InDesign CS – Export als ePUB
QuarkXPress – Export als ePUB
Calibre – Editor und Konverter für alle üblichen Formate
sigil – Editor für eBooks im ePub-Format

10 Softwareunterschiede beschreiben

Adobe Digital Editions ist ein schlankes Anzeigeprogramm für Mac und Windows, das für einen ganz bestimmten Zweck entwickelt wurde: Es erweitert die eBook-Funktionalität der früheren Versionen von Adobe Reader und Adobe Acrobat und stellt Anwendern eine übersichtliche und intuitive Leseumgebung zur Verfügung. Adobe Reader und Adobe Acrobat sind computerbasierte Anzeige- bzw. Arbeitsprogramme, die nicht zur Verwendung auf eBooks konzipiert wurden.

11 Gestaltungsregeln für eBooks benennen

- Verwenden Sie gut lesbare Bildschirmschriften.
- Die Satzbreite muss auf gängige Monitorgrößen angepasst werden.
- Achten Sie auf hellen Schrifthintergrund mit gutem Lesekontrast.
- Erstellen Sie eine klare und logische Lesestruktur mit einer guten Suchfunktionalität.

12 Den Begriff „DRM" definieren

Der Begriff „Digital Rights Management (DRM)" bezeichnet alle technischen Maßnahmen zu einer digitalen Rechteverwaltung, die für die Einhaltung von Urheberrechten sorgen sollen. Rechteinhaber können über solche Systeme festlegen, was die registrierten Endanwender, also die Käufer, mit den erworbenen Dateien anstellen können. Dies bezieht sich zumeist auf das Kopieren, also die Weitergabe von Dateien an andere Rechner, und die eventuell mögliche Druckausgabe.

12.2.9 9 Drucktechnik

Lösungen

9.1 Konventioneller Druck

1 Druckprinzipe kennen und zuordnen

flach - flach: Historischer Buchdruck
flach - rund: Hochdruck/Flachdruck
rund - rund: Offset-/Tief-/Flexodruck

2 Fachbegriffe nennen und erläutern

a. Druckverfahren mit konventionell eingefärbter Druckform und mechanischer Druckbildübertragung auf den Bedruckstoff.
b. Berührungslose Informationsübertragung ohne statische Druckform. Das Druckbild wird durch elektronisch gesteuerte Prozesse auf den Bedruckstoff übertragen. Dabei spielen Druckkräfte keine oder eine sehr geringe Rolle.

3 Druckgeschichte kennen und Zusammenhänge richtig einordnen

Johannes Gutenberg – um 1397 in Mainz geboren, 1468 dort gestorben. Erfinder, besser Entwickler des Schriftgusses, des Satzes mit beweglichen Lettern und des dazugehörenden Druckens von diesen Lettern auf den Bedruckstoff Papier.

4 Erkennungsmerkmale wissen und anwenden

• Hochdruck:
  Quetschrand, Schattierung auf der Rückseite des Druckbogens, ungleichmäßige Rasterpunktdeckung.

• Tiefdruck:
  Sägezahneffekt bei feinen Linien und Schriften, echte Halbtöne, erkennbare Näpfchenformen.
• Offsetdruck:
  Gleichmäßige Deckung aller Bild- und Schriftelemente, Schrift kann an den Rändern leicht ausgefranst sein. Gut gedeckte Vollflächen, Spitzlichter, also feinste Rasterpunkte in den hellsten Bildstellen, fehlen.
• Durchdruck/Siebdruck:
  Kräftiger, matter bis glänzender, reliefartiger Farbauftrag, der deutlich stärker ist als bei anderen Druckverfahren. Farbauftrag kann, je nach Siebdicke und Farbe, fühlbar sein. Gleichmäßige Deckung der Flächen. An den Rändern kann die Siebstruktur erkennbar sein.

5 Technische Merkmale des Flexodrucks darstellen

Schematische Darstellung Flexodruck siehe Seite 553. Beachten Sie dabei die Erklärungen zur Verfahrenstechnik, die sich auf dieser Seite befinden.

6 Flexodruckformen erklären

Aufbau der Flexodruckform von oben nach unten:
• Schutzfolie
• Substrat- oder Laserschicht
• Reliefschicht
• Trägerfolie
Sleevetechnologie:
Zur genaueren Erklärung der grundlegenden Funktionsweise der Sleeve-Technologie lesen Sie bitte die Seite 556 im Kapitel Druckformherstellung mit

1063

den dazugehörenden schematischen Darstellungen. Die Sleeve-Technik wird sowohl im Flexodruck wie auch im Tiefdruck verwendet.

7 Prinzip des Tiefdruckverfahrens erläutern

Dünnflüssige Tiefdruckfarbe und Rakel sind die charakteristischen Merkmale des modernen Tiefdruckverfahrens. Die Druckform dafür muss so beschaffen sein, dass in unterschiedlich tiefen Näpfchen die Farbe gehalten wird und dass die Rasterstege, die diese Vertiefungen begrenzen, eine Auflage für das Rakel bilden können, damit nicht zu viel Farbe aus den Näpfchen herausgenommen wird. Das Rakel sorgt dafür, dass überflüssige Farbe von den unterschiedlich tiefen Näpfchen abgestreift wird, dadurch gelangt immer die gleiche Farbmenge auf den Bedruckstoff. Der grundsätzliche Aufbau einer Tiefdruckform ist auf Seite 562 dargestellt.

8 Tiefdruck-Druckwerk kennen und darstellen

Die Darstellung des Aufbaus eines Tiefdruck-Druckwerkes mit Formzylinder, Rakel, Druckpresseur und Farbwanne ist auf Seite 566 zu finden.

9 Anwendungsbereiche des Tiefdrucks wissen und nennen

Illustrierte, Zeitschriften, Kataloge, Werbebeilagen, Dekordrucke, Tapeten, Verpackungen, Furniere, Folien – Drucksachen mit hohen Auflagen über 100.000 Stück. Durch die teure und

zeitaufwändige Druckformherstellung lohnt sich der Einsatz des Tiefdrucks erst ab einer Auflage von ca. 100.000 Druck und mehr.

10 Fachbegriffe des Tiefdrucks erklären

a. Träger des Steg-Näpfchen-Systems
b. Arbeitet nach dem Druckprinzip rund – rund. Verdruckt endlose Papierbahnen, die nach dem Druck geschnitten, gefalzt und ausgelegt werden. Tiefdruckrollenmaschinen weisen eine Trocknungseinrichtung auf, um die bedruckte Papierbahn vor der Ausgabeverarbeitung zu trocknen. Ausgelegt werden die Fertigprodukte i. d. R. paketweise, aufbereitet und verpackt für den Versand.

11 Kennzeichen des Offsetdrucks wissen und beschreiben

a. Druckprinzip rund – rund
b. Hohe Druckgeschwindigkeiten sind möglich durch das Zusammenwirken von harter Metalldruckform und weichem (elastischem) Gummituch.
c. Indirektes Druckverfahren, da über ein elastisches Gummituch gedruckt wird. Dadurch können auch Bedruckstoffe mit rauer Oberfläche bedruckt werden.

12 Begriffe des Offsetdrucks nennen

a. Seite 587 ist das Druckwerksprinzip mit Platten-, Gummi- und Gegendruckzylinder schematisch dargestellt.
b. Die optimalen Bedingungen für den Druck und die anschließende Trocknung sind dann vorhanden, wenn

der pH-Wert zwischen pH 5,5 und 6,5 im leicht sauren Bereich liegt. Innerhalb dieses Bereiches muss der pH-Wert noch auf den pH-Wert des verwendeten Papiers abgestimmt werden.

c. Die Fachbegriffe „Tonwertzunahme" oder „Punktzuwachs" bezeichnen den Unterschied zwischen der Rasterpunktgröße auf dem Endfilm bzw. bei CtP in der Druckdatei und der Größe des Rasterpunktes auf dem Druckergebnis. Die so genannte „mechanische Punktverbreiterung" in der Druckmaschine führt zu einer Tonwertzunahme. In der Bildreproduktion muss dieser Punktverbreiterung oder Tonwertzunahme entgegengewirkt werden.

13 Kopierverfahren kennen und benennen

- Negativkopie = Lichthärtendes Verfahren. Die durch das Licht gehärtete Schicht bildet die druckenden Elemente.
- Positivkopie = Lichtzersetzendes Verfahren. Die durch das Licht zersetzten Stellen werden löslich. Die unbelichteten Stellen bilden die druckenden Elemente.

14 Den Begriff ICC-Profil kennen und beschreiben

ICC-Profil ist ein genormter Datensatz, der den Farbraum eines Farbeingabe- oder Farbwiedergabegeräts, z. B. Monitor, Drucker oder Scanner, beschreibt. Jedem ICC-Profil ist eine spezifische Tonwertzunahme zugeordnet, die abhängig vom verwendeten Bedruckstoff ist.

15 Druckplattentypen und deren Verwendung nennen

a. Auflage bis 350.000 Druck, Akzidenz- und Zeitungsdruck, hohe Qualität, für FM-Raster geeignet, kein UV-Druck.
b. Zeitungsdruck, Akzidenzdruck mittlere Qualität, da geringere Auflösung als bei a.
c. Hohe Auflösung, ermöglicht Qualitätsdrucke in Auflagen mit 1 Million und höher, FM-Raster möglich.
d. Hohe Auflösung, FM-Raster möglich, Druckbild mit hohem Kontrast, Platte in der Oberfläche sehr empfindlich. Für Bogen- und Rollendruck geeignet.

16 Druckformoberflächen beschreiben

Lösungsskizzen siehe Seite 580 im Bild Oberflächenstrukturen verschiedener Aluminiumdruckplatten.

17 Direct-Imaging-Verfahren kennen und erläutern

Direct Imaging = Computer-to-Plate-on-Press. Die Bebilderung der Druckform erfolgt direkt in der Druckmaschine, z. B. Heidelberg QuickMaster DI.

18 Belichterprinzipien unterscheiden

a. Flachbettbelichter
b. Innentrommelbelichter
c. Außentrommelbelichter

19 Lichtquellen von Belichtern nennen

- Rotlichtlaser
- UV-Licht
- Laserdioden

- Nd:YAG-Laser
- Violett-Laserdioden
- IR-Laser u. a.

20 Tiefdruckformen unterscheiden

Lösung siehe Seite 565 in der „Abbildung Tiefdruckformen".

21 Elektromechanische Gravur beschreiben

Lösung siehe Seite 564 in der Abbildung „Elektromechanische Zylindergravur".

22 Flexodruckformen beschreiben

Gummi-, Kunststoff- oder elastische Fotopolymer-Druckplatten werden als so genannte Flexodruckplatte oder als Sleeve-Druckform eingesetzt.

23 Formherstellung des Siebdrucks wissen

Konventionelle Formherstellung wird manuell durchgeführt, die digitale Formherstellung nach dem CtS-Prinzip.

9.2 Digitaler Druck

1 Digitale Drucksysteme beschreiben

Digitale Drucksysteme können bei jeder Zylinderumdrehung ein geändertes oder neues Druckbild erstellen und auf einen Bedruckstoff ausgeben.

2 Fachbegriffe erklären

a. Bebilderung der Druckform in der Maschine (Direct Imaging)
b. Variable Bebilderung mit Fest- oder Flüssigtoner
c. Direkter Druck auf den Bedruckstoff ohne Druckform
d. Direkter Druck auf den Bedruckstoff mittels thermosensitiver Schicht
e. Zumeist flächiger Inkjet-Druck auf Fotopapier

3 Tonersysteme für den Digitaldruck beschreiben

Elektrofotografischer Druck mit Festtoner oder Flüssigtoner.

4 Fachbegriffe erläutern

a. Druck eines vollständigen Exemplars, danach des zweiten, des dritten Exemplars usw.
b. Herstellen von Drucksachen mit Hilfe einer Datenbank. Jedes Exemplar erhält eine individuelle Ausprägung.
c. Druck auf Abruf, auf Bestellung.

5 Merkmale des Digitaldrucks zusammenfassen

Auflagenhöhe 1, Drucken nach Bedarf, sequenzielles Drucken, Datenbankanwendung, digitale Drucktechnologie, dynamischer Druckzylinder, Personalisierung, Großformatdruck usw.

6 Digitaldrucktechnik darstellen

Siehe Seite 640, Abbildung „The Six Steps".

Lösungen

7 Inkjet-Drucksysteme beschreiben

a. Kontinuierlicher Tintenstrom, Tinte wird durch Elektroden vom Bedruckstoff weggelenkt, wenn kein Druck erfolgen soll.
b. Es wird nur Tinte durch den Druckkopf gelenkt, wenn ein Druckpunkt gesetzt werden muss.
c. Die Tintenübertragung erfolgt durch Hitze, Blasenentwicklung und Druck auf den Bedruckstoff. Langsames und teures Druckverfahren.
d. Tintenübertragung wird durch Piezokristall gesteuert. Schnelles Drop-on-Demand-Verfahren.

8 Inkjet-Drucksysteme beschreiben

- Vorteile: Anschlagfreier Druck, kein mechanischer Kontakt zum Bedruckstoff, großer Farbumfang möglich.
- Nachteile: Z.T. langsam, verlaufende Tinten, Lichtechtheit zum Teil niedrig.

9 Thermografische Drucksysteme darstellen

- Vorteil: Hochwertige Drucke, Proofs
- Nachteile: Langsam, teuer

10 Digitaldruckweiterverarbeitung beschreiben

a. Ein Digitaldruckbetrieb führt die Weiterverarbeitung in Eigenregie durch (Inhouse-Verarbeitung).
b. Die Weiterverarbeitung wird direkt an die Ausgabeseite einer Digitaldruckmaschine angeschlossen (Inline-Verarbeitung).
c. Weiterverarbeitung erfolgt in Buchbinderei (Offline-Verarbeitung).

11 Großformatigen Digitaldruck beschreiben

a. XXL-Druck: Großformatiger Digitaldruck mit Bahnbreiten bis zu fünf Metern.
b. Large-Format-Printer: Großformatdrucker für den XXL-Druck.
c. Out-of-Home-Medien: Großformatdrucke, die an Fassaden, Werbesäulen usw. angebracht werden. Diese Drucke werden auch als Outdoor-Megaprints bezeichnet.

12 XXL-Druckweiterverarbeitung erläutern

Verarbeitungsschritte für XXL-Drucke:
- Schneiden
- Schweißen
- Ösen
- Nähen
- Verkleben
- Kaschieren
- Montieren
- Konfektionieren

13 Haltbarkeit von XXL-Medien benennen

Je nach Druckverfahren, Bedruckstoff, Material und Farbe zwischen drei Monaten und maximal fünf Jahren.

14 Großformatdrucktechnik kennen

Großformatdruck nutzt im Wesentlichen drei Technologien zum Druck:
- Continuous-Inkjet (Im Druckkopf wird die Tinte in einem Kreislauf geführt und nur bei Bedarf elektrostatisch auf das Druckmaterial abgelenkt.)
- Drop-on-Demand (DOD) (Die Tinte steht im Druckkopf statisch an und wird bei Bedarf herausgeschossen wie z. B. auch im Bubble-Jet-Druck.)
- Eine Sonderstellung nimmt der

1067

Thermosublimationsdruck ein. Hierbei wird das Druckmotiv zunächst spiegelverkehrt auf ein Transfermaterial gedruckt und danach mit Hitze auf Textilien gebügelt.

15 Tintensorten beschreiben

- Lösungsmitteltinten (Basis sind Lösungsmittel wie z. B. Methylethylketon)
- Wasserbasierte Tinten (Basis ist Wasser)
- ECO-Tinten (ökologisch verbesserte Varianten der Lösungsmitteltinten)

16 Oberflächenverbesserung bei XXL-Drucken nennen

Beschichtung des bedruckten Materials:
- UV-beständige Lackierung bei Planen
- UV-beständige Kaschierung mit Schutzfolien

17 Out-of-Home-Medien beschreiben

Die wichtigsten Medien sind in Kapitel 9.2.9 beschrieben und abgebildet. Schlagen Sie die Kennzeichen der Medien bitte dort nach.

18 Datenaufbereitung für den XXL-Druck wissen

Keine festgelegte Lösung möglich.

19 Großformatdrucktechnik und deren Marktpreise kennenlernen

Keine festgelegte Lösung möglich.

9.3 Ausschießen

1 Ausschießen verstehen und seine Aufgabe definieren

Die Seiten einer Druckform müssen so zusammengestellt werden, dass der gedruckte und gefalzte Bogen die richtige Seitenfolge ergibt.

2 Voraussetzungen und Regeln für das Ausschießen nennen

Bogenformat, Falzschema, Falzanlage, Art des Bogensammelns, Art der Heftung, Wendeart des Druckbogens für Schön- und Widerdruck.

3 Fachbegriffe kennen und verstehen

a. Zusammenstellen einer standgerechten Druckform entsprechend dem Einteilungsbogen.
b. Passkreuze, Anlage-, Schnitt- und Falzzeichen.
c. Hier werden Bogenformat, Seitenformat, Satzspiegel, Passkreuze, Falz-, Schnitt- und Anlagezeichen ersichtlich. Der Einteilungsbogen ist die Basis zur Herstellung einer mehrseitigen Druckform für den späteren Auflagendruck.
d. Offsetplatte = seitenrichtiges Druckbild, indirektes Druckverfahren. Tiefdruckform = seitenverkehrtes Druckbild, direktes Druckverfahren.
e. Dient der Kontrolle des korrekten Zusammentragens der Druckbogen vor der Buchblockherstellung.
f. Anlagemarken kennzeichnen die Anlagekante des Bogens. Wir unterscheiden Vorder- und Seitenanlage.

1068

g. Mit der Bezeichnung „abfallend", „randabfallend" oder „angeschnitten" werden Bilder auf einer Seite bezeichnet, die im fertigen Produkt angeschnitten sein sollen.

4 Einteilungsbogen korrekt erstellen

Ein korrekter Einteilungsbogen ist auf Seite 673 abgebildet.

5 Wendearten der Druckbogen wissen

- Umschlagen: Vordermarken bleiben, Seitenmarke wechselt.
- Umstülpen: Vordermarken wechseln, Seitenmarke bleibt.

6 Ausschießregeln wissen

Die Ausschießregeln können Sie auf Seite 676 nacharbeiten.

7 Ausschießregeln anwenden

16 Seiten Hochformat zum Umschlagen

4	5	6	3
13	12	11	14
16	9	10	15
1	8	7	2

16 Seiten Querformat zum Umschlagen:

13	4	3	14
12	5	6	11
9	8	7	10
16	1	2	15

16 Seiten Hochformat zum Umschlagen. Es ist der fünfte Bogen eines Werkes auszuschießen.

77	68	67	78
76	69	70	75
73	72	71	74
80	65	66	79

Die erste Seite des fünften Bogen ergibt sich aus folgender Rechnung:
4 x 16 Seiten = Seite 64 als letzte Seite des 4. Bogens. 64 + 1 = Seite 65 – diese ist damit die erste Seite des 5. Druckbogens.

9.4 Druckveredelung

1 Druckveredelungsmöglichkeiten kennen

Drucklackierung, Prägen, Kaschieren, Strukturprägungen, Duftlack, Sonderlacke für Leuchteffekte, Pigmenteffekte.

2 Druckveredelungbeispiele benennen

Schutz und Veredelung von Zeitschriften

1069

und Einzeldrucken, Unterstützung des CI eines Unternehmens, Ansprache von Emotionen durch Duftlacke, Leuchteffekte durch Sonder- und Pigmentlacke. Prägungen unterstützen den Tastsinn und ergeben in Verbindung z. B. mit Spotlacken eine besondere Haptik.

3 Relieflackierungen erläutern

Relieflacke erzeugen eine glänzende, mit einer Blindprägung vergleichbare fühlbare Schicht auf dem Bedruckstoff. Sie können auch für den Druck von Blindenschrift verwendet werden.

4 Technologie der Duftlackierungen beschreiben

Duftlacke enthalten Mikrokapseln, die sich durch Druck öffnen und z. B. Parfümduft über einer Anzeige austreten lassen. Siehe Bild Seite 690.

5 Technologie der Drucklackierung

Zusätzliches Lackwerk zum Lackauftrag und spezielle Trocknungseinrichtungen sind erforderlich, um den aufgetragenen Lack schnell zu verfestigen.

6 Fachbegriffe verstehen und erklären

a. Lackierung innerhalb einer Druckmaschine nach erfolgtem Offsetdruck
b. Veredelung der Drucke mit speziellen Lackiermaschinen mit optimierten Lackierwerken

7 Spotlackierung beschreiben

Partieller Auftrag eines Lackes, um einen Teil eines Druckbildes besonders effektvoll darzustellen.

8 Lackarten erläutern

- Dispersionslacke können in der Druckmaschine direkt ohne Zusatzeinrichtungen verarbeitet werden.
- UV-Lacke basieren auf polymerisierbaren Bindemitteln, die nur durch UV-Trocknungsanlagen gehärtet werden.

9 Sicherheitsvorschriften kennen

Berufsgenossenschaft Druck + Papier www.bgdp.de > gehen Sie hier auf die Seite der „Branchenverwaltung Druck und Papierverarbeitung".

10 Methodenüberblick erstellen

Siehe Tabelle auf Seite 688.

11 Technologie des Kaschieren erläutern

Das Kaschieren erfolgt, indem Folien von einer Rolle flächig auf Druckbogen aufkaschiert werden. Danach werden die Bogen durch Druck und Wärme mit der Folie fest verbunden.

12 Exklusive Lackierungen kennen

- Exklusive Materialien
- Exlkusive Optikeffekte
- Materialauflistung siehe Seite 694

9.5 Weiterverarbeitung

1 Kennzeichen von Büchern nennen

Wesentliche Kennzeichen eines Buches sind:
- Der Buchblock ist durch Vorsätze mit der Buchdecke des Einbandes verbunden.
- Die Buchdecke steht dreiseitig über den Buchblock hinaus.
- Bücher haben einen Fälzel oder Gazestreifen.
- Der Buchblock wird nach dem Fügen, vor der Verbindung mit der Buchdecke dreiseitig beschnitten.

2 Broschuren unterscheiden

Einlagenbroschuren bestehen aus einem einzigen Falzbogen. Mehrlagenbroschuren bestehen aus mehreren Falzbogen.

3 Klebebindung erläutern

a. Bei der Klebebindung muss der Rücken des Blocks abgefräst werden, damit jedes Blatt mit dem Kleber Kontakt hat.
b. Üblicherweise ist der Fräsrand 3 mm groß.

4 Randabfallende Bilder festlegen

a. Randabfallend bedeutet, dass Bilder oder Farbflächen bis zum Seitenrand gehen. Um Blitzer beim Beschnitt zu vermeiden, wird 3 mm Beschnittzugabe gegeben.

b. Skizze

5 Arbeitsschritt Schneiden erklären

Ein Trennschnitt ist notwendig, um nach dem Druck, vor allem auf großformatigen Bogenmaschinen, die Planobogen in das Format zur weiteren Verarbeitung zu schneiden. Gemeinsam gedruckte Nutzen werden ebenfalls mit einem Trennschnitt voneinander getrennt.

6 Falzprinzipien erklären

a. Beim Messer- oder Schwertfalz wird der Bogen über Transportbänder gegen einen vorderen und seitlichen Anschlag geführt. Das oszillierende Falzmesser schlägt den Bogen zwischen die beiden gegenläufig rotierenden Falzwalzen. Durch die Reibung der geriffelten oder gummierten Walzen wird der Bogen von den Falzwalzen mitgenommen und so gefalzt.
b. Schrägwalzen lenken beim Taschen- oder Stauchfalz den Bogen gegen den seitlichen Anschlag. Durch die Einführwalzen wird der Bogen weiter in die Falztasche bis zum einstellbaren Anschlag geführt. Die entstehende Stauchfalte wird von den beiden Falzwalzen erfasst und durch die Reibung durch den Walzenspalt mitgenommen und der Bogen so gefalzt.

1071

7 Falzarten kennen

- Mittenfalz
- Zickzackfalz
- Wickelfalz
- Fensterfalz

8 Sammeln und Zusammentragen unterscheiden

a. Beim Sammeln werden die Falzlagen ineinandergesteckt.
b. Beim Zusammentragen werden die Falzlagen aufeinandergelegt.

9 Flattermarken erklären

Flattermarken dienen der Kontrolle, ob die Falzlagen in der richtigen Reihenfolge zusammengetragen wurden.

10 Heft- und Bindearten unterscheiden

- Klebebinden
- Fadenheften
- Fadensiegeln
- Drahtrückstichheftung

9.6 Papier

1 Holzschliff und Zellstoff unterscheiden

a. Holzschliff: mechanisch aufgeschlossen, enthält alle Bestandteile des Holzes, holzhaltige Papiere
b. Zellstoff: chemisch aufgeschlossen, alle nichtfasrigen Holzbestandteile sind herausgelöst, holzfreie Papiere

2 Holzhaltiges Papier erklären

Holzhaltiges Papier enthält als Faserstoff Holzschliff. Die im Holzschliff enthaltenen Harze und das Lignin vergilben unter Lichteinfluss.

3 Optische Aufheller in ihrer Wirkung kennen

Optische Aufheller absorbieren UV-Licht und emittieren Licht im sichtbaren Bereich des Spektrums. Dadurch wird die Weiße des Papiers gesteigert.

4 Blattbildung in der Papiermaschine erklären

Durch die Filtrationswirkung der Fasern auf dem Sieb der Papiermaschine ist der Füllstoffanteil auf der Oberseite höher als auf der Unterseite der Papierbahn.

5 Zweiseitigkeit des Papiers kennen

a. Die auf dem Sieb aufliegende Papierseite wird als Siebseite bezeichnet.
b. Die Papieroberseite heißt Filzseite.

6 Papierveredelung beschreiben

a. In speziellen Streichmaschinen wird auf das Rohpapier eine Streichfarbe aufgetragen.
b. Beim Satinieren im Kalander erhalten die Papiere ihre endgültige Oberflächeneigenschaft. Im Walzenspalt zwischen den Walzen des Kalanders wird die Papieroberfläche der Bahn durch Reibung, Hitze und Druck geglättet.

Lösungen

7 Anforderungsprofile an Papier bewerten

a. Verdruckbarkeit (runability) bezeichnet das Verhalten bei der Verarbeitung, z. B. Lauf in der Druckmaschine.
b. Bedruckbarkeit (printability) beschreibt die Wechselwirkung zwischen Druckfarbe und Papier.

8 Papiereigenschaften unterscheiden

a. Naturpapier: Alle nicht gestrichenen Papiere, unabhängig von der Stoffzusammensetzung, heißen Naturpapiere.
b. maschinenglatt: Die Papieroberfläche wurde nach der Papiermaschine nicht weiter bearbeitet.
c. satiniert: Das Papier wurde im Kalander satiniert. Satinierte Naturpapiere sind dichter und glatter als maschinenglatte Naturpapiere.
d. gestrichen: Das Papier ist mit einem speziellen Oberflächenstrich, glänzend oder matt, versehen.

9 Wasserzeichen unterscheiden

Das echte Wasserzeichen wird auf dem Sieb der Papiermaschine durch den Egoutteur erzeugt. Die Fasern werden verdrängt oder angehäuft.

10 Laufrichtung kennen

a. Die Laufrichtung des Papier entsteht bei der Blattbildung auf dem Sieb der Papiermaschine. Durch die Strömung der Fasersuspension auf dem endlos umlaufenden Sieb richten sich die Fasern mehrheitlich in diese Richtung aus.

b. Ein Bogen ist Schmalbahn, wenn die Fasern parallel zur langen Bogenseite verlaufen.
c. Bei Breitbahn verläuft die Laufrichtung parallel zur kurzen Bogenseite.

11 Papiervolumen berechnen

Dicke = (Masse x Volumen)/1000
Dicke = (100 x 1,5)/1000
Dicke = 0,15 mm
Das Papier hat eine Dicke von 0,15 mm.

9.7 Druckfarbe

1 Bestandteile der Druckfarbe kennen

- Farbpigmente
- Bindemittel und Lösemittel
- Hilfsstoffe, Additive

2 Binde- und Lösemittel kennen

Binde- und Lösemittel haben die Aufgabe, die Farbe in eine verdruckbare Form zu bringen. Nach der Farbübertragung auf den Bedruckstoff sorgt das Bindemittel dafür, dass die Farbpigmente auf dem Bedruckstoff haften bleiben.

3 Zusammensetzung der Farben beurteilen

Druckverfahren und Trocknungsmechanismus bestimmen wesentlich die Zusammensetzung der Druckfarbe.

4 Hilfsstoffe kennen

a. Zur Anpassung an spezifische Anforderungen, z. B. hohe Scheuerfestigkeit.
b. Trockenstoff, Scheuerschutzpaste

5 Herstellung von Druckfarben erklären

Bei der Dispersion auf dem Dreiwalzenstuhl oder in der Rührwerkskugelmühle werden die Pigmente im Bindemittel dispergiert, d. h. feinst verteilt. Idealerweise ist danach jedes Pigment einzeln vom Bindemittel umschlossen.

6 Pigmentgröße von Toner kennen

a. 6 µm bis 8 µm
b. 2 µm bis 3 µm
c. 1 µm bis 2 µm

7 Anforderungsprofile bewerten

a. Die Verdruckbarkeit beschreibt die Verarbeitung der Druckfarbe in der Druckmaschine. Dazu gehört z. B. das Verhalten der Druckfarbe im Farbkasten und Farbwerk der Druckmaschine.
b. Der Begriff Bedruckbarkeit kennzeichnet die Wechselwirkung zwischen Bedruckstoff und Druckfarbe.

8 Trocknungsmechanismen unterscheiden

Die physikalischen Trocknungsmechanismen bewirken eine Veränderung des Aggregatzustandes der Druckfarbe, ohne wie bei der chemischen Trocknung die molekulare Struktur des Druckfarbenbindemittels zu verändern.

9 Wegschlagen beschreiben

Die dünnflüssigen Bestandteile des Bindemittels dringen in die Kapillare des Bedruckstoffs ein. Die auf der Oberfläche verbleibenden Harze verankern die Farbpigmente auf dem Bedruckstoff.

10 Rheologie definieren

Rheologie ist die Lehre vom Fließen. Sie beschreibt die Eigenschaften flüssiger Druckfarben, die mit dem Begriff Konsistenz zusammengefasst werden.

11 Rheologische Eigenschaften erläutern

a. Die Viskosität ist das Maß für die innere Reibung von Flüssigkeiten.
b. Zügigkeit oder Tack beschreibt den Widerstand, den die Farbe ihrer Spaltung entgegensetzt. Eine zügige Farbe ist eine Farbe, bei deren Farbspaltung hohe Kräfte wirken (Rupfneigung).
c. In thixotropen Flüssigkeiten wird die Viskosität durch mechanische Einflüsse, z. B. Verreiben im Farbwerk der Druckmaschine, herabgesetzt.

12 Lichtechtheit einschätzen

a. Die Lichtechtheit wird nach den acht Stufen der „Wollskala" (WS) bewertet.
b. WS 8

12.2.10   10 Webtechnologien

Lösungen

10.1 HTML

1 HTML-Grundlagen kennen

Aussage	w	f
HTML steht für Hypertext Media Language		✘
Hypertext bedeutet, dass Text nicht-linear verbunden werden kann.	✘	
Die Struktur eines Tags ist: <tag>Inhalt<tag/>		✘
HTML-Dateien sind reine Textdateien	✘	
Ein WYSIWYG-Webeditor ermöglicht eine Vorschau auf die Webseiten.	✘	
Eine HTML-Datei beginnt mit der Angabe des DOCTYPE.	✘	
HTML-Dateien besitzen die Endung .htm oder .html	✘	
Schriften können in HTML-Dateien eingebettet werden.		✘
Eine HTML-Datei besteht aus Dateikopf und Dateikörper.	✘	
Schwarz wird mit #FFFFFF codiert.		✘

2 Aufbau einer HTML-Datei kennen

```
<html>
<head>
<title> … </title>
<meta … />
…
</head>
<body>
…
</body>
</html>
```

3 HTML-Grundlagen kennen

a. Der <title> erscheint links oben in der Kopfleiste des Webbrowsers.
b. Meta-Tags liefern (unsichtbare) Zu-satzinformationen, die u. a. zur Auf-nahme der Seite in Suchmaschinen dienen. Beispiele: Erstellungsdatum, Autor der Seite, Kurzbeschreibung der Seite, Stichworte zum Inhalt.
c. Damit die Seite auch in Ländern außerhalb des deutschsprachigen Raumes korrekt dargestellt wird.
d. Um sie international darstellbar zu machen. Die deutschen Umlaute ä, ü, ö sind beispielsweise in Amerika unbekannt.
e. Webserver unter Unix bzw. Linux unterscheiden zwischen Groß- und Kleinschreibung, Mac OS und Windows nicht.

4 Text strukturieren

```
<html>
<head>
<title>Texte strukturieren
</title>
</head>
<body>
<h3>Texte mit HTML strukturie-
ren</h3>
<p>Die oberste Zeile ist eine
Headline h3, danach folgt ein
Absatz.</p>
<blockquote>"Dieser Text ist
als Zitat gekennzeichnet!"</
blockquote>
<p>Text kann <em>betont</em>
oder <strong>stark betont</
strong> gesetzt werden.<br />
<ul><li>Liste</li>
<li>mit</li>
<li>Punkten</li></ul>
<ol><li>Liste</li>
<li>mit</li>
<li>Ziffern</li></ol>
</body>
</html>
```

1075

5 Farben verwenden

a. Schwarz
b. Grün
c. Dunkelgrau
d. Hellgrau
e. Magenta

6 Schriften verwenden

a. Arial, Verdana, Times, Georgia
b. Verwendung von Nicht-Systemschriften:
   - Schrift als GIF- oder PNG-Grafik speichern
   - Flash verwenden, da Schriften dann eingebettet werden
   - Schrift im WOFF-Format beifügen

7 Dateien korrekt benennen

a. .htm oder .html
b. Nein, da die Dateien sonst nur unter Mac OS funktionieren.
c. Ja, da Unix-Server zwischen Groß- und Kleinschreibung unterscheiden.
d. Nein, Sonderzeichen sind nicht zulässig
e. index.htm oder index.html

8 Meta-Tags verwenden

a. Meta-Tags liefern (unsichtbare) Zusatzinformationen über die Website. Es handelt sich dabei um Copyright-Angaben, um Angaben für Suchmaschinen, für Webserver oder den Webbrowser.
b. Nein, eine Website funktioniert auch ohne Meta-Tags.
c. Angabe des Zeichensatzes, des Autors, des Erstellungsdatums, gegebenenfalls automatische Weiterleitung

9 Bilder/Grafiken referenzieren

a. HTML-Dateien sind reine Textdateien, die keine binären Daten einbinden können.
b. Relative Pfadangaben:
   - `<img src="button3.gif">`
   - `<img src="bilder/button1.gif">`
   - `<img src="../button3.gif">`
   - `<img src="../bilder/button1.gif">`

10 Tabellen verwenden

```
<html>
<head>
<title>Tabellen verwenden
</title>
</head>
<body>
<table border="1" width="80%">
<tr>
<th colspan="3">High-Score</th>
</tr>
<tr>
<td width="50px">Platz</td>
<td>Name</td>
<td width="50px">Punkte</td>
</tr>
<tr>
<td>1.</td>
<td>Daniel</td>
<td>7542</td>
</tr>
<tr>
<td>2.</td>
<td>Heike</td>
<td>6354</td>
</tr>
<tr>
...
</table>
</body>
</html>
```

Lösungen

11 Bildformate für Webseiten kennen

a. GIF:
   Verlustfreie Kompression, Animation,
   Transparenz einzelner Farben
   JPEG:
   Wählbare Kompressionsrate,
   16,7 Mio. Farben, ICC-Profile
   PNG:
   Zwei Versionen PNG-8 und PNG-24,
   Transparenz mittels Alphakanal, ver-
   lustfreie Kompression
b. • GIF oder PNG-8
   • JPG oder PNG-24
   • GIF oder PNG-8
   • GIF oder PNG-8
   • JPG oder PNG-24
   • PNG-24

12 Hyperlinks verwenden

```
b.<a href="http://www.amazon.
  de">…</a>
c.<a href="kontakt.htm">…</a>
d.<a href="sites/help.htm">…</
  a>
e.<a href="mailto:donald@duck.
  de">…</a>
f.<a href="pdf/text.pdf">…</a>
g.<a href="#seitenende">…</a>
```

13 Alternativen zu Frames kennen

a. • Lesezeichen nicht möglich
   • Aufnahme in Suchmaschinen
     ist problematisch
   • Mögliche Barriere für Menschen
     mit Behinderung
b. • Dynamische Webseiten mit PHP,
     Ajax
   • Content-Management-System
   • Seitenlayout mit CSS (DIV-Boxen)

14 Formulare erstellen

```
<html>
<head>
<title>Formulare</title>
</head>
<body>
<h3>Lieferanschrift</h3>
<form>
<input type="radio"
name="an"/>Herr
<input type="radio"
name="an"/>Frau
<br />Vorname<br />
<input type="text" size="30" />
<br />Nachname<br />
<input type="text" size="30" />
<br />Stra&szlig;e<br />
<input type="text" size="30" />
<br />Plz/Ort<br />
<input type="text" size="5" />
<input type="text" size="20" />
<br />
Geburtsdatum  Telefon<br />
<input type="text" size="10" />
<input type="text" size="10" />
<br />E-Mail<br>
<input type="text" size="30" />
<br />Zahlungsart<br />
<select name="zahlung">
<option>...</option>
<option>Kreditkarte</option>
<option>Nachnahme</option>
<option>Rechnung</option>
</select><br />
<input type="checkbox" />Die
AGB habe ich gelesen.<br/>
<input type="reset"
value="l&ouml;schen">
<input type="submit"
value="senden">
</form>
</body>
</html>
```

1077

15 HTML und XHTML unterscheiden

Die Lösung finden Sie in der Tabelle auf Seite 760.

16 Webbrowser unterscheiden

a. Internet Explorer
   Mozilla Firefox
   Google Chrome
b. Browser besitzen unterschiedliche „Parser", die für die Umsetzung des HTML-Codes zuständig sind. Es muss gewährleistet werden, dass eine Website mit allen Browsern korrekt dargestellt wird. Auf Features, die nur bestimmte Browser interpretieren können, sollte verzichtet werden.
   Tipp: Unter www.caniuse.com können Sie prüfen, was welcher Browser kann.

10.2 CSS

1 Bedeutung von CSS kennen

- CSS bieten deutlich mehr Möglichkeiten zur Gestaltung als HTML.
- Inhalt und Design können unabhängig voneinander erstellt und bearbeitet werden.
- Das Design kann als externe Datei abgespeichert werden und lässt sich somit auf beliebig viele HTML-Seiten anwenden.
- Für einen Inhalt können mehrere Designs erstellt werden, z. B. für Monitor, Handydisplay, Druck.
- Die Daten werden unabhängig vom Layout in einer Datenbank verwaltet.

2 CSS definieren

a. Definition in einer externen Datei, Definition im Dateikopf einer Datei, Definition lokal im Tag.
b. *Externe Datei:*
   Das Design kann für beliebig viele HTML-Dateien genutzt werden.
   Zentrale Definition im Dateikopf:
   Einmalig benötigte Abweichungen von extern definierten Stylesheets lassen sich im Dateikopf angeben. Sie haben dort eine höhere Priorität gegenüber externen Stylesheets.
   Lokale Definition im Tag:
   Maximale Flexibilität, z. B. zur Auszeichnung einzelner Elemente. Lokale Stylesheets haben die höchste Priorität.

3 Kaskadierung verstehen

a. Unter Kaskadierung ist zu verstehen, dass Stylesheets „mehrstufig" zum Einsatz kommen, und zwar hinsichtlich Ort: extern, zentral, lokal und Verfasser: Autoren-, Benutzer-, Browser-Stylesheets.
b. Die Kaskadierung ergibt eine hohe Flexibilität und ermöglicht notwendige Freiräume. So können z. B. auch die Nutzer einer Website mitbestimmen, wie diese in ihrem Browser dargestellt werden soll. Dies ist beispielsweise für Menschen mit Sehschwäche eine Hilfe.

4 Selektoren kennen

a. HTML-Elemente (Tags)
   Universalselekor
   Klassen
   Individualformate
   Pseudoklassen

```
b.p      {font-family: Arial;}
  *      {background-color:
          #FFFFFF;}
 .rot    {color: red;}
 #fett   {font-weight: bold;}
 a:link  {text-decoration:
          none;}
```

---

5 Rangfolge von Selektoren kennen

- 1. Absatz: blau (Individualformat vor Klasse vor HTML-Element)
- 2. Absatz: grün (lokales Stylesheet vor Individualformat)
- 3. Absatz: silber (HTML-Element vor Universalselektor)
- 4. Absatz: rot (nur Universalselektor)

---

6 Maßeinheiten kennen

a. Absolute Maßeinheiten sind feste, unveränderliche Angaben (sieht man davon ab, dass ein Pixel in Abhängigkeit von der Monitorauflösung durchaus unterschiedlich groß ist). Relative Maßeinheiten beziehen sich auf die in den Browsereinstellungen gemachten Angaben.
b. Absolut: mm, cm, pt, (px)
   Relativ: em, ex, (px)
c. Relative Angaben besitzen den Vorteil, dass der Nutzer entscheiden kann, wie die Inhalte der Website dargestellt werden. So können z. B. Menschen mit Sehschwäche eine größere Grundschrift wählen.

---

7 Farben angeben

Geben Sie die Farbe an:
a. Rot
b. Grau
c. Cyan

d. Gelb
e. Hellgrün
f. Dunkelblau

---

8 CSS-Eigenschaften kennen

a. `font-family`
b. `letter-spacing`
c. `font-size`
d. `color`
e. `line-height`
f. `text-decoration`
g. `text-indent`
h. `text-align`

---

9 Text formatieren

Lösung zu a. und b.
```
<!DOCTYPE HTML PUBLIC "-//W3C//
DTD HTML 4.01//EN">
<html>
<head>
<title>CSS</title>
<style type="text/css">
*    {font-family: Verdana}
body {margin:20px;
      background-color:#EDEDED;
      }
h1   {font-size:14px;
      color:#0000cc;
      font-weight:bold;
      }
p    {font-size:11px;
      color: #000000;
      }
table,td{
      border-collapse:collapse;
      font-size:11px;
      background-color:#99ccff;
      color:#000000;
      padding:5px;
      }
#kopfzeile{
      background-color:#3300cc;
```

1079

```
    color:white;
    }
</style>
</head>
<body>
<h1>Internet-ABC</h1>
<p>Kennen Sie die
Abk&uuml;zungen?</p>
<table>
<tr>
<td
id="kopfzeile">Abk&uuml;rzung
</td>
<td id="kopfzeile">Bedeutung
</td>
</tr>
<tr>
<td>URL</td>
<td>Uniform Resource Locator
</td>
</tr>
… weitere Reihen …
</table>
</body>
</html>
```

---

10 Layout erstellen

```
<!DOCTYPE HTML PUBLIC "-//W3C//
DTD HTML 4.01//EN">
<html>
<head>
<title>CSS-Layout</title>
<style type="text/css">
#gruen {position:absolute;
    width:150px;
    height:100px;
    top:0px;
    left:0px;
    background-color:green;
    }
#gelb  {position:absolute;
    width:450px;
    height:100px;
    top:0px;
```

```
    left:150px;
    background-color:yellow;
    }
#blau  {position:absolute;
    width:150px;
    height:300px;
    left:0px;
    top:100px;
    background-color:blue;
    }
#rot   {position:absolute;
    width:450px;
    height:300px;
    top:100px;
    left:150px;
    background-color:red;
    }
#braun {position:absolute;
    width:600px;
    height:50px;
    top:400px;
    left:0px;
    background-color:maroon;
    }
</style>
</head>
<body>
<div id="gruen"></div>
<div id="gelb"></div>
<div id="blau"></div>
<div id="rot"></div>
<div id="braun"></div>
</body>
</html>
```

---

11 CSS-Layouts erstellen

Der wesentliche Vorteil von float besteht darin, dass sich das Layout an die
Monitor- bzw. Fenstergröße anpasst.
Die Inhalte bleiben immer sichtbar,
selbst wenn das Fenster stark verkleinert wird. Absolut platzierte Rahmen
überdecken sich bei starker Verkleinerung des Browserfensters.

Lösungen

12 CSS-Boxmodell kennen

```
a. width
b. height
c. background-color
d. border-style
e. border-width
f. border-color
g. margin
```

13 Website zentriert darstellen

```
<!DOCTYPE HTML PUBLIC "-//W3C//
DTD HTML 4.01//EN">
<html>
<head>
<title>CSS-Layout</title>
<style type="text/css">
#big    {width: 100%;
        max-width: 500px;
        min-width: 300px;
        margin: 0px auto;
        }
</style>
</head>
<body>
<div id="big">
… (Inhalte der Website) …
</div>
</body>
</html>
```

10.3 Programmieren

1 Merkmale einer Variablen kennen

a. Variable sind Speicherplätze für veränderliche (variable) Daten, die für die Programmierung benötigt werden.
b. Kennwerte einer Variablen:
- Name
- Datentyp
- Wert
c. Beispiele für Datentypen:
- Ganze Zahlen
- Kommazahlen
- Zeichen
- Zeichenkette (String)
- Wahrheitswert
- Datum

2 Variablennamen vergeben

a. „Sprechende Namen" heißt, dass der Name einen Bezug zum Inhalt geben soll. Dies erleichtert die Lesbarkeit eines Programms.
b. Umlaute, Sonderzeichen, Leerzeichen
c. Variablennamen müssen mit einem $-Zeichen beginnen.
d. Ja.

3 Wertzuweisung verstehen

a. 1: Wert: 0
2: Wert: 5
3: Wert: 8 (zum Wert 5 wird 3 addiert)
4: Wert: 9 (Wert wird um 1 erhöht)
b. Bei = handelt es sich um eine Wertzuweisung, bei == um einen Vergleich auf Gleichheit. (Das =-Zeichen entspricht also nicht dem Gleichheitszeichen in der Mathematik!)

4 if-Verzweigung verstehen

a. 5
b. 0.2
c. Division unmöglich
d. 0

1081

5 Zählschleife anwenden

```php
<?php
for($i=1; $i<100; $i=$i+2){
echo $i."<br/>";
}
?>
```

6 Schleifen verstehen

a. Variante 1: `9 bis 0`
   Variante 2: `10 bis 1`
b. Bedingung: `(zahl >=0)`

7 Array (Feld) kennen

Mit Hilfe von Arrays lassen sich in einer Variablen mehrere Daten als Datensatz speichern. Der Zugriff auf diese Daten, z. B. aus einer Datenbank, wird hierdurch vereinfacht. Beispiele:
- Adresse (Name, Straße, Ort)
- Produkt (Name, Best.-Nr., Preis)
- Song (Titel, Interpret, Länge)

8 Funktionen programmieren

a.
```php
<?php
function tabelle($zeilen){
echo "<table border='1'>";
for ($i=1; $i<=$zeilen; $i++){
echo "<tr><td> </td></tr>";
}
echo "</table>";
}
tabelle(10);  //10 Zeilen
?>
```
b.
```php
<?php
function tabelle($zeilen,
$spalten){
echo "<table border='1'>";
```

```php
for ($i=1; $i<=$zeilen; $i++){
echo "<tr>";
for ($j=1; $j<=$spalten; $j++){
  echo "<td> </td>";
}
echo "</tr>";
}
echo "</table>";
}
tabelle(10,5);
?>
```

9 Klassen und Objekte unterscheiden

a. Eine Klasse ist eine abstrakte, nicht real existente Struktur. Klassen haben bestimmte Eigenschaften und bestimmte Methoden.
   Beispiel:
   - Klasse: Auto
   - Eigenschaften: Modell, Farbe, Baujahr
   - Methoden: Auto fahren, lenken, parken,waschen

   Objekte einer Klasse sind real existierend und besitzen (erben) konkrete Eigenschaften der Klasse, z.B.:
   - Mercedes, blau, Baujahr 2005
   - Ford, grün, Baujahr 2010

   Objekte können auf die Eigenschaften der Klasse zugreifen.
b. Der Vorteil von Klassen ist, dass sie nur einmal programmiert werden müssen. Sie werden in Klassenbibliotheken zusammengefasst und veröffentlicht. Jeder Programmierer kann mit Hilfe von Objekten auf diese fertigen Klassen zugreifen und spart sich somit einen großen Programmieraufwand.

   Das objektorientierte Konzept ist sehr flexibel und hat sich mittlerweile bei allen wichtigen Programmiersprachen durchgesetzt.

Lösungen

10 „Gute" Programme schreiben

- Verwendung „sprechender Namen" bei Variablen und Funktionen (bzw. Methoden)
- Kommentieren des Programms
- Formatieren des Programms, so dass zusammengehörige Teile untereinander stehen.

10.4 JavaScript und Ajax

---

1 Die Funktion von JavaScript kennen

a. „Clientseitig" bedeutet, dass die Ausführung des Skripts durch den Webbrowser des Nutzers (clients) erfolgt und kein Webserver erforderlich ist. JavaScript kann auch ohne Internetverbindung eingesetzt werden.

b. Anwendungsbeispiele:
- Vollständigkeitsprüfung von Formularen
- Navigationselemente, z. B. Menüs, animierte Buttons

c. JavaScript kann, z. B. aus Sicherheitsgründen, im Browser deaktiviert werden, so dass die gewünschten Funktionen dann nicht möglich sind.

---

2 JavaScript einbinden

- Aufruf einer externen JS-Datei, vergleichbar mit dem Verknüpfen eines Bildes:
  ```
  <script type="text/Java-
  Script" src="datei.js" />
  ```
- Einfügen des Skripts im Kopf oder Körper der HTML-Datei:
  ```
  <script type="text/
  JavaScript">...</script>
  ```

---

3 Variable verwenden

a. `+`
b. `*`
c. `<` (oder `==`)
d. `>` (oder `!=` oder `<>`)

---

4 Modale Fenster anwenden

Lösung zu a. bis c.:
```
<script type="text/JavaScript">
var groesse = window.prompt
("Körpergröße in m:");
var gewicht = window.prompt
("Körpergewicht in kg:");
var bmi=gewicht/
(groesse*groesse);
window.alert("Ihr BMI: " + bmi.
toFixed(1));
</script>
```

Hinweis: Die Eigenschaft `toFixed(1)` begrenzt die Anzahl an Nachkommastellen auf die in der Klammer angegebene Zahl.

---

5 Neue Fenster erzeugen

```
<a href="#" target="fenster"
onclick="window.open
('','fenster','width=400,height
=300,top=100,left=200')">
Neues Fenster</a>
```

Hinweis: Zum Testen des Skripts müssen Sie in Ihrem Browser einstellen, dass eine neue Seite im Fenster und nicht in einem neuen Tab dargestellt wird.

---

6 Formulareingaben prüfen

Lösung zu a. und b.:

1083

```
<!DOCTYPE HTML PUBLIC "-//W3C//
DTD HTML4.01//EN">
<html>
<head>
<title>Pizza-Online</title>
<script type="text/JavaScript">
function check(){
  var f = document.pizza;
  var text ="";
  if (f.groesse.options[0].
  selected){
  text = text+"- Größe\n";
  }
  if (!f.belag1.checked &&
  !f.belag2.checked &&
  !f.belag3.checked &&
  !f.belag4.checked){
  text = text+"- Belag\n";
  }
  if (text) {window.alert
  ("Bitte wählen Sie:\n"
  + text);
  return false
  }
  return true;
}
</script>
</head>
<body>
<h3>Pizza-Online</h3>
<form name="pizza" action=""
onsubmit="return check()">
Wählen Sie die Gr&ouml;&szlig;e:
<br /><br />
<select name="groesse">
<option>...</option>
<option>Mini (15 cm)</option>
<option>Maxi (30 cm)</option>
<option>Party (45 cm)</option>
</select><br /><br />
Wählen Sie die Zutaten:<br />
<input type="checkbox"
name="belag1" />Salami<br />
<input type="checkbox"
name="belag2" />Schinken<br />
<input type="checkbox"
```

```
name="belag3" />Ananas<br />
<input type="checkbox"
name="belag4" />Pilze<br />
<br />
<input name="abschicken"
type="submit"
value="bestellen">
</form>
</body>
</html>
```

Hinweise:

- In der obigen Lösung werden die Fehlermeldungen zu einem Text zusammengesetzt und erst danach im modalen Fenster ausgegeben.
- Die Fehlermeldung bei den Checkboxen erscheint nur, wenn *keine* (!) der vier Optionen angeklickt wurde.
- Die Schreibweise \n erzeugt einen Zeilenumbruch.

7 Formulareingaben auswerten

```
<!DOCTYPE HTML PUBLIC "-//W3C//
DTD HTML4.01//EN">
<html>
<head>
<title>Benzinverbrauch</title>
<script type="text/JavaScript">
function berechne() {
  var f = document.benzin;
  var kilometer = f.km.value;
  var benzin = f.liter.value;
  var verbrauch = benzin*100 /
  kilometer;
  window.alert("Ihr Benzinver-
  brauch:"+verbrauch.toFixed(1)
  +" Liter auf 100 km");
}
</script>
</head>
<body>
<h3>Benzinverbrauch</h3>
<form name="benzin"
onsubmit="return berechne()">
```

```
Geben Sie die gefahrenen Kilo-
meter ein:<br />
<input type="text" name="km"
size="5" /><br /><br />
Geben Sie die Benzinmenge in
Liter ein:<br />
<input type="text" name="liter"
size="5" /><br /> <br />
<input name="abschicken"
type="submit"
value="berechnen">
</form>
</body>
</html>
```
Hinweis:

Die Eigenschaft `toFixed(1)` begrenzt die Anzahl an Nachkommastellen auf die in der Klammer angegebene Zahl.

8 Einsatz von Ajax verstehen

Der wesentliche Unterschied besteht darin, dass die Kommunikation mit dem Server bei Ajax *asynchron* erfolgt. Dies bedeutet, dass der Nutzer bereits *während* des Datenaustauschs mit dem Server neue Eingaben machen kann und nicht warten muss. Die Daten-übertragung erfolgt im Hintergrund, die betrachtete Webseite wird sofort aktualisiert. Der Nutzer hat deshalb den Eindruck, als ob er sich in einem lokal installierten Programm befindet.

10.5 PHP

1 Statische und dynamische Web-seiten unterscheiden

Bei *statischen Webseiten* wird für jede Seite eine eigene HTML-Datei benötigt, die den gesamten Seiteninhalt enthält. Bei *dynamischen Webseiten* wird der Inhalt erst auf Anfrage in der Seite mit Hilfe einer Skriptsprache platziert. Die Inhalte werden hierzu aus einer Datei oder Datenbank ausgelesen, an den vorgesehenen Stellen einer Musterseite (Template) platziert und mittels CSS formatiert.

2 Ablauf dynamischer Anfragen kennen

- Eingabe eines Suchbegriffs
- HTTP-Request an Webserver
- PHP-Interpreter wertet Anfrage aus
- SQL-Anfrage an Datenbank
- Suchergebnis aus Datenbank
- PHP-Interpreter erzeugt HTML
- HTTP-Response an Client
- Anzeige der Seite beim Client

3 Webtechnologien kennen

a. JavaScript
   Clientseitige Skriptsprache zur Reali-sation interaktiver Webseiten
b. PHP
   Serverseitige Skriptsprache zur Reali-sation dynamischer Webseiten
c. MySQL
   Datenbankmanagementsystem (DBMS) zur Verwaltung von Daten in Datenbanken
d. Apache
   Weit verbreiteter Webserver für Linux, Windows und Mac OS
e. XAMPP
   Softwarepaket mit Webserver, DBMS und den Skriptsprachen Perl und PHP

4 Variable kennen

a. Variable sind Speicherplätze für Daten unterschiedlichen Typs, z. B. für ganze Zahlen, Dezimalzahlen, Text. Zur Identifikation muss jede Variable einen eindeutigen Namen erhalten.

b. Unzulässige Variablennamen:
- `Wohnort` (\$-Zeichen fehlt)
- `&plz` (kein \$-Zeichen)
- `$1a` (Ziffer nicht an erster Stelle)
- `$Maße` (kein „ß")

5 Variable anwenden

```php
<?php
  $vokal ="a";
  echo "Dr".$vokal."Ch".$vokal.
  "n".$vokal."s".$vokal."n m".
  $vokal."t d".$vokal."m K".
  $vokal."ntr".$vokal."b".
  $vokal."ss, s".$vokal.
  "&szlig;".$vokal."n ".$vokal.
  $vokal."f d".$vokal."r Str".
  $vokal."&szlig;".$vokal."
  ".$vokal."nd ".$vokal ."rz".
  $vokal."hlt".$vokal."n s"
  .$vokal."ch w".$vokal."s.";
?>
```

6 Datum und Uhrzeit verwenden

```php
<?php
  $datum = date("d.m.Y");
  $uhrzeit = date("G:i");
  echo "Heute ist der $datum,
  aktuell ist es $uhrzeit
  Uhr.";
?>
```

7 Formulare auswerten

a. Formular (quiz.html):

```html
<!DOCTYPE html PUBLIC "-//W3C//
DTD HTML 4.01 Transitional//EN">
<html>
<head>
<title>Quiz</title>
</head>
<body>
<form action="auswertung.php"
method="get">
<h4>HTML-Quiz</h4>
<p>Dein Name:</p>
<input type="text" name="name"
size="30" />
<p>Wofür steht die Abkürzung
HTML?</p>
<input type="radio"
name="antwort" value="falsch" />
Hypertext Marker Language
<br />
<input type="radio"
name="antwort" value="korrekt"
/>Hypertext Markup Language
<br />
<input type="radio"
name="antwort" value="falsch" />
Hyper Textlink Markup Language
<br />
<input type="radio"
name="antwort" value="falsch" />
Hypertext Making Language
<br /><br />
<input type="submit"
name="senden"
value="Auswertung" />
</form>
</body>
</html>
```

Hinweis: Alle Radiobuttons müssen denselben Namen (`name`) erhalten. Die richtige Lösung wird über `value` übergeben.

b. Auswertung (auswertung.php):

```php
<?php
$antwort = $_GET["antwort"];
$name = $_GET["name"];
echo "Auswertung für $name:
```

```
<br />";
echo "Deine Anwort ist $ant-
wort.";?>
```

8 Formulare auswerten

a. Formular (fahrerlaubnis.html):
```
<!DOCTYPE html PUBLIC "-//W3C//
DTD HTML 4.01 Transitional//EN">
<html>
<head>
<title>F&uuml;hrerschein</title>
</head>
<body>
<form action="testen.php"
method="get">
<h4>F&uuml;hrerschein-Test</h4>
<p>Dein Alter:
<input type="text" name="alter"
size="1" /></p>
<p>Welchen F&uuml;hrerschein
willst du machen?</p>
<input type="radio"
name="antwort" value="a1" />
Mofa<br />
<input type="radio"
name="antwort" value="a2" />
A1 Leichtkraftrad bis 125
ccm<br />
<input type="radio"
name="antwort" value="a3" />
A Motorrad bis 25 kW<br />
<input type="radio"
name="antwort" value="a4" />
B Pkw<br />
<input type="radio"
name="antwort" value="a5" />
C Lkw<br />
<input type="radio"
name="antwort" value="a6" />
D Bus<br /><br />
<input type="submit" name=
"senden" value="Auswertung" />
</form>
</body></html>
```

b. Auswertung (testen.php):
```
<?php
$alter = $_GET["alter"];
$antwort = $_GET["antwort"];
$fahren = false;
if ($alter >=15 && $antwort ==
"a1") $fahren = true;
if ($alter >=16 && $antwort ==
"a2")  $fahren = true;
if ($alter >=18 && ($antwort
== "a3" || $antwort == "a4"
|| $antwort == "a5")) $fahren
=true;
if ($alter >=21 && $antwort ==
"a6")  $fahren = true;
if ($fahren) echo "Diesen
F&uuml;hrerschein kannst du ma-
chen!";
else echo "F&uuml;r diesen
F&uuml;hrerschein bist du noch
zu jung!";
?>
```
Hinweis:
Die Hilfsvariable $fahren ermöglicht
ein kompakteres Programm, da die Text-
ausgabe nur einmal erfolgt.

9 Textdatei lesen

a. –
b. Auslesen der Textdatei:
```
<?php
$datei = fopen("demo.txt","r");
while (!feof($datei)){
echo fgets($datei,1000)."<br />";
}
fclose($datei);
?>
```

10 CSV-Datei auslesen

a. –
b. Auslesen der CSV-Datei:
```
<!DOCTYPE html PUBLIC "-//W3C//
```

```
DTD HTML 4.01 Transitional//EN">
<html>
<head>
<title>Sporthaus</title>
</head>
<body>
<?php
$datei = fopen("artikel.
csv","r");
echo "<h3>Sportar tikel</h3>";
echo "<table border='1' cell-
spacing='0' cellpadding='3'>";
while (!feof($datei)){
$artikel =
fgetcsv($datei,500,";");
echo "<tr>
<td width='60'>$artikel[0]</td>
<td width='150'>$artikel[1]</td>
<td width='100'>$artikel[2]</td>
<td width='50'>$artikel[3]</td>
</tr>";
}
echo "</table>";
fclose($datei);
?>
</body>
</html>
```

11 Vorteile von Datenbanken kennen

a. Vorteile von Datenbanken:
   - Strukturierte und sichere Verwaltung großer Datenmengen
   - Gezielter Zugriff auf Daten durch Abfragen
   - Komfortable Eingabe neuer Daten, z. B. über Formulare
   - Gleichzeitiger Zugriff durch mehrere Nutzer
b. SQL (Structured Query Language)

12 SQL-Befehle kennen

a. SELECT * FROM sportartikel
b. SELECT * FROM sportartikel
   WHERE Best-Nr LIKE 800101
c. SELECT * FROM sportartikel
   ORDER BY preis
d. DELETE FROM sportartikel
   WHERE Best-Nr = 800105

10.6 Flash und ActionScript

1 Merkmale von Flash kennen

a. Argumente pro Flash:
   - Vielfältige Animationsmöglichkeiten
   - Komplexe Programmierung mit ActionScript
   - Einbindung von Schriften
   - Einfache Sound- und Videosteuerung
   - Als Offline-Anwendung realisierbar
b. Argumente contra Flash:
   - Nicht alle Rechner sind flashfähig (Browser benötigt Plug-in)
   - Längere Ladezeiten führen zu Wartezeit

2 Fachbegriffe zu Flash kennen

a. Zeitleiste: Fenster zur zeitlichen Steuerung des Films. Hierzu bewegt sich ein Abspielkopf mit einer einstellbaren Bildrate über die Bilder hinweg.
b. Symbol: Damit Objekte in der Bibliothek eines Flash-Films gespeichert werden, müssen sie in Symbole konvertiert werden. Symbole erhalten eine eigene Zeitleiste und können

durch Doppelklick bearbeitet werden.

c. Instanz: Instanzen sind Kopien eines Symbols auf der Bühne des Flash-Films. Jede Instanz kann in einem bestimmten Umfang (z. B. Farbe, Größe) bearbeitet werden.

d. Bühne: Alle Objekte, die sich beim Abspielen des Films auf der Bühne befinden, sind sichtbar.

3 Symbole unterscheiden

a. Movieclip: Objekte, die animiert werden sollen. Movieclips erhalten eine eigene Zeitleiste.

b. Schaltfläche: Objekte, die zur Steuerung dienen, z. B. Buttons. Die Zeitleiste besitzt vier besondere Zustände (siehe Aufgabe 4).

c. Grafik: Objekte, die vorwiegend für statische Anwendung gedacht sind, z. B. Hintergründe.

4 Schaltflächen-Symbole kennen

Die Lösung finden Sie auf Seite 881.

5 Animationstechniken unterscheiden

- Bild-für-Bild-Animation
- Tweening
  - Bewegung entlang von Pfaden
  - Größen-, Farbänderung
  - Drehung
  - Beschleunigung/Verlangsamung
- Form-Tweening
- Animationen mit Masken
- Inverse Kinematik
- Verschachtelte Animationen

6 Animationen erstellen

(Praktische Aufgabe)

7 Verschachtelte Animation erstellen

Vorgehensweise:
- Erstellen Sie die Seifenkiste.
- Machen Sie die Seifenkiste zu einem Movieclip-Symbol.
- Gehen Sie durch Doppelklick in den Bearbeitungsmodus des Symbols und erstellen Sie die innere Animation der Räder.
- Erstellen Sie in der Hauptzeitleiste die äußere Animation, also die Bewegung der Seifenkiste.

8 ActionScript-Befehl verstehen

a. In Zeile 1 wird der Abspielkopf angehalten. In Zeile 2 wird an ein Schaltflächen-Symbol mit Namen „button1" ein „Event-Listener" angebracht. Dieser reagiert auf bestimmtes Nutzerverhalten, in diesem Fall ein Mausklick. Tritt der „Event" ein, wird eine Funktion mit Namen „aktion" aufgerufen (Zeile 3).

b. `function aktion(event:`
`MouseEvent):void {`
`this.gotoAndStop(15);`
`}`

c. `button2.addEventListener`
`(MouseEvent.CLICK,aktion2);`
`function aktion2(event:`
`MouseEvent):void {`
`this.gotoAndStop(1);`
`}`

9 Flash-Filme veröffentlichen

a. HTML- und SWF-Datei
b. EXE-Datei (Windows-Projektor)
c. APP-Datei (Macintosh-Projektor)

10.7 Content Managment

1 CMS kennen

Content-Management-System

2 CMS für Digitalmedien und Print-medien unterscheiden

Database Publishing

3 Clientseitig – serverseitig unterscheiden

a. Clientseitige Systeme zum Content Management sind Webeditoren wie z. B. Dreamweaver, die die Verwaltung einer Seite erlauben. Durch die Verwendung von Template-Dateien und die Definition bearbeitbarer Bereiche lässt sich eine einheitliche Gestaltung und eine einfache Rechteverwaltung umsetzen. Die Seiten werden lokal auf einem Rechner erstellt und dann über einen FTP-Zugang auf den Webserver übertragen.
b. Serverseitige Content-Management-Systeme benötigen grundsätzlich keine Software oder bestimmte Einstellungen des Browsers auf dem Client. Die komplette Installation des CMS befindet sich auf dem Webserver. Sie können deshalb dort nach der Anmeldung mit Nutzername und Passwort sämtliche Arbeiten und die vollständige Administration von jedem Rechner mit Internetzugang aus durchführen.

4 Vorteile von Content-Management-Systemen kennen

- Mehrere Redakteure können den Content ohne Programmierkenntnisse pflegen.
- Kurzfristige Aktualisierung des Contents ist möglich.
- Die strikte Trennung in Frontend und Backend erleichtert die Administration und erhöht die Datensicherheit.
- Klare Rechtezuweisung erfolgt durch detaillierte Nutzerverwaltung.
- Strikte Trennung von Inhalt, Struktur und Layout ermöglicht z. B. die einfache Änderungen der Gestaltung oder mehrsprachige Seiten.
- Administration kann plattformunabhängig im Browser auf jedem Rechner durchgeführt werden, selbstverständlich nur nach der passwortgeschützten Anmeldung.
- Einfache Suchfunktion durch die Anbindung an die Datenbank.
- Einfache Erweiterung ist durch die zusätzliche Installation verschiedener Module oder Plug-ins möglich.
- Zeitliche Steuerung der Publikation, so genanntes Content Lifecycle Management, ist machbar.
- Freigabe oder Sperrung der Publikation der Inhalte erfolgt durch autorisierte Personen.

5 Arbeitweise eines Content-Management-Systems beschreiben

Der Nutzer gibt in der Adresszeile seines Browsers die gewünschte Internetadresse ein. Die Anfrage geht also an den Webserver. Dort wird sie entgegengenommen und verarbeitet. Zunächst wird überprüft, ob der Nutzer die zur Abfrage notwendigen Rechte besitzt. Falls der Nutzer die Berechtigung hat, holt das CMS die gesuchten Inhalte aus der Datenbank und schickt eine HTML-Datei an den Rechner des Nutzers. Der Browser zeigt die angefragte Seite an.

6 ECM kennen

Enterprise-Content-Management-Systeme, kommerzielle Highend-Systeme

7 Statische und dynamische Web-seiten unterscheiden

a. Statische Webseiten werden, nur mit HTML und CSS erstellt, ohne weitere Interaktivität oder Datenbankver-knüpfung.
b. Dynamische Webseiten enthalten wechselnde aus einer Datenbank generierte Inhalte.

8 Content Lifecycle Management festlegen

a. Das CMS steuert die zeitlichen Daten der Publikation von Inhalten.
b. Beginn und Ende der Veröffentli-chung.

9 Beiträge verwalten

In der Datenbank, in unserem Beispiel in einer MySQL-Datenbank

10 Templates erläutern

Templates sind Dateien, die das Aussehen der Internetseite im Webbrowser steuern.

11 Templates und CSS bearbeiten

Die Formatierung der Inhalte erfolgt über CSS.

12 index.php erläutern

Die „index.php" ist die Startdatei, die aufgerufen wird, wenn der Nutzer die URL der Seite in seinem Browser eingibt. Sie verknüpft die einzelnen Elemente wie Template und Datenbank.

13 index.php erläutern

Weil HTML keine Verbindung zur Datenbank herstellen kann. HTML ist eine reine Seitenbeschreibungssprache. Deshalb wird PHP als Programmiersprache benötigt.

14 Nutzerverwaltung organisieren

Verschiedene Nutzer arbeiten in unterschiedlichen Zugriffsebenen mit und an der Website.

15 Zugriffsebenen festlegen

a. Öffentlich: Jeder Nutzer, der die URL eingibt, kommt auf diese Seiten.
b. Registriert: Nur mit Nutzername und Passwort zugängliche Bereiche.

16 Entwicklungsumgebung erläutern

Eine lokale Entwicklungsumgebung ist ein auf einem Rechner installierter Server mit Datenbank und der Fähigkeit, eine Programmiersprache, z. B. PHP, auszuführen.

17 Entwicklungsumgebung unterscheiden

a. Windows: XAMPP
b. Mac OS: MAMP

18 Datenbank exportieren

phpMyAdmin

19 Datenbank importieren

phpMyAdmin

20 htdocs administrieren

Alle Dateien, die auf Ihren Webserver hochgeladen werden müssen.

21 Daten auf den Server laden

FTP – File Transfer Protocol

10.8 Online

1 Zulässige Domain-Namen kennen

a. grafik/design.de (wegen /)
   1a-design.de (wegen Ziffer)
   paul%design.net (wegen %)
   design.web (keine TLD)
b. günter.webdesign.info (Umlaute werden nicht von allen Browsern unterstützt)
   web-deseign.info (falsche Schreibweise, so dass der Domain-Name schlecht behalten wird)

2 Möglichkeiten der Domain-Registrierung kennen

- Bei DENIC oder InterNIC
- Beim Provider, der die Registrierung bei oben genannten Institutionen übernimmt.

3 Urheberrecht beachten

a. Das Urheberrecht schützt das geistige Eigentum des Urhebers vor dessen unrechtmäßiger Verwendung.
b. Nahezu sämtliche Inhalte einer Website: Layout, Text, Bilder, Sound, Videos, Animationen.

4 Impressum kennen

- Anschrift
- Telefon
- E-Mail
- Internetadresse
- Registergericht
- Registernummer
- Verantwortliche Person

Lösungen

5 Disclaimer kennen

a. Mit einem Disclaimer gibt der Betreiber einer Website an, dass er für die Inhalte *verlinkter* Seiten nicht verantwortlich ist.

b. Beispiele:
- Pornografisches Material
- Verfassungsfeindliches Material
- Urheberrechtlich geschütztes Material
- Falsche Behauptungen, Lügen
- Betriebsgeheimnisse
- Personenbezogene Informationen

6 Websites testen

a. Browser besitzen unterschiedliche „Parser", die für die Interpretation und Umsetzung des Quellcodes zuständig sind. Aus diesem Grund kann sich die Darstellung von Webseiten in Abhängigkeit vom Browser unterscheiden.

b. Microsoft Internet Explorer
   Mozilla Firefox
   Google Chrome

7 Validität kennen

Das Logo gibt an, dass die Website „validiert" wurde. Dies bedeutet, dass der Quellcode streng nach den Regeln von HTML (hier: Version 4.01) definiert wurde.

8 Dateinamen beachten

a. Webserver arbeiten oft unter Linux. Dieses Betriebssystem unterscheidet, im Unterschied zu Windows und Mac OS, zwischen Groß- und Kleinschreibung.

b. Links funktionieren nicht, referenzierte Dateien werden nicht gefunden.

9 Webhoster wählen

- Wie hoch sind die monatlichen Kosten?
- Wie viel Speicherplatz wird zur Verfügung gestellt?
- Welche Domain-Namen sind möglich?
- Sind Subdomains möglich?
- Wie viele Postfächer erhalte ich?
- Ist die monatliche Traffic-Rate begrenzt?
- Welche Webtechnologien sind möglich?
- Werden Nutzungsstatistiken angeboten?

10 Suchmaschinen-Ranking verbessern

- Titel: Formulierung eines aussagekräftigen Titels
- Keywords: Mehrfache Nennung wichtiger Begriffe, z. B. in Überschriften, im Text
- Links zu „wichtigen" Seiten
- Links auf die eigene Seite
- Beschreibung der Bilder mit Text

Hinweis:
Die früher oft genutzten Meta-Tags spielen heute fast keine Rolle mehr.

12.2.11 11 Audiovisuelle Medien

11.1 Audiotechnik

1 Grundbegriffe der Audiotechnik kennen

Aussage	w	f
Die Frequenz ist ein Maß für die Höhe eines Tones.	✘	
Der Hörbereich des Menschen liegt zwischen 20 Hz und 20 kHz.	✘	
Der Frequenzbereich unterhalb von 20 Hz wird als Ultraschall bezeichnet.		✘
Ein hoher Ton besitzt eine niedere Frequenz, ein tiefer Ton eine hohe Frequenz.		✘
Die Amplitude einer Schwingung ist ein Maß für die Stärke des Tones.	✘	
Unser Ohr bzw. Gehirn „arbeitet" logarithmisch.	✘	
Klänge bestehen aus einem Grundton plus Obertönen.	✘	
Obertöne über 20 kHz werden nicht wahrgenommen.		✘
Ein Klang besteht immer aus einem Frequenzgemisch.	✘	
Die drei Gehörknöchel heißen Meisel, Amboss und Steigbügel.		✘

2 Ton, Klang, Geräusch unterscheiden

a. Ein Ton ist immer eine sinusförmige Schwingung mit einer einzigen Frequenz.
b. Ein Klang setzt sich aus Grund- und Obertönen zusammen, die sich additiv überlagern. Bei harmonischen Klängen (Instrumente, Stimmen) besitzen die Frequenzen ein ganzzahliges Verhältnis.
c. Ein Geräusch ergibt sich aus einem Frequenzgemisch ohne ganzzahligen Zusammenhang.

3 Logarithmische Pegel verstehen

a. Eine logarithmische Skala teilt die Achse nicht linear, sondern in Zehnerpotenzen: 1, 10, 100, 1.000, 10.000 usw. Durch Anwendung des Logarithmus ergeben sich ganze Zahlen: $\log 1 = 0$, $\log 10 = 1$, $\log 100 = 2$ usw.
b. Unser Ohr hört ebenfalls logarithmisch und nicht linear (vgl. Weber-Fechner-Gesetz auf Seite 954).
c. Dezibel [dB]

4 Shannon-Theorem kennen

a. Die Abtastfrequenz muss mindestens doppelt so hoch sein wie die maximale Signalfrequenz.
b. 40 kHz
c. Weil die Obertonreihe deutlich höhere Frequenzen besitzt, werden diese bei der Digitalisierung mit z. B. 44,1 kHz nicht vollständig erfasst.

5 Kennwerte digitalen Sounds verstehen

a. Die Abtastfrequenz gibt die Anzahl an Messwerten an, die pro Sekunde ermittelt werden. Sie wird in Hertz (Hz bzw. kHz) angegeben.
b. Die Abtastfequenz muss nach dem Shannon-Theorem doppelt so hoch sein wie die höchste Signalfrequenz.
c. Die Abtasttiefe gibt die Anzahl an Stufen an, denen die (analogen) Abtastwerte zugeordnet werden. Sie wird in der Speichereinheit Bit angegeben.
d. Abtastfrequenz:
44,1 kHz, 96 kHz, 192 kHz
Abtasttiefe:
16 Bit, 24 Bit

Lösungen

6 Datenmenge von Sound berechnen

a. D = 2 Byte · 44.100 Hz · 2 · 30 · 60 s
   = 317.520.000 Byte
   = 302,8 MB
b. 302,9 MB : 30 min = 10,09 MB/min
   700 MB : 10,09 MB/min = 69,35 min

7 Datenstrom von Sound berechnen

a. D = 3,78 MB = 3870,7 KB
   = 3.963.617 B = 31.708.938 b (Bit)
   ≈ 31.709 kb (Kilobit)
   d = 31.709 kb / 240 s = 132,1 kb/s
b. Nein, da 128 kb/s < 132,1 kb/s

8 Audioformate kennen

a. WAV, AIF(F)
b. MP3, AAC, WMA, RA

9 MP3-Setting kennen

a. VBR steht für „Variable Bit Rate" und bedeutet, dass sich die Bitrate bei der Encodierung zur Verbesserung der Qualität ständig an den Sound anpasst.
b. ID3-Tags sind Zusatzinformationen über Interpret, Titel, Genre usw., die mit den Sounddaten in der MP3-Datei gespeichert werden.
c. Joint Stereo führt zu einer weiteren Datenreduktion, indem nur die Differenz zwischen dem linken und rechten Kanal (und nicht beide Kanäle komplett) gespeichert werden.

10 DRM kennen

DRM steht für „Digital Rights Management". Es handelt sich dabei um ein Verfahren, eine Sounddatei (oder Videodatei) mit einem digitalen „Wasserzeichen" zu versehen, so dass sie nur noch mittels Lizenz auf bestimmten Playern abgespielt werden kann.

11 Steckerbezeichnungen kennen

a. Von links nach rechts: Cinch, Klinke, XLR, Speakon
b. Cinch: Audiogeräte, Audio-Interface
   Klinke: Kopfhörer, Instrumente
   XLR: Lautsprecher
   Speakon: Lautsprecher

12 Komponenten für Homerecording kennen

- (Digitales) Mischpult
- Mikrofon(e)
- Studiomonitore
- Kopfhörer
- Computer mit Audio-Interface
- Masterkeyboard, Synthesizer
- evtl. Effektgeräte

13 Sound aufnehmen

a. Abtastfrequenz, Abtasttiefe, Kanalanzahl
b. Der Pegel soll so nah wie möglich an der Aussteuergrenze liegen, darf diese aber nicht überschreiten, da es sonst zum Abschneiden (Clippling) des Signals kommt.

14 Dolby Digital kennen

- 5.1 erfordert 6 Lautsprecher: Vorne links, mittig und rechts, hinten links und rechts, die Platzierung des Subwoofers ist beliebig.

- 6.1 erfordert 7 Lautsprecher:
  Vorne links, mittig und rechts, hinten links, mittig und rechts, die Platzierung des Subwoofers ist beliebig.
- 7.1 erfordert 8 Lautsprecher:
  Vorne links, mittig und rechts, hinten links, halb links, halb rechts, rechts, die Platzierung des Subwoofers ist beliebig.

15 Rückkopplung vermeiden

a. Zur Rückkopplung kommt es, wenn ein Mikrofonsignal verstärkt wird, aus dem Lautsprecher kommt, wieder aufgenommen, erneut verstärkt wird usw. Sie äußert sich durch schrille und laute Pfeiftöne.
b. Das oder die Mikrofone müssen unbedingt *hinter* den Lautsprechern aufgestellt werden.

16 Sound nachbearbeiten

a. Normalisieren ist eine Anhebung aller Pegel, so dass der höchste Pegel gerade die Aussteuergrenze erreicht. Die Dynamik des Sounds wird hierdurch verbessert.
b. Schneiden heißt, die Länge (Dauer) eines Sounds zu verändern.
c. Loopen bedeutet, Anfang und Ende des Sounds aneinander anzupassen, so dass ein Abspielen als Schleife (Loop) möglich wird.
d. Faden heißt, den Anfang bzw. das Ende eines Sounds ein- bzw. auszublenden.
e. Unter Pitching versteht man die Veränderung der Tonhöhe.

11.2 Videotechnik

1 Bildaufbau bei Fernseher und Monitor unterscheiden

Beim Fernseher kommt das Interlace-Verfahren zum Einsatz: Hierbei werden abwechselnd alle geraden und ungeraden Bildzeilen geschrieben, um eine (scheinbare) Verdopplung der Bildwiederholfrequenz (25 Hz bei PAL) zu erzielen.

Bei Computermonitoren werden stets alle Zeilen geschrieben (Progressive Mode). Die Bildwiederholfrequenz ist höher (z. B. 60 Hz), so dass ein flimmerfreies Bild erreicht wird.

2 Fernsehnormen kennen

a. PAL
b. SECAM
c. NTSC

3 PAL-Fernsehnorm kennen

a. 25p bzw. 50i
b. 4:3
c. 720 x 576 Pixel

4 Bilddarstellung am Fernseher kennen

a. Letterbox-Verfahren:
   Breite wird angepasst, oben und unten erscheinen schwarze Balken.
b. Anamorphotisch:
   Streckung in vertikaler Richtung, Bild wird verzerrt.
c. 16:9-Umschaltung:
   Breite und Höhe werden proportional

Lösungen

angepasst, Bild wird links und rechts beschnitten.

5 Videosignal verstehen

Unser Auge nimmt Helligkeitsunterschiede besser wahr als Farbunterschiede. Deshalb ist es sinnvoll, das Helligkeits- vom Farbsignal zu trennen. Bei der Digitalisierung kann der Farbanteil deutlich stärker komprimiert werden als der Helligkeitsanteil.

6 Videodigitalisierung verstehen

a. Color-Subsampling heißt, dass die beiden Farbanteile des Videosignals stärker komprimiert werden als der Helligkeitsanteil. Dies geschieht dadurch, dass z. B. von jeweils vier Pixeln nur ein Farbwert gespeichert wird.
b. Datenreduktion durch Color-Subsampling:
  - 4:2:2
    Von 4 Pixeln wird 4 x die Helligkeit, 2 x Farbanteil U und 2 x Farbanteil V gespeichert.
    Verbleibende Datenmenge:
    $8/12 = 2/3 = 66\%$
  - 4:1:1
    Von 4 Pixeln wird 4 x die Helligkeit, 1 x Farbanteil U und 1 x Farbanteil V gespeichert.
    Verbleibende Datenmenge:
    $6/12 = 1/2 = 50\%$

7 Kennwerte eines Camcorders nennen

- Camcorder-System (DV, HDV, AVCHD)
- Bildformat/-verhältnis

- Speichermedium
- Datenstrom in MBit/s
- Größe
- Gewicht
- Mikrofon
- Ein- und Ausgänge
- Akkuleistung

8 Drei-Punkt-Ausleuchtung kennen

a. Führungslicht (Key Light)
   Aufhellung (Fill Light)
   Spitzlicht (Back Light)
b. Das Führungslicht kommt von schräg oben und wird seitlich neben der Kamera platziert.
   Die Aufhellung befindet sich im 90°-Winkel zum Führungslicht. Es kann sich um reflektierendes Material handeln.
   Das Spitzlicht kommt von hinten oben, um den Kontrast zwischen Vorder- und Hintergrund zu erhöhen.

9 Grundbegriffe des Videoschnitts kennen

- Aufnahmen von Camcorder in PC überspielen
- Szenenfolge festlegen (Grobschnitt)
- Feinschnitt vornehmen
- Überblendungen hinzufügen
- Titel, Vor- und Abspann ergänzen
- Film nachvertonen
- Film rendern
- Film auf Datenträger überspielen

10 Timecode kennen

a. 00:12:41:15
   Der Abspielkopf befindet sich in der 0. Stunde, 12. Minute, 41. Sekunde auf Frame 15.

1097

b. PAL besitzt 25 Vollbilder, so dass ein Bild 1/25 = 0,04 Sekunde dauert.

11 Datenmenge berechnen

Datenrate:	25 MBit/s
	= 25.000.000 Bit/s
	= 3.125.000 Byte/s
Dauer:	30 min = 1.800 s
Datenmenge:	1.800 s · 3.125.000 B/s
	= 5.625.000.000 Byte
	= 5,24 GB

12 Datenstrom berechnen

a. 360 · 288 · 16 Bit · 25 Bilder/s
   = 41.472.000 Bit/s
   = 41.472 kBit/s
   (Datenströme werden mit k = 1.000 berechnet)
b. Er muss mindestens um den Faktor 41,5 : 1 reduziert werden. Beachten Sie, dass dies ein theoretischer Wert ist, da die Datenrate von 1000 kBit/s nicht erreicht wird. Die tatsächliche Reduktion muss also noch deutlich höher sein, z. B. auf 500 kBit/s.

13 Fachbegriffe der digitalen Videoproduktion erklären

a. Video-Codec: Kompressionsalgorithmus zur Reduktion der Datenmenge, z. B. MPEG-2, Sorenson, Motion-JPEG
b. Framerate (Bildwiederholfrequenz): Anzahl an Einzelbildern pro Sekunde, z. B. 25 Vollbilder bei PAL
c. Color-Subsampling: Reduktion der Farbinformation des Videosignals
d. Datenstrom (Bitrate): Datenmenge, die pro Sekunde Video anfällt. Einheit: kBit/s, MBit/s

e. Containerformat: Dateiformat, das neben den Videodaten auch Audiodaten und weitere Informationen (z. B. Untertitel) speichert.

14 Containerformate kennen

- QuickTime: MOV
- Windows Media Video: WMV
- MPEG: MPEG, MPG
- Flash Video: FLV, F4V

15 Verfahren der Videokompression kennen

a. Bei *räumlicher Kompression* wird jedes Einzelbild für sich komprimiert. Es kommen dabei Algorithmen zum Einsatz, die auch in der Bildverarbeitung verwendet werden.
   Bei *zeitlicher Kompression* werden immer ganze Bildfolgen (GOP) betrachtet und lediglich die Informationen gespeichert, die sich verändern.
b. Räumliche Kompression: JPEG
   Zeitliche Kompression: MPEG

16 MPEG-Kompression erklären

a. I-Frames speichern die Bildinformationen des gesamten Bildes.
b. P-Frames speichern lediglich die geänderten Bildbereiche im Vergleich zum vorherigen Bild.
c. Bei B-Frames handelt es sich um interpolierte (berechnete) Bilder. Zusätzlich zum vorherigen wird auch das nachfolgende Bild zur Berechnung herangezogen.

Lösungen

17 Videoübertragung im Internet kennen

a. *Streaming:*
Streaming überträgt Daten in Echtzeit (live), so dass das Video bereits während der Übertragung betrachtet werden kann. Die Datenrate des Internetzugangs muss höher sein als der Datenstrom des Videos.
Progressive Download:
Bei diesem Verfahren liegen die Videodaten bereits komplett vor, werden also nicht live erzeugt. Das Abspielen der Daten ist bereits während der Übertragung möglich. Der Nutzer kann an jede beliebige Stelle des Videos springen.
b. Streaming:
Livesendungen, Videokonferenzen
Progressive Download:
Video-on-Demand, Videoportale

18 Tonformate kennen

a. 6 Lautsprecher (davon 1 Subwoofer für die Bässe)
b. Vorne links, vorne mittig, vorne rechts, hinten links, hinten rechts, die Platzierung des Subwoofers ist beliebig.

12.3 Links, Normen, Literatur

12.3.1	Internetadressen	1102
12.3.2	DIN-/ISO-Normen	1106
12.3.3	Literatur	1109

12.3.1   Internetadressen

In den einzelnen Kapiteln des Kompendiums sind eine Vielzahl von Internetanschriften aufgeführt. Diese werden hier nicht wiederholt. Hier ist eine Auswahl von Anschriften von allgemeinem Interesse aufgeführt, die Ihnen zumeist Grundinformationen zu bestimmten Themen vermitteln.

Audioeditoren (Auswahl)
www.steinberg.net/de/products/cubase
www.apple.com/logicstudio
www.sonycreativesoftware.com/soundforge
www.adobe.com/products/soundbooth
http://audacity.sourceforge.net

Adobe (Download)
http://get.adobe.com/de/flashplayer
www.adobe.com/de/products/indesign-server
www.adobe.com/de/products/creative-suite/design

Antiviren-Software (Auswahl)
www.avira.de
www.avast.de
www.avg.com
www.bitdefender.de
www.f-secure.com
www.microsoft.com/security_essentials
www.kaspersky.com/de
www.symantec.com/de
www.sophos.com/products/free-tools

Bedrohung durch Schadsoftware
www.botfrei.de
http://worldmap.f-secure.com

Berufsausbildung und Studium
www.krawumm.de
www.zfamedien.de
www.jgs-stuttgart.de
www.hauchler.de
www.gutenberg-frankfurt.de
http://technikerschule.g16hamburg.de

www.hdm-stuttgart.de
www.fbm.htwk-leipzig.de/de/fakultaet-medien
www.fbe.uni-wuppertal.de
www.beroobi.de

Bildarchive (Auswahl)
www.aboutpixel.de
www.photocase.com
www.pixelquelle.de
www.presseportal.de/obs
www.clipartsalbum.com
www.sxc.hu

Color-Management/Farbsysteme
www.basiccolor.de
www.colormanagement.de
www.color.org
www.colorgate.com
www.colorlogic.de
www.datacolor.eu
www.eci.org
www.gretagmacbeth.com
www.gmgcolor.com
www.hks-colour.de
www.xrite.com

Computerhersteller
www.apple.de
www.microsoft.de
www.ibm.de

Content-Management-Systeme, Übersicht
www.contentmanager.de
www.joomla.org

Corporate Identity
www.ci-portal.de
http://styleguide.bundesregierung.de

Datenträger, Monitore, Videotechnik
www.formac.com
www.eizo.de

Links, Normen, Literatur

Deutsches Institut für Normung
www.din.de
www.beuth.de

Deutsche Nationalbibliothek
www.d-nb.de

Digitaldruck + Web-to-Print
www.digitaldruck-forum.org
www.print-media-forum.de
www.xeikon.com
www.xerox.com
www.oce.de oder .com
http://graphics.kodak.com/DE/de/default.htm
www.publisher.ch

Drucker und digitale Bildverarbeitung
www.canon.de
www.epson.de
www.hp.com
www.oce.com

Druckmaschinenhersteller
www.edelmann-graphics.com
www.heidelberg.com
www.manroland.com
www.presstek.com
www.gallus-group.com/de
www.kba-print.de
www.zirkon-print.com
www.ryobi.de
www.systec-bielefeld.de
www.krause.de
www.isimat.com
www.b-sester.de/

Forschungsgesellschaften Druck
www.fogra.org
www.ugra.ch

Fotografie
www.agfaphoto.com
http://de.leica-camera.com/home
www.nikon.de

www.fotoabc.de
www.fotografie.ch
www.sinar.ch
www.designerinaction.de

HTML-/CSS-Kompendium
http://de.selfhtml.org/
http://wiki.selfhtml.org/wiki

Information, Lernen, Lernplattformen
www.cleverprinting.de
www.mediencommunity.de
www.mediencommunity.de/trainercommunity
www.moodle.de/
www.learn4print.com (Kostenpflichtig)
www.vsd.ch > Lernwerkstatt des
Schweizer Verbandes der Druckindustrie

ISBN-Agentur für Deutschland
www.german-isbn.org

IT, Kommunikationstechnologie
www.agfa.de
www.canon.de
www.konicaminolta.de

Belichter, CtP, Gravur
www.luescher.com
www.graphics.kodak.com
www.hell-gravure-systems.com

Märkte und Verbraucherverhalten
www.acnielsen.de
http://de.statista.com/statistik/spss/
www.gfk.com
www.gfk-verein.org

Messgeräte, Kontrollstreifen, Software
www.colorpartner.de
www.systembrunner.com
www.techkon.de

MP3-Encoder Lame
http://lame.sourceforge.net

Musikverwertung
www.gema.de

OpenOffice.org
http://de.openoffice.org

Software
www.latex-project.org
http://latex.hpfsc.de
www.ibrams.com

Typografie, Gestaltung, Grafik
www.designerinaction.de
www.desig-n.de
www.designguide.at
www.druckschriften.de
www.forum-typografie.de
www.brandsoftheworld.com
www.tutorials.de
www.typolexikon.de
www.typografie.inf
www.tyypo-info.de
www.tdc-ny.de
www.blender.org

Kommunikationsmodelle
www.schulz-von-thun.de

Medienrecht
www.urheberrecht.org
http://bundesrecht.juris.de/urhg/index.html
http://bundesrecht.juris.de/urhwahrng/index.html
http://www.bpb.de/themen/0GNUL9,0,0,Urheberrecht.html
http://irights.info
www.bildungsserver.de > Suchwort Medienrecht

Normlicht
www.just-normlicht.de

Papierhersteller
www.berberich.de

www.deutschepapier.de
www.sappi.de
www.scheufelen.de
www.stp.com
www.upm-kymmene.de
www.myllykoski.com/DE/frontpage.htm

Qualitätssicherung und Messtechnik
www.techkon.de

QuarkXPress (Download)
http://8.quark.com/de

Sozialwissenschaftliche Forschung und Beratung
www.sinus-sociovision.de

SwissTechnorama Science Center
www.technorama.ch

Systemschriften (Windows und Mac)
http://www.microsoft.com/typography/fonts

Verbände, Organisationen und Messen in Deutschland (Auswahl)

- Bundesverband Druck und Medien
  www.bvdm-online.de

- Dienstleistungsgewerkschaft Verdi
  www.verdi.de

- Druck und Form (Messe)
  www.druckform-messe.de

- DRUPA (Messe)
  www.drupa.de

- European Web Association
  www.ewa-print.de

- Forum Corporate Publishing
  www.forum-corporate-publishing.de

Links, Normen, Literatur

- Fachverband Führungskräfte Druckindustrie + Informationsverarbeitung
  www.fdi-ev.de

- IRD – Institut für rationale Unterneh-
  mensführung in der Druckindustrie
  www.ird-online.de

- Photokina (Messe)
  www.photokina.de

- Verband der Mineralfarbenindustrie
  www.vdmi.de

- Verband Papier, Druck und Medien
  Südbaden
  www.vpdm.de

- WAN-IFRA
  www.wan-ifra.org

Videoeditoren (Auswahl)
www.avid.de
www.adobe.com/products/premiere
www.adobe.com/products/premiereel
www.apple.com/de/finalcutstudio/cut-
pro/
www.apple.com/de/finalcutexpress
www.apple.com/ilife/imovie
http://explore.live.com/windows-live-
movie-maker
www.pinnaclesys.com

Videotechnologien und -player
http://get.adobe.com/de/flashplayer
www.apple.com/de/quicktime
www.divx.com
www.microsoft.com/windows/win-
dowsmedia
www.mpeg.org
www.realnetworks.com
www.videolan.org

Webbasiertes Betriebssystem
www.eyeos.org

Webdesign, barrierefrei
www.barrierefreies-webdesign.de

Web-/Internethandel
www.ecommerce-lounge.de

Webhoster (Übersicht/Vergleich)
www.onlinekosten.de
www.billiger-surfen.de
www.webhostlist.de
www.webhosting-test.de

Webtechnologien und erforderliche
Webbrowser
www.caniuse.com

Webstatistiken z.B. Browsernutzung
http://marketshare.hitslink.com

Webbrowser
http://www.microsoft.com/upgrade
www.mozilla.de
www.google.com/chrome
http://support.apple.com/downloads
www.opera.com/download

Wettbewerbe
www.biene-award.de
www.bvdm.org/medienaward
www.tdc-ny.de
www.red-dot.de (Design Award)

Workflow/CIP4-Organisation
www.cip4.org
www.cgs-oris.com

Zeitungsdesign, Zeitungsentwicklung
www.editorial-design.com
www.newspaperaward.org
http://pressedesign.de/index.html
www.zeitungsdesign.net
www.bdzv.de/junge_leser_studien.html
www.presseportal.de

1105

12.3.2 DIN-/ISO-Normen

In dieser Normenübersicht ist ein Auszug aus dem Normenkatalog des Deutschen Instituts für Normung e.V. zusammengestellt. Es sind aktuelle und unserer Ansicht nach wichtige DIN- und ISO-Normen der Medienindustrie aufgeführt.
Die Durchsicht dieser aufgelisteten Normen verschafft auch dem weniger informierten Leser einen kleinen Eindruck, mit welchen Technologien und Vorgaben sich die Medienindustrie insgesamt auseinandersetzen muss.

12.3.2.1 Fachsprache, Terminologie, Einheiten, Korrektur

DIN 1301-1 .... Einheiten; Einheitennamen, Einheitenzeichen
DIN 1301-2 .... Einheiten; allgemein angewandte Teile und Vielfache
DIN 1338 .... Formelschreibweise und Formelsatz
Beiblatt 1: Form der Schriftzeichen
Beiblatt 2: Ausschluss in Formeln
DIN 16 511 .... Korrekturzeichen Text
DIN 16 518 .... Klassifikation der Schriften
DIN 16 521 .... Linien im graphischen Gewerbe; Arten und Dicken
DIN 16 543 .... Aufsichts-Grauskala für die Reproduktionstechnik; 14-stufig
DIN 16 544 .... Drucktechnik; Begriffe der Reproduktionstechnik
DIN 16 547 .... Rasterwinklungen bei der Farben-Rasterreproduktion
DIN 16 549-1 .... Korrekturzeichen – Teil 1: Bild
DIN 16 553 .... Druck- und Reproduktionstechnik; Passsystem
DIN 16 600 .... Drucktechnik; Flächendeckungsgrad von Rastertonwerten auf transparentem Material in der Reproduktionstechnik
DIN 31 630-1 .... Registererstellung; Begriffe, Formate, Gestaltung von gedruckten Registern
DIN ISO 12 647-1 .... Prozesskontrolle für die Herstellung von Raster-Farbauszügen, Andruck, Prüfdruck und Auflagendruck – Teil 1: Parameter und Messmethoden
DIN ISO 12 647-2 .... Prozesskontrolle für die Herstellung von Raster-Farbauszügen, Andruck, Prüfdruck und Auflagendruck – Teil 2: Flachdruckverfahren
DIN ISO 12 647-3 .... Prozesskontrolle für die Herstellung von Raster-Farbauszügen, Andruck, Prüfdruck und Auflagendruck – Teil 3: Coldset-Rollenoffset und Hochdruck auf Zeitungspapier
E DIN 16 507-2 .... Drucktechnik; digitaler Satz und verwandte Techniken

12.3.2.2 Drucktechnik, Druckkontrolle, Druckverfahren, Druckprozesse

ISO 12 642 .... Drucktechnik
DIN ISO 12 647 .... Prozessstandard Offsetdruck
ISO 15 929 .... PDF/X-Ansatz und PDF/X-Normteile
ISO 15 930-1 bis 3 ..... PDF/X-1 bis PDF/X-3
ISO 16 536 .... Farbdichtemessung an Drucken
DIN ISO 16 527-1 .... Drucktechnik; Kontrollfelder, Kontrollbild, Kontrollmarke; Grundbegriffe
DIN ISO 16 527-2 .... Drucktechnik; Kontrollfelder; Anwendung in der Reproduktionstechnik
DIN ISO 16 527-3 .... Drucktechnik; Kontrollfelder; Anwendung im Druck
DIN 16 528 .... Drucktechnik; Begriffe für den Tiefdruck

Links, Normen, Literatur

DIN 16 620-1 .... Drucktechnik; Druckplatten für den indirekten Flachdruck (Offsetdruck) – Teil 1: Maße

DIN 16 620-2 .... Drucktechnik; Druckplatten für den indirekten Flachdruck (Offsetdruck) – Teil 2: Druck-formherstellung; Begriffe und messtechnische Zusammenhänge

DIN 16 620-3 .... Drucktechnik; Druckplatten für den indirekten Flachdruck (Offsetdruck) – Teil 3: Ein-richten und Druck; Begriffe

DIN 16 621 .... Drucktechnik; Drucktücher für den indirekten Flachdruck (Offsetdruck); Begriffe, Anforderungen, Prüfung, Kennzeichnung

12.3.2.3 Farben, Farbbegriffe, Farbnormen, Farbprüfung, Materialien

ISO 2846 .... Farbe der Skalendruckfarben

DIN ISO 2846-1 .... Farbe und Transparenz der Skalendruckfarben für den Vierfarbendruck – Teil 1: Bogen- und Rollenoffset-Heatset-Druck

ISO 3664 .... Beleuchtung

ISO 4512 .... Fotografische Senitometrie

ISO 5033 .... Farbmessung

ISO 12 642 .... CM-Testformen

ISO 12 647 .... Reproduktion

ISO 13 655 .... Spektrale Messung

DIN 16 515-1 .... Farbbegriffe im graphischen Gewerbe; Drucktechnik

DIN 16 519 .... Prüfung von Drucken und Druckfarben; Herstellung von Norm-Druckproben

DIN 16 519-2 .... Prüfung von Drucken und Druckfarben; Herstellung von Norm-Druckproben für optische Messungen

DIN 16 524-1 .... Prüfung von Drucken und Druckfarben; Widerstandsfähigkeit gegen verschiedene physikalische und chemische Einflüsse Teil 1: Wasser-Echtheit, Lösemittel-Echtheit

DIN 16 524-2 .... Prüfung von Drucken und Druckfarben; Widerstandsfähigkeit gegen verschiedene physikalische und chemische Einflüsse, Alkali-, Seifen-, Waschmittel-Echtheit

DIN 16 524-3 .... Prüfung von Drucken und Druckfarben; Widerstandsfähigkeit gegen verschiedene physikalische und chemische Einflüsse, Käse-, Speisefett-, Paraffin- und Wachs-, Gewürz-Echtheit

DIN 16 524-6 .... Prüfung von Drucken und Druckfarben der Drucktechnik; Widerstandsfähigkeit gegen verschiedene physikalische und chemische Einflüsse – Teil 6: Verhalten von Getränkeflaschenetiketten gegen Laugendurchdringung und Laugenbeständigkeit

E DIN 16 524-7 .... Prüfung von Drucken und Druckfarben der Drucktechnik; Widerstandsfähigkeit gegen verschiedene physikalische und chemische Einflüsse.

DIN 16 525 .... Prüfung von Drucken und Druckfarben; Widerstandsfähigkeit gegen verschiedene physikalische und chemische Einflüsse, Lichtechtheit

DIN 16 526 .... Druckfarben für die Drucktechnik; Kennzeichnung der Eigenschaften der Druck-farben für Hoch- und Flachdruck auf dem Etikett

DIN ISO 16 536-1 .... Prüfung von Drucken und Druckfarben der Drucktechnik; Farbdichtemessungen an Drucken – Teil 1: Begriffe und Durchführung der Messung

DIN ISO 16 536-2 .... Prüfung von Drucken und Druckfarben der Drucktechnik; Farbdichtemessungen an Drucken – Teil 2: Anforderungen an die Messanordnung von Farbdichtemessgerä-ten und ihre Prüfung

DIN ISO 16 546 .... Drucktechnik; Filter für Farbauszüge in der photo-mechanischen Reproduktions-technik; Spektrale Eigenschaften

ISO 16 549 ....Druckvorstufe
DIN 16 609/16 610 .....Drucktechnik; Durchdruck; Begriffe für den Siebdruck
DIN 16 611.................Drucktechnik; Messgrößen im Siebdruck

12.3.2.4 Papiererzeugnisse, Papierformate, Vordruckgestaltung und Datenverarbeitung

DIN 198 ....Papier-Endformate nach DIN 476 - Beispiele für die Anwendung der A-Reihe
DIN 476-1/ISO 216.....Schreibpapier und Gruppen von Drucksachen, Endformate A- und B-Reihen
DIN 476-2 ....Papier-Endformate; C-Reihe
DIN 676 ....Geschäftsbrief – Einzelvordrucke und Endlosvordrucke
DIN 678-1 ....Briefhüllen – Teil 1: Formate
DIN 678-2 ....Briefhüllen – Teil 2: Verarbeitung in Kuvertiermaschinen
DIN 680 ....Fensterbriefhüllen; Formate und Fensterstellung
DIN 4991 ....Geschäftsvordrucke; Rahmenmuster für Handelspapiere; Anfrage, Angebot, Bestellung, Bestellungsannahme, Lieferschein/Lieferanzeige und Rechnung
DIN 5000...................Faltblätter für Fremdenverkehrswerbung
DIN 6730 ....Papier und Pappe; Begriffe
DIN 9771 ....Papiere für die Datenverarbeitung – Papiere für Endlosvordrucke – Abmessungen
DIN 16 604 ....Zeitungen; Papierformate und Anzeigen-Satzmaße

12.3.2.5 Dokumentenstruktur, Titelangaben, technisches Zeichnen und ISBN

DIN 1421 ....Gliederung und Benummerung in Texten; Abschnitte, Absätze, Aufzählungen
DIN 1450 ....Leserlichkeit
DIN 1505-1 ....Titelangaben von Dokumenten; Titelaufnahme von Schrifttum
E DIN 1505 ....Beiblatt 1: Titelangaben von Schrifttum; Abkürzungen
DIN ISO 2108 ....Information und Dokumentation – Internationale Standard-Buchnummer (ISBN)
DIN ISO 5456-2 ....Normalprojektion
DIN ISO 5456-3 ....Axometrie

12.3.2.6 Qualitätsmanagement

DIN ISO 9000-4 ....Normen zu Qualitätsmanagement und zur Darlegung von Qualitätsmanagementsystemen – Leitfaden zum Management von Zuverlässigkeitsprogrammen
DIN EN ISO 9001.......Qualitätsmanagementsysteme – Anforderungen (ISO 9001:2000)
DIN EN ISO 9004.......Qualitätsmanagementsysteme – Leitfaden zur Leistungsverbesserung (ISO 9004:2000)
DIN ISO 10012-1 ....Forderungen an die Qualitätssicherung für Messmittel
DIN ISO 10013 ....Leitfaden für die Erstellung von Qualitätsmanagement-Handbüchern
DIN 69 901 ....Projektdefinition
DIN 69 904 ....Projektmanagement

12.3.3 Literatur

Links, Normen, Literatur

Kerstin Alexander
**Kompendium der visuellen Information
und Kommunikation**
Springer-Verlag 2007
ISBN 978-3-540-48930-6

Christian Allesch, Otto Neumaier
**Rudolf Arnheim – oder die Kunst der
Wahrnehmung – Ein interdisziplinäres
Portrait**
Facultas Universitätsverlag 2004
ISBN 978-3851148275

Tom Ang
Digitale Fotografie und Bildbearbeitung
Dorling Kindersley 2004
ISBN 3-8310-0632-6

Thomas Armbrüster
Mac OS X 10.5
Galileo Design 2008
ISBN 978-3-8362-1006-5

Rudolf Arnheim
Anschauliches Denken
Dumont 1996
ISBN 3-7701-3724-8

Rudolf Arnheim
**Kunst und Sehen – Eine Psychologie
des schöpferischen Auges**
De Gruyter 2000
ISBN 3-11-016892-8

Hendrik Backerra u. a.
Kreativitätstechniken
Hanser-Verlag 2007
ISBN 3-446-41233-6

Rainer Baginski
Über Werber und Werbung
Hanser-Verlag 2000
ISBN 3-446-19828-6

David Bann
Die moderne Druckproduktion
Stiebner-Verlag 2007
ISBN 978-3830713319

Andreas Baumann u. a.
**Medien
verstehen – gestalten – produzieren**
Europa-Verlag 2010
ISBN 978-3-8085-3525-7

Michael Baumgardt
Web Design kreativ!
Springer-Verlag 2000
ISBN 3-540-66742-3

Markus Beier, Vittoria von Gizycki
Usability
Springer-Verlag 2002
ISBN 978-3-540-4191-4

Michael Bender, Manfred Brill
Computergrafik
Hanser-Verlag 2006
ISBN 3-446-40434-1

Johannes Beste u. a.
Rechnungswesen für Medienberufe
Bildungsverlag EINS
ISBN 978-3-427-32502-4

Andreas Blank u. a.
**Allgemeine Wirtschaftslehre für
Medienberufe**
Bildungsverlag EINS 2007
ISBN 978-3-427-32500-0

Joachim Blum, Hans-Jürgen Bucher
Die Zeitung: Ein Multimedium
UVK Medien 1998
ISBN 978-3-89669-21-9

J. Böhringer, P. Bühler, P. Schlaich
**Präsentieren in Schule,
Studium und Beruf**
Springer-Verlag 2007
ISBN 3-540-45704-6

1109

Gui Bonsiepe
Interface
Bollmann 1996
ISBN 978-3-927901-84-1

Gui Bonsiepe
Digitale Welt und Gestaltung.
Ausgewählte Schriften zur Gestaltung
Birkhäuser 2007
ISBN 978-3-7643-7822-6

N. Bourquin, S. Ehmann u.a
Data Flow 2: Informationsgrafik und
Datenvisualisierung
Die Gestalten Verlag 2010
ISBN 978-3-89955-295-9

Christof Breidenich
@Design –
Ästhetik, Kommunikation, Interaktion
Springer-Verlag 2010
ISBN 978-3-642-03532-6

Peter Brielmaier, Eberhard Wolf
Zeitungs- und Zeitschriftenlayout
UVK Medien 2000
ISBN 978-3-89669-031-9

Fridhelm Büchele
Digitales Filmen
Galileo Design 2002
ISBN 3-89842-652-1

Peter Bühler
MediaFarbe – analog und digital: Farbe
in der Medienproduktion
Springer-Verlag 2004
ISBN 978-3-540-40688-4

Norbert W. Daldrop
Kompendium Corporate Identity
und Corporate Design
avedition 2004
ISBN 978-3-89986-017-7

Frank Dieckhoff u.a.
Reproduktion von Farbe –
Lehrbuch mit DVD
Herausgeber und Bezug:
Bundesverband Druck und Medien e.V.
(bvdm) in Zusammenarbeit mit dem
Zentral-Fachausschuss Berufsbildung
Druck und Medien (ZFA).
Print & Media Forum AG, Biebricher
Allee 79, 65187 Wiesbaden

Christian Doelker
Ein Bild ist mehr als ein Bild
Klett-Cotta Verlag 1999
ISBN 3-608-91654-7

Emil Dovifat, Jürgen Wilke
Zeitungslehre
Band 1 und 2
De Gruyter 1976
ISBN 978-3-11-006821-4
ISBN 978-3-11-006822-1

Samuel Y. Edferton
Die Entdeckung der Perspektive
Fink 2002
ISBN 3-7705-3556-1

Martina Eipper
Sehen, Erkennen, Wissen
Expert 1998
ISBN 3-8169-1553-1

Helmut Erlenkötter
XML: Extensible Markup Language von
Anfang an
rororo 2002
ISBN 978-3-499-61209-1

Frank Fechner
Medienrecht: Lehrbuch des gesamten
Medienrechts unter besonderer Berück-
sichtigung von Presse, Rundfunk und
Multimedia
Verlag Mohr Siebeck, 2009
ISBN 978-3-82522-154-6

Andreas Feininger
Große Fotolehre
Heyne 2001
ISBN 3-453-17975-7

Ashley Friedlein
Web-Projektmanagement
dpunkt.verlag 2002
ISBN 3-89864-171-6

Christin Fries
Grundlagen der Mediengestaltung
Hanser-Verlag 2008
ISBN 978-3-446-40898-2

Gerhard Gairing
**Kosten- und Leistungsrechnung
Band 1 bis 3**
Beruf und Schule 2000
ISBN 978-3-88013-902-2 (Band 1)
ISBN 978-3-88013-533-8 (Band 2)
ISBN 978-3-88013-573-4 (Band 3)

Jürgen Gansweid
Symmetrie und Gestaltung
Callway 1987
ISBN 3-7667-0844-9

Wolfram Gieseke
Das große PC-Lexikon 2011
Data Becker 2010
ISBN 978-3-8158-3057-4

Uwe Greunke
**Erfolgreiches Projektmanagement
für Neue Medien**
Deutscher Fachverlag 2000
ISBN 3-871-50569-1

Bastian Gorke
XML-Datenbanken in der Praxis
Brain-Media 2006
ISBN 978-3-939316-19-0

Rainer Guski
Wahrnehmen – ein Lehrbuch
Kohlhammer 1996
ISBN 3-17-011845-5

Rainer Guski
Wahrnehmung
Kohlhammer 2000
ISBN 3-17-016662-X

Sabine Hamann
Logodesign
Mitp-Verlag 2007
ISBN 978-3-8266-1704-1

Norbert Hammer
**Mediendesign für Studium und Beruf:
Grundlagenwissen, Entwurfssystema-
tik in Layout, Typografie, Farbgestaltung**
Springer-Verlag 2008
ISBN 978-3-540-73217-4

Peter Hanser (Hrsg.)
Werbe- und Marketingplaner 2008
Schäffer-Poeschel-Verlag 2007
ISBN 973-3-7910-2701-2

Frank Hartmann, Erwin Bauer
**Bildersprache: Otto Neurath
Visualisierungen**
Facultas Universitätsverlag 2006
ISBN 978-3-7089-0000-1

Joachim Hasebrook
Multimediapsychologie
Spektrum 1995
ISBN 3-86025-286-9

Marco Hassler
**Web Analytics: Metriken auswerten,
Besucherverhalten verstehen, Website
optimieren**
Mitp-Verlag 2010
ISBN 978-3-8266-5884-6

Tobias Hauser u.a.
**Das Website-Handbuch: Programmie-
rung und Design**
Markt+Technik 2009
ISBN 978-3-8272-4465-9

Eva Heller
Wie Farben wirken
rororo 2004
ISBN 978-3-499-61960-1

Robert Heller, Tim Hindle
**Erfolgreiches Projektmanagement –
Das Praxishandbuch**
Dorling Kindersley 2000
ISBN 3-8310-0004-2

Dagmar Herzog, Helmut Reinke
Jedes Projekt gelingt!
Hanser-Verlag 2002
ISBN 3-446-21994-3

D. Roland Hess
Animating with Blender
Focal Press 2009
ISBN 978-0-240-81079-9

Donald D. Hoffman
Visuelle Intelligenz
dtv 2003
ISBN 3-423-33088-1

Thomas Hoffmann-Walbeck,
Sebastian Riegel
**Der JDF-Workflow – Lehrbuch zur Auto-
matisierung in der grafischen Industrie**
Verlag Beruf und Schule 2009
ISBN 978-3-88013-675-5

Maybrit Illner
**Ente auf Sendung: Von Medien und
ihren Machern**
cbj 2008
ISBN 978-3-570-21926-3

Johannes Itten
Bildanalysen
Ravensburger 1988
ISBN 3-473-48343-5

Corinna Jacobs
**Digitale Panoramen: Tipps, Tricks und
Techniken für die Panoramafotografie**
Springer-Verlag 2003
ISBN 978-3-540-00300-7

Corinna Jacobs
**Interactive Panoramas: Techniques for
Digital Panoramic Photography**
Springer-Verlag 2004
ISBN 978-3-540-21140-2

Angela Jansen, Wolfgang Scharfe
Handbuch der Infografik
Springer-Verlag 1999
ISBN 3-540-64919-0

Holger Jung, Jean-Remy von Matt
Momentum
Lardon Media AG 2004
ISBN 978-3-89769-031-8

André Jute
Arbeiten mit Gestaltungsrastern
Hermann Schmidt Verlag 1998
ISBN 3-87439-435-2

Werner Kamp
AV-Mediengestaltung
Europa-Verlag 2008
ISBN 978-3-8085-3733-6

Stefan Katz
Shot by Shot – Die richtige Einstellung
Zweitausendeins 1999
ISBN 3-86150-229-1

Hedwig Kellner
Projekte präsentieren
Hanser-Verlag 2003
ISBN 3-446-22093-3

Links, Normen, Literatur

Sascha Kersken
IT-Handbuch für Fachinformatiker
Galileo Computing
ISBN 978-3-8362-1015-7

Cyrus D. Khazaeli
Crashkurs Typo und Layout
rororo 2005
ISBN 978-3-499-61252-7

Cyrus D. Khazaeli
Systemisches Design
rororo 2005
ISBN 978-3-499-60078-4

Helmut Kipphan
Handbuch der Printmedien. Technologien und Produktionsverfahren
Springer-Verlag 2008
ISBN 978-3-540-66941-8

Meike Klettke
XML & Datenbanken
dpunkt.Verlag 2002
ISBN 978-3-89864-148-7

Heinz Klippert
Kommunikationstraining
Beltz Verlag 2006
ISBN 3-407-62584-7

Ralf Köhler
Typo & Design
Mitp-Verlag 2002
ISBN 3-8266-0827-5

Claudia Kostka
Coaching-Techniken
Hanser-Verlag 2002
ISBN 3-446-21877-7

Oliver Kretzschmar
Medien-Datenbank- und Medien-Logistik-Systeme
Oldenbourg-Verlag 2004
ISBN 978-3-486-27494-3

Gregor Krisztian,
Nesrin Schlempp-Ülker
Ideen visualisieren
Hermann Schmidt Verlag 1998
ISBN 3-87439-442-5

Thomas Kuchenbuch
Filmanalyse
Prometh 1978
ISBN 3-8798-0071

Gregor Kuhlmann
SQL: Der Schlüssel zu relationalen Datenbanken (3. Auflage)
rororo 2004
ISBN 978-3-499-61245-9

Wolfgang Kühn
JDF
Springer-Verlag,
Prinect-Systemhaus 2004
ISBN 978-3-540-20893-8

Christina Maria Kunz-Koch
Geniale Projekte Schritt für Schritt entwickeln
Orell Füssli 1999
ISBN 3-280-02740-3

Malcolm Kushner
Erfolgreich präsentieren für Dummies
Mitp-Verlag 2005
ISBN 3-8266-3154-4

Genie Z. Laborde
Mehr sehen, mehr hören, mehr fühlen
Junfermann 1997
ISBN 3-87387-301-X

Georg Lausen
Datenbanken: Grundlagen und XML
Spektrum Akademischer Verlag 2005
ISBN 978-3-8274-1488-5

William Lidwell u.a.
Design
Stiebner-Verlag 2004
ISBN 3-8307-1295-2

Martin Liebig
Die Infografik
UVK Medien 1999
ISBN 3-89669-251-8

Hans-Dieter Litke
Projektmanagement
Gräfe und Unzer Verlag 2002
ISBN 3-774-24920-2

Philipp Luidl
Typografie Basiswissen
Deutscher Drucker Edition 1995
ISBN 3-920226-75-5

Making of ...
Kino Verlag 1996
ISBN 3-89324-127-2

Filipe Pereira Martins, Anna Kobylinska
Adobe Acrobat 8 Professional. PDF-Workflow für Printmedien
Springer-Verlag 2007
ISBN 978-3-540-49740-0

Filipe Pereira Martins, Anna Kobylinska
Adobe Acrobat 8 Standard, Professional und Connect. PDF-Workflow für Digitalmedien und eine reibungslose Zusammenarbeit im Office (mit CD-ROM)
Springer-Verlag 2007
ISBN 978-3-540-48883-5

J. Michael Matthaei
Grundfragen des Grafik-Design
Augustus 1993
ISBN 3-8043-0107-X

Andreas und Regina Maxbauer
Praxishandbuch Gestaltungsraster
Hermann Schmidt Verlag 2002
ISBN 3-87439-571-5

Michael Meissner
Zeitungsgestaltung: Typografie, Satz und Druck, Layout und Umbruch
Econ Verlag 2007
ISBN 978-3-430-20032-5

James Monaco
Film verstehen
rororo 1995
ISBN 3-499-16514-7

Arnold Heinrich Müller
Geheimnisse der Filmgestaltung
Schiele & Schön 2003
ISBN 3-7949-0711-6

Josef Müller-Brockmann
Rastersysteme für die visuelle Gestaltung
Niggli 1996
ISBN 3-72120-145-0

Björn Müller-Kalthoff
Cross-Media Management
Springer-Verlag 2002
ISBN 3-540-43692-8

Ulli Neutzling
Typo und Layout im Web
rororo 2002
ISBN 3-499-61211-9

Gerd Nufer, Linda Hirschburger
Humor in der Werbung
Reutlinger Diskussionsbeiträge zu
Marketing & Management 2008-7
Herausgegeben von Carsten Rennhak &
Gerd Nufer, Hochschule Reutlingen

Jochem Ottersbach
Qualitätssicherung im Offsetdruck: durch Densitometrie und Farbmetrik
Europa-Verlag 2008
ISBN 978-3-8085-3722-0

Links, Normen, Literatur

Wilhelm H. Peterßen
Kleines Methoden-Lexikon
Oldenbourg-Verlag 2001
ISBN 3-486-03443-1

S. Radtke, P. Pisani, W. Wolters
Handbuch Visuelle Mediengestaltung
Cornelsen 2004
ISBN 3-589-23643-4

Wolfgang Ratzek
Wenn ich nur wüsste, ob meine Botschaft angekommen ist?
Dinges & Frick 2005
ISBN 3-934997-12-0

Holger Reibold
e-Books selbst gemacht
bonmots-verlag 2010
ISBN 978-3-939316-70-1

Christian Reif u.a.
Medien gestalten: Lernsituationen und Fachwissen zur Gestaltung und Produktion von Digital- und Printmedien
Bildungsverlag EINS 2010
ISBN 978-3-427-32503-1

Clauida Runk
Grundkurs Typografie und Layout: Für Ausbildung und Praxis
Galileo Design 2008
ISBN 978-3-836-21207-6

Axel Schemberg u.a.
PC-Netzwerke: LAN und WLAN einrichten
Galileo Computing 2009
ISBN 978-3-836-21105-5

Hanno Schimmel (Hrsg.)
Gestalt
Anabas 2000
ISBN 3-87038-315-1

Ulrich Schnabel, Andreas Sentker
Wie kommt die Welt in den Kopf?
rororo 1999
ISBN 3-499-60256-3

Karl Schneider (Hrsg.)
Werbung
M & S 1997
ISBN 3-930465-00-0

Scholz & Friends (Hrsg.)
Werbisch
Überreuter 2004
ISBN 3-636-01180-4

Christian Scholz
Handbuch Medienmanagement
Springer-Verlag 2007
ISBN 978-3-540-23540-8

Volker Spielvogel
CI ganzheitlich gestalten
Businessvillage 2004
ISBN 978-3-934424-55-5

Torsten Stapelkamp
Web X.0
Springer-Verlag 2010
ISBN 978-3-642-02071-1

Torsten Stapelkamp
Screen- und Interfacedesign
Springer-Verlag 2007
ISBN 3-540-32949-7

Uwe Stoklossa (Hrsg.)
Blicktricks
Hermann Schmidt Verlag 2005
ISBN 3-87439-681-9

Helmut Teschner
Druck- und Medientechnik: Informationen gestalten, produzieren, verarbeiten
Christiani-Verlag 2010
ISBN 978-3-86522-629-7

1115

Thomas Theis
Einstieg in PHP 5.3 und MySQL 5.4
Galileo Computing 2009
ISBN 978-3-836-21544-2

Frank Thissen
Kompendium Screen-Design
Springer-Verlag 2003
ISBN 3-540-43552-2

Frank Thomas, Ollie Johnston
The Illusion of Life
Walt Disney Productions 1984
ISBN 978-0-7868-6070-8

Ralf Turtschi
Praktische Typografie
Niggli 2000
ISBN 3-7212-0292-9

Ralf Turtschi
Typotuning 2
Edition Publisher 2006
ISBN 978-3-9053-9034-6

Magdalen D. Vernon
Wahrnehmung und Erfahrung
Klotz 1997
ISBN 3-88074-204-9

Thomas Vogt
Kalkulierte Kreativität
Vs Verlag 2010
ISBN 978-3-531-16889-0

Richard Wagner, Klaus Kindermann
**Meisterschule Digitale Fotografie –
Kameratechnik wirklich verstehen:
Sensoren, Autofokus, Objektive – Meis-
terhaft fotografieren: HDR, Panorama,
... Licht, Farbe, Rule of Thirds, Schärfen-
tiefe**
Franzis Verlag 2010
ISBN 978-3-645-60088-0

Carsten Wartmann
Das Blender-Buch
dpunkt.Verlag 2008
ISBN 978-3-89864-466-2

Paul Watzlawick, Janet H. Beavin,
Don D. Jackson
Menschliche Kommunikation
Hans Huber 2003
ISBN 3-456-83457-8

Jürgen Weber
Das Urteil des Auges
Springer-Verlag 2002
ISBN 3-211-83767-2

Nick Weschkalnies
Adobe Flash CS5
Galileo Computing 2010
ISBN 978-3-8362-1564-0

Richard Williams
The Animator´s Survival Kit
Faber and Faber 2001
ISBN 978-0-571-20228-7

Trevor Young
Projektmanagement
Gabal 2001
ISBN 3-930-79989-8

Bernd Zipper
**Strategie Web-to-Print: Grundlagen,
Strategien, Anwendungen**
Midas Computer Verlag AG 2009
ISBN 3-85545-039-0

Bernd Zipper
**Web-to Print 09/10 Anbieter, Dienst-
leister + Lösungen: Produktstudie +
Marktübersicht**
zipcon consulting GmbH, bvdm 2009
ISBN 978-3-939004-12-7

Dario Zuffo
**Die Grundlagen der visuellen
Gestaltung**
Polygraph 1998
ISBN 978-3907020791

**Kosten- und Leistungsgrundlagen für
Klein- und Mittelbetriebe in der Druck-
und Medienindustrie – Ausgabe 2010**
Broschüre, 164 Seiten, DIN A5, mit CD-
ROM, 51. Ausgabe, 2010*

**Kalkulationsunterlagen für die Aus- und
Weiterbildung in der Druckindustrie**
Broschüre, 8., unveränderte Auflage, 96
Seiten, DIN A5, 2009*

**Paket: Kalkulationsunterlagen Aus- und
Weiterbildung und Leitfaden Kalkulati-
ons- und Projektmanagement**
Broschüre, 2008, Artikel-Nr. 83113*

*Bezug nur bei www.bvdm-online.de

Stichwortverzeichnis

1:1-Marketing I-621, II-492, II-517, II-626
10-GBit-Ethernet II-103
1:1-Beziehung II-163
16:9 II-982
1:n-Beziehung II-163
1-Punkt-Perspektive I-72
2-Punkt-Perspektive I-74
360-Grad-Panorama I-406
3D-Grafik II-365
3-Punkt-Perspektive I-78
4:2:0 II-986
4:2:2 II-986
4:4:4 II-985
42-zeilige Bibel II-544

A

AAC II-38, II-962
A-B-C-Analyse I-670
Abhörsicherheit II-99
ABR II-961
Absatzformate II-455
Abschreibung I-799
Abschreibungssatz I-800
Absolut farbmetrisch II-257
Abspielzeit I-396
Abtastfrequenz II-5, II-957
Abtastrate II-5
Abtasttheorem II-957
Abtasttiefe II-957
Abtastung II-4, II-957, II-985
Abwärtskompatibel II-28
AC-3 I-67, II-968, II-1005
Access (Microsoft) **II-33**, II-156, II-170
Access-Point II-100
Achsensprung I-381
Acrobat II-406
- Distiller II-406, II-426
- Maker II-406
- Reader II-406
- Writer II-406
ActionScript II-802, **II-894**
- Animation II-904
- Bilder laden II-900
- Objekte bewegen II-908
- Sound steuern II-901
- Textdatei laden II-898
- Textfeld erzeugen II-899
- Timer II-906
- Trace-Anweisung II-895
- Zeitleiste steuern II-896
Additive Farbmischung II-207
Adjourning I-846
Administrativer Workflow I-876
Administratorrecht II-145

Adobe Digital Edition II-521, II-526
Adobe Gamma II-242
Adobe-ID II-534
Adressbus II-52
ADSL II-138
Adware II-141
Agentur-Präsentation I-609
AGP II-48
Ägyptische Hieroglyphen I-135
Ägyptische Schrift I-133
AI II-34
Aicher, Otl I-437
AIDA **I-631**, I-634, I-721
AIF(F) II-38, II-960
Ajax II-802, II-823, **II-831**
- Anwendungen II-833
- Dateizugriff II-834
Akquisitions-Präsentation I-610
Aktivierungstest (Werbe-erfolgskontrolle) I-608
Akzente I-189
Aliasing-Fehler II-957
Alkaliechtheit II-732
Alkohol (Feuchtwasser) II-597
Alphakanal II-750
Alphanumerische Codes II-8
Alphazeichen II-8
Altona Test Suite II-270
Altpapier II-711
ALU II-52
Aluminiumdruckplatten II-580
Amazon Kindle II-532
AMD II-51
Amerikanische Einstellung I-376
Amerikanisches Format I-317
Amplitude II-178
Amplitudenmodulierte Raste-rung II-385
Analog-digital-Wandlung II-4
Analoge Daten II-4
Analoges Videosignal II-984
Anamorphotisch II-983
Anbieterkennzeichnung I-772
Andruck (Recht) I-870
Anführungszeichen I-334
Angebot I-825, I-836
Angebotskosten I-837
Angebotspreis Brutto I-822
Angebotsschreiben I-826
Anhang I-332
Animated GIF II-749
Animation I-385, II-371
Animationspfad II-887
Animationstechniken II-885

Animierte Buttons I-395
Anlagemarken II-674
Anlageseiten II-676
Anlagewinkel II-674
Anschlüsse I-381
Anschnitt-Rahmen II-408
ANSI Lumen I-696
Anti-Aliasing II-17, II-360
Anti-Aliasing-Filter II-957
Anticipation I-387
Antiqua-Varianten I-166
Anti-Spyware II-141
Antiviren-Software II-143
Anwendungsgebiete Flexo-druck II-552
Anwendungsschicht II-108, II-109
Anzeigenseiten I-340
Anzeigenteil I-342
Apache II-842
API II-72
App Economy I-456
Appeal I-390
Apps I-455
Arbeitsfarbraum II-256, II-339
Arbeitspaket I-851
Arbeitsplan I-668
Arbeitsspeicher II-46, II-56
Arbeitsvorbereitung I-857
- Bild I-859
- Druck I-861
- Text I-858
- Weiterverarbeitung und Versand I-862
Arcs I-388
Argumentationstechnik I-720
Arithmetische Folge I-61
Armstrong, Louis I-645
ARP II-119
Array II-810
Art-Box II-408
Artefakte II-306
ASCII II-8, II-135
ASF II-992, II-993
ASP II-36
Assoziationen I-260
Asymmetrie I-58
Asynchrone Interaktion I-565
Asynchronous JavaScript and XML II-831
ATM II-20
Atmo-Ton II-998
Attachment II-142
Attribute (Datenbank) II-157, II-162, II-467
Audacity II-970
Audio-CD II-63, II-956
Audio

Stichwortverzeichnis

- Daten II-958
- Editoren II-970
- Formate II-960
- Hardware II-963
- Interface II-966
- Pegel II-954
- Spuren II-1001
Audiotechnik II-951
- Digitale II-956
- Kennwerte II-957
Audiovisuelle Medien II-949
Auditive Wahrnehmung I-542
Aufhellung (Videotechnik) II-996
Auflage „1" II-624
Auflagenzahlen, Zeitung I-349
Auflichtmessung II-185
Auflösung II-302, II-316, II-322, **II-326**, II-345
- Sound II-957
- Drucker II-76
- Logische II-74
- Physikalische II-74
Aufmerksamkeit I-35
Aufriss I-73
Aufschluss II-710
Auftragsabwicklung I-863
Auftragsdaten I-889
Auftragsvergabe (Web) I-838
Aufwärtskompatibel II-28
Augenhöhe I-70
Augenlinie I-72
Augenpunkt I-72
Ausbildungsmöglichkeiten Medienindustrie I-927
Ausführungsphase I-607
Ausgabeprofilierung II-246
Ausgleichen, Versalien I-198
Auslöseverzögerung II-291
Ausrüsten II-715
Ausschießen II-671
Ausschießregeln II-676
Außenaufnahmen II-997
Außentrommelbelichter II-573
Äußere Form II-676
Ausstellungsplakat I-705
Auswahlliste (Formular) II-757, II-830, II-850
Autofokus II-295, II-996
Automatische Updates II-145
Autorenkorrektur I-860
Autoren-Stylesheets II-776
Autotypische Farbmischung II-208
AVCHD II-995
AVI II-38
AV-Streaming II-1002
Axonometrie I-84, I-86

B

Babylonische Keilschrift I-135
Back Light II-997
Backdoor-Programm II-141
Backend II-914
Bahnhofsstudie „Insight Station" II-658
Balkendiagramm I-679, I-852
Ballardhaut II-563
Barock und Rokoko I-146
Barock-Antiqua I-146, I-164
Barrierefreie Informationstechnik-Verordnung I-569
Barrierefreie Webseiten I-571
Barrierefreies Webdesign I-568
Baumstruktur I-559
Baum-Topologie II-94
Bayer-Matrix II-293
BD II-68
BD-R II-69
BD-RE II-69
BD-ROM II-69
Beamer I-694
Bedarfsausweitung I-632
Bedingungsfeld (If...Then) II-498
Bedruckbarkeit II-716, II-728
Bedruckstoff II-546, II-77
Bedürfniserweckung I-632
Behaltensquote I-671
Beinert, Wolfgang I-174
Beleuchtung I-363, II-996
Beleuchtungsstärke II-183
Belichterprinzipien II-574
Belichtung II-183
Belichtungszeit II-183
Benutzerfreundlichkeit I-504, I-552
Benutzerführung I-557
Benutzerkontensteuerung II-145
Benutzeroberfläche I-552
Benutzer-Stylesheets II-776
Beobachtungswinkel II-206
Bereiche II-915
Berners-Lee, Tim II-128
Berufsbezeichnung I-117
Beschneidungspfad II-329
Beschnitt-Rahmen II-408
Beugung II-180
Beugungsgitter II-180
Bewegungs-Tween II-886
Bézierkurven II-16, II-19, II-361
Bezugsgruppen I-581
Bezugszeichenzeile I-322
B-Frame II-990

Bibel, 42-zeilig I-154
Bibliothek (Flash) II-876
Bibliotheksmodus (eBook) II-522, II-523
Biene-Award I-572
Bild
- Angeschnitten II-674
- Aufbau I-359
- Ausgabe II-377
- Aussage I-358
- Ausschnitt I-358
- Bearbeitung II-325
- Beurteilung I-366
- Dateiformate II-307
- Datenübernahme II-331
- Ebene I-71, I-362
- Fehler II-305
- Gestaltung I-357
- Größe II-345, II-393
- Komprimierung II-397
- Konstruktion II-192
- Marke I-460, I-644
- Optimierung II-334
- Rate I-396
- Recht I-748
- Schärfe II-338
- Sprache I-23, I-369, I-435
- Stabilisator II-295
- Technik II-301
- Verarbeitung II-311
- Weite II-193
- Welt I-367
- Wiederholfrequenz II-75
- Winkel I-6, II-195
- Zeichen I-174, I-460
Bilddiagonale, Monitor II-74
Bilder skizzieren I-277
Bilderdruckpapiere II-717
Bilderschriften I-130
Bild-für-Bild-Animation I-392, II-885
Bildpersonalisierte Dokumente II-492
Bildschirmschrift I-529
Bildschirmtypografie I-528
Binäre Daten II-5
Binärsystem II-6
Binary (Datentyp) II-158
Bindemittel II-726
Bindestrich-Designer I-117
BIOS II-57
Bit II-10
Bitmap II-34, II-322
Bitmap-Font II-16
Bitrate (Sound) II-959, II-961
Bitrate (Video) II-987
Bittiefe II-303
Bitübertragungsschicht II-107

1121

BITV I-569
Blechdruck II-571
Bleed-Box II-408
Blende II-180, II-183, II-196
Blickaufzeichnungsgerät I-608
Blickkontakt I-725
Blockdrahtheftung II-704
Blockelement II-772, II-782,
II-786
Blocksatz I-202
Blog I-566, II-148
Blooming II-305
Bluetooth II-101
Blu-ray Disc II-68
BMP II-34
Body of European Regulators
for Electronic Communications
I-771
Bogenmontage II-672
Bogenoffsetdruck II-588
Bollwage, Max I-172
Book-on-Demand II-626, II-627,
II-633
Boolean (Datentyp) II-158
Bot II-141
Boxmodell II-782
Braille-Zeile I-568
Brainstorming I-261, I-265,
I-669, **I-847**
Brainwriting I-261, I-847
Brand (Marke) I-641
Brand Review Meeting I-604
Branding I-615
Breadcrumb-Navigation I-538
Brechung II-181, II-182
Brechzahl II-181, II-182
Breitband II-137
Brennpunkt II-193
Brennpunktstrahl II-192
Brennweite II-193
Bridgekamera II-291
Briefing I-261, **I-601**
Briefing-Arten I-602
Briefing-Elemente I-604
Briefumschlag DL I-326
Brin, Sergey II-946
Broadcast-Adresse II-116
Broschur II-698
Browser II-761
Browserkompatibilität II-942
Browserstatistik II-761, II-942
Browser-Stylesheets II-776
Browsertab II-754
B-Splines II-361
Bubble-Jet-Verfahren II-78,
II-644
Buch II-698
Buchblock II-698

Buchdecke II-698
Buchdruck II-545
Buchdruckverfahren II-549
Buchimpressum I-754
Buchmontage II-706
Buchstabe I-182
Buchstabenarchitektur I-182
Bühne (Flash) II-871
Bund II-674
Buntaufbau II-378
Bunttonwinkel II-215
Bussysteme II-48
Bus-Topologie II-92
Button II-757
Buttonleiste I-535
Byte II-10

C

Cache II-54, II-57
Calibre, eBook-Editor II-527
Camcorder II-995
Camera obscura II-190
Candela II-183
Capitalis Monumentalis I-138,
I-140, I-155
Capitalis Rustika I-139
Cascading Style Sheets I-550,
II-36, II-748, **II-767**
Case-sensitiv II-745, II-943
CAT II-98
CBR II-961
CCD-Chip II-290, II-292
CCD-Element II-317
CD II-63
- Glasmaster II-66
- DA II-63
- Dateisysteme II-65
- R II-64
- ROM II-63
- RW II-64
CDR (Dateiformat) II-34
Center-Lautsprecher II-968
CF II-70
Char (Datentyp) II-158
Chat I-565, II-129
Checkbox II-757, II-830, II-850
Checkliste
- Bildverwendung I-759
- Buchimpressum I-781
- Großformatdruck II-664
- Logo I-470
- Präsentationsmedien I-711
- Zeitungsimpressum I-760
Chemische Aufrauung II-580
Chemische Trocknung II-729
Chen-Notation II-162

Chipsatz II-50
Chromatische Aberration
II-191
CIDR-Notation II-117
CIE-Normvalenzsystem II-213
Cinch II-967
Cinemascope II-982
CIP3 I-877, II-40
CIP4 I-877, I-886, II-40
CIP4-Organisation I-900
Client II-913
Clientseitig II-822
Client-Server-Konzept II-91
Cloud Computing II-147
CMM II-227, II-257
CMOS-Chip II-292
CMS I-551
CMYK I-94, I-524, **II-210**, II-378
Codec II-988
Codes II-8
Cognitive Walkthrough I-554
Color Management II-223
Color Matching Modul II-257
Color-Subsampling II-985
Compact Disc II-63
CompactFlash II-70
CompactFlash-Karte II-297
Composing II-344
Composite II-378
Composite-Signal II-984
Computersicherheit II-150
Computer-to
- Film (CtF) II-575
- Paper II-625
- Plate (CtP) II-575
- Plate-on-Press II-625
Computer-to-Plate-on-Press
(DI) II-575
- Plate-System II-573
- Press II-625
- Screen II-605
Configuration.php II-932
Containerformat II-992
Content I-548
Content Management I-549,
II-911
Content-Daten I-888
Content-Management-System
I-551, II-912
Continuous-Inkjet II-644
Controller II-46
Copyleft I-753
Copyright I-753
Core II-53
Corel Draw II-34
Corporate Behaviour I-642
Corporate Communication
I-641

Stichwortverzeichnis

Corporate Design I-367, **I-641**
- Farbe I-645
- Layout I-648
- Logo I-643
- Schrift I-647
Corporate Identity I-639
CPU II-46, II-52
Creative Sessions Box I-266
Crop-Box II-408
CSMA/CA II-108
CSMA/CD **II-102**, II-108, II-109
CSS I-550, II-36, II-738, II-748,
II-767, II-770
- Absätze II-782
- Abstände II-782
- Anwendungsbeispiel II-792
- Boxmodell II-782
- Datei II-770
- Definition II-770
- Eigenschaften II-773
- Farbangaben II-780
- Hintergründe II-785
- Individualformat II-775
- Kaskadierung II-772
- Klasse II-774
- Layout II-786
- Listen II-783
- Maßeinheiten II-778
- Printlayout II-791
- Pseudoklasse II-775
- Rahmen II-782
- Regel II-773
- Schriftattribute II-781
- Tabellen II-784
- Vererbung II-773
- Verschachtelung II-773
CSS-Selektor II-773
- Rangfolge II-776
- Spezifität II-776
CSV II-33
CSV-Datei II-847
CtP-Plattenbelichter II-574
CtS-Siebdruckformen II-606
Curve II-366
Customized Printing II-633

D

D50 II-206
D65 II-206
Dachkantpentaprisma II-292
Dachlogo I-467
Darstellungsschicht II-108
Database Publishing **II-441**,
II-912
Dateiendung II-28
Dateiformat

Dateiformate **II-27**, II-330,
Dateigröße II-304
Daten II-5
- Analog II-4
- Binär II-5
- Personenbezogen I-775,
I-777, I-781
- Archivierung I-870
- Aufbereitung Großformat-
druck II-662, II-664, II-666
Datenbank **II-153**, II-157, II-468,
II-912
- Management II-169
- Managementsystem II-842
- Qualität II-495
- Recht I-742
- Software II-156
- System II-157, II-169
- XML-Ausgabe II-466
- Zugriff II-854
Datenbus II-52
Datenkonsistenz II-158
Datenrate II-100, II-137
Datensatz II-157, II-855
Datenschutz I-744, I-766, **I-779**,
II-89, II-159
Datenschutzerklärung I-775
Datensicherheit II-89, II-159
Datenstrom (Sound) II-959
Datentabelle (mit Steuerzeile)
II-502
Datentiefe II-293, II-303, II-327
Datentyp II-158, II-804
Datenübertragung II-132
- Parallele II-49
- Serielle II-49
Datenübertragungsrate (Spei-
cher) II-60
DAT-Recorder II-956
Dauerhafte Gruppen I-581
Daumenkino I-391
DBS II-157, II-169
DCS II-378
DCT II-750
DDR II-54, II-56
De-Briefing I-604
Deckenhänger II-660
Decoder II-988
Dedicated Server II-945
Dedikationstitel I-330
Deinking II-712
Deinterlacer II-980
Dekorative Schriften I-171
Demotische Schrift I-129,
I-132, I-135
DENIC II-135, II-939
Densitometrie II-185
Design **I-111**, I-114, I-118

Designer I-117
Designgesetz I-745
Designschritte I-115
Desktop Color Separations
II-378
Detailaufnahme I-377
Deutsches Patent und Marken-
Amt I-745
Dezibel II-954, II-956
Dezimalsystem II-6
DHCP II-118
dH-Wert II-596
Diagramme I-478, I-495
Dialog-Branding I-621
Dialogmarketing I-621
Dichte II-185
Dickte I-196
Diffraktion II-180
Digigraphie II-666
Digital Edition Export II-526
Digital Rights Management
(DRM) II-538, II-962
Digital Subscriber Line II-138
Digital-analog-Wandlung II-5
Digitaldruck I-623
Digitaldruckeinheit II-636
Digitale Audiotechnik II-956
Digitale Auftragstasche I-889
Digitale Bildaufnahmen I-740
Digitale Daten II-5
Digitale Positivkopie II-578
Digitale Signatur I-777
Digitaler Zeitungsdruck II-635
Digitalfotografie II-287
Digitalkameraprofilierung
II-229
Digitalproof (Recht) I-870
DI-Maschinen II-625
Dimetrie I-84
DIN
- 16 511 Korrekturzeichen Text
I-906
- 16 518 Schriftklassifikation
I-160
- 16 549 Korrekturzeichen Bild
I-909
- 476 Formate I-316
- 5008 Textverarbeitung I-321
- 5009 Gestaltung I-321
- 676 Normbriefbogen I-320
- 69901 I-844
- 69904 I-849
- ISO 5456 I-72, I-74, I-78, I-84,
I-86
- ISO 12647 II-720
DIN-A-Reihe (Format) I-316,
I-320, II-722
DIN-B-Reihe (Format) I-320

DIN-C-Reihe (Format) I-320
DIN-Formate I-316
DIR II-36
Direct Stream Digital II-958
Direct-Imaging-Druckmaschine II-573
Direct-Imaging-Verfahren II-589
Director II-36
DirectX II-72
Direktmarketing, I-621
Direktmarketinginstrument II-492
Direktsiebdruckschablonen II-603
Disc-at-once II-63
Disclaimer I-768, II-941
Dispersion II-182
Dispersionslack II-684, II-688
Displayauflösung I-515
Distiller II-410
Distorsion II-192
Distributed Printing II-633
Dither II-276
DivX II-991
DLP-Beamer I-695
DNS II-133
DOC II-33
DOCTYPE II-742, II-943
Document Type Definition II-759
Dokumentenbereich II-632
Dokumenttyp II-787
Dokumenttyp-Definition II-448, II-943
Dolby Digital II-67, II-968, **II-1005**
Dolby Surround II-1005
Domain Name System II-133, II-938
Domain-Registrierung II-939
Doppelkernprozessor II-53
DOS II-51
Do-while-Schleife II-809
Downloadzeit (QTVR) I-416
Downstream II-138
Dpi II-76
Drahtgittermodell II-368
Drahtrückstichheftung II-699
DRAM II-56
Dreamweaver II-741
Drehbuch I-374
Drehplan I-375
Dreiklang I-96
Drei-Punkt-Ausleuchtung II-996
Dreiwalzenstuhl II-727
Drip-off-Lackierung II-688

Drittel-Regel I-360
DRM II-962
DRM-Aktivierungsvorgang II-533
Drop-on-Demand II-644, II-645
Druck
- Bildspeicher II-546
- Bogen II-674
- Farbe I-524, II-546, II-208, **II-725**
- Eigenschaften II-730
- Trocknung II-729
- Verwaltung II-428
- Formatklassen (Bogenoffset) I-317
- Kennlinie II-611
- Kontrollstreifen II-616
- Maschinen II-546
- Maschinenleistung II-618
- Plattensysteme II-578
- Prinzipe II-547
- Prozess I-867
- Technik II-541
- Veredelung II-681
- Weiterverarbeitung I-868, II-697
Drucker II-76
Druckermarken II-428
Druckform II-546
- Flexodruck II-554
- Letterset II-561
Druckformherstellung
- Offsetdruck II-573
- Siebdruck II-605
- Flexodruck II-554
DSL II-138
DSL-Router II-138
DTD II-759
DTS II-67, II-1005
Dual-Screen-Reader II-536
Duftlack II-690, II-693
Duplexmaschine (Digitaldruck) II-634
Durchlichtmessung II-185
Durchschuss I-206
DV II-995
DVD II-66
- Audio II-68
- Authoring II-67
- R/+R II-68
- RAM II-68
- ROM II-67
- RW/+RW II-68
- Video II-67, II-994
DVI II-72
Dynamikbereich II-956
Dynamische Webseiten I-550, II-840

Dynamischer Text II-898
Dynamischer Zylinder II-626
Dynamisches Mikrofon II-965

E

eBook II-519
- Angebot II-524
- Ausdrucken II-533
- Editor, Calibre II-527
- Formate II-538
- Markt II-524
- Mehrfachnutzung II-533
- Überblick II-537
Echo II-973
Echtheiten II-731
ECM II-914
E-Commerce I-765
Edge II-366
Effektlackierungen II-694
Egyptienne I-148, I-165
Einfarbendruckmaschine II-588
Einfärbeprinzip II-598
Einführungswerbung I-618
Eingabefeld I-537
Eingabeprofilierung II-229
E-Ink II-520
Einstellung I-376
Einstellungsgröße I-376
Einstellungslänge I-376
Einteilungsbogen I-823, II-672
Einwilligungserklärung, perso-
nenbezogene Daten I-776
Einzelblattdruck II-632
Elektrofotografische Drucksys-
teme II-625
Elektrofotografischer Druck II-639
Elektromechanische Zylinder-
gravur II-564
Elektronische Speicher II-58
E-Mail I-565, II-129, II-142
Emission II-217
Emissionsspektrum II-184
Emotionen, Schrift I-226
Empathie I-845
Empfänger I-661
EN ISO 9241-10 I-452
Encoder II-988
Endformat-Rahmen II-408
Endlosdruck II-634
Endpreis (Bruttopreis) I-822
Enterprise-Content-Manage-
ment-System II-914
Entitätstyp II-162
Entity-Relationship-Modell

Stichwortverzeichnis

II-162
Entladungslampen II-184
Entspiegelung II-180
Entwicklungsphase I-607
Entwicklungsumgebung II-928
Entwicklungsumgebung, Flash II-871
Entwurfstätigkeit I-115
Entwurfstechniken I-271
ePaper I-349, II-520
EPS II-34
ePUB II-524
eReader II-535
Erfolgskontrolle (Werbung) I-608
Erhaltungswerbung I-618
Erkennbarkeit I-28
Erkennungsmerkmale II-551
ER-Modell II-162
Erscheinungsbild I-641
Erstarren II-729
Erweiterter ASCII II-8
ESATA II-49
ES-Trocknung II-729
Etat-Präsentation I-609
Ethernet II-102
- Adapter II-110
- Frame II-104
Europäische Norm EN 61310-1 I-442
Europäisches Designrecht I-745
European Newspaper Award I-340
EVA-Prinzip II-46
Exaggeration I-390
Excel II-33
EXE II-36
EXIF-Format II-307
Expansionswerbung I-618
Expertensatz I-176
Exposé I-374
Extensible Markup Language II-32, II-444
Extension II-28
Externe Speicher II-56, II-58
Exzerpt I-669
Eye-Tracking I-553
Eyetrack-Studie III I-489

F

F4V II-38, II-993
Face II-368
Fachkompetenz I-845
Fadenheften II-705
Fadensiegeln II-704

Fader II-965
Fahrzeugbeklebung II-660
Falz
- Anlage II-672
- Arten II-702
- Folge II-676
- Muster II-678
- Reihenfoge II-677
- Schema II-672
Falzen II-701
Farb-
- Abstand ΔE II-216
- Assoziationen I-16
- Atlas I-104
- Auswahlsysteme II-209
- Balance II-339
- Darstellung I-523
- Druck II-208
- Einstellungen II-280
- Fehler II-191, II-332
- Gestaltung I-93
- Kanal II-328
- Klima I-100
- Konstanz I-16
- Kontrast I-12, I-98
- Korrektur II-319, II-339
- Kreis I-12, I-95, II-209
- Laserdrucker II-79
- Leitsystem I-527
- Management-Richtlinien II-275
- Maßsysteme II-209
- Messung II-206
- Metrik II-205
- Mischsysteme II-209
- Mischungen II-207
- Modus II-256, II-303, II-318, **II-328**, II-382
- Ordnungssysteme II-209
- Perspektive I-88
- Pigmente II-726
- Profil II-227, II-228
- Psychologie I-100
- Reiz II-205
- Säume II-305
- Separation II-378
- Stich II-306, II-339
- Stoffe II-726
- Systeme II-203
- Tabelle II-749
- Tafel I-104
- Temperatur I-524, II-217
- Testbild II-981
- Tiefe II-303, II-316, II-327
- Ton II-213, II-215
- Trennung II-317
- Umfang, Warnung I-524
- Valenz II-205

- Variationen II-341
- Verbindlichkeit I-523
- Werk II-593
- Wirkung I-526
Farbe II-201
Farbe-an-sich-Kontrast I-15
Farbensehen I-5, II-205
Faserrohstoffe II-710
Fassadenwerbung II-659
Fast Ethernet II-103
FastTrack-Technologie I-787
FBAS-Signal II-984
Feeds II-148
Felder (Arrays) II-810
Fernsehen, Bildformate II-982
Fernsehnormen II-981
Fernsehtechnik II-980
Fernsehwerbung I-625
Fertigungskosten I-820, I-822
Fertigungsstundensatz I-802
Fertigungszeit I-802
FE-Schrift I-151
Feste Kosten (Fixkosten) I-830
Festplatte II-61
Festtonerbasierte Druck-
systeme II-625
FFIL II-20
FHx II-34
Fibonacci-Reihe I-521
Figur-Grund-Beziehung I-40
Figur-Grund-Trennung I-34, I-47
Fiction-Book II-520
File Transfer Protocol II-129, II-944
File-Sharing II-89
Fill Light II-996
Film I-374
- Druck II-602
- Gestaltung I-373
- Montage II-999
Filmwerke, Laufbilder I-741
Firewall II-144
FireWire II-47, II-49
First-Level-Cache II-54
Fixation I-29
FLA II-36, II-884
Flachbettbelichter II-573
Flachbettscanner II-317
Flachdruckverfahren II-570
Flächendarstellungen I-276
Flächenmasse II-719
Flächenwirkung I-233
Flash II-869
- Animationstechniken II-885
- Bilder und Grafiken II-874
- Bones II-891
- Entwicklungsumgebung

1125

II-871
- Farben II-874
- Film II-872
- Film veröffentlichen II-883
- Instanz II-877
- Player II-870, II-883
- Schlüsselbild II-879, II-888
- Sound II-881
- Symbol II-876
- Text II-875
- Video II-38, II-882, II-993
- Zeichnungsobjekte II-872
- Zeitleiste II-879
- Zwiebelschalen II-889
Flash-EEPROM II-57
Flash-Speicher II-55, II-58, II-70
Flatrate II-136
Flattermarke II-674, II-703
Flattersatz I-202
Flexobelichter II-555
Flexodruck II-552
- Druckwerk II-553
- Formen II-556
- Inline-System II-558
- Maschinen II-557
- Verfahren II-552
Flintglas II-191
Flipchart I-706
Float (Datentyp) II-158
Fluchtlinie I-72
Fluchtpunkt I-72
Flüchtige Speicher II-56
Flüssigtoner II-642, II-728
Flüssigtonerbasierte Druck-
systeme II-625
FLV II-38, II-993
Folienmaster I-673
Follow Through and Overlap-
ping Action I-388
Font II-16
FontExplorer II-23
Fontformate II-19
FontStruct I-152
Form follows function I-520,
II-944
Form-/Plattenzylinder II-587
Format I-53
- Drucker II-76
- Seitenverhältnisse I-288
- Stege II-674
- Wirkung I-287
Formelsammlung II-1011
Formelsatz I-334
Formenwahrnehmung I-41
Forming I-846
Form-Tween II-890
Formular II-155, I-436, II-438,
II-756

- Feld, verstecktes II-850
- JavaScript II-828
- Design I-563
- Zugriff II-848
For-Schleife II-808
Forum I-565
Fotodirektdruck II-625
Fotodrucker II-649
Fotografie I-358
Fotografische Optik II-190
Fotometrisches Entfernungs-
gesetz II-183
Fotopolymer-Druckplatten
II-578
Fotopolymerplatte II-578
Foveon X3 II-294
Fraktur I-156, I-168
Frakturschrift I-148
Frame-Animation I-392
Framerate II-885
Frames (HTML) II-758
Französische Renaissance-
Antiqua I-164
Fräsrand II-699
Freehand II-34
Fremdaufträge I-830
Fremdbild I-641
Fremde Schriften I-169
Fremde Sprachen I-189
Fremdleistungskosten I-821
Fremdschlüssel II-158
Frequenz II-178
Frequenzgang II-956
Frequenzmodulierte Rasterung
II-390
Frontend I-550, II-914
Front-Lautsprecher II-968,
II-1004
Frontside Bus II-54
Froschperspektive I-78
Frühdruck II-545
FSB II-54
FTP II-129, II-944
FTP-Zugang II-912
Führungslicht II-996
Fünfsatztechnik I-720
Funktion (Programmieren)
II-811
Funktionale Abhängigkeit
II-161
FusionPro II-508
Fußzeile II-433

G

Gallus KM 510 Flexodruck-
Inline-System II-558

Gamut-Mapping II-257, II-277
GAN II-88
Ganttdiagramm I-852
Ganzsäulen II-661
Gateway II-113
GCR II-378
GDDR-Speicher II-72
Gebotszeichen I-442
Gebrauchsgrafik I-118
Gebrauchstauglichkeit I-552
Gebrochene Schriften I-167,
I-171
Gegendruckzylinder II-587
Gegenstandsweite II-193
Gehörknöchel II-952
GEMA I-786
GEMA-Lizenzshop I-792
Geometrische Folge I-61
Geometrische Optik II-181
Gerasterte Vorlage II-314
Geräusch II-955
Geschäftsausstattung,
Erweitert I-324
Geschäftsausstattung,
Standard I-324
Geschäftsbriefbogen I-320,
I-322
Geschäftsdrucksachen,
Formate I-325
Geschichte des Internets II-128
Geschmacksmusterrecht I-745
Geschriebene Schriften I-171
Gesetz
- der Erfahrung I-45
- der Figur-Grund-Trennung
I-47
- der Geschlossenheit I-44
- der Gleichheit I-43
- der Konstanz I-46
- der Nähe I-42
- von der einfachen Gestalt
I-41
Gesetzliche Vergütungsansprü-
che I-790
Gestaltgesetze I-39
Gestaltpsychologie I-40
Gestaltung eBooks II-535
Gestaltungselemente I-51
Gestaltungsmodul I-292
Gestaltungsphase I-607
Gestaltungsprozess I-114
Gestaltungsraster I-253, I-282,
I-292, **I-296**, I-518- I-648
- Beispiele I-306
- Dreispaltig I-302
- Internet I-299
- Praxisanwendung I-308
- Vierspaltig I-304

Stichwortverzeichnis

- Zweispaltig I-300
Gestaltungsregeln Infografik I-489
Gestik I-725
Gestrichene Papiere II-716
Geviert I-184, II-18
Gewichtung I-55
Gibibyte II-11
GIF II-34, II-749
Gigabit-Ethernet II-103
Gigabyte II-11, II-60
GIULIA-Prinzip I-635
Glanz-UV-Lack II-689
Glasfaser II-99
Glasfaserkabel II-182
Gleichgewicht I-54
Gliederungselemente (Text) I-236
Goldener Schnitt **I-60**, I-286, I-359
Google II-946
- Eric Schmidt I-346
- Maps I-422
- Pegman I-423
- Street View I-422
- Books II-532
GOP II-990
Gotisch I-167
GPU II-71
Gradation II-320, II-335
Gradationskurve II-320
Graeff, Werner I-434
Grafik II-356
- Ausgabe II-377
- Design I-114
- Erstellung II-355
- Informationsgehalt I-679
- Karte II-71
- Prozessor II-71
- Speicher II-72
- Standards I-75
- Symbol II-876
Grafische Zeichen I-429
Grafiker I-118
Graubalance **II-219**, II-273, II-306, II-321
Gray Component Replacement II-378
Grenzfläche II-182
Grenzwinkel II-182
Griechische Epoche I-136
Griechische Schrift I-129, I-132, I-135
Großaufnahme I-377
Großformatdruck II-632
Großformatiger Digitaldruck II-652
Großrechner II-89

Grotesk I-148
Group of Picture II-990
Grundgradationen II-336
Grundlagenphase I-606
Grundlogo I-467
Grundriss I-73
Grundstrich I-161
Gruppen (Werbung) I-580
Guerillastrategie I-248
Gummituchzylinder II-587
Gutenberg, Johannes I-153, II-544, II-548
Gutenberg-Bibel I-154, II-549
Gutenbergpresse II-545

H

H.246 II-991, II-993
Haarlinien II-429
Haarstrich I-161
Habitualisierung I-585
Habitus, Pierre Bourdieu I-584
Hadern II-716
Haftungsausschluss I-768, II-941
Halbautotypische Rasterung II-564
Halbgeviertziffern I-187
Halbleiterspeicher II-55
Halbnahaufnahme I-376
Halbschatten I-82
Halbtonbild II-326
Halbtondichtemessung II-185
Halbtotale I-376
Handschrift I-676
Handschrift-Antiqua I-146, I-167
Hard-Disc-Recording II-956
Hardware II-45
Harmonischer Klang II-955
Hauptebene II-193
Hauptnavigation I-519
Hauptplatine II-48
Hauptpunkt II-193
Haupttitel I-330
Hausfarbe I-646
Hauskorrektur I-860
Hausschrift I-647
HD DVD II-68
HDMI II-72
HDTV II-982
HDV II-995
Headcrash II-61
Heftung, Draht- II-672
Heftung, Faden- II-672
Hell-Dunkel-Kontrast I-14
Helligkeit I-97, **II-213**, II-215,

II-319
Herkunftslandprinzip I-774
Herstellungsabteilung I-858
Herstellungskosten I-821
Hertz, Heinrich II-953
Hexadezimalsystem II-7
HFS II-65
Hieroglyphen I-132
Hilfsnavigation I-519
Hilfszeichen I-862
Hilfszeit I-802
Hinting II-17
Histogramm II-319, II-334
Historismus I-149
HKS I-94
Hoaxes II-141
Hochformat II-676
Holzfrei II-716
Holzhaltig II-716
Holzschliff II-710
Holzstoff II-710
Homepage II-745
Homerecording II-963
Homerecording-Studio II-969
Hörbereich II-957
Hörempfindung II-952
Hörgrenze II-953
Horizont I-70
Horizontebene I-71
Horizonthöhe I-70
Host II-136
Host-ID II-116
Host-zu-Host-Transportschicht II-109
Hot Spot (QTVR) I-413
Hot-Spot-Technologie I-414
HP IndigoPress II-642
htdocs II-914
HTML II-37, **II-737**, II-769
- Auswahlliste II-757
- Bilddateiformate II-749
- Button II-757
- Checkbox II-757
- Dateien referenzieren II-746
- Dateiendung II-745
- Dateinamen II-745
- Dokumenttyp II-742
- Editoren II-740
- Farbangaben II-743
- Formular II-756
- Frames II-758
- Grundgerüst II-742
- Hyperlink II-753
- Meta-Tags II-747
- Radiobutton II-757
- Referenz II-746
- Schriften II-744
- Sonderzeichen II-745

1127

- Tabelle II-752
- Tags II-4 45
- Textfeld II-757
- Textstruktur II-748
- Tutorial II-741
- Umlaute II-745
- Zeichensatz II-742, II-747
HTML5 II-739
HTTP II-108, II-109, **II-121**, II-135
- Request II-840
- Response II-840
HTTPS I-563
Human-Interface-Design I-113
Humorvolle Werbung I-251
Hurenkind (heute Witwe) I-335
Hybrid-CD II-65
Hybridlack II-688
Hybrid-Rasterung II-392
Hydrophil II-572
Hydrophob II-572
Hyperlink II-738, II-753
Hypermedia II-753
Hypertext II-753, II-738
Hypertext Markup Language II-37, II-738
Hypertext Preprocessor II-842
Hypertext Transfer Protocol II-121

I

i.Link II-49
I/O-Controller II-47
IaaS II-147
iBrams II-486
ICANN II-134, II-939
ICC-Profil II-225, **II-227**, II-339, II-426, II-613
Icon I-25, I-432, **I-447**, I-539
- Beschriftung I-453
- Design I-540
- Entwurf I-451
- Gestaltung I-450
- Größe I-450
Iconic Turn I-449, I-457
ID3-Tag II-962
Ideal-Weiß II-217
Ideen, Visualisierung I-264
Identifikation I-34
Ideografie I-131
IFRA Track II-40
I-Frame II-990
If-Verzweigung II-806
Ikone I-25
Illustrationstiefdruck II-562
Image I-643

Impressum I-330, I-772, II-940
Imprimatur I-860
INDD II-32
InDesign Server II-484
Index I-25
index.htm II-745
Indirektsiebdruckschablonen II-604
Individualformat II-775
Individualisierte Daten II-510
Indizierte Farben II-211
Industriedesign I-115
Industrielle Schriften I-171
Infografik I-473, I-478
- in der Zeitung I-486
- Bedeutung I-490
- Wirkung I-490
- Arten I-479
Information overload I-488
Informationsdesign I-505, I-557
Informationsgrafik I-478
Informationspflichten nach TMG I-772
Informationstechnik II-43
Informationstheorie I-661
Informelle Gruppen I-580
Infrarotstrahlung II-178
Infraschall II-953
Inhaltsanbieter (Web) I-769
Inhaltsverantwortung (Web) I-768
Inhaltsverzeichnis I-331
Inkjet-Verfahren II-78, II-625, II-644
Inline-Element II-772
Inline-Style II-772
Inline-Veredelung II-683
Innenohr II-952
Innentrommelbelichter II-573
Innere Form II-676
In-RIP-Separation II-378
In-RIP-Trapping II-384
Instant Messenger II-129
Instanz (Flash) II-876
Integer (Datentyp) II-158
Integrated Inkjet II-647
Intel II-51
Interaktion I-512, I-565
Interaktion und Reaktion I-395
Interaktionsdesign I-505, I-563
Interaktive Infografiken I-488
Interface I-552
Interface-Design I-504, **I-547**
Interferenz II-180
Interframe-Kompression II-989
Interlaced II-749

Interlace-Verfahren II-980
International Digital Publishing Forum II-524
Interne Speicher II-56
Internet II-88, **II-127**
Internet Protocol II-115, II-132
Internet-Service-Provider II-136, II-945
Internet II-127
- Nutzung II-130
- Recht I-763
- Schicht II-109
- Sperre I-771
- Streaming II-129
- Telefonie I-565, II-129
- Zugang, analog II-137
- Zukunft des II-147
Interpreter II-822
Intraframe-Kompression II-989
Intranet II-88
Inverse Kinematik II-891
Investitionsempfehlung I-837
IP II-108, II-109, **II-115**, II-132
IP-Adresse II-133
IP-Adressraum II-117
iPhone I-454
IPv4 II-115
IPv6 II-115
IRC II-129
Irrationale Rasterung II-390
ISBN-Nummer I-754
ISDN II-137
ISO II-295
- 8859-1 II-742
- 9660 II-65
- 7001 Ausgabe 2007-11 I-443
- 8859 II-8
- 9186 Ausgabe 2007-02 I-443
Isometrie I-84
Isotype-Grafik I-484
ISP II-136
IT8 II-230
Italienne I-165

J

JavaScript II-37, II-802, **II-821**
- Button II-824
- Externe Datei II-824
- Fenster II-825
- Formulare II-828
- Link II-824
JDF **I-877**, I-880, II-40, II-429
JMF II-40
Job-Ticket I-881
Joint Photographic Experts Group II-307

Stichwortverzeichnis

Joliet II-65
Joomla I-551, II-914
JPEG II-34, II-293, II-307
JPEG-Komprimierung II-397
JPG II-34
JS II-37, II-824
JScript II-822

K

Kabel-Kategorie II-98
Kabinettperspektive I-85
Kalander II-714
Kalkulation I-797, **I-819**
- Nach- I-820
- Vor- I-820
Kalkulationsschema, Print I-824
Kalkulationsschema, Web I-831
Kalkulatorische Abschreibung I-811
Kalkulatorische Zinsen I-801, I-811
Kamera I-400, II-190
Kamerafahrt I-379
Kameraschwenk I-378
Kameratechnik II-289
Kanalanzahl (Sound) II-958
Kantenglättung, Schrift II-17
Kapitalcursive I-139
Karolingische Epoche I-142
Karolingische Minuskel I-142, I-144, I-155
Kartografische Infografik I-482
Kaschierechtheit II-732
Kaschieren II-693
Kaskade II-770
Kaskadierung II-770
Kategorien II-915
Kaufverhalten von Gruppen I-581
Keilschrift I-131
Kerning I-196, II-18
- Anwendungen I-198
- Tabelle II-18
Kernschatten I-82
Key Light II-996
Keyframe-/Tween-Animation I-392
Key-Logger II-141
Keystone-Korrektur I-697
Keyvisual I-367
Kibibyte II-11
Kilobyte II-11, II-60
Kinematik I-396
Kinowerbung I-625

Klang II-955
Klangregelung II-972
Klasse II-813
Klassenbibliothek II-816
Klassifikation, Netze II-88
Klassifizierungsentwurf 1998 I-170
Klassizismus I-147
Klassizistische Antiqua I-164
Klassizistische Schriften I-147, I-152
Klebebindung II-672, II-699, II-704
Klima (Papier) II-721
Klinkenstecker II-967
Klirrfaktor II-956
Koaxialkabel II-99
Kombinationstrocknung II-729
Kombinierte Infografik I-482
Kommentare (Programmieren) II-817
Kommunikation I-641, **I-655**, I-662
Kommunikations-
- Controlling I-660
- Kompetenz I-718
- Modell I-661, I-636
- Quadrat I-664
- Richtlinien I-660
- Ziel I-656, I-659, I-718
Kompaktkamera II-290
Komplementärfarben I-13, II-209
Komplementärkontrast I-13
Kompressor II-973
Kondensator-Mikrofon II-965
Konkav II-191
Konkave Linsen II-190
Konkurrenz-Präsentation I-609
Konsistenz (Farben) II-225
Konsistenz (Daten) II-158
Konstruktivistische Schrift I-150
Konsultationsgröße I-204
Konsumentenverhalten I-585
Kontaktlose Druckverfahren (NIP-Verfahren) II-548
Kontrast I-697, II-319
Kontrollkeile/-mittel II-616
Kontrollphase I-607
Konventionelle Druckverfahren (IP-Verfahren) II-548
Konvertierungsoptionen II-276
Konvertierungssoftware (QTVR) I-426
Konvex II-191
Konvexe Linsen II-190
Kopfstandmethode I-848

Kopfzeile II-433
Kopierschutzmechanismen I-755
Körperfarben II-217
Körperhaltung I-724
Körpersprache I-723
Korrektur mit ICC-Profilen II-613
Korrekturregeln I-906
Korrekturzeichen Bild I-909
Korrekturzeichen Text I-906
Kosten
- Arten I-820
- Gruppen I-810
- Internetauftritt I-828
- Rechnung I-798
- Stellen I-803
- Verteilung I-816
Kreativitätsentwicklung I-261
Kreativität **I-259**, I-263, I-269, I-847
Kreativitätstechniken I-260, I-847
Kreativrunde I-265
Kreativumgebung I-265
Kreisdiagramm I-680
Kreuzfalz II-702
Kritischer Pfad I-853
Kronglas II-191
Kugel-Charakteristik II-966
Kugelgestaltsfehler II-191
Kugelpanorama I-407, I-409
Kundendaten I-869
Kundendatenblatt I-863
Kunstdruckpapier II-717
Kurzbrief I-327

L

L1-Cache II-54
Lackbestandteile II-684
Lackieren II-682
Lackveredelung II-683
LAME II-962
LAMP II-843
Lampenfieber I-727
LAN II-88
Land (CD) II-58
Lanes II-48
Large Format Printing II-654
Laser II-184
Laserdrucker II-78
LaTeX I-334
Latin-1 (Zeichensatz) II-9, II-742
Laufrichtung II-718
Laufweite I-195

1129

Laufweitenanpassung I-196
Lautsprecher II-967
Lautstärke I-34, II-954
Lavaliermikrofon II-998
Layout I-292
LBA-Adressierung II-61
LCD-Beamer I-695
LCD-Display II-290
LCD-Monitor II-73
Lead-in II-64
Lead-out II-65
Learning-Management-System
(LMS) I-244
Lebensmittelechtheiten II-732
LED-Beamer I-695
LED-Drucker II-79
Leitbild I-641
Leitsystem I-437, I-527
Lesbarkeit I-28, I-176, **I-193**,
I-204, I-214, I-217
Lesegewohnheit I-216
Lesen I-28
Leserlichkeit I-28
Letterbox-Verfahren II-983
Lettersetdruck II-561
Leuchtdichte II-183
Library II-22
Libreka II-525
Licht I-363, II-178
- Art II-206
- Bildwerke I-740
- Druck II-571
- Echtheit II-732
- Empfindliche Schichten II-577
- Empfindlichkeit II-295
- Entstehung II-178
- Farben II-217
- Geschwindigkeit II-178
- Menge II-183
- Quelle I-82, II-184
- Stärke II-183, II-196
- Strom II-183
- Technik II-183
- Und Schatten I-81
- Und Tiefe II-318, II-334
- Wellenleiter II-99
Lichterpunkt II-321
Lineare Schriften I-171
Lineare Struktur I-558
Linien I-232
- Arten I-232
- Diagramm I-480, I-680
- Verwendung I-232
Link II-738, II-753
Linsen II-190
Linsenfehler II-191
Lipophil II-572
Lithografie II-570

Live-Streaming II-1002
Live-View-Funktion II-293,
II-298
Local Area Network II-88
Localhost II-843
Logarithmische Skala II-954
Logische Auflösung II-74
Logische Topologie II-95
Logo I-27, I-432, **I-459**, I-643
- Checkliste I-470
- Familie I-467
- Gramm I-441
Lokalisation I-34
Lösemittel II-726
Lösemittelechtheit II-731
Lossy-Kompression II-989
Luftperspektive I-88
Lumen I-696, II-183
Lumensekunde II-183
Lux II-183
Luxsekunden II-183
LWC-Papiere II-717
LWFN II-20
LWL II-99
LZW II-749
LZW-Komprimierung II-399

M

MacAdam-Ellipsen II-214
MAC-Adresse **II-103**, II-110,
II-115
Magnetische Speicher II-58
Mainboard II-46, II-48
Makroviren II-140
Malware II-140
MAMP II-843, II-928
MAN II-88
Man of the Millenium I-153
Manuskript I-858
Manuskriptberechnung I-310
Markenerinnerung I-251
Markenimage I-586
Markentreue I-585
Marktmerkmale I-598
Marktpenetration I-619
Maschinen- und Betriebsdaten
I-890
Maschinenklassen I-317, II-722
Maschinenlackierung II-686
Masken (Flash) II-890
Maskierung (Sound) II-960
Maskierung (Zeichen) II-9
Massenkommunikation I-623
Maßstabsänderung II-318
Materialkosten I-822, I-825
Materialwirtschaft I-868

Mathematische Operatoren
II-805
Maus II-81
MDB II-33
Mebibyte II-11
Mechanische Aufrauung II-580
Media-Box II-408
Mediävalziffern I-187
Mediastudien I-593
Mediengestalter I-118
Medienkalkulation I-795
Medienrecht I-733
Medien-Rahmen II-408
MedienStandard Druck II-615
Megabyte II-11, II-60
Megapixel II-290
Mehrfarbendruckmaschine
II-588
Mehrkernprozessor II-53
Meilenstein I-853
Memory-Stick II-70
Menü I-537
Merkmale
- Antiquaschriften I-162
- Buchdruckverfahren II-549
- Digitaldruck II-627
- Flexodruckverfahren II-560
- Inkjet-Druck II-650
- Offsetdruck II-600
- Siebdruck II-608
- Tiefdruck II-568
- Lettersetdruck II-561
Mesh II-368
Messerfalz II-701
Messestand II-661
Metamerie II-220
Meta-Milieus I-597
Metapher I-541
Metaplan I-701
Metasprache II-759
Meta-Tag II-747
Methode II-811, II-815
Methode 635 I-261, I-847
Methode GET II-756, II-848
Methode POST II-756, II-848
Methodenkompetenz I-845
Microdrive II-297
Microsoft Expression II-741
MID II-38
MIDI II-974
Migrationsechtheit II-732
Mikrocomputer II-46
Mikrofon II-965
Mikroprozessor II-46, II-51
Milieu-Modell I-595
Mimik I-725
MiniDVD II-68
Mischpult II-964

1130

Mitgliedschaftsgruppen I-581
Mittelachsensatz I-202
Mittelhöhe I-215
Mittelohr II-952
Mittelpunktstrahl II-192
MMC II-70
m:n-Beziehung II-163
Mobiles Internet II-147
Modale Fenster II-825
Modedesign I-114
Modem II-137
Moderationskarten I-702
Moiré **II-305**, II-314, II-385
Monitor II-73
- Auflösung II-326
- Farben I-524
- Größe I-515
- Profilierung II-234
Mono II-1004
Montage I-380
Montagezeichen II-672
Morphing I-393, II-890
Morris, Charles William I-26
Motherboard II-46, II-48
Mouseover I-538
Mouse-Tracking I-553
MOV II-38, II-992
Movieclip-Symbol II-876
MP3 II-38, II-961
MP3-Encoder II-962
MP4 II-993
MPEG II-39, II-990
MPEG Layer-3 II-961
MPEG-2 II-67, II-993
MPEG-4 II-993
MS II-70
Multi-Core-Prozessor II-53
MultiMedia-Card II-70, II-297
Multimedia-Kalkulation I-827
Multimedialität I-512
Multinode-Technik I-414
Multirow-Objektfilme I-412
Multisession II-64
Mund-zu-Mund-Propaganda
I-628
Murray-Davies-Formel II-186
Musical Instrument Digital
Interface II-974
Musik (Videotechnik) II-998
Musiklizenzierung I-786
Musikverwendung I-785
Musikwerke I-737
Muster, eingetragenes I-745
Muster, nicht eingetragenes
I-745
Musterimpressum I-772, II-941
MySQL II-156, II-170, II-842,
II-845, II-914, II-930

N

Nadeldrucker II-79
Nahaufnahme I-376
Näpfchen II-562
Nass-in-Nass-Druck II-590
NAT II-118
Naturpapier II-716
Navigation I-512, I-534, **I-557**,
II-434
- Baumstruktur I-559
- Lineare I-558
- Netzstruktur I-560
Navigations-
- Bereich I-519
- Elemente I-534
- Hilfe I-537
- Struktur I-557, I-562
Negativ, seitenrichtig II-605
Negativ, seitenverkehrt II-605
Negativkopie II-577
Netscape II-822
Nettopreis I-822
Netzbasiertes Farbmanage-
ment I-895
Netz
- Betreiber I-769
- Diagramm I-680
- ID II-116
- Maske II-116
- Plan I-852
- Provider I-771
- Struktur I-560
- Zugangsschicht II-109
Netzwerk-
- Dienste II-115
- Karte II-110, II-113
- Komponenten II-110
- Protokolle II-115
- Technik II-87
- Topologien II-92
- Verbindung II-98
Neue Sachlichkeit I-149
Neunerteilung I-285
Newsgroup II-129
Newspaper-on-Demand I-350
Nichtflüchtige Speicher II-57
Nielsen-Gebiete I-598, I-659
Nieren-Charakteristik II-966
Non-Impact-Printing-Verfahren
II-548
Non-Lossy-Kompression
II-988
Normalform II-160
Normalisierung (Datenbank)
II-159, II-495
Normalobjektiv II-194
Normalziffern I-187

Normbriefbogen I-320
Normfarbwertanteile II-205
Norming I-846
Normspektralwertkurven
II-205
Northbridge II-50, II-54
Notizblock I-327
NTBA II-137
NTSC II-981
Numerische Zeichen II-8
NURBS II-361
Nur-Lese-Speicher II-57
Nutzen/Drucknutzen I-317
Nutzungsgrad I-804
Nutzungszeit I-804
Nyquist II-957

O

O'Reilly, Tim II-148
Oberton II-955
Objekt II-813
Objektbreite I-76
Objekte (QTVR) I-404
Objektfilm I-411
Objekthöhe I-77
Objektiv II-190
Objektorientierte Programmie-
rung II-813
Objekt-Rahmen II-408
Objekttiefe I-76
OCR-Schrift I-151, I-171
ODBC II-169
ODP II-33
ODS II-33
ODT II-33
Öffentlichkeitsarbeit I-642
Offline-Druckveredelung II-688
Offsetdruck II-572, II-596
- Form II-577
- Maschine II-587
- Platte II-572 , II-598
Off-Ton II-998
OGG II-962
OH-Folien I-700
OH-Projektor I-699
Ohr II-952
OH-Stifte I-700
Öldrucklack II-688
Online II-937
- Dialogmarketing I-622
- Lizenzierung (Musik) I-788
- Marketing I-621
- Nutzer I-627
- Publishing II-634
- Recht I-768
- Shop (Virtuell) I-420

1131

- Virenscanner II-144
- Werbung I-626
- Wetterkarte I-493
- Zeitung I-347
On-Ton II-998
OOP II-813
Opazität II-185
Open Document II-33
Open Prepress Interface II-385
Open Source I-566, II-149
OpenGL II-72
OpenOffice.org II-33
OpenType-Font II-21
Operator II-805
OPI II-385
Optik II-175
- Allgemeine II-177
- Fotografische II-189
Optische Achse II-193
Optische Speicher II-58
Optische Täuschung I-7
Ornament I-237, I-432
OSI-Referenzmodell **II-107**, II-110, II-112
OTF II-21
Outline-Font II-16
Outlines II-19
Out-of-Home-Medien II-653, II-659
Overheadprojektor I-699
Oversampling II-958
Oxidative Trocknung II-729

P

P2P II-90
Page, Larry II-946
PageRank II-946
Paid Content I-348, I-353
PAL-Fernsehen II-980
PALplus II-981
Panorama,
- 360 Grad I-407
- Kugel I-407, I-409
- Partielles I-406
- Formate II-660
- Fotografie I-404
- Freiheit I-747
- Herstellung I-406
- Kamera I-405
- QTVR I-404
Pantone I-94
Papier **II-709**
- Dicke II-719
- Formate II-722
- Herstellung II-710
- Maschine II-712

- Typ II-614, II-720
- Typ 1- 5 II-611
- Typ MFC II-614
- Typ SC II-614
- Typ SNP II-614
- Veredelung II-714
- Volumen II-719
Parallelfalz II-702
Parallelstrahl II-192
Parameter II-812
Partielles Panorama I-406
Partikelsystem I-398
Passwort, sicheres II-146
Patchkabel II-98
PCI II-48
PCI Express (PCIe) II-48
PCM II-958
PCS II-257, II-260
PDF II-32, **II-403**
- Bearbeitung II-425
- Erstellung II-405
- eBook-Funktionen II-521
- Optimierung II-429
- X-3 II-409, II-427
Pebibyte II-11
Peer Group I-581
Peer-to-Peer-Konzept II-90
Pegel II-954
Peirce, Charles Sanders I-24
Performing I-846
Periode II-178
Periodendauer II-953
Peripheriegerät II-46
Perl II-37
Person der Zeitgeschichte I-748
Personal Computer (PC) II-51
Personal Firewall II-144
Personalisieren II-492, II-496, II-500
- Ausgeben II-499
- Datenquelle II-498
- Masterdokument II-496
- Vorschau II-499
Personalisiertes Drucken II-626, II-634
Personalisierungssoftware II-492
Personen als Beiwerk I-749
Perspektive **I-65**, I-362, II-343
Perzeptiv II-257
Petabyte II-11
Pfadangabe, absolut II-746, II-754
Pfadangabe, relativ II-746, II-755
Pfadanimation I-393
PFB II-20

Pflichtenheft I-837, I-850
PFM II-20
P-Frame II-990
Phase 5 II-741
Phase-Change-Technik II-64
Phishing-Mail II-143
Phon II-954
Phönizische Schrift I-135
PHP II-37, II-802, **II-839**, II-842, II-914
- CSV-Datei II-847
- Dateiupload II-861
- Dateizugriff II-846
- Datenbankzugriff II-854
- Datum II-845
- Einbinden in HTML II-844
- Formularzugriff II-848
- Textverarbeitung II-852
- Uhrzeit II-845
PhpMyAdmin II-854, II-931
pH-Wert II-594
Physikalische
- Auflösung II-74
- Farbmischung II-207
- Topologie II-95
- Trocknung II-729
Physiologie II-952
Physiologische Farbmischung II-207
PICT II-35
PictBridge-Standard II-650
Piezo-Kristall II-646
Piezo-Verfahren II-646
Pigmente II-654
Piktografie I-130
Piktografieentwicklung I-434
Piktogramm I-27, **I-431**, I-435, I-438, I-449
- Arten I-441
- Hybride I-441
- Ikonische I-441
- Merkmale I-440
- Normierung I-442
- Prozessentwicklung I-444
- Sicherheits- I-442
- Symbolische I-441
Pinnnadel I-702
Pinnwand I-701
Pit (CD) II-58
Pixel **II-302**, II-316, II-322, II-326, II-357
- Font I-532
- Grafik II-357
- Maß II-302
- Raster I-518
- Zahl II-304
PJTF I-879, II-40
PL II-37

Stichwortverzeichnis

Plakat I-704
Plansequenz I-382
Planungsphasen (Werbung) I-606
Planungstafel I-861, I-890
Plattenkopie II-613
Platzkostenrechnung I-807
- Computerarbeitsplatz I-814
- Druckmaschine I-812
PNG II-35, II-750
PNG-Komprimierung II-400
Podcast I-566, II-148
Polarisation II-179
Polaritätsprofil I-53
Polygon II-368
Pop-Art-Serigrafie II-602
Popup-Fenster II-826
Port II-120
Portable Document Format (PDF) II-406
Portableapps II-70
Positiv, seitenrichtig II-605
Positiv, seitenverkehrt II-605
Positivkopie II-577
Postpress I-879
Postproduktion II-999
PostScript II-32, **II-407**, II-410
PostScript-Schrift II-19
Posttest (Werbeerfolgskontrolle) I-608
PowerPoint I-673, II-33
PPF I-877, II-40
ppm II-76
PPML II-40, II-624
PPP II-109
PPT II-33
Prägen II-682, II-692
Pragmatik I-26, I-661
Präsentation **I-653**
- Checklisten I-685, I-728
- Farbgestaltung I-678
- Geschäftsdrucksachen I-329
- Handschrift I-676
- Inhalt I-669
- Lampenfieber I-727
- Layout I-672
- Musterseite I-673
- Schriftgröße I-675
- Schriftwahl I-674
- Selbsteinschätzung I-726
- Software I-673
-Thema I-669
-Training I-726
- Zeichnen I-681
- Zeitgefühl I-727
Präsentationsarten (Agentur) I-609
Präsentationsmedien I-691

- Checkliste I-711
- PDF II-435
Präsentieren I-717
Preflight II-383, II-426
Prepress I-879
Prescan II-318
Press I-879
Pretest (Werbeerfolgskontrolle) I-608
Primacy Effect I-718
Primäre Medien I-656
Primärfasern II-710
Primärgruppe (Familie) I-582
Primärschlüssel II-158
Prinect Signa Station II-677
Printdesign I-510
Printing-on-Demand II-626, II-633
Printprodukte I-315
Printshop II-478, II-482
PrintTalk I-880
Print-Workflow II-698
Prinzip-/Prozessdarstellung I-481
Prisma II-182
Privacy Policy Statement I-775
PrivatData I-886
Private IP-Adressen II-118
Privatkopie I-755
PRN II-32
Produkt
- Auslauf I-618
- Design I-548
- Idee I-118
Produktions-
- Daten I-869, I-889
- Management I-841
- Planung I-893
- Protokoll Personalisierung II-513
- Prozess Druck II-546
- Steuerung I-893
Produktlebenszyklus I-618
Profile Connection Space II-257
Programmieren II-801
Programmiersprache II-802, II-822
Programmierstil II-817
Progressive Download II-1002
Progressive Mode II-980
Projekt **I-844**
- Bericht I-854
- Controlling I-853
- Kompetenz I-845
- Leiter I-845
- Management I-843
- Pflichtenheft I-850

- Planung I-849
- Strukturplan PSP I-850
-Team I-845
-Terminplan PTP I-851
- Zielgrößen I-844
Proof II-278
Proportionen I-288
Proprietär II-870
Protokoll II-106, II-115, II-132
Provider II-136, II-945
Provozierende Werbung I-247
Proxy-Server II-119
Prozesskontrolle II-263
Prozessor II-51
Prozessorkerne II-53
Prozessstandard Offset II-616
PS II-32
PSD II-35
Pseudoklasse II-775
Psychoakustisches Modell II-960
Public Relations I-642
Puffer I-852
Punktnotation II-814
PXE II-110

Q

QDR II-54
QTVR I-404
Quadruple Play II-147
Qualitätsfaktor II-388
Quantisierung II-5
Quantisierungsfehler II-958
Quantitätskontrast I-14
QuarkXPress II-32
Quarz II-53
Querformat II-676
Query II-166
Quetschrand II-551
QuickTime II-38, II-992
QXD II-32

R

R.O.O.M. II-385
RA II-39, II-962
Radiobutton II-757, II-829, II-849
RAID II-62
RAM II-46, II-50, II-55
Randwinkel II-599
Raster
- Dichtemessung II-185
- Generation II-390
- Image Processor II-383,

1133

II-407
- Punkt II-551
- Punktbildung II-388
- Punktform II-386
- System I-306
- Tonwert II-386
- Weite II-386
- Winkelung II-386
Rasterizer II-17
Rasterung II-385
Rasterung, Schrift II-16
Rationale Rasterung II-389
Raumhöhe I-73
Räumliche Kompression II-989
Raumtiefe I-72, I-75
Raumwirkung I-362
Rausatz I-202
Rauschen II-305
RAW II-35, II-293, II-308
RealMedia II-994
Rear-Lautsprecher II-968,
II-1004
Re-Briefing I-603
Recall-Test (Werbeerfolgs-
kontrolle) I-608
Recht am eigenen Bild I-747
Recognition-Test (Werbeer-
folgskontrolle) I-608
Reduktionsmethode I-670
Redundanzfreiheit II-159
Referenzielle Integrität II-165
Referenzmodell II-105, II-113,
II-122
Reflexion II-181
Refraktion II-181
Regionalcode, Blu-ray II-69
Regionalcode, DVD II-67
Register II-52, II-55
Regression I-29
Reiberdruckpresse II-570
Reichweite (Werbeerfolgs-
kontrolle) I-605
Reihenbauweise II-588
Relation II-157
Relationale Datenbank II-157
Relativ farbmetrisch II-257
Relative Luftfeuchtigkeit II-721
Relieflacke II-682
Remission II-181, II-217
Renaissance I-145
Renaissance-Antiqua I-156
Renaissanceschriften I-145
Rendering Intent II-257
Reproduktionsanweisung
I-859
Resource-Sharing II-89
Responceauswertung
(Werbeerfolgskontrolle) I-608

Response I-621, II-492
Ressourcenanalyse I-849
Rettungszeichen I-442
Retusche II-342
RGB I-94, I-524, **II-210**
Rheologie II-731
Rhetorik I-719
Rich Internet Application (RIA)
II-802, II-870
Richtcharakteristik II-966,
II-998
Ries II-715
Ring-Topologie II-92
RIP II-383, II-407
Rippen II-67
Risikoanalyse I-849
RJ-45 II-98, II-111
RLE-Komprimierung II-399
RM II-39, II-994
Rollenoffsetdruckmaschinen
II-589
Rollenwechsler II-592
Rollover I-538
ROM II-57
Romanik I-143
Romanische Uncialis I-139
Romantik I-148
Römische Epoche I-138
Römische Kapitalschrift I-138
Römische Quadratschrift I-139
Römische Schriften I-171
Römische Zahlzeichen I-188
Rootkit II-141
Router **II-112**, II-114, II-133
Routing II-108, II-133
RTF II-32
Rückwärtsplanung I-852
Rührwerkskugelmühle II-727
Runde Schriften I-145
Rundfunkwerbung I-624
Rundgotisch I-168

S

S/FTP II-98
S/PDIF-Anschluss II-967
S/UTP II-98
SaaS II-147
Sakkade I-29
SACD II-68, II-958
Sammelheften II-703
Sampling II-4, II-985
Samplingrate II-957
SATA II-49
Satelittenbauweise II-589
Satinieren II-714
Sättigung I-97, **II-213**, II-215,

II-257
Satzarten I-202
Satzspiegel I-292
Satzspiegelkonstruktion I-283
Säulendiagramm I-679
Saussure, Ferdinand de I-24
Scalable Vector Graphics
II-364
Scannen II-313
Scanner II-316
Scannerprofilierung II-230
Schablonenherstellung II-603
Schall I-34, II-952
Schaltflächen-Symbol II-876
Schärfe II-321
Schärfentiefe II-197
Scharfzeichnen II-338
Schatten I-81
Schattenkonstruktion I-82
Schema-Editor II-677
Schleifen II-808
Schlüssel (Datenbank) II-158
Schlüsselbild II-879, II-888
Schlussvignette I-238
Schmalband II-136
Schmuckelemente I-232, I-237
Schmutztitel I-330
Schnecke (Ohr) II-952
Schneiden II-700
Schnitt I-380
Schnittstellen II-46, II-49, II-72
Schön- und Widerdruck II-589
Schreib-/Lesekopf II-61
Schreib-Lese-Speicher II-56
Schreibschrift, deutsche I-156
Schreibschrift, lateinische
I-156
Schreibschriften I-167
Schreibwerkzeuge (Scribbeln)
I-276
Schrift
- Bildschirmtaugliche I-528
- Bezeichnungen I-177
- Charakter I-222
- Erkennung I-159
- Familie I-176, I-208
- Geschichte I-127
- Größe I-184
- Größe, Handschrift I-676
- Größe, Projektion I-675
- Gruppen I-165
- Klassifikation DIN 16 518
I-164
- Klassifikation Entwurf 1998
I-170
- Klassifikation nach Beinert
I-174
- Laufweite I-194

1134

Stichwortverzeichnis

- Linie I-183
- Manipulation I-212
- Merkmale I-161
- Mischungen I-208
- Ordnungssystem I-172
- Profil I-223
- Sammlung II-23
- Sippe I-176, I-180
- Verwaltung II-22
- Wahl I-216, I-222
- Werk I-737
- Wirkung I-221
Schriftenrecht I-870
Schulz von Thun I-663
Schusterjunge I-335
Schutzfristen I-750, I-759
Schwabacher I-168
Schwellenwert II-322
Screendesign I-505, I-507
Screenreader I-568
Scribbels I-264 , I-272, I-277
SD Memory Card II-297
SDSL II-138
Search-Inside I-752
SECAM II-981
Sechs-Hüte-Methode I-848
Secondary Action I-389
Second-Level-Cache II-54
Second-Level-Domain II-134,
II-938
Secure Digital II-70
Sehen I-5
Sehstrahl I-72
Seitengliederung I-236
Seitenlayout I-292
Sekundäre Medien I-656
Sekundärfasern II-711
Selbstbild I-641
Selbstkosten I-799, I-811, I-822
Selektiv (Farbpalette) II-749
Selektor II-773
SELFHTML II-741
Semantik I-26, I-661
Semiotik I-24
Semiuncialis (Halbuncialis)
I-139
Sender I-661
Senderecht I-753
Senefelder, Alois II-570
Sensorreinigung II-294
SEO II-946
Separation II-426
Sequenzielles Drucken II-626
Seriendruckfeld II-498
Seriendruck-Manager II-496
Serifenarten I-186
Serifenbetonte Linear-Aniqua
I-165

Serifenbetonte Schriften I-171
Serifenlose Linear-Antiqua
I-156, I-165
Serigrafie II-602
Server II-913
Serverseitig II-822
Session II-64
SFTP II-944
SGML - ISO 8879 II-472
Shannon II-957
Shannon & Weaver I-661
Shockwave Flash II-37
Shopsystem II-480
Sicherheitslücken II-145
Sicherheitsmerkmale II-694
Sicherungsschicht II-107
Siebdruck II-601
- Druckprinzipe II-606
- Form II-604
- Rahmen II-604
- Verfahren II-601
Sieben Meta-Milieus I-597
Siebgewebe II-603
Signet I-27, I-432, I-460
Silbenschrift I-131
Silberhalogenid-Druckplatten
II-578
Simultankontrast I-12
Single-Minded-Proposition
I-262
Singlerow-Objektfilme I-411
Sinus-Milieu I-595, I-657
Sinusschwingung II-955
Sinus Sociovision I-594
Sitemap I-538
Sitzungsschicht II-108
Skizzieren I-118
- Bilder I-278
- Schrift I-274
SLD II-134
Sleeve-Technologie II-556
Slot II-48, II-50
Slow In and Slow Out I-388
SM II-70
SmartMedia II-70
SMPTE-Timecode II-1001
Social
- Bookmark I-566, II-148
- Commerce I-566, II-148
- Community I-566, II-148
- Semantic Web I-567, II-149
- Web I-566, I-629, II-148
Socket II-50
Solid Drawing I-390
Solid State Drive II-70
Sony Reader II-532
Sound II-951
- Aufnahme II-970

- Bearbeitung II-970
- Design I-542
- Faden II-972
- Karte II-967
- Logo I-645
- Loopen II-973
- Mastering II-971
- Mischen II-972
- Noise Gate II-973
- Normalisieren II-972
- Pitching II-972
- Reverb II-973
- Schneiden II-971
- Tempoänderung II-973
Southbridge II-50
Sozialkompetenz I-718, I-845
Spaltenabstand I-298
Spam I-766, II-129, II-142
Spannung I-57
Spationieren I-194
Speicher II-55
- Elektronische II-58
- Externe II-56, II-58
- Flüchtige II-56
- Hierarchie II-55
- Interne II-56
- Kapazität II-60
- Karte II-70
- Kennwerte II-60
- Magnetische II-58
- Nichtflüchtige II-57
- Optische II-58
- Verfahren II-58
- Zugriffszeit II-60
Spektralfarben II-182
Spektralfotometer II-180,
II-206
Spektrum II-182
Spezial-UV-Lack II-689
Sphärische Aberration II-191
Sphärische Linsen II-190
Spiegelneurone I-718
Spiegelreflexkamera II-291
Spitzlicht (Videotechnik) II-997
Splines II-16, II-20, II-361,
II-366
Sprache I-722
Sprache (Videotechnik) II-998
Sprechende Namen II-817
Spyware II-141
SQL II-166, II-857
SQL-Befehle II-865
Squash and Stretch I-386
SRAM II-56
SSH II-129
Stäbchen I-5, II-205
Stabilisierungswerbung I-618
Städtepanoramen I-418

1135

Staging I-387
Stammdaten I-888
Standardschemata II-677
Standbogen II-672
Standpunkt I-71
Statische Webseiten I-549,
II-840
Statusanalyse I-659
Steckkarten II-50
Steckplatz II-50
Stege II-562
Stereo II-1004
Stern-Topologie II-93
Steuerpult Offsetdruck-
maschine II-593
Steuerungsdaten I-889
Stichwortkarten I-670
Stimme I-722
Stoffaufbereitung II-712
Storming I-846
Storyboard I-374, I-513
Strahlenoptik II-181
Straight Ahead Action and
Pose to Pose I-388
Strategiephase I-606
Streaming II-129, II-959,
II-1002
Stream-Inkjet-Verfahren
II-625, II-647
Street View I-422
Streichen II-714
Streuung II-182
Strichbild II-326
Strichvorlage II-314
Stringoperator II-805
Structured Query Language
II-166, II-857
Studiomikrofon II-965
Studiomonitor II-967
Stundensatz I-798, I-802, I-808,
I-813
Styleguide I-650
Stylesheet II-472, II-770
Subdomain II-938
Subnetzmaske II-116
Subtraktive Farbmischung
II-207
Subwoofer II-968, II-1004
Suchersysteme II-291
Suchmaschinen-Optimierung
II-946
Suchmaschinen-Statistik
II-946
Suitcase II-23
Sumerische Keilschrift I-135
Super-Audio-CD II-958
Super-Computer II-54, II-90
Superzellen II-389

Surround-Sound II-968
SVG II-35, II-364, II-751
SVGA I-695, II-75
S-Video II-984
SWF II-37, II-884
Switch II-93, II-103, II-111
Switch-Verzweigung II-807
Symbol I-26, I-189, I-432
Symbol (Flash) II-876
Symmetrie I-58
Synchrone Interaktion I-565
Syntaktik I-26, I-661
Syntax-Highlighting II-817
System Requirements I-573
Systemanforderungen I-573
Systembus II-46, II-48
Systemschrift I-530, I-674
Szene (3D) II-369
Szene (QTVR) I-404

T

Tabelle II-156
Tabubruch (Werbung) I-247
Tack II-731
Tafel I-709
Tafelbild I-710
Tag II-738
Tageslichtprojektor I-699
Tageszeitung für iPad I-350
Tageszettel I-809
Tags (XML) II-458, II-470
Tagsbedienfeld II-454
Tagsmenü II-455
Taktfrequenz II-52
Tampondruck II-569
Taschenfalz II-701
Tastatur II-82
TCO II-75
TCP II-108, II-109, **II-120**, II-133
TCP/IP-Referenzmodell **II-109**,
II-113, II-122
Teamentwicklung I-846
Teaser I-519
Tebibyte II-11
Technische Illustration I-485
Technische Spezifikation I-573
Telekom-Paket (EU) I-771
Telemedien I-766
Telemediengesetz I-766
Teleobjektiv II-194
Template I-521, I-551
Terabyte II-11, II-60
Tertiäre Medien I-656
Test-Target II-229
Text-Bild-Überlagerung I-253
Text-Bild-Integration I-859

Textfeld II-829, II-849
Textgestaltung I-204, I-533,
I-677
Textlink I-535
Textur II-370
Textura I-144
TFT-Monitor II-73
The Six Steps II-640
Thermodirektdrucker II-80
Thermodrucker II-80
Thermodruckplatten II-579
Thermografie-Verfahren II-625
Thermosublimationsdrucker
II-80
Thermotransferdruck II-80,
II-651
Third-Level-Cache II-54
Thixotropie II-731
THX II-1005
Tiefdruck **II-562**
- Druckwerk II-566
- Form II-562, II-565
- Gravur II-563
- Rotation II-567
- Zylinder II-562
- Herstellung II-564
Tiefe II-334
Tiefenkompensierung II-276
Tiefenpunkt II-321
Tiefenzeichnung II-335
TIF II-35
Timecode II-1001
Timer (Flash) II-906
Timing I-389
Tinten II-654
Tinten (Digitaldruck) II-654
Tintenstrahldrucker II-77
Titelbogen I-330
TLD II-134
TMG Unterrichtungspflicht
I-775
Tochterlogo I-467
Ton (Audiotechnik) **II-953**
- Formate II-1004
- Höhe I-34, II-953
- Höhenänderung II-972
- Stärke II-953
- Systeme II-1004
- Videotechnik II-998
Toner II-79, II-727
Tonerfixierung II-637
Tonwert
- Korrektur II-319, II-335
- Zunahme, Offsetdruck II-610
- Korrektur, Offsetdruck II-611
Tool-Tipp I-454
Top-Level-Domain II-134,
II-938

Stichwortverzeichnis

Topologie II-92
Totale I-376
Totalreflexion II-182
Trajanisches Alpabet I-140
Transaktionsdruck II-648
Transistor II-51, II-58
Transmission Control Protocol
II-120, II-133
Transparenz II-185
Transportschicht II-108
Trapezkorrektur I-697
Trapping II-384
Treatment I-374
Trichterfalz II-590
Trim-Box II-408
Trimmen (Video) II-1000
Triple Play II-138, II-147
Trojaner II-140
Truckprints II-660
TrueType-Font II-16, II-20
TTF II-21
Tupel II-157
Tweening II-886
Twisted Pair II-98
TXT II-32
Type-1-Font II-16, II-19
TYPO Berlin I-152
TYPO3 II-914
Typoelemente I-231
Typografie **I-125**
- Anmutende I-245
- Bildorientierte I-252
- Didaktische I-242
- Informative I-242
- Systematische I-282
- Werbe- I-246

U

UCR II-378
UDF II-65
Überblendungen I-394
Überdrucken II-426
Überfüllen II-384, II-428
Übersetzungen (Recht) I-742
Übertragungsprozess II-546
Überwachte Ordner II-415,
II-421
Ugra/Fogra
- Medienkeil II-269
- Plattenkeil II-584
- Testkeil II-616
Ultraschall II-953
Ultraviolettstrahlung II-178
Umfeld (Gestaltung) I-59
Umschlagen II-672, II-675
Umstülpen II-672, II-675

UMTS II-147
Unbuntaufbau II-378
Under Color Removal II-378
Uncialis I-139
Unicode II-9, II-21
Uniform Resource Locator
II-135
Unique User I-349
Universalselektor II-773
Unterscheidungsmerkmale
Schriften I-162
Unterschneiden I-194, **I-196**,
II-18
Unterschneidungstabelle I-197
Uplink-Port II-111
Upload II-943
Upstream II-138
Urheberpersönlichkeitsrecht
I-751
Urheberrecht **I-735**, II-940
URI II-754
URL II-135
Usability I-454, I-504, I-520,
I-552
Usability-Test I-520, I-553
USB II-47, II-49
USB-Stick II-70
Usenet II-129
User Interface I-552
UTF II-9
UTP II-98
UV-Druck II-685
UV-Lack II-683, II-688
UV-Trocknung II-729

V

Validität II-943
Vakatseite I-331
Vampireffekt I-251
VARCHAR II-467
Varchar (Datentyp) II-158
Variable (Programmieren)
II-803
Variable Bebilderung II-625
Variable Drucksachen II-514
Variable Kosten I-830
Variabler Datendruck **II-491**,
II-494, II-506, II-625
VBR II-961
VCD II-65
VDSL2 II-138
Vektor II-328
Vektorgrafik II-361
Venezianische Renaissance-
Antiqua I-164
Verbotszeichen I-442

Verbreitungsrecht I-752
Verdampfen II-729
Verdruckbarkeit II-716, II-728
Verdunsten II-729
Veredelungsverfahren II-682
Vererbung (CSS) II-773
Vergleichsoperatoren II-805
Vergütung II-180
Verjüngung I-73
Vermittlungsschicht II-108
Vernetzte Produktion I-888
Veröffentlichungsrecht I-751
Verpackungsdruck II-552
Versalausgleich I-198
Versandprozesse I-868
Verschachtelte Animationen
II-892
Verschlüsselung II-100
Vertex II-366
Vervielfältigungen I-755
Vervielfältigungsrecht I-751
Verwaltungs- und Vertriebskos-
ten I-811, I-821
Verwertungsformen I-750
Verwertungsgebühr I-786
Verwertungsgesellschaft I-790
Verwertungsrecht I-751, I-786
Verzeichnung II-192
Verzweigung (Programmieren)
II-806
VG Wort I-791
VGA II-72
Video
- Bitrate II-987
- Cast I-566
- CD II-65
- Codec II-988
- Datenmenge II-986
- Digitalisierung II-985
- DVD II-994
- Editoren II-999
- Encoderkarte II-989
- Formate II-992
- Hardware II-995
- Kompression II-988
- Schnitt II-999
- Signale II-984
- Spuren II-1001
- Technik II-979
Video-on-Demand II-1003
Vierkernprozessor II-53
Vierklang I-96
Vier-Linien-System, Schrift
I-182
Vier-Ohren-Modell I-663
Vier-Punkt-Ausleuchtung II-
997
Vignetten I-237

1137

Villard'sche Figur I-282
Viral Marketing I-628
Viren II-140
Virtual Reality Modelling Language I-404
Virtuelle Anwendung I-417
Virtuelle Realität I-404
Virtuelle Szene I-407
Virtuelle Welten I-403
Virtueller Server II-945
Virtueller Speicher II-52
Visitenkarte I-325
Viskosität II-731
Visualisieren, Ideen I-273
Visualisierung I-671
Visualizer I-698
Visuelle Gestaltung I-117
Visuelle Kommunikation I-118, I-222
Visuelles Marketing I-577
Visuelle Wahrnehmung I-5
Visuelle Wirkung I-116
VOB II-994
Vogelperspektive I-78
VoIP II-129
Vollbildmodus II-435
Vor-/Nachbreite (Schrift) I-183
Vorlage (Bild) II-314
Vorstufenprozess I-867
Vorwärtsplanung I-851
Vorwort I-331
VPN II-88
VR Worx I-408

W

Wahrheitswert II-804
Wahrnehmung **I-3**, I-361
- Auditive I-34
- Selektive I-4
- Visuelle I-5, I-30
Wahrnehmungsgewicht I-56
WAMP II-843
WAN II-88
Warenzeichen I-469
Warm-kalt-Kontrast I-13
Warnzeichen I-442
Wasserhärte II-596
Wasserlose Offsetplatten II-582
Wasserzeichen II-717
Watzlawick, Paul I-661, I-718
WAV II-39, II-960
Wear-out-Effekt I-252
Web 2.0 I-566, II-148
Web 3.0 I-567, II-149
Web Content Accessibility

Guidelines I-569
Web Open Font Format II-745
Webbrowser II-761
Webdesign I-499
Webdesign, Barrierefreies I-568
Weber-Fechner-Gesetz II-954
Webfarben II-743
Webhosting II-945
Web-Mailer II-143
Webpalette I-104, II-212
Webseiten
- Disclaimer II-941
- Dynamische I-550
- Farbgestaltung I-523
- Impressum II-940
- Ladezeit II-944
- Layout I-520, II-786
- Rechtliche Aspekte II-940
- Statische I-549
- Testing II-942
- Textgestaltung I-533
- Typografische Gestaltung II-781
Webserver II-854
Webspace II-945
Webtechnologien **II-735**, II-840
Web-to-Print (WtP) **II-475**, II-626
- Auftragsstruktur II-477
- Prozessablauf II-478
- Shopsystem II-480
- Templates II-479
Wegschlagen II-729
Wegwerf-Mails II-143
Weichzeichnen II-338
Weißabgleich II-219, II-306
Weißes Rauschen II-955
Weißraum I-47
Weiterverarbeitung II-697
Weitwinkelobjektiv II-194
Wellenlänge II-178
Wellenoptik II-179
Welle-Teilchen-Dualismus II-178
Wendeart II-672, II-675
Werbebegriff I-616
Werbe-E-Mail (TMG) I-766
Werbeerfolgskontrolle I-608
Werbegrundsätze I-631
Werbeplakat I-705
Werbeziele I-631
Werbung
- Einzelwerbung I-620
- Humor in der I-250
- Provokante I-247
- Wahrheit I-619
- Wirksamkeit I-619

- Wirtschaftlichkeit I-619
Werke der bildenden Kunst I-738
Werke der Musik I-738
Werksatz I-330
- Fehler I-334
- Musterseite I-333
Werkumfangsberechnung I-310
Wetterkarten I-493
While-Schleife II-809
Whiteboard I-709
Whiteboard-Stift I-710
Whois-Abfrage II-939
Wide-Format-Druck II-632
Wiki I-566, II-148
Willberg, Hans Peter I-172
WiMAX II-137
Windows Media II-992
Wir-Gefühl I-580
Wissenschaftlich-technische Darstellung I-742
Witwe (früher Hurenkind) I-335
WLAN II-88, II-99
WLAN-Adapter II-100
WMA II-39, II-962, II-992
WMF II-35
WMV II-39, II-992
WOFF I-531, II-745
Word (Microsoft) II-33
Workflow I-873
- Auftrags- oder Arbeitsvorbereitung I-892
- Datentypen I-877, I-888
- Digitaldruck II-629, II-631
- E-Business I-891
- Maschinenvoreinstellung I-893
- Offsetdruck II-628
- Personalisierung II-493
- Definition I-874
- Technischer I-875
- Variabler Datendruck II-631
World Wide Web II-129
Wortabstand II-200
Wortbilderschriften I-131
Wort-Bild-Marke I-644
Worterkennung I-214
Wortmarke I-643
Wortspiele, kreative I-268
Wortzähler (Textverarbeitung) I-310
Wortzwischenraum I-200
WPA2 II-100
Würmer II-140
WWW II-129, II-738
WXGA I-695

Stichwortverzeichnis

X

XAMPP II-842, II-929
xD Picture Card II-70, II-297
Xeikon II-637
XGA I-695, II-75
XHTML II-739, II-759
XLR-Stecker II-967
XLS II-33
XML II-32, **II-443**, II-759
- Baumstruktur II-453
- Datenbank II-450
- Deklaration II-446
- Editor II-446
- Export aus Datenbank II-468
- Gültiges II-448
- Katalogerstellung II-466
- Konventionen II-449
- Strukturansicht II-454
- Tag II-446
- Werkzeuge InDesign II-454
- Wohlgeformtes II-447
XMLHttpRequest II-831
XSL II-444, II-472, II-759
XXL
- Druck II-652
- Weiterverarbeitung II-652
- Werbung II-652

Y

Y/C-Signal II-984
YCbCr II-984
Yule-Nielsen-Faktor II-186
YUV-Signal II-984

Z

Zahlen I-187
Zahlensysteme II-6
Zapfen I-5, II-205
Zeichen I-24, I-190
- Arten I-27
- Dimensionen I-26
- Erkennung I-214
- Palette (Mac) I-174
Zeilenabstand I-206, I-215
Zeilenlänge I-204
Zeilensprung I-214
Zeilensprungverfahren II-980
Zeiterfassung (Tageszettel)
I-809
Zeitleiste II-871, II-879
Zeitleisten-Animation I-392,
II-879
Zeitliche Kompression II-989

Zeitplan I-668
Zeitstempel II-845
Zeitung
- Anzeigen I-340, I-342
- Design I-339
- Farbe I-342
- Formate I-316, I-337, II-591
- Gestaltung I-217, I-337, I-346
- Impressum I-753
- Krise I-346
- Layout I-337
- Lokalseite I-345
- Schrift I-217, I-340
- Maschine II-591
- Titelseite I-344
Zeitwertschätzung I-834
Zellstoff II-711
Zentralperspektive I-68
Zentralrechnerkonzept II-89
Zentralzylinderbauweise
(Flexo) II-558
Zielformulierung (Kreativ-
prozess) I-262
Zielgruppe **I-579**, I-583, I-587,
I-605, I-657
- Checkliste I-592
- Analyse I-554, I-588
- Marketing I-591
- Merkmale I-589
- Operationalisierung I-594
Ziffern I-187
Zoomfahrt I-379
Zügigkeit II-731
Zugriffsverfahren II-102
Zugriffszeit, Speicher II-60
Zusammentragen II-703
Zuschlagskalkulation I-821
Zuschuss I-824
Zwiebelschalen (Flash) II-889

1139

 springer.de

X.media.press Fachliteratur zur Vertiefung

2010. X, 138 S. (X.media.press) Geb.
ISBN 978-3-642-03598-2

2010. X, 197 S. 80 Abb. (X.media.press) Geb.
ISBN 978-3-642-04314-7

2009. XVI, 509 S. 88 Abb. (X.media.press) Geb.
ISBN 978-3-540-72215-1

2009. X, 422 S. 153 Abb. (X.media.press) Geb.
ISBN 978-3-540-92922-2

X.media.press ist eine praxisorientierte Reihe zur Gestaltung und Produktion von Multimedia-Projekten sowie von Digital- und Printmedien

014998x